董朴垞《孙诒让学记》稿本，藏温州图书馆

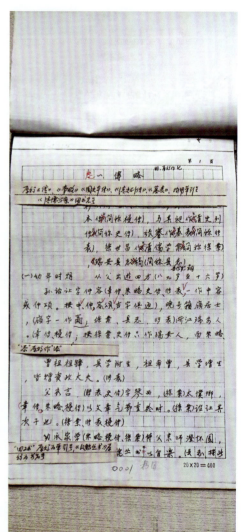

《孙诒让学记》清抄稿，原稿在董氏后裔处，复印本在温州大学图书馆

瑞安市文史资料第五十六辑

孙诒让学记 上

董朴垞　著

董铁铮　清抄

陈光熙　点校

中国出版集团
研究出版社

图书在版编目 (CIP) 数据

孙诒让学记 / 董朴垞著；董铁铮清抄. 陈光熙点校.
-- 北京：研究出版社, 2023.1

ISBN 978-7-5199-1346-5

Ⅰ.①孙… Ⅱ.①董… ②董… ③陈… Ⅲ.①治学方
法—研究 Ⅳ.① G795

中国版本图书馆 CIP 数据核字（2022）第 181048 号

出 品 人：赵卜慧
出版统筹：张高里 丁 波
责任编辑：安玉霞

孙诒让学记 上册
SUNYIRANG XUEJI SHANGCE
董朴垞 著 董铁铮 清抄 陈光熙 点校

研究出版社 出版发行

（100006 北京市东城区灯市口大街 100 号华腾商务楼）
北京隆昌伟业印刷有限公司 新华书店经销
2023 年 1 月第 1 版 2023 年 1 月第 1 次印刷
开本：710 毫米 ×1000 毫米 1/16 印张：85.75
字数：1500 千字
ISBN 978-7-5199-1346-5 定价：398.00 元（全三册）
电话（010）64217619 64217612（发行部）

何　序

友人董朴垞编纂《孙诒让学谱》竟，属我作序或题跋。孙先生著述的成就有口皆碑，我不敢赞一辞。朴垞所编的学谱稿虽未拜读，他曾抄示内容分类大纲，颇精括详尽，无已，勉缀数语，藉酬雅意。

孙先生淡于名利，毕生治学，治学之外，复从事教育事业，培植人才，具有一定的成绩，正如科学院郭沫若院长题孙氏藏书楼联意：治学如"海涌波澜"、教育能"玉成桃李"两种正确的评价。

孙先生著作等身，治学精神对我们是很大的激励，朴垞穷年累月编纂《学谱》，功力精勤，对我也是一种激励。

我老耄无似，迩年百家争鸣，百花齐放，科学文艺各条战线风起云涌，形势喜人。孙先生在学术方面卓越的建树，古为今用，责在后起；朴垞之写《学谱》，便于参考，亦足多也。

何励生于厦门大学

又系以诗云：

朴学精神不离朴，朴垞毕力褒前贤。

《学谱》于今成巨制，甄微劳绩让君先。

波澜壮阔歌海涌，桃李交辉赖玉成。郭沫若院长参观玉海楼题联意。

籀公事业迈两浙，朴学重光待继声。

右题朴垞编纂《孙诒让学谱》，录请朴垞吾友正句。

励生

自　叙

　　吾温古称东南山水之州，有龙湫、雁荡诸胜，奇峰百十二，飞瀑妙天下，于是钟毓异才，累代不替。赵宋尤盛，其列于国史《儒林传》者无虑十余人，曰王开祖、周行己、许景衡、郑伯熊、王十朋、薛季宣、陈傅良、蔡幼学、叶适、戴溪之伦，皆以经制之学显名当世，所谓"永嘉学派"是也。越元、明至清，又有瑞安孙诒让仲容先生。先生父衣言，太仆卿，擅长文学。先生性聪颖，幼承庭训，读书过目成诵。长随侍父官所，从海内名流游，学益进。甫弱冠辄殚心纂述，迄年老不倦。计所著二十有七种，而以《周礼正义》《墨子间诂》《古籀拾遗》《名原》《札逐》为最有名。父执俞樾曲园、友人章炳麟太炎、刘师培申叔咸极称誉之，梁氏启超则叹为结清二百余年来考证古典学之局。

　　余生也晚，自肄业邑中校时，老师薛储石常称述先生学行，心窃向往久矣。旋设帐南堤项氏塾，从几案间取先生所笺诂文书读之，略有所悟，益钦佩先生为学精神之专勤，方法之缜密，乃退而摹拟之，亦欲以著述终身。先编就《永嘉耆旧传》一册。岁庚午，往北平，入燕大国学研究所，再从新会陈垣、钱塘张尔田、吴县顾颉刚治史学。尝以与孙先生同乡故，蒙诸导师所器视，并屡向余赞孙先生学术之精博，而刻其遗著《古籀余论》补传于世云。逾年，余期满南回，掌教于厦门、杭州等地学校，复以孙先生作品课诸生。迩者退休在家，利用余闲，遂深究孙先生学问成就之经过，整比平日所搜采资料，纂为《孙诒让学记》凡十四册。从而得窥先生成学之因，盖由禀赋、处境、交游、藏书诸条件优越以致然，固非寻常士流所能企及也。虽然，余此书犹可供今世有志钻研古学者奉作楷模耳，亦以念吾温前辈读书之多，斐然各有鸿制流传，而与其地山水之深秀不无关系焉。

　　　　　　　　　　　　　　　　　　一九七七年十二月朴垞作于永塔寓庐

目　录

卷一 传 略

一、传略

资料：章炳麟作《传》，简称章传。朱孔彰作《事略》，简称朱略。章梫作《国史本传》，简称梫传。马其昶作《清史列传》，简称史传。张謇作《墓表》，简称张表。徐世昌作《清儒学案》，简称徐案。《瑞安县志稿》。简称县志。

（一）幼年时期　从父出游四方八九岁至十六岁

孙诒让，字仲容，章传、朱略、史传、张表，一作中容或仲颂。按：中、仲、容、颂，古字俱通。晚号籀庼居士，"庼"一作"高"。徐案、县志、张表。浙江瑞安人。章传、梫传。按：徐案、史传只作"瑞安人"，而朱略则添"温州府"三字。

曾祖祖铎，县学附生，祖希曾，县学增广生，皆赠资政大夫。张表。

父衣言，张表、史传。字琴西，徐案。太仆卿，章传、朱略、梫传。以文章气节重于时，徐案。诒让其次子也。

幼承家学，朱略、梫传、徐案。侍父京师澄怀园，于四子书外，浏览《汉魏丛书》以自乐。县志。按：此在八九岁时，本《札迻序》。父授以诗法。按：此在十二岁时，序本《窥横诗质跋》。有神童之目。朱略。

十六岁补学官弟子，张表。初读江子屏藩《汉学师承记》及阮文达元《皇清经解》，渐窥通儒治经、史、小学家法。徐案、史传。按：本《札迻序》。

父治永嘉之学，而诒让好六艺古文。父讽之曰："孺子徒自苦，经师如戴圣、马融，不阻群盗为奸劫，则贼善人；宁治史志，足以经世致远。"诒让曰："以人废言，不可。且先汉诸黎献，风义皭然。经训之以徒举一二人僻邪者，史官如沈约、许敬宗，可尽师耶？"父乃授《周官经》，其后为《正义》自此始。

（二）壮年时期　开始著书二十至三十二岁

同治丁卯，年二十，举于乡，县志、朱略、棪传、张表、史传，章传作"中式丁卯科乡试"。按：丁卯即同治六年。典试为南皮张之洞。朱略、县志。

嗣，父以道员需次金陵，县志。诒让随之。是时两江总督曾国藩幕中多方闻闳达之士，棪传。如德清戴望、海宁唐仁寿、仪征刘寿曾，皆治朴学，诒让与游，徐案作"与父执诸耆硕游"。学益进。章传。棪传作"诒让得习与诸老生扬榷讨论以成其所学"。

值东南"粤乱"后，故家遗书往往散出，海东舶来，且有中土未见者，父令诒让恣意搜讨，致书八九万卷。县志。按：本《玉海楼藏书记》。棪传："且当曰巨乱初平，故家秘藏流散城市，往往为所收获，闻见益广，研核特为精审。"

自是治经、史、小学，旁及乡邦文献，始著《温州经籍志》三十六卷。县志。父刊乡先正郑、薛、陈、叶诸遗集，多诒让所校定。棪传。

诒让晨夕与戴望同游，出金石拓本互相摩挲，为之考释。县志。按：本《古籀拾遗叙》。

以为《周官》乃先王政教所自出。自古文、今文之相主奴，刘歆、苏绰、李林甫、王安石之假名制，皆足湮塞古义，迷督后学，于是博甄汉、唐以来诸儒旧诂，绎疏证通，抉郑之奥，裨贾之疏，始为《周礼正义》长编数十巨册。张之洞议重刊《皇清经解》，曾征其书。诒让谓初稿，不急印行也。县志。

研撢廿载，稿草屡易……其于古制，疏通证明，较之旧疏，实为淹贯……以国家之富强从政教入，则无论新旧学，均可折衷于是书。识者韪之，史传、徐案。谓古今言《周礼》者，莫能先也。章传。

《墨子》书多古字古义，《经》上、下尤难读，《备城门》以下诸篇，非审曲勿能治。始，南海邹特夫比次重差，旁要诸术，转相发明，文义犹诘诎不驯。诒让集众说，下以己意，神恉迥明，文可讽诵。自墨学废二千岁，儒术孤行，至是较著。章传。

盖亦由于《墨子》旧校本，如镇洋毕沅、藤县苏时学、元和顾千里、高邮王念孙、引之父子、临海洪颐煊及俞樾、戴望所讨论，并张惠言《经说解》，杨葆彝《经说补注》，均未有荟萃专书。诒让繁征博引，折衷至当。俞樾亦谓"自《墨子》以来，未有此书也"。县志。

按：史传云："所著又有《墨子间诂》十五卷，《目录》《附录》二卷，《后语》二卷。精深闳博，一时推为绝诣。"张表云："推君学之为用承永嘉，而体所致力近 昆山顾氏。士不通经，诚不足言致用。夫言富强而适今代，则《周礼》之外，无过《墨子》。君以为《墨子》强本节用，兼爱非攻，足以振世救敝。不止五十二篇以下为兵家之要言也。于是尽引诸本，参综考读，覃思正训，发疑解牾，又旁通邹、梅，证合算理，成《墨子间诂》十九卷。"徐案同。

成书凡经二十余年。

（三）中年时期　南归后杜门撰述三十岁至四十七岁

光绪己卯秋，侍父归自江宁，里居……

谓古子、群经，有三代之通假，有秦、汉篆隶之变迁，有魏、晋正草之混淆，有六朝、唐人俗书之流失，有宋、元、明校雠之羼改。匡违捃佚，必有谊据。先成《札迻》十二卷。史传、徐案。《札迻》者，方物王念孙《读书杂志》。每下一义，妥耴宁极，淖入腠理。书少于《诸子平议》，校雠之勤倍《诸子平议》。章传。县志："校勘周、秦古籍，为《札迻》十二卷。"

考据有《周书斠补》三卷，《大戴记斠补》三卷，《尚书骈枝》一卷，《周礼三家佚注》一卷，《六历甄微》一卷，《九旗古谊述》一卷，《札迻》十二卷，《籀顾述林》十卷。张表、徐案。县志："遗著尚有《周礼三家佚注》一卷，《九旗古谊述》一卷，《述林》十卷。"

自段玉裁明《说文》，其后小学益密，然说解犹有难理者。又经典相承，诸文字少半缺略。材者欲以金石款识补苴，程瑶田、阮元、钱坫往往考奇字，征阙文，不审形声，无以下笔。龚自珍治金文，益缪礼滋多于是矣。诒让初辨彝器情伪，摈北宋人所假名者，审其刻画，不缺毫厘。即部居形声，不可知辄置之；即可知，然后傅之六书。所定文字，皆橐括就绳墨，古文由是大明。章传、张表、徐案。伟矣哉！明经必根荄小学。诒让治小学，本许书，上考金文，益上而考契文，成《契文举例》一卷，《名原》七卷，《大篆沿革考》一卷，《古籀余论》三卷，《古籀拾遗》二卷，《政和礼器文字考》一卷。

以解说文字，必归墟考据。既取薛尚功《钟鼎款识》、阮元《积古斋钟鼎款识》、吴荣光《筠清馆金石录释文》纠违匡缪，成《古籀拾遗》三卷，重订吴式棻《捃古录释文》之失，以补《古籀拾遗》所不及，为《古籀余论》三卷。县志。

以龟甲契刻证字书，兼究仓后籀前文字流变之迹，为《名原》七卷，《契文举例》一卷。县志。其《名原》未显于世。章传。

光绪乙未，振饥山西，序刑部主事。张表。梣传："援例得主事。"史传："官刑部主事。"梣传："报捐刑部主事。"签书未久，引疾归。梣传。

按：《〈古籀余论〉后叙》云：继余以资郎留滞春明，时吴县潘文勤公藏彝器最盛，与潍县陈寿卿编修埙，而宗室盛伯熙、福山王文介两祭酒，元和江建霞、阳湖费峻怀两编修，同邑黄仲弢学士皆为兹学。每有雅集，辄出所藏金文辨证难字……京洛缁尘，萃此古懽，郅足乐也。未几，余省亲南旋……

（四）晚年时期　兴学与征辟四十七岁至六十一岁

诒让行大类墨氏，劳心苦志，自以济世觉民为事。县志。章传："家居任恤，所至兴学，与长吏楉柱，虽众怨弗恤也。"

当清廷变法时，尝举泰西强国制度与《周官》符契者，为《周礼政要》四卷。县志、张表、徐案："又捃《周礼》合于远西政治者，类区科列，论说征引，推勘富强所由，如合符契，成《周礼政要》四卷。别揭当今切实可行者，为《周礼政要》。"

温州僻处海滨，诒让于后进请业者甄植众多。尝与黄绍箕创立学计馆及方言学堂，俾专习算、英、数，开博物理化讲习所，养成小学格致教材。于瑞安设普通学堂，续设中学堂，于郡城设师范学堂，温、处间中小学堂增至三百余所。所筹之款，均与官绅切实规划，其苦心孤诣有足多者。县志、梣传。

光绪癸卯，清廷举制科以罗经济人才。诒让为义宁陈宝箴、善化瞿鸿禨列名荐牍。既而党狱起，诒让以未入都，不与。县志。史传："光绪己卯，以经济特科征，不应。"张表："戊戌、辛丑，荐以经济特科，征皆不赴。"梣传："光绪二十九年，开经济特科，吏部尚书张百熙、工部左侍郎唐景崇、两湖总督张之洞交章荐之，病未与试。"徐案："光绪中，以经济特科征，不赴。"

三十三年，学部既设，尚书荣庆、侍郎严修奏授二等咨议官。

浙江提学使支恒荣聘为学务议绅，寻举为浙江教育会会长。朱略、梣传。县志："寻被举为浙江教育会会长。"

又以温、处二郡距省窵远，文化蔽塞，非设一总会学务之处不足以广教育。呈请巡抚，设温处两府学务处，众遂举为总理。梣传。县志："瓯海观察童兆蓉，详请浙抚，筑温处学务处，延诒让总理其事。"

三十四年，礼部开礼学馆，溥玉岑尚书奏派总纂，诒让以病不赴。朱略、县志、张表。丁未，应礼部奏，征为礼学馆总纂。史传："宣统元年，礼制馆征，亦不就。"按：礼学馆征在光绪三十四年戊申，为宣统即位前一年。徐案："礼部奏征为礼学馆总纂，亦不赴。"

未数月，遽病卒。张表。县志："戊申五月卒。"棫传："三十四年卒。"章传、朱略："清光绪三十四年五月，病中风卒。"

年六十有一。朱略。张表："春秋六十有一，实光绪三十四年五月二十二日也。"按：只有史传作"年六十二"，盖沿"宣统元年，礼制馆征，亦不就，未几卒"之误。

配诸氏、杨氏，妾陈氏、侯氏、李氏。男子九：长延畴，殇；次延晌，出嗣；次延钊孟晋、延锴次鏐、延瀚叔海、延炯季明、延撰季直、延灏、延著季文。女子子瑜韵箫，适同里洪锦波叔兰。孙男九人。

墓在永嘉十三都慈湖南村御史峰。今温州市梧埏区慈湖公社南村湾底。

一九八一年六月十六日，温州市公布的第一批市重点文物保护单位名单内，将籀园及慈湖南村孙诒让墓列于重点文物保护单位。

按：坊间印行所谓《清史列传》儒林部分，于吾乡先哲只有《方成珪传》，而无《孙诒让传》。即《清史稿·儒林传》之末，以王闿运、王先谦置于孙诒让、俞樾之间，亦不得谓当。诒让为老辈，宜与俞樾肩行，且先二王而卒。兹置孙氏于二王之后，非其伦也。是宜改正。

又按：礼部设礼学馆事，可参看曹元忠《笺经室遗集》卷一，代撰《礼部遵旨设立礼学馆筹办大概情形疏》附《谨拟礼学馆章程》。

二、年表

道光二十八年戊申（1848），一岁

八月十九日巳时，孙诒让生于瑞安县治西北二十五里集善乡潘埭茂德里之演下村。

△谱名德涵，行二。△前为事迹，后为备注。

二十九年己酉（1849），二岁

三十年庚戌（1850），三岁

父衣言登进士第，入翰林。同年有武陵杨性农彝珍、德清俞曲园樾、江宁寿湘帆昌、丹徒丁濂甫绍周、祥符周叔昀星誉，皆宿学名儒也。

叔父锵鸣以编修为广西学政。

咸丰元年辛亥（1851），四岁

父衣言家居，冬间又离家。

△衣言是年有《桐庐舟中度岁怀几山舅氏富阳》诗，见《逊学斋诗抄》八。

二年壬子（1852），五岁

衣言云：元日桐庐放舟，薄暮抵富阳，二月二十一日至都。吴氏叔侄先为予赁屋于宣武门外香炉营四条胡同。

三年癸丑（1853），六岁

父衣言充实录馆协修，预修《宣宗实录》。

叔父锵鸣自广西归，奉命在籍督办团堡事。又校勘孙希旦敬轩《礼记集解》。《礼记集解序》云：咸丰癸丑，某自粤右归，被朝旨，治团于乡，从其曾孙裕昆发箧出之，则累然巨编。

△《逊学斋诗抄》九有诗。又云：咸丰癸丑，予在京师，与张海门、林颖叔、王定甫寓居相近，每相过从，有《晨灯录诗》一卷。

四年甲寅（1854），七岁

五年乙卯（1855），八岁

五月二十四日，父衣言被命入直上书房，黄县贾相国所荐也。

△六月，俞樾奉命视学河南。七月二十一日，天子移跸圆明园。衣言云：咸丰五年，衣言以授书儒上书房。又云：七月天子移跸圆明园，两书房翰林直庐在澄怀园，衣言居食笋斋，有《枌栺花馆记》。刘宝楠楚桢卒，六十五岁。

六年丙辰（1856），九岁

父衣言仍官上书房，诒让随侍京师澄怀园，受四子书，辄浏览《汉魏丛书》。

《札迻序》云：咸丰丙辰、丁巳间，年八九岁，侍家大人于京师澄怀园，时甫授四子书，略识文义。庋阁有明人所修《汉魏丛书》，爱其多古册，辄窃观之，虽不能解，然浏览篇目，自以为乐也。

△衣言云：予在上书房时，所居澄怀园庐，当涂黄勤敏公直南斋时尝居之。有小竹一丛，犹公手植，所谓食笋斋是也。又云：咸丰五六年间，予直上书房。又云：予在书房时，两斋翰林十数辈，往往以文字意气自相矜尚。

七年丁巳（1857），十岁

二月十八日，父衣言升授翰林院侍讲，上书房行走。

△衣言有《纪恩》诗。

八年戊午（1858），十一岁

夏，衣言出为安庆知府，诒让奉母归。是年天津戒严，举朝争和战未决。衣言两进封事，言甚切。夏六月遂拜出守安庆之命。

是年六月，衣言奉命出守，因阻兵，迁道南行，至十二月十九日行抵定远，乃于军中接篆。

△衣言云：咸丰戊午，予直书房，居澄怀园。又云：六月予自内迁出守安庆。衣言诗叙云：将之皖省，予妇携涵儿、旋女先归，与别于江上。因为诗一章，令其持呈大人，兼示仲弟。又云：咸丰八年，予自内廷出领郡。_{出守安庆}是时"金钱会匪"起义，已陷处州，其徒蔓延瑞安西北乡，于是予弟锵鸣以翰林侍读奉命在籍团练。

俞樾免河南学政任。

南海康有为长素生。

九年己未（1859），十二岁

春夏间，父衣言辞安徽安庆知府，自安庆归，五月十八日经过杭州。

夏，父衣言《逊学斋诗抄》十卷刊成，并授诒让诗法。

跋周星贻《窳櫎诗质》云：诒让少时，先君尝授诗法，稍长，治经、史、小学，此事遂废。

△衣言云：咸丰己未，予由安庆引疾归。

十年庚申（1860），十三岁

撰《广韵姓氏刊误》一卷。八月二十日，潘埭村居毁于"钱匪"。

九月初六日，衣言奉父母、率妻避"寇"居永嘉孙坑。

《将帅别传叙》云：值浙东南沦陷，乡里墟烬。诒让甫成童，辗转兵乱间，仅以获全。

《教谕杨公墓志铭》云：咸丰辛酉、壬戌间，诒让年甫十三四，而遭平阳"会匪"之变。避兵永嘉，每侍先太仆君，辄闻平阳琴溪杨公治乡团，保江南，其功甚伟。先君尝叹其贤，自以为不及也。——《平阳县志》卷七十二

△衣言云：八月平阳"会匪"之变，室庐为"贼"所焚，衣言兄弟率家人避于永嘉孙坑，有诗。

十一年辛酉（1861），十四岁

△衣言云：冬十一月，瑞安并河诸乡民相约杀"会匪"，城围解。

太平军再陷杭州，仁和邵懿辰位西遇难，年五十二。

同治元年壬戌（1862），十五岁

正月，"金钱会匪"平。

二月，父衣言奉祖父母归，始迁城居。时寓城内许氏居，在水心殿街。

七月，衣言奉曾公命赴皖，有《旅中日记》一册。

△衣言云：正月平阳"会匪"既平，又一月"粤贼"自青田犯吾温。吾子诒谷以团练逆战，败死。又云："会匪"乱后，予尝欲识其本末，久未遑暇。既而得黄漱兰洗马所为《钱房爰书》者，自咸丰十年初起，至明年春闽师平"贼"，逐日记事，言之详直不讳，因综其上要，参以所闻，为《纪略》一篇。

二年癸亥（1863），十六岁

读江子屏《汉学师承记》及阮文达公所刊《经解》，始知治经史家法。

《札迻序》云：年十六七，读江子屏《汉学师承记》及阮文达公所集《经解》，始窥国朝通儒治经、史、小学家法。

冬，父衣言奉命署庐凤颍兵备道。

△衣言云：同治二年，予依湘乡先生安庆军中。

陈奂卒，七十八岁。

三年甲子（1864），十七岁

春，父衣言分巡庐凤颍道以襄乔抚军营务，驻寿州，诒让随侍。

得元管军上百户铜印。《记》云：同治甲子春，家大人摄分巡庐凤以襄乔抚军松年营务，暂驻寿州。余随侍官斋，介友人易得之。印文为蒙古字七，印背鐍汉文十六，右曰"管军上百户之印"，左曰"大德元年中书礼部造"。

时独山莫友芝得唐写本《说文》木部之半，自为《笺异》，刘北山考定为元和时人书，曾文正公命刊行之，杨见山、张啸山为之校勘。其书出时，世之治小学者诧为秘笈，诒让则举证数事以明其伪。

六月，祖母丁太淑人卒。

秋，得汉卫鼎于安徽寿州。《考》云：东汉卫鼎，同治甲子秋得于淮濒，以建初虑俿铜尺度之，器高五寸八分，口径七寸二分，两耳高二寸五分，三足高三寸六分，惟盖已失去。

重校本《契丹国志》云：同治甲子，余侍家大人自皖中归，道过杭州，购得扫叶山房刻重校本。

十一月五日，祖父通政公卒。

△衣言云：同治三年春，予以权庐凤颍道，从中丞乔公治军临淮。

又云：已而予摄庐凤兵备，去安庆，旋以太淑人忧归。

又云：及太淑人有疾，予方在凤阳，予弟方在京师。及闻太淑人之丧，数千里匍匐以归，而太淑人已就殡矣。

四年乙丑（1865），十八岁

春二月，父衣言告假回籍居丧。

草《白虎通校补》一卷，有《自序》。

冬十月，父衣言主讲杭州紫阳书院，诒让随侍。

始治金石文字之学。跋薛书云：余少嗜古文大篆，廿十八，得杭州本读之，即爱玩不释，尝取《考古》《博古》两图及王复斋《款识》、王俅《集古录》校诸款识，最后得旧影抄手迹本以相参校。

冬，增补《广韵姓氏刊误》，写成二卷。

△衣言云：同治乙丑仲冬，予主讲紫阳书院，以冬至日来杭州。

十一月，富阳舟中。石门洞谒诚意祠堂诗。游五美园、仙岩。

又云：兵部马侍郎尝与衣言同在定远军中，又同官安庆，及擢抚浙江，衣言来主书院，又相聚于杭州。

五年丙寅（1866），十九岁

父衣言合葬通政公、丁淑人于盖竹山之原。

县试第二，府试第一，遂以第一人补学官弟子，出泰兴吴知甫学使存义门下。并览诒让所作《平阳芷庭杨公墓志》。

草《讽籀余录》。按：此诒让二十年前后，稿仅数叶，载短篇文字若干首。盖当时读书笔记也。册端自题《讽籀余录》，下识"丙寅以后"四小字，则草创当在是年。

两江总督曾国藩创设金陵书局，招集归安周学濬缦云、独山莫友芝子偲、南汇张文虎啸山、江都刘寿曾恭甫、海宁唐仁寿端甫、德清戴望子高、宝应刘恭冕叔俛等校勘经籍。

见邑中李氏所藏《吕氏读诗记》，有方成珪点勘手笺，以为精审绝伦，亟传录弆之，复核一过。又见胡氏所藏《困学纪闻》，亦方校本。

△衣言云：丙寅春，衣言来此主讲紫阳书院。八月，作《紫阳书院景徽堂记》及《十六咏》。又云：同治丙寅，予在杭州书院，子庄以乡试来杭，与予同居紫阳书院。

又云：同治五年，予依马端敏公于杭州。予旋以端敏荐起为监司江宁，又从曾文正公数年。又云：马端敏公由浙抚擢督两江，予亦从端敏公疏起至金陵。

上虞罗振玉生。

六年丁卯（1867），二十岁

侍太仆于紫阳书院，校太仆所编《永嘉内外集》七十有四卷，间附识语。

得宝纶阁原刻本《敕谕录》二卷。

二月，家大人跋《谢坦斋集》云：予顷以搜采乡先辈书，徐君莒生从其友张君阆仙处得此本。

八月，秋闱前数日，购得罗镜泉所校本《集韵》五册，有记。记云：丁度《集韵》，今世通行者大抵皆曾氏五篇本，舛讹至多。吾乡方雪斋先生成珪尝集众本雠校，为《集韵校正》若干卷。稿本今藏邑中项氏，余尝欲借录，未果也。丁卯八月秋闱前数日，购得罗镜泉所校本，亦颇精审。按：罗君杭州人，精于校雠之学，所著有《蔡中郎集举正》及《金石综例跋》，未见刊本。

是科本省乡试，中式第四十四名举人，出太和张霁亭光禄沄卿、南皮张孝达编修之洞之门。

《哀挽录》云：诒让年未弱冠，槐雀甫踏，即受知于南皮张相国之洞，相国得卷，许为古之作者，啧啧称奇。奈宫临摩蝎，赴京华而不第。

得日本刊《孝经郑注》。跋云：八月秋试毕，于吴山书肆偶见此册，虽无裨考览，以其为海外旧帙，以百泉收得之，因识其后。见别本《韩文考异》。《拜经楼书目》别本《韩文考异》二十卷，拜经楼之本乱后散出，丁卯秋试，予于武林书肆见之，今不知归何人？

于同年仁和谭复堂献所，又得卢本《白虎通》一帙，记于册末。又记于旧藏卢本册耑云。

七年戊辰（1868），廿一岁

春，父衣言至京师，专搜先哲遗书，为《瓯海轶闻》之资料。

父衣言以马端敏公荐起以道员需次金陵。五月谒选京师，诒让随侍北上。会试不第。（一）

见明内府本《玉篇》《广韵》。《讽籀余录》云：明内府本有《广韵》刊本，与余藏《玉篇》行款板式皆同。余戊辰春侍家大人入都，于厂肆见之，惜未购来，想其移易删节当与《玉篇》无异。

夏，诒让返瑞安原籍。是太仆命先归。

《蒙川遗稿跋》云：同治戊辰，诒让应礼部试，报罢南归，道出甬东，购得写本，尚为阮编之旧，乃得尽刊今本之谬。家大人遂命校刊以广其传。归途过甬东，购得罗氏《蔡中郎集举正》《金石例跋》各一册，俱手稿本。

《名臣碑传琬琰集》云：余于戊辰在沪上书肆曾见宋刊小字本，惜不全。

侍郎公命校刊家敬轩先生遗著《尚书集解》一卷。

游仙岩，手拓沈枢持要《题记》并《诗》，彭诚执中《题名》及《陀罗尼经幢》以归。衣言《仙岩沈枢题名跋》云：儿子诒让游仙岩，尝为拓一本。

秋，父衣言授江宁布政使，居瞻园，诒让随侍。

十月，同岁生黄岩王子庄孝廉来温州，以所纂《九峰山志》五卷乞序，让为跋后。

十一月，侍太仆于金陵，于是东南寇乱之余，故家遗书往往散出，而海东舶来，且有中土所未见者，太仆令诒让恣意购求。

时东南通学犹承乾嘉大师绪论，以稽古为职志，则有张啸山、刘恭甫、戴子高、唐端夫、刘叔俛诸先生咸在金陵书局校梓群籍。诸先生与太仆雅契，让因识诸先生，以所学互相商榷。

△衣言云：戊辰春三月，予重至京师。又云：予在京师，居南横街袁筱坞所。又云：戊辰方谒选，居南横街。又云：戊辰，马端敏公荐起，以道员需次金陵。又云：冬，来官金陵。

俞樾主讲诂经精舍。

八年己巳（1869），廿二岁

三月过吴门，得影抄残本《四灵诗》。书后云：同治己巳三月，过吴门，得此于玄妙观书肆。庚午十月读一过，书此。时余方纂《温州经籍志》也。

夏，始著《温州经籍志》。《叙》云：温州自唐以来，魁儒玮学，纂述斐然。而图经所载，仅具书名，不详崖略，疏漏舛谬，研讨靡资。今特为补辑，勒成斯编……己巳之夏，属稿伊始。

四月，马公又奏署衣言为江宁布政使。

△衣言云：同治八年己巳，予在金陵，曾文正公奏补江宁巡道，荐擢皖臬、楚藩。

陈澧卒，七十三岁。

邹特夫卒，五十一岁。

杨晨就婚瑞安。

九年庚午（1870），廿三岁

以汉熹平石经残字校《论语》"盍彻乎"原文，补正刘宝楠《论语正义》。《汉石经残字后》云：同治庚午、辛未间，余在江宁曾举此义以告叔俛，亦深以为然。因其书已刊成，未及追改，而叔俛遽卒。按：公凡经校勘刘疏，积有《札记》五六十条之多。书论八事，不过俾学者窥其一斑而已。

春，黄岩杨定孚孝廉晨来金陵，自是与诒让几席相与，互观所尚。

草《四灵集笺异》。家藏原稿仅四叶，即以景宋抄本与读画斋本互勘，间采晋江龚显曾校语，原稿未题著作年月。按：是岁十月予作跋文。

十月，撰《温州经籍志》三十六卷成，有《叙例》。

十二月，假海昌蒋光煦《斠补隅例》摘抄。

十二月十九日，侍太仆同杨定孚会诸胜流于飞霞阁，祀东坡。

是年，太仆得《薛浪语集》，诒让乃以文澜阁本及丁松生先生私藏二本与朱、陈二本互读，而旁览《历代名臣奏议》《宋元学案》《南宋文范》诸书，勘核异同，随笔记于陈本册端。原本并见有杨定孚附笺甚伙。

三月，父衣言作《敕建义民坊记》于金陵冶城山庄。庚午岁除，仲颂内兄属斠邵氏《四库目录标注》，定孚时客冶城。按：冶城山者，前宰相文正曾公儤书之所也。始公抚皖，"贼"犹未尽灭，即大刻经籍以幸东南之士，使兴于学。既而"王师"克金陵，公由皖移节江南北，于是从公之士归安周学濬缦云、独山莫友芝子偲、南汇张文虎啸山、江都刘寿曾恭甫、海宁唐仁寿端夫、德清戴子高望皆随以来。公既治夫子庙于冶城山之上，复于山之东北隅修葺所谓飞霞阁者，以为勘书之庐也。

七月，马新贻遇刺卒，年五十。

十年辛未（1871），廿四岁

正月六日，编录邵位西《四库简明目录标注》二十卷毕，时与定孚妹夫同应礼部试，将束装就道矣。邵书伊家藏原写本十册，题《钦定四库全书简明目录》，让以朱笔手加"仁和邵懿辰校注"七字于其下。近邵氏家刻本，署《……标注》，乃伯绚学术于宣统辛亥付刊时追定书名。盖以山阴胡氏所弄副帙校勘其家藏稿，而让编录本，伯绚未之见。

北行，道出京口。《瘗鹤铭记》云：正月计偕北上，与黄岩杨定孚晨、王子庄棻舟过焦山，得无惠鼎及瘗鹤铭精本。

与同年王子常孝廉相见都下，藉阅汲古阁旧抄本陶宗仪原本《说郛》。《记》云：《说郛》一百二十卷，黄岩王子常孝廉咏霓购得汲古阁抄本《说郛》六十卷，有毛斧季校语。余辛未春在京寓曾从借阅，与俗本迥异，真秘笈也。诒让记。

四月，会试不第。（二）

假读翰林院所储《四库全书》底本，并抄得明刻本张纯《存愚录》一卷及王朝佐《东嘉先哲录》阙本二十卷。张沧江《存愚录》一卷，同治辛未四月，借翰林院所储明刻本影抄。瑞安孙诒让记于京都云都旅寓。

假阅朱谏《雁山志》，有案语。案云：同治辛未四月，余以应礼部试，在都假得翰林院所储《四库全书》底本数种，内有明刊《雁山志》四卷，验其册面印记，即乾隆三十八年十一月浙江巡抚三宝所进汪启淑家藏本也。

精勘黄淮《介庵集》，有案语。案云：黄文简《介庵集》，世间流传绝少。同治辛未，余以应试入都，假得翰林院所储明刻小字本，验其册面印记，即乾隆三十八年浙江巡抚三宝所进汪启淑家藏本也。既迻录其副，复精勘一过。

与王子庄孝廉论《书》大麓义。

五月朔，张文襄公集诸名士于龙树院，为蒹葭雅集，桂皓庭文灿、会稽李慈铭及诒让与焉。皓庭有记。

《张尚书六十寿叙》云：诒让佝瞀无似，昔尝侍公燕间，获闻古今学术之流别。中年早衰，学殖荒落，重以孤露余生，废业累岁，曩时所治，百不识一，唯是《礼经》为夙所诵说者，犹能举起要略。

□月，诒让应试报罢，返江宁。

六月，抄得《道德经注》一十册。

记云：辛未六月，从德清戴子高假魏氏《碑录》，迻写此十五页。诒让记。

是年，精校《浪语集》毕三十五卷，拟别为《札记》一卷。孙案：同治辛未，家大人命诒让参合各本，精校付刊，复录其异同为《札记》一卷。

△《逊学诗叙》云：辛未五月之之朔，张孝达太史之洞、潘伯寅侍郎集诸名士于龙树院，为蒹葭簃雅集图，人各有诗，南海桂皓庭文灿、儿子诒让皆与焉。皓庭来金陵，索为诗。

《越缦堂日记》云：同治十年辛未五月朔，上午出门……遂诣龙树寺，赴伯寅、孝达之招。到者二十余人，名士毕集，而吾乡之妄人天水生亦与焉。诸君多不欲，均岗伏。伯寅赋纸属分纪以诗，秦宜亭户部绘图，晚归。

王鹏运云：辛未庇用后，张孝达制军与潘文勤公会名士于龙树院，治觞送客。手札七通，夏闰枝编修装册征题。潘鸿诗小叙：同仲修、李爱伯慈铭、陶紫缜方琦、羊辛楣复礼、张子虞颖、孙仲容诒让诸子集陶然亭，分得赋字。诗载陈衍《近代诗抄》九。

同治十年五月庚寅，朔，晴。伯寅来，旋得饮龙树寺，与香涛同为主人。四方之士集者十七人：无锡秦宜亭名炳文，善画；南海桂皓庭文灿；绩溪胡荄甫澍，子蓟之族也；吴许鹤巢赓飏；赵扚叔云，戴子高属访余，必欲一见。元和陈培之倬；会稽李莼客慈铭；赵扚叔之谦；长山袁鹤丹启豸；洪洞董研樵文涣；遂溪陈乔生亦山；黄岩王子裳咏霓；钱塘张子余预；福山王莲生懿荣；南海谭叔裕宗浚，玉生翁之子也；瑞安孙仲容诒让，琴西之子也；朝邑阎进甫乃炕，丹初之从子也，其父与余同居月余，而志其字，寓内城西潬沿桂中堂祠堂。研樵与文卿同寓桂甲屯岳阳馆，余尚识之。亦山最熟，皓庭、莼客皆曾相见。王、张、孙不多语，孙年最少，亦廿四矣。胡、赵同寓果子巷。胡官户部，明当访之。伯寅各出一纸属书，意在得诗也。余归，乘兴得一篇云。——《湘绮楼日记》

独山莫友芝子偲卒，六十一岁。

十一年壬申（1872），廿五岁

撰《古籀拾遗》三卷，有叙。《叙》云：端居讽字，颇涉薛、阮、吴三家之书，读之展卷思误，每滋疑瀁，间用字书及它刻互相斠核，略有所寤，辄依高邮王氏《汉隶拾遗》例为发疑正读，成书三卷。

致书王子庄先生，续陈大麓之义以毕前说。

校刊《开禧德安守城录》一卷。《后叙》云：壬申十月，家大人以此书开彫于金陵。杀青既竟，乃命诒让附识其源流，并著其足与它书相参证者，缀诸简末。

从桐城萧敬孚先生穆许，假影写宋本《孔氏家语》，校勘汲古阁本，辄就汲古本手加笺记，而书于册耑云。

十月，戴子高以桐城吴氏摹本《周毛公鼎铭》属为考读。诒让以此鼎阮、吴并未著录，因匄集《说文》古籀及薛、阮、吴诸家所录金文考定其文字，而阙其不可知者，成《释文》一篇，附于《古籀拾遗》稿本册末。文曰：右潍县陈氏所藏《周毛公鼎铭》卅二行，四百九十七字。吉金款识，自齐侯镈钟外，如近人所得盨鼎、散氏盘，其文之繁未有及此者。德清戴君子高偶得桐城吴氏摹本，使余读之，因匀集《说文》古籀及薛、阮、吴诸家所录金文考定其文字，而阙其不可知者。

《古籀余论后叙》云：犹忆同治间，余侍亲江东，时海内方翘望中兴，而东南通学，犹承乾嘉大师绪论，以稽古为职志。余壮年气盛，尝乘扁舟溯江至京口，登金山，访遂启諆大鼎不得。乃至焦山海云堂观无惠鼎，手拓数十纸以归。时德清戴子高茂才亦客秣陵，与余有同嗜，朝夕过从，余辄出所得汉阳叶氏旧藏金文拓本二百种同读之，君亦出旧藏季娟鼎相与摩挲椎拓，竟日不倦。时余书方脱稿，而戴君得羸病甚剧，然犹力疾手录余说于《积古斋款识》册尚。又尝属余为毛公鼎释文，其殁前数日，犹逐副不遗一字。盖余治此学，唯君知之最早，亦爱之独深。

以《古籀拾遗》初稿示刘叔俛，刘为《跋》其后。

陆子《新语》二卷，宋于庭校本，壬申十二月，从德清戴君子高假浮溪精舍刊本，命抄胥迻写。时将有皖中之行，戴君索书甚急，不及校勘，附识于此以俟他日。瑞安孙诒让记于江宁盐巡道署之籀庼。按：籀庼之号，似昉于此。

传抄卢校《越绝书》，跋其后。复记于册端云：乾、嘉间，为校雠之学者莫如卢绍弓、顾千里。顾校书若《韩非子》《列女传》《华阳国志》《文选》之类，人多为刻之。卢所校者尤众，其自刻《抱经堂丛书》数十种最为善本，然其未刻校本为世所传录者尚多。此《越绝书》亦绍弓所校，余从德清戴君子高假录之。

传抄戴校《春秋繁露》。

壬申冬，乃从邵先生令嗣子进取《四库简明目录标注》原稿精校一过，十一月五日校毕。

十一月，父衣言以江南盐法道升授安徽按察使。

十二月，衣言校刊《浪语集》三十五卷，诒让代为之《叙》。《叙》云：（上略）今相国合肥李公有忧之，以为此邪诐之说而荒蔑之原也，思欲刊布儒先遗书以救其敝。某顷官江东，笔牍之暇，辄以先生遗集为请，相国览而善之，遂捐奉属桂芗亭观察刊之金陵书局，而以其板归某，使浙中学士大夫得读先生之遗集，而世之有志于永嘉之学者亦有所津逮。则相国是举也，实古今学术升降之枢辖，岂徒吾乡先哲之幸哉！……

得戴氏所藏《召俏虎敦拓本》，考读一过，识《跋》其后。

传录戴子高斠毕本《墨子》。

传抄庄有可《周官指掌》五卷一册，记云：同治壬申十一月，假德清戴子高所藏寿经阁写本，属友迻录。

△同治壬申十一月，衣言于金陵思食筍斋。

十二年癸酉（1873），廿六岁

侍父衣言江宁，始著《周礼正义》。

《大戴礼记斠补叙》云：犹忆同治癸酉，侍先太仆君在江宁时，余方草创《周礼疏》，而楚桢丈与叔俛孝廉恭冕适在书局，刊补《论语正义》亦甫成，时相过从，商榷经义，偶出《大戴》斠本示余，手录归焉。

《刘恭甫墓表》云：同治中，诒让侍亲江宁，始得识恭甫。于时大江南北方闻之士总萃于是，宝应刘君叔俛方继成其父楚桢先生《论语正义》，甘泉梅君延祖治《穀梁》，亦为《义疏》，而恭甫治《左氏》为尤精。诒让佝瞀不学，幸获从诸君子之后，亦复希光企景，拟重疏《周官》以拾贾氏之遗阙。间有疑滞，辄相与商榷，必得当乃已。

吴县朱中我孔彰校刊抱经堂本《林和靖集》，来假卢氏《群书拾补》，复与让增录《宋人诗话》一卷。见朱刻林集后序。

校刻《刘左史集》四卷，《刘给谏集》五卷，有《跋》。

传抄顾广圻《说文辨疑》，记云：《说文辨疑》一册，顾先生未成书也。同治癸酉三月，藉唐端夫所藏写本迻录。

四月，诒让随侍父衣言到安徽按察使任。

四月，抄得苏时学《墨子刊误》一册，记云：癸酉四月，假海宁唐尚夫本迻录，并校一过。此书諟正讹脱尚为精审，惟笃信古文字，又好以藉字读正字，是其蔽也。中容识于秦淮官阁。

从唐氏藉传抄翁覃溪校本宋娄机《汉隶字原》。翁校据朱竹君所得南宋本，校汲古阁本之误。让以朱墨两色笔手录校文于所藏汲古阁本各卷中。

于端夫所见有传录蒋生沐藏《宋苏学士集》，姚世钰录何义门校本也。

从端夫假子高所校《荀子》四册，手录弄之。

△衣言道出泰安为岱游，登日观峰，有诗。

钱泰吉卒。

戴望卒，三十七岁。

十三年甲戌（1874），廿七岁

正月，以刘恭甫明经所贻《周虢季子白盘拓本》付装池，跋其后。

校读抄本会稽章氏《隋志考证》史部三册。原稿每叶廿四行，每行廿五字；卷首有"文选楼"硃文方印、"扬州阮氏琅环仙馆藏书印"朱文方印、"东壁图书"朱文方印、"章宗源印"白文方印；今藏仪征刘副贡寿曾处。同治甲戌正月十日，藉恭甫同年所得文选楼藏本校一过，并录许氏评语于简端。

与杨定孚北上，三应礼部试。

三月，于厂肆得一旧抄本《旧五代史》，亦逐条注所出书。

晤朱修伯宗丞学勤，云收得景宋本《类篇》，惜匆匆出都，不及假观。

从修伯先生假陈高《不系舟渔集》抄本，苏伯衡编。既录其副，复假丁松生藏本互勘一过。

四月，顺德李仲约学士文田为题"经微室"三字篆书斋榜。

礼闱报罢，南归。（三）

尝与谭仲修孝廉合校刘履芬重刻影写宋本《邓析子》，谭氏作校文，让为拾遗。

尝从谭先生假陈奂校宋本《淮南子》，传录校语于庄逵吉校刊本之卷中。谭仲修同年有陈硕父校宋本，即据士礼居宋七字本精校者，余从借录云。《复堂日记》云：陈硕父征君手校《淮南子》，盖传校宋本于庄斯刻本中云。

邵氏《四库简明目录标注》，让附注云：邵书册中，见有萧敬孚先生校记二十余条。又有献注、碻秋校、常校多条，盖谭仲修、袁碻秋、王子常诸先生先后所为。

唐先生以《齐天保造像拓本》见贻，手录碑文而跋其后曰：右张叔贵造像，桐城吴刺史汝纶官深州时访得者，同治甲戌八月，海宁唐崶甫茂才寄贻。

十月，检校传录长洲马远林景宋本《集韵校勘记》一册，记云：《集韵校勘记》十卷，马钊撰。同治癸酉二月，假唐镜香茂才录本逐写。十月，于扬州舟中勘过。按：崶甫先生别号镜香。

父衣言六十岁。

为《周礼正义》长编数十巨册。

嘉靖本《周礼郑注跋》云：让卅年前，侍先君子江宁巡道署，时仁和邵子进大令需次冶城，亦同寓官斋，出所藏明刊原本见示，盖海昌陈仲鱼旧弄本，而子进尊人位西世丈收得之者。

《大戴礼记斠补叙》云：刘叔俛又云："胡君培系为《大戴义疏》，方缀辑《长编》甚富，倘竟其业，诸家精论必苞综无遗。它日当与《周礼疏》并行，但恐其书猝不易成耳。"未几，余从先君子至皖，而胡君适为太平教授，曾一通问，未得读其所著书也。

作《新始建国铜竟拓本跋》，《跋》云：犹忆同治季年，余与莫、戴两君同客江宁。莫先生于让为父执，尝得侍謑谭；而子高与余同为金石篆籀之学，踪迹尤密。始以此竟拓本见示，诧其奇古而未及悉心审校。

十月，父衣言以陕甘总督左文襄公奏保筹饷出力，折内加布政使衔。嗣署安徽布政使。

校读《论语正义》，得剩义数事，移书刘恭冕，专录奉质。

十二月，作《吴禅国山碑跋》，《跋》云：此碑为苏建篆书……同治甲戌十二月，偶检箧中弄本校读一过，遂拉杂记之。

△冯桂芬卒，年六十六。

泰顺林鹗太冲卒，八十三岁。孙止庵作董霞樵斿《太霞山馆文集序》云：近世余之老友林太冲广文博学善著述，耄耋不倦，不幸今岁二月亡矣。

光绪元年乙亥（1875），廿八岁

由山西赈捐移奖，得主事。签分刑部，充福建清吏司行走。

五月，撰《六秝甄微》七卷，有《叙》。《叙》云：（上略）今之所集，虽复疏略，而梗概粗具，推课无难，用以存教授之初轨……

秋八月，父衣言升授湖北布政使。

校刊《蒙川遗稿》四卷，有《跋》。《跋》云：（上略）同治戊辰，诒让应礼部试，报罢南归，道出甬东，购得写本，尚为阮编之旧，乃得尽刊今本之谬。家大人遂命校刊以广其传。大致悉依旧写本，其有夺误显然者，乃依阁本、活字本略为补正。稍涉疑似者，则区盖以俟续勘……

得汉阳叶氏金石拓本二百种，有龚定庵礼部考释题字。复以旧藏拓本二百余种益之，装成四巨册，题曰《商周金文拓本》。按：汉阳叶志诜东卿，癖嗜金石，搜罗甚富。子名澧润臣，道光甲午举人，内阁中书。至是其家中落，族孙寿海举所藏金石拓本悉以售孙氏。朱芳圃谱《孙诒让年谱》（以下简称《孙谱》）。

叶名澧字润臣，湖北汉阳人。道光十七年举人，官内阁中书，迁侍读，改浙江候补道。名澧博学好古，治经，通《易》《尔雅》，尤工诗。居京师，键户读书，苦吟不辍……暇，二三贤士作山水游。意度萧旷，有山泽闲意。中岁遍游江汉吴越，南抵黔中，北至雁门，所至皆纪以诗。一时名士……皆与订交。后以兄名琛殁于海上，侘傺不得志，咸丰八年卒于杭州。

得归震川《古文举例》。海宁邵寿祺刻《古文举例》序略云：光绪初，许君佐孙君诒让蒐讨得之云。

△梅毓卒。

朱学勤卒，五十岁。

乔松年卒。按：松年字鹤侪，山西徐沟人，道光己未进士，故御史大兴刘位坦之婿也。御史精于金石之学，收藏甚富。松年得其指授，亦喜书画，能为诗，而性不能事人，卒无子。谥勤敏（恪）。

十二月祭灶日，衣言在安徽祥刑使署作《诒善祠塾课约》八则。木刻本。

二年丙子（1876），二十九岁

二月，侍父衣言入觐，得周要君壶于河南项城道次。《周要君壶考》云：光绪丙子十二月，家大人以鄂藩入觐，诒让侍行，得此于河南项城道次，因审定其文字之异者以资考览。

三月，出都。

四月，杨定孚为江亭雅集，诒让及李莼客慈铭、王子裳咏霓均与焉。

十二月，校刊《横塘集》二十卷，有《跋》。《跋》云：忠简所著《横塘集》三十卷，宋时刻于台州郡斋。明中叶后散佚不传。乾隆间，始从《永乐大典》辑出，重定为二十卷。盖九先生遗集传于今者，惟《浮沚集》及《左史》《给谏》集与此集而四。周《集》存者不逾十卷，《二刘集》才四五卷。此集虽残帙之余，视宋本已少三之一，然较《浮沚集》卷帙已倍之。玮文鸿笔，大都具在……

校刊《竹轩杂著》六卷，有《跋》。《跋》云：（上略）家大人既以《横塘集》付刊，以此书流传尤少，亦并校刊之。至陈伯玉所称沮和议疏，《大典》本已佚不存，今检徐梦莘《三朝北盟会编》所载，尚其全文，谨据录入以补阁本之缺焉。

秋，从弟诒燕翼斋中乡试。

△衣言云：光绪丙子，予以楚藩入觐，漱兰尚在翰林。

唐仁寿卒，四十八岁。

三年丁丑（1877），三十岁

正月，代父撰《倪迁存古今钱略序》云：望江倪迁存先生为乾、嘉间名儒，生平精鉴金石，而藏古泉尤富。又得江秋史、瞿木夫、翁宜泉、严铁桥诸老相与商榷，徧得其拓本加以考释，勒成《古今钱略》三十四卷。某顷者备藩鄂渚，与先生族子豹岑太守为同官，得受其书而读焉。

作《征访温州遗书约》，广托同志代为搜访。

会试不第后，到部就职。（四）

四月，父衣言调补江宁布政使，诒让随侍。

江都梅延祖介刘恭甫来问《穀梁》义。

始著《墨子间诂》。

△海宁王国维生。

四年戊寅（1878），三十一岁

在江宁藩署瞻园，校集宋郑缉之《永嘉郡志》，凡五十余条，有《叙》。《叙》云：今读其书……多藉兹编略识名阯。徒以散见群籍，艰于寻览。俗记剽写，讹夺百出。国朝姚安陶珽盖尝略采一二羼著《说郛》，既未富于钩甄，亦罔详于萌柢，偶涉考览，辄为叹息。爰竭搜闻，重为茸辑，目诵所及，捃摭略备，锥指有得，申证颇众。凡五十余条，定著为一卷。

《孙子》，皕宋楼有北宋刊本，光绪戊寅八月，予于吴淞收得。

二月，诒让返瑞安，与从弟诒燕同至陶山访碑，得宋绍兴三十一年焦石石塔题记、宋天禧四年陶山寺佛顶尊胜陀罗尼经幢、宋治平二年弥陀殿后重建并记及鲤鱼山磨崖，并手拓以归。

六月，叶太夫人卒。

五年己卯（1879），三十二岁

春二月，《集韵考正》十卷刊成。《跋》云：此书手稿本，先生方成珪殁后亦散出，为先舅祖项几山训导傅霖所得，幸未沦坠。家中父从项氏写得副本，而诒让又于林子琳丈许得先生所著《韩昌黎集笺正》，平议精审，迥出方崧卿、陈景云诸书之上。深幸先生遗著后先踵出，不可不为传播，遂请家大人先以此书刊之鄂中，而工匠拙劣，所刻不能精善，修改数四，乃始成书。项氏所弆手稿，间有刺举元文而缺其校语者，殆尚未为定本。今辄就管窥所及，略为补注。诒让检核之余，间有条记。按：公既刻此书，又拟将旧得钱塘罗以智及长洲马钊景宋本《校勘记》为方氏所未及援据者续辑一编，以竟方氏之绪焉。

校刊《止斋集》五十二卷，有《跋》云：家大人既校刊刘、许诸先生集，复以止斋永嘉魁儒，而遗集世无佳刻，乃检家藏明椠两本，手自雠勘，得以尽刊林、陈两刻之谬。其明椠误夺，今参检群籍补正之者复得数百事，虽不能尽复宋本之旧，而较之明椠已略为完整，不论林、陈两刻也。官斋多暇，遂刺举同异，揭所据依，写为定本。光绪戊寅春开雕于江宁，而命黄岩王工部彦威及诒让覆勘一过，并命记其校雠之例于册尾以示读者云云。按：林、陈两刻，为乾隆丙寅邑人林上梓刻本与乾隆癸巳陈用光刻本也。

八月，父衣言升授太仆寺卿，内召，引疾归，诒让亦弃官归侍。

访古，得晋升平、宋元嘉、梁天监诸砖。《温州古甓记叙》云：光绪己卯冬，诒让侍家大人归自江宁，里居多暇，与二三同志若林祁生庆衍、周伯龙珑、仲龙璪辈恣意游览，穷搜古刻。《书藏砖拓本跋》云：自光绪己卯侍家君归里，端居多暇，即与友人搜剔金石古刻，所得晋至元古甓无虑百余种。得晋升平、宋元嘉、梁天监诸砖。

△光绪五年七月，瞻园，衣言云：三月初旬，予病甚，不能视案牍者五旬，六月稍间。

又云：己卯之春，予以病在假，七月升授太仆寺卿，作《述怀感事》诗四首。

又云：己卯八月，逊学叟孙衣言书于金陵瞻园。

又云：光绪五年八月，以太仆卿内召，病甚，不能造朝。

又云：光绪己卯，江南乡试时，予尚在藩司任，为外提调……已而奉命内召。

又云：是岁冬，自金陵内召，乞假归里。乞假省墓暂归。

又云：予新奉召还朝，亦老而思归矣。

十一月，沈葆桢卒，六十岁。

六年庚辰（1880），三十三岁

永嘉纂修县志，延为协纂。

按：永嘉县知县余干张宝琳静芗倡修县志，聘黄岩王棻子庄为总纂，嘉善戴咸弻鳌峰为总纂兼提调总校，诒让为协纂。

五月，游永嘉密印寺，拓证觉院钟款归。

秋，访得《故通守朝散项公墓志铭》残石于廿四都。

冬十月，得晋太和诸砖。

十二月，撰《温州古甓记》一卷，有《叙》。

△衣言云：光绪庚辰立秋邵屿书。

又云：八月，邵屿寓庐书。

又云：逊学老人书于城北邵屿寓庐。

又云：从子诒燕，庚辰秋竟以病卒。

又云：九月，沪上舟中，贺黄绍箕入翰林诗。

七年辛巳（1881），三十四岁

校方成珪《干常侍易注疏证》，有《书后》。

衣言云：二月，邵屿书。

秋，刘恭甫由江宁返扬州，遘微疾竟卒，年止四十有五。诒让为作《墓表》云：诒让既南归，叔俛主讲鄂中，其书甫刻成而卒。梅君书仅成《长编》数卷，亦卒。二君之亡，恭甫辄驰书相告，怆师友之凋谢，怃大业之难成，若有不能释然者。其卒之前两月，犹贻书询"笠毂"疑义，诒让为据《考工记》轮毂度数考定其说以复之，恭甫得之则大喜，报书谓编《左疏》已至襄公，而以早成《周官疏》为勉。方叹恭甫勤敏，其书旦暮且有定本，自顾庸窳，《六官疏》未及半，深恐不能速成以副良友之望，而孰知恭甫之遽止于斯乎？

△杨沂孙卒。

八年壬午（1882），三十五岁

校补嘉善戴鳌峰咸弼《东瓯金石志》十二卷。

夏，《永嘉县志》成。

作《书藏砖拓本后》云：自光绪己卯侍家君归里，端居多暇，即与友人搜剔金石古刻，所得晋至元古甓无虑百余种，兹择其文字略完具者拓出六十余种，其残缺不完及年久质朽、不任毡蜡、沙泥黏互未暇刷剔者尚数十种，未及尽拓也。谨以已拓者装成一册，奉呈中发太史法鉴。册内多留空纸，觊它日可以次第增入。壬午上巳日，孙诒让记。

《永嘉丛书》刊竟。

瑞安重修县志，为撰《瑞安县志总例》六条。

△父衣言有《东瓯金石志叙》，载《逊学斋文续抄》中，又有戴作《凡例》。

陈澧卒，年七十三岁。

九年癸未（1883），三十六岁

春，应礼闱试，报罢。（五）浙江提学使支恒荣时为分校官，为太息者累日。

按：支恒荣曰：余自癸卯春分校礼闱，得一纵横奇傥、蹈厉踔绝之文，惊为异才。上之主试者，主试者亦深加击节，将列名蘂榜矣。会以三场文字为弥封所错乱，经调查明确更正复上，则已遭额满之遗，余

为之欷歔太息、抑郁不怡者累日。迨闻后执弟子礼来晋谒，询之，知为瑞安孙生诒让仲容也。——《哀挽录》

△衣言云：岁癸未，次儿诒让应试礼部，令访求粤西士人知定甫者，不可得。

南海桂文灿卒。

陶方琦卒，四十七岁。

十年甲申（1884），三十七岁

父衣言年七十，有《自寿诗》。

△李善兰卒，七十岁。

仪征刘师培生。

十一年乙酉（1885），三十八岁

官刑部主事。

△衣言云：黄漱兰大司马自江阴寄示《马贞女诗》，且以潘伯寅尚书所为《烈女墓文》见寄，属为之诗。

又云：七夕，邵屿寓庐。

又云：次儿诒让方供职秋曹。——《娱老词·水调歌头》孙诒让假满还朝。

张文虎卒，七十八岁。

十二年丙戌（1886），三十九岁

春，以刑部主事至京师。黄岩杨晨撰《三国会要》，与商榷义例。未久引疾南归，与洪海筹丈同渡海。

《题瓯江话别图》词云：忆丁年，雪山盘马，河源曾探星宿。歌铙新入阳关道，燕颔锦衣如许。携手处，泛一叶、沧波渺渺同飞渡。丙戌南归，与君同渡海。珂乡小住，恰鸳梦正浓，骊歌忽唱，相送又南浦。 天涯路，惆怅江云拥树。临歧犹作豪语。悬知眉黛春山远，添得别离情绪。珍重祝，看转瞬、黄金肘后辉华组。灯花喜报，料理七香车，早来迎取。莫任香奁负。——调寄《买陂塘》

△衣言云：今春诒让又至京师，乃知其王定甫哲嗣安中、潘中皆本科拔贡，亦在京师……而予弟适在上海龙门书院。

衣言撰《瓯海轶闻》甲集成。衣言云：于城北寓庐。

李慈铭《越缦堂日记》云：光绪十二年三月，仲容入都。

十三年丁亥（1887），四十岁

夏，叔父锵鸣主讲金陵书院。

五月，作《曾祠百咏跋》。《跋》云：右题曾文正公祠百章，余友长洲朱君中我之所著也……诒让曩游冶城，曾窥于南阁。家君论学，夙著籍于韩门；小子通家，亦晞踪于李座。永惟畴昔，同此依归。十载如驰，九秋不作。载诵斯咏，益复悢然。昔遗山《中州》之集，资修史于金源；王偁《东都》之编，甄颂诗于石介。是则百篇著录，虽风雅之嗣音；而三长奄擅，实阳秋之具体。后之览者，可以知君之志矣。

△衣言云：于城北之寓庐。

十四年戊子（1888），四十一岁

春，建玉海楼以为藏书读书之所。父衣言《玉海楼藏书记》云：为次儿卜筑河上，乃于金带桥北别建大楼，南北相向各五楹，专为藏书读书之所，尽徙旧藏庋之楼上，而以所刊《永嘉丛书》四千余板列置楼下以便摹印。

改《商周金识拾遗》为《古籀拾遗》。重校本也。德清俞樾为作《叙》。

△衣言云：二月十四日偶还故山，集善乡。有诗。

又云：于邵屿寓庐。按：诒让作跋，手稿今存温州市图书馆。

十五年己丑（1889），四十二岁

△光绪帝亲政。

十六年庚寅（1890），四十三岁

以资郎留滞春明，与潘文勤辈讨论金石文字。《古籀余论后叙》云：继余以资郎留滞春明，时吴县潘文勤公藏彝器最盛，与潍县陈寿卿编修埒，而宗室盛伯熙、福山王文介两编修，元和江建霞、阳明费峣怀两编修，同邑黄仲弢学士皆为兹学，每有雅集，辄出所藏金文辨证难字。适文勤得克鼎，文字奇瑰，属王、江诸君为正其读，考跋累累，装成巨册。公以示余，俾别择其是非……京洛缁尘，萃此古懽，郅足乐也。

五月，为潘文勤公祖荫撰《克鼎释文》。《跋》云：郑盦宫保以此鼎精拓本见贻，复示诸家释文，命更审绎。谨摭《礼经》《雅》故略为疏证。肤学咫闻，百无一是，遂录奉质，觊理而董之焉。

《古籀拾遗》刊成。《跋》云：此书成于同治壬申，时在金陵。光绪戊子重校定，刊于温州。同里周孝廉璪亦嗜篆籀之学，为手书以上板，并諟正其文字。中牵于他事，三载而毕工。

△十月三十日，吴县潘祖荫卒，六十一岁。

十七年辛卯（1891），四十四岁

撰《宋政和礼器文字考》，有《序》。韵文。

蒙自杨稚虹大令得岳忠武王玉印，属为题咏。

△郭嵩焘卒。

黄通政致仕，但仍居京师。

十八年壬辰（1892），四十五岁

春，始草创《墨子间诂》。

十九年癸巳（1893年），四十六岁

撰《札迻》十二卷，刻成，有《叙》。《叙》云：……卅年以来，凡所采获，咸缀识简耑，或别纸识录，朱墨戢叠，纷如落叶。既又治《周礼》及《墨翟书》，为之疏诂。稽览群籍，多相通贯，应时楬记，所积益众。中年早衰，意兴零落，惟此读书结习，犹复展卷忘倦，缀草杂逻，殆盈箧衍矣……今春多暇，检理箧藏，自以卅年览涉所得不欲弃置，辄取秦、汉以逮齐、梁故书雅记，都七十余家，丹铅所识，按册迻录，申证厥谊。间依卢氏《拾补》例，附识旧本异文以备甄考。汉、唐旧注及近儒校释，或有回穴，亦附纠正，写成十有二卷。

作《新始建国铜竟拓本跋》。《跋》云：右新莽宜子孙竟，祥符周季贶太守星贻得于闽中。太守归老吴门，以付其外孙如皋冒鹤亭孝廉广生。余前廿年于亡友戴君子高许尝间见拓本……子高物故，拓本不审归何人？今鹤亭以手拓本寄赠，恍如见故人矣。

冬十月，撰《墨子间诂》成。

次子延钊孟晋生。按：诒让侧室有陈、杨、侯、李四氏，陈氏先卒，诸子皆三氏所生。

三子延锴次镠生。

二十年甲午（1894），四十七岁

又至北京。按：《翁文恭公日记》中有此记载。曰"甲午三月廿六日，访孙仲容孝廉诒让，粹然经生也。所著《周官义疏》数十卷已写定，未刻行。《古籀补》早刻，今年策问中有其说。四月十五日，归检《周礼正义》还仲容"。

撰《井人残钟拓本考释》。《古籀余论后叙》云：未几，余省亲南旋，而文勤治振畿辅，官事倥偬，犹驰书以新得井人残钟拓本寄示，属为考释，比余答书未及达，而文勤遽薨逝。余亦自是不复至都，意兴销落，此事几辍。

刻《墨子间诂》既成，印三百部，质之通学，均谓必传。同里黄学士绍箕又为详校一过，俞樾作《叙》。

辑刊贾逵、马融、干宝等说，为《周礼三家佚注》。

二月，作黄愚初《东游日记序》云：（上略）黄君愚初，振奇士也。以学行淹粹为沈仲复中丞所赏异，修书俾游日本……日本与我国同文字，其贤士大夫多通华学，邦域虽褊小，然能更其政法以自振立。愚初之行也，盖欲谘其政俗得失以上裨国家安攘之略，顾不获久留。其归也，仅携佛氏密部佚经数十册，又为余购彼国所刊善本经籍数种，皆非其初志也。既又出《日记》一小册示余，识其游历所至甚悉……

致支恒荣提学书。《书》云：诒让子庚辰请假养亲，蜷伏家衖，不复与世相闻。

冬十月，父衣言卒，八十一岁。原作七十八。《易简方叙》云：先君子以乙未冬捐馆舍，诒让孤露余生，未遑理董。既释服，乃检付梓人以仰成先志。按：孟晋作《孙征君籀庼公年谱》（以下简称《孙谱》）云：太仆卒于甲午十月，其称“乙未冬捐馆舍”，误。

△中日开战，黄海抎师，辽胶继失，外患日棘。

陆心源卒，年六十一。

冬十一月，李慈铭卒，年六十六。

廿一年乙未（1895），四十八岁

尝与胡蓉村辈纵饮飞云阁。《补学斋诗抄叙》云：嗣黄漱兰侍郎丈以通政归田，尝于城东江滨建飞云阁祀同邑诗人，屡与蓉村纵饮其间。酒余兴发高哦，声惊四座。诒让亦时参末席，愧未能学步也。

撰《兴儒会略例》二十一条，称议章。

冬，如皋冒鹤亭广生就婚瑞安黄氏，因谒诒让于家。《冒巢民年谱叙》云：去冬乙未，鹤亭就婚瑞安，出新著《谱》见眎。《窳櫎诗质跋》云：光绪乙未冬，先生周季贶外孙冒鹤亭孝廉来瑞安，得从问先生起居。出示先生手定五言律诗五十余篇……今读先生兹集，托兴孤迈，妙造自然，益复爽然自失。夫商彝、周鼎，范制简朴，而非巧冶所能仿造，此岂涂泽彫绘者所能窥其万一乎？独恨先君于前年冬弃养，与季贶先生卅载神交，未得一见兹集，此尤孤露余生所为展卷泫然霣涕者已！

黄通政返瑞安，筑飞云阁以为游宴赋诗之地。

冬十月，南海康有为开强学会，黄绍箕列名会籍。

△中败于日。春三月，中日成立《马关条约》。

十一月十二日，周珑伯龙客死英国伦敦中国使馆。

廿二年丙申（1896），四十九岁

正月，与同邑黄提学绍箕、观察绍第创办学计馆于城内卓公祠，有《叙》。《叙》云：光绪乙未，东事甫定，中国贤士大夫始矗然有国威未振之惧。于是京都及南洋皆有强学书局之举。而瑞安同人亦议于邑城卓忠毅公祠开学计馆以教邑之子弟。皆以甄综术艺，培养人才，导厥涂辙以应时需，意甚盛也……学计馆之开，专治算学以为致用之本。

三月，得周麦鼎于永嘉，作《考》。《考》云：丙申三月，得此鼎于永嘉，审拓其文，尚完晳可诵。唯此数事略涉隐诡，辄为发疑正读，冀得自省览焉。按：周麦鼎，其文二十八，重文一，鼎为井侯臣麦所作。井，周畿内国名也。又云：手拓一本，寄黄君仲弢。仲弢精鉴绝伦，而又妙擅篆势，辄复举此。

奉质，不知以为何如耶。

七月，撰《周书斠补》四卷，有《叙》。《叙》云：余昔读此书，颇涉雠勘，略有发正，辄付掌录，觊以思误之适，自资省览，不足为卢、朱两家拾遗补阙也。至近代治此书者，如……其所理董亦多精确，既学者所习见，则固不烦掇录矣。

八月，作《张广雅尚书六十寿叙》。《叙》云：光绪二十有二年丙申八月，吾师广雅尚书张公六秩诞辰，凡著弟子之籍者咸献言以为千秋之祝。诒让独以衔恤家居，不得与称庆……

覆宗湘文观察书。《书》云：承询诒让所拟兴儒之议，则以衔恤余生，扼腕时局，窃谓景教流行，燎原莫遏，以耶稣基督之诬诞，《新约》《旧约》之鄙浅，而乡曲儇子崇信哗然，非有悦服之诚，实藉富强之助。输泉币而润以膏脂，集兵力以广其保护。以牛马维娄之计，为蛇豕荐食之图。而中华儒者犹复绅佩而谈诗书，雍容而讲礼让。非徒淹中缉简无裨于鲁削，窃恐议瓜骊市重睹夫秦坑。慨幕燕之忘危，悕邱貉之同尽。兴念及此，可为痛心。故不惮梼昧，即有敷陈。将以广甄十八行省之魁材，厚集四万万民之群力，祛简丝数米之为，破胶柱锲舟之见，激其壮志，闶此远模。阐周、孔六艺之教以远播蛮荒，储种、蠡九术之谋以大雪仇耻。测蠡窥管，聊罄竭于佝瞀；拥彗清道，冀延伫于洪哲。而造端广远，陈议疏狂，既类河汉之无涯，亦恐嵩壤之靡补。端绪粡具，稿草未竟。容付写官，续求钧海。

又复新会梁卓如启超书。《书》云：承询《学约》，乃前年倭议初成，普天愤懑之时，让适以衔恤家居，每与同人论及时局，忧闷填胸，辄妄有缀述，聊作豪语以强自慰藉。大恉不出尊著说群之意，而未能精达事理，揆之时势，万不能行。平生雅不喜虚憍之论，不意怀抱郁激，竟身自蹈之。及读鸿议，乃知富强之原在于兴学，其事深远，非一蹴所能几。深悔前说之孟浪，已拉杂摧烧之矣。向亦未敢以示人，不审道希学士何从得之？猥荷垂询，弥切汗颜……

△甲午战败后一年，与黄仲弢绍箕办算学书院，不久，改为学计馆，作《瑞安新开学计馆叙》，发表在《时务报》。

廿三年丁酉（1897），五十岁

校写清廷禁书《亭林诗集》并系以诗，有"临风抚卷忽长谈，亡国于今三百年"之句。按：见于《亭林诗集校记跋》。——《经微室遗集》卷上，稿本

又办方言馆于瑞安项氏宗祠。

在温州府城办蚕桑学堂。一作又鸠资办永嘉蚕学馆。

又参加上海务农会，组织瑞安务农会分会。主张继续上书请求变政。三致汪康年书。书云：发动公车上书，倘未到京人不妨列名，则无论如何抗直，弟均愿附骥，虽获严诘，所不计也。

余杭章太炎炳麟介宋平子恕始通问。

费峻怀寄赠金石拓本。

撰长洲朱仲我《咸丰以来将帅别传叙》。《叙》云：光绪丙申，朝廷以属藩之乱与倭构兵，款议既成，中国士大夫以国威未振，时变日亟，瞿然有人才衰乏之忧。而老友朱君仲我著《咸丰以来将帅别传》适成，比丁酉刊板既竟，以书寄示，诒让受而读之。

永嘉王景羲子祥就聘诒善祠塾，校勘太仆《瓯海轶闻》《永嘉集》二书。

△《项申甫日记》：丁酉正月廿二日，是日学计馆开馆，为陈式卿改论一首，学计馆楹联一副。至学计馆偶谈，林君和叔所言与梁卓如合。

又云：十月廿九日，方言馆开馆，诸生到者廿一人。英文教习姓施，号静山，曾在南京炮台营沈仲复敦和太守处当译员，前与黄君叔颂合聘也。

廿四年戊戌（1898），五十一岁

是年，朝廷更新法，持议者多举制科。未试而党狱兴矣，诒让以陈中丞宝箴、瞿学使鸿禨推荐，列名其内。陈尚未识面，盖得之党人某君也。时福建陈石遗衍客南皮之洞许，南皮询海内学者，衍曾举诒让及皮鹿门锡瑞以对。

自题《变法条议》后,《注》云:秋七月政变,康逃香港,梁逃日本,杨、刘、谭、林等被杀。

校刻《易简方》一卷,有《叙》。《叙》云:既释服,乃检付梓人以仰成先志。

友人黄愚初自沪渎归,出新刊《中西普通书目》见示,作《叙》。《叙》云:光绪戊戌秋,朝廷始更科举法,以策论易四书文,将以通识时务厉天下士。于是乡曲俗儒昔所挟为秘册者一切举废,则相与索诸市,求所谓时务书者。

作沈骊昆《富强刍议叙》。《叙》云:戊戌更化,海内望治而廷议未协,党论又兴。于是新旧之辨哗然百出,贤者扼腕攘臂,悲愤郁激,其论或流于虚侨偏宕,不必尽适于用;而庸猥剽窃者亦希附景光,乘隙而间出,纷然淆乱,不可理董。来日方长,吾未知其所极也。

表宋儒谢天申先生墓。

俞樾以衰老辞诂经精舍讲席,计在职三十一年。

△变法不成,西太后复听政。

胡调元挽孙季明:"校雠入地经传早,服食升天药误多。"季明为仲容比部之季子,年甫冠,即能校勘父书,其卒也,以误西药所致,士论惜之。疑季明即延炯字也。

廿五年己亥(1899),五十二岁

创办瑞平化学学堂于郡城,旋以费绌而罢,有《缘起》。《缘起》云:自道光中海禁大开,东、西洋大国以十数,皆挟其富强以凌迫我,海内贤达扼腕时艰,日筹所以自强,而卒无一效。盖学艺不兴,则士陋而无术,农劳而寡获,工窳而不精,商拙而失赢。夫挟愚拙以与智巧者角,其势必不相当,斯固宇宙之恒理也。迩来中土士大夫始知自强之原莫先于兴学,内而京师大学堂,外而各行省,公私学堂林立,无不以化学为首务。而温州独未有兴者,斯不可谓非阙典也。不佞曩与同志撢研西艺,流览所译各书,深知斯学之体精而用博,而苦无堂舍以资其聚习,无器质以阂其考验,故略涉其藩而未能深究其奥窔。爰与平阳杨君愚楼、吴君霁庵、同邑金君遹庵筹议集资千金,于郡城开设学堂,广购书器与夫金石药剂,萃一郡之学人志士相与切磋,讲贯于其中,将博考精研以通其理而达其用。而后起俊杰,有志于斯学者,亦有所津逮,俾此学大兴于吾乡……

八月,撰《周礼正义》八十六卷成,有《叙》。《叙》云:(上略)然疏牾甚众,又多最录近儒异义,辨论滋繁,私心未惬也。继复更张义例,剟繁补阙,廿年以来,稿草屡易,最后迻录为此本。其于古义古制,疏通证明,较之旧疏为略详矣。

九月，武进金武祥溎生以抄本张惠言《墨子经说解》寄贻，诒让乃移书申谢，又有《题记》。

十二月，撰《大戴礼记斠补》三卷成，有《叙》。《叙》云：余昔尝就孔本研读……又尝得宝应刘楚桢年长宝楠所录乾、嘉经儒旧斠，多孙渊如、丁小雅、严九能、许周生诸家手记，又有赵零门所斠残宋椠异文，与孔书小殊，并录于册尚，藏箧廿年，未遑理董也。己亥冬，既写定《周书斠补》，复取《大戴》斠本别付写官。以刘录旧斠传抄甚稀，虑其零落，并删定著之。

△江标卒。

盛昱卒。

黄以周卒，七十二岁。

北京市肆有字甲骨求售，王懿荣首购藏之。

五月初九日，黄体芳通政卒于里第，六十四岁。

八月初八日，通政子黄仲弢侍读奔丧回里。

周应枢卒。

潍县古董商人范维卿初以安阳小屯村出土之甲骨文字介绍于世。

廿六年庚子（1900），五十三岁

撰《九旗古谊述》一卷，有《叙》。《叙》云：庚子之夏，畿辅告警，銮舆西狩。余里亦伏莽窃发，邑城戒严，索居无憀，忧愤怫郁，辄藉温习经疏以自遣。偶绅《司常》《大司马》经注寻绎之，综览旧诂，疑牾益甚。乃取《诗》《礼》《尔雅》诸经与九旗相涉之文，悉心校核……既骙括其略著之疏，而以二千年承讹之旧义，非反复辨证无以释学者之疑，故别述是册以究其说。按：此《叙》作于辛丑孟陬。

五月，作沈丹曾《东游日记跋》。《跋》云：自甲午款议成后，深识之士始知兴学为自强之基，中外学堂林立，而论者不察，犹或斥为西法、新法，不知学校、治军，本乎《周礼》，固中国二千年前之古法也。

△春，义和团起，蔓延京、津各处。秋七月，八国联军陷北京，西太后、光绪帝皆西奔长安。

孙宣云：光绪庚子，义和团乱，沿海多警，瑞安东乡奸民立坛祀，称马山神，以符咒神拳聚徒党。

福山王懿荣廉生购得甲骨文字。王懿荣殉难，甲骨归刘鹗。

王棻卒，七十二岁。

廿七年辛丑（1901），五十四岁

撰《周礼政要》二卷，有《叙》。《叙》云：辛丑夏，天子眷念时艰，重议更法。友人以余尝治《周礼》，属捃摭其与西政合者甄缉之以备财择……书凡二卷，都四十篇，虽疏漏尚众，而大致略具。汉儒不云乎："为治不在多言，顾力行何如耳。"诚更张今法，集吾群力而行之不疑，则此四十篇者，以致富强而有余；其不能也，则虽人怀晁、贾之策，户诵杜、马之书，其于沦胥之痛，庸有救与豪穈乎？呜呼！世之论治者可以鉴矣。按：发布变法上谕，张之洞、刘坤一应诏，三次会奏变法自强，张謇亦写《变法平议》积极响应。又按：盛宣怀知公精治周礼学，通过费念慈乞请代议条陈，于是尽十昼夜之力草成《变法条议》四十篇，明年改名《周礼政要》，补作《自序》印行。又按：此叙作于壬寅四月。

创办普通学堂。合并学计馆与方言馆为瑞安普通学堂。

溧阳端忠敏公以秦权拓本介黄提学属其考释。《跋》云：顷者长白午桥尚书以所藏秦权精拓，手跋其后，介黄君仲弢寄贻。寻校累日，则积疑为之涣然……仲弢又出别拓见示，形制较小，上有"大魏"两篆甚奇，其边为觚稜，不正圆，亦尚书所藏者。

叔父锵鸣卒，年八十四。遗著有《海日楼诗文集》《东瓯大事记》《周浮沚年谱》《陈止斋年谱》《止庵读书记》《吕氏春秋高注补正》各若干卷，多未梓行。

△和约成，八国得赔款四百五十兆。

九月，李鸿章卒，七十九岁。

九月，陶模卒。

《铁云藏龟》出板。

廿八年壬寅（1902），五十五岁

春孟陬，作《秦权拓本跋》。

创办城内四隅蒙学堂各一所。

创办瑞安演说会，讲解时事、中外历史与科技知识。成立瑞安劝解妇女缠足会，由自己家庭率先倡导。

中国教育会创设于上海，遂加入为会员，与章炳麟、蔡元培等革命派加强联系。章炳麟被清廷通缉，与诸友人暗通消息，使之逃亡海外。

秋七月，温州知府王琛改中山书院为温州府中学堂，延聘诒让与永嘉余朝绅筱泉为总理。按：温州知府在公等筹划下，将中山、东山二书院改为温州府学堂，不久，改名为温州府中学堂。

温州府属各县学堂次第成立。

平阳刘次饶《东瀛观学记叙》云：吾郡学堂之开，始于壬寅，诸邑次第兴举，瑞安先成而平阳、乐清次之。

移书武进金武祥，索其所著笔记。

△吴大澂卒，年六十八。

西太后、光绪帝回京。

廿九年癸卯（1903），五十六岁

自本年起，瑞安乡间各办小学，同时城里亦创女学三所，首遣女儿入学以开风气。

清政府再开经济特科。邮传部尚书张文达百熙、协办大学士瞿文慎鸿禨、大学士张文襄之洞、学部尚书唐文简景崇、两江总督端忠敏方、湖南巡抚陈宝箴、江西学政吴士鉴先后以经济特科荐，不赴。按：公以经济特科累荐不起，陈宝箴、瞿鸿禨荐之于戊戌，张百熙、唐景崇、端方再荐之于辛丑，张之洞、吴士鉴又荐之于癸卯。

二月，重定《毛公鼎释文》，有《小记》。《小记》云：旧作《释文》，录附《古籀拾遗》册末刊之。后得吴子苾侍郎式芬《捃古录金文》，所释略有异同，又载徐籀庄明经同柏《释文》甚详，有足补正余释文之阙误者。谨捃采其精确者，更以金文字例博稽精校，重定为此篇，距前考释时已廿有七年矣。再四推校，大致完具，可诵读。

五月，作《与梅延祖论穀梁义书》。《小记》云：梅君为江都梅蕴生先生哲嗣，世治穀梁学。光绪初，余侍先太仆在江宁，梅君介同岁生仪征刘恭甫君以《穀梁》义下问，乃剌此七事质之。未及寄而梅君遽卒，辍置箧中。顷偶检得，辄录存之以示不负亡友之意。他日倘有续成梅君书者，或有取于此尔。

六月，撰《古籀余论》二卷，有《后叙》。《后叙》云：余前著《拾遗》，于三家书略有补正。近又得海丰吴子苾侍郎《捃古录金文》九卷，搜录尤闳博，新出诸器大半著录，释文亦殊精审，仪征、南海，信堪鼎足。揽涉之余，间获新义，又有足正余旧说之疏缪者，并录为二卷。

作《秦大魍权拓本跋》。《跋》云：秦权文字奇古……尚书顷又以拓本介仲弢见示，属为审定。谨拉杂书此奉质，倘理而董之也。癸卯七夕，检匋斋尚书所赠拓本并附记之。

函杭州邵伯绚章借校嘉靖本《周礼郑注》，有《跋》。《跋》云：逮光绪癸卯，闻子进令子伯绚已捷南宫，入词馆，驰书贺之，并乞假明刊《周礼》。未几，伯绚以藏本寄至，则书册完善，与前在江宁时所见无异。余以衰老余年得重见此本，校其异同，亦殊非意念所及矣。

冬，瑞安县中学堂发生纠纷。《覆刘次饶书》云：承询鄙邑学堂事，客冬以来，谤议纷起，原因有二：一因科举迂腐之士本不喜学堂，借此倾轧；一因西文生要留西文教习不得而愠。二者并集，遂有此哗眡。幸开堂以后，舍长林养素獬办理认真，尚足自立，学生亦渐多，浮议虽未尽息，却无能为也。

△十一月，陈虬卒，五十四岁。

三十年甲辰（1904），五十七岁

作《明嘉靖本周礼跋》。《跋》云：今春多暇，竭两旬力校竟，归之伯绚。因略记其舛互诸条以识黄本之误，藉以自释疑眩，且俾后之校读此经者得有所别择。

领导组织富强矿务公司，拟先开采永嘉孙坑铅矿。设大兴轮船股份公司于瑞安，租湖广轮船航行于瓯海。

派普通学堂教员二人赴日本，留学物理、化学。

十一月，撰《契文举例》成，有《叙》。《叙》云：迩年河南汤阴古羑里城掊土得古龟甲甚夥，率有文字。丹徒刘君铁云集得五千板，甄其略明晰者千板，依西法拓印，始传于世。刘君定为殷人刀笔书……刘本无释文，苦不能畅读也。蒙治古文大篆之学四十年，所见彝器款识逾二千种，大抵皆出周以后，赏鉴家所臠揭为商器者，率臆定，不能确信。每憾未获见真商时文字，顷始得此册，不意衰年睹兹奇迹，爱玩不已。辄穷两月力校读之，以前后复缮者参互审绎，乃略通其文字，大致与金文相近，篆画尤简淆，形声多不具，又象形字颇多，不能尽识。所称人名号，未有谥法，而多以甲乙为纪，皆在周以前之证……今就所通者略事甄述，用补有商一代书名之佚，兼以寻究仓后籀前文字流变之迹，其所不知，盖阙如也。按：是书撰毕，以原稿寄呈端方，以后流入王国维手，为刻于《吉石盦丛书》中。

撰《籀文车字说》。

重校《墨子间诂》。

函黄提学，索阅丹徒陈善余庆年编《中国历史教科书》。

卅一年乙巳（1905），五十八岁

创办高等小学堂，自任国语科，编有讲义。

温处学务分处成立，举为总理。《童公神道碑铭》云：诒让猥以同岁之雅，得屡侍公清谦。乙巳，公开温处学务分处于郡城以总两郡教育，俾诒让理董其事，于公平日循政粹德见闻最详。深感公教养之惠，大有造于我乡，而惜未克竟其施也。《童公墓志铭》云：诒让乡举忝与公同岁，厕踪迹暌违，未尝一瞻颜色。暨公备兵温处，始得以部民修谒，感时局之艰棘，慨岁月之不居，宾坐雅谈，即复竟日，以是获闻公之治绩甚悉。

三月，作《东瀛观学记叙》。《叙》云：吾友平阳刘君次饶，湛深经术，淹达时务，与陈君子蕃从事于平邑学堂者有年。喟吾国教育之未能尽善也，乃与子蕃东游日本，考察学务，自彼国东京大学以逮邨町众小学，靡不周历。又与彼都贤士大夫反复商榷，折衷至当，应时记录，积稿盈箧。其返也，裒辑其精要为《观学记》，以饷学者。

八月，清廷明令停止科举。京师大学堂开，聘任经学教习，不赴；同时被聘者有武进屠敬山寄，亦江南名宿也。按：京师大学堂副总教习张鹤龄小圃聘充经学教习，不就；同时聘屠寄充史学教习。张鹤龄字筱圃，江苏阳湖人，生平志量宁静淡泊，而愤世嫉俗之观念，常欲以速死速朽为天下哀……才优学裕，望重一时，当年主持湘省学务，振作士气，不遗余力。凡遇贤豪鼓吹革命者，尤能维持拥护，独具苦心。湘人感戴，歌颂不衰。民国成立，湖南都督谭延闿呈大总统，请将张鹤龄事迹宣付国史馆立传。批：据呈已悉，应即照准，此批。民元 11.23。——国史馆馆刊《史料丛载》

冬十一月，撰《名原》二卷，有《叙》。《叙》云：迩年又有龟甲文出土，尤简淆奇诡，间有原始象形字，或定为商时契刻，然亦三代璚迹尔。余少嗜读金文，近又获见龟甲文，咸有撰录……今略摭金文、龟甲文……与《说文》古籀互相勘校，揭其歧异以著淆变之原。而会最比属以寻古文、大小篆沿革之大例，约举辜较，不能备也。世变方亟，兹学几绝，所觊金石璚刻日出不穷，仓沮旧迹，倘重见于人间……按：《名原》有刘师培《叙》，又《张表》列诒让遗著有《大小篆沿革表》一卷，殆即此书初稿之一部欤？《朱谱》。

与俞曲园书。《书》云：……侄年来衰羸无似，脑力、目力均不逮前，著述之兴，久已废辍。前见埃及古象形字，奇诡不易辨，窃意仓沮旧文象形字亦必如是，惜为籀、斯改易，多失其原形。前年得见河南汤阴新出龟甲文数千片，内有象形字十余，果与埃及文相类，而苦无释文，不易读，偶以意推索，依上下文谊寻绎，略通一二。乃益以金文新考定诸字为《名原》二卷，觊以求仓后籀前文字变易之迹。稿草粗具，尚未写清本，新学盛行，此事恐为时贤姗笑，不敢出以示人。

《周礼正义》刊成。

瑞安正式成立商会，被推为总理。

筹办南、北麂渔业与垦业。

△童兆蓉卒，年六十八。诒让为撰《神道碑》及《墓志铭》。

费峻怀卒。

当时反美爱国运动在全国范围内展开，温州六县集会讨论抵制美货办法，诒让领衔联名致电上海、杭州各地，表示响应。今电文稿存温州江心寺文物保管会。

卅二年丙午（1906）五十九岁

正月，作《周虢季子白盘拓本跋》。《跋》云：余既以拓本付装池，更录张石州、钱衎石两《跋》以便省览。复推其未及之论疏通证明之，俾儒者知吉金文字多符契经训，信足宝也。原物在庐州合肥某达官家。

夏六月，俞樾移书并集《曹景完碑》楹帖等数种。按：楹帖句云：到老不离文字事，所居合在水云乡。丙午夏六月书。

是年，朝廷行新政，改设学部，延揽通儒硕士以资顾问。特派充二等谘议官。

浙江提学使支恒荣聘为学务议绅。支恒荣作《哀词》云：余以丙午冬提学是邦，亦令担议绅之任。按：浙江省于光绪三十三年分学务公所议长、议绅及各课课长、课员、省视学各衔名，敬缮清单，呈置御览。计开：……议绅法部主事孙诒让。

十月，与汤寿潜、刘锦藻函牍往还，劝力争苏杭甬路权，既表同情，复多所赞画。《哀挽录》云：苏杭甬路事轇轕，诒让登坛演说，激昂慷慨，胆裂而肝披。自省垣旋里，忧愤填膺，痼疾遂不可支。按：浙路议起，桑梓权利必为所夺，且立约期年例应作废，于是设会演说、捐款，举诒让为会长，于旧冬十月间命驾赴杭，士商欢迎，纪为盛行。——《哀挽录》

冬月，在瑞安高等小学堂讲演。有抄本《演说词》，存市文管会。

创办瑞安中学堂。

请以温州校士馆改为师范学堂，以小学新需格致教员甚亟，开两次博物、理化讲习所。

又创办处州府中学堂及温属各县女子学堂。

△八月初四日，上谕停止科举。

冬十二月廿三日，俞樾卒，年八十六。

卅二年丁未（1907），六十岁

春孟陬月，作《科学月报叙》。按：全文载张棡《杜隐园日记汇抄》上。

又作《补学斋诗抄叙》。——《籀庼遗文》上

撰《学务本议》一卷，《枝议》一卷。

重定《墨子间诂》，有《自叙》及俞樾前作《叙》。

礼部设礼学馆，聘为总纂，不赴。

张之洞又聘任武昌存古学堂总教习，以衰茶多病，不能远行辞之。按：《张文襄全集》卷二百十八，光绪卅二年七月廿日，张之洞致瑞安孙仲容主政书，又见致黄仲弢书。

是岁，皖浙起义失败，秋瑾被捕，乃请张之洞设法营救，张托词回绝后，再度去电请求"越事仍希主持"云。

七月，办理化讲习所一班，定一学期毕业。

温州人士创办图书新社，与吕文起各捐巨册助之。

秋八月，与章太炎书。《书》云：禹域大势至是，可为痛哭。曲园丈亦悲宿草，弟索居赵欢，无复缉述之兴。《礼疏》铸板数载，近始印成，谨以一册奉政。夺误甚多，未暇校改也。又云：弟桑榆莫景，意思萧槭，脑力大减，不耐深沉之思，近惟以研玩古文大篆自遣。颇愤外人著文明史者，谓中国象形文已灭绝。顷从金文、龟甲文丹徒刘氏樵册获十余名，皆确实可信者。附以金文奇字，为《名原》七篇，俟写定，当寄质大雅。按：章氏时违难日本，此书至戊申五月始达。比章氏再作复书，未及寄而公已捐馆舍矣。

与日人袖海君书。按：此文载《青鹤杂志》。

作《六十辞寿启》。《启》云：顷闻同里诸戚友猥以不佞六十生辰，议循俗例致贺，私衷惶愧无地。夫生日之有受贺，非古也。而以孤露余生，称觞志庆，尤为非礼，顾亭林先生已痛斥之矣。窃以时变阽危，既非吾辈酾饮为乐之时，况衰年多病，索居赵欢，每念人生有涯，彭殇同尽，即令幸跻耄期，亦复何足夸炫？何况未及中寿，祝诞之典更非所敢当……按：是岁刘君次饶、郭君小梅邀集同人拟聚资构别墅于飞霞洞侧，为公游憩之所。

浙江教育会举为会长。支恒荣《哀词》云：去冬，又经阖省士民公推定为教育会会长。有《致教育总会书》。

十月，赴杭州。是岁作《温州办学记》。

卅四年戊申（1908），六十一岁

撰《尚书骈枝》成，有《叙》。按：此书为公著书中最后成者。

春，将历年办学经验以及省督察所得加以总结，著成《学务本议》十四则，

上诸学部以明教育兴革之大要。

由于诒让悉心擘画之温州师范学堂建成。

二月，温州师范学堂正式成立，任监督。按：自温处学务分处成立，公总理其事，未及三载，中小学校之增设者凡三百余所，而于温州师范学校尤瘁全力而经营之。奸黠之辈嫉视学务，必欲倾之而后快。

夏四月，骤患风痹，延医诊视，均谓以息心静养为宜。但兴学不少懈，又时时语其门下客云："先君子《永嘉丛书》虽经诒让校定付刊，而《瓯海轶闻》仅成甲集，余如儒林、文范、名臣、隐逸等门，卷数未分，郅为恨事。诒让自著如《六秝甄微》《尚书骈枝》成而未刻。《名原》《契文举例》前以原稿寄示端午桥方，家藏副本，篆文不完，皆非我手定不可，老病催人，奈何？"门客慰以吉语。

五月二十二日巳时，孙诒让卒。按：杨世环曰：公病前一夕，语环云："入春以来，老境日增，胸中事诸多未了，且左足艰于步履，礼学馆之命不克赴召。"噫！言犹在耳，思之惨然。——《哀挽录》

诒让卒后，赴告四方，同事叹息，浙中各学堂均停课追悼。

六月初三日，奉敕裁撤温处学务总汇处。按：《浙江教育公报》第二期载有《敕文》云：为扎饬事，本年六月初三日，奉抚宪马扎开，本年五月二十三日，据温、处两郡黄式苏等电禀，温处学务总汇处总理孙绅诒让前因病危，已于十四日禀荐乐清在籍编修余绅朝绅接办，公文计日到省。现孙绅已故，两郡士绅以学务关系重大，总理一席刻不可悬，恳速电余绅接办以维大局等情到本部院。据此，即经电复，其文曰："学务总汇处往年权宜准设，并无奏案，自学部新章颁定，每省止准设一教育总会，每县设分会及劝学所各一，并无一府、两府集合之教育会。而学务总汇处之名目，更为部章所无。今孙绅已故，着即裁撤，毋庸再举等因，电复外，扎司立即转饬遵照等因。奉此，合行扎饬。扎到该府，立即传知遵照毋违。特扎。"

△提学黄漫庵绍箕在鄂卒，年五十四。夏五月十四日，黄仲弢家奉其枢旋里。

项申甫卒。

汪宗沂卒。

是岁，八月廿三日国丧，停课三日。西太后、光绪帝先后崩，宣统帝继位。

明年，张之洞卒，年七十三。

附注：此表系据薛钟斗、宋慈抱、朱芳圃三谱，并参孙延钊谱、洪焕椿校，取其有关出处、著述、功业荦荦者，系年编次之。

附　孙公一生中西历对照表

西纪	年历	干支	岁数
1848	道光二十八年	戊申	1
1849	二十九年	己酉	2
1850	三十年	庚戌	3
1851	咸丰元年	辛亥	4
1852	二年	壬子	5
1853	三年	癸丑	6
1854	四年	甲寅	7
1855	五年	乙卯	8
1856	六年	丙辰	9
1857	七年	丁巳	10
1858	八年	戊午	11
1859	九年	己未	12
1860	十年	庚申	13
1861	十一年	辛酉	14
1862	同治元年	壬戌	15
1863	二年	癸亥	16
1864	同治三年	甲子	17
1865	四年	乙丑	18
1866	五年	丙寅	19
1867	六年	丁卯	20
1868	七年	戊辰	21
1869	八年	己巳	22
1870	九年	庚午	23
1871	十年	辛未	24
1872	十一年	壬申	25
1873	十二年	癸酉	26
1874	十三年	甲戌	27
1875	光绪元年	乙亥	28
1876	二年	丙子	29
1877	三年	丁丑	30
1878	四年	戊寅	31

西纪	年历	干支	岁数
1879	五年	己卯	32
1880	六年	庚辰	33
1881	七年	辛巳	34
1882	八年	壬午	35
1883	九年	癸未	36
1884	十年	甲申	37
1885	十一年	乙酉	38
1886	十二年	丙戌	39
1887	十三年	丁亥	40
1888	十四年	戊子	41
1889	十五年	己丑	42
1890	十六年	庚寅	43
1891	十七年	辛卯	44
1892	光绪十八年	壬辰	45
1893	十九年	癸巳	46
1894	二十年	甲午	47
1895	二十一年	乙未	48
1896	二十二年	丙申	49
1897	二十三年	丁酉	50
1898	二十四年	戊戌	51
1899	二十五年	己亥	52
1900	二十六年	庚子	53
1901	二十七年	辛丑	54
1902	二十八年	壬寅	55
1903	二十九年	癸卯	56
1904	三十年	甲辰	57
1905	三十一年	乙巳	58
1906	三十二年	丙午	59
1907	三十三年	丁未	60
1908	三十四年	戊申	61

三、轶闻

拙著《修学庐日记》：戊辰三月初二日，览王闿运《湘绮楼日记》，知王氏自少辄喜读书、记日记，越六十年不间断。是时吾乡孙仲容前辈年甫廿余岁，曾随父参与文酒之会于京都，即被称赞不置云。按：关于孙公轶事并见于谭复堂、翁松禅、李慈铭、叶昌炽、罗振玉等人日记、笔记中。

《瓯海潮》第二期云：瑞安孙籀园先生邃心汉学，人奉为一代经师，然举止洒落，不拘小节，好做狭邪游，窘于恶少，勿较也。自谈年青时薄游秦淮，眷一妓，曰银珠，耳为名下士，亦曲意事之。临行饯于暖阁，花开解语，曲谱销魂。莲漏遥传，兰烟细合。酒半酣，出不律、腧糜及衍波以进，乞题赠。遂挥写云："银烛高烧，只恐夜深花睡去；珠帘斜卷，似曾相识燕归来。"注：《粟香三笔》卷四云：某巨公（指曾文正）有爱妾名春燕，殁于立夏前一日，挽以联云："未免有情，此日竟同春去了；似曾相识，何时重见燕归来。"文采风流，倾动四座。读其联，想见其得意下笔时也。

或谓孙公在温郡时，曾与学务总汇处同人携妓名茶山媛乘画舫游南塘湖。因作诗书扇而赠之云："江南旧梦忆桃叶，湖上新声谱橘枝。携得小红随画舫，风怀犹是少年时。"按：赠茶山媛诗亦作："秦淮旧恨迷桃叶，湖上新声谱竹枝。携得小红随画舫，风怀犹是少年时。"文字稍有出入。

一说公眷一妓名秀英，赠以联云："赢得秀英同画舫，风流不减少年时。"总之，公之行动，正如李莼客所谓"从来名士无不风流"，时尚所趋，贤者不免。故里人常言：仲容先生在当时有风流才子之称焉。按：此事杨淡风《慈荫山房丛谈》载之，孟晋见之，取去撕毁。

孙宣《宜楼日记》云：壬申八月日，孟兄来言，在郡叶氏家，见先征君手书《戏赠叶五伯》五律一首云："藤杖频频敲，松郎小名苦煞哉。只因臀屁痛，悔教酒喉开。威甚狂狮吼，声如打狗来。劝君遵阃命，从此莫贪杯。"五，莪士公之子也，有季常之惧，故戏之也。先征君平生好滑稽，于朋友间绝不自矜持，昔平子姑夫尝言之矣。然非雅人深思，亦乌得而为之邪？

邑中士林传说：平阳宋平子，孙蘧田前辈之快婿也。学问渊博，寓居瑞城，时与仲容先生相过从，称仲容为"堂舅"。一日，以疑义来请教，适仲容先生外出，其父琴西前辈方负手逍遥于阶前，见而问之："何事？"平子曰："我欲见阿涵商量旧学。"阿涵系仲容先生之乳名。琴西前辈曰："我可为汝解答也。"平子曰："您是看不懂的。"琴西前辈莞尔而言曰："姑给我看看好吧。"平子因以字条递琴西前辈。琴西前辈接看，果然不能答。旋仲容先生来，二人相见，看字条，逐一解说，平子始恍然悟，扬长而去云。一说谓鲍田举人戴介山入城问字于孙仲容，直呼乳名，想系父执也。

孙宣《朱庐笔记》云：圣井山去瑞安城西南六七十里，山有许真君庙，香火繁盛，最以祈梦显。光绪中，籀顾公数困礼闱不第，太仆公侧室姜恭人因亲诣庙祈梦，梦神授与一柿。恭人既醒，大喜，以为祥也。归述为梦，力促籀顾公赴试。籀顾公曰："神赐柿，此行当成进士，惟柿熟则蒂已落。今虽朱艳可爱，宁复多日？中式之后，恐损寿命耳。"太仆公闻之，笑曰："解有神悟。"籀公遂不复就闱试矣。按：孙公一生五赴礼闱，皆未第。

郭传璞《金峨山馆乙集·秋日宴飞霞洞记》云：瓯郡东南积谷山，违治二里，层巘切汉，岿亭留云。有飞霞洞，相传汉时道人刘根栖炼所……会瑞安仲容同年孙君见招……同宴者江阴缪柚岑、青田叶昆山、泰顺刘蘖川、永嘉丁藜生、叶榕楼、徐松如及君与予凡八人。光绪六年九月日，鄞郭传璞记。

张扬《仙岩新志》云：征君访古。孙征君诒让殚心乡邦文献，每闻名山石刻，必恣意搜讨。少时曾携仆从往游仙岩，侨寓于李溪山家。溪山作东道主，陟险缒幽，不惮劳瘁，穷一月之力，遍历大罗诸胜。其于摩崖题字，剔藓樠拓，必躬与焉。至其品评泉石，皆系以诗。

林骏《挽征君诗》注云：先宫詹任先公，原名增志，胜国后遁隐头陀，别号云居和尚。精绘事，骏家藏山水墨迹一大幅。仲容先生闻之，造庐索观，展玩不置。自云家藏任道逊太常山水四幅，不及此卷之可珍，属骏善护持之。

刘祝群云：松君兄于林同庄处借观先文成公《三世授经图》，用照影印成，寄示一片，甚明显。同庄所藏系乾隆某年重摹之本。忆昔于瑞安李漱梅先生家借观《授经图》，为明季陈章侯画衣冠，徐易写面目，又有陆曾熙、翁方纲、汤金钊、宗稷辰四先生题赞。陆题缺八字，余均完好。孙籀顾师尝属漱梅归还吾家，命耀东以三十金酬之，漱梅未许。闻漱梅得自端木显祖，太鹤先生之孙，叔总先生之子。实叔总先生旧藏者。今同庄所藏本殆即临端木所藏旧本，上方所题翁赞系永兴任淇重书，而漱梅所藏本则陆、汤、翁、宗诸题皆墨迹也。漱梅之子翼伦毕业温州中学，余与有一日之长，因致书次饶，与翼伦再商归还吾家，愿酬以百金，未知能如愿否？——《疢颀日记》己未年十月二十七日。按：山人名国瑚，复姓端木，字子彝，青田县人。少负文名，晚岁乃致精于《易》，著有《易指》四十五卷。子百禄，号叔缄，为作《年谱》。逮后瑞安陈子木庵得其家集补辑之。

张枫云：光绪丙午，五月廿九日，阴。是日陈岩高来堂，据说昨日孙仲容昆仲、全学堂生请张邑尊带衙役到第二巷仓廒内，将所建无常庙塑像捣毁，投之烈火，匾额尽皆拆卸。凡平日好言淫祀者无不退避三舍，快矣哉！——《杜隐园日记》

刘贞晦云：先生于桑梓尤关心密切，恐男女学生之知识初开，血气未定而易入邪僻也，于是有"淫戏之禁"以保全少年之人格。又云：光绪壬寅年，成立瑞安劝解妇女缠足会，由自己家庭率先倡导之。

温州松台山净光塔，宋元祐、熙宁诸砖，并拓以贻之。指咸弼。

妙智寺一作密印寺有联云：入阿陀罗门，三世十方各圆满；修奢摩他行，四禅六欲共皈依。

又云：道非常道，名非常名，一心不住波罗蜜；色即是空，空即是色，万法有为般若多。

韦陀龛云：法界庄严，八部威神同卫护；佛恩广大，万魔摧伏总慈悲。按：寺离永嘉城南廿余里，故大刹也。有田千余亩，僧数百人，岁延高僧讲经，四方来受戒者以千数。

头陀寺韦陀佛前后楹联均是小篆，沙金地，是本邑孙刑部仲容先生偕其弟季恒茂才酬者，篆则仲容先生书也。

同里洪海槎军门新婚，孙公作联贺云：十一月早梅艳放，正宜玉镜催妆，看开奁双笑，凭肩有燕颔封侯，蛾眉冠世；二万里细柳凯旋，恰好瑶琴奏喜，想对酒一挥，写意兼房中丽曲，塞上雄风。

旧日处州与瑞邑人家结婚，洞房门上联语曰：合欢唐殿黄金橘；多士齐宫紫石榴。传说为孙仲容先生所作。

孙宣《朱庐日记》云：上午，诣张氏耿嫂，即居母家也。室中见籀高公与竹友许黼宸之遗诗。竹友题《江心怀古》云："古刹丛林住老禅，五云驻跸是何年？两峰分界中流水，孤屿难撑半壁天。赵氏江山今已矣，孟楼浩然楼风月尚依然。登临无限桑沧感，剩有钟声唤客眠。"籀公《题时文刻本》云："揣摩简练得阴符，谭笑公卿术未诬。朴学宁辞嘲狗曲，小言强效赋蝇须。青云艳说纡紫绶，缁雾生憎障碧庐。讵仅江河流万里，只应低首仰王、卢。"二诗人多未见，亟录之。

《瓯风·乡事纪闻》云：向称高则诚为王四弃妻作《琵琶记》者，寓四"王"字。赵五娘，自周至赵，数有五。牛丞相者，王四更娶牛渚不花氏。化名蔡邕者，王四少为人佣菜，佣菜为蔡邕之转音。《清溪暇笔》谓高则诚因刘后村有"死后是非谁管得，满街听唱蔡中郎"之句，因编《琵琶记》，用雪伯喈之耻。夫称伯喈为全忠全孝，可雪其耻，若如《琵琶记》事，实不忠不孝，增伯喈之耻，安得曰雪其耻乎？孙氏《温州经籍志》舍此书不录，有以也。然《荆钗》《琵琶》曲文之妙固不可废，故读书人尚有好之者，惜无佳伶工能演耳。

刘绍宽云：余于光绪甲辰自日本考察学务归，著有《东瀛观学记》。（中略）余尝以是《记》质正于孙仲容师，师为《序》其端云："其论之精者，与《周官经》《大小戴记》多相符合，固未尝以所言为非矣。"师于清季，凡新出译著之书，无不博稽详览。每侪辈中有以古书疑义问者，既为详悉讲解，必复曰："此皆旧学，无用矣。"是师固殷殷以治新学望后进者，而未尝以旧学自封也。近今二十年来，学校经课既已久辍，新进学子竞起诋毁六经，因而诋毁孔孟，此又大妄矣。——节录《读经平议》《瓯风》

孙延钊《孙籀公和温处地方教育》云：籀公生平具有学而时习、到老不厌不倦精神，这是人们所公认的。他自道：中年以后，睊念时艰，始稍涉论治之书，虽禀资闇弱，不足以窥其精眇，而每覯时贤新论，辄复钦喜玩绎，冀以自药顽钝。在这些很自谦的语意中，似还含有边作边学，求随时代思潮前进的迫切愿望。他在戊戌以前，阅读苏州冯氏《校邠庐抗议》和绍兴汤氏《危言》等书，批校一过。后来又阅读批校过章氏《訄书》及仪征刘氏《攘书》和《中国民族志》、四川邹氏《革命军》等书，也各见其手加的朱墨烂然。此外还藏了不少的中译本东西洋科学书。有时读到夜半，还爱不释手。与严复通信数次，并且还打算学习外国文，要使自己稍能直接看些外国书，而不以译本已读为满足。但是中寿遽逝，所以这样的晚年自学计划徒遗虚愿，所做事业即终于仅仅止此而已。

刘贞晦云：孙公在晚年时期，他每天绝早起身读书，从不懈怠。晚上读书或写作，都以点完一枝洋蜡烛才去休息。在五十一岁时，还请人教授英文，自己戴起老花眼镜，细心地用红珠笔在课本旁边注明读音，并优待英文教师。——一九六二年 月 日《浙江日报》载，温州讯

我尝闻老辈说：仲容先生著述经过是：本人专看书，找资料。一得资料，先用硃笔钩出作记号，再命书记别纸迻录，若字数多，则直剪书迻贴，故原书须备

数份。资料齐全，然后照计划汇为长编。

既经研究成书，再命书记誊正。复修改，又誊正，最后写成清本，但犹可钻研增删而成定本。故其家书记，每食必有一桌人，还雇两个刻字匠，皆常年住在屋内或附近之处也。或传其剪书为资料，几满一间屋云。

其所用资料来源：一、家藏，二、向友人借阅，三、假抄。

拙著《修学庐日记》云：丁卯十二月初八日，王师冰肃为余述普通学堂故事，称仲容先生博学，为校中诸国文教师蔡逸仲念萱、池仲鳞虬、杨志林绍廉等所尊奉。时有以疑义就质先生，先生辄答谓"翻某书某卷某页某行"，如其言检之，无失。然出言期期口吃，望之蔼然，状至谦虚者。与黄仲弢、叔颂二先生同以办学有功乡里云。

木节干斋《天体发微叙》云：光绪壬寅之岁，吾邑先哲孙籀顾征君、黄仲弢学士暨其弟太史叔颂创设普通学校，一时向学之士接踵而至，节亦肄业其中，受教于池仲鳞、蒋屏侯、杨子龄、陈冕卿、许叔基、蔡逸仲、郭肖梅、林和叔诸师，于是节于科学一道始得其途径。——《慎社文录》

孙宣《朱庐日记》云：先籀顾伯父在乡办学垂十年，各校开学皆有训辞。其演说稿往往为人携去。兹检得《温州艺文学堂开学演说》一纸，亦其手稿。艺文学堂创于光绪二十七年，造就甚众。演说稿用白话文，其全文载于《青鹤杂志》。

林同庄主编《温州旅杭同乡会会录》载孙公墨迹《谕唱歌传习所学生》云：本分处此次开唱歌传习所，宗旨在于造就小学初级教员，故学期仅止一月，所教者止于试用风琴，唱歌亦止习单音，于音乐专门深妙之理亦未暇及。即延聘徐、姜两位教习时，所订着亦止开导初学门径，程度并不求高。诸生既来求学，宜静心听受教习指教，万不宜猎等求深，有违循序渐进之义。近闻有浮薄学生妄以音乐典故及声学深理诘难教习，有意吹毛求疵，实深诧异。夫学堂通例，质疑问难，应就教习所课条件随宜求教，凡未深及之学理，即不宜任意举问。凡学生于授课之外搀越论难，虽在教习，便可以不答。此中自有范围，岂可矜才使气，务以难题凌侮教习，此等恶习，万不可长。至此次借中学堂开办，即应恪遵中学堂轨则，听从刘总理之教训。前日本总理来堂演说，即谆谆与诸生订约。近闻诸生多不守轨则，高声唱昆曲小调，抵掌高谈，喧哗可厌。此为任意妄为，无求学之实心，应即请刘总理会同王、蔡两议董从严删汰。倘有不守轨则之学生，即行斥退以免破坏学规。诸生其各懔遵无违，切切。六月十二日，学务分处总理谕。

闻此次诸生诘问教习以音乐典故及深奥原理，在诸生必自负已能通晓，方敢发难端。不知古今中西音乐之学广大精深，断非诸生所骤然能索解。若以古乐而论，试问《书经》戛击鸣球一章，与《礼经》金奏、升歌、下管、笙入、间歌、合乐、无算乐七节，诸生能通其义乎？若以后世之乐而论，六十调、八十四调之异同，今工尺字谱始于何时？宋人词谱、元人曲谱，诸生能详其源流乎？若以西乐而论，声浪疏密迟速之理，回声折声之率，诸生能探其奥乎？以上诸条，其精深之处恐诸生尚未梦见，而遽以一知半解凌侮教习，何其不知量乎？自古学问家以傲为凶德，盖必有真学问方能自知其阙陋。其岸然自命为通人者，必其中实无所有而藉此以张其意气、饰其浅俗，不值一笑者也。本总理不愿诸生蹈此，故不惜谆谆劝谕，诸生试反躬自问，当不河汉斯论也。籀顾再告。

留东学生会曰：先生研究教育无微不至，凡可以改良学校者，必图其成而后已。同人自日本归者，谒先生，先生必殷殷以教务相询，令尽其言而去。言苟有中，靡不采用之。邑中学究或讥先生偏信少年好事之徒，而先生屹然不动也。去夏某等回里，先生特开教育研究会，征邑中之司教务者与某等讨议改良之方法，每会先生必至，至必虚心下问，博采群言，俟会者毕散乃去。——《哀挽录》注

又恐地方下流之顽固未除，阻挠风气而有妨新政，于是主演说之长以开通社会之风气。即每月朔望两日明伦堂讲演会也。先生口吃，讲时每每顿足发言。

《池志澂七十自述》云：光绪二十九年，孙籀顾征君创瑞安演说会于县学明伦堂，月以朔望举行为例。时陈介石与蛰庐孝廉、平子征君并列讲席，群贤毕至，亦吾乡一盛事也。按：演说会从光绪二十八年十一月开幕起，一直到三十二年春间，把县学考棚改为县立中学堂的时候方才停歇。

永嘉县恶棍讼师梅佐羹、吴木天等为欲夺取温处学务分处董事职权，且曾捏名诬告。坚持科举之顽固分子则不断挑衅，攘臂而敢于毁学，再加州县有□勇于自润，怯于图公，不但不给学校筹款，反而借办学名义敛钱自肥，以致办学经济竭蹶，罗掘俱穷，终致众谤群疑纷然四集，荆棘丛生，极难措手。而孙公以一办学者，坚忍不拔，排除万难，苦心孤诣。对地方反动官僚以至讼师恶棍之阴谋构陷，孙公力争正义，志节不移。凡遇学校筹款困难，首自捐赀相助，浙南诸学校章程设施，皆出他的手订。弥留之际，犹就榻前集会讨论办学工作。——《孙谱》稿本

致永嘉县尹大令书。《书》云：惟贵治讼棍梅佐羹，佐羹字廉卿，汉奸梅思平之父。

去年夏间挟嫌同年张筱华别驾湖北来函，求充挂名董事。诒让以其声名太劣，且学务分处向无挂名支薪之例，峻拒之，因此怀恨。正月间，遂与其党吴木天捏名庆元陈志东，向抚、学宪处控告诒让并学界同人多款，最重者为"任用私人""演说革命"。旋经温人及旅学杭、沪两处者联名公剖，陈志东并无其人，实系梅棍背捏，奉宪批严查。而丁大令深庇梅棍，并举为劝学所董事，极力与学务分处反对。诒让亦请严传陈志东到案，当亲到对质。嗣查邮政局号簿，系吴木天经手送交，木天自知无可推诿，遂禀称途遇不识姓名人，自称庆元陈志东，托其代递。种种诪张，肺肝如见。锡太尊饬传数月，处州萧太尊、庆元□大令均查明并无其人。诒让谓梅佐羹、吴木天积案数十起，尹大令早有所闻。此案控情重大，万不宜含糊了事。诒让自谓不请查办，则是畏罪缄口，安能任此重咎？顷闻太尊已令尹大令密查，陈志东既无其人，非传吴木天管押着交，万不能得其实情；而梅佐羹之背捏亦无从究诘。兹将梅、吴劣迹旧案并控剖各禀抄出，呈览尹大令。吴木天旧为学界所不齿，近以劝学所之庇护，忽请办飞鹏学堂，聚赌局骗，闹成控案，此尤近事之可查者。大令下车伊始，嫉恶锄奸，必有以廓清士类，大慰众望。倘劝学所仍损帮牵掣，亦请示覆，诒让将抄录全案，请政府及学部、法部澈究。事关肤受，弟万不敢求上宪之弥缝，亦万万不能任劣棍之诬控。能否严传梅、吴二棍押交陈志东之处，恭候惠示云云。——《致支提学书》按：此案背景为余朝绅。当孙公殁后，梅讼师有联挽之云：我与你有什么冤？办学起争端，一切事漫不经心，任你在令尹堂前，贿吴元乔凭空论事；你为何死这样快？盖棺当论定，八大款倘有遗恨，请自向阎罗殿上，寻张藩侯再打官司。[1]

　　温州知府锡纶、永嘉县知县丁维晋与乐清县知县何士循等一批地方反动官僚曾朋比为奸，多方刁难，甚且利用乐清陈耐辛因宣传革命被通缉，而孙公加以救护之事件，企图大兴党狱，加害孙公。乐清陈梦熊字耐辛宣传革命，发生新山歌案，诒让据理力争，多方维持，其事始寝。详见刘次饶《籀园笔记》。《瓯风》杂志十一期。

　　孙延钊《孙籀公和温处地方教育》云：温州府知府锡眷臣纶、永嘉县知县丁象明维晋、乐清县知县何勉之士循等都庸闇顽固，与新学界遇事为难，为师范学堂操场与商会争执。双方越闹越利害，这就是新山歌案掀起的主要原因。关于此案前人著述，如刘次饶《笔记》及今人的论撰中，并见有专篇详述，为世人所共知，这里

---

[1]　注：吴元乔名木天，受孙氏收买，到县庭证控案为梅佐羹匿名；张藩侯，与梅同控孙氏者。——采自游止水同志一九六〇年×月

不多叙了。

至于在籀公办学的过程中所吸收的人才，则对进步青年乐于罗致和始终爱护。其中有些人曾参加各地秘密组织的革命团体者，例如新山歌案中人乐清虹桥女学堂长陈耐辛梦熊，是跟平湖敖梦姜嘉熊搞革命活动的，当时为了在乡村宣传此歌，被人告发。地方官吏查究甚急，籀公力为申辨，设法营救，甚至祸将临己，而且有危及温处学务处同人之势，而籀公犹处之自若，终于排难解纷，未兴大狱，保全善类，除去以浙江布政使宝棻为首的官僚集团恶势力。

刘绍宽《籀园笔记》云：偶阅刘吉庵之屏《盗天庐集》，有挽陈耐辛联，述及新山歌事，此亦吾乡清季一大公案，不详述之，将无有知之者矣。耐辛名梦熊，乐清虹桥人。吾乡清季奔走革命者惟耐辛最早，尝出《新山歌》一书，为乡人讲解之。新山歌者，革命党中宣传之白文浅语也。耐辛有友曰胡倬章，以事与耐辛争于某会场，耐辛直批其颊，众劝解之始去。倬章愤无所泄，乃向县署告耐辛运动革命，呈《新山歌》书为证。知县何士循，强悍吏也，极恶革命党，得书欲兴大狱。遝通详各大宪，饬役逮捕耐辛。幸有预知其事者泄告耐辛，耐辛夜逸至温州中学，挝石聘南卧房之门使起而语以故，聘南促其速行。次日，以告孙籀顾先生。是年耐辛设女学于虹桥，聘女教员玉环戴礼。礼故一宿儒女，颇长于文，不喜新学，与耐辛龃龉。籀顾先生颇右耐辛，至是遂为请浙抚张曾敭，极意申雪之。时知府锡纶得何知县详文，已为转详各大宪，加入按语甚重。浙抚得此，大疑，特派委员沈维诚专查其事。沈初奉委时，即有人为言，此事须慎重，与温处学务总汇处孙某商妥行之。沈至瓯，即告籀顾先生，先生力为剖析。沈入见锡守，锡守坚谓事有确据，非惩不可。沈复以告籀顾先生，似有不信之意，先生争之疾急，曰："如是，则尔我各行其是而已！"旁有人谓沈曰："此事官绅既水火，子处其间，须不偏不倚，幸勿操切。"沈是其言，亲往乐清传见胡倬章。倬章言之凿凿，谓演说于某处，闻者有某某若干人。沈令悉疏其名，胡乃以名单上，皆其亲故也。沈询："此诸人均在本地否？"胡答云："半在本地，半在他处。"沈属在本地者悉招之来，乃集会于东乡小学之教室，令诸人各距离坐，面一几，如受课状，不许交头接耳。每人授以一纸一笔，自于黑板上书问，耐辛讲新山歌在于何处？何时？旁听有若干人？讲时情形如何？开列十余条，各令一一条对。对毕，收视其纸，言人人殊。沈谓："若是，则其事果诬矣。吾将持此数十纸具复足矣。"回省覆销，浙抚颇怒，欲办坐诬，而未遽行也。耐辛在外闻传，乃径赴杭，向抚署投案，力请办诬，浙抚将许之。时藩司宝棻闻之，大恚，谓："张抚如此昏瞆，人告革命不能办，反为之办坐诬，吾将列参矣。"张抚闻之，惧，乃以全案移归藩司请办。宝棻得其全案，将另派委彻查矣，张抚恐事累己，密电求救于张香帅。籀庼先生有电与黄仲弢先生以转达香帅，时香帅适入军机，移宝棻为山西学政，其事始寝。当此案重翻时，学务处诸同事人人自危，乃釜底抽薪，其沸遽止。余谓籀师在乡办学时，仲弢先生隐为援助者，此亦其一也。

张謇曰：庚子之岁，"拳匪"乱作，东南震惊。县之马屿，土匪蜂肆，君芒鞋短衣，操刀登埤，与士卒守卫，民恃不恐。——《孙征君墓表》

朱芳圃云：六十一岁时，江浙铁路议起，至贷款于外人，浙中士大夫争请归商主办，先生首输万金。——《朱谱》

刘冠山曰：时章太炎同几个学术界人士设国学保全会于上海，编行《国粹学报》，以搜集表彰明季文献进行宣传反清革命运动的趣旨，公也赞助。该社出《古学汇刊》二集，投载《顾亭林诗》及《亭林诗集校正》各一卷。

马叙伦云：初，章炳麟昌言排满革命，浙江巡抚某将逮炳麟、黄绍箕、孙诒让、宋衡及先生知之，促炳麟亡之日本。——《天马山房文存·陈先生墓表》

张枬《杜隐园日记》云：光绪二十六年岁次庚子，八月廿五日，同小竹到孙大房访仲容先生，适蔡书城先生亦在彼，因共叙阔悰。少顷，仲容出陪，谈及国事如此颠倒，令人叹息。而仲容说："近来六人中伏法者，余识其二：一杨锐，一林旭也。杨则恂恂如处子，而才具极好；林，福建人，为文忠公林则徐曾孙而沈文肃公沈葆桢孙婿，其发解时仅十六岁，今不过二十三耳。一旦遭此惨祸，国事其尚可问邪？"约谈至晚始回。按：谭嗣同字复生，湖南浏阳人，诸生，官候补道员，加四品卿衔，参与新政，有《莽苍苍斋诗》。林旭字暾谷，福建侯官人，光绪癸巳解元，官内阁中书，参与新政，加四品卿衔，有《晚翠轩集》。杨锐字叔峤，四川绵竹人，光绪丙子举人，官内阁中书，加四品卿衔，参与新政，有《说经堂诗草》，多拟古人之作，少自写性情者，殆散佚而非全豹也。

最近余发现孙公诒让于一九〇四年光绪三十年与学计馆一学生签订资遣留学培养师资之亲笔合同。该生留学日本弘文学院，学习理化科，毕业后回至瑞安普通学堂任教。

按：孙公又与绍兴陶成章秘密进行民族革命，有对联跋语，余曾见于浙江文献展览会上，待查浙江图书馆出板《图书展望》展览会专号及会后刊印《文澜学报》文献展览专号。可说明此事。

一九七二年春，友人夏承焘瞿髯新自杭大旋里，余往访于其戚家，承焘出眎此诗，因即录之以归。朴垞识。

诗云：

> 尾张奴子亦人豪，金瓠千枚霸府高。
>
> 翦薙群雄如草菿，却留鼇叟怖儿曹。
>
>
> 谲觚封册沈维敬，疏率援藩宋应昌。
>
> 毕竟李查能剧战，猴奴垂尽恨茫茫。
>
>
> 大坂重城奉淀君，剧愁骙子不能军。
>
> 钟铭方广寻常事，兵衅翻成诅楚文。
>
>
> 不战雄图一霎空，摩天大佛委回风。
>
> 偶留写像高台寺，不及它家东照宫。

日本赖山阳所著《外史》，记载翔实，文章绝类《史记》，《酆臣氏纪》尤似《项羽本纪》，所记明代援朝鲜事足补正史。偶题四绝，书奉祝群二兄大人匡正。籀高弟孙诒让。

《廖平传》云：廖平既举进士，以覆试停科，不准殿试，遂出京，漫游之武昌。张之洞为两湖总督，因谒见，评骘时流。之洞为之色动神移。仁和谭献复堂、瑞安孙诒让仲容在之洞幕，而诒让治《周官》，献喜谈《公羊》，今古异学，然皆不厮平说。

裘毓麐《清代轶闻》云：民国元年，梁任公归国，在大学校演说，谓戊戌政变成绩西后推翻无遗，可留为纪念者，独一大学堂而已……张鹤龄以副总教习主教务，聘孙诒让、蔡元培、屠寄等充经史学教员，诒让、元培不至。

拙著《修学庐日记》云：丁卯十一月初八日下午一时许，孙氏出丧，队伍分十组，过我家前。第一、二组牌伞，参以花亭数座，中置籀公遗著题曰《经微室杂著》若干种、手泽、墓表、《清史列传》及奏折等，此最为难得者；第三组挽联；第四、五、六组饰顶马及花圈、僧道等；第七组为城乡各学校代表亦有外地来送葬之学生代表共数百人；第八、九、十组为灵柩及女客所坐轿，士绅跟随者近千人。至于道旁观者，人山人海，不减清明时迎神之热闹也。余观罢，牵季弟复从后街赶至学前看花祭，即在县高小前张幕，置菊花数十罇。上座安放孙公像，由孝子齐跪祭奠。既毕，余与季弟共登籀公楼。遇王君国光，畅谈籀公轶事，及品评所悬诸对联之优劣，称胡调元、池云山、张枏之作为最体贴；吴之翰、王冰肃二联次之。胡撰以此楼齐俞楼，张作谓孙学承陈、薛，可推为祭酒。横扁题曰"经师人师"四字，项廷珍志贞书。此楼落成于去年夏间，值大雨，送入祀者亦不下千余人，有宋墨庵为文致祭，极热闹也。神龛联曰："岂独吾乡推祭酒，愿从此地拜先生。"按：陈谧《籀公楼记》云：（上略）乡之普通小学，孙先生所手创也。丙寅五月，校长余君思勉筑楼以绘先生像，为祠祀之。额其门曰"籀公之楼"，将以志其不忘也。民十五，七月。

初十日傍午，孙公返祔俗名回山，又极热闹，过我家前，计费一句钟之久始毕，实为邑中空前之大安葬仪式也。想所耗必在数千元以上矣。按：前一二年，上海大报登余杭章太炎、南通张季直二氏拟皆来温送葬，旋以国内战事起停止举行，二氏遂不果来。

民国三十六年九月，孙仲容先生百岁纪念，除浙江省图书馆《图书展望》复刊号出专号外，国立浙江大学之《浙大学报》亦特出纪念专号。而温州籀园图书馆、瑞安仲容文化馆亦均于诞辰分别举行纪念大会，并请名人讲演，又在温州及瑞安各报纸上出纪念特刊云。

一九六二年，温州文化局同志假江心寺文管会展览孙公遗物，并征集海内名家题词，如郭沫若、顾颉刚等。郭诗载其《东风集》中，而顾辞云：经学子学，蔚为大宗。甲文金文，星斗罗胸。朴学后劲，科学先锋。探赜索隐，晚进追踪。千秋事业，若崝高埻。我瞻遗泽，仰止情钟。孙诒让先生著作遗物展览会存念。一九六二，七，顾颉刚敬书于北京。

一九六二年仲容先生诞生百十五周年，郭氏沫若作诗寄贺云：启后承先一巨儒，《周官》咸赖有新疏。创通甲骨推前辈，摩挲钟彝识远谟。玉海汪洋藏日月，籀庼静穆述诗书。不因孟氏轻禽兽，《间诂》名经出坦途。此诗刊入郭氏近著《东风集》。

一九六四年五月十四日，中国科学院院长郭沫若同志陪同外宾游览北雁荡，乘便转来温州，特访玉海楼，兼视孙公遗著原稿，勾留半日，为题"玉海楼"三字扁额，作一对联云："玉成桃李，海涌波澜。"题词一纸而去。题词云："甲骨文字之学，创始于孙仲容，继之者为王观堂。饮水思源，二君殊可纪念。一九六四年五月，郭沫若。"

按：玉海楼解放后，即一九六一年四月二十一日《浙江日报》所载"第一批浙江重点文物保护清单"列名其中。又，管楼者林某对余云：解放后，京中同志如赵万里、许广平鲁迅之夫人、胡乔木、田家英毛主席之秘书、邓拓、钱俊瑞等亦先后来玉海楼参观。

近人张难先《覆黄宗焘书》云：余少时曾攻汉、宋诸学，时贤中最佩二仲，即孙氏仲容与提学仲弢也。一九五一年十二月。

一九六四年十二月卅日，余闻诸市图书馆梅馆长云：最近章行严士钊前辈在香港作诗八首，称颂吾乡孙公仲容，遂出眎其原稿手迹影片二纸。余照录之：

孙仲容先生辛丑新政八绝后题

光绪辛丑，清廷与英、俄等八国为城下之盟，不得不议变法以涂饰中外耳目。孙仲容先生受盛杏荪之托，原本周经，参证西法，草条议四十篇。稿成，以七绝八首跋尾，并写作横帧，贻其同乡挚友王廷玉先生，原件为温州图书馆甄集。嗣君国桐摄影珍藏，时或移赠同好，洵盛事也。岁甲辰，余游香港，国桐以一纸见贻。余佩孙仲容先生学行，久弥年载，又嘉事与史迹有连，因学舌如鬒，用缀于后云。

辛丑当我弱冠年，武昌籥火始涓涓。
谁知骆越楼居客，正拟兰陵法后篇。

孙王交谊旧书香，稿草相遗戒漫藏。
事类子云天禄阁，慎从奇字说兴亡。

一代经师众所推，余杭私淑不须疑。
温州未到门墙隔，世论喧嚣弟子师。

天下纷纷务过秦，大名张楚筍逢春。
如何满口嗟来语，招得扬幡革故人。

孙通绵蕝属兴邦，变法徒形弩末强。
时势已非空衒技，射人射马贼擒王。

童论微消议建除，激随两部作先驱。
独余六典周经在，持与邹荆较阔疏。

洋务人才貉一丘，赀郎鬻国到公侯。

吊丧借面夸微管，如此经纶讵暇羞。

六十余年一刹那，老儒凋谢我蹉跎。

国家鼎盛成新造，周监居然二代过。

右奉国桐兄存置，孤桐章士钊，时年八十有四。

太炎推服仲容先生甚至，惟平生未获一面，亦无为门墙之说，太炎亲为余道之如此。钊附及。

四、集评

俞樾曰：瑞安孙诒让仲容乃集诸说之大成，著《墨子间诂》。凡诸家之说，是者从之，非者正之，阙略者补之。至《经说》及《备城门》以下诸篇尤不易读，整纷剔蠹，胝摘无遗，旁行之文，尽还旧观，误夺之处，咸秩无紊。盖自有《墨子》以来，未有此书也。——《墨子间诂叙》

又曰：今年夏，瑞安孙诒让以所著《札迻》十二卷见示，雠校古书共七十有七种，其好治闲事盖有甚于余矣。至其精熟训诂，通达假借，援据古籍以补正讹夺，根抵经史以诠释古言，每下一说，辄使前后文皆怡然理顺……然则书之受益于仲容者自不浅矣……余老矣，未必更能从事于此。仲容学过于余而年不及余，好古深思，以日思误书为一适，吾知经疾史恙之待于仲容者正无穷也。——《札迻叙》

又曰：仲容好学不倦，而绩力足以副之。凡前人所未识之文及误认之字，皆以深湛之思一索再索而得之。——《古籀拾遗叙》

廖平云：康长素本讲王阳明学，而熟于《廿四史》《九通》，盖长于史学者，于今学则门外汉。章太炎文人，精于小学及子书，不能谓为通经也。之洞为文，色动神移。仁和谭献复堂、瑞安孙诒让仲容在之洞幕，而诒让治《周官》，献嗜谭《公羊》，今古异学，然皆不屑平说。——《廖平传》

刘恭冕曰：瑞安孙君仲容之所作也。君于学无所不窥，尤多识古文奇字，故其所著能析其形声，明其通假。近世鸿通之儒为此学者，自仪征阮氏、武进庄氏外，未有能及君者。可不谓盛欤！——《商周金识拾遗跋》

朱孔彰曰：诒让见中夏贫弱，谓果得贤者采《周礼》治国家，用《墨翟书》务节用、讲战守，何患不富强。抱经世之略，淡于仕进，著书终老，惜哉！——《孙诒让事略》前期《甲寅杂志》

宋衡云：孙籀庼先生为衡最心折之一人。其人若在孔门，于德行恐可升堂，于文字恐可入室。惟于言语政事，则非所长。就文学论，则皖南派而兼浙东派，盖太仆、学士兄弟之文学，本以皖北而兼浙东派。籀公之异于父、叔者，在皖北与皖南之别，而其兼浙东则同。然皖北、皖南皆反对近代政法，方望溪建议改八股取士制及官制，皆被格。故改制之议，非但籀公主持，太仆、学士亦皆早表同情。太仆昔日与沈文肃、李文忠反对，世之不学者遂以为憎西法，不知所憎者专讲轮船枪炮之西法耳，及政法之说东来日盛，则深服矣。马江一战，重以甲午，沈、李所经营者前功尽弃，太仆之言验，而政法之说大起。太仆不及见，而学士则大表同情于岭表，谓康有为。临终前数日犹命所亲读某报，其激昂不减籀公。然孙氏三先生就政事论，以太仆为长，然毕竟是立法、司法二部为高才，于行政事仍属中才。若学士与籀公，于行政上且未得为中才矣。立法尤重在学，司法尤重在德。孔门所谓政事，乃专指行政，故三先生皆为德行兼文学，而非政事科中人。衡所见如此，曾私著有三先生《学行述略》各一篇，他日当呈正。——宋衡《致刘次饶书》

宋衡又云：当甲午、乙未之际，以极端主张联日拒俄，共谋立宪，几不容于世。及南海、新会出现时代，衡之志气已向灰冷，而尚有议论兴。弱冠以前，所见与南海派离合参半；弱冠以后，极端主张唯物论，与彼派主张唯心论吾乡孙籀庼先生之哲学亦属唯心派。益不能合。而当道可以彼党二字见坐，戊戌、庚子间几不免者屡矣，谭氏《仁学》，唯心派之哲学也，故其大处与衡不合，昔曾与面争屡矣。谭颇能虚心，惜乎不假之年也。亦皆有天幸得脱。辛丑以后，则一言不发，视泉下人但多一口气耳。

宋平子曰：海内经学，自以孙仲容及定海黄元同为最。——《厚庄日记汇抄》戊戌六月廿七日

章炳麟曰：古文经说，得孙仲容出，多所推明《自述学术次第》。又曰：海内耆硕，自德清、定海二师下世，灵光岿然，独有先生。虽年逾中身，未为大耋，浙人所仰望者亦无第二人，愿存精神、加餐食，长为乡土表仪，幸甚，幸甚。——《与孙仲容书》

又曰：以戴学为权度而辨其等差，吾生所见凡有五，第研精故训而不支，博考事实而不乱，文理密察，发前修所未见，每下一义，泰山不移。若德清俞先生、定海黄以周、瑞安孙诒让，此其上也。——《说林下》

又曰：余昔时慕先生为学，颇与通书，而苦不能亲觌，又未尽见先生之书……先生之学不后于宁人、东原，足以上通圣则，旁开物宜者，世人当尽知之。日月贞观，非下士所宜赞也。——《孙谱叙》

又曰：其精婟足以摩撖姬汉，三百年绝等双矣。——《孙诒让传》

又曰：近人病儒者之柔，欲以墨子之道矫之。孙仲容先生首撰《墨子间诂》以为倡，初意欲施之于用，养成风气，补救萎靡。不意后人专注力于《经上下》《经说上下》论理学上之研究，致孙氏辈一番救世之心淹没不彰。——《讲儒行大意》

章太炎曰：叔蕴足下：见东人所集汉字，有足下与林泰辅书，商度古文，奖藉太甚，诚恓恓若有忘也。林泰辅者，尝在大学治古典科，非能精理，其所作《说文考》，特贾贩写官之流。非独泰辅也，东方诸散儒，自物茂卿以下，亦率末学肤受，取证杂书，共好言易而不道礼宪，其学已疏矣。阮伯元、戴子高诸君，徒以一二秘籍逸在东隅，若视其国为天府，亦因以其人为有旧法世传者，然其实非尊崇之也。儿童或五六岁能作署书，市人虽知其不逮长者，犹郑重馈遗之，以为伟奇，盖方物是矣。顷世学者不谕其意，以东国强梁驰美于其学术，得懁截小善，辄引之为驰声誉，自孙仲容诸大儒犹不脱是，况其稍负下者。——《与罗振玉书》

章太炎曰：浙江朴学晚至，则四明、金华之术莫葆蔽之。昌自先生，宾附者有黄以周、孙诒让。是时，先汉师说已凌夷矣，浙犹毂张，不弛愈缮，不逮一世。新学儒生灭我圣文，粲而不惮，非一隅之忧也。

刘师培云：浙东俞樾、孙诒让，深于训诂之学，梳理群籍，恪宗戴、王。樾作《古书疑义举例》，足祛千古之惑。诒让作《经迻》《札迻》，略与樾之《平议》相类，而审谛过之。其《周礼正义》盖仿佛金榜、胡培翚间……樾名尤高，湘淮诸将隆礼有加。诒让不陨先业，间为乡闾兴利。——《清儒之得失》

黄侃曰：孙仲容以八法为纲领，求条例，括纲要，庶几于力鲜，于思寡，省竹帛之浮词，免烦碎之非议乎？——《礼学略说》

鲁迅曰：清末治朴学的不止太炎先生一个人，而他的声名远在孙诒让之上者，

其实是为了他提倡种族革命，趋时而且还"造反"。——《鲁迅全集》卷五《花边文学·趋时与复古》

罗振玉《殷虚书契前编序》云：光绪二十有五年，岁在己亥，实为洹阳出龟之年，予时春秋三十有四。越岁辛丑，始于丹徒刘君许见墨本，作而叹曰：此刻辞中文字，与传世古文或异，固汉以来小学家若张、杜、杨、许诸儒所不得见者也。今幸山川效灵，三千年而一泄其秘，且适当我之生，则所以谋流传而悠远之者，其我之责也夫。于是尽墨刘氏所藏千余为编印之，而未遑考索其文字。盖彼时年力壮盛，谓岁月方久长，又所学未邃，且三千年之奇迹，当与海内方闻硕学共论定之。意斯书既出，必有博识如束广微者为之考释阐明之，固非曾曾小子所敢任也。顾先后数年间，仅孙仲容征君诒让作《契文举例》，此外无闻焉。仲容固深于仓雅、周官之学者，然所为《举例》，则未能阐发宏旨，予至是始有自任意。岁丁未，备官中朝，曹务清简，退食之暇，辄披览墨本及予所藏龟，于向之蓄疑不能邃通者，谛审既久，渐能寻绎其义。顾性复懒散，未及笔记。宣统改元之二年，东友林君泰辅寄其所为考至，则视孙征君《举例》秩然有条理，并投书质疑。爰就予所已知者为《贞卜文字考》以答之。

康有为曰：先生于礼学至博，独步海内，与吾虽有今古文之殊，然不能不叹服之。

梁启超云：瓯海一隅，自宋以来，别为永嘉学派，实斋论浙东学术，于兹托始焉。顾近代无能张大之者，晚乃有瑞安孙仲容诒让，治《周礼》，治《墨子》，治金文、契文，备极精核，遂为清末第一大师。结二百余年来考证古典学之局。——《清学的地理分布》

又曰：海通以还，外学输入，学子憬然于笃旧之非计，相率吐弃之，其运命自不能以复久延。然在此期中犹有三大师焉，为正统派死守最后之壁垒，曰俞樾，曰孙诒让，皆得仿于高邮王氏。樾著书惟二三种精绝，余乃类无行之袁枚，亦衰落期之一征也。诒让则有醇无疵，得此后殿，清学有光矣。——《清代学术概论》

又曰：唯一的《周礼》专家，就是孙仲容，他费二十年功夫成书八十六卷，这部书可称是清代经学家最后的一部书，也是最好的一部书。——《清代学者整理旧学之总成绩》

又曰：甚么叫做逐类搜求，就是因一种资料追寻一种资料跟踪搜索下去……比如读《孟子》，读到"杨朱、墨翟之言盈天下"之语，因有此语，于是去搜求当时的书，看有什么人在什么地方说过这类的话。《韩非子·显学》篇说：世之显学，儒、墨也……墨之所至，墨翟也……自墨子之死也，有相里氏之墨，有邓陵氏之墨……墨离为三。《荀子·非十二子》篇又说：不知一天下，建国家之权，称上功用其俭约而漫差等，曾不足以容辨，异县君臣……是墨翟主钘也。孙仲容因得这种资料，加以组织，作《墨子传授考》《墨家诸子钩沉》等文，作得切确不错。——《历史研究法补编》

梁启超云：战国时，儒、墨同称显学，汉后墨学之废既二千年，郑樵《通志·艺文略》载有乐台注，久佚。乾隆四十二年间，汪容甫最初治此学，有校本及《表微》一卷，今不传。见《述学》《墨子叙》及《后叙》。而卢抱经、孙渊如、毕秋帆同时治之，秋帆集其成，为《墨子注》十六卷，以乾隆四十八年成，今《经训堂丛书》本是也。浙刻《二十二子》本采之。毕注前无所承，其功盖等于茂堂之注《说文》。秋帆自序称："卢、孙互校此书，略有端绪。渊如集其成……"大约渊如自有校本，而秋帆所校，则抱经相助为多。又渊如为毕《注》作《叙》，称翁覃溪方纲亦有校本，但毕《叙》未及之。其后顾涧蘋又据道藏本重校，写定一通，专务諟正文字。继则王石臞摘录校注为《读墨子杂志》六卷，俞荫甫著《墨子平议》三卷，苏㲼山时学著《墨子刊误》若干卷。㲼山，广西藤县人，不闻有他种著作。此书陈兰甫先生为之叙，称其"正讹字，改错简，涣然冰释，怡然理顺"……见《东塾集》卷三。孙仲容已采其说入《间诂》，不知原书今尚存否？而洪筠轩颐煊、戴子高望亦各有所校释。据孙氏《间诂序》所称，其书吾皆未见，洪著殆指散见《读书丛录》中者。至光绪间，十九年癸巳刻成。孙仲容诒让"覃思十年"，原序语。集诸家说，断以己所心得，成《墨子间诂》十四卷。复辑《墨子篇目考》《墨子佚文》《墨子旧叙》合为《附录》一卷。复撰《墨子传略》《墨子年表》《墨子传授考》《墨子绪闻》《墨学通论》《墨家诸子钩沉》各一篇，合为《墨子后语》二卷。俞荫甫序之，谓其"整纷剔蠹，舃摘无遗。旁行之义，尽还旧观。讹夺之处，咸秩无紊。自有《墨子》以来，未有此书。"诚哉然也。大抵毕注仅据善本雠正，即吾所谓第一种校勘法。略释古训。苏氏始大胆刊正错简。仲容则诸法并用，识胆两皆绝伦，故能成此不朽之作。然非承卢、毕、孙、王、苏、俞之后，恐亦未易得此也。仲容于《修身》《亲士》《当染》诸篇能辨其伪，则眼光远出诸家上了。其《附录》及《后语》考讨流别，精密闳通，尤为向来读子书者所未有。盖自此书出，然后《墨子》人人可读。现代《墨子》复活，全由此书导之。此书初用活字板印成，承仲容先生寄我一部。我才二十三岁耳，我生平治墨学及读周、秦诸子书之兴味，皆自此书导之，附记志感。古今注《墨子》

者，固莫能过此书；而仲容一生著述，亦此书为第一也。——《清代学者整理旧学之总成绩》第三章《校注先秦子书及其他古籍》_{墨子}

梁启超云：又如《墨子》，大部分是真的，然起首七篇辞义闪烁可疑。墨子根本反对儒家，处处与儒家立于对抗的地位。然《墨经》前七篇有许多儒家的话，当然不是墨家真相，许多人都怀疑牠。《墨子间诂》的作者孙仲容以为是当时儒家势大，墨家很受压迫，为保护此书起见，故意在前几章说些迎合儒家的话……使得研究墨学的人迷惑，看他起初是一种口吻，后来又换一个态度，错认墨子首鼠两端，反为失了他的真相。又如《墨子》之《经上》《经下》篇，在毕秋帆时代亦几无研究之可能，自孙仲容《墨子间诂》出，而始有研究之可能。

又云：一直到最近，孙诒让、章炳麟一派，仍旧相信《周礼》是周公致太平之书。我们带今文家色彩的人，却总是否认的。——《对当时人的看法》

马叙伦曰：瑞安在宋时有魁人曰叶适、陈傅良，以性理文章经制之学与湖胡氏、闽朱氏相颉颃，学者宗之，谓是"永嘉之学"。清咸、同间，县人孙衣言、锵鸣昆弟号能继承其风。然衣言昆弟仕宦京师，又多接乾、嘉遗献，稍稍倾倒于故训名物之业，衣言自诒让遂以朴学为晚近大师。——《天马山房集·陈先生墓表》

又曰：孙仲容先生跋王子庄《柔桥集》，谓"尝闻诸曾文正云：作文四字句切不可多。尊稿散体之中间厕骈句，其为文格之累殆甚于四字句矣"云云。按，文正此说，绝非至论，试观宋以前文，无论骈散，皆可知矣。宋以后，文句冗长，气体日下，至桐城末流而益甚。余以为药桐城末流之文，正宜简练词句，劲其气骨，惟所谓四字句者，当有分别。近人骈文中妃黄俪白，骈拇枝指，此则无论散骈，均为不宜者也。知此，则散文中间厕骈句，未足为病，正如织有经纬以成文章耳。仲容此说，犹袭桐城末论，且观仲容自为文词，即不如此言，而雅驯有古香，与桐城涂辙固已殊矣。——《读书小记》卷第一，又新出《马叙伦学术论文集》中有论孙仲容

池志澂云：我邑宋南迁后，"永嘉之学"称陈止斋、叶水心二先生为最。沉埋七百余载，至我师孙逊学太仆、止庵侍郎及籀廎征君，远绍旁搜，始得表章之。其后我友陈蛰庐介石、黄仲弢、叔容及宋平子诸君亦最讲论永嘉之学。——《望益斋诗存序》

近人伍非百论治墨子书，谓其旁行斜上，文字舛错，为子书中最难读者。至清季孙仲容以三十年之精力作成《墨子间诂》，于是墨经始可贯通能读懂矣。——

《国故论丛》《丁卯日记》

张尔田曰：晚世学人，若孙籀庼年丈暨吾友王君静安，其为学皆有其得力处，皆非毁圣无法者，不容破坏纤貌得以借口。——《致叶长青书》

又曰：若夫殷虚契龟，敦煌残楮，其所以为吾经典佐证者盖亦有限。然此乃成学者取资，今悉屏落一切，驱天下学僮惟是之从，至有正经注疏终身未读其全，而中西稗贩高谈皇古者，侮圣蔑经，行且见披发于伊川矣。某生平师友若孙仲容年丈暨王君观堂，其为学皆自有本末，乃亦为时风众势扳之而去，心诚不能无惜。则虽谓考据之学无益于兹世，未为迨也。——《与陈石遗书》日人井氏《古文旧书考》中

尔田又曰：文集止有诗赋铭诔……降及唐、宋，则论著立意之篇入集矣。逮国朝，则考证之文亦入集矣。龚定庵有言：本朝儒术博矣，然其运实为道问学。自乾隆初元来，儒术而不道问学。所服习非问学，所讨论非问学。比之，生文宗而为质家之言，非律令。盖休宁、高邮诸大儒，以其朴学倡导于世，学者承流，靡不争以考证鸣。一名一物有说焉，一字一义有训焉。简丝数米则笔之为札记、为脞录，又以其成篇幅、具首尾者悉举而纳诸文集……昔俞理初目所造曰《类稿》，近孙籀庼亦题所著曰《述林》，彼诚感夫文与质之不相丽，而思有以正其名也。——《遯堪文集》二

王重民云：《述林》为孙籀庼先生卒后所辑刻，刊雕草率，体例芜杂。近世大家当推先生，而中风以卒，《文集》未及手定，殊为恨事。——《清代文集篇目分类索引》

胡朴安曰：籀庼文格极高，金石说经之文允推佳作。——《论杂记》

绍兴诸宗元贞良有"仲容晚出我得见，诵礼法墨曾周旋"之句。

章乃羹曰：自俞曲园、孙仲容二氏云亡，吾浙经学渐成绝响。——《两浙人英传》卷四经学

陈鼎忠曰：自深宁、东发以博雅开浙学之统，至清初而黎洲及二万承之，同时朱彝尊、毛奇龄稍异，皆博极群书，不名一家……及清之末，德清俞樾、瑞安孙某衣言、定海黄式三及其子以周出焉……永嘉学派，好谈经制，亦颇治典礼，而弗能深造。乃其后卒产一仲容，极于博大精深之域，殆间气郁久而洩欤？——《六艺后论》南京《中国史学丛书》中

张寿贤曰：窃思籀公学术弸中彪外，于清儒中尤为卓卓。平昔之间景仰备至，

故不自度谫陋有所纂述，得以求世之学人君子指正焉。既卒业，乃推而论之曰：有清三百年学术人物，顾炎武，前茅也；先生，后劲也；而惠、戴、段、二王等，则中权也。前茅者，有扩清开辟之功，譬之行军，除山开道，剪扫荆棘，导三军之士以赴目的地。中权者，有发扬光大、整理完全之功，譬之大本营之根据地，举凡号令计划，悉于此出焉。后劲者，则结束以前之学问，而有另辟新区域之趋向，所谓以归纳法归纳旧学问，以演绎法演绎现代学问也。譬之预备队相前线之形势，而应付变化，专以保护本军之根据地为职志者也。——《孙仲容先生学术概论》《清儒学术讨论集》

曹元弼曰：孙氏《周礼正义》，博采故书雅记，疏通证明，虽于密硕间有差池，而囊括网罗，言审理博，自贾氏以来，未能有及之者。——《周礼正义读后记》《复礼堂文集》卷四

近人罗福颐云：光绪二十八年，王懿荣的儿子王崇烈出售家藏古物，如是，这批收藏的甲骨转为丹徒刘鹗所有。刘鹗又继续加以收购，在光绪二十九年，他选了收藏的甲骨千零五十八片，著《铁云藏龟》六册，这是殷虚甲骨有专书之始……考释甲骨文的第一部著作，是清光绪三十年瑞安孙诒让著《契文举例》二卷，一九一三年才影印出板。他这书完全是根据《铁云藏龟》而考释的。书的总目分为十章：月日第一，贞卜第二，卜事第三，鬼神第四，卜人第五，官氏第六，方国第七，典礼第八，文字第九，杂例第十。由这总目可以看出，这时他已逐渐明确了殷墟甲骨的用途。

王国维评这书曾说：此书却无可采，不如《古籀拾遗》远甚，因其是处与误者尝并在一条中也。上卷考殷人制度亦绝无条理，又多因所误释之字立说，遂觉全无是处。我辈因颂老而重其书，又以其为此学开山更特别重之，公一观此书，当与维同感也。——《王氏尺牍》

又云：甲骨文的研究者，可以刘鹗、罗振玉、孙诒让、王国维、王襄、叶玉森为代表……后来郭沫若、明义士、董作宾、陈梦家、张宗骞、郭若愚等也都作了这种缀合的工作。——《关于殷墟甲骨的一般知识》《文物参考资料》一九五四年第五期

他的这部书，虽未能满足学者的要求，然其首创之功却是不可抹煞的。

传说当清光绪二十五年，甲骨最初发现是在河南安阳县西北六里小屯村，该村滨水的农田中。当地人叫它为龙骨，先是卖给本地药铺当药材用。光绪二十六

年，潍县古董商范维卿初取八百斤带到北京给福山王懿荣，王懿荣偿以重价，更加收购。这时甲骨才被古董商人所收买，不全作药材用了。

醴陵朱芳圃曰：案，晚清之际，古文字学有名著二：一为吴大澂《说文古籀补》，二则先生所撰之《名原》也。吴氏之书，综合古器铭识同文异体之字，依《说文》部勒之，赅博精审，世有定评矣。先生之书，大抵取甲骨彝器等文，会最比属以相参证，意在探文字制作之原及其流变之故，虽瑕瑜互见，是非错出，然剖析研究之端实自此书开之。——《朱谱》

郭沫若曰：近五十年来研究这学问的人才辈出，如吴大澂、孙诒让、王国维都是很有贡献的。——《关于殷周青铜器的处理》

又曰：诒让近世一大学人，《周礼义疏》为称渊博，其金文研究成绩最大，甲骨文字研究亦为开山。王国维深受其影响者也。—— 一九六二年春题词

又曰：承先启后一巨儒，《周礼》咸赖有新疏。创通甲骨推前辈，摩㧑钟彝接远谟。玉海汪洋藏日月，籀顾静穆述诗书。不因孟子轻禽兽，《间诂》名经出坦途。——《纪念孙诒让诞生一百十五周年诗》郭著《东风集》

顾颉刚曰：经学小学，蔚为大宗，甲文金文，星斗罗胸。朴学后劲，科学先锋。探赜索隐，晚进追踪。千秋事业，若崿高埠。我瞻遗泽，仰止清钟。——孙诒让先生著作遗物展览会存念。顾颉刚敬书于北京。一九六二年春月

山阴樊抗甫曰：瑞安孙仲容氏之《周礼正义》，序于光绪二十五年，然印行在后。荟萃诸家之说，全用六朝、唐人义疏体裁，采择既博，论断亦允，而其所自发明，转不若其所著《籀顾述林》之富。——《最近二十年中国学术之进步》国学必读

又曰：殷虚文字出，瑞安孙仲容氏诒让即就《铁云藏龟》考其文字，成《契文举例》二卷，书成于光绪甲辰，越十三年丁巳，罗君得其手稿印行。虽创获无多，而殷虚文字之研究实自此始。——同上

陈梦家《甲骨学》中，有专篇记载孙仲容先生事。

张宗祥《说郛叙》中亦然。

沈兼士曰：孙氏诒让，继吴大澂作《名原》以穷文字之本，金文之学乃与文字学相得，而其用益显。——《容庚金文编序》

马衡曰：其后孙诒让著《名原》七篇，大抵皆取甲骨彝器等文会最比属以相参证。此所谓剖析者也……世之治文字学者，苟能资此编以施其剖析之功，继《名原》而有所阐发，则秦以前纷歧之文字庶几得其指归欤！——同上

东莞容庚曰：窃谓治古文字之学，比如积薪，后来居上。嘉、道之间，阮元、陈庆镛、龚自珍、庄述祖皮傅经传，卤莽灭裂，晦塞已极。吴氏大澂明于形体，乃奏廓清。然而训诂假借，犹不若孙氏之精熟通达，所得独多。——《古籀余论跋》

陈垣曰：考证史事，不能不缜密。稍一疏忽，即易成笑柄。孙仲容为清末大师，其所著《牟子理惑论书后》据《牟子》以证《老子河上公注》为伪，谓《牟子》多引《老子》，而篇末云所理止于三十七条，兼法《老子道德经》三十七篇。今所传《河上公注本老子》分八十一章，而《汉志》载《老子》有傅氏《经说》三十七篇。彼此互证，知汉人所见《老子》固分三十七章。今《河上注》不尔，足明其为伪本云云。这个小小的故事，最可以使我们明白校勘之学必须搜求最早最好的底本。没有最古的底本，单见私人的小聪明去猜测，去忘改，那是猜想的校勘，不是科学的校勘。——《论校勘学》

胡适本治哲学，于我国周秦诸子之说以科学方法分剖甚悉，其博士论文曰《中国古代哲学方法之进化史》，后改为《中国哲学史大纲》。尝自谓："吾治古籍，盲行十年。去国以后，始悟前此不得途径。读王氏父子及段玉裁、孙仲容、章太炎诸人之书，始知以经说经之法虽已得途径，而不得小学之助，犹为无用也。乃力屏臆测之见，每立一说，必求其例证，自名之曰归纳的读书法。"——陈梦家《甲骨学》，夏定域《文史哲》二书中

近人张舜徽云：是（上略）……而《周礼正义》八十六卷，尤为三十年精力所瘁，一生从事考证名物、训释故书之所得，尽荟萃于兹编，在清代群经新疏中最为精邃矣。此《籀庼述林》十卷，则其平日说经、释字、考古、论学之文咸在焉。诒让文不苟作，几乎篇篇可传。其中陈义尤精者，若卷一《礼记郑注考》上下篇，卷四《白虎通义考》上下篇，卷九《温州经籍志叙例》诸篇，疏释疑滞，畅通大例，为用益宏。至于序跋群书，考证金石，根柢深厚，语无泛设。故卷五、卷六、卷七、卷八所录诸文，佳者尤夥。惟是集非诒让手定，乃身后由家人裒辑而成，体例既乖，文多遗漏，并全书篇目，亦不载于卷首。仓卒付刊，信多草率……大氐诒让之学，笃实精谨，湛深经术，而尤长于说字。晚岁，得丹徒刘氏所印《铁云藏龟》，穷两月力校读之，撰成《契文举例》二卷，为吾国学者从事甲骨文字研究之始。后又撷拾金石遗文与甲骨刻辞，证说古文字之形体，为《名原》二卷，乃吾国学者用甲骨文字考证古代名物之始。筚路蓝缕，创辟新径。近人从

事于古文字学之研究，诒让实开其先云。——《清人文集别录》卷三十二《籀庼述林》条

苏渊雷云：晚清启蒙思想家中，若康长素、谭复生、梁任公、严几道、章太炎以及吾乡孙仲容、宋平子诸氏，尤所私淑。这几位在当时都是风云人物，虽论治有缓急之分，论学有今古之异，但他们欲以《礼运·大同》《周官》《墨子》的学说，与当时所谓民权、自由、宪政、均富诸"新学"相印证，而为垂老的农业国找一新生的出路，则初无二致；益以他们文行足以相副，声气足以感召，可以说四十年来学术思想解放的基础都是他们一推一挽共同奠定的。我得于忧患中恣读其著述，感悟尤多。——节录《玄黄集自叙》一九三七年

范文澜云：本编采取史料，避免墨守旧说，但也不敢率意而谈，或穿凿附会以求新奇。所用史料，一般是以著作年代较早和较完整的书籍如《尚书》《毛诗》《春秋左氏传》、战国诸子、《史记》等为主体，其他作辅助材料。经传等书的解说，一般也以著作年代较早，或代表性较大的解说为主体。如《尚书》多采司马迁和其他汉儒说，《诗》多采毛亨、郑玄说，三《礼》多采郑玄说，《左传》多采杜预说，《墨子》多采孙诒让说，《荀子》多采王先谦说，甲骨文、金文多采王国维和郭沫若说。至于近世一家之言，未定之论，不敢率尔采录，以免此是彼非，使读者不知所从。——《中国通史简编再板说明》

附：清季温属各县兴学之经过——纪念孙公仲容百年诞辰

1947 年 11 月作于温中之西楼

今岁秋九月二十八日，为瑞安孙公仲容百年诞辰。永瑞二邑长官、士绅暨学生已谋所以纪念，除公祭外，复广征文字为特刊矣。兹因第八区教育会欲印会刊，温中金校长嵘轩先生征稿及余。余窃谓吾温新教育之兴起，饮水思源，自当归功于孙公。由是联想，即取此为题，况值百年诞辰，更宜有述之之价值焉。

盖孙公晚年正遭甲午中日战败以后，割地赔款，志士愤慨。康、梁师弟既奋身南粤，上书陈变法，德宗原欲从其议，终以新旧党相倾轧，康、梁远遁，六君子殉难，即史所称"戊戌政变"是也。然经此摧折，国人始如梦初觉，各以除旧布新为务。其风气遍及禹域，吾温州虽僻处海隅，交通阻隔，文化疏陋，亦幸外有同乡黄公仲弢宦于京朝，与康有为相契，加入强学会，提倡教育，旋奉诏赴日本考察学制。既归国，助学部大臣张百熙办京师大学堂及编译馆。逮提学湖北，

遂兴办鄂中学校，袒护革命党人，遣派青年留学，头脑崭新。且时时以桑梓教育未兴为念，因寓书孙公，促其响应，分肩责任。于是孙公遂本庭训，发扬永嘉之学，出为地方谋兴革，首创"兴儒会"，遥与孙文"兴中会"相应和。尝言欲挽危局，非先兴学不为功。乃约在里同志黄叔颂绍第、项申甫芳兰、洪叔琳锦标、王少博恩植、鲍稚琹锦江、杨筱村世环诸人，倡办算术书院于邵公屿卓忠毅公祠内以应时需。并手订《章程》十六则，《规约》十则，聘专家林和叔调梅任院长。考其所以设在卓公祠之意，诚以明卓敬精通历算，俾学子知所仰止也。故亲撰一联，悬诸礼堂以指示之，联语云："乡里有导师，亮节孤忠，历算兼精只余事；洞渊昌邃学，通理博艺，艰难宏济仗奇才。"顾成立未久，改名"学计馆"，明年接办"方言馆"。二馆虽专习算学与讲外国语，但于常课外，兼令诸生浏览各种书报焉。

光绪二十五年二月，孙公复与平阳杨愚楼景澄、吴霁庵箴，同里金邂庵晦等，集赀创办瑞平化学学堂于府城，手撰《缘起》以告邦人。永嘉之有学堂自此始。至瑞安学计、方言二馆已办四五载，成绩颇著，孙公嫌其名称太狭，规模太小，经费难筹，适值清廷颁诏兴办学堂，遂乘机往商县官，请拨官款，愿废二馆，改为普通学堂以应功令，从之。是光绪二十七年事也。孙公重订新章，分中文、西文、算学三班。中文班课以经、史、子、掌故、西政、西艺、舆地七门，教员口授，学生自抄摘为札记，每周作策论一篇；西文班课以英语、英文法、英文世界史、英文世界地理四门，用新出版之读本为教材；算学班课以中西新旧算学诸书。另有国文、体操二门，各班学生合组上课。其校址就在学计馆旧地。所收学生，大都曾在家塾读书，或已入学、补廪，皆程度优秀之士子也。

孙公对成人教育既得机会，乃转念童蒙，又适温州新任童道台札文到县，劝办蒙学，且有捐俸购赠教科书十余种。用是孙公动议，先办城区四隅蒙学，为东北、东南、西南、西北各校。同时创设校舍，利用神庙，经费酌提庙款外，再募绅富捐补助之，各招学生，内定功课为修身、国文、历史、地里、算学、图画、体操、作文、习字等九门。顾地人知识开通，皆愿遣子弟入学，公等甚喜。消息转入邻县，平阳士绅立即仿效，在四十九都屿边设一集福学堂，继在十二都古鳌头设一鳌江学堂，皆照瑞安蒙学成章。未数月，县学堂亦成立矣。而乐清复闻风兴起，设县学堂于城中，各照瑞安普通学堂办法。温州知府王雪庐琛目睹各属县学堂纷纷设立，遂与孙公商议，将中山、东山二书院改作府学堂以应潮流，聘请永嘉余太史筱泉朝绅为总理。

光绪二十九年癸卯，清廷又公布学堂章程，府县城乡定为中学堂及高等、初等小学堂三级制。于是瑞安所有蒙学一律改为高等学堂，温州府学堂改为中学堂，乐清县学堂改为高等学堂，而平阳县学堂以学生程度较优改为中学堂。瑞安普通学堂亦因成绩不愿降为高小，暂仍旧贯。此时地方风气虽大辟，然师资便成问题。尤于物理、化学二科，须以亲到外国实地研究者为宜。因遴取前学计馆及普通学堂之高材生陈恺冕卿、许藩介轩东渡日本，入宏文书院肄习理化，学费由公款拨给。后学成归来，即在县中学堂及高等小学堂分任教课云。

当孙公办瑞安蒙学堂时，平阳有陈筱文承绩、刘次饶绍宽来索规程，并授宗旨。刘遂号召同志，如陈筱垞锡琛、陈子蕃振椒、王志忱理孚辈，共同努力而实行之，故平阳县学堂为继瑞安普通学堂之最早者。逮乎甲辰秋，刘次饶、陈子蕃同游日本视察教育，归作《观学记》，公为序其端，今书尚行世。

三十二年丙午，孙公又办德象女学校，委女界先觉萧仁果女士_{萧亦陶先生之女也}为校长，租汇头刘氏屋为校舍，学生仅有廿余人。既而仓巷之毅武女校、长春道院之宣文女校相继成立，皆初小程度也。无何，萧女士移德象于玉尺书院，再办几月，女士以体弱卒。

若夫平阳开办男学堂，实较瑞安为迟，而女学堂却先成立。乙巳年间，雅湖即有毓秀女学，创办者为姜筱泉会明、黄梅生益谦也。瑞安乡村学校，港乡较河乡早。癸卯，西港大岙即办群益小学，丙午，南港林垟即办勤业小学，北港陶山亦有小学；其年河乡海安设双穗两等小学，莘塍设聚星两等小学，场桥、梅头各设初等小学，以及后垟、上望、汀田、街心等处皆有小学开办矣。

温州童道台又通饬两府各县考送出洋学习师范之学生，每县以二名为额，每名给川资三百元。二名应需六百元，着各县拨公款四百元，自捐助津贴二百元。于是各县考取留日学生有松阳吴朝冕用述，遂昌徐国钧项堂，平阳殷汝骊宋诚，瑞安王萧卿、林绍年，乐清郑虔、郑理，云和张之杰、张焕奎，丽水阙伊、陈达，青田刘耀南、董师遇，永嘉黄湛恩、张志俊、李全恩，缙云李造钟、樊松骏，景宁洪昌骢，以上十一县共二十二名，童道台共捐二千一百五十元。但玉环、泰顺、龙泉、庆元、宣平五县无人报考。童亦照原议，将应捐之款共一千元并存温处两府，作为补助该县办学之经费焉。

童道台原为孙公乡举同年，既来温州，与公相识，意志契合，彼此互敬。其时有日本留学生三人回国，曰陈琪字兰馨，处州青田人，曰黄群字溯初，吴钟镕字碧华，俱温州永嘉人。彼辈以一副轩豁新眼光观察蔽障初辟之本州教育，自有不慊之处，爰议办法，集温处两府办学人员组成总机构，萃精聚神，群策群力，统筹经费，划一教科，整顿管理，严定甄别，庶几政府有所藉手，成效可期早睹。计划既定，谒见道台，遂得赞许。三人乃用个人名义招集各县士绅，借永嘉张宅池上楼开会。列席者，有刘次饶及张文伯之纲、郭筱梅凤诰、吴郁哉熙周、黄仲荃式苏、石聘南蕴辉、杨志林绍廉、洪藻卿炳锵、陈春波锡麟、郑雨农良冶、刘仙安之屏、冯地造豹、刘枳群耀东、叶筱圃维周、徐寿九、刘宏轩项宣、刘冠三景晨、王仲屏、宋尧等数十人，议决机关定名为温处学务分处，群推孙公为总理，借永嘉沙帽河沙宅祠堂为筹备处。正筹备间，不幸童道台病殁官所，会务停顿。继任程道台亦称循吏，下车伊始，即督促学务分处于最短期间正式成立，划温属各县参赞金共八百元作开办费以为倡。乙巳十月二十日，孙公就任总理，随即订定章程及各项规划。下分文牍、管理、调查、编检、评议五部，各设正副主任及员司。盖程道台原为署理，不久于任，而遽肯捐私款为地方办教育，使分处得早成立，其有功于两郡，足与童道台后先媲美矣。童名兆蓉，字绍甫；程名恩培，字筱周。童死后，公为撰《神道碑》及《墓志铭》存集中。

温处学务分处第一计划，为急办初级师范学堂以养成小学师资。盖本地小学初办之时，校长、教员太半用科举出身者，其于学校设备、管理、训育等办法未尝精心研究。孙公患之，因与刘次饶相议，就郡城开师范学堂，卒得温州商会王总理筱木协助，准将厘金每元带收教育费三分；又征收盐行栈租，令行家出仲一分五厘，盐贩担认一分五厘，每篰合抽三分作教育经费。尚有库串加捐，每张三文。两府十六县官捐，每县每年派捐二百五十元、二百元、一百五十元不等。又提拨温郡仓谷赢余三千一百余元作师范学堂建筑费。又各戏班请将文武衙门陋规裁撤，每月愿报捐师范学堂经费一百元，商准温处道镇通饬提拨。凡此各项，皆光绪三十二年丙午所奉准施行者。

其年，瑞安办中学堂，以县学考棚改造。乐清在西乡办中学堂。瑞安中学堂即推孙公为总理，项申甫副之。学生四班，共八九十人。又改良府中学堂，以总理余筱泉办学宽纵，知府遂与公议改良。孙公先荐陈介石黼宸继任总理，陈留北京不肯来，乃改总理为监督，调刘次饶充之。

同时，处州府中学堂亦无成绩，知府萧文昭又来与公商量，遂调丽水谭文卿为监督，负责整理。再，学务分处开暑期唱歌传习所，以急速造就小学音乐教员。

又将旧校士馆两庑改造楼房为师范学堂，而稍葺正屋以为学务分处办公之室。九月，奉浙江提学使支恒荣批示，学务分处改名"温属劝学公所"，一切规划不变。但初级师范本拟温处合办，而处州士绅金谓交通不便，学生来往困难，呈请分款自办。公然其言，即将处属库串与官捐分给与之。

郡中校士馆正在建筑校舍，定名为温州师范学堂，请南通张謇题匾额。光绪三十三年春，东首教室落成，先开博物讲习所以应本地小学教育之急需。六月，温处二州留日学生暑期回国，孙公邀彼辈参加评议大会，济济跄跄，极一时盛。又添设理化讲习所于所内，而所又更为"温处学务总汇处"矣。

三十四年戊申春，玉环新设一中学堂，而平阳原有中学堂改为高等小学堂。更有一重要事，即温州师范学堂已正式成立。按，师范校舍自丙午八月动工，至此一切告竣。派郭筱梅为监督，徐寄顾为监学，招考新生，于二月初十日开学上课。师范全部工程共花建筑费二万三千元，除拨用本州仓谷盈余款外，其余二万三千元皆由各县几位殷实绅富合力捐助，如乐清洪国垣捐一万五千元，徐干亦捐一万五千元，永嘉徐元凯捐三千元，沈诗联捐二千五百元，徐凤来亦捐二千五百元，合计捐款三万八千元，除拨付府中学堂一万元、乐清高等小学五千元外，余均充作师范学堂建筑费云。此外，置办校中器具以及图书、仪器、标本之类，又费公款一万余元。师范校舍虽完成，尚缺一操场，而附办模范小学基址又无着落，孙公乃商准府县，收用毗连仓地，即今温中道司前校舍是。

总之，孙公自光绪丙申至甲辰专办瑞安一县学校，自乙巳至戊申为兼办温处二府十六县学校。结果，各府县学堂或增添，或改良，共设三百余所。其所筹经费、所订章程、所聘教师以及取校名、觅校舍、招考学生，种种筹备之事，孙公皆亲自经手过眼，直至开堂上课，无问题乃安。则孙公之热忱擘画，真所谓"死而后已"。三十四年春间，突患中风病，诊治半月，渐见起色，仍不自调摄，常约各县办学绅士开会集议于床前，抖擞精神，一一指示。越十余日，体复不支，五月十二日卒归道山，赴告远近，皆为哀悼。未几，浙江巡抚拍电裁撤"温处学务总汇处"，而瑞中之存废，又惹起学潮。其主存者曰：此为孙公生前所手创，地人宜始终爱护；主废者曰：中学堂为一县最高学府，只有孙公之品学资望可以当总理重任。今孙公死，便觉继起才难，不如及早收场。两方断断争辩不休，终改为私立，由主存者项苕甫湘藻出资二千元以维持之。后仍称县立，即今瑞中是。

盖孙公既治"永嘉学",又精墨翟书,故能劳身苦志,应变持危,由明体以达于用。惜乎不得大施于国,如章炳麟作《传赞》云:"遭时不淑……勉为乡里起横舍。"然其功德所及,久而弥彰,立祠奉祀,固其宜矣。

按,籀公在光绪丁未年已自写有一篇《温州办学记》,哲嗣孟晋先生为纂入《经微室遗集》卷四中。

卷二 时代背景

一、形势 辑录孙氏父子各文成句

国内——"粤寇"萌蘖于道光之季，疆臣姑息，蕴郁溃决，遂酿为大乱。暨其窜湘鄂，截江东下，所至无完城，遂乃南据江东，北窥畿辅，捻、回诸匪，抵巇踵发，蹂躏遍十八行省，天下大势几殆。自胡文忠公建节鄂中，始陈布方略，调护诸将，屹成荆、襄巨镇。曾文正公以儒臣首创湘军，激厉忠义，知人善任。幕府既开，魁杰云集，置闒之臣多出其间。川淮诸将投袂继起，威略遄布，遂殄巨憝。迄乎刘壮肃之平捻匪，岑襄勤之剿滇回，左文襄、刘襄勤之定西域，国家威棱西憺葱岭，南极滇池，将才之盛，方之汉卫、霍，唐郭、李，殆远过之矣。

至甲午，黄海挠师，辽、胶继失，外患既日棘。

光绪丙申，朝廷以属藩之乱与倭构兵，款议既成，中国士大夫以国威未振，时变日亟，瞿然有人才衰乏之忧。

乙未，东事甫定，中国贤士大夫始蠡然有国威未振之惧。于是京都及南洋皆有强学书局之举。

戊戌更化，海内望治而廷议未协，党论又兴。于是新旧之辨哗然日出，贤者扼腕攘臂，悲愤郁激。——《咸丰以来将帅别传叙》

逮庚子，海上兵事起而世变益亟。天子宵旰忧勤，叹筹海之无术，而一二贤达之士刌度于彼我长短之间，亦皇然忧其不逮，往往愤时虑变，奋笔抗议，论治之篇著录相望。如安吴包氏、邵阳魏氏、善化孙氏、吴县冯氏诸家之书，其尤著者也。——沈俪昆《富强刍议叙》

又云：承询《学约》，乃前年倭议初成，普天愤懑之时，让适以衔恤家居，每

与同人论及时局，忧闷填胸，辄妄有缀述，聊作豪语以强自慰藉。——《与梁卓如书》

又云：中国变法之议，权舆于甲午，而极盛于戊戌。盖诡变而中阻，政法未更，而中西新故之辩舛驰异趣，已不胜其哗聒……辛丑夏，天子眷念时艰，重议更法。友人以余尝治《周礼》，属捃摭其与西政合者甄缉之以备财择。此非欲标揭古经以自张其虚憍而饰其窳败也，夫亦明中西新故之无异轨，俾迂固之士废然自反，无所腾其喙焉。——《周礼政要叙》

又云：庚子之夏，畿辅告警，銮舆西狩。余里亦伏莽窃发，邑城戒严。索居无憀，忧愤怫郁，辄藉温习经疏以自遣。——《九旗古谊述叙》

孙衣言曰：显皇帝初元，东南大扰，胡文忠、曾文正方勠力王事，收揽智谋之士，一时攀附立功名如江忠烈、罗忠节、李忠武兄弟皆自闾巷特起，震耀海内，其余亦往往至大官。

今天下外侮方亟，国论未定，诸公贵人循常习故，不能有所振刷，而浮浅躁急之徒凿空附和，助成其势，患且日深，而不可为。

又云：咸丰、同治以来，削平"大盗"，抚纳远人，一时材能之士因事会以就功名，遽欲任其私智以治天下，其意以为古人之法不可复施于今，顾反訹于奇邪怪诞之术，趋和风靡，举世骚然，未知所届。——《瓯海轶闻叙》

又云：广西"贼"大起，朝廷出大臣经略之……时咸丰三年也。于是曾文正以侍郎出，泊兵湘、楚……而金陵"贼"已分道北轶，由豫入晋，出井泾，抵天津，去京师才百余里。——《书王定甫集后》

又云：咸丰元二，"粤寇"弃巢穴北轶，蹒楚捞吴，遂窜金陵。湘乡曾文正公以大儒治兵乡里，一时所拔用多庠校端行之士，相与勠力驰驱，后先十年，卒除大患。东南万里复登衽席，而湘军战功常为天下第一。——《李忠武公遗书叙》

又云：同治三年春，予以权庐凤颍道从中丞乔公松年治军临淮，于是知凤阳府事。——《淮阳正气录序》

又云：今日"粤贼"之祸无异于安史，然自湘乡相国首以文学大儒"倡义"乡里，而胡文忠、江忠烈、罗忠节皆一时儒者，左提右挈，卒夷大难。虽一时后先扳附，类多汗马之劳。然每克复省城，则守土官即以兴学为事，天子复下诏风厉之使求遗书，刻经籍，与学者更始。虽杭州受祸最惨，当时所谓贵人达官张皇戎马，日在搴旗斩将之间，而于丁君之搜罗散佚亦若有深喜焉。——《丁松生书

库抱残图序》

又曰：同治二年，予依湘乡先生安庆军中。——《旌表烈妇录叙》

又曰：同治三年正月，予自寿州旋里。——《王梅庵先生遗集叙》

又曰：宣宗皇帝之季，至于咸丰庚申、辛酉，二十年间，军旅之祸可谓亟矣。洪秀全"发难"广西，以祆神夷鬼之教驱胁死党，轶出桂管，顺流而下，不半载破荆鄂、据金陵，南极闽峤，北惊帝畿……当"粤贼"之炽，跨据江表，建立名号，尽有财赋之地，几成割据之势。

本地——"粤乱"初兴，家中父学士君方视学粤西，以巡抚某公讳"寇"密疏首发其事。桂林之围，亲在城中，几濒于危。暨归，又奉朝命治团于乡。值浙东西沦陷，乡里墟烬，诒让甫成童，展转兵乱间，仅以获全，故于东南军事闻见颇悉。——《将帅别传叙》

咸丰辛酉、壬戌间，诒让年甫十三四，而遭平阳"会匪"之变，避兵永嘉。每侍先太仆君，辄闻平阳琴溪杨公治乡团保江南，其功甚伟。先君尝叹其贤，自以为不及也……"会匪"事起，以平阳为窟穴，巨魁赵启居钱仓，距君家不二十里。琴溪先生既倡议治民团，江南数都咸受约束，威信孚洽，"匪"悚慑不敢渡江，君之赞助筹议为多。既而琴溪先生病殁，乡民骤失所主，"贼"势益张，将抵巇蹈瑕，囊括江南。君承从父之遗绪，与乡民申明条约，益以忠义相劝励，声复振。讫"匪"平，江南士女若不知有兵事者，皆琴溪先生与君之功也。——《杨芷庭墓志铭》《平阳县志》卷九十二

孙锵鸣己酉，充广西乡试正考官，旋留督学政。是时"粤匪"已萌芽，伏戎四布，焚掠徧各郡。巡抚乌程郑中丞祖琛素仁厚，不忍治。守令承望风旨，凡悍匪悉置不问。公按试所及，士民受害者控牍累累。公察其必为变，录牍移巡抚，复不省。公不得已，遂具疏上闻。郑闻之，大惊，驰急足索折稿去，而以先各案皆已办结奏闻。未及数月，而洪秀全起事，桂林被围。公在围城中三月，襄办守御，心力劳瘁。会援军至，围解，始得蒇试。任满，请假回籍省亲，既抵家而奉会办本籍团练捐输事宜之命。

时"粤匪"陷苏、杭，浙东西糜烂，惟温州独完。而平阳"会匪"之变又作，蔓延瑞安，劫掠蜂起。平阳令翟惟本以城从贼，瑞安令孙杰素怯懦，不能治。公言之温处道志勋、温守黄维诰，亦皆不敢颂言剿捕，匪焰遂大炽。公忧之，乃督劝两县绅民逐乡治团以遏其势。于是瑞安则大港张茂才家珍、湖乡吴大令一勤、

平阳则江南杨明经配镞、北港温茂才和锵、和钧等，咸集乡民与匪抗，匪以是益憾公。辛酉八月，遂纠党渡江，焚我潘埭祖居，饱掠而去。公避至郡，复力言之道府：匪必攻城，宜亟为之备。志不听，反檄黄守至瑞安议抚。未返，而匪已犯郡城，志跣遁，匿江心寺。匪入城大掠，攫守印以去。旋悉众围攻瑞安十昼夜，会闽军至，始解去。公会同闽军统领张观察启煊剿渠散胁，匪始肃清。而"粤匪"从括苍继至，民团与闽军并力御之，数犯城，不得逞，乃遁。公以团练捐输事竣，会擢侍读学士，乃奏请回京供职。

既至都，充癸亥武会试总裁。时左文襄方规复杭州，檄周观察开锡摄温处道，倚以筹饷。周，湘人也，有吏才，而办事峻急，治厘捐盐税尤苛细，怨讟大兴。公疏陈，温处当兵变后，喘息甫苏，宜蠲苛法，俾得休养生息，而附片劾前纵匪官吏。章下巡抚，文襄檄周查覆。周见公疏，内愠，而黄惟诰犹在玉环同知任，获前卸咎，并瑞、平令纵寇诸事尽弥缝之，具文申复。文襄不察，据以入告，谓公奏不实，有旨休致。然文襄后闻其事，卒严劾翟惟本，遣戍，而志勋以戕于海盗，孙杰以病故，免议。折中尚援公前后疏函为证，盖深知公论之不容诬也。公既去官，适先王母丁太夫人与先王父赠资政公相继弃养，奉讳归里。——《仲父侍郎公行述》《海日楼遗集》下

道光二十七年，鸿章举礼部试，与侯官沈文肃公同出吾师蘖田先生之门。先生以言事去官。

同治初，大军定浙，时温处兵备道为督师者所倚任，一切以军兴法取办，治酷暴……先生在籍治团练，地方官吏已不便其所为，至是皆欲倾先生。督师在覆奏谓先生言不实，坐罢归。——李鸿章《蘖田夫子大人七秩寿序》

我之得出于公门，我弟方将使指而南驰。当文宗皇帝之初元，公方请复讲书之旧议，以大臣有不然者，我弟独密疏力争，以为此忠臣之至虑，至治之纲维。及我弟为小人所中，我方从公于军中，独召语我而累欷。至于今已逾十年，吾弟方有以自得于山巅水湄。而公惓惓不已，犹欲引而置之殿墀。——孙衣言《祭曾文正公文》《逊学斋文续抄》

白布者，学士孙锵鸣治团时，以布一方为团勇号衣，而书曰"安胜义团"。"会匪"恶之，呼为"白布会"。其后，凡义民与"贼"战，"贼"皆谓之"白布"，虽民间亦以团练为白布也。——衣言《湖石团练义民表叙》

金钱"会匪"之初起……不孝锵鸣方奉命在籍办团练，而不孝锵鸣卒以此得

过去官。

不孝锵鸣自广西学政乞假省亲，即奉朝旨在籍办事，家居凡十年。咸丰八年，"粤贼"破处州，窥温州，以有备弁去，人咸谓锵鸣宜及时还朝，无徒任地方劳怨……其后，"会匪"起，室庐被焚。"粤贼"犯瑞安城，被创去，犹留西北乡一月，所居田庐益荡然。"贼"既尽去，不孝锵鸣乃奏请回京供职，不孝衣言亦赴曾相国军中。

大儿诒谷，于咸丰十年御贼殉难。——衣言《显考妣行述》

按："金钱会匪"起于咸丰八年，有卖笔者金华周兆荣流寓青田，粗识字，能卜卦，娶妻于青田小溪，以妖术教人吃菜。入其教者出钱二百五十，投沸汤中煮焚，以符咒取汤饮之，刀棒不能伤，谓之"铜钱壮"，聚于永嘉、青田之山中。是时，"粤贼"已陷处州，村民惧引寇，一夕，纠众掩之，毁其巢。而青田令亦命捕兆荣甚急，兆荣遂走温州，流转至平阳钱仓镇，易名曰周荣。赵起者，钱仓埠役，设店以寓客，尝以结盟拜会聚诸恶少年。既而周荣至，复谋聚众敛钱，自云得金钱七于山中，后当贵。于是与奸民朱秀三、谢公达、缪元、张元、孔广珍、刘汝凤等八人合谋为"金钱会"……入会者，纳钱五百于会首，则诣庙神，誓无负约。人给大铜钱一枚，红帖条约一纸，无少长老幼皆相呼曰兄弟，其钱文曰"金钱义记"。其帖分八卦，卦以三千人起数，至五六千人以张声势。

同治元年正月一日，王显龙复遣人约送赵起。明日，显龙以赵起出平阳城，行十里而闻秦如虎兵至，赵起竟逸去。或曰翟惟本、王显龙惧泄通贼状，阴纵之也。瑞安"贼"首蔡华亦由山路逸，将走青田投"粤贼"。至永嘉界，村民获以送郡，磔之，并磔其弟廪生蔡岑。初三日，秦如虎兵收复平阳。初四日，张启煊兵破金谷山，生缚贼首潘英，送县磔之，会匪平。

于是启煊回军澄头，如虎驻军平阳，各搜捕余匪，责各乡捆送贼渠，复杀贼数百人，其胁从者贷不问。自"会匪"起，以咸丰十一年八月陷郡城，同治元年正月尽灭，凡六阅月。—— 孙衣言《会匪纪略》《逊学斋文抄》

附：关于金钱起义史料
黄漱兰《钱虏哀书》。
刘枕封《钱匪纪略》。
林大椿《乐清钱寇记》《垂涕集》《文卜遗》。
洪炳文《乡土史谭·钱匪编》。
温金鼎《金钱会纪事》。

林损《叔苴阁文录》。

张广光《剿平逆匪日记》。瑞安地志原稿。

孙宝瑚《张家珍传》《孙诒谷传》。

刘绍宽《厚庄文抄》《张启煊传》《杨配篯传》。

林梦楠《濒江战守记》。日记稿本，今藏陈谧家。

《泰顺分疆录》《永嘉县志》《瑞安县志稿》《平阳新志》。人物、职官、杂事……

《济阳蔡氏宗谱》。蔡华友人劝蔡华叛变信原稿。

张应煦《与蔡华书》。抄本，市图书馆藏。

戡平瞿振汉档案《收复乐清县城记》。原迹。

孙锵鸣《海日楼遗集》卷六。《与左季高中丞书》《祭张家珍文》。

左宗棠《平浙纪略》。太平军进攻温州事。

孙衣言《逊学斋文抄》。《会匪纪略书后》《张家珍传》《亡儿诒谷殡志》。

近人马允伦采藏《民歌十首》，又编《金钱会志》。

宋炎作《太平天国革命时期浙南金钱会的起义》。发表在《浙江学报》上。

二、学风 辑录孙氏父子各文成句及他人所称述者

（一）国内

犹忆同治间，余侍亲江东，时海内方翘望中兴，而东南通学犹承乾、嘉大师绪论，以稽古为职志。

又云：同治中，诒让侍亲江宁，始得识恭甫。于时大江南北方闻之士总萃于是，宝应刘君叔俛方继成其父楚桢先生《论语正义》，甘泉梅君延祖治《穀梁》，亦为《义疏》，而恭甫治《左氏》为尤精。诒让佝瞀不学，幸获从诸君子之后，亦复希光企景，拟重疏《周官》以拾贾氏之遗阙。间有疑滞，辄相与商榷，必得当乃已。——《刘恭甫墓表》

又云：呜呼！百年以来，魁儒志士不忍夫沦胥之痛，所为发策、陈书强聒而不舍者，岂欲托之空言以著述相矜尚哉？夫亦谓时会之穷而必变，将求得当而一试也。——《富强刍议序》

又云：中年早衰，傺然孤露，意思零落，得一遗十。复以海疆多故，世变日

呕，睇怀时局，抚卷增喟。私念今之大患在于政教未修，而上下之情暌阂不能相通。故民窳而失职，则治生之计陑隘，而谲觚干纪者众。士不知学，则无以应事遇变，效忠厉节，而世常有乏才之憾。夫舍政教而议富强，是犹泛绝潢断港而蕲至于海也。然则处今日而论治，宜莫若求其道于此经。而承学之士顾徒奉周经汉注为考证之渊椒，几何而不以为已陈之刍狗乎？……世之君子，有能通天人之故，明治乱之原者，倘取此经而宣究其说，由古义古制以通政教之阂意眇恉，理董而讲贯之，别为专书，发挥旁通以俟后圣。——《周礼正义叙》

又云：世变纷呕，旧学榛芜，独抱遗经，无从质定。安得精研礼学如金氏榜者，与之榷斯义之是非哉？——《九旗古谊述叙》

又云：光绪戊戌秋，朝廷始更科举法，以策论易四书文，将以通识时务厉天下士。于是乡曲俗儒昔所挟为秘册者一切举废，则相与索诸市。——《中西普通书目表叙》

又云：光绪戊戌、己亥间，河南安阳县西五里之小屯曲崖岸为水所齧，发现龟甲兽骨无数，其上皆有刻辞。出土之时归福山王懿荣，后又归丹徒刘氏鹗。刘氏墨拓数千纸，影印《铁云藏龟》行世。

又云：禹域大势至是，可为痛哭。曲园丈亦悲宿草，兼索居尟欢，无复缉述之兴。——《与章太炎书》

又云：愤外人著《文明史》者，谓中国象形文字已灭绝。顷从金文、龟甲文获十余名，皆确实可信者，附以金文奇字，为《名原》七篇。——《与章太炎书》

章炳麟云：近世翁同龢、潘祖荫之徒，学不覃思，徒捃摭《公羊》以为奇觚。金石刻画，厚自光宠，然尚不敢言致用。康有为善傅会，张以拨乱之说，义外窃颜、李为名高，海内彬彬向风。——《与王鹤鸣书》

又云：会南海康有为作《新学伪经考》，诋古文为刘歆伪书。炳麟素治《左氏春秋》，闻先生治《周官》，皆刘氏学，驳《伪经考》数十事未就，请于先生。先生曰："是当哗世三数年，荀卿有言：'狂生者不胥时而落。'安用辨难。其以自熏劳也。"

顷之，康有为败，其学亦绝。然轻惰者多摭三统三世为名高，往往喜谶纬、诬典籍成事，外与进化之说相应，不自知回通。始疑六艺，卒班固、范晔所录亦以为罔。先生节蔎愈陵，不与世推移。——《孙先生伤词》

张謇云：清初，盛文字之狱，士重足结舌，练才范气而消于经，经学乃大集中而益昌，莫盛于乾、嘉，莫茂于东南。若元和惠氏、仪征阮氏、休宁戴氏、高邮王氏、金坛段氏，并世代兴，异地述业，父子师友，缵承不绝。流风所被，逮及晚近，则犹有当涂夏氏、定海黄氏、德清俞氏诸贤，而瑞安孙征君最后起。——《孙征君墓表》

孙公自述云：我朝乾、嘉以来，此学汉学大盛，如王石臞先生念孙及其子文简公引之之于经、子，段若膺先生玉裁之于文字训诂，钱竹汀先生大昕、梁曜北先生玉绳之于史，皆专门朴学，择精语详，其书咸卓然有功于古籍，而诒让自志学以来所最服膺者也。——《寄答日人馆森鸿君书》《经微室遗集》卷六，稿本

全文迻录如下：《与日人袖海君书》云：久未贡椷，神驰无已。舍弟季重屡致盛意，不弃侚督，猥承下问，深愧疏陋，无以奉答。至乃执谦过分，欲以师礼相推，几如宋石徂徕之事泰山孙明复者，不佞何人，曷克当此？虑执事未亮鄙忱，谨略陈其一二。

诒让少耽文史，自顾秉资暗弱，无益时需，故益隤然自废，恣意浏览。久之，略有所窥，则知凡治古学，师今人不若师古人。故某自出家塾，未尝师事人，亦不敢抗颜为人师。诚以所治者至浅隘，不欲自欺欺人也。曩者曲园俞先生于旧学界负重望，贵国士大夫多著弟子籍，先生于某为父执，其拳拳垂爱尤逾常人，然亦未尝奉手请业。盖以四部古籍具在，善学者能自得师，固不藉标揭师承以相夸炫也。

我国三代以来，文籍传者尚多在，为经世治事之学者，览涉一二，略通大义足矣。若以论乎专家研究，则贵有家法。盖群经诸子，文义奥衍，非精究声音训诂之学不能通其读；而以竹帛写刻之屡更，缪误伙颐，非博考精校，又不能穷古书之根柢；不通古音古训，而以晚近习闻之义训读古经子，则必迷谬龃龉，违失古人之恉；不求古书精本，博考精校，则必至郢书燕说，为后世恶本讹文所绐。至于史册，则旧闻别记，舛迕万端，尤非考证不能得其翔实矣。（中略）

近者五洲强国竞争方烈，救灾拯溺，贵于开悟国民，讲习科学。不佞曩者所业，固愧刍狗已陈，屠龙无用，故平日在乡里未尝与少年学子论经子古义，即儿辈入学校，亦惟督课以科学。盖齿衰脑弱，不复能记诵，键帷独笑，聊自怡悦，殊不欲他人之效我也。但今之浅学，涉猎经史，不能深通其义，则往往凿空皮傅，侈谭理想，此于猎文惊俗未尝不可，而乃摆弃考证，自命通人，悍然

舍古训而别为奇妄之说，则有甚不可者。譬之某所有疑狱，其内情甚复杂，表面又绝离奇，使欧西大侦探家闭门而思之，虽毕世亦不能定其谳，而况数千年前之文字语言，数十代之典章事实哉！今之专以空想树新说者，皆闭门决疑狱之类也。

窃念环球文明日进，百年以后，各国势力平均，必有投戈讲艺之一日。但使中国不亡，汉文尚存，则经、史、子诸古籍必有悉心研治之人。王、段诸家之书，证据详确，论议精审，将为世所珍重。而今之人虚侨新奇之论，亦必至烟销灰灭，不值一大噱。盖真是真非，二者不两立，此非可与世之盲和者道也。

某深愧所学与时不相应，然私心所自信者，平心以求古人之是而已。前诵执事垂问条件，似有意于治经、史、古子，故即勉举平生所致力者略备涓埃之采。亦以不贤识小，舍此无以益执事也。倘止于创通大义，则固无资于是；倘欲治专门之业，则王、段、钱、梁之书，我国刊本传播甚广，当有传之贵国者。闻贵国汉学家亦多精博，然某所见甚少，惟物徂徕、安开仲平之书于经、子多所得，惜未尽精到。故即举此数家书奉告，倘执事访购而治之，有余师矣，何劳远询不佞哉？

拙著《周礼正义》近始印成，拟寄求大教，而卷帙甚多，邮寄不易，沪上如有贵国友人可托转寄者，敬求惠示，当即检寄奉致也。

海天万里，楮牍疏阔，敬希为学珍摄。光绪丁未九月十六日。

今将上述几家汉学大师事迹，特为介绍如下：

1. 戴震

章炳麟作《孙诒让传》有云：当是时，吴越间学者有先师德清俞君及定海黄以周与先生三，皆治朴学，承休宁戴氏之术，为白衣宗。

戴震字慎修，一字东原，安徽休宁人。十岁乃能言，就傅读书，授《大学章句》，云《右经一章》以下，问其塾师曰："此何以知其为孔子之言而曾子述之？又何以知其为曾子之意而门人记之？"师应之曰："此先儒朱子所注云尔。"即问："朱子何时？"曰："几二千年矣。"又曰："然则朱子何以知其然？"师无以应，大奇之。读《诗经》至《秦风·小戎》篇，即自绘小戎图，观者咸讶其详核。读书每一字必求其义，塾师略举传注训解之，意每不释然。师不胜其烦，授以许氏《说文解字》，震大好之。学三年，尽得其节目。性强记，《十三经注疏》皆尽举其辞，时年十六七耳。

震家故贫，无以为业。年十八，随父客南丰，设塾于邵武，课童蒙自给。越二年乃归。乾隆十六年补县生，师承江永。二十七年，江先生卒，震是年举于乡，为之状其行实及著书数，上之史馆。

震自十七岁时即有志闻道，谓当从事于字义、制度、文物以通六经之语言。考诸篆书，由《说文》以睹古圣人制作本始；更念《尔雅》为承学津筏，又殚心其书，旁推交勘，尽得古画、古义、古音声。有一字不准六书，一解不贯六经，即无稽者不信。不信者，必反复参证而后即安。夫字书主于故训，韵书主于音声，二者恒相因。音声有不随故训而变者，则一音而数义；音声有随故训而变者，则一字或数音；其例或义由声出，或声同义别，或声义各别。唯洞究其旨，凡异字异音绝不相通者，其误自能别之，庶释经论字不至茫然失据也。自汉以来，转注之说失传，震则谓指事、象形、谐声、会意四者为书之体，假借、转注二者为书之用。一字具数用者为假借，依于义以引伸，依于事而旁寄，假此以施于彼也。数字共一用者为转注，如初、哉、首、基皆为始，即吾、台、予之皆为我，其义转相为注也。以《说文》证《说文》，可以不复致疑矣。自汉以来，古音寖微，学者于六书谐声之故靡所从入，《广韵》东、冬、钟、江等凡共三十五韵有入声。外此如支、脂等二十二韵无入声。顾氏《古音表》反是。震则谓有入无入之韵当两两相配，以入声为之枢纽。真以下十四韵与脂、微、齐、皆、灰五韵同入声，东以下四韵及阳以下八韵与支、之、佳、吹、箫、霄、肴、豪、尤、侯、幽十一韵同入声，侵以下九韵之入声，则从《广韵》无与之配，鱼、虞、歌、戈、麻六韵《广韵》无入声，今同以铎为入声，不与唐相配，而古音迭转及六书谐声之故皆可由此得之。此古人所未发也。其小学之书，有《声韵考》四卷，《声类表》十卷，《方言疏证》十三卷。

震终身在贫困中，年三十时，家中乏食，与面铺相约，日取面屑为饔飧，以其时闭户著《屈原赋注》。二十三岁，避仇入都，名公卿争纳交焉。秦蕙田纂《五礼通考》，延主其邸。王安国延之课子念孙。屡试不第，旅食四方，尝游山西，修《汾州府志》《汾阳县志》，游直隶，修《直隶河渠书》。赐同进士出身，授庶吉士。在馆五年，积劳卒于官。

2. 金榜

章炳麟作《孙诒让传》又云：诒让学术，盖笼有金榜、钱大昕、段玉裁、王念孙四家，其明大义、钩深穷高过之。

金榜字蕊中，一字辅之，晚更号檠斋，安徽歙县人。少负伟志，思博学深，造为通儒，而不屑溺没聪明于科举之学。受经学于江慎修暨戴东原，学诗古文词于刘海峰。年三十一，高宗南巡，召试举人，擢内阁中书，在军机处行走。乾隆壬辰，以一甲第一名及第，授翰林院修撰。仅一度为山西副考官，丁外艰，归，遂不出。徜徉林下，著书自娱。卒年六十七。

榜邃于经学，尤擅长三礼，一依高密为宗。著《礼笺》三卷，以郑、毛书为言礼者之舌人，而病贾、孔二疏不能补其漏疏、宣其奥密，乃自著论，祖《毛诗郑笺》之义，名曰《礼笺》，以为释郑云尔。凡《周礼》十五篇，《礼经》十七篇，《戴记》十六篇，附图四，答汪纲书一。大而天文、地域、田赋、学校、郊庙、明堂，下逮车旗器服之细，罔弗贯串群言，折衷一是，词综而义核，不必训诂全经，举足以宣绎圣典，无失三代制作明备之意，岂独以礼家聚讼，姑取是为调人也。

3. 王念孙，子引之

王念孙字怀祖，号石臞，江苏高邮人。冢宰文肃公安国子。幼随父入都，有神童之目。十岁而毕《十三经》。长从戴东原游，遂力为稽古之学，尤精声音训诂。乙未成进士，由庶常改工部都水司主事，擢给事中。寻授直隶永定河道，水溢去职，轸其劳，仍令效力工次。明年，加主事衔，命周视道省，凡涉水利悉记载，条陈事宜多予施行……改调山东运河道，居六载，抉剔弊薮，省帑数十万。复任永定河道，会东河督臣与东抚以引黄利运异议，诏入都定其是非，凡所持白，并诏许之。未几，终用河溃致仕。适子引之亦贵，就养邸第，道光五年重与鹿鸣宴，赐四品衔。年九十卒。

生平笃守经训，自壮岁好古，精审故训，编《诗》三百以及九经《楚辞》之韵，剖析入微，分亭林古韵十部为二十一部，而于支、脂、之三部分辨之尤力，海内只金坛段氏与之合。而分至、祭、盍、缉四部，则又段氏所未逮。官给谏时，注释《广雅》，日以三字为率，十年始成书二十卷，名曰《广雅疏证》。以本书讹脱久矣，乃据耳目所及，旁考诸书，校订此本，凡字之讹者五百八十，脱者四百九十，衍者三十九，先后错乱者一百二十三，正文误入音内者十九，音内字误入正文者五十七，莫不随条厘补；以后举汉以前《仓雅》古训，皆搜括而通证之。谓："训诂之旨，本于声音。就古音以求古义，引申触类，扩充于《尔雅》《说文》之外，无所不达。惟声音文字部分之严，则一丝不乱。盖虽藉张揖之书以纳众说，实多揖所未知者。"学者比诸郦善长之《水经注》，谓注优于经也。

罢官后，校正《淮南子》内篇、《战国策》《史记》《管子》《晏子春秋》《荀子》《逸周书》暨旧所注《汉书》《墨子》，附以《汉隶拾遗》凡十种，都八十二卷，名曰《读书杂志》，一字之征，博及万卷，其精核如此。

子引之，字伯申，乾隆六十年举人。嘉庆四年成一甲三名进士，受职编修。寻擢侍讲，充日讲起居注官。丁母忧，服阕，视学河南，捐俸购《十三经注疏》分藏各学。旋升侍读、侍读学士。继授通政司副使。十八年，由太仆寺卿转大理寺卿。逾年，视学山东。任满，迁左副都御史，擢礼部侍郎，迁吏部，充修《仁宗实录》总裁。道光元年，为经筵讲官，升工部尚书，调礼部尚书。丁父忧时，怀祖先生年九十，公亦六十七矣。执亲之丧，白衣冠周一岁，起复任原职。十七年，以疾卒于位，赐祭葬，予谥文简。

尝本石臞先生《尔雅疏证》所诠及平日趋庭所闻者，成《经义述闻》三十一卷，皆摘经句为题而解之。间有摘一字，及类摘二句、三句、数句不等。其前人传注不皆合于经，则择其合经者从之；其皆不合，则以己意遂经意，而参之他经，证以成训而别为之说。非专守一家，无少出入，如何劭公之墨守。故即毛、郑《诗》《礼》传、注，且凭文字假借辨其是非，于近时惠、戴诸家号为通儒者，亦辄引古义以驳正之，莫不旁征曲喻，融会贯通也。

复怪自汉以来，说经者崇尚雅驯，凡实义所在既明之矣，而语词之例则略而不究，即以实字释之，遂使其文扞格而意亦不明。因见石臞论《诗》"终风且暴"、《礼记》"此若例也"诸条，发挥意恉，于是始涣然冰释，得所遵循；遂益引而伸之以尽其义类。自九经、三传及周、秦、两汉之书，凡语助之文，莫不遍为搜讨，分字编次，成《经传释词》十卷，都百六十字，前人所未及者补之，误解者证之，易晓者则略而不论。与《述闻》益互为表里，实今世文典之先河云。

孙诒让与王念孙、引之父子：

乾嘉经儒治《尚书》者，如王西庄、段若膺、孙渊如、庄葆琛诸家，多精通雅诂，而王文简《述闻》《释词》释古文辞尤为究极微眇。余少治《书》，于商周命诰辄苦其不能尽通，逮依殷、王义例以正其读，则大致文从字顺。——《尚书

骈枝叙》

至近代治此书者，如王氏怀祖《读书杂志》、洪氏筠轩《读书丛录》、庄氏葆琛《尚书记》、何氏愿船《王会笺释》、俞丈荫甫《群经平议》，其所理董，亦多精确。——《周书斠补叙》

乾、嘉大师，唯王氏父子郅为精博，凡举一义，皆确凿不刊。其余诸家，得失间出。

诒让学识疏谫，于乾、嘉诸先生无能为役。然深善王观察《读书杂志》及卢学士《群书拾补》，伏案研诵，恒用检核，间窃取其义法以治古书，亦略有所寙。——《札迻叙》

又云：端居讽字，颇涉薛、阮、吴三家之书，读之展卷思误，每滋疑潨，间用字书及它刻互相斠核，略有所寙，辄依高邮王氏《汉隶拾遗》例为发疑正读，成书三卷。——《古籀拾遗叙》

4. 段玉裁

段玉裁字若膺，号懋堂，江苏金坛人。幼颖悟，读书日竟数十言。乾隆庚辰乡试中式，客都下，得顾氏《音学五书》，惊为秘笈，黏研穷日，力弗倦。继执贽戴东原门，学益大进。庚寅，铨贵州玉屏知县，越三岁，改发四川候补，署富顺及南溪，办理化林坪站务。公事毕，漏三鼓，篝灯撰述以为常。寻补巫山县。未几，引疾归养，安贫乐道者二十余年，中缘避横逆，遂徙居苏州之阊门，卒年八十一。

玉裁笃嗜经术，喜训诂考订，穷微极博。受业东原后，确知古音分十有七部，又得其联合次第自然之故，成《六书音韵表》五卷。

复著《古文尚书撰异》三十二卷，所载经文仍用《伪孔传》本，稍从古文。

所著书，要推《说文解字注》为首屈一指。谓："许以形为主，因形以说音、说义。其所说义与他书绝不同者，他书多假借，则字多非本义；许惟就字说其本义，知何者为本义，乃知何者为假借，则本义乃假借之权衡也。故《说文》《尔雅》相为表里，治《说文》，而后《尔雅》及传注明；《说文》《尔雅》及传注明，而后谓之通小学，而后可通群经之大义。"于是积数十年之精力专治《说文》……成此《注》三十卷。

玉裁兼擅诗文，有《经韵楼集》十卷，亦颇雅赡云。

5. 钱大昕

钱大昕字晓徵，号竹汀，江苏嘉定人。十五补诸生，有神童之目。初从长洲沈德潜游，颇擅属辞，为吴中七子之冠。既忽叹息曰："经之未通，乃从而绣其鞶帨乎？"故阅览群籍，综贯六艺，勉为洽埶之儒。乾隆甲戌成进士，改庶吉士，授编修。二十三年，迁右赞善，再擢为侍讲学士，充日讲起居注官，寻乞假去职。三十七年，起补侍读学士。其年冬，升詹事府少詹事。大昕既以绩学者闻都下，秦义恭公辑《五礼通考》及奉敕修《音韵阐微》，皆资相助。而当时朝廷修《热河志》《续文献通考》《续通志》《一统志》《天球图》，大昕率任纂修官。历己卯、壬午、乙酉、甲午科，充山东、湖南、浙江、河南主考，庚辰、丙戌，充会试同考官。即于主考湖南之岁，简放广东学政。盖上深知其学识兼优，寖以不次引用矣。顾大昕淡于荣利，以识分知足为怀，谓官至四品可休。明年夏，丁父忧归里，遂引疾不复出。

三十年间，迭主钟山、娄东、紫阳等书院，而主紫阳独至十六年之久。门下士积二千余人，其为台阁侍从者不可胜记。嘉庆九年十月，竟卒于紫阳，年七十有七。

大昕博极群书，不专治一经而无经不通，不专攻一艺而无艺不习。凡经史文义、音韵、训诂、历代典章制度、官职、氏族、地里、金石、辽金国语以及中西历算之法，莫不洞晰其是非。自其少时，吴江沈氏、元和惠氏以经术著称东南，乃益推而广之，错综贯串，开示学者。

复以自惠、戴之学盛行，学者但治古经，略涉《三史》，以后遂茫然不知，未得谓之通儒，因著《廿二史考异》。又以史之芜陋，无过于明修《元史》，因搜罗元人诗文集、小说笔记、金石碑板，拟为重修，恐违功令，改题曰《元诗纪事》。稿未就，先成《补氏族表》《艺文志》。其《金石跋尾》考据邃密，亦多出翁、毕各家之外。著述悉裒为《潜研堂全书》。

6. 梁玉绳

梁玉绳字曜北，浙江仁和人，山舟之犹子也。乾隆增贡生，笃学力行，长于考订，著《史记志疑》三十六卷。钱大昕云：生于名门，濡染家学，下帷键户，默而湛思，尤于是书专精毕力。据经传以纠乖遗，参班、荀以究异同。凡文字之转讹，注解之附会，一一析而辨之。从事凡二十年，为编三十六卷，名曰《志

疑》，谦也。——《潜研堂集》卷二十四

又著《人表考》，自序缘起云：钱宫詹尝语余曰："此表用章儒学，有功名教。观其尊仲尼为上圣，颜、闵、思、孟子大贤，弟子居上等书首，祖述夫子之言，《论语》中人物悉见于表，而他书则有去取。详列孔子谱系，侪以统绪属之。孟坚具此特识，故卓然为史家之宗，不独文章雄跨百代而已。"余甚服膺斯语，因勘校各本，撮采群编，缺不敢补，误不敢改，为《考》九卷。

孙氏云：近代巨儒，修学好古，校刊旧籍，率有记述。而王怀祖观察及子伯申尚书、卢绍弓学士、孙渊如观察、顾涧薲文学、洪筠轩州倅、严铁桥文学、顾尚之明经及年丈俞荫甫编修所论著尤众，风尚大昌。覃及异域，若安井衡、蒲阪圆所笺校，虽疏浅，亦资考证。

又云：乾、嘉大师，唯王氏父子郅为精博，凡举一义，皆确凿不刊。其余诸家，得失间出，然其稽核异同，启发隐滞，咸足饷遗来学，沾溉不穷。

又云：诒让学识疏谫，于乾、嘉诸先生无能为役。然深善王观察《读书杂志》及卢学士《群书拾补》，伏案研诵，恒用检核，间窃取其义法以治古书，亦略有所窹。——《札迻叙》

7. 阮元

阮元字伯元，号云台，江苏仪征人。乾隆五十一年举人，五十四年进士，由翰林院编修大考第一擢少詹。历官内阁学士，户、礼、兵、工等部侍郎，山东、浙江学政，浙江、河南、江西巡抚，漕运、两湖、两广、云贵总督，太子少保，体仁阁大学士；嘉庆四年、道光十三年两充会试总裁。十八年秋，予告回籍，晋加太子太保，支食半俸。二十六年丙午科重宴鹿鸣，晋加太傅，支食全俸。二十九年卒，年八十六岁，谕赐祭葬，予谥文达。

生平持躬清慎，为政务崇大体。督学时，士有一艺之长，无不奖励，能解经义及古今体诗者，必擢置于前。总裁会试，必合校二三场文策，绩学之士多从此出。所至必以兴学教士为急。在浙江则立诂经精舍，在广东则立学海堂，选诸生务实学者肄业其中，得士极盛。主持风会者五十余年，士林尊为山斗。

元论学之旨在实事求是，自经史小学以及金石诗文，巨细无所不包，而尤以发明大义为主。所著《性命古训》《论语孟子论仁论》《曾子十篇注》惟阐古圣贤训世之意，务在切于日用，使人可身体力行。在史馆时，采诸书为《儒林传》，合师儒异派而持其平，不稍存门户之见。其余说各经之精义，载于《研经室集》者不可枚举。所编《经籍籑诂》《十三经注疏校勘记》传布海内，为学者所取资。《畴人传》《淮海英灵集》《积古斋钟鼎彝器款识》《山左两浙金石志》并为考古者所重。即随笔记录如《广陵诗事》《小沧浪笔谈》等书，亦皆有关于掌故。所刻之书尤多，最著者为《十三经注疏》《皇清经解》。

8. 江藩

江藩字子屏，号郑堂，江苏甘泉人。少授业于惠松崖、江叔沄、余古农，博极群经，尤熟于史事。性不喜唐、宋文，每被酒，辄自言文无八家气，时目为狂生。曾蓄善本书万余卷，岁饥，尽以易米……饥驱至粤，阮文达延修《通志》，书成，修脯累千金，随手挥霍略尽。凡以布衣而为掌故宗者垂二十年，盖少为方闻士，且生于典籍之区。乾隆朝，佐当道治四库七阁之事，于名公卿老师宿儒，毕上下龁龁，万闻千睹，因勒成《汉学师承记》八卷，使两汉儒林家法之承受、清代经学之源流厘然可考。又成《宋学渊源记》三卷，分北学、南学、附记共若干人。又取诸儒撰述之专精汉学者，仿唐陆氏《经典释文》传注姓氏之例，成《国朝经师经义目录》一卷，义旨严正，文辞茂美，虽间或失之颛固，然能甄择无泛爱。龚定庵谓其"窥气运之大源，孤神明以深往"，殆非过誉。

9. 卢文弨

卢文弨字召弓，抱经其堂颜也，人称抱经先生。生而颖异，濡染庭训，又渐涵于外王父之绪论，长则为桑调元婿，师事之，故其学具有本原。乾隆戊午，举顺天乡试。壬午，考内阁中书。壬申，以一甲第三名成进士，授编修。丁丑，入直南书房，由中允荐升侍读学士。乙酉，典广东乡试，旋提督湖南学政。戊子，以学政言州县吏不应杖辱生员左迁。明年，以继母年高，乞养归。乾隆乙卯卒于常州龙城书院，年七十有九。

好校书，终身未尝废。在馆阁十余年，归田后，主讲书院凡二十余年，虽髦，孳孳无怠。昧爽起，翻阅点勘，朱墨并作；几间阒阒无置茗盌处；日且暝始出户散步庭中；俄而篝灯如故，至夜半而后即安。官俸脯修所入，悉以购书。闻有旧本，必借抄之，有善说，必谨录之。一策之问，分别迻写诸本之乖异，字细而必工，今抱经堂藏书数万卷皆是也。所定《经典释文》《孟子音义》《逸周书》《贾谊新书》

《春秋繁露》《方言》《白虎通》《荀子》《吕氏春秋》《韩诗外传》《独断》诸善本……以行世。又若镂板《经典释文》例，摘字而注之，名曰《群书拾补》以行世。所自为书，有《文集》三十四卷，《仪礼注疏详校》十七卷，《钟山札记》四卷，《龙城札记》三卷，《广雅注》二卷，皆能使学者諟正积非，蓄疑涣释。

10. 孙星衍

孙星衍字渊如，江苏阳湖人。幼有异禀。过目成诵，《文选》能全诵之。未冠，补诸生。袁枚尝称曰："天下清才多，奇才少，渊如，天下奇才也。"遂相与为忘年交。渊如雅不欲以诗名，深究经史文字音训之学，旁及诸子百家，皆通其义。钱大昕主钟山书院，深器之。陕西巡抚毕沅招入幕府，毕撰《关中胜迹志》《山海经注》，校正《晏子春秋》《墨子》，及校刻惠栋诸书，皆星衍手定。

乾隆五十二年，赐进士第二人，授编修，充三通馆校理。六十年，外简山东兖沂曹济道。既莅任，政事之暇，尤喜考古。嘉庆六年，浙抚阮元聘星衍主诂经精舍讲席。以经史疑义课士，旁及小学、天文、地里、算法、词章，各听探讨，书传条对以观其器识。请业者盈门，未十年，舍中士掇巍科、入馆阁及撰述成一家言者不可胜数。

十年，署登莱青道，补山东督粮道。

星衍尝病《古文尚书》为东晋梅赜所乱，撰集《古文尚书马郑王注》十卷，又《逸文》三篇，更为《尚书古今文注疏》三十九卷，考证详备，盖积二十余年而后成，其专精如此。治《尚书》之学者，莫不视为最完善之本焉。

星衍又善校书，写刻必访宋本。高丽使臣朴齐家于都肆见星衍所校书，爱之，书"问字堂"以赠。尤好聚书，闻有善本，借抄无虚日。所校刊者，有《周易口诀义》六卷、《尚书考异》五卷、《春秋释例》十五卷、《孙子十家注》十三卷、《元和郡县志》四十卷、《景定建康志》五十卷、《唐律疏证》三十卷。金石文字及古彝鼎书画，皆能穷源竟委。文在六朝、汉、魏间，不欲似唐、宋八家。所著文有《周易集解》十卷、《夏小正传校正》三卷、《孔子集语》四卷、《史记天官书考证》十卷、《寰宇访碑录》十二卷、《平津馆金石萃编》二十卷、《孙氏家藏书目内编》四卷《补编》三卷、《续古文苑》二十卷《问字堂文稿》五卷《岱南阁文稿》五卷、《五松阁文稿》一卷、《平津文稿》二卷、诗集若干卷。卒于嘉庆二十三年正月，年六十有六。

11. 顾广圻

顾广圻字千里，号涧薲，江苏元和人。少孤多病，枕上未尝废书。弱冠，从张白苹游，馆于程氏。程富藏书，因得遍览，学者称万卷书生焉。不事科举业，年三十始补博士弟子。继师事江艮庭，受惠氏遗学，遂尽通经学小学之义。当是时，孙星衍、胡克家、秦恩复、黄丕烈、吴鼒、张敦仁等并深于校雠之学，莫不推重，延之刻书。为孙刻宋本《说文》《古文苑》《唐律义疏》，为胡刻《文选》、元本《通经》，为秦刻《扬子法言》、骆宾王吕衡州两集，为黄刻《国语》《国策》，为吴刻《晏子》《韩非子》，为张刻抚州本《礼记》、严州单疏本《仪礼》。每一书竟，综其所定者作《考异》，或作《校勘记》于后。

又颇服膺宋儒《语录》，摘其切近者成《遯翁苦口》一卷。平居博览，咸能识之无遗。每论议，滔滔不竭，而是非所在持之甚力，靡所瞻徇。家故贫，赖为人校刻博糈以食。虽往来多公卿，卒未尝有以自润。晚得痺疾，卧床五年，年七十卒。自撰《思适斋集》十八卷。

12. 洪颐煊

洪颐煊号筠轩，浙江临海人。苦志力学，与兄坤煊、弟震煊尝读书僧寮，夜坐借佛灯团坐，谈经不辍。学使阮元招之，偕震煊就学行省书院，时有"二洪"之称。颐煊尤精研经训，贯串子史，并熟习历算之学。举嘉庆六年拔贡生。馆孙星衍所，为撰《孙祠内外书目》七卷、《平津读碑记》十二卷，考据明审，于唐代地里殊多心得。纳赀为州判，署广东新兴知县。适阮元督两广，知其短于吏才而优于文学也，延入幕，谀经咨史以为常。性好聚书，时岭南旧籍充斥，数以重资购置，藏善本三百余种，碑板二千余通，钟鼎彝器皆撰有目，多世所罕见者。

所著有《礼经宫室答问》二卷、《孔子三朝记》八卷、《管子义证》八卷、《汉志水道疏证》四卷、《诸史考异》十八卷、《读书丛录》二十四卷、《筠轩诗文抄》十二卷……后卒于家。

13. 严可均

严可均号铁樵—作桥，浙江乌程人。于学无所不通，尤邃于许氏书。少尝负粮课，校官甚焉，遂跳入京师，举宛平籍乡试。明年试礼部，主者贵人索其卷欲魁之，以诗失谐，斥。性好游，足迹几半天下。迭受姚文田、孙星衍校书之聘。

道光二年，选授建德县教谕……在任数年，大修学宫，并葺严子陵祠。旋引疾归，著书不辍。

四十年中，所撰辑等身者，再统经史子集为《四录堂类稿》千二百余卷。最后复辑《全上古三代秦汉三国六朝文》七百四十六卷，使与《全唐文》相接，多至三千余家，皆一己写定，不假众手。

署本名，已刊者《全古文》外，仅《说文声类》二卷、《说文翼》十五卷、《唐石经校文》十卷、《金石题跋》四卷、《漫稿》八卷而已。

先是，为《说文长编》，以撰《疏义》未成；《声类》即《长编》第四种，《翼》即《长编》第七种。孙星衍劝先作提纲，遂为《校议》，半年而竣，合姚文田说共三十卷。《长编》稿藏遵义郑氏，亦未梓行。并其他余稿藏南浔刘氏。咸、同间毁于火，良足惜也。

14. 顾观光

顾观光字宾王，尚之其别号也，金山人。九岁毕五经四书，学为制举文。十三补学官弟子，旋食饩。三试乡闱不售，遂无志科第，承世业为医。乡钱氏多藏书，恒往假，恣读之，遂博通经传史子百家，尤究极古今中西天文算历之术，靡不因端竟委，能抉其所以然，而摘其不尽然。时复蹈瑕抵隙，而蒐补其未备……观光于舆地、训诂、六书、音韵、宋儒性理以至二氏术数之学皆能洞澈本末，尤喜校订古书，缀辑其散佚。尝以马氏《绎史》尚多疏略，写补眉上，字如蚕子，无空隙。钱通判熙祚辑《守山阁丛书》及《指海》，以属观光。观光以治病不能专力，举啸山文虎自代，仍常佐校雠，中多所商定。别校刊《素问灵枢》，用功尤深。钱教谕熙辅辑《艺海珠尘》《壬癸二集》及刊《重学》，钱县丞培名辑《小万卷楼丛书》……观光皆与参订。

咸丰间，粤寇日逼，人心惶然，观光终以算理自遣。十年，遭母丧。明年"贼"入乡，避乱东走奉贤、南汇间。既而暂归，藏书多毁坏零落，而次子沄为"贼"虏，惊忧不复出。明年，妇唐及季子源先后死，惨悼成疾。将终，以所著书属长子深曰："求尔师为我传，及李壬秋序之。"遂无它言，卒，年六十四。深尝从文虎游，壬秋者，李善兰也。

观光所著，曰《算剩初续编》《九数存古依九章》《九数外录》《六历通考》《九执历解》《回回历解》《推步简法》《新历推步简法》《五星简法》《古韵》《七国地里考》《国策编年考》《周髀算经》《〈烈女传〉〈吴越春秋〉〈华阳国志〉诸校勘记》……余凡所校辑，已刊入《守山阁丛书》及《指海》者不复及。以上皆观光所手订云。

附注：仲容曰：《黄帝素问》二十四卷，钱熙祚刻，《素问灵枢》，顾尚之为札记甚精。《文子》守山阁本有《校勘记》，为顾尚之观光所撰。尚之别有增定本，余从张啸山文虎假录。文虎作《顾尚之别传》，载《舒艺室杂著》甲编下。

附：乾、嘉以来汉学师承表

（1）吴派：始惠栋。先栋时有何焯、陈景云、沈德潜。至栋承其父士奇学。栋弟子有江声、余萧客。而王鸣盛、钱大昕亦被其风。汪中、刘台拱、李惇、贾田祖以次兴起。萧客弟子甘泉江藩。

（2）皖南派：始戴震。震生休宁，受学婺源江永。其乡里同学有金榜、程瑶田。复有凌廷堪、三胡 匡衷、承珙、培翚。震又教于京师，任大椿、卢文弨、孔广森皆从问业。弟子最知名者，金坛段玉裁、高邮王念孙，念孙授子引之。近世德清俞樾、瑞安孙诒让，皆承念孙之学。

（3）其他：与戴震同时，有武进庄存与，其徒阳湖刘逢禄。道光末，邵阳魏源、仁和龚自珍 段玉裁外孙也、王闿运。闿运弟子有资州廖平传其学。晚有番禺陈澧，当惠、戴学衰，今文家又守章句，不调洽于他书，始匇合汉、宋为《读书记》。——章太炎《清儒》

附：并时学者一览表——相当孙氏生卒年间（1848—1908）

长洲宋于庭翔凤。长洲陈硕甫奂。元和朱允倩骏声。吴县沈文起钦韩，冯林一桂芬，庄方耕存与，从子庄述祖葆琛，孙庄珊卿授甲，外孙武进刘申受逢禄。句容陈卓人立。上元汪梅邨士铎。仪征刘孟瞻文淇，子刘伯山毓崧，孙刘恭甫寿曾，曾孙刘申叔光汉。大兴徐星伯松。肃亭苗先麓夔。平定张石洲穆。常熟庞子方大堃。山阴鲁通甫一同。歙县程春海恩泽。黟县俞理初正燮。乌程周郑堂中孚，程善夫庆余，徐钧卿有壬。归安陆存斋心源。湘潭罗罗山泽南，刘霞仙蓉，王幼山鑫，李迪庵续宾，希庵续宜。巴陵吴南屏敏树。益阳胡润之林翼。湘阴左季高宗棠，郭筠轩嵩焘。平江李次清元度。番禺侯君谟康。南海桂子白文灿，谭玉生莹。桐城马元伯瑞辰。仁和邵位西懿辰。鄞县董觉轩沛，徐柳泉时栋。余姚劳余山史。湖口高陶堂心夔。湘潭王壬秋闿运。善化皮鹿门锡瑞。长洲王先谦益吾。浏阳谭复生嗣同。监利王子寿心栢。番禺陈东塾澧。南海朱九江次琦。藤县苏爻山时学。宝宁方鸿濛玉润。遵义黎莼斋庶昌。蒙古倭艮峰仁。丰润张幼樵佩纶。

南皮张孝达之洞。吴县吴清卿大澂。元和洪文卿钧。吴县潘伯寅祖荫。元和江建霞标。常熟翁叔平同龢。德清俞荫甫越，戴子高望。定海黄薇香式三，子儆季以周。（瑞安孙仲容诒让。）新城王晋卿树枏。咸阳刘古愚光蕡。闻喜杨漪村深秀。金匮华若汀蘅芳。无锡薛叔耘福成。江阴缪艺风荃孙。桐庐袁重黎昶。浏阳唐绂丞才常。黄冈洪右臣民品。顺德简竹居朝亮。南海康长素有为。嘉应黄公度遵宪。新会梁任公启超。井研廖季平平。富顺刘裴村光第。绵竹杨叔峤锐。满洲宗室盛伯羲昱。无锡吴稚晖敬恒。丹徒马眉叔建忠。桐城吴挚甫汝纶，姚叔节永概，马通伯其昶。石埭杨仁山文会。归安沈子惇家本。上虞罗叔蕴振玉。德化桂伯华念祖。宜黄欧阳竟无渐。宜都杨星吾守敬。番禺朱执信执信。胶州柯凤荪劭忞。武进屠敬山寄。仪征刘申叔光汉。钱塘夏穗卿曾佑。仁和丁益甫谦。钱塘张孟劬尔田。余杭章太炎炳麟。海宁王静安国维。嘉兴沈子培曾植。山阴蔡孑民元培。临桂唐春卿景崇。——梁任公《清代学者整理旧学之总成绩》

补遗：归安汪刚木日桢。镇江柳宾叔兴恩。嘉善钟文丞子勤。仁和谭复堂献。嘉兴李次白赒德。黄岩王子庄棻。太平戚翰芳学标。黄岩杨定孚晨。三门章一山梫。会稽陶子缜方琦。江宁程鼎臣先甲。钱塘吴祁甫承志。蓉城孙佩南葆田。侯官陈石遗衍。桐乡劳季瑄乃宣。义乌朱鼎甫一新。嘉兴金甸丞蓉镜。湘潭叶焕彬德辉。恩施樊樊山增祥。会稽李莼客慈铭。瑞安黄仲弢绍箕。长川叶鞠裳昌炽。仁和陈蓝洲豪。临桂况夔笙周颐。长洲马远林钊。潮州文道希廷式。南通张季子謇。丹徒刘铁云鹗。宝应成芙卿孺。丰顺丁叔雅惠康。钱塘诸迟菊可宝。乌程施均甫补华。临桂王佑遐鹏运。闽县王可庄仁堪。仁和劳季言格。福山王廉生懿荣。贺县于晦若式枚。昭文孙师郑雄。当涂夏欣伯炘。

（二）本地

吾温李唐以前士大夫以文艺行治著者，史旷不书。至有宋仁宗时，博士周公，右丞许公，左史、给谏二刘公与同志之士十人，始自奋于海滨，北游太学，得列程、吕氏之门，永嘉之学于是萌芽。其后文肃郑公初仕黄岩，请业于隐君子温节徐先生庭筠，温节实传安定胡氏之学，所谓经义治事者也。文肃既归，授之乡后进，于是文节、文宪而薛公，文节陈公、文懿蔡公、文定叶公相继并起，皆守胡氏家法，务通经以致之用，所谓经制之学也。

永嘉之学，必兢省以御物欲者，周作于先，郑承于后也。必弥纶以通世变者，薛经其始，陈纬其终也。

衣言幸生诸先生后，读其遗书，窃有志焉。因辑其遗事，都为一书，上起皇祐豪杰之始兴也，下逮国朝火薪之相接也，而于乾、淳诸老言之尤详。——《瓯海轶闻甲集序》

宋时吾乡前辈皆能读书，喜著述，年久率多亡佚，其幸而存者仅有秘府著录，人间绝少传本，乡人士往往不得见之。——《永嘉佚文叙》

吾乡南宋时，学者极盛，而当时科举之文亦推东瓯、婺、越。乡先生中，如陈文节之《待遇集》、叶文定之《进卷》及《八面锋》《奥论》《论祖》等作，皆所谓场屋文字，一时谓之"永嘉体"。

明以来，以四书义取士，则四书义即时文也。其时刘元受方伯、项瓯东参政父子最工时文，参政集有《义则》一卷，项思尧之时文，归熙甫至为之序，而明时吾乡人物亦甲浙中。

然二百年来，我犹得工时文者二人焉：曰艾园谷先生诚，敬轩孙先生希旦。

敬轩先生笃信程、朱，生平邃于三礼。艾园隐居奉母，自守介甚，郡守长不得一见其面。晚年喜读荀卿、王仲淹书，其学皆有根本，而于时文又尝尽心力而为之。——《永嘉先生时文叙》

吾乡诸儒莫盛于南宋，而予尤慕薛文宪、陈文节之为学，喜读其书，时时访求其轶事。每见后生秀士，即欲导以永嘉之学。——《林恒轩诗序》

窃尝论吾乡儒术之盛无过于南宋乾、淳之际，而其文章尤美者曰水心叶氏、止斋陈氏。止斋之学最深于经，而其发之为文，则子长、永叔之流也；水心之学最深于史，而其发之为文，则贾生、苏氏之流也。二先生之书今犹具在，吾乡之人能读二先生之书者尠矣，读其书而知其意者尤尠矣。——《介庵文集叙》

又云：昔水心叶氏言吾乡之学，自周恭叔首闻程、吕遗言，郑景望出，明见天理，笃信固守，而后知今人之心可即于古人之心。故永嘉之学，必竞省以御物欲者，周作于先，郑承于后也。薛士隆愤发昭旷，独究体统，陈君举尤号精密，而后知古人之治可措于今人之治。故永嘉之学，必弥纶以通世变者，薛经其始，陈纬其终也。

予尝由水心之言考诸乡先辈之遗书，盖吾乡儒术之兴虽肇于东山、浮沚，而能卓然自成为永嘉之学，以鼎立于新安、东阳间，虽百世后不能强为轩轾者，必推乾、熙诸儒。至叶文修、陈潜室师事朱子以传新安之学，元儒史伯璿实其绪余，以迄于明之黄文简淮、张吉士文选。而项参政乔、王副使叔果当姚江方炽之时，不能无杂于陆学，而永嘉先生之风微矣。——《孙敬轩行状》

以上录于《逊学斋文抄》

南、北宋间，吾乡学派，元丰九先生昌之，郑夷文、薛右史赓之。夷文之学出于周博士行己，接乡先生之传；右史之学出于胡文定公。师法虽不同，而导原伊、洛，流派则一。故其学类皆通经学古，可施于世用。永嘉经制之儒，所以能综经义治事之全者，诸先生为之导也。夷文之学没而无传，右史之学传于其子艮斋先生，益稽核考索以求制作之原，甄综道艺，究极微眇，遂卓然自为一家。其没也，止斋陈先生实传其学。

自止斋没，而先生之绪绝而弗续。元、明以来，晦蚀益甚，遗书虽流传未绝，儒者几不能举其凡目，旧学衰熄，甚可痛也。

我朝勃兴，文治之盛超迈前古。于是姚江黄氏、甬上全氏修定宋、元两朝学案，始表章吾乡学术，列为五派，而以先生及止斋为永嘉诸儒之宗。然先生遗书存于世者，自《书古文训》外，更无梓本，故缀学之士犹不能研索综贯以探经制之精。先生之学明而未融，此非儒者之不幸欤？

乾、嘉以来，巨儒辈出，而性理、经术各守其家法，不相假借，汉、宋之间，盖断断如也。

某曩在京师，与方闻之士论当时门户之弊，常以为欲综汉、宋之长而通其区畛者，莫如以永嘉之学，尝欲勾集乡先哲遗文，广为传播以昌厥绪。——代家大人作《浪语集叙》

惟吾温州，奠拓东扬，星分南戒。山名石室，盖藏书之奥区；地号学渊，实缀文之硕薮。赤兑之代，肇辟荆榛；金、明以降，别开郡府。朱育对濮阳之问，陈古而悼贞姬；逸少绾永嘉之符，下车而访高士。时虽英俦间出，而鸿制未闻。自刘宋之初元，迄李唐之季叶；弦诵渐广，述造寝兴。马贞注史，援缉之《郡记》之文；刘昫修书，录玄觉禅宗之集。亦越天水之隆，益振永嘉之学。阿鲁图之进《史》，传《儒林》者六人；黄南雷之著《录》，区师承为五派。叶、陈璟笔，世传八面之锋；徐、赵苦吟，人诵四灵之句。魁硕相望，剞绰弥繁。元氏御宇，朴学未衰；胜国崇文，巨篇踵出。图志所书，积目略具矣。逮圣朝勃兴，尤盛经术；而歧海僻远，未阐儒风。然考释三礼，卓然经师，则有家敬轩编修；研综仓、雅，校雠精博，则有方雪斋教授；宗法洛、闽，通达吏事，则有曾复斋知县；采览宏富，练习掌故，则有周樗庵选贡。咸有传书，足垂来学……

家君纡绶名藩，殚心乡学。闵遗文之就坠，惜旧业之不昌。簿书之暇，不废丹铅；舟车所至，辄增卷帙。佚闻编写，馨侧理之千番；丛笈精刊，富杀青之万简。诒让仰承庭诰，博访奇觚；爰竭愚蒙，略为鳃理。驔栝义旨，仿中垒《别录》之规；蘖揭存亡，蹑秀水《经考》之例。为《温州经籍志》卅六卷，觊以广丛甄微，拾遗补艺。——《征访温州遗书约》，以上录自《述林》与《籀廎遗文》

刘寿曾曰：寿曾则谓温州学派莫盛于宋。庆历间，儒志、经行开之，元丰九先生继之；绍兴以后，艮斋、止斋、水心诸公绪益昌大，天下尊为永嘉之学。其宗旨在躬行实践，由明体以达于用，文章风节皆卓然有所表见，渊源于伊川、考亭，而立乎金华、永康之上者也。元以后之学稍微矣，然芬泽濡染，犹能矢音不衰。吾师尝编《永嘉学案》以见派别之正。又曰："欲救今汉学、宋学之弊者，其永嘉乎？"以仲容之贤而好学，而诵法其乡先生之言，见于撰著者又如此之矜慎，则它日大展儒效，广永嘉之学于天下以达于风俗政教者，其必有在也。——《温州经籍志叙》

章炳麟曰：宋世永嘉诸贤，与新安、金溪、金华并峙。其后三家皆有传人，迄元、明未替，而永嘉黯然不章……太仆父子生七百年后，独相继表彰之，专著则有《永嘉丛书》之刻，佚篇则有《永嘉集》之纂，括囊大义，辨秩源流，则拾南雷、谢山之遗，以成《永嘉学案》二十卷，最录凡目，则《温州经籍志》为一郡艺文渊海，自是郑、薛、陈、叶与先后作者之遗绪，斩而复续。——《孙太仆年谱叙》

池志澂曰：我邑宋南迁后，永嘉之学称陈止斋、叶水心二先生为最，沉埋七百余载，至我师孙逊学太仆、止庵侍郎及籀廎征君远绍旁搜始得表彰之。其后我友陈蛰庐介石、黄仲弢、叔容及宋平子诸君，亦最讲论永嘉之学。——《望益斋诗叙》

又曰：光绪初叶，吾邑科举甚盛，太仆师以江藩归田，设塾于家，引乡里好学文章之士专肆举业，同时著籍者数十人。同邑有林庆衍祁生、黄叔颂绍第、王小兰翼传、周伯龙珑、仲龙拱藻及太仆之侄伯陶诒经、仲彤诒绩；乐清有陈叔龢国镠、平阳有杨仲渔镜澄、宋燕生存礼；泰顺则有周晓芙恩煦及其弟恩锜。之数十人者，皆善读书，皆喜于科举之学，最为太仆师所奖藉。而余与丽辰亦从学其中，独嗜古文词。时《逊学斋文》早出，为世所宗，湘乡之嫡传，桐城之别派

也。——《欠泉庵文集序》

陈虬曰：当是时，友朋文物极一时盛。许子拙学外，如林子香史、王子小云、金子韬甫、池子次滂、陈子介石、何子志石及虬兄仲舫、弟叔和间皆能修明绝学，供世驰驱，自天官、舆地、典礼、乐律、文章、掌故以及算数、医卜、书画、篆刻、击刺、骑射等术，无不各输所长，挟一艺以自赡。——《求志社记》

林损曰：当赵宋氏之南迁，朱元晦、陆子静之徒皆以其说鸣，风被海内，垂数百年而未已。读书诵古之士言义理者，不之陆，则之朱；而不知当时之有叶正则、陈君举也。陈、叶之名，世之人有能举之者矣，目之曰永嘉之学……陈、叶之后，代有作者，其遇大抵无以过。有明中叶，张秉用以词臣为掌辅，世多讥之。然秉用之议大礼，根极于情性，昭叙乎彝伦，力排众说，而善处人父子骨肉之间……自张氏亡至今，文献罕足征。有清道、咸、同、光之际，中国之人才其衰矣。然吾瓯独有人：文则孙琴西，名理则宋平子，才略则陈志三，实行则金遯斋，而我舅介石先生集其大成。此数君子者，后先连踵并起，论其成就，与陈氏、叶氏岂有间哉！然琴西稍显贵而不得志，其余则所就愈高而遇益困，曾不足与当世庸妄巨子争一日之短长，率抑邑相继以殁，盖亦地为之也。——《送董生黄生南归叙》《林损丛录》

李笠曰：仲容先生的学问亦有受其父亲的影响，如琴西先生刻《永嘉丛书》，命仲容先生任校雠，工作方面须应用其汉学方法，而《丛书》内有《礼记集解》《集韵考证》等著作，尤足以引起其治朴学的兴趣。——《我对孙先生的认识》

马叙伦云：瑞安在宋时有魁人曰叶适、陈傅良，以性理文章经制之学与湘胡氏、闽朱氏相颉颃，学者宗之，是谓"永嘉之学"。清道、咸间，县人孙衣言、锵鸣兄弟号能继承其风。然衣言昆弟仕宦京师，又多接乾、嘉遗献，稍稍倾侧于故训名物之业。衣言子诒让遂以朴学为晚近大师。

先生幼秉庭闻，别无师绪。少与平阳宋衡、乐清陈虬密相切磋，衡为锵鸣女夫，又师俞樾，其学则近王符、仲长统、徐幹；虬则与苏轼、陈亮为近。先生于学虽无所不窥，然亦宿于性理文章经制。——《陈先生墓表》

又云：温州故有所谓永嘉学，侍郎锵鸣与兄太仆衣言并以此勉后进，而太仆子诒让则治训诂、金石，兼通佛理。又有金晦治颜习斋、顾亭林之学，陈虬治苏眉山、陈龙川之学。君少受业侍郎兄弟，而友诒让等。又为象数，于远西迻译之书莫不毕览，故学无所不通，二十余岁，著书曰《六斋卑议》。——《宋君别传》，

均见《天马山房丛著》文存

吴兴林铁尊鸥翔曰：闻之永嘉古称小邹鲁，自宋王儒志讲学东山，邦人渐知向学。元丰九先生闻风踵出，遥传伊洛之学，蔚成永嘉学派。厥后水心、艮斋之经济，介庵、罗山之勋业，南湖、溪桥之义行，云翁、尚皋之忠烈，以及四灵之诗，市井七才子之俊，皆足为后人法。果能佑家风重振坠绪，洵足为江河润色。——《慎社三集序》，辛酉正月

某报云：温州为浙东人文渊薮，永嘉学派自宋著名，经术文章代有宏硕。爰逮有清，瑞安孙、黄二氏人材辈出：黄漱兰先生既政学兼长，名满海内；孙仲容征君尤湛精经术，为近世魁儒，所裨于瓯海学术者至多。光复以降，虽声光小替，而前贤遗徽沾溉尚宏，笃学颛研，颇多奇士。——《瓯风杂志》本社纪事

项骧曰：我州僻处海隅，文献凋敝，不足与中原抗衡。然自宋、元以来，永嘉之学当代称之，厘然绍洙泗而媲濂洛。郑文肃私淑安定胡氏，以经义治事；薛文宪、陈文节、叶文定诸儒继之，人才辈起，治经学有盛名于当世者无虑十人。清代孙敬轩专精三礼之学，著《礼记集解》诸书；孙仲容著《周礼正义》，诂经最精，不让乾、嘉诸老。士之卓然自立者何代蔑有，而谓其时其地能限之邪？——《传经楼记》

1. 孙希旦

孙希旦字绍周，号敬轩，瑞安桐田里人。幼有异禀，读书三四过辄成诵……年十二，补县学生。诸城窦广霶视浙学，少许可，独奇希旦，以为当与古作者抗，时希旦年甫及冠。乾隆壬午，举浙江乡试。丁丑会试，挑取中正榜者……引荐以内阁中书、国子监学正用……辛卯补授中书。四库书馆开，希旦为分校官。戊戌成进士，以一甲第三及第，授翰林院编修。嗣充武英殿分校官，国史、三通馆纂修官。《四库全书》第一部成，议叙加一级。初修《四库全书》，大学士金坛于文襄敏中为总裁，以王应麟《玉海》征引繁博，俾希旦专任校勘。至是，上以叶隆礼《契丹国志》体例混淆，书法讹舛，所采胡安国之论多谬说，诏馆臣重加厘正，文襄遂并《大金国志》以属希旦。明年书成，天子以为善，敕部议叙，而希旦病矣。希旦素清羸，既为校纂官，日有国史、三通之役，归则从事二志，而《四库全书》未成，天子屡下诏敦促，希旦又在缮书所分校，同馆阁者遇所疑，必就希旦质正。间为门弟子讲学及场屋文字，食少事烦，乾隆甲辰四十九年十一月九日，以病痢

卒，年四十九。

为学博览，自天文、地舆、历算、卜筮之书无不研究。为举人时，余姚邵晋涵，博闻士也，与希旦遇于舟中，初未知希旦，与论经史百家，滔滔不穷，叹服曰："才固不择地而生也。"于文襄主戊戌礼闱，得希旦对策，曰："使他人检书为之，不能有此。"及榜发，同年集宴，文襄见希旦退然居人后，手招使前，以语诸进士曰："诸君一皆师事可也。"平生不苟趋势利，在内阁时，将应会试，翰林某欲授以关节，笑弗受。及在词馆，大学士和珅慕其名，使人谕意旨，希旦绝不一往过。与会试，辄前期杜门谢客，虽密友不得见。既卧病，国史馆月致公费钱，辄以在假辞不受，同馆皆以为难。于程、朱之说尤笃信，要在实体诸身，尝曰："学道而以为名，吾所耻也。"卒前数月，为观心之诗，有"客感消除非外捷，主人闲暇且安居"之句。疾革，又口占为诗曰："人禽相去只几希，人欲横流天理微。病里静思半生事，茫茫四十九年非。"可以观其所得矣。

希旦于诸经深于三礼，辛卯以后，专治《小戴》，经说未当，以己意为之诂释，谓之注疏驳误。己亥居忧，主中山书院，益取宋、元以来诸家推广其说，为《集解》五十卷。论者谓希旦言礼，于名物制度考索精详，可补汉儒所未及。深明先王制作之意，即乎人心所安，又汉儒所不及也。礼注成，方欲治《周官》《仪礼》，谓门人曰："若四分官书事毕，再得从事二十年，当可卒业。而疾不可为矣。"

诗清远，有王维、孟浩然之风。它著曰《尚书顾命解》一卷，《求放心斋集》若干卷。

资料：

孙衣言《逊学斋文抄·敬轩行状》。

孙孟晋《孙敬轩先生年谱》。《瓯风杂志》本

《瑞安县志稿·儒林传》。又《瑞安新志稿》。

《雪桥诗话续集》卷六，钱慈伯挽孙敬轩编修，有跋云：瑞安孙绍周编修希旦，号敬轩，所居曰桐田。为学一宗程、朱，尤致力于三礼，著有《礼记集解》六十一卷，首取郑注、孔义，下及宋、元诸儒之说，裁以己意。戊戌廷对，以第三人及第。淡于荣利，直谅多闻。同年冯鱼山谈佛理，顾断荤血，长斋以终，敬轩颇规讽之。易簧时，年未五十。病极沉緜，史馆送公费钱至，蹙然起谢，不敢受。殁后几无以殓，妇林孺人遵遗言："纂修国史，因病旷职两月，不敢滥领

钱也。”

王棻云：孙敬轩在翰林，著《礼记集解》。

关系：

孙衣言曰：予居邑二十五都潘垟，与先生皆集善乡人，而相去约十里。予族望富春，而桐田孙氏望乐安。言谱牒者以谓皆出田敬仲完之后，然莫能得其详也。而先生之子涷与先通议府君及裕昆与予兄弟皆相亲爱，岁时往来若同族云。

先生之生在南宋六百年后，当学术衰熄之时，独能奋其孤踪，仰追逸轨。间尝综其生平论之，其敦内行，厉名节，非水心所谓“兢省以御物欲”者欤？明庶物，知古今，非水心所谓“弥纶以通世变”者欤？百年论定，如先生者，可谓行方景望，学媲艮斋矣。——《敬轩先生行状》

孙锵鸣云：我家敬轩先生，乾隆戊戌廷对以第三人及第。为学一宗程、朱，研精覃思，于书无所不窥，旁涉天官、地舆、钟律、历算，而致力于三礼尤深，著《礼记集解》六十一卷。余舅氏雁湖、几山两先生屡谋锓板而未果。咸丰癸丑，某自粤右归，被朝旨治团于乡，从其曾孙裕昆发箧出之，则累然巨编。首十卷，几山先生所精校，录藏其副。余则朱墨杂糅，涂乙纷纠，盖稿虽屡易而增改尚多，其间剪纸黏缀，岁久脱落，往往而是。乃索先生所治《三礼注疏》本及卫氏《集说》于裕昆所，皆逐字逐句，丹黄已遍，雠勘驳正之说札记于简端者几满，遂为之参互考订，逾岁而清本定。庚申六月开雕，中更寇乱，讫同治戊辰三月始成，集赀鸠工，藉同人之力为多。

是书首取郑注、孔义，芟其繁芜，掇其枢要，下及宋、元以来诸儒之说，靡不博观约取，苟有未当，裁以己意。其于名物制度之详，必求确有根据，而大旨在以经注经，非苟为异同者也。至其阐明礼意，往复曲畅，必求即乎天理人心之安，则尤笃实正大，粹然程、朱之言也。

先生易箦时，年未逾五十，于是书已三易稿。于呼，功亦勤矣。今距先生之卒不及百年，其在馆阁时清节峻望无有能道之者，读是书，抑可想见先生之为人也。——《礼记集解叙》

孙仲容曰：家敬轩先生，当乾隆初，经学大师提倡未盛，先生独辟途径，研精三礼，博考精思，于礼经制度参互研核，致多心得。其释《戴记》，兼综汉、唐、宋诸儒及近代顾炎武、戴震之说，择善而从，无所偏主。校正经文……并确有依据。至于郑《注》间有讹误，辄为纠正……若此之类，并贯穿经文，推玩得之，不为意必之说。其余记文关涉《仪礼》《周官》两经者，皆一一疏释其义，注义简奥。孔、贾两《疏》述郑，或有违戾，亦为疏通证明。其学求之近代，当与张稷若、江慎修相颉颃。虽复谛主人鬼，论袭赵匡，祧非远庙，义违祭法，不免小有疏舛，然精审之处终非方灵皋诸人所能及也。原稿本五十卷，仲父止庵先生校刊时析为六十一卷，今以五十卷著于录，从其朔也。——《温州经籍志》《礼记集解》按语

又曰：乾隆时，开四库全书馆，吾乡家敬轩先生希旦实预分校。时馆中以宋叶隆礼《契丹国志》进呈，高宗以其体例乖舛，诏馆臣重行刊正，总裁以畀先生，先生悉心校改，遂成善本。《四库提要》所著录者，即先生所校者也。然自此本既出，叶氏原本流传遂尟。同治甲子，余侍家大人自皖归里，道过杭州，购得扫叶山房刻重校本。——《讽籀余录》《重校本〈契丹国志〉题记》

注：敬轩先生在四库馆刊正《契丹国志》，《行状》不载，余尝见永嘉《孙氏谱》乃述之。又，泰顺曾氏镛《复斋集》亦有《与孙敬轩太史论〈契丹国志〉书》。

又曰：孙希旦校订《玉海》二百卷，见嘉庆《瑞安县志》九。按：孙编修所校《玉海》，乃乾隆间充武英殿分校官时校写《四库全书》之本，详家大人《敬轩先生行述》，与校订刊行之书不同。《瑞安县志》收之殊误。今删之。——《温州经籍志·辨误》

又，《奉谢知阁佃孙编修希旦两先生神主崇祀学渊书院祭文》，诒让作。

盖闻瞽宗崇祀，报乐祖教胄之功；通德名乡，衍礼堂传经之绪。况复梓桑修敬，兰芷育才。乡先生之配社，恭绎前闻；里后学之向风，永光来叶。幸观盛礼，敬诵清芬。伏惟先儒谢公、孙公，道学渊源，儒休领袖。程门讲业，抗颜周、许之伦；戴礼研经，折衷郑、王之学。乡仪旧德，户诵传书。未崇秩祀之文，曷副观摩之望。兹于东乡二十五都澄江，新建书院，署曰学渊。扩鳣堂之别构，修鹿洞之旧章。丹艧告成，弦诵斯盛。金谓甄微广学，既闳茅莪之规；述古敬乡，宜洁椒浆之荐。兹择于本月二十五日，虔奉神主，肃祀讲舍。杖履一堂，瓣香千古。缨緌咸集，俎豆维馨。经神学海，敬邀先达之灵；化雨春风，庶赞右文之治。某等忝同里闬，夙景表仪。浮沧升岳，徒惭抗希之无从；滕觯侑觚，窃幸仰瞻之如在。伏冀神归华表，化溥雍黉。学统长绵，儒风远扇。南金东箭，广资陶铸于群材，丹荔黄蕉，永荐苾芬于百世。神其昭格，鉴此微忱！——《籀顗遗文下》

2. 项霁、傅霖两兄弟

项傅霖字叔雨，号几山，道光壬午举人。与兄霁并好古学，自经史外，天文、历算、阴阳、风角诸书无不读。于文字派别、学术得失、典章制度皆瞭然见其大。游京师，与上元梅曾亮、巴陵吴敏树、震泽张履、桐城苏惇元、仁和邵懿辰、嘉兴钱泰吉为友。惩前人门户之习，不以空言著书。事兄霁甚恭，自外归，必多致异书，相与校勘为乐。家藏书数万卷，丹黄签驳殆遍。遇异本，必展转借抄，吾乡有藏书自项氏始也。晚官富阳教谕，见诸生，必衣冠，授以文行法度。急于义举，好表彰忠孝义烈事。日课经史，夜露坐视星象，人莫能测也。卒年六十一。著有《几山笔记》及《杂文》若干篇。——《县志稿》

孙孟晋《温州藏书家考》云：项霁字叔明，号雁湖。弟傅霖字叔雨，号几山，学者称瑞安项氏二先生。先世饶于资，而好聚书。至雁湖，搜采益富。几山少依雁湖学，中道光壬午乡举，官富阳教授，十上春官不第，以雁湖性喜书，每归，则多致古籍，相与校勘以为乐。雁湖卒于家，几山归，陈所购书于前，大恸数日。几山暮年，尤喜校书，所藏数万卷，丹铅签驳殆遍。遇秘籍，必展转抄写。所书断章残稿，皆端楷不苟。盖自始学至疾革，未尝一日去书。博通经史，旁涉天官、历算、阴阳、风角诸杂家之说。教人读书，必遵先儒朱氏日程，无求速化。雁湖虽绝意仕进，而于当世治乱、民生利害尝深究其本末。——《参绥月刊》创刊号，参《两浙輶轩续录》石本方宗诚《两先生墓表》及《逊学斋文续抄·项氏两先生墓表》按：项氏藏书之处曰水仙亭。

雁湖嗜古学，喜游历名山水，为诗歌古文，不屑治举子业，而教几山应举以振家声。自理生计，不以关几山胸次。几山事兄恭，每事必请命后行。自幼至长，恒相励为有用之学。

几山中道光壬午科举人，十上春官，不知家人生产。每归则多购古书，与雁湖辨正校阅以娱其心。——方宗诚石本《项雁湖几山两先生墓表》

资料：

《两浙輶轩续录》。

《逊学斋文续抄·项氏二先生墓表》。

方宗诚《两先生墓表》。

邵位西《送项几山序》。

《瓯海集内外编》。

梅伯言《柏岘山房集·项府君墓志》。

钱泰吉《甘泉乡人稿》十五《记瑞安项氏二孺人事》。

关系：

孙衣言曰：

予年十八九，始从我师秋槎先生游，即以诗质先生。先生以为能，为之序，俾别录一册留先生所。予甫向学为诗，而先生所以激厉成就之如此。是时邑间言诗者，我项氏舅几山、雁湖二先生及亡友周仲梅庆枏与先生三五人相往来酬和，皆有名。——《梅雪堂诗序》

吾邑前辈诸先生之好学能文词而与予相及者，曰曹秋槎孝廉、方雪斋学博及我项氏舅雁湖处士、几山学博。予少时以诗文从曹先生游最久，雪斋先生于其退归时一见之，雁湖、几山两先生在乡里，常闭户不通交游，虽予亦不得见，后居京师，乃屡见几山先生，而雁湖先生终未之见也。予初自京师归，方先生已卒，曹先生亦老病；及再自京师归，则曹先生与我两舅氏皆下世矣。

予家居，求诸先生之遗书，独秋槎、雁湖两先生有刻本。方先生书最多，皆散亡。几山先生最笃学，而所为书独未成。去岁之夏，始得见我二舅氏茗垞先生之诗，茗垞先生居乡里，亦罕与人通，默默间巷间，今年且七十，亦衰病矣。——《项先生诗序》同治元年

又云：先王母城南项氏，先考元配又先王母侄也，故项氏于衣言为舅家。先世故饶于赀，而藏书甚富。舅氏三人皆好学能文词：伯舅雁湖先生早岁弃科举，独喜为诗，所著诗曰《且瓯集》，新颖精到，超出流俗，今郡邑人皆传诵之。叔舅茗垞先生亦不涉场屋，所著诗曰《耕读亭集》，格韵亚于《且瓯》。季舅几山先生举道光壬午乡试，十上春官不第，尤嗜学，治古文词，兼通历算、方术家言，上元梅郎中曾亮、仁和邵舍人懿辰、巴陵吴学博敏树以古文名，皆与季舅善，而独无成书，衣言尝蒐其遗文，寥寥十数篇，然皆雅洁有家法。诸舅氏家居皆深居自爱，不轻与邑人士接，虽衣言亦不能时见，独季舅以屡应试至京师，得亲炙其议论风采，醇笃君子也。——《书表弟项君瓒〈癸辛词〉后》

又云：先舅氏茗垞伯仲四人，仲为雁湖处士，邃学潜德，不事举子业，有王仲任、皇甫士安之风。尤工吟咏，所著《且瓯集》，诗格醇古，凌轹盛唐，浙东诗人殆无伦比；次舅氏几山学博，以名孝廉为富阳校官，所学尤淹博，天算、校雠、奄综乾、嘉汉学诸大师之长，储书数万卷，丹铅殆遍。先舅氏是茗垞幼承两昆之

绪论，益肆力经史，于学无所不窥，而又从伯氏受诗法，得其微旨，而著《耕读亭诗抄》八卷，与《且瓯集》并盛行于世。一门昆季，富有纂述，尤吾乡之嘉话也。——诒让代作《项母太恭人八旬寿序》

又云：陈石士侍郎所刻《止斋集》，予往尝得之，恨其讹缺，欲求善本校补而未能。今年客游安庆，嘉兴钱警石先生亦避地在此，出侍郎刻本相示，则我舅氏项几山先生据先生所藏旧本校正者。警石先生博闻君子，多藏书，乱后往往散去，其尝有校勘者幸皆携以出，而此集为我家乡先辈书，又先舅氏之手笔，可贵也。

舅氏笃学能文词，尤喜校书，此为咸丰癸丑去富阳校官寓居杭州时为警石先生校者，然缺讹亦未能尽补，盖所据旧本亦非宋椠原书也，先生自言知我舅氏久，而相见甚晚，校此书后不久即别去，遂不复相见矣。

南宋时，永嘉学者如薛士龙、蔡行之、叶正则与陈文节公皆我瑞安人，尤能通知古今治乱之故，为有用之学，而陈公最为醇博。今日我乡人士汩没流俗，能闻乡先生之风兴起为学者盖亦鲜矣，而我舅氏家居，亦默默闭户，少与人通。今舅氏卒五六年矣，后生子弟鲜有知其可爱惜者，独予与警石先生相从羁旅中，每一言及，辄相向叹息也。——《书项几山舅氏〈止斋文集〉校本后》

又云：《母舅项茗垞先生傅梅〈秋林觅句图〉遗照，表弟栗亭昆仲属予为诗，置之案头将一年，或以为人物画也，窃之以去，遍索不可复得，乃补诗数章以记其事，且志疏慢之过》：

其二：那识人间严挺之，天台雁荡遍题诗。《且瓯》一集埙篪答，为想霜髯对撚时。伯舅雁湖先生有《且瓯集》。

其三：苦忆东坡白水山，苏程踪迹太漫漫。成君宅相寻常事，自喜论诗见一斑。先考元配项夫人，先祖姊侄也，而予兄弟皆丁夫人出，故于诸舅家踪迹稍疏。

《题董仲常先生游诗后，兼悼项雁湖母舅霁》：（上略）迩来三四年，往往丧髦硕。我舅雁湖翁，贤人实厄。往尝读其诗，陶韦不疏逊。衡下歌卫风，盅上用《周易》。平生寡交游，与公特莫逆。一老守遗书，俗眼不肯识。一穷走四方，曾未展寸尺。老成仍凋亡，后生日沦惑……

《壬子元日桐庐放舟，计薄暮可抵富阳》：（上略）数日桐庐城，烟雾苦未屏。及此新岁晴，宁惮川路永。梅花九里峰，云端屡矫颈。高斋项氏翁，相见烛当秉。几山舅氏时为富阳校官。

又云：《桐庐舟中度岁，怀几山舅氏富阳》：百里桐江傍客星，连朝风雪阻行舲。酸甜村酒时成醉，细软船讴暂可听。安定书斋兼治事，伏生弟子坐传经。却思吾舅真仙宦，云外青山赤岸亭。

以上见《逊学斋诗文集》卷八

孙锵鸣曰：《项茗垞舅氏属题〈石林索句图〉》：我舅雁湖翁，庆光老诗叟。踽踽一布衣，名满天下口。叔氏富阳君，家法汉儒守。绝诣窥天人，深藏若无有。二叟相继谢，乡邦失耆耈。公也早闻道，伯仲相师友。蓄书同嗜好，一编长在手。对竹耽苦吟，风流阿兄后。示我《石林图》，眷顾意良厚。余生忧患多，文字易招咎。宅相已无成，甘自老穷牖。无限渭阳思，濡笔为翁寿。

3. 方成珪

方成珪字国宪，浙江瑞安人。嘉庆二十三年举人，官海宁州学正，升宁波府教授。成珪精研小学，尤勤于校雠。官俸所入，悉以购书。储藏数万卷，丹黄殆遍，老尤矻矻不倦。尝以晋恺《易注》亡于北宋，其学原本孟、京、辅翼，奉六情十二律风角之占。而证诸人事，则专以殷、周之际，水衰土王，反复推阐以明经义……因捃摭佚文，详为疏释，为《干常侍易注疏证》二卷。又谓古韵书之存者，莫善于《集韵》，因据宋椠本及近时段玉裁、严杰、汪远孙、陈庆镛诸家校本正曹刻之误。复以《方言》《说文》《尔雅》《经典释文》《玉篇》《广韵》诸书正宋椠本及景祐元修之误，为《集韵考正》十卷。吴县吴钟骏及定海黄式三叙其书，深推其精博。又谓流俗字书承讹袭谬，其所为字有出于《类篇》《集韵》外者，或矫其弊，则又一以《说文》绳今隶，惟元李文仲《字鉴》述古准今，斟酌适当，因详加考释，为《字鉴校注》五卷。其他著述，有《韩集笺正》十卷……又《宝研斋诗抄》二卷。咸丰间，以老病告归，卒，六十六岁。——《清史列传》本传

资料：

林培厚《宝香山馆集》。

刘绍宽《方成珪传》。

钱泰吉《校集韵跋》。

吴县吴钟骏序《集韵考正》。

定海薇香黄式三序。

《清史列传》有传。

陈谧《方成珪墓表》。

本社收藏乡先哲遗像画片，近得林某志甄捐赠方雪斋先生成珪画像一纸，首有唐雅亭先生润题词云："抱九仙骨，披一品衣。寻梅索笑，活泼天机。"次徐步洲先生兆瀛题云："羡公风度类逋仙，朱襆翩跹更洒然。选胜乍来三径外，探春宜向百花先。枝横庾岭香逾淡，影旁瑶阶态倍妍。独立苍茫尘俗远，此中清福乐无边。"次沈西海先生福椿题云："不作寒酸态，轻裘踏雪寻。凌霜名士骨，调鼎相臣心。独立非遗世，孤芳有赏音。探来消息早，日渐报春深。"次杨慕湖先生友棆题云："科名自古说朱衣，玉照摹来托兴凝。知是逋仙同气味，还教庾岭斗芳菲。披裘曾向瑶台立，踏雪疑从灞岸归。道貌峨峨清绝俗，荆州何幸得瞻依。"都凡四首。按：方氏嘉庆戊辰举人，官宁波府学教授，瑞安人。著有《集韵考正》（《永嘉丛书》本、《韩集笺正》陈刻本、《干氏易注疏》、（《敬乡楼丛书》本）、《宝研斋吟草》（道光活字本）、《敬业堂诗校记》（本社刊本），有《唐摭言》《吕氏读诗记》《困学纪闻》《字鉴校本》《王右丞诗笺注》《守孔约斋杂记》，均未刊行。——《瓯风》本社纪事

孙延钊《书〈守孔约斋杂记〉后》云：玉海楼世藏残抄本《守孔约斋杂记》一小册，乡哲甘庐方先生遗书之一也。乡哲林石笥孝廉从炯尝为先生题"甘庐"二字斋额，见《玉甑山馆集》。先生所笺《宝研斋诗抄》今传聚珍本，《集韵考正》有先子精校梓本，《韩集笺正》《干常侍易注疏证》邑中陈氏湫漻斋、永嘉黄氏敬乡楼先后刊之，他如《字鉴校注》《唐摭言》校本、《敬业堂诗校记》，则副迻之帙亦复犹存。此记二十二则，虽简札不完，而霏霏落屑，间涉乡闻。其志怪述异诸条，亦纪氏《阅微》、俞氏《右台》之俦欤。（下略）——《瓯风》杂志

孙延钊《温州藏书家考》云：方成珪字国宪，号雪斋，瑞安人。嘉庆戊辰举人，官宁波教授。生平精研小学，勤于校雠，官俸所入，尽以购书。储书数万卷，多手自点勘，丹黄戢耷，精审绝伦。著有《集韵考正》《干常侍易注疏证》《韩集笺正》《字鉴校注》《守孔约斋杂记》《敬业堂诗校记》《宝研斋吟草》。所校古籍，今见者有《吕氏家塾读诗记》《方氏韩集举正》《困学纪闻》《乾道临安志》《唐摭言》《宋诗抄》《朱氏经义考》《王右丞诗集》等书，其他散佚殆尽。参潘衍桐《两浙輶轩续录》、先征君《温州经籍志》、林大同《鉴止水斋谈屑》、黄群《敬乡楼丛书》。——《蓼绥年刊》

方成珪字国宪，瑞安人。嘉庆戊辰举人，官宁波府学教授。研精小学，尤勤于校雠。藏书数万卷，丹黄殆遍，至老不倦。尝以晋干宝《易注》亡于北宋，其学原本孟、京、辅翼，奉六情十二律风角之占，反复推阐以明经义。盖《易》之兴于殷末世，周盛德，当文王与纣之事，圣言足证，确有依据。因捃摭佚文，详

为疏释，为《干常侍易注疏证》二卷。又谓古韵书之存者，莫善于《集韵》，因据宋椠本及近时段玉裁、严杰、汪远孙、陈庆镛诸家校本正曹刻之误，复以《方言》《说文》《广雅》《经典释文》《玉篇》《广韵》诸书正宋椠本及景祐元修之误，为《集韵考正》十卷。吴氏钟骏与徽居黄式三叙其书，深推其精博。又谓流俗字书承讹袭谬，其所为学有出于《类篇》《集韵》外者，或矫其弊，则又一以《说文》绳今隶，惟元李文仲《字鉴》述古准今，斟酌适当，因详加考释，为《字鉴校注》五卷。其他著述，有《韩集笺正》十卷，正宋廖莹中世绵堂本《韩愈集注》之误。又《宝研斋诗抄》二卷。咸同间卒。参史传。——《清儒学案》卷二百五十四

　　方成珪字国宪，号雪斋，嘉庆十三年戊辰举人。丁丑考取景山官学教习。道光中，历任海宁州学正、宁波府学教授。生平博极群书，尤精校雠之学，一点画必求其是，淹有卢文弨、顾广圻之长。以为韵书莫详于《集韵》，惟俗体兼收，误字不胜屈指，得汪远孙所据宋椠本及严杰校语，正曹寅刊本之误。复假得吴钟骏、陈庆镛用毛斧季影抄宋本与杰校异同者，重为增定，于丁度所引原书件系条举，理董尤伙。同时黄式三甚赏异之，瑞安治考据之学者自成珪始。与嘉兴钱泰吉、镇海姚燮、青田端木国瑚、同县林培厚为文字交。诸子旁涉词章，独成珪锐意考据。官俸所得，悉以购书，于王维《右丞诗集》、韩愈《昌黎文集》、王定保《唐摭言》、吕祖谦《读诗记》、王应麟《困学纪闻》、李文仲《字鉴》、查慎行《敬业堂诗》均有校正本，而于《韩集笺正》为尤精，迥出方崧卿、陈景云诸家之上。关于易学，有《干宝易注疏证》一书，干注久佚，微文碎义，略见陆德明《经典释文》、李鼎祚《周易集解》、清屠曾、张惠言、孙堂、马国翰诸辑本，亦甚略，成珪此帙远出其上。又以干氏易义本于孟喜、京房，以孟、京例校干诂，大致符合，别为《集证》一卷。成珪为校官数十年，清贫乐道，陋巷老屋，图史外别无长物。生乾隆五十年乙巳九月，卒道光三十年庚戌六月，年六十六。——《县志稿》

　　杨嘉《方成珪传》云：方先生讳成珪，字国宪，号雪斋，浙江瑞安人也。中式嘉庆戊辰科举人，官海宁州学正。年六十有六卒于家，时道光二十九年也。先生博通群籍，精研仓雅，尤喜雠校古书，而于《集韵》致力尤深。其言曰：韵莫详于《集韵》，惟其详也，故俗体兼收，讹字讹音亦不胜屈指。以当时董其役者既未必精通小学，而卷帙繁重，馆阁令史又不能致慎于点画之间；加以由宋迄今，迭相传录，陶阴宵间，展转滋多，固势所必然也。其校《集韵》也，初据汪氏远孙校宋本，正曹寅刊本之讹，后又假吴钟骏所藏影宋本及陈侍御庆镛校本重为增

定，又以丁氏所引原书订正舛讹，条举件系，成《考正》十卷，其书考证形声，郅为精审。（下阙）

又《书抄本〈干常侍易注疏证〉后》云：右干常侍《易注疏证》一卷，《集证》一卷，乡先哲方雪斋先生著。先生名成珪，字国宪，雪斋其号也。中式嘉庆戊辰科举人，官海宁州学正，卒于道光二十九年。先生博通群籍，精研仓雅，尤喜校雠古书。其学奄有德州卢氏、元和顾氏之长。生平撰述等身，已刊行者仅《集韵考正》十卷。孙氏《永嘉丛书》本，嘉尝见其家藏手写定本，与刊本字句多不同，家君假校一过。去年家君搜得先生手抄定本《韩集笺正》□卷，又录得《校定字鉴》五卷，假先生曾孙渊如藏稿本录副，其原校张士俊刊本在嘉舅父陈仲芬许。《宝研斋集》□卷，《守孔约斋杂记》一卷玉海楼抄本；嘉又从孙氏玉海楼检得是书，惊喜累日，亟付写官迻录一通，为溯初先生备储藏焉。先生所著，自《集韵》外，《温州经籍志》均未著录，是书与《字鉴》并精博可传。韩文则致力尤深，籀顾先生谓其平议精审，迥出陈景云、方崧卿诸书之上，诗句尔雅，足备一家。惟《杂记》所笔事，微嫌璅碎耳。嘉深幸先生遗著后先踵出，有力者能付之梨枣以广其传，则表微阐幽，厥功尤巨。溯初先生其有意乎？庚申四月廿三日校毕，并拉杂记出。瑞安杨嘉。

又《方宏源事略》云：方君宏源，字渊如，絜夫明经之长子也。曾祖讳成珪，世称雪斋先生，长于校勘之学，著述满家。身后遗书泰半散佚，君独抱残守阙，爱护倍至。间有一二善本书资校核者，余每乞假读，嘅然无吝色。君尤喜韵语，朋侪聚谈，每诵前人佳句及出所储各家诗集相与欣赏。间为诗歌，句亦不凡。于所居隙地莳艺花木，灌溉勤劬，怡然自得。同邑林若川、孙经畬诸先生先后聘为蒙师。于□年□月病伤寒，误于庸医，竟卒，年止二十有九。君殁后数月，明经尽以旧藏书籍归余，其茅刻《墨子》、安刻《初学记》均明代佳刻也。——以上见《轵邨楼稿》《墨香簃丛编》本

关系：

孙仲容曰：吾邑雪斋方先生，博综群籍，研精覃思，储藏数万卷，皆手自点勘，而于《集韵》致力尤深。既录得段、严、汪、陈四家校本，又以《经典释文》《方言》《说文》《广雅》诸书悉心对核，察异形于点划，辨殊读于翻纽，条举件系，成《考正》十卷。盖非徒刊补曹本之讹夺，实能举景祐修定之误——一理董之，是非读《集韵》者之快事哉！

诒让束发受书，略窥治经识字之涂径。窃闻吾乡修学之儒，自家敬轩编修外，

无及先生者。徒以白首校官，名位不显，身后子姓孤微，遗书不守，散失者不可胜数。尝见邑中李氏所藏《东莱读诗记》、胡氏所藏《困学纪闻》皆先生校本，旁行斜上，丹黄烂然。又见海昌蒋氏《斠补隅录》，知先生尝校王定保《唐摭言》，其附所考证多精确绝伦。

此书手稿本先生殁后亦散出，为先舅祖项几山训导傅霖所得，幸未沦队。家中父从项氏写得福本，而诒让又于林子琳丈彬许得先生所著《韩昌黎集笺正》，平议精审，迥出方崧卿、陈景云诸书之上，深幸先生遗著后先踵出，不可不为传播，遂请家大人先以此书刊之鄂中，而工匠拙劣，所刻不能精善，修改数四，乃始成书。项氏所弄手稿，间有剌举元文而缺其校语者，殆尚未为定本。今辄就管窥所及，略为补注。

诒让检核之余，间有条记。又尝得钱唐罗镜泉以智校本，及长洲马远林钊景宋本《校勘记》，其所得有出先生此书之外者，行将续辑之以竟先生之绪焉。光绪己卯二月朏，后学孙诒让记。——《集韵考正叙》

杨绍廉按语云：方先生遗书，有《校正字鉴》五卷、《周易干常侍注疏证》二卷、《韩文笺正》□卷、《守孔约斋杂记》一卷、《宝研斋诗集》一卷。

孙仲容曰：雪斋方教授成珪，嘉庆戊辰举人，官海宁州学正。生平精究苍雅，尤嗜雠校古籍，官俸所入，尽以购书，身后储藏数万卷散佚殆尽。余尝见邑中李氏所藏《吕氏读诗记》、胡氏所藏《困学纪闻》，皆先生手自点勘，丹黄戢靥，精审绝伦。又尝校《唐摭言》，海宁蒋氏光煦采其精语，刻入《斠补隅录》中，余皆湮没，不复可物色，於虖悕已！

林培厚《宝香山馆集》九："除夕，得方雪斋广文《岁暮怀人诗》十二韵、《舟中依韵奉答却寄》诗注来札，谓有诗三集已付梓，并笺注《王右丞诗》。"据此，是雪斋又有《诗集》及《右丞诗注》，然今未见。其稿其书名、卷帙均无可考，谨附识于此。

其校《集韵》，初据汪氏远孙校宋本，正曹寅刊本之误，后又假吴学使钟骏所藏影宋本及陈侍御庆镛校本重为增定，又以丁氏所引原书订正讹舛，成《考正》十卷。

先生殁后，其稿本归余舅祖项几山训导傅霖，仲父止庵先生从项氏假录其副，因得读焉。其书考证形声郅为精博，于丁氏原书舛文纠正尤夥……凡此诸条，并精确不刊。其他拾遗订误不可枚举，不徒……各字注于曹本缺文一一补完已也。——《温州经籍志》《集韵考正》按语又曰：吾乡方雪斋先生成珪尝辑众本《集韵》雠校，为《集韵考正》若干卷，稿本今藏邑中项氏，余尝欲借录，未果也。丁卯八月秋闱前数日，购得罗镜泉所校本，亦颇精审。首有镜泉识语数行，备述所见各本……罗君杭州人，精于校雠之学，所著有《蔡中郎集举正》及《金石综例跋》。戊辰夏，于四明书肆收得其稿本，他日当访其家归之。——《讽籀余录·罗镜泉校集韵》

《孙谱》云：同治五年丙寅，十九岁。见邑中李氏所藏《吕氏读诗记》，有方成珪点勘手笺，叹为精审绝伦，亟传录弄之，复勘一过。又见胡氏所藏《困学纪闻》，亦方校本。

六年丁卯，廿岁。购得罗以智校本《集韵》五册，记云：丁度《集韵》，今世通行者大抵皆曹氏五篇本，舛讹至多。吾乡方雪斋先生成珪尝辑众本雠校，为《集韵校正》若干卷，稿本今藏邑中项氏。余尝欲借录，未果也。丁卯八月，秋闱前数日，购得罗镜泉所校本，亦颇精审。

又云：按《两浙輶轩续录》二十五，载公所为《方先生传略》云："成珪精研小学，勤于校雠，官俸所入，悉以购书，储藏数万卷，丹黄殆遍。尝谓古韵书之存者莫善于《集韵》，因据宋椠本及近时段玉裁、严杰、汪远孙、陈庆镛校正曹刻之误。复以《方言》《说文》《广雅》《经典释文》《玉篇》《广韵》诸书正宋椠及景祐元修之误，为《集韵考正》十卷。吴县吴钟骏及定海黄式三叙其书，深推其精博。又以晋干宝《易注》亡于北宋，因捃摭佚文，详为疏释，为《干氏易注疏证》二卷。又谓流俗字书承讹袭谬，惟元李文仲《字鉴》述古准今，斟酌悉当，因详加考释，为《字鉴校释》五卷。其他著述，有《韩集笺正》一卷，正宋廖莹中世綵堂《韩集注》之误云。"又《集韵考正跋》云："又见海昌蒋氏《斠补隅录》，知先生尝校注王定保《唐摭言》，其所考证，多精确绝伦云。"俾见公于先生遗著表章甚力也。

卷三 家 世

孙氏之先，出于齐田敬仲完。完四世孙曰桓，子无宇，无宇之次子书为齐大夫，有功，赐姓孙氏，食采于乐安。书生凭，凭生武，武奔吴，为将军，其子明食采于富春，于是为富春人。至汉，有安定太守洵，洵之曾孙福为太原太守，遂居太原。安定之次子骐为安邑令，有二子：通、复，通子孙世居清河，后或以官徙郏成；而复为后汉天水太守，徙青州。其后有汉阳太守耽，耽生二子：钟、旃，钟之后为吴先主权；旃，太原太守，其子炎，炎之曾孙曰颛、曰芳，芳之子烈，烈徙昌黎，而颛避地居武邑。至唐，清河、武邑之后有为宰相者二人：曰茂道，曰偓。

当五代时，始祖惟睦自闽长溪迁居瑞安之盘谷，曰盘谷孙氏。五传至宗，绍兴辛未进士，知沅州叔杰，尝以兵破瑶人十三栅，夺所侵地，事载《宋史》。其后当明初有善，善生士耕，士耕生秉诚，秉诚生伯厚，伯厚生潜，潜生宇，宇生叙，叙生名世，名世生光萃，光萃生肃寿，肃寿生高祖讳奕法，高祖生曾祖讳望。曾祖生八月而高祖卒，母孺人以节闻。曾祖之子一人，讳祖铎，大父也。

潜以输粟授宣义郎，而家始大。宣义生叙，叙生名世，始以鸿胪寺叙班官于朝。鸿胪生光萃……

自明授宣义郎潜至鸿胪寺叙班名世凡四传，仍以财雄乡里，而皆以好义称。至高祖卒，曾祖之兄二人持家事。既异产，曾祖所得赀独少，故至大父，家渐乏，然尤轻财乐施与如前人。

大父讳祖铎，字政敷，洙堂其号也。少有至性，年十九，遭曾大父忧，以哀毁成疾，事母谢孺人尽其孝。无兄弟，视从父兄弟如兄弟。一妹适张氏，张故贫，屡鬻其嫁时田，大父则赎归之。已而妹病疫卒，所居邑中，去我家二十五里，大父哭以往返，遂亦病。居乡党，与人姁姁若不能出口。或犯以非礼，未尝与校，

106

然人亦不忍欺也。而生平用心尤在收恤贫乏，故一时推为厚德长者。

大父幼颖异，九岁能属文，然不为场屋计。乾隆四十八年，窦东皋先生视浙学，乃补县学生第一，年二十六矣。明年，乡试不中，而曾大母已衰，遂不复出。家居好学，尤善书，手抄书辄数千纸，家中所藏书率手丹黄云。生乾隆二十三年丁丑三月十二日卯时，卒嘉庆十四年己巳三月初八日戌时，享寿五十有三；大母项氏，生乾隆二十一年乙亥十月初八日丑时，卒道光十七年丁酉正月初四日辰时，享寿八十有四。以道光二十二年壬寅合葬于盖竹山之原。

父讳希曾，少名虞钦，又名省钦，字贯之，自号曰鲁臣。原配项氏，岁贡生讳炡女；继娶张氏，邑庠生讳熙载女；继胡氏，太学生讳观涛女。太淑人丁氏，父处士讳汉兰，母叶氏。父前三娶皆未出，太淑人生三子二女：长衣言，次锵鸣，次嘉言；女长适附贡生、候选训导陈一标，次适附贡生任凤锵。

大父之卒，府君年二十有三，补县学弟子矣。而大父遗累逾千金，二妹未嫁，府君始不能从事举子业，奉大母项太淑人居山中，农田以为养。于是府君连丧三偶，最后娶我母丁太淑人。府君既与太淑人奉母山中，则益勤苦自力。日辨色兴，辄驱僮役趋田事，而自料量内外米盐零杂。至田间耕种敛获，必自约束程课，使无敢嫚欺，亦不自使有顷刻暇逸。

太淑人连产衣言兄弟及大妹，每日晨起就厨下自执炊，常褓一子，抱一子，夏月汗涔涔循肩背下，所御绨衣常半湿。冬则指裂出血，未尝自以为劳。项太淑人年已高，太淑人自瀚濯中帉，厕牏在视，饮食必躬亲。项太淑人既就寝，府君手一镫视祝外扉键闭毕，然后入宴息，如是以为常。僮掮敛木棉苎归，太淑人必自沤练纺绩。太淑人织，必为项太淑人设一榻坐机旁，衣言兄弟常依项太淑人膝前听机声。至其他日用食啖，虽甚琐碎，大淑人常自为之，不以任僮仆。其后衣言兄弟皆授室，太淑人犹率子妇治庖厨操作。

自大父以名诸生老场屋，及府君又不能终举业，益以读书科第望诸子。衣言兄弟方四五岁，府君即口授之经，所以督课之甚严密。及衣言兄弟粗解文义，即为之择师，虽家无余赀，而于修脯独无所惜……府君既久不应省试，道光甲子，衣言兄弟既游庠，乃与俱赴试杭州，道栝岭，令衣言兄弟就肩舆，而府君反徒步。衣言兄弟不敢就舆，则叱曰："我自健步为乐，汝曹稚弱，且须蓄精力为文章，如我复何求乎？"其刻苦自力多类此。

府君性不喜饮，尤恶浮屠老子及機祥家言。家居无所矜饰，客来，或衣服都

107

雅，即蹙额相向，不发一言。家人妇女服新衣，常不敢令府君见。乐乡间居，不喜入城。衣言兄弟既官京师，遂终年不入城。州县长官或来候起居，辄谢不敢见。其后乡居毁于寇，衣言兄弟奉府君僦居城中。

晚年益不喜见客，日坐一室，看一本草药方及近人所刊因果善书而已。

府君与太淑人既以勤苦起家，至中年始有田百八十亩，知为生艰难，故不肯妄用财。然人有求者，所应与必立应。每粜出谷米，府君常手选乾隆、嘉庆钱别置之以应官赋，未赏俟期会。农田家以谷为利，往往蹯谷须善价。价既踊，非巨贩犹不开仓。府君终年不闭仓，村中人持数百线以易谷，无所往，常就府君。或持数十钱易升米，常就太淑人，家中所蓄谷，虽非自食，必扇晒极干洁，曰："无使待食者不能即春。"晚年居城间，每粜谷，犹手握秤，必使籴者获其赢。籴者争辏我家，我家谷尽，乃他往。常曰："孙太翁家谷良佳，但恨少耳。"府君闻而粲然。

府君性严，不能容人过，太淑人常辅以宽；府君自奉薄甚，太淑人常令有余以密致其丰，故府君与太淑人夫妇间常有以自得。太淑人年既高，又以腰脚疾时发，府君时郁郁。咸丰十年八月，平阳"会匪之变"，室庐为"贼"所焚，衣言兄弟临时扶府君、太淑人避寇出，转徙永嘉孙坑，孙儿多惊恐，失食饮节。在孙坑数月，"粤贼"破青田，逼永嘉，距所居才数里，府君方卧病，太淑人每闻炮声，即跟跄诣溪旁坐。"贼"果退，乃扶掖以返。而衣言兄弟以督率乡团助闽师御"贼"，先由山中归，闻青田事亟，衣言乃间走抵孙坑，迎府君、太淑人归居城中。甫至城，而"贼"果由青田犯瑞安，长孙诒谷以督团战死，府君、大淑人心尤伤之。又二月，"贼"遂攻城。府君居围城中半月，比"贼"退，颜貌顿改。而衣言兄弟旋携妻子就官于外，府君、太淑人念二子远游，时时多忧虑。及太淑人以老疾卒，府君益忽忽不乐，未及一年，而府君卒矣。

府君生于乾隆丁未八月初五日亥时，卒于同治乙丑五月二十七日子时，寿七十有九；太淑人生于乾隆壬子二月十五日子时，卒于同治甲子六月二十六日戌时，寿七十有四。其葬在本邑二十三都集善乡懋德里盖竹山，府君所自卜也。

衣言娶叶氏，锵鸣娶叶氏、林氏，嘉言娶陈氏、曾氏。

孙八人：诒谷、诒让，衣言出；德培、德桢、德炜、德澍，锵鸣出；德溥、德楸，嘉言出。

诒谷，县学生，以御"贼"阵亡，而德培十五岁殇，今孙六人。孙女六：锵鸣出四，嘉言出二。诒谷娶曾氏，曾孙女二人，诒谷出。按：以上根据衣言文章记载之称呼，参《先大父行述》《显考鲁臣府君行述》《盖竹山阡表》，于诒让皆高一辈也。

一、父衣言

　　孙衣言字绍闻，号琴西，天材亮特，秉性素强。少与仲弟锵鸣同就傅，其父资政公督课之极严。甫弱冠，从邑老儒谢西堂、曹秋槎游，即以邃学工文超轶流辈。秋槎尤喜为诗，自以为不及也。旋受知学使新城陈侍郎用光，与弟锵鸣同为县学生。以道光拔贡充己亥副贡生。甲辰，举顺天乡试，庚戌，登进士。廷试时，湘乡曾国藩读卷，得衣言卷，深赏之，拔置第五，遂得馆选。荷文宗显皇帝特达之知，以编修入直上书房，后擢侍讲。预修《宣宗实录》，成《夷务书》一百卷。会英、法内犯天津，京师戒严，举朝争和战未决，衣言两上封事，请早定战，议论至恺切，文宗鉴其戆直，优容之。是年夏，奉旨为安庆知府。时皖南沦于"粤匪"，行省侨治庐州。衣言既至，巡抚翁文勤心存夙相推重，檄治营务，并护按察使。然以守土官，无尺地一民而军事又日棘，乃忧愤成疾，陈请开缺。归甫愈月而庐州陷，皖北糜烂矣。衣言在里两年，又遭平阳"会匪"之乱，"粤匪"继至，室庐荡然，长子稷民以督团阵亡。既而曾国藩开府两江，已克安庆，即驰书招衣言。衣言赴皖，既至，俾总戎政，又权庐凤颖道。时巡抚乔松年治军临淮，倚衣言如左右手。适丁内忧，齐松年拟奏请留治军，衣言引礼力辞，归持服。菏泽马新贻方抚浙，雅爱衣言品学，延主紫阳讲席。服阕而马新贻擢督两江，遂奏调衣言自随。既至，即檄权江宁藩司。有大事，马新贻必与衣言咨议而后行。会马新贻为奸人所刺，鞫治无端倪，朝廷重其事，命苏抚张之万、尚书郑敦谨就谳江宁。有议宽其狱者，衣言力争，不画诺，谓封疆大臣被戕，不得主名，治宜用重典以伸国法，狱卒定，如衣言议。曾国藩重莅两江，奏补江宁盐法道。适有旨命保堪胜两司者，曾国藩首以衣言应，擢安徽按察使，迁湖北布政使，移江宁布政使，历官三行省，始终以廉勤自励。光绪五年，以太仆卿内召，省墓归。既抵家，旧疾复作，遂请解职，时年已六十有五矣。

　　衣言生平师友多一时贤达，少年时，尝豫祁文端、倭文端两相国，黄树斋侍郎、邵位西员外论学；既通籍，与张海门编修、王定甫通政、林颖叔方伯、潘文勤尚书、翁叔平相国皆为文字交；及出守以后，则曾文正公、彭刚直公、马端敏公相知最深。

论学宗宋儒，为古文辞导原迁、固而甄综唐宋韩、欧诸家之长。于诗嗜山谷，于词嗜东坡、稼轩。尤喜考辑乡先辈遗文轶事，尝以黄黎洲、全谢山《宋元学案》于永嘉诸儒尚未赅备，补辑为《永嘉学案》以冠所著《瓯海轶闻》之首。又编《永嘉集》若干卷，采涉甚博。精校陈止斋、叶水心二先生集，点勘数过，丹黄杂遝，考论同异，刊定为善本。而衣言少时以读书过劳，左目微眚。既告归，益以著书为乐，镫下浏览古籍率尽数卷，用力过勤，右目复昏。比壬辰秋冬间而两目失明，至是，遂不复能观书矣。然精神犹如昔，常静坐命诸孙诵宋人小词以自娱。甲午八月，衣言生辰，里中戚友请奉觞为寿，会日人构乱，朝鲜被兵，温州以滨海亦议治防。寿辰既届，遂力辞不受贺。每邸抄至，必召诒让等询战事，闻捷报辄色喜，为加一餐，或小挫，则扼腕不已。盖敿历中外逾三十年，于安攘大略尤所留意。即于是岁十月二十日卯时卒，年七十八。著有《逊学斋诗文集》及《文史笺评》《瓯海轶闻》等书。

资料：

孙仲容《先考太仆公行状》。

孙孟晋《孙逊学公年谱》。勘庵手稿本

黄绍箕《奉孙太仆孙侍郎两先生神主崇祀学渊书院祭文》。

《瑞安县志稿》。

近人姚永朴作《传》。

王棻《孙逊学先生内擢冏卿序》。

胡凤丹《送孙琴西方伯量移江宁布政使序》。

张文虎《孙琴西六十寿序》。

李慈铭《孙琴西布政六十寿序》。

徐世昌《晚晴簃诗汇》卷一百五十云：孙衣言字劭闻，一字琴西，瑞安人。道光庚戌进士，改庶吉士，授编修，历官太仆寺卿，有《逊学斋诗抄》。

《近代诗抄》：孙衣言字琴西，浙江瑞安人，道光庚戌进士，官至太仆寺卿，有《逊学斋集》。

《石遗室诗话》云：琴西年丈与曲园先生皆出春浦相国门下。丈五言古步式六朝，下逮王、孟，七言古则寂响矣，七言律似欲以使事见长。

黄体芳云：吾师孙太仆先生作服膺于乡先正水心叶公，体芳昔在左右，或语及经济文章，必为言水心。水心《文集》《别集》先生既先后刻之，其《习学记言》五十卷亦颇已散失，而先生及体芳处各有善本，则以此事属之于体芳。——《校刻习学记言叙》

诗话：琴西庚戌廷试，曾文正读卷，深赏之。入直上书房，擢侍读，屡陈兵事。外任监司，所至以廉能自励，不挠屈于权势。召用仆卿，已逾六十，遂不复出，以著书自娱。补辑《永嘉学案》，编刊陈止斋、叶水心二先生集。平生论学宗宋儒，喜述乡先辈遗闻轶事……

《辛未五月之朔，张孝达太史之洞、潘伯寅侍郎集诸名士于龙树院，为蒹葭簃雅集图，人各有诗。南海桂皓庭文灿、儿子诒让皆与焉。皓庭来金陵，索为诗》：高槐新柳蔼风烟，胜事城南思眇然。帝里春光犹杜曲，秦淮明月自尊前。每怀丹禁多华发，又看青云接妙年。四海晁张同辈少，诗成吟与小斜川。

又《稚子见余为诗，亦索诗甚急，戏与二十八字》：陶潜稚子求梨枣，汝爱文章亦自痴。他日读书毋效我，阴何鲍谢总支离。

又《七十自寿诗》之一：人生七十古来稀，上寿期颐我敢祈。有子读书粗识字，诸孙学语竞牵衣。家风万石安醇谨，庭树三株待汰肥。且祝今年秋八月，月明时听鹤南飞。

又《八十自寿诗》，叙云：余年七十，尝用杜公诗句为自寿诗二十余首，同人和者甚众，今忽忽将十年矣。亦欲作诗而惮于寻韵，未及构思，适俞荫甫同年吴中书来，有《见寿诗》四首，即依韵奉答，并示诸同人：

声名王后复卢前，上下云龙紫禁边。岂意飘摇非旧日，却将轩冕换高年。余在馆阁时，与同年邵汴生亨豫、钱湘吟宝廉及荫甫四人为文酒之会，余年最长，三人遂以兄视余。汴生、湘吟皆官至侍郎，卒时皆年未七十。重寻书札忍常侍，又得新诗似谪仙。顷承以琼花新作及续刻诗见示。樗栎何堪加藻绘，因君回首帝京篇。

长庚落月晓钟催，人世纷华念久灰。眼缬作花张籍卧，余近患目疾，昌黎诗"脑子遮眼非壮士"，谓张籍卧，失明也。鬓丝如雪子由来。余闭户养疴，朋游殆绝，幸仲弟甚健，今年七十七，视听步履无异壮岁，每日必来视余。园栽杞菊犹勤溉，门掩蓬蒿已懒开。独幸乾淳儒术在，于今乡里渐多才。

扁舟湖上逐鸥夷，荫甫近居苏州。留滞周南亦数奇。余以侍讲出为知府，又以江藩入长太仆，皆世人所谓左官也。漫说文章妨命达，回思师友负心期。读书已废还参佛，学道无功且戒诗。余前刻诗文三十二卷，病中寻绎，深自悔其褊率，重加删汰，约存二十八卷。但祝婵娟千里共，东坡词："但愿人长久，千里共婵娟。"汉秀文景有扁基。欧阳公诗："始知文章扁基牢。"

　　杜工诗句几更酬，容易流光又十秋。便得百年风过耳，怕谈万事雪盈头。何人洛社同高会，有梦苏台续旧游。寄语武陵苏伯起，鸡鸣不已鹿呦呦。杨性农同年由翰林改官兵部，遂不复出，与余书问最密，每间数月必以所著诗文见示。近忽年余不得一书，意甚疑虑。时读荫甫诗，乃知其老健如昔，年度九十余矣。——录自《逊学老人病余小草》

　　琴西公遗书：

　　《郡志选举考正》《郡志职官考正》。二书考核精详，关于郡志甚巨。

　　《水心集校注》。

　　《永嘉学案》。未成书。

　　《永嘉集》。未付梓。

　　《瓯海轶闻》。梓而未行，最近已由书店印行。

　　《娱老词》载《青鹤杂志》中。

　　《永嘉丛书》。孙琴西先生官金陵时，取陈止斋、叶水心、刘安节、林季仲、薛浪语诸集，并孙敬轩《礼记集解》、方雪斋《集韵考正》合刻之，曰《永嘉丛书》。

　　《永嘉丛书》之底本：

　　《横塘集》：传写吴兴陆氏十万卷楼本，传写祥符周氏瑞瓜堂本。

　　《刘左史集》：传写文澜阁本，陆存斋寄赠阁抄副本，传写祥符周氏藏吴枚庵校本。

　　《刘给谏集》：传写文澜阁本，余姚卢氏抱经堂藏旧抄本，购自杭州。陆存斋寄赠阁抄副本。

　　《竹轩杂著》：传写文澜阁本，周季贶寄赠阁抄副本。

　　《浪语集》：传写新城陈氏用光藏抄本，传写仁和朱氏学勤藏抄本。

　　《止斋集》：明正德丙寅林长繁刻本，购自杭州。嘉靖辛卯安正堂编刻二十八卷本，清乾隆丙寅林上梓重编诗集五卷、文集十九卷本，道光甲午陈用光覆刻林上梓本。

　　《水心集》：泰兴钱氏桂森旧藏明正统戊辰黎谅编刻本，清乾隆乙亥温州重刻黎本。

　　《水心别集》：乐意轩吴氏旧藏抄本，购自杭州。晋江龚氏显曾寄赠影抄南安吴氏本。

《蒙川遗稿》：传写文澜阁本，清咸丰丁巳乐清刘氏活字印本旧抄本。购自明州。

《开禧德安守城录》：传写瑞安王氏家藏抄本。

《礼记集解》：原稿本。

《尚书顾命解》：原稿本。

《集韵考证》：传写瑞安项氏藏手稿本。——孟晋为《永嘉丛书览要表》

关系：

孙仲容哭父太仆公联云：清班九列，上寿八旬，十六载临泉终老，国事总关心，寝疾弥留，犹念穷边惊风鹤；韩柳文章，薛陈学业，三百卷朱墨如新，父书未能读，藐躬孤露，徒余哀泪泣皋鱼。

乔松年字鹤侪，山西徐沟人。道光乙未进士，官至东河总督。赠太子少保，谥勤恪。方濬颐撰《墓志》：捻回合窜，不得休息。公申坚壁清野之说，厥后湘阴相国统师廓清陇右，公实有预为谋之者。公手不释卷，其已刊者为《蘷梦亭札记》，未刊者《纬蘦》数十卷暨诗、古文词，藏于家。

二、叔父锵鸣

孙锵鸣字韶甫，号蕖田，晚号止庵，衣言弟。道光三年登贤书，辛丑成进士，甲辰授编修，丁未分校礼闱，己酉典试广西，嗣奉命留任督学。咸丰壬子任满，次年奉命会办本籍团练捐输事。丙辰迁侍讲，俄迁侍读、左右庶子、侍讲学士，同治壬戌迁侍读学士。以团练事毕，捐输宜缓，奏请回朝供职，得可。癸亥总裁会试，是年以言本籍事罢官。光绪乙未，例得重宴鹿鸣，赐三品卿衔。庚子以辛丑例，得重宴琼林，赐侍郎衔。是年十二月卒。

锵鸣初授编修，闇然与一二务实者互勉躬行，切求民瘼，期有所设施补救。其分校，得李鸿章、沈葆桢卷，力荐之，谓为国家得人庆。其典试也，坚却守土官例赠千余金。其督学也，布衣蔬食，不受馈赠，如典试时。曾应召上封事，请奖节操，崇经术，起谏净之废臣，询謇谔之子孙，搜通儒之著述，举征聘之坠典，闻者贤之。文宗新即位，曾国藩疏请续开日讲……未几辍讲，锵鸣独抗疏力争，然卒不报。是年在广西任内，所至受词讼，多所平反……俄劾八旗权贵穆彰阿，直声振天下。明年辛酉，平阳"奸民"赵起等肆焚掠，守土官不问，锵鸣力为善良筹自卫，起等恨之。

当"金钱会匪"之初起，辄自言受"粤贼"号令，官民相疑。平阳令翟惟本不能制，又不敢以实闻，谋假以团练名为羁縻，而"贼"乃倚官为裹胁，不从者辄焚之，势颇张。时锵鸣方奉命在籍团练，力言之道、府，谓"贼"初起，无枪炮，可一击散。而道、府讳言"贼"，又先入翟惟本言，主抚。锵鸣乃复陈之巡抚王壮愍公，而道、府果言"贼"已改为团，且解散。壮愍公知其伪，责令悉献"贼"号伪钱，道、府嗫不敢发，而"贼"播散伪钱益甚。瑞安"奸民"纷纷竖旗，将应之。已而杭州陷，壮愍公死事。"贼"益猖，其党有潜入郡城者，被获，搜出各城门钥，道、府始惧，然犹不敢言用兵。"贼"益无所忌，遂入平阳，焚民家。锵鸣复力言道、府，谓祸在旦夕，道、府终以翟惟本言议解散。锵鸣乃谋逐乡自为团，凡入团必先毁"贼"号，论者翕然，以谓非如此，无以搜"贼"党。

锵鸣自广西学政乞假省亲，即奉朝旨在籍办事，家居凡十年。咸丰八年，"粤贼破处州，窥温州，以有备舍去。其后"会匪"起，室庐被焚。"粤贼"犯瑞安城，被创去，犹留西北乡一月，所居田庐益荡然。"贼"既尽去，锵鸣乃奏请回京供职，主武闱会试。

同治初，出军定浙时，温处兵备道为督师者倚任，一切以军兴法取办，治酷暴……锵鸣在籍治团练，地方官吏已不便其所为，至是皆欲倾锵鸣。督师者复奏，谓锵鸣言不实，坐罢归。

锵鸣归而著书，自号曰止庵以见志。李鸿章、沈葆桢先后开府东南，延主姑苏正谊书院，金陵钟山、惜阴，上海龙门、求志书院讲席，使诸生阅西籍并黄宗羲、冯桂芬、魏源等家著述。晚年与兄衣言治乡邦文献，著有《东瓯大事记》《周浮沚陈止斋年谱》。尤善书法，得东坡神髓。每晨兴，率临二百字，虽甚寒暑，未尝或间。经史诸子皆手自点勘，丹黄杂遝。有《止庵读书记》《吕氏春秋高注补正》各若干卷。诗文渊懿清雅，出入唐、宋。有《止庵日记》《丙子瞻天日记》，孙锵鸣稿本。

锵鸣自少以孝弟闻于乡，五十执两亲丧，哀动行路。敬事兄衣言甚，当其远宦，事稍重，必请命。及其归老，同城异庐，自非疾风雷雨，日必一步行造庐候起居，与兄衣言及犹子诒让纵谈文史往往至更深，极天伦之乐。

目力素强，光绪甲午冬，以哭衣言而伤，渐至失明。然其未失也，虽八十矣，犹能观书灯下。既失，昼则持佛号，夕则命子治械诵唐、宋诗而坐听之以为常。锵鸣虽失明，然终不能忘世。每《时事新报》至，辄命诸子述其要者。丁酉后，海内益多难，每有所闻，辄泣涕如雨。及庚子夏秋间，益怨不自胜，自是体气益弱，于季冬十二月十三日偶感微寒，遽至不起，年八十四。

资料：

孙仲容《仲父侍郎公行述》。《海日楼遗稿》。

孙宣《孙侍郎公年谱》，亦称《止庵年谱》。《瑞安县志稿》稿本未完。

宋平子《外舅蓺田先生学行略述》壬寅，又《祭外舅孙止庵师文》辛丑，又《外舅孙止庵师葬时祭文》，又《孙锵鸣传》。《花信楼采访稿》。

李鸿章《诰授通议大夫蓺田夫子七秩寿序》。

黄绍第《诰授通议大夫蓺田夫子七秩寿序》。序云：先生之于伯兄太仆也，陆氏东西之屋，蚤岁齐名；何蒙大小之山，暮年偕隐。粤自二刘师法，探伊洛之真传；三郑儒家，开永嘉之别派。多导源于家学，乃接秀于乡髦。先生白首□謹，黄□相励。讲文节之经济，掌故俱谙；诵水心之文章，事功争茂。服膺曩哲，垂范后生。岂直鲁氏同师，传申公之绝学；黎君竞爽，号班史之名家。（节录）

项芳兰《孙止庵先生八十寿序》。

孙雄《孙蓺田学士师止庵遗书序》《薛郑堂骈体文存》，并见《文苑外编》——《瓯风》

缪荃孙《翰林院侍读学士孙先生墓碑》。——《艺风堂文漫存》

孙衣言曰：《仲弟韶甫分校礼闱，余例当廻避，戏作一首示舍弟兼简诸同人》丁未：河鱼跳跃思登天，未见龙门先点额。同行鲂鱮还相稽，昨日大言堪笑吓。岂知人事殊乖逢，何况枯肠富荆棘。东家劳劳丑女鬶，我自闭关计亦得。我尝七踏槐花行，汝亦三黜惭春卿。看名金榜心胆落，即有今日宁忘情。翩翩鹄立一万士，贤者岂止十倍兄。荆山山民苦献玉，世上几人能卫足。愿汝好为陆敬舆，有才莫失李方叔。——《逊学斋诗抄》卷三

又曰：《蓺田书来，述勾漏山之游，却寄一首》辛亥：昔人世外心，梅逐松偓迹。丹灶有颓基，大药宁可识。今子妙登临，未恨烟树隔。真仙去千年，飞步想金液。五斗犹遗荣，念子复行役。——同上

又曰：《得仲弟书，寄答二首》癸丑：我弟宁亲归，帝命行连乡。两载从王事，

乃在父母旁。诗人叹启处，误恩非所望。颇闻牟蠡去，民气苏以扬。此事足报国，匪独完善良。尺书屡催促，军兴急输将。丹恨水潦后，亦未瘳疲伤。民力不可尽，为国思久长。　　诗赓采蘋章，新人闻贤美。出身书礼门，良足视娣姒。斯干皇王家，酒食犹所议。言行有物恒，中馈无攸遂。我恶彼妇人，相夫用小慧。痴儿亦将室，汝当开以谊。相从挈酒浆，令我父母喜。——《诗抄》卷四

又曰：《将之皖省，予妇携涵儿、旋女先归，与别于江上，因为诗二章，令其持逞大人，兼示仲弟》戊午：数年从尔曹，颇有室家乐。云何随牒行，乃复感离索。犹谓王程宽，便文冀可托。中途读诏书，中丞相催促。岂无子妇情，君命要当恪。相送江上舟，前途恨乖各。宁亲尚未能，泪敢为汝落。速行趋庭闱，为我洁羹臛。仍当频寄书，远慰情寂寞。　　去家垂七年，双亲日衰白，我弟使车归，亦已十载隔。谁谓天伦欢，相沮在咫尺。大江自南来，青山纷重积。此中有归路，何苦爱官职。读书三十年，立朝无奇策。犹当康遗民，稍稍拯饥溺。虽然疲敝余，兵老复乏食。治匪空言为，欲为况未得。我行亦速归，此别不足惜。——《逊学斋诗抄》卷六

又曰：《望月忆二弟京师、三弟杭州》丙午：此夜团圞月，流辉照倚阑。细分丛桂朗，徐度绛河寒。院阁金茎近，湖楼玉笛残。遥知千里思，相向碧云端。——《诗抄》卷八

又曰：《得韶甫括溪舟中三月十日来书，知抵家在二三日内矣，喜寄以诗》癸丑：念汝还乡国，音书久未真。昨来千里信，知近故园春。戎马愁征路，平安慰老亲。独惭离别意，坐使岁时新。——《诗抄》卷九

又曰：《韶甫书来，自云须发有数茎白者，恐其遂衰，以诗宽之》甲寅：少年倚汝面如玉，羁旅飞腾各自强。一别忽闻头种种，卌句何怪视茫茫。已知朋辈成憎弃，未有功名托久长。且效儿啼莫言老，双亲相对鬓毛霜。——同上

又，《子俞弟年三十一始举一子，以诗为贺，兼视薡田》甲寅：汝视商瞿未后时，龙驹新出渥洼姿。锦绷笑语知翁姥，羊酒闲闳入梦思。年谷与人通美意，庭兰及此护初枝。文章我愧龙钟伯，千里青云看虎儿。虎儿，子由、子远小字，此子生年亦直虎也。——同上

又曰：《九月六日，奉父母避寇永嘉之孙坑，和薡田韵》辛酉：沿溪百折路无穷，僻地今真就老农。水色山光烟雾外，高田下屋画图中。竞承筐筥劳诸父，便载诗书拓数弓。自此可无关世事，一编相对傍牛宫。——《诗抄》卷八

《予授惠邸诸子读书时，大内书斋在乾清门左，室中有钱塘梁文庄公诗正所书"随安室"三字。随安之义，于书斋不为宜称，而自今思之，若先有以启发予者。盖人之处富贵利达，第以为所遇之适然，则其处贫贱患难，心之一无所动可知也。今冬避地西溪，宗人以小楼为予读书之所，因自书"随安"二字揭之壁间，庶以自勉而系以诗，仍用前韵》：吾道何曾有阨穷，亦堪将相亦耕农。勋名自在鼎钟外，至乐何妨疏水中。天上玉堂犹在眼，云端仙驭已遗弓。微臣未敢伤摇落，且看青山大小宫。——《诗续抄》卷三

《再和仲弟》：天道于今未易穷，且将笑语向山农。小儿宁馨空三窟，酒客无何但一中。轩盖谁知惟肉食，犁锄可惜竟关弓。先几我识《江东纪》，试觅吴畦一亩宫。今年春初在郡，泰顺林亨父以罗昭谏《江东外纪》残本示予，感吴谏议畦避地安固事而为之记，盖自恨其未能也。顷避贼至郡，而亨父寄所刻《外纪》残本适到，天其有以道我矣。——《诗续抄》卷三

又曰：《连日苦雨而暖，恐遂无冬雪。夜间北风大作，早起则庭前雪深四寸矣，此殆天之垂爱吴民也。志喜二首，用〈止斋集〉中诗韵简薛慰农山长，并示舍弟》戊寅：日为朝家虑有无，商咨民怨不关渠。岂闻桑孔能为国，无奈楼兰未就屠。瑞雪已随天意转，湛恩要与圣慈如。青生陇麦蝗蝻尽，吃吃田公祝满车。　　庭院纤尘净欲无，簷花更作水鸣渠。啄冰鸦鹊能称贺，埽穴蝗蝻不待屠。献岁来牟知有望，御冬衣褐竟何如。但凭天惠纾民困，惭愧峨峨使者车。

《十四日雪后得雪二次，至二十七八又连日雪，平地深几一尺。仍用前韵简诸同志二首》：三白春前去岁无，无田如我亦轩渠。令行螟蟘农先贺，声压驾鹅贼或屠。四海子由诗最好，仲弟蘷田亦有志喜诗。扁舟逸少兴何如。闲人独羡桑根叟，日对清凉说五车。慰农主讲惜阴书院，在清凉山麓。　　钟山山色望中无，银作城墙玉作渠。入地已成千尺泽，谢天真欲百牢屠。楼台高处寒何似，鸲鹊消时迥自如。却望瞳昽初出日，榑枝谁共拥炎车。

《督府沈公挽诗》：最爱资材美，犹须览记全。岂闻宣政世，不读《建隆篇》。制节雄三镇，通家托二天。公会试出舍弟下。镌磨都未尽，生死一潸然。（其四）

又曰：《罨溪学士旧研，仲弟视学粤西时所得，乱后不知所在。同里黄君得之溪中，因以见归，仲弟有诗识喜》：苏斋片石复来归，烽火泥涂几合离。磨墨磨人何足较，楚弓楚得更无疑。百年坛砧兰台旧，万里軺轩桂海时。此后临池知笔法，两翁相对鬓如丝。

又曰：《七十自寿诗》之一：人生七十古来稀，藉甚眉山是抑非。四海子由知己少，八年儋耳逐臣归。有田可去家仍远，听雨何时计尚违。未必东坡能似我，白头兄弟日相依。东坡、子由甫自海南归而东坡旋卒，且年止六十六。——以上《诗续抄》卷四

又曰：《七十自寿诗续》：人生七十古来稀，那复纷华问紫绯。官职不干文度时，田园已后子由归。两翁似鹤清无对，万卷收书意有祈。却笑世缘何日了，欲寻花竹看烟霏。——《诗续抄》卷五

又曰：《娱老词·添字莺啼叙·为仲弟止庵老人七十寿》丙戌：虚名误惊海内，谓文章意气。似当日、西蜀眉山，苏氏坡、颖兄弟。东坡老天之奎宿仙人，偶谪游尘世。恐香山居士，犹难辄与为比。　　惟我阿同，子由小名，见坡集。沈静简默，卯君真不愧。上书劝、经幄隆儒，九重天语嗟异。咸丰初元，以曾文正公疏命，举行经筵日讲，不久辄罢。时仲弟视学粤西，上书力言讲经有裨圣学，不可中止，且请勿循具限以时刻，疏中有云"早朝既罢，百僚皆退，陛下燕处宫中，日永风恬，不时宣召词臣从容讲论，当亦以为乐，不以为劳也"，上意深为之动，次日召见宰相卓文端公，备询仲弟年貌官履，且问是何等人，文端莫测其故，但奏云是臣主会试时门生，读书人也。后数日，文端以语贡荆山前辈，荆山转以询予，乃知先有此奏，其后家居连被升擢，盖由于此。蚤归来、东轩长老，子由自号。对炉篆编摩荒史。《宋史》言子由在颖上闭门，默坐一室，焚香扫地，绝不见人。《古史》，子由所著。但飘然散发骑鲸，放翁《拜东坡画像诗》云："但恨画师未造极，不作散发骑长鲸。"我非坡耳。　　黄州秃鬓，句语本山谷。四海交游，竟孰为知己。叹六一，遂骑箕去，善类孤矣。绍述忧边，熙丰辟利。龙鳞献替，蛾眉疑忌，风波世事都如此。赖君恩，犹隔琼雷水。谁知阳羡东湖，东坡欲买田阳羡，而子由晚居于颖州束湖。水绿山光，两翁似鹄相对。　　今君晚福，七十平头，两颊红如醉。那似我，龙钟衰态。富贵功名，流水浮云，付之儿辈。诸生门下，魏徵妩媚。从容樽俎真汉相，但联床、听雨同幽意。檀香更刻观音，手爇沈薰，为君祝喜。

孙锵鸣《八十谢寿诗》云：人生七十古云稀，八十九十尤非易。我禀素薄知早衰，蒲柳未霜含秋意。摄生不解导引方，涉世动遭烦恼事。三十杖节走边州，忽惊戎马生郊遂。匝月重围心胆摧，连年瘴疟容额悴。咸丰壬子正月，贼扑桂林，在围城中月有三日。又以按试边郡染瘴病虐，三日一发，时作时止，几及二载。追假归，抵家月余，虐始已。自从忧患留馀生，险阻艰难尝已备。青镜羞看老丑增，黄垆每叹亲交逝。幸跻古稀良自多，曰髦曰鬌敢轻觊？寒来暑往又十秋，乌兔交驰若奔驷。偻指新年第六朝，

八十生辰行将至。姻友爱我情无穷，欲为称觞谋一醉。更期朽腐发光晶，金玉之文珠玑字。诚荷高谊齐华嵩，岂知老怀殊泾渭。昔人介寿无常期，生日特举非古义。牵羊担酒陈我庭，多仪既为与者费。华文大笔盛铺张，虚美更令受者愧。

忆自跧伏四十春，不材久为世所弃。学道竟无一艺名，立朝讵有秋毫裨。借读去声。过去悔尤纷莫追，后来姓氏知谁记。正如龟鹤老深山，纵活千龄岂称瑞。甚矣吾衰复奚言，夕阳虽好宁多媚。双眸瞆瞆迷青红，残牙摇落余三四。钟阜归来鸟倦飞，余辞钟山讲席后不复远游。颐园宴后花含泪，壬辰春余兄绘《颐园春宴图》，甲午冬兄即逝世。平生师友尽山丘，久处人间亦何味。喜寂恶喧由性成，纷纷投赠果奚谓。燔鹅脍鲤筵宴开，多戕物命尤酸鼻。蹙蹙况嗟生不辰，滔滔试问今何世。木石谁为沧海填，田园安得仙源避。方思祈死命祝宗，奚取散金恣娱戏。拉杂成诗粗自陈，庶几鉴我硁硁志。在人不费我不愧，惠我多矣感无既。——录自张枢《杜隐园日记》

杨晨《外舅孙先生八十寿叙》云：光绪癸巳，浙江大吏以士大夫言，明岁甲午举行乡试，前翰林学士瑞安孙先生耆年硕德，重逢科举，请延之宾筵，使人有所矜式。疏闻，天子嘉之，特旨赐三品卿衔以光盛典，盖庶几古者上庠养老之礼云。越岁丙申，先生年八十，于是其婿张霖生、周伯龙、宋燕生约言于晨曰：惟先生年德弥劭，雅尚儒素，不宜以世俗祝嘏之词进，当各为诗歌。而子在甥馆最先，不可无一言以致其意……

尝忆受教之初，先生以馨帨之文不足为学，因举永嘉乡先生经世之学以诏之，而于陈止斋文集则尤措意焉。考止斋先生自知贵阳军，提举荆湖南路常平茶盐事，蠲除宿负，罢弛斜科，力讲荒政，实惠遂及一方。先生以道光己酉衔命典试广西，遂留提督学政。是时"洪逆"发党已盛，将起为乱。一日，将吏获其党魁，大府方持斋佞佛，讳贼，甚纵之。先生疏陈于朝，谓必大事惩创，否则酿乱。未几难作，围省城几月，先生鞞刀韝韝，躬率将士徼巡守御，城赖以完。然自是窜湖湘，据金陵，大乱至十余年乃已。及先生归，而有"金钱会匪"之患，朝命治团于乡。郡、县吏亦皆讳"贼"，反言团练激变，"贼"大肆焚掠，围郡、县城。先生以一身号召义旅，撑柱其间，幸得歼"贼"，间关赴阙，而心力瘁矣。厥后纂修《治平方略》，诏录前疏以进。盖其料事之明、任事之勇，有非寻常浅见所能者，为国家计，至深远也。

止斋先生为嘉王府赞读，除起居郎，掌制诰，力进谠言。先生应诏陈言，首以日御经筵为请，谓夫天纵圣明，不以多能为重，必当于古今治乱之几，人才进退之际，民生安危之道，真知而力行之，乃足以得人心而保天命。其于居上计者，至忠爱也。其后官军荡平两浙，饷糈浩繁，帑藏告竭，议收百货厘税以充度支。而有司奉行不善，征及锥刀，操切以为治。东南大乱之后，民不堪命，啧有烦言。先生恻然念之，且疏请减以宽民力，并劾官吏之贪刻者。大府方倚此为军食，即以阻军兵法力言于上，故不得直，而先生遂归。此与止斋先生以言经总制钱去官者，何以异哉？

先生既归，萧然舒服，屏居读书，日取乡先生所论著校刊以惠后学。门下士有当轴者，力能援引以达，而先生怡然不顾，皭然不污，惟有延请讲学者间一应之，而亦不久居也。此其与止斋先生固辞学谕，从容天台、雁荡间者，又何以异哉？

今先生年登大耋，而耳益聪，而目益明，迄如止斋制科所云白首色夷而气温者。虽早岁挂冠，未究所学，而著述之盛亦与止斋略同。然则人之逸先生以老以为士大夫矜式者，固我辈之幸也，而岂有艾耶？——《崇雅堂稿》卷二

按：刘绍宽《厚庄日记》云：孙棨田学士锵鸣于光绪乙未重宴鹿鸣，以非乡试之年，浙抚崧骏帅镇青农为奏准于甲午科与宴。学士，道光乙未恩科癸巳九月举人，时年十九也。

项芳兰《孙止庵先生八十寿叙》云：我乡止庵先生，固孜孜焉以教育人材为务者也。当道光末年，"寇盗"初起，事务方亟，先生以词林官京师，隐虑人材之乏。咸丰初元应诏，即以是为言。生平屡典试事，得人最盛。其后视学广西，事竣旋里，办理团练，百里之间两遭"寇"警，卒以获完。同治初，大难甫平，榷税之弊未尽去，先生至京师抗疏言之，语涉守土吏，坐是去官。历主郡邑及钟山、龙门、求志诸书院，遂终身不复出。论者谓先生筮士之初，与曾文正同在馆阁，后又同奉命办团。文正之功震耀古今，而先生乃扼于郡、县吏，卒以言事罢去。名位显晦之间，固亦有命存焉。而其言不能一日用，徒使教授乡邑间，此则不能不为先生惜者。——《午堤集》

宋平子《和外舅孙止庵师八十述怀原韵》云：浮云富贵宁足希？亲炙鸿通最非易。我昔八龄始受经，是时已有千秋意。融承李奖闻幼奇，汉甥韩馆获师事。火色鸢肩异马周，处囊见末惭毛遂。展宗跅弛获也穷，曾族哲亡参乎悴。习坎离徽夭幸多，明夷复荷师恩备。钟山堂峻沪滨幽，昼惜分阴夜川逝。大义微言渐得窥，帝丞王佐益轻觊。居贫宪自适蓬桑，游说赐岂慕轩驷。汉家奴仆待公卿，为

民请苑罚随至。鞅、斯党盛儒者孤，独醒其奈众皆醉！愤续徐君《考伪篇》，愁持释氏安心字。慰情梦里际唐虞，混迹尘中辨泾渭。杏坛射圃嗟劫灰，司空城旦论经义。《礼运》深谈聋岂闻，《中庸》妄衍词何费。任屠张李未如何，甘仆金元共忘愧。悲哉盈后三千年，志士仁人例摧弃。亢龙上九数未终，泣向麒麟竟奚裨！鄙夫竞习叔孙仪，高侣愿登皇甫记。谷饮岩栖忍合污，鬼哭妖兴争言瑞。平生私淑洙泗风，肯同孔贼阉然媚。焚余尚友作六七，原注：王仲壬、王仲淹、陆敬舆、陆象山、黄黎洲、颜习斋、包慎伯。海外神交哲三四。原注：日本国后光明帝之世，有中江原者创讲良知之学。灵元帝之世有山鹿义矩者著《圣教要录》，申孔、孟，非程、朱，时彼国方崇洛、闽，获罪被锢。既而有物茂卿者出，大张旗鼓申山鹿氏之说，和者渐多，遂基今日之治。衡按：中江、山鹿、物氏之学，与象山、黎洲、习斋最近，或行或不行，岂非数欤？魂悦瑶池青鸟音，眼枯墨翟素丝泪。藏书石室未敢宣，驰誉遐州亦何味。白璧谁家聘孟轲，黄金结客叹张谓。黄金白璧诚区区，每念苍生辄酸鼻。江都杂法非纯儒，公孙曲学尤阿世。鸣鹤空教荒野闻，哀鸿群觅乐郊避。孔、桑引类尽民仇，洛、蜀交攻若儿戏。寄诗千里寿生辰，先生生日献五言寿诗二章，寿序失端千言。亦聊表我年来志。致君尧舜倘有时，奉觞期颐乐无既！

又《祭外舅夫子前翰林院侍读学士孙止庵先生文》云：……被知束发，遽承结姻。少壮历境：巫峡、孟门。遂令季女，妙龄茹辛。荒凉志事，零落朋伦。飞蓬旷侍，捐馆凄闻……忆昔初见，紫藤楼前。楼西一槐，古色苍然。槐今尚在，藤但余根。登楼一望，感物怆神：纵横图籍，丹黄犹新。述作散置，蛛蠹交侵。精魂焉往，茫茫果因。岂其追随，止斋、水心。

附：衣言《哭犹子德培》丙辰：玉雪青眉灿碧瞳，吾家深喜得龙驹。如何一病医无术，徒使重亲眼欲枯。汝伯何由毛鬓好，我儿应痛鹡鸰孤。六年回首相依倚，触着悲端但一呼。——《逊学斋诗续抄》卷十

《翁文恭公日记》：甲子正月初七日，孙薇田去岁言团练通匪事，至是左宗棠查复，所参皆虚妄，勒令休致。

廿四日，夜送孙薇田，剪烛深谈，惘惘而别。

《越缦堂日记》：同治三年甲子，正月初三日，邸抄，侍讲学士孙锵鸣以奏事不实，勒令休致。锵鸣温州瑞安人，尝以侍讲被命办团练，擢学士。今年入都，疏劾温州府知府黄惟诰、署永嘉县知县陈宝善等纵匪殃民，酿成"会匪"之变。已革署平阳县知县苏金策与现署平阳县知县金丽元勒捐索贿，捐纳知县沈焕澜入会通匪，乡里不齿，帮办盐务，自设勇船云云。谕令左宗棠查禀，宗棠

覆疏，言皆无其事。诏责锵鸣徇私挟嫌，居心险诈，勒令休致。——《孟学斋甲集》上

孙雄云：止庵遗书凡七种：曰《止庵文集》四卷、《止庵诗集》二卷、《止庵诗补》一卷、《盘阿草堂词》一卷、《吕氏春秋高注补正》一卷、《陈文节公年谱》二卷、《东瓯大事记》六卷。此外经籍史志眉端评校之语及笔记杂稿拟别行编次，不在此例。——孙雄《孙蘡田学士师止庵遗书叙》

南宋浙学虽分数派，皆根据文献之传，与闽学之流于虚怵者不同。永嘉先哲薛、郑、陈、叶诸大师尤能上下古今，各抒伟论。盖诸老平居持论，以为性理或牖于空谈，经济乃发于实事，二者必须贯通，方为有用之学。先生绍前贤之坠绪，质当代之通儒，以史学为己任，而充之于事功……

李文忠、沈文肃均为先生丁未会试分校所得士。

先生墓碑为缪艺风先生所撰。

宋平子又为《孙公学行略述》，为先生第四女夫也。

其人才气横溢，愤世嫉俗，所述先生学行详瞻而微近于烦复，且或参以己意。然平子一生论学论政之宗旨，观此可得其大凡。其论废史之祸与宋代闽学及明清科举末流之弊，至为痛切。昔者光绪甲午之败、戊戌之变，平子私忧窃叹，悲愤不能自已。曾不数年，赍志以终，知交咸深惜之。——《止庵遗书序》

按：蘡田公遗著六种，惟《吕氏春秋高注补正》一度登载《国故》杂志，《陈文节公年谱》于民国十七年刊入《敬乡楼丛书》第二集。又有《止庵日记》《丙子瞻天日记》稿本二册。

关系：

孙仲容挽叔父侍郎公联云：四朝眷清德，衡文修史，久钦望重蓬瀛，忿乞骸卅载，犹许盛宴观光，卿贰赐崇衔，共庆温纶传薄海；八秩晋高年，课子抱孙，方喜禧筵椿荫，盼转瞬九龄，何意微疴恒化，家庭钟厄运，空余哀泪痛终天。

先太仆君为文正门下士，文正之视师安庆，尝与闻营务，于咸、同名臣多为雅故。而"粤乱"初兴，家仲父学士君方视学粤西，以巡抚某公讳"寇"密疏首发其事，桂林之围，亲在城中，几濒于危。息归，又奉朝命治团于乡，值浙东西沦陷，乡里墟烬。诒让甫成童，展转兵乱间，仅以获全，故于东南军事闻见颇悉。——《述林》朱中我《咸丰以来将帅别传叙》

三、兄诒谷

孙诒谷字稷民，衣言之长子也。少而戆，寡言笑，与人常若不欢。及长，纤啬喜生殖。始为诸生，即弃科举业而多聚兵书，父颇憾之。

咸丰十一年八月，平阳"会匪"数千人将为乱，先焚其居。署巡道志勋、署守黄惟诰惑于平阳令翟惟本言郡邑小人通贼者为虚辞恫喝，不敢言。后八日，遂破郡城，大掠而去。衣言兄弟奉父母避永嘉山中，携诒谷俱去。然诒谷愤甚，誓灭贼。居山中数日，悒悒不乐，复以其妻子归。衣言久居山中，诒谷屡致书陈大义，衣言以事尚未可屡止之。已而福建记名道张公启煊以闽师千人至郡，锵鸣以十一月二十一日由山中出，与张公谋办"贼"。越五日，有"贼"围瑞安甚急。闽师无饷不能行，诒谷自募台州勇二百人以先。瑞安乡民闻官军至，则相约杀"贼"，"贼"死者数千人，遂解去，于是围城十日矣。张公颇壮之，用为前锋。台州勇无饷，旋罢去，诒谷独选所亲数十人从张公。十六日，诒谷以所部十六人破祇陀山，张公进次程头，复连破旁近诸"贼"巢。明年正月二日，破石步，后二日遂破金谷山。"会匪"平，诒谷之从张公常为大军先。既而"粤贼"由处州入，居青田。白沙岭路通瑞安，诒谷以所部防岭者久之。二月十四日，衣言奉父母归自山中，诒谷亦以是日归。方遣所部休去，而"贼"忽以十六日度白沙岭，时闽师犹在平阳，诒谷夜召民兵为御"贼"计。明日，"贼"益深，所部近者才三人，而新募湖石勇适至，遂率以行，遇"贼"于桃溪。斩数人，"贼"稍却。同行者欲食而追"贼"，诒谷不听，独以所部进，民兵从者千余人。诒谷由间道据大岭，而"贼"已先夺高峰，击之不能及。诒谷与民兵约伪退以诱之，民兵望见山上兵却，则溃去。诒谷复遣所亲勇止溃兵，独一勇黄勤从，而"贼"大至，诒谷且战且走，被重创，遂死，勤亦死。后四日，得其尸于广济寺之前，尸旁一矛已中断矣。年甫二十有五，有二女，殡在周湖之旁。遗著有《藤花楼随笔》稿本。

资料：

孙衣言《亡儿诒谷殡志》。——《文抄》卷五

孙宝瑐作《传》。

洪炳文《乡土史谭》。

孙衣言曰：《戴广文以〈安固二忠诗〉见示，为生员张家珍及亡儿诒谷作也，

张死于"会匪",而大儿殉"粤贼"之难》:

磊落张郎我识之,眼中灼灼口期期。平时狂吸千钟酒,一怒能呼十万师。陇上蛇矛思壮士,军前马革称男儿。纷纷偷活兼跳死,说与书生总可悲。"会匪"入郡城,有跣而走者,有先期出者,巡道某既免矣,谋由海道脱,遇海盗死。　痴儿草草易谈兵,一死翻成孺子名。四海豺狼犹在眼,人生豚犊岂无情。却凭诗史篇章贵,谁识文翁教化成。我本职司柱下籍,忠奸两字欲吞声。时道府方以会匪之变委过团练。

黄体芳《漱兰诗葺》云:《安固二忠诗次戴鳌峰广文韵右张献之茂才,孙稷民茂才》:名门生长部簪缨,亮节能张日月争。琐尾一家仇未雪,丧元三日面如生。神驹渥水怜长逝,啼鴂春山怨不平。赖有佳篇当合传,后先毅魄莫相轻。——录其一

四、从弟诒泽

孙诒泽字仲闿,号处震,锵鸣子。以诸生客直督李鸿章幕,以军功保举得知县,分发江西,未得补而归。诒泽少善书法,篆体自石鼓、钟鼎、峄山碑及龟甲文,隶体自石门颂、张迁、史晨、封龙山,正草书如北魏张猛龙、高懿侯碑及孙过庭《书谱》,靡不临摹神似,卓然成家。黎元洪当国时,以肄业于北洋水师学堂,于诒泽有师谊,于是聘为总统府顾问。诒泽入都,书名甚噪,桐城马其昶曾为文以寿。及其卒,余杭章炳麟诔词亦深致倾挹焉。

资料:

《瑞安县志稿》。

《太炎文录续编》太炎作《孙仲闿诔》。

孙宣《宜楼日记》。

孙延钊作《哀词》。

章炳麟作诔词云:余始因宋恕平子识仲闿,平子者,仲闿姊壻,素负材,牢落不耦;而仲闿承其先人侍郎公学,专心经制,有用世之略。初以通家谒直隶总督李鸿章,尝教习水师学堂,提调军械局,以知县用。归主瑞安县中学堂。及武昌兵起,浙江应之,奉檄署瑞安县事。民国初,入京师,供职盐务署。余时以东

三省筹边使解官被禁，仲闿顾时时来，谈经引篆，意气清发，自忘其在羁绊中也。如是数岁，黄陂黎公继大总统任。黎公故习业水师，念仲闿有师道，特征充顾问兼国务院顾问、国史馆纂修。地虽清峻，然未尝一日得与政事。后十年而归，以鬻书终其身，至民国二十三年而殁。以仲闿学行之劭，得其时，虽至卿贰不为泰。逢遭衰乱，抱利器无所施，盖与平子际遇无大异。顾平子天性屈奇，既失意，往往侘傺不平，或时为玩世状；而仲闿守其乡先生叶正则之术，与物端和，动必由礼，乃亦奇觚于世如此。其作篆根柢深固，从心变化，视世所传常熟杨氏、安吉吴氏书，雅郑相绝，不可为量。然名亦不出浙东，以是知世之识真者寡，亦不遇治世使然邪？余与仲闿别十余岁，各皤然近七十矣。常冀其来化我，而仲闿竟殁。自是以往，吾道益孤矣！谏曰：（略）——《太炎文续编》

仲闿先生书初学北魏，得其神髓；继则博涉八体，上溯契籀，临橅金石文字，秒黍勿失。每作今隶、行草，出以篆分笔法，尤善擘窠大字，体势特浑雄。

关系：

挽孙仲容联云：兴教育，劳形神，竟成脑病，满六十日呻吟床褥，辞意难宣，嗟药石无灵，雁行遽断，兄今何往，抛撒家政国闻，岂独吾宗遭厄运；通汉宋，涉老佛，兼研欧学，自二七龄考注虫鱼，著述罔倦，看朱墨犹新，音容已杳，弟也不才，检点残编剩稿，最期诸侄守遗书。

又云：国粹善发，欧华亦深，悲其识难求，精诂竟谁知，恐当独有茶香室；以分则兄，以学则师，痛哲人忽逝，寒灯忆相对，何忍更登玉海楼。

五、从弟诒棫

孙诒棫字季芃，锵鸣子，诸生，官国史馆纂修。诗文俱佳，与宋平子最契。著《瑞安乡土史志》。

资料：

宋平子《有韵文集》。

孙雄《题瑞安县孙季子诗稿》云：奇气观澜阁，家风逊学斋。新篇传妙笔，大字写摩崖。梅蕚图诗思，兰馨寄客怀。不须论魏晋，天地正昏霾。春草诗吟谢，秋声赋续欧。百年推绝唱，三岛忆前游。接袂黄金散，孤高白云讴。系匏嗟不食，瓢饮学巢由。爱国宋平子，愤时吴瘿公。鸣莺赋求友，天马叹行空。见骨清言在，盟心皎日同。死生交不变，辽鹤咽秋风。我附韩门骥，雄于弱冠时，应上海求志书院史学斋，季课屡列前茅，为襄田师所许。惭同籍湜僵。羁怀愁夜雨，国事慨繁霜。史有龙门军，□无鹤顷粮。槃槃留大集，坡颍抗颜行。按：孙雄字师郑，昭文人，光绪癸卯进士，著有《诗史阁集》。

关系：

挽孙仲容词云：雁荡名天下，乃在瓯骆中。吾宗三大师，接武振儒风。乾隆时宗乡哲敬轩先生著《礼记集解》，先伯父逊学先生、先父止庵先生同心表章宋代乡哲之学甚力。诸兄多成章，仲氏更不同。但惜艰一第，竟老罗江东。其一。　金陵八代都，胜流之所萃。是时君妙年，耆硕共惊异。虽无北海表，已充南洲士。兄少随官金陵，一时耆硕皆折节为忘年交。一朝侍亲归，荒江别天地。其二。　山城绝过客，萧然百晋庐。春风吹纸窗，悄对姬汉书。编校参父叔，研究兼佛儒。未知叶正则，较博岂奚如。乡哲叶水心先生称南宋一代极博，亦兼通竺典。其三。　周官墨子诂，旷代罕其匹。兄所著，以《周礼正义》《墨子间诂》为最重大。亡佚慰乐台，《墨子》乐台注久佚。疏略补高密。戴君恨未见，戴子高先生为兄知己，恨其早逝，不见兄此二书之成。俞氏殆真识。俞荫甫先生为兄年丈，及见兄《墨子间诂》之成，曾为作序，恨未及见《周官正义》。稍喜扶桑英，或许支那哲。《墨子间诂》出板，日本学者盛称之。《周官正义》去岁始出板，未流彼中。其四。　问字玉海楼，霜露俄七易。李白薄穷经，班超慕投笔。自从蓬壶归，壮志叹非昔。茫茫苍鹅感，私谈空对泣。其五。　首夏别如昨，寻山偶滞齐。诒械于四月十二日有远行，告别于兄，时兄虽已卧疾，不料遽为永诀也。灵光闻忽记，正议叹谁持。男儿亦有泪，岂独痛连枝。岱宗望无恙，九域哲人萎。其六。

又挽联云：儒墨述不作，数百卷浩浩文成，感海表求书，郑、孟之间见巨子；江淮归去来，四十载郁郁老死，问区中知己，俞、戴以外更何人？

刘申叔《述林序》称：单篇通论，体非一致；手辑斯录，定著八卷。笺书记状，时有遗略。介弟季茀先生更续缵缉，上足前刊，都为十卷云。——《薛谱》

孙孟晋曰：光绪壬寅冬，瑞安劝解妇女缠足会成立，发起者籀公和宋平子恕、孙季茀诒械等。由孙季茀的母亲林氏任会长，城市中妇女入会者先自解缠以为提倡。——《孙籀公与清季温处地方教育》

六、从弟诒绩

孙诒绩字仲彤，小名德炜，锵鸣之第三子也。以拔贡朝考，受户部七品官。著有《孙仲彤日记》稿本。

资料：

张士珩《跋孙太仆师书君子居后庭记》云：珩十二龄时，以诗卷受知于执友琴西太仆公与伯仲次韩、瑾乡两兄，同伸负墙之敬，获闻绪论，始稍稍知所祈向。迨公布政江宁，奉太仆召见。其从子诒绩，家君请婚于珩娣子，定约而归。归四年，公弟止园先生□子诒绩就婚金陵，公寄书家君："子季郎闻甚好学，曩见诗笔俊丽，想裒然成集矣。吾辈子弟，所贵博极群书，能为沈博绝丽之文，乃卓然有以自立。衣言每恨少年不知读书，今则老惫，虽有书满家，不能为我用矣，所愿与诸后生勉之。阿炜如留甥馆，亦祈督令读书，无妄出门，幸甚。"阿炜，诒绩小字也。开敏能文，英英玉立，光映照人，见者咸惊叹其秀慧，决为门俊国华，吾兄尤留心异之。比拔萃廷试，受户部七品官，家君趣之，将家之曹，躬为治装，伯兄亦厚侁给之。诒绩益感奋励学，文词字画锐进莫当，骈散文皆有矩矱可循，中朝官交口荐誉如不及。戊子秋，感时疫，殇于京邸。——《竹居录存》

关系：

孙衣言《娱老词·六州歌头》乙酉：从子诒绩以拔贡朝考得户部京官，假满还朝，以此壮其行色云：韶光百五，春气蔼重城。瞻远道，生芳草，黯离声。少年行，阿虎吾家秀，文锦绣，官组绶，还朝右，歌杨柳，向初程。别酒盈盈，一笑老坡颍，帐饮旗亭。古豪英多壮志，万里一鞭轻。咫尺蓬瀛，况神京。　念吾兄弟，同遭际，承平世，取科名。金殿暖，天香满，受恩深，梦西清。回首皆衰老，思酬报，愧余生。功名会付汝辈，莫忘情。看他日一门万石，更一家台鼎，汉韦平。正长安马上，禁路杏花晴，常鄂先赓。次儿诒让方亦供职秋曹。

又《哭从子仲彤户部》戊子云：方待驹千里，胡摧桂一枝。有谁才似绮，汝伯发垂丝。弱弟吞声独，三侄诒泽以北闱回避，尚在京师。孺人断臂时，侄妇方于临危时刲腕肉和药，讫不能救。眼枯愁见骨，予季可堪悲。仲弟尚在沪上。——《逊学斋诗续抄》卷五

七、从弟诒燕

孙诒燕字翼斋，号叔苣，孙嘉言子也。光绪丙子举人，例用内阁中书。卒于光绪己卯，年二十六。诒燕始为诸生，受永嘉先哲学于伯父锵鸣，即慨然志经世于近儒，最服膺包安吴。读史，留意表志，每有□补。赴礼部试，省伯父衣言于武昌、金陵藩署中，广询当世利病，益悟陋儒虚怯之祸烈。间与从兄诒让登黄鹤楼、翠微亭、雨花台临视大江，或泛舟玄武湖、秦淮河，相与言八代之沧桑，怀千龄之人物，寻残碑，搜佚史。著有诗文若干篇。光绪庚寅，浙江学使潘衍桐选其诗入《两浙輶轩续录》，余未刊。

资料：

《瑞安县志稿》。

徐世昌《晚晴簃诗汇》卷百七十一云：孙诒燕字叔苣，瑞安人，光绪丙子举人，官内阁中书，有《望益斋诗存》。

池志澂《望益斋诗存序》云：《望益斋诗存》，清孙翼斋孝廉作也。孝廉少敏达，读书过目不忘。与余中表兄弟，长余仅四月。咸丰八九年间，平阳"钱匪"乱，孝廉之屋毁于"匪"，全家自乡迁城总戎第。余方十岁，每逢节至，辄过孝廉家。孝廉之尊甫子俞丈最爱怜余，过时必抚余首，常挈余与孝廉比较衣鞋长短，至今情景宛然。其后稍长，与孝廉游，及孝廉同屋常君小莱三人更密迩声气，先后应县府试，同入学宫为弟子员。孝廉制艺试贴独出冠时，当时我邑少年善应诗文者，推金稚莲、黄仲彀为杰作，孝廉独驾而上之。未几，孝廉登贤书，应礼部试在京，与余相别者三年。光绪丁丑，我师孙太仆开藩江宁，孝廉以伯父命，书来邀余入署读书。余到署，孝廉方校乡先哲陈止斋、叶水心文集。不数日，孝廉忽以事回里，与余相别者又三年。己卯回浙乡试，归视孝廉，则孝廉病暑误药，已于前一日殁矣，余抚棺痛哭者半日。孝廉为人慷慨信决，博学不倦……而其心则甚恻怛。天或假孝廉以年，不独学问著作可与其兄籀庼征君同垂不朽，则其功名事业更不可量。噫，可惜也。今哲嗣芙士以孝廉诗存数十首乞余删定并序，余颓龄荒学，更何能叙孝廉之诗哉！然余不见孝廉者已六十年矣，今读其诗，如见其人，不禁太息者久之。池老时年逾八十。

又作《怀旧诗》十四首，之一云：富春公子旧翩翩，与我生同属虎年。早岁科名悲短折，谁知人物宋南迁。

关系：

杨晨作《孙叔芑墓志铭》云：忆予同治己巳就婚瑞安时，叔芑年才十四，已崭然见头角。后或岁一见，或间岁一见，辄惊其进学之勇，才识之阔。时其从兄仲容以经学鸣于乡，其家欲绍科第，每望其与予及叔芑为举业，于是招其戚黄仲弢、叔镕同学。时予与仲容已举于乡，已而叔芑及黄氏兄弟继之。其伯父官江淮间，常以书相诏勉，予幸先入词馆。光绪己卯，再至甥馆，则叔芑自江左归，亦好经史、时务、词章之学，谈论愈相得。而年少气盛，尤为人所畏爱，虽至戚材学如宋燕生不甚相中也。送予至梅雨岩，观古题名石刻，慨然慕陈止斋之遗风，流连日夕乃别去。予归未几，忽闻叔芑之赴，悲不自胜，以为失一良友。其伯父书来，未尝不痛惜之。盖仲容学最精博，著述甚富，而于持家涉世不如叔芑才。后其从弟伯匋以优贡得知县，仲彤以选拔得京官，亦皆先后谢世，仕宦遂不如黄氏之盛。今予归老田里，惮为远行，仲容家居，为老师宿儒，名播海外，而谤屡腾于党人，学不传于乡里，每念时势变迁，辄称道叔芑不置云。

八、侄延畛

孙延畛字星农，衣言嗣孙。以任子官大理寺典簿。幼嶷异，读书过目成诵。以清同治癸酉七月七日生，小字巧郎。博闻强记，自少即然，有天授焉。科第世其家，而不屑为括帖之学，文章有奇气而不应郡、省试。朋辈以制艺揭第者，辄目存之。光绪间，以正三品荫生入为大理寺评事，鼎革后，例将转任大理院书记官，拂衣归里，不问国事，以逸老终其身。大父太仆公自江宁告归，筑玉海楼，贮书十馀万卷，海内称藏家。延畛家居三十年，日寝馈其中，校阅丹黄殆遍……以为史者，所以补经者也，独致力于史学，起自隋、唐，讫于明、清，政闻轶事、微言奥义，其有裨于世道人心、民生国计，为史例所格，不得记载者殊夥，穷年矻矻，成《史裨》若干卷。瑞安县志失修久矣，延畛与同邑宋慈抱、俞煦甡诸子竭数年力，成《瑞安县志稿》若干卷。又与邑中诸人结云江吟社，迭为宾主相唱酬，文采风流，十年不衰。诗草盈筐，次子经权整理成集。曰《诗簏》，未刊。卒于民国三十年十二月，年六十九。早退读书，并识内典。

资料：

项骧作《瑞安孙星农先生行状》。

杨嘉《金石集咏后叙》代父作云：余门下士孙君莘农，辑历代诸家题咏金石之诗，都若干首、若干卷，颜曰《金石集咏》……莘农以劬学之余，旁搜博采，辑此巨编，可谓好古不倦，求之今人实不多觏。而其裨补从事此学者实非浅尟也。

关系：

挽孙仲容联云：著述入儒林，公其不朽，惜哉玉海楼空，高密遗书谁可读；家庭承礼教，姪也未能，痛煞竺林会散，长安寄宦更何依！

又云：墨以勤身，礼以敬教，六十年乐道自荣，惜小子无知，贰谷未能循马诫；名光于史，效著于儒，千百世传人有俟，但予家不造，绍徽长此泣咸琴。

九、从侄宣

孙宣字公达，征君之从侄也。以治古文词名，师事桐城马通伯、新城王树枏，而为徐树铮将军之记室，并佐徐总统世昌编《清儒学案》及《黑龙江通志·交涉志》。某岁南归，至沪，充正风文学院教授。其诗文散载于《青鹤》《学衡》诸杂志中。殁于东北，年仅四十余。著有《止庵年谱》《朱庐杂著》《朱庐文抄》《朱庐笔记》《朱庐日记》《宜楼日记》《晴翠馆日记》《淞滨横舍日记》等。

民国《黑龙江通志稿》一册抄本，《黑龙江通志叙目》一册铅印本，孙宣辑。校刊方伯堂宗诚《师友言行记》。

其父孙诒揆季恒，侍郎公第六子也。好书及古器物，以军功入赀为江苏知县加同知衔，未行遭父丧，以劳毁卒。有杨晨作《墓志铭》。

资料：

黄岩喻长霖《朱庐文抄题词》云：大作绝似归熙甫，修絜清雅，倏然出尘，此瓯江后起之龙象也。

宁海章梫云：国朝人文勃兴，经史、考据诸学无不各造其极。吾浙硕儒林立，而古文克成家数者，鄙意独推令先伯祖太仆公与富阳夏涤庵工部。尝以语喻志韶编修，编修无以易吾说也。今公达本其家学，为古文静劲练达，器局精闳。其天成者，有天台、雁荡岚壑云泉之胜概；而人力所施，屋室塔寺，位置得宜，均非俗工所能办。盖三十岁以前已造成斯境矣，锲而不舍，颉颃太仆、工部何难乎？……

黄公渚为画《晴翠馆图》一帧，古淡萧散，意在尘外，盖得意之笔也。

宋墨庵《答孙公达诗》四首之一云：逊学文章百世宗，籀卿周、墨益难穷。千秋家泽何人继，史有裴骃经小同。——《慎社诗录》

关系：

孙宣《与谭组盦院长书》云：当清光绪之际，先伯父籀顾先生尝忧世之患，政教不修，民窳而失职，治生之计隘，士不知学，而无以持危应变，乃慨然疏《周官》以求治道，诂《墨子》以疗民疲。其感悱于犷暴淫侈之俗，陈古而刜今，闳意眇指，多所发明，固非徒笺诂而已。今书具在，传海内外，学者师尊之……敝乡僻在海壖，风气固塞，戊戌之后，兴学议起，先伯父独输私财，挢揭学校，三载之间，温处两郡增至三百余所，而吾浙学风之美实唯提倡之力。于是两郡之士追怀前矩，刻石立祠。乙丑之夏，各学校又请因瑞安旧县学奎星阁改建籀公楼，藏衣置象，咏诵遗徽，暨今五年而楼额未题，不足以肃观瞻。念公书法擅天下，雄神盖代，妙契平原，则斯榜者，宜得大笔为之矣！——《朱庐文抄》

附：《与王晋卿先生书》：入秋酷热，经雨骤凉。伏惟加意珍摄，实所企祝。前呈先祖侍郎公遗集，敬乞叙言，辱许诺，深感荷。窃念我祖弱冠通籍，出掌文衡，中遭"粤贼"之乱，回籍团练，遂更十年。年未五十而遽罢归，故其平生志业不克大施于世。而其谋图之忠，忧民之切，奏疏具在，犹足见也。当"粤贼"初起，势至微耳，而督抚以至郡县吏皆畏懦不敢言"贼"状，我祖独上书勇言。凡言天下之要，皆切中当时利病得失之故，而卒不用，遂致因循酿乱，可胜叹哉！当是之时，曾文正公、李文忠公皆提乡勇，立功东南，爵列五等，位致将相。我祖独不幸为奸人所沮，流离困苦，身几不免。夫自古豪杰之士，为国家深思长虑而不得稍行其志者，往往而有，然功名之际，不能无所憾也。我祖自退居四十年，绝不与京朝官通书问，曾文正、李文忠、沈文肃诸公数欲推挽之，终谢不起。而弃养也，某裁五岁。未再期，而先君即世。童骏无识，不能校理遗书，忽忽迄今逾二十年，世变日亟，迺谋裒辑，付之剞劂，庶几流布，不致遽泯。而其文章诗词之美，先生观之，当自知矣，小子不敢赞也。——同前

十、次子延钊

孙延钊字孟晋，号勋盦，征君之次子也。八九岁时，闻庭训，即知为学。弱冠，游宦北京，逾立始归，尽发玉海楼藏书检理之。先后将太仆、征君遗著重加编校，如《温州经籍志》为征君三十以前所作，以后征君殚心尽力于经子小学，撰述日新且繁，遂不再理旧著，稿本辍置篋衍垂卅载。征君卒又十余稔，浙江图书馆征副以作剞劂。顾印秩流行，颇多疏舛，延钊因事整理，每于刊本发见讹文错简，辄随笔斠正，而商榷以决其疑，各缀眉端，今誊为《校勘记》。于《周礼正义》，依凡例有经注字例，遂细钩稽其鄂刻本之字体点画。家刻《名原》，亦然复勘。同时复草创太仆、征君二《年谱》，书成，皆由余杭章太炎作《序》，称其爬梳得纲领，可谓善继志述事者矣。太炎复赠联云：祖武孙绳，乾淳国学；父作子述，王惠家声。今按谱中对先德政事、为学记载特详，非与异地人所纂同。醴陵朱芳圃有《孙诒让年谱》。年谱编次毕役，乃悉检家藏太仆所为古文初稿，撮取原目，按家排比，为《逊学斋文目编年》一卷，此录及下卷《诗目编年》，并可与《年谱》所载事实互资参核。又太仆有缀记于玉海楼藏书册耑者，或得意文中，或会心言外，朱墨戢舂，尤不胜记。延钊既竟览之，遂一一手抄于簿册，辑成《逊学斋文史笺评》《籀顾述林》原稿，初名《撢艺宧杂著》，三十岁以后改署今名，延钊复雠斠之，依类分卷，各自为目，写成清本。第一、二、三、七、八、九、十各卷皆以手定各卷之单篇为分类之标准，四、五、六卷则专取序跋归之，如此编次，方无遗征君之原意矣。至于遗文二十余篇，别册仍存，俟更远搜博访，旁及诗词，将纂为《经微室遗集》云。延钊抗战时期先充温州籀园图书馆馆长，后充浙江省图书馆馆长；解放后，先在浙江文物保管会工作，后为浙江省文史馆馆员。

《访书小记》云：瓯海有藏书大家曰玉海楼，为瑞安孙琴西太仆聚书之处，而仲容征君所资以著书立说者也。征君辞世后，此积储美富之书藏，端赖嗣君孟晋先生延钊笃守珍护，得以完整无恙。益以孟晋新近之继续搜讨，更将有恢张充实之观。

比岁，孟晋以谢绝尘嚣移寓郡城，杜门撰述，辄多携秘籍自随，既便管理，且晨夕稽览，有左右逢源之乐。孟晋寓庐曰"九柏园楼"，其地旧为高氏"授笔楼"所在，永嘉周藕农先生衣德尝僦居之，有书三万卷庋置其中。见周氏《研经堂集》。今孟晋复携书而来居此，诚足与乡先哲相辉映，而益使其地垂名焉。

道出永嘉，必访孟晋于"九柏园楼"，则见孟晋独坐一室，左右前后皆堆书籍常满。未尝多接宾客，而余至，则殊欣然以为空谷足音，因得索观其先世藏帙。孟晋亦不余吝，大概以抄本及批校本尤为精绝。——《蓼绥年刊》创刊号

他著又有《永嘉学谱》《永嘉学艺丛编》《明季温州抗清事纂》《明代温州倭寇编年》《五黄先生系年合谱》《温州名贤生卒年表》《孙敬轩先生年谱》，以上均为勘盒手稿本。——《瓯风》本社纪事

仲容著作由瓯风社出板：《顾亭林诗校记》《经迻》尚有待于写清。《六历甄微》。——《瓯风》

《仲容之造诣及遭际》孙诒椷《瑞安乡土记》。

孙锵鸣《陈文节年谱》敬乡楼丛书本、《周浮芷年谱》待访。

孙君孟晋拟将先著未刊各稿如《经迻》《水心浪语二集校记》《温州沿革表》等先自整理誊清，商由瓯风社印行。《古籀余论》刻于张氏籀经楼，《温州古甓记》刻于陈氏漱谬斋。孙延钊《温州经籍志校勘记》《孙敬轩先生年谱》，孙君孟晋来函谓《籀颐公年谱》已由商务印书馆承印，《顾亭林诗校记》曾经孟晋依其家藏先人手稿重校一过，太炎作《传》。浙馆评：《温州经籍志》是书网罗之备，不但可省来日纂修温州新志者之劳，且义例之精、纲纪之善，实冠绝其他任何郡邑艺文经籍诸志而足资模范也。其书仅有民国六、七年间本馆所梓印之校本，海内宝惜。然因原稿未经作者生前手定，故市虎陶阴实繁。今得孟晋家学渊源为作《校记》，则其为益于原书、有助于来学尚何俟言。——《瓯风》本社纪事转载

散文又有《温州文献概述》《温州藏书家考略》《从我父生平讲到温州的晚清教育》《孙籀公与清季地方教育》《玉海楼与嘉业堂》《瑞安孙氏玉海楼藏温州乡哲遗书目录》附《跋》等。

资料：

《寄鹤巢日记》。

《蓼绥年刊》。

《浙大学报》。

《文澜学报》二卷一期。

《浙江文献展览会特刊》民国二十五年。

《温州中学校刊》15—21期。

《朱庐笔记》。

张鉴《瓯海访书小记》。

关系：

孟晋云：余曩观览玉海楼遗书，凡两世手稿一一检点，别为秘藏，都数十帙，而太仆公词草则别庋余侄师觉所，今春偶于厂肆得此，盖合肥张氏竹居石印，先从叔仲闿先生手写本也丁卯。

孟晋又自言：近为《永嘉丛书览要表》，将子目、卷数、撰人、收藏各本、收藏年月、刻板年月、板片数量以及其先人校刊经过，与今本胜过旧本之处一一摘要，叙入表中，以便读者之考览云。

孙太仆遗著，最近经孟晋先生敬谨检理，罔有散失。其日记、笔记尽见于孟晋所编《孙逊学公年谱》中。后之读是谱者，可以明太仆生平读书治学之经过及其所造诣也。

《史记》、两《汉书》、五代史记、汉、魏至宋、元诗文名家集，笺记，今经孟晋一一迻写于别册，成《逊学斋文史笺评》及《逊学斋诗评》各若干卷。

又检过太仆之《叶文定年谱》，且复略有增补。

又太仆之《瓯海轶闻》，援据群籍几及千种，而因卷帙浩繁，校刻久未毕事，最近经孟晋一一复检原书，详加勘核……并附有《校勘记》数卷。

征君遗著，据孟晋言，凡有二十七种，其书目提要及先后撰作年月，并载其所编《孙征君籀庼公年谱》中。

其《周礼正义》《墨子间诂》《温州经籍志》《尚书骈枝》《名原》等，孟晋均有《校勘记》之作。

其《〈经籍志〉校勘记》已写成清本四卷。

《周礼正义》现仅校过二十余卷，闻尚须一二年功夫方能校毕。

《述林》今曾镂板，孟晋复检原稿，加以精校，颇多改正，将重写付刊。

又尝搜集征君诗文杂稿百余篇，编写为《经微室遗集》八卷。

尚有《经迻》《古文大小篆沿革表》《四部别录》《汉石记》各种，孟晋拟续成之。

而孟晋近所属草，尚有《礼墨述训》《契籀述训》《温州经籍后志》《永嘉学者年表》等。又有《温州乡哲生卒年岁长编》数册。

又孙延钊作《籀庼述林跋》《经微室遗集跋》《温州经籍志校勘记略例》，三篇识跋均载《图书展望》复刊第五期。

十一、五子延炯

孙延炯字季明，仲容比部之季子也。幼好学，尝以太仆及征君遗著为课余读本，有疑难从兄质问，亦时与兄孟晋相探讨。其居家，则时时翻阅玉海楼藏书。年甫冠，即能校勘父书，手辑征君遗文若干篇。因以误于西药所致夭折，士论惜之。

瑞安胡调元挽之云：校雠入地经传早，服食升天药误多。

资料：

孙孟晋《逊学斋诗目编年录跋》云：延钊犹忆丁巳、戊午间，与五弟延炯同客旧京，僦居城西之大盆衕衕，每夕延钊退食，弟自学校归，则矮屋小儿，一镫相对，展刻本《正续抄》共读之以为乐。或当天寒夜阑，户外玉沙摇屑，积厚盈尺，犹瑟缩傍炉并坐讽籀而弗辍。诗中本事，弟有不明者，延钊为释之，弟以手记于眉端，延钊未尝闻者阙焉。如是者几阅月，而全《抄》十五卷毕诵一过……今注本犹寓余目，而弟也先为古人，风雪对床，前尘如梦，廓然庭树，往哲含悲，此延钊编写是目之余，所为枨触而陨涕者已。

附记：孟晋外甥洪焕椿尝取薛、宋、朱三君所编《孙先生年谱》，互有得失，逐条勘对一过，有《孙籀公年谱三编合校录》之作。

以上族人好学子弟，归《家世》，取其能继承孙公学术或志业，而有著作流传者列之。朴垞识。

卷四　交游考

交游考资料：

宋衡曰：初，逊学先生以侍讲出知府，累迁至布政使，皆在江淮间，故居士少客江淮颇久。当是时，大学士曾公国藩以勋爵镇金陵，雅好文学，甫息兵，则设书局，罗海内名流赋校刊之禄，士多归之。

逊学先生夙负重望，复出曾门，其同声相应如欧阳、苏氏，故士之愿识曾公者皆愿兼识先生。居士弱龄驰斐然誉，故士之愿识逊学先生者皆愿兼识居士。居士因得广识海内名流。

当是时，海内治《诗》者有陈先生奂，治《礼》者有黄先生以周，治《春秋》者有戴先生望，治数术者有李先生善兰，治政法者有冯先生桂芬、郭先生嵩焘，治词章者有梅先生曾亮、王先生闿运、张先生裕钊、吴先生汝纶，博治百氏者有俞先生樾、张先生文虎、汪先生士铎、谭先生献。诸先生大抵于居士为父执行，年长远甚，其中一二为夷行，然年亦皆长于居士。

诸先生意气皆不可一世，或不读唐以后书，或惓惓于宋、明季之文献，或兼嗜内典，或锐欲输入西洋政法。其学派亦不甚同源，然多折节与居士为忘年交。其一二未得识者，往往自憾也。——《籀顾居士六十生日寿诗有序》《六斋剩稿》

诸公贵人：尚书潘祖荫、翁同龢，湘抚侍郎陈宝箴，大学士李鸿章，江督尚书刘坤一，江督尚书陶模，尚书张百熙，浙抚侍郎聂缉椝，尚书荣庆，侍郎严修，侍郎盛宣怀，齐抚侍郎杨士骧。——同上

徐世昌曰：籀顾交游：刘先生寿曾别见《孟瞻学案》、刘先生恭冕别见《端临学案》、桂先生文灿别见《东塾学案》、谭先生献别见《曲园学案》、戴先生望别见《南园学案》、黄先生绍箕别见《南皮学案》、唐先生仁寿别见《嘉兴二钱学案》、王先生先谦见《葵园学案》、黄

先生以周见《僦居学案》。以上系《清儒学案》所列，在卷一百九十二中。

《孙先生诒让学案》：籀庼学承永嘉，而所致力则近亭林。博治群籍，咸有述造，其专心尤在《周礼正义》一书。先是，浙江为三礼之学者有秀水盛世佐、乌程沈梦兰、临海宋世荦，至籀庼而集其成。先河后海，其源远长。述《籀庼学案》。

孙诒让字仲容，晚号籀庼，瑞安人。父衣言，字琴西，道光庚戌进士，由编修入直上书房。历官江宁布政使，召为太仆卿。文章气节重于时，论学谓宗汉、宋之长而通其区畛，莫如永嘉之学。曾补辑《永嘉学案》，为黎洲、谢山拾遗。著有《逊学斋集》诗文若干卷行世。

先生为琴西次子，同治丁卯举人，官刑部主事。淡于荣利，家居著述。光绪中，以经济特科征，不赴；礼部奏征为礼学馆总纂，亦不赴。三十四年卒，年六十有一。

先生少承家学，与父执诸耆硕游。初读《汉学师承记》及《皇清经解》，渐窥通儒治经、史、小学家法。谓古子、群经，有三代文字之通假，有秦、汉篆、隶之变迁，有魏、晋正、草之混淆，有六朝、唐人俗书之流失，有宋、元、明校雠之羼改，匡违捃佚，必有谊据，先成《札迻》十二卷。又著《周礼正义》八十六卷，以为："有清经术昌明，于诸经均有新疏，《周礼》以周公致太平之书，而秦、汉以来诸儒不能融会贯通。盖通经皆实事、实学，天地、山川之大，城郭、宫室、衣服制度之精，酒浆、醯醢之细，郑《注》简奥，贾《疏》疏略。读者难于深究，而通于治，尤多谬盭。刘歆、苏绰之于新、周，王安石之于宋，胶柱锲舟，一溃不振，遂为此经诟病。先生乃以《尔雅》《说文》正其训诂，以《礼经》《大小戴记》正其制度，研覃廿载，稿草屡易，遂博采汉、唐以来迄乾、嘉诸经儒旧说，参互绎证，以发郑《注》之渊奥，裨贾《疏》之遗阙。其于古制，疏通证明，较之旧疏，实为淹贯。而注有违牾，辄为匡纠。凡所发正数十百事。"复捃周礼合于远西政治者，类区科别，论说征引，推勘富强而适今代。《周礼》之外，无过《墨子》。谓《墨子》强本、节用、兼爱、非攻足以振世救蔽，不止五十二篇以下为兵家之要言也。于是尽引诸本，参综考读，覃思正训，发疑释牾，又旁通邹、梅，证合算理，成《墨子间诂》十九卷。其于小学，本许书，上考金文，益而上而考契文，成《契文举例》一卷、《名原》七卷、《大篆沿革考》一卷、《古籀余论》三卷、《古籀拾遗》三卷、《政和礼器文字考》一卷。以解说文字，必归殷墟，考据有《周书斠补》三卷、《大戴记斠补》三卷、《尚书骈枝》一卷、《周礼三家佚注》一卷、《六历甄微》一卷、《九旗古谊述》一卷、《籀庼述林》十卷以条理罅逸。其为目录学，有《四部别录》一卷、《温州经籍志》三十六卷、《百晋精庐砖录》一卷、《温州古甓记》一卷。为地里学，有《温州建置沿革表》一卷。参史传。

内容有：《周礼正义叙》《周礼政要叙》《墨子间诂叙》《墨子后语小叙》《札迻叙》《契文举例叙》《名原叙》《古籀拾遗叙》《古籀余论后叙》《周书斠补叙》《大小礼记斠补叙》《尚书骈枝叙》《六历甄微叙》《九旗古谊述叙》《述林》《子莫学说考》《萧同叔子义》。

又徐世昌《晚晴簃诗汇》卷一百六十三云：孙诒让字仲容，瑞安人。同治丁卯举人，官刑部主事。

诗话：仲容精于考据之学，著书凡二十有四种。其《周礼正义》《墨子间诂》二书尤为世所推重，东南学者奉为大师。诗词多散失，尚未编集。

录：《题焦山定陶鼎拓本》《题吉日癸巳石刻》《自题变法条议后》。

一、当代贵人

（一）曾国藩

曾国藩字涤生，湖南湘乡人。道光十八年进士，以检讨典试四川，再转侍读，累迁内阁学士、礼部待郎，署兵部。时太常寺卿唐鉴讲学京师，国藩舆倭仁、吴廷栋、何桂珍严事之，治义理之学。兼友梅曾亮及邵懿辰、刘传莹诸人为词章考据，尤留心天下人才。咸丰初，广西兵事起，国藩奉旨办团练于长沙。取明戚继光遗法，募农民朴实壮健者朝夕训练之。将帅率用诸生，尝与郭嵩焘、江忠源论东南形势，以杨载福、彭玉麟领水军，塔齐布、罗泽南、鲍起、李鸿章领陆军，转战江淮间，十余载始平定之。调直隶总督，转两江总督。

江南人闻其至，焚香以迎。以乱后，经籍就燔，设官书局印行，校刊皆精审。礼聘名儒为书院山长，其幕府亦极一时之选，江南文化遂比隆盛时。国藩为人威重，美须髯，目三角有棱，每对客注视，移时不语，见者竦然；退则记其优劣，无或爽者。天性好文，治之终身不厌，有家法而不囿于一师。其论学兼综汉、宋……居江南久，功德最盛。同治十三年薨于位，年六十二。著有《曾文正公诗文集》。

资料：

《清史稿》一百九十二，《清史列传》卷四十五《大臣》。

《曾文正公手书日记》。——《求阙斋日记类抄》

《逊学斋文抄》。

方宗诚《柏堂师友言行录》。

吴汝纶作《神道碑》。——《桐城吴先生文集》

郭嵩焘作《墓志》。——《养知书室文集》

黎庶昌作《别传》。——《拙尊园丛稿》

刘毓崧作《曾公克复金陵勋德记》。——《通艺堂文集》

薛福成作《曾府幕僚记》。——《庸庵文编》

洪杨之"乱"，糜烂几遍寰宇，卒能勘定，劢开中兴。虽仰藉文宗忧勤之心，穆宗神武之略，抑亦忠勤蔚兴，师武得力之劾。与夫"粤寇"萌枿于道光之季，疆臣姑息，蕴郁溃决，遂酿为"大乱"。泉其窜湘、鄂，截江东下，所至无完城。遂乃南据江东，北窥畿辅。捻、回诸"匪"抵巇踵发，蹂躏遍十八行省，天下大势几殆。自胡文忠公建节鄂中，始陈布方略，调护诸将，屹成荆、襄巨镇。曾文正公以儒臣手创湘军，激励忠义，知人善任，幕府既开，魁杰云集，疆圉名臣多出其间，川、淮诸将投袂继起，威略遒布，遂殪"巨憝"。

宋衡曰：初，逊学先生以侍讲出知安庆府，后累迁至布政使，皆在江、淮间，故居士少客江、淮颇久。当是时，大学士曾公国藩以勋爵镇金陵，雅好文学，甫息兵，则设书局，罗海内名流赋校刊之禄，士多归之。逊学先生夙负重望，复出曾门，其同声相应如欧阳、苏氏，故士之愿识曾公者皆愿兼识先生；居士弱龄驰斐然誉，故士之愿识逊学先生者皆愿兼识居士，居士因得广识海内名流。——《籀顾先生六十生日寿诗有序》

刘绍宽曰：廿三日与志凯同谒孙仲容先生，谈及时事，先生颇以运动反抗为非，惟安辑乡里以待所归为一定宗旨。冯宫詹名桂芬字林一初著《抗议》，不慑众论，独文忠识之，欲授以四品京堂，使入军机。宫詹知不易为，遂不肯出，可见满人如文忠诚非易得也。又言：中国时局，全败坏于二十年前不知时务之君子与不识时务之小人，两者交讧，致使中国靡烂至此，深可痛惜。——《厚庄日记汇抄》

关系：

孙衣言《上曾相国书》云：衣言自道光庚戌之岁以进士廷试出于大贤之门下，得以弟子之礼一望清光。既而乞假南行，后二年入都，则吾师返湘乡督师，于是不获继见者十余年，而未尝以一纸之书通音问、候起居，诚以大人君子不以世俗之礼为悦，而自顾立身为学，无可为吾师言者。去岁六月，邵学使书来，言吾师颇问及之，劝为皖游。时衣言方自安庆守引疾归，辄逢"会匪"之乱，衣言与舍弟锵鸣奔走乡村间，劝居民为团练，未能以行。窃喜大人君子之于人无所不容，而人苟有尺寸之长，必知而录之，期为世用，而不使终于废弃也。今年二月，林用光自皖归，复以吾师之命见召，且述李同年鸿章之言，劝其速行，益用感激奋发。而其时"会匪"初平，"粤寇"方炽，当乡里存亡危急之际，势不可以去。而衣言又以室庐毁于"会匪"，尚须略略安顿家事，兹拟于秋分前后就道赴皖。窃念吾师位望之重，他人所延颈引首、仰望风采而不得进见者，独衣言以不肖之才，猥荷见容于左右，诚非私心之所敢望，而祇承钧命愈一年矣。因循迟误，久而后行，恐以不恭不□得罪于大贤，故谨先布区区，惟吾师俯察之，而终有以教诲之也。——见孙延钊录原稿

又《祭曾文正公文》曰：我之得出于公门，我弟方将使指而南驰。当文宗皇帝之初元，公方请复讲书之旧仪，而大臣有不然者，我弟独密疏力争，以为此忠臣之至虑，郅治之纲维。及我弟为小人所中，我方从公于军中，独召语我而累欷。至于今已逾十年，我弟方有以自得于山巅水湄，而公之惓惓不已犹欲引而置之殿墀。

孙衣言《送湘乡先生移节入觐》云：头白门生击楫来，更从便坐奉深盃。欣闻分陕将前席，恨未平淮与勒碑。帆叶远移江树出，舻棱寒望曙云开。莫教风雪侵双鬓，夜夜台辉照斗魁。——《逊学斋诗续抄》三

《数诗既成，辄思湘乡先生不已。复用前韵示子密，并呈慰农》：东坡遭际宋五叶，太守风流复咏雪。当时尤念六一翁，风度真觉九龄绝。滁山滁水诗雍容，杭州颍州湖清折。百年宾客此师生，万古姓名岂磨灭。今时亦有庐陵贤，岁月无奈飞电掣。相公大度多门庭，群骏文章灿锦缬。数君殆欲坡后先，知我亦与教不屑。钟山客散今几年，湘水云去才一瞥。亦知此感古来同，但恨我怀无人说。夜阑诗就更沈吟，隔窗风动簷牙铁。——《逊学斋诗续抄》二

孙衣言《曾文正公像赞》云：七尺之躯亦犹吾徒，而其身常系国家之轻重，其心常以天下为戚愉，其威名材略可以镇华夏而奢殊区，而其诗书之气，道义之

腴，依然一儒。於戲！是之谓大丈夫。

《壬申年十二月十九日雪后，周缦云侍御招集飞霞阁为东坡生日集祀。时湘乡先生新移镇北行，侍御亦将归主杭州书院矣》：城头青山皓娟洁，何似清虚堂前雪。堂中各焚知见香，千载东坡原不灭。（中略）弁阳时翁今白头，我亦十年困奔走。诗翁欲归西湖旁，何况当年林与王。往在京师与林颖叔、王少鹤屡为此集，今颖叔官秦中，少鹤归桂林矣。庙堂已失祁寿阳，祁文端公卒亦数年。旌节复移曾湘乡。杯酒浇胸我犹热，此怀安得与坡说。却思当日周公瑾，用遗山句。更数坐间几豪杰。

《正月二十日香山生日，张啸山文虎、唐端甫仁寿招同赵季梅彦修、吴莘农绍伊二广文，吴子密吏部应溥、薛慰农山长时雨集祀飞霞阁》：东坡生平慕乐天，古人自视常欿然。后世论时薄元白，好恶随俗非能贤。御园荷花荐欧子，屡陪六一招坡仙。香山生日事久缺，使坡有知亦恨焉。去岁祭坡复不举，官事束缚殊可怜。昨者张子走语我，吴兴寄诗来相镌。缦云书来，时以祭坡之举为问。新年造请更无暇，偶来携客凌苍烟。瓣香一集对长庆，配以苏氏眉山篇。季梅出旧椠白、苏二集以代画像诗翁有知容补过，一举乃能使两全。酒酣客乐笑相视，坐觉两翁来翩翩。更草新诗遣属和，欲留故事傅他年。却思两载西湖边，两翁游迹如眼前。荒祠临水照古木，长隄夹镜行画船。一朝误出婴世网，坐阅流景如奔泉。岂知古人有不死，衰年俗虑徒相煎。何况我时真漫与，得句聊就厨妪论。

《东坡生日集祀飞霞阁》壬申：前年雪中寿诗翁，竞爱城头山娟洁。今年看雪复再来，万瓦琼瑶暾银阙。天容野色常清新，亦似公诗万古存。独恨我衰颜貌丑，两鬓雪白鬓如银。幅巾翩翩画堂上，想见湖头几疏放。三年误落尘土中，薛侯相对亦惆怅。慰农与予皆主讲杭州，予来官金陵，慰农移主钟山书院。犹幸一樽时从公，坐中贤豪今昔同。弁阳词客虽不见，清绝犹能成两翁。少仲新与此会，与予为同年。鞠躬满堂为公寿，何必秦七与黄九。更忆西陵白发人，辛勤谁为唱阳春。

《东坡生日，张啸山、唐端夫招集飞霞阁，并为予祖道。啸山诗先成，季梅、恭甫、慰农皆用其韵，予亦继作，即以别诸同人》：梅花四遶天无风，琼楼瑶阁森当中。钟山玉立更修媔，连朝点缀烦天公。故人折简走相召，却喜胜览年年同。予在此凡四与此会，皆在雪后。三堂更饮无事酒，百篇欲策搜诗功。苏斋画本犹高阁，玉京谪吏仍仙翁。重衔甫脱喜骧首，丰刍坐饱羞刲衷。诏书昨下有迁擢，迁儒何术甦罷癃。客行有日长安近，驿路遥指江流东。东坡昔年遍杭颖，潮阳迁客瞻祝融。一朝卧对郭熙画，玉堂正与金銮通。清虚堂前复看雪，新恩侍宴思兴龙。平生读书郾城旦，颇复有志陈愚蒙。旧巢犹在御园行，佳气不改长陵松。怀抱十年臣愤切，曈昽初日天矞聪。却念诸公久相爱，五载一别殊匆匆。髯翁相向亦惆怅，瓣香手焚深鞠躬。新词丽句况屡辱，离情别思真无穷。虽然且就文字饮，烂漫莫遣樽罍空。绿蕚满庭寿白傅，荷篅万柄斟文忠。有诗莫忘千里寄，相望不隔三山重。——《逊学斋诗续抄》二

《唐端夫书来，以去岁东坡生日诗见寄。余在金陵五年常有此会，辄为诗留冶城山飞霞阁。去年来此，乃遂不能有诗，为之怃然。即次其韵却寄端夫》甲戌：我昔浮槎来一叶，"一叶槎来宦海浮"，予庚午闱中句。五年饱看钟山雪。飞霞高阁山满窗，雨翁相对真清绝。君与啸山同居阁上。年年召客拜东坡，每辱幽人简屡折。壁间横卷我留题，纸上龙蛇今未灭。去年作诗犹自书，但恨老来手频掣。官居日日龙眠山，远望白云生眼缬。今朝鹊噪得君书，正对簷花落瑶屑。诗用聚星堂韵，而今日适大雪。颇闻胜会犹七贤，却忆前游渺一瞥。喜君对酒尚能狂，顾我有情谁与说。怀人更望海东云，独注虫鱼磨青铁。书来言啸山已归沪上。

孙诒让云：（上略）两江总督曾国藩创设金陵书局，招集归安周学濬缦云、独山莫友芝子偲、南汇张文虎啸山、江都刘寿曾恭甫、海宁唐仁寿端甫、德清戴望子高、宝应刘恭冕叔俛等校勘经籍。

又云：时东南通学犹承乾嘉大师绪论，以稽古为职志，则有张啸山、刘恭甫、戴子高、唐端夫、刘叔俛诸先生咸在金陵书局校梓群籍。诸先生与太仆雅契，让因识诸先生，以所学互相商榷。按：公既治夫子庙于冶城山之上，复于山之东北隅修葺所谓飞霞阁者，以为勘书之庐也。冶城山者，前宰相曾文正公讐书之所也。

孙仲容《先考太仆公行状》云：（上略）庚戌登进士，廷试时，湘乡曾文正公读卷，得公卷，深赏之，拔置第五，遂得馆选……

公在里两年，又遭平阳"会匪"之乱，"粤匪"继至，室庐荡然。先伯兄稷民以督团战亡，公奉先王父母转徙永嘉诸乡，仅以获全。既而曾文正公开府两江，已克安庆，即驰书招公。

曾文正公重莅两江，奏补江宁盐法道。适有旨命保堪胜两司者，文正首以公应，遂擢安徽按察使，迁湖北布政使，移江宁布政使。

又《咸丰以来将帅别传叙》云：曾文正公以儒臣首创湘军，激厉忠义，知人善任，幕府既开，魁杰云集，圕闼名臣多出其间……先太仆君为文正门下士，文正之视师安庆，尝与闻营务，于咸、同名臣多为雅故。而"粤乱"初兴，家中父

学士君方视学粤西，以巡抚某公讳"寇"，密疏首发其事，桂林之围，亲在城中，几濒于危。爰归，又奉朝命治团于乡，值浙东西沦陷，乡里墟烬。诒让甫成童，展转兵乱间，仅以获全，故于东南军事闻见颇悉。

（二）马新贻

马新贻，山东菏泽人。道光二十七年进士，以知县分发安徽即用。咸丰二年，补建平县知县，寻署合肥县知县。五年三月，官军围攻庐州，盘踞焦湖贼众来扰，新贻击走之，旋败贼于盛家桥、三河镇，叙功以知州陞用，先换顶带。九月，复叙拓皋节次剿匪功，开缺以直隶州知州补用。六年十二月补安庆知府，七年七月调庐州府。十月，"捻匪"纠合"粤匪"陷桃镇，分扰上下派河。新贻击之，败贼舒城。捷入，命交军机处记名，以道员用。八年，署按察使。贼犯庐州，新贻督练勇出城迎击。贼间道入城，新贻军溃，遗失印信。事闻，得旨着革职留任。九年丁母忧，巡抚翁同书奏请暂留署任，报可。十年，钦差大臣袁甲三奏新贻督练助剿，著有微劳，请开复革职留任处分。十二年二月，翁同书复奏新贻声名出众，请开复……府缺，以道员候补，均从之。三月丁父忧，袁甲三奏新贻办理营务，屡次亲自督队，熟谙戎机，调和将士，训练兵勇，实属军中不可多得之员，已檄令穿孝百日后，仍来营当差以资臂助。报闻，寻留本籍办团。同治元年，赴安徽军营，随大军复庐州，追剿窜贼，大捷于寿州之吴山庙，赏加按察使衔。寻署布政使，时叛练苗沛霖作乱，新贻随署巡抚唐训方防守蒙城、临淮等处，迭著战功。二年三月擢按察使，九月迁布政使。三年，陞浙江巡抚……寻擢闽浙总督。七年七月，调补两江总督。八月，命充办理通商事务大臣。十月，奏调候选道孙衣言、山东候补道袁保庆、安徽奏补知县桂中行前赴两江备差委，得旨俞允……

九年七月，新贻赴箭道阅兵，事竣回署，突遇人刺伤胁肋，次日卒。凶犯被获，讯，据称河南人张汶祥，而行刺缘由供词闪烁。江宁将军魁玉奏入，上命魁玉督同司道各官赶紧严讯，务得确情，尽法惩办……复命漕运总督张之万会同江宁将军署两江总督魁玉严讯……着再派郑敦谨驰驿前往江宁，会同曾国藩将全案人证详细研鞫，究出实在情形，从严惩办。十年二月，钦差大臣、刑部尚书郑敦谨等，以覆讯凶犯行刺缘由并无另有主使之人，验明凶器亦并无毒药，请仍照原拟罪名，比照谋反叛逆凌迟处死，并摘心致祭该故督等语奏入，着照所拟，按律惩办。寻赐恤如例，予谥端敏。

参考资料：

《清史列传》卷四十九，第四页大臣。

《逊学斋文抄》孙衣言作《墓志铭》：马新贻字毂三，山东菏泽人。道光丁未进士，官至两江总督。赠太子太保，谥端敏。

孙衣言撰《墓碑》：公精力过人，尤练达吏事。自以早得科，未尝学问。及抚浙日，写《孝经》三纸。在江南，尝语衣言曰："吾于涑水《通鉴》幸尽读之矣。"盖公生质既美，又能自奋于学以求通于古今之故，充积光大，必为名臣，而岂谓其止于是耶！——《昭代名人尺牍续集》小传

邓之诚《骨董琐记》云：同治九年七月二十六日，两江总督马新贻被刺，薨于位。当场获刺客张汶祥，一时人情凶惧，以为必有主使。朝命江宁将军魁玉饬令藩司梅启照审理。复命漕运总督张之万会审。最后始为刑部尚书郑敦谨会同两江总督曾国藩复审定谳。

李慈铭《越缦堂日记》亦有记载：夜，屺山见过，久谈，论马毂三事。朝廷不宜发扬贵臣阴事。访程尚哉……尚哉云，郑尚书已刑讯张汶祥，作海寇定案。——《日记》同十

关系：

菏泽马氏，道光丙午举人，丁未进士，安徽即用知县，署太和、宿松、亳州，补建平，调署合肥，以军功擢知州直隶州，复以军功赏戴花翎，署庐州，补安庆。复以军功得记名道，署按察使、庐凤颖道、布政使，擢按察使、布政使，浙江巡抚，复擢闽浙总督，未上。同治七年，调两江总督。九年七月二十六日，校武署西偏事毕，步以还署，甫及门，贼自众中跃出，击公，中要害。舁以入，口授遗奏而气绝，年仅五十。

公既遇害，衣言以文闱事不及治公狱。又一月，衣言出闱，大臣令会鞫贼。衣言即抗言："贼悍且狡，非酷刑不能得实，而叛逆遗孽刺杀我大臣，非律所有，宜以经断用重典，使天下有所畏惧。"而狱已具且奏，衣言遂不书诺。呜呼！衣言之所以奋其愚戆，为公力争，亦岂独为公一人也哉！公既薨，天子特诏加公太子太保，入祀贤良祠，谥端敏。衣言又作其考赠光禄大夫公之墓碑，即《赠资政大夫马府君神道碑铭》。——《逊学斋文抄》卷四

受业孙衣言谨禀中堂夫子钧座：窃衣言自来寿州，曾一修禀具贺，旋蒙赐答，教诲备至，而衣言先于八月二十六日接到家君谕书，惊闻慈亲之殁，肝肠崩裂，

痛无可言！窃念衣言兄弟不能守古人之节，当二亲垂暮之年，犹复悍然出山，苟求禄仕，因循数载，罹此鞠凶，遂为万世罪人，悔何可道？恨何可追？然衣言兄弟家居事亲时，方以谋诛"土匪"取怒庸吏，以为发其讳匿酿乱之覆，乡邑奸人向与贼比者又欲藉以自脱，相与构扇其间，积成仇怨，几不相容。而兵火之后，室庐杂器衣服亦实无丝毫之存，父子兄弟至于赁借以居，其势甚无聊。赖其时亲戚有自皖归者为述吾师之言，因思乡邑既不可居，而幸见收录于巨人长者，既可以自拔于忧患之中，而苟得所依归，稍稍以自树立，亦可少偿其平日读书涉世之心。而窃窥父母虽皆年逾七十，而视听皆尚未衰，至老父之心尤似以此行为可喜者，于是不再计而出，而岂知其有今日之痛哉！先慈与家君食淡攻苦垂数十年，最为能自强力。六十以后，躯体渐肥，颇不良于步履，常静坐一室。自遭"寇乱"，流离迁徙，屡受忧危。又以长孙诒谷御"贼"徇难，心尤痛之，食啖为之顿减，衣言兄弟时以为忧。衣言既至安庆，家君寓书训勉，辄谓慈亲体已健复。去秋九月，家君书来，知先慈偶患痰疾，有渐成瘫痪之势，其时甫蒙奏留在皖，未可言归。不数月，又奉权道淮埠之檄，盖为官守所牵。然春夏屡得家书，皆云所患如昔，而食啖殊佳，意谓可占勿药。孰料数月之间，遂遭大故哉！衣言以吾师知遇非常，付之重任，适当公私交竭之时，一切未敢多事。常恨半载以来毫无建白，犹幸去官之际，不为官民所弃，中丞过爱，意在奏留。衣言以为名义所关甚大，且老父年已七十八矣，岂可再误，以故未敢曲从。舍弟来书相约同行，而陆路太多，资斧过费。兹拟令舍弟由皖赴苏，而衣言下舟淮湖，取道扬镇，亦逢于苏，相与回里。惟不能迂道金陵一见吾师，心窃耿耿。衣言此去，跧伏空山，别无所望，惟冀偏亲康健，长年得以少尽孝养，赎其前愆。而数十年来兼受母氏之教，无可报答，惟诏幽之文不能无求于长者。抵家之后，谨当撰次实行，寄呈左右。倘以怜悯衣言兄弟之故，锡之片辞，衣言兄弟感且不朽。苦块昏迷，语不能尽，伏惟矜鉴。衣言稽颡。

中堂夫子钧座：去岁中秋上达一笺之后，忽忽半载，承赐班、范两史，未及陈谢。月前又闻以元日得第三孙，亦未及上贺，岂真一忙至此？实以簿书促促，毫无清机，不乐握笔，此事惟长者有以谅之。每从子密吏部询悉兴居万福，公事之余，看书如旧，所见两《昭忠祠记》皆博大深远，极文家之致，而又能尽当世之变。衣言常疑庐陵、涑水皆致身宰相，勋业烂然，而文辞之工又不可及，何其精力绝人。读吾师文，乃知天下伟人皆如是耳。衣言在此，都无建白，惟私心所存，时以辨别邪正，力遏浮竞为主。而亦殊未易言，衰态益增，须发之白更甚，虽往往乘间读书，而文字几于尽废，可谓两失之矣。两宋文士往往有外历监司，卒以馆职致仕者，以衣言之不才，如有此遇，即当拂衣五湖，从我所好，岂后世遂无此度外之事乎？谷帅在此，持重有体，嗜好之正，实乃天资过人，可谓地方之幸；而苦于求取太多，无复余力以待地方缓急。去岁潦后，工赈并举，城内外河道、东西两水关、上上方桥、七瓮、九龙、内外五龙，积年壅底之处，一旦豁然，而糜钱亦将五六万缗矣。数日内因病在假，觉方寸稍净，谨修寸笺，上请崇祺，并贺大喜不庄。门下士孙衣言百拜上。五月二十四日。——《昭代名人尺牍续集》卷十七注：中堂乃曾国藩，中丞乃曾纪泽，毂三乃马新贻。

适丁先王母丁太夫人忧……公引礼力辞，归持服。

菏泽马端敏公新贻方抚浙，雅爱公品学，延主紫阳讲席。服阕，而端敏擢督两江，遂奏调衣言自随，有"处为名士，出为名臣"之褒，吴中传诵，以为非公莫能副也。公既至，即檄权江宁藩司。有大事，端敏必与公咨议而后行。会端敏公为奸人所刺，鞫治无端倪，朝廷重其事，命苏抚张公之万、尚书郑敦谨就谳江宁。有议宽其狱者，公力争不画诺，谓封疆大臣被戕，不得主名，治宜用重典以伸国法。狱卒定，如公议。——《先考太仆公行状》

（三）李鸿章

李鸿章字少荃，安徽合肥人。道光二十七年进士，改庶吉士，授编修。从曾国藩游，讲求经世之学。国藩既克安庆，谋大举东伐。会江苏阙帅，奏荐鸿章可大用，浙江士绅亦来乞师，同治元年，遂命鸿章召募淮勇七千人以行。……旋署江苏巡抚……四年四月，科尔沁亲王僧格林沁战殁曹州，以赠国藩为钦差大臣督其军，鸿章署两广总督……六年正月，授湖广总督。西捻平，诏复原官，加太子太保衔，以湖广总督协办大学士。八月入觐，赐紫禁城内骑马。八年二月，兼署湖北巡抚。九年七月，剿平北山土匪，值天津教案滋事，命移军北上。案结，调直隶总督，兼北洋通商事务大臣。十二年五月，授大学士，仍留总督任。六月，授武英殿大学士。十三年，调文华殿大学士。思以西国新法导中国以求自强，先急兵备，尤加意育才，与国藩合疏选幼童送往美、英、德、法诸国留学，及建海军，将校尽取材诸生中。

鸿章在畿疆三十年，晏然无事，犹究讨外国政学、法制、兵备、财用、工商、艺业，闻欧美出一新器，必百方营购以备不虞。尝设广方言馆、机器制造局、轮船招商局，开磁州开平煤铁矿、漠河金矿，广建铁路电线及织布局、医学堂，购铁甲兵舰，筑大沽、旅顺、威海船坞台垒，遴武弁送德国学水陆军械技艺，筹通商日本，派员往驻，创设公司船，赴英贸易。凡所营造，皆前此所未有也。

"拳匪"肇乱，八国联军入京，两宫西狩，诏鸿章入朝，充议和全权大臣兼督直隶。鸿章孑身入京，左右前后皆敌军，与其使臣将帅争盟约，卒定和约十二款。二十七年七月，讲成，相率退军。"大乱"之后，公私荡然，鸿章奏陈善后……并奉诏行新政，设政务处，充督办大臣，旋署总理外务部事。积劳呕血薨，年七十有九。事闻，两宫震悼，赐祭葬，赠太傅，封一等侯，谥文忠。

资料：

《清史稿·列传》卷一百九十八。

《清史列传》大臣：李鸿章字少荃，安徽合肥人。道光丁未进士，官至文华殿大学士，一等肃毅伯，晋一等侯，赠太傅，谥文忠，有《全集》。

吴汝纶作《神道碑》，又《墓志铭》，又《事略》。——《桐城吴先生文集》

梁启超作《传》，又名《中国四十年来大事记》。

程克军作《书李鸿章后》。——《程一夔文甲集》

徐世昌《晚晴簃诗汇》云：李鸿章字少荃，晚号仪叟，合肥人。道光丁未进士，改庶吉士，授编修，官至文华殿大学士，直隶总督。封一等肃毅伯，赠太傅，进一等侯，谥文忠。有《李文忠公遗集》。

诗话：文忠未通籍时，即以天下为己任，澄清之志见于题咏。后以词臣倡率淮军，削平"大难"，督畿辅三十年，经纬万端，目不暇给，而晨兴必临《圣教序》二百字，无一日少辍。

俞樾云：肃毅伯李少荃制府，于乡榜为同年，于翰林为前辈，然未尝一面也。同治元年，公奉命抚江苏，驻上海。有商华伯太守者，亦甲辰同年也。公见之，问曰："浙江同年有孙琴西、俞荫甫二人，颇识之否？"以相识对，问所在，无以应也。适张采南修撰视学闽中，取道上海，亦甲辰同年也。华伯问知余在天津，以告公，公喜曰："若致书，先为我道意。"余闻而感之……未几，公延余主讲苏州紫阳书院，适琴西主讲杭州之紫阳，余因以书报，公曰："庚戌有二紫阳焉。"老前辈闻之，得无诧榜运之同乎？——《春在堂随笔》

孙宣曰：过桥西草堂，匊圃出示《乾嘉道咸以来明贤手札》数册，有《李文忠致左季高》一书，盖同治二年九月间寄者，中语及先祖事，谓："孙先生系弟与幼丹丁未房师，稔知其品学端粹，浙中称为正人。'会匪'一案，以多言获咎，闻尊疏并未纠劾，而时论颇以为疑。出京又丁内艰，境况奇窘，分应设法佽助。惟念台端再造两浙，功德不朽，素以扶植正士为己任，如能原情，续为昭雪，或代谋书院养贤，致民益服明公之大矣。"想季高复书未置可否，而文忠遂延主紫阳书院矣。——《朱庐笔记》

关系：

孙衣言《李太夫人寿序》曰：衣言与相国同举甲辰顺天乡试，为同年，其后相国成丁未进士，顾出仲弟锵鸣之门；及衣言以庚戌成进士，入翰林，又得以同馆后进礼谒见相国于京师，相国于衣言兄弟故特亲厚……

衣言自定远告归不一年，遂遭"粤寇"之乱。仲弟自广西视学归，治团练，以力主办"贼"取怒郡县，几不免。而相国治团家居，时亦颇为守土者所龃龉……两家所遭有相似者……而衣言回翔奔走，年逾五十，仲弟遂为小人所中。

李鸿章《薲田夫子七秩寿序》云：道光二十七年，鸿章举礼部试，与侯官沈文肃公葆桢同出吾师薲田先生之门。先生以言事去官，鸿章抚吴，请主紫阳书院。后文肃督两江，请主钟山，今主龙门。立朝二十年，退而为书院师者垂三十年，而先生七十矣。同治初，大军定浙，时温处兵备为督师者所倚任，一切以军兴法取办，治酷暴。郡人列其状致京师，先生言于朝，即下督师者覆按。先生在籍治团练，地方官吏已不便其所为，至是比而倾先生。督师者覆奏，谓先生言不实，坐罢归……先生之去官，鸿章方治兵，力能白其事。当是时，朝廷诏书屡以调和责诸路将帅，鸿章于先生既有师弟子朋党之嫌，又惧涉于歧梁、洛蜀交争之迹，不能执公论以明天下之是非，至今思之，愧负明义。然其后曾文正公数数欲申慰荐，而先生固谢之，乃叹贤者之用心固不可以寻常测也。

孙仲容代父作《浪语集叙》云：（上略）某曩在京师，与方闻之士论当时门户之弊，常以为欲综汉、宋之长而通其区畛者，莫如以永嘉之学。尝欲勾集乡先哲遗文，广为传播以昌厥绪而未逮也。既而东南大乱，承学之士日即于芜陋，而达官贵人有以武功起家者，遂奋其私臆之论，以为胜朝"流寇"之祸萌蘖于姚江，道、咸以来"粤匪"之乱由于乾、嘉之经学。乡曲之士眩惑其说，莫知所适从。今相国合肥李公有忧之，以为此邪诐之说而荒蔑之原也，思欲刊布儒先遗书以救其敝。某顷官江东，笔牍之暇，辄以先生遗集为请。相国览而善之，遂捐奉属桂芗亭观察刊之金陵书局，而以其板归某，使浙中学士大夫得读先生之遗集，而世之有志于永嘉之学者亦有所津逮。则相国是举也，实古今学术升降之枢辖，岂徒吾乡先哲之幸哉！

（四）沈葆桢

沈葆桢字幼丹，福建侯官人。道光二十七年进士，选庶吉士，授编修，迁御史，数上书言兵事，为文宗所知。咸丰五年，出为江西九江知府。九江已陷"贼"，从曾国藩管营务。六年署广信府，七年擢广饶九南道。十年起授吉赣南道，以亲老辞未出，命留原籍治团练。曾国藩屡荐其才，十一年诏赴安庆大营委用。未几，超擢江西巡抚……擢两江总督兼通商大臣。江南自军事定后已逾十年，疆吏皆为宽大。葆桢精核吏事，治尚严肃，属吏懔懔奉职，宿将骄蹇者绳以法，不稍假借。尤严治盗，莅任三月，诛戮近百人，莠民屏迹。皖南教案，华教士诬良民重罪，亲讯，得其受枉状，反坐教士，立诛之。然后奏闻，洋人亦屈服……数以病乞退。五年入觐，皇太后温谕，勉以共济时艰，毋萌退志，自此遂不言病。是年十一月卒于任，年六十。赠太子太保，谥文肃。

资料：

《清史稿·列传》卷二百：沈葆桢字幼丹，福建侯官人，道光丁未进士，官至两江总督，一等轻车都尉，赠太子太保，谥文肃，有《奏议》。

顾云作《传》。——《盋山文录》

徐世昌《晚晴簃诗汇》云：沈葆桢字翰宇，一字幼丹，侯官人。道光丁未进士，改庶吉士，授编修，官至两江总督，一等轻车都尉，世职，赠太子太保，谥文肃。

诗话：文肃为中兴名臣，初守广信，方行县，"粤寇"遽自他道掩入。其夫人，林文忠女也。

刘成禺《世载堂杂忆》云：沈葆桢任两江总督时，初抵任日，孙衣言先生为江宁藩司，自居老辈，既未迎迓，亦未莅衙，意欲葆桢先往拜也。衣言之弟蘦田先生为葆桢会试房师，免官来宁，居其兄藩司衙中，先差帖往督署贺葆桢莅新。葆桢见帖，礼不能不先谒老师，不得已往藩司衙门，以门生礼谒见。蘦田先生肃客，而衣言未出。葆桢询之，衣言始以藩司谒见总督。葆桢颇怀怨憾，其终能遂总督先拜藩司之愿也。一日，江苏全省议禁鸦片烟事，全省司道重要职掌人员会集江宁督署，久候藩司不至，未能开议。戈什乘马催促于途，藩司仍不至，俟之良久，衣言至矣，入门即出言曰："汝等何故催逼如是之急，我尚有鸦片烟两三口未吸，议事不能振起精神也。"各司道瞠目相视，不能作一语，盖所议者禁烟，藩司当场自认吸烟，则藩司首先犯禁，何以措此，于是改议他事敷衍了局，葆桢益恨之。而衣言先生清德、名望、辈行俱高，又不便参劾，在江南任内终莫可如何。

其后葆桢入京陛见，乃面奏："藩司孙衣言，宜为文学侍从之臣，外官非其所长。军机乃会商孙衣言调京内，用为太仆寺卿，官三品，与江苏布政使官二品对调。外官二品即京官三品，品级无轩轾，孙衣言亦未入京就职。孙、沈两家宿怨始终未解。——《藩司卖老制军窘》

又云：孙蓺田先生名锵鸣，浙江瑞安人。道光丁未为会试同考官，得二门生：一为李鸿章，一为沈葆桢。鸿章与蓺田先生甚亲洽，执门生礼甚恭；而沈葆桢则师谊甚疏。蓺田先生主讲中山书院山长，取课卷前十名，葆桢不独颠倒其甲乙，且于蓺田先生批后加以长批，且有指责蓺田先生所批不当者，蓺田先生遂愤然辞馆归。蓺田先生之兄琴西先生名衣言，即仲容先生之尊人也。时为江宁藩司，意见亦与葆桢不大合。恭亲王在军机，调停其间，升琴西先生太仆寺卿以去。江南人士皆谓李文忠有礼，沈文肃无情。——同上

关系：

孙衣言《督府沈公挽诗》云：汉法文无害，秦风武克刚。如公宜耉皓，蚤誉况钟黄。吏牍牛毛细，僮书马足详。有才方世用，何遽惜沦亡（其一）。吴楚犹分辙，刍荛屡献疑。兵因屯驻弱，财以算缗衰。弧矢威终用，花门事可危。未知天下计，轻作管中窥（其二）。船官垂七载，肺病辄三秋。重币求奇器，遗章尚铁舟。心真匪石转，事恐与生休。却恨中行说，精微为虏谋。得汉缯帛，以驰草棘中中行说，盖示汉物无用耳（其三）。最爱资材美，犹须览记全。岂闻宣政世，不读《建隆编》。制节雄三镇，通家托二天。公会试出舍弟门下。镌磨都未尽，生死一潸然（其四）。——《逊学斋诗续抄》卷四

孙仲容《先考太仆公行状》云：（上略）性刚，不喜阿谀达官。在鄂时，适总督某素骄倨，公不为屈。及移江藩，而沈文肃公方节制两江。沈，贤者，且先仲父门下士也，然雅与曾公不合，而公恒称曾公，以是不惬。又沈公喜用健吏，治命盗重案，一切用竣法，不甚究其情。候补道洪汝奎素夤缘，尝以讲学干曾公者也。及事沈公，乃尽舍其尝论而希望风恉，专事刑杀。公恒规切之，以是

衔公。会江宁犹马山有命案不得主名，沈公以属洪，则捕路人锻炼定狱。江宁守令某心知其非，以告公，公曰："洪为求官计，乃杀人以迎合乎？"急言之沈公，沈不省。故事，命案定谳必由藩、臬两司会详，沈公以公持异议，乃径下洪论如法。沈公薨后三年，而是狱正凶因他案牵连败发，两江总督以闻，洪时已超擢两淮运使，遂革职遣戍，而公以未会详，得免议。又有台州董毓琦者，解天算，谲而无行，自言能制轮船，藉地球摄力行驶，不用汽机。沈公俾试制，而命藩库支银三千两给其资。公知董妄，其船必不成，再三阻之。沈公不可，强令予金。及船成，不能行，沈公内愧，自以养廉赔董款。然用是微与公不合，而洪复隐构之，公以是不能大有所为。

（五）翁同龢

翁同龢字叔平，江苏常熟人，大学士心存子。咸丰六年一甲一名进士，授修撰，累迁内阁学士。同龢善侍上指光绪意，遇事进言，上亲政久，英爽非复常度，剖决精当，每事必问同龢，眷倚尤重。时日韩启衅，同龢与李鸿藻主战，孙毓汶、徐用仪主和。会海陆军皆败，懿旨命赴天津传谕李鸿章，诘责之。同龢并言太后意，决不即和……及和议起，同龢与鸿藻力争，改约稿，并陈宁增赔款必不可割地。上曰："台湾去，则人心皆去，朕何以为天下主？"毓汶以前敌屡败对，上责以赏罚不严，故至于此，诸臣皆引咎。上以和约事徘徊不能决，天颜憔悴，同龢以俄、英、德三国谋阻割地，请展期换约以待转圜，与毓汶等争执，终不可挽，和约遂定。明年，兼总理各国事务大臣。二十三年，以户部尚书协办大学士。二十四年，上初召用主事康有为议行新政。四月，硃谕同龢办事多不允协，众论不服……着即开缺回籍以示保全。八月，政变作，太后复训政。十月，又奉硃谕，翁同龢授读以来，辅导无方，往往巧藉事端刺探朕意。至甲午中东之役，信口侈陈，任意怂恿，办理诸务种种乖谬，以致不可收拾。今春力陈变法，滥保非人，罪无可逭。事后追惟，深堪痛恨。前令其开缺回籍，实不足以蔽辜，翁同龢着革藏永不叙用，交地方官严加管束。三十年卒于家，年七十有五。

资料：

《清史稿·列传》二百二十三：翁同龢字叔平，号瓶笙，晚号松禅，江苏常熟人。咸丰丙辰进士，以第一人及第，官至协办大学士，户部尚书。

《翁文恭公日记》。

《逊学斋文抄》。

徐世昌《晚晴簃诗汇》卷一百五十五云：翁同龢字声甫，号叔平，晚号瓶庐，又号松禅，常熟人。咸丰丙辰一甲一名进士，授修撰，官至户部尚书、协办大学士，谥文恭。有《瓶庐诗稿》。

诗话：文恭师久侍讲幄，入赞枢廷，崇陵最所倚毗。晚遭多故，终老江湖。生平本末具见于诗。

项崧《追悼会启》云：以太仆命，屡应礼部试，常熟翁相国、吴县潘文勤公皆负宠奖望，屡欲得君，往往闱中得他卷，疑为君，拔之。未尝愠，亦不轻往谒也。

关系：

孙衣言《翁文端公墓志铭》云：始公为大理少卿，在上书房，衣言以拔贡至京师，而仲弟锵鸣乡试出公门下，因得执贽以谒公。其后衣言在上书房，公以故师傅时得至西苑所谓三天者，益数见公。及为安庆守，公长子_{指同书}适为安徽巡抚。今年再至京师，与侍讲_{指同龢}尤亲洽。衣言游公父子间几三十年，自谓粗足以知公，而侍讲以公之状界为铭，衣言虽不文，其安可以辞也？遂书而铭之。——《文抄》五

又《跋翁叔平庶子所藏写本许及之集》云：今年余在京师，居南横街同年袁筱陷学士所，与翁叔平庶子同巷，偶属庶子觅乡先生集，庶子以此集见示，盖法时帆祭酒诗龛所藏四库副本，既命友人录副，复为校勘所疑者，仍以归诸庶子。——同治七年

《翁文恭公日记》云：

辛酉二月十六日，孙锵鸣补右春坊右庶子。

十二月二十日，孙锵鸣补讲学。

癸亥四月初二日，见孙薲田前辈，_{锵鸣，自广西学政任满回籍办团，屡擢至学士。}别已十五年矣。

初三日辰刻，孙薲田至庙谒奠，坐谈良久，其学深于三礼、三史，温然君子也。

十月十日，访孙薲田。薲田留心经济，手不释卷，真益友也。

十二月初三日，访孙薲田。

初四日，致孙琴西书。

甲子正月初五日，访孙蒉田不值。

六月初七日，孙蒉田去岁言团练通匪事，至是左宗棠查覆，所参皆虚妄，勒令休致。

廿四日夜，送孙蒉田，剪烛深谈，惘惘而别。

八月五日，左宗棠奏温州府专察金钱"匪"，各官处分。

戊辰三月廿五日，再谒琴西前辈，不晤。

三十日，三谒琴西前辈，不晤。

四月初五日，谒孙琴西前辈，皤然一老矣，谈良久。

十六日，敬诣孙琴西前辈，求作《先公墓志》。

闰月二十日，夜，孙琴西前辈以所撰《先公墓志》稿见示，铭辞古雅，文亦遒劲。

廿二日，谢孙琴西前辈，与商《墓铭》中数语。

六月初九日，访孙琴西前辈，赠以皮帛毛角一身、袍褂料一身。

廿三日，晚，访孙琴西前辈，与商《墓铭》中数处语。

七月初四日，晚，谒琴西前辈长谈，复商之《铭》文数字。

甲戌二月初四日，读孙琴西《逊学斋文集》。

丙子二月廿七日，出访孙琴西前辈长谈，毕竟读书人，识论正当。

三月十八日，孙琴西调江宁藩司。

九月十六日，孙琴西赠《永嘉丛书》数种。

庚寅会试年三月二十日，孙仲容诒让赠所著《古籀拾遗》三卷，极通博，刻亦古雅。仲容，琴西之子也。

甲午三月廿六日，访孙仲容孝廉诒让，粹然经生也。所著《周官义疏》数十卷已写定，未刊行。《古籀补》早刻，今年《策问》中有其说。

四月十五日，归检《周礼正义》，还孙仲容。送去林种参四两。

辛丑十二月十二日，看西蠡《周官政要》，与仲容、道希同订。盖比附《周官》而行新法之书。因摘录数条，手为之倦。记宋芸子亦有此书，大致相同。

（六）潘祖荫

潘祖荫字伯寅，号郑盦，江苏吴县人。咸丰二年一甲三名进士，授编修，迁侍读，入直南书房，充日讲起居注官，累迁侍读学士，除大理寺少卿。左宗棠被劾，召对簿，罪不测。祖荫上疏营救，且密荐其能，狱解乃起，独领一军。十一年，诏求直言，祖荫先后纠弹官吏不职状，书凡数上，直声震朝端。同治三年，授左副都御史，坐会议何桂清罪未列衔，絓吏议……光绪改元，授大理寺卿，补吏部右侍郎，拟迁工部尚书，加太子少保。五年，主事吴可读以死请为穆宗立嗣，祖荫被命集议，与徐桐等请申不建储彝训，疏存毓庆宫。明年，偕惇亲王奕誴等办中俄交涉。约既成，筹善后，条例练兵、简器、开矿、备饷四事进，命入直军机。父忧归，服阕起，权兵部尚书，调补工部，兼管顺天府尹事。大婚礼成，晋太子太保。十六年庚寅卒，赠太子太傅，谥文勤。

祖荫嗜学，通经史，好收藏，储金石甚富。惟生平绝少著述，除所刻《滂喜斋丛书》间存并世通儒遗著，自撰只《攀古楼彝器款识》《秦輶日记》《文勤日记》等零星小品而已。又有《攀古楼汉石记存》附《古泉丛谈》三卷。

资料：

《清史稿·列传》二百二十八：潘祖荫字伯寅，号郑盦，江苏吴县人。久恭公孙，曾绶子。咸丰壬子进士，以第三名及第。官至工部尚书，谥文勤。有《滂喜斋丛书》《功顺堂丛书》。

叶昌炽《文勤师年谱》。

潘祖年撰《潘文勤年谱》。

徐世昌《晚晴簃诗汇》卷一百五十四云：潘祖荫字伯寅，号郑盦，吴县人。咸丰壬子一甲三名进士，授编修，官至工部尚书，谥文勤。

诗话：文勤师家世通门，早跻华选。久直南斋，宏奖士类，与翁常熟并称。洊陟司空，兼领京尹，以治振积瘁卒官。雅好收藏，于商、周以来文字尤富，篆《攀古楼彝器图释》，辑刻《滂喜斋丛书》《功顺堂丛书》。

章钰曰：同、光两朝，达官以文字提倡天下者，必推吾郡潘文勤与松禅相国。两公著述不多，见文勤身后有《奏议》一卷，《芬陀利室词》一卷，为门下士所刊；相国文字，近闻有人纂辑，未知成否也。——《四当斋集》

潘祖荫字伯寅，号郑盦，江苏吴县人。咸丰壬子探花，官至工部尚书，谥文勤。《盂鼎歌》：盂鼎出岐阳，刘燕庭、吴子苾皆著录。字画独瑰奇，文从悉可读。盂名古无征，王命实严肃。辞多戒酗酿，文有云：在雩，即事国酒无敢酗，有燕来祀，无敢酿。按：雩，即鄠也。恉与《酒诰》续。盖是周大夫，掌酒食畿禄。殷以沉湎亡，周鉴凛坠谷。立盟又佐史，申鉴遍渊仆。文王与武王，字左皆从玉。文王三见，武王一见，均作玫、斌。边侯边伯先，受田作汤沐。文有云：边侯田。《左氏传》鲁庄十九年：边，伯之宫，近于王宫。南公南仲祖，世卿著氏族。鼎文屡云乃祖南公。按，南为殷时国，周诗有南仲。成周事弗具，坠简久沉陆。幸赖彝器存，十可证五六。勿详宁阙疑，信行且览目。苟其迹可搜，奚惮指画腹。伟兹宗周物，郑重等球箓。何取轻诋諆，鲁赝同垢黩。况夫通借例，多足证故牍。过遇字殊形，废法音同属。勿法朕命，谓勿废也。佞古吾岂敢，聊破泉疑蓄。

潘祖荫云：位西丈与家君道光辛丑考试中书为同年，咸丰庚申九月，荫考取国子监学正，赴圆明园引见，始谒丈于九峰别墅，是为识丈之始。叶润臣丈言，丈位西案头置《简明目录》一，所见书手记于下方，孙琴西丈云曾见之。或者旦暮遇之，当亦为刊行也。

宋衡云：居士少举于乡，不第，未尝试吏。诸公贵人希识其面，然亦往往闻之。故尚书潘公祖荫、翁同龢咸负时望，苦欲致诸门而不得。——《籀斋居士六十生日寿诗有序》

关系：

《前湖荷花盛甚，戏作长歌贻伯寅学士》：澄怀官湖三日雨，满目荷花相向吐……妙年学士湖西居，东望吾居盖百武。一门正对仙云开，八窗洞向明镜俯。朝回下马辄相寻，每对荷花隔花语。平生颇恨读书多，论事已遭俗子侮。不如日看门前花，更拟莲莆酹清醑。——《诗抄》卷六

《尺五庄题壁》：我住东南山水州，谢公诗句昔时留。春风杨柳桥边路，夜雨芙蓉江上楼。却为黄金售骏马，不教青草看骑牛。龙湫晴瀑灵峰月，万里飞鸿落九秋。——同上

孙仲容《古籀余论后叙》云：继余以资郎留滞春明，时吴县潘文勤公藏彝器最盛，文勤所藏器殆八百余种。与潍县陈寿卿编修垿，而宗室盛伯熙、福山王文介两祭酒、元和江建霞、阳湖费峘怀两编修，同邑黄仲弢学士皆为兹学。每有雅集，辄出所藏金文，辨证难字。适文勤得克鼎，文字奇瑰，属王、江诸君为正其读，考跋累累，装成巨册。公以示余，俾别择其是非。余辄举鼎中"扰远能执"一语，证以《诗》《书》，谓以"扰"为"柔"，"执"为"迩"，为声近假借。仲弢见之，则为举《尚书》"执祖"即"祢祖"以证其义，文勤亦以为郅确。京洛缁尘，萃此古懽，郅足乐也。未几，余省亲南旋，而文勤治振畿辅，官事悾偬，犹驰书以新得井人残钟拓本寄示，属为考释。比余答书未及达，而文勤遽薨逝。余亦自是不

复至都，意兴销落，此事几辍。今检吴氏此录，则季娟鼎、毛公鼎、井人钟诸器咸入橅录，而戴、潘、盛、江诸贤，墓已宿草，永念畴昔，几同隔世。光绪癸卯六月。

又《克鼎释文跋》云：郑盦宫保以此鼎精拓本见贻，复示诸家释文，命更审绎。谨摭《礼经》《雅》故，略为疏证。

又《邵钟跋》云：此钟近时出土，潘文勤得其七，此二器为趔斋编修所得，形制特小，铭文为韵语，瑰雅可诵。

（七）李文田

李文田字芍农，广东顺德人。咸丰元年一甲三名进士，授编修，入直南书房，充日讲起居注官。同治五年，大考，晋中允。九年，督江西学政，累迁侍读学士。秩满，其母年已七十有七矣，将乞终养。会朝廷议修园篽，遂入都复命。既至，谒军机大臣宝鋆，上封事，谏罢修圆明园。疏入，上为动容。俄乞假归。光绪八年，遭母忧，服竟，起故官，入直如故。数迁至礼部侍郎，充经筵讲官，领阁事。二十年，疏请起用恭亲王奕䜣及前布政使游智开，依行。明年卒，恤如制，谥文诚。

文田学识淹通，述作有体，尤谙究西北舆地。屡典试事，类能识拔绩学，士皆称之。

资料：

《清史稿·列传》二百二十八：李文田字仲约，字芍农，广东顺德人。咸丰己未进士，以第三人及第。官至礼部左侍郎，有《宗伯诗文集》《药禅室随笔》。顺德李氏之学，自谓出于郑夹漈、王深宁，故于近人最服膺俞理初衘博，务得镕为一。治金、元故实，西北舆地，旁及医方与遁形家言，靡不精综，词章书翰，特其余耳。

《翁文恭公日记》。

《越缦堂日记》。

徐世昌《晚晴簃诗汇》卷一百五十六云：李文田字仲约，号芍农，顺德人。咸丰己未一甲三名进士，授编修，官至礼部侍郎，谥文诚。

诗话：仲约值南斋时，恒疏奏时政。典试视学，务得其才，故取录文字类不中绳墨。著有《元史西北地里附录考》《元秘史注》，旁及相人、葬地诸书，靡不精究。书法北碑，后人效之几成风气。

缪荃孙《顺德李夫子六秩寿序》云：皇帝御宇之十有九年，顺德夫子年六十矣……而况经纬学海，贯串九流。义府儒宗，皋牢百氏。——《艺风堂文集》

喻长霖《李师若农》诗云：堂堂坛陆旧司监，顺德清芬压上京。海内高风郭有道，岭南佳话刘诸城。师名重一时，书法尤噪日下。青云荐士心无限，赤水求珠眼倍明。自叹少孤失庭训，那堪问学渺元亭。——《惺是斋存稿》卷六

李慈铭《与陈兰洲书》云：苟农侍讲，都中故交……其人才敏绝世，亦甚留心经史古学，兼通算法。然少年为美官，又生粤东，家故富厚，未能坚苦读书，恐其识见亦无一定。——《冬暄草堂师友笺存》第六册

关系：

李文田苟农楷书"玉海楼书藏"五字石刻，跋语云：此琴西老前辈聚书之所也。南齐张融自名其集曰《玉海》，玉以比德，海崇上善。宋王应麟亦取以名其书。儒家蓄书称藏，自阮文达始也。顺德李文田。又篆额"经微室"三字，并以草识跋。按：《孙谱》云：同治十三年四月，顺德李仲约学士文田为题"经微室"三字，篆书斋榜。三应试礼闱，报罢，南归。

（八）张百熙

张百熙字埜秋，长沙人。同治十三年进士，授编修。督山东学政，典试四川。命直南书房，再迁侍读。光绪二十年，朝鲜衅起，朝议多主战。百熙疏劾李鸿章阳作战备，阴实主和，左宝贵、聂士成皆勇敢善战之将，以饷械不继，遂致败绩，咎在鸿章。又劾礼亲王世铎筦枢务，招权纳贿，战事起，一倚鸿章，贻误兵机。皆不报。二十四年，坐滥举康有为，革职留任。二十六年，授礼部侍郎，擢左都御史。"拳匪"乱定，下诏求言，百熙抗疏陈大计，请改官制、理财政、变科举、建学堂、设报馆。明年，迁工部尚书，调刑部，充管学大臣。京师之有大学堂也，始于中日战后，侍郎李端棻奏请立学，中旨报可。而枢府厌言新政，请缓行。迄戊戌，乃奉严旨，促拟学章，命孙家鼐为管学大臣。及政变，惟大学以萌芽早，得不废。许景澄继管学，坐论义和团被诛。两宫西幸，百熙诣行在，以人望被斯任，于是海内欣然望兴学矣。百熙奏加冀州知州吴汝纶总教大学，汝纶辞不应，百熙具衣冠拜之，汝纶请赴日本察视学务……汝纶返国，未至京卒。而百熙始议分建七科。五月，又选派诸生游学东西洋，亲至站送诸生登车，各省之派官费生自此始。后历任礼部、户部、邮传部尚书，政务、学务、编纂官制诸大臣。

卒，赠太子少保，谥文达。

资料：

《清史稿·列传》二百三十：张百熙字埜秋，湖南长沙人，同治甲戌进士，官至邮传部尚书，谥文达。著有《退思集》。——《近代诗抄》

《药禅室随笔》：长沙尚书，不矜涯岸，不立门户，谦衷虚受，一时才俊归之者如百川之赴海焉。使当全盛时，其度量相越，必远出徐昆山、朱大兴上也。

徐世昌《晚晴簃诗汇》卷一百六十六云：张百熙字埜秋，号潜斋，长沙人。同治甲戌进士，改庶吉士，授编修，官至邮传部尚书，谥文达。有《退思轩诗集》。

诗话：文达久直南斋，知遇极隆。甲午后，痛心外患，故于变法、改革、兴学诸大端多所陈奏。汲引才智唯恐不及，以是时论翕然归之。辛丑后，殚思教育，志未得行。

郭则沄《祭张师文》云：长沙张文达公之薨也，朝伤柱折，士恸山颓……庚午四月，公之门下士郭则沄屏居古水，适涉旧都，获预公生日之祭。又《怀旧杂咏》之一长沙张文达师注云：公自粤学内召，向用方殷，忌者媒孽其间，故终身不得入枢棎……近闻其湖中居宅被劫，图书散尽，可慨也。

关系：

章梫《孙诒让别传》云：光绪二十九年开经济特科，吏部尚书张百熙、工部左侍郎唐景崇、两湖总督张之洞交章荐之，病未与试。

宋衡云：陶公既卒，则尚书张公百熙最负时望，屡招居士入都。居士以张公虽有汲黯、郑庄风，而其权尚不得比于昔之主爵内史，因辞之。张公乃请浙抚侍郎聂公缉椝强起居士总理温、处两州学务，俄而张公亦愠于群小，悒悒遽逝。而居士父执中望最重、年最高之俞先生樾亦告终于吴下，则居士年六十矣。——《籀庼居士六十生日寿诗有序》

又代孙经畲《祭父周忌文》云：庚子以后，士益短气。邮尚书张公最悉善类，殷殷相招，未赴公逝。

（九）唐景崇

唐景崇字春卿，广西灌阳人。同治十年辛未进士，授编修，由侍读四迁至内阁学士……公督浙江学政，母忧归。拳祸起，命督办广西团练。二十九年，以工部侍郎典试浙江，督江苏学政。三十一年，诏罢科岁试，学政专司考校学务。景崇条上十事。明年，罢学政，还京供职。疏陈立宪大要四事。

景崇以绩学端品受主知，屡司文柄。迨科举罢，廷试游学毕业生皆倚景崇校阅。宣统元年，戴鸿慈卒，遗疏荐景崇堪大用。二年，擢学部尚书。明年，诏设内阁，改学务大臣。是时学说纷歧，景崇力谋沟通新旧，慎择教科书。武昌"变"起，袁世凯总理内阁，仍命掌学务，引疾去。越三年，卒，谥文简。

景崇博览群书，通天文、算术，尤喜治史。自为编修时，取《新唐书》为作注，大例有三：曰纠谬、曰补阙、曰疏解，甄采书逾数百种。家故贫，得秘籍精本，辄典质购之。殚精毕世，唯缺《地理志》内羁縻州及《艺文志》，余均脱稿。

资料：

《清史稿·列传》二百三十。

关系：

章棁《孙诒让别传》云：光绪二十九年开经济特科，吏部尚书张百熙、工部左侍郎唐景崇、两湖总督张之洞交章荐之，病未与试。

（十）张之洞

张之洞字香涛，直隶南皮人。少有大略，务博览，为词章，记诵绝人。年十六，举乡试第一。同治二年，成进士，廷对策不循常式，用一甲三名授编修。六年，充浙江乡试副考官，旋督湖北学政。十二年，典试四川，就授学政，所取士多隽才，游其门者，皆私自喜得为学途径。光绪初，擢司业，再迁洗马，之洞以文儒致清要，遇事敢为大言……同时宝廷、陈宝琛、张佩纶辈崛起，纠弹时政，号为清流。七年，由侍讲学士擢阁学。

二十一年，中东事棘，代刘坤一督两江，至则巡阅江防，购新出后膛炮，改筑西式炮台，设专将专兵领之。募德人教练，名曰"江南自强军"。采东西规制，广立武备、农工商、铁路、方言、军医诸学堂。寻还任湖北，时国威新挫，朝士日议变法，废时文，改试策论。之洞言："废时文，非废《五经》《四书》也。故文体必正，命题之意必严。否则国家重教之旨不显，必致不读经文，背道忘本，非细故也。"

二十四年，政变作，之洞先著《劝学篇》以见意，得免议。

二十六年，京师拳"乱"，时坤一督两江，鸿章督两广，袁世凯抚山东，要请之洞，同与外国领事定保护东南之约。及联军内犯，两宫西幸，而东南幸无事。明年，和议成，两宫回銮，论功，加太子少保。以兵事粗定，乃与坤一合上变法三疏。其论中国积弱不振之故，宜变通者十二事，宜采西法者十一事。于是停捐纳，去书吏，考差役，恤刑狱，筹八旗生计，裁屯卫，汰绿营，定矿律、商律、路律、交涉律，行银圆，取印花税，扩邮政。其尤要者，则设学堂，停科举，奖游学。皆次第行焉。

二十八年，充督办商务大臣，再署两江总督……明年，入觐，充经济特科阅卷大臣，厘定大学堂章程，毕，仍命还任。三十二年，晋协办大学士。未几，内召，擢体仁阁大学士，授军机大臣，兼筦学部。三十四年，督办粤汉铁路。德宗暨慈禧皇太后相继崩，醇亲王载沣监国摄政。之洞以顾命重臣晋太子太保。逾年，亲贵寖用事，通私谒。议立海军，之洞言海军费绌可缓立，争之不得。移疾，遂卒，年七十三。谥文襄。

之洞短身巨髯，风仪峻整。莅官所至，必有兴作。务宏大，不问费多寡。爱才好客，名流文士争趋之。任疆寄数十年，及卒，家不增一亩云。

资料：

《清史稿·列传》二百二十四：张之洞字香涛，直隶南皮人。同治癸亥进士，以第三人及第。官至体仁阁大学士。赠太保，谥文襄。有《广雅堂集》《奏议》。

许同莘《张文襄年谱》。

张春霆《张文襄公治鄂记》。

陈衍作《张相国传》。——《石遗室文集》

又《书将广雅相国逸事》同上。

陈宝琛作《墓志》。

徐世昌《晚晴簃诗汇》卷一百六十二云：张之洞字孝达，一字香涛，晚号抱冰，南皮人。同治癸亥一甲三名进士，授编修。官至体仁阁大学士，赠太保，谥文襄。有《广雅堂集》。

诗话：叶昌炽《缘督庐日记》卷七云：丙申十一月初九日，作七绝六首，题张孝达丈尺牍。辛未闱后，孝达丈与潘文勤师议会诸名士于龙树院，此手札七通，皆言治馓召客事，经学词章，各有品目。河阳南归，夏闰枝太史得于故纸堆中，装池成册，以不佞平津旧客，属为题之，适觏亡人之变，今甫下笔，嗷杀不能成声也。

《近代诗抄》云：张之洞字孝达，号香涛，一号壶公，又称广雅，直隶南皮人。同治癸亥探花，官体仁阁大学士，军机大臣。著作《广雅堂诗》。

《石遗室诗话》：相国生平文字，以奏议及古今体诗为第一。古体诗才力雄富，今体诗士马精妍，以发挥其名论特识，在南北宗诸大老中，兼有安阳、庐陵、眉山、半山、简斋、止斋、石湖之胜。古今诗家，用字切当者，前推东坡，后有亭林。公诗……用事精切，皆可以方驾坡公、亭林。

关系：

孙衣言《逊学斋诗续抄》卷三云：《辛未五月之朔，张孝达太史之洞、潘伯寅侍郎集诸名士于龙树院，为〈蒹葭簃雅集图〉，人各有诗，南海桂皓庭文灿、儿子诒让皆与焉。皓庭来金陵，索为诗》，诗曰：高槐深柳蔼风烟，胜事城南思渺然。帝里春光犹杜曲，秦淮明月自尊前。每怀丹禁多华发，又看青云接妙年。四海晁张同辈少，诗成吟与小斜川。

《徐案》一八七《南皮学案》：张之洞字孝达，号香涛，南皮人。同治癸亥一甲三名进士，授编修。廷试对策，破除常格，直陈时政得失，一时钦其风采。连督湖北、四川学政，教士通经学古，撰《輶轩语》《书目答问》以示途径。增设书院，选师儒，主课程，贮书籍，优廪饩，成材甚盛。洊历清要，遇事抗疏直言……光绪七年，由内阁学士简授山西巡抚。廿年，擢两广总督，时法越之役，朝议和战久不决，桂军溃于关外，法乘隙扰台、闽，则建攻越救台之议……二十六年，"拳匪"乱作……二十八年，再署两江总督……逾年，召入觐，充经济特科阅卷大臣，特命厘定学堂章程……事竣还镇，先后在鄂十八年……三十三年，以湖广总督协办大学士，寻召授军机大臣，晋体仁阁大学士，管理学部。三十四年，德宗崩，未几孝钦显皇后薨，受顾命，定策立大计。宣统元年卒，年七十有三。赠太保，谥文襄。著述有王树枏厘订古文、书札、骈文、诗集等。参《史传》、陈宝琛撰《墓志》及《文襄本集》。

许同莘编《遗集叙例》云：先生官翰林时，与吴县潘文勤公讨论金石文字，书札积数卷，考释攀古楼藏器、杂说诸篇，为潘刻所未载。其考释积古斋、筠清馆各器，则辨正之文为多。

孙仲容《周礼正义叙》云：窃思我朝经术昌明，诸经咸有新疏，斯经不宜独阙。遂博采汉、唐、宋以来迄于乾、嘉诸经儒旧诂，参互证绎以发郑《注》之渊奥，裨贾《疏》之遗阙。草创于同治之季年，始为《长编》数十巨册，缀缉未竟，而举主南皮张尚书议集刊国朝经疏，来征此书。乃隰括鳃理，写成一帙以就正。

又《张广雅尚书六十寿叙》云：光绪二十有二年丙申八月，吾师尚书张公六秩诞辰，凡著弟子之籍者，咸献文以为千秋之祝。诒让独以衔恤家居，不得与称庆。暨丁酉，而公以官年六十，礼官上闻，天子优礼耆德，将举锡禧之典，寰宇翘首以瞻异数。而诒让亦适届祥禫，虽学识疏浅，于公之盛德大业未能仰赞万一，而于兴学自强之恉略有所窥，斯固不可以无述也⋯⋯

自道光海上用兵以来，海内学者嚣然争论富强。邵阳魏氏首研考四裔地里形势，间涉兵权谋家之论，其言闳侈，或未易施行；安吴包氏始探源于河漕、农桑以植内治之本；湖乡曾文正公揭礼治一原之恉，持论尤精，而以戡平寇乱，未遑更法。惟公覃思闳揽，肇建兴学之议，提纲握要，其意深远。今者朝廷开储材之馆以广致茂异之士，东南士大夫亦皆焕然知贫弱之原由于学之不讲，公私校舍次第兴立，明算通译，风尚大昌，其端皆自公发之⋯⋯

诒让徇眷无似，昔尝侍公燕间，获闻古今学术之流别。中年早衰，学殖荒落，重以孤露余生，废业累岁，曩时所治，百不识一。惟是《礼经》为夙所诵说者，犹能举其要略。窃谓《周官》乡遂立学，以德行、道艺、治军、教民之义与公所陈建者夐若合符，辄缀缉之用证兴学自强之恉。

张之洞《致瑞安孙仲容主政》云：闻礼部奏派足下充礼学馆总纂，计必赴召。鄙人因世衰道微，正学将晦，特于鄂省奏设存古学堂，延聘海内名儒以为师表。足下经学淹贯，著书满家，实为当代通儒之冠。窃欲奉聘来鄂，为此堂总教以惠士林。惟京师现正虚席相待，可否请半年留京，半年住鄂。如礼学馆总辑事繁，或携至鄂办理，或即以三个月住鄂，固亦甚好。堂中尚有协教、分教各员分任教课，劳剧之事不以相烦。但望至堂时开导门径，宣示大义，为益已多。此为存绝学、息邪说起见，务希鉴允，天下士林皆受其赐矣。详情另由仲弢学使函达，先祈示覆，感盼。号。

孙仲容《复张相国电》云：武昌张中堂夫子钧鉴：昨为越事电禀后，旋奉电谕，敬悉。存古总教本非衰庸所敢任，重承师谕，敬当勉遵。礼部闻已奏派，未便固辞。而温师范学校经年未竣，现觅人接办，计非冬初不能成行。闻觐光在即，朝野渴望，司马入都时容面请示。事关奏派，驻鄂一节，恐难自由，俟到京再决定。越事仍希主持，感切。让，个。

附孙仲容《致黄仲弢书》大意云：张之洞聘他任武昌存古学堂总教习，再三催

促就道，他忝在门生之列，很觉为难，最后仍以衰荼多病，不能远行辞之。——《孙谱》卷七

孙延钊云：他在这个阶段，经常通信议论时局，交流学术的，有潘祖荫、翁同龢、张百熙、瞿鸿禨、黄绍箕、王懿荣、费念慈、李文田等，其中大部分是帝党人物。他也同时与康有为、梁启超、汪康年、陈虬等有交往，还受到过梁氏思想的较大影响。政变发生，谭嗣同等系狱时，也曾驰函张之洞，责以大义，请设法营救以伸士气。——《与汪康年书》上海图书馆藏手稿

又云：一九〇七年，皖浙起义失败，秋瑾被捕，他曾利用和张之洞的师生关系，请张设法营救。张托词回绝后，他再度去电，提出"越事仍希主持"的请求。——孙诒让《覆张之洞书》抄本，温州市文管会藏。按：近人温州陈守庸先生回忆说：有一次去访孙时，孙氏刚刚发出给张之洞的请求营救秋瑾的电报，孙氏曾亲口和他提及此事。

吴士鉴《奏折》云：臣伏见已故刑部主事孙诒让，系浙江瑞安县人，承其父原任太仆寺卿孙衣言之教，学有家法，由同治丁卯科举人援例分部行走，淡于仕进，引疾归里，穷经著书垂四十年。大学士张之洞曾奏保经济特科，甚引重之，以宿疴未瘳，不克应试。

附：瑞安鲍田戴叔雅炳骢《朴庐杂记》云：学部奏定咨议官一等八人，为刘若曾、陈宝琛、张謇、汤寿潜、王树枏、梁鼎芬、郑孝胥、严复。二等二十五人：丁仁长、赵启霖、王同愈、胡峻、谭延闿、汪康年、蒋黼、陈三立、谷如镛、罗振玉、孙诒让、韩国钧、宋小濂、熊希龄、罗正钧、尹昌龄、伍光建、屠寄、夏曾佑、胡玉缙、缪荃孙、陶葆廉、钱恂、叶景葵、张一麐。

（十一）瞿鸿禨

瞿鸿禨字子玖，湖南善化人。同治十年进士，授编修。光绪元年大考一等，擢侍讲学士。久乃迁詹事，晋内阁学士。

朝鲜战事起，我师出平壤。鸿禨上四路进兵之策，请兼募沿海渔人、蜑户编为舟师，使敌备多力分，庶可制胜。及和议成，鸿禨方自蜀还，复奏言秦中地形险要，请预建陪都。日本增兵辽东，鸿禨以敌情叵测，请敕刘坤一、王文韶简练劲旅，不可专任淮军……皆不报。旋迁礼部侍郎，出督江苏学政……两宫西狩，鸿禨差竣，诣行在……既至，命直军机，兼充政务处大臣。请以策论试士，开经济特科，汰书吏，悉允行。

扈跸回銮，赏黄马褂，加太子太保。自新政议起，兴学、通商、劝工诸政，有司多借端巧取。鸿禨请降旨禁革苛派，任民间自办……充中日议约全权大臣。是时中外咸以立宪为请，朝廷下诏预备宪政始基……三十二年，协办大学士。特旨派议改官制大臣……因直言忤太后旨，侍讲学士恽毓鼎劾以揽权恣纵，遂罢斥归里。辛亥，湘变起，流寓上海，旋卒。谥文慎。

资料：

《清史稿·列传》二百二十四：瞿鸿禨字子玖，号止庵，湖南善化人。同治十年进士，官至工部尚书，协办大学士，谥文慎。有《瞿文慎公诗选》。

公诗条达妥贴完好，有意致。——《近代诗抄》

陈三立作《墓志铭》。——《散原文集》

陈衍《石遗室诗话》。

徐世昌《晚晴簃诗汇》卷一百六十五云：瞿鸿禨字子玖，号止庵，善化人。同治辛未进士，改庶吉士，授编修。官至外务部尚书，协办大学士。谥文慎。有《瞿文慎公诗选》。

诗话：文慎蚤岁掇科第，官侍从，屡持文柄。旋被东朝眷遇，入赞枢府，坐事罢官。晚居上海，与庸盦、苏戡、乙庵诸君为文酒之会。

关系：

孙仲容《自题变法条议后》诗注云：戊戌变政，持议者多举制科，未试而党狱兴矣。不佞以陈右铭中丞、瞿子玖尚书荐，亦厕名其列，陈尚未识面，盖得之党人某也。

（十二）陈宝箴

陈宝箴字右铭，江西义宁人。少负志节，诗文皆有法度，为曾国藩所器。以举人随父伟琳治乡团，御"粤寇"。已而走湖南，参易佩绅戎幕。之江西，为席宝田划策歼"寇"，叙知府，授河北道。迁浙江按察使，坐事免。王文韶荐其才，光绪十六年召入都，除湖北按察使，署布政使。二十年，擢直隶布政使，入对。时中东战亟，见上形容忧悴，请日读《周易》以期变不失常。他所陈奏语甚多，并称旨，上以为忠。明年，以荣禄荐，擢湖南巡抚。湘俗故闉愚，宝箴思以一隅致富强，为东南倡，先后设电信，置小轮，建制造枪弹厂，又立保卫局、南学会、时务学堂，延梁启超主湘学，湘俗大变。是时，张之洞负盛名，司道咸屏息以伺。

宝箴初绾鄂藩，遇事不合，独与争，无私挠。之洞虽不怿，无如何也。久之，两人深相结，凡条上新政皆联衔。康有为言事数见效，宝箴因上言荐杨锐、刘光第、谭嗣同、林旭佐新政。上方诏求通变才，遽擢京卿，参新政，于是四人上书论时事无顾忌。宝箴又言四人虽才，恐资望轻，视事过易，愿得厚重大臣如张之洞者领之。疏上而太后已出训政，诛四京卿，宝箴去官。

资料：

《清史稿·列传》二百五十一：陈宝箴字右铭，江西义宁人。咸丰辛亥举人，官之湖南巡抚。

范当世撰《墓志》：公一生行事之大者在湖南，尤习于湖南，乐用其人，人亦乐之。思以一隅致富强为天下倡，而务分官权与民，故湘之人兴起者大半，其顽者一二，中立审势者裁二三而已。戊戌秋，皇太后训政，坐滥保匪人，废斥不用，然悉非公所为也。

徐世昌《晚晴簃诗汇》卷一百五十三云：陈宝箴字右铭，江西义宁人。咸丰辛亥举人，官至湖南巡抚。

诗话：右翁负干略，工诗古文词。初见赏于曾文正，以从戎致通显。任河南彰卫怀道。创立致用精舍，专课实学，河朔人才蔚然而起。尝校刻李文清遗书……其子伯严吏部……通籍后，假归不出，淡于仕进，专心著述，侨寓金陵，诗名甚盛，学者称为散原先生。

章炳麟《孙先生伤辞词》云：其后倾侧扰攘埍埏之中，播迁江海间，久不得先生音问。问浙中诸少年，曰：先生亦几及祸。

关系：

宋衡云：光绪戊戌，今上将采三代、汉、唐及日本西洋之法以拯涂炭。将相翁公乃因而大征海内名流，将悉使参政。于是湘抚侍郎陈公宝箴最负时望，表荐谭嗣同、刘光第等若干人。陈公未识居士，一日，见《墨子间诂》，遽列荐。海内名流，识与未识，举纷纷然拭目以待观汾上之十二策矣。俄而上有疾，执政大捕党人，翁公、陈公皆免锢，悉罢诸征士，其已入都奉职建白赫赫者皆弃市。而居士幸未入都，亦会故大学士李公鸿章、故江督尚书刘公坤一以湘淮勋宿之重，力谏钩连，故得不及于难。——《籀顾居士六十生日寿诗有序》

孙仲容《自题变法条议后》八绝句云：太平经国细参详，王道由来足富强。重见始元论盐铁，昔年星散几贤良。戊戌变政，持议者多举制科，未试而党狱兴矣。不佞以陈右铭中丞、瞿子玖学使荐，亦厕名其列。陈尚未识面，盖得之党人某也。

陈三立《题孙仲容遗墨》云：瑞安孙籀庼征君，学术精博，以礼经大师名海内，凡所撰著，服膺盖久，恨未及与之相接也。然征君先德太仆公则与先侍郎为旧交，颇以道义文学相切劘，今犹藏其书翰遗迹。数十年间，人往风微，独征君恢张家学，蔚然推儒林绝业、不朽盛事，以视不肖孤陋濩落，老无所成，甚自愧也。——乙丑五月跋语

（十三）溥玉岑

溥玉岑，满洲人，清宗室。官尚书，拜大司空职。玉岑师且与其次子世卿员外以家国亡故，辛巳年除夕同仰药殉焉。——如皋冒广生《叙笺经室遗集》

资料：

孙葆田《溥玉岑尚书》。——《校经室文集》

萧穆《溥玉岑大司空自述》。——《敬孚类稿》

曹元忠《笺经室遗集》卷十四。

关系：

为宗室玉岑宗伯师《与孙仲颂刑部书》云：仲颂先生足下：凤闻执事治郑氏礼，于周官经别撰《正义》以匡贾《疏》，陆倕所谓"使圣人正典废而后兴，不图今日复见此著"。风雨如晦，听鸡鸣之胶嗜；白龙在天，望龙门而不见。闻声相思，十年于兹矣。会奉诏旨，命修礼教。以为讨论得失，朱整以付挚虞；增损仪矩，余庆以引韩愈。昔闻前史，今见及身。遂以大名，褒然入告。不我遐弃，既遂愿见之志，请申盍各之义……每叹汉文之世，去古未远。而礼官善颂，祇知盘辟去容；博士剌经，仅解兵服之制。既非精要，旋就亡佚。曾不如甘露故事，后王取法者，由石渠之议，平奏于萧傅；曲台之记，论说于后氏也。然则佐圣天子议礼制度，讵可蹈发言盈庭之诫，忘吾适从之讥。如古称会议之家，各为聚讼，互生疑义，笔不得下者乎？区区之私，诚为此惧。何期来悕，先得我心。自当奉条例于孙炎，禀制度于刁协。虽董钧之参议，无可从用；须叔夏之评处，乃以上闻。敬听主持，谁敢违异。况先生硕学重望，倾动海内。高山仰止，咸深景行之思；其宝则迹，尚有人远之憾。一旦亲颜色，闻绪论，有不马宪、陆澄，皆曼容而定服；牛宏、杨熹，随彦之而创礼也哉？所愿骊驹命驾，以慰辐饥。敢布悃诚，伏维鉴察。——《笺经室遗集》卷十四

为宗室玉岑宗伯师《与黄鲜庵提学书》：鲜庵同年足下：自别风仪，载更寒暑。思维令德，何日能忘……弟忝掌秩宗，愧弗克胜。昨岁恭奉明诏，命修典礼。不揆荒陋，犕定章程。入告九重，幸蒙俞允。窃谓颂礼之事，固有思存；如其厘定，以俟君子。及闻瑞安孙先生仲颂通经笃实，治礼专家，业已奏闻，派充总纂。议礼制度，本圣天子之事；尊德乐道，遇大有为之君。建首善于京师，定太常之因革，斟酌损益，当亦有乐乎此。惟弟猥以职守，不遑造庐。既缺相见之仪，安闻交际之道。区区之意，行有未慊，用敢浼公介绍，务为远致。倘得安车就道，惠然肯来，则绍泰礼度，出文阿之裁撰；宣武朝仪，悉刘芳之修正。著于功令，为天下式，不朽盛业，莫过于兹。如以年将耆艾，不耐远涉，亦惟执事致主上教化励贤之志，移风易俗之心，迎申公以蒲轮，见郑君以几杖。冀得强起，勉为条例。威仪章服，待草创于董钧；裁定刊正，资发起于卢植。岂惟典领条奏，益我实多，且将大有造于国家，于以内抚诸夏，外接百蛮也，焉有公不玉成其事者乎！至于往来京邑，还归乡里，办装之钱，当奉官才。仰承先容，并求将意。白驹皎皎，会闻空谷之音；束帛戋戋，愿劝邱园之驾。凡此璨璨，以续故人。敬候德音，无任歧望。——《笺经室遗集》卷十四

（十四）荣庆

荣庆字华卿，蒙古正黄旗人。光绪九年会试中式，十二年成进士。以编修充镶蓝旗管学官，累迁至内阁学士。

和议成，奉命会办善后事宜，兼政务处提调。二十八年，授刑部尚书。大学堂之创立也，命荣庆副张百熙为管学大臣。百熙一意更新，荣庆时以旧学调剂之。寻充会试副考官、经济特科阅卷大臣，调礼部尚书，复调户部，拜军机大臣、政务大臣。既入政地，尤汲汲于历人才，厚风俗。尝疏陈："国家取才，满汉并重。请饬下阁部，将所属满员严加考试，设馆课之……"疏入，报闻。三十一年，协办大学士，是冬改学部尚书。明年，充修订官制大臣。寻罢军机，专理部务。德宗上宾，充恭办丧礼大臣。宣统元年，以疾乞休……国变后避居天津，卒年五十八，谥文恪。

资料：

《清史稿·列传》二百二十六。

徐世昌《晚晴簃诗汇》卷一百七十六云：荣庆字华卿，号实夫，蒙古人。光

绪丙戌进士，改庶吉士，授编修。官至协办大学士，弼德院顾问大臣，谥文恪。

诗话：文恪少时，随宦蜀中，事亲至孝。及归京师，受业盐山李慕皋侍御之门。自通籍以至显贵，门庭如水，无异寒素。与余结昆弟之好，同直枢廷。晚病偏废，仍时相往还，闻有《髫龄日记》，诗册未之见也。遍求遗作，仅得一律。

关系：

宋衡曰：学部之设也，尚书荣公庆、侍郎严公修等奏授居士二等咨议官，然居士竟不入都。——《籀顾居士六十生日寿诗有序》

（十五）刘坤一

刘坤一字岘庄，湖南新宁人。廪生。咸丰五年，领团练，管军克茶陵、郴州、桂阳、宜章，叙功以教谕即选。六年，骆秉章遣刘长佑率师援江西，坤一为长佑族叔而年少，从军中自领一营。长佑既克萍乡，坤一代长佑将其军。长佑擢抚广西，令坤一驻柳州清余"匪"，悉平之，加布政使衔……同治元年，迁广西布政使。调授两江总督。帮办海军事务。日本犯辽东，九连城、旅顺悉陷，北洋海陆军皆失利。召坤一至京，命为钦差大臣，督关内外防剿诸军。二十一年春，前敌宋庆、吴大澂等复屡败，所募诸军实不能任战。日本议和要挟弥甚，下坤一与直隶总督王文韶决和战之策。坤一以身任军事，仍主战而不坚执。未几，和议成，回任。

坤一素多病，卧治江南，事持大体……屡疏陈情乞退，不许。"拳匪"乱起，坤一偕李鸿章、张之洞创议，会东南疆吏与外国领事订约，互为保护，人心始定。车驾西幸，议者或请迁都西安，坤一复偕各督抚力陈其不可，吁请回銮。二十七年，偕张之洞会议请变法，以兴学为首务，中法之应整顿变通者十二事，西法之应兼采并用者十一事，联衔分三疏上之，诏下政务处议行，是为实行变法之始。洎回銮，施恩疆吏，加太子太保。二十八年卒。

资料：

《清史稿·列传》二百。

关系：

互见陈宝箴节。

（十六）陶模

陶模字子方，号方之，浙江嘉兴人。同治七年进士，改庶吉士，散馆，授甘肃文县知县，调皋兰。左宗棠为总督，奏模行治第一。调补迪化州。历署兰州府、兰州道、按察使。光绪十七年，授甘肃新疆巡抚……关内外悉平，论功授总督。方日事之初起也，和战议不决，模言："国强弱视人才，人才不足，和战皆不足恃，即战胜亦无益。"因言："天下事当变通者非一，如减中额，停捐例，汰冗员，令京官升迁不出本部，司员分类治事，删弃旧案，破除旗兵积习，禁士大夫食鸦片，分设算学、艺学科目，废武科，变操法，择勋旧子弟游学各国，培植工艺。尤愿皇上鉴天灾之屡警，念民困之莫苏，怀内政之宜修，知外患之难弭，毋始勤终怠，毋狃目前而忘远虑。"时中外诸臣条奏，多言变法，祛积习。模言："推行宜渐，根本宜急，聚阘茸嗜利之辈以期富强，止于旧法外增一法，不得谓之变法；于积习外增一习，不得谓之祛积习。欲求富强，当先崇节俭，广教化，恤农商。"其悟意大率类此。模督陕、甘数年，锐欲开矿制械，兴学广教，皆以用不足不能尽举，累疏乞罢。二十六年，述职入觐，道留陕西。俄调补两广总督。两宫西幸，迎谒蒲州，再乞休，不允，乃力疾上官。二十七年九月卒于广州，赠太子少保，谥勤肃。

资料：

《清史稿·列传》二百三十四：陶模字子方，浙江秀水人。同治戊辰进士，官至两广总督，谥勤肃。

陶葆廉等撰《陶勤肃公行述》。

陈豪撰《墓志》：公为学由平实致广大，不立崖异，奋志匡时，殊于迂阔。察吏严而平，群吏望风肃然，相率守法戒。政先教养，本末秩然，如请停捐纳、废科举、训旗兵、罢宫监，次第入告，绝无瞻顾意，殆所谓"上不负吾君，下不负所学"者耶？

徐世昌《晚晴簃诗汇》卷一百六十三云：陶模字方之，一字子方，秀水人。同治戊辰进士，改庶吉士，官至两广总督，赠太子少保，谥勤肃。

诗话：勤肃自庶常出宰文县，山城朴僿，勤勤抚字，循声大起，几如于端清之于罗城。遂自牧守洊陟封圻，行政持大体，泽及于民，所上封奏多切中时弊，尤为世传诵。

关系：

宋衡云：庚子后，同年生江督尚书陶公模独抗疏请立宪，将又荐起居士，而慍于群小，一夕大呕血卒。——《籀廎居士六十生日寿诗有序》

孙延钊云：陶模与公笃于同岁之谊，光绪甲午以后，常通书论时务，如对开矿、筑路、兴学、制器诸端，二人所见略同。陶公尝奏言变法，谓"聚阘茸嗜利之辈以图富强，止于旧法外增一法，不得谓之变法；于积习外增一习，不得谓之祛积习"。公以为切中情弊。——《孙谱》卷六稿本

（十七）端方

端方字午桥，号陶斋，满洲正白旗人。一作浭阳。由荫生中举人，入赀为员外郎，迁郎中。光绪二十四年，除陕西按察使，晋布政使，护巡抚。两宫西幸，迎驾设行在，调河南布政使，擢湖北巡抚。二十八年，摄湖广总督。三十年，调江苏，摄两江总督。寻调湖南，颛志兴学，赀遣出洋学生甚众。逾岁，召入觐，擢闽浙总督。未之官，诏赴东西各国考政治。既还，成《欧美政治要义》，献上，议改立宪自此始。三十二年，移督两江，没学堂，办警察，造兵舰，练陆军，定《长江巡缉章程》，声闻益著。宣统改元，调直隶……三年，命以侍郎督办川汉、粤汉铁路。时部议路归国有，而收路章条湘、川不一致，川人大哗，端方死。事闻，赠太子太保，谥忠敏。

端方性通侻，不拘小节，笃嗜金石书画。尤好客，建节江鄂，燕集无虚日。一时文采，几上希毕、阮云。

资料：

《清史稿·列传》二百五十六。

罗振玉作《死事状》。——《云窗漫稿》

徐世昌《晚晴簃诗汇》云：端方字午桥，号陶斋，满洲旗人。光绪壬午举人，官至直隶总督，罢，再起候补侍郎。署四川总督，殉难，谥忠敏。

诗话：忠敏风流儒雅，卓荦不群，出领疆圻，罗致贤士大夫置诸幕府。鼎彝图籍，碑板书画，广搜博采，相与矜赏。《华山碑》海内三拓本，一时并至于两江节署中，筑宝华盦以纪其盛。

朱芳圃云：唐写本《说文解字》木部，近年端氏所藏，其家人斥卖殆尽，此卷归于白坚。闻白氏以三千金转售于日人矣。——《孙诒让年谱》

郭沫若云：端方在他的收集骨董，讲究一些中国式的考古学上，比较都还是

一个聪明的人，说到政治上的处理上来，我不知道他怎么是这样的愚蠢。有《匋斋商吉金录》。——少年时代

关系：

宋衡云：特科之开也，曾荐居士以应，居士不赴。然闻端公时告浙吏，令敬居士云。——《籀庼居士六十生日寿诗有序》

孙仲容《秦权拓本跋》云：（上略）辛丑腊月，长白午桥尚书以所藏秦权精拓，手跋其后，介黄君仲弢寄贻。寻校累日，则积疑为之涣然……仲弢又出别拓见示……亦尚书所藏者……闻尚书所得秦权甚伙。

今尚书以闳达忠亮膺岳牧之寄，当光佐天子，更法自强，绍开中兴。倘将考协权衡，用昭示万国，甄古作范，固知不藉它求矣壬寅。

又《秦大魏权拓本跋》云：秦权量自隋、唐以来间有流传，咸珍为瑰宝。近长白匋斋尚书端方所藏有秦权七、秦量一，著录之富，远轶宣和御府，他勿论已。

秦权文字奇古，昔颜黄门、小司马咸据以证史，而不知其符契经义伙颐如是，信可宝贵。尚书顷又以拓本介仲弢见示，属为审定。谨拉杂书此奉质，倘理而董之也。按：永嘉江步瀛蓬仙《铜权歌和刘次饶先生作》云：（上略）噫吁嘻！中原世事几变迁，沧桑孰能主张是。匋斋著录有秦权，考证犹未敢自是。拓本邮示百晋斋，周、秦古物几屈指。刿在章安玉海楼，孙氏珍藏同盛轨。端制府方有拓本铜权一帧，考据甚详，定为秦制，以原无年号月日故也。今此本藏孙氏玉海楼。——《慎社诗录》

又仲容卒前语人曰：《名原》《契文举例》前以原稿寄示端午桥方，家藏副本篆文不完，皆非我手定不可。老病摧人，奈何？按：《契文举例》，民国五年丙辰冬，王国维得其稿本于沪肆，因寄罗振玉刊于《吉石盦丛书》中。

（十八）盛宣怀

盛宣怀字杏荪，江苏武进人。以诸生纳赀为主事，改官直隶州知州，累至道员。尝赞置轮船招商局，开采湖北煤铁矿，李鸿章颇信任之。英商擅筑铁轨，首沪迄宝山迄吴淞，上海道数阻弗听。宣怀与英官梅辉立折辩，偿银二十八万有奇，始归于我。光绪五年，署天津道。时鸿章督畿辅，方向新政，以铁路、电报事专属宣怀。十年，署天津海关道，会法越构衅，海防急，乃移金州矿赀治苏、浙、闽、粤电线，便军事，而部议指为含混，科以降级调用。左宗棠为言于上，事下，南洋大臣曾国荃等上其绩状，始改留任。十二年，授山东登莱青道。十八年，

张之洞、王文韶交荐之，遂擢四品京堂，督办铁路总公司。入觐，言筑路与练兵、理财、育才互为用，并请开银行，设速成馆，称旨，补太常寺少卿。二十六年，"拳祸"作，各国兵舰纷集江海各口。宣怀倡互保，议电粤、江、鄂、闽诸疆吏，获同意……越二年，而有争粤、汉废约事，沪、宁、苏、杭、甬踵之，众大哗，诏禁宣怀干预，命唐绍仪代督两局。宣怀遂奏罢铁路总公司。后四年，浙路事益棘，上终以宣怀谙路政，复召见问筹策。宣怀言："既借款，不应令商造；既商造，不应再借款。民情可用，不顺用之，恐激变。"上是之，拜邮传部右侍郎。命甫下，而浙路总理汤寿潜因言宣怀短，请离路事。寿潜获严谴，宣怀亦不复久居中，仍命诣沪办商约。宣统改元，奏言推广中央银行，先齐币制，附陈办法，成式……晋尚书，数上封事，凡收回邮政，接管驿站，规划官建各路，展拓川、藏电线，厘定全国轨制称，新政毕举。而以铁路收为国有，致召大变，世皆责之……诏夺职。民国五年卒，七十一岁。

资料：

《清史稿·列传》二百五十八。

《梁燕孙年谱》。

关系：

《瑞安县志稿·孙诒让传》云：当清廷变法时，尝举泰西强国制度与《周官》符契者为《周礼政要》二卷。书成，盛宣怀将代呈御览，以陈义太高，不果。乡人刊布之，山东巡抚杨士骧命全省学校用为教科书。按：盛宣怀知道他精治《周礼》学，通过费念慈乞请代撰条陈，他于是尽十昼夜之力，草成《变法条议》四十篇以报。第二年（1902）改名《周礼政要》，补作《自序》印行。又按：《周礼正义》家刻本，日本铅铸系盛杏荪出资制板。

（十九）杨士骧

杨士骧字莲府府一作舫，安徽泗州人。光绪十二年进士，选庶吉士，授编修。保道员，补直隶通永道，擢按察使，迁江西布政使，复调直隶。三十一年，署山东巡抚。三十三年，代袁世凯为直隶总督……一切奉行罔有违，财政日竭，难乎为继，而周旋因应，常若有余，时颇称之。明年，入觐。宣统元年五月卒，赠太子少保，谥文敬。

士骧少孤露，起家幕僚，至于专阃，与人无迕，众皆称其通敏云。

资料：

《清史稿·列传》二百三十六。

关系：

宋衡云：初，侍郎盛公宣怀请居士代述《周礼政要》，将上御览。盛惊其陈义太高，不敢即上。乡人遽椠之，书肆争传刊。齐抚侍郎杨公士骧见而深好之，别特命诸学校用为教科书，于是青、兖间始复知有周官之学焉。

（二十）张謇

张謇字季直，号啬庵，南通人。少时天分极高，孝友好学，有向上志，不要他人督责。年十六七，已读毕四书、《尔雅》《礼记》《春秋左氏传》《仪礼》等。转为八韵诗、制艺，始应州县试，受知于州牧孙云锦。云锦荐之入吴长庆幕，甚见器重。甲午成进士，以一甲第一名及第。阅卷大臣为翁同龢、李鸿藻，皆素重謇者。时朝廷帝、后分党，光绪二十七年夏，与张之洞谈办学之初步，作《变法平议》，尝以私赍办小学堂及师范学堂。继游历日本，参观学校、工厂。回国后，佐政府筹计教育、实业各事。三十四年四月，为张之洞、魏光焘作一篇《拟请立宪奏稿》。秋，诏命各省谘议局筹备立宪。宣统三年八月，武汉革命旗帜一竖，全国鼎沸，于是謇拍电劝告清室，再劝告袁世凯。逮清帝逊位，袁氏命唐绍仪组阁，乃请謇入京任工商农林部长，发表政策四事……謇始终抱村落主义，于南通谋自治。其所办实业，有大生纱厂、榨油、制面、渔业、盐业、酿造诸厂及淮海银行。其他公共事业，则有博物苑、图书馆、城南五公园、气象台等。民国十五年七月十五日卒，年七十四。尝自综其生平为一书，言曰《九录》。

资料：

冒鹤亭《国史拟传》。

张孝若作《传记》。

张季直《自订年谱》，又《文录》自序，又《张謇日记》。

陈衍《石遗室诗话》：季直诗超超元著，而时喜作诘屈语，故是才人能事。

《近代诗抄》：张謇字季直，号啬翁，江苏南通人。光绪甲午状元，官翰林院修撰。有《张季子诗录》六卷。

关系：

孙仲容《与江苏教育总会书》云：让前承季直先生颁示贵学会程规……老眼昏眵，不及庄楷。

张謇挽孙仲容联云：道微世衰，能通儒墨诸家，证明要道；人亡国殄，不止温台两郡，恸失斯人。

又撰《墓表》云：世须学为用，学随世为异。非识时之杰，不能窥其要而通其穷。执古者塞，夸今者奢，苟无济于世，则无为贵儒。

清初，盛文字之狱，士重足结舌，练才范气而消于经，经学乃大集中而益昌，莫盛于乾、嘉，莫茂于东南。若元和惠氏、仪征阮氏、休宁戴氏、高邮王氏、金坛段氏，并世代兴，异地述业，父子师友，缵承不绝。流风所被，逮及晚近，则犹有当涂夏氏、定海黄氏、德清俞氏诸贤，而瑞安孙征君最后起。

征君当文字弛禁，海通国创，世变学纷之会，慨然欲通古于今，汇外于中，以一尊而容异。以为《周官》乃先王政教所自出，自古文、今文之相主奴，刘歆、苏绰、李林甫、王安石之假名制，皆足湮塞古义，迷瞀后学。于是博甄汉、唐以来诸儒旧诂，绎疏证通，抉郑之奥，裨贾之《疏》，成《周礼正义》八十六卷。又摭《周礼》合于远西政治者，类区科别，论说征引，推勘富强所由，如合符契，成《周礼政要》二卷。韪哉！君所谓协群理之公，通万事之变，无新故，无中外也。

推君学之为用承永嘉，而体所致力近昆山顾氏。士不通经，诚不足言致用，夫言富强而适今代，则《周礼》之外，无过《墨子》。君以为《墨子》强本、节用、兼爱、非攻足以振世救敝，不止五十二篇以下为兵家之要言也。于是尽引诸本，参综考读，覃思正训，发疑解牾，又旁通邹、梅，证合算理，成《墨子间诂》十九卷，伟矣哉！

明经必根荄小学，君治小学本许书，上考金文，益上而考契文，成《契文举例》一卷，《名原》七卷，《大篆沿革考》一卷，《古籀余论》三卷，《古籀拾遗》三卷，《政和礼器文字考》一卷。以解说文字必归墟考据，有《周书斠补》三卷，《大戴记斠补》三卷，《尚书骈枝》一卷，《周礼三家佚注》一卷，《六历甄微》一卷，《九旗古谊述》一卷，《札迻》十二卷，《籀庼述林》十卷，以条理罅逸。其为目录学，有《四部别录》一卷，《温州经籍志》三十六卷。《百晋精庐砖录》一卷，《温州古甓记》一卷。为地理学，有《温州建置沿革表》一卷，以裨益文献，津逮方来，不足尽君之大凡也。

《礼义》《墨诂》，世久承诵，日本学者且远致而传习之。著书终老，世未见用，而间一用于乡。始光绪壬寅之岁，建设温州师范学堂、中学堂、瑞安中学堂、各县高、初、小学堂，先后七年，都三百余所，资倡而力营之，卒底于成。岁必巡视，验以所得，为《学务本议》四则，《枝议》十则，上诸学部，以明教育兴革之要。庚子之岁，"拳匪"乱作，东南震惊。县之马屿，土匪蠢肆，君芒鞋短衣，操刀登埤，与士卒守卫，民恃不恐。当是时，国家多故，举政匮财，议筑浙江铁路而贷于外，口口啾争，请归商主办，君输万金，闻者感动，赴义恐后。以君所为，它人具一，已足书纪，而君之命世传远者自有在也。

君曾祖祖铎，县学附生；祖希曾，县学增广生；皆赠资政大夫。父衣言，道光庚戌进士，自翰林编修历官至江宁布政使、太仆寺卿。男子二，君为之季。君讳诒让，字仲容，一字仲颂，晚号籀廎。年十六，按，实为十九。补学官弟子，同治丁卯举人。光绪乙未，振饥山西，序刑部主事。戊戌、辛丑，荐以经济特科，征皆不赴。丁未，应礼部奏，征君为礼学馆总纂，冀用所学而挽世靡。未数月，遽病卒。春秋六十有一，实光绪三十四年五月二十二日也。配诸氏、杨氏，妾陈氏、侯氏、李氏。男子九，长延畴，殇；次延甸，出嗣；次延钊、延锴、延瀚、延撰、延炯、延灏、延箸。女子一，适同县洪锦波。孙男几人。

世尝讥儒柔巽，又以韩愈言儒有时用墨，遂有合一儒墨之说。不知墨恫周衰，意专救弊，而孔子之道，顺时而适中，非一世一时一事之言。后儒于《周礼》，涉门户，竞意气，毛痡弹射，或病后之不慎，而诟其祖，皆痼经生习，无当于大义。韩愈言用无戾，无取强合。若君学有本原，丁中国二千年未有之世变，烛远规大，条综理贯，炳后来儒术治涂之炬，其为世虑，二百年来儒者所未能有。书播异邦，名流来牒，有以也夫！既葬，南通张謇以尝获友于君，最所尝论究而信重之者，为之表。民九庚申。——《张季子文录》卷十五按：孙公之葬在民国十六年丁卯冬十月月，而此表作于民国九年庚申，文云"既葬，南通张謇……为之表"，时间不符事实，固有原因在。缘前数岁，孙家曾一度传言将葬公，于是沪上诸大报各载有余杭章太炎、南通张季直等名流皆欲赴温送葬，想此表即作于此时也。但旋以用费巨，而子延钊又留京不能归，议遂罢。至其后葬事举行，而季直已卒，太炎则远遁日本矣。又按：温州道司前温一中校门口，本嵌有"温州师范学堂"石刻横额，窦妇桥籀园图书馆门口亦嵌有"籀园"石刻横额，皆张謇题书也。

（二十一）宋育仁

宋育仁字芸子，四川富顺人。光绪丙戌进士，官邮传部候补丞参，国史馆协修。袁氏走狗。有《哀怨集》，见《近代诗抄》。作《国难袁许故事》，别见《感旧诗注》三十四首,《庚子国变记》。

资料:

王闿运《湘绮楼日记》。

狄平子《平等阁笔记》。

关系:

孙仲容《致黄仲弢书》云:尊意荐宋芸子任此,似胜鄙人万倍也。又江苏知县林颐山为黄元同高第,似亦可备选。请酌之。

(二十二)严修(缺)

二、海内名流

(一)小学

1.吴大澂

吴大澂字清卿,江苏吴县人。同治戊辰进士,入翰林,历官湖南巡抚。朝鲜东学党之乱也,日本与中国开衅,朝议皆主战。大澂因自请率湘军赴前敌,优诏允之。二十一年,出关会诸军规复海城,而日本由间道取牛庄。魏光焘往御,战,不利。李光久驰救之,亦败。大澂愤湘军尽覆,自请严议,退入关,奉革职留任之旨。二十八年罢归,卒,年六十八。

大澂长文学,通训诂,酷嗜金石,有所见,辄手摹之。或图其形存箧笥,积久,得百数十器,编《恒轩古金录》。又尽取潘氏暨潍县陈氏、福山王氏诸家,合己所旧藏拓本考而释之,都十四卷,仿宋欧阳公例,名曰《愙斋集古录》,其言曰:(略)。复裒钟鼎异文,撰《说文古籀补》十四卷,《附录》一卷。就古今文以探制字之原,撰《字说》一卷。又有《纪程》一书,中多论考古钟鼎等事 日本出板。

资料:

《清史稿·列传》二百三十七:吴大澂字清卿,号恒轩,又号愙斋,江苏吴县人。同治戊辰进士,官至湖南巡抚。有《古籀补》《古玉图考》《权衡度量考》《恒轩古金录》《愙斋诗文集》,手书大篆《论语》《孝经》。

俞樾撰《吴君墓志铭》:君少从陈硕甫先生学篆书,中年以后,又参以古籀文，书法益精进。兼长丹青，喜收藏古金石，得宋微子鼎，有"为周客"之文，"客"作"窔"，因自号窔斋。海内称"窔斋先生"，得其字画，珍如拱璧。盖君虽以勋业著，而翰墨之长固不为所掩也。——《春在堂全书》《杂文》六

吴大澂复哀钟鼎异文，撰《说文古籀补》十四卷，《附录》一卷。就古今文以探制字之源，撰《字说》一卷，纵不若后来孙仲容氏之精，要多创获。——《支传》

徐世昌《清儒学案》卷一百七十三、《家传》《志堂稿叙》。

徐世昌《晚晴簃诗汇》卷一百六十三云：吴大澂字清卿，号恒轩，又号窔斋，吴县人。同治戊辰进士，改庶吉士，授编修，官至湖南巡抚。有《窔斋集》。

诗话：窔斋素喜谈兵，而实非所长。甲午之役，为世诟病。独于金石书画致力颇深，尤工篆书，一时推独步。

朱芳圃云：光绪十年，吴氏《说文古籀补》十四卷、《附录》一卷刊行……先生常称引其说。——《孙诒让年谱》

孙延钊云：吴窔斋抚部《说文古籀补》，此书出，征君常称引其说，可参看《车字说》《毛公鼎释文》《邵钟》《□父鼎》《乙亥鼎》《中多壶》等拓本跋。——《孙征君籀顾公年谱》稿本

2. 梁鼎芬

梁鼎芬字星海，号节庵，广东番禺人。光绪六年进士，授编修。法越事亟，疏劾北洋大臣李鸿章，不报。旋又追论妄劾，交部严议，降五级调用。张之洞督粤，聘主广雅书院讲席；调署两江，复聘主钟山书院。又随还鄂，皆参其幕府事。之洞锐行新政任，学堂林立，言学事惟鼎芬是任。"拳祸"起，两宫西幸，鼎芬首倡进呈方物之议……两宫升遐，奔赴哭临，越日即行；时之洞在枢垣，不一往谒也。明年，闻之洞丧，亲送葬南皮。及武昌事起，再入都，用直隶总督陈夔龙荐，以三品京堂候补。旋奉广东宣慰使之命，粤中已大乱，道梗不得达，遂病呕血。丁巳复辟，已卧病，强起周旋。事变忧甚，逾年卒，谥文忠。

资料：

《清史稿·列传》二百五十九。

陈三立《节庵诗序》。——《散原文》七

金武祥《粟香随笔》。

《近代诗抄》：梁鼎芬字星海，号节庵，广东番禺人。光绪庚辰进士，官湖北

按察使。

《石遗室诗话》：节庵少入词林，言事镌致归里。又避地读书焦山海西庵，肆力为诗，时窥中、晚唐及南、北宋诸名家堂奥，佳处多在悲慨、超逸两种。

徐世昌《晚晴簃诗汇》卷一百七十三云：梁鼎芬字星海，号节庵，番禺人。光绪庚辰进士，改庶吉士，授编修。历官湖北按察使，谥文忠。有《节庵遗诗》。

诗话：节庵早岁登第，以策论劾合肥罢官，年甫二十七，士论称其伉直。晚以南皮疏荐复起。壬癸以后，征侍讲幄，琼楼重到，金粟回瞻，悱恻芬芳，溢为篇什。尝自言我心凄凉，文字不能传出，遂焚其诗。

金武祥《粟香五笔》六云：余乙卯入都，晤番禺孝廉梁鼎芬，少年文誉藉甚。明春庚辰入翰林，以建言路革职，归主广雅书院。己丑重晤于学海堂，年三十余，已虬髯绕颊。壬辰复访之武昌，朋簪话旧，豪宕犹昔。是冬又遇于吴门，拉登酒楼，一醉而别。

关系：

南皮张公之洞议集刊诸经新疏，来征其书，乃写本以应。未几，南皮薨，鄂臬梁鼎芬移资以刊其书，甫半，而以武昌起义中辍。迨民国二十年，夏斗寅主鄂政，醵资补刊，即今楚学社本也。——互见本书《著述考》《周礼正义》条

3. 王懿荣

王懿荣字正孺，山东福山人。少劬学，不屑治经生艺，以议叙铨户部主事。光绪六年成进士，选庶吉士，授编修。益详练经世之务，数上书言事。父忧解职，服阕，出典河南乡试。二十年，大考一等，迁侍读。明年，入直南书房，署国子监祭酒。会中东战事起，日军据威海，分陷荣城，登州大震，懿荣请归练乡团。和议成，还都，特旨补祭酒。越二年，遭母忧，终丧，起故官。盖至是三为祭酒矣。二十六年，联军入寇，与侍郎李端遇同拜命充团练大臣。懿荣面陈："拳民不可恃，当联商民备守御。"然事已不可为。七月，联军攻东便门，犹率勇拒之。俄众溃，不复成军，乃归，语家人曰："吾义不可苟生！"家人环跪泣劝，厉斥之。仰药未即死，题绝命词壁上，题毕，掷笔赴井死。事闻，赠侍郎，谥文敏。

懿荣为学不分汉、宋门户，殊笃好金石文字，得诸城刘氏旧藏，故收蓄颇富。与潍县陈编修介祺商订古文，书疏往还不绝，潘文勤暨常熟翁尚书咸推之为博物多识。于书无所不窥，而于篆籀奇字尤善悟，视当时通儒所获独多，盖天性也。

为人坦白，不屑问家人生产。至购买书画古器，即典衣质物不惜，故官日崇而贫日甚。所著率未就，仅《天壤阁杂记》一卷载江氏《灵鹣阁丛书》中，《奏稿》若干卷，别行。

资料：

《清史稿·列传》二百五十五：王懿荣字廉生，山东福山人，光绪庚辰进士，官至国子监祭酒。庚子殉"拳乱"之难，赠侍郎，谥文敏。

《药禅室随笔》云：文敏早擅高誉，既及泮吴县翁常熟之门，师友渊源，学益光大。海内有同时两祭酒之目，谓文敏与盛意园也。

叶昌炽《缘督庐日记》。

孙葆田作《神道碑铭》。——《校经室文集》

《清史列传》卷六十五《忠义传》有传。

徐世昌《晚晴簃诗汇》卷一百七十二云：王懿荣字正孺，一字廉生，福山人。光绪庚辰进士，改庶吉士，授编修，官祭酒，殉难，赠侍郎衔，谥文敏。有遗集。

诗话：文敏平生喜金石书画之学，直南斋最久，曾命校《石渠宝笈》。光绪中叶，常熟、吴县提倡风雅，海内名迹辐辏其门，争欲得公一言为之论定。承平文物之盛，使人神往……遗集为其子编定，仅上下两卷。

郭则沄《忆旧杂咏》之一注云：福山王文敏师，为大司成最久……迨联军陷京师，师竟殉焉，时论惜之。

关系：

孙仲容《古籀余论后叙》云：继余以资郎留滞春明，时吴县潘文勤公藏彝器最盛，与潍县陈寿卿编修埒，时宗室盛伯熙、福山王文介两祭酒、元和江建霞、阳湖费峑怀两编修，同邑黄仲弢学士皆为兹学，每有雅集，辄出所藏金文辨证难字。适文勤得克鼎，文字奇瑰，属王、江诸君为正其读，考跋累累，装成巨册。

又可参采《邱钟拓本跋》。

又"百晋匋斋"四字扁额，懿荣为中容尊兄署，光绪九年五月。

4. 盛昱

盛昱字伯熙，号韵莳，满洲镶白旗人。光绪二年进士，既授编修，益历学，讨测经史、舆地及本朝掌故，皆能详其沿革。累迁右庶子，充日讲起居注官。为讲官未半载，数言事，士论推为謇谔。十年，迁祭酒。法越构衅，徐延旭、唐炯坐失地，逮问。盛昱言："逮问疆臣而不明降谕旨，二百年来无此政体。"并劾枢臣殆职。太后怒，罢恭亲王奕䜣等，而诏醇亲王奕譞入枢府。盛昱复言："醇亲王分地綦崇，不宜婴以政务。"其夏，命廷臣会议和战大局，盛昱主速战，力陈七利，谓："再失事机，噬脐无及。"盛昱为祭酒，与司业治麟究心教士之法，大治学舍，加膏火，定积分日程，惩游惰，奖朴学，士习为之一变。十四年，典试山东。明年，引疾归。

盛昱家居有清誉，承学之士以得接言论风采为幸。二十五年卒，有《郁华阁遗集》。

资料：

《清史稿·列传》二百三十一：盛昱字伯熙，满洲镶白旗人。光绪丁丑进士，官至国子监祭酒。有《奏议》《郁华阁遗集》《郁华阁金文》《意园文略》《八旗文经》。

张之洞曰：伯熙亮节多闻，习于掌故，今日之刘中垒、朱郁仪也。

柯劭忞《蓼园诗文集》。

叶昌炽《缘督庐日记》。

陈衍《近代诗抄》云：盛昱字伯熙，号韵莳，满洲宗室。光绪丁丑进士，官国子监祭酒，有《郁华阁诗》。

徐世昌《晚晴簃诗汇》卷一百七十一云：宗室盛昱字伯熙，肃武亲王豪格七世孙。光绪丁丑进士，改庶吉士，授编修。历官祭酒，有《郁华阁集》。

诗话：伯熙博极群书，尤练习掌故。徐梧生尝云：每聆伯熙谈朝章国宪，下逮一名一物之细，咸能详其因革以推见治乱之迹，当世殆无其匹。居官十余年，论资当致通显，乃以直言取忌。谢病家居，筑"意园"自娱。又十年，乃卒。著有《八旗文经》，多有关掌故。身后遗稿散佚。

李慈铭《越缦堂日记》云：盛伯熙来，与之略论国朝掌故及满洲氏族，俱颇能留心，近来宗族子弟中不易觏者也。——光绪元年二月

5. 江标

江标字建霞，号萱圃，江苏元和人。光绪乙丑进士，官编修。有《灵鹣阁丛书》。

资料：

《昭代名人尺牍》小传卷二十四。

《近代诗抄》云：江标字建霞，号师许，江苏元和人，光绪乙丑翰林。

《缘督庐日记》。

《湘绮楼日记》。

6. 费念慈

费念慈字屺怀，号西蠡，江苏武进人。光绪己丑进士，官翰林院编修，称翁松禅夫子。甲午、乙未间，诏许诸臣言事，先后疏凡十余上，以与台省联衔，几被严谴。有《归牧集》。

《药禅室随笔》云：光绪中叶，吾里费屺怀念慈、萍乡文芸阁廷式、元和江建霞标在馆阁皆有声。三人年相若，才相伯仲，声气相标榜，大率以博闻强识、笃古媚学为归。屺怀沉着胜，建霞密致胜，芸阁其后建霞，惊新说。芸阁望枋用，所诣日退。而屺怀自经言路指摘，优游家闲，修便自没，即鉴赏余事，亦非江、文所及。要之，名高谤随，则有同慨也。——《昭代名人尺牍》小传卷二十四

缪荃孙《一品顶戴直隶清河道费公墓志铭》《艺风堂文集》：公讳学曾，费氏，字绳盦，别字幼亭，武进人。弱冠，以贫入资为北河州判，改知县，补怀来，摄宛平。叙劳擢天津府知府，调保定，晋清河道。以城守功赐花翎，二品衔，署按察使事。岁庚午，引疾去官，居吴门养亲课子，三十年终不出。光绪廿四年四月十三日卒，年七十。

……而公之最愉快，则以横沙田八千顷举以畀之南菁精舍，为生平第一乐事。

南菁精舍者，瑞安黄侍郎创于江阴，长沙王祭酒继之。鼓箧弦诵，廪给不敷，谋之公，公有田曰横沙，亘东南海中五六十里，川沙厅属，沃土也，归之南菁为恒产。又躬为筹划，分门延师，造就甚众。

荃孙与公子念慈交最善……

《翁松禅手札》。西蠡

叶昌炽《缘督庐日记》，又《奇觚庼文外集》。《日记》云：壬申三月初一日，费屺怀来，以其祖耕亭先生手书册页属题。六月十二日，屺怀来，将北行应试，午后往话别。

《外集》云：《费幼亭廉访六十寿叙》代——哲嗣屺怀世讲发明绝业，刊落野言，以服、孔为先河，洞郑、王之流别。《四部》《七略》，伏案能通；《两京》《三

都》，濡毫立就。莫非扬榷庭闻，胚子家学……

又《武进费氏墓阙铭》。

徐世昌《晚晴簃诗汇》卷一百七十六云：费念慈字屺怀，号西蠡，武进人。光绪己丑进士，改庶吉士，授编修。有《归牧集》。

诗话：屺怀博涉多通，工书法，精鉴赏，诗文不轻作，故传世甚稀。己丑殿试，潘文勤初拟以第一名呈进，因有误字，为同列所阻，辛卯典试浙江，务搜雅才，取卷多不中绳墨，揭晓后，谤议纷起，会稽李越缦侍御劾四编修，屺怀其一。疏中有"荆生蓬岛，鹗集凤池"之语，论者谓其言之太过。屺怀自经挫折，遂家居不出，抑郁以终。

关系：

孙仲容《费丈寿文》。《籀庼遗文》

《古籀余论后叙》云：继余以资郎留滞春明，时吴县潘文勤公藏彝器最盛，与潍县陈寿卿编修埒，而宗室盛伯熙、福山王文介两祭酒，元和江建霞、阳湖费峐怀两编修，同邑黄仲弢学士皆为兹学，每有雅集，辄出所藏金文辨证难字……迩年杜门课子，旧友云散，唯峐怀收罗彝器，时以拓本寄赠……此册既写定，将寄质峐怀、仲弢两君，相与商榷定之。

又注云：峐怀所藏，余尝见者五十余器，如斁狄钟、师穌父敦、趞曹鼎、无叀鼎、乙亥方鼎，皆吴氏所未见也。

《邵钟拓本跋》云：此钟近时出土，潘文勤得其七，此二器为趞斋编修所得，形制特小，铭文为均语，瑰雅可诵。首以亥、子为韵，中以武、铝、赣、虡、鼓、且为均，末以寿、宝为韵，皆与古韵符飒。篆文纤细，不逾二分，精妙绝伦，金文所仅见也。

《乙亥方鼎拓本跋》云：石《方鼎铭》云："乙亥王谏，才鲁师，王乡酉，尹尤粿，逸佳各，商背用乍父丁彝。佳王正，井方鬲。"凡廿有九字，文尚完具可诵……遗器流传数千年，巍然具存，剧可宝贵。阳湖费君屺怀得之，拓以示余，因为据其文字审定之。

《周唐中多壶拓本跋》云：右周壶款识六字，云："鬺中多作醴壶"，旧未有著录，近时始出土，今归费趞斋编修。文虽不多，而篆势圆润，非秦、汉以后物也。

《周师穌父敦拓本跋》云：右敦，器文百卅八，又重文三，盖文百廿一，又重文三。惟器文首行多"师穌父歧嫠叔下五字摩灭"云云十一字，余大致略同。审校文义，实师□因受王册命，而作祭器以纪之……闻此敦有两器，同时出土，文并略通。此为趋斋太史所藏，其别器今不知归何所？惜不得拓本一校其同异也。

《克鼎释文》鼎藏吴县潘氏云：其文曰"仓二业二"，费峣怀吉士释为"葱"而读为"鏓"，以其与《说文》鏓字说解"鎗鏓"文亦巧合也。——以上《述林》

又《与趋斋书》云：（上略）前赐金文五十种，近写定《释文》一册，大半用旧释，略就管见改定一二。有数种前所未著录者，如"乙亥鼎"及"犹钟"之类，尚有阙字，敬祈审定理董。"邵钟"内有樏字，即县字之异文，从木者，与枭叚同字例合，顷校"樏妃彝"得之，似尚可信。但细审尊弄二器，此字似有误剔之笔，未审台旨以为何如？——《籀顾遗文》下

又《周礼政要叙》云：辛丑夏，天子眷念时艰，重议更法。友人费峣怀以余尝治《周礼》，属捃摭其与西法合者甄缉之以备财择。

孙延钊《孙籀公和温处地方教育》云：光绪廿七年，时清廷重议变法，下诏命京外官员陈奏新政。籀公因受友人翰林院编修武进费峣怀的属托，撰《变法条议》四十篇以应。这四十篇系以《周礼》为纲、西政为目，其中关于教育者，有广学、通艺、通译、观新、教农、考工、考医、收教等篇。在他看来，认为"中西政理原同贯""王道由来足富强"，要想"陈古剀今以杜守旧者之口"。

张扬《黄绍箕先生年谱》云：光绪二十八年壬寅三月，孙诒让以《周礼政要》托先生转质费峣怀商量付印。光绪壬寅三月，从黄鲜庵前辈假观，病中校读至考工，以目疾未卒业。癸卯二月，樊君时勋将付铅印，匆匆寄还。念慈记。

7. 王颂蔚

王颂蔚字芾卿，号蒿隐，苏州长洲人。年十二，读毕四子书及五经。丙寅岁应童子试，邑令蒯子范置之第一，遂入邑庠。于时颂蔚于括帖外益肆力词章之学，试紫阳、正谊各书院，辄前列。既而冯敬亭主修《苏州府志》，聘颂蔚纂艺文、古迹诸门，遂与府襄廷、管申季、袁渭渔辈为文字交。与叶鞠裳交谊尤笃，同受训诂学于潘畅侯，又同为常熟瞿氏校定《铁琴铜剑楼书目》，左右采获，时望益隆。吴之学者，咸推王、叶齐名。岁丙子，举于乡。庚辰成进士，改庶吉士。于时都中先达以宏奖风流为己任者为吴县潘文勤、常熟翁文恭。文勤固中表戚，文恭则庚辰座主也，尤推重颂蔚。颂蔚于往还之际，谈学问外，绝不干以私事……癸未改官户部，趋曹余暇，手不释卷。以昭代经学超越宋、明，各经皆有补疏，《周

礼》为历朝典章制度所由出，独无专书，毅然以《义疏》自任，发凡起例，实事求是，为生平最勤心力之一。又以前人谱牒金石皆致力唐、宋以前，惟辽、金、元建都北方，南省闻见窅远，记载每多失实，思以金石纠正之。乃有志搜罗近畿金石，属碑贾四出搜集，先后得辽、金、元石刻打本凡数千种，时相与考订。称同志者为黄仲弢、李莼客、梁星海、沈子培数人，而桐庐袁忠节昶且以文字交申之以婚姻。丁亥，传补军机章京，入直趋曹，稍有余闲，辄从事著述。尝于方略馆故纸堆中见殿板初印《明史》残本，眉上帖有黄签，审为乾隆朝拟撰考证未竟之本，因多方搜求，逐条厘订，芟其繁冗，采其精要，成《明史捃逸》三十余卷。庚寅，分校礼闱，搜罗笃古之士，有浙卷文笔古峭，绝似定庵，按诸括帖，则不中程式，为力荐于总裁，揭晓，则蔡子元培也。光绪中叶以还，言路闭塞，朝政渐隳，颂蔚蒿目时局，私窃忧叹……壬辰，试御史第一。颂蔚方幸藉此发抒生平之志，会军机处以熟手奏留，停其传补……时台谏中以安晓峰为敢言，颂蔚与之交密，其劾皖抚阿克达春之贪黩，劾北洋购置兵轮之浮冒等疏，皆颂蔚属稿……甲午，中日衅起，颂蔚以政府命，将遣师率，问计于北洋大臣，而中枢反无所主张，会为文恭进军机，乃进言……既而王师失利，偿金割地，委屈求和，颂蔚益为悲愤。尝曰：时局至此，令人有披发入山之想……悒悒累月，竟于乙未七月初一日骤染时疫，殁于京师，春秋四十有八。遗著有《写礼庼文集》《诗集》《读碑记》《古玩经眼录》各一卷。《周礼义疏》残稿若干卷，《明史考证捃逸》三十余卷。

资料：

《清史稿·文苑》，列传二七三，文苑三。

王季烈《先考苾卿府君事略》载《写礼庼遗著》卷首。

叶昌炽作《墓志铭》《奇觚庼文集》。又《缘督庐日记》云：王苾卿近治三礼，发宏愿欲为《周礼正义》，以其精力当可践言也。

徐世昌《晚晴簃诗汇》卷一百七十二云：王颂蔚字苾卿，又号蒿隐，长洲人。光绪庚辰进士，改庶吉士，历官户部郎中。有《写礼庼遗著》。

诗话：王苾卿与叶鞠裳同受训诂之学于潘畅侯，吴中学者，王、叶齐名。翁文恭、潘文勤雅重苾卿，于文勤为中表戚，顾于谭学问外，绝不干以私事。散馆，改官，意泊如也。补军机章京，退直，辄手一篇，尝于方略馆故纸堆中见殿板初印《明史》残本，眉上黏有黄签，审为乾隆朝拟撰考证未竟之本，遂逐条厘订，芟繁撷要，成《明史考证攟逸》三十余卷。甲午中日之役，多所建议。次年和议成，悲愤累月，遽以疾殁。平生致力最勤者，则为《周官义疏》，惜未成书。余如金石目录，皆有著述。

关系：

孙仲容《克鼎释文》云：王服，犹《祭统》云祖服、考服，郑注："服，事也。"王苘卿户部据《周礼·大仆》掌正王之服位，出入王之大命，证师华父为大仆。王服即王之衣服，然克为膳夫，本不掌王命，后文亦有"出内朕令"之文，复何说邪？——《述林》十

8. 罗振玉

罗振玉字叔言—作叔蕴，浙江上虞人。生而颖异安详，不为嬉戏。年十六，入县学。服习经史之暇，以古碑板可资考证，山左估人岁必挟山左、中州、关中古碑刻至淮安。时贫不能得，乃赁碑读之，遂成《读碑小笺》，是为考古著书之始，时年仅十九。甲午中日战役之后，国瘠民贫，知农为邦本，有学稼之志，因服习《齐民要术》《农政全书》等书。乃与蒋黼创立农学社于上海，购译欧美、日本农书百余种。光绪三十一年，学部初设，任参事，后即行走。宣统纪元，补农科大学监督。辛亥革命，应日本旧友之招，挈家东渡，筑室于净王寺町，杂植花木，著述遣日。先是，光绪二十五年，殷墟卜辞出于安阳，为王懿荣所得，次年王氏殉国，所藏尽归刘鹗，印行《铁云藏龟》。振玉尽得摩挲，自遣厂估至邺购求，所得逾万。答林泰辅之问，成《殷商贞卜文字考》，阐发犹有未尽。及居海东，始尽墨所藏，为《殷墟书契前后编》，并成《考释》六万余言。居东八年，成书至富。民国八年暮春归国，卜居天津。十七年，移居旅顺。每岁必成数卷，金石而外，旁及小学、目录、校勘、姓氏、书画、史料。民国廿九年六月，卒于旅顺，年七十五。

振玉相貌清癯，体力则健，眠睡三四小时即起，伏案抱卷，未尝少休。校刊书凡四百余种。自著书凡百三十种。

资料：

罗著《永丰乡人稿》。

《贞松老人遗著》《集蓼编》等。

罗振玉《魏书宗室传注序》云：予弱冠有校勘全史之志，苦一人见闻有限，

乃与黄仲弢提学谋分任之。定校勘为二类：一取宋、元椠校勘，一仿《元史本证》例，以本史纪传表志互校，提前四史校以宋、元本。予用《本证》例校前五史，提学之书竟不克就。予先成《五史斠议》，将继是而校《魏书》，既如前五史以传纪诸志互校，复取《北史》比勘。惟《魏书》多佚卷，且有佚叶，非兼据宋椠善本校之不可，友人因以粤中所刻王益吾祭酒《魏书校勘记》见赠。近年洛阳出元魏宗室墓志数十，每得墨本，辄取史传比勘。予既一一据以校订，复取旧校先将《宗室传》写定，并录其全文为《注》十二卷。续有所见，当别为《补遗》。回忆校史之约，匆匆已三十余年，人事牵阻，所成仅此。仲弢墓木已拱，而予亦年垂耳顺矣。——甲子六月

《殷虚书契前编序》云：光绪二十有五年，岁在己亥，实为洹阳出龟之年，予时春秋三十有四。越岁辛丑，始于丹徒刘君许见墨本，作而叹曰：此刻辞中文字，与传世古文或异，固汉以来小学家若张、杜、杨、许诸儒所不得见者也。今幸山川效灵，三千年而一泄其秘，而适当我之生，则所以谋流传而攸远之者，其我之责也夫。于是尽墨刘氏所藏千余为编印之，而未遑考索其文字。盖彼时年方壮盛，谓岁月方久长，又所学未邃，且三千年之奇迹，当与海内方闻硕学共论定之。意斯书既出，必有博识如束广微者为之考释阐明之，固非曾曾小子所敢任也。顾先后数年间，仅孙仲容征君诒让作《契文举例》，此外无闻焉。仲容固深于《仓》雅、《周官》之学者，然所为《举例》则未能阐发宏旨，予至是始有自任意。岁丁未，备官中朝，曹务清简，退官之暇则披览墨本及予所藏龟，于向之蓄疑不能邃通者谛审既久，渐能寻绎其义。顾性复懒散，未及笔记。宣统改元之二年，东友林君泰辅寄其所为《考》至，则视孙征君《举例》秩然有条理，并投书质疑，爰就予所已知者为《贞卜文字考》以答之。

今出世逾十年，世人尚未知贵重，不汲汲蒐求，则出土之日，即渐灭之期。矧所见未博，考释亦讵可自信，由此观之，则蒐求之视考释为尤急矣。

寒夜拥炉，手加毡墨，拟先编墨本为《殷虚书契前编》，考释为《后编》，并谋投劾去官，买地洹阳，终我天年以竟其志。乃逾年冬而国难作，避地浮海，将辛苦累蓄之三千年骨与甲者郑重载入行笈，而展转运输及税吏检察，损坏者十已五六。幸其尤殊者墨本尚存，乃以一岁之力，编为《前编》八卷，付工精印。其未及施墨者，异同当释为《续编》，而《后编》亦将次写定……——壬子十二月

☆昔南阁祭酒作《说文解字》，说解中注阙者数十字。金坛段先生曰《自序》

云：于所不知，盖阙如也。凡言阙者，或谓形，或谓音，或谓义。观乎是，知许君之书，盖并不知其形、音、义三者诸文而悉载之矣。顾厥后字书罕沿斯例，唯吴愙斋中丞作《说文古籀补》附录不可识之字之见于古金文者于末篇，为能得许书遗意……吴中丞《说文古籀补》附录诸字，当日以为不可释，今日确定者，什佰中亦恒二三。

☆吾友王静安征君熟精《史》《汉》。

☆其藏书家，乾、嘉以来，林同人、朱排田、申铁蟾三家外，曰赵氏魏、钱氏坫、俞氏肇修、张氏埙、宋氏葆淳、王氏昶。嘉、道以后，则张氏廷济、王氏福田、吴氏式芬、陈氏介祺。其与余并世者，则潘文勤公祖荫、吴中丞大澂、王文敏公懿荣、端忠敏公方、高氏鸿裁、刘氏鹗。

嘉兴张叔未廷济解元、福山王懿荣、盛伯熙祭酒、东邦友人若内藤湖南、若富冈君执、亡友蒋伯斧咨议、日本京都大学教授内藤虎次郎、日本大谷伯光瑞、南陵徐积余观察乃昌、元和叶鞠裳学使昌炽视学甘陇、新城王晋卿方伯树枏、施国祁、亡友费君屺怀。

☆北研先生精熟金、元史事，新著书均已先后刊行。惟此《杂记》十余条，载乌程范氏《花笑庼杂笔》中。

罗振玉《流沙坠简叙》云：光绪戊申，予闻斯坦因博士访古于我西陲，得汉、晋简册载归英伦，神物去国，恻焉疚怀。越二年，乡人有自欧洲归者，为云往在法都亲见沙畹博士方为《考释》，云且板行。则又为之色喜，企望成分。

又逾年，沙君乃寄其手校之本以至。

因与王静安征君分端考订，析为三类，写以邦文。

《鸣沙石室佚书序》云：距晋太康初纪汲郡出《竹书》之年又千七百余载，为我先皇帝光绪之季岁，海内再见古遗室焉：一曰殷虚之文字，二曰西陲之简轴。洹阳所出，我得其十九，既已毡拓之，编类之，考证之，虽举世尚未知重，而吾则快然自足，一若天特为我出之者。鸣沙之藏，则石室甫开，缥缃已散。我国人士初且未知，宣统改元，伯希和博士始为予言之。既就观目录，复示以行箧所携，一时惊喜欲狂，如在梦寐。亟求写影，遽承许诺。后先三载，次第邮至，则斯编所载者是也。自夏徂秋，校理斯毕，爰书其端。

敦煌之游，斯丹前驱，伯氏继武。故英伦所藏，殆逾万轴；法京所弄，数亦略等。吾友狩野君山近自欧归，为言诸国典守森严，不殊秘阁，苟非其人，不得纵览。英伦古简，法儒沙畹考释已竟，行将刊布。其余卷轴检理未完，刊行无日，此可戚者一也。

往者伯君告予石室卷轴，取携之余，尚有存者。予亟言之学部，移读甘陇，乃当道惜金，濡滞未决。予时备官大学，获陕甘总督者，适为毛实君方伯庆藩，予之姻旧，总监督刘幼云京卿廷琛与同乡里，与议购存大学。既有成说，学部争之，比既运京，复经盗窃。然其所存尚六七千卷，归诸京师图书馆。及整比既终，而滔天告警，此六七千卷者等于沦胥。回忆当时，自悔多事，此可戚者二也。

遗书窃取，颇留都市。然或剪字折以易升斗，其佳者或挟持以要高价，或藏匿不以示人。遇此伧荒，何殊复瓿，此可戚者三也。

往与伯君订约写影，初冀合力，已乃无助。予为浭阳端忠敏公言之，忠敏亦谓前约已定，义不可爽，因慨任所费。然时公已罢职，力实未逮，沪上书估某适游京师，予为构合，偿忠敏金，约以估任剞劂，予任考订。故时逾数年，未出一纸，乃复由予赎回，自任刊布。而既竭吾力，成未及半，此可戚者四也。

苟天不使我馁死海外，尚当移书博士，更求写影，节啬衣食之资，赓续印行以偿夙愿。知我笑我，非所计也。癸丑九月

《殷虚古器物图录序》云：光绪戊申，予既访知贞卜文字出土之地为洹滨之小屯，是语实得之山左估人范某。予复咨以彝器等物有同出于是者乎？云无之，予疑其言非实也。嗣读宋人《博古图》，于古器下每有注出河亶甲城者，河亶甲城其地盖即今之小屯，知曩疑为不虚。盖宋以来殷虚所出古器已伙，今不应无之，特未寓目耳。宣统庚戌，乃遣人诣洹曲构之，往反者数四，初得古兽骨骼齿角及蠥甲数十，而卒得犀象彫器、石磬、鲍族等物。彫器至精雅，与彝器彫纹同，顾彼出模法，而此出手工。又得古珊戈之残者，精巧无与伦匹，而饰以宝石，亦手工所成。念吾人生于今日，得观三千前良工手迹，洵为人世之奇遇，宇内无二之重宝。欲以暇日为之考究，并写影精橅以饷当世。——丙辰四月

关系：

孙仲容《学务本议》末，附罗署正《教育计划草案》平议三条：第一条推广师范名额以养成教员，第二条各州县设立小学堂，第三条各省兴学次第。

罗振玉挽孙仲容联云：陈按：温州市图书馆藏《孙诒让哀挽录》未见罗氏挽联。

又《集蓼编》云：光绪季叶，各新部皆有顾问，学部亦仿行，将派头、二等谘议官。予以为虚名无用，堂官谓：他部皆有，学部不可独异。卒奏派十余人，

予亦列二等。

是时海外留学生返国，由部试及第者，皆奖以翰林、进士、举人……但年来新学未兴，旧学已替。频年留学生国文试卷皆予校阅，几无一卷通顺，满纸"膨胀""运动"等新名词，阅之令人作呕；亦当优奖海内宿学，经术文章夙著声誉者数人以示学子，俾知国学重要，并非偏重西学。相国荣公首肯，令予略举其人，乃举瑞安孙君仲容诒让、湘潭王君壬秋闿运及已故绍兴府教授乌程汪刚木先生日桢，谓汪今虽已故，亦宜追奖。其后乃奖王君壬秋、元和曹君叔彦元弼诸人翰林，而汪、孙不与焉。

洹滨甲骨，自庚子岁始由山东估人携至都门。福山王文敏公懿荣首得之，未几殉国难，亡友刘铁云观察得文敏所藏，复有增益，曾在申江编为《铁云藏龟》。瑞安孙仲容征君据以作《契文举例》，于此学尚未能有所发明。且估人讳言出土之地，谓出卫辉。及予官京师，其时甲骨大出，都中人士无知其可贵者，予乃竭吾力以购之，意出土地方不在卫辉，再三访询，始知实在安阳之小屯，复遣人至小屯购之。

予于前辈学者犹及见者，为江宁汪梅村先生士铎、宝应成芙卿先生孺、乌程汪刚木先生日桢；并世学者如会稽李莼客侍御慈铭、宜都杨惺吾舍人守敬、胶州柯蓼园学士劭忞、嘉兴沈子培尚书曾植，皆尝与从容谈艺；王忠悫则同处垂三十年。至孙仲容征君，则通书问，未及识面，于文和公则未尝论学。今多已委化，仅蓼园岿然如鲁灵光，予则亦老且衰矣。

9. 王国维

王国维字静安，号观堂，浙江海宁州诸生。少以文名，弱冠，适时论谋变法自强，即习东文兼欧洲英、德各国文。并至日本求学，通农学及哲学、心理、论理等学。调学部，充图书馆编译、名词馆协修。辛亥后，携家东渡，乃专研国学。著述甚多，撷其精粹为《观堂集林》二十卷。返国十年，以教授自给……甲子冬，遇变，国维誓死殉。驾移天津，丁卯春夏间，时局益危，国维悲愤不自制，于五月初三日自沉于颐和园之昆明湖……谥忠悫。

资料：

《清史稿·忠义》十，二百八十三。

朱祖谋《沧海遗音集》王国维。

赵万里《王静安先生年谱》。——清华研究院出板《图书论丛》一卷三期

孙宣《晴翠馆日记》云：王静安治舆地、金石之学颇有名，投于昆明湖死，盖其学不确趋时者也。

郭沫若《类编》卷首《序》云：大抵甲骨文字之学，以罗、王二氏为二大宗师。在王之前，瑞安孙诒让有《契文举例》一卷，其书成于一九〇四年，未行于世。一九一三年，王国维始于上海发现其原稿，今收入罗氏所刊行之《吉石盦丛书》第三集中。孙氏虽大家，然所获甚微末。罗、王之外，有天津王襄、丹徒叶玉森诸人亦仅随波逐流而无甚创获。王国维说：书契文字之学，自孙比部而罗参事，而余所得发明者不过十之二三，而文字之外，若人名，若地理，若礼制，有待于考究者甚多。

周予同《孙诒让与中国近代语文学》云：孙先生用象形古字来考证古代文物制度，每每鲜明若画……在文字和古史互证上，他比吴大澂高明得多。到王国维，又从理论上总结为"二重证据法"，即地下考古材料与纸上历史记载相互印证的方法，由此而奠定殷商历史研究的基础。到今人郭沫若先生，更用历史唯物主义观点，结合古文字和古代史以探求中国社会的演变，从此，才摸索到科学地研究中国古代史的正确途径。而孙先生筚路蓝缕之功，实不可没。——《杭大学报》孙诒让研究专号

关系：

王国维云：夫殷虚文字之学，始于瑞安孙仲容比部，而集大成于参事。参事于宣统庚戌撰《殷虚贞卜文字考》，甲寅后撰《殷虚书契考释》，创获甚多。

王国维云：古之成语，有可由诗书本文比较知之者，如高邮王氏之释……瑞安孙氏之释……皆是也……此皆可由诗书比较知之者也。其余诗书中语不经见于本书，而旁见彝器者，亦得比较而定其意义。——《与友人论诗书中成语书》二

王国维云：此殷代卜时命龟之辞，刊于龟甲及牛骨上。而研究其文字者，则瑞安孙仲容比部始于光绪甲辰撰《契文举例》。罗氏于宣统庚戌撰《殷商贞卜文字考》，嗣撰《殷虚书契考释》《殷虚书契待问编》等。商承祚氏之《殷虚文字类编》，复取材于罗氏改定之稿，而戬寿堂所藏殷虚文字余亦有考释。此外，孙氏之《名原》亦颇审释甲骨文字，然与其《契文举例》皆仅据《铁云藏龟》为之，故其说不无武断。审释文字，自以罗氏为第一。——《最近二三十年中新发现之学问》

殷虚甲骨文字

王国维云：三代重器存于今日者，器以盂鼎、克鼎为最巨，文以毛公鼎为最多。此三器者，皆出于道、咸之后，而毛公鼎首归潍县陈氏，其打本、摹本亦最先出，一时学者竞相考释，嘉兴徐籀庄明经同柏、海丰吴子苾阁学式芬、瑞安孙仲容比部诒让、吴县吴清卿中丞大澂先后有作。明经首释是器，有凿空之功，阁学矜慎，比部闳通，中丞于古文字尤有县解。于是此器文字可读者十且八九……从来释古器者，欲求一字之无不识，一谊之无不通，而穿凿附会之说以生。穿凿附会者非也，谓其字之不可识、谊之不可通而遂置之者亦非也。文无古今，未有不文从字顺者。今日通行文字，人人能读之，能解之，诗书彝器亦古之通行文字，今日所以难读者，由我辈之知古代不如知现代之深故也。苟考之史事与制度文物以知其时代之情状，本之诗书以求其文之谊例，考之古音以通其谊之假借，参之彝器以验其字之变化，由此以至彼，即甲以推乙，则于字之不可识、谊之不可通者必间有获焉。然后阙其不可知者以俟后之君子，则庶乎其近之矣。孙、吴诸家之释此器，亦大都本此方法。惟用之有疏密，故得失亦准之。——《毛公鼎铭考释叙》

王国维有《名原》识语。又发见《契文举例》，为收入罗氏所刊《吉石盦丛书》中。王国维云：此书虽谬误居十之八九，然筚路椎轮，不得不推此矣。

孙仲容《尚书骈枝叙》云：余少治《书》，于商周命诰，辄苦其不能尽通。逮依段、王义例，以正其读，则大致文从字顺。乃知昔之增益颠到以为释，而缀累晦涩仍不可解者，皆不通雅辞之蔽也。顷理董旧册，摭蒙所私定，与昔儒殊异者，得七十余事，别写存之。按，《朱谱》云：读古书当通辞例，先生此论至为精确。嗣后王国维依此法以读《尚书》，颇多创获。

——以上治小学

（二）校勘学

1.丁丙

丁丙字嘉鱼，别字松生，晚号松存，浙江钱塘县人，清诸生。居乡，与兄竹舟申好为义举。洪杨"乱"后，省垣初复，浙抚左文襄委办善后，荐授江苏知县，不赴。家富藏书，"八千卷楼""嘉惠堂"之名至今尚传海内外。好网罗乡里文献，辑刊《武林掌故丛编》二十六集，海内郡邑丛书莫之或先焉。编有《杭郡诗三辑》

《善本书室藏书志》等，并为书林传诵。其救护并抄补文澜阁《四库全书》，尤有系于东南文献。

以抄补《四库全书》特赏江苏知县。有八千卷楼藏书。著《读礼私记》《礼记集解》《九思居经说》《说文部目详考》《说文篆韵谱集注》《二十四史刻本同异考》《松梦寮集》。《松梦寮冬集》稿本存浙馆。

资料：

俞樾撰《传》云：丁丙字嘉鱼，号松生，浙江钱塘人。诸生，官江苏知县。杭城克复以来，湖山歌舞粗复其旧，固四大吏振兴于上，贤有司经划于下，而拮据战局，心口交瘁。而烛没从事，使公私交受其益者，则君一人也。所著有《读礼私记》《礼经集解》《松梦寮诗初集》，皆毁于兵火。若《九思居经说》《说文部目详考》《说文篆韵谱集目》《二十四史刻本同异考》《蛮乐善录》《善本书室藏书志》《武林金石志》《皋亭山志》《宜堂小记》《松梦寮集》《北郭诗》《西溪诗集》，皆藏于家。其已刊行者，《西泠四家印存》《师让龛汉铜印存》《北隅赘录》《续录》《续东河櫂歌》《三塘渔唱》《庚辛泣杭录》《菊边吟》。

丁立中《松生府君年谱》。——《宜堂类编》卷十八至二十一

张釪《丁松生先生大事年表》。——《浙江省立图书馆月刊》一卷七、八期

徐世昌《晚晴簃诗汇》卷一百六十六云：丁丙字嘉鱼，号松生，晚号松存，钱塘人。诸生，江苏知县。有《松梦寮诗稿》。

诗话：松生早慧，年十三，入杭州府学。"粤寇"儌扰东南，文物荡尽，松生与兄竹舟出家钱蒐求散籍，获文澜、天一之书十四五，远者致自交、广、瓯、闽间。有《书库抱残图》，左文襄、莫郘亭题池，高伯定作记，美其归书文澜之功，黄再周为题五绝。

李慈铭《越缦堂日记》云邸抄：诏浙江省城修复文澜阁，绅士丁申、丁丙购藏遗书，渐复旧观。着南书房翰林书"文澜阁"匾额颁发，并着武英殿颁发《剿平粤匪方略》一部，主事丁申赏加四品衔，从谭钟麟请也。光绪七年。

关系：

孙衣言《逊学斋诗续抄》四云：《丁松生丙杭州书来，以所刊〈武林掌故〉十数种见赠，皆南渡后故都遗书也。却寄二首》：知君家有邺侯书，万卷琳琅拥石渠。延阁道山能好古，龙翔凤翥共研都。松生与其兄竹舟皆有论著。天涯独夜闻鸣雁，江上微波托鲤鱼。我亦永嘉思旧学，离群但作闭门居。　　湖上梅花与雪妍，凤

凰山色对苍然。每从毯舫陪谈笑，爱听埙篪韵管弦。一别霜蓬非旧日，几人玉貌尚当年。金堂石室今何在？犹望骖鸾共散仙。

又作《丁松生〈书库抱残图〉序》云：西湖文澜阁向藏四库赐书，咸丰十年毁于"粤贼"。又三年，"贼"弃杭州去。钱塘丁君兄弟甫入城，即收购残本，得其十之三四，移庋郡学，而为图自纪其事。大帅某为之名曰《书库抱残图》。天子复下诏风厉之，使求遗书，刻经籍，于学者更始，虽杭州受祸最惨，当时所谓贵人达官张皇戎马，日在搴旗斩级之间，而于丁君之搜罗散佚亦若有深喜焉。

又作《〈云松巢集〉书后》云：衣言顷从友人丁君丙假文澜阁残本，求吾乡先辈书，仅得《止斋集》《浪语集》《云松巢集》。《止斋集》予故有之，《浪语集》缺二十余卷，惟《云松巢集》为完书。

又作《跋抄本戴文子〈浣川集〉》云：《戴文子集》人间绝少传本，阁本从《永乐大典》采出，次为十卷。今年春，吴兴陆心源存斋以所藏写本见寄，既倩友人为副墨，而钱塘丁丙松生以文澜阁残本寄示，因取以校写本。同治庚午

孙仲容代父作《〈浪语集〉叙》云：今所据以校刊者，钱塘丁大令丙所藏明抄残本。

又《挽丁松生丈》云：中年孤露感余生，父执凋零涕泪并。百载厉、杭应抗席，一家坡、颖自齐名。禺皇温饫褒嘉惠，羸馁穷檐洽颂声。便坐谈经几回首，吴山千里梦痕醒。某于丁丑岁谒丈于里第，得观秘藏之盛，今廿余年矣，感念畴昔，为之抚然。文澜高阁蠹南天，零落中经劫火前。散尽万缣收秘册，集成百衲补残编。箧藏重见吴汪盛，家学今闻迈过贤。厚谊一鸥尤感璆，墨书开卷更潜然。某著《墨子间诂》，从丈假影写吴文定手抄本，校正讹字甚多，私心尤感也。

又曰：澹生堂抄本薛季宣《浪语集》，淡生堂本近归丁松生大令丙，家大人从丁借得、命某某合诸抄本校刊。祁本兵燹后散失，仅存三册，可惜也。——《标注》孙笺

又曰：王执中《针灸资生经》，广勤堂刻本，近归杭州丁氏，余从借得，景写一本。——同上

又曰：同治十三年，从朱修伯假《不系舟渔集》，既录其副，复假丁松生藏本互勘一过。

2. 陆心源

陆心源字刚甫，一字潜园，号存斋，吴兴人。清咸丰举人，光绪间官至福建盐运使。富收藏，为晚清四大藏书家之一，传至其子树藩，不能守，皕宋楼之珍藏悉归日本静嘉堂文库，实我国文化上一大损失也。光绪二十年十一月卒，年六十一。著《皕宋楼藏书志》。按，日人岛田翰作《皕宋楼藏书源流考》。

资料：

俞樾作《陆心源墓志铭》云：入赀为广东督粮道，贪秽著闻，被劾开缺。后复为福建粮道。

陆心源字刚父，号存斋，浙江归安人。咸丰己未举人，官至广东高廉钦道，有《仪郑堂集》。

王大炘曰：先生博览古今珍秘、宋元以前书籍，收藏金石彝器最富。有《皕宋楼藏书志》《砖录图释》《穰梨馆书画记》《三续疑年录》《归安县志》《金石学录补》《千甓亭刻》《十万卷楼丛书》。

李慈铭《越缦堂日记》云：湖州陆心源，己未举人，好为诗古文而不工，多蓄金石书画以为声誉。其乡人言其险薄鄙诈，劣迹甚众，一郡皆不齿之。然聚书极多，凡四库所著录及存目者，闻悉以购得，仅少三种云。光绪元年二月初九日

叶昌炽《奇觚庼文集》《陆存斋仪顾堂题跋叙》代云：我同年陆存斋观察，博物瞻闻，深识闳览，四部七略，百宋千元，令适逸文，髻垦残字，莫不薄录精审，异佳有裁，襃然巨编，为世津逮。顷又辑刻《题跋》，都十六卷。观察则富拥百城，精博三馆，盖其宦迹常在闽峤，红雨小草，间有烬余，江浙故家，畸零掇拾，岁月既积，蔚为大观。

关系：

孙衣言曰：此吾乡《戴文子集》写本，吴兴陆存斋观察所藏。存斋富于藏书，予蒐访乡先生集，往往求之存斋，存斋所有者不予靳也。存斋既以此本假予录副，而钱唐丁松生大令丙复以文澜阁残本见寄，盖存斋抄本亦出阁本，故阁本讹缺者存斋本亦然。而阁本较善，因并为存斋校勘一过而还之。——《跋陆存斋所藏抄本〈浣川集〉》《逊学斋文抄》十

陆心源《复孙琴希观察书》云：琴希先生阁下：承示高第王君校刻《杜清献集》，俗冗未得细读。顷从吴中归，舟中翻阅一过，具见拾遗补缺，用力甚勤。惟清献原集久佚不传，此本不知何人所编？嘉靖中，黄尚书绾刊行之，遂传于世。

有黄《序》及符验《跋》,似宜附刊集后,存其刊刻之功。原本以四言古诗居首:一为三月某日有感而作,一为和讷斋题小亭,一为耕甫归书约信二字为别。今本无四言古诗,其删之邪?抑所见本无之邪?《送赵宽堂》五古本二首,《送耕甫弟赴补》祇一首耳,今误以《送耕甫弟赴补》之下半首,我尝评"京华"以下为《送赵宽堂》之第二首,而以《送赵宽堂》之第二首列于《送耕甫弟》上半首之后,急宜改之以复其旧……前由蔡通守处寄上《笇笃集》,想登堂入览。求借《蒙川遗稿》,计必在途。《薛浪语集》渴思一读,刊毕,望早惠一部为盼。初寒,伏惟珍摄不具。——《仪顾堂集》卷三

孙仲容曰:庾季才《灵台秘苑》,余家有乙巳占三卷残本,舆竹垞《跋》合。与《提要》存目本不同。丙子四月,又得一足本于汴梁,前三卷与旧弄残本同。近吴兴陆氏十万卷楼已刊行。——《标注》孙笺

又曰:无名氏《分门古今类事》,余家有影宋本。近陆氏心源依余家本刻入《十万卷楼丛书》三集。——同上

3. 邵懿辰　邵子进附

邵懿辰字位西,仁和人。性峭直,能文章,以名节自厉。于近儒尤慕方苞、李光地之学。道光十一年举人,授内阁中书,久官京师,因究悉朝章国故,与曾国藩、梅曾亮、朱次琦数辈游处,文益茂美。折节造请高才秀士,有不可,面折之,不为朋党,志量恒在天下。洊升刑部员外郎,入直军机处……"粤贼"陷江宁,京师震动,乃命视山东河工……咸丰四年,坐无效镌职。既罢归,则大覃思经籍,著《尚书通义》《礼经通论》《孝经通论》,颇采汉学考据家言,而要以大义为归。十年,"贼"陷杭州,以奉母先去获免。母卒,既葬,返杭州。"贼"再至,则麾妻子出,独留与巡抚王有龄登陴固守。十一年,城陷,死之,年五十二。

其所著书,遭"乱"亡佚,长孙章伯纲辑录之为《半岩庐所著书》共三十余卷。其传抄所见书目二十卷,则就《四库简明目录》一一考其板刻源流,标于书眉,独山莫氏即据此编《知见传目》云。

资料:

《清史稿·儒林传一》二百六十七。

《清史列传》卷六十四《忠义传》有传。又卷六十七《儒林》上二附《方堃传》后:邵懿辰字位西,浙江仁和人。道光辛卯举人,官刑部员外郎。咸丰辛酉

在籍殉难，赠道衔。所著书多散佚，有《礼经通论》《位西遗稿》一卷。

曾国藩作《墓志铭》：懿辰方年未冠时，即期以著述传世，读书目数行下，博览群籍，研究义理。每谓汉、宋诸儒学问不可偏废，尤谙练国故掌故，洞悉源流。前在军机处，凡遇大典礼颁发诏谕，每属稿，上必称旨。旋以防河，因公罣误，杜门不出，著书自娱……同治四年，浙江巡抚马新贻奏言：查懿辰学问渊深，志趣卓越。昔在京邸，与曾国藩为道义交。逮曾国藩驻师祁门，懿辰以故旧相访，纵论兵事，有意见不合处，持论弗为苟同，故曾国藩屡称之。——《曾文正公文集》

《近代诗抄》：邵懿辰字位西，浙江仁和人。道光辛卯举人，官刑部员外郎，军机章京，在职殉难。有《半岩庐遗集》。

李慈铭《越缦堂日记》云：懿辰字位西，仁和人。由举人官部曹，选为军机章京，以学问风节名于时。咸丰初，特命防河，被劾落职归，名益重。辛酉"粤贼"围杭州，助巡抚王有龄竭力守御，及城陷，贼首素知懿辰名，执之胁降，懿辰骂不绝口，遂被害。自其在围城中，尚著书不辍云。

潘祖荫云：叶润臣丈言：丈位西案头置《简明目录》一，所见书，手记于下方。孙琴西丈云曾见之，或者旦暮遇之，当亦为刊行也。有序跋。

吴庆坻《蕉廊脞录》卷五云：仁和邵位西先生，博极群书，尝就所见诸家藏书记录于《四库全书简明目录》册耑，蝇头细书，上下皆遍。咸丰间，为瑞安项几山傅霖借抄。辛酉，先生殉节，书存项氏。同治己巳，先生之子子俊顺年在江宁，介孙仲颂言于项氏，得索归，别写副本流传都下。祥符周季贶星诒、吴县王茀庆颂蔚、武进董绶金康、山阴胡右阶念修皆有迻抄之本。光绪癸卯，先生之孙伯绹章游吴门，见胡氏抄本，乃更贻书仲颂，商定体例，缮校付刊。壬子之春，蛰居海上，从伯绹借观，复为校勘新抄之本，匝月而后卒业。茫茫浩劫，古籍将湮，抱此遗编，如游宛委萧寒寂莫中，亦假以送日耳。

张釜曰：《四库全书简明目录标注》二十卷，虽邵位西懿辰已予甄录，且《标注》初刊一九一一年，固不免疏舛，即一九五八年中华书局重排增订本所收孙先生批记，都凡不过二百廿七条，经部廿四，史部廿八，子部八十五，集部九十。持校玉海楼原本，尚短二百四十条之多。倘并桐城萧穆敬孚、仁和谭献仲修、桐庐袁昶爽秋及署名逸仙等之朱墨笔识语合计，则又羡出二十八条，且多足諟正增订本之违失。——《读四库简明目录标注》《孙诒让研究》

关系：

孙衣言《跋邵员外手书诗册》云：始道光廿一二年，余初至京师，位西与余舅氏项几山先生皆以博闻好古相爱，故余知位西最早。然方以从事科举，未敢亲位西。及道光之季，余与王定甫、戴存庄辈稍稍为古文词，时一见位西，然终不敢以所作示位西。而位西颇知余，其贺余入翰林诗极良友镌切之意，盖相爱甚至也……咸丰己未，余由安庆引疾归，位西在杭州，未能一相见。明年，杭州陷，位西遂及于难。——《逊学斋文抄》卷十

又《题勉甫所藏邵位西员外诗册》云：落落交朋恨昔年，惊看珠玉富新篇。郎官自隐百僚底，诗笔须论四代前。济世才能偏得谤，犹人状貌要当传。莫经覆瓿深缄袭，我亦桓谭望后贤。——《逊学斋诗抄》卷十

孙仲容《嘉靖本周礼郑注跋》云：让卅年前，侍先君子江宁巡道署，时仁和邵子进大令需次冶城，亦同寓官斋，出所藏明刊原本见示，盖海昌陈仲鱼旧弄本，而子进尊人位西世丈收得之者，册尚有丈题字，亦推为佳册。时余方草创《周礼正义》长编，以黄校本盛行于世，未暇假读也。既先君子移官皖、鄂，让皆侍行。比重至江宁，则子进已物故，其家旋杭。

余频年治《周礼》……逮光绪癸卯，闻子进令子伯绚已捷南宫，入词馆，驰书贺之，并乞假明刊《周礼》。未几，伯绚以藏本寄至，则书册完善，与前在江宁时所见无异。窃叹伯绚之能珍护手泽为不可及，而余以衰老余年得重见此本，校其异同，亦殊非意念所及矣。

附邵懿辰《四库全书简明目录标注》孙诒让笺校

卷二册尾：同治壬申十一月朔日，灯下校毕此卷。诒让。

卷四册尾：十一月四日，校毕此册，共二卷。诒让此书所删《简明目录》原文，经部四卷并邵先生手笔钩乙，史部以下原未动笔，兹以管见删存之，谨附识于此。仲容又记。

卷十六册尾：此册黄岩杨定孚妹婿代校。诒让记。

卷十七册尾：《东湖丛记》载朝鲜李齐贤《益斋乱稿》十卷，《拾遗》一卷。齐贤与姚牧庵、赵松雪诸公交际，其集流入中国，万历中有重刻本。诒让补录。

卷二十册尾：同治辛未正月六日编录毕，时与定孚妹夫同应礼部试，将束装就道矣。诒让记。此书编录时未及校勘，壬申冬，乃从邵先生令嗣子进取原稿精校

一过。惟《目录》原文未及细校，误字尚多，付刊时尚须勘正也。原稿于巾箱本目录书端随手记录，小字戢葺，颇不易辨，所录刊写各本先后亦无次第，疑邵先生本意欲别为一目，特就库目记录以为稿本耳。杭城之变，先生身后遗书散失殆尽，此稿为吾乡项几山先生藉录未归，乃巍然独存，亦大幸也。辛未夏，家大人从项氏索得，归之子进，因命诒让编录为此本。十一月五日校毕，附识于书尾。瑞安孙诒让。按：孙氏玉海楼藏征君手校抄本《四库全书简明目录》二十卷十册。首册首页钤有"逊学斋考藏图籍"朱文方印。第三页目录行下有朱笔"仁和邵懿辰校注"七字，系征君所加。卷一首页，钤有"仲颂"及"瑞安孙仲容斠读四部群书之印"大小两条朱文方印。册中各目之眉端，征君详加笺注，蝇头细字，朱墨纷然。各卷尾间缀短跋数则，为二十四五岁之笔，而眉上则又有萧敬孚、谭仲修、王子常、杨定孚诸家识记。第十册末页有"中容"二字小方印，亦朱文也。

又有王懿荣跋语云：光绪甲申，长夏无聊，从瑞安黄仲弢同年借得，属诸城严伯卿及族子为承照抄。闻朱修伯宗丞与其长子子澄观察别有增益批注本，在厂中某贾手，续当借取补录，眉上称孙注者，瑞安孙比部诒让字仲容；称黄注者，瑞安黄编修绍箕字仲弢。仲弢以陆氏皕宋楼藏书摘录眉上，旋悔之，并来语云"乾、嘉老辈往往以明仿宋本误认为宋椠旧本，又每以宋、元牵混，审定不真；近人著录亦多不足据，非亲见原书不可率信"等语，颇为着实。朱笔所记，则鄙人自治之学，能自信者，然亦忽忘太半矣。福山王懿荣。

又有邵章《后序》云：谨按，先王父刑部公平生读书务求大义，而记览精博，巨细不遗，一时交游又多方闻赡学之士，随所见载籍，必疏导源流，详考其义例之得失，板本之优劣，就《四库简明目录》中写之。久之，遍满上下方，几无隙纸。先王父殁后，家藏群籍荡然一空。先是，瑞安项几山傅霖先生假抄是书未还，同治己巳，先君子晋公宦游江南，适孙丈仲容侍养琴西太仆盐驿道署，与先君为石交。孙与项，姻也，为言是书具存无恙，先君闻之大喜，介孙丈索归，写定副本，流传都下。癸卯冬，章以廷试南旋，薄游吴下，胡右阶观察持书目十巨册见示，云录自董授经康比部所，盖即流传副本之一也。眉端加注甚伙，如孙丈仲容、黄丈仲弢绍箕、周君季贶星贻、王丈莆卿颂蔚辈，皆同、光朝藏书名宿。章即借归详校，复就正于缪筱珊、沈子封前辈。其体例一仍原书之旧，而仿东莱标注《三苏文集》、迂斋标注《崇古文诀》之例，定名为《四库简明目录标注》；又仿陈氏《解题》、随斋《批注》之例，附录诸家诠释于各题之下。其不知名者曰某氏，都二十卷，付诸手民，经营弥载，始克告成。（中略）尝读先王父辛酉致蒋寅昉札云：

《书目》几山允于岁前寄还，此书得不湮没，颇以自慰。乌虖！孰知未几而生平著述随之以烬，是书犹赖故人未还而存，又得孙丈仲容梳理录副，今始获据以斠刊成一完善书目，用慰先王父于地下，固吾宗之大幸，抑亦朴学将兴之萌朕也乎？宣统三年辛亥孟冬，孙男章谨识于沈阳学署。

孙延钊《孙征君年谱》云：同治十年辛未，廿四岁。写定邵位西《四库简明目录校注》二十卷。家藏原写本十册，题《钦定四库全书简明目录》，公以朱笔手加"仁和邵懿辰校注"七字于其下。近邵氏家刻本署《四库简明目录标注》，乃伯絧师于宣统辛亥付椠时追定书名，盖以山阴胡氏所弄副帙校勘其家藏稿，而公编录本师未之见。今取印本与公编录本对读，则互可补正之处颇伙，似当参订重定之。

又征君云：同治辛未正月六日，编录毕，时与定孚妹夫同应礼部试，将束装就道矣。按：邵书编录时，公与杨丈合斠，故记及之。

4. 钱桂森

钱桂森字樨庵，号辛伯，官侍御。

资料：

李慈铭《越缦堂日记》。

关系：

孙衣言《逊学斋文抄》《跋钱樨庵所藏抄本〈杜清献集〉》云：《杜清献集》，予在杭州求之二年不能得。今年至京师，求之厂肆，亦无有。以问同年钱侍御樨庵，樨庵有之，亟假归，属台州友人王子庄棻为副墨，图刻之台州，而以此本反钱氏。

又《杜清献集书后》云：往岁予在杭州府，黄岩王子庄棻求《杜清献集》几一年不可得。今春，予与子庄先生至京师，而予同年御史钱樨庵桂森富藏书，问以《清献集》，樨庵有之，亟取以示子庄。子庄喜甚，既手录副本，因复求予书其后。

又《跋今本〈水心文集〉》云：今此板尚存叶氏。予去年在紫阳书院尝携一本置行箧中，因从丁君丙借黎本校之，补正百余字。今年在京师，复于厂肆购得一今本。而同年钱樨庵侍御乃有黎氏本，予以为此我乡先生书，请以今本易黎本，侍御不予靳也，乃书数语以归侍御。

又《跋黎刻〈水心先生文集〉》云：《水心集》，陈氏《书录解题》不著录者二本：一本二十八卷，《拾遗》一卷；一本无《拾遗》，陈所称淮东本也；二本今并不传。此正统戊辰章贡黎谅公允为处州推官时所刻本。

水心先生之文，在南宋时最为世所推服，几与欧阳、苏氏比并，而其门人编定之本，至明时即为人所窜乱。予求公允刻本数年未得，前岁在杭州借得丁君松生藏本，亦残缺。今于同年钱侍御桂森所见此本，独完善，乃以所藏乾隆间叶氏后人刻本易之以归。

又《钱樨庵桂森侍御索诗》云：玉貌先生尚自如，青骢无事闭门居。尊前花石围高馆，帐里烟煤得异书。同辈声名谁早达，后人富贵只才疏。秋风更切将离感，昨日论文最启予。——《逊学斋诗续抄》三

5. 罗以智

罗以智字镜泉，钱塘人，原籍新城，道光乙酉拔贡，官慈溪教谕。罗氏素富藏书，筑"怡养斋"，至以智尤孜孜蒐集，闻有异本，必借录之。考订题跋，朱墨斑斓，于乡邦掌故爬梳尤力。丁氏《武林掌故丛编》中，武林往哲遗著中，皆有以智手校各书。此外其遗著尚甚多，据近人记载有《赵清献年谱》《文庙从祀贤儒考》《经史质疑》《金石所见录》《宋诗记事补》《诗苑雅谈》《浙学宗传》《敬哀录》《吉祥堂诗文集》等。尚有《说文称语证》及《怡养诗集》。惜遭洪杨之"乱"，遗书沦于燹火，事后虽经八千卷楼丁氏极力搜罗，亦仅得以智手校《南宋院画录》八卷、《蔡中郎集》十卷、《外集》四卷、黄宗羲《思旧录》一卷、《清波小志》二卷、《西溪梵隐志》四卷、《华山碑考》四卷、《国山碑考》一卷等十六种，其余化为劫灰者不赀。

资料：

张鋆《瓯海访书小记》。

关系：

孙仲容曰：同治六年丁卯，罗镜泉君，杭州人，精于校雠之学，所著有《蔡中郎集举正》及《金石综例跋》，未见刊行，余他日当访致其稿而传录之。

又曰：戊辰四月，归途过甬东，购得罗氏《蔡中郎集举正》《金石综例跋》各一册，俱手稿本。按：罗氏遗书，为玉海楼所收藏者，计稿本二种，校本、抄本十余种云。

6. 杨沂孙

杨沂孙字咏春，号濠叟，常熟人。道光癸卯举人，官安徽凤阳府知府。篆法高古，一时无两，实出邓完白之上。所书《夏小正经文》，用笔浑厚，尤近石鼓，中用古文，亦多不苟，书已刻石，世所传贵。

资料：

李慈铭《越缦堂日记》光绪九年十一月初九日云：杨沂孙字子舆，号咏春，江苏常熟人。道光癸卯举人，官至安徽凤阳府知府。有《观濠居士集》。

李宝诠曰：先生篆书名天下，自署濠叟，笔意出猎碣及各钟鼎款识，临摹篆刻者凡数十种。

关系：

孙仲容曰：近常熟杨观察沂孙又以孔氏昭孔双钩本锓木传之，此本即杨君持赠家大人者。——《书徐鼎臣临秦碣石颂后》《述林》二

杨沂孙为篆一联云：学问不厌，好士不倦；登高能赋，临器能铭。光绪五年四月又为书"五凤砖研斋"篆额。光绪五年

7. 朱学勤

朱学勤字修伯，杭州人。父名以升，道光丙戌进士，官直隶知县，以经学名。修伯承其家学，颇知探讨，聚书甚多而精。咸丰癸丑进士，由庶吉士改户部主事，入直军机章京房。不数年，为领班，官至宗人府府丞。丁母忧，服阕，仍直军机房，久不补官。去冬十一月，始补大理寺卿，而遽卒，年甫五十耳。

资料：

李慈铭称：此人犹能读书，习掌故，在军机中自胜余人。又其储藏既富，可以暂相借读。今则并此等人亦无之矣。——《越缦堂日记》光绪元年

又曰：修伯名学勤，杭之塘西村人，今官鸿胪少卿，浙江正考官，为光禄寺少卿。充江西正考官。——同上甲子六月，第二册

关系：

孙衣言曰：此册凡诗三十有四篇，位西自书以贻沈尚书者，今亦为勉甫所藏。位西既殁于"贼"中，其平生所为文字遗稿皆不得出。乱后，其友今相国湘乡曾公、张君鼎、高君均儒蒐索，方仅得十之一二。今可见者，《仪礼通论》上卷古文三十余篇，吴仲宣制府刻之淮安；其读书日记，所谓《忱行录》者，丁君丙刻

之杭州；而予所见《尚书大意》遂不可得。诗则仅此二册及别纸草稿，不及百首。顷闻朱修伯学士云：亦尝得其一册，有诗十余篇。又勉甫言，其友人处亦尚有诗十余篇，大约百余篇而已。——《跋邵员外手书诗册》《逊学斋文抄》卷十

孙仲容曰：司马光《类篇》，甲戌四月间，朱修伯丈云，收得景宋本《类篇》，惜匆匆出都，未及假观。——《标注》孙笺

又曰：陈高《不系舟渔集》，朱修伯中丞有彭文勤藏抄本，余从借录。——同

上按：既录其副，复假丁松生藏本互勘一过。

8. 钱泰吉　子应溥

钱泰吉字辅宜，自号警石，浙江嘉兴人，左傅文端公之曾孙也。少有异才，与其从兄衎石给谏讳仪吉相砥砺，日有文誉，郡人咸称"钱氏二石"云。

弱冠时，山阴汪文端公试嘉兴郡，得泰吉文，诧为逼近眉山，拔冠曹偶。然泰吉少年服古文，多奇崛。屡蹶秋闱，道光乙酉，秋试得而俋失，时年甫三十五，自是不复应举。逾二年，选授杭州府海宁州学训导。携所藏书万余卷，皆少所披览丹黄者……官训导二十七年，引退后，掌教安澜书院又七年，海宁士大夫相依如父兄，唯恐失去。

泰吉少好深湛之思，中年以后，慕梅子真之为人，以读书养性为务，尝画《冷斋勘书图》以见志。公余之外，雠校经籍，日有定程。治一书，必贯首尾，朱墨这道，点勘至十数周不倦。《史记》、两《汉书》《三国志》《元文类》校勘功力尤深。每阅宋、元以来板本至十数种，皆蝇头细书，标录于本书上下方。尤善为诗、古文词，深得古人渊雅之恉。所与吴越耆旧及当时名贤相与抵掌，上下其议论，莫不心折，以为其学不可以度量窥也。

晚年避"贼"氛，哲嗣应溥奉泰吉寓居安庆西城。应溥在节相曾公戎幕，一时名贤辐辏，自曾公以下多时相过从，泰吉顾而乐之，论议娓娓不倦。手校三史，惟范书未得殿本对校，至是犹借其书日校数页，盛暑不辍。逾年，寝疾，遂卒于此，年七十有三，是为同治癸酉冬十一月也。

所著有《甘泉乡人诗文稿》二十四卷、《清芬稿录》二十六卷、《曝书杂志》二卷、《海昌修志采访日记》四卷、《海昌备志》五十三卷、《附录》二卷。

附子钱应溥

钱应溥字子密，浙江嘉兴人。泰吉子，道光己酉拔贡，官至工部尚书，追谥

恭勤。

钱应溥，浙江嘉兴人。道光二十九年选拔贡生，朝考一等，以七品小京官用，签分吏部学习，期满奏留以本部主事候补。咸丰八年，奉旨记名以军机章京用。十年七月，充军机章京。十一年，以亲老乞终养。时粤"寇"犹盛，两江总督曾国藩调赴安庆勷办营务。同治三年，官军克复江宁，以应溥赞划有功，保加五品卿衔。五年，随营驰剿捻"匪"，复经曾国藩保奏，奉上谕赏加四品卿衔。光绪五年，养亲事毕，服阕来京，有旨仍在军机章京上行走。九年，二月补主事，六月擢员外郎。十二年三月，授光禄寺少卿。十三年，改太仆寺少卿。十五年四月，迁太常寺卿。十八年至二十年，充方略馆副总裁。二十六年，德宗景皇帝三旬万寿，应溥以年逾七旬，恩赏蟒缎。二十八年二月卒。

上谕：前工部尚书钱应溥，持躬恪慎，练达老成，由部曹军机章京经大学士曾国藩调赴军营，运筹决策，悉合机宜，赏给四品卿衔，回京供差，加恩以五品京堂候补，洊陟卿贰，命在军机大臣上行走，补授工部尚书。夙夜靖供，克勤厥职。嗣因患病，准予开缺，并赏食半俸。兹闻溘逝，轸惜殊深……

资料：

曾国藩作《泰吉墓表》。——《曾文正集》

《清史稿·文三》，二百七十三。

方宗诚《柏堂师友言行记》。

萧穆作《传》。——《敬孚类稿》

《应溥传》。——《清史稿》二百五十六

钱应溥子密编《年谱》。——《甘泉乡人稿》附刻本

李慈铭《越缦堂日记》云：警石一生以校书为事，其文大半言此事，不立门户，随其所得，缕缕记之，虽学识有限，而谨慎可法，近时浙人著述及收藏诸家多藉以考见。古今杂陈，罕所轩轾。一言一字，皆若恐伤人，其他文字虽多见拙，而性分真实，乐道人善，盖有古人醇朴之风，不当以工拙论者也。严事其从兄衍石给谏，诗文学业悉所秉承，于家世见闻拳拳称述，惟恐或遗。其门风孝友，家法谦虚，亦足垂型薄俗焉。——同治四年

又云：钱警石先生泰吉字辅宜，嘉兴人。衍石先生逵吉之弟，官海宁州学正。著《曝书杂记》，此书共二卷，杂证古今群籍，尤详于古刻源流及收藏传写者始末，间附考证，于汉、宋之学兼有取裁。其书中每及持身保家、藏书读书之法，

亲切可味。

徐世昌《晚晴簃诗汇》卷百五十云：钱应溥字子密，嘉兴人。道光己酉拔贡，官至工部尚书，谥恭勤。

诗话：恭勤承甘泉泰吉之教，温文笃厚。咸丰之季，乞归侍父，转徙江表。旋佐湘乡幕，章奏多出其手。光绪中，还值枢廷，为醇贤亲王所赏，洊陟正卿，遂参大政。引退还里，一时朝局迁移，独无所牵掣，脩然以逝，亦不易致也。

孙衣言《逊学斋诗续抄》三云：《钱警石先生泰吉以所藏玉板兰亭拓本见示，云其先文端旧存，此刻久亡之，命为之诗》诗曰：宝墨相看近百年，名门儒硕旧婵嫣。金沙雁去空遗恨，玉匣龙腾自昔传。文物几经天宝后，风流愁说永和前。且摩老眼消清昼，莫更兴怀重慨然。

又《书项儿山舅氏〈止斋文集〉校本后》云：陈石士侍郎所刻《止斋集》，予往尝得之，恨其讹缺，欲求善本校补而未能。今年客游安庆，嘉兴钱警石先生亦避地在此，出侍郎刻本相示，则我舅氏项儿山先生据先生所藏旧本校正者。警石先生博闻君子，多藏书，乱后往往散去，其尝有校勘者幸皆携以出，而此集为我家乡先辈书，又先舅氏之手泽，可贵也。

舅氏笃学能文词，尤喜校书，此为咸丰癸丑去富阳校官寓居杭州时为警石先生校者，然缺讹亦未能尽补，盖所据旧本亦非宋椠原书也。先生自言：知我舅氏久，而相见甚晚。校此书后，不久即别去，遂不复相见矣。而我舅氏家居，亦默默闭户，少与人通。今舅氏卒五六年矣，后生子弟鲜有知其可爱惜者，独予与警石先生相从羁旅中，每一言及，辄相向歎息也。同治二年四月。

孙锵鸣《海日楼遗集》下云：《钱警石广文〈冷斋勘书图〉，子密京卿应溥属题》诗曰：……二石今轼、辙，家世本凤麟。广文尤守默，先德扬清芬。气足铸群象，而甘晦其身。学舍小如舟，插架森嶙峋。丹黄不去手，疑蔽通以神。善本更相假，不孤德有邻……

孙衣言又代作《胡太淑人八十寿序》。——《逊学斋文抄》三

9. 叶昌炽

叶昌炽字鞠裳，元和人。性简淡沉静，好稽考目录，辨别板本。游幕广州，适吴窬斋视学是邦，相与讨论金石文字。光绪己丑成进士，入翰林，出潘文勤门。即馆于其家，凡滂喜斋宋椠元抄皆遍阅之。每自恨家贫，不能多得异书；复叹自

来藏书家节衣缩食匀集善本，曾不再传，遗书星散，有名姓翳如之感。因网罗前闻，捃摭轶事，成《藏书纪事诗》六卷，共二百余首，由宋迄清，贵如明衡徽诸藩，微如安麓村、钱听默之属，悉载靡遗，盖著录中之别格也。交福山王文敏诸人，益研求碑板。久之，积至八千余通，更撰《语石》十卷，为后来考斯学者入门之资。举夫制作之名义、标题之发凡、书学之升降、藏弆之源流以逮樸拓装池、琐闻雅故，分门别类，条理秩然。邠州城西有大佛寺，石室垒垒，皆唐、宋、元人题刻，壬寅督学度陇，尽拓以归，排缵考订，成《邠州石室录》三卷。乌程刘氏好刻书，延缪艺风及昌炽任雠校，题跋尤出昌炽为多。又有《奇觚庼文集》《日记》等书。丁巳秋七月十五日卒，六十九岁。

资料：

《清史稿·文三》，二百七十三。

曹元弼作《墓志铭》。——《复礼堂文集》

王颂蔚作《藏书纪事诗叙》。——《写礼庼遗著》

徐世昌《清儒学案》卷一百七十三。

又《晚晴簃诗汇》一百七十六云：叶昌炽字颂鲁，一字缘裻，号鞠裳，长洲人。光绪己丑进士，改庶吉士，授编修，历官侍讲。

袁重黎曰：君搜录古今藏书家，作《杂咏》三百首，人系以传，异闻佚事笺罗极富，又聚集陀罗尼经幢搨本千通，自署幢主。

诗话：鞠裳经籍板本之学冠绝一时，著有《藏书纪事诗》六卷，《语石》六卷，视学甘凉，成《邠州石室录》二卷，其他纂著尚富，凤不以诗名。卒后，门人为刊《辛白簃诗谳》二卷……平生内行笃挚，朴雅闇修，时咸重之。

王颂蔚《藏书纪事诗叙》云：三百年来，大江南北以藏书名者亡虑数十家，而既精且富，必以黄氏士礼居为巨擘。荛翁之书，有竹汀、涧薲为之考订，香岩、寿皆、仲鱼诸君为之通假，故自樸刻以臮校抄靡不精审。洪北江论藏书家次第，斥荛翁为赏鉴家，列传是瓶花之次，非笃论也。荛翁晚年，其书归汪氏艺芸书舍，继又归昭文瞿氏，最后归聊城杨氏。今士礼精本泰半在瞿、杨两家，其余各家所得不过鳞片而已。光绪初元，余与管子操养、叶子缘督为瞿氏编校书录，铁琴铜剑楼之藏无不过目。既而叶子馆潘氏滂喜斋，凡文勤公所藏，君又遍阅之。——《写礼庼遗著》

章钰《奇觚庼诗集叙》云：同邑叶鞠裳侍讲，以鸿雅宿儒晚入词馆，一督陇学，即乞病归里。遘阳九百六之变，忧伤而卒。其著述自刊者为《藏书纪事诗》《语石》二种，诗又雅不示人，文有稿本，诗则《诗譺》另篇成卷外，大都存《日记》中。特念敬事侍讲者三十年，近又借读《日记》全帙，得窥侍讲为学之要与数十年朝野故事，山海之藏，取资无尽。其尤不可及者，侍讲处家庭骨肉之间，用情纯笃。失子之后，境至不堪，尚能于沉忧积惨之余殚心著作。官翰林时，为朝贵引重，直而不倨，屈而不绌，辞受取与尤断断焉。辛、壬之交，于变故始末、造成万古伤心之局不能不记，欲记未尝自匿，几乎古所谓"无事不可告人"者，勿以训诂、词章、金石、目录之学概其生平可也。

关系：

叶昌炽《缘督庐日记》云：己卯九月十六日，金录来，知宝应刘叔俛恭冕亦获隽，为浮一大白。缘督。

庚辰四月十三日，阅全录，知直隶王懿荣、安徽汪宗沂、浙江李慈铭、黄绍箕并入珊网。

卷七。甲午三月初一日，瑞安孙仲容孝廉来，著有《周礼正义》，琴西先生之子也。

丙申十二月初十日，访仲弢，携归孙仲容所著《墨子间诂》一部，仲容见诒也。

又卷十三。戊申九月廿二日，闻孙仲容征君作古，海内故交零落殆尽。孙君尤为当代经师，礼堂垂暮，可胜悼哉！

10. 缪荃孙

缪荃孙字筱山，晚号艺风老人，江苏江阴人。幼随宦于蜀，师阳湖汤成彦、双流宋玉械，寄籍华阳，因举四川乡试。以被攻击，还试于苏，再登正榜。吴棠督川，延致之幕下。时张之洞主蜀学，乃执贽称弟子，为撰《书目答问》以教士。光绪丙子成进士，散馆授编修。己卯，点顺天乡试同考官，得人为盛，福山王文敏公以经学补荐，由荃孙力也。壬午，充国史馆协修，分纂儒林、文苑、循良、孝友、隐逸五传，忤总裁意，谢事归。苏学政王先谦量其才，聘主南菁书院。寻复入都，召见，以记名道府用。先后主奉天沈源、湖北经心讲席。擢国史馆提调。始两湖制府裕录延修通志，至是又之鄂任通志役，兼自强学堂分教。张之洞移督两江，遂就钟山书院聘，领江楚编译书局事。书院改高等学堂，任总教习，为厘订学程殊详备。乙巳荐举经济特科，未赴。丁未，再从之洞于鄂。感欧化锐进，国学日衰，说之洞创存古学堂，自任教务长。未几，江督端方奏派总办江南图书馆。宣统元年，唐景崇复奏充京师图书馆正监督。庚戌，摄政王召见养心殿，奏对明澈，以学部参议候补。会武昌军兴，谒假南返。袁氏当国后，清史开馆，征任总纂，然年老，亦未能成行。旋授参议院参政。卒年七十六。

荃孙少即博涉群籍，长考据，通训诂，尤精金石目录之学。虽不若汉人校雠之守专门家法，而考订同异，辨析源流，固非黄尧圃辈只讲板本者所可及。尝主定远方濬益家，佐成《梦园书画录》，故鉴赏复冠绝一时。骈文流畅，有宋人风度，惟散文稍平阘。乞休后，专事著述，撰有《艺风堂读书记》一卷，《藏书记》八卷，《续记》十二卷，《金石目》十八卷，《云自在龛丛书》《藕香零拾》《烟画东堂小品》又若干种。

资料：

李法章作《传》。——《梁溪旅稿》

夏孙桐作《行状》。——《观所尚斋文存》

柳诒徵作《传》：缪荃孙字筱珊，号艺风，江苏江阴人。光绪丙子进士，官翰林院编修，有《艺风堂文集》。

《石遗室诗话》：艺风博极群书，精于目录之学，生平著述等身，诗最少作。——《近代诗抄》

金武祥《粟香随笔》。

叶昌炽《缘督庐日记》。

关系：

徐世昌《晚晴簃诗汇》卷一百七十一云：缪荃孙字炎之，号筱珊，晚号艺风，江阴人。光绪丙子进士，改庶吉士，授编修，历官学部候补参议。有《辛壬稿》《癸甲稿》。

诗话：艺风以校雠淹博名于时，著书满家，刊订古籍尤多，收藏碑拓至万四千种，自来金石家所未有也。

缪荃孙《序邵懿辰〈标注〉》云：当先生在都时，若曾涤生、梅伯言、朱修伯、叶润臣往还最密。《桥西杂记》所云位西居京师，购书甚富，案头置《简明目录》一部，所见宋、元旧刻本、抄本，手记于各书之下以备校勘之资，即指此书而言。朱修伯校语甚多，想见京秩甚闲，同志搜讨之乐，令人神往。幼嘉此册抄自董君授金，书眉又撮录周季贶、黄仲弢、王莆卿、孙仲容诸人加考，均与荃孙同志。今再同、季贶、莆卿墓有宿草，仲弢、仲容近亦淹忽，荃孙独行踽踽，质疑无门。幸得授经、幼嘉相与商榷，即伯纲同学相距较远，意气精神均称同调……光绪戊申。

缪荃孙云：《南都事略》本藏友人沈寄凡家。寄凡以卑官需次江苏，故其书得至金陵。寄凡殁后数年，慈铭知其书尚在江宁，乃属孙仲容物色之。曰："此书关系尤巨，倘能成文正之志，尤厚幸也。"——《越缦堂日记》

11. 莫友芝

莫友芝字子偲，号郘亭，晚号眲叟，贵州独山人。父与俦，遵义府学教授，曾文正公表其墓曰"教授莫君"者也。教授故名达士，日以朴学倡其徒，教子弟。子偲独一意自刻厉，追其志而从之。当是时，遵义郑子尹珍亦从子偲游，与子偲相劘以许、郑之学积五六年，所诣益邃。

子偲之学，于苍雅故训、六经名物制度靡所不探讨，旁及金石、目录家之说，尤究极其奥赜，疏导源流，辨析正义。又工真、行、篆、隶书，求者肩相摩于门。

子偲癯貌玉立，居常好游览，善谈论。遇人无贵贱愚智，一接以和。暇日相与商较古今，评骘术业高下，正论诙嘲间作，穷朝夕不倦。

自道光辛卯举于乡，其后连岁走京师，朝士贵人争欲与之交。既屡试礼部不得志，以咸丰八年截取知县，且选官，顾子偲意所不乐，弃去不复顾。以其年六月出都门，从胡文忠公于太湖，明年，复从曾文正公安庆。越四年，又从至金陵。胡文忠、曾文正皆子偲尝所与游，旧知子偲者也。暨合肥相国李公巡抚江苏，请州县吏于朝，而是时中外大臣尝密荐学问之士十有四人，诏征十四人往，子偲其一也……子偲谢辞不就，携妻子居金陵，时独出往来于江淮、吴越之交。子偲既好游，而东南故多佳山水，又儒彦胜流往往而聚，乃日从诸人士饮酒谈咏，所至忘归。

子偲之卒，以同治十年九月辛未，春秋六十有一。

生平所为书，曰《黔诗纪略》三十三卷，《遵义府志》四十八卷，《声韵考略》四卷，《过庭碎录》十二卷，《郘亭诗抄》六卷，《樗茧谱注》二卷，《唐本〈说文〉木部笺异》一卷。

资料：

《清史稿·文苑三》二百七十二：莫友芝字子偲，号邵亭，贵州独山人。道光辛卯举人，截取知县，有《黔诗纪略》《邵亭遗文》《影山词》。张裕钊撰《墓志》：子偲于苍雅故训、六经名物制度靡不探讨，旁及金石、目录家之说，尤究极其奥赜，而于诗治之既深且久，又工真、行、篆、隶书。

张裕钊作《墓志铭》。——《濂亭文集》

黎庶昌作《别传》《拙尊园丛编》曰：莫友芝，附父与俦后，贵州独山人。字子偲，道光十一年举人。咸丰八年截取知县，且选官，意不乐，弃去。同治初，中外大臣密荐学问之士，诏征十四人，友芝其一也。朋好争劝出仕，谢不就。同治十年卒，年六十一。通许、郑之学，有《唐本〈说文〉木部笺异》一卷，《宋元旧本经眼录》三卷，《附录》二卷，《遵义府志》四十八卷。

陈衍《近代诗抄》卷三：曾国藩《题唐本〈说文〉木部应莫邵亭孝廉》：插架森森多于笋，世上何曾见唐本。莫君一卷殊瓒奇，传写云自元和时。问君此卷有何珍？流传显晦经几人？君言"是物少微识，残笺黯黮不能神。豪家但知贵锦袠，陋巷谁复怜綦巾。黔县令君持赠我，始吐光怪于星辰。许书劣存二百字，古镜一扫千年尘。篆文已与流俗殊，解说尤令耳目新。乾、嘉老儒耽苍雅，东南严、段并绝伦。就中一字百搜讨，诘难蜂起何断断。暗与此本相符契，古辙正合今时轮。乃知二徐尚卤莽，贻误几辈空因循"。我闻此言神一快，有如枯柳揩马疥。我昔趋乾陪庶尹，颇究六书医顽蠢。四海干戈驱迫忙，十年髀肉消磨尽。却思南阁老祭酒，旧学于我复何有？安得普天息欃枪，归去闭户注《凡将》。

莫友芝：湘乡相公命刊《唐写本〈说文〉残帙笺异》，且许为题诗，歌以呈谢：黔侯赠我唐人写本书，乃是许君《说文》之断帙。中唐妙墨无双经，动邑传看叫神物。本朝朴学一叔重，六籍尽起基乾隆。错残铉疏竞拾补，勤矣区区诸老翁。唯唐明字科，课试必先通。一代义疏家，取携若飧饔。少温谬悠在斥废，说之碎掇还网笼。尔时此本若到眼，定诩鸿都揖蔡邕。汴京秘藏尽六纸，纸缝增衔绍兴玺。自从宝庆落人间，几阅劫灰换朝市。百八十篆岿然完，界宅分曹烂仍理。颠顶只作书画传，千载何人究端委。邵亭懒颓药不瘳，奇文入手如笞鞭。灯昏力疾草《笺记》，整乱钩沉坐无寐。湘乡相公治经如治兵，号令罴恭龃龉皆嶙峋。幕府军问结习在，刊徐左许时铿铿。谓余此卷虽晚出，试数四部官私谁第一。元抄宋刻总奴隶，为子性命耽书报。良值子笺好成为，于郡中有大义数十不可磨。即呼携本印万本，把供海内学者岂在多。感公盛意惜晚莫，悠悠志业余两皤，无闻写此当如何？

又《湘乡曾相惠题写本〈说文〉卷子次韵奉答》云：礼荐菁茆芹箔笋，貌赢羽鳞会乐本。野虫毛菜岂自奇，珉琢乃登朝祭时。世间何物有定珍，升沉显晦听中人。李唐破卷洨长字，断零黯黮失精神。湘乡相公见咤绝，尤物不许巾箱巾。刊传学人重题咏，千载一遇惊昌辰。相公昨日平江南，荆扬薄海靖烟尘。定推此意向幽侧，拂拭顿使周行新。中兴求阙及此补，相业武功同绝伦。凡将说注岂公事，要励贱子加勤断。贱子卅年坐坦率，不信今舆非古轮。表书常觊著作式，试吏竟忘阳羡循贺循。把公大句发雄快，如饮天浆豁沁瘠。坐思巢经郑小尹，安得西来夺苗蠹。公命致书招郑子尹。提仓酌雅佐军饶，怀抱铿訇向公尽。从公且及饮至酒，小技彫虫愧无有。劓山纪绩护储枪，引笔犹胜带仲将。

谭献《复堂日记》。

曾文正公《求阙斋诗文集》。

叶昌炽《缘督庐日记》云：曾文正公定安庆，命莫子偲大令采访逸书。既复江宁，亟开书局，刊刻经史。

李慈铭《缘督庐日记》云：阅《宋元旧本经眼录》，子偲本绩学之士，入曾文正公幕府。江南平后，为文正收书，颇得秘籍，又备见上海郁氏及近日丰顺、钱塘两丁氏日昌、松生新得之本，故裒然可观。

又云：子偲自是近日学者，其诗则不能工也。

陈衍《石遗室诗话》云：黔诗人郑、莫并称，均多乱离之作。而子尹公车报罢蠖屈乡间，漂泊西南。子偲则晚交益阳抚部寿阳、湘乡两相国，踪迹在大江南北，及见"粤寇"荡平，身世稍发舒于子尹。子尹精经学、小学，子偲长于史地之学。二人工力略相伯仲，子尹诗情尤挚耳。——《近代诗抄》第一册

关系：

孙衣言《逊学斋诗续抄》卷三云：《喜莫子偲友芝自金陵来，赋此为赠，并怀涤生先生》。诗曰：门前倒屐一轩渠，但恨秋花照鬓须。狂客吴中重对酒，经师汉相尚劬书。子偲时为涤生先生来浙买书。三年东阁疏行马，万卷西湖老蠹鱼。语满腹中无奏记，因君聊为问何如。

孙仲容《新始建国铜竟拓本跋》云：余前廿年于亡友戴君子高许尝见拓本，独山莫先生子偲为跋尾，所著《金石经眼录》亦载之。子高物故，拓本不审归何人？今鹤亭以手拓本寄赠，恍如见故人矣。余旧藏汉竟拓本近百种，皆无纪元，

此竟独年号明皙，文既古雅，篆势尤奇崛，信可爱玩。莫先生所释颇疏，鹤亭既諟正之，余复为补释数字，略可诵说……犹忆同治季年，余与莫、戴两君同客江宁，莫先生于让为父执，尝得侍燕谭，而子高与余同为金石篆籀之学，踪迹尤密。始以此竟拓本见示，诧其奇古，而未及悉心审校。云烟过眼，忽忽二纪，两君宰木已拱，而余幸从鹤亭重觏此拓，得相与精释其文字，惜不令两君见之，俾同此愉快也。

又《跋戴侗〈六书故·六书通释〉》云：案：此书所引唐本《说文》，今之治小学者习知之。李阳冰《广说文》、晁说之参订许氏文字诸说，并足资斠勘。近独山莫氏友芝得唐本《说文·木部》之半，笺校刊行，以此书木部所引唐本二条核之，并不合……友人歙汪茂才宗沂语余曰："此乃其乡一通小学者所伪作，其人彼尚识之，莫号能鉴别古书，乃为所欺，可哂也。"近人得莫本，多信为真，虑世之为雠校之学者将据以羼改许书，故附识之。案：唐本在宋时，犹今之明写本，固非绝无仅有之物，况许书唐本全帙彼时尚有流传，何得残剩六纸，遽登秘府，又命词臣鉴定，其为伪迹显然，莫氏自不察耳。——《温州经籍志》卷七按：《朱谱》云：莫氏于先生为父执，往来游谑，踪迹颇密。氏尝笺校唐写本《说文》木部，刊以行世，当时学者惊为秘笈。先生悉心雠订，定为伪作。兹录其说如左，藉征先生之学识，并以解世之据此以校许书者之惑。

又《孙谱》云：同治三年甲子，十七岁。时独山莫氏友芝得唐写本《说文》木部之半，自为笺异。刘北山考定为元和时人书。曾文正公命刊行之，杨见山、张啸山为之校勘。其书出时，世之治小学者诧为秘笈，公则举证数事以明其伪。

又曰：朱述之精校本曹植《子建集》，朱校本尚存，莫大令友芝有抄本，余从述之先生子桂樽借录。——《标注》孙笺

12. 张文虎

张文虎字孟彪，号啸山，南汇人。诸生，客江督曾文正幕，于克复江宁时奏保以训导选用。主江南书局最久，晚为南菁书院讲席。光绪十一年卒，年七十有八。

少孤贫，初为里中童子师，藉修脯以养母。洎补邑诸生，颇肆力为诗、古文辞。既而读元和惠氏、婺源江氏、休宁戴氏、嘉定钱氏诸家书，慨然叹为学自有本原，驰骛枝叶无益也。乃取九经汉、唐人注疏及其他经说精思博览，由形声以通其字，由训诂以会其义，由度数名物以辨其制作，由言语事迹以窥古圣贤精义

之所存，旁及乐律、历算，莫不洞悉源流，实事求是。

著有《古今乐律考》《舒艺室随笔》《史记三家注札记》《舒艺室杂著》《湖楼校书记》《诗存》等书。

资料：

《史传》文苑卷七十三。

《清史稿·儒林三》，二百六十九。

闵萃祥撰《行状》：张文虎字孟彪，号啸山，又号天目山樵，江苏南汇人。诸生，候选训导。

缪荃孙撰《墓志》：先生于书无所不览，过目辄记，尤长于比勘，遇疑义必反复穷究，广征旁引以汇于通。所著有《校刊〈史记集解〉札记》《舒艺室随笔《余笔》《杂著》《剩稿》《诗存》《索笑词》《古今乐律考》。——《艺风堂文续集》

徐鼒作《墓志铭》：张文虎字孟彪，江苏南汇人。贡生，嗜古博览，不求闻达，于名物训诂、六书音韵、乐律、中西算术靡不洞彻源流，尤深校勘之学。尝侨寓西湖杨柳湾，日假文澜阁书，居两月，校八十余种，抄四百三十二卷。同治初，与李善兰同客曾国藩幕中，居最久。国藩甚重之，金陵书局初开，主校席十三年。所著《春秋朔闰考》《古今乐律考》稿毁于兵……又著《史记札记》八卷。——《米灰斋文集》

徐世昌《晚晴簃诗汇》卷一百四十八云：张文虎字孟彪，一字啸山，南汇人，诸生，候选训导，有《舒艺室诗存》。

诗话：啸山邃于经学、小学，旁通历算、声律，为金山钱氏校刊《守山阁丛书》《指海》《珠丛别录》海内推为善本，曾文正开江南书局亦倚之。早年及见阮文达，同、光以来，在吴中最称耆硕。黄漱兰侍郎创立南菁书院，首延主讲，已近八旬矣。

李慈铭《越缦堂日记》云：孟彪精于律、算，为专门之学，又当于吴松盛时，多见故家藏书，校雠目录尤所长也。光绪十年七月初六日

关系：

张文虎撰《孙琴西廉访六十寿叙》云：昔在癸亥之岁，文虎以文正招至皖，与公以诗文相契。明年，公赴庐凤任，后六年，公来金陵，益相习。而公子仲容孝廉好许、郑之学，亦常商榷疑义，凡六阅岁，交不为浅矣。同治十三年甲戌秋仲。

孙衣言《黄礼部诗序》云：适在江南，见予诗有及食笋斋者。亟介予友南汇张文虎啸山索予诗以去。——《逊学斋文抄》

又曰：《辛未正月二十日香山生日，张啸山文虎、唐端甫仁寿招同赵季梅彦修、吴莘农绍伊二广文，钱子密礼部应溥、薛慰农山长时雨集祀飞霞阁》。有诗：（上略）昨者张子走语我，吴兴寄诗来相镌。新年造请更无暇，偶来携客凌苍烟。瓣香一集对长庆，配以苏氏眉山篇。诗翁有知容补过，一举乃能使两全。酒酣客乐笑相视，坐觉两翁来翩翩。更草新诗遣属和，欲留故事传他年。——《逊学斋诗续抄》卷二

又《壬申东坡生日，张啸山、唐端夫招集飞霞阁，并为予祖道。啸山诗先成，季梅、恭甫、慰农皆用其韵。予亦继作，即以别同人》。诗云：（上略）故人折简走相招，却喜胜览年年同。予在此，凡四与此会，皆在雪后。三堂更饮无事酒，百篇欲策搜诗功……诏书昨下有迁擢，迂儒何术甦罢癃。客行有日长安近，驿路遥指江流东……——同上

孙仲容曰：王泾《大唐郊祀录》，余家又抄本，张啸山文虎云有校本刊入《指海》，余未见。——《标注》孙笺

又曰：《文子》守山阁本，有校勘记。钱本校勘记为顾尚之观光所撰。尚之别有增定本，余从啸山文虎假录。——同上

又曰：曩张啸山先生为余言，松江某氏有宋拓石刻本，尚完具，惜不得假校。——《薛尚功钟鼎款识跋》

张文虎《舒艺室杂著》甲下《跋浪语集》云：同治癸酉，瑞安孙琴西廉访将移任皖江，以此集见贻。薛艮斋于永嘉诸子中尤矫矫，其学主于实事求是，坐言起行，非空谈性理自托程、朱者所可同日语。惜乎早逝，未竟其用也。廉访公子仲容孝廉校订精审，闻别有《札记》，未刊。予检第十三卷，有《八阵图赞并序》。其三十三卷又重出之，惟"新都"作"广都"三见，阵形"虽八"作"维八"，余皆相同。据《后跋》，乃其从孙师旦所编，何疏忽乃尔，未知《札记》中曾及此否？

13. 唐仁寿

唐仁寿字端甫，号镜香，海宁州人。年十四为诸生，读书好古，究极名理。及从警石游，购求宋、元善本，日事校雠，所诣益进。同治初，金陵始设书局，

与南汇张啸山文虎同校《史记》，用警石校本，考订精审。著《驳孟子古义疏证》《讽字室古今体诗》。

　　与端甫同处金陵书局德清戴子高望者，死而无子，死后无一不赖端甫力者。端甫及戴君皆曾文正公所招致也，端甫来金陵以同治四年，越八年而曾文正公薨，其明年戴君死，又四年而端甫卒，实光绪二年六月十四日，四十八岁。

　　资料：

　　张裕钊《唐端甫墓志铭》。——《濂亭文集》

　　张文虎《唐端甫别传》。——《舒艺室杂著》中

　　张裕钊曰：自同治三年，大军克金陵，曾文正公及今合肥相国李公相继总督两江，始开书局于冶城山校梓群籍，延文士习其事。文正公尤好士，又益以懿文硕学为众流所归，于是江宁汪士铎、仪征刘毓崧、独山莫友芝、南汇张文虎、海宁李善兰及端甫、德清戴望、宝应刘恭冕、成蓉镜四面而至。而文正公幕府辟召皆一时英俊，并以学术风采相尚。暇则从文正公游览燕集，雍容赋咏以为常。十余年之间，文正公薨逝，刘毓崧、莫友芝、戴望诸人皆先后凋丧，士铎已笃老，自引杜门不复出，张文虎亦谢去，其他或散走四方。及是而端甫又以死，金陵文采风流尽矣。——《唐端甫墓志铭》节

　　张文虎曰：咸丰十年，"粤贼"窜浙江，君挈家航海，遭大风，舟几覆，避居浦江，稍以医术得酒食。同治三年，扶母枢归，宅已瓦砾，依妇家庄以居。无何，妇又殁，负影孑立。是时，钱先生警石亦辗转避寇，由浙东以至皖江。常念君不得消息，以语其次君今京卿应溥。同治四年，应溥奉钱先生丧回浙，物色君，乃偕至金陵，言之今相国合肥李公，佐乌程周侍御学濬校刊《史记》集解、索引、正义合注本。时文虎亦预书局，始与君相识，懂如故交。六年春，曾文正公自河南还金陵，知《史记》工未竟，命文虎同校，益于君相亲。乃重订校例，或如旧本，或删或改，分卷互视，遇所疑难，反复参订。既而合肥公议以金陵、苏、杭、武昌四局合刊《二十四史》，君分校《晋书》《南齐书》，又覆校《续汉书志》，遂以《史记札记》属之文虎。后又与文虎同校《史记集解》单本，盖相处九年。同治十二年，文虎以衰老辞归，君怅然不乐。别之后，书问往复岁率六七次，遂以文虎所为《舒艺室随笔》授之梓氏。——《端甫别传》节

　　徐世昌《清儒学案》卷一百四十三。

　　《海宁州志》。

俞樾云：戴子高身后诸事，由公等料量妥协，笃于风义，今之古人。

关系：

孙衣言曰：海宁唐端甫，钱警石学正之弟子也。熟精目录，刻志校雠。

又曰：甲戌《唐端夫书来，以去岁东坡生日诗见寄。余在金陵五年，常有此会，辄为诗留冶城山飞霞阁。去年来此，乃遂不能有诗，为之怃然，即次其韵却寄端夫》。诗云：我昔浮槎来一叶，"一叶槎来宦海浮"，予庚午闱中句。五年饱看钟山雪。飞霞高阁山满窗，两翁相对真清绝。君与啸山同居阁上。年年召客拜东坡，每辱幽人简屡折。壁间横卷我留题，纸上龙蛇今未灭。去年作诗犹自书，但恨老来手频掣。官居日日龙眠山，远望白云生眼缬。今朝鹊噪得君书，正对簷花落瑶屑。诗用聚星堂韵，而今日适大雪。颇闻胜会犹七贤，却忆前游渺一瞥。喜君对酒尚能狂，顾我有情谁与说。怀人更望海东云，独注虫鱼磨青铁。书来言啸山已归沪上。——《逊学斋诗续抄》卷二

孙仲容《与唐仁寿论〈说文〉书》云：前侂望江倪大令奉寄一书，并子高所校《荀子》四册，度已达左右……诒让近校《墨子》，于毕、苏诸家外，颇有所悟。又《经》《经说下篇》，以旁行读之，亦略得其鳃理，惜猝未易写定尔。又近读《说文》，以段氏《注》与严氏《校议》、王氏《句读》参综校核，亦略有管窥，谨刺举一二奉质。

又，娄机《汉隶字源》，海昌唐端夫仁寿有传录翁覃溪校本，余从借录。翁校据朱竹君所得南宋本校汲古本之误。——《标注》孙笺

又，贾子《新书》制不定条，此册不录他人说。光绪初元，余在安庆，唐君贻书，示以此义，叹其郅确。唐君旋卒，遗著散佚，恐遂零落，聊附记之以遗来学。——《札迻》卷七

又，顾广圻《说文辨疑》一册，顾先生未成之书也。同治癸酉三月，藉唐端夫所藏写本迻录。

又，苏时学《墨子刊误》，癸酉四月，假海宁唐端夫本迻录，并校一过。此书諟正讹脱，尚为精审。惟笃信古文书，又好以借字读正字，是其蔽也。仲容识于秦淮官阁。

又，《苏学士集》，于端夫所见有传录蒋生沐藏宋《苏学士集》，姚士钰录何义门校本也。——俱见孙延钊《孙征君年谱》稿本

——以上治校勘

（三）地理

汪士铎

汪士铎字梅村，晚号悔翁，江宁人。家极贫，然性好读书。年十一，从徐镕游。庚辰入泮，督学使者姚文僖公深加叹赏。咸丰三年癸丑春，粤西"贼"陷江宁，士铎与妻沈氏转徙于徽州之绩溪深山中，授徒自给。数年，益阳胡文忠公开府楚北，闻之，乃召往鄂渚，与长沙丁君取忠未辑《读史兵略》于武昌节署。士铎故有《水经注图》，钩稽群籍以为学者读唐以前古书之资，遭乱失之，避地绩溪时略有追补，胡公为刊行之。

甲子秋，"王师"收复江宁，是年冬，士铎东归，当道仰士铎名德，月致饩廪。制府曾文正公大礼异之。

金陵为南北津要，通人名士、魁硕之彦多游寓其地，故平生师友讲说颇不狭陋。穷老著述，工夫最久者为《水经注疏证》，又有《礼服记》《广韵声纽表》《补梁陈州郡志》《东汉闰朔考》等书。

士铎为散文喜秦、汉，骈文喜齐、梁而不废魏、晋，为诗喜唐人及有明七子，为词喜南宋人。故又有《文集》《诗抄》《诗余》《悔翁笔记》《乙丙日记》各若干卷。卒年八十六。

资料：

萧穆作《汪梅村先生别传》：汪士铎字振庵，号梅村，江苏江宁人，道光庚子举人，赐国子监助教衔。

《儒林传稿》：士铎根据经训著述，累数十万言，大半灰烬。已刊者《南北史补志》十四卷，《水经注图》二卷附《汉志释地略》《汉志志疑》各一卷，《文集》十三卷，诗十五卷，词五卷，笔记六卷，续纂《江宁府志》十五卷，《同治上江两县志》二十九卷。

邓之诚辑《汪悔翁乙丙日记》三卷。

方宗诚《栢堂师友言行记》。

徐世昌《清儒学案》卷九十四，《朴斋学案》下，竹村弟子汪士铎。

陈衍《近代诗抄》云：汪士铎字振庵，别号梅村，江苏江宁人。道光庚子举人，荐授国子监助教衔。有《悔翁诗抄》。

《石遗室诗话》：梅村枕经菹史，根柢深厚，作诗几无一字无来历。然理窟甚深，兴趣稍远，但求妥帖排奡者几于美不胜收。

李慈铭《越缦堂日记》庚集下云：诏江苏金匮县训导殷如珠送部引见江苏举人汪士铎……笃志潜修，绩学不倦，士铎给国子监助教衔，从学政黄体芳请也。光绪十一年

又云：士铎字梅村，江宁人。道光庚子举人，今年八十余矣。其地里考据之学多称于时，文亦修洁。光绪十四年二月二十八日，阅汪梅邨士铎《文集》。

某某曰：江宁汪士铎，余道光典试江南所取士也。嗜山水，无仕进志。四上春官，特借以浏览山川风土，不谒一人，不待榜而归，其视富贵利禄泊如也。雅性好学，藏书二万六千余卷，闭户绝庆弔，莳花木、读书为乐。国朝人率自经史、秦汉诸子外，天官、历算、舆地、职官、苍雅、典礼之属，靡不综核。君承吴、越诸尊宿绪论，又金陵为南北津要，通人名士、魁耆之彦多游寓其地，故平生师友讲说颇不狭陋。家至贫，佣书河沛江淮间，皆以府主意，不能自有以发摅；而其为说，半札记其书上下左右方，朱墨这道，陆离不可辨……其为散文、骈文、诗词等，则皆无草稿，以为不必存也。

关系：

孙衣言《君子居记》云：（上略）独思冶城山者，前宰相文正曾公雠书之所也。始公抚皖，"贼"犹未尽灭，即大刻经籍以幸东南之士，使兴于学。既而王师克金陵，公由皖移节江南北，于是从公之士归安周学濬缦云、独山莫友芝子偲、南汇张文虎啸山、江都刘寿曾恭甫、海宁唐仁寿端夫、德清戴高子望皆随以来。公既治夫子庙于冶城山之上，复于山之东北隅修葺所谓飞霞阁者以为勘书之庐，世士之通经知古而不耐烦缛者皆处之阁中。当是时，汪君士铎亦归自鄂，年逾七十矣，常杜门深居，独乡里后进时时从问经说，公亦不劳以事而别廪之。

文正公之开书局也，其意在于兵火之余，经籍板多亡缺，而尤在于诸君子遭乱无归，恐不得其所养，不能从事于学，所以资给之颇厚，而实不甚责以事，与它猥杂局绝异。诸君子常得于朱墨之余相与论议为文章，间亦招集游客寓公谦饮歌诗以为笑乐。予时虽已縻于官，然常乘间从诸君子游。窃谓金陵固多士，而朋游宾客之盛殆无过今日者。

其后文正公薨于官，又数年，予自楚移藩江宁，适当事者颇不知学，而以吏能自负，以为刻书非急务，且多不事事，辄程督之甚严，计佣以给食，主局政者益附和为苛促几若驵侩矣。诸君子颇不乐，啸山先自引去，既而子高卒，端夫继之。比予归，则文正公之客无一在者。又数年，而啸山、恭甫亦亡。予窃叹君子

之在世，匪独难聚而易散为可惜也。而汪君年且八十，独巍然无恙……——《逊学斋文续抄》卷三

又《娱老词·忆旧游·张楚宝作别业于冶城山下，种竹数千竿以为读书游息之所。其师汪孝廉梅村士铎，予友也，为名曰君子居，而属予赋之》云：记轻飔叩玉，淡日筛金，十里清凉。金陵城北多陂陀小山，居民皆在丛竹中，古清凉山也，予颇爱其幽致。自堕西州泪，但乱鸦灌木，满地骄阳。予从曾文正公于金陵，尝窃从诸文士游，文正公薨，继之者顾不喜儒，宾客往往引去。眼明又见图画，清梦到江乡。问草屋三间，疏篁四面，谁与倘佯。　　难忘。旧俦侣，有祭酒兰陵，两鬓秋霜。汝在春风坐，似卫诗《淇澳》，追琢成章。念我旧藏书处，埃蠹万琳琅。更搔首云天，江流日夜心未央。予为盐巡道，尝檄省书局新刻经史，每种各四，分为十柜，庋之惜阴书院，使两孝廉司其出纳以俟寒士借读。自文正公后，无人问者，恐亦多散佚矣。

孙仲容《札迻》《水经注》颍水注条云：遍检唐、宋舆地诸书，皆不云阳翟有阳山启筮亭，此文讹互显然，而赵、戴诸家咸沿袭莫悟，近汪士铎《水经注图》亦以阳山启筮亭列于图，何其疏乎？

——以上治地理

（四）经学

1. 陈奂

陈奂字硕甫，号师竹，晚号南园，长洲人。少于书塾中见《五礼通考》，心好之，纂要抄录，得窥为学途径。年二十七为县学生，咸丰元年举孝廉方正。初从吴县江铁君游，精研小学，通六书音韵。金坛段懋堂寓吴，甚器异之。未几，江有闽中之行，奂因受学于段，为段氏校刻《说文解字注》。嘉庆戊辰应顺天乡试，在都获见高邮王观察怀祖暨其嗣文简公引之、栖霞郝户部懿行、绩溪胡户部培翚、泾县胡观察承珙、临海金贡士鹗，以经术相砥砺，而学乃大进。尝言大毛公《诂训传》言简意赅，遂殚精竭虑，专攻毛《传》。谓凡传注，惟毛《传》最为近古，义又简括，其训诂与《尔雅》详略异同相为表里。至于一切礼数名物，由汉而来无人称引，遂韬晦不彰。故博引古书，广收前说，讲明而条贯，始可以发数千年未明之义……著《毛氏传疏》三十卷。同治二年六月卒，年七十有八。

资料：

《清史稿·儒三》，二百六十九：陈奂字硕甫，江苏长洲人。诸生。咸丰元年，

举孝廉方正。同治二年卒，年七十八。

《自叙》及《师友渊源录》。

《复堂日记》。

汪宗衍作《年谱》。

《史传》。

徐世昌《清儒学案》卷一百四十八。

杨岘作《述》。——《迟鸿轩文集》

方宗诚《栢堂师友言行记》。

张星鉴作《传》：先生外和内介，品精学粹，与人论学，终日不倦。所著有《毛氏传疏》《毛诗说》《毛诗音》《毛诗义类》《郑氏笺考征》，俱已刊行。《师友渊源记》《禘郊或问》《宋本〈集韵〉校刊记》，均藏于家。

又《书陈硕甫先生》：陈奂字硕甫，号师竹，晚号南园，江苏长洲人。诸生。咸丰辛亥举孝廉方正，有《三百堂文集》。——《仰萧楼文集》

《府志》：奂始从吴县江明经沅治古学，继受金坛段大令玉裁注《说文》，后识泾县胡给谏承珙治《毛传》。

戴望作《行状》云：望于咸丰七年求从先生受《毛诗》，遂执弟子礼。尝诲望曰：说经贵乎守师法，出入旁杂，为道之贼。自魏、晋下陋儒，类自集大成而不得经旨之仿佛，智不若臧获已！先生殁后，弟子管庆祺为述《年谱》一卷，命望斠定……为《行状》。

谭献曰：陈硕甫征君客死上海，老成计劫，予终不一见颜色，尤抑抑也。——《复堂日记》

李慈铭曰：得问月书，言陈硕甫先生于六月二十九日卒于沪上。又曰：吴中陈硕甫先生已于六月间捐馆，江南经术尽矣。又曰：邸抄上谕：前据潘祖荫、翁同龢呈进……据称陈奂于嘉庆、道光间，积三十年之功乃成此书，《毛氏传疏》笃守毛氏，专力研究无过之者。该贡生研精诗学，于毛亨训诂颇能阐发，洵属有裨经义。所进之书，即着留览。又曰：阅长洲陈氏奂《诗毛氏传疏》。奂字硕甫，金坛段若膺氏弟子也。故所疏一以段注《说文》为宗，于名物、训诂独详。——《越缦堂日记》

《自叙》云：奂不揣梼昧，沉研缵极，毕生思虑会萃于兹。窃以《毛诗》多记古义，倍详前典，或引伸，或假借，或互训，或通释，或文生上下而无害，或辞用顺逆而不违。要明乎世次得失之迹，而吟咏情性有以合乎诗人之本志。故读《诗》不读《序》，无本之教也。读《诗》与《序》而不谈《传》，失守之学也。文简而义赡，语正而道精，洵乎为小学之津梁，群书之钤键也。

初仿《尔雅》编作《义类》，凡声音训诂之用，天地山川之大，宫室衣服制度之精，鸟兽草木虫鱼之细，分别部居，各为探索，久乃划除条例章句，揉成作《疏》。——节录

2. 陈澧

陈澧字兰甫，番禺人。道光十二年举人，河源县训导。澧九岁能文，后问诗学于张维屏，问经学于侯康。凡天文、地理、乐律、算术、篆隶无不研究。中年读诸经注疏、子、史及朱子书，日有课程。著《声律通考》十卷，又《切韵考》六卷，《外篇》三卷，又《汉志水道图说》七卷。其于汉学、宋学能会其通，著《汉儒通义》七卷。晚年寻求大义及经学源流正变得失所在，而论赞之，外及九流诸子、两汉以后学术，为《东塾读书记》二十一卷。为学海堂学长数十年，至老主讲菊坡精舍，与诸生讲论文艺，勉以笃行立品，成就甚众。光绪七年，粤督张树声、巡抚裕宽以南海朱次琦与澧皆耆年硕德，奏请褒异，给五品卿衔。八年卒，年七十三。

资料：

《清史稿·儒林传三》，二百六十九：陈澧字兰甫，广东番禺人。道光十二年举人，河源县训导。九岁能为文，及长，与同邑杨荣绪、南海桂文耀为友。复问诗于张维屏，问经学于侯康。凡天文、地理、乐律、算术、古文、骈文、填词、篆隶行书无不研究。中年读诸经注疏、子、史及朱子书，日有课程，遂辍作诗。

邵阳魏源著《海国图志》初成，中有可议者，澧论辩之。后源至粤，见而大悦，遂与定交，并改其书。宝应刘宝楠著《论语正义》未成而卒，子恭冕成之，并言尝就正于澧，恭冕后写书至粤道意。八年卒，年七十三。有《津苑》一卷。

《近代诗抄》云：陈澧字兰甫，号东塾，广东番禺人。道光壬辰举人，候选训导，赏加五品卿衔。

李慈铭《越缦堂日记》云：邸抄诏新举人陈澧持躬谨严，通经学道，出其门者成就甚众。着加恩赏给五品卿衔以为绩学敦品者励，从两广总督张树声等请也。

光绪七年

又云：阅《东塾读书记》讫。陈氏取材不多，不为新异之论，而实事求是，切理餍心，多示人以涵泳经文，寻绎义理之法，甚有功于世道。其文句于考据家中自辟町畦，初学犹宜玩味也。光绪十二年

谭献《复堂日记》卷二云：张蔼卿农部贻予陈兰甫《东塾读书记》，读之，颇通汉、宋之邮也。学术倚伏之理，至今日必有此家数，盖源流将自分而合矣。精纯处可谓择言于墨经，得西学之祖，奇而确，病夫为之距跃。至于其辞大醇，倾群言之沥液，温如有余，非叫呶以揭橥者也。

萧穆《敬孚类稿》卷五云：番禺陈兰浦先生《东塾读书记》十卷，平正切实，乃生平绩学有得之言，近人说部之书无以加也。其读朱子之书诸条，近代为汉、宋之学者可以知大儒本领，非他儒所易企矣。

金武祥《粟香四笔》三云：兰甫京卿于字学考释详审，刊有《字误》及相混者数十条，尝以见示。又《三笔》二云：兰甫京卿尝制晋笛，子远太守有考论宴乐。徐子远太守有《乐律考》二卷。

王舟瑶曰：粤中人士，前有番禺陈兰甫京卿澧，掌教菊坡精舍最久，其学参酌汉、宋，颇为持平。所著《东塾读书记》诸书，均实事求是，一眠门户之见。

3. 梅毓

梅毓字延祖，江都人一作甘泉。同治庚午举于乡。父植之治《谷梁》，作《疏证》未成而卒。卒之前夕始生毓，毓既长，承先志拟为《谷梁正义》，创通条例，长编已具，未写定亦卒。他著有《刘更生年表》一卷。

资料：

《清史稿·儒三》，二百六十九。

《扬州府志》。

刘孟赡文淇撰《梅植之墓志铭》。——《青谿旧屋文集》

刘寿曾撰《梅延祖墓志铭》。——《传雅堂集》

关系：

孙衣言《石门图诗为梅蕴生同年植之作》云：昔时青田舟，双峰对森爽。十年山水怀，依依徒在想。因君素壁图，得与沧洲赏。飞流亦无声，气凛空堂上。英雄始泥蟠，出轷润寰壤。于今空山中，遗迹犹可仰。安得从白云，与子齐远鞅！

孙仲容《与梅延祖论谷梁义书》云：昨晤恭甫同年，知赓述家业，纂《谷梁义疏》，方为《长编》甚富。……让幼嗜《左氏》，于《谷梁》则肆业及之，才通句读而已。顷始得钟氏《补注》，又假得柳氏《大义述》略事研校。……然不佞恒苦范《注》简奥，杨《疏》殊略，今得两家之书以辅之，于肤学不无开益，然究未能精通其义蕴。乃恭甫传述尊恉，辱承垂问殷拳，自愧荒陋，无以应命。惟就校读杨《疏》时册端所记臆说七条，勉录奉质，或可附缀《长编》之末，聊备财择耳。

癸卯五月又记：梅君为江都梅蕴生先生哲嗣，世治《谷梁》学。光绪初，余侍先太仆在江宁，梅君介同岁生仪征刘君恭甫以《谷梁》义下问，乃刺此七事质之。未及寄而梅君遽卒，缀置箧中。顷偶检得，辄录存之以示不负亡友之意，他日倘有续成梅君书者，或有取于此尔。——《述林》十

4. 桂文灿

桂文灿字皓庭—作子白，广东南海人。道光二十九年举人，寻复应诏拣选知县。同治中，献所著《经学丛书》，为《易大义补》《禹贡川泽考》《诗笺礼经异文考》等，陈言先后允行。光绪九年，选授湖北郧县知县，善治狱，以积劳卒于任。

文灿守阮元遗言，谓："周公尚文，范之以礼；尼山论道，教之以孝。苟博文而不能约礼，明辨而不能笃行，非圣人之学也。郑君、朱子皆大儒，其行同，其学亦同。"因著《朱子述郑录》二卷，他著《四书集注笺》四卷，《毛诗释地》六卷，《周礼通释》六卷，《经学博采录》十二卷。稿均藏于家。

资料：

《清史稿·儒林传三》，二百六十九，附陈澧后：桂文灿字子白，广东南海人。道光二十九年举人，同治元年献所著《经学丛书》。光绪九年选湖北郧县知县，以积劳卒于任。

李慈铭《越缦堂日记》云：陈兰甫弟子，著录甚众，桂君文灿尤知名。君于群经无所不甄综，而尤精《易》《诗》《孝经》《孟子》。

俞樾《春在堂随笔》云：南海桂皓庭孝廉文灿自金陵来吴下，以戴子高、刘叔俛两君书来见，亦博学士也。所著有《易大义补》《禹贡川泽考》《诗笺礼注异义考》《周礼今释》《春秋列国图考》《箴膏肓评》《起废疾评》《发墨守评》《论语皇疏考证》《孟子赵注考证》《孝经集解》《孝经集证》，以上诸种，总名《经学丛

书》。又有《说文部首句读》《四海记》《经学博采录》《兴艺堂文录》。其《经学博采录》与江氏藩《汉学师承记》体例相似。知余撰著颇富，索观已刻各书并未刻者目录以去，其亦将采入之欤？

叶昌炽《奇觚庼文集》《桂氏遗书叙》代邵亭作。

又，《缘督庐日记》云：读南海桂文灿遗著凡十种。曰《易大义补》，曰《毛诗释地》，曰《春秋列国疆域考》，曰《孟子赵注考证》，曰《孝经集证》，曰《群经补证》，曰《经学提要》，曰《说文部首句读》，曰《经学博采录》，曰《潜心堂集》。桂为陈兰甫弟子，故其学谨严而少心得。……

关系：

桂文灿作《龙树院文宴记》—作《雅集记》。——《潜心堂集》

孙仲容《与南海桂孝廉文灿书》云：皓庭先生侍史：客秋文斾过此，匆聆清诲，契阔以后，无任钦迟。……承惠先集并大著《诗礼异义》一册，伏案循诵，倾辀尤深。……然内有驳《笺》申《注》者数条，以鄙见求之，似亦当以《笺》说为是。……陈氏《毛诗疏》据《国语》《汉书》《文选》定之。……其说甚辨，鄙见终不谓然。

又尊书援据奥博，多浅学所未窥。……亦似失检。凡此诸条，皆小小疵颣，于宏旨无害。辱承雅爱，故妄陈之，未知卓见以为然否？

孙诒让云：某顷官江东，笺牍之暇，辄以先生遗集为请，相国览而善之，遂捐奉属桂芗亭观察刊之金陵书局，而以其板归某，使浙中学士大夫得读先生之遗集，而世之有志于永嘉之学者亦有所津逮。则相国是举也，实古今学术升降之枢辖，岂徒吾乡先哲之幸哉！——《艮斋〈浪语集〉叙》代家大人作

5. 汪宗沂

汪宗沂字仲伊，安徽歙县人，光绪三年进士。生有异禀，四岁能读《毛诗》《尔雅》，年十八即著《礼乐一贯录》，为曾国藩所赏。咸丰时，"粤匪"之乱，流离颠沛，未尝一日废学。同治十年，曾国藩督两江，延临川李联琇主书院讲席，宗沂往肄业，尽得其传。复受义理之学于桐城方宗诚，受考据之学于扬州刘毓崧。及成进士，签掣山西即用知县。未几，以病归，遂专心著述。凡诸子百家、医学兵事靡不综贯，而平所致力惟在治经，《礼》《乐》最先，《易》为最后。……

宗沂自山西归，足迹不涉公庭，惟倡办团练、劝种农桑，皆为地方兴利防患计。事成，归美官长，不自以为功。……历主省城敬敷、芜湖申江，本郡紫阳、

建德、祁门、婺县、黟县各书院讲席。

光绪二十一年，安徽学政李端遇奏保学行，奉特旨，赏五品卿衔。宣统元年，翰林院侍讲李经畬等进呈其书，请列入国史馆儒林传，奉旨交南书房阅看。寻谕：汪宗沂潜研古训，笃守师承，着宣付史馆列传。

著有《逸礼大义论》六卷，《管乐元音谱》《五音声韵谱》各二卷，《律谱》《声谱》《尺谱》《旋宫十九调谱》各一卷，《诗经读本》三卷，《诗说》一卷，《孝经十八章辑传》一卷，《尚书合订》六卷，《周易学统》九卷。

资料：

章梫作《传》。——《一山文存》

方宗诚《栢堂师友言行记》。

刘师培作《汪仲伊先生传》——《左庵集》

李慈铭《越缦堂日记》云：安徽汪宗沂邃于三礼之学，意甚望，部属得著书，竟用知县。 _{光绪二年}

谭献《复堂日记》云：飞霞阁访刘恭甫君……歙汪宗沂仲伊亦以舟过，闻声相思，萍逢忽合，言念中白_{庄棫}，人琴感深。

李祥云：黄漱兰侍郎以劾合肥降官通政，主讲江南时，遇皖人必诋少荃卖国。袁爽秋官芜湖道，侍郎往安庆迎之江上，款留竟日，邀旌德吕佩芬、歙县汪宗沂随之，皆庚辰年侄也。吕以疾辞，仲伊独往。酒半，侍郎举杯属汪曰："仲伊先生，敬君一觞。"汪敛容曰："年伯奈何不认年谊？"侍郎言："我非不知此，以君学问，不敢以年谊奉屈。"又问曰："贵乡李某何如？"爽秋畏竟其言，连呼进饭。侍郎怒云："爽秋乃勒我酒乎？"袁不敢复言。仲伊间进，问："年伯历官学政，出四书题几与彭文勤相埒，有之否？"侍郎色霁，具言命题之巧。仲伊曰："年姪昔馆李津门幕府，奉身而退，当时亦有一好题目，《知虞公之不可谏，年已七十矣》。"侍郎拍案叫好，遽命罢酒。爽秋喜汪善解此纷，后向人言吕君刁，汪君调。——审言《药裹慵谈》

关系：

孙仲容曰：又案，此书所引唐本《说文》，今之治小学者习知之。此外尚有蜀本、监本及李阳冰《广说文》、晁说之参订许氏文字诸说，并足资斠勘。近独山莫氏友芝得唐本《说文·木部》之半，笺校刊行，以此书木部所引唐本二条核之，并不合。……友人歙汪茂才宗沂语余曰："此乃其乡一通小学者所伪作，其人彼尚识之。莫号能鉴别古书，乃为所欺，可哂也。"近人得莫本，多信为真，虑世之为雠校之学者将据以羼改许书，故附识之。——《温州经籍志》戴侗《六书故》案语

江永《律吕新论》：余从歙汪仲伊茂才宗沂假得江先生《律吕新义》抄本，其书凡三卷，与《新论》迥异，曾录副弆之。——邵氏《标注》孙笺

孙仲容校《周书》附逸文，十卷一册，抄本，清嘉定朱右曾集释，浙馆藏。此书眉端有瑞安孙诒让墨笔校语，后以赠汪仲伊者，有汪氏手识，校语不多。

6. 刘宝楠

刘宝楠字楚桢，号念楼，宝应人。端临从子，父履恂，举人，国子监典簿，著有《秋槎札记》。

为诸生时，与仪征刘文淇齐名，称扬州二刘。道光十五年，以优行贡生中式乡试举人。二十年，成进士，授直隶文安县知县。

咸丰元年，调三河县知县。……五年九月，寝疾卒，春秋六十有五。

宝楠于经，初治毛氏《诗》，郑氏《礼》，后与刘文淇及江都梅植之、泾包慎言、丹徒柳兴恩、句容陈立约各治一经。宝楠发策得《论语》，病皇、邢《疏》芜陋，乃搜辑汉儒旧说，益以宋儒长义及近世诸家，仿焦循《孟子正义》例，先为《长编》，次乃荟萃而折衷之，著《论语正义》二十四卷。因官事繁，未卒业，命子恭冕续成之。

资料：

《清史稿·儒林三》，二百六十九。

徐世昌《清儒学案》卷一百零六。

成孺《宝应儒林传》。

戴望撰《事状》云：君后四十年，望客金陵，与恭冕朝夕承事书局，始得观君遗书，慕其世德。恭冕次君行，命为传。望不敢书史传，爰述事状□通，俾后传海内先贤者有所稽考。——《谪麐堂集》

7. 胡培系

胡培系字子继，绩溪人，教授。绳轩之孙，于竹村为从昆兄弟。贡生，官宁国府教授。生平沉浸三礼，尝谓是书宫室制度颇难昭晰，故因竹村之志，补著

《仪礼宫室提纲》及《燕寝考补图》。又有《大戴礼记笺证》《皇朝经世文续抄》《教士迩言》三卷,《小檀栾室笔谈》四卷,《十年读书室文存诗存》。

资料:

杨胡岘作《传》。——《迟鸿轩文续》

胡培翚作《绳轩公行状》,自撰《竹村先生事状》《绩溪胡氏所著书目》。

黄以周《胡子继》。——《儆季文抄》

徐世昌《清儒学案》卷九十四《朴斋学案》下附录胡培系。

关系:

孙仲容曰:犹忆同治癸酉,侍先太仆君在江宁,时余方草创《周礼疏》,而楚桢丈子叔俛孝廉恭冕适在书局,刊补《论语正义》亦甫成,时相过从,商榷经义,偶出《大戴》斠本示余,手录归之。叔俛喜曰:"此本世无副迻,唯尝写寄绩溪胡子继教授培系,今子又录之,大江以南遂有三本,可不至湮队矣。"又云:"胡君为《大戴义疏》,方缀缉长编甚富,倘竟其业,诸家精论必苞综无遗,它日当与《周礼疏》并行,但恐其书猝不易成耳。"未几,余从先君子至皖,而胡君适为太平教授,曾一通问,未得读其所著书也。比余归里,不数年,闻刘、胡两君相继物故。嗣胡君族子练溪太守元洁守温州,余从问君遗著,略述一二,而询以《大戴礼疏》,则殊不瞭,殆未必成也。子胜斐然,中道废辍,刘君之语不幸中矣。今者甄录诸家旧斠,亦以答刘君相示之意,而深惜胡疏之不得观其成。旧学日稀,大业未究,迻写之余,所谓抚卷增喟者也。——《大戴礼记斠补叙》

8. 刘恭冕

刘恭冕字叔俛,念楼次子,光绪己卯举人。父官文安、三河,恭冕皆从,过庭时瞰质经义。入安徽学政朱兰幕,为校李贻德《春秋贾服注辑述》,移补百数十事。曾文正克复金陵,首辟书局,朱以恭冕荐,文正素闻名,相见益近合。校勘诸史,为世所重。后主讲湖北经心书院,娉课经训,湖北人士争兴于学,黄州、汉阳、沔阳、黄冈诸志并出其手。念楼治《论语正义》未成而卒,恭冕早夜厘定,爬罗诸家异说,必求其是。凡十余年,讫刊书成。自著仅《何休论语注训述》《广经室文抄》。光绪八年卒,年六十。

资料:

《清史稿》附父宝楠后。

《史传》。

徐世昌《清儒学案》卷百零六。

刘恭冕《论语正义叙》。

王颂蔚《论语正义补叙》。——《写礼庼遗著》

刘岳云撰《事略》：恭冕字叔俛，光绪五年举人，守家学，通经训。入安徽学使朱兰幕，为校李贻德《春秋贾服注辑述》，移补百数十事。后主讲湖北经心书院，敦品饬行，崇尚朴学。幼习《毛诗》，晚年治《公羊春秋》。发明"新周"之义，辟何劭公之谬说，同时通儒皆韪之。卒年六十。

李慈铭《越缦堂日记》云：光绪五年二月十二日，宝应刘君恭冕来，此君字叔俛，早传家学，为江南经生之冠，去年始举于乡，年已五十七矣。

翁同龢《翁文恭公日记》云：廿日访落第通人刘叔俛先生恭冕，楚桢先生子于客店，长谈此事，通达时事，不但经生也。庚辰

刘恭冕《广经室记》云：广经室者，家君授恭冕兄弟读书之所。既以所闻，思述前业，而旁及百氏，凡周、秦、汉人所述遗文逸礼，皆尝深究其旨趣，略涉其章句。欲撰为一编以附学官群经之后，而因请于家君，为书以牓之，复私为之记。

关系：

孙衣言《跋刘练江会试朱卷后》云：此宝应刘先生永澄万历辛丑会试硃卷，同治己巳，予在金陵，先生八世孙恭冕以见示。

刘恭冕《商周金识拾遗跋》云：《商周金识拾遗》者，瑞安孙君仲容之所作也。君于学所不窥，尤多识古文奇字，故其所著能析其形声、明其通假。近世鸿通之儒为此学者，自仪征阮氏、武进庄氏外，未有堪及君者，可不谓盛欤！恭冕尝受而读之，如释……皆至精确，足证旧时释者之误。……此皆契符经传，可资为义据者也。按：《孙谱》云：壬申十月，以《古籀拾遗》初稿示刘叔俛，刘为跋其后。

孙仲容《书南昌府学本石经残字后》云：石经残字……惜自宋、元以逮近代，《石经》之考殆逾十家，而于此条咸莫能辨证。余友宝应刘君叔俛，补刻其父楚桢年丈《论语正义》，遂疑其为逸文，实非也。同治庚午、辛未间，余在江宁，曾举此义以告，叔俛亦深以为然。因其书已刊成，未及追改而叔俛遽卒，今附记于此，盖不胜今昔之感矣。

又《大戴礼记斠补叙》云：余昔尝就孔本研读，又尝得宝应刘楚桢年丈宝楠

所录乾、嘉经儒旧斠，多孙渊如、丁小雅、严九能、许周生诸家手记，又有赵雯门所斠残宋椠异文，与孔书小殊，并录于册端。……犹忆同治癸酉，侍先太仆君在江宁，时余方草创《周礼疏》，而楚桢丈子叔俛孝廉恭冕适在书局，刊补《论语正义》亦甫成，时相过从，商榷经义。

又《与刘叔俛论〈论语〉义书》云：昨日下稷，辱惠顾，敬聆绪论，以前举质《哀公问有若章》汉石经异文，猥荷不弃苔荛，以为致确，仰见虚衷下问之盛，曷任钦佩。校读尊疏，又得剩义数事，谨再质之执事，未敢自以为是也。……此皆琐屑义证，并附陈之以备财择。尊疏体大思精，远轶皇、邢，匆遽未遑尽读，俟更研绎，倘有所窥，当续录奉质也。

又曰：宝应刘先生宝楠撰《论语正义》，未成而殁。其子叔俛恭冕补成之，以刻本见寄，并属重为审核。为举正二十余事质之叔俛，删录其要者于此以自省览焉。——《讽籀余录·论语正义补谊》

9. 刘寿曾

刘寿曾字恭甫，仪征人，毓崧长子。同治甲子、光绪丙子两中副榜，以筹饷劳得知县。毓崧主金陵书局，为曾文正公所重，既下世，文正复招寿曾入局。寿曾初膺家事，自祖、父名德循行无改，事继母黄、督教诸弟以孝友称。文淇治《左氏春秋》，《长编》已具，毓崧继之，亦未克卒业，寿曾乃发愤以继志述事为任，严主课程，至"襄公四年"而卒，年四十五。

资料：

《清史稿·儒三》，二百六十九附祖父刘文淇后：刘寿曾，江苏仪征人。字恭甫，同治三年、光绪二年两中副榜。父毓崧主金陵书局，为江督曾国藩所重。毓崧卒后，招寿曾入局中，所刊群籍多为校定。……卒年四十五。

刘恭冕《刘恭甫家传》。——《广经室文抄》

徐世昌《清儒学案》卷一百五十二。

顾云作《传》。——《盋山文录》

关系：

刘寿曾曰：瑞安孙仲容同年，博闻强识，通知古今，承吴师琴西先生过庭之训，于其乡文献尤所研究。……吾师尝编《永嘉学案》以见派别之正。又曰："欲救今汉学、宋学之弊者，其永嘉乎？"以仲容之贤而好学而诵法其乡先生之言，

见于撰著者又如此之矜慎，则它日大展儒效，广永嘉之学于天下以达风俗政教者，其必有在也。——《温州经籍志叙》光绪三年春三月

孙仲容《刘恭甫墓表》云：（上略）嘉庆之季，为义疏之学者又有刘先生孟瞻治《春秋左氏传》，谓郑、贾、服三君古义久为杜氏所晦蚀，孔疏不能辨也。乃钩稽三君佚注，精校详释，依孙氏《尚书疏》例为《左氏疏证》，凡杜、孔所排击者纠正之，干没者表著之。草创四十年，《长编》襃然，《疏证》则仅写定一卷，而先生遽卒。其子伯山先生继其业，亦未究而卒。伯山先生长子恭甫知县绍明家学，志尚闳远，念三世之学未有成书，创立程限，锐志研纂，属稿至"襄公四年"而恭甫又卒。千秋大业，亏于一篑，斯尤学人所为累歉而不释者已。……

恭甫少颖特，工文章，长承庭诰，遂通许、郑之学。资材开敏，行谊纯笃，……湘乡曾文正公开府江宁，重其学行，延入书局，所校刊书史多精美。同治甲子、光绪丙子两充江南乡试副榜贡生，既不得第，乃以佐戎幕保举知县，加同知衔，非其志也。体素充实，既领精《左疏》，而兼治局书校雠文字之役，精力耗损，犹不自已。光绪壬午秋，由江宁返扬州，遘微疾，竟卒，年止四十有五，谓非经生之厄运欤！

同治中，诒让侍亲江宁，始得识恭甫。于时大江南北方闻之士总萃于是：宝应刘君叔俛方继成其父楚桢先生《论语正义》，甘泉梅君延祖治《谷梁》，亦为《义疏》，而恭甫治《左氏》为尤精。诒让佝瞀不学，幸获从诸君子之后，亦复希光企景，拟重疏《周官》以拾贾氏之遗阙，间有疑滞，辄相与商榷，必得当乃已。曾不数年，踪迹四散。诒让既南归，叔俛主讲鄂中，其书甫刻成而卒，梅君书仅成《长编》数卷，亦卒。二君之亡，恭甫辄驰书相告，怆师友之彫谢，怵大业之难成，若有不能释然者。其卒之前两月，犹诒书询"笠毂"疑义，诒让为据《考工》轮毂度数考定其说以复之。恭甫得之则大喜，报书谓编《左疏》已至襄公，而以早成《周官疏》为勉。方叹恭甫勤敏，其书且暮且有定本，自顾庸窳，《六官疏》未及半，深恐不能速成以副良友之望，而孰知恭甫之遽止于斯乎？

恭甫所著书，自《左疏》外，有《传雅堂集》若干卷。

又《周虢季子白盘拓本跋》云：此盘旧藏毗陵徐氏，兵后为达官某所得，今在庐州合肥。此纸仪征刘副贡寿曾所贻，犹初出土时拓本也。——《述林》七按：《孙谱》云：同治十三年正月，以刘恭甫明经所贻《周虢季子白盘拓本》付庄池，跋其后。

又，《隋志考证》，同治甲戌正月十日，藉恭甫同年所得文选楼藏本校一过，

并录许氏评语于简端。——《孙谱》

又《钦明大狱录》二卷，影抄明写本，明永嘉张孚敬编，玉海楼藏。此从仪征刘寿曾家藏明写本影录，亦罕觏之秘笈也展览专载。

10. 董沛

董沛号觉轩，鄞县人。生具异禀，学极淹贯。光绪丁丑进士，官江西建昌知县。勤敏精能，尽心民事。告归，历主崇实、辨志书院讲席，所识拔皆一时名宿。尤留心前贤著作，全谢山《七校水经注》原本为有力者窃据，乃搜求底稿，重加校勘付梓。所著有《明州系年录》七卷，《两浙令长考》三卷，《甲、丁乡试同年录》三卷，《甬上宋元诗略》十六卷，《韩诗笺》六卷，《周官职方考》十二卷，《唐书方镇考证》二十卷，《竹书纪年拾遗》六卷，《江西靖寇录》六卷，《甬上明诗略》二十四卷，《甬上诗话》十六卷，《六一山房诗集》正、续二十卷，《正谊堂文集》二十四卷，《外集》十卷。又拟纂《大戴礼疏》，未成而殁，年六十有八。

资料：

董缙祺撰《行状》。

徐世昌《清儒学案》卷百九十二。又《晚晴簃诗汇》卷百七十一云：董沛字孟如，号觉轩，鄞县人。光绪丁丑进士，官建昌知县，有《六一山房诗集》。

李慈铭《越缦堂日记》云：傍晚，赵云门之招，座惟鄞人董觉轩与羖夫耳。光绪三年六月十四日。

王咏霓《函雅堂集》云：董沛，鄞县人，丁卯同门，江西知县，引疾归籍，精于古文，辞理条畅，章奏之选。

又《与董觉轩书》，论编纂《大戴礼记》事。

关系：

孙仲容《大戴礼记斠补叙》云：余同年生鄞董沛觉轩，前亦有纂《大戴礼疏》之议，其缀缉在胡君之后，顷闻觉轩殁已数年，其书盖亦未成也。

——以上治经学

（五）经子

1. 俞樾

俞樾字荫甫，德清人。道光庚戌进士，改庶吉士，授翰林院编修。咸丰五年为河南学政，奏请以公孙侨从祀文庙，圣兄孟皮配享崇圣祠，并邀俞允。七年，以御史曹登庸奏劾罢职。既返初服，一意著述。尝曰：治经之道，大要有三：正句读、审字义、通古文假借，三者之中，通假借为尤要，盖以高邮王氏父子之学为主。最先著《群经平议》，自谓窃附《经义述闻》之后。又著《诸子平议》，校正误文，发明古义，则继《读书杂志》而作。又以周、秦、两汉至于今远矣，执今人寻行数墨之文法而读周、秦、两汉之书，执今日传刻之书而以为是古人之真本，此疑义之所日滋。因刺取九经诸子为《古书疑义举例》七卷，为例八十有八，每条各举古书数事，使读者习知其例而推衍之。樾说经之作甚多，而于《易》尤深。

罢官后，主讲苏州紫阳、上海求是各书院，而主杭州诂经精舍三十余年。课士一依阮文达成法，著籍门下者甚众。自少即有著述之志，中岁以后纂辑更勤，所著总称为《春在堂全书》，都六百五十卷。光绪二十八，以乡举重逢诏复原官。三十二年卒，年八十有六。

资料：

《清史稿·儒三》，二百六十九：俞樾字荫甫，号曲园，浙江德清人。道光庚戌进士，官编修，重赴鹿鸣。有《春在堂全书》。

《史传》。

缪荃孙撰《行状》：先生训诂主汉学，义理主宋学，教弟子以通经致用，蔚然为东南大师。晚岁忧伤世局，常语人曰：形而上者谓之道，形而下者谓之器。以中学为体者，道也；以西学为用者，器也。病中尤以"毋域见闻，毋忘国本"垂为家训焉。所著书凡五百余卷，皆有功世道之文，非私逞才华者所可比也。——《艺风堂文续集》

章炳麟作《传》。——《太炎文录续编》

尤莹作《年谱》。

拙作《俞曲园年谱》。

又，徐澂作《年谱》，张崟重录本。

徐世昌《晚晴簃诗汇》卷百五十云：俞樾字荫甫，号曲园，德清人。道光庚戌成进士，改庶吉士，授编修，有《春在堂诗编》。

诗话：曲园经学大师，东南耆硕。初登第时，复试，以"花落春仍在"之句为曾文正所激赏，擢置压卷。罢官后，专力著书，乃以"春在"名其堂。

《近代诗抄》云：俞樾字荫甫，号曲园，浙江德清人。道光庚戌进士，官翰林院编修。有《春在堂诗编》。

《石遗室诗话》：曲园性情文字甚似其先辈随园，所异者，随园好色，曲园好考据耳。

李慈铭《越缦堂日记》云：阅俞荫甫《群经平议》，其书涵泳经文，务抉艰辞疑义，而以文从字顺求之，盖本高邮王氏家法。故不主故训，惟求达诂，亦往往失于武断，或意过其通，转涉支离。然多识古义，持论有本，证引疏通时有创获，同时学者未能或之先也。——同治七年

又云：俞荫甫来，二十年不相见，已皤偻老翁矣！近岁海内如陈兰浦、张啸山等皆亦零落，经学殆绝，师承益稀，始叹吾道日衰，弥动后凋之惧。荫甫所著，虽或病其多，然实有突过古人处。世人贵远忽近，不可以理说也。——光绪十二年

宋衡《孙籀庼居士六十生日寿诗有叙》云：昔董江都位大夫，承顾问，然犹感赋不遇。今居士之不遇，于董生何如哉？虽然，士以得行所学为遇，苟不得行所学，则大夫与居士何别？且为今之大夫，诚不若为居士。俞先生樾曩与衡曰："天之不遇籀庼，抑天之欲成《周官正义》《墨子间诂》欤？"衡对曰："夫籀庼殆非今世人，遇哉，遇哉！夫宇文氏遐矣，苏绰、熊安生之遇不可期矣，夫最幸，则亦终如翁、陈二公耳。岂若卧闲云，老荒江，成斯二书以惠后王者哉？"先生然之。

宋墨哀《两浙名流八咏》之一俞荫甫先生：群经诸子编《平议》，朴学追随卢绍弓。毕竟立言期不朽，落花春在一楼中。——《慎社诗录》

李笠云：有俞樾曲园，原为琴西先生的同年，而治学方法则与孙先生相同，所以仲容先生受他影响的地方很大。——《我对朴学大师孙诒让先生之认识》

关系：

孙衣言《俞荫甫诗集序》云：予与荫甫同年成进士，同居京师，游如兄弟间，而未尝知其能诗。既而荫甫将奉母出都，以所刻诗见示，则已卓然成一家言，予恨知荫甫晚。又三年，荫甫还京师，予方喜其来，而荫甫旋视学河南，别予去。未久，遂罢归。盖自予知荫甫之能诗，未尝一日得与之言诗也。今年夏，予出守安庆，以兵阻，迁道吴中，荫甫与予相见，大喜，出所刊二巨编相示，则益以数年来所为诗，而前所见去其十三四矣……荫甫以细故去官，未尝少以为恝，方

且闭户治经以绩其学。今读其诗，荫甫之志可见也，荫甫之时可知也。——咸丰八年

又《与俞樾书》云：昨寄一函，并子高信件，想均收到。《平议》已浏览大略，真近来闳制，有此书数十卷，不复知有千户侯矣。子高何时移节金陵？凌少南同年不可不见，如他往，先投书可也。缦云也不可不见，见缦老，则彼中友可见与不必见者皆瞭然矣。子高极推重永嘉学人，大可感。衣言欲略考永嘉学派，苦于俭陋，幸属子高为一搜讨，晚宋、元、明以来，有非永嘉人而私淑郑、陈、蔡、薛者，尤可贵也。——俞樾辑《袖中书》《春在堂全书》

又云：昨补老交来榜后一书，多承注饰，感愧何似！衣言在此为八股所困，兼以兵火之后，都人士能以文字应人之求者亦殊寥寥，遂致雅俗笔墨四面纷来，真有心手交瘁之苦。视老弟之犹可拼命著书者，劳逸不可以道里计矣。颇欲舍去，然投袂而起，则又须看孔方兄鼻息，且重蹈顿红，亦意味索然，故止可依违其间。明年老弟又来说经，吾辈顿觉气旺，独恨补老升官太速，少一东道佳主人耳。小儿幸得一科，此行亦费踌躇，言日内即须还里一看，如小儿定欲赴试，不免送之至吴也。枢元开府黔中，谚所谓"老实人有老实菩萨管"乎？然黔事如此，当有起色，其官声则黔人无不极口称之也。——同上

又云：子高自吴行来，携至尊函，深以道体和畅为慰。相违千里，动逾半载始得一书，人事冗杂，殊可叹也。山林心性，本不宜于□络，代庐数月，朱墨纷陈，胸中往往作恶。每思觅一书院以行，而未免近乎儿戏；又眷属皆已就食来江，不得不为浮沉糊口之计。每念玉堂天上，不能匀片席之地容吾辈读书，又不如宋儒之可以投老乞祠，此种心绪，想大贤有同情也。慰农时时相见，少仲甫来，又将卖盐荷叶洲以去，真觉寂寂寡欢。幸少涯即日可到，交卸后稍可读书，然总不如在杭时之超然物外也。——同上

《送俞荫甫别》：吾子能文章，云间堕鸣凤。搏泥谐金石，庙堂发奇弄。两载观皮毛，相遇第如众。沟水俄东西，笑谈复谁共。中原方斗争，外阃屡戏哄。高堂白发亲，衰年恶惊恐。且返五湖居，近就鱼笱供。九天奏云门，诸山献银瓮。盗贼不足平，皇纲自得控。铺张俟雄文，旦夕出菰葑。

《得俞荫甫杭州来书却寄》：（上略）吾子弃官去，山水姿凌眄。西湖春雨余，千峰碧深浅。江鱼不论钱，崖花行可搴。……

《酬别荫甫学使》：云龙那复似当年，相对金尊各惘然。漫有才名宜禁近，剧

怜风雪向江天。艰难寇盗犹今日，戎马关山洗别筵。却忆淮南招隐士，知君深意在诗篇。卷十

又曰：壬午《荫甫书来，知其稚孙又以童子游庠矣。犹记咸丰七年，予自定远军中归，过荫甫于苏州，留予居逾月，时其两子始皆总角读书。今其孙又将以科第起家，岁月如流，而荫甫家门日盛，此时必当送考在杭，写时先为之贺》诗云：乍脱征衣访客居，徐卿玉立见双雏。颇闻拥膝求梨枣，欻见腾身踏马驹。文字君家钱万选，科名他日树三株。老翁风月西湖上，想得论文笑捋须。——《逊学斋诗续抄》卷四

又曰：《荫甫长孙陛云以神童入泮，有诗志喜。今秋初应乡试，即以第二人发解，尤可喜也。以诗贺之，仍用原韵》云：宝墨摩抄玉唾存，红绫姓氏又雏孙。名门中外兼文武，陛云为今大司马彭公孙女婿。我辈交游况弟昆。荫甫少予六岁，常以兄视予。雁塔春风期唱首，鹿鸣秋苑已抢元。宋时进士第二亦称状元，则今日乡荐第二亦可称元。老翁矍铄应西笑，依旧巢痕接紫垣。——同上

又衣言《七十自寿诗》中有云：独幸曲园俞叟在……巾山视学河南，以罣误去官，卜居吴门，益治经，著书近三百卷，皆已上板，屡得其书，以不得再见为恨。——同上

俞樾《逊学斋诗抄序》云：瑞安孙琴西，予同年友也。其人疏简宽易，而常有用世之志。戊午岁，天津戒严，举朝争和战未决，琴西时以翰林直上书房，两进封事，言甚切。是年夏，遂拜出守安庆之命，携家累出都，因兵阻，迂道吴中。予适寓吴，得相见，盖自别于京师已四年矣。出所著诗十卷，属余校刻。——咸丰十年，《杂文》一

别时，又和诗送之曰：君本蓬莱仙，青云跨白凤。如何太守章，帝忽为尔弄。占《易》得"明夷"，君子用莅众。乃驾五马出，后此一尊共。嗟余寄吴市，杜门谢喧哄。云水无定居，风波又余恐。投刺来故人，折柬具清供。痛饮借酒杯，高歌击饭瓮。顾念此今年，飞沙孰抟控。勉子万里风，老我一溪葑。己未

又《诗编》六，《余主讲苏州紫阳书院，而孙琴西同年适亦主杭州之紫阳，一时有"庚戌两紫阳"之目。戏作诗寄琴西》：廿年得失共名场，余旧有赠琴西诗云"廿年名场共得失"，谓丁酉、甲辰、庚戌三次同年也。今日东南两紫阳。乱后鬓眉都小异，狂来旗鼓尚相当。主盟坛坫谁牛耳，载酒江湖旧雁行。寄语执经诸弟子，莫争门户苦参商。乙丑

又《尺牍》二，《与孙琴西同年》：（上略）弟去年主讲浙中，而仍寄孥吴下，

颇拟于武林觅屋数椽为移居之计而不可得。吴下有潘文恭公旧居，玉泉观察属弟修葺而居之。果从其议，竟作吴下阿蒙矣。又《与孙琴西》：弟四月中旬来杭，即作山阴之游，旬日而返。日内仍寓湖上，或乘篮舆，或棹扁舟，放浪于西湖山水间以自娱乐。此月之末，仍回苏州。西湖虽好，消夏湾固在吴中耳。己巳

又《诗编》七，《壬申自福宁返杭州杂诗》：瑞安学士最依依，夜雨留宾静掩扉。杯酒清谈偏有味，黄花鱼小墨鱼肥。过瑞安，访孙葆田前辈，留余小酌，清谈甚乐，二鱼皆席间所馔也。其六

又《随笔》九：余同年生孙琴西太仆有《海客受经图》，盖琴西曾充琉球官学教习也。

又曰：琴西同年以《七十自寿诗》六章索和，每章以"人生七十古来稀"句冠首，余意在翻用杜句，故依原韵，聊发一喙。录三四两章：魂梦犹然傍紫微，乞身归去为知几。厌看海外鱼龙戏，怕受山中猿鹤讥。已为故乡传学派，更欣令子继清晖。壶中甲子无须问，莫道人生七十稀。　　领略晨烟又夕霏，山中清福不须祈。两窗有弟联床听，宦海何人转棹归？陶写闲情仍翰墨，抛残旧物到牙绯。岿然海内灵光殿，莫道人生七十稀。

又丙戌《和孙琴西同年》诗：老来才尽似空罍，燕市春风又一行。贵榜姓名如隔世，白头兄弟尚关情。近闻讲席虚钟阜，大可行窝寄石城。旧日朱轩今绛帐，遥知多士定心倾。时金陵钟山书院讲席尚虚，曾沅浦制府欲延令弟葆田前辈主之，葆田未决，余谓如葆田不就，君宜往之也。

又癸巳《寿孙琴西同年八十》：回思四十四年前，与子相逢在日边。词馆一时推好手，君与慎芙卿、曾枢元皆庚戌榜中善书者。名场三度作同年。丁酉、甲辰、庚戌皆与君同年。乍联鸡鹤犹非熟，得到蓬莱总是仙。文字论交何日始？南归送我有诗篇。余癸酉出都，君有诗赠行。其一。　　灾年百六苦相催，太息昆明有劫灰。我已归从五湖去，君初飞下九天来。君由上书出守安庆。紫阳偶共文坛启，丙寅、丁卯余与君分主苏杭之紫阳书院。白下旋看行省开。吾榜曾、王两开府，谓文盛、文节两公。相期同作济时才。其二。　　从前筮易得"明夷"，同伯还朝亦一奇。君曾筮得明夷卦，余谓明夷易壮吉，君以太仆还朝，亦其验也。倘使三天重入值，料应八座总堪期。长安道上收残局，老学庵中补旧诗。尚有永嘉流派在，商量千古太平基君刻永嘉诸先生书甚多。其三。　　七十诗成共唱酬，曾和君七十自寿诗。而今又阅十春秋。世间百岁一弹指，林下三人都白头。杨性农同年言，庚戌同年，性农及君与余为"岁寒三友"。未必儿孙无继起，最难耄耋更同游。

尚期一十二年后，重听宾筵赋鹿呦。计是时君年九十一，余亦八十四，若预行于癸卯正科，则尚可少一年也。其四。

又挽孙琴西同年联云：数丁酉、甲辰、庚戌三度同年，洵推理学名臣，内官禁近，外任屏藩，晚以太仆归田，老去白头，重游泮水；刻横塘、竹轩、水心诸家遗集，自任永嘉嫡派，文法桐城，诗宗山谷，更有封章传世，将来青史，岂仅儒林。按：太仆公一生学业，俞氏此联，已包括尽之矣。

俞寿止庵八十生日联：天下翰林皆后辈，朝中宰相两门生。指李鸿章与沈葆桢也。

俞挽止庵：桂宫再到，杏苑重游，将、相罗一门，无人不拜文中子；楹简传书，梓乡著望，坡、颍称二老，令我回思苏长公。

俞樾《春在堂随笔》云：余与孙琴西衣言三为同年：道光十七年丁酉科君得拔贡，余中副榜，廿四年甲辰科同举于乡，三十年庚戌科同成进士。相得甚欢，而论诗不合。故余尝赠以诗曰："廿载名场同得失，两家诗派异源流。"然君刻《逊学斋诗》十卷，止余一《序》；余于咸丰九年刻《日损益斋诗》十卷，亦止君一《序》也。同治四年，两人分主苏、杭紫阳书院，又赠以诗曰："廿年得失共名场，今日东南两紫阳。"一时以为佳话。其诗均存集中。——《春在堂随笔》

孙琴西同年尝以琉球贡纸书诗二首见赠云：前接来诗，匆匆未及和。顷钟六英同年自越州来，相见于补老处，云至苏可相见。忽然兴发，即书两首奉寄。其一云：握手重来翰墨场，莫嫌髭鬓异青阳。承明旧事都如昨，项领群公不可当。垂老中兴思衰职，远方消息畏戎行。河汾要及当时用，欲借元经更熟商。　　其二云：青山无恙旧战场，国故有合儒紫阳。自注云：杭州紫阳书院建自徽州醵费，按是年琴西正主讲紫阳也。议郎博士我何望，大师祭酒君能当。越、吴两叟五百里，文字一目十数行。赏音忽得子期去，异义更就康成商。琴西诗气高迈，同时作者五以抗行。余尝与论诗不合，戏曰：吾所师者唐之白，子之所师宋之黄，无怪其龃龉矣。其所著《逊学斋集》十卷，余为序而刻之。年来不甚作诗，故无续刻者。此二诗未知其存稿否？即其生硬之致，可知其瓣香之所在也。——《随笔》四

余同年生孙琴西太仆，有《海客受经图》，盖琴西曾充琉球官学教习也。——《随笔》九

俞樾云：余从前因至福宁郡斋省视先太夫人起居，道出瑞安者再，乐其山水之胜，登眺忘疲。其时孙琴西同年尚开藩江左，而蒳田前辈则优游家巷，曾两见之。余诗云：瑞安学士最依依，夜雨留宾静掩扉。草草杯盘成一醉，黄花鱼小墨

鱼肥。尔时光景，思之犹宛在目前。余每谓其地僻在山中，其人亦必各有朴茂之意；而颇闻长民者畏之，称为难治，何欤？琴西则曰：吾瑞安岂难治哉？长民者未知所以治耳。程步庭大令，余曾于彭雪琴尚书座中见之，雪琴有"佳于吏也"之叹，已而闻其宰瑞安矣……——《杂文四编》六《程步庭明府安阳舆颂序》

孙仲容《与日人袖海君书》云：曩者曲园俞先生于旧学界负重望，贵国士大夫多著弟子籍。先生于某为父执，其拳拳垂爱尤逾常人，然亦未尝奉手请业。盖以四部群籍浩如烟海，善学者能自得师，固不藉标揭师承以相夸炫也。

俞樾为孙诒让作《墨子间诂》及《札迻》二书《叙》。《间诂叙》云：（上略）于是瑞安孙诒让仲容乃集诸说之大成著《墨子间诂》，凡诸家之说，是者从之，非者正之，阙略者补之。至《经说》及《备城门》以下诸篇尤不易读，整纷剔蠹，脉摘无遗，旁行之文，尽还旧观，讹夺之处，咸秩无紊。盖自有《墨子》以来，未有此书也。以余亦尝从事于此，问序于余。余何足序此书哉？……勿谓仲容之为此书，穷年兀兀，徒敝精神于无用也。《札迻叙》云：（上略）今年夏，瑞安孙诒让以所著《札迻》十二卷见示，雠校古书共七十有七种，其好治闲事盖有甚于余矣。至其精熟训诂，通达假借，援据古籍以补正讹夺，根抵经义以诠释古言，每下一说，辄使前后文皆怡然理顺。阮文达序王伯申《经义述闻》云：使古圣贤见之，必解颐曰："吾言固如是，数千年误解今得明矣。"仲容所撰《札迻》大率同此，然则书之受益于仲容者亦自不浅矣……余老矣，未必更能从事于此。仲容学过于余而年不及余，好学深思，以日思误书为一适，吾知经疾史恙之待于仲容者正无穷也。

又移书诒让，赠书集《曹景完碑》楹帖及新刻诗册各种。诒让复书伸谢。按：俞赠楹帖句云：到老不离文字学，所居合在水云乡。下款题"丙午夏六月书"。

俞曲园《与孙仲容书》云：仲容世仁兄大人赐览：久疏笺候，想履端绥愉，定如所颂。闻有出山之远志，果否？时势至此，如果家食可甘，亦大妙也。弟老境不佳，暮年多故，为亡孙女事蕴结至今，有传一篇、诗数首附览，当亦为之长太息也。宗湘翁骤开署缺，遽谢宾客，皆出意外，盖其家庭不顺，固难长履亨衔耳。手肃布达，敬颂文安，统维鉴察。世愚弟期功俞樾顿首。

孙仲容《与俞曲园书》云：曲园年伯大人尊前：月初接舍亲叶仲铣来函，并奉到钧谕，复荷赐书集《曹景完碑》楹帖暨新刻大著诗册各种，仰见鸿笔逎章，似毫不经意，而精妙自能超轶昔贤，信为大寿考之征。至于不弃梼昧，所以开海之者至为深切，再三钦绎，感瑑尤勿谖也。侄年来衰羸无似，脑力目力均不逮前，著述之兴久已废辍。前见埃及古象形字，奇诡不易辨，窃意仓、沮旧文象形字亦必如是，惜为籀、斯改易，多失其原形。前年得见河南汤阴新出龟甲文数千名，内有象形字十余，果与埃及相类，而苦无释文，不易读。偶以意推索，依上下文谊寻绎，略通一二，乃益以金文新考定诸字，为《名原》二卷，觊以求仓后籀前文字变易之迹。稿草粗具，尚未写清本，新学盛行，此事恐为时贤姗笑，不敢出以示人。顷诵大著《题埃及拓墨诗》，有感于衷，谨附陈之，容当逐写，奉求钧诲也。肃此奉谢，恭叩道安，不偦。年家子孙诒让顿首。

孙诒让挽俞曲园联云：一代硕师，名当在嘉定、高邮而上，方冀耄期集庆，齐算乔松，何意梦兆嗟蛇，读两《平议》遗书，朴学消沉同堕泪；卅年私淑，愧未列赵商、张逸之班，况复父执凋零，半悲宿草，今又神归化鹤，检《三大忧》手墨，余生孤露更吞声。

2. 黄以周

黄以周字元同，号儆季，儆居四子，浙江定海人。同治庚午优贡，官处州府教授，赐内阁中书衔。尝谓有清讲学之风倡自顾亭林，顾氏尝云"经学即是理学"。乃体顾氏之训，上追孔、孟之遗言，于《易》《诗》《春秋》皆有著述，而三礼尤为宗主。凡详考礼制，多正旧说之误，释后人之疑，而意在核明古礼，示后圣可行。所著《礼书通故》百卷，列五十目，古先王礼制备焉。又以孟子学孔子，由博反约而未尝亲炙孔圣。其间有子思子，综七十子之前闻，承孔圣以启孟子，乃著《子思子辑解》七卷，而举子思所述夫子之教必始于《诗》《书》而终于《礼》《乐》，及所明仁义为利之说，谓其傅授之大恉，是深信博文约礼之经学，为行义之正轨，而求孟子学孔圣之师承，以子思为枢轴。暮年多疾，因曰："加我数年，《子思子辑解》成，斯无憾！"既书成而疾瘥，更号哉生。他书若《古文世本》《黄帝内经集注》《儆季杂著》皆传于世。江苏学政黄体芳建南菁讲舍于江阴，延之主讲。

以周教人以博文约礼，实事求是，道高而不立门户。宗太守源瀚建辨志精舍于宁波，请以周定其名义规制，而专课经学，著录弟子千余人。光绪己亥卒，年七十二。又有《儆季文抄》。

资料：

《清史稿·儒林传三》，二百六十九，附父式三后。

章炳麟作《传》。——《文录初编》

缪荃孙撰《墓志铭》。——《艺风续集》

徐世昌《清儒学案》卷一百五十四：黄以周《礼书通诂》书成，致函俞樾请作《序》。云：周质钝学浅，一无所底。奉承庭训，粗自骋私说，揆诸圣传，往往不合，于是有《十翼后录》之作。嗣后喜观宋儒书，又病其离经谈道，多无当于圣学，甚且自知己说之不合于经，遂敢隐陋孔圣，显斥孟子，心窃鄙之，于是有《经义通诂》之作。三十岁以后，又好读《礼》，苦难记忆，乃分五礼类考之，会粹旧说，断以己意，撰《吉礼说》未竟，以兵燹辍业；旋以先人弃养，读礼苦次，于小祥后撰《凶礼说》，合订之，名曰《礼经通诂》。又编旧作杂著文说之无裨经史者删之，非我心得黜之，约存若干篇，名曰《儆季杂著》。周梼昧不才，妄有撰述，惧见怪于当世，辄藏弃之不示人。今年四十矣，恐以痼疾终身，无发矇日，幸遇有道，敢不就正。所呈《礼经通诂》两册，觊求指示纰缪，俾得改正。果蒙惠教，周将执弟子礼，奉全书以拜门下。

俞樾《叙》云：定海黄君元同，为薇香先生之哲嗣。未几，余来主讲诂经精舍，始得交于君。后又与同在书局，知君固好学深思之士也。曾以所撰《礼书通诂》数册示余，余不自揣，小有献替。……

又《与谭献书》云：黄君元同，海外佳士，学使吴和甫同年昔岁书来曾述及之。所著《经礼通诂》先睹为快。其先德薇香先生《论语后案》如有印本，亦望寄读也。

黄以周《与陈兰洲书》云：兰洲夫子同年大人：相睽半年有余，未曾修笺，疏懒性成，幸勿见罪。顷见与眉叔书，垂念仆之父子，愧无以答。仆发已斑白，羁在书局，鹿鹿从事，一无善状。《礼诂》一书，数年内本早脱稿，差以自慰，传不传不暇论也。……先君以备刊书之费，努力为诂经卷以备自己零用，而家中无一钱寄去。……明年春闱，仆不能赴，资既绌，心亦灰也。年愚弟以周顿首。——《冬暄草堂师友笺存》第三册

李慈铭《越缦堂日记》云：王子庄出视定海黄元同秀才以周《儆季杂著》两册稿本，未成，多所涂改，中皆考据之作，实事求是，多前贤所未及。据其自序，所著有《周易十翼后录》《经义通诂》《礼经通诂》《读书小记》《经句释》《经词释》，闻其书皆已成，洵一时之朴学矣。

又闻其父薇香先生，名式三，号儆居子，亦诸生，所著有《易释》《春秋释》《尚书启懞》《论语后案》《周季编略》《儆居集》《经外》诸书，卒时，年七十余，尚著书不缀。儆季秉承家学，自己酉落解后，穷经十年，不应试，近寓湖上，肄业诂经精舍中。闻今年可得优贡，浙东经生盖无与比。——同治六年

章太炎《校文士》云：迩者，黄以周以不文著，惟黄氏亦自谓钝于笔语，观其撰述，密栗醇厚，庶几贾、孔之遗章，何宋文之足道。——《文抄》卷五

宋墨哀《两浙名流八咏》之一黄以周先生：《晏子春秋》古义斝，阳湖千载断金心。《礼书通诂》尤渊博，岂屑案头帖括仇。——《慎社诗录》

关系：

孙仲容校《礼书通故》五十卷，四十册，浙江书局本。按，俞曲园序是书，称其精审过于秦蕙田《五礼通考》；而此册复经仲容先生精校，随笔笺正其疏误处乃得三百余条，盖治经之难如此。——《文澜学报》

近人醴陵朱芳圃《孙诒让年谱》亦云：黄元同《礼书通故》，俞曲园《叙》谓视秦氏《五礼通考》精审过之。先生指仲容藏帙有点勘凡三百余条。

3. 戴望

戴望字子高，德清人—作乌程。诸生。一赴秋试，遂弃举业。好读先秦古书，受业南园。既从宋于廷为庄、刘之学，皆两汉今文也。性倨傲，门户之见持之甚力，论学有不合家法者，必反复辩难而后已，人故忌之。望亦不妄交，交则必全始终。所学在《论语》，尝曰：郑康成、何劭公皆注《论语》，而康城遗说今犹存佚相半，劭公为《公羊》大师，其本当依齐论，必多七十子相传大义，而孤文碎句百不遗一，良可痛也。魏时郑冲、何晏、包咸、王肃诸家作解，至梁皇侃，附以江熙等说，为之义疏，虽旧说略具，而诸家之说因此亡佚，遂为《论语》作注，本六经大例以明七十子共撰微言之旨，为书二十卷，凡三易稿而成。其他所著有《管子校证》《颜氏学记》《诗文集》—作《谪麐堂集》，卒年三十七。

生平不作徒隶书，点划悉本小篆，见者目为江艮庭复生，并精校勘。

资料：

《清史稿·儒三》，二百六十九：戴望字子高，浙江德清人。诸生，候选训导，国子监学正衔。有《谪麐堂集》。

张星鉴撰《传》：先生深于汉学，为诂经精舍名宿。性倨傲，门户之见持之

甚力，人故忌之。望亦不妄交，交必全始终。所著有《管子校证》《颜氏学记》《诗文集》各若干卷，藏于家。——《仰萧楼文集》

陈澧《东塾集》四《与戴子高书》。

刘光汉作《传》。——《华国月刊》第二期六册。

施补华作《墓表》。——《泽雅堂文集》

俞樾《袖中书》。

谭献《复堂日记》。

赵友之谦作《谪麈堂集叙》。

李慈铭《越缦堂日记》：廿三日早起，桂香亭来照像，因约游愁湖。先至书局访戴子高、张文虎，出水濑，登湖楼小坐。循步檐至小香亭，要饮其寓，戌散。闻子偲之丧，过吊其庐。复访梅村，喜其健在也。壬秋同治十年

同治十二年七月九日，得李雨亭书，闻戴子高已死。子高闻声相思，拳拳见访，仅得一面，报书恐亦未达。闻其夭折，为之怅然。

金武祥《粟香随笔》。

章太炎《文录》。

徐世昌《晚晴簃诗汇》卷百五十九云：戴望字子高，德清人。诸生，有《谪麈堂集》。

诗话：子高治朴学，有至行。博野颜氏诸书，南方学者传习颇罕，独子高读而嗜焉。辑《颜氏学记》十卷，嗣治《公羊春秋》，确守家法，成《戴氏论语注》二十卷，往往以《公羊》互证，自成一家言。

《近代诗抄》：潘鸿字仪甫，号凤洲，浙江仁和人。同治庚午举人，官内阁侍读。有《草堂诗录》。《伤往》三首之一戴望：慷慨临歧动上公，狂名一日满江东。白门柳色萧疏甚，无限秋心落照中。德清子高戴望，守汉儒师法，通五经论。自海上归，入江宁书局。曾文正公以西事方内召，百官郊饯，君一书生，受文字知，厕末席，从容进曰：公功成名遂，意者其可退乎？闻者咸以为狂。未几客死，同人刻其遗书，有《论语注》《管子校证》《颜氏学记》及诗古文词各若干卷。

章太炎《高先生传》宰平云：德清戴望子高，好为诂训，皆时走集，甚相得。子高年最少，性瑰伏，不与时俗偶。每至，见他人所论著，即曰为先生谳狱，先生曰诺，子高则取庋阁书旋转检之，证一事，驳一事；曰为先生奏悲诵，先生曰诺，子高则奋袂振幄，声振林木，鸩鹊巢者皆飞去。当是时，先生最乐。及子高

卒，先生闻之，出涕曰：吾不复此矣。注：戴，诸生，弃举子业，从宋翔凤治《尚书》今文学。同治中，任金陵书局校勘，尝取《公羊》义例作《论语注》，又有《管子校证》《颜氏学记》《谪廮堂遗集》。

又《哀后戴》云：戴望治《公羊春秋》，视先戴不相逮。中更丧乱，寄食于大盗曾氏之门，然未尝仕。观其缀述《颜氏学记》，又喜集晚明故事，言中伦，行中虑，柳下、少连之俦也。望不求仕，而其学流传于湖南、岭广间，至使浮竞之士延缘绪言以成"新学伪经"之说。彼以处士而谴刘歆，可也，为胡之国师者，可以讥莽之国师乎？——《太炎文录》卷五

张裕钊《唐端甫墓志铭》云：与君同处金陵书局德清戴子高望者，死而无子，死后无一不赖端甫力者。端甫及戴君，皆曾文正公所招致也。端甫来金陵以同治四年，越八年而文正公薨，其明年戴君死，又四年而端甫卒。注：戴子高自至金陵，数病。病稍间，即著书，如是者六七年。按：唐端甫经纪戴君后事，亦见孙衣言作《唐端甫墓志铭》中。

谭献《复堂日记》云：审定戴子高《论语注》。子高大旨本之刘申受、宋于庭二家，予欲为纂序，推本六艺之大，以《论语》为微言之总龟以大其书。又注中为更定十余处。

凌子舆自扬州驰书，告子高病危，旅魂孤子，偃蹇穷愁，果不容白发老书生邪？第二书来，竟以二月二十六日殉于飞霞阁，哀哉！将与施均父经纪其丧。

之官全椒，道出白下，孙仲容同年以亡友戴子高所辑《颜氏学记》见赠。

金武祥《粟香随笔》卷二云：德清戴子高茂才，名望，研精经史之学，曾文正公器赏之，延校金陵书局。余在金陵，识之于刘开生观察座中，后往来谈艺甚惬。……性好洁，尝与登酒楼，见色恶者辄呕吐不能终席。诗不多作……惜不久病卒，且无子嗣。闻与俞荫甫太史有连，当能梓其遗稿也。

宋墨哀《两浙名流八咏》之一戴子高先生诗云：三科颇信何休说，八法先求许慎书。斯亦浙中朴学劲，籀卿造诣较何如？——《慎社诗录》

关系：

《朱谱》云：戴子高之殁，先生与唐君仁寿经纪其丧，沽所藏书，以其资刻遗著。尝自谓治金文之学，惟子高知之最早，爱之最深也。

孙仲容《古籀余论后叙》云：（上略）犹忆同治间，余侍亲江东，时海内方翘望中兴，而东南通学，犹承乾、嘉大师绪论，以稽古为职志。余壮年气盛，尝乘扁舟溯江至京口，登金山，访遂启祺大鼎，不得，乃至焦山海云堂观无惠鼎，手

拓数十纸以归。时德清戴子高茂才亦客秣陵，与余有同嗜，朝夕过从。余辄出所得汉阳叶氏旧藏金文拓本二百种同读之，君亦出旧藏季娟鼎，相与摩挲椎拓，竟日不倦。时余书方脱稿，而戴君得羸病甚剧，然犹力疾手录余说于《积古斋款识》册尚，又尝属余为毛公鼎释文，其殁前数日，犹逐福不遗一字。盖余治此学，唯君知之最早，亦爱之独深。子云奇字，见之伯松；欧公《集古》，每资贡父。不是过也。

又《新始建国铜镜拓本跋》云：同治季年，余与莫、戴两君同客江宁，莫先生于让为父执，尝得侍宴谭，而子高与余同为金石篆籀之学，踪迹尤密。始以此竟拓本见示，诧其奇古，而未及悉心审校。云烟过眼，忽忽二纪，两君墓木已拱，镜余幸从鹤亭重觏此拓，得相与精释其文字，惜不令两君见之，俾同此愉快也。

又《书传抄卢校〈越绝书〉后》云：乾、嘉间为校雠之学者，莫如卢绍弓、顾千里。顾校书若《韩非子》《烈女传》《华阳国志》《文选》之类，人多为刻之。卢所校者尤众，其自刻《抱经堂丛书》数十种最为善本。然其未刻校本为世所传诵者尚多，此《越绝书》亦绍弓所校，余从德清戴君子高假录之。

又抄得《道德经注》一小册，记云：辛未六月，从德清戴子高假魏氏《碑录》，遂写此十五页。诒让记。

又《毛公鼎释文》：同治壬申十月，戴子高以桐城吴氏摹本《周毛公鼎铭》属为考读。公以此鼎阮、吴并未著录，因勾集《说文》古籀及薛、阮、吴诸家所录金文考定其文字，而阙其不可知者，成《释文》一篇，附录于《古籀拾遗》稿本册末。

又《陆子新语》宋于庭校本，壬申十二月，从德清戴子高假浮溪精舍刊本，命抄胥遂写，时将有皖中之行。戴君索书甚急，不及校勘，附识于此以俟他日。瑞安孙诒让记于江宁巡道之籀高。

又传抄戴校《春秋繁露》。

又传录戴子高斠毕刊本《墨子》。

又传抄庄有可《周官指掌》五卷一册，记云：同治壬申十二月，假德清戴子高所藏寿经阁写本属友遂录。

又得戴氏所藏《召伯虎敦》拓本，考读一过，识跋其后。

孙延钊曰：曩者延钊偶于上海《时报》纸上见有笔记署"冰檕缀述"者，近人黄宾虹氏所为也。中有一则云：德清戴子高望，性倨傲，论学多恃门户之见甚力，有不合家法者，必反复辨难而后已，人故忌之。尝与其友张星鉴书，言"世事纷纭，师资道丧，原伯鲁之徒咸思袭迹程、朱以文其陋。一二大僚倡之于前，无知之人和之于后，势非流于异教不止。所冀吾党振而兴之，征诸古训，求之微言，贯经术、政事、文章为一，则救世弊而维圣教在是矣"。

子高父某，孝廉。母周氏，中孚先生女也。中孚深于汉学，为诂经精舍名宿，即子高先生渊源之所自。尝游长沙陈硕甫之门，又从宋于庭为庄、刘之学，皆两汉今文也。兵燹后，当事开书局于金陵，延为校勘经籍。卒年仅三十有五。

乏嗣，友人温州孙诒让、海昌唐仁寿为谋归葬，并持所藏书，分别沽之，以其资刻遗书焉。

施补华作《墓志》《与张星鉴书》，《谪麐堂集》未见。先生所录《释文》手迹，殁后即归于公。今延钊珍守之。

收得戴氏校本宋定之保《谐声补逸》十四卷，二册，记于册尾云：宋氏书，亡友德清戴君子高所藏书也。子高殁于江宁，此书归于余。书内所载王怀祖先生说，多精核足据。同治癸酉三月记。

延钊谨检家藏武进庄氏《拜经楼丛书》十二册、金鹗《求古录礼说》六册、严可均《唐石经校文》三册、郝懿行《山海经笺疏》二册、卢文弨校《贾子新书》二册、任启运《宫室考》一册、董丰垣《识小编》一册、江声手书《恒星说》《艮庭小慧》合刻本一册，并有子高先生图记。郝书《山海经》及卢校《贾子》并互见先生手校识语，《唐石经校文》则先生与公校语互见，盖皆先生旧物，而殁后归于公者。——以上见《孙征君年谱》稿本

4. 康有为

康有为字广厦，号更生，原名祖诒，广东南海人。光绪二十一年进士，用工部主事。少从朱次琦游，博通经史，好公羊家言，言孔子改制，倡以孔子纪年，尊孔保教，先聚徒讲学。入都，上万言书，议变法。给事中余联沅劾以惑世诬民，非圣无法，请焚所著书。中日议款，有为集各省公车上书，请拒和、迁都、变法，格不达。复独上书，由都察院代递，上览而善之，命录存备省览。再请誓群臣以定国是，开制度局以议新制，别设法律等局以行新政，均下总署议。二十四年，有为立保国会于京师，尚书李端棻、学士徐致靖、张百熙，给事中高燮曾等，先后疏荐有为才，至是始召对。……自辰入，至日昃始退，命在总理衙

门章京上行走，特许专折言事。旋召侍读杨锐、中书林旭、主事刘光第、知府谭嗣同参预新政。有为连条议以进，于是诏定科举新章，罢四书文，改试策论，立京师大学堂、译书局，兴农学，奖新书、新器，改各省书院为学校，许士民上书言事。……上先命有为督办官报，复促出京。上虽亲政，遇事仍承太后意旨，久感外侮，思变法图强。用有为言，三月维新，中外震仰。唯新进骤起，机事不密，遂致害成。……于是太后复垂帘，尽罢新政。以有为结党营私，莠言乱政，褫职逮捕。有为先走免。注：黄仲弢告变，余易僧服走奏蒙古。——康有为《戊戌轮舟中与徐茂勤书跋》《戊戌政变》第一册 p407。逮其弟广仁及杨锐等下狱，并处斩。……有为已星夜出都，航海南下，英国兵舰迎至吴淞。时传上已幽废，且被弑。有为草遗言，誓以身殉，将蹈海。英人告以讹传，有为始脱走亡命日本，流转南洋，遍游欧美各国。所至以尊皇保国相号召，设会办报，集资谋再举，屡遇艰险，不少阻。……"拳匪"起，以灭洋人、杀新党为号，太后思用以立威，遂肇大乱。凡与有为往还者，辄以康党得奇祸。宣统三年，鄂变作，始开党禁。于是有为之亡十余年矣，始谋回国。……丁巳，张勋复辟，以有为为弼德院副院长。事变，有为避美国使馆，旋脱归上海。甲子，移宫事起，修改优待条件，有为驰电以争。明年，移跸天津，有为来觐谒，以进德修业、亲贤远佞为言。丁卯，有为年七十，赐"寿"，手疏泣谢，历叙恩遇及一生艰险状，悲愤动人。时有为自知将不起，遂草遗书，病卒于青岛。

有为天资瑰异，古今学术无所不通。坚于自信，每有创论，常开风气之先。初言改制，次论大同。述作甚多，其著者有《孔子改制考》《新学伪经考》《春秋董氏学》《大同书》《诗文集》等。

资料：

《清史稿》二百六十。

《史传》。

梁任公《中国近五十年大事记》。李鸿章传

近人赵丰田作《年谱》。

徐世昌《晚晴簃诗汇》卷百八十云：康有为原名祖诒，字长素，一字广厦，号更生，南海人。光绪乙未进士，官工部主事。有《万木草堂丛书》。

杨锐字叔峤，四川绵竹人。光绪丙子—作乙丑举人，官内阁中书，加四品卿衔，参与新政。有《说经堂诗草》。

王仁堪，字可庄，福建闽县人。光绪丁丑状元，官兰州知府。——《近代诗抄》

盛昱作《杜鹃行哀杨生也》：天津桥上秋风起，白衣少年佐天子。翻云覆雨骤雷霆，竟与逆人同日死。死竟无名世尚疑，朝衣仓猝就刑时。似闻唐代永贞际，刘柳诸人有狱词。经史蟠胸掌故熟，鳌氏来诛苏氏族。归隐泉明奔姊丧，解官亦欲持兄服。隐忍徘徊恋主恩，主恩深厚敢深论。茂陵遗稿分明在，异议篇篇血泪痕。剧怜六馆夸高第，亦复城南领文字。黄濑兰李仲约当时皆伟人，与尔论交折年辈。万里魂归蜀道难，孤棱晓日自年年。杜陵漫洒云安泪，从此西州有杜鹃。

盛昱字伯熙，号韵莳，满洲宗室。光绪丁丑进士，官国子监祭酒，有《郁华阁词》。

诗话：更有异禀，博极群书，少时曾游朱九江之门，勇于述作，以力开风气为自任。讲学授徒，声名甚盛。……戊戌后，周历欧美各国凡十余年。

翁同龢《翁文恭公日记》云：甲午五月初二日，看康长素祖诒，广东举人，名士。《新学伪经考》，以为刘歆古文无一不伪，窜乱六经，而郑康成以下皆为所惑云云，真说经家一野狐也，惊诧不已。又戊戌四月初七日，上命臣索康有为所进书，今再写一份递进。臣对与康不往来，上问何也？对以此人居心叵测。曰前何以不说？对臣见其《孔子改制考》知之。

章炳麟曰：康有为善傅会，张以拨乱之说，又外窃颜、李为名高，海内彬彬向风。——《太炎文录·与王鹤鸣书》

宋衡曰：上海强学会客冬开局，岭南康君实尸其事。借重督府，号召闻华。本图广声，卒被掣肘。朝献报纸，夕奉勒停，其时京会尤未封禁。衡初闻斯举，亦议与谋，嗣以列名诸君品杂真伪，颇或势利情浓、诗书味浅，遂乃决然自外，不敢趋风。俄焉，俦党相攻，局事内溃。私幸守拙，得免分谤。——丙申《报王儒舲书》

《近代诗抄》云：康有为原名祖诒，字长素，号更生，广东南海人，光绪乙未进士，官户部主事。

关系：

章炳麟作《瑞安孙先生伤词》云：会南海康有为作《新学伪经考》，诋古文为刘歆伪书。炳麟素治《左氏春秋》，闻先生治《周官》，皆刘氏学，驳《伪经考》数十事未就，请于先生。先生曰："是当哗世三数年，荀卿有言：'狂生者不胥时而落。'安用辨难？其以自熏劳也！"顷之，康有为败，其学亦绝。

宋衡挽孙仲容联注云：先生为古文经学大师，尤精治《周礼》。同时今文经学领袖岭表某氏指康有为。攻许、郑甚力，于《周礼》直斥为刘子骏伪作，然先生不以此而迁怒反对，极表同情于其持改制立宪之政论。附联语：今说先行，古文后立，经师相攻击如怨敌，于是尊董、何者斥《周礼》，讲许、郑者非《公羊》，至东洋哲学……先生最门户不分，良钦感德。

孙仲容《致汪康年书》云：康氏学术之谬，数年前弟即深斥之。去年致章枚叔书，亦曾及之。然其七八上书，则深钦佩其洞中中土之症结。于卓如，则甚佩服其《变法通议》之剀切详明，不敢以其主张康学之执拗而薄之。此薄海之公论，非不佞之臆论也。至于本年夏秋间之新政，乃今上之圣明，于康氏何与？乃今之达官贵人主持旧学者，举一切良法善意皆归之康氏，锐意摈绝摧陷之，是张康之焰而使外人得挟此为口实，使中土之正人志士引为大病，何其谬哉！——上海图书馆藏手稿

康有为题孙仲容墨迹云：温州有雁荡之秀，丘壑之美甲海内。吾于温人士交者多，而瑞安黄漱兰侍郎、仲弢学士交尤深。盖山水之郁结，必多异才。惟孙籀庼先生未见，甚憾也。先生于礼学至博，独步海内，与吾虽有今古文之殊，然不能不叹羡之。……南海康有为，乙丑四月。——《旅杭温州同乡会会录》图片插页

5. 章炳麟

章炳麟字太炎，浙余杭人。少读蒋氏《京华录》及明季稗史，辄抱民主革命思想，瞩清政不纲，内忧外患交迫，乃矢志兴汉排满，而以文字宣导革命。先后参加兴中会、同盟会，孙中山雅相推重。民国建元，孙中山就任临时大总统，聘为枢密顾问。袁世凯秉政，炳麟不为用，被幽于龙泉寺，绝食十四日，竟得不死。民五，洪宪覆亡，黄陂黎元洪继任总统，炳麟始脱于厄。护法师兴，孙中山被推为大元帅，炳麟任秘书长。军政改制，孙中山去粤，炳麟还居海上，行年五十，谢政讲学。盖炳麟尝言学术在野则盛，在朝则衰。后居日本时，执笔《民报》，每论撰余闲，为人说故书雅记，因有国学讲习会之举，请业者众，口讲指划，往往竟夕。弟子既退，则炳烛写所著书。晚年，设国学会于苏州，复主章氏国学讲习会，从学者逾盛。躬隶讲席，授经犹昔。所谓好学不厌、诲人不倦者，先生有之矣。炳麟初从德清俞曲园、定海黄元同受业，后与瑞安孙仲容通书论学，商榷奥

义，遂奄东原、若膺及王氏父子之长。民廿五年六月十四日卒于吴门邸第，春秋六十有九。遗著已刊者，有《章氏丛书》十四种，《丛书续编》七种。

资料：

孙延钊《余杭先生与先征君》一文，载《追悼太炎纪念刊》。

太炎《致谭献书》云：《新学伪经考》前已有驳议数十条，近杜门谢客，将次第续成之。《墨子间诂》新义纷纶，仍能平实，实近世奇作，麟已购乙通。——《复堂日记续录》

太炎《与宋衡书》云：麟，鄙人也，于经术文章未有一得。昨见手札，过蒙藻饰，许以俞门第一流，惴惴自惧，力小任重，久将覆悚。顾既与康党相左，亦有骑虎难下之势，非得君之规诲，异时一有蹉跎，一身不足惜，亦为浙学贻羞。纵不爱二君，于麟宜少加怜愍；纵不爱麟，当亦为浙学大局起见。今得仲容来书，于廓清康学不遗余力，度君亦有同志。顷二君既竭悃款，悬榻以待，麟则尤每饭不忘。昔粤寇时，江浙遗老日夜望曾文正一来，麟之望君，盖亦如是。——《宋平子年谱》孙宋绍祖辑

孙仲容《与章太炎书》云：太炎先生有道：笺敬疏阔，殆近十稔。遐睇沧波，深用怅惘。顷忽诵手毕，并示大著《新方言》，忭荷无量。禹域大势至是，可为痛哭。曲园丈亦悲宿草，兼索居鲜欢，无复缉述之兴，《礼疏》铸板数载，近始印成。谨以一部奉政，夺误甚多，未暇校改也。扶桑古籍间出，近见岛田氏所刻皇侃《丧服小记疏》，信为奇册。此外倘有所得，敬祈惠示其目。《佚存》《古峡》及《访古志》所著录者，则多已见之矣。文网秋荼，恐不能常通简毕。敬颂努力加餐，神驰无已。弟荀兼敬复。中秋前五日。——《国粹学报》撰录

其自署荀兼者，荀、孙通假，兼，则诒让之切音也。

又云：大著略读数条，精审绝伦。容再细读寻绎，或有剩义，当续录奉质。弟桑榆暮景，意思萧械，脑力大减，不耐深沉之思，近唯以研玩古文大篆自遣。颇愤外人著文明史者，谓中国象形文已灭绝。顷从金文、龟甲文丹徒刘氏橅册获十余名，皆确实可信者，附以金文奇字，为《名原》七篇，俟写定，当寄质大雅。（中略）旧学沦废，无可就正，谨略陈一二，以当面质，想不哂其迂疏也。兼又行。

章太炎《复孙仲容书》云：仲容先生左右：得书并《周礼正义》一帙，谨振董再拜以受。发书在去岁八月，至五月朏始达。自昔未侍先生杖履，既遭党锢，修谒无缘，并赐书亦濡滞半岁，喜益悲矣。承以古文三条见示，精凿瑰琦，足补

汉师之阙。（中略）旧学放失，怪说昌披，近有欲以万国新语改汉土文字者，麟方作《驳议》一篇，以世人多谓汉字难知，故复新定纽文、韵文，令蒙学略知反语，已属虞君转呈，其有纰缪，先生幸諟正之。《新方言》印行后，近复附以新知，隐栝就墨，为释词、释言、释亲属、释形体、释宫室、释器、释天、释地、释植物、释动物十篇，俟再印行，便当就正。前书阙失尚多，先生有所诲正，幸即见示。《名原》七篇何时出板？渴望赐阅，若昏夜之待明星。海内奇硕，自德清、定海二师下世，灵光岿然，独有先生。虽年逾中身，未为大耋，浙人所仰望者亦无第二人。愿存精神，加餐食，长为乡土表仪。幸甚幸甚！麟以寡昧款启之身，荐更忧患，学殖荒芜，无可自熹。内省素心，惟能坚守旧文，不惑时论，期以故训声均拥护民德，远不负德清师，近不负先生，虽并世目为顽固所不辞矣。《正义》当以一二月功得卒读之，后有疑滞，复当以书请益也。五月初三日。

又《瑞安孙先生伤词》云：炳麟始交平阳宋恕平子，平子者，与瑞安孙先在为姻，因是通于先生。当是时，吴、越间学者有先师德清俞君及定海黄以周同元与先生三，皆治朴学，承休宁戴氏之术，为白衣宗。先生名最隐，言故训，审慎过二师。著《周礼正义》《墨子间诂》《古籀拾遗》《经迻》《札迻》如目录。……

炳麟作《訄书》未就，以其草稿问于先生，方自拟仲长统。先生曰："淮南鸿烈之嗣也，何有于仲长氏？"然炳麟始终未尝见先生颜色，欲道海抵温州，履先生门下，时文网密，不可。平子以白先生，先生笑，且曰："吾虽无长德中正之官，取决于胆，犹胜诸荐绅怯懦畏事者，自有馆舍可止宿也。"其后倾侧扰攘埂狴之中，播迁江海间，久不得先生音问。平子亦荒忽不可得踪迹，问浙中诸少年，曰：先生亦几及祸，然怀保善类自若，学者介以为重。……稽古立事，世无逾先生。《墨经》废千载，本隐之显，足以自名其家。推迹古籀，渺合六书，不为穿凿，庄述祖、龚自珍不足当牧圉。然文士多病先生破碎，抑求是者固无章采，文理密察，足以有别，宜与文士不相容受。世虽得王闿运等百辈，徒华辞破道，于朴学无补益。定海黄君既前卒，属先师又不幸，姬汉典柯，不绝如线，赖先生任持之，函雅故，通古今，冠带之民，千四百州县独有一介。而新学又不与先生次比，独倡无与，古先民之遗文其将坠地，令先生得上寿，庶有达者续遗绪，令民志无携贰，中夏犹可兴也。昨岁，炳麟次《新方言》三百七十事，上之先生，以为乐操土风，民不忘本，质之子云，雅让而不惑，百世以俟知言之选而无鉏吾，庶几国学可兴，种姓可复。先生视《新方言》，以为精审，赐之《周礼正义》，且具疏古文奇字以告。八月发书，比今岁五月始达江户。将以旬月抽读《正义》，且以书报先生，愿辅存微学，拥护民德，冀远不负德清师，近不负先生。呜呼！不浃辰乎？先生遂捐馆舍，焉知向日所以诏炳麟者，今遂为末命也。

乃者先生不以炳麟寡昧，有所营救，自兹其绝。先生被炳麟书，自言作《名原》七篇，今亦不可得受读。国亡典型，炳麟丧其师资。

又撰《孙诒让传》，赞曰：叔世世士大夫狃于外学，财得魄莫，视朴学若土梗。诒让治六艺，旁理墨氏，其精媂足以摩撽姬汉，三百年绝等双矣。遭时不淑，用晦而明，若日将莫，则五色柳谷愈章，而学不能传弟子，勉为乡里起横舍，顾以裂余见称于世，悲夫！

又曰：古文经说，得孙仲容出，多所推明。余所撰著，若《文始》《新方言》《齐物论释》及《国故论衡》中《明鬼》《原名》《辨性》诸篇，皆积年讨论以补前人所未举，其他欲作《检论》明之。而时不待人，日月亦将逝矣！

又曰：瑞安孙仲容先生淹通今古，著纂闳博，其书已成者二十六种，未成者七种，别有题跋、书牍之属不在著纂者不可胜记。……先生之学，不后于宁人、东原。

余昔时慕先生为学，颇为通书，而苦不能亲觏，又未尽见先生之书。……若其学术之大，足以上通圣则，旁开物宜者，世人当尽知之。日月贞观，固非下士所宜赞也。——《孙征君年谱序》

又《与孙仲容书》云：自更患难，自分以藜床皂帽终其天年，不承提命者数岁，平子复无消息，快邑之怀曷能已矣！今夏见报，知俞先生不禄。向以戆愚，几削门籍，行藏道隔，无由筑场。悬斯心丧，幸在天之灵知我耳。

荐岁以来，经术道息，视亭林、稷若之世又若羲皇、燧人，国粹陵夷，虑禹域终不我属！而闻先生所著《周礼正义》已付雕印，高文典册，蔚为国光。亦虑知此者稀，神宝终秘。念我鲁愚，曾聆言教，侧身岛屿，不睹天府球图之珍，寱寐伏枕，伤如之何！近作《新方言》一卷，略采县内异言，通以古训，虽未妙达神恉，庶几得其权略。敬械就正，惟先生匡其愆谬，示我周行。幸甚，幸甚！方今国故衰微，大雅不作，文武在人，实惟先生是赖。湘潭王氏辈，华辞说经，绣其鞶帨，其学盖非为己。扶微继绝，非我天台、雁荡之大师，其谁与归？为道自珍，勉加餐食。书不尽意，敬候起居。末学章炳麟顿首。七月七日。

仲容校《新方言》十一卷，一册，日本东京民报社印本。盖光绪丁未三月，著者以此本寄示孙仲容先生，为圈出精审者若干事，又下校记一条，并朱笔。

太炎《与罗振玉书》：见东人所集汉学，有足下与林泰辅书，商度古文，奖藉泰甚，诚侲侲若有忘也。林泰辅者，尝在大学治古典科，非能精理，其所作《说文考》特贾贩写官之流。非独泰辅也，东方诸散儒，自茂卿以下，亦率末学肤受，取证杂书。……顷世学者，不喻其意，以东国强梁驰美于其学术，得懬截小善，辄引之为驰声誉，自孙仲容诸大儒，犹不脱是。

又《古文尚书拾遗后叙》：六经之道同归，独《尚书》最残缺难理。旧传古义读应《尔雅》，解者牵于一端，其说犹踬。后之说者，独高邮王氏以由裕其道，瑞安孙仲容以菫谌、棐彝为匪字，持之有故，言之足以成理，其余皮傅尔。

又讲《儒行》大意：近人病儒者之柔，欲以墨子之道矫之。孙仲容先生首撰《墨子间诂》以为倡，初意欲施之于用，养成风气，补救萎靡。不意后人专注力于《经上下》《经说上下》论理学上之研究，致孙氏辈一番救世之心淹没不彰。

孙延钊曰：籀公也曾经发过"禹域大势至此，可为痛哭"之类悲观语调，似乎隐示同情于反清革命之人，如与中国同盟会巨子余杭章太炎炳麟结成不识面的神交。……时章氏同几个学术界人士创设国学保存会于上海，编行《国粹学报》，以搜集表彰明季文献，进行宣传反清革命运动为旨趣，籀公也曾参加赞助。该会出版的《古学汇刊》第二集中，载有署笔名荀羡的《顾亭林外集诗》和《亭林诗集校文》各一卷，就是籀公在这方面的撰作。同时章氏担任《民报》主笔，《民报》是同盟会在日本东京发行鼓吹革命的中心刊物，当日在清廷的禁锢之下，只能秘密传播到国内，籀公托章氏代购一份，此外瑞安未必再有第二个订户了。籀公不但私自阅览，并且还将其中几篇文章拿来发交油印，作为瑞安高等小学堂的国语课教材之用。——《孙籀公与清季温处地方教育》

马叙伦曰：瑞安在宋时有魁人曰叶适、陈傅良，以性理文章经制之学与湘胡氏、闽朱氏相颉颃，学者宗之，谓是永嘉之学。清道、咸间，县人孙衣言、锵鸣兄弟号能继承其风，然衣言昆弟仕宦京师，又多接乾、嘉遗献，稍稍倾倒于政训名物之业，衣言子诒让遂以朴学为晚近大师。

初，炳麟昌言排满革命，浙江巡抚某_{廖寿丰}将逮炳麟，黄绍箕、孙诒让、宋衡及先生_{指陈介石}知之，促炳麟亡之日本。——《陈先生墓表》

又《致李仲轩议长书》为营救太炎事，均载《天马山房丛著文存》。

樊家桢曰：余杭章君炳麟于前清光绪某年二月十八日与陈伯弢书，言浙中朋辈，博学精思，无出阁下右者。其书后又称瑞安孙君仲容此书未详年岁，伯弢已忘之。今孙君所著书已大行于世矣，而伯弢积草稿等身，自己丑遂刊《缀学堂初稿》外，余皆深藏若虚。——《缀学堂丛稿初集叙》

邹韬奋云：鲁迅将死前，未发表之遗作是关于章太炎的，听说他认为章太炎努力民族革命，曾经入狱七次，还是不屈不挠，这种精神是值得我们纪念和崇敬的。虽则章太炎的晚年思想已落在时代的后面，我觉得鲁迅的见解是完全正确的。

章太炎作《孙仲容先生年谱序》云：瑞安孙仲容先生淹通今古，著纂闳博，其书已成者二十六种，未成者七种，别有题跋书牍之属不在著纂者不可胜记。先生殁后二十有余年，哲嗣孟晋次第爬梳，得其纲领……因为纂次《年谱》八卷。凡先生所自序与其尺札、笺记皆尽录之，然后先生之学大明。……将相显人，有殊功盛名者，其行事必见于国史，按表纪以推其行事，其年即较然可知。……余昔时慕先生为学，颇与通书，而苦不能亲觌。又未尽见先生之书，得是谱始稍慊于志也。

太炎云：清之当黜久矣。自王夫之、顾炎武、朱之瑜、吕留良、戴名世、全祖望之流隐显不常，皆以光复期之后嗣。其后风义少衰，而戴望、孙诒让法言常有隐痛。戴望《过鲁监国墓》诗："倘寓阳秋笔，尊王未敢删。"孙诒让校顾亭林集系以诗云"亡国于今三百年"，是时尚畏清法。——《理惑篇》小过

鲁迅云：清末，治朴学的不止太炎先生一个人，而他的声名远在孙诒让之上者，其实是为了他提倡种族革命，趋时，而且还造反，后来"时"也"趋"了过来，他们就成为活的纯正的先贤。

章太炎作《孙诒让传》：孙诒让字仲容，浙江瑞安人也。父衣言，清太仆卿，性骨鲠，治永嘉之学。而诒让好六艺古文，父讽之曰："孺子徒自苦，经师如戴圣、马融，不阻群盗为奸劫，则贼善人，宁治史志，足以经世致远。"诒让曰："以人废言，不可。且先汉诸黎献，风义瞮然，经训之以徒举一二人僻邪者，一作"经训固未尝不可通于治也"。史官如沈约、许敬宗，可尽师邪？"父乃授《周官经》，其后为《正义》自此始。年二十，中式丁卯科乡试，援例得主事，从父官于江宁。是时，德清戴望、海宁唐仁寿、仪征刘寿曾皆治朴学，诒让与游，学益进。

以为典莫备于六官，故疏《周礼》；行莫贤于墨翟，故次《墨子间诂》；文莫正于宗彝，故作《古籀拾遗》。其它有《名原》《古籀余论》《契文举例》《九旗古义述》《周书斠补》《尚书骈枝》《大戴礼记斠补》《六历甄微》《广韵姓氏刊误》《经

迻》《札迻》《述林》。又述方志为《永嘉郡记》。

初，贾公彦《周礼疏》多隐略，世儒各往往傅以今文师说，而拘牵后郑义者皆仇王肃，又糅杂齐鲁间学。诒让一切依古文弹正，郊社禘祫则从郑，庙制昏期则从王，益宣究子春、少赣、仲师之学，发正郑、贾凡百余事，古今言《周礼》者莫能先也。

墨子书多古字古言，《经上下》尤难读，《备城门》以下诸篇，非审曲勿能治。始，南海邹特夫比次重差旁要诸术，转相发明，文义犹诘诎不训。诒让集众说，下以己意，神恉迥明，文可讽诵。自墨学废二千岁，儒术孤行，至是较著。诒让行亦大类墨氏，家居任恤，所至兴学，与长吏楷柱，虽众怨弗恤也。

自段玉裁明《说文》，其后小学益密，然《说解》犹有难理者。又经典相承，诸文字少半缺略，材者欲以金石款识补苴，程瑶田、阮元、钱坫往往考奇字，征阙文，不审形声，无以下笔。龚自珍治金文，盖缪体滋多于是矣。诒让初辨彝器情伪，摈北宋人所假名者，即部居形声，不可知，辄置之，即可知，审其刻画，不跌毫厘。然后傅之六书，所定文字皆隐括就绳墨，古文由是大明。

其《名原》未显于世。《札迻》者，方物王念孙《读书杂志》，每下一义，妥聊宁极，淖入凑理，书少于《诸子平议》，校雠之勤倍《诸子平议》。诒让学术，盖龙有金榜、钱大昕、段玉裁、王念孙四家，其明大义、钩深穷高过之。

晚年尝主温州师范学校，充浙江教育会长，清廷征主礼学馆，不起。年六十一，光绪三十四年五月，病中风卒。

赞曰：叔世士大夫狃于外学，财得魄莫，视朴学若土梗。诒让治六艺，旁理墨氏，其精膊足以摩捈姬汉，三百年绝等双矣。遭时不淑，用晦而明，若日将莫，则五色柳谷愈章，而学不能传弟子，勉为乡里起横舍，顾以裂馀见称于世，悲夫！——《太炎文录》

附录太炎文中有连述俞、黄、孙三君之事者：

《俞樾传赞》：浙江朴学晚至，则四明、金华之术蔽之。昌自先生，宾附者有黄以周、孙诒让。

定经师：研精故训而不支，博考事实而不乱，文理密察，发前人所未见。每下一义，泰山不移，如德清俞先生，定海黄以周，瑞安孙诒让，此其上也。

校文士：迩者黄以周以不文著，惟黄氏亦自谓钝于笔语。观其撰述，密栗醇厚，庶几贾、孔之遗章，何宋文不足道，……惟俞先生文，窾滥不称其学，此则轶出于恒律者也。

清儒：近世德清俞樾、瑞安孙诒让，皆承念孙之学。……世多以段、王、俞、孙为经儒，卒其精者，乃在小学。

定海黄式三，传浙东学，始与皖南交通。其子以周作《礼书通故》，三代度制大定，唯浙江上下诸学说，亦至是完集云。

6. 刘师培

刘师培字申叔，仪征人。性敏悟，自其曾祖以下，皆治经业。至师培，益恢彉博通，尤邃于《礼》《春秋》。髫龀为文，有若宿构，初补县学生员，乡试中式。年二十，赴京师会试，归道上海，识余杭章炳麟、长沙章士钊等。时诸人方颂言攘除客帝，师培心契其说，遂改名光汉。著《攘书》，创《警钟日报》，兼为《国粹学报》撰述文字，既风切时政，益以辨章夷夏之志寓诸论学，由是知名。清光绪二十八年冬，万福毕于上海狙击王之春不遂，师培亦预谋。明年，《警钟日报》被锢，师培走芜湖，任皖江中学教员。旋遭名捕，亡命至日本，复遭炳麟，同编辑《民报》。炳麟经学笃守古文，师培虽旁通，亦以古文为主，故论议益相得。其为人，恂恂儒雅，然颇近名。闻社会主义、无政府主义新说，皆驰骛焉。劬学，每至夜分不辍，精气疲苶，又不暇察迩言，妻何震以他事恨炳麟，与汪公权交相谗构，始与炳麟绝。公权假师培名告密两江总督端方，方因招致之，师培为方考订金石，称匋斋师，名遂替。炳麟闻其事，犹遗书规之，师培得书不报。宣统三年，从方入四川，行至资州，武昌义师起，诸军响应，方被杀，师培幸得脱身，至成都，为国学院教员。寻复至山西，用都督阎锡山荐，授参议院参政。民国四年，袁世凯方以兵力暂一海内，渐谋改制。杨度、孙毓筠等创"筹安会"，议假民意劝进，以师培善属文，引之入会，作《君政复古论》，词采渊懿，时人比诸剧秦美新。事败，乃专意讲学，为北京大学教授。夙有肺疾，至八年冬卒，年三十六。遗著七十四种，合刻《刘申叔先生遗著》云。

资料：

蔡元培作《事略》。

汪东作《传》。

黄钟凡作《刘师培先生行述》云：又以《周礼》……自马、郑始以乡吏别六官，则王国之卿十有二人，并数三孤则为十五，迥异古说。近孙诒让为《正义》，一是折衷马、郑，疹发实鲜。先生爰申古说，正其违失，著《周礼古注集疏》二十卷。又清代经师治古文者，自高邮王氏父子以降，迄于定海黄氏、德清俞氏、瑞安孙氏，各竭厥识，匡微补缺，阐发宏多。若夫广征古说，足诤马、郑之违，且钳今师之口，则诸家未之或逮。故述造视前师为溃，而精当浸浸过之。信乎研精覃思，持之有故者矣。

章太炎《与孙仲容书》云：仪征刘生旧名师培，新名光汉，字申叔，即恭甫先生从子，江淮之令，素治古文《春秋》，与麟同术，情好无间。独苦年少气盛，喜受浸润之谮。自今岁二月后，谗人交构，莫能自主。时吐谣諑，弃好崇仇，一二交游为之讲解，终勿能济以学术素不逮刘生故。先生于彼，则父执也，幸被函劝其勿事意气，勉治经术以启后生，与麟勠力支持残局，度刘生必能如命。缕缕陈述，非仆一身毁誉之故，独念先汉故言不绝如线，非有同好，谁与共济？故敢尽其鄙陋以浼先生，惟先生留意焉。

按：此函戊申五月初三日发于日本，到时孙公已卒，不及见矣。孙公卒在是月二十二日。

关系：

刘师培为作《籀庼述林叙》与《名原叙》。

《述林叙》云：《籀庼述林》者，父执瑞安孙先生仲容著也。先生质亚生知，照邻殆庶。密察足以有别，狗齐足以达恉。覃精《官礼》，展也大成；探赜《墨书》，通其诘屈。传之当世，具有娉编。其有单篇通论，体非一致；手辑斯录，定著八卷。笺书记状，时有遗略。介弟季芃先生更续缵缉，……师培少奉清尘，长窥绪论；幸披注帙，如诵德音。校安国之书，载惭子政；识扬云之业，窃比君山。故论其大旨，述为序赞云尔。民国六年十月，世愚姪仪征刘师培谨序。

《名原叙》云：《名原》二卷，父执瑞安孙先生仲容作也。先生少耽仓雅，博综名言，上䌸初文，迹其蜕化。以为许书小篆实准秦文，略见远源，惟资古籀。顾所掎摭，犹有未备，重文千字，名或弗瞻。又现存之字疑眩难一，是由竹帛易书，错其形兆。深惟废绝之缺，宜有理董。爰征铭勒，旁综龟书，摭彼殊文，通其璿兆，成《古籀拾遗》《古籀余论》《契文举例》若干卷。其《例略》七篇，别为兹录，所以审踬远之迹，著渚变之源。叙录具存，义例可睹，因无得而述矣。惟是金文谱录，肇始宋初，亦越今兹，龟文始显。综其著录，或背贞观；宁以达儒，蔽斯近迹。顾复嗜奇之癖，窃附扬云；正读之功，下侪张敞。是其微恉，固自有在。盖以西州漆简，常佚人间；东观中文，寂寥旷世。自斯学者，颇善野言，启发地藏，犹愈求野。诚使数文相准，形义可说。定其可知，以俟百世。上规虞书观象之径，下裨周史谕名之治。是亦广业者深资，博文所不废。故其撰述，约以六书，察言区盖之间，独悟昭明之术。昭精声画，则比类有征；分别部居，则车履不越。若情伪较著，形检所穷，虑眩名实，率从盖阙。俾夫下学启考文之绪，儒者识立诚之效。擅雕虫者，悔其小技；惑虚造者，惩夫向壁。信乎好古博物，见疑不惑者矣。其有检迹近藏，会心秘眇，亦犹纬书晚出，阐自郑君；汲简孤文，证于郭璞。雅达广览，其诣一焉。若夫千名粗识，高揖汝南；八体未通，俛凌思邈。奇觚异众，饰伪萌生。欲以金石瑑刻之微，诡更经典相承之实。是其指奏，迥异今录。九京可作，宁符玄契。故备论先生著书之恉以晓读者。民国六年十月，世愚侄仪征刘师培谨序。

——以上治经子。

（六）算学
1.李善兰

李善兰字壬叔，海宁人，诸生。从陈奂受经，于算术好之独深。十岁即通《九章》，后得《测圆海镜》《勾股割圜记》，学益通。疑割圜法非自然，精思得其理。并时明算如钱塘戴煦、南汇张文虎、乌程徐有壬、汪曰桢，归安张福僖皆相友善。咸丰初，客上海，识英吉利伟烈亚力、艾约瑟、韦廉臣三人。伟烈亚力精天算，通华言，善兰以欧九里《几何原本》十三卷、《续》二卷，明时译得六卷，因与伟烈亚力同译后九卷。"粤匪"陷吴越，依曾国藩军中。同治七年，用巡抚郭嵩焘荐征入同文馆，充算学总教习、总理衙门章京，授户部郎中，三品卿衔。课同文馆生以《海镜》，而以代数演之，合中西为一法，成就甚众。光绪十年卒于官，年垂七十。善兰聪强艳人，其于算，能执理之至简，驭数至繁，故衍之无不可通之数，抉之即无不可穷之理。所著《则古昔斋算学》《详艺文志》，世谓梅文鼎悟借根之出天元，善兰能变四元而为代数，盖梅氏后一人云。

李善兰字壬叔，浙江海宁人，诸生。少从长洲陈奂受经，通词章训诂之学，而于算术好之独深。年十岁，窃《九章》阅之，以为可不学而能。后得《测圜海镜》《勾股割圜记》，所造渐精。因思割圜法非自然，精思得其理。并时明算如钱塘戴煦、南汇张文虎、乌程徐有壬、汪曰桢，归安张福僖皆友善，时相问难。光绪十年卒于官，年垂七十矣。

资料：

《清史稿·畴人二》下，二百九十三：李善兰字壬叔，号秋纫，浙江海宁人。官户部郎中，有《则古昔斋算学》。

《府志》：善兰少受业于长洲陈奂，治训诂，兼涉词章，于算学好之独深。以粤抚郭嵩焘荐，征入同文馆，充算学总教习、总理衙门章京，晋三品卿衔。

李俨《李善兰年谱》。——《清华学报》五卷一期

徐世昌《晚晴簃诗汇》卷百五十九云：李善兰字壬叔，号秋纫，海宁人。诸生，官户部郎中，加三品卿衔。

诗话：壬叔精算学，兼采中西成法，深造壶奥。《几何原本》初译非原书，壬叔始为补译。好学深思，心知其意，为自来畴人所未逮。总所撰述，合刻为《则古昔斋算学》。

李善兰致元徽_{敬孚}函云：年来大著自已等身，搜辑近人诗文，爱友怜才，悃款备挚。书局前月移飞霞阁，山色江光浮动几席间，日日凭窗吟眺，神仙不足道也。惜贤乔梓远在徐州，不能共享此乐耳。去冬忽奉赴总理衙门之旨，以算学未刻竣，力辞不就，不以一官之荣易我千秋事业也。《几何原本》《重学》俱已刷印，惟《则古昔斋算学》仅刻一半，大约七八月间才能了事耳。半生心血，幸不随劫灰同尽，今且得尽行于世，丈夫志愿毕矣，更何求哉，更何求哉！老兄闻之，定复代我称贺也。

黄绍箕《上张南皮书》云：昔康熙撰《明史》，梅氏以处士而草创律历之文。乾隆录《四库》，郭_{长发}、陈际新以台官而检勘天算之籍。今于国馆之中，术专门之学，有则独任，无则旁招。李君善兰研综中西，甄明家数，宜循故事，奏使纂修。

关系：

宋衡《孙葂田先生学行略述》云：四十年间所掌书院，其大者五：曰姑苏之正谊，金陵之钟山、惜阴，沪滨之龙门、求志。……惟惜阴、龙门、求志不课八股试帖。然先生虽于专课八股试帖之书院亦必诱诸生以实学。而其创置局译西籍于龙门也，尤为他贤掌教所不敢者。盖当先生掌龙门时，通国议论蔽固，甚如李公鸿章及侍郎郭嵩焘，皆以昌言西洋政法之善被大诟，几无所容身。林野达人，自李壬秋、冯敬亭先生外莫敢昌言。先生则慨然言于苏松太分巡，移取局译西籍每一种各一分存院，俾诸生纵阅。盖沪渎有江南制造局者，曾公国藩及李公所创，

附设译馆，稍译刊西洋籍若干种，然士大夫耻阅之。龙门虽同在沪渎，号课实学，然开院二十年而院生稍曾阅局译西籍者不过数人。此数人之稍阅西籍，被学术不正之名，于同院诸生多惊怪，相语曰：孙老师真理学，何乃如此？一二明者晓之曰：惟其理学也真，故能为此耳。然众惑不解。更十余年，士论渐进，乃共钦先生之识力焉。

当同治间，冯校邠、戴子高、李壬叔诸氏，盛慕海外立宪政体，先生已表同情。近年演说立宪，慷慨激昂，为海内老名士冠，以是见憎权贵，终困乡里。

2. 邹伯奇

邹伯奇字特夫，南海诸生。聪敏绝世，覃思声音、文字、度数之原，尤精天文、历算，能荟萃中西之说而贯通之。静极生明，多具神解，尝作《春秋经传日月考》。又谓向来注经者于算学不尽精通，故解三礼制度多疏失，因作《深衣考》。又谓群经注疏引算术未能简要，……因即经义中有关天文算术，为先儒者未发，或发而未阐明者，随时录出，成《学计一得》二卷。

同治三年，嵩焘特疏荐之，坚以疾辞。曾国藩督两江日，欲以上海机器局旁设书院，延伯奇以数学教授生徒，亦未就。八年五月卒，年五十有一。

资料：

《清史稿·畴人传二》，二百九十三云：邹伯奇字特夫，广东南海人，诸生。少聪颖绝人，于诸经义疏无不研究，覃思声音、文字、度数之原，尤精历算，能荟萃中西之说而贯通之。著《学计一得》二卷。时番禺陈澧邃于经学，兼明历算，与伯奇最契。测量制器，本与西人重学、光学、化学相连，伯奇冥搜古籍，深明其理，故测地绘图，尤多创解。同治八年卒，年五十一。

关系：

孙仲容《与梁卓如论〈墨子〉书》云：若此诸义，蓄之胸臆者匪一，因于西书所见甚少，其算例精繁者复苦不能尽解，愧未洞窥窔窔，又虑近于皮傅，未敢著之于篇。以执事研综中西，当代魁士，又夙服膺墨学，辄刺一二奉质，觊博一发耳。总之《经》《经说》上、下及大、小《取》六篇，文义既苦奥衍，章句又复褫貤，昔贤率以不可读置之，爻山《刊误》致力甚勤，而于此六篇竟不著一字。专门之学尚复如是，何论其它。唯贵乡先达兰浦、特夫两先生，始用天算、光、重诸学发挥其恉，惜所论不多。又两君未遘精校之本，故不无望文生训之失。盖此学晐举中西，邮彻旷绝，几于九译乃通，宜学者之罕能津逮也。近欲博访通人，更为《墨诂》补义，倘得执事赓续陈、邹两先生之绪论，宣究其说以饷学子，斯亦旷代盛业，非第不佞所为望尘拥篲翘盼无已者也。

——以上治算学。

（七）子史

1. 李慈铭

李慈铭字爱伯，会稽人。诸生，入赀为户部郎中。至都，即以诗文名于时，

大学士周祖培、尚书潘祖荫引为上客。光绪六年成进士，归本班，改御史。时朝政日非，慈铭遇事建言，请临雍，请整顿朝纲。大臣则纠孙毓汶、孙楫，疆臣则纠德馨、沈秉成、裕宽。数上疏，均不报。慈铭郁郁而卒，年六十六。

慈铭为文沈博绝丽，诗尤工，自成一家。性狷介，又口多雌黄，服其学者好之，憎其口者恶之。日有课记，每读一书，必求其所蓄之深浅、致力之先后而评骘之，务得其当，后进翕然大服。著有《越缦堂文》十卷，《白华绛跗阁诗》十卷，《词》二卷，又有《日记》数十册。

资料：

《清史稿·文苑三》，二百七十二：李慈铭字爱伯，号莼客，又号越缦，浙江会稽人。光绪庚辰进士，官山西道监察御史。有《白华绛跗阁诗》。

萍乡文廷式《越缦堂日记批注》。

瑞安张柄《越缦堂日记索引》分期载于《青鹤杂志》上。

近人辑《越缦堂读书记》《越缦堂诗话》。

《近代诗抄》云：李慈铭字爱伯，号蕈客，浙江会稽人。光绪庚辰进士，官至监察御史。有《越缦堂集》《白华绛跗阁诗》。

《石遗室诗话》：越缦身丁乱离，遇复蹭蹬，而声诗极乎和平。不特不抑悒牢愁，亦并不矜才使气，题咏金石书画自其所长，而闲情之作偶亦所喜。

徐世昌《晚晴簃诗汇》卷百七十三云：李慈铭原名模，字爱伯，一字蕈客，晚号越缦，会稽人。光绪庚辰进士，历官山西道监察御史。有《白华绛跗阁诗集》。

诗话：爱伯初官郎署，负盛名，晚始成进士，擢谏垣。生平博综群籍，尤精于史，今所传《越缦堂日记》累数十册，皆缀学论文语。已刻者，《湖塘林馆骈体

文及诗集》存其诗，足以征阁里之见闻，乡邦之文献，而国事朝局之是非亦或有可考焉。

翁同龢《翁文恭公日记》云：乙未十二月初九日，饭后，李莼客先生来谈。此君举世目为狂生，自余观之，盖策士也。

关系：

孙衣言《贺李莼客慈铭登第》云：何自为郎渐白头，十年铅椠隐风流。得科已久经能富，上第初登誉坐收。学术于今多禄利，人才几辈接春秋。稽山竹箭东南美，尚望书生有远猷。

李慈铭《呈稿闲居无聊，述感四首，录呈琴西仁兄侍讲年大人教正》：未能落拓奈愁何，如此年华草草过。处世最难矜气少，读书半误嗷名多。玉川破屋禁寂外，白石高台好放歌。犹有壮心销未尽，床头宝剑一摩挲。其一。　　阁外清溪绕槛流，冷怀端合证闲沤。韭盐有味聊安困，花月多情总是愁。三径独留松菊在，一生羞作稻粱谋。固知时命无炊卜，欲具骚人理謇修。其二。　　回首长安似寝游，天涯落魄感羁留。漫从燕市寻屠狗，空向金台跃紫骝。秋雨相如愁伏枕，春风王粲倦登楼。驰驱浪说家居好，向身劬劳总未休。其三。　　暌违动辄似参商，感遇伤离意渺茫。旧侣何人悲伏枥，同游几辈赋长扬。绿波芳草思千里，落月停云天一方。迟我尺书还未报，归鸿此乡不成行。——《白华绛跗阁诗集》

又《越缦堂日记》云：丁卯，八月初六日，孙琴西侍讲来。初十日，今年张香涛编修以名士来主浙试，可谓乡人之幸。九月廿五日，是日浙江乡试揭榜，今年为丁卯科兼补行甲子科。共放二百五十三人。……所喜王子庄、谭仲修得隽，亦是为学者劝。二十六日下午，抵杭州，仍寓书局中，晤孙琴西、谭仲修。九月二十一日，诣琴西侍讲，贺其子诒让得乡举。侍讲居紫阳山房，颇擅泉石竹树之胜，因留午饭。二十五日，作书致琴西侍讲。琴西侍讲来。得琴西侍讲书，即复。二十七日，香涛编修欲邀予至楚北襄校文事，予以家人为累，琴西侍讲劝挈之以行。冬十月初二日，晨得孙琴西侍讲书。十一日，雪元自杭归，得琴西书。补六月初七日，琴西侍讲以所作《逊学斋诗抄》见诒。

丁丑，二月十八日晚，邀牧庄同诣斗楼，赴弢夫之招，座有杨定甫及孙仲容兄弟，余招秋菱、霞芬，二鼓后归。二十三日，得孙仲容书，赠湖北新刻《乐府诗集》一部，即复谢。

同治十三年三月二十六日，御定浙江此次会试中额二十六名。二十九日，上午，答拜黄岩葛逸仙、王子裳、王㧑甫，晤子裳、㧑甫及瑞安孙仲容。夏四月初二日，孙仲容孝廉诒让来，不晤。十五日，午出，答拜孙仲容。

光绪二年三月朔，孙琴西布政来，不晤。二十八日，孙布政衣言送来留别银八两。二十九日，孙仲容孝廉来，琴西布政之子也。年少好学，言近为《周礼长编》，搜集国朝诸儒说经之书已得数十种。又言阳湖庄大文，名献可，方耕先生之曾孙也。著有《周礼集说》，尚未刊，已属人借抄。四月初九日，得孙仲容书，属书扇。十八日，为孙仲容、王子献书扇，即作书分致两君。十六日，得孙仲容书。十八日，诣兴圣寺送孙仲容行。十一月初七日，孙仲容自湖北寄赠桂未谷氏《说文义证》一部，㧑夫为作片送来，即复。二十四日，作致孙琴西布政、仲容孝廉乔梓书，作复陈兰洲书，均数千言，皆论近日官吏之害及励品守道之要。不知者以为愤激，其知者以为孤介，然实中庸不易之道耳。光绪元年乙亥八月初四日《邸抄》：以安徽按察使孙衣言为湖北布政使。

丁丑一月十八日见上，以湖北布政使孙衣言调补江宁布政使，即赴新任，毋用来京请训。二十日，孙仲容来。二十一日，孙仲容送来湖北所刻《国策》一部，《稽古录》一部。四月初四日，午，偕仲彝同车诣龙树寺，赴子缜、子宜、紫泉、云门、伯循、少箦之招，座有秋伊、定夒、㧑夫、敦夫、汝翼、心云、王舍人朝瀚、孙仲容兄弟，列饮兼葭簌。新绿满畦，泾云罨树，郊居风景，不辨京华，固由接境之偏，亦藉素心之乐。余招秋䔒，久谈始去，薄暮散归。初五日，寄简约诸同人，后日集塔射山房，以与㧑夫、定夒、仲彝、仲容醵饮也。初七日，午前答拜殷夒庭兄弟，即出城赴天宁寺之集，到者鲍益夫、史宝卿、汝翼、彦清、心云、少箦、子缜、云门、子宜、孙仲容兄弟及仲彝、㧑夫宾主共十四人。余招秋䔒、霞芬。酒边太史，小寄闲情，老辈风流，贤者不免……余以冗官病废，劳心著述，同人过爱，时以酒食相邀，冀为排遣，虽甚勉强，偶亦追从。秋、霞两郎，实所心赏，杖头稍稍，花叶时招。而鬼魅喜人，蜉蝣撼树。遂庇瑕颜叔，瘢垢鲁男。增饰恶言，快弄利口。其相爱者，复劝泯其事迹，隐阙姓名。岂知野马满空，何伤白日；杂花乱倚，实病孤松。既为之矣，讳之何益。若夫同集之友，所眷各殊，或隐讳于家庭，或嫌疑于风影，其下使之名字亦羞汙于简篇，故一概略之。非每集所招止此二人焉，特发其凡于此。

十四日，出门，诣杨蓉初、缪小山、孙仲容，俱晤。七月二十六日，㧑夫来，以孙仲容所赠刘孟瞻文淇《楚汉诸侯疆域志》三卷见交。八月初八日，傅哲生按察使馈银百两，为乞代撰其房师孙琴西布政使六十寿诗序，即复谢，犒使十千。

三十日，作书致彀夫，属以《孙布政寿序》转交万莲初。

十月十一日，作书致孙仲容江宁，属章硕卿自湖北寄之。以仲容藏有吾乡章逢之氏《隋书经籍志史部考证》四册，此天下无第二本也。因力劝其刻之，且从臾硕卿共成此事。又邵南江先生《南宋事略》稿本，向藏仓桥沈氏，前十年沈寄凡以呈曾文正，将刻于江宁书局，而文正旋督直隶，事遂辍。今寄凡已殁数年，而闻其书局尚在江宁，属仲容物色之。此书关系尤巨，倘能成文正之志，尤厚幸也。

光绪五年正月初九日，孙琴西布政寄炭银十二两。二月初十日，得孙琴西布政江宁书。六年二月十八日，浙江巡抚谭钟麟奏太仆寺卿孙衣言假期已满，因病恳请开缺，许之。

引年之典，古今通义；知足之传，仕宦美谈。如三人者，皆非其比。（万青藜、孙衣言、吴仁杰）……孙自命清流，性耽文咏，洎为藩臬，以老自恣，吸食鸦片，废弛公事，一闻内转，遽乞病归，鄙夫殉财，素望尽丧。……

丙子三月三十日，瑞安孙仲容诒让来。

孙仲容《与陈兰洲书》云：越缦都中寄来一书，谨以奉览。

2. 谭献

谭献字仲修，号复堂，仁和人。同治丁卯举人，历官安徽全椒、合肥、宿松知县。少负志节，学有体用，又通知时事，于古今治乱、天下得失如指之掌。国家大政制、大典礼，能讲求其文，博通群籍，原本经训。其治经，必求西汉诸儒微言古义，不屑屑章句。读书日有程课，舟车南北及在官退食，未尝一日辍。凡所论述，驟括于所为《日记》，有《复堂类稿》。晚告归，贫甚，张之洞延主经心书院，年余谢归，卒于家。

资料：

《清史稿·文苑三》，二百七十二：谭献原名廷献，号复堂，浙江仁和人。同治丁卯举人，官安徽含山县知县。有《复堂类稿》。

吴庆坻作《传》。

谭献一名廷献，号仲修，浙江仁和人，同治丁卯举人，有《复堂类集》。——《近代诗抄》

李越缦曰：谭，武林廪生，年二十余，颇喜"选学"，作诗盈千首，素负才

名，而狂不可一世。季舰与之交，因以其集属点定，其中非无杰句，惜少完善之作，乃录其最佳者存之。——《越缦堂日记》

宋衡曰：当是时，复堂先生虽老病矣，然尚在。复堂先生者，及见魏默深而师友龚璐人、孝拱父子，能陈非常之义，……东南泰斗，仁和谭大令献也。——《陈介石五十生日寿诗序》

徐世昌《晚晴簃诗汇》卷百六十三云：谭廷献字仲修，号复堂，仁和人。同治丁卯举人，官合肥知县。有《复堂诗》。

诗话：复堂殚精朴学，谨守乾、嘉以来诸大师家法，著述斐然。……

按：以余暇阅《谭复堂日记》，多启发学术语。其《日记》方法与李越缦、王湘绮二家同。谭氏，仁和人，名献，字仲修，与我乡先辈孙琴西、仲容父子相熟，《日记》中有校阅瑞安孙琴西观察《逊学斋诗》。竟日在舍抄谭氏《日记》中要语，皆关学术及先辈孙公琴西、仲容交游事，以为他日征文考献之材料。——拙作《修学庐日记》

关系：

孙衣言《以琉球扇赠谭仲修廷献，三叠前韵》云：峨冠大带谒两纸，都雅不与蛮荒似。紫巾大夫老门生，从行长鬣彼孺子。小簟风前清昼寒，鹅毛千里来唐山。不知苦热韩退之，持送摇拂双松间。——《逊学斋诗续抄》二

谭献曰：马中丞、吴学使奏开浙江书局，薛慰农、孙琴西两先生主之。高伯平丈、李慈铭、张韵梅与予为总校，胡肖、梅凤锦、汪洛雅鸣皋、陆春江元鼎、张子虞、张玉珊、沈蒙叔、王松溪、陈兰洲为分校。——《复堂日记》二

又，校阅瑞安孙琴西观察《逊学斋诗》，篇体清峻，学人之辞，古诗胜近体，七律胜五律，可谓笃雅有节矣。——《日记》二

又，送孙仲容、杨蓉村入都，附师友书。顾瞻春明，如在天上，风尘一堕，无振拔之期。计吏车前，不见谭生辙迹。去国之心，如忘西笑。岁事峥嵘，落灯风急。无多花月，雨雪间之。携手北门，殷忧曷已。——《日记》三

又，绍兴本《管子》，黄荛圃所藏，陈硕甫征君传校于赵刻本内，予得之闽中，子高尝取入《校正》。子高殁，陈本仍归予。今孙仲容寄花斋本属予迻写，并有赵刻误而花斋不误者。赵又兼采刘绩语数条入注，亦得互斠校，七日毕，世间又多一宋本矣。——《日记》四

又，校《邓析子》，六年前，吾友江山刘履芬彦清得宋本，影写付刻。予为撰

《校文》行世。孙仲容又撰《拾遗》，大都据《意林》《绎史》及旧抄本，予与仲容又下己意审定数条。今鄂刻多与予及仲容所见抄本合，撮举两人校雠大要，迻写卷端。彦清去年秋冬间权嘉定令，得心疾，以不良死；仲容从尊人光禄公将入都，存殁国号，辍简默然。——《日记》四

又，之官全椒，道出白下，孙仲容同年以亡友戴子高所辑《颜氏学记》见赠。颜先生以《周礼》为学，其言切至，严于事，为孔孟正脉，或在此，不在彼。——《日记》四

又，《与孙仲容书》云：仲容二兄同年师友：献自谢尘埃，待尽木石，蛙鱼身世，结习未忘。而心力衰暮，诵而无记。既不走康成事后之国，亦不争庶子春华之艳。三十年师友凤期，至今未沫。乃兹首尾，尺寸无成，独居深念，学殖文章，游踪宦辙，皆废乎中途。故近日以"半庵"颜斗室，因自号也。足下内行肫固，问学尤严家法，而献纳交二十余载尤钦迟者，早弃藻辞，独研经训。……献在闽，治《董子》，锐意排类，更定篇第。……

孙仲容《与陈兰洲书》云：仲修同年在此，晰夕过从，足慰离索……

又，《窥横诗质跋》云：同岁老友谭君仲脩复为诵先生指周季贶所作诗词，尤多造微之作，则又窃叹先生述造之富，非徒为校雠略录之学也。——《述林》六

孙延钊《孙征君年谱》云：同治六年丁卯，二十岁。于同年仁和谭复堂孝廉献所，又得卢本《白虎通》一帙，记于册末，复记于旧藏卢本册端。

又，十三年，尝与谭仲脩孝廉合校刘履芬重刻影写宋本《邓析子》。谭氏作《校文》，公为《拾遗》而书于其后。——《孙谱》

又尝从谭先生假陈奂校宋本《淮南子》，传录校语于庄逵吉校刊本之卷中。——《孙谱》

按：《复堂日记》云：得陈硕甫征君手校《淮南子》，盖传校宋本于庄斯刻本中也。

又，刘勰《文心雕龙》，余友杭州谭献有顾千里、黄荛圃合校本，所校明刻各本异文至详，余从传录。——《标注》孙笺

3.陈豪

陈豪字蓝洲，浙江仁和人。同治九年优贡，以知县发湖北。光绪三年署房县，勤于听讼，每履乡，恒提槛张幕，憩息荒祠，与隶卒同甘苦。会匪柯三江谋乱，

立擒，置之法。置瓯县门，谕胁从自首，杖而释之。征米斗斛必平，不留难，不挑剔，民大悦，刁绅感而戢讼。禁种莺粟，募崇阳人，教之植茶，咸赖其利。历署应城、蕲水，授汉川，频年襄河溢，修筑香花垸、彭公垸、天兴垸诸堤，疏瀹茶壶沟、县河口，以工代赈。……因病乞休沐，……寻署随州，素多盗，豪如治房时置瓯令自首，选贤能，行保甲，盗风顿戢。……立辅文社，选才隽者亲教之，多所成就。治随二年，……因养母，乞免，归。浙中大吏辄咨要政，多所匡益。家居十余年卒，年七十二。子敬第，癸卯进士，官编修。

资料：

《清史稿·循吏传》：陈豪字蓝洲，号迈庵，晚号止庵，浙江仁和人。同治庚午优贡，官湖北汉川县知县。工书画，著《冬暄草堂诗文集》。

陈三立序云：先生官鄂，为老吏，以宰剧县循良之绩冠一时。又多艺能，娴吟咏，工画与书。文学儒雅，照映前后。弃官归隐明圣湖上，时时杖履徜徉，所得诗亦稍多类，高逸夷澹，称其为人。——《近代诗抄》

李慈铭《越缦堂日记》。

吴庆坻子修作《家传》云：陈豪字蓝洲，号止庵，浙江仁和人。同治庚午优贡，官湖北汉川县知县。

徐世昌《晚晴簃诗汇》卷百六十四云：陈豪字止庵，号蓝洲，仁和人。同治庚午优贡，官汉川知县。有《冬暄草堂诗集》。

诗话：蓝洲居官多惠政，襟怀高澹。归田后，犹系时望，惟以山水诗画自娱。诗近香山、放翁，画尤天机趣妙，题句皆有言外远致。

关系：

孙仲容《与陈蓝洲豪书》云：蓝州仁兄世大人侍者：宣南一别，岁琯屡更，楚江西来，每劳洄溯。昨诵手毕，敬审升祺曼福，著祉绥和，允如心祝。……仲修同年在此，昕夕过从，足慰离索。……弟随侍官斋，椠理铅椠，才识谫陋，百无一成，良可笑也。《灵胎十种》，仲修到时即当面呈。先此奉复，顺请时安，不偺。世小弟孙诒让顿首。九月三日。家君命笔请安，容另肃复。第一封

又，兰舟仁兄世大人执事：浃月未晤，甚念。松丈所索《忠义祠记》，家君满拟自作，而官牍纷繁，文事几废，无暇执笔，故尔迟迟。尊意谓可倩仲修兄捉刀，甚佳，早晚当禀请家君专函请将《节略》寄与也。家叔前日到此，舍弟得隽，昨日已见《全录》，可喜之至。此榜贵乡捷者颇多，亮必有故人也。专此奉复，即敏

著祉，不儩。世小弟诒让顿首。第二封

又，兰舟仁兄世大人阁下：午前奉诵手示并松溪兄书件，欣慰无似。……松兄近摄何篆？并希示知，以便作复。子高文，皆在江宁时所编写_{渠曾以稿本示弟}，本《外集》内文，不知别有《内集》否？天水狨狨，恐不能无负亡友也。此请著安。世小弟诒让顿首。——以上《冬暄草堂师友笺存》第三封

又，前日趋贺，未晤为怅。昨闻荣摄房陵，忻忭无量。虽小试不足为贤者贺，然鹏程万里，此其发轫。且闻辖疆虽广，吏事甚简，淮南卧治，谅符雅怀。但此后相去过远，嘉遇难常，无任惓惘耳。第四封

第五封、第六封，皆为乡里学堂经费事，从略。

又，蓝洲仁兄世大人礼次：前月奉诵环翰，惊悉尊堂世老伯母大人伤重罹疾，遽尔怛化，骇诧何似！惟以道远，未得一申鸡絮之奠，复以琐事冒昧奉渎，尤为歉仄万分。……世小弟孙诒让顿首。第七封

孙衣言《与陈蓝洲书》云：蓝洲仁弟大人阁下：夏间接读手书，具蒙垂注，而至今未及修覆，冗杂可想。去春京洛之行，本为儿辈牵率，以北都间游从文字之乐犹似昔时，而顾瞻玉堂，如在天上。比到此间，则尘容俗状，回首西湖，又如隔世矣。人生无清暇之福，彻头彻尾作读书人，真可叹息。一家大小既已就食而来，势难遂已，每见慰农山长，即服其智虑绝人也。慰翁在此时言尊况，且云文战甚豪，健羡无似。局中旧游，时在梦寐。两次惠书均已收到，七经告竣，不知又刻何书？天寒，惟珍摄为祝。即颂文福，不宣。愚兄孙衣言顿首，十七夜半。

又云：蓝洲贤弟大人史席：秋间在闽，接诵手书，并承寄局刻新书，深为感荷。浙闱名录到宁，欣悉松溪、元同、莼客诸公均登奎榜，而吾弟独不获预，令人不快。所喜先见优贡名单，则此利乃小鸿博也，岂优于此，顾拙于彼哉？尊体近来何似？幸不以是为郁郁也。北上之期，能与松溪诸公同行否？若不以海道所速，则京口至此不过二百里，尚望与诸故人作十日饮也。……小儿与杨蓉初晨拟以开正由陆人都，并此附闻。即颂元喜，惟照不具。愚兄豫衣言顿首。——《师友笺存》第一册

袁昶《与陈豪书》云：蓝洲老哥大人如见：甲戌京莘聚首，一别悬悬。至今曾两得手翰，亦曾屡奉函。……弟正月中有邗上而江阴，由江阴而京口，遂附番舶抵鄂垣。道遇仲颂，即知荣摄房篆。两初拟到此，尚可一见。比二月十六到鄂，则台旟已西指矣。……如小弟昶顿首。

按：袁昶字爽秋，号浙西村人，浙江桐庐县人。光绪丙子进士，官至太常寺卿，总理各国事务大臣。追谥忠节。著《浙西丛书》及诗集。《清史》有传。

《药禅室随笔》：公政治文字，忠谠其节，昭灼今古，世无间言。独其超悟《大乘》，早有齐彭殇、一死生之致，时流积于文字言论间，殆生有自来者。生平学说，亦汉亦宋，亦儒亦墨，不立故常，而一返于平实中正。

《近代诗抄》：袁昶字爽秋，浙江桐庐人。光绪庚辰进士，官至太常寺卿，追谥忠节。有《浙西村人集》。

《石遗室诗话》：爽秋诗根柢鲍、谢，而用事遣词力求僻涩，则纯于祧唐抱宋者。

梁云：严、衢诸属鲜闻人，惟光绪间，桐庐袁重黎昶治西北地里，通知时务。义和团之役，以直谏死。——《地里分布》

又附，诸可宝《与陈豪书》云：迟菊同年钦迟已久，前在京邸彼此投刺，竟未一面，兹则良晤匪遥，尤为忻幸。

按：诸可宝字璞斋，一字迟菊，浙江钱塘人。同治丁卯补行甲子举人，官江苏昆山知县。著《三续畴人传》《璞斋诗词集》。

又附，朱一新《与陈豪书》云：干云同年：昨承枉顾，谈及敝友事，深荷关垂，允为转荐，感荷之至。

按：朱一新字鼎甫，号蓉生，浙江义乌人。光绪丙子进士，官至陕西道监察御史，以言事降主事。著《无邪堂答问》《汉书管见》《佩弦斋诗文杂著》。

《清史稿》有传，二百三十二：朱一新，字鼎甫，浙江义乌人。同治九年举人，官内阁中书。光绪二年进士，改翰林院庶吉士，散馆授编修。十一年，充湖北乡试副考官，转陕西监察御史。十二年，上书劾及内侍，懿旨诘责，将主事，告归。二十年卒，年四十有九。著《汉书管见》四卷。

朱一新字鼎甫，号蓉生，浙江义乌人。光绪丙子进士，官至陕西道监察御史，降主事，加五品卿衔。有《奏疏》《无邪堂答问》《汉书管见》《佩弦斋诗文杂著》。

金武祥撰《传》：君志期匡国，既居言路，初论海军用人不当，继劾内侍李莲英，朝右震骇，懿旨以主事降补。乞归养母。旋掌教广雅书院，课诸生以经训、性理，事词章有用之学，岭东西高材生咸信响焉。

徐世昌《清儒学案》卷一百八十五，附《越缦学案》后云：朱一新字蓉生，号鼎甫，义乌人。光绪丙子成进士，官翰林院编修。典试湖北，取士尚实学。补陕西道监察御史。上书劾内侍李莲英，降主事。旋以母疾，请急归。……既归，曲尽孝养，布衣蔬食，无异寒士。张文襄时督两广，延为端溪书院山长。复聘主广雅书院。……其主讲书院，辨章学术，诱掖人材，不惜瘏口哓音反复论难。甲午夏卒，年四十有九。遗书有《无邪堂答问》五卷，《汉书管见》四卷，《佩弦斋诗文存》五卷，《外集》四卷，总为《拙庵丛稿》。

——以上三君皆与孙仲容征君有旧，故附于此。

4. 陶方琦

陶方琦字子缜一作珍，号湘麋，浙江会稽人。光绪二年进士，选庶吉士，授编修，督学湖南。年四十，卒于京邸。方琦学有本末，汲汲于古述造，无间岁时。治《易》郑注、《诗》鲁故、《尔雅》汉注，又习《大戴礼记》。其治《淮南王书》，方以推究经训，搜采许注，拾补高诱，再三属草，矻矻十年，实事求是。有《淮南许注异同诂》《许君年表》《汉孳室文抄》《骈文诗词》等。李慈铭高足弟子。光绪十年卒，甫寿四十。

资料：

《清史稿·文苑三》，二百七十二，附李慈铭后。

谭献作《传》，载《复堂文续》。《徐案》卷一八五越缦弟子：陶方琦字子珍，会稽人。光绪丙子进士，官翰林院编修。督学湖南，勤求贤俊，惟曰不足。以忧归，服除赴京，数月卒，年甫四十。平生博综群籍，汲汲于古，述造无间。……其治《淮南王书》，以推究经训，搜采许注，拾补高诱，再三属草，矻矻十年，实事求是。有《淮南许注异同诂》《许君年表》《汉孳室文抄》《骈文诗词》。参史传《复堂文续》《亡友传》《家传》。

徐世昌《晚晴簃诗汇》卷百七十一云：陶方琦字子缜，会稽人。光绪丙子进士，改庶吉士，授编修。有《湘麋阁遗集》。

诗话：子缜督学湘中，以许、郑之学教士。其治《淮南子》，搜采许注，遍讨群书，重还古本，再三属草，湛思锐力，体日清癯。……年四十，卒于京师。著有《淮南许注异同诂》《许君年表》《汉孳室文抄》《骈文诗词》。

李慈铭《越缦堂日记》云：阅汉孳室近义，皆说经之作，研搜古训，剔抉小学，备极细心，其精锐不可及也。

谭献《复堂日记》云：吾友陶子珍编修，方治许、高之注《淮南鸿烈》，约其

传刻宋本，申论旧注以昌西汉之学。卷五

陶子珍同年《淮南许高二注异同诂》四卷刻成。卷六

闻陶子珍去冬死于京邸，著书仕宦，皆废中道，二千里外屋梁颜色犹在梦中。弟蓄灌夫，长此终古，哀哉！卷六

王闿运《湘绮楼日记》云：陶方琦子珍，能善诗词，颇有才名。

关系：

陶方琦《复孙仲容同年书》云：舍弟反里，获披教言，兼寄家刻两种，皆表襮绝诣，敄斠古碣，参撢之余，綦佩厚谊。遥闻大凤图南，抟志著述，侍高堂之寝，籫写经帏之记注，一第何重，千秋有人。

近时乡敎颇多，好古不乏，流传宋椠，稗贩瀛书，已觉风尚渐敦，汉经互焜。然茂龄硕学，粹然著作如足下者，诚未敢别许也。尊著《金文拾遗》《周官长笺》必传之书，常深企㩏。倘礼堂写定，窃以先睹为快。倭域近出古书，尤多卷本，慧琳《大藏音义》以外，尚有希龄《续一切经音义》，皆称宝藏，足供刺取。又见卷本《玉篇》零部，确为野王原书，采引古编，倍蓰今册，强愐所增，可寻其迹。此外如《玉烛宝典》《内经太素》，异书迭显，每望刊流海外，披求亮彻巨嗜。

琦闇居善忧，诵书鲜暇，重检昔业，大半荒芜。虽属鲜民之生，绝无迨群之想，良迶羡奖，胡至于斯。读礼两稘，惟校《大戴》、鲁《诗》、郑《易》，仅得卢牟，专室咽闻，殊无多异。近成者为萧广济《孝子传》一卷、《仓颉篇补辑》两卷、《许君年表》一卷、《韩诗遗说补》一卷、《字林补逸》一卷，皆琐屑训诂，粗疏捋眘，不得以质著家，未敢自信也。金文涉猎本陋，考核尤疏，薛、阮、吴三家略有理董，筦穴所窥，虚劳下问，两櫑之书，说字恒缪，非逢巨识，未判菑渳。据商周金器之文补洨长说解之阙，此乃绝学，惟仰高明。初凉之候，尚有鄂行，不尽之意，但增爻系。——《汉孳室文抄补遗》

孙仲容曰：《淮南天文训补注》已由舟丈刻就，前已见数样，然校脩未竟，未有墨刷本也。少缓当觅寄，希致束脩。见商申先为道意为祷。诒让。

5. 王先谦

王先谦字益吾，号葵园，长沙人。同治乙丑进士，选庶吉士，散馆授编修。光绪元年，大考二等，擢中允。历官祭酒，先后典云南、浙江乡试，分校顺天会试，得士称盛。充日讲起居注官。

在江苏，奏设南菁书局，汇刻先哲经注，仿阮文达《皇清经解》例，刊《续经解》一千四百三十卷，《南菁丛书》八集。培植南菁书院高材生，成就甚众。回籍后，历主思贤讲舍、嶽麓、城南两书院，诱掖奖劝，不遗余力。督、抚以所著书进呈，晋内阁学士衔。民国六年卒，年七十有六。

著有《汉书补注》一百卷、《后汉书集解》一百二十卷、《水经注合笺》四十卷，类荟萃群言。独《荀子集解》二十卷，用高邮王氏《读书杂志》例，取诸家校本参稽考订，补正杨注凡数百事，可谓兰陵功臣。

尤加意者，为《东华录》二百卷、《东华续录》四百三十卷。又有《虚受堂诗文集》三十六卷，自余杂著稿，藏于家。

资料：

《清史稿·儒三》，二百六十九。

《史传》。

《葵园自订年谱》。

吴庆坻作《墓志铭》及《补年谱》。

《近代诗抄》：王先谦字益吾，湖南长沙人。同治乙丑进士，官国子监祭酒。曾抱宝书天上看，要令寰海照清晖时刻《东华续录》未竣。

徐世昌《清儒学案》卷百九十，又《晚晴簃诗汇》卷一百六十二云：王先谦字益吾，号葵园，长沙人。同治乙丑进士，改庶吉士，授编修。历官祭酒，加内阁学士衔。有《虚受堂诗存》。

诗话：葵园精研古学，著述闳深。早岁作诗苍凉沉郁，雅近少陵。晚学东坡，益见变化。

6. 金武祥

金武祥字溎生，江阴人—作武进，官至盐运使。博雅好古，硕学雄才，名流推重。十余年中，长编零帙得五六十种。有《江阴先哲遗书》《陶庐杂忆》《续忆》《补忆》《后忆》，又有《粟香随笔》《表忠录》《思忠录》等书。宣统三年，年七十有一。

资料：

缪荃孙《艺文集》。缪荃孙曰：吾友金君溎生，博雅好古，昔与夏君彦保及荃孙三人互相砥砺以收拾先辈著作。得一书，则彼此传抄。十余年中，长篇零帙得五六十种。溎生先为《江阴艺文志》二十卷，又择其可以传播者梓行二十

种，名之曰《江阴先哲遗书》。裒辑既博，体例尤谨，诚桑梓之巨观而职方之要典也。——《江阴先哲遗书叙》

又云：今秋寄示《粟香随笔》八卷，盖溎生新著也。簿书期会之地，补缀纤细；关河行役之余，网罗风雅。追述旧德，奉扬清芬。举枌榆之嘉话，矜式后贤；叙山水之昔游，徘徊陈迹。酒人已散，黄垆之感旋生；游子重来，白社之诗尚在。荃孙更有感者，溎生于去年夏迎晴初表丈至梧州，荃孙亦前于辛巳秋侍家君远来京邸。溎生硕学雄才，名流推重。方补桓宽之论，载赓束皙之诗。就养无方，说亲有道。……先哲之书，高可盈尺；容斋之笔，读不止五。——《艺风堂集》

叶昌炽《缘督庐日记》：叶昌炽得江阴金菽香太守书，……以所著《陶庐杂忆》《续忆》《补忆》《后忆》共三册，又《江阴艺文志》一册为贽。菽翁仕粤有能声，前幕游羊城时即闻大名，而未得见也，今年踰七十矣。宣统三年，年七十一。

又，得金溎生太守报书，寄贻所著《粟香随笔》二十册，新刻《江阴丛书》十八册。又陶庐赠书由信局寄到，《粟香随笔》实亦在《丛书》之内，合之共三十八册：前十册是澄江先哲遗著，其余皆金氏一家之言也。尚有《表忠录》《思忠录》各一册。——《缘督庐日记》

《近代诗抄》云：金武祥字溎生，号粟香，江苏江阴人。官盐运司，有《甸庐杂忆》各集。

关系：

孙仲容《墨子间诂后记》云：此书写定，……一日，得如皋冒鹤亭孝廉广生书，云武进金溎生运判武祥藏有张皋文先生《墨经说解》手稿本，急属鹤亭驰书求假录。金君得书，则自校写一本寄赠，得之惊喜累日。光绪丁未籀簡记。

又《与金溎生书》云：溎生先生大人有道：客夏奉诵况毕，并张编修《墨子经解》一册，当即肃贡寸笺，藉申谢悃，亮已彻清览。比维耆年著述，摄卫康愉，定符颂祝。讵杜门雠书，一是平善。惟近来时局日非，未知所届，自愧迂謭，无益时需。所缀辑各书，写定数种，均未敢出以问世。亦以新学日孽，周经汉注，殆束高阁，蜡车覆瓿，亦任之而已。闻鹤亭述大著《笔记》甚精博，深宁、潜邱足与抗席，倘已梓成，乞惠赐一读，幸甚。兹奉上敝刻《永嘉丛书》六十册，《易简方》一册，拙著《周书斠补》一册，藉求大教，敬乞检存，疏陋不足博一笑也。匆匆奉敬著安，不偁。弟孙诒让顿首。——《籀簡遗文》□及《昭代名人尺牍续集》，又见孙孟晋《孙征君年谱》稿本卷五。光绪二十六年黄体芳《致俞曲园书》云：敬再启者，顷藉便羽，赍缴原书两函共十五册，中有两汉及六朝事，未及细检史传，故有折叠处，其四十三卷至五十卷，敝本所无，今已照录。中间讹脱颇多，而皖省蒯礼卿庶常光典及敝同乡孙仲容比部诺假之书尚未寄到，无从雠校，亦并奉还。惟第二十二卷至二十五卷一册猝未校毕，敬恳俯赐暂留，准于腊底春初续缴。草此，载请台安。弟体方又顿首。

金澍生曰：昔年海内以文字称神交者，如仁和谭仲修大令献、秀川沈蒙叔广文景修、嘉兴张玉山大令鸣珂、瑞安孙仲容孝廉诒让、剑川赵樾村观察藩、晋宁宋梓侪太守廷梁、金匮毕小览观察本松，皆书函往还，或诗词酬和。近则怀人天末，益怅晨星。——《粟香二笔》卷四

7. 曹元忠

曹元忠字君直，吴县人。光绪甲午举人，举经济特科，未遇，官内阁中书。初，肄业南菁书院，兼长考证词章，目录校雠尤所擅长。及官内阁，谙习掌故，颇负时名。充礼学馆纂修，编订之余，撰《礼仪》二卷，附《律论》四篇。搜辑佚书，已刊者有《司马法》《荆州记》二种。余著及诗文集今刊为《笺经室遗集》。

资料：

章钰作《事略》。——《四当斋》五

徐世昌《清儒学案》卷一百五十四，微居下：曹元忠字君直，吴县人。光绪甲午举人，举经济特科，未遇，官内阁中书。初，肄业南菁书院，兼长考证词章，目录校雠尤所擅长。及官内阁，谙习掌故，颇负时名。充礼学馆纂修，编订之余，撰《礼仪》二卷，附《律论》四篇。搜辑佚书，已刊者有《司马法》《荆州记》二种。余著及诗文集未刊行。

郭则沄《寒碧簃琐谈》云：吴县曹君直阁读，性澹雅，务朴学，有名光、宣间。偶见冒纯甫京卿广生《登岱诗》，君直宦京曹久，以母老，乞归养，不意其殁也。太夫人耄而失子，哭甚哀。

朱祖谋《沧海遗音集》曹元忠篇。

《近代诗抄》云：曹元忠字君直，号蘷一，江苏吴县人。光绪甲午举人，官内阁中书。有《北游小草》。题冷香先生《空山养道图》、题冷香先生《窥横诗意册》。

关系：

曹元忠《为宗室玉岑方伯师与孙仲颂刑部书》云：仲颂先生足下：凤闻执事

治郑氏礼，于《周官经》别撰《正义》以匡贾疏，陆偁所谓使圣人正典废而后兴，不图今日复见此著。风雨如晦，听鸡鸣之胶嗽；白云在天，望龙门而不见。闻声相思，十年于兹矣。会奉诏旨，命修礼教。以为讨论得失，朱整以付挚虞；增损仪矩，余庆以引韩愈。昔闻前史，今见及身。遂以大名襃然入告，并贻书仲殷提学，浼其劝驾。比淹旬月，始读《与叔伊学部书》，乃知贤者不我遐弃。既遂愿见之志，请申盍各之义。闻之郑君《艺伦》有云：（略）敬听主持，谁敢违异。况先生硕学重望，顷动海内。高山仰止，咸深景仰之思；其室则迩，尚有人远之憾。一旦亲颜色、闻绪论，有不马宪、陆澄，偕曼容而定腲；牛宏、杨素，随彦之而创礼也哉？所愿骊驹命驾，以慰輖饥。敢布悃诚，伏维鉴察。——《笈经室遗集》十四

又《为玉岑宗伯师与黄鲜庵提学书》云：鲜庵同年足下：弟忝掌秩宗，愧弗克胜。昨岁恭奉明诏，命修典礼，不揆荒陋，粗定章程。入告九重，幸蒙俞允。窃谓颂礼之事，固有思存。如其厘定，以俟君子。凤闻瑞安孙先生仲颂，通经笃实，治礼颛家。业已奏闻，派充总纂。议礼制度，本圣天子之事；尊德乐道，遇大有为之君。建首善于京师，定太常之因革。斟酌损益，当亦有乐乎此。惟弟猥以职守，不遑造庐。既缺相见之仪，安闻交际之道。区区之意，行有未慊。用敢浼公介绍，务为延致。倘得安车就道，惠然肯来，则绍泰礼度，出文阿之裁撰；宣武朝仪，垂刘芳之修业。著于功令，为天下式。不朽盛业，莫过于兹。如以年将耆艾，不耐远涉，亦惟执事致主上敦化励贤之志，移风易俗之心。迎仰公以蒲轮，见郑君以几杖。冀得强起，勉为条例。威仪章服，待草创于董钧；裁定刊正，资发起于卢植。岂惟典领条奏，益我实多，且将大有造于国家，于以内抚诸夏，外接百蛮也。……至于往来京邑，还归乡里，办装之钱，当奉官才。仰承先容，并求将意。白驹皎皎，会闻空谷之音；束帛戋戋，愿劝邱园之驾。……——同上

《书政和礼器文字考后》云：永嘉孙子丈仲颂，从翟汝文《忠惠集》及其子耆年《籀史》得《政和礼器铭》，而后诸家《钟鼎款识》之误识为三代器者，明辨晰矣。元忠又按，《研北杂志》云：翟公巽知越州，日制漏鼎壶槃权钲，各有铭，命其子耆年作篆，甚奇古，鼎之铭曰……壶之铭曰……权之铭曰……其永保钲铭曰……考《宋史》本传，钦宗即位，召为翰林学士，改显谟阁学士，知越州兼浙东安抚使。是知越州在钦宗靖康之年丙午，越三年，为高宗建炎二年戊申，铭当作于其时。《籀史》目录有《越州刻漏铭》一卷，即是此铭。自倦圃本《籀史》亡

佚，下卷遂无知之者，安得毛斧季藏本并几对勘，证成吾说也？因书年丈《政和礼器文字考》后以俟将来。——曹元忠《笺经室遗集》卷九

《与孙仲颂刑部书》云：每与曹生元忠言及元同先生，恨其不及身亲见，早就大暮。员石可立，伤心赵岐之言；封山不从，太息马谈之命。道长运短，为之于邑。何幸今世尚有足下与瑞安孙君仲颂并为二难，浙江东注，灵光岿然。此则博士孙臣，改服色于孝文之朝；鲁国曹充，立礼仪于建武之世。扬诩盛德，光赞鸿业。……——《笺经室遗集》十四

《为宗室玉岑宗伯师与林晋霞大令师书》云：念昔礼堂注记，执就于子干；魏台访议，答问于升平。仰惟前修，取则不远，乃以顾问辱劳执事。总纂之役，奏请瑞安孙君仲颂、慈溪林君晋霞任之。属仲颂迟回，晋霞长逝，遂使永明残局，历年而未就；开皇学者，有事于奏征。思得名儒，典综礼纪，会朝廷访求贤傮，南皮相国以公应。诏安车驷马，将朝京师，岂非天假之缘，光我彝典。章和制度，待曹爽而撰次；天监仪注，得徐勉而表上。……

8. 朱孔彰

朱孔彰字仲我，吴县人。光绪壬午举于乡。父骏声著书满家，经学、小学为乾、嘉诸儒之殿。官黟县训导，因家焉。孔彰年十五而孤，猛志励学。十九，以文干曾文正公于祁门军次，文正奇之，留营读书，不畀以事。文正开府金陵，延入幕，治官文书，孔彰谢之。文正笑曰："君志在儒林文苑邪？"即改襄校江南书局，日与莫子偲、戴子高、张啸山、李壬秋、刘恭甫诸老宿居，学大进。孔彰治经之余，留心掌故，乃网罗咸、同以来名臣将帅之行事，取硕公庞儒、俊士畸民之言百数十种，参以目击耳闻者，成《中兴将帅别传》三十二卷，孙琴西子仲容序之。嗣刘忠诚公聘修《两淮盐法志》，冯中丞煦聘修《凤阳志》，兼主淮南书局。觊理校雠，功兼数辈。历长蒙城书院及江楚编译局，江南通志局协修，撰述教诲，乐而不倦。宣统三年，掌教安徽存古学堂。善书翰，尤工小篆。国变后，一膺清史馆之聘，成传稿数十篇，即谢去。民国八年壬戌十月十一日卒，年七十八。

所著有《说文通训定声补遗》一卷、《释说文读若例》一卷、《说文重文笺》若干卷，《说文粹》若干卷、《论语孝经尔雅孟子古注汇解》若干卷、《三朝见闻录》若干卷、《中山王徐达传注》一卷、《题赠文正祠百咏》一卷，而《中兴将帅别传》为最精。其他笔语甚众，未刊，藏于家。

资料：

《清史稿·儒林传》二,二百六十八,附父朱骏声后。

关系：

孙仲容《咸丰以来将帅传叙》云：（上略）老友朱君中我著《咸丰以来将帅传》,以书寄示,诒让受而读之。……今读朱君此编,所著录者亡虑数百人。或抱瑰奇卓绝之志而中道一蹶,陨元绝脰,不竟厥功；或李、蔡中下之材,冯藉时会,光列勋籍,膺五等之宠。……朱君尝从文正戎幕讲学,甚悉于戏下材官健儿,多相狎习,常从询兵间事,辄得其详。故此《传》纪述特翔实,两朝勋臣事迹略备,下逮偏裨,外附客将,挦录无所遗。又间及轶闻杂事,以见伟人奇侠精神、志趣所流露,则奄有史公《李将军传》之奇矣。——《述林》五

又《曾祠百咏跋》云：右题曾文正公祠百章,余友长洲朱君中我之所著也。……朱君雅才逴踔,嘉藻纷纶。公乘家学,抱许祭酒之遗书；士衡妙年,与张司空之宾席。永怀鲍叔知我之雅,弥深随会谁归之慨。兹以薄游钟阜,重谒梦楣。锦城庙古,发少陵之高哦；黄石祠高,动宣远之遐感。……昔遗山《中州》之集,资修史于金源；王偁《东都》之编,甄颂诗于石介。是则百篇著录,虽风雅之嗣音；而三长奄擅,实阳秋之具体。后之览者,可以知君之志矣。——《籀顾遗文》上

又《朱刻林集后叙》：同治十二年,吴县朱仲我先生孔彰为校刊抱经堂本《林和靖集》,来假卢氏《群书拾补》,复与公增录《宋人诗话》一卷。——《孙谱》

朱孔彰《孙诒让事略》云：孙征君诒让字中容,温州府瑞安人也。父太仆公衣言,以翰林起家,诗古文雄一时。咸丰初,入南书房教授皇子诸王,又四夷属国遣人来学京师,衣言官国子监,兼教之。先有琉球弟子阮宝诏、东国兴等,后有再传弟子林世功学成归国,故诗文传播海外。同治间,出为安徽道员,升按察使,纠六安知州某赃罪,政理法严,群吏皆惮之。迁湖北、江宁布政使,擢太仆寺卿,乞病归。年八十余,终于家,有《逊学斋集》行于世。诒让承家学,博通经传,少有神童之目。同治丁卯,弱冠举浙江乡试,为副考官张公之洞所取士。五赴礼闱,未第。遂壹意古学,研精三十年,著《周礼正义》,其自《序》曰"粤昔周公"至"明效大验也"。别揭当今切实可行者,为《周礼政要》。又以墨子实笃于政教,诸《墨子间诂》,其《序》曰"《汉志》《墨子》书七十一篇"至"殆非韩、吕诸子之伦比也"。诒让见中夏贫弱,谓果得贤者采周礼治国家,用墨翟书务

节用，讲战守，何患不富强。抱经世之略，淡于仕进，著书终老，惜哉！为文精遒雅正，以经学深掩其词章名。综生平，治经似高邮王氏，考史似嘉定钱氏，说字则服膺先博士及安邱王氏，能淹有诸家之长。所著《周礼正义》《墨子间诂》盛行于世。治他经，又有《周书斠补》《尚书骈枝》《大戴礼记斠补》《经迻》《札迻》。考鼎彝，则有《古籀拾遗》《名原》《古籀余论》《契文举例》。治史之余，则有《广韵姓氏刊误》。述方志，则为《永嘉郡记》。诒让与人气和，任恤娴睦，以古学劝后进，讲论不勌，无越越多业。先主温州师范学堂，后为浙江教育会长。光绪间，朝廷征主礼学馆，未赴。三十四年五月，病中风卒，春秋六十有一。——《甲寅杂志》第一卷第九号《文苑》，瑞安玉海楼有抄录，嵌玻璃棚内。温州市图书馆亦有《甲寅杂志》

道光末，"洪寇"初起，瑞安孙蒉田学士锵鸣视学广西，以巡抚某公讳"寇"，密疏首发其事。后"贼"势弥炽，围桂林，孙学士亲在城中助防守，三十一日而围始解。设当时如孙学士之烛于机先，则"金田贼"早可扑灭，不至酿成巨祸，蔓延天下。时京官袁公甲三亦奏某巡抚欺饰弥缝，"贼"焰已张，莫能遏。孙学士丁未科为会试同考官，得二士，一为合肥李公鸿章，一为侯官沈公葆桢。李公平江苏"发贼"，山东"撚匪"；沈公平江西"贼"，皆有大功。……孙学士后奉朝命治团于乡，筑安义堡。学士之兄劼闻学士衣言记之曰：（略）

咸丰四年夏四月，按温台二郡，闽师未至之先，皆民团自为战守。瑞安大港"白布"屡与"贼"战。有名"白布"者，孙蒉田学士治团时，以白布一方为团勇号衣，书曰"安胜义团"。时义民与"贼"战，皆谓之白布。孙学士治团半年，以地方事为小人所中，夺官。劼闻先生后官安徽，治曾文正公营务二年而江南平。——朱仲我《三朝闻见录》

9. 陈庆年

陈庆年字善余，丹徒人。光绪戊子科优贡生，诠授江浦县教谕，举经济特科，皆不赴。癸卯，鄂抚端忠敏奏保内阁中书衔。为诸生时，为学政长洲王祭酒先谦所识拔，肄业南菁书院，为黄儆季激赏，曰："吾门得一汪容甫矣。"为学期于通经致用，张文襄公辟佐幕府，筦两湖学务。……晚设传经堂课士，以存旧学。民国十八年六月三日卒，年六十八。

著有《古香研经室笔记》《尔雅汉注辑》《司马法校注》等书。

资料：

唐文治撰《墓志铭》。

徐世昌《清儒学案》卷百五十四。

关系：

孙仲容函黄提学索阅丹徒陈善余庆年编《中国历史教科书》。——薛储石《孙籀顾先生年谱》（以下简称《薛谱》）

附：黄绍箕《中国历史教科书叙》云：陈庆年《中国历史教科书后序》云：光绪癸卯，两湖立文高等学堂，庆年任历史课，兼教文普通学堂，欲以己意缀事，别为本邦史。……瑞安黄仲弢见卷首，贻我以书，谓《前序》于历史一学，可谓创通大义，神州不亡，赖良史之力云云。其勖勉甚至，余谢不敢任。日有所述，应课程而已。鄂垣他校稍稍肄及，徒党传述，乃渐流于外郡。甲辰之夏，编至明季，得六卷。瑞安孙仲容贻书仲弢索之以遗学者，以是颇及于浙东。宣统元年三月

陈庆年《中国历史教科书后序》：（上略）略依桑原篇题，补习事实，以为此编。瑞安黄仲弢见首卷，贻我以书，谓"前序"于历史一学，可谓创通大义，神州不亡，赖良史之力云云。其勖勉甚至。

又《答张文伯书》云：（上略）惟专任编纂《中国教育史》一事，陈善余庆年尝与弟谈及"中国"字义，其说最精当。……弟请陈君善余将其说编撰成篇，尚拟举一二义证助之。

黄绍第《致端午桥书》云：顷间寻检故箧，复得答同乡张孝廉之纲书，所论有涉及《教育史》者，谨另纸录呈。史程篇目，首称"中国"字义，书中略发其端，并称书成后求善余作序，举一二义证助之。昔曹子建述丁敬礼"后世谁相知定吾文者邪"语，叹为达言。今遗翰宛然，竟成冥契，而吾公属善余赓续为之，若先得亡兄之心者。然他日书成，行世数年，精力不至烬灭灰泯者，皆吾公之赐。……——均见《瓯海集内外编》

10. 严复

严复字又陵，一字几道，侯官人。早慧，嗜为文。闽督沈葆桢初创船政，招试英俊储海军将才，得复文，奇之，用冠其曹，则年十四也。既卒业，从军舰练习，周历南洋、黄海。日本窥台湾，葆桢奉命筹防，挈之东渡，诇敌勘测各海口。光绪二年，派赴英国海军学校肄战术及炮台建筑诸学，每试辄最。侍郎郭嵩

焘使英，赏其才，时引与论析中西学术同异。学成归，北洋大臣李鸿章方大治海军，以复总学堂。二十四年，诏求人才，复被荐召对，称旨，谕缮所拟《万言书》以进。未及用，而政局猝变。越二年，避"拳乱"南归。是时人士渐倾向西人学说，复以为自由、平等、权利诸说，由之未尝无利；脱靡所折衷，则流荡放佚，害且不可胜言；常于广座中陈之。复久以海军积劳，叙副将，尽弃去。入赀为同知，累保道员。宣统三年，海军部立，特授协都统。寻赐文科进士，充学部名词馆总纂。

复殚心著述，于学无所不窥，举中外治术、学理，靡不究极原委，抉其失得，证明而会通之。精欧西文字，新译书有《天演论》《原富》《群学肄言》《穆勒名学》《法意》《群己权界论》《社会通诠》等。辛酉秋卒，年六十有九。

资料：

《清史稿·文苑三》，二百七十二，附林纾后。

陈宝琛作《墓志铭》。——《碑传集补》

吴闿生作《传》。——《北江文集》

徐世昌《晚晴簃诗汇》卷百八十云：严复，初名宗元，字又陵，一字几道，侯官人。文科进士，历官海军一等参谋官。有《瘉野堂诗集》。

诗话：几道年十五，以应试文字为沈文肃所奇赏。在英肄业时，郭筠先侍郎方使英，恒引与论析中西学术同异，穷日夕弗休。归国后，知世不能用，遂壹意著述。所译书以瑰词达奥旨，风行海内。以信、达、雅三字教人，沈乙庵戏称为"译圣"。其少时师事同里黄宗彝，治经有家法，好小学，饫闻宋、元、明儒先学说，熟于周、秦诸子。及精西文，举中外治术、学理究极原委，抉其得失而会通之，见于所著。光绪辛丑后诗，始稍稍留稿。

严复字又陵，号几道，福建侯官人。船政英文学生，官学部候补丞参。——《近代诗抄》

关系：

宋衡挽孙仲容联云：……至东洋哲学、西洋哲学，益鲜克观通，九域数方闻，先生最门户不分，良钦盛德。注：先生自少兼嗜内典，得华严宗之传。闽中严几道通西洋哲学，所译《天演论》始出，东洋哲学者哗然痛骂，先生独盛称之。其不存门户见之德量，俞曲园师外一人而已。

11. 蔡元培

蔡元培字鹤卿，号孑民，浙江绍兴县人。幼从叔父铭恩学为诗、古文辞，气体奇崛。性喜治经学、小学，又师事同县王懋修，服膺宋明理学。年十七，补诸生。既冠，居同县徐氏藏书楼，为校所刊书，因博览群籍，学益进。清光绪己丑、庚寅联捷成进士。阅二年，殿试二甲。甲午授编修，居馆职数年，耻奔走津要，惟务学殖。朝鲜之役，日胜我败，志士愤懑，鉴于明治维新之效，竞言变法。元培至是亦涉猎翻译西籍，与友设东文学社习和文。元培与梁启超为己丑同年生，于六君子中尤默契谭嗣同学识。及政变，元培深致惋惜，叹其寡助致败。谓"欲革新排旧，必先培养人才"。睹清廷政治窳败，无可挽救，遂弃职南归，绝意仕进，从事教育。历任绍兴中西学堂监督、代理上海澄衷学堂总理、南洋公学特班教授。与同志组织中国教育会，推任会长。创设爱国女校、爱国学社，自兼教员。所至提倡民权、女权，与物竞争，存进化之旨。久之，始以朋辈相助，私费赴德，入莱比锡大学。辛亥革命，南京临时政府成立，归为教育总长。袁氏专擅，违组阁本意，元培辞职赴德及法。在外数年，至五年始归，任北京大学校长。推广进德会以抗奔竞之习，延续学教授，提倡研究学问之兴会，助成体育、音乐、书画法研究诸会以供正道消遣。助成消费公社、学生银行、校役夜班、平民讲演团及《新潮》等杂志以发扬学生自动精神，培养其服务社会习惯。十一年冬，财长罗文干以金佛郎问题被逮，释放后，又因教长彭允彝提议重复收禁，元培颇不满，不合而去。自是元培又留比、法等国数年。十五年归，参加江浙皖联合会，兼任浙江科学院筹备主任，浙江政治分会委员。十七年，大学院改教育部，元培辞部长不就，专任中央研究院院长。日寇内侵，迁居香港九龙。二十九年三月五日卒，年七十四。遗著有《中国伦理学史》《哲学大纲》《康德美术学》《石头记索隐》《中国近五十年之哲学》《蔡元培文集》等书。

资料：

近人蔡尚思《蔡元培传记及其哲学》。

《蔡元培言行录》。

翁同龢《翁文恭公日记》云：壬辰三月十七日，新庶常来见者十余人，内蔡元培乃庚寅贡士，年少，通经史，文亦极古藻，隽才也。

关系：

宋衡挽联注云：山阴蔡氏友，编修，少受知于李莼客侍御，以力持清议几无容身之地。先生素未往来，慨然独荐之大吏，请延为学务议绅，闻者惊之。

按：籀公曾向浙抚张曾敭、学使支恒荣举荐蔡元培为浙江省学务公所学务议绅。

孙仲容《致支季卿提学使书》云：（上略）议绅职司咨论，宜博求宏达强毅之士，仰备涓埃之采。吴、邵诸君，咸邃学清望，冠绝时贤，允足副兹妙简。至于诒让之衰朽疏庸，亦荷过采虚声，俾厕斯列，并蒙垂念耄年，许其遥领，师门盛意所以优容之者无微不至，私衷实深铭瑑。惟是外顾乡里之责备，内揆顽钝之衰躯，实有万不敢任之情，此所以昕夕傍徨，惭悚无以自处者也。倘以急切乏人足承兹选，则窃见山阴蔡鹤庼太史元培，深通哲理，著述渊邃；会稽陶心云观察濬宣，才识开敏，经猷宏远；倘蒙甄采，必可胜任愉快。诚以忝附门墙，不敢略存伪饰，谨罄布腹心，荐贤自代。伏冀夫子大人俯鉴愚衷，收回成命，俾步舒感陋，得以杜门课子，尽此余年，则纫感钧赐，永矢勿谖矣。门下士孙诒让谨上。

——以上治子史

（八）政论

1. 郭嵩焘

郭嵩焘号筠仙，湖南湘阴人。道光二十七年进士，选庶吉士，遭忧归。会"粤寇"犯长沙，曾国藩奉诏治军，嵩焘力赞之出……同治改元，授苏松粮储道，迁两淮盐运使……明年，署广东巡抚……光绪元年，授福建按察使，未上，命直总署，擢兵部侍郎，出使英国大臣，兼使法。英人马加理入滇边遇害，嵩焘疏劾岑毓英，意在朝廷自罢其职，藉钳外人口也。而一时士论大哗，谓嵩焘媚外。嵩焘言既不用，英使威妥玛出都，邦交几裂，嵩焘又欲以身任之……因条列四事以进。……既莅英，副使刘锡鸿事事龃龉之，嵩焘不能堪，乞病归，主讲城南书院。未几而俄事棘，崇厚以辱国论死，群臣多主战，征调骚然。嵩焘于是条陈六事，上嘉其见确……已而召曾纪泽使俄，卒改约。嵩焘虽家居，然颇关心君国。朝鲜乱作，法越衅开，皆有所论列。逮马江败，恭亲王奕䜣等去位，言路持政府益呫，嵩焘独忧之。……是疏传于外，时议咸斥之。及庚子祸作，其言始大验，而嵩焘已于十七年卒矣。

资料：

《清史稿·列传》二百三十三。

王先谦作《神道碑》。——《虚受堂文集》

徐世昌《晚晴簃诗汇》卷百四十九云：郭嵩焘字筠仙，湘阴人。道光丁未进士，改庶吉士，授编修，官至兵部侍郎，有《养知书屋诗集》。

诗话：筠仙开敏忼爽，以经世自负，抚粤东，与同官龃龉，罢归。再起使欧西，研讨彼都政事，知旧法窳敝，亟议更张。其时风气未开，诟厉丛集。使还，遂谢病。

《近代诗抄》：郭嵩焘字伯琛，号筠仙，湖南湘阴人。道光丁未进士，官至兵部左侍郎。有《养知书屋诗集》。

2. 冯桂芬

冯桂芬字林一，又字景亭，吴县人。道光庚子进士，官翰林院编修。同治初，大臣疏举人才，以桂芬与林文忠并荐。旋以忧归，比服阕，而"粤匪"已陷金陵，承诏劝捐输，练乡团。事办，叙克复诸城功，晋五品衔，擢中允。有间之者，告归，不复出。会江南大营溃，数郡并陷，仅存上海一隅，群议赴皖乞湘乡曾公援军，虑不遽许，推桂芬具草，乃为陈危急情状，并时局利钝及用兵先后所宜，语甚辨。曾公许之，令合肥李公以水陆诸营东下，遂成平吴之功。桂芬在沪，创议立"会防局"调和中外。又设广方言馆，储博通西学之才。而其大有造于乡邦者，莫如苏松大减漕额，长、元、吴三县减田租，举历代名公卿思为民请命不相得者，一旦如其意而蠲除之，类沉疴之去体，盖桂芬数十年夙愿亦至是克偿焉。

桂芬主讲惜阴、敬业、紫阳、正谊诸书院，以实学教士，成材甚众。卒于同治十三年，年六十有六。

生平于书无所不读，说经宗汉儒，亦不废宋。凡天文、舆地、兵制、刑法、盐铁、河渠、钱漕、仓货诸书，靡不穷思极虑，推究其本原，隐然有拨乱澄清之志。作《抗议》四十篇，关系民生国命。精小学、算学，著有《说文段注考正》《校邠庐逸笺》《显志堂稿》等书，又有《五十自讼文》。

资料：

《清史稿·文三》，二百七十二卷：冯桂芬字林一，号景亭，江苏吴县人。道光庚子进士，以第二人及第，官右春坊右中允。有《校邠庐抗议》《显志堂集》《梦春诗存》。

左宗棠撰《传》：君著述甚富，堪裨实用。算学尤邃，称于时。文宗御极，大臣疏举人才，以君与林文忠同荐，旋以忧归。

文四,四十三页：冯桂芬字林一，江苏吴县人。道光二十年一甲二名进士，授编修。性颖异，读书目数行下。讲求经济，与陈庆镛、姚莹、赵振祚、曹懋坚、张穆等相切磨劘。文宗御极，诏外大臣各举贤才，大学士潘世恩以林则徐、姚莹、邵懿辰与桂芬同荐。寻以忧归，总督陆建瀛聘修《盐法志》。尝著《校邠庐抗议》四十篇，于经国大计指陈剀切。同治三年，诏求贤才，安徽巡抚乔松年复荐桂芬，以病不果行。十三年卒于家，年六十六。

吴云撰《显志堂稿叙》。

黄彭年作《墓志铭》。——《陶楼文抄》

3. 梁启超

梁启超字卓如，号任公，广东新会人。光绪己丑举人。与陈千秋同谒康有为，从学于广州万木草堂，助著《新学伪经考》《孔子改制考》。甲午入京，交结国内名士夏曾佑、谭嗣同辈。六月，中日战起，启超惋惜时局，时有所言，无人听从。明年和议成，乃代表广东公车百九十人上书陈时局。康亦联合公车三千人上书请变法，启超亦从其后奔走。戊戌四月，以徐致靖荐，被召见。……时朝廷锐意变法，百度更新，南海深受主知。卒兴大狱，六君子被杀，德宗被幽禁，康以英人仗义出险，启超亦设法乘日兵舰而东，以后专事著述。居日本十四年，辛亥十月，国变后回国。袁世凯为大总统，令熊希龄组阁，以启超为司法总长，旋任币制局总裁。顾遇种种困难，乃辞职，再从事著述。洪宪改元，启超与学生蔡锷起义反对袁氏，袁氏忽病死，护国战事告终。段祺瑞组阁，复任启超为财政总长。欧战结束，启超欧游考察战后情形。一年余回国，讲学清华研究院，著《清代学术概论》《墨子学案》《墨经校释》《中国历史研究法》等书行世。民国十八年正月十九日病卒于协和医院，五十六岁。

资料：

《近代诗抄》：梁启超字卓如，号任公，广东新会人。光绪己丑举人，官民国法部总长。

宋衡《自强报叙》云：今者帝德如天，益宏解网，学会报馆，悉许创开。于是胜流争奋，报业骤起。若沪渎之《时务》，岭表之《知新》，东瓯之《利济》，虽行殊广狭，而各有可观。

又《记经世报缘起》云：甲午东事起，边氓仇吏，引敌长驱。征天下兵勤王，连营数千里，拒战皆不利。乙未割辽左、台、澎，偿兵费白金二百兆两以平。是役也，为大清天命纪元以来未有之挫，然尤恃白种助。否则，宗庙且危，帝乃忧之，群公亦惧。乃稍稍弛禁网，开言路，士风一变，则争言舍旧，则争言自强，则争言西法善，西法善也。则纷然谋学会，谋报馆。于是汪康年、梁启超等创《时务报》于沪渎，何廷光、康广仁等创《知新报》于岭表，江标创《湘学报》于湖南，陈虬创《利济报》于东瓯。而童学琦胡道南二子，亦慨然请于抚浙使者，将创《经世报》于临安。

关系：

孙仲容《与梁卓如论墨子书》云；前读大著《变法平议》，于中国贫弱窳败之故洞究原本，俾圜顸方趾之伦昭然发其蒙蔽，微管之望，中外翘仰，深以未得奉手承教为憾。顷奉诵惠毕，猥以前呈拙著《墨诂》厚荷藻饰，有逾涯分，伸纸翫绎，尤增愧悚。……以执事研综中西，当代魁士，又夙服膺墨学，辄刺一二奉质，觊博一发耳。……

盖此学赅举中西，邮彻旷绝，几于几译乃通，宜学者之罕能津逮也。近欲博访通人，更为《墨诂》补义，倘得执事赓续陈、邹两先生之绪论，宣究其说以饷学子，斯亦旷代盛业，非第不佞所为望尘拥篲翘盼无已者也。——《述林》

他看到孙中山创建兴中会，康有为等成立强学会，也于一八九六年想在故乡组织一个以尊孔兴儒为名、以保华攘夷为实的兴儒会，手订《略例》二十一条。梁启超曾远道来书问起过这个略例的事。——参考籀园图书馆编的《孙籀公传略》

梁任公曰：清季在蜕分期中，犹有一二大师焉，为正统派死守最后之壁垒，曰俞樾，曰孙诒让，皆将统于高邮王氏。樾著书惟二三种独精绝，余乃类无行之袁枚，亦衰落期之一征也。诒让则有醇无疵，得此后殿，清学有光矣。——《清代学术概论》

又云：清学自当以经学为中坚，其最有功于经学者，则诸经殆皆有新疏也。其在……《周官》，有孙诒让之《周礼正义》。

又云：金石学之在清代，又彪然成一科学也。自顾炎武著《金石文字记》，实为斯学滥觞。……其《金文学》，则考证商、周铜器。……自金文学兴，而小学起一革命，前此尊《说文》若六经，衬孔子以许慎，至是援古文、籀文以难许者纷作，若庄述祖之《说文古籀疏证》，孙诒让之《古籀拾遗》，其著也。

最近复有龟甲文之学。龟甲文者，光绪己亥，在河南汤阴县出土殆数万片，而文字不可识，并不审为何时物，后罗振玉考定为殷文，著《贞卜文字》《殷墟书契考释》《殷虚书契待问篇》。而孙诒让著《名原》，亦多根据甲文。

又云：请儒之有功于古学者，更一端焉，则校勘也。古书传习愈稀者，其传抄踵刻伪谬愈甚，驯至不可读，而其书以废。清儒则博征善本以校雠之，校勘遂成一专门学。其成绩可纪者，若……孙诒让之校《墨子》……诸所校者，或遵善本，或据他书所征引，或以本文上下互证；或諟正其文字，或厘定其句读，或疏证其义训；往往有前此不可索解之语句，一旦昭若发矇。其功尤巨者，则所校多属先秦诸子，因此引起研究诸子学之兴味。

又《墨子》：苏爻山时学著《墨子刊误》，孙仲容已采其说入《间诂》，不知原书今尚存否? 而洪筠轩颐煊、戴子高望亦各有所校释。孙氏《间诂叙》所称，其书吾皆未见。至光绪间，十九年癸巳刻成。孙仲容诒让覃思十年，原叙语。集诸家说，断以己所心得，成《墨子间诂》十四卷。此书初用活字板印成，承仲容先生寄我一部，我才二十三岁耳，我生平治墨学及读周秦诸子书得其兴味，皆自此书导之。附记志感。

又《韩非子》：有顾涧薲《识误》三卷。此外则卢氏《群书拾补》所考正，仅一卷。王氏《杂志》仅十四条，俞氏《平议》亦仅一卷，孙仲容《札迻》中若干条，此外则更无闻。

又《淮南子》：在晚清，则有俞荫甫《淮南内篇平议》四卷。有陶子缜方琦《淮南许注异同诂》若干卷，而孙仲容亦间有《札记》，经诸家校理之后，书中微文奥义盖已什得八九。

又《盐铁论》：王益吾复刻张本……别为《小识》一卷。而俞荫甫、孙仲容亦各有新校。自是此书渐可读。

又《论衡》：卢、王皆未校及，俞荫甫、孙仲容所校约数十条。

又《越绝书》：卢抱经有校本，未刻。其略仅见孙仲容《籀庼述林》中。——均见《清代学者整理旧学之总成绩》

附见：梁启超对孙公所交游者之评骘：录自《近代学风之地里分布》

（直隶）同治、光绪间，则丰润张幼樵佩纶、南皮张孝达之洞皆善谈经济，负时名。孝达尤通显老寿，在晚清以主持学风自命，然文士达官耳，不足语于学者之林。

（四川）戊戌之难，蜀士死者二人：富顺刘裴村光第，绵竹杨叔峤锐，并学能文，而裴村之学更邃云。

（山东）海丰吴子苾_{式芬}、诸城刘燕廷_{喜海}、潍县陈簠斋_{介祺}、黄县丁彦臣_{筱农}、福山王莲生_{懿荣}皆收藏甚富，而考证亦日益精审。故咸、同、光间金石学度越前古，而山东学者为之魁。

（江苏）长洲陈硕甫_奂著《诗毛氏传疏》，极谨严，学风稍异其先辈。吴县冯林一_{桂芬}喜谈经世之务，著《校邠庐抗议》。同、光间，吴县吴清卿_{大澂}以金石学闻。潘伯寅_{祖荫}以达官宏奖风流，能刻书。元和江建霞_标善为目录之学。江阴缪艺风_{荃孙}则以板本之学闻。上元汪梅村_{士铎}治《水经注》。宝应刘端临_{台拱}学风颇类李、贾，善治《论语》；以传其子楚桢_{宝楠}著《论语正义》一部分，未成而卒；其子叔俛_{恭冕}更续成之，为新经疏佳著之一。仪征刘孟瞻_{文淇}与刘端临同时齐名，号"扬州二刘"；其子伯山_{毓崧}、孙恭甫_{寿曾}、曾孙申叔_{师培}累代传其家学，迄清不衰。自孟瞻迄恭甫，三世而成《左传》新疏。

（安徽）桐城自曾文正笃嗜桐城文，列姚姬传于圣哲画像中，与孔子齿，后此承风者甚众。最近犹有吴挚甫_{汝纶}、姚叔节_{永概}、马通伯_{其昶}咸有撰述，为桐城守残垒焉。

（浙江）海宁李壬叔_{善兰}精算学，译西籍，徐文定后一人也。余杭章太炎_{炳麟}治声音训诂之学，精核实过前人，学佛典，亦有所发明。海宁王静安_{国维}亦善能以新法治旧学。嘉、道间，则有嘉善钱衎石_{仪吉}、警石_{泰吉}兄弟，衎石谙掌故，警石长校勘。嘉兴沈子培_{曾植}学极博，而不事著述。咸、同间，乌程周郑堂_{中孚}仿《郡斋读书志》《直斋书录解题》之例，著《郑堂读书志》，价值足与《四库提要》埒。其外孙德清戴子高_望，经学宗庄、刘，理学宗颜、李，与东原有"前后戴"之目。归安陆存斋_{心源}善鉴别板本。同、光间，则德清俞荫甫_樾善治训诂，能读故书，学风宗高邮王氏，称清末大师焉。光绪间，桐庐袁重黎_昶治西北地里，通知时务，义和团之役，以直谏死。晚清，则定海黄薇香_{式三}、徽季_{以周}父子崛起孤岛中，治三礼，最通博，能名其家。上虞罗叔蕴_{振玉}善金石学，能读殷墟书契文字，熟于掌故，考证有别裁。山阴蔡子民_{元培}治哲学，亦有心得。

瓯海一隅，自宋以来，别为永嘉学派，实斋论浙东学术，于兹托始焉。顾近代无能张大之者，晚乃有瑞安孙仲容_{诒让}治《周礼》，治《墨子》，治金文、契文，备极精核，遂为清末第一大师，结二百余年来考证古典学之局。

（湖南）湘阴郭筠仙_{嵩焘}，少与刘霞仙、曾涤生同学，学风略相类。乱起，参诸军，常密勿运筹。晚乃持节英、法，周知四国之为，国人知欧洲有文化道术治法，盖自筠仙始。其于旧学亦邃，经部、史部著作颇多。湘潭王壬秋_{闿运}本文士，治今文经学，有盛名于同、光间，然晚节猖披，殆等钱牧斋矣。其著述亦浮薄，鲜心得。长沙王益吾_{先谦}雅善抄纂，淹博而能别择，撰述甚富，咸便学者。浏阳谭复生_{嗣同}与其友同县唐绂丞_{才常}共学，复生少治龚、魏之学，好今文家言，又研究船山学，能为深沉之思，晚学于杨仁山，探佛理，所著《仁学》能发奇论，与绂丞先后死国难，年并不逾四十，所学未竟什一也。

　　（广东）南海桂子白_{文灿}、邹特夫_{伯奇}，咸斐然有述作。特夫与湘之邹叔绩齐名，称"二邹"。独精算学，又善光学，能布算以测光线曲折。咸、同间，粤中有两大师，其一番禺陈东塾先生_澧，其一南海朱九江先生_{次琦}也。东塾早岁著学海堂弟子籍，晚而为学长垂三十年；东塾特善考证，学风大类皖南及维扬；东塾弟子遍粤中，各得其一体，无甚杰出者。九江弟子最著者则顺德简竹居_{朝亮}、南海康长素先生_{有为}，长素先生治今文经学，能为深沉瑰伟之思，实新思想之先驱。

　　（贵州）独山莫子偲_{友芝}，通小学，善校勘。遵义黎莼斋_{庶昌}，能为古文，善刻书。

　　（满洲）盛伯羲_昱，能为金石考证。

4. 文道希

文廷式字芸阁，号道希，江西萍乡人。光绪庚寅一甲二名进士，授编修。历官侍读学士，有《云起轩诗集》。

资料：

徐世昌《晚晴簃诗汇》：文廷式字芸阁，号道希，江西萍乡人。光绪庚寅进士，以第二人及第，官至翰林院侍读学士。

诗话：芸阁江湖、场屋，久负才名。及入词馆，为崇陵所知，大考蒙峻擢。屡上书言事，卒以是见嫉，讫罢。——《晚晴簃诗汇》卷百七十七

关系：

孙仲容《与梁卓如论〈墨子〉书》云：承询《学约》，乃前年倭议初成，普天愤懑之时，让适以衔恤家居，每与同人论及时局，忧闷填胸，辄妄有缀述，聊作豪语以强自慰藉。大恉不出尊著《说群》之意，而未能精达事理，揆之时势，万不能行。平生雅不喜虚侨之论，不意怀抱郁激，竟身自蹈之。及读鸿议，乃知富

强之源在于兴学，其事深远，非一蹴所能几，深悔前说之孟浪，已拉杂摧烧之矣。向亦未敢以示人，不审道希学士何从得之？猥荷垂询，弥切汗颜。

5. 苏爻山

苏时学字敩元，号爻山，广西藤县人。不闻有他种著作，此书陈兰甫先生为之《叙》，称其"改讹字，正错简，涣然冰释，怡然理顺"。《东塾集》卷三有《爻山笔话》十四卷。

关系：

孙仲容《墨子间诂叙》云：墨子既不合于儒术，孟、荀、董无心、孔子鱼之伦咸排诘之。汉、晋以降，其学几绝，而书仅存。然治之者殊鲜，故脱误尤不可校。而古字古言，转多沿袭未改，非精究形声、通假之源，无由通其读也。旧有孟胜、乐台注，今久不传。近代镇洋毕尚书沅始为之注，藤县苏孝廉时学复刊其误，创通涂径，多所諟正。

又《与梁卓如论〈墨子〉书》云：总之《经》《经说》上、下及大、小《取》六篇，文义既苦奥衍，章句又复褫贸，昔贤率以不可读置之。爻山《刊误》致力甚勤，而于此六篇竟不著一字。专门之学尚复如是，何论其它？

6. 汪康年

汪康年字穰卿，浙江钱塘人。生而歧嶷，劬学不厌。岁戊寅，补博士弟子员，戊子考取优行贡生。己丑登贤书，顺德李文田本拔置第一，以孟艺用离骚体，抑第六。壬辰捷南宫，甲辰补应朝考，授内阁中书。当甲午之后，士大夫争谈时务，臆决唱声，康年以为民气之郁久矣，宜重民权，瀹民智，用以明目而达聪。丙申设《时务报》于上海，戊戌复设《时务日报》，旋易名《中外日报》。丁未，设《京报》于京师。庚戌复设《刍言报》。尝欲以言论机关大声疾呼，发聋振聩。辛丑，和议成，俄人驻兵奉天，不允撤退，康年愤然腾电中外，慷慨力争。西报互相译述，以为中国有人。当此之时，康年名闻天下，顾以直言数忤权贵，屡挫折之。康年外惟世变，内审国情，身世之感益悲从中来矣。辛亥秋，武昌事起，全国骚然，康年不主过激，怒焉重以为忧。会九月十三日夜，友人密函告起用项城，康年阅毕默然，遽就枕，夜半闻呻吟声，则康年已疾革不能言，明日遂卒。年五十有二。

资料：

弟汪诒年作《年谱》。——《汪穰卿遗著》附刻本

林纾作《墓志铭》。——《畏庐文集》

罗振玉《永丰乡人稿》《贞松老人遗稿》《集蓼编》。

梁任公《饮冰室文集》。

刘次饶《厚庄日记汇抄》。

戈公振《中国报学史》。

徐世昌《晚晴簃诗汇》卷百八十云：汪康年字穰卿，钱塘人。光绪甲辰进士，官内阁中书。

诗话：穰卿博闻强识，有声于时。己丑乡试，受知于李仲约侍郎，目为奇才。甲午后，痛心外侮，与同志倡论时务，主变法自强。虽放言遭忌，操翰弗辍，论稿盈箧以毕其生，穷老尽气不之顾也。

王闿运《湘绮楼日记》云：《刍言报》为汪穰卿主笔，专纠各报之横议，亦警世钟也。辛亥三月初六日。

关系：

孙仲容《致汪康年书》云：康氏学术之谬，数年前弟即深斥之。去年致章枚叔孝廉书亦曾及之。然其七八上书，则深钦佩其洞中中土之症结。于卓如，则甚佩服其《变法通议》之剀切详明，不敢以其主张康学之执拗而薄之。此薄海之公论，非不佞之臆论也。至于本年夏秋间之新政，乃今上之圣明，于康氏何与？乃今之达官贵人主持旧学者，举一切良法美意皆归之康氏，锐意摈绝摧陷之，是张康之焰而使外人得挟此为口实，使中土正人志士引为大病，何其谬哉！——上海图书馆藏手稿，有第三书、第四书。一八九八年

　　　　　　　　　　　　　　　　　　　　　　　　——以上治政论

（九）史地

1. 王棻

王棻字子庄，别号耘轩，黄岩人。同治丁卯举人，再上春官，遂不复赴，一意著述，以发明学术、表章儒先、启迪后进为职志。其论学不立门户，以为古人之学术大别有四：曰性理，曰经济，曰训诂，曰词章；而其归有三：性理者，志

于立德者也，经济者，志于立功者也，训诂、词章者，志于立言者也；四者皆有用，但当辨其真伪，不当互相是非。其说经，以经证经，不偏于汉、宋。为文章，不事彫琢，而持论明通，援证详确。于乡邦文献尤所究心，晚年成《台学统》一百卷，裒录乡先哲自晋以来迄于近代凡三百三十余人，分为六派，而归重于气节、躬行。历主九峰精舍及文献、文达诸书院讲席，弟子承其沾溉，俱有所成立。光绪三十四年，学使徐侍郎致祥以学行闻于朝，赏加内阁中书衔。越二年卒，年七十有二。

著有《六书古训》六十四卷，《重订历代帝王年表》十五卷，《中外和战议》十六卷，《杜清献年谱》一卷，《台献疑年录》一卷，《柔桥文集》四十六卷，《诗集》八卷。

资料：

王舟瑶撰《传》。——《默庵集》

章梫作《墓志铭》。——《一山文存》

徐世昌《清儒学案》卷百九十二。

李慈铭《越缦堂日记》云：有黄岩王子庄优贡棻亦寓局中，王君专精经典，浙之笃学士也。——同治六年

喻长霖《王子庄舅师六旬寿叙》云：盖自乾、嘉以来，海内巨公辈起，经师考据之学，起家儒素，独能崛起而为之倡。……是时舅师开讲九峰精舍，以经学掖起后进，遐迩向风。未几，移主东瓯中山、东山及豫章、经训诸讲席，……舅师自昔领乡荐，后再上公车，不第，辄绝意不复仕进。今老，而志益笃，杜门著书盈数百卷。今者舅师老矣，荒江老屋，白首一编。撰著之余，每时时留意乡邦文献。其《台学统》一书，裒录吾乡先哲自晋以来迄于近代，上下千数百年，大旨归于气节、躬行，而尤惓惓于立斋氏之学。著有《杜清献公年谱》。其《文集》之注，则与六潭共成之。——《惺是斋初稿》二

又《七旬寿叙》云：我母舅王子庄夫子，以名孝廉隐居不仕，生平笃慕刚直公之为人。晚岁开始授徒，东南名彦翕然从之，著籍者甚众。门下士握使节、持文衡者翩联相望，而夫子环堵一编，杜门尚志，著书盈数百卷，若将终身。

长霖自少执经门下，从游日久，见其澹于荣利，于出处进退之节、人心风俗之故讲之最熟而辨之最严，长霖心窃识之。及长，游四方，奔走京师。暨通籍，前后十余年间，而世风三变。……今岁夫子年七十。……

王舟瑶曰：承询王孝廉菜，此君朴学笃行，生平著述多至七百余卷。年逾七十，去岁已归道山。——庚子

杨晨《复王子庄书》云：损书并所编《台学统》百卷，伏承暮年劬学，网罗向闻，体大思精，手眠腕脱，其勤可谓至矣。……原书分六门：一曰气节之学，内分高节、清节、忠节三目。二曰性理之学，内分朱、王、陆、王各派。三曰经济之学，四曰词章之学，五曰训诂之学，六曰躬行之学，内分孝行、友行、顺行三目。窃谓学界至广，上自经天纬地，下至草木虫鱼，后人学焉而各得其性之所近，本无所谓分也。国朝姚惜抱氏乃有文理、考据、词章之目，曾文正、汪梅村承之而加经济，殆仿孔门四科之旨，可谓当矣。

蔡元培曰：那时我的业师是一位老秀才王子庄先生。先生博览明、清两朝的八股文，常常讲点八股文家的故事，尤佩服吕晚村先生，把曾静案也详细的讲述。先生也常看宋、明儒的书，讲点朱、陆异同，最佩服的是刘蕺山先生，所以自号仰蕺山房。先生好碑帖，曾看《金石萃编》等书。——《蔡元培选集》

关系：

孙衣言诗《乐清徐惇士同年见访寓庐，茁生携尊共饮，适王子庄自黄岩来相见。喜甚，然尤念太冲也。酒后赋示三子，兼寄太冲泰顺》：百二峰峦说小徐，大徐君亦共轩渠。一尊就我能狂饮，千里来人见异书。且纵谈笑欺白日，却看天地在蓬庐。掉头独恨林迁叟，自抱青琴作隐居。子庄顷以临海宋粗山大令所刊《台州丛书》七种见惠。

《二月二十二日至丽水，访王子庄山长于莲城书院，却赠》：我乘春水上，来看括州山。静意含太古，东风吹笑颜。故人深讲学，幽径一开关。明日遂言别，问君谁往还。

又《瓯海轶闻甲集序》云：吾温李唐以前，士大夫以文艺行治著者，史旷不书。至有宋仁宗时，博士周公、右丞许公、左史给谏二刘公与同志之士十人，始自奋于海滨，北游太学，得列程、吕氏之门，永嘉之学于是萌芽。其后文肃郑公初仕黄岩，请业于隐君子温节徐先生庭筠，温节实传安定胡氏之学，所谓"经义治事"者也。文肃既归，授之乡后进，于是文节文宪二薛公、文节陈公、文懿蔡公、文定叶公相继并起，皆守胡氏家法，务通经以致之用，所谓"经制之学"也。

按：孙孟晋《温州乡哲遗书目录跋》云：宋时台州有隐君子徐先生中行，由临海徙居黄岩，委羽山中，以安定胡氏之学传于其子季节先生庭筠。季节亦肥遁

不出，治经授徒。吾乡郑文肃公时为黄岩县尉，与闻绪论，转相讲肄，遂缵元丰九先生以启乾淳之盛。永嘉经济，乃成巨派。

郑文肃公弟子有黄岩应恕，陈文节公弟子有天台洪霖，叶文定公弟子有戴许、蔡仍、丁希亮、王信、夏庭简、林霈、戴木、丁木、葛应龙、葛绍礼、柯大椿等，并黄岩人；陈耆卿、王象祖、吴子良，并临海人。

元、明以降，永嘉之风浸微。至有清同、光间，太仆公始表章之。既刊布《永嘉丛书》，类纂《永嘉集》以振绵蕝，复次诸儒学案，裨黎洲、谢山之阙遗。同时及门而请业者，若杨定孚给谏晨、王子庄孝廉棻、王子裳太守咏霓、王菼夫工部彦威，又皆黄岩士也，于是台雁间始复知有经济之学焉。

孙衣言《王梅庵先生遗集叙》云：同治三年正月，予自寿州旋里，过金华，遇学使者吴和甫前辈，极称黄岩王子庄之贤，予心识之。又二年，予在杭州书院，子庄以乡试来杭，与予同居，喜其儒雅温粹，以谓虽其为学之勤，而渊源所渐，盖必有得于父兄师友之益。子庄在书院，孳孳诵读，间则手抄其先人遗训六篇为《梅庵先生集》。予取而读之，则皆菽粟布帛之言，未尝稍为高谈诡论而餍切人心，令人往复循诵，不能自已，然后知子庄学行之善，其渊源固有在也。——《逊学斋文抄》八

孙仲容《与黄岩王子庄同年棻论书大麓义书》云：子庄先生同年侍史：客冬曾于定孚妹婿函内附贡一书，未蒙赐答，无任惶悚。然高山之仰，无日不在九峰之下也。前在都门，偶论及大著《大麓解》，表揭王、枚，排斥马、郑，以鄙见核之，似为智者千虑之一失，故敢辄献其疑，而尊意不以为然。寓中无书，不能疏通证明以毕其说。南归后，重检各书，细为寻绎，其惑滋甚。不敢久蓄其疑，故再为执事陈之。……曩读刘子元《疑经》《惑古》诸篇，颇病其蹈此失。通人之蔽，窃不欲贤者效之也。诒让于经诂至疏浅，偶读大著，于心有不安，不胜其疑悃，恃爱陈之，未审尊意以为然否？有鸿便，尚希惠我一言以开茅塞，幸勿因其妄而置之也。诒让谨上。

又《与王子庄论假借书》云：子庄仁兄同年撰席：去春在敝里奉复一书，谅达签掌。嗣以衔恤鹡庐，笺翰屏绝，未得续贡音问，私衷驰仰，良不可任。四月间，接诵况毕，深荷注存，并示大著《六书解》一帙，伏案讽味，钦慰何似。六书之说，自汴宋以来，异论蜂起，浅学杂涉，益滋瞀惑。乾、嘉诸老诠校许书，所释略备，而得失互陈，未能衷定。得尊解别白而理董之，衍贯山指事之条，阐

湘乡转注之论，平议精审，信不刊之作也。惟假借一门，所论与前贤特异，诒让再四籀绎，窃有不敢信者三，请为执事陈之。……诒让知识浅劣，于小学略涉唐涂，墨守旧义，未有新得。窃谓治经说字，当深惩破字之习，即执事之绳段氏，论亦如此。而尊著于许《叙》六书所举十二字之中，已不免有所改易，其它抨击汝南，更定字例，殆非一端，尤而效之，更非鄙人之所喻也。故不胜疑懪，辄陈之左右以俟采择。其余小小疑忤，已识于册端，不复详及。兹附晓芙兄回浙应试之便，缴上大著一册，并奉近刻《集韵考正》《陈止斋集》各一部，聊供清览，伏希誊存。秋暑方盛，诸惟为道珍摄，临颖神驰，不尽百一。

又作《九峰山志跋》云：右《九峰山志》五卷，余同年黄岩王君子庄之所纂也。……子庄博通经训，而尤善考证乡先哲遗文轶事，方将搜撷群籍，以观三台文献之全。以尝读书山中，出其绪余，作为斯志，盖于表章胜地之中寓网罗放失之意。

按：《孙谱》云：同治七年戊辰十月，同岁生黄岩王子庄孝廉棻来温州，以所纂《九峰山志》五卷乞叙，公为跋后。

又，校读潘氏滂喜斋刻本金鹗《求古录礼记补遗》一卷，记云：同治辛未四月十九日，假黄岩王子庄同年校本补正夺误。瑞安孙诒让识于云居旅寓。

按：《孙谱》云：原刻本为赵㧑叔从王氏假录者。

王棻《上孙琴西师书》：久疏笺候，歉仄奚如，敬维道体安和，政声卓著为颂。近闻外间皆言吾师有归田之志，殆讹传也。夫子以绩学耆儒，膺方面重寄，此正得位行道之时，为国宣劳之日，何可遽萌退志，即令欲退，亦当为国家兴一大利、除一大弊，然后可以即安。

棻窃维我朝自康熙十二年以三藩之乱始创捐官之例，自此相沿不革，以至粤匪之乱，而捐官之钱不足以佐军需之急，于是咸丰三年左都御史雷以诚諴始创抽厘之法，此诚济急之宏模、救危之妙药也。譬如附子、大黄，虽不如蔓菁之滋益，而对病发药，则蔓菁之功或反有所不逮矣。至于平复以后，常服不辍，则其亏损真元或伤寿命，即或幸延旦夕，而他日再有危证，将何以药之？故棻以谓厘捐之事断宜永远停止者，此也。往者曾文正公原奏欲于江皖五省各留一卡为养长江水师之费，则此外各卡在所必撤可知，且此外各省一概尽撤可知。惜乎！哲人既萎，而后之人遂无能长虑。却顾力持当撤之说者，其何以培国脉而厚民生，由中兴而致太平耶！棻尝阅中兴奏议，其间言此者屡矣，然多浮辞剿说，无有以此事为天命人心之所系，民生休戚之所关，国脉修短之所自，敷陈剀切以动君相之听者。此所以言者虽多，而于事罔济也。菜则谓此法不除，他日天下之乱必由此起，盖始则贤豪藉此以济饷，继则官吏分此以润身，终则愚民因此而蓄忿，而奸民即假此以激变。今天下承平，而各省闹卡之事往往而有，乱端见矣。然则厘卡者，衰世一切之政也，今当平世而设厘卡，非惟不足以弭乱，而反足以兆乱，其为急宜罢撤，岂不较然明白也哉！

吾师既膺屏藩重寄，则厘捐一事实亦职分所宜言，倘以此议上达天听，万一信从，国之福也，民之幸也。若言既不行，然后幡然告归，终老林下，不亦美乎！虽然，菜之此言，盖如杞人之忧天，菜之言此于夫子，盖如野人之献芹，但以过恃知爱，忘其愚贱，遂蹈出位妄言之罪也，惟夫子垂鉴而曲恕之，幸甚！——《柔桥文抄》

王菜《答孙仲容书》云：承赐《史记札记》《浪语集》二书，……戴子高病殁，深可痛悼，遗书刻就，希觅寄数部以广流传。所需黄介庵文，其目附上，乞属写官真书录寄，并赐校对，感荷之至。

足下少年嗜学，十倍于菜，然寻常观书，宜乙夜辄止，至亥子之交，阴极阳生，必须安寝以养心肾，然后精气完足，百病不生。且节欲一事尤宜加意，盖清心寡欲，今日方可读书；远色贵德，他日即可从政。慎毋恃其少壮之年，既竭虑殚精以攻书史，复任情妄动以耗真精，致如菜之追悔莫及也。——《柔桥文抄》卷十二

又云：阁下为戴氏侗乡后进，而习于段、朱之业。……以阁下之才之美、学之邃，其必有说以处此矣。……近者谬承鳌翁先生之荐，张静苧县尊属菜与戴君同修《永嘉县志》。弟既末学肤受，于古志义例及贵郡掌故全未讲求，而局中置书不多，无从措手，因思阁下储藏过于曹邺，著作丰于班、扬，而乡邦文献所系，搜罗尤富，编辑已多；且闻尊人内召，凡购刊之籍，自当梱载而来。但恐时日迁延，未能先睹为快，谨将所需书目写列别纸，乞封皮数厨，迅交妥友先带来瓯以供翻阅，不胜企踵待命之至。——同书卷十二

又跋邵氏《四库全书简明目录标注》云：往余客瑞安孙仲容同年诒让所，见邵位西懿辰以生平所见群书记于《四库简明目录》之眉，每书或数本，或数十本，盖近时所谓板片之学也。仲容复加审定，属写官迻书，成二十卷，富矣哉！古未之有也。今岁客武林，从丁松生丙所得见原编稿本八册，未知与仲容所编异同若

何？宜从孙氏假录副本，参互雠校，益以八千楼所藏诸本，重为编定，刊行于世，俾乡曲孤陋之士抱残自足者获窥一二，庶足为博物洽闻之一助云。光绪二十三年丙申孟夏十月，黄岩王棻书于求古斋。

2. 王彦威

王彦威字弢甫，黄岩人。幼颖异，五岁，母授以《孝经》《论语》，即能领悟。稍长，从乡先生姜明经文衡、卢孝廉锡畴、王孝廉棻游，学有师法。年十九，充县学生。同治九年举于乡，典试者李侍讲文田尤为所激赏。连上春官，荐而未第。

入赀官工部虞衡司主事，考取军机章京，兼充方略馆、会典馆纂修官，补御史，以道员候升。辛丑，补江南道监察御史。补太常寺少卿，卒年六十有三。

彦威劬学好问，少工词章，长务为根柢学，于经史皆有校正，而《史》《汉》《三国》致力尤深。又究心中外政治。……编纂《外交始末记》四十余卷。又有《枢垣笔记》《扈从笔记》《烁灯课诗屋日记》《黎庵丛稿》等，藏于家。

资料：

王舟瑶《族叔父太常君行状》。

李慈铭《越缦堂日记》云：得弢夫五月二十一日江南通州试院书。……今仍从黄阁学体芳襄试事，词翰斐然，其学益进。——光绪八年六月十四日

又云：得弢夫去冬江阴书。

王咏霓曰：王彦威工部主事、军机章京居忧回黄岩籍，才敏辞富，熟谙掌故，于洋务尤长，可充幕府书记之任。

关系：

孙蕡田《卢宜人〈焦尾阁遗稿〉为王弢夫水部彦威题》云：南山大椿今未老，堂北萱花凋苦早。寒机无复课读灯，尘篋尚剩绣余稿。母有诗，母训垂。儿编诗，儿心悲。儿心悲，母知之。君不闻庭树慈乌朝暮啼，慈乌慈乌勿更啼，雏乌今为凤来仪。——《海日楼遗集》下

3. 王咏霓

王咏霓一作王蜺字子裳，号六潭，黄岩人。光绪庚辰进士，官刑曹。随其同岁生许侍郎景澄奉使泰西，遍历英、法、德、美诸国。讲求其政治疆域与夫格致制造之学，为皖抚沈中丞秉诚所知，特荐诸朝，以知府发安徽，尝守凤阳，益有志

于当世之务，而于中外交涉之政尤究心。

咏霓于古今学术、政术讲求有素，而又躬历东西诸国，洞知其风俗人情、政教，一旦其用，当不为近世之人之说所惑也。经济特科开，中外大臣皆知其才，于是两江制府刘尚书坤一、河南学使朱编修福铣皆举咏霓应诏。

咏霓之学，初好为晋、魏、六朝之文，寻又治汉儒训诂之学，尝搜讨荀谞之《易说》，为《荀子学》一书。有《函雅堂集》，又有《修学斋诗稿》《芙蓉秋水词》。

资料：

杨晨《王六潭太守传》。——《崇雅堂稿》

王舟瑶《赠王六潭先生叙》。光绪戊戌

章梫《一山文存》。

金武祥《粟香四笔》五。

王舟瑶曰：乾隆时，天台齐侍郎召南息园以博学负盛名。其后戚学标鹤泉、宋世荦粗山、金鹗诚斋、洪颐煊筠轩、震煊杉堂、李诚静轩之伦，虽德业勋名无所表见，而经学文章亦稍稍有闻于世矣。咸、同以来，吾乡柔桥王先生棻、六潭王先生咏霓颇负时名，人称“二王”。

谭献曰：吾同年友黄岩王咏霓子裳者，少壮劬学，六艺之广文，百家之专笃，反吾真，竭吾才，餍饫其中，窥见联兆。——《复堂日记》

翁同龢曰：癸卯八月初六日，门人王咏霓以自刻诗文四十卷寄余。——《翁文恭公日记》

宋衡《与王六潭书》云：凉风萧萧，忽忆达人。汤子蛰仙，靖节后身。诸公强起，劳其骨筋。托致数行，敬候暮昕。——《六斋无韵文集》卷一

关系：

孙衣言《闻王紫裳霓登进士第，寄诗为贺》云：水心昔叹黄岩士，科第相望动百年。却喜丛林翘秀干，遂教王后接杨前杨蓉初先一科登第。文章金石多孙绰，经说纷纶几郑玄。自此齐飞皆凤侣，霞光照映赤城边。——《逊学斋诗续抄》四

孙仲容《永嘉郡记集本叙》云：国朝姚安陶珽，盖尝略采一二，羼著《说郛》。注：此非陶宗仪元本，余于同年生黄岩王君蜺处见汲古阁写本《说郛》七十卷，乃未经增改者，内无《永嘉郡记》，则为陶珽所增无疑。

又云：《说郛》，黄岩王子裳孝廉咏霓购得汲古阁抄本《说郛》六十卷，有毛斧季校语。余辛未春在京寓曾从借阅，与俗本迥异，真秘笈也。——《标注》

孙笺

按：《孙谱》云：同治十年辛未，与同年王子裳孝廉相见都下，藉阅汲古阁旧抄本陶宗仪原本《说郛》。

又《与书》云：子裳老公祖大人阁下：前日饫领郇厨，感瑑无量。昨到郡，俗冗骈集，又值天雨，尚须勾当数日，方可理归棹也。挑班捐助学费一节……。

4. 王舟瑶

王舟瑶字玫伯，号黙庵，黄岩人。幼而失学，弱冠以后，始自砥砺。初治词章，既而治训诂，治义理，治经世之学。以为儒者之学，有体有用。……间有所窥，略自纂述。学宗汉之康成、宋之朱子及乡先哲杜清献。

黄岩九峰书院者，县士特秀者所荟萃也。玫伯少时居九峰最久，交最深者为黄毅成、喻子韶。而宁海章梫亦与相识于杭州。

玫伯家居养亲，开席授徒，天伦聚顺之乐，名山稽古之荣，极人生之艳福。

晚年，主讲郡城，兼修邑志。所作经说文字、杂文，录为十卷，曰《黙庵集》。又有《黙庵居士自定年谱》印本。

资料：

章梫作《黙庵集叙》。

喻长霖作《王母寿序》。

《近代诗抄》云：王舟瑶字玫伯，浙江黄岩人，有《天台游草》。

关系：

王舟瑶《覆王雪澄兵备书》云：日前辱承枉顾，畅聆教言，其为忻幸，靡有厓量。承示孙氏《周礼正义》，铅板未精，拟匄同人，重寿梨枣，惧古学之凌替，重国粹之保存，甚感，甚感。不嫌谫陋，属为刊例，条其大凡，厥有四事焉。一曰征定本，二曰正字体，三曰检原书，四曰定板式。

5. 杨晨

杨晨字蓉初，号定夒，黄岩人。光绪进士，官刑部掌印给事中，著《崇雅堂丛书》，纂《三国会要》二十二卷。自谓书经我乡哲孙公仲容商榷义例、补注。

资料：

徐世昌《晚晴簃诗汇》卷百七十二云：杨晨字定孚，黄岩人。光绪丁丑进士，改庶吉士，授编修，历官给事中。有《崇雅堂集》。

孙宣作《杨给谏墓志》，又作《生圹前石铭》，又作《澂观亭记》，均载《朱庐文抄》及《晴翠馆日记》。

《台州府志》《黄岩县志》《路桥志》。

杨晨《自订年谱》。

王舟瑶《与杨侍御书》云：今岁客江苏学使龙侍郎处，六月间，因太守议修郡志，屡书相招，束装归里。郡志自康熙以来未尝赓续，遗书零落，文献难征，殊觉不易。附上《例言》一卷，希加教正。执事平日留心乡邦掌故，收藏先哲遗文甚伙。伏祈借阅，不胜切盼。乙未十月。——《默庵集》卷五

杨晨《答王玫伯寄示〈群经大义述〉书》云：辱示大著，具审讲授鸿都，挟张台学，贯通今古，斠抱中西，大义微言，洵不朽之盛业，敬佩敬佩。仆学识浅陋，西籍尤未究心。间尝披览政治、宪法、《天演》《原富》诸书，窃以为其精者皆吾经传所已言，故先儒云"通经足以致用"，信不诬也。……今得阁下寻绎而推阐之，择精语详，词意平实，以际孙仲容、宋芸芷之傅会《周官》，康梁之意□偏激奚啻霄壤乎？

关系：

《黄岩新建二徐先生祠堂碑》云：（上略）邑人寿昌训导杨君友声请于官，买地墓旁，出己赀为倡，创立二先生祠。……杨君之子晨，予从子壻也，方在翰林，自京师以书见督，趣至三四不懈，乃为叙之。——《逊学斋文续抄》三

孙衣言《喜杨蓉初晨留馆，寄诗为勖》云：馆阁于今宰相储，蓬瀛真接列仙居。如何鞭箠纷埃壒，亦或腰尻妙走趋。南服财空供虎旅，西征师老梦狼胥。水心文法箟窗得，不但搜罗鲁壁书。——《逊学斋诗续抄》四

又云：杨晨《答孙仲容书》云：火云方炽，清风忽来。君子攸宜，载訢载颂。承示近日专力《周官》，撰为《正义》。补散骑之纰漏，振礼堂之绪论。不朽盛业，何以加兹？窃谓圣人制礼之意，即寓制度之中，制度不明，安知礼意？自汉以迄今朝，诸儒皆论辩制度以推求礼意，于此经多所发明，后儒略制度而言礼意，故流为空言，而圣经乃滋晦矣。国朝诸老说经颇多，而于此独少，诚得足下疏通而证明之，其嘉惠后学为何如耶？……来示又谓"王子庄修《台州学案》，与修地志不同，当严别流派，独尊乡先生"，持论自不可易。然敝郡与贵乡不同，实难立派。永嘉诸公，当时与新安、东阳鼎立，故能别立一帜。若敝郡，则二徐、罗、

陈私淑安定，赵、杜诸儒受业朱子；元之车氏、黄氏导源于鲁斋；明之王氏宗沐、黄氏绾挹匄于姚江。又如赵咏道先事象山，陈箦窗受法水心，陈敬初尝师晋卿，方正学从学文宪。……

又《敕书呓闻》云：国朝诸儒于各经皆有义疏，精博或过前人，惟此经指《周礼》无作者。孙仲容内兄博采古今，精研义训，勒成一编，聚珍板印，说者谓可与胡氏《仪礼正义》并行。

又作《孙叔芑墓志铭》云：时其从兄仲容以经学鸣于乡，其家欲绍科第，每望其与予及叔芑为举业。予同治癸巳就婚瑞安。于是招其戚黄仲叕、叔镕同学。时予与仲容已举于乡。……盖仲容学最精博，著述甚富，而于持家涉世不如叔芑才。……今予归老田里，惮为远行。仲容家居，为老师宿儒，名播海外，而谤屡腾于党人，学不传于乡里，每念时势变迁，辄称道叔芑不置云。——《崇雅堂稿》

又作《内弟季恒墓志》云：吾妇翁瑞安孙侍郎公，咸、同间以词臣乡居，奉旨团练，盖尝毁家纾难以殄"金钱会匪"。其兄太仆公之长子诒谷稷民则执干戈以御"粤贼"，卒以身殉，优诏褒恤，一时士气振奋，郡、邑城赖以完。次子诒让仲容则好古书金石文字，著述名世，为时经师，天下莫不闻。盖盛门为难继矣。后乃有诒撰季恒者，侍郎公第六子也。亦好书及古器物。……会庚子，北方有"拳匪"之乱，泰西联军入京，滨海群不逞之徒乘机而起，强劫商民。于是设局治团，君乃忼慨投袂，力任其事，干撽守望，数月未尝伏枕，……以计诛党魁胡道同等人，乃安堵。……事毕，以文生入赀为江苏知县，加同知衔，未行，遭父丧，以劳毁卒，年才二十九耳。——同上

又作《孙仲彤内弟小传》《外舅孙先生八十寿序》及各书题跋云。

《太平广记》：明许祐昌刊，大字本，较小字本讹缺尚少。孙仲容内兄得于厂肆，可称佳本。

《文选笺证》：绩溪胡绍瑛撰。孙仲容藏抄本。

《逊志斋集》：明方孝孺撰，成化庚子刊本，孙仲容藏。杨晨跋云：往岁孙仲容内兄得成化本于鄂城，寄余校订。

《礼记集解》：孙希旦撰，止庵外舅校刊。其书辑取古今礼家说解，择善而从，无门户之见。然自来议礼，纷如聚讼，难以折中，余尝为校订。——以上录自《敕书呓闻》中

邵氏《四库全书简明目录标注》：册尾题"庚午岁除，仲颂内兄属斠，定甫

时客冶城"。

《孙谱》云：同治九年庚午春，黄岩杨定甦孝廉晨来金陵。自是与公同几席相与，互观所尚。十二月十九日，侍太仆同杨定孚会诸胜流于飞霞阁，祀东坡。

太仆得《薛浪语集》，原本有杨定孚附笺甚伙。

又同治十三年，公同杨定孚姑夫北上至京口，三应礼部试。

孙宣作《澂观亭记》云：丁巳春，宣将走京师，过黄岩，谒姑夫杨先生于里第，先生年七十三矣。……先生曰："余退居二十年，藏书数万卷，课孙、曾以诗，时或登啸亭上。……余老矣，不复关与世事，惟澂心乐道，扶杖以观化耳，故名曰澂观，子曷为记。"宣敬诺勿辞。——《朱庐文抄》

杨晨挽孙仲容云：三百里风涛留滞，白首徒伤，既悲逝者，行自念也；数十年几席追随，素心相对，岂曰友之，殆吾师乎？

6. 喻长霖

喻长霖字志韶，黄岩人。七岁而孤，母抚之成立。从舅氏王子庄菜学于九峰书院。弱冠后，以穷故，课徒糊口。既通籍，十余稔未得一差。在京师，交当世贤大夫。著《惺是斋初稿》。

资料：

章梫《一山文存》。

宋慈抱《两浙著述考》。

关系：

喻长霖挽孙仲容联云：昔哭黄学士，今哭孙征君，天何不憖遗，两浙经师，此后渐成广陵散；父为清白吏，子为名大儒，公可以无恨，一门忠孝，将来合传褒贤碑。

7. 章梫

章梫字一山，黄岩人。少困场屋，四十以后始获通籍，置身词林。惟及十年，遽丁阳九之厄，其运可谓穷矣。

光、宣之际，亲贵用事，朝廷不纲，异说纷挐，祸变日亟。一山夙夜忧愤，思以祖宗之法救新政之弊，乃纂《康熙政要》二十四卷，进于朝。

辛亥变起，日图挽救，谋卒不用。时方纂修《景庙实录》，同官都半畏乱南下，一山坚不肯行，约同志数人卒成《实录》以报先帝。

国体改变，转涉津、沪，避地穷山，琐尾流离，佣书自给。艰苦万状，处之夷然，纂《明遗民传》数十卷以见志。

其师友姻党有居要津，方用事者争招致之，不可得。聘修国史，亦不就。著《一山文存》。

资料：

刘翰怡曰：其学少从德清俞曲园先生治经，入词馆后肆力于史，而其遭变匿处，泣念故国，有不可明言之隐。

喻长霖曰：吾友章君一山，有志于经世词章之学。少壮以贫故，囊笔走四方。年逾强仕，始通籍，居京师，与余同官，两人者，居相近，交相契也。余昔在太学，尝欲为《国朝政要》，猝猝未及编纂。未几，一山遽为《康熙政要》，哀然成帙，余喜一山之先得我心而服其勇。辛亥之变，同居危城。明年，余南下，大病几死；一山留都，创议续成《景庙实录》，余尤敬一山之能见其大而服其忠。今岁，刘翰怡京卿为刊其集，督序于余。——喻长霖《一山文存叙》

关系：

章楶挽孙仲容联云：前廿余载从沪渎相过，独发山岩石室之书，绵三郑绝学；后二百年溯永嘉遗派，乃览循吏儒林列传，有二仲齐名。

又作《孙诒让别传》云：孙诒让，浙江瑞安人。同治六年举人，报捐刑部主事。签分未久，引疾归，穷经著书垂四十年。光绪二十九年开经济特料，吏部尚书张百熙、工部左侍郎唐景崇、两湖总督张之洞交章荐之，病未与试。嗣礼部设礼学馆，聘为总纂，亦不就。

诒让僻处海滨，后进之请业者甄植众多，尝与黄绍箕创立学计馆及方言学堂以教邑人子弟。又以温、处二郡距省窎远，文化蔽塞，非设一总会学务之处不足以广教育，呈请巡抚设温处两府学务处，众遂举为总理。改温州校士馆为师范学堂，开设博物、理化教习所以备小学格致教习之用。三年之间，两府中小学堂增至三百余所。所筹经费，均与地方官绅切实规划而得，其苦心劝学盖如此。三十三年，学部奏充二等谘议官，浙江提学使复聘为学务公所议绅，又举为教育会会长。

诒让之学淹贯古今中外，以通经为体，以识时务为用。著有《周礼正义》八十六卷，《周礼政要》二卷，《墨子间诂》十九卷，《尚书骈枝》《周书斠补》《礼记斠补》《古籀拾遗》《九旗古义述》《六历甄微》《名原》《契文举例》《广韵姓氏刊误》《札迻》《籀顾述林》等各若干卷。其平生精力萃于《周礼》，次《墨子》。《周礼正义》自序云，……《墨子间诂》自序云：……。

今《周礼正义》《周礼政要》《墨子间诂》皆行于世。盖诒让为太仆寺卿衣言之子，幼承家学。衣言官江宁布政使时久，两江总督曾国藩幕中多方闻闳达之士，衣言出国藩门下，故诒让得习与诸老先生扬榷讨论以成其所学。且当日"巨乱"初平，故家秘藏流散城市，往往为所收获，闻见益广，研核特为精审。衣言故治永嘉学，刊其乡先正郑、薛、陈、叶诸遗集，多诒让所校定。诒让治汉学，而于

宋代诸儒未尝轻诋，蹈尊汉卑宋之习。三十四年卒，翰林院侍读吴士鉴奏请宣

国史馆，列入儒林传，从之。——《一山文存》五

——以上治史地

（十）词章

1. 梅曾亮

梅曾亮字伯言，上元人。少时工骈文，姚鼐主讲钟山书院，曾亮与邑人管同俱出其门，两人交最笃，同肆力古文，鼐称之不容口，名大起。间以规曾亮，曾亮自喜，不为动也。久之，读周、秦、太史公书，乃颇悟，一变旧习。文法本桐城，稍参以异己者之长，选势练色，务穷极笔势。道光二年进士，用知县，援例改户部郎中。居京师二十余年，与宗稷辰、朱琦、龙启瑞、王拯、邵懿辰辈游处。曾国藩亦起而应之，京师治古文者皆从梅氏问法。……未几，曾亮依河督杨以增。卒年七十一，以增为刊其诗文，曰《柏枧山房集》。

资料：

关系：孙衣言曰：季舅项儿山先生举道光壬午乡试，十上春官不第。尤嗜学，治古文词，兼通历算、方术家言。上元梅郎中曾亮、仁和邵舍人懿辰、巴陵吴学博敏树以古文名，皆与季舅善。——《逊学斋文续抄》卷一

2. 张裕钊

张裕钊字廉卿，武昌人。少时，塾师授以制举业，意不乐，家独有《南丰

集》，时时窃读之。咸丰元年举人，考授内阁中书。曾国藩阅卷，赏其文，既来见，曰：子岂尝习子固文耶？裕钊私自喜。已而国藩告以文事利病及唐、宋以来家法，学乃大进，悟前此所为犹凡近，马迁、班固、相如、扬雄之书，无一日不诵习。又精八法，由魏、晋、六朝以上窥汉隶，临池之勤亦未尝一日辍。国藩既成大功，出其门者多通显。裕钊相从数十年，独以治文为事。国藩为文，义法取桐城，益闳以汉赋之气体，尤善裕钊之文。尝言吾门人可期有成者，惟张、吴两生，谓裕钊及吴汝纶也。裕钊文字渊懿，历主江宁、湖北、直隶、陕西各书院，成就后学甚众。著《廉亭文集》。

资料：

《清史稿·文苑三》，二百七十二云：张裕钊字廉卿，湖北武昌人。道光丙午举人，官内阁中书，有《廉亭文抄》。

徐世昌《晚晴簃诗汇》卷百四十七云：张裕钊字廉卿，武昌人。道光丙午举人，有《廉亭遗诗》。

诗话：廉卿博综经义，治古文，宗桐城家法，而益神明变化之，以是负文誉。主莲池书院最久，畿辅治古文者踵起，皆廉卿开之。

3. 吴汝纶

吴汝纶字挚甫，桐城人。少贫力学，尝得鸡卵一，易松脂以照读书。好文出天性，早著文名。同治四年进士，用内阁中书。曾国藩奇其文，留佐幕府。久乃益奇之，尝以汉弥衡相拟。旋调直隶，参李鸿章幕。时中外大政常决于国藩、鸿章二人，其奏疏多出汝纶手。寻出补深州，丁外内艰，服除，补冀州。其治以教育为先……锐意兴学，深、冀二州文教斐然冠畿辅。……称疾乞休，鸿章素重其人，延主莲池书院讲席。……尝乐与西士游，而日本之慕文采者亦踔海来请业。会朝旨开大学堂于京师，管学大臣张百熙奏荐汝纶，加五品卿衔，总教务。辞不获，则请赴日本考学制。既至其国，上自君相及教育名家、妇孺学子，皆备礼接款，求请题咏，更番踵至。旋返国，先乞假省墓，兴办本邑学堂，规制粗立，遽以疾卒，年六十四。

汝纶为学，由训诂以通文辞，无古今，无中外，唯是之求。自群经子史、周秦故籍下逮近世方、姚诸家文集，无不博求慎取，穷其原而究其委。于经，则《易》《书》《诗》《礼》《左氏》《谷梁》、四子书，旁及小学、音韵，各有诠释。于史，则《史记》《汉书》《三国志》《新五代史》《资治通鉴》《国语》《国策》皆有点校，尤邃于《史记》，尽发太史公立言微旨。于子，则《老》《庄》《荀》《韩》《管》《墨》《吕览》《淮南》《法言》《太玄》，各有评骘而撮取其精者。于集，则《楚辞》《文选》，汉、魏以来各大家诗文，皆有点勘之本。

资料：

《清史稿·文苑三》，二百七十二云：吴汝纶字挚甫，安徽桐城人。同治乙丑进士，官至直隶冀州、直隶州知州。赏五品卿衔，充大学堂总教习。有《全集》。先生笃嗜古文词，至四面而至焉。

马其昶作《墓志》。——《抱润轩文录》

吴启孙作《事略》。

贺涛作《行状》，又作《墓表》。——《贺先生文集》

《近代诗抄》云：吴汝纶字挚甫，安徽桐城人。同治乙丑进士，官直隶冀州知州，有《吴挚甫诗集》。

徐世昌《晚晴簃诗汇》卷百六十三云：吴汝纶字挚甫，桐城人。同治乙丑进士，官冀州、直隶州知州，赐五品卿衔，有《挚甫诗集》。

诗话：挚甫以古文辞名一代，尝佐曾文正、李文忠幕。究心时务，不以文人自域。光绪辛丑，以长沙张文达荐，命以五品卿衔充京师大学堂总教习。旋赴日本考学制，归国遽卒。

4. 马其昶

马其昶字通伯，安徽桐城人。少承家学，刻意为古文词，请业于吴汝纶。性澹泊，貌庄而气醇。自少于俗尚外慕一不屑意，而攻苦锐进于学。尝闭声充一室之中，十余年不出。所治自《易》《书》《诗》《礼记》《大学》《中庸》《孝经》，旁及诸子、史暨梵典之说，编摩撰述，寻蹊要渺，而一衷于斯文。广西巡抚合肥李经羲者，李鸿章从子也，乃延其昶于家，教诸子弟。其中国松最知名，号能传其学，为刻所著《周易费氏学》《老子故》《庄子故》《屈赋微》《法言古义》等书。光绪三十二年，诏求人才，安徽巡抚冯煦以经明行修荐辟，其昶自念才能无可用于世，上书辞不应。宣统二年，学部聘之编辑《礼经课本》，遂入都。特旨，以学部主事补用，寻充京师大学堂教习。吴汝纶既逝，世之归仰桐城者必曰"是马通伯先生"。民国肇造，其昶则六十矣，为教习如故而寓居京师。以民国十三年领清史馆总纂，无日不到馆属稿，晨出夕返，风雨寒暑不少间。退值，则注《尚书》，成《尚书谊诂》八卷，夜半不辍，如是以为常。既而握管稍久，战悸不宁，遂以十五年夏南归养痾，四方问学者日至，酬对移暑，娓娓忘倦。肢体久不仁，而与人短札犹力疾自书，密行小楷，无一笔苟者。十八年己巳冬十二月十四日卒，年七十四。又刊有《抱润轩文集》二十二卷,《桐城耆旧传》十一卷,《左忠毅公年谱》若干卷。

资料：

关系：

孙衣言《书姚慕庭诗后》云：予与慕庭相识垂二十年，去岁忽自江西来，问所以，则已挂冠矣。予方谓慕庭年甚盛，仕方遂，乃能轻弃富贵，心甚敬之。既诒诗二章，尤清丽拔俗，予初不知慕庭能诗，不谓其工遂乃至于此。数月后，又以诗一卷见示。

又《题马生其昶文卷》云：姚慕庭壻桐城马生其旭以文来见，喜其简古有体。继复诒予书一篇，则陈义尤高也。生年甫二十，而已有意介甫，它日岂可量哉？……抑又闻之，少年为文字须有春夏气，而生之文秋气为多，将有郁而不舒之患，则收敛之过也。宜稍纵驰之，于生之年为宜，并以质之慕庭。——均见《逊学斋文抄》十

马其昶《清史稿·孙诒让传》：孙诒让，字仲容，瑞安人。父衣言，自有传。

孙诒让，同治六年举人，官刑部主事。初，读《汉学师承记》及《皇清经解》，渐窥通儒治经、史、小学家法。谓古子、群经有三代文字之通假，有秦、汉篆隶之变迁，有魏、晋正草之混淆，有六朝、唐人俗书之流失，有宋、元、明校雠之羼改，匡违捃佚，必有谊据。先成《札迻》十二卷，又著《周礼正义》八十六卷。以为有清经术昌明，于诸经均有新疏，《周礼》以周公致太平之书，而秦、汉以来诸儒不能融会贯通。盖通经皆实事、实字，天地山川之大，城郭、宫室、衣服、制度之精，酒浆醯醢之细，郑注简奥，贾疏疏略，读者难于深究而通之，于治尤多谬盭。刘歆、苏绰之于新周，王安石之于宋，胶柱鍥舟，一溃不振，遂为此经诟病。诒让乃于《尔雅》《说文》正其训诂，以《礼经》《大小戴记》证其制度，研撢廿载，稿草屡易，遂博采汉、唐以来迄乾、嘉诸儒旧说，参互译证，以发郑注之渊奥，神贾疏之遗阙。其于古制疏通证明，较之旧疏实为淹贯。而注有忤违，辄为匡纠，凡所发正数十百事。匪敢坏疏不破注家法，于康成不曲从杜、

郑之意实亦无诤。而以国家之富强从政教入，则无论新旧学均可折衷于是书。识者韪之。

光绪癸卯，以经济特科征，不应。宣统元年，礼制馆征，亦不就。未几卒，年六十二。所著又有《墨子间诂》十五卷，《目录》《附录》二卷，《后语》二卷，精深闳博，一时推为绝诣；《古籀拾遗》三卷，《逸周书斠补》四卷，《九旗古义述》一卷。

按，孙宣《朱庐日记》云：上午过桥西草堂，见《清史稿》背谬百出，行政院通令禁售矣。瑞安先辈列传者四人：许松年提督、黄通政、提学及先伯父籀顾府君。即伯父《传》，乃云"宣统元年礼制馆征，不就，是年卒，年六十二"。礼制馆之征在光绪三十三年，其明年五月卒，寿六十一，而"礼制馆"之名尤误。又《传》首之"父某，自有传"，遍检各列传，并无先伯祖太仆公传稿，此尤荒谬者也。盖传文仍用马先生原稿，而任意取舍，竟置先太仆公传不录，遂有此误耳。下午即以此事告孟兄。

5. 萧穆

萧穆字敬孚，桐城人。早承庭训，六经诸史皆涉藩篱。……年二十六七，值曾文正公开府皖江暨江南，"毛寇"肃清，驻节金陵，其幕府及他宾僚英俊群集，穆承曾公延誉，并与其幕府及诸宾往还，稍增广见闻。彼时，吴越耆旧尚有存者，又不惮跋涉造访，从之问业，于各种学问门径稍有所知。……惟承文正公遗训，专心朝章国故为问学大宗。自文正公薨后，即客于海上，专为留心四方文献起见，数十年来，所著各种不下四五百卷，于顾炎武、全祖望诸家之书尤熟。复多见旧椠，考其异同，朱墨杂下。遇孤本，多方劝刻，所校印凡百余种。有《敬孚类稿》十六卷。

资料：

《清史稿·文苑三》，二百七十二：萧穆字敬孚，安徽桐城人，诸生。

金武祥曰：先生善古文，殁后，缪筱珊太史、蒯礼卿观察、沈子培提学集赀为刻《遗文》十二卷。

陈衍《石遗室诗话》云：萧敬孚穆，桐城人。年未六十，须发尽白，目力甚短，读书太勤苦也。少受知于曾文正，为位置上海制造局译书处，月入不过十数金。前后三十年，乃增至三十金，株守不去。季觊诗所谓"确尔安儒素"及"傭书养母，客里安贫"者也。……敬孚以数十年刻苦节省，益以卖文所得，家颇富藏书，勤于抄写校勘，多善本。王益吾祭酒先谦刻《续皇清经解》《续古文辞类纂》，多半取材于敬孚。

关系：

孙衣言曰："萧生来求书，亦无暇下手。"《方存之宗诚自金陵来，一见即行，却赠》：昨别邵亭翁莫君友芝，今来龙眠叟。始知诸俊豪，未弃我顽朽，应门误谢客，危失此嘉友。乍见一掀髯，论事欲闭口。羡君气犹强，恨我老益丑。最思苏源生，读书日奉母。墓庐守松楸，吾辈真浪走。老徐亦无恙子苓，但苦缺升斗。犹幸贤中丞，乞钱与沽酒。萧生穆来求书，亦无暇下手。问业得师资，新功颇进否？旧游各在心，渐老几聚首。与君谋一醉，索客复无有。或随湖云深，直凌鹫峰陡。投诗难为怀，持归视某某。

宋衡《外舅氏学行略述》云：襄田所作诗文，桐城萧穆老而好搜录名人未刊之文弗倦，曾再三造门乞得录数首，终不与。

孙仲容曰：《孔子家语》汲古北宋刊本，今在余友桐城萧敬孚处，后有毛子晋斧季手跋，余从借读，颇有諟正。——《标注》孙笺

又曰：《梦溪笔谈》桐城萧穆有宋刊本，无补续。——同上

《孙谱》云：同治十一年壬申，从桐城萧敬孚先生穆许，假影写宋本《孔子家语》，校勘汲古阁本，辄就汲古本手加笺记而书于册端云。

按：杭州大学图书馆收藏一部分孙氏遗书，在其批校书中发现《家语》二册，里面有很多校文。……据孙氏题识，宋本《家语》为萧穆所藏，同治十一年在江宁假得校勘，详列异同，并据以改正底本异字。到光绪二年，又重审一过，认为前二卷影写宋本异同颇多，不甚可据，把有些初校据改的字又改了回来。校勘用朱笔，手书小楷甚工。书中还夹有墨笔浮笺，不是他亲笔所书，但文中有"诒让案"字样。……——近人孔镜清辑录《孔子家语校记》《孙诒让研究》

6. 王闿运

王闿运字壬秋，湘潭人，咸丰三年举人。幼好学，质鲁，日诵不能及百言，发愤自责，勉强而行之。于是年十有五明训诂，二十而通章句，二十四而言礼，考三代之制度，详品物之所用，二十八而达《春秋》微言，张《公羊》，申何学，遂通诸经。潜心著述，尤肆力于文。溯庄、列，探贾、董，其骈俪则揖颜、庾，

诗歌则抗阮、左，记事之体一取裁于龙门。闿运刻苦励学，寒暑无间。经、史、百家靡不诵习，笺注抄校日有定课。遇有心得，随笔记述，阐明奥义，中多前贤未发之覆。……尝慨然自叹曰："我非文人，乃学人也。"学成出游，初馆山东巡抚崇恩。入都，就尚书萧顺聘。……已而参曾国藩幕。闿运自负奇才，所如多不合，乃退息，无复用世之志，唯出所学以教后进。四川总督丁宝桢聘主尊经书院，待以宾师之礼，成材甚众。归为长沙思贤讲舍、衡州船山书院山长。光绪三十四年，湖南巡抚岑春萱上其学行，特授检讨，乡试重逢，加侍读。闿运晚睹世变，与人无忤，以唯阿自容。入民国，尝一领史馆，遂归。丙辰年卒，年八十有五。所著书《湘绮楼诗文集》《日记》《湘军志》等。

资料：

《清史稿·儒林传三》，二百六十九。

《近代诗抄》云：王闿运字壬秋，湖南湘潭人。咸丰乙卯举人，晚钦赐翰林院检讨，民国国史馆馆长。有《湘绮楼诗》。

《石遗室诗话》：湘绮五言古沉酣于汉、魏、六朝者至深。杂之古人集中，直莫能辨正。惟其莫能辨，不必其为湘绮之诗矣。……盖其墨守古法，不随时代风气为转移，虽明之前后七子无以过之也。然其所作，于时事有关系者甚多。

徐世昌《晚晴簃诗汇》卷百五十五云：王闿运字壬秋，湘潭人。咸丰丁巳补行壬子、乙卯两科举人，光绪戊申赐翰林院检讨。有《湘绮楼文集》。

诗话：自曾文正公提倡文学，海内靡然从风，经学多尊乾、嘉，诗派法江西，文章宗桐城。壬秋后起，别树一帜：解经则主简括大义，不务繁征博引；文尚建安、典午，意在骈散未分；诗拟六代，兼涉初唐，湘蜀之士多宗之，壁垒几为一变。

关系：

王闿运《湘绮楼日记》云：同治十年五月庚寅朔晴。伯寅来，旋得饮龙树寺，与香涛同为主人。四方之士集者十七人：无锡秦宜亭名炳文，善画。南海桂皓庭文灿。绩溪胡荄甫澍，子蔚之族也。吴许鹤巢赓飏。赵㧑叔云戴子高属访余，必欲一见。元和陈培之倬。会稽李莼客慈铭。赵㧑叔之谦。长山袁鹤丹启豸。洪洞董研樵文涣。遂溪陈乔生亦山。黄岩王子裳咏霓。钱塘张子虞预。福山王莲生懿荣。南海谭叔裕宗浚，玉生翁之子也。瑞安孙仲容诒让，琴西之子也。朝邑阎进甫乃烋，丹初之从子也，其父与余同居月余而忘其字，寓内城西湮沿桂中堂祠堂。

研樵曾与文卿同寓桂甲屯晋阳馆，余尚识之。亦山最熟，皓庭、莼客皆曾相见。王、张、孙不多语。孙年最少，亦二十四矣。胡、赵同寓果子巷，胡官户部，明当访之。伯寅各出一纸属书，意在得诗也。余归，乘兴得一篇云：西京重悼海，六艺赖昌宏。岂惟群廉孝，兼得翼承明。华选今在兹，大雅竟谁名。达人独訏谟，敷席礼奇英。元辰耦休暇，胜集耀西城。高轩静风埃，夏雨宿余清。谈酧时间作，赏乐既云并。嘉鱼昔何美，苹鹿贵款诚。日余久邻德，无德厕周行。群贤实元凯，济济作皇桢。苞粮岂终慨，行苇泽无赢。得人斯维竞，企子陟台衡。西园徒文宴，愧兹冠盖情。

按：《孙谱》云：未至者定海黄元同以周、秀水赵桐孙铭、宜都杨惺吾守敬及王子庄、许海楼、吴仲饴六人。谊亭作图，皓庭为之记。记文见《潜心堂集》。

7. 吴庆坻　子士鉴附

吴庆坻字子修，号补松，钱塘人。光绪丙戌进士，改庶吉士，散馆授编修。历官湖南提学使，至日本考学制，辛亥乞休。性仁孝，九岁丧母，经年独夜堂中霣涕、废寝。少治宋学，通籍后服官中外，蒿目时艰，深以世道人心为思。记朝章国故、遗闻轶事，为《蕉廊脞录》八卷。辛亥后，为《辛亥殉难记》八卷。文主湘乡阳刚阴柔之说，为《补松录文录》八卷。诗宗老杜，为《悔余生诗》五卷。修《杭州府志》《浙江通志》《杭州艺文志》，殁年七十有七。

资料：

姚诒庆作《墓志铭》。

王式通作《挽诗》。

宋慈抱作《哀词》。

《近代诗抄》云：吴庆坻字子修，浙江钱塘人。光绪丙戌进士，官湖南提学使。

徐世昌《晚晴簃诗汇》卷百七十六云：吴庆坻字子修，钱塘人。光绪丙戌进士，改庶吉士，授编修，历官湖南提学使。有《补松庐诗录》。卒年七十七。晚岁诗曰《悔余集》，多存感事怀人之作。

刘承幹曰：钱塘吴仲云制府之文孙子修，早岁入洛，研究掌故。中年，足迹半天下。居乡廿载，两修志乘。自登清要，益网罗旧闻。与当世贤士大夫相周旋，抽潜掇幽，风世厉俗。晚岁表彰遗逸，慨然有黍离麦秀之思。甲子之春，捐馆乡里。公子絅斋侍读手编遗稿。

子**士鉴**，字絅斋。生而颖异，稍长，博览群籍，过目不忘。十七八入邑庠，县、府、院试皆前列。十九岁试一等，补增生。会学使瞿相国鸿禨视风列郡，拔置第一。己丑乡试，中第四十四名，典试为顺德李仲约文田。次年复试，取列一等第一名，阅卷大臣为番禺许应骙、嘉定廖寿恒、瑞安黄体芳，至是声誉益起，日下知名之士咸愿折节与交。壬辰会试，中第三十七名，出吴唱初编修房，总裁为翁常熟、祁寿阳、李贵筑。及胪唱，士鉴以第二人及第，授编修，历官至侍读。民国廿二年卒，年六十有六。

士鉴勤学力行，虽显贵，犹手不释卷。每撰述一事，捡取参考之书多至数十册。用毕，即庋置原处，案头书籍从无凌乱。生平著述，有《补晋书经籍志》四卷，《晋书斠注》一百三十九卷，《九钟精舍金石跋尾甲乙编》各一卷，敦煌唐写本《经典释文校语》二卷，《四垂吉轩经眼录》一卷，《诗集》八卷，《文集》四卷，又《含嘉堂自订年谱》家刻本。

资料：

宋墨哀诗注：侍讲丈自国变后绝意仕进，著《晋书斠注》及《补晋书经籍志》《九钟精舍金石跋》等书。——《慎社诗录》

孙揆初曰：《晋书斠注》稿本全部取得，可喜。此书皆系黏贴，极易散乱刘刻印本甚少。——《卷庵剩稿》札记

关系：

吴士鉴《奏请将孙诒让宣付史馆立传折》：

臣吴士鉴跪奏，为胪陈已故刑部主事孙诒让学行，援例吁恳天恩宣付史馆立传以彰硕学，恭折仰祈圣鉴事。

窃维我国家振兴学术，崇奖儒修，耆宿经生后先接踵，一经臣工陈请，无不予以褒扬。或奖励于生前，或表影于身后，仰见我皇太后、皇上重道尊经之意，实有迈汉、唐而越宋、明者。臣伏见已故刑部主事孙诒让，系浙江瑞安县人，承其父原太仆寺卿孙衣言之教，学有家法，由同治丁卯科举人援例分部行走，淡于仕进，引疾归里，穷经著书垂四十年。大学士臣张之洞曾奏保经济特科，甚引重之，以宿疴未瘳，不克应试。所居温州，僻处海滨，士尠实学。诒让为后进之请业者甄植甚众，创立学计馆及方言学堂，承学之士云集飙起，浙中学派之开通，实诒让提倡之力。温、处两郡离省窎远，文化阻塞，宜立一总絜学务之机关，请

于浙江巡抚，设温处学务分处，当事者公举诒让总理其事。复请以温州校士馆改为师范学堂，以小学所需格致教员甚亟，乃开两次博物、理化讲习所，卒业者皆好学深思之士。诒让办学务处三载，两郡中小学校增至三百余所，所筹之款，均与地方官绅切实规划，其苦心孤诣有足多者。上年经学部奏派为二等谘议官，浙江提学使聘充学务公所议绅，并经浙江全省学界公举为教育会会长，其为中外所推重如此。

诒让之学，淹贯中西，博综今古，而尤以通经致用为急。以为《周官》一经乃政教所自出，先圣经世大法，节目至为精详，今泰西诸强国，其所以道国明民者，往往冥符而遥契。爰博稽制度典章，阐明微言大义，采汉、唐以来迄于乾、嘉诸儒学说，参互证绎以发郑注之渊奥，纠贾疏之阙遗，成《周礼正义》八十六卷。至是而官礼之闳意渺指皆可措之施行矣，论者谓二百余年研经之士未尝有此巨作也。又于周礼古义与西人之制相通者，别为《周礼政要》四卷。诒让以墨子强本节用，劳身苦志，该综道义，应变持危，其学术足以裨今日之时局，撰《墨子间诂》十五卷。其书精深闳博，一时推为绝诣。其余著述，尚有《尚书骈枝》《周书斠补》《大戴礼记斠补》《古籀拾遗》《九旗古义述》《六历甄微》《名原》《契文举例》《广韵姓氏刊误》《札迻》《籀庼述林》《永嘉郡记》诸书。综观该故员之学术，以通经为体，以识时务为用，与墨守章句、不知通变者迥不相同。方今海内通儒日就凋落，如诒让之绩学穷经实不多觏，遽于今年夏间病故，凡在士林，同声惋惜。

伏查光绪六年，前御史臣彭世昌曾以其同乡翰林院修撰刘绎事迹奏请宣付史馆列入儒林传，钦奉谕旨允准。兹已故主事孙诒让学同渊通，潜心经术，深明教育，成效昭著。臣隶籍浙江，见闻确凿，谨援例胪陈事实，合无仰恳天恩，准其宣付史馆列入儒林传以彰硕学，实于今日兴学前途大有裨益。如蒙俞允，所有该故员事实册及所著书，应由史馆咨行原籍查取以备撰辑。合并陈明，是否有当，伏乞皇太后、皇上圣鉴训示。谨奏。

又挽孙仲容联云：千秋绝学，独在《周官》，斠量高密功臣，后起远过贾公彦；两浙经师，有光乘史，慨想东瓯人物，旷世如钦陈止斋。

吴士鉴《含嘉室自订年谱》云：光绪三十四年八月初十日，奏"胪陈已故刑部主事孙诒让学行，请付史馆立传以彰硕学"一折。其略曰"窃惟"至"圣鉴"。奉旨："着照所请，该衙门知道，钦此。"

姚诒庆《吴纫斋行状》云：（上略）复奏议瑞安孙主事诒让入国史《儒林传》。

8. 陈衍

陈衍字石遗，侯官人。姿禀特异，五岁已能背诵四子书、《毛诗》《春秋左氏传》。少长，读书数行下，长老名宿皆叹奇之。光绪壬午举于乡，主试宝竹坡学士，于是文名藉甚。再试春官，不第，遂无意进取。作诗古文辞，下笔迅捷，日盈者寸。年三十一，出宾台抚刘公铭传幕。越四年，湖南学使、闽同乡张文原公燮钧函聘总校，得人为盛。当是时，南皮张文襄公之洞督两湖，以经术文学号召天下，其幕府极一时之选。闻衍名，安车以征，衍年四十三矣。

光绪壬寅，开经济特科招绩学能文之士，文襄以衍荐，及终试，文襄索卷不得，则已为他人所抑矣。

学部创立，征衍为主事，兼礼部礼学馆。凡有关学术邪正、盛衰兴亡，必奏记长官，侃侃无绌。旋应北京大学教职，先后讲授南北各大学垂四十年。

尝纂《福建通志》，竭晚年精力，是非褒贬，一秉大公云。衍为文，体曲而直，辞矫以健，则纯任自然，平淡苍老，于子厚、介甫为近；其所为诗，风骨高骞，时时发明哲理，天怀高旷，自言得于山水游为多。其他所著述凡数十种，曰《石遗室丛书》。民国廿八年卒，年八十二。

资料：

唐文治撰《墓志铭》。——《茹经堂文集》四编八

又云：辛未岁，门人叶长青介先生陈衍来无锡，佐余主国学专修学校讲席，欢然道故，聚首七年。丁丑四月去之闽，七月得耗，先生死矣。

《石遗室师友录》《近代诗抄》云：孙诒让字仲容，浙江瑞安人。同治丁卯举人，官刑部主事。

关系：

陈衍挽孙仲容云：等身留著述；旧学罢商量。

《石遗室诗话》：琴西年丈与曲园先生皆出春浦相国门下。

又云：向只知孙仲容为考据之学，缄札往来，未询其为诗也。偶至灵隐寺书藏，见《书目》上有《孙仲容诗》一册，记其《吉日癸巳石刻》二首云：铭璓弇山迹已芜，空岩马镫费传模。笈中一卷游行传，校得殷周六历无？　昆仑西母事微茫，黄竹歌成已莽荒。不有骅骝千里足，只愁徐偃是真王。

又有《书〈古籀拾遗〉后》诗一首，手书赠仲容云：瑞安孙君嗜朴学，著有古籀之拾遗。桐城萧公吾老友，转以投赠右手持。汤盘孔鼎出土记，《岣嵝》《石鼓》只传疑。古文奇字篆所本，吉金远过碣与碑。三王、吕、薛如有作，宣、谢引据他可推。熙朝此学迈天水，毕、王、翁、孙、严、武、祁。阮、吴专家君手订，审别点画穷毫厘。朝夕昧爽释殷敦，甲胄弓矢审周彝。夏官走冯属下士，楚臣苟、敬仍朝仪。嫡孙系出陈桓子，辞于物掌太白旗。刘君跋尾撮其要，大恉已朗如列眉。仆也开卷更举似，十祀廿祀知者谁。其勤其黄张仲簠簠，沱沱熙熙孟姜匜。如"宫"作"公""上"作"在"，及"斗"作"惠""要"作"葽"。卷中此例难仆数，匽喜永簧犹恒词。嗟余治经讲许学，廿载心得同管窥。"己""蛇""亥""豕"不同字，渡河甲子讹晋师。学矛茜茆本一例，毋以"缩酒"疑"鸟葵"。大篆一省不再省，若雺霖霖倒例可知。教学相长学去支，云如其来亢发友垂。省文假借易聚讼，不合古籀奚指麾。山川郡国出彝器，尽补《说解》须他时。《考工》断断偶采证，君作《正义》将宁取资。手民传命通缟纻，相报何速来《札迻》。周、秦诸子难句读，《商周金识》其纲维。杜林、张敞有果同好，何当载酒趋向问奇。

　　冬日无事，偶题中容仁兄所撰《古籀拾遗》后，即寄中容正之，兼谢《札迻》之赠。陈衍拾遗拜稿。叔伊陈拾遗之印。——《石遗室诗集》

　　按：此诗手迹横幅，现陈列于瑞安文管会即玉海楼故址仲容纪念室内。但《宋谱》云：戊戌年，朝廷更新法，持议者多举制科，未试而党狱兴矣。先生以陈中丞右铭、瞿尚书鸿禨推荐，列名其内，陈尚未识面，盖得之党人某君也。时福建陈石遗衍客张南皮之洞许，南皮询海内学者，衍曾举先生及皮鹿门锡瑞以对。

　　余检视陈氏诗集，其辞句略异，兹复迻抄如下。书孙仲容《古籀拾遗》后，寄仲容，兼谢《札迻》之赠：孙君嗜学兼汉、宋，余尝谓小学为汉学，金石学为宋学。爰有古籀之拾遗。桐城萧公吾老友，转以投赠右手持。汤盘孔鼎出《戴记》，《岣嵝》《石鼓》只传疑。古文奇字篆所本，吉金远过碣与碑。本朝此学迈天水，毕、王、翁、孙、严、武、祁。阮、吴专家君手订，辨别点画穷毫厘。刘君跋尾撮其要，一一已朗如列眉。仆也开卷更举似，十祀廿祀知者谁。其繢其黄张仲簠，沱沱熙熙孟姜匜。如"宫"作"公""上"作"在"，及"丰"作"惠""要"作"葽"。卷中此例难仆数，匽喜永簧犹恒词。嗟余宋学罕有得，许学一一聊管窥。"己""蛇""亥""豕"匪同字，渡河甲子讹晋师。矛孚茜茆本一例，毋以"缩酒"疑"鸟葵"。大篆一省不再省，若雺霖霖例可知。教学相长学去支，云如其来亢发垂。省文假借易聚讼，不合古籀奚指麾。山川郡国出彝器，尽补《说解》须他时。《考工》断断偶采证，君作《正义》宁取兹。手民传命通缄绤，相报何速来《札迻》。余刻《考工记辨证》与君刻《札迻》同一刻匠，君见令转索。周、秦诸子难句读，《商周金识》其纲维。杜林、张敞果同好，会当载酒趋问奇。——《石遗室诗集》卷二

陈衍《石遗室诗话》云：二十年前，从湘人章伯和处见章太炎所著《左传经说》，以为杭州人之杰出者，言于林迪臣、高啸桐，使罗致之。戊戌正月，客张广雅督部所。广雅询海内文人，余举孙仲容、皮鹿门，以次及君。广雅以为文字诡谲，余复言终是能读书人。迨余入都，闻广雅已电约君至鄂。旋闻以与朱强甫谈革命，强甫以告星海梁节庵，星海将悬而榜之，未果，狼狈归。迨余回鄂，案上有君书一函，言以上状。并言至沪访余不遇，闻余入杭，又访余于杭，亦不遇。终斥广雅之非英雄，余以其书呈广雅。君学问优长，小学尤罕其匹，诗未之见。

章炳麟尝客张之洞所，荐自陈衍。其乖离则自梁鼎芬，恶其谈革命而排去之，已据《石遗先生年谱》并敖子鱼君《书章炳麟事》先后记其梗概。顷阅《石遗室诗话》，述及章炳麟有云：（同上文"二十年前"至"书呈广雅"，略）衍此处所述，有为其《年谱》所未及者，如所云鼎芬且尝欲榜炳麟矣，衍对之洞称引及于炳麟。据《年谱》，系谓"散体文有直隶新成王树枏、义宁陈三立，骈文有武进屠寄、泰州朱铭盘，考据之学，可信者有瑞安孙诒让、善化皮锡瑞，当皆老师所已知。此外，尚有浙江章炳麟"。是同时所称孙、皮而外，犹有王、陈、屠、朱四人。——《凌霄一士随笔》十四

9. 江瀚

江瀚字叔海，福建长汀人。光绪中，历充四川川东书院、致用书院院长。二十四年，经湖南巡抚陈宝箴、江苏学政瞿鸿禨报送经济特科。二十八年，又经都察院左副都御史张仁黼奏保经济特科，均未赴试。三十年，经江苏巡抚端方咨送日本，调查学务。三十一年，充江苏高等学堂监督。三十二年，学部奏调到部，充京师大学堂师范科监督。三十四年，补授学部参事，兼参议。旋经湖广总督陈夔龙荐举人才，奉旨：着以道员交军机处存记。宣统二年，充京师女子师范学堂总理，钦选资政院硕学通儒议员。嗣部简派河南，开归陈许道。三年，署河南布政使。民国元年，经教育部延充京师图书馆长。二年，任命署四川盐运使，不就，派充第二期知事主试委员。四年，任命为参政院参政。五年，特派为文官高等考

试典试官。十九年，国民政府任为故宫博物院理事，兼图书馆长。二十年，代理理事长。二十一年辞职，仍充故宫博物院专门委员。著有《慎所立斋文集》四卷，《孔学发微》三卷，《诗经四家异文考补》一卷，《石翁山房礼记》九卷，总名《长汀先生著书》。民国二十四年卒。

资料：

《近代诗抄》：江瀚字叔海，福建长汀人，官开归陈许道。有《慎所立斋稿》《北游》《东游》等集。

《石遗室诗话》：君诗五言家选体。

关系：

江瀚挽孙仲容联云：海内争传《政要》书，蛇谶悲闻，谁承朴学；我生未识斯人面，鹤征忝附，徒企芳踪。

10. 冒广生

冒广生字鹤亭，江苏如皋人。小孤，母教以文章，外祖周季贶先生最属爱。以妙年举乡荐，出瑞安黄公叔颂门下。明年，公以女妻之。英姿飒爽，气咄咄若朝日。自言二十以前喜读明、清人文集，彼时懵然未尝知所趋向也。其后读姚氏《古文辞类纂》，乃知所谓桐城家古文。其后读曾文正《圣哲画像记》及《欧阳生文集序》，乃知学所谓桐城家古文。北来燕，南走粤，中间栖栖吴、越具区之间，则去其为之功半。受词于叶兰台先生，托体风骚，含情绵邈，拟之清朝，当于竹垞、水云间分踞一席。其族祖冒巢民先生在明季以风节文章负海内重望，主持文柄，与复、几二社抗行。身丁九厄，排击奸佞，南都防乱之揭名震一时。沧桑以后，邈然高蹈，不应鸿博之荐，而名未登国史文苑之传。鹤亭始捊集遗文及地志、家牒，缉成《年谱》一卷。所至好搜集其地文献，如在温州，尝编《永嘉诗人祠堂丛刻》及《永嘉高僧碑传集》各若干卷。己亥卒，年八十七。

资料：

金武祥《粟香五笔》六云：祥符周昀叔都转，诗词、日记刊以行世。今年介弟季贶太守复以遗文三篇交其外孙冒鹤亭孝廉携粤见示，李莼客评，以为字字矜炼。

又云：如皋冒鹤亭，年二十举贤书，出瑞安黄叔容太史门下，遂以女妻之。鹤亭名广生，为巢民先生族孙，其生日适与之同，为辑《年谱》并刻《朴巢诗选》，家有《水绘图》。

叶昌炽《缘督庐日记》云：冒鹤亭孝廉广生，转示隆裕太后挽词五言排律一首。……冒君为黄叔雍之婿，今在瓯海关司榷，非其志也。夙未谋面，远道贻诗，以梅村自况。

《近代诗抄》云：冒广生字鹤亭，江苏如皋人。光绪甲午举人，官淮安关监督。有《小三吾亭诗》。

汪香泉为我画瓯隐园中花木，各赋一诗，录一：一分流水二分尘，种就前身薄命因。商女莫歌亡国恨，世间犹有息夫人。桃花

里居不戒于火，藏书焚尽，诗以志痛：所嗟三百年，文献湮莫彰。平时慕遗山，尝慨野史亡。私冀宦早成，归去罗典章。结亭旁家衖，著作青藜光。今来付一炬，此愿云何偿。焚书除精本、孤本外，尤以顺、康至光、宣十朝名人专集多至二千余种，皆关掌故，为可惜。

林纾《夕照寺为巢民先生作生日记》云：鹤亭淹博能诗，于巢民先生，虽断缣另素，必拾而藏之。

薛钟斗代汪香禅《题瓯江送别图》云：疢斋先生，江南之风雅士也。自奉命监督瓯海关五年于兹，网罗文献，缱绻名胜，不遗余力。尤驰心释氏，尝葺唐以来至明、清之永嘉高僧为《碑传集》八卷。复倡捐巨金，集资绅僚以修江心寺。岁己卯，先生结社联吟于瓯隐园中。

又作《送冒先生序》云：钟斗儿时，饫闻乡之父老言，黄公绍第主江南乡试，得一年少士，甚知名，妻以女焉。及年十三四，读近人诗文，有从旁指其姓名曰：此黄公婿也。中心藏之，不敢忘也。癸丑，重负笈武林，道永嘉，而先生适奉命监督瓯海关。阅三载，钟斗以膏火不继，跧伏里间，于是先生在永嘉所留之文字、所刊之先贤遗著皆得而读之。……及钟斗成《永嘉诗人祠堂丛刻札记》，复分奉灾之木。甚矣！文字因缘之离合固如是矣。……接先生之风采，顾然鹤立；聆先生之言谈，旷然生风。而奉母出山，若有不太释然者。……先生六年瓯隐，尽结古欢。其见忌于金壬，宜也。一纸飞来，而先生以去。

拙著《瓯隐园考》。——《温中校刊》

关系：

孙衣言《周叔云侍御星誉索诗》云：太史才名旧琐闱，惠文柱后更光辉。酣嬉白日频中酒，槃礴青山自解衣叔云工画。儒者岂无当世感，圣朝偏喜谏书稀。年来

我亦愁衰鬓，莫作先生杜德机。——《逊学斋诗续抄》三

宋慈抱云：冒鹤亭榷使在瓯时，尝于署内瓯隐园筑永嘉诗人祠，刻四灵、五峰、高则诚诗，《蒲江词》十余种，曰《永嘉诗人祠堂丛刻》。储石既承榷使聘赴读书，则为之考异订讹，成《札记》一卷。丁巳岁，余与储石同客瓯隐园，意相得也。

在馆抄《元正顺镇江志》序跋数篇，一篇为如皋冒鹤亭广生撰。广生为乡先辈黄叔颂先生之快婿，家初甚贫，黄氏识于稠人之中，妻以女。广生能文，得桐城家法，后成进士，监督我温瓯海关，敬敷文教，建永嘉诗人祠堂，为刻《丛书》以存我乡文献，并邀吾师友薛钟斗、宋慈抱读书于其署瓯隐园。冒氏从此家渐富，多蓄书，称如皋第一矣。

灯下览《如皋冒氏丛书》……此集首有孙前辈诒让为作《年谱叙》，盖广生曾官我温，就婚黄公叔颂于瑞安，乃交结诒让。广生固好文学，能奖掖我邑后进如薛储石、宋墨庵，为筑楼监督署瓯隐园内，且资膏火，使专意读书。并刻《永嘉诗人祠堂丛刻》，一切仿晋名宦谢灵运、王右军之所为，其有益于我温多已。——拙著《修学庐日记》

孙仲容《窳櫎诗质跋》云：先君以道光庚戌成进士，与祥符周叔沄先生为同岁，又同入史馆，春明文宴，往还最密。先生昆弟五人，咸以高文邃学名重一时，而季弟季贶先生学尤淹洽，喜收藏异书，著录数万卷，多宋、元旧椠及乾、嘉诸老精校善本，三荣郡斋不是过也。

先君曩官江东，季贶先生亦需次闽中，时驰书从先生借抄秘籍，辄录副见寄，手自理董，丹黄杂遝，精审绝伦。诒让尝与校读，每伏案钦诵，以为抱经、尧圃未能专美。……比先君以太仆引疾归里十余年，季贶先生亦解组归寓吴门，书牍疏阔，久不相闻。

光绪乙未冬，先生外孙冒鹤亭孝廉来瑞安，得从问先生起居，出示先生手定五言律诗五十余篇。

又《冒巢民先生年谱序》云：如皋冒巢民先生，在明季以风节文章负海内重望，主持文柄，与复、几二社抗行。……其族远孙鹤亭孝廉始捋集其遗文及地志、家牒，缉成《年谱》一卷。……诒让曩尝览涉国初遗闻，于巢民先生最所钦服，而恨未见其传书，不及考其事迹之详。去冬鹤亭就婚瑞安，出所著《谱》见视，乃得餍平生晞慕之志，窃用自幸。

鹤亭以妙年举乡荐，所学甚富，所著文奄有阳湖、宜兴之长，尤工为词，梦窗、白石可与共论，它日所造，殆未可量，而斯《谱》尤其矜慎之作。——光绪丙申

又《新始建国铜镜拓本跋》云：右新莽宜子孙镜，祥符周季贶太守星贻得于闽中。太守归老吴门，以付其外孙如皋冒鹤亭孝廉广生。余前廿年于亡友戴君子高许尝见拓本，独山莫先生子偲为跋尾，所著《金石经眼录》亦载之。……今鹤亭以手拓本寄赠，……鹤亭既諟正之，余复为补释数字，略可诵说。——《述林》八

按：周星诒字季贶，星誉弟，官至福建建宁府知府。喜收藏，精校雠。有瑞瓜堂藏珍，著《窳橫诗集》一册，新抄本。

《近代诗抄》：周星誉字畇叔，一字叔云，河南祥符人。道光庚戌进士，官至广东盐运使。有《沤堂剩稿》。

周星诒字季贶，星誉弟，官福建建宁府知府。有《窳橫诗质》《瑞瓜堂诗抄》。赠桐城萧敬孚穆，寄萧敬孚沪渎，喜敬孚自沪上来访。

又鹤亭孝廉以新莽宜子孙镜拓本寄贻，既为之跋，奉求董正，意有未尽，复成二律：团栾古明月，脱冶二千年。圜幂斠庎斜，珍文证大泉。辟雍修学后，鄙邑中兴前。破涕诵奇语，吾将事畠田。　　西都兴废事，照澈一奁虚。涷齐参周纪，编元续汉余。镂文刀错似，拓影瓦当如。奇字定谁作，元亭倘察书。——《籀颐诗词》

又《墨子间诂后记》云：此书写定，……一日，得如皋冒鹤亭孝廉广生书，云武进金湜生运判武祥藏有先生指张皋文手稿本，急属鹤亭驰书求假录。金君得书，则自校写一本寄赠，得之惊喜累日。光绪丁未籀颐记。

冒广生《赠孙仲容刑部诗》二首云：许、郑无文章，任、沈寡经术。千古滕、薛争，一言齐、鲁失。觥觥孙仲子，渊博未有匹。往籍多沦亡，后生误呫哗。穷年仰屋梁，一一为梳栉。著有《周礼正义》《墨子间诂》余事工文词，采藻复秀出。左升仪郑堂，右入平津室。始知根柢宏，枝叶自茂密。如水有本原，其流日汩汩。咄哉一孔儒，晞名不晞实。　　我闻永嘉学，所重在事功。止斋与水心，议论尤闳崇。方今苦风尘，岂复慨宋聋。猛虎伺我西，毒龙瞰我东。岂伊阳九厄，将毋百六穷。君独为其难，宣畅儒宗风。发言既偏宕，举世谁余从。时议为兴儒会茫茫神圣业，役役衣冠中。仰视白云浮，青天何梦梦。

又《五君咏》之一孙仲容先生云：每忆永嘉孙仲子，平生学问出高邮。蝎甘生命身将隐，豹觊留皮死未休。闭户可能忘理乱，著书聊复遣烦忧。君家大阮真人瑞谓孙襄田先生时重宴琼林，八十于今已过头。——《小三吾亭诗集》

周星诒字季贶，河南祥符人。官福建知府，署建宁府知府。有《窳櫎诗质》《瑞瓜堂诗抄》。

如皋冒鹤亭广生为瓯海关监督，于署内玉介园遗址筑永嘉诗人祠堂，倡刻《永嘉诗人祠堂丛刻》计十三种：

一曰唐释玄觉《永嘉集》，谓通行有明天台沙门传灯注本，离析合并，失本来面目，爰据藏本翻刻，附以《证道歌》一帙。

二曰宋王开祖《儒志编》，不言所据何本，惟许及之《儒志赞》一首，结衔称"乾道壬辰春知枢密院参知政事、同里许某"书。冒鹤亭谓：乾道壬辰为孝宗十年，《宋宰辅编年录》称，及之参知政事在宁宗嘉泰二年，相去三十年，盖王氏后人家谱妄为附志，《赞》词亦浅人假托而。

三曰宋徐照《芳兰轩集》。

四曰宋徐玑《二薇亭集》。

五曰宋翁卷《苇碧轩集》。

六曰宋赵师秀《清苑斋集》。冒氏自言用《群贤小集》本翻刻，盖此四集钱牧斋藏有宋本，绛云烬后，仅存前半部，归汲古阁毛氏。孙仲容玉海楼藏有影抄本，鹤亭假而不获，不及近人南陵徐乃昌所刻《四灵集》远甚。

七曰宋薛师石《瓜庐诗》，亦用《群贤小集》本。

八曰宋卢祖皋《蒲江词》，用毛氏《宋六十家词》本，补刻十首。

九曰宋林景熙《霁山集》，用鲍氏知不足斋本辑补叙跋一卷。

十曰元李孝光《五峰集》，用明钱杲本，孙氏玉海楼抄出，又于他书辑补一卷。

十一曰元高明《柔克斋诗辑》，则冒氏所辑诗凡四十九首，词一首，都为一卷。

十二为清黄绍箕《鲜庵诗》。

十三为清黄绍第《漫庵诗》，合题《二黄先生集》以殿于后。

冒鹤亭尚欲搜永嘉前哲书宜刻者，誊成一纸，《太平经国之书》亦在内。又欲为《谢灵运集注》本《长编》，未几，即调去。丛刻板存关署内，寻移置温属图书馆，与《永嘉县志》板同存。近以图书馆屡易主者，板颇遗失，某君补刻阙片，并增补二黄先生未刻诗，亦可喜也。——《瓯风·乡事纪闻》

又校《习学记言序目》五十卷，十六册，明抄本，宋永嘉叶适著，玉海楼藏。周氏善收藏，著录数万卷，多采宋、元旧椠及乾、嘉诸老精校善本。今闻玉海楼所藏善本来自周氏者凡三十余种云。——均见《展览专载》

——以上治词章。

三、外籍学者

（一）林泰辅（缺）

（二）李提摩太（缺）

（三）蔡博敏（缺）

四、地方官吏

（一）薛时雨

薛时雨字慰农，晚号桑根老人，安徽全椒人。咸丰癸丑进士，官杭州知府。著《藤香馆集》。

资料：

谭廷献作《墓志铭》云：先生罢官后，筑室湖滨，曰薛庐。诗歌博大如乐天，超逸如子瞻。献用《山谷精华录》故事读定四卷，谈者皆谓先生之文、之事媲白、苏二公，知言也哉！

《近代诗抄》云：薛时雨字慰农，晚号桑根老人，安徽全椒人。咸丰癸丑进士，官至杭州知府，署粮储道。有《藤香馆诗抄》《续抄》。

《石遗室诗话》桑根诗学白傅、放翁，虽二公未易遽及，然以桑根治行循良，而宦游勇退，诗境故自时近随园。

顾云作《行状》。——《盋山文录》

冯煦作《墓表》。——《蒿庵类稿》

徐世昌《晚晴簃诗汇》卷百五十四云：薛时雨字慰农，一字澍生，全椒人。咸丰癸丑进士，历官杭州知府，候选道。又《藤香馆诗删存》。

诗话：慰农居杭州最久，其诗亦如西湖山水，清而华，秀而苍，往往引人入胜。至伤时感世，沉郁顿挫，浸浸入少陵之室。六十以后，不复作诗，属其门人谭献删订全集，……编《桑根老人精华录》二卷行世。

谭献《复堂日记》云：同人觞薛慰农观察师于湖舫，风日清佳，吟啸甚适。一念此集为离筵，不禁凄恻。放鹤亭有酒人张坐，薛师不通名氏，径与拇战，同人继之，脱略形骸，想见晋、宋间人风致。落照依微，秋山澹冶，所恨劳劳亭前无柳可攀。

李慈铭《越缦堂日记》云：光绪五年一月二十九日，得袁爽秋书，送来薛慰农所写《六十自述诗》十二章。

金武祥《粟香随笔》二云：全椒薛慰农观察引退后，主讲杭州崇文书院，旋移席金陵惜阴书院，东南学者宗之。

关系：

孙衣言云：《去岁浙闱，薛慰农观察时雨与王补帆同年凯泰皆为监试，作步月图以纪事，慰晨索诗》丙寅诗云：荇藻风林望渺然，浙江潮满月初圆。鹓袍同队八千士，驹隙回头三十年予甲午、乙未、丁酉三应浙闱，后遂入都应顺天试矣。曲江先后荷恩荣，凄断婆罗记旧声。今日清光无恙在，琼楼高处不胜情。

又《送慰农别》云：怕送使君五马行，风荷烟柳若为情。河东风去三霄迥，海上鸥浮万里轻。秋草吴山余废垒，夜潮明月见空城。道旁每堕遗民泪，未免伤心向首程。——《逊学斋诗续抄》三

（二）沈家本

沈家本字子惇，晚号寄簃，浙江归安人。少读书好深湛之思，于《周官》多创获。初援例以郎中分刑部，博稽掌故，多所纂述。光绪九年癸未成进士，仍留部补官。后充主稿，兼秋审处，自此遂专心法律之学，为尚书潘祖荫所称赏。……"拳匪"乱作，家本已擢通永道、山西按察使，未及行，两宫西幸，联军入保定，……家本因驰赴行在，授光禄卿，擢刑部侍郎。……会变法议起，袁世凯奏

设修订法律馆，命家本偕伍廷芳总其事；别设法律学堂，毕业者近千人，一时称盛。补大理寺卿，旋改法部侍郎，充修订法律大臣。宣统元年，兼资政院副总裁，仍日于馆员商订诸法草案，先后告成，未尝以事繁自解。其所著书，有《沈寄簃先生遗书》二百余卷。卒年七十四。

资料：

《清史稿·列传》二百三十。

王式通作《墓志铭》。——《志庵文集》

徐世昌《晚晴簃诗汇》卷百七十四云：沈家本字子惇，晚号寄簃，归安人。光绪癸未进士，官至法部大臣。有《枕碧楼偶存稿》。

诗话：子惇为菁士太守字。髫年毕群经，于《周官》尤多神悟，初为考据之学，锐意著书。及官秋曹，潜心法律，博极中外。……

关系：

挽孙仲容联云：学校重维持，早知道在庚辛，海内外共参教化；礼堂勤著述，共惜运逢辰巳，浙东西失一通儒。

（三）启续

启续字迪斋。

资料：

李慈铭《越缦堂日记》荀学斋戊集下云：光绪元年十二月二十一日邸抄：上谕：御史余上华奏"户部郎中启续，质本轻浮，性尤狂悖。办公每多颠顶，遇事一味把持"等语，着派宝鋆等秉公查办，据实具奏，毋得稍涉殉隐。

又九年十月，邸抄：上谕其人心性伶俐，语言便捷，并非精实正夫之才。

关系：

《刘绍宽日记》云：庚子年六月廿一日，县城信，瑞安陈飞龙已投诚。晚刻殷叔祥来，云孙仲容先生为出保信，陈见新太守盛夸神拳之术，新太守与何中府皆惑之。六月廿三日，孙仲容先生信致愚楼，谓陈飞龙、许阿雷、黄上焕均已投诚，启太守将令招集成团，仲容先生力争乃止。瑞城办团，粗有端绪，乡间亦次第举行矣。六月廿七日，启太守续撤任，新太守林祖述前日到温。各教民均已归里，本地拳民方宝龙等皆逃。

启续挽孙仲容联云：在昔抚民弭患，端赖持筹，幸仁里相安，曲意调停维大局；于今兴学培才，正资擘画，怅道山遽返，尽心提倡复何人。

（四）汤寿潜

　　汤寿潜字蛰仙，浙江山阴人。早岁为诸生，以文学见称，闳博有器识。既举于乡，客山东巡抚张曜幕，与乌程施补华同见倚任。于是习闻国政之得失，喟然论列时敝损益所宜，为《危言》四十篇，期可见诸施行，时人以比唐甄《潜书》、冯桂芬《抗议》焉。光绪十六年成进士，改庶常，散馆，以知县诠授安徽青阳知县。以清廉自持，未久乞归。二十六年义和团之变，寿潜往说两江总督刘坤一、两湖总督张之洞，定东南互保之约。二十九年，擢署两淮盐运使，又辞。三十年，浙江全省人士倡筑沪杭铁路，公举寿潜为总理，吴兴刘铭藻副之。次年，由商部奏派就职，加四品京堂衔。未几，以争废英人借款草约，忤邮传部尚书盛宣怀，宣统元年授云南按察使，实以远之也。旋改授江西提学使，辞不赴官，复痛劾盛宣怀媚外误国，使朝廷失信于民，不可使久处朝列。触枢臣怒，奉旨革职，不许干涉政事。三年八月，武昌光复，浙江响应，发难者日夜推寿潜为都督，迎之于上海。寿潜既为都督，宣布全省免粮免税一年，用人行政，开诚布公，境内外帖然以定。遣师会攻张勋于江宁，不逾月下之。方拟直驱齐鲁，会清帝禅位，遂班师回浙。军事粗平，寿潜即辞职。……民国元年，特任为交通总长，寿潜以隐居求志自誓，托故游历南洋群岛，侨民争求识之恐后。既还，闻政归袁世凯，叹曰："斯人必以称尊号而败。"后竟如所言。民国六年六月卒，年六十六。著有《尔雅小辨》二十卷、《说文贯》二卷、《危言》四卷、《理财百策》二卷、《三通考辑要》及《文集》若干卷。女夫会稽马浮字一浮。

　　资料：

　　宋衡《与王六潭书》云：凉风萧萧，忽忆达人汤子蛰仙，靖节后身。

　　刘绍宽《厚庄日记汇抄》云：戊戌李端棻保举经济特科十六人：汤寿潜人品严峻，学识通达内外政，著有《危言》一书，曾经总署印行。

　　又云：缘杭沪铁路政府本议订由英国建筑，于是浙人大起反对，由浙人自发起筹款自筑，举汤蛰仙京卿寿潜为总理。永、乐、瑞皆有绅富出巨资，而平阳独无之，故宋仲铭、王志澂、姜啸樵等议有文成款附股之说。

　　唐文治《自订年谱》。

　　伪国史馆拟传，宋墨庵稿。

关系：

孙仲容《与汤蛰仙书》云：蛰仙先生有道：前诵贵公司来函，敬审台从即日隶沪，惜以衰惫，未能渡海一聆高论，崇睇沧波，曷任怅惘。陈次耕大令前摄永嘉，政声烂然，早在洞鉴。弟承乏学务，尤仰仗赞成。永邑首治，为敝郡模范，城乡小学林立，皆贤父母之赐。惜瓜代以后，继任者意见甚深，不能收萧规曹随之效耳。前以其交代清绝回省，凤钦德望，敬诣高斋而求训诲，属弟为作介绍，恭祈惠赐指教，俾有遵循，感幸无量。敝郡学界幻态百出，大令深悉底蕴，谨属缕陈，想先生亦同兹一喟也。匆匆奉达，恭敏台安不宣。小弟孙诒让顿首，十日。

汤挽孙仲容联云：勃谿在室，寇贼在门，同志又弱一人，益令我放声而哭；精禽之心，骑虎之势，力辞不容引退，方羡君撒手竟归。注：浙路多故，凡助力者赓续即世，既悯逝者，益以自伤。

（五）支恒荣

支恒荣字季卿髦青，江苏江都丹徒人。同治庚午举人，光绪丁丑进士，改庶吉士，授编修。少有至行，尝割臂疗母疾。及长，体清癯而神明阴澈。刻苦自励，邃于儒先性理之学。……在词馆二十五年，自与同志讲学外，日惟闭户自督。庚子"拳乱"，洋兵入京，恒荣矢志坚定，与眷属守京邸弗去。辛丑和议成，两宫迴銮，尝召见翰林院诸臣，太后流涕言载漪、刚毅诸人纵容"拳匪"殃民误国罪，恒荣于班末抗言，意欲朝廷惩前毖后，任用守正不阿之士也，太后颔之。……是岁擢詹事右春坊右赞善，五迁至侍讲学士。嗣迭掌文衡，壬寅、癸卯充山东、湖南正考官，甲辰任湖南学政，丙午授浙江提学使。一时学堂初设，士气嚣张，而浙尤甚，长官濡忍，若奉骄子。恒荣以正自持，屹若山立。己酉以病乞归，侨居泰州。值世变，益杜门，罕通人事。甲寅冬卒，年六十七。

资料：

近人支伟成《清代朴学大师列传·叙传》。

李慈铭云：庚午同年支恒荣编修以丧耦未赴。——《日记》光绪七年正月廿六日

关系：

孙诒让《致支季卿提学书》：夫子大人钧座：春明抠谒，瞬及廿年，翘企斗山，莫名钦系。客夏欣阅邸抄，敬审渥奉温纶，视学浙水。大贤光莅，海宇向风，

谨与同里士民额手称庆。嗣闻旋节扶桑，荣履新任，拟即肃笺申贺，只因衰病侵寻，楮墨久废，迁延未果，歉仄何如。乃承纡尊下逮，华翰先施，奖谕殷拳，洛诵愧感。诒让自庚辰请假养亲，蜷伏家衖，不复与世相闻。孤露以来，意兴益减。少治章句之学，于世事懵无所解。迩来时局阽危，沦胥之痛时梗胸臆。加以年逾六十，早衰多病，益复无当时需。前者敝里二三同志集议兴学，嗣又请设学务分处，咸强使承乏。自愧学殖迂疏，无能为役，而以桑梓义务，又不敢諈诿，勉策驽骀，支撑逾载，力尽筋疲，无补毫秒。顷幸劝学公所奉文裁撤，得以略释仔肩。正深欣忭，乃又猥承钧谕，委充议绅，闻命之下，愧悚万分。……议绅职司咨论，宜博求宏达强毅之士，仰备涓埃之采。吴、邵诸君，咸邃学清望，冠绝时贤，允足副兹妙简。至于诒让之衰朽疏庸，亦荷过采虚声，俾厕斯列，并蒙垂念耄年，许其遥领，师门盛意所以优容之者无微不至，私衷实深铭缕。惟是外顾乡里之责备，内揆顽钝之衰躯，实有万不敢任之情，此所以昕夕傍徨，惭悚无以自处者也。倘以急切乏人足承兹选，则窃见山阴蔡鹤卿太史元培，深通哲理，著述渊邃；会稽陶心云观察浚宣，才识开敏，经猷宏远。傥蒙甄采，必可胜任愉快。诚以忝附门墙，不敢略存伪饰，谨罄布腹心，荐贤自代。

《再致支提学书》云：夫子大人钧座；前日奉诵觇谕，备承椟诲，既谅其年力之就衰，复勖以义务之靡贷，发函三覆，感激涕零。议绅一席，实因学疏望浅，万不足以仰副咨询，故谨沥陈下忱，并举蔡、陶两绅冀以自代。乃荷钧翰，仍申前命。顾兹时局之艰亟，重以师谕之殷拳，只得策励驽骀，勉遵台恉。以后倘略有蠡管之窥，谨当随时陈达，用备甄择。……诒让章句腐儒，秉资痑弱，虽少治旧学，略窥一二，而刍狗已陈，屠龙无用，实不足以应时需。

前此温处学务分处之开，因两郡学界同人强俾承乏，当时程筱周观察仿泰西文明办法集众议决，所有办理学务董事亦均以投票多少决之。两年以来，学界略有发达之机，亦咸藉厚集群力，共相维持。诒让惟是措手受成，得告无罪。然摒绝私人，严拒干谒，亦因此怨谤间生，阻碍百出。前此公举分处学务长，初为拔贡生平阳刘绍宽，嗣因同乡京官黄学士绍箕、徐侍御定超公电举该拔贡充本郡中学堂监督，改派拔贡生瑞安蔡念萱接充。客冬又因黄君提学鄂中，招蔡拔贡充副科长，又改派试用训导廪贡生瑞安郭凤诰接办，一切学务皆系该三董一手经理。而庶务长则系廪生泰顺刘项宣任之，亦投票公举之人也。此外，各调查、书记各员，皆取其平时品纯学粹，不敢滥用一人，亦不敢虚糜一钱，实为学界所共谅。

去年夏间，忽有永嘉劣绅梅佐羹屡次托人代求派充董事。诒让因公所本无挂名支薪之董，而该衿向业刀笔，声名狼藉，于教育尤毫无所解，严拒未用，因此怀恨，屡次播扇浮言冀挠学务。前月又捏造姓名，赴省呈控，非徒掎撦诒让，并旁诬刘、蔡各董不遗余力。其诪张险鸷，亮无逃于洞鉴，容另具牍详陈，恭候察断。至温州官场，则因去年乐清陈梦熊一案，以女学校长而被演说革命之诬，其事起衅甚微，片言可折，而守、令均不求甚解，尚未鞫狱定案，遽以"陈逆"两字高悬批牍，遐迩传诵，同声骇诧。诒让明知其诬，而未敢公然立异，开罪长官，乃檄郡学堂舍监吴熙周暨乐清县学堂监督及举人蒋希周切实查覆，均力为陈董申雪。盖吴、洪、蒋三绅皆乐清人，而为锡守、何令所延聘者，故欲藉其信用，隐为斡旋。乃录禀咨照，仍不见察，遂至大波轩然。幸蒙中丞派员彻查，继又提省质讯，始得平反，然学界自此寒心矣。迩年青年英隽大都褰裳东游，而在里办事者，又以屡遭反对，厌世者笃守保身之明哲，热心者亦怵聒耳之哗嚣，望尘却步，意兴索然。故校舍虽略有增多，而精神则隐见退缩。诒让以孑然寡助之身，既不能为乡里稍竭微劳，又万不欲与流俗争此权利，当兹荆棘丛生之会，实有进退维谷之情。故前月奉文劝学公所照章停办，私心欣幸，窃喜秉烛之年得有息肩之地，此后可望不复厕身学界，得以安其愚拙。乃昨闻道署又奉大移，饬改劝学所为"温处学务总汇处"，仍照旧赓续办理。逖听之余，愧悚无地。窃念滥厕议绅，既谨遵台命，不敢固辞，惟是温、处学务，拟求另简贤绅接办，如在籍编修乐清余朝绅、江西候补知府瑞安项崧，咸甲科通籍，学有本源，乡望均尚允洽，倘蒙委派，必可胜任。而诒让亦可藉此略卸仔肩，感激无量。……门下士孙诒让谨上。

浙江提学使支恒荣作《孙仲容哀词》云：余自癸未春分校礼闱，得一纵横奇佹蹈厉踔绝之文，惊为奇才。上之主试者，主试者亦深加击节，将列名蕊榜矣。会以三场文字为弥封者所错乱，经调查明确，更正复上，则已遭额满之遣，余为之欷嘘太息、抑郁不怡者累日。逮闱后，执弟子礼来晋谒，询之，知为瑞安孙生诒让仲容也。

仲容为劬闻先生子，学有渊源。报罢后，益究心经史，旁及诸子百家，冀出其所蓄以为世用。因纳赀捐主事，分刑部。未几，遂退归林下，著书立说以自见。暇则与地方士人研求教育以冀广开风气。……乙巳岁，朝廷举行新政，改设学部，延揽通儒硕士以资顾问，特派仲容充二等咨议官。

余以丙午冬提学是邦，亦令担议绅之任，去冬又经阖省士民公推定为教育会会长，上而廷臣，下而浙士，咸戴戴焉以兴教劝学事期之仲容。方冀于行政上、学理上统一实践，可以籍资赞助，乃讣耗远至，遽于前月殁里间。余不能不悲仲容之遇，而并为浙中歼此俊民痛也，因为《哀词》以抒怀。其词曰：（略）。

又挽孙仲容联云：野资矜式，朝备咨询，伟兹经行交修，竟赴玉楼悲长吉；悬布再登，强台难上，太息文章憎命，未能衣钵感和凝。

孙孟晋曰：光绪丙午，时清廷裁废各省学政及布政使兼管的省学务处，改设提学使和学务公所。学务公所置议绅四人，处理提学使交议事件，并随时对本省教育事宜提出建议意见以资兴革。于是丹徒支恒荣来任浙江提学使，同时由浙江巡抚张增敫函聘籀公及杭属士绅邵伯纲章等任浙江省学务公所议绅。——《孙籀公与温处地方教育》

（六）宗源瀚

宗源瀚字湘文，江苏上元人。少佐幕，荐保至知府。光绪初，官浙江，历署衢州、湖州、嘉兴府事。敏于吏事，判牍辄千言。在湖州瀹碧浪湖，兴水利。补严州，治严五载，煦呴山民，穿渠灌田，引东西湖以洩新安江之暴涨，旱潦不害。调宁波。……二十年，日本构兵，调温处道，沿海戒严，处以镇静。清内匪，捕诛盗渠十余人，疆圉晏然。又三年七月，卒于官。源瀚优文学，尤精舆地，所绘《浙江舆图》世称之。

资料：

《国史·循吏·宗源瀚传》。

《清史稿·列传》二百三十九云：宗源瀚字湘文，江苏上元人。官至浙江道员，署温处道。

谭廷献撰《墓志》：公学问闳深，究精地里。所著有《颐情馆集》《金石书画题跋》《名贤碑传录》《闻过集》《古文掌录》。——《复堂文续》

叶昌炽作《传》。——《奇觚庼文集》

徐世昌《晚晴簃诗汇》卷百六十八云：宗源瀚字湘文，上元人。历官浙江温处道。有《颐情馆诗抄》。

诗话：湘文有经世之才，官浙中，多惠政，理繁治剧，判牍动辄千言。又博闻好古，谙习掌故，著述甚多。

金武祥《粟香五笔》六云：甲午季夏，宗湘文观察来书，有云：辱询拙编

《碑传》，述诸家之记载，扬一代之盛美，兹事体大，诚未易为。……宗旋分巡温处，海防倥偬，前书恐未易卒业。

关系：

孙衣言云：《宗湘文以所藏倪文正元璐、黄忠端道周、瞿忠烈式耜三先生墨迹卷子见示，索诗》：颓墙标运那能支，人物瑰奇尚可思。感激顾厨犹抗论，崎岖梁益已非时。百年乔木遗衰风，几幅明珠拾睡骊。太息元成肩汉业，更无温藉数经师。——《逊学斋诗续抄》三

孙仲容《覆温处道宗湘文信》云：承询诒让所拟兴儒之议，则以衔恤余生，扼腕时局。窃谓景教流行，燎原莫遏，以耶苏基督之诬诞，《新约》《旧约》之鄙浅，而乡曲儇子崇信哗然，非有悦服之诚，实藉富强之助。输泉帛而润以脂膏，集兵力以广其保护，以牛马维娄之计，为蛇豕荐食之图。而中华儒者，犹复绅佩而谈诗书，雍容而讲礼让，非徒淹中缉简，无裨于鲁削；窃恐议瓜骊市，重睹于秦坑。慨幕燕之忘危，欷邱貉之同尽。兴念及此，可为痛心。故不揣梼昧，辄有敷陈。将以广甄全国之魁材，厚集兆民之群力。……激其壮志，闳此远谟。阐《周礼》六艺之教，以远播蛮荒；储种、蠡九术之谋，以大雪仇耻。测蠡窥管，聊罄竭于恂露；拥彗清道，冀延伫于洪哲。而造端广远，陈议疏狂。既类河汉之无涯，亦恐嵩壤之靡补。端绪粗具，稿草未竟。容付写官，续求钧海。——孙孟晋《孙征君年谱》稿本卷五关于兴儒会

孙孟晋《孙籀公与清季温处地方教育》云：光绪乙未冬，籀公创办了一个比较新型的算学书院在城区新街卓公祠，与九个发起人联名具禀，分向温州府知府及瑞安县署申请立案。……募捐对象，包括地方官和绅商各界。官方特为籀公写信向他们商量，如温处道台宗湘文源瀚，在当时地方官中比较开明者，他前任宁波府知府时，曾经创办过一个书院，叫做辨志精舍，其中特设算学专斋。至是他听到瑞安有专设算学书院之举，认为比设专斋算进展了一步，所以籀公去信，他就答复表示愿意捐俸赞助，同时还向算学书院索取各项章程等件的印本多份，转为分送上海、苏州及其家乡南京等处人士，意在引起各地注意，希望将学算风气及时推广。当时官方有宗道为之倡率，于是温州府知府舒及其继任者王雪庐琛、永嘉县知县程××、瑞安县知县杨××及其继任者苏××也各捐俸佽助。……

（七）童兆蓉

童兆蓉字绍甫一作少芙，湖南宁乡长沙人。少孤贫，不能具饘粥，族兄圭农太史资给之，俾就学。艰苦淬历，文行斐然。甫冠，补县学生，领同治丁卯科乡荐。时湘楚诸名臣方勘平"粤寇"，而捻、回构"乱"，秦、陇骚然。同邑刘果敏公典巡抚陕西，与公为雅故，驰书礼聘，遂参帷幄。盖公以儒生起家，领军屡建奇功，威望骤隆，诸宿将莫能坷也。继襄李提督辉武营务，复督全省军需，积劳擢知府，以道员用，……庚子，遂擢授温处道。

公器量忠亮，扼腕时事，知亟宜变法自强。会朝旨宣布新政，公实力奉行，而尤锐志教养。以温处士学疏陋，多拘故常，乃剀切劝捐，谕购蒙学教科书十余种，颁各厅县，俾多设小学堂。复资选高才生每属二人，又饬银圆百，俾治装赴日本习师范、实业，由是风气开通，担簦渡海者踵相接。……设温处学务分处以宏教育，条绪粗具，而公遽卒，年六十有八。卒于温州任所，运枢归。

资料：

章梫作《传》。——《一山文存》卷五

《清史稿·列传》二百三十八。

关系：

孙仲容作《童公墓志铭》与《童公神道碑铭》均见《籀庼遗文》上云：诒让乡举，忝与公同岁，而踪迹睽违，未尝一瞻颜色。洎备兵温处，始得以部民修谒，感时局之艰棘，慨岁月之不居，宾座雅谈，辄复竟日，以是获闻公之治绩甚悉。

又云：诒让猥以同岁之雅，得屡侍公清宴。乙巳，公开温处学务分处于郡城以总两郡教育，俾让理董其事。于公平日循政粹德，见闻最详。深感公教养之惠，大有造于我乡，而惜未克竟其施也。

温州自与欧美各国通商开埠，内治外交重事咸兵备道主之。公至，又适当庚子乱后，朝廷方更新庶政，而俗吏多循常蹈故，不能奉扬明诏。公独旷观远览，知非教养不足以振衰拯弊，首檄守令广开小学堂，购书颁给，俾士林有所津逮。又饬属县遴高材生各两人，俾赴日本学习师范、实业，捐俸为治装，人饬银圆百，由是风气大开，新机渐畅。又开蚕业学堂，以西国饲蚕新法教士，岁遣人购湖桑秧十余万株，分谕士民领种。复设工艺局，集轻罪颂系及无业游民，教之捆履织作，行之数年，感化甚众。

温州自庚子和议后，景教势焰熏炙，教士干预狱讼，挠我主权。公申明条约公法，痛抑之。瑞安民杨茂奶与天主教积忤，法国神甫赵保禄挟兵船至温索之，必欲置之重辟。公引义力争，声气俱厉，保禄卒绌去。盖公平居端谨若不能言，临大事则义愤勃发、执节不挠类如此。——《童公神道碑铭》

（八）王琛

王琛字雪庐，温州府知府，著有《东瓯留别唱和诗抄》及《东瓯校士录》等。

资料：

王雪庐太尊联云：温防节制，瓯属观瞻，六十翁承乏海隅，静动岂能如人意；卅载曹郎，九年郡守，二千石继规江右，清勤不敢负家声。

先方伯以咸丰己未由御史出守江西南安，调补赣州，卓著循声，蒙恩历授川西布政使。越三十五年，余以郎中出守福建邵武，调补浙江温州，署理严州。所至皆恪守方伯贻谷堂家训，无敢逾越。今年三月，复莅温州，兼节制温州各营。轻材重任，惧勿克胜，书此自励言。雪庐。

（九）舒大章

舒大章字端甫，温州府知府。

（十）锡纶

锡纶字眷臣，满洲人。清光绪间为温州知府。

资料：

刘绍宽有《赠送太尊叙文》一篇，锡纶计七通致次饶，载《厚庄师友函札》。

刘次饶《厚庄日记汇抄》云：丙午年四月初二日，孙仲丈夜回。拟上锡太守禀。初三日，锡太守照会，送中学监督钤记来，因未上禀，姑收存之。中学监督事，孙仲丈旋独保荐余专任之，于是在京同乡复电锡守举余，锡守因有是照会。此节原日记不详，故补之。庚午秋记。初四日，郡城中学监督佥议仍推举孙仲丈，因拟缮禀折，明日亲递。初八日十一时，谒锡太尊，再商监督一节，太尊属勿固辞；下午函上仲容先生。闰四月初一日，同吴郁周往谒锡太尊，随到中学，朱学师寿保、陈墨农监督已在。少顷，太尊来，各监督暨各教员随班谒圣。学生继谒圣毕，太守演说，余与孙仲丈递次演说毕，乃退。又曰：丙午年三月初六日，孙仲丈致锡太守函，请延陈介石先生来商整顿中学。三月十二日，缙生自务本归，携来啸樵信，云介石、仲弢两先生回电，属举孙仲丈及余协办中学。十三日，郡城中学堂黄仲弢侍读、徐班侯部郎、陈介石主政来电，举孙仲丈为正监督，余为副监督。十五日夜，得悉京电，举孙仲丈为中学正监督，余与吴郁周副之。廿三日，与郁周同函复孙仲丈，请锡太守先筹开办经费数千金。

又《籀园笔记》云：窃谓吾乡新学之开，先人皆知由籀高先生，而不知鲜庵先生之隐为之主持，厥力甚巨。方光绪季年，籀高先生主办温处学务总汇处时，地方有司颇感不利，赖有鲜庵先生视学鄂中，南皮、涩阳皆有倾向。知府锡纶为涩阳姻戚，涩阳闻其与籀师颇龃龉，特书一笺持赠以规之，于是颇有戒惹。籀师凡有所为，鲜庵先生为助力者甚多。

关系：

孙仲容致锡太守函，请延陈介石先生来，商整顿中学。

（十一）程恩培

程恩培字筱周，阜阳人，官温处道。

资料：

乐清刘之屏《盗天庐集》卷三《送温处道观察程恩培序》云：（上略）观察生于名门，壮游海外，英年从政，果敢迈勇之气冠绝群伦。莅瓯仅九十余日，倡立学务处，重整商务局，创办警察，大开议会，为吾瓯数千年之绝举。风声所播，聋发聩振。厘订章程，纲举目张。而学务尤以师范为急，教务尤以伦理为先。以视浮慕欧风舍本逐末者，相去奚啻天壤？

刘次饶《厚庄日记汇抄》云：乙巳年九月廿六日，午后一时，程少周观察恩培开议学务演说，锡眷臣太守纶提议师范学堂，余为推演数语。项渭臣亦演说，大旨学务处总理公议孙仲容先生，余由先生自择。其经费视考试经费及厘金加捐项下支拨。

十月廿二日，学务分处开办，程道宪亲来演说，锡太守、杨总办、永嘉沈大令德宽、府学朱学师寿保均来。十月初三日，程观察收取各属说帖，节取评定，自加条议。余于十一时谒见，面谕学务处当筹款至万金，开费岁约二千金，余作师范及补助金可也。午后，缮定学务处简章，大段全取孙仲丈十二条为之，但分总纲、办法、规则三目而已。

又丙午年正月初五日，程观察电文一纸，系致孙仲容先生，催周仲祥到皖也。

过农桑学堂，询悉周仲祥安徽愿去，余力赞其行。缘程观察聘请到其乡教饲蚕，开创风气也。

关系：

孙仲容《送程筱周观察叙》云：浙东诸郡，负山面海，壤接闽峤，温处最为僻远。吾瓯开埠通商逾廿年，财利外溢，积成贫窭。士浮而民窳，岌乎若不可终日。自前观察长沙童公劭甫履任，颇奖励小学，广兴蚕桑，以植富教之本，然亦未遑大有所发摅，而童公遽谢宾客。今观察阜阳程公筱周来摄道篆。……童公尝檄开温处学务分处，以费绌中止。公重议兴办，俾两郡教育斠若画一。故事：监司履任，各属咸有参赞，公悉以移充学务经费。

诒让章句迂儒，秉资疏拙。曩者先君子承宣江左，与提军公有同官之雅，两世旧交，钦迟卅载，不意垂老得以部民敬承嘉诲，猥荷不弃，以两郡学务相属。顾维衰朽，无能为役，幸公之左右而扶掖之，或得藉手以观教育之成，而不意公行之速也。故辄举公之惠我温、处者，扬榷陈之。

程恩培挽孙仲容联云：著述数十万言，阐周、孔精微，允矣千年开绝学；后先七百余日，同俞、邹殂谢，天将一旦丧斯文。

（十二）杨文斌

杨文斌字稚虹，云南蒙自人，瑞安县知县。光绪十七年辛卯，先生四十四岁。蒙自杨稚虹大令得岳忠武王玉印，属为题咏。

资料：

《瑞安县志》。待查

关系：

孙衣言《题伍夫人餐鞠轩诗卷》云：夫人为拔贡同年杨虹舫大令室，喆嗣稚虹来为瑞安，出此索题：人有黄花节，芬芳一卷留。藁砧同激烈，虹舫殉奉贤之变机杼更绸缪。家庆蘋蘩合，君恩杞梓收。稚虹兄弟皆以卹荫得官甘棠行有咏，母德此千秋。

孙仲容作《餐菊轩诗草跋》云：（上略）《餐鞠轩诗集》一卷，蒙自伍太夫人之所著也。太夫人为故奉贤令君杨公之配，蕴姿渊令，飔德柔嘉，词翰之妙，凌跞左、谢。同治之季，奉贤君待铨江东，摄治剧邑。时值巨寇剪荡，悍卒恣横，未究厥施，奄遭奇变。太夫人雪涕正衾，厘面陈状，卒使忠悃襮微，克邀优典。凶党骈首，靡逭刑章。奇节既彰，慈诰弥显。大府胪告，温纶哀嘉。盖非徒丽词芬郁，播誉玉台；抑亦卓操昭焯，炳垂彤史者也。稚虹大令，夙奉慈规，蔚为儒吏。纡绶下邑，惠政旁敷。稿草重迻，麻沙精刻。圣善之训，遗此一编；杯圈之思，渺焉千古。家君昔与奉贤君为同岁，今于大令为部民，稔诵芳徽，曩著题咏。诒让幸与校雠，弥景风烈。故辄远甄刘、范之言，近撮实斋之论，略申平议，附表畷邮。至于太夫人之诗，含思澹逸，树体隐秀，足以控微旨于南雅，嗣遒响于唐音。读者当自得之，固无俟于扬榷矣。——《籀庼遗文》下

又手题岳忠武王玉印钤本，调寄《苏武慢》一阕：

光绪辛卯，蒙自杨稚虹大令得岳忠武王玉印于武林，持以相示，并属为题咏，率成《苏武慢》一阕以志古缘，时大令正迻摄鄞篆，并以送别：

小截鹅肪，深含猩晕，手泽摩挲犹馥。中原传檄，北伐哦诗，印徧剡藤千幅。玉楮文孙，金陀祠宅，珍庋几时零落。共绍兴瑶玺，沈霾桑海，不曾刓角。　天付与、朗映仙凫，飞来灵鹊，健羡贤候清福。剧治荣迻，琴鹤同携，想见斗牛光烛。何日重逢，锦绶纡花，定喜新符剖竹。更细摹彌扁，谱续吾邱，商量著录。——《经微室所著书》

按：杨绍廉《跋》云："右孙籀庼先生手题岳忠武玉印钤本，调寄《苏武慢》一阕，为吾瑞前令杨稚虹物。今流落金陵市肆，为吾友张君云雷所得，为之惊喜累日。"云云。绍廉按，伍太夫人名淡如，号晚香，云南太和知县伍熊炳女。奉贤令君名溥，字虹舫，道光丁酉拔贡。稚虹名文斌，以荫得官，曾任瑞安县令。

（十三）苏锦霞

苏锦霞字运卿，曾任瑞安知县。

关系：

孙诒让《致□筱嵋书》云：筱嵋姻丈大人阁下：七月间在郡一领大教，别来两月，惟谭祉康娱，定如心祝。兹有敝友贾鸿初，前因与劣棍吴国桢涉讼数年，去年突遭殴辱，敝乡士绅深为不平。以该棍劣迹累累，不胜缕述，苏令始终袒护，尤属可恨。刻该棍在学宪处呈控，批发府署提讯，鸿初日内即到郡投案，想太尊考务匆忙，必另派员代讯，而吴棍广行贿赂，声气神通，鸿初不可不预为设法。但不知确派何人，欲求阁下密为一探。倘有旧耗，并祈代为吹嘘，或许点缀，鸿初无不如数致送也。事关敝邑士气，想阁下热肠古道，必不吝齿芬。倘得一申直道，则感激者不徒鸿初一人已也。手此奉恳，即请台安。姻晚制孙诒让顿首。初五日。

（十四）盛鸿焘

盛鸿焘字伟堂，广东人。官瑞安知县。

窃敝邑自癸卯恭奉谕旨，开办学堂，当时钦定章程尚未颁行，士林翘首以望新政，□等与前任盛令鸿焘商议开办县学堂以为之倡。孙诒让等具函□□大公祖

资料：

刘次饶《厚庄日记汇抄》云：庚子十一月十二日，据仲容先生说，近日华大令已去，接任者则盛大令鸿焘，系广东人。乙榜出身，烟瘾极重，且有内外宠；惟晤对时说话尚有精神，较之华令之惯惯，则似胜一筹。先生又云：闻近日隔江"神拳"又有蠢动之意，彼处殷富者半迁徙于城矣。想冬防又有一番吃紧也。

又云：庚子十一月十九日，得孙仲容先生复函，云："敝里自十五日以来风鹤警切，已办城守事宜，弟不解带者已三夜矣。缘前任华令专事姑息，以致'匪'焰大炽。……敝邑新令盛伟堂大令才具开展，到任力主剿议。前日属陈、黄两千总带队剿坊额底，与蓝纪云会剿，'匪众'逃逸，无所得而返。明早又派邓哨官与陈千总到华表地方，在河乡，距城十里而近，张新栋竟敢拒捕，伪军师胡道隆穿八卦衣，持拂作法，全无兵器。而营练胆小，竟不敢进，'匪众'十余人追出，即行溃散，陈、邓两弁仅以身免。归而讳败，力言'匪'有大法术，人言汹汹，几成大变。河乡教民群攘臂而起，搜索往来船只，周仲龙拱藻有租谷一船，过华表，竟欲扣之充公，其情状可想，邑城大震。幸盛大令谋略优长，不为所摇，力请郡来汤副将，亲率兵百人，再捣华表'贼巢'，开枪轰击，阵毙胡道隆及张'逆'之子阿姆，伤六人、杀四人而返。'贼'众四散，河乡始得安靖矣。现拟再剿坊额底各处，而河乡逸'犯'亦尚在严缉，当无棘手之事。"

按：张棡《杜隐园日记》于此事所载略同。

《瑞安县志》。待查

关系：

挽孙仲容联云：珂乡作宦，屈指已阅九年，忆曩时江河妖焰，猖獗异常，钧诲幸亲承，顿令扫毒祛氛，使我一官修职易；武林题襟，届今仅余半载，想近日瓯括学风，倡提攸赖，蓉城遽促召，此后育才兴教，如公热血替人难。注：庚子秋，鸿焘来摄瑞篆，适"拳匪"以妖术惑民，地方为之不靖。邑绅集资办防，公举孙公总理其事，剿抚兼施，旋即肃清。使鸿焘得安于位者，皆公赐也。丁未冬，公赴杭州教育会之约，辱荷枉存，客窗话旧，欢若平生，因时际残腊，小住即归。不料暌违半载而讣音至矣。公育才兴学，独具熟诚，中流柱折，大星殒天，

深为痛惜。谨撰芜联，聊申哀悃。

附记：我瑞华大令云如，莅治已近两载，但烟癖极重，人又忠厚，以致诸事丛脞，几有汲长孺卧治之风。而门口扬扬颇专权，遂至胥吏为奸，刁风日长。"拳匪"启衅，城乡绅董均办团防。城内四门迟启早闭，一切节会演剧均不举行。乃八月初二为华令寿期，竟敢悬灯庆贺，六房胥吏均送寿仪，绅董中亦有送者。遂为本城许孝廉金镛、项国学湘藻二人上禀道府，以致华令为上宪碰钉，发委查究。据《新闻报》《中外日报》言，华令已有调省察看之信，然衙署内则未见明文也。——张棡《杜隐园日记》庚子

（十五）戴咸弼

戴咸弼字鳌峰，嘉善人，前温州府学教授。髦而好学，所著有《东瓯金石志》，已行于世。有《史学津逮》，余已为作《安固二忠诗》弁言其端。先生又出《琐语录》一编，随笔记录，不分部居，而前后叙次亦具有条理。见俞樾作《琐语录叙》。

资料：

《永嘉县志·杂文》四编七。

关系：

孙衣言《东瓯金石志序》云：《东瓯金石志》者，予友嘉善戴君咸弼之所为也。君草创此稿盖十年以来，比予归自金陵，君时来假所藏书加之考订，而意殊不自足，复属予子诒让为之补校。诒让又以所得金石刻及晋、宋六朝砖文益之，遂成书十有二卷，将以附予所编《永嘉丛书》中，盖君之为此勤矣。

予与君齐年，而予先三年以疾告归，衰老益惫，罕与士友相接，今君又来别余去矣。光绪八年。

其《凡例》云：瑞安孙仲容孝廉录示数十种，其古甓文字八十余种，搜采不遗余力，考核尤极精详，俱唐以前物，亟录入第一卷，依《两浙金石志》例也。

又《吴希璿温和钧传》云：先是，张家珍、孙诒谷之死，瑞安训导戴咸弼为诗以嗟叹之，士大夫从而和之者几十人，所谓《瑞安二忠诗》也。

戴咸弼《光绪永嘉县志叙跋》云：光绪壬午首夏，永嘉新《志》成，咸弼忝预编纂考校之役。叙曰：永志失修百二十年于兹矣。道、咸间，前令汤君成烈缉志稿若干卷，体裁渊雅，讨论精详，力矫乾隆《志》疏略舛漏之弊，盖善本也，

惜未成而罢。既而浠经"寇乱"，相率因循，失今不修，后将谁属？岁己卯，余干张侯宝琳莅任之三年，政理之暇，访故牒，镜前徽，知志板阙如，喟然曰："志顾可缓乎哉？"时吾乡徐君梅客幕中，实怂恿之，遂锐意重修。……于是授简中山院长黄岩王君荣，猥及鄙人，分任笔札。除馆郡庠，集诸生之秀而文者稽古诹今，网罗放失。会孙太仆乔梓自金陵归，出所撰述甚富，又尽弄家藏秘笈有关永嘉掌故者移庋局中以资博览，不下万余卷。文献足征，诚不易逢之嘉会也。……太仆哲嗣孝廉诒让，博雅淹通，近在咫尺，每有疑义，辄移书咨询，获益滋多。

伏念咸弼学殖荒落，精力衰耗，于史传向未究心，谬随诸君子后肩此巨任。两载以来，竭蹶从事，昕夕不休，泊杀青甫竟，复予检勘于东瓯郡庠。

又《白石山志叙》云：余来瓯秉铎，阅今二十余稔，瓯之名胜，若华盖、若飞霞、若孤屿、若仙岩，亦尝一至雁荡，跻东西谷，观大小龙湫，足蹑芙蓉，手扪萝薜。四绕山翠媚人，名山有缘，笠杖皆到，风月咏觞，叹未尝有。惜不获迂道一睹白石山为恨。光绪七年。

（十六）吴承志（缺）

五、乡里亲旧

（一）瑞安本城

1. 黄体芳

黄体芳字漱兰，瑞安小沙堤人。中咸丰辛亥举人，同治癸亥会元，授翰林院编修。……累迁内阁学士，授兵部左侍郎。光绪初，以讲官奏承统大体事。戊寅，晋、豫二省大饥，奏请筹急赈、饬吏治、清庶狱。自后频劾俄使崇厚之误国，洪钧泽地图之舛谬，美使崔国英赴赛会之失体，直声振中外。时有翰林四谏之目，体芳及丰润张佩纶、归善邓廷㰰、宗室宝廷也。嗣典试黔、闽，视学闽、鲁，所得多知名之士。庚辰九月，复简授江苏学政，蒙两宫召对，温语周详，并谕以"汝虽在外，有见必言"。居江苏五年，崇经术，擢幽隐，士趋实学，风尚为之一变。适国史馆方纂办儒林、文苑、循吏、孝友列传，体芳饬各学搜罗江南先正著述及事迹，牒送史馆。其札文最重著述，以儒林、文苑均以著述为凭，而循吏、孝友亦往往见于名人文集也。折子有云："纪昀纂书目之编，录《四库》者千九百卷；阮元上儒林之传，通诸经者二十余家"，盖以二公盛事自期也。复著《司铎箴言》十目，曰：立品、课士、守职、养廉、驭下、宣讲、举优、报劣、戒嗜、量力，俱警教官也。甲申，建索还琉球之议，规划越南之谋，语极切至。保荐左赞善于荫霖之器识不凡，山东知府金士锜之史治可法，临海举人周郇雨之算学精深，此三人后皆卓有建白。己酉还京，疏劾重臣治兵廿余年，无尺寸之效，请别简忠毅有为者治海军事，下吏议，左迁二阶，补通政使。时通政司积有饭银七千余金，与同官约，勿以自润，奏明存案。嗣权左副都御史，奏言自强之本在内治，留中不报。辛卯，年六十，以病乞休。子绍箕时官编修，因偕居京师。身虽退遯，关心国事。甲午中日战事兴，上封事者以稿就正，每为之手定，一时人望如泰斗。体芳为人尚风节，爱才嫉恶。家本寒素，而轻财好施，力不及，至贷资为之。人所知者，特创江阴南菁书院及置会馆于京师，助义赈乡里而已。通籍三十年，家无田宅，无殊寒素时也。年六十九卒。

资料：

《清史稿·列传》二百三十一，子绍箕附：黄体芳字漱兰，浙江瑞安人。同治癸亥进士，官至兵部右侍郎，降通政使。

《药禅室随笔》：瑞安黄漱兰师，忠笃廉正，同、光以来，为京朝清流之魁。视学吴中，得士最盛。

叶尔恺《浙江通志》拟传。

《瑞安县志稿》。

《清史列传》。

《越缦堂日记》。

冯煦《黄漱兰师六十寿叙》。

王仁堪可庄《瑞安黄先生六十寿言》，又挽诗十六首。

王颂蔚《寿黄漱兰年丈六十初度》。——《写礼庼遗著》

李详《黄漱兰先生诔》。

孙孟晋《五黄先生系年合谱》。——《勘庵手稿本》

宋慈抱《漱兰诗茸跋》，又《瑞安黄氏艺文外编》市图书馆藏抄本云：漱兰先生为吾乡同治癸亥会元，历官至兵部侍郎，旋以言海军事左迁。……王小牧丈又曾语余云：漱兰公自通政司致仕归，家无寸田足自给，惟蓼绥阁藏书数万卷，其哲嗣仲弢学士所罗置也。盖公之清廉与直声，并堪千古矣。

徐世昌《晚晴簃诗汇》卷百六十一云：黄体芳字漱兰，瑞安人。同治癸亥进士，改庶吉士，授编修，官至兵部侍郎，降通政使。

诗话：漱兰朴学清修，尤以敢言著声。视学江苏，创南菁书院，集诸郡邑高材生肄业其中。晚岁迭主信陵、敬敷讲席。子绍箕、从子绍第并入翰林，负时名。

关系：

孙衣言曰：《漱兰顷有所赠，题其函曰"冰敬"，戏作一诗为谢》：故人心似玉壶冰，却借光辉到绿螘。南极火云烧六月，西山晴雪照千层。文园旧疾苏消渴，禅榻轻风洗郁蒸。急和梅羹天上去，五溪寇盗尚凭陵。——《逊学斋诗续抄》四

又《口占二律寄黄漱兰侍郎》。（略）——同上

作《黄母吴太夫人八十寿序》云：予兄弟十四五岁，从城间王先生学，其时赠通奉大夫梧阳黄先生亦以经教授，始识其嗣君菊渔。岁甲午，复与菊渔读书薛氏江上楼，菊渔即以是科举于乡。后二年，予兄弟方以应礼部试来京师，与菊渔游处甚洽。未几，通奉捐馆舍，菊渔亦弗及禄，而其幼弟卤薌、漱兰相继成进士，官禁近及今。同治戊辰，予以选人至京师，复就卤薌兄弟居。……——《逊学斋文抄》卷三

《黄漱兰银台闽闱事竣，请假三月展视松楸，承过访林下，赋此志庆》：南伯南侯盛送迎，过家有诏逗王程。十年旧雨思清禁，光绪丙子，予以楚藩入觐，漱兰尚在翰林。昨夜文星照斗城。沧海已收珠宝藏，乡间真看锦衣行。老夫愁绝茱萸会，却对黄花一眼明。时予方有从子仲彤之戚。——《逊学斋诗续抄》卷五

又乙酉《黄漱兰少司马自江阴寄示〈马贞女诗〉且以潘伯寅尚书所为〈烈女墓文〉见寄，属为之诗，即次其韵寄之，并示伯寅》：（上略）今有烈女死非命，我门之英黄侍郎，我友尚书潘伯阳。侍郎诗来血犹热，尚书文好书传香。我书此事能令万夫怒，天巧人谋两堪怖。——同上书二

孙锵鸣《挽黄漱兰联》云：汲、郑直节，枚、马雄才，看儿辈词垣接武，名满寰区，早辞朝列赋归田，酡颜华发，日饮无何，衔觞不知将老至；孔、李通家，潘、杨姻娅，忆少时江馆会文，义兼师友，讵料贤昆悲宿草，衰病髦年，余生有几？扶筇又复哭君来！

黄漱兰《题会文书院用太仆师、止庵丈原韵》：重来雁荡辟藤萝，想见坝簶互切磋。近与周、刘同沆瀣，远如谢、马出岷峨。对床佳话后先肖，合璧名章传

诵多。我是泰山老弟子，拔茅犹敢发高歌。——《漱兰诗葺》

又《习学记言序目叙》云：吾师孙太仆先生最服膺于乡先正水心叶公，体芳昔在左右，或语及经济文章，必为言水心。《水心文集》《别集》先生既先后刊之，其《习学记言》五十卷亦颇已散失，而先生及体芳处各有缮本，则以此事属之于体芳。比体芳视学江苏，欲刊是书，谋得他本校之，舛谬尤甚，乃求观先生藏本，俱皆先生所自校，毛发差失无不辨者。于是体芳更循读一过，以光绪十年五月付刊，十二月刊成，窃附己意以告世之读是书者。（下略）

敬再启者：顷藉便羽，赍缴原书两函，共十五册，中有两汉及六朝事，未及细检史传，故有折叠处。其四十三卷至五十卷，敝本所无，今已照录，中间讹脱颇多，而皖省蒯礼卿庶常光典及敝同乡孙仲容比部诸假之书尚未寄到，无从雠校，亦并奉还。惟第二十二卷至二十五卷一册，猝未校毕，敬恳俯赐暂留，准于腊底春初续缴。草此，裁请台安。弟黄体芳又顿首。——《与陆心源书》之三

孙仲容《与黄漱兰书》云：为平阳修志事窃谓修志与修史略同，一乡文献，所系甚重，岂宜任情抑扬，不顾公论。可否仰求鼎力函达廖中丞，详陈其体例舛谬，去取失当，请即札平阳县学，勒令撤局，另聘公正淹雅之士修撰以示传信，斯亦大君子嘉惠乡里之盛举也。——《吴训导修志》

又孙仲容《挽黄漱兰通政》云：大名满寰宇，崇奖节义，有郭林宗、李元礼之风，况贱子卅年奉教，两世论交，一恸竟何追，后学长嗟师范渺；谠直冠熙朝，搏击权奸，轶窦东皋、钱南园而上，即今日狐鼠塞途，犬羊伺衅，九原不可作，艰难应惜谏书稀。

2. 黄绍箕

黄绍箕字仲弢，号穆琴，又号鲜庵，体芳之子也。少秉家教，又受业阳湖陆尔熙之门，说经论文以外，兼课性理，故言动皆有礼法。比长，从大学士南皮张之洞游，讲求有用之学。于古今学派之流别、中外时局之迁变，潜思精究，知识日益广，事理日益澈。光绪六年成进士，改翰林院庶吉士，散馆，钦定一等第一，授编修。时之洞与吴县潘祖荫、顺德李文田倡复古学，以汉儒为宗，每谓绍箕学有心得，如精金良玉，自然粹美。湘阴左宗棠服膺洛闽之学，绍箕谒之金陵，讲道穷理，相与论到深处，宗棠称为一代伟人。十年，充本衙门撰文。旋乞假回籍完婚。既还朝，值万寿之典，赏加侍讲衔。十一年五月，充四川乡试副考

官。十一月，充武英殿纂修官。二十年，京察一等记名，以道府用。二十一年三月，请假修墓。二十二年还京，时开会典馆，掌院大学士倚其才，派充提调。……二十三年，充湖北乡试正考官。二十四年三月，会典馆成书过半，请奖，奉旨遇有五品坊缺，开列在前。四月，授翰林院侍讲。绍箕在翰林日，先后充教习、庶吉士凡三次。六月，以张之洞所著《劝学篇》进呈，奉旨，饬下各省广为刊布，实力劝导以重名教。旋奉召对，复力陈兴学育才之效，皆荷温谕嘉勉。九月，擢左春坊左庶子。

自甲午以来，外患日亟，朝廷变法自强，振兴教育，于京师首开大学堂作风气之先。朝论以绍箕博雅淹通，夙负时望，十月奏派大学堂总办。时学务萌芽，科举未废，士夫或茫昧莫知其源，绍箕本中国教法，参考东西洋学制，手定管理、教授规则，是为中国有学堂之始。今日海内学校如林，教科成立，皆绍箕首先提倡之力。

二十五年二月，迁翰林院侍讲学士，旋奉旨充日讲起居注官。三月，充咸安宫总裁。五月，转翰林院侍讲学士。是月，丁父忧回里。七月，《会典》告成，奉旨赏加二品衔。二十六年，服阕，当轴聘为两湖书院监督。三十年至都，充编书局监督，兼充译书局监督。三十二年二月，授翰林院侍读学士。□月，仍充日讲起居注官。是月，有旨授湖北提学使。旋奉遣赴日本，考察学务。东游凡四月，咯血旧疾复发，势不支，是年十二月到官。绍箕劬于劳务，擘画劳苦，病遂日深。……以三十三年十二月卒于官，年五十四。

绍箕工骈体文，金石书画皆精于鉴别。诗不多作，又散落殆尽，绍第搜集诗文稿合刻之，题曰《鲜庵集》若干卷。它著有《中国教育史》《汉志辑略》《楚辞补注》等书。又有《邵氏〈四库标注〉校语》。

其家藏书之处，颜曰蓉绥阁，与玉海楼及项氏水仙亭称瑞安藏书三大家。又尝自署其斋曰研图注篆之居。

黄氏蓉绥阁旧藏善本珍函，由其后人移庋沪上，所余通常之册，尽归旧温属联立籀园图书馆矣。

按：杨嘉《书蓉绥阁鹣本书目后》云：乡先达黄仲弢提学嗜蓄旧椠，精于鉴别，游宦所至，与王文敏、盛意园、缪艺风诸同志搜讨甚勤。藏书之处颜曰蓉绥阁，与孙氏玉海楼、项氏水仙亭称瑞安藏书三大家。（下略）——庚申《輠鞜楼遗稿》

又按：蓼绥阁命名之缘起，据近人叶景葵《卷庵书跋》云：庚辛之际，蓼绥阁遗书散出，购得《古文尚书》。又在沪见黄氏集，存时贤墨札，检得张文襄公之洞与仲弢学士之尊人漱兰侍郎书一通，其略曰：方言蓼绥两字极佳，尊意何为病之？但两字连用，其义方显，似不必用别号。拟为公题一斋馆名曰蓼绥阁，令世人以之对广雅堂，岂不极妙，并当为撰《蓼绥阁记》，并书一扁呈教。公原有"憨山"别号，其超逸大似唐、宋高僧，何不仍用之乎？

又按：黄氏有《说文古籀补补正》，杨嘉传录。《广艺舟双楫评论》，杨绍廉辑录。

又按：黄仲弢生平所用图章，有曰"黄绍箕印"四方阴文，曰"与修国史会典"四方阴文，曰"研图注篆之居"长方阳文。

资料：

伍铨萃《清史儒林拟传》。

《县志稿》。

翁同龢《翁文恭公日记》云：丙申九月廿一日，张谈，力保仲弢，亦言其人清介细致。

李慈铭《越缦堂日记》。

叶昌炽《缘督庐日记》。

陈谧《跋鲜庵集后》。

张扬作《年谱》稿本。

徐世昌《晚晴簃诗汇》卷百七十二云：黄绍箕字仲弢，号鲜庵，瑞安人。光绪庚辰进士，改庶吉士，授编修。历官湖北提学使。有《鲜庵遗稿》。

诗话：仲弢少承家学，及入词馆，雅负时名。甲午后，志在经世，多读有用之书。戊戌党祸，韬晦自全。丙午，以考察学务赴日本，为其国学者所推重。诗不轻作，亦不存。殁后，如皋冒广生从他处辑录。

陈衍《石遗室诗话》云：黄仲弢学使绍箕，少承家学，工骈体文，金石字画皆精于鉴别。诗不多作，又散落殆尽，其游宜昌三游洞诸处题咏皆佳，今不可得矣。……鲜庵固广雅入室弟子也。冒鹤亭所辑《鲜庵遗稿》，遗落尚多也。

《近代诗抄》云：黄绍箕字仲弢，号鲜庵，浙江瑞安人。光绪庚辰进士，官至湖北提学使。

吴庆坻《蕉廊脞录》卷六。

杨晨《崇雅堂稿·答黄仲弢书》。——《写礼庼遗著》又《自订年谱》。

《近代诗抄》：陈三立字伯严，号散原，江西义宁人。光绪丙戌进士，官吏部主事。有《散原精舍诗》。

《石遗室诗话》：散原为诗，不肯作一习见语，于当代能诗巨公，尝云某也纱帽气，某也馆阁气，盖其恶俗恶熟者至矣。

陈三立《挽黄仲弢提学》诗云：儒服仍能贯九流，扶桑逐队作遨头。雍容尊俎光专对，长养菁莪预大谋。欹枕那忘消反侧，盖棺谁解殉幽忧。相公梦饶甘棠地，应叹才难涕不收。

《为黄仲弢编修绍箕题龙女图》：浪费真皇一丈文，诸天雷雨事纷纷。人间何限痴龙睡，未觉云中别有君。　　尺简音书渺洞庭，不曾珍髻怨芳馨。金堂玉室群仙事，自笑天龙睇八溟。

又《留别仲弢》：拂衣去国亦堪哀，辛苦男儿草莽来。直分儒冠称沟壑，何知人海战风雷。岭峷似我归犹得，禄养怜君气益摧。闽县已无丁沈散，更谁相煦脱嫌猜？——张謇《张季子九录》

王颂蔚为黄仲弢题《龙女图》诗四首。

黄公度《人境庐诗》，近人王蘧常笺注本。

兴化李审言详得《二黄遗集》，以诗寄冒先生曰："蓼绥遗文落吾手，点勘颇亦穷丹铅。"原注：陈善余受悑陶斋，编定《蓼绥阁遗集》，属余校勘，并商搜葺之法，余以《于湖题襟集》《函雅堂集》《樊山集》内皆有仲弢诗告之。

《近代诗抄》：李详字审言，江苏兴化人，诸生。《为聚卿题刘翰怡所藏翁覃溪自书分撰〈提要〉手稿》：大兴二妙朱筜河与翁，筜河早逝覃溪雄。校书中秘照藜火，谒者海内搜陈农。当时撮目悉条上，珠盘自泣藏蛟宫。一千余种出手写，摩挲岩电开方瞳。忽从南海落吴会，翩翩引翼双飞龙。举似六册益未备，干莫出匣光熊熊。补天炼石吾岂敢，要以一罅填青铜。苏斋老人唤不起，平章文字犹从容。南江、惜抱存别录，余姚邵二云：桐城姚惜抱分撰提要皆已别行。惜未著此彫镂工。何不摹印饷时辈，笔精墨妙追奇踪。眼见突兀柱中屋，卿月掩映云瞳胧。幸兹尤物今得所，贺君酌以波黎钟。

《题冒鹤亭广生新刊〈二黄先生诗〉，即以寄冒》：永嘉二黄擅瓯海，恰似客儿与阿连。池塘春草有神助，梦中得句夸人前。区区不盈册番纸，玉涧兰荄随风烟。缦庵通书在庚子，先师缥帐期尤悬。余首以漱兰先生诔寄缦庵京师，转示仲弢。鲜庵解薦緜竹颂，鄂渚未泛沧浪船。壬寅仲彀约余赴鄂，余以有馆辞之。蓼绥遗文落吾手，点勘亦颇穷丹铅。陈善余受匋斋悒，编定仲彀《蓼绥阁遗集》，属余校勘，并商搜葺之法，余以《于湖题襟集》《函雅堂集》《樊山诗集》内皆有仲彀诗告之。特勒夫子波福字，正后粗觉必安便。原稿阙特勤，经禁改"勤"为"勒"。题李文石《明湖外泛图》"白雪夫子"乃"夫子"之讹。又文中"福本"之"福"从衣，是古"副"字，见颜籀《匡谬正俗》。其改"福"为"福"，知其不安也，又改为"幅"。"小波"应为"坡"，余俱改正。后世谁知子建定，今人但识横山编。本非长物轻割弃，夺簟宁计王恭钱。张、陈张炎楼、陈善余藏本在何处？冥契神理尤绵绵。冒君盛蒙国士誉，何不撮录穷雕镌。广搜博采都一集，鱼兔既得忘蹄筌。他时二黄齐二陆，吾意庶及观其全。

同邑杨志林丈绍廉录得鲜庵遗文二十余首，拟向借抄以传也。——薛钟斗《寄瓯寄笔》卷三。

杨志林辑《瓯海集》《轺郦楼遗稿》。

杨嘉《书〈鲜庵文辑〉后》云：右《鲜庵文辑》一卷，吾邑黄提学仲彀先生遗文，而嘉所搜集编次也。先生学行宦业，大端已详国史本传，……先生著有《汉书艺文志辑略》《重订屈子注》《中国教育史》俱见本传。《书目事类表》见《上张南皮书》诸书，以靡盬驰驱，多未终篇。斐然述造，不克写定礼堂，良足惜已。而传末谓《蓼绥阁集》若干卷，亦叔颂观察未竟之志也。按，据本传，尚有《乡土志例目》一卷，褚礼堂丈《金石学续录补》有《鲜庵金石跋》若干卷，近人《词录》有《路舸词》，又有《蓼绥阁奕谱》，先生曾与家君言之。以上四种，今并未见，不知尚有传本否也？

嘉窃闻吾乡修学之儒，自孙仲容征君外，无及先生者。恨生也晚，不获亲承绪论，思求其遗书，又邈不可得。曩家君客先生幕下，抄存杂文十数首，录入《永嘉集内外编》。嘉顷从他处搜得若干首，并为编次如右，抄成一帙，以俟有力者刊布。虽断壁另玑，仅此残剩，而吉光片羽，弥足宝贵。独念先生学识阂通，海内共仰，与孙征君时有"瑞安二仲"之目。孙征君著作等身，流布异域，而先生所存止此，噫，斯可哀也夫！岁在重光作噩臯月望日，邑后学杨嘉跋于轺许楼。

嘉又搜得先生古今体诗若干首，词若干阕，当再为编定，与此并传。

又《书蓼绥阁鹣本书目后》云：（上略）林丈若川，提学之妹婿也。今年九月间，命嘉检点阁书，分类编目。嘉拟详为记录，纂辑《藏书志》，庶不负提学好书若渴之苦心，只以世间匆遽，不暇细检，仅略记其行款印识而已。连日苦雨，杜门无事，因将前所簿录，写出旧刻一百余种，略为诠次如右，此目之成，仅当嚆矢焉。庚申十二月十三日杨嘉记于鞥许楼。

薛钟斗作《教育家二仲先生传》。

宋慈抱作《拟县志稿》。

张扬编《黄绍箕年谱》抄本。

林大同《鉴止水斋谈屑》云：瑞安孙、黄二仲，学者并称。黄学士靡盐驰驱，不暇铅椠，故其著述不如征君之富。今刊行者，仅《中国教育史》及《诗集》耳。

刘绍宽《厚庄日记汇抄》云：戊戌张香涛保举经济特科十八人，闻黄仲弢侍讲列荐首。——五月三十日。

孙孟晋《温州藏书家考》云：黄绍箕字仲弢，号穆琴，又号鲜庵，瑞安人。父体芳，通政使，以风节文章震天下，世称瑞安先生。绍箕光绪庚辰进士，官至翰林院侍读学士、湖北提学使。少颖异，承家学，初入翰林，名动都市，与各方硕彦论治论学，称盛一时。博涉群书，雅通篆籀，嗜蓄旧椠，精于鉴别。与清宗室盛昱、福山王懿荣、江阴缪荃孙、嘉兴沈曾植、番禺梁鼎芬、萍乡文廷式诸同志搜讨甚勤。藏书之处额曰"蓼绥阁"，与"玉海楼"及项氏"水仙亭"称瑞安藏书三大家。又尝自署其斋曰"研图注篆之居"，殁后，同里杨嘉为编《旧本书目》，著于录者一百余种。遗著有《中国教育史》及杂文、诗词若干篇，尝欲辑刻《温州历代书家墨迹》及《永嘉帖》而未成。参《清史·儒林本传》，杨绍廉《瓯海集》，杨嘉椊《鞥郿楼遗稿》及近人宋慈抱拟《瑞安县志稿》。——《蓼绥年刊》

又，黄氏蓼绥阁旧藏善本珍函，由其后人移庋沪上，所余通常之册，尽归旧温属联立籀园图书馆。

关系：

孙衣言《贺黄仲弢绍箕入翰林》：籍甚黄童妙少年，魏科今日复登仙。真看一战雄场屋，岂独高名压老泉。谓潄兰詹事近世文章唐末造，吾乡人物宋南迁。萧萧蓬鬓空铅椠，六代维衰望后贤。——《逊学斋诗续抄》四

孙仲容曰：自光绪己卯侍家君归里，端居多暇，辄与友人搜剔金石古刻，所得晋至元古甓无虑百余种，兹择其文字略完具者拓出六十余种，其残缺不完及年久质朽、不任毡腊、沙泥黏互未暇刷剔者尚数十种，未及尽拓也。谨以已拓者装成一册，奉呈仲弢太史法鉴。册内多留空纸，觊它日可以次第增入。壬午上巳日，孙诒让记。

又曰：黄仲弢精鉴绝伦，而又妙擅篆势艺，辄复举此奉质，不知以为何如

也？——《周麦鼎考》

又曰：辛丑腊月，长白午桥尚书以所藏秦权精拓，手跋其后，介黄君仲弢寄贻。寻校累日，则积疑为之涣然。——《秦权拓本跋》

又曰：仲弢又出别拓见示，形制较小，上有"大驷"两篆甚奇，其边为觚棱，不正圆，亦尚书所藏者。……尚书顷又以拓本介仲弢见示，属为审定。——同上

又曰：此册余论既写定，将寄质峤怀、仲弢两君，相与商榷定之。光绪癸卯。——《古籀余论后叙》

又挽黄仲弢联云：弓剑老臣，衣冠前辈，阅世壶中长自在，祇梦怀金爵觚棱，所嗟东汉威仪，未缓须臾重置酒；莪蒿孤露，蒲柳先零，拜公床下几何时，又闻道铜驼荆棘，剩有倾江泪涕，无从奔赴一凭棺。

黄仲弢曰：（上略）世丈孙仲颂先生旁罗异本，博引古书，集毕氏及近代诸儒之说，从善匡违，增补漏略，取许叔重《淮南间诂》之目以署其书。……

先生此书，援声类以订误读，审文例以迻错简，推篆籀隶楷之迁变以刊正讹文，发故书雅记之晻昧以疏证轶事。其所变易，灼然如晦之见明；其所弥缝，奄然若合符复析。许注《淮南》全帙不可得见，以视高诱、张湛诸家之书，非但不愧而已。绍箕幸与校字之役，既卒业，窃喜自此以后孤学旧文尽人通晓，亦渊如先生所云"不觉僭而识其末"也。——《墨子间诂跋》

又曰：今将三种长生无极汉瓦当、秦琅琊台瓦当、天纪砖拓本寄览，天纪砖第三字、第六字均未敢臆定。归里后，请与孙仲丈同审定为幸。将来此三种与吾弟所得宝鼎砖一种，均可补入《东瓯金石志·收藏类》中矣。吾弟如回里，晤孙仲丈时，并乞代询，有新得砖，再以拓本见惠，当补入前见赠一册内。夏间，仲丈出京时，属兄代索廉丈许赠之拓本，俟拓出亦当寄去也。——《与弟叔颂书》

又作《奉孙太仆、孙侍郎两先生神主崇祀学渊书院祭文》云：绍箕等忝同里闬，夙景表仪。北海诸生，绪论侧问乎六艺；高阳群从，雅游屡与乎二方。奉手横经，多再传之弟子；垂髫执业，亦私淑之门人。……

李笠曰：还有孙先生的好友黄绍箕先生，与孙先生的学问尤相似。孙著《墨子间诂》一书，采取黄说颇多，由此可见影响之大。

陈雁迅《谈瑞安孙黄二氏遗事》云：（一）学士尝条举吴大澂《说文古籀补》之疏失者十四事，书寄征君，征君称为确释，足正沿讹。（二）吴式芬《捃古录金文》初出板，学士亟购两帙，以其一寄赠征君，征君详加考校，定识丹黄，乃为

其后所著《古籀余论》及《名原》二书之底本。（三）征君收得麦鼎、周孟，搜藏汉砖晋甓，每即手自椎拓，附书考跋以寄学士，俾共研究。（四）当时吴县潘伯寅尚书祖荫所藏克鼎，号称难读，学士、征君及同时治金文学者各有考跋，征君释铭中"扰远能埶"之"扰"字为"柔"，"埶"字为"迩"……学士复举《书经》"埶祖"即"祢祖"以证之等等。——《图书展望》复刊五期

　　张扬《黄绍箕先生年谱》云：光绪二年，先生肄业诒善祠塾。八年三月，孙诒让以所得晋甓数百种拓出六十余种寄赠。见孙《拓本晋砖跋》。十六年二月，桐城张祖翼逸先自伦敦归，以所得埃及古墓石槨残片拓本赠先生，同时叶昌炽、孙诒让并有"题识"。十九年十月，孙诒让撰《墨子间诂》成，先以聚珍板本印行，贻赠先生，先生为之详校一过，举正十余事，多精确，诒让以今之张伯松见推。见先生作《墨子间诂跋》。是岁，从萍乡文廷式道希假得《永乐大典》本宋薛常州《地里丛考》一册，先生传写手校，并系以《跋》。先是，孙诒让著《温州经籍志》未经著录，乃举以赠。诒让喜而报书，称快无已。二十一年，康有为开"强学会"，先生列名会籍。参朱芳圃所编《孙诒让年谱》。二十二年三月，孙诒让得周麦鼎于永嘉县，以拓本寄赠先生于鄂中，请其审定。先生撰《麦鼎考》，而孙诒让亦自《书麦鼎拓本后》。同年，先生与孙诒让创设学计馆于县卓公祠，复设方言馆，为邑人学习西文之始。二十四年，先生与孙诒让倡设务农会于邑东郊，推选先生为总理。二十八年三月，孙诒让以《周礼正义》托先生转质费屺怀商铸印。光绪壬寅三月，从鲜庵前辈假观，病中校读至《考工》，以目疾未卒业。癸卯二月，樊君时勋将付铅印，匆匆寄还。念慈记。——稿本《周礼正义》卷首

3. 黄绍第

　　黄绍第字叔颂，号缦庵。父体立，以进士官刑部主事，与李慈铭辈唱和，有诗名。绍第与从兄绍箕治词章之学，叔父体芳谓必为翰苑中人。中优贡，不应朝考，仍赴乡试。光绪戊子登贤书，庚寅成进士，入翰林，为庶吉士，散馆，授编修。甲午，任江南乡试副考官。丁酉，任福建乡试正考官。历任国史馆、会典馆修纂等职。甲辰由编修改道员，需次鄂中，历任川盐局总办，武昌盐法道，以辛亥国变回里。民国四年卒，年六十一。

　　遗著有《瑞安百咏》一卷，女夫冒广生来官瓯海关监督，为取其遗诗，合绍箕鲜庵诗刻之，曰《二黄先生集》，附《永嘉诗人祠堂丛刻》后。

资料：

冒广生《祭外舅黄缦庵先生文》，又《跋〈二黄先生集〉》。——《小三吾亭集》《瑞安县志稿》本传。

孙琴西《娱老词》。

项芳蕡作《黄绍第传》。——《花信楼采访稿》

胡调元又作《传》。

徐世昌《晚晴簃诗汇》卷百七十七云：黄绍第字叔颂，号缦庵，瑞安人。光绪庚寅进士，改庶吉士，授编修。历官湖北候补道，有《缦庵遗稿》。

诗话：叔颂典试衡文不拘常格，故多得知名士。以贫改外，非其志也。辛亥后，憔悴忧伤，不数年卒。

李慈铭《越缦堂日记》云：闻黄卣香以今日死。卣香名体立，刑部主事，予尝与之为兄弟交者也。其年小于予，早成进士，颇有时文名，好饮博、狭游，遂以致死。光绪元年四月二十六日。

又云：黄孝廉绍第来，卣香比部令嗣，漱兰通政之兄子也。光绪十四年三月初三日。

又云：为黄叔容绍第扇面画"倚杖柴门外，临风听暮蝉"诗意，略用黄鹤山樵兼石田法。作两童叟，尤有意。更为叔容扇面书昨诗，即作书致仲弢送去，得复。十五年六月二十八日。

林若川《寄鹤巢日记》云：挽联注公既修飞云阁，复属予购二公祠地址，并建藏书楼于飞云阁之后。天丧斯文，赍志以殁，何痛如之。又，子大同挽联注云：公锐意乡之文献，近著《瑞安百咏》多有阐发。尝与陈君鲁夫整理仲舅蓼绥阁遗书，编次目录，拟合孙氏玉海楼经营藏书楼，嘉惠士林，而今已矣。

按：刘绍宽《籀园笔记》云：光绪癸巳间，黄漱兰通政解组归田，与同志于城东江滨建话桑楼祀同邑诗人。其时乡人科第仕宦称盛，而能诗者首推孙太仆衣言、侍郎锵鸣兄弟，余则黄仲弢提学绍箕、叔颂观察绍第与王筱牧大令岳崧、胡蓉邨大令调元、洪叔琳庶常锦标，均以诗名，皆于此楼雅集联吟也。……乃楼成未几而通政即世，与其役者均先后丁忧，金以"话桑"为"话丧"同音之谶，因易名"飞云阁"。辛亥光复，叔颂观察自武昌归，首集赀重修此阁，经纪者为林若川。

又林若川《寄鹤巢日记》云：飞云阁之建，捐款者有仲弢、申甫、仲容、叔林各百元，震轩、妙秋、莲溪、小博、调甫各三十元，仲龙、春畦各二十元，蓉邨十元，余皆王小木丈自垫，历年修费约七八十元。重修时，将阁中联轴取去，新添诗人祠神位前一联。既而耆旧凋尽，雅音绝响，飞云阁一易为图书馆，再易为小学校。词章凫续，粉壁鸦涂，至今惟存一扁额，<small>黄绍箕篆书"飞云阁"三字。</small>供后人凭吊矣。

李笠《跋杨嘉辑〈二黄先生诗茸〉》云：右《二黄先生诗茸》，鲜庵诗二十首，缦庵诗七首，亡友杨君则刚所辑也。……黄先生少年治学，与孙先生仲容齐名。孙氏之著述，若《周官》，若《墨子》，既已卓然成家，为学人赞仰矣。黄先生则昆弟巍科，急于事功，疏于铅椠，使仅得以诗集传，亦学术界之不幸欤？抑二先生于乡邦文献关系至巨，使并此诗草而任其放失不完，岂非重为邑人之羞、里乘之玷哉！然则杨君此编为不可少矣。民国十一年长夏日。

宋慈抱《书黄叔颂太史〈瑞安百咏〉后》：（上略）太史擅西昆温、李之才，膺东观班、杨之选。壮登翰苑，凤擅清声；晚遯邱园，惟耽著述。笔花灿烂，则唾地者三；典籍浩繁，则淮雨不昧。盖双丁仪、廙之名，二陆机、云之誉，太史与鲜庵学上其人也。复能以经史之余闲，搜乡邦之故事，表章道学，注重治材。所谓《瑞安百咏》者，计百首。……

夫东瓯数十年来，通人硕士以掌故为务者，我瑞称盛。孙太仆著《瓯海轶闻》及《永嘉丛书》，孙征君补订《永嘉郡记》与《温州经籍志》，斯并夐复古谊，为后生小子所莫詹；洋洋万言，必累月穷年而始尽。而太史此作，反博于约，风雅浑成，不堕鄙俗肤浅之讥，不骛钩棘支离之习。白太傅《乐府》同此千秋，张綦母《船屯》分他一席，亦可喜也。——《默庵骈文甲集》

池志澂云：陈怀孟冲征君，故以名诸生举宣统己酉孝廉方正，官山西河西知县，终北京大学校教授。

怀子谧字穆庵，今为瑞安县参事，年甫逾冠，赅敏能文，有老成所不逮者。

陈谧云：辛亥鼎革，四方伏莽乘机窃发，瑞安西南乡故称盗薮，是时土匪聚众千余人，揭竿剽掠，势张甚。公与黄缦庵观察绍第、王啸牧大令嶽崧募兵筹团防，经营擘画，地方赖以乂安。

先是，甲午、庚子之役，东南滨海之区防务日亟，孙咨议仲容诒让、许孝廉竹卤黼宸、周经魁仲龙拱藻与公皆办民团，招乡勇以资守御剿抚之策，然公之力为多。——《洪公锦维行状》

关系：

黄叔颂《奉题孙太仆、侍郎〈颐园春宴图〉》云：白头兄弟东西屋，大山小山高并玉。芳园桃李开琼筵，两翁相对清似鹄。长公波涛万顷陂，少公巉秀千寻麓。二语用张文潜诗句。玉京联辔翔康衢，金锁铜镮夜直宿。海内师友多欧、曾，门下生徒有颜、牧。秋风牵手思莼鲈，先后遂初赋再续。早知峻坂能摧轮，饱看浮云如转毂。晚年坡、颍殊可怜，夜雨寒灯苦幽独。海康僦屋再徙循，阳羡买田不归蜀。伟哉二老真神仙，林下逍遥自扪腹。文章千古敢短长，身世一生有祸福。至今乡井照少微，邑子□□就边幅。我亦孔、李旧通家，东观宗风颇不俗。两世再掌柱下书，十年亦偷太仓粟。岂知楚泽损兰蕙，长使栗里负松菊。兰陵劝学惜残编，下牢访碑怆遗躅。平生风义兄兼师，墓草凄凉春不绿。余生九死仍归来，过眼沧桑忽翻覆。病鹤更愁城郭非，冻龟孤受泥涂辱。溘先朝露未足悲，既投浊流宁堪黩。廿年陈迹耆英图，风花一瞥惊何速。明昌升平似梦中，野史遗亭谁重筑。诗成掷笔泪潸然，愁读庐陵归田录。——《二黄先生诗荟·缦庵诗稿》

又挽孙仲容联云：当代一大师，与乾、嘉诸老相衡，何期谶应龙蛇，竟使斯文亡国粹；吾乡真奇厄，病应、刘一时俱逝，岂料行分鸿雁，又抛老泪哭神交。

4. 项崧

项崧原名芳兰，字申甫，瑞安南堤街人。祖傅霖，道光壬午科举人。叔祖傅梅，有《耕读亭诗》。伯父瑄，有《水仙亭词》。父琪，隐居不仕。崧濡染家学，未冠补博士弟子员。孙衣言致仕归，于家祠设塾，招后进肄业学文，崧与黄绍第、胡调元、林庆衍等并著籍为弟子。衣言独称崧文详整有体要，得桐城义法。光绪己丑，中举人。甲午，成进士，为户部主事，纳赀，以知府需次江西。上书柯逢时论治教案，有卓识。榷厘三载，恤商旅之艰，绝需索之弊，政声著焉。乞假旋里，与同邑孙诒让、黄绍箕等首创学计馆及普通学堂以开风气。永瑞距七十里，小舟夜行，恒遇盗，行旅苦之。赴沪购小汽船机器以便往来，瑞安商业为之一振。以邑无中学堂，复与孙诒让等创立中学堂以宏教育，其苦心孤诣有足多者，被举为浙江教育会会长。光绪三十四年卒，遗著有《午堤集》一卷。家有水仙亭，藏书甚富。

资料：

《瑞安县志稿》本传。

《项崧哀启》。

《项申甫日记》。

项芳蒨《祭弟申甫文》。

关系：

项崧《与孙仲容书》云：籀公大鉴：接廿二日惠书，敬悉学界风潮，吾浙为甚。挟私怨而忘公义，教育前途奚堪设想。师范初九日招考，屡承函属，自当效劳。惟凤轩来函，似言台端有推毂之意，无论弟之材力，万不能肩斯重任。即本邑学务，如中学、高等及劝学所等，事务丛脞，已有不遑给之势；若再令驽骀负重，必至竭蹶不堪。尚祈曲加原谅，另择贤者，俾免陨越，是为厚幸。……台从旋里，道出沪上，务恳鼎力一言，切切勿忘。……原稿存市立图书馆。

又《项申甫日记》云：光绪丙申，十月十八日申刻，在孙仲颂刑部家见其壁间悬有商子孙乙角似此名拓本，上有许印林等诸名人题跋。器三足如爵，无耳。又见其所著《墨子间诂》书，凡十五卷，附《目录》一卷，《旧序跋》一卷，《墨子后语》二卷。《后语》中有《墨子弟子考》《墨子年表》等，尤精核。其中多有以西学诂之者，俞曲园《序》，黄仲弢《跋》。间诂者，取许君注《淮南》之名名之也。孙君治《说文》功最深，解是书又多用高邮王氏之说，正其谬误，故其自负如此。

廿四日，有人以先辈孙敬轩、周仲梅、胡万里、彭梅川诸诗稿见示者。孙稿较刊本少数首，余皆未刊。其中评骘颇多浮泛，而以许小酽绳祖为最得窍要。许系乐山元戎之孙，其父行十一，母为某提学之女，亦能诗，其渊源为有自矣。乡曲诸先生毕世致力于诗，而其所成就止此，盖穷乡下邑，师友切磋之力有以限之耳。然其毕生精力所在，而其姓字已若存若没于人口，观此则亦不能无所感矣。闻仲颂刑部购而付梓，亦美举也。

又作《孙籀颀寿叙》云：学术之变迁至本朝而极盛，而其涂辙至今日而益广。乾、嘉以前，学者致力于训诂、考证，破固陋而祛茅瞀，巍然树汉学之职志。谈义理者，则断断于穷理致知之辨，或且旁骛释典，门户角立垂二百年，不可复合。东原集汉学之成，而其晚年著述研精哲理，隐然通汉、宋之邮。惜抱论学，则以义理考证为主，以词章为归，畛域之见稍稍泯矣。环球交通，泰东西文明互相灌输，名、数、质、力之学分为玄，间著诸科者，精之极质点之莫破，大之穷宙合之繁变。少年学子，眩其说之瑰奇，遂谓旧学不足复存。一二老成，乃兢兢焉以国粹为念。新旧之争，又哗然矣。夫精镠美璵，愈磨练而光愈显者，其质坚也。长江大河，愈迂折而流愈广者，所纳者多也。学以专攻而后精，亦以兼容而后大。泰西学术，则说经巨师宿儒之推阐，宜若无遗蕴矣。今观泰西学术，则又往往与中学相发明。推而广之，会而通之，他日必有镕中西为一冶者，开其先者，其惟籀廎先生乎？

君，太仆师喆嗣，自幼承家学。太仆师以文章名世，学于曾文正而绍惜抱之传。同治初，开藩金陵，君侍焉。当是时，文正削平大"乱"，招致海内名流如江梅村、戴子高、张啸山诸先生从事编辑，君年甫二十余，与诸先生上下其议论，所学大进。君之为学，精研训诂，旁及金石文字，因名物度数以求典章制度之大源，盖取径于金坛、高邮，而会其归予半农、慎修。中兴以后，治经者寥寥如晨星，德清俞先生为君父执，南皮节相则举主也，并以经学名当世而皆推重君。君生平著述甚伙，其所尤致力者，为《周礼正义》《墨子间诂》二书。《正义》成时，君年甫逾四十，时节相督粤，欲刊之广雅书局，君笑谢之。今所传《周礼政要》以经术言政治，盖应近人之请而作者，然已风行海内矣。《墨子》号称难读，君为钩稽理董，篇什粲然，其间援引新说以证古义，尤发前人所未发。近人之以西学释经、子者，盖自君始。君自四十以前壹意治经，中年以后乃肆力于西哲学说，兼涉梵书，故其学旁推交通，无戾于家法，亦不囿于一家，浸浸乎有合儒墨耶佛而为一之概。

窃尝谓本朝经师辈出，而传儒林者必以亭林、南雷为首。诚以二公之学，足以追服、郑而绍濂、洛，而□力之奇伟，尤足与西哲并立。学者得其一端，皆足与儒林之列。特当时西儒之书传播未广，利玛窦、南怀仁所述仅引其端，使二公而生今日，其所学必有迥异于前者。君生平学行，诚足追踪二公，而生当科学发明之时，又为二公所未及见。然则谓本朝学术，二公守其源而姚、戴会其流可也。即谓二公抽其端而君竟其绪，亦何不可也。

君少举于乡，辄弃帖括。以太仆师命，屡应礼部试。潘文勤及常熟相国负宠奖望，屡欲得君而卒不售，君亦无愠色。戊戌、庚子以后，诏举天下贤材，中外大臣交荐君，君亦弗应也。君虽屡征不起，然其爱国之忱每发于不自觉。世变日亟，每歔欷感慨不能自己。乡居三十载，尤以公益为亟。比年以来，朝廷锐意教育，君先于郡邑遍设学堂，温处学者举君主教育事，每事必请，君必有以应之，虽极繁琐，弗惮也。

君本以主政隶刑部，学部既设，辟君为咨议官，礼部将开典礼馆，复征君为总纂。先是，节相设存古学堂于鄂，请君总其成，君未之应。闻君就礼部，复以为请，君婉谢之。盖世第以经师目君，而不知其志固别有在也。

八月戊寅为君六旬嵩辰，同人谋为君寿，君力辞。崧尝观汉世经师，类以宿望享大年。本朝耆儒，如所称南雷、慎修、惜抱诸先生，皆年逾大耋。今君甫周甲，而所学已精且博若此，由是而耄耋、期颐，所以成千秋之业者更何可限。世俗祝厘之举，乌足为君重哉！独念崧少以文字受知太仆，师以水心见期，又尝以所业就正于君。今者无闻之年倏焉已届，而学殖荒落，既有负吾师，亦且负君，以文寿君，弥自愧耳。他日倘能以毫末自见于世，附名于君之传中，其亦为君之所许否耶？丁未秋八月，恭祝籀颀先生六秩大庆，即请教正。表弟项崧拜稿。

又作《孙籀高先生追悼启》云：光绪戊申五月，籀颀先生以疾卒于里第，学界震悼，邑中小学校停课往奠，沪、杭各学会皆开会追悼，并请宣付史馆立传。盖先生学行为世儒宗，而乡邑中小学校赖以成立，厥功尤伟，宜浙人思之有余哀已！

先生讳诒让，字仲颂，晚号籀高，劭闻孙公仲子。劭闻公讳衣言，以诗古文词著称当世，官至太仆寺卿。先生幼随侍太仆公主讲紫阳书院，即究心篆籀训诂之学。年十九举于乡，弃举业，益精研经训。太仆公开藩江宁，当是时，“大乱”甫平，曾文正公方大兴儒术，海内知名士如汪士铎梅村、张啸山文虎、戴子高望辈云集鳞萃，君皆与之游，所业益进。君生平治经由训诂以通大义，矫空疏之失而亦不囿于笺注。所著《周礼正义》成，年甫四十余，座主相国南皮张公见而叹曰：“求之乾、嘉诸老宿，亦未易易数也。”由是声誉大起。德清俞先生方以训诂撰述张帜东南，君以年家子与之抗席，尤心折君。顾君虽不事举业，然以太仆命屡应礼部试，常熟翁相国、吴县潘文勤公皆负宏奖望，屡欲得君，往往闱中得他卷，疑为君，拔之，未尝自愠，亦不轻往谒也。君自太仆君故后，绝意仕进，十年以来，大吏荐举，交章起君，君皆不就。去年礼学馆辟为总纂，亦以病辞。中年以后，壹意著述。欧亚交通，声光电化之学重译以入中国，君习其说，谓与《墨翟书》多吻合，乃笺治焉。通其旁行斜上，正其脱讹，数千年古籍独赖以明。今之号为“古微学”者，皆自君发之也。

君生平著述甚伙，《周礼正义》《墨子间诂》为世所知。又尝应人之请，为《周礼政要》二卷，盖其经世学之见端也。著有《古籀拾遗》《札迻》等书，又辑乡先生书，曰《永嘉丛书》，暮年著有《名原》二卷。君虽屡试不售，屡征不起，而于政治之得失、国家所以治乱兴衰之故未尝一日去诸怀。甲午以后，海内士大夫知强国之本在于兴学，奔走呼号，兢兢以是为亟。君居乡，集资设学以应之。戊戌政变，君亦不为挠，日孳孳与乡人兴学不倦，故温郡学校之设多在部章未定以前，皆君提倡之力也。科举停罢，温、处人士兴学益亟，公举君为学务总理。四年之间，设立中小学校凡数百所。又以小学之立，必资师范，乃于温州设立师范学堂，君皆舍己赀为之倡，然亦不自言也。盖未尝谓今日之时势，学派迭嬗之时，亦即学术绝续之时也。特自命保粹者惟章句训诂之是求，而醉心欧化者则又一切唾弃不讲，有心之士所以鳃鳃顾虑者，岂无谓哉？君四十以前殚精经训，四十以后则又旁征西哲学说以自辅，盖浸浸有欲合中西为一之势。使天假之年，其成就当更有进者，惜乎竟止乎斯也！——《午堤集》

又挽孙仲容联云：谭经得两汉宗传，志又在通今，晚益旁耽希罗学；造士望吾乡进化，君亡谁继起，天何不佑瓯括人。

又云：乾、嘉著述，陈、叶家风，溯平生师友渊源，自惭籍、湜不才，独守一编称后死；壮岁研经，暮年兴学，幸晨夕相随讨论，岂意乡间少别，转从千里哭先生。

孙孟晋曰：籀公卒后，瑞安县中学堂裁撤正副总理，以项申甫改任监督。而学界士绅陈介石黻宸等提出停办中学堂的建议，于是全县学界集议明伦堂，主存、主废，各持理由，显分两派，意见不能统一。结果以项申甫为首的主存派自愿集赀自办，改为私立，并迁校舍于范大桥项祠，即前办方言馆的旧址，由陈勉卿充任监督。——《孙籀公与温处地方教育》

刘绍宽曰：按，申甫先生为浙江教育会长而卒，继其任者为夏灵峯先生震武，浙中大起风潮。——《厚庄日记》己酉八月十九日

刘绍宽挽项申甫联：先生承明著作才，出守一麾，未曾朝夕论思，雅奏揄扬天尺五；吾乡教育陵夷甚，导师竟去，忍听风潮澎湃，大声震撼浙东西。

5. 项湘藻

项湘藻字苕甫，祖傅霖，弟芳兰。湘藻博通时务，以材干自见。当清廷废科举之际，首创方言馆及邑中学堂，赔累甚巨。后与芳兰于东门外开行小汽轮，自瑞至永，日可行数次，既利交通，又免夜行遇盗之险。后于飞云江设轮渡，瑞平

河亦设小汽轮，互相啣接。因之，吾瑞南北往来颇称利便。

资料：

《瑞安县志稿》。

杨绍廉手写《项调甫先生行述》。

薛钟斗《项苕甫先生追悼会启》云：先生幼承家学，读有用书，不屑屑于帖括。……自是遂绝意进取。不少年，果以财雄。而申甫遂由甲科官至郡将。当是时，中日失和，海内鼎沸，非兴学育材不足与列强驰骋。岁丙申，邑中先后兴立方言馆、学计馆，皆先生与孙籀顾先生诒让、黄鲜庵先生绍箕、黄缦庵先生绍第所创办也。孙、黄三先生长日著书，而学款之筹备、校舍之设置与夫一切会计出纳、庶务精粗皆先生独任其劳。已而普通学堂继起，旋改中学堂，又以孙先生代表于外，先生主持于内，劳怨丛集，备历艰难。虽然，先生独为其难，岂仅如是而已哉。宣统己酉，孙先生既殁，申甫先生继任中学监督，嗣浙江教育会举为会长，远羁湖上，于是邑中一二人有倡废中学堂议，遂使我瑞安中学暂停于教育兴盛之日。先生不忍十余年心力经营之学校坏于一旦，莘莘子弟独立风雨飘摇中，是以集同志恢复输财，不居其名，功成独让，未一月而瑞安复有中学。阅岁，遂举行学生卒业之典，今十二次矣，毕业者近二百人。戊午七月十九日卒，年仅六十一。

关系：

挽孙仲容联云：著作等身，文章华国，朝廷屡征未赴，公推海内一经师，岂徒顿失瞻依，乡里后生难继起；大新航业，温溪矿苗，畴昔小试其端，均引不才为同志，此后若图再举，主持艰巨望何人？

孙孟晋曰：光绪丁酉春，学计馆成立一周将届，……在这时候，项申甫与其兄苕甫湘藻等人拟仿上海之例，创办一个瑞安方言馆，讲授外国语文。籀公也力赞其成，募集捐款以项氏族众出资为多，馆址在范大桥街项祠，内设西文、东文两班，学额各为十五名。课程兼及外国史和外国地里，在教室中曾经陈列着中外大小舆图多幅，这在当时本地人看来，也算创见的一件事。——《孙籀公与清季地方教育》

附：瑞中存废问题本末：

薛钟斗曰：吾邑自孙籀公云亡，中学存停问题发生，党祸轰天，不堪言状。好事者欲述《学界党祸录》一编，虽内容未见，要亦主持公道者。今录其《忠告存党》及《党祸录目次》于后：全文见储石《蠹余残稿》，稿存瑞安文物保管会。

（一）敬谨忠告主存之附和党者：不佞素负不党名，以故落落无所合。今乃察观时变，不能恝利禄怀，质言之，则为饭碗。既获其径途，又不敢自秘，故敢为同志诸君贡其忠焉。社会浇憬，媚术不一：有牺牲其父母之遗体，效婉娈而不识羞耻者矣；有割弃其床笫之爱情，荐枕席而甘为娼妓者矣；有为之揭尿壶、铺被盖，晨夕请安于大人先生之前者矣。凡此诸端，皆吾邑旧有之特色，刘菊仙、郭漱霞、胡醉铭之徒优为之，固诸君所不屑为，亦不佞所不忍言者也。今之所为媚者则异是，堂堂其词，磊磊其行：申甫、冕卿，骂不绝口，废学存款，语不离宗。鲍漱泉、林养素，所谓出死力守此义者也，未几二遂用为警察区员，月支地方公款四十元，而妻子得以无馁；项慎初、王君辅，所谓效驱遣以达此义者也，项得随行广东，不日捆载而来归，王亦被荐北京，将束行装以飏去；池云山、程石仙，皆陈介石所嗾使主破坏者，为之运动官场，设医学堂，俾各得优俸以重酬之；即素为所摈弃之郭奇远、刘乙先，且责胡醉铭为之收络，令其起禀稿、备鞭策而俾以医学堂预备教员之席；此外，若李伊仁、金友申，偶因存党之失势而易其方针，即大张其声威，可望来岁之续聘。甚矣，陈介石之党侪，对于废党之得力诸员，尽所量以为报酬，可谓至矣。信矣，纤毫无负者矣。以此之媚，非所谓名义不亏、利权独擅者乎？较之彼辈献身纳妻、揭壶铺盖伺候之苦，又霄壤别矣。口舌之劳，何惮不为，诸君其细思之。诸君之必欲存乎？果为公益计，抑为私利计，吾不敢知。如以利，则寥寥数教员今亦何属？诸君其亦审所向背乎？审所向背乎？狂言贡献，知我罪我，必所不计，愿诸君毋贻后悔可也。

（二）《学界党祸录》为目十章：1.近因，2.发现，3.组织，4.情状，5.影响，6.趋势，7.血战，8.厌乱，9.结果。中缺一章目

《浙江教育官报》所载：瑞中存废问题，此案先于上年十一月间，据劝学总董郭凤诰禀，以瑞安中学堂比年以来地方多倡停办之说，陈黼宸、池志澂等咸谓该学堂仅有学生三四十人，常年出款四千五六百元。瑞安地瘠民贫，经费难筹，今全邑财力悉萃于此，以致阖邑公共之高等小学俱未完备，其余城乡初等小学因费绌苟且从事者更无论矣。不若遽停中学，将原有之学生按照年级转送郡中学，其常年入款除将公共之高等小学设法扩充外，余俱散诸城乡各处小学以为教育普及之计。主留办者又谓创之维艰，废之甚易，一旦停办，恢复为难。

据此两说，难以解决。……经由司批饬该县会同绅学二界通盘筹议，禀

办。……旋据前办瑞安中学堂监督项绅崧呈递节略，以前有一二挟私之徒藉口宪饬，破坏中学，禀请停办，沥陈断难停办窒碍情形，呈请札饬地方官主持以冀保全……。自是以后，绅学各界各挟意见，互相禀讦，函电交来，或主停，或主留，莫衷一是。其时适前办学务公所总务科科长、候补知府吴守学庄委署温州府，当将此案饬令吴守认真查办，极力整顿。

兹据吴守禀称：知府抵任后，节据士绅互相禀讦，主存主停，纷争不一，当以学堂为地方公益，自应博采舆论，取决多数。批以该校主保存者以为该中学系孙故绅等创办，经营匪易，现时学额虽少，将来高等小学渐次毕业，自可拓充。教科程度虽未尽完善，而整顿改良尚非难事；若一旦停闭，经费一散而难聚，中学一停而难复，不如勉强维持，藉保款以保学。此一说也。

主停办者以为该邑仅有高等小学一所，遽办中学，本属牵强。丙午年尚有学生九十六人，降至丁未、戊申，所存止三四十人，且甲乙两班不过五人，学生人数年办年少，学生资格年办年卑，学堂岁支年办年增，学堂经费年办年绌。以数千元之巨，办此少数有名无实之中学，不特虚糜经费，且恐贻误青年。不如暂停此校，将合格学生并入郡城中学，腾出经费，推广小学。俟高等小学毕业人多，再行规复中学，乃为切实正当办法。此又一说也。

综核两说，各有理由。……学堂为地方公益，究竟应存应停，就地士绅自有公论。仰瑞安县遵照学宪批饬，克日会同绅学集议，取决多数，禀候核夺。……遂于本年正月十四日由县会同绅学界，并由劝学所发起，邀集合格会员在明伦堂开会，余令莅场监督。先由主存代表陈恺登台报告保存利益，理由不足，众不认可。继由池志澂等演说应停理由十则，众皆赞成。其时因会员小有争论，经评议员重整秩序，遵式投票。检查票数，计主停者一百零八人，主存者三人，主改良者三人。当由余令取决多数，宣布暂停，并据劝学所总董报告到府。

方以为事经众议，存停已决，奈余令迫于主存者藉口会场秩序不整，并鼓吹学生多方要挟，将以此会为无效。于电禀宪台文中又有"不容主办者演说"之语，致复纷争不已。知府续接该县禀报，亦游移两可。……即委毛司狱驰往，会县详查十四日之会究竟有效无效。嗣据会覆，亦仅据主办者一面之词含糊其说。正拟派员覆查，突于二月初十日，由该堂会计员项湘藻邀集多人，并率全体学生来府要求再开会议。余令亦同时到府，面称前次开会投票议决仍争，若再开会，意见既深，竞争更烈；且来郡学界流品甚杂，学生多被煽惑，万难再议等语。知府接见，该绅学各生词气粗率，一味要求。因念学堂之应存应停固须取决公议，尤宜深悉内容，既因会议难决，不得不实行考验。遂牌示云：

"查设立学堂，必须恪遵部章，名实相副。该县仅一高等小学，遽办中学，本属勉强，加以额少费多，其源立竭，已有岌岌将停之势。然果教科实系完全，程度均能及格，亦当设法维持。今既集议难决，不得不实行考验，以学生成绩之优劣定该校或存、或停、或并之办法。兹准于本月十一日起，本府亲临郡中学堂，排日分科考验。仰由瑞来郡之中学各生，届期每日辰刻齐集郡中学堂，听候命题考验，毋许规避。如或藉故不到，则是该生等自甘停闭，予人口实，本府亦爱莫能助也。"

不意该学生等一见牌示，即一律逃回，既不认公议，又不遵考验，直是自甘停闭，无法保存。当经电禀宪台，请饬停办。旋奉电示照准，奉经转饬该县及劝学所一体遵办。……

该校余款，前有主张均分各小学堂之说，为主存者所藉口。现拟饬县清查账款，如系劣绅从中把持、吞没，严行查明，追出归公外，所余现存成本尽数存典生息，无论何人何项概不准觊觎动支。俟数年后，积资稍厚，高等小学毕业人数日多，再图规复。其现有学生，如自愿改就府中学堂肄业者，准其考验插班，不及格者归入该县高等小学，停校不停学以示曲成。如此分别办理，庶与学务学款两有裨益。——宣统元年三月《浙江教育官报》第九期《文牍》

又，本年七月初五日，奉学部札开普通司案呈，前据详称，查明瑞安中学堂额少费巨，饬府暂行停学各情，业经本部核覆在案。兹据该县岁贡生贾燊等禀称，瑞安学务，黄故绅绍箕、孙故绅诒让、项绅崧等创办中学，因移拨盐厘存本六千元，存典生息，常年可得六百元。又筹常年款五千数百元，内拨三千二百元办城内高等小学、初等男女各学。只以款由中学名义筹集，故并归中学册报，提学司未及细察，将各小学开支合算，是以去秋人少费巨，通饬瑞安，亦附在内。然饬内亦尽令节省糜费，腾款多办小学，并非饬合议废中学也。陈黻宸与孙、项二绅夙有讼仇，乘孙绅故后，因耸其私人劝学董郭凤诰禀废中学，提学司批饬集议，主废者不守规则，有县电及高等小学、各隅初级小学堂堂长、各绅电禀，县详委覆可证。府甫到任，未悉实情，轻听宸言，勒令停办，将学生并入郡学。学生以瑞学皆先正竭力经营，不得无故中辍，且瑞安地处偏僻，学生寒素者多，安得人人措资远出？固请不允，府详竟谓其逃学，邑绅公请保护，府详竟谓其要求。县委确禀开会情形，府详竟谓其据主办者一面之词，游移两可，含糊其说。各学堂不认前会为有效，请开正式大会，府详竟断为万难再议。存本实只六千元，府详竟谓有一万余元。种种受惑捏详，以致抚、学两宪未能洞察下情，批令停学。

伏查定章，各府州县急应多设中学，预备升送。瑞学开办有年，学生升送各处高等学堂已不一而足，其成效已著。即如府所详内容腐败，亦应指令改良；经费即稍有不敷，亦应责成劝学所筹措。乃均不出此，必欲停已成立之中学，议言存款以为将来规复地步，将来规复尚未可知，而现有之学生数十人必先旷课废业矣。幸学生不甘废学，现已公借场所，暂行开课肄业。不蒙恩准，迅饬规复，该学生等必致向隅无着，并无以鼓舞后来办学之心。恳恩批饬规复，并粘录全案前来。当经批示禀悉：

查瑞安中学前据浙江提学使司以额少费巨，内容腐败等情，详请饬停。经本部照准，并饬将旧校生徒分别安置在案。该生等所请迅饬规复之处，应毋用议。此批。——《浙江教育官报》第十四期，宣统元年九月

窃据永嘉徐绅象严、平阳王绅理孚函：瑞安中学堂前经该县劝学所禀奉学宪查议饬停、储款规复在案。现邑绅孙诒泽等见该堂停后，旧有生徒无所归纳，其甲、乙两班将届毕业，尤未便中途废弃。因自集款续办中学一所以为规复之地，程度、功课尚无不合。惟经费仅支本年之用，常年尚无之款，私家之财有限，恐非持久之图。伊等居邻该邑，稔闻前议停办中学原以储款规复为最后之目的。现在学停款储，易生觊觎，遇有公益事宜，地方士绅即争议分拔。若不及早规复，深恐别生枝节。拟请自明年始规复旧校，储存经费能否照丁未年报册开支之处，应由该地方士绅公同妥议，另案禀报。乞为呈请学宪，径行饬县，先于年内开会公举监督及其他办事各员，以便部署一切等情前来。敝绅以为事关学务，责无旁贷，咨呈查照察核等由过司。准此。

查瑞安中学前次饬停，业据温州府吴守拟定办法，将旧有款项存典生息，无论何人何款，概不准觊觎动支。俟数年后，积资稍厚，高等小学毕业人数日多，再图规复。禀经学部核准遵办。嗣后岁贡生贾燊等请规复中学，又奉学部批饬毋用置议在案。此次孙绅诒泽等以捐款私立中学不支公项为词，由县转详，一再察核，深虑学生程度、教科规则未能悉协部章，是以批府详查议复，再与立案。乃私立之禀方进，而请款之牍遽来，既与部中前定之案未符，亦与孙绅建议之意相背。所请自明年始动用旧校储存经费照丁未年报册开支之处，碍难照准。——《浙

6. 项芳蒨

项芳蒨号葱畦，岁贡生。父瓛，有《水仙亭词》。芳蒨从同里孙衣言学文，服膺桐城义法，得阴柔之美。旁取先代藏书关于堪舆、医卜、天文、历算等学，钩深索隐，昕夕无间。著有《七政四余命学》一书。

项氏固素封，芳蒨独布衣芒屩，无奢费。师友往还，惟平阳宋衡、同里林庆衍、洪锦标数人。商榷学问，言必及义，非其人，虽同舟数百里不与聚谈也。锦标令余干，曾聘为记室。

资料：

《瑞安县志稿》。

《书项几山〈止斋集〉校本后》。——《逊学斋文抄》九

表侄芳蒨持一小帙来见示，属予为序，则芝石所作《癸辛词》也。——《书表弟项瓛〈癸辛词〉后》

关系：

孙仲容代父作《项太恭人八旬寿序》云：光绪癸未七月十九日，为我舅母薛太恭人八秩寿辰，于是哲嗣榄谷、栗亭两表弟将率孙奉巵为太恭人寿，而以侑觞之文为属。衣言忝厕诸甥，于太恭人徽仪淑德闻之最悉，……及长，归我先舅氏茗垞先生为继室。先舅氏伯仲四人，仲为雁湖处士，邃学潜德，不事举子业，有王仲任、皇甫士安之风。尤工吟咏，所著《且瓯集》诗格醇古，凌轹盛唐，浙东诗人殆无伦比。次舅氏几山学博，以名孝廉为富阳校官，所学尤淹博，天算、校雠，奄综乾、嘉汉学诸大师之长，储书数万卷，丹铅殊遍。

先舅氏_{茗垞}幼承两昆之绪论，益肆力经史，于学无所不窥，而又从伯氏受诗法，得其微旨，而著《耕读亭诗抄》八卷，与《且瓯集》并盛行于世。

项生葱畦，世承家学，觥觥群季，并为俊才。

项芳蒨挽孙仲容联云：曲园即世，惟君为两浙大儒，著述等身，专精真越右台馆；逊学既徂，有子继斯文一脉，音尘复寂，凭吊忍登玉海楼。

7. 周珑　附弟璪

周珑字伯龙，瑞安申明里人也。庆榑孙，廪生，有才名。少应童试，为太守

张盛藻春陵所赏拔，冠其曹。后为龚念蘧星使随员，出使英、法各国，以疾殁于伦敦。篆书气象堂皇，学《天发神谶碑》，自成机杼，得者珍之。同时黄绍箕学《峄山碑》，逼近邓石如，名甚振，惟珑所书足与之相角。

弟拱藻原名璪，光绪甲子科举人，亦能书，孙诒让刊《古籀拾遗》，为书上之板，一时有张弨之目。

资料：

《瑞安县志稿》。

张扬《拟传》。——《宋庼文录》

胡调元作《周伯龙就窆祭文》。——《补学斋文抄》

项芳兰作《祭周伯龙文》。——《午堤集》

池志澂作《周拱藻行状》，民十三。

刘绍宽曰：瑞安周伯龙珑茂才，随龚仰蘧星使照瑗出使义、比，现时以出使参赞随员为终南捷径也。——《厚庄日记汇抄》甲申二月初九

关系：

孙衣言《周仲梅诗序》云：予年几及冠，始与仲弟棐田求师邑间，从乡贡秋查曹先生问诗法。先生颇喜予兄弟能为诗，而亟称周君庆枬仲梅，于是始与仲梅游。仲梅长予数岁，予以兄事之。时予三人皆甫为县学生，治举业，不能肆力于诗。仲梅独好古学，涉猎经史百家，每以诗示予，往往予兄弟不能道也。……既而予中北闱试，仲梅亦领浙解，会于京师。……仲梅素羸，善病，作诗不能多，未久，竟殁于京师，年未四十也。……

予仕宦既久，倦而归，仲梅之孙伯龙、仲龙颇来问学，间出其先集见示，曰《毋自欺室稿》，仲梅诗也。——《逊学斋文续抄》二

又《怀人十首》之一：瘦削诗人周仲梅，贞元以后擅清才。秋风相忆莼鲈美，鸥鹭年年江上来周同年庆枬。

又《寄周仲梅庆枬》乙未：惮寒守林扉，伏首等潜蜎。在寂思故欢，慨焉念仳别。远椒沍轻烟，幽素寄遥月。昔聚炎景脩，今此芳草歇。凤欣知未疏，新暑叹易阅。冻云晻夕阴，空山已风雪。

又《重过江馆访仲梅》丙申：初景媚川光，孤怀赴清迥。轻桡逐微波，未午已维艇。登岸遵故蹊，双扉掩幽靓。苍苔雨后多，行迹新可省。雅俦亦能来，尘事日渐屏。复此花间杯，舒彼风前轸。相思大江西，别后空矫颈。——《逊学斋诗抄》卷一

孙仲容曰：《周伯龙妹倩以明隆武兵科给事素园李公遗印见示，作诗纪之》：赤炎符季运遭阳九，天挈黄图付神后。江东拥立何纷纷，南下天戈真拉朽。吴潴越蹐无完堢，闽海崎岖尚崛负。却开穷海作行都，诏板飞驰盛除授。李公中翰旧谏臣，谠议当年动旒黈。龙孙琐尾尚优贤，强起家园绾朱绶。行营草创赖筹兵，何止金章烂悬肘。东山未起时事非，青盖匆匆又南狩。坚城弹指失汀州，系组屡王马前走。冥鸿从此老云鳌，剩有寒铜付传守。自从玉玺归真人，斗宪迁移几章蔽。故家珍庋尚依然，缪铣精光寒烛斗。大节本无二姓羞，贞金合有千年寿。周郎持示剧惊诧，缪篆屈蟠杂虫蚪。赪泥零落余残殷，涩锈研挲发深黝。科臣衔秩系御营，图志荒讹得绳纠。印文六字曰"御营兵科关防"，旧图经李公传并不载隆武间有兵科之除，此事可以补其缺。纪年犹认隆武元，大统颁正龙集酉。背文右镌"隆武元年十一月日"八字，即甲申明亡之次年也。□羊误书劳雠勘，想见仓皇付镌手。背文左镌"御营兵科关防行在礼造造"二行十一字，礼下夺一部字，而误重一造字，盖□□□□审致误。闽都沦陷三百年，社屋鼎迁复何有。素园秋草不胜悲，谁把遗闻文螭钮。晴窗椎拓萃古欢，毡腊丁丁模印薮。吉金铭识世所希，长护珍文俪尊卣。——《籀庼诗词》及《籀庼遗文》下

又《温州古甓记叙》云：（上略）光绪己卯冬，诒让侍家大人归自江宁，里居多暇，与二三同志若林祈生庆衍、周伯龙珑、中龙璪辈恣意游览，穷搜古刻，偶得梁天监断砖于邑之东郭，辄相与传观，矜为创获。……

又《古籀拾遗》识语云：此书成于同治壬申，时在金陵。光绪戊子重校定，刊于温州。同里周孝廉璪亦嗜篆籀之学，为手书以上板，并諟正其文字。中牵于他事，三载始毕工。昔亭林顾先生刊《音学五书》，山阳张力臣为之校写，世珍为善本。亭林古音，旷代绝学，非疏陋所敢仰希万一。而周君之修学好古，则固今之力臣也。庚寅正月刊成记之。诒让。

伯龙讳珑，侍郎公第三女壻也。随龚仰蘧侍郎出使英、法，客死伦敦，年仅三十余，伤已！

孙锵鸣挽周伯龙云：破浪心雄，望云思苦，八万里飚轮飞渡，壮哉游乎！闻见遍五洲，遥知异域风谣，重译编摩成外纪；瓜代尚赊，兰焚遽叹，十七回冰魄刚圆，亡之命也！家山付一梦，痛绝长途旅榇，寒潮呜咽送归帆。

孙仲容挽周伯龙云：朱英行四万里，穷西海而还，惟君则又倍之，固知有是壮游，振古畸人几伦比；贾生年三十余，迁长沙竟卒，其名自足不朽，独恨失我良友，与谁痛哭此时艰。

周仲龙挽孙仲容云：笺疏述郑康成，有功于《礼》经，《间诂》述墨翟氏，有功于格致，理论述斯宾塞，有功于哲学，誉望寿世，著作等身，与石室名山，长此终古；伉爽似蒋则先，而不得御史，博洽拟曹叔彦，而不得翰林，开通似杨晰子，而不得京堂，肃靖持躬，淡泊明志，如闲云野鹤，高莫能攀。

8. 林庆衍

林庆衍，字祁生。曾祖培厚，以编修官至天津粮道。父用光，历官安徽祁门、蒙城等县知县。曾祖若父皆能诗，有《宝香山馆》《秋蓉阁》《墨缘室》等集；母项氏亦能诗，有《脂学楼集》；故庆衍于诗为家学。少而颖敏，父爱之，不甚督课，六经虽未卒读，所见书辄已能了了。稍长属诗，落笔惊侪辈。孙太仆衣言归里，于诒善祠设塾，招后生学诗文，庆衍为高第子，最受赏。当清末造，治经济学，激昂论事，有贾长沙、陈同甫之风。以不工为应试文，纳粟为国学生，赴监读书。祭酒宗室盛昱甚称之，其声价在孙、黄之间。南归后，一病竟没，年不及四十。

资料：

《瑞安县志稿》。

项芳兰作《林庆衍传》及《祭林祁生文》。——《午堤集》

胡调元作《祭文》。——《补学斋文抄》

关系：

孙衣言曰：我邑前辈观察林公培厚孙蒙城令君用光若衣，比居予官舍……"寇乱"以来，故家世族沦丧多矣，其残编断简付之灰烬者尤不胜其多也。观察遗文有《宝香山馆集》，若衣缄縢置箧中，数十年南北奔走，未尝顷刻舍去，间出展阅，纸墨如新。——《蕉雪山房诗叙》

又曰：右《惜砚录》三卷，余友林君辑甫既编其先大父观察公集，复取同时诸君子与观察往来之诗文及其《墓铭》《墓表》，别为三卷，缀之集后。盖观察出处之迹、交游之美与历官声迹之可传于后者具载于此，宜其后人之不能忘也。夫观察以文学道义为一时士大夫慕好引重如此，而莅官所至，皆有遗惠良法为后世所称道，盖非无本而然。辑甫能以先德之所存，网罗裒辑而不敢以忘，则他日之立身为政，其求无怍于先人，亦可知已！——《林辑甫〈惜砚录〉跋》，以上均见《逊学斋文抄》

又《林若衣县丞勘炎句容，为图索诗》：（上略）堂堂先大夫，受知成皇帝。至今三辅民，说尹尤下涕。君祖敏斋先生为大顺广道，时以荒政得名。况君为蚕经，若衣尝著《蚕说》。卓然根本计。读书思济人，不异势崇库。威弧指南荒，吴楚筹储积。……

又《送林祁生庆衍入都》云：家世蓬莱接道山。祁生为敏斋观察前辈曾孙，诸孙文采。尚斑斑。乡闾月旦随鹓凤，帝里风流盛芷兰。观察置吾郡试邸于京师，手书"兰芷升庭"四字榜于客次。到日园林红药后，望尘车马绿槐间。林居每恨长安远，时梦龙鳞见圣颜。——以上《逊学斋诗抄》《续抄》

又《娱老词》《八声甘州》词序云：林祁生北游太学，大司成爱其俊颖，拔为斋长，试京兆，报罢，暂假归省，不数月竟卒。予亦爱其才，倚此以当挽歌：

正匆匆、蹋过桂花时，日边转回程。岂书生命薄，未题淡墨，遽草新铭。拔尔奇才磊落，我亦发星星。怕问中洲渡，月上潮生。　　王谢当年子弟，漫扇挥月满，麈捉风清。向长安高马，才气自纵横。酒钱犹忆苏司业，但顿红、尘在故衫青。方惆怅，掳声来雁，为汝哀鸣。

孙仲容曰：庚辰十月，家大人以盖竹先茔封土，命诒让往视工。归时，道过邑之廿四都下湾，……试登山观之，冢已破坏殆尽，零砖满地。检视其文，则晋泰和二年作也。拾其完善者数块，携归以示林、周诸君，咸惊叹为得未曾有。阅数日，复携工往为修葺，并搜剔遗砖，所得甚伙。乡农闻余得砖，皆相与聚观，则诧曰："是累累者，何遽珍重若是！某村某山，破冢垲埋，其砖乃亦皆类此。"……辄偕林、周诸君访致之。——《温州古甓记叙》《籀庼遗文》上

又曰：（上略）倘有见示书件，即可托之转寄。永嘉则……，乐清则……，平阳则……泰顺则……，同邑则林祁生庆衍，并修学好古，讽缉不倦，与诒让雅有同好。——《征访温州遗书约》同上

孙孟晋曰：林培厚字辉山，号敏斋，瑞安人。嘉庆戊辰翰林，官至湖北粮道。博览工文，久宦中外，收藏图籍及乡先生字画颇富，经"乱"散失，而所藏任太常梅花、何丹邱山水、姜立纲太仆草书数种，先祖太仆公尝见之。孙用光哀辑其遗诗文为《宝香山馆集》。参邵懿辰《林公墓表》、张湛《林公墓表》、张履《林公墓志铭》及《逊学斋文抄》《温州经籍志》。

9.宋衡

宋衡原名恕，字平子，号六斋，平阳万全乡鲍阳人。幼有异禀，读书过目成

诵。八岁在塾，瑞安孙锵鸣过其家，奇之，妻以女。九岁能为古今体文，谈论经史，即与宋、元人立异。年十四，见王阳明遗书，深喜其"反心不安，虽言出孔子，未敢以为是"之说。十六，为邑诸生。是时瑞安孙衣言、锵鸣兄弟方以陈傅良、叶适之学诱勉后起，衡既从受其学，而衣言子诒让治训诂学绝精，兼通佛典；其同邑金晦治颜元、顾炎武之学；陈黻宸治郑樵、章学诚之学；陈虬治苏轼、陈亮之学，虬兄国桢治象数兼禅学；皆与讲问大义，多所启发，而超悟诣极，往往不为古人所蔽。光绪丙戌，年二十五，丁父忧，遂侨寓瑞安，为游学计。明年，从外舅锵鸣于上海龙门书院，又明年，于金陵钟山书院，皆襄阅课卷。庚寅，游湖北，谒两广总督张之洞，说以变法，不听，登黄鹤楼赋诗见志。是冬，出使俄德奥和钦差大臣许景澄奏辟为随员，病不果行。壬辰，游京师，谒大学士李鸿章，一见咨赏，以限于资格，委充水师学堂汉文总教习。乙未，在上海襄阅求志书院课卷。辛丑，在杭州任求是书院汉文总教习。壬寅，礼部侍郎朱祖谋以经济特科荐，丁母忧，不赴。癸未，游日本，觇风土，咨学术，越岁乃还。己巳，应山东巡抚杨士骧聘任总务处议员兼文案。宣统元年归里，明年正月下旬病卒，年四十有九。衡自移家瑞安，频年浪迹江海，自楚、浙、燕、齐外，以居申江为最久。交游名士遍海内，益博览四部籍及近译欧美人所著书，包涵兼综，自成一家之学。衡文和雅，类东汉人，不矜华藻，而雅有典则。歌诗静穆，多似宋人。所著有《六斋卑议》《浙学史》《永嘉先辈学案》《朝鲜大事记》等书。女昭又裒其诗文为《六斋有韵文集》《无韵文集》各若干卷。又有《集外文》二篇，《孙、陈二氏生日寿诗叙》，已由瓯风社为刊单行本，曰《莫非师也斋文存》。

资料：

《平阳新志》本传。

《瑞安县志稿》。

孙宋绍祖编《宋平子年谱》，又《读宋氏卑议》《据梧集》。

陈晰《宋征君年谱》。

陈诗《宋征君事略》，又《挽宋燕生征君》。

孙宝瑄《宋平子有韵文集序》。

许寿裳《宋平子先生评传序》。

马叙伦作《平阳宋君别传》。——《天马山房文存》

陈介石《征君宋燕生墓表》。

蔡元培《五十年来中国之哲学》。

吴葆初《支那有一士》。赠宋平子

苏中常渊雷作《宋平子评传》。

陈谧《宋平子年谱》稿本。

《厚庄日记汇抄》。

《杜隐园日记》。

俞曲园、章太炎、梁任公、黄公度等诗文集。梁诗曰《八贤歌》之一，黄诗曰《怀旧诗》之一……。宋慈抱跋。

章太炎作《孙诒让传》有云：平子麻衣垢面，五六月着棉鞋。

又《答宋平子书》云：麟，鄙人也，于经术文章未有一得。昨见手札，过蒙藻饰，许以俞门第一流，惴惴自惧，力小任重，久将覆餗。顾既与康党相左，亦有骑虎难下之势，非得君之规诲，异时一有蹉跎，一身不足惜，亦为浙学贻羞。纵不爱二君，于麟宜少加怜愍；纵不爱麟，当亦为浙学大局起见。今得仲容来书，于廓清康学不遗余力，度君亦有同志。顷二君既竭悃款，悬榻以待，麟则尤每饭不忘。昔"粤寇"时，江浙遗老日夜望曾文正一来，麟之望君，盖亦如是。——宋绍祖编《宋平子年谱》

宋平子与林公铎

平阳宋平子先生，为吾邑孙蒉田先生爱壻。初，蒉田先生见平子先生器宇不凡，欲妻以女，出一对试之曰："百丈河中千尺水。"以平子先生家近百丈河也。时榻有吸烟者，平子先生一回顾，即应声曰："单钱匣里十分烟。"蒉田先生喜甚，遂与定盟，时平子先生方五六岁而已。

瑞安小东门外有飞云阁，南望飞云江，东望隆山，西有放生池，风景绝佳。创于某岁，自孙、黄诸家鸠工建造，楼上供人游玩，其下奉本邑诗人香火。一时题咏殆遍，其最佳者，孙蒉田先生联云：清新开府，俊逸参军，香火共一堂，每当月夕风晨，结习未忘，定有吟声空际落；白水东城，青山北郭，渔樵分半席，遥想天容海色，衰年多病，恨无眼福望中收。厥后楼日毁废，迨己酉岁，宋平子先生自山东归，卜居瑞安，登楼作四五联。其一云：偷闲消闲，意境不同，绕东郭川行，登凭阁啸；入定出定，人才如是，看南山云起，飞过江来。其余者，则予忘之矣。后生起而和者约十余辈，皆不如平子先生之工，若孙与宋，亦可谓丈人冰清，女壻玉润者也。——《林损杂志》

林损《哀平子先生诗》云：贡禹弹冠二十年，青山归老故依然。萧条东郭消闲去，乡里空闻慕此贤。平子先生题北固楼联云：偷闲消闲，意境不同，沿东郭川行，登凭阁啸；在定出定，人才如是，看南山云起，飞过江来。北固楼亦名飞云阁，故下联及之。其一。　《卑议》千秋犹白雪，先生作《六斋卑议》，论当世政俗最为深切。自云卑之又卑，至此已极。其更卑于此者，勿忍议矣。然俞曲园先生犹有"阳春白雪，恐其寡和"之言。高谈三日为苍生。群公摇首讥迂阔，盖世功名一笑成。其二。　南山云坠江犹在，北固楼空迹尚新。宰相不知天下士，李文忠素善先生而不能用。临风凭吊独何人？其三。　人生自古如秋草，名字无端百代垂。先生论刘孝标语。博得后人齐扼腕，当年寒饿有谁知！其四。——《林损丛录》

又《宋佩瑢哀词》云：平阳宋平子先生，质直淹通，世所谓王符、仲长统之流也。……当先生在时，以一布衣名动海内外，有所至，公卿大夫咸倒屣延接，尊礼为上客，人或以为华，而先生处之闇然。夫道不行而徒具其貌，非尊士也。以余观之，先生之视公卿大夫，犹氓隶耳，非公卿大夫之足以尊先生，盖得先生而公卿大夫或藉之以自重也。谗人间之，先生卒拂衣去，人或以为惜。呜呼！先生之不得志，道之不行，天下之忧，有国者之不幸也，于先生乎何病？虽然，以先生之才，使怀宝以迷其邦，用之无所遇，舍之无所归，传诸其徒而无其人，独留数卷之书，且以多忌讳而未能出，死而付之佩瑢与其女名昭，镌未成而佩瑢复遽死。我于佩瑢之死，又安能无隐痛于先生哉？先生交游满天下，其口说尝流传于众，或遂窃取之以自炫，然深抑先生而相戒无读先生书，惧人之发其覆也。彼其意，方自以据天下大名，群尊之若泰山北斗，使先生之书晚出，则人以为途辙之偶合，且或疑斯人之说反见盗于先生。况其设为问难之词，笔之简端，于天下以共见者恒己自居其直，若增饰浮浅，加之美称而矫为先生之语，徒欲以博久要不忘之名，且云先生将附之以图不朽。其所以掩僎众听，如此而已。——同上

又《怀旧诗》之一宋平子云：阳儒阴法讼何频，名障由来善厄人。群拟王符、仲长统，我思贾谊、屈灵均。抚时泪与河争海，议礼羞从汉袭秦。牛背垂天难执鼠，诗成独泣问麒麟。孙仲瑺为先生传论曰："君之论议风发，出人入天，至于非尧舜，薄汤武，气亦豪矣！而时为乡里小儿所困折，屏息不能一出气。此盖庄周所谓'犛牛之大，而不可以执鼠'者也。呜呼，岂不尤可哀哉！梁卓如《诗界八贤歌》："东瓯布衣识绝伦，黎洲以后一天民。我非狂生生自云，诗成独泣问麒麟。"自注：谓平阳宋恕平子——同上

先生少从琴西、蒪田二氏治永嘉之学，蒪田又授以戴望之《颜氏学记》，其他

顾炎武、王夫之、冯桂芬、魏源等之书，亦时时称诵。又获交金晦，晦治颜、李之学，为戴望后第一人，先生因治此益力。……居杭时，尝著《浙学史》《永嘉先辈学案》二书以张其学，惜秘籍未出，莫得引证焉。

孙雄《孙蕖田学士师止庵遗书叙》云：（上略）平子名恕，先生第四女夫也，与雄亦曾有一日之雅。其人才气横溢，愤世嫉俗，所述先生学行详稔而微近于烦复，且或参以己意。然平子一生论学、论政之宗旨，观此可得其大凡。其论废史之祸与宋代闽学及明清科举末流之弊，至为痛切。昔者光绪甲午之败、戊戌之变，平子私忧窃叹，悲愤不能自已。曾不数年，赍志以终，知交咸深惜之。——《瓯风杂志》第十二期

又《题瑞安孙季子诗稿》中有云：爱国宋平子，愤时吴瘿公。鸣莺赋求友，天马叹行空。见骨清苦在，盟心皎日同。死生交不变，辽鹤咽秋风。

苏中常渊雷《钵水文约》卷二《宋平子先生之生平与思想》云：八岁时，瑞安孙锵鸣过其家，奇之，妻以季女思训，是为先生得从衣言^{琴西}、锵鸣兄弟治永嘉学，获交衣言子诒让^{仲容}研究内典百氏学之始。

先生自二十六岁赴沪，从外舅孙锵鸣襄阅龙门书院课卷起，至戊戌政变郁居海上止，此十余年间，自上海而南京，而杭州，而武昌，而京津，襆被南北，旅食无恒，其间以居沪为最久。

自襄阅课卷而掌教，而说张之洞，见李鸿章，充水师学堂汉文总教习；入申江，雅集讨论国是；主杭州《经世报》，终不得志。其间出使俄德奥荷钦差大臣许景澄曾奏辟为随员，病不果行。

遍交天下士，识李鸿章，称经济知己；师俞曲园，称文章知己；友谭复生、孙仲瑜、张季直、夏曾佑、章太炎、吴君遂、丁叔雅、张经甫、蔡子民、梁任公、童亦韩、胡钟生等名士，议论纵横，每为世忘。

先生论学鲜同调，又贫不能致书，省试不售，萧寺独卧，种种不幸，联翩而至，如泣如诉，溢于楮墨。……先生内乏父兄庇荫，外无达官为先，困学孤闻，所遇偃蹇；转视同时同郡之孙诒让，不事家人生产，专心读籍，有玉海楼藏书供其披诵引证，其得随父任幕游南北，交天下士、论天下事者，相形之下，其幸不幸为何如哉？

甲午败后，乃自燕南下，居沪，一面襄阅求是书院课卷，一面参加政治运动。海内名流所开之救国会，先生亦时与焉。时康有为公车上书初罢，南下开强学会

于上海，其徒梁启超复创《时务报》以应之，倡言变法自强，一时名流多附和之。先生即亦同情，但惩于党徒所为，亦微露不满，终未加入。

与章太炎氏甚相得，时有酬答。为之函介孙诒让，又劝其读佛经。——《太炎自述学术次第》

光绪二十四年戊戌政变，先生挚友谭复生殉难。……先生乃作《霍家奴》一首刺之。

自是先生知国事不可为，益愤郁，病居海上，畏祸自晦。时浙东陈介石、陈志三治文史经制之学，孙仲容治许、郑、王、戴之学，而先生之学故与仲容稍异，视二陈为近，当时有"温学三党"之谶，……先生折衷两间，不立崖岸，故自号"不党山人"焉。

又《宋平子选集题记》云：晚清之世，浙东有宋平子先生者，志存康济，学究天人。壮岁游四海，遍交名士，相与上下其议论，刚棱四注，当者披靡，而遭时多屯，学不得行，穷愁著书，怫郁以终。

私谓先生牖世之功，启蒙之力，不在并世康、梁、严、章诸子下，而其排阳儒阴法之学，斥似是而非之论，判神州长夜之狱，申孔门大同之旨，兼综新旧，两屏汉、宋，论分高卑，一本治平，有非余子所可几及也。顾以狷洁自好，申主洛、蜀，晚岁阳狂，世多不谅，迨时轮一转，遂淡人记忆矣。

庐江陈诗《静照轩笔记》：宋燕生征君恕，原名存礼，后又改名衡，号平子，温州平阳人，为瑞安孙蕖田侍郎之婿。幼贫困，赖孙公奖拔教诲，终成名士。己亥客沪，列名正气会。庚子余到沪，始相识。君出言有章，狷洁成性，为人题诗，辄署浙东，屏绝俗称。后张楚宝观察创办济南大学，聘为文学总教授。君每寒假归，过沪，辄相往还，倾谈不倦，余录其诗甚多。君素清癯，客中有疾，医用电气治愈，遂容貌丰腴而内虚矣。既归瑞安，屡病。庚戌正月廿三日卒，年甫四十有九。所著《六斋诗文集》，未梓。

朱古微少宗伯尝与君为布衣交，见其所著《卑议》论改革时弊诸端，叹为平实。荐举经济特科，君以母丧未赴。然谒朱公，则执门生礼甚恭。——《六斋诗》

关系：

宋平子曰：或问余词章之学谁启之？曰：外舅孙止庵师、外伯舅逊学师启之也。

止庵师评阅词章，极精极通，情奇浓淡无不能赏。海内诸大书院掌教，除曲园师外，莫克及焉。

　　逊学、止庵两师圈点古子、史及宋前总、别集之文，极精。逊师所评之王渔洋《古诗选》，尤为精中之精。其眼光远出渔洋、晓岚、姬传、覃溪、伯言、涤生诸人之上。

　　逊学师少学古文，虽从桐城入手，而中年以后沉酣周、汉，神交迁、愈，深知方、姚之不古，特以少从入手，不肯公斥，此先辈之厚不可及也。忆昔尝谓余曰：周文殆无一语不工。学古文者，但须熟读周文。又曰：学文不可不说佛经。然则世或目先生古文为桐城派，殆浅之乎视先生矣。

　　戊子岁，曾以七言律句质逊师。师评曰：才华富赡，寄托遥深，此少陵、义山遗响。再加学力，明七子不足道。然其时诗境尚浅，飘零百折，文章日进。客游罕归，归则困于危苦之境，郁郁无生趣。又吾师年近八十，目花不能写字，以致戊子后诗文未写一首，常以为恨。——以上节录《津谈集》

　　又《孙籀顾居士六十生日寿序》中，更借他人之口而畅乎其言之："居士少壮时，常思乘长风，破巨浪，先东至扶桑，访吴太伯、周定王、秦扶苏之裔，寻徐市之墓，阅盖次公之谱牒。遂横绝太平洋，登新世界，瞻华盛顿之铸像。折北，渡百令海峡，西经万里沙漠，循中亚细亚以入欧罗巴，纵目希腊、罗马之故都，治通西洋古今文字，以与其哲学家上下议论。复由地中海、红海转至印度，治通梵文，搜释迦遗迹。然后具舟载同志及耕夫、织妇、百工，向东南极天无际之重洋，觅无主之荒岛，谋生聚教训，造新世界以施行周官之制、墨子之学说。"虽状孙君，要亦夫子自道也。

　　又挽孙仲容联云：周官墨子学，旷代一人，玉海楼长对荒江，公卿之罪；吴山越水间，真隐几氏，伯牙琴忽失弹者，猿鹤同悲。

　　又云：姬氏之功臣，墨氏之巨子，华严宗之道嗣，师儒高密郑，鸿博弗如，悲积雪压神州，更披绝域图书，去障研求深入理；甲午哭太仆，庚子哭学士，戊申又哭征君，人物颖川荀，音尘俱杳，怅沈阴埋雁荡，最惜乡邦文献，精心搜补未终篇。注：征君父太仆曾述《瓯海轶闻》，搜辑乡邦文献甚博，未刊而逝；征君校补付梓，未终。叔父学士公有《东瓯大事记》，亦未刊行，至可惜也。南宋乡哲，如陈、叶诸公，其论议皆破除门户，暗符立宪之义，与新安不合，故遗书晦于近代。孙氏虽极力表章，有《永嘉丛书》精刻，然以无登高一呼之地望，世卒鲜属耳目者。今征君之逝，乡邦文献之光大，益无可期矣。

　　又云：今说先行，古文后立，经师相攻击如怨敌，于是尊董、何者斥《周礼》，讲许、郑者非《公羊》，至东洋哲学，西洋哲学，益鲜克观通，九域数方闻，先生最门户不分，良钦感德；先生为古文经学大师，尤精治《周礼》。同时今文经学领袖岭表某氏攻许、郑甚力，于《周礼》直斥为刘子骏伪作。然先生不以此而迁怒反对，极表同情于其所持改制立宪之政论。先生自少□著内典，得华严宗之传。闽中严几道通西洋哲学，所译《天演论》始出，东洋哲学者哗然痛骂，先生独盛称之，其不存门户见之德量，俞曲园外一人而已。同邑陈介石部郎小先生十余岁，精文史之学，议者许为章实斋后一人，傲岸不可一世，未尝一访先生，且曾缘姻娅事与先生结讼经年，然先生卒以察其志行果超卓，释憾相过从，且屡荐之于大吏，此一重公案，尤为先生德量之昭然在乡人耳目者。山阴蔡子民编修少受知于李莼客侍御，以力持清议几无容身之地，先生素未往来，慨然独荐之于大吏，请延为学务议绅，闻者惊之。不欲勿施，以直为报，圣训无偏倚可疵瑕，奈何谈自由则昧他界，慕兼爱则异人权，恐北方之强，南方之强，皆未免过正，八儒妄思述，贱子恨风尘多病，未慰殷期。注：衡于光绪十有七年著《卑议》一种，其中陈古刺今，闵惨俗、哀妇人之处，先生皆表同情。又不自量，久欲述八儒源流，广画见以张孔教，尝质此意先生，先生欣然勉以早成。而衡憔悴风尘，至今尚未定稿，先生忽焉逝矣，定稿后于谁就正耶？念之郁郁。

宋平子《六斋无韵文集》《祭孙伯陶内弟文》十七年作《祭外伯舅孙琴西师文》十八年作《祭外舅孙止庵师文》廿七年作《外舅孙止庵师学行略述》二十八年作《外舅孙止庵师葬时祭文》同上《代孙经畬作本生父籀顾周忌学界公祭文》三十四年作《代唐叔玉作孙籀顾入瑞安西乡先贤祠告文》等篇。

又集外文：《籀顾居士六十生日寿诗序》。

宋平子与俞曲园

曲园先生谓余所著《卑议》可抗《潜夫论》《昌言》，非黎洲《待访录》所能及。大师真识，旷绝千龄，余得见《待访录》在《卑议》既成之后，取其宗旨而不满其条目焉。

余年十九，见《颜氏学记》，大悦之。学识日进，乃知习斋未窥洙泗微言，但能洞烛汉、宋诸儒之病耳。然余之渐悟三代以上之学，实由先生启之也。

曲园师名家之学殆过实斋，而亦不得任名家之事。同门诸子名家之学，以定海黄浣生太史为最焉。

余得见曲园师《诸子平议》甚早，当时假诸友人，未几细读。近岁风尘驰逐，行箧缺此，平日诸子随笔未知有偶合于吾师之《平议》否也？

三十寂寂，邓禹笑人。余乃不见笑于邓禹而见惜于邓禹，固生平一快事邓禹为谁？李合肥是也。计飘零十载，得知己之最三焉：经济知己以合肥使相为最，文章知己以曲园先生为最，怀抱知己以陈介石孝廉为最。

余昔一见胡稚威时文，即惊叹为国朝名家之最。后睹别本刻有曲园师《序》，深喜持论之符。

曲园师诸体文皆神通广大，制义尤开前人未有境界，而自谓极卑，谦德弗克及矣。

余己丑秋试被黜，榜后，以闱作质曲园师，承师极赏。癸巳复黜，榜后，以首艺质师，师评云："仍以《潜夫论》《昌言》笔墨来作时文，气味深厚，议论崇闳，借题发挥，切中时弊，读者舌挢而不能下矣，见摈固宜。"盖师曾书余所著《卑议》后，以为《潜夫论》《昌言》之流亚，故云尔也。然次、三艺及五经艺之奇，实皆过于首艺，时以病甫起，惮缮录，未质师焉。

曲园师论文极精，曾有《东瀛诗选》，其剔择亦必极精，恨未得睹。

学问至德清先生观止矣，经济至合肥使相观止矣，此海内外之公论，亦千万世之定论也。所惜者德清老于空山，合肥掣于俗议，无由出其学问、展其经济以振中国而服四邻耳。

余昔未得见德清师及其书时，曾游西湖俞楼，颇疑壁间诸故人、门生赠献之词近谀。及既见其书，复见吾师，然后叹俞楼赠献之词不但非谀，而且未尽。乃于吾师庚寅七十生辰为文以寿，补扬其未尽焉。虽吾师谦不敢当，然自问实非谀也。其文曰：倮虫三百六十，人为长；人品九，真为最。九品之说创于恕，受于黄帝、王子。盖黄帝曰："上古有真人，中古有至人，其次有圣人，其次有贤人。"王仲任曰："儒生过俗人，通人胜儒生，文人踰通人，鸿儒超文人。"黄帝等四，王子析五，玩词核义，鸿宜次贤。恕生而好臧否人物，既冠之后，漂泊江海，恒持九品以衡世士。能说一经，盖已甚寡，通人以上，抑更希矣。若夫识目瞑书，口强腹虚，弄麈伏猎，睹眲聆愦，时誉隆之，不足称通。割周裂秦，汉呻魏吟，调舌徐、庾，效颦韩、柳，别集纷纷，不足称文。飘石杂玉，连篇结幅，夸愚号子，张表椁衷，妄拟轲雄，不足称鸿。神存组钱，语矫林泉，匿垢市直，茬内厉色，巧优渊謇，不足称贤。缁黄黎髡，刻学解脱，定小慧粗，偏寂堕枯，宁离痴慢，隐着贪嗔，不足称圣至真。乾、嘉之际，信多雅硕，然通如钱竹汀、纪晓岚，恨其未文；文如汪容甫、恽子居，恨其未鸿；戴东原、章实斋鸿矣，真至盖昧；彭尺木、罗台山尚矣，儒通稍后。至求了真之义，洞至之学，入圣之域，极贤之量，擅鸿之业，兼文之长，践通之实，包儒之独者，乃反在今。

　　夫世变未极，则大师不降，折衷有人，则群言得所。吾师曲园先生，其诸天降大师，折衷群言者欤！盖西来心法，存要金刚，遝流转译，颇或乱旧。先生劬思人尽，妙悟天纵，谛正今本，契符古觉，是谓了真之义。参同既作，道家繁兴，知于阴阳，非有他诡。先生斥排左惑，择取雅纪，玉简金书，明其诂训，是谓洞至之学。吐词为经，举足为纬，邾妻兰陵，遗休罕嗣。先生备气四时，莫名一德，智者见智，仁者见仁，是谓入圣之域。卜夏交战，贡喜原病，声色之诱，妨贤也多。先生蔬布斋居，不改其乐，忮求绝仲，忠恕贯曾，是谓极贤之量。群经诸子，如日月星，齐东野语，为霾为雾。先生累寒暑，罄竭竹素，《平议》悉定，阴晦全开，是谓擅鸿之业。后汉三君，著论特盛，寻其华藻，未若崔、班。先生碑板之价，重于中郎；诗歌之技，比于平子；是谓兼文之长。殷仲读书，不能半豹，妙笔庐陵，亦蒙兹讥。先生四部穷披，只字罔忽，北海逊博，昌黎形陋，是谓践通之实。刘政、扬云，抗志广览，章句之业，势谢丁、伏。先生精力有余，虫鱼弗略，考证细碎，惊折悴专，是谓包儒之独。盖传称醴泉甘露，旷时难逢；瑞风祥麟，应朝乃出。哲人示见，大事因缘。天命作师，牖万世民。间散厥躬，俾酬本誓，责至厚也。盖昔仲尼游说无成，教授洙泗，祖述尧、舜，宪章文、武。仲淹献策不用，教授河汾，续孔之经，讲姬之制。先生仕途早踬，教授吴越，引仲尼之坠绪，迈仲淹之纬绩。区中之秀，海外之英，跻跻襟裾，争登门录，片言闻持，终身芳洁。所谓功参举盖，揆一后先欤？

　　先生于恕，属望殷拳，知类顾骥，恩均吹谷。昔太原未耀，见异于符君；陇西尚稚，被赏于贺老。千载之下，以为美谈。出既先生望实，倍蓰符贺。恕也单寒，剧甚郭、李。自非照轶几庶，识蕴渊微，畴能抑嵩、华之高，嗟幽台柏，忘溟、渤之大，悦清沅、湘者哉。顾念幼抱不朽之志，长困奇艰之境。良辰惆怅，孤愤郁盈；立年渐亲，躬龄空负。常恐遂为饥驱所误，尘网所牵，无以自别于凡序，克副于奖借。所以晨鸡初鸣，则起坐待旦；秋风乍动，则长啸竟日者也。先生嗜欲殊淡，悉嗔希萌。处两间之和，从八风之理。故虽撰著充汗，而无伤神明；行年七十，而未改聪察。顺心协距，玄之又玄。固将寿蔽天地，无有终时。何但形度百岁，动作不衰；书播四海，永远莫废而已。生日阻涯，奉觞阙焉。敬赋一诗，邮上侍者。诚惭善祷，庶贡鄙忱云尔：

　　吴山天下秀，浙江古来奇。三春瑶华发，八月雪涛飞。中有湛冥叟，道大强名非。清和酌胎展，纬经修孔姬。山水有时改，颜容长不衰。

自古圣贤豪杰，每被无因之谤。余昔未见德清时，闻人言德清收门生例银二十四两，及得见之后，乃知非但无此例，且从不受束脩。未见合肥时，闻人言合肥侍妾数百，及得见之后，乃知妾不过一。向使终身不得见，亦不逢其亲炙之人，则疑以传疑，或登竹素，枉可雪哉？故青史事实，全不足信。

宋平子与章太炎

炳麟始交平阳宋恕平子，平子者，与瑞安孙先在为姻，因是通于先生。……而平子疏通知远，学兼内外，治释典，喜《宝积经》。炳麟少治经，交平子，始知佛藏。平子麻衣垢面，五六月着棉鞋，嫉趣势之士如仇雠。外恭谨，恂恂如鄙人。夸者多举平子为笑，平子无愠色；及与人言学术，刚棱四注，谈者皆披靡。炳麟以先生学术问平子，平子勿深喜，然不能非间也。……平子虽周谨，顾内挚深，与人言，即云皇帝圣明，今且用满洲文署其诗。炳麟素知平子性奇傀而畏祸，以此自盖，非有媚胡及用世意。谈言微中，亦鄂鄂见锋刃。世无知平子者，遂令朱张佯狂，示亲昵于裔夷，冀脱祸难，虽少戆，要之，世人负平子者深矣。其言内典，始治《宝积经》，最后乃一意治瑜伽。炳麟自被系，专修无著世亲之说，比出狱，世无应者。闻平子治瑜伽，窃自喜，以为梵方之学，知微者莫如平子，视天台、华严诸家深远。……——《瑞安孙先生伤词》

又作《对二宋》宋平子与宋教仁云：恕字平子，性狂狷，任意气。不遇，反为慊，退与人处，长揖跪踞，正言苦反。数变更名字，衣服弊垢，盛夏履犹褚木棉，常若玩世。然其文词多刺当世得失，常闭置竹笼中，而尽出其曲谨伪言。遇炳麟未尝不尽，然不以良书示也，且约文词不得叙己名。——《检论》八

太炎《艾如张董逃歌叙》：余归自夏口，沿于大江，而作《艾如张》一篇以示孙宝瑄，宝瑄韪之。以示宋恕，宋恕阳为发狂，不省。其夏，康有为以工部主事管朝政，变更法度，名为有条贯，能厌民望，海内夸者曲跳陵厉，北向望风采，以为雪国耻、起民瘼有日，而余复以《董逃歌》一篇以示宋恕，宋恕复阳狂不省。——《文录》二

梁启超《广诗中八贤歌》云：东瓯布衣识绝伦，黎洲以后一天民。我非狂生生自云，诗成独泣问麒麟。平阳宋恕平子

许寿裳《宋平子评传叙》云：民元前十一年（一九〇一）夏，掌教杭州求是书院，余幸得亲炙，虽为时仅四月，而获益之大，受知之深，毕生不能忘也。先师魁硕，貌古朴，多须髯，两目幽郁若失精，望而知为悲悯善感之人。其教法重

个性，主自由，取法象山，限规不立，经史子集，任择从事。循循善诱之功，非庸师所能企及。

按：许君字季茀，与鲁迅同乡同学，称知友。生前积极宣扬鲁迅精神，因此被国民党反动派所嫉忌，一九四八年二月十八日在台北惨遭暗杀死。

孙宝瑄云：乙未之春，宝瑄自燕移家于吴滨海之春申浦，始获与平阳宋先生相遇。先生学贯今古，为瓯江巨子。孤怀闳识，其议论皆发古人所未发，而尤断断于儒法之辨。先生文章，宗法汉、魏、六朝，而尤长于诗赋，其沉郁幽眇，悽怆顿挫，哀感顽艳者，大抵本于思古之幽情、愤世之夙抱以及悲天悯人之诚笃，悃款而不觉溢于词也。——《宋平子有均文集序》

10. 陈黻宸

陈黻宸字介石，少从其兄煜生受《春秋左氏传》。……与乐清陈虬、平阳宋衡友善，治永嘉之学，慨然有经世之志，时人号曰"温州三杰"。光绪十九年中式浙江乡试举人，自是掌教乐清梅溪、平阳龙湖、永嘉罗山各书院，弟子从游者益众。黻宸以会试至京师，与诸爱国之士昌言变法自强，康有为欲为保国会，浙人汪康年、蔡元培及黻宸意与之异，谋归于保浙会。抵上海，因主速成学堂总教习。二十四年，应仁和叶瀚之招，任上海时务学堂总教习。二十七年，钱塘杨文莹聘主杭州养正书院。二十八年，诸暨赵祖德聘主上海《新世界学报》。所至为之陈夷夏文野之义，张邓牧、黄宗羲之说，振动一时。

于治学大端，性理宗陆九渊、王守仁，谓人能致不为私欲所蔽之心，自应万事而曲当。文章宗司马迁，谓于古人事实，不拘拘省字省文，自然描写，如亲言笑。经制则自杜佑《通典》、郑樵《通志》、司马光《通鉴》入手，谓古今典章制度，四千年治乱得失在此，可坐诵起行也。拟为《独史》一书，立八表、十录、十二列传，发凡起例，创前史所未有。黻宸所治，比刘知几、章学诚尤见其大，无愧《独史》之名也。

光绪二十九年成进士，授户部贵州司主事。明年三月，张百熙为总理学务大臣，奏请派黻宸为京师大学堂史学教习。十一月，兼学部编书局编纂。又明年六月，户部奏调计学馆教习，兼编书局事。俄而大学士浙人王文韶等设旅京浙学堂，举黄绍箕为总理，黻宸副之。绍箕出任湖北提学使，黻宸继任为浙公学监督。三十二年，两广总督岑春煊奏派两广方言高等学堂监督，兼两广优级师范学堂教务长，诸生翕然依之如父母，相语必曰陈先生，故闻者能辨焉。顺德黄节倡讲学会于南武公学，请黻宸主讲，以粤、浙方言龃龉，退命弟子马叙伦、兄子怀笔述之，为《南武讲学录》一卷。

宣统元年，浙江咨议局成立，黻宸被举为正议长，嘉兴沈钧儒、鄞县陈时夏副之。……三年，浙江巡抚增韫奏保四品京堂，未授。六月，川路事起，四川咨议局议长蒲殿俊、罗纶、萧湘首抗政府，请商办。川督赵尔丰拘殿俊、纶下狱，湘至鄂被捕，黻宸闻之，电请政府速斩尔丰首以谢天下，并告省咨议局力争。八月，武昌起义，清亡。杭州满营统领贵林受增韫及将军德济令，储军械，麾卒伍，将与民军战，黻宸劝止之，省垣以免兵祸。九月，杭州光复，被推为浙江民政部长，甫事定，辞去。入民国，黻宸退居沪上。……二年，京师国会成，当选为众议院议员，兼国立北京大学教授。成《中国通史》二十卷，益阐老、庄、墨、列微言，辅以管、荀、屈、宋之书，成《诸子通谊》十卷。袁世凯卒，国会收复，黻宸复出为议员。六年，欧战起，中国当局从英、日之后对德宣战，黻宸劾内阁总理段祺瑞祸国殃民之罪，直声振海内。是年六月，归觐，以哭弟侠丧过哀，病卒，年五十九。侄聪、外甥林损附见。

资料：

《瑞安县志稿》。

陈谧《东瓯三先生年表序》云：吾乡永嘉之学，自宋南渡以还，陈止斋、叶水心二子始以经制事功之说与当时湘胡氏、闽朱氏相颉颃，于是风教所被，卓然为东南盛，历元、明数百年无闻者。咸、同之际，瑞安孙氏劭闻、薲田兄弟出，因复有名公卿间。而劭闻之子籀庼先生湛深经术，为世所宗。当是时，吾家户部公介石先生方与同时陈蛰庐先生结求志社，讲论宋儒之学，友朋文物，号召一时，东瓯布衣之名于是大著。横阳宋平子先生者，故出劭闻门下，又为薲田女夫，而与介石、蛰庐二先生交独厚，其学亦最相近，时人称为"温州三杰"。蛰庐、平子赍志早殁，介石先生尝贵显，而未能克竟厥施。籀庼、平子二先生之学故稍异，当时又有温州三党之讥，犹洛、蜀、朔三党，朔本无党徒，以不附洛、蜀，遂有朔党之目。平子先生因自号"不党山人"，然亦卒赖其力，故能折衷两间，不立崖岸，四人者于是并为当代人师。

宋衡《陈介石先生五十生日寿诗有序》。——《六斋无韵文集》集外文

马叙伦《陈先生墓表》。——《天马山房文集》

孙宝瑄《瑞安陈公墓志铭》。

叶尔恺作《哀词》。

陈谧作《陈介石年谱》。

《厚庄日记汇抄》云：光绪二十八年壬寅，是时清廷始诏州县各设学堂，同县孙籀高征君设学计馆，黄仲弢提学设普通学堂，公于是改颍川书塾为翼圣学堂。

林损《陈先生遗书叙》。——《林损杂录》又《荻苴阁文录》

马叙伦云：初，章炳麟昌言排满革命，浙江巡抚某将逮炳麟，黄绍箕、孙诒让、宋衡及先生知之，促炳麟亡之日本。《陈先生墓表》：光绪二十四年以会试至京师，与诸忧国之士昌言变法自强。

关系：

宋衡挽孙仲容联注云：同邑陈介石部郎小先生十余岁，精文史之学，识者许为章实斋后一人，傲岸不可一世，未尝一访先生，且曾缘姻娅事与先生结讼经年，然先生卒以察其志行果超卓，释憾相过从，且屡荐之于大吏，此一重公案，尤为先生德量之昭然在乡人耳目者。互见锡太守纶条

宋衡《陈介石先生五十生日寿诗有叙》云：戊申春，全浙师范学堂始设，同时孙部郎诒让、山阴汤京卿寿潜、杭防贵协领林皆力荐先生为监督，而浙东八府亦公举先生。会有间之于浙抚者，先生不果来。——《莫非师也斋文录》

马叙伦《陈介石夫子五十寿叙》云：平阳宋先生平子谓孙比部诒让今之戴东原，吾夫子则章实斋也。然夫子史学与实斋埒，而史识过实斋远甚，文章又非实斋所可及也。而夫子则自谓慕陈同甫之为人。——《北湖清芳集》

孙籀高征君创瑞安演说会于县学明伦堂，月以朔望举行为例。是时公与蛰庐孝廉、平子征君并列讲席，群贤毕至，故亦吾乡一盛事也。——《年谱》光绪二十八年公年五十五

《年谱》云：光绪三十一年，是时孙籀高征君总理温处学务分处，延公主温州府中学堂总理，辞不果来，因改聘平阳刘次饶拔萃绍宽为监督。

谧按：杨绍廉《瓯海续集》内编《孙诒让与刘次饶书》云："介石顾问一席，以渠身份，万不肯就，地小不足回旋，亦无以行其志。"盖当时征君尝欲聘为学务处顾问，此又一事也。

附：金遯庵先生于衡为父执，行年长于衡亦远甚，于籀公、蛰庐先生为夷行平辈之意，非衡所敢友视，其学派与衡亦不同源。金先生之哲学亦属唯心派，颇似南海。丁

亥后，踪迹亦极疏阔。

陈介石先生以年岁论，于衡为夷行，以德行论，则衡未足供其执鞭之役，故亦不敢友视。以学派论，与金先生亦不同源，而于衡亦稍离合。以衡旨评之，于北宋人物，金似荆公，所谓似者，专指学派，不论地位建树。而陈似温公。于南宋人物，金似同甫，而陈似水心。于近世人物，金似西河，而陈似实斋。要之，皆非贱子所敢望。若其奖借贱子之语，则出于鼓舞之盛心，而未必据为定论也。——《莫非师也斋文录》

刘绍宽曰：孙仲丈致锡太守函，请延陈介石先生来商整顿中学。——《厚庄日记汇抄》丙午三月六日

孙仲容《与刘次饶书》云：中学堂事，似非破坏不能议建立。弟前日曾议留介石半年任此，但必须墨农肯退，方好措手。太尊锡纶于新学未能深究，又素疑新进少年之多事，故力持仍旧不必更张之论。鄙意拟请筱木兄密劝墨农辞总理而举介石自代，如此则太尊必能相信，且于墨农面子亦留得住。此是第一妙着，不审渠能受此忠告否耳。

11. 陈虬

陈虬字志三，号蛰庐，乐清人。先世明弘治、正德间迁瑞安，已历十世，而虬犹以乐清故籍补诸生。光绪己丑中举人。癸卯卒，春秋五十有四。虬崛起寒士，治经世学，著有《治平通议》《报国录》等书。与邑人许启畴、陈黻宸、金鸣昌辈结求志社，以清议自持，名振一时。嗣复创利济医院于城北杨衙，与何迪启、陈葆善、陈侠、张栗卿、胡鑫、张懋衍等主诊其间。分设利济学堂于郡城，《利济学报》于省垣，以泰顺周焕枢、邑人池志澂等主之，风气为之丕振。瑞故僻壤，士苦于求书不易，虬复与启畴、鸣昌、黻宸、迪启等设心兰书社以供浏览。其他如濬北湖、修婴堂、改文成会、设保甲局，皆有关于本邑大计。当时与黻宸及平阳宋衡号称"温州三杰"。

资料：

《瑞安县志稿》。

池志澂《陈蛰庐先生五十寿叙》。

陈黻宸《报国录叙》。

陈谧《东瓯三先生年表》，又作《陈蛰庐先生传》。

张枫《杜隐园日记》。

刘绍宽《厚庄日记汇抄》：分处经费，现止恃厘款千六百元，较预算少三分之二，止能勉强支撑以延命脉，万不能大张旗鼓。介石顾问一席，以渠身份，万不肯就，地小不足回旋，亦无以行其志，只得吾辈数人相与困守以待机会。——《与刘次饶书》

乐清刘久安之屏《盗天庐集》卷一云：黄帝纪元之说自先生始。是岁公车北上，康有为、梁启超等议开"强国会"，要先生属草稿，上书定章程，二公皆自为勿及。已而陈时事策于山东巡抚张曜，张奇其才，礼为上宾，以为陈同甫复生。与山阴汤寿潜蛰仙齐名，京师号为"浙江二蛰"。诸当道咸劝其仕进，先生笑曰：吾自有事业，遂浩然归。先生平日深信佛氏轮迴之说，尝语余曰：吾自度前生是精灵转身，非龙虎，即猿猴，好食畜血及果，一切聪明才识，自问不让古人，惟德性不及程、朱诸公。若再九转轮迴，经千百番淘涤淬炼，虽华盛顿可几也。又言：吾死后数百年，必有人继吾志者。著有《蛰庐丛书》数十种。《治平通议》熔铸今古，贯穿中外，开中国变法之先河，其最著者也。欲统一国语，制字母，变文体，号曰"瓯文"，未行而卒，年五十九，盖光绪癸卯十一月十四日也。

王咏霓曰：陈虬举人，才气横溢，不可一世，为李仲约师所赏识。

陈黻宸曰：陈蛰庐先生学问深博，无涯涘，于诸子九流之说皆洞彻源流，得其旨要，汇为一宗，而于经世之学尤所致意。——《报国录叙》

宋衡《书陈蛰庐〈治平通议〉后》云：蛰庐先生少好名、兵、纵横、辞赋家言，渐进儒家，力追乡哲。长衡龄十余，衡童居飞云江南，深慕先生在江北创求志社、利济医院。戊子、己丑间，始获密接，纵谈政教，每连宵昼。然衡自信甚，不合辄面折，声色俱厉，先生不罪，反而扬许。嗟乎！昔由喜告过，赐谢知十。杏坛之风，庶存蛰庐欤？辛卯一别五纪，顷赴春试，访衡沪渎，示所著《治平通议》，其说与衡戊子所著《高议》、辛卯所著《卑议》离合半，然同归仁民。其博征经史，条理井然，冯氏《抗议》所弗逮也。——《六斋无韵文集》卷一

池志澂云：志澂六七岁时，在堂叔家塾从城东胡元生蒙学，其时先生昆仲亦从其游，先生年方十一二，聪特负力，读书目十数行下，嬉戏好为将帅，尝取同学而行伍之。师恶其顽梗不群，特日授书数十册以困先生。先生终日不作诵声，及背读，无一字遗，师尝目先生为怪物。稍长，尤不羁，使酒负气，习拳棒，喜泅水，见不平叱咤用武，虽不敌不计。不屑屑于帖括，博览群籍，好说部，兼涉

历相星命诸学。遇老师宿儒，往往摘经史以难，先生于是得狂名。年十五，始折节从其先仲兄仲舫明经习举业。十七出应试，每艺千余言，长沙徐尚书树铭视浙学，见先生文，奇之，破例补诸生。发落手诏先生曰："尔文恢怪奇伟，它日当以文章横行一世。"于是始学词章，间复留心训诂。庚子、癸酉、丙子历应省试，历荐不售。……己卯又不第。时先生年已三十，乃专心经世，以过劳咯血。旁攻岐黄，特与何明经志石、陈主政介石、陈上舍栗庵建利济医院于瑞安。久屈不遇，遂著《治平通议》，所言皆皇王经世大略，而于今日谈西学变法者，先生无不早已及之。乙丑始举于乡，已拟解首，以二三场奇异，特置榜末，海内争诵其闱艺焉。庚寅会试，谒张勤果公于山东，公号得士，幕府皆俊杰，先生入谈经世，退后条陈八事，张公大加敬礼，特聘先生纂修《东志》。……张公薨，先生家居不出。……中日役兴，朝廷哑议变法，先生以公车赴都，与海内志士上书首倡保国，旋为顽固所阻。先生年逾四十，知天下事不可为，乃东归，一意为医。乙未，遂与志澄创办郡城利济医院，建药房，设学堂，开报馆。……不意戊戌政变，风潮反对，罢学堂，闭报馆，云散二百徒，累败八千金，任当世之诬谤、笑忌、倾挤，百折不回，先生之志，亦可谓坚且大矣。

　　先生性直敢言，与世少合，而情谊所系，虽从井不辞。追思昔时结求志社，聚集城北槐吟馆，夜庐风雨，道古谈今，每漏下三鼓始归，半生友朋之乐，无逾斯时。同社者：许拙学、张祝延、王筱云、蒋志渭、金韬甫、陈介石、何志石及先生仲兄仲舫、五弟叔和诸君。当时东瓯布衣有天下人物之名，今忽忽二十余年，逝者长已矣，存者或异趋，而独先生与志澄二三人肝胆相照，勿以终始歧视。每当一灯对坐，仰视先生须发华苍，志气愈奋，落落大才，至老不遇，悲愤所激，令人不知哀感之何从。虽然，先生年方五十，其生平所谓识想、事业、著述，已有极他人数百年所不及者，更进而耄耋、期颐，天必锡先生无量寿。——《陈蛰庐先生五十寿序》

　　关系：

　　孙仲容《与陈志三书》：承示先哲遗书各种，可相助搜辑，尤切铭琢。

　　《又与陈志三书》：承示代访遗书多种，足征嗜古盛意，感佩无既！敝处自前年《书约》刊成以来，未及三年，已续得四十余种。将伯之助，允资同志，斯亦先民之幸，非徒鄙人之愿也。所论吾乡学派大略，精当无匹。窃谓有宋一代，当以薛、陈两先生为大师，而薛之博奥，陈之醇雅，则又各擅其长，莫能相尚。若梅溪，则名节盖世，而学不及二公之邃。以早掇大魁，晚为名臣，故德望昭襮，有逾陈、薛，就其遗集而论，似未能与艮斋、止斋抗衡争道也。至我朝学人寥落，几成僻陋之乡，即有一二有志之士，亦止知于宋、元、明人书中求途径，未能上溯隋、唐，远宗汉学。其所论譔，总不出才子、学究两派。惟家敬轩先生为能研治三礼，惜其生乾、嘉初年，未及与后来经学大师往复参核，故《礼记集解》虽多精论，而究未出宋人范围。倘使敬轩迟生三四十年，所造必不止此也。雪斋先生精通小学，自是后来巨擘，然以毕生精力尽于雠校，于经史巨编未有论著，甚可惜也。此外，如曾复斋诸人，于经学未涉唐涂，而悍然自厕谈经之席，则不足当一哂矣！未知卓见以为然否？张南峰《四书说》尚未寄出，未知如何？《集韵考正》宜附《集韵》而行，此论信然。惟此书卷帙甚繁，校核又复不易，且近有日本国及嘉禾姚氏两刻本盛行于世板在上海，可毋用重刻耳。弟制诒让顿首。

又《致汪康年第三书》。至痛斥陈虬为小人——上海图书馆藏《手稿》

12. 金晦

金晦原名鸿昌，字志曾，一字稚莲，号遯斋，别号瓯海畸民，林垟人。少有志操，学务世用。读经治史外，于天算、地舆、兵谋、武备、掌故、律例诸书靡不讲求贯串。服膺颜元、李塨之学，谓躬行实践，直接数千年君师学校之传。自中外通商后，各国政艺诸书渐多翻译，多重物质而废文事，晦均览之，自信其学益坚。著有《治平述略》若干篇，大致溯源《周官》，参以欧美政学，兼采章学诚"政教合一"之说，而学为实学，用为实用，一以颜元为归。书未削稿，秘不示人，曰："吾将藏之名山，待之其人，苟非其人，书终废矣。"又以绪余为《清官议》若干卷，盖仿刘攽《汉官仪》之作，寓雅故于游戏者也。

所与游，有同邑许启畴、陈黻宸、池志澂、乐清陈国桢弟虬、平阳宋衡等十余人，皆慨然有经世志，结求志社，人称之曰"布衣党"。少与黄绍箕、孙诒燕同入学，瑞校有三君之目。晚尚困诸生，徙居平阳东郭，以卖浆自晦，改名晦，号遯斋，一夷崖岸，与佣保为伍，见者疑为前后两人。而佛学益精邃，著《无始以来天人性命之本原》一书，其说甚恢诡，然不甚著行。别有《心经了义》《见思堂写稿》诸书，未刻。

资料：

《瑞安县志稿》。

《平阳新志》四十一《本传》。

陈谧《瓯海畸民年谱》稿本。

关系：

金晦吊孙仲容祭文云：呜呼哀哉！呜呼痛哉！君竟舍此可悲、可悯、可惊、可愕之世界而去耶？吾中国四百兆黄族，方将为奴隶、为羊豕，鞭挞刲割，呼号待尽，君殆不忍见而一瞑勿顾耶？吾瓯数十万同胞，无论为士绅、为下流社会，方晦盲否塞，恃君为先觉，君顾忍弃离而一抉不返耶？（节录）

又挽诗云：吾友孙诒让，高怀与古期。读书无障蔽，悯世有慈悲。沧海横流日，龙蛇起陆时。岂惟瓯学界，追悼寄哀思。——《遯庵遗稿》卷二

13. 池志澂

池志澂字云山，晚号卧庐。年二十三，以诸生游湖北藩司孙衣言之幕。衣言调江藩，复随至金陵。衣言弟锵鸣方主讲钟山书院，令入院肄业。同学如江都刘寿曾、金坛冯煦、黄岩王彦威、泰顺周恩煦，皆一时学者，相从为文酒之会。屡应乡举，不第，授徒于家。与陈黻宸等结求志社，治学而外，持清议，谈新法，忌者颇众。出而之沪之楚，之甬之苏，无所遇。最后赴台湾，充台抚及全台机器局文案，并应台东修志之聘，归时年已四十余矣。志澂夙知医，与陈虬等办温州利济医院。嗣于院中设学堂以课医籍，开报馆以昌医学。别设分馆于杭，志澂主之。时会稽汤寿潜、余杭章炳麟方秉笔《经世报》，志澂于医务之暇，相与上下共议论，才名益噪。晚年在家行医、卖文，日不暇给。诗歌哀挽格调尤佳，为人所传诵。书法入何志贞堂奥。卒年八十四，有《卧庐诗文集》及《杂著》《全台游记》。

资料：

《瑞安县志稿》。

《卧庐七十、八十自寿叙》。

《〈欠泉庵文集〉序》。

林损《池云珊六十寿叙》。

《自寿序》云：溯自读书而科举、而候选、而游幕、而行医，驰驱海内外，离乡十余年，历尽人世宠辱炎凉之态。甲午中日事兴，归自台湾，知世事无可为，遂欲藉医以终身，乃与故人陈蛰庐、介石、栗庵、何莅石诸君设温州利济医院，

其意欲利己以济人。民国成立，选举风行，如商会总理、警察总董、戒烟总董、地方自治总董，余皆当其选。其后被贪官劣警所诬，而余医药、卖文、作字外，地方事概谢不闻。

宋慈抱《池云山先生七秩征诗文启》：（上略）盖谈古文者，扬、马不作，难求沉博绝丽之资；韩、欧复生，历几清真雅正之选。迨桐城《类纂》，以归、方踵八家；长沙《续抄》，唯梅、曾兼众妙。瓯瑞一隅，虽滨海澨，太仆孙琴西公实能探其源于班、马史笔，撷其流于陈、叶方闻。而请业于曾涤笙侍郎，声调铿锵，气度浑穆。论其所作，蔚然正宗。先生少游太仆之门，长嗜侍郎之籍。执笪沃若，含毫邈然。似模拟也，无湿鼓腐米之音；抒议论也，免裂石崩云之厉。正受错出，细大不捐。昔史迁为《高祖本纪》，不遗贳酒折券之轶闻；唐贤为《谢安列传》，必书折履围棋之琐事。风神奕奕，千载如生。先生为文，殆庶几焉。

录其中一节——《墨庵骈文甲集》

关系：

池志澂曰：己卯先生复应省试，时我师孙太仆开藩江宁，枉道谒太仆于金陵，喑嚘论文，左右色动。旋即以文章受知于沈文肃，文肃召见，大奇之。时志澂亦游学钟山，既而我乡许上舍拙学、林典籍祁生、周司马晓芙及今黄廉访叔颂皆先后至，遂同先生泛舟游秦淮、莫愁，登钟山，谒孝陵，至明故宫，徘徊感慨者久之。出扬子江，观金山、焦山。过扬州，登平山堂。道姑苏，访沧浪亭，上穹窿一瞰太湖。沿毗陵，饮惠山泉，遂折回杭州。——《陈蛰庐先生五十寿叙》

又曰：光绪丁丑，我师孙太仆开藩江宁，孝廉孙翼斋以伯父命，书来邀余入署读书。余到署，孝廉方校乡先哲陈止斋、叶水心文集。——《望益斋诗叙》

又曰：光绪初叶，吾邑科举甚盛，太仆师以江藩归里，设塾于家，引乡里好学文章之士专肄举业，同时著籍者数十人。……而余与丽辰亦从学其中，独嗜古文词。——《欠泉庵文集叙》

孙宣曰：吾孙氏与池氏世姻好，先生之祖母，实宣曾祖姑。光绪初，先伯祖太仆公开藩江宁，而先祖侍郎公主讲中书书院，先生方二十余，负笈相从，习为经史有用之学，意气踔厉，议论森发，慨然有当世之志。后数年，太仆公奉内召，引疾归，立治善祠塾，召置县中材秀子弟凡百数十人肄举业，独先生能治古文辞，最有名。旋复出游，北渡大江，南浮海至台湾，常以文学游诸名公巨人间，皆倾下之。既而海上兵起，先生遂倦游归，与乐清陈先生蛰庐专攻医学。……创设利济医院、利济学堂，远近来学者岁以百计，多有造就。……性喜山水，暇日登临，纵海放歌，兴会所至，辄成巨篇，清超拔俗，有元白之风。——《朱庐文抄·卧庐池先生七十寿序》

池志澂挽孙仲容联云：虚邪一病丧吾公，追思瞻园风雨，诒塾琴樽，往事竟茫茫，老大方成身国恨；经术千秋原不朽，即论学务尘埋，路权杳渺，群飞皆梦梦，瓯浙难为砥柱才。

又联云：公去有千秋，一万卷著作等身，石室名山，绝学重昌永嘉派；我年逾半百，三十载流光似梦，月湖灯舫，前尘怕忆秣陵游。

又《怀旧》十四首，丙辰作：寒梅拔俗鹤清奇，儒雅风流是我师。记得霜天明月夜，西风同立古渔池。林香史先生汝梅。　梧桐百尺净无枝，高格如君近亦稀。妙笔未传虫鸟迹，老来犹读意园诗。许雪航先生启畴，先生有《意园诗稿》。　落落张公朴亦幽，闲吟诗句最清流。偶来佳客茶为酒，半亩黄花自有秋。张菊年先生成佑。雅淡清和王小云，萧疏山水颇传神。平生不喜脂韦习，我是当年赏画人。王小云先生鸿诰。　瓜面剑身削且癯，《治平》早著万言书。沧桑未改英雄老，变法新人半蛰庐。乐清陈志三虬，有《治平通议》著世。　十年浪迹等飘蓬，壮志谁怜命独穷。唯有愚公能恋恋，论交犹见古人风。蒋心愚先生梦璜。　穷奇兀臬老周郎，对座谈风不可当。与我相欣常相诟，文中狷狷酒中狂。泰顺周丽辰焕枢。　泰顺畸才第二周，文章俊雅亦清遒。秦淮花月当年梦，犹记同游到莫愁。泰顺周晓芙恩煦。　灯火申江落魄时，悲秋宋子最吾思。《六斋卑议》名言在，世界翻嫌出板迟。平阳宋燕生存礼。

永嘉诗人免俗难，古交沧雪独姗姗。清风绿竹三间屋，夫妇横琴对月弹。永嘉曾沧雪先生咏春。　高淡时文大布身，当年血气见天真。晚来书著《太阳教》，韬世甘为市井人。金稚莲先生鸣昌。　我忆昆阳杨仲渔，恂恂家法继中书。平生所学虽科举，得失荣枯却淡如。平阳杨仲渔镜澄。　古怪济南太学生，才高遇事气纵横。东坡诗句龙川策，掷地能为金石声。林祁生庆衍。　富春公子旧翩翩，与我生同属虎年。早岁科名悲短折，谁知人物宋南迁。孙翼斋诒燕。

14. 胡调元

胡调元字榕村，瑞安申明里人也。少从伯父玠学，舞勺即工韵语，俄中光绪举人。乙未成进士，以知县分发江苏，历任金坛、宝山诸县。当朝廷议变法，凡百新政次第毕举，又遭荒歉，捐俸治赈，簿书眯目，然犹不废吟咏，非寻常俗吏所能及。国变回里，被选为立法院议员，再至京师，与万绳栻辈以诗唱和。立法院罢，调元遂无意进取，以桑梓善举自存。甲子，江浙战事，闽军彭德铨部入境，永、瑞间得免骚扰，多调元与永嘉吕渭英之力。卒年六十九。

初，调元受业于孙衣言，衣言尝以沙噀诗索弟子和作，调元和林庆衍作最工，甚器之。黄体芳致仕归，建飞云阁于城东，招俦侣联吟其间，调元多佳句。既需次江苏，江督端方礼贤下士，命题天发神谶碑及唐张敬因碑，大嘉赏，未久即予补缺。座主汪鸣銮、费念慈，同年林雨修、陶联琇、陆钟琦、陆光熙辈，并与调元诗词相唱酬。性尤豪饮，健谈，慕任侠，矜名节，通籍数十载，不以求田问舍为念。著有《补学斋诗文抄》《梓余吟草》。

资料：

《瑞安县志稿》。

《胡芳谷夫妇六十寿叙》云：芳谷明经君挺资颖特，幼嗜文业，承其先姻丈棣甫广文义方之训，束发受经，即以精敏轹其侪伍。甫弱冠，应童子试，即冠其曹，遂以文艺受知督学使者吴和甫侍郎，拔入府学，为名诸生，复以屡试高等补上舍生。顾性静退，负其隽才邃学而超然于荣利之表。既膺乡贡，即不复应科举，惟以读书课子为乐。尤善谈论，每扬榷古今治乱，多造微之论，闻者无不心折。而襟怀冲淡，被服儒素，见之者不知其为高门华阀也。……余家自太仆君移居城内之邵屿，所居距君家不数武，往还最密。曩者先姻丈棣甫先生以硕学辉映先达，领袖后进，与先君为文字交，虽少宾之与止斋不是过也。余少时尝得侍棣甫先生燕谭，与闻绪论，以两世交游姻娅，知君之学行尤悉。——《籀顾遗文》上

关系：

孙诒让《〈补学斋诗抄〉叙》云：同邑诗人，惟胡棣甫广文丈诗格雅澹，在陶、韦之间，与先君子倡和最密，吟笺往还殆无虚日。广文族弟桂樵孝廉，亦以豪饮工诗与先君子为文字交。时诒让年才十三四，粗解文义，瞻侍钦欢，未能奉手受教也。既而先君子以湘乡太傅之招，复宦游吴、皖。逮光绪己卯，以江藩改太仆南归，则两胡先生皆已先逝。曩时诗友无一存者，惟孝廉从子榕村大令妙年隽才，濡染家学，亦工于诗。先君子赏食沙噀，为诗，索里人和作，惟榕村与亡友林祁生庆衍诗最佳，剧赏之。胡氏诗学继起有人，雅音为不坠矣。……

既而榕村成进士，以县令分发江苏。大吏知其才，屡檄勾当重要政务，客春又摄篆金坛。时当朝廷议更法，凡百新政次第毕举。既又遘荒歉，捐俸治赈，簿

书眯目，日无暇晷，然犹不废吟咏，其敏才雅尚，殆非寻常俗吏所能及也。顷以金坛受代，听鼓多暇，乃裒近作并旧编都为一册。刊板既成，驰书见示，且索序其端。诒让受而读之，则感时事之多艰，念昔游之不再，凡抑郁愤闷之怀，悉于诗发之。其诗亦益工，浸浸乎登剑南、石湖之堂，信足以赓续家集，辉映先达已！

宋平子《补学斋诗抄序》：有韵之文，诗为一体，莫盛于唐，莫衰于国朝。二百年来，求如明之李、何、王、李且不可得，何其衰也！

吾州山水奇秀，士喜为诗。赵宋中叶，止斋超然，四灵工雅，波澜稍弱。阅年七百，而我先外舅孙太仆以诗震海内外。其诗盖过四灵，轶止斋，战胜李、何、王、李而追杜、韩、苏、黄。其论诗之精，盖出渔洋、秋谷、覃溪、北江、归愚、简斋、晓岚、姬传诸家之上。州士故喜为诗，得大师指授，则争自勉，东瓯遂为海内诗国。

瑞安尤盛，几于户诵杜、韩，人谈苏、黄。胡君榕村，太仆诗弟子之一也。豪饮，好交游，慕任侠。遭世多故，南辱东败，忠愤之气每发于诗，淋漓畅纵，类宋放翁。其诸不屑闭门苦吟，步尘四灵者欤？光绪乙未，礼客申浦，君以县宰分吴役漕，来申，示《初集》之全，循诵起舞，抑有感也。

曩者太仆之门，林上舍庆衍最以诗著，亦最好讲世务，最较亲贱子。贱子飘零十载，庚寅楚归，而上舍亡，甲午去燕，而太仆逝；诗坛荒冷，伤如之何？然太仆、上舍于诗，特寄志乃在永嘉之学、小康之治；今公卿大夫不学已极，奏议政令，阳儒阴法，宗其刻薄，反其信必，威尊命贱，讳深饰巧，群宵乐，四民困，酿内乱，召外侮，边蹙千里，盗满中原。伤心之故，岂惟诗欤？

君固师太仆，友上舍，死生之际，言之甚悲，亦岂徒以诗欤？君以甲科试宰，同门诗人莫不惜君。惜君是也，然苟非诗人，岂能宰县？不能宰县，岂为诗人？所谓能者，异俗之谓，谓其能为民父母也，谓其能以芬芳悱恻之怀，少舒狭隘酷烈之惨也。

君集中，有美洪生驱鹰救雀之作，不忍之隐流露篇章，其诸能为民之父母者欤？夫父母之名皆欲居，而父母之实多力避者，何也？性欤？势欤？储太祝诗曰："拨食与田乌，日暮空筐归。亲戚更相诮，我心终不移。"如是，乃能父母民矣。愿君三复斯言。乙未仲冬，宋存礼燕生叙。

又云：榕村仁兄姻大人阁下：客冬别后，倏又数月，维荣问愉畅，定协颂忱。

弟惓伏里门，索居鲜欢。当此时局，维藉丹铅略自排遣，不足当通人一粲也。兹有琐事，敬以奉恳。缘昨接冒鹤亭兄函，说武进张皋文编修《墨子经说注释》稿本近为吴门文小坡孝廉所得。此书弟访求廿年不获，不意尚在天壤间，闻之惊喜累日，急思抄一副本，已专函托鹤亭兄商借，就吴中觅人抄录。昨闻黄府人说鹤亭近有粤行，恐彼此差池，未能接头，敬祈老兄代为一询。倘鹤亭尚未赴粤，可以抄得固佳，万一渠已动身，则求费神代托友人向文君商借，或即请文君饬胥抄寄一册亦好，抄费多少所不计也。文君亦富著述，吴中名贤，如卢彦、林晋霞诸君必有与往还者也。务乞老兄代为转托，求假一抄，此事万分紧要，幸勿度外置之。并祈先惠回音，祷甚！专此奉恳，即请升安，伏惟鉴察不宣。姻小弟孙诒让顿首，四月三日。

再，文君倘允借抄，即当将抄资送交令弟处寄奉不误。此书系稿本，十分珍重，文君必不肯远借，总以就吴中觅人抄录为妙。

又《与胡榕村书》云：榕村仁兄大人阁下：前月捧诵况毕，敬审兴居曼福，允协颂忱。委作费丈寿文，此调不弹逾十年矣。弟于文字，本无所解，亦绝未致力。少时偶读渊如、粟轩文，爱其闳雅，辄一效之，愧不能得其万一。后以专治《周官》《墨子》，遂一切置不复作。年来人事牵绊，益复疏懒，忽蒙峣怀太史雅意，远征皇甫，实深悚愧。又如费丈盛德，不敢以藏拙为辞。勉成一稿，再四省览，万无一是，视潘公前作真是续貂。勉录呈览，乞惠加刊削，然恐万不可用耳。如何？峣怀太史所寄书拓均收到，望先为致谢，容略暇，再肃复。张书乞千万留意，此书与峣公所搜《周礼》，均为敝帚有闳益。索居鲜欢，得此亦暂快也。匆匆敬叩升绥不偁。姻小弟孙诒让顿首。端阳后二日。

胡调元《题孙琴西太仆师止园侍郎师颐园春宴遗照》云：平泉梓泽委蔓草，百年几见园林好。升平人物星辰稀，披图忽复见二老。一老端坐系襟裾，石立倚杖昂其躯。一老对立清而癯，瘦籐一枝手自扶。赤舄几几相辉映，闻风拂拂竞挽须。春来百花齐含笑，千红万紫交萦纡。花间常置一壶酒，白头林下相友于。世传吾乡孙氏两昆季，云是五百年后大、小苏。吾谓眉山兄弟聊尔尔，文章一代信专美。若论钟鼎与林泉，晚年福分宁有此。坡昔困命宫，官不过学士。八年谪岭南，十年邻九死。纵买阳羡二顷田，已去岷峨家万里。即如四海一子由，翰墨平生称伯仲。自夸中朝第一人，安有天骄识麟凤。濰阳从事穷无依，雷州垂老苦临送。寒灯夜雨黯伤神，萧瑟对床不成梦。坡、颖逝矣复何言？孰为轻兮孰为轩。

风流文采晚角出，乃有今日孙颐园。颐园主人逊学叟，才学纵横谁可偶？梅伯言、曾文正、吴南屏、邵位西并文豪，姚梅伯、叶筠潭、汤海秋、张亨甫皆师友。金门待招俄分袟，日下声名已交口。皇孙龙种皆传经，弟子虬浮纷载酒。万言曾上御夷篇，一麾始出淮阳守。是时"寇盗"陷东南，皖垣糜烂更不堪。公归原为捍闾里，岂必乡味恋瓯柑。况执干戈卫社稷，家有汪锜真奇男。为国效忠斯已足，如公俯仰夫何惭！里门倦卧又数岁，起视中原靖烽燧。北行重谒承明庐，吴、楚大藩拥高位。长江天堑衣带如，从来节钺回翔地。姓名早列御屏风，指顾之间膺疆寄。无何同卿拜朝命，黄丞已老患重听。秋风莼菜思季鹰，愿辞簪组为养病。有弟有弟官侍郎，少年联袂辉朝行。粤西试士两持节，南宫分校增国光。河汾门下重房、魏，中兴将相罗一堂。方当强士便投绂，头鬓全黑未着霜。退归闭户穷著述，上窥周、秦下汉、唐。水心、止斋阒寂久，重兴绝学复建康。广大教主一宣讲，莘莘邑子环其旁。后来远移钟山席，弟为都讲兄方伯。大江南北诸贤豪，俯首门墙群隶籍。兄也悬车归故山，弟亦束装返旧宅。东瓯一角瞻南天，两翁偕隐真神仙。逊学老人享寿方八十，侍郎又臻八十有四年。秋风已周鹿鸣宴，春明重赴琼林筵。科名一段补佳话，得老稆文恭、史文清、翁覃溪、潘文恭诸老相后先。不才当日幸亲炙，况复里居依通德。雅谈便坐谒庐陵，时聆温语加柔掖。调元少时和太仆师沙嘴作，面承奖掖有加，遂以是终身北面。老去词坛将不飞，安忍箧中检遗墨。侍郎曾评调元课作，有"似此才气无双，泂不愧词坛飞将"云云。廿年奔走惭风尘，归自江南复江北。山颓木坏两大师，自此乡间黯无色。玉海楼峨峨，玉海楼为太仆藏书之所。紫藤花片片，侍郎师署其所居为紫藤花馆。盘谷山苍苍，演溪水溅溅。灵奇钟毓非偶然，人去园空孰张宴。吁嗟乎！东海桑田世已变，何怪景星卿云不再见。

胡调元榕村撰《孙仲容六十寿序》。

胡榕村挽孙琴西太仆云：南迁人物，元、明来文运浸衰，有吾师儒雅风流，弟兄父子，各以著书名家，辉映郑公乡，重为永嘉昌绝学；东海寇烽，燕、齐间警传孔亟，慨时局江河日下，内外臣工，谁是徙薪曲突，怆怀文潞国，早归林下识先机。

又挽孙薽田侍郎云：中兴将相，并出其门，岂惟鲁殿灵光，兼春榜秋闱，重宴皆为国家瑞；天下文章，莫大于是，即论乡邦后进，凡科名学问，何人不自我师来。

又挽孙仲容比部云：渊然学者，当代一人，溯平生里闬从游，倏乃终古；大哉死乎，吾乡二仲，并国史儒林列传，难在同时。注：公之殁也，全浙绅学界在杭开追悼会，并胪举学行暨其遗书，呈求疆吏为请于朝，列入国史儒林传。此说已见个报，久必实行。若然，则公与黄提学居同里，殁同时，史同传，不亦难能可贵耶？佛家谓"生有自来"，征诸二公，益信。

又挽孙季明联云：校雠入地传经早，服食升天药误多。注：季明，仲容比部之季子，年甫冠，即能校勘父书。其卒也，以误西药所至，士论惜之。

又《次韵和君述杨承孝之字知事登玉海楼观藏书作》云：逊学老人工唱酬，当年颐养园林幽。牙签何止三万轴，诗律独赢一百筹。及门谁为皇甫湜，大师今无欧阳修。元亭歇绝黄垆继，兼弔仲容主政酒后何堪重上楼。

附录：邑绅胡榕村调元，素以善联语称。兹录其为孙仲容前辈之友人作者于左：

挽陈墨农大令云：莼莱早偕归，劫余吴、晋山河，吾辈复何容足地；杏花空自好，凄绝朱、陈图画，当年同是劝耕人。

挽王子祥云：药炉茶灶，老病谁怜，独向秀悲来，忍为君吟《思旧赋》；石室名山，遗书自寿，只扬雄逝后，更无人续《太玄经》。

挽洪幼园云：吾党侯生，当今青眼高歌，敢道诗传大弟子；君家坡老，此后白头孤唱，独悲吟断小斜川。

挽项苕甫云：少共联游昆季，历中年始各殊途，为地方兴利，家族育才，但如执拗荆公，对山野遗墩，今古同名争谢傅；君上年为中学校以及内河创办小轮争一隙地，与里人龃龉，故以王荆公争塾为况。老怜总角知交，记小别刚盈半月，奈尺素空贻，九原遽逝，何异归来吴札，见墓门一恸，凄凉挂剑吊徐君。七月初四日，余方赴郡，濒行，过君家，犹以地事见属。余于抵郡后，寄书不答。殆余归，而君已病殁矣。

又代弟杏村赞元挽苕甫云：综事业生平荦荦，抚孤甥成学，助兄子成名，风世斯人，方诸汉游侠、宋义行合编，泂无间矣；任乡间众口悠悠，非中校争存，即交通争利，党徒余焰，如今李赞皇、牛奇章俱逝，可以已夫！时陈君介石已逝，当时里中有陈、项党之称。

挽曹子丹云：居乡如王烈负名，众望同归，生不逢时嗟没世；入境问国侨执杀，千秋疑案，死当为厉刃仇人。

挽洪博卿云：一门绩学，凤有公惭卿、卿惭长之称，奈年来家运迍邅，子弟随父兄，康绍籍咸相继逝；同辈论才，颇有人患少、君患多为喻，剩身后文章评定，蛟螭杂蝼蚓，马工枚速两全难。

挽蒋屏侯云：频年幙府，君为依人，正相期旸谷余晖，孰料崦嵫颓景逝；一劫沧桑，我悲同类，忍重话春明旧梦，不堪门外落花多。

挽永嘉王俊卿毓英云：大名极南海而遥，游倦早知归，年来瓯馆图书，坐对席间殊类我；老友惟东莱最契，弥留犹待诀，此后于园风月，更无座上再逢君。

挽王筱木大令云：会逢浴佛五香厶水，仅迟一日流光，仙偶已前行，莲界追随完正果；我曾和公七秩寿诗，独重故乡乔木，先生又归去，杏花冷落剩枯枝。

挽周仲龙太守云：钓游同巷，定交均在垂髫，追名场角逐，南北偕行，仕路驰驱，吴、齐异辙，解组各归来，白首青山重践约；著述等身，寿世宜付桑梓，况追踪乡哲，陈、叶遗规，列传儒林，孙、黄旧侣，析薪能负荷，谢兰窦桂并传人。

挽何翰臣大令云：孟郊晚第，早征李泌神童，鲋涸宦空囊，六十年间如梦幻；伯道无儿，犹幸中郎有女，狐悲邱正首，一千里路乍归来。

挽项葱畦明经云：绝学贯天人，竟如不第刘蕡，吾辈厚颜忝科目；论姻兼新旧，惟望再传文若，他年分耀到门楣。

挽林赞侯中将云：少年投军，居然万里从戎，师训溯鸰原，为吾乡西学导师，逝矣孟坚犹有第；同室操戈，横绝八洲都督，将才甘蠖屈，仅垂老北平太守，伤哉李广不封侯。

挽林祁生太学庆衍云：诵《少年行》，汗漫遨游，所至遍吴、楚山川，更兼京国观光，如许纵横一枝笔；为天下事，痛哭流涕，其文类贾、苏策论，可慨衣冠当路，独无相识万言书。

挽陈蛰庐孝廉云：倦游京洛，归卧海滨，卖药隐韩康，君竟遍谈天下事；医界人才，蛰庐著作，倚梅吊君复，何时遗稿茂陵求。

挽洪叔林大令云：曾题雁塔，胡夺凤池，似君抱恨终身，回首廿三年，都下公车，大半故交黄壤去；双鸟吟成，孤雏添后，与我一谈永诀，伤心重九日，门墙载酒，相随吊客白衣来。

又云：少历科名仕宦，正如谢康乐秋日芙蓉，芳草可怜春，岂真禄命安排，诗句七言早有谶；晚伤妻子身家，致使屈灵均美人憔悴，青天搔首问，似此《离骚》才调，佯狂一病竟无医。

挽黄仲弢提学云：儒林清望，当与窦东皋、朱筜河相推，即兹家学渊源，父作子能承，一代宗风江夏冑；师友平生，殆惟张南皮、端涺阳最契，莫问京华冠盖，人趋公独避，十年憔悴武昌城。

挽黄叔颂观察云：晚年清境，能与管幼安、陶元亮为俦，我亦忝朋游，故垅终惭《招隐赋》；胜国遗贤，方谓孙夏峰、顾亭林再见，天何夺公速，名山尚有未完书。

挽徐班侯侍御云：论公素行，媲诸娄师德实惭，何天道无知，遭劫同舟，三百人中一丘貉；尚鬼遗闻，沿之汉邹摇已久，想英灵再见，报功崇祀，二千年后两瓯王。注：遭普济覆舟之厄，殁后，屡有奇异事验诸扶乩，地人至口，为建祠崇祀，以埒汉之东瓯王。

抄录胡榕村诗为仲容征君亲友作：

洪幼园——《门人洪幼园见鹰捕雀，力救始免，作此美之》：斋前玉琅玕，绿荫掩窗户。群鸟嬉以游，长日正亭午。饥鹰扑空来，逃溃纷无数。一雀噤无声，颠蹶堕泥土。树头百尺高，鹰目瞠然举。洪生过见之，肝肠激酸楚。驱鹰出树林，放雀上墙堵。斯须振翼鸣，喈喈如有语。自此鹊声不绝，似来谢者。余向窗隙间，睹此为起舞。荆棘满世途，人心日险阻。能生一念嘉，有善亦足取。勉旃复勉旃，福善天所予。夜深黄衣人，有梦来谢汝。

洪海槎——《洪海槎刺史箋生入都引见，作长歌送之》：生不能封侯万里，学张傅，亦须上马杀贼，下马作露布。古来丈夫乐从军，何为龊龊习章句。陋儒眼孔小如漆，井底之蛙裈中虱。八荒四极茫无知，何论三才与万物？纵令一朝文字博试官，得以纡青拖紫加儒冠。军间尺鷇亦自喜，扶摇直上青云端。中朝夷务急措置，几见书生能办事！模棱谈国彼何人？坐视干戈等儿戏。凡今谁实娴兵韬？为国雪愤收风涛。眼中之人忽一快，乃有洪侯磊落人中豪。洪侯家世忠宣后，少侍椿庭宦山右。太行西望皆崔巍，绵亘三边作关纽。先皇有道制四夷，三十六尉各分司。屯田赵充国，牧马李贰师。穷荒开辟古无有，幽、并豪士争驱驰。侯也翩翩佳公子，少年读书富文史。出关愿为弃儒生，誓扫贺兰随汉使。翩然橐笔戎行间，飞书驰檄迭往还。班生一从窦车骑，勒铭屡登燕然山。九重懋赏重战绩，早有大名隶仕籍。汉家太守多边功，酬勉已得二千石。人生富贵思故乡，愿乘骏马携归装。长风浩浩送秋雁，秋雁却向天南翔。出塞二万里，离乡三十年。家人浑莫识，童稚畏不前。邻人满墙诧奇异，韦家花萼初张筵。我久托砚参西席，竹林大小皆友益。时与博卿丈、叔林昆仲结诗社。群从子弟各执经，谓幼园群从。自惭栽培尚无力。馆斋萧索高轩临，纵谈时事开胸襟。凉州古调妙天下，侯能挥手善鼓琴。

我不解琴惟饮酒，糟邱台上齐拍手。公荣涓量能几何？玉山颓倒屡负负。余屡醉而海槎独醒。江亭秋老黄叶飞，群贤载酒呼小奚。去秋与同人会饮隆山观海亭。兴酣拇战振林木，巢鸟遥避不敢依。寺门月照钟声动，行厨始从山中归。每思盛会常有我，欲拟一诗曾未果。昔时醉兴何淋漓，至今襟上痕犹堕。江城五月笛声起，侯今入觐将行矣。壮夫有志在四方，安能悒悒久居阛。乡里相君面，副君腹，虎头燕颔飞食肉。泰山云雨崇朝间，不知何处苍生为造福。昔贤未遇发浩叹，送人作郡何其多。我自励志期致用，盛时何必怨坎坷。长安咫尺青云程，当今天子庆圣明。英雄毋为儿女恋，海槎甫新婚，未免出门惘惘，故以此慰之。时可仕矣侯其行。

《为海槎题〈乡山云树图〉》：边徼驰驱二十年，家山回首浩风烟。却思返国身如客，便览披图吏亦仙。陇月胡霜犹绕梦，锦衣骏马且朝天。封侯他日回翔地，万里旌幢在眼前。

《送洪叔林锦标孝廉北上二首》：二十年华感，金门赋彩毫。云龙四方志，裘马五陵豪。公等争先着，吾生任所遭。年来一樽酒，送客自劳劳。　　与子名场事，三年阅苦辛。文章交有道，风雨急相亲。今日分离感，前程致远身。龙头须速取，慰我热心人。

《寄林祁生庆衍京师太学二首》：越云燕树隔关河，太学新闻发鼓歌。台省衣冠争衮衮，布衣誉望独峨峨。穷愁著述成孤愤，祁生尝作《难时事论》累万言。薄俗文章重一科。谁识长安人海地，读书清福让君多。　　沧海横流不可支，儒冠充路贱牛医。自惭逐队为村究，却羡趣材有俸赀。斗极门墙唐博士，辟桥剑佩汉官仪。灵台日听钟镛奏，远道毋忘扎翰贻。

《送王小木大令岳崧之官安徽》：海内夸谈富甲科，穷乡敢诩里鸣珂。自从公等联镳进，渐觉年来作宦多。瑜、亮齐名雄壁垒，蜀、吴分袂占山河。家风却让王阳美，畏道摧轮不忍过。君旧与家大令小玉叔乙榜同年，先后成进士，签掣均在四川，而君独以母老改安徽。　　帝有恩言许改官，此行真作锦衣看。诗人自爱江南好，天下何如蜀道难。棠舍于今犹小试，扳舆他日有余欢，定知政绩龚、黄盛，能为江山助壮观。

《黄仲弢太史绍箕、徐班侯户部定超在什刹海酒楼邀集诸同人，是日各尽欢而散》：御河春水碧沦涟，把酒凭栏入画然。南海翠华望天上，西山青影落桥前。衣冠谈笑联佳集，乡国科名祝此筵。更约诸公共沉饮，万荷花里纳凉天。

《送吕文起大令渭英之官福建》：汉廷慎重孝廉科，文起以孝廉入仕乡选当时道不颇。吾辈有才生世晚，近来入仕纳赀多。要知吏治关经术，能藉诗书洽颂歌。借问千金富囊橐，南行陆、贾计如何？时由京回籍措赀。　　男儿何事苦饥寒，湖海襟怀强自宽。百里士元才具易，一乡王烈善全难。文起居乡，极见重于有司，以避俗赴宦。看君吹捧毛生橄，触我思弹贡禹冠。衮衮名场殊未卜，回头西笑又长安。时余将北行。

《阻兵沪上，连日与黄申甫同年芳兰游宴甚欢，夜归话旧，怅然有作》：劳劳车马出皇州，脱辖欣联沪上游。故里莺花将进酒，寥天风鹤未归舟。琵琶话旧江州感，杨柳怀人少妇愁。争似东南飞孔雀，谁怜西北有高楼。

《池云珊志澂自海东返沪，适晤余旅次，喜赠》：台峤开荒二百年，穷庐今尚渺人烟。故人一别苦相忆，逆旅重逢如宿缘。橐笔已成疆域志，台湾方修志书，云珊与焉。还乡未共海天船。此时且饮平原酒，灯火申江不夜天。

《洪叔林复自都中来，是夕余适附轮船回里，因约其同归，不果，赋此为别》：都门送我先归去，沪上迟君却未期。花月相逢今夕宴，风尘各诉别来思。听谈时局纷纷讼，太息中原苦用师。回首忽忽萍梗迹，江天小聚又分离。叔林又将赴杭。

《太仆孙琴西先生衣言挽词》：投绂归来鬓皓然，弟昆相对玉堂仙。循声早已传吴、楚，先生由翰林出守，荐擢藩司。先后仕绩，均不出吴、楚。大笔真能压许燕。钟鼎林泉兼美具，儒林文苑一家编。犹闻海外诗名重，此作须论五百年。琉球人盛诵其诗，有谓大苏以后五百年无此作矣。　　东坡昔序希文集，旷代相望每叹嗟。岂意郑乡亲被泽，翻然谢埭恸迴车。门墙著录无多日，海内谈诗有几家？努力当时谆诫语，乾淳学派在东嘉。余少时和先生食沙喂作，蒙奖许。由是谒先生于第中，顾蒙训海，谓"少年欲学诗古文，吾乡先哲遗书如陈止斋、叶水心两家，果能朝夕玩诵，扩而充之，韩、杜、欧、苏尽此矣"。意是时方专治举子业，未遑向往，其后稍有志。而先生晚得目疾，常经岁不见一客，今已溘然。海滨穷僻之乡，无师可叹，有师而不能竟其所学，犹可叹也。

《接黄叔颂太史沪上来函，计已安抵里门，时余亦将出都，因答》：小别遥传信，南旋近计程。天涯烽火静，海舶使星明。国事千言疏，中日和局，叔颂与其令兄仲弢太史均上疏力争。家风两袖清。知君归宦计，动我故园情。

《大暑冒鹤亭孝廉广生过访，并以诗赠，余即次原韵》：握手相逢在沪渎，结庐有约来吴中。披襟坐对洒兰雪，挥扇纵谈迎绪风。天下文章幕府最，君将赴闽督幕府。故乡师友渊源同。吾乡黄叔颂太史典试江南，君为其手取士，复以女妻之，故与余有娅。昨归雷雨忽相送，腾耀龙泉知及锋。君昨归遇大雷雨，今以此讯之。

《周季贶太守星贻以诗集见赠，为题一律志佩》：流水杳然去，空山独鼓琴。

泠泠太古操，耿耿幽人心。以此众缘寂，方诸五字吟。<small>集中皆五言律，其所造诗境似之。</small>诗源浩如海，此境渺难寻。

《座主费屺怀师念慈以所著诗卷见示，敬题二律于后》：大雅何寥落，从前盛一时。邺中名士社，元祐党人碑。<small>集中有与文芸阁诸公唱和。</small>星散半天下，风流独我师。江南好山色，归隐正宜诗。　　悱恻芬芳旨，当今李义山。如闻仙乐下，直自国风还。抗手应、刘少，从游籍、湜间。可能聆点瑟，莞尔一开颜。

《闻许竹友孝廉黻宸有三子，年皆未冠，同岁游庠，赋此寄贺》：泬长门庭旧主宾，巢痕回首隔前尘。<small>余曾馆于君家，君以次子叔玑从余游。</small>□□□□□□□，三凤重看翙羽新。文字由来家学盛，科名他日国恩均。遥知乡里传佳话，养月笃儿定有人。

《大银台黄漱兰师挽词》：稜稜风节九重知，浩气真能御四夷。奏议直争唐内相，权衡翻靳汉台司。老成为国言多中，时局何人力可支。叹息山渊龙虎逝，纷纷鳝鳝杂狐狸。　　喧奴新法忆东畿，洛下温公早拂衣。台阁已看公子贵，<small>世兄仲弢甫升侍读学士。</small>儒林独惜文人稀。万方吾道穷何极，四海清流失所依。犹有乡园旧弟子，二千里路吊丧归。<small>开丧日余适假旋，得与奠。</small>

《洪博卿学博炳文以所著各种传奇属题，为赋三绝句应之》：《虞初》九百萃胸中，余事才人触绪通。压倒髯苏高抗调，铜琶铁板大江东。　　欲付梨园未有因，京华星散鲜伶伦。凄凉时局同天宝，凝碧池头堕泪人。<small>拳匪之乱，京师各梨园均付一炬，其后联军又分屯大内，蹂躏不堪，此诗作于是时，故以为慨。</small>　　十年回首话前游，楝树成荫绿满楼。一样青衫名士感，登场我亦愧俳优。<small>十年前，馆于君家楝树楼，风景依依，不胜今昔之感。</small>

《挽许竹友大令六首》：卯岁横经事一师，距君游校十年迟。云龙至境成韩、孟，谁识初交在此时。　　博浪功名误副车。<small>君先中乙亥副车。</small>重圆缺月几踟蹰。北游最苦文园渴，愁绝宣南万里书。<small>戊子君下北闱，常累月不得一书，时以为虑。</small>　　平生肝胆郁轮囷，共事乡间各任真。两好无猜成净友，知君舍我更无人。　　我去江南又几年，得归重结故人缘。湖干泣别长相忆，月落参横歌曙天。<small>己亥余由苏返里，濒行，君送余上舟，坐谈良久，殆解缆，天已曙矣。</small>　　山阳忽送笛声哀，病不多时殁尚猜。我愧巨卿负元伯，寝门一恸未曾来。　　身后文章蔚豹皮，谢兰窦桂满阶墀。泷岗自有千年寿，他日凭谁第一枝。

《陈墨农祖绶、经敷祖纶昆仲两大令招某揖峰亭，同座有黄仲弢学士绍箕、孙仲容比部诒让、王雪牧大令岳崧、同年项申甫太守崧，予亦预焉，为赋诗以纪》已抄。

《黄仲弢提学殁于鄂垣，顷以灵榇道沪，余闻信往奠，为赋二律》：太学先生垫角巾，晚为憔悴外台臣。由京师大学堂监督外放。十年朝局逢多难，四海清流剩几人？异地何堪灵榇遇，故山况有墓阡新。闻将就窆。抚棺一恸君知否？枨触前游倍怆神。　申江回首十三年，一样停舟古渡前。今日山河邈稽、阮，当时乔梓比谈、迁。乙未冬，君随先侍郎师由江宁道沪，适余以江南漕务从事于兹。君在此停舟三日，与余游宴甚欢。呜呼！孰料届今十三年，其从前泊舟之所即为君停棺处也。风景依依，不禁over车腹痛。东南使节家传盛，先侍郎师任江苏学政最久，其后令弟叔颂太史典试江南，今君又终于湖北提学使任内，一门持节之区，皆在东南省界，洵异数也。华夏高名国史编。有旨，列入国史儒林传。才尽当为天下恸，岂徒私谊泪潸然。

《送郭漱霞、林孟沧赴美国渔业博览会》：邹衍谈瀛隘九州，登仙李、郭羡同舟。胸中经纬弧三角，孟沧精于算学。足下东西地半球。前年漱霞为考察渔业，由日本以达意大利，合东西球计之，各居其半，今则足迹遍全球矣。江海聚珍斯会盛，鱼盐富国古来优。同年张季直殿撰设江浙渔业公司于沪上，而以漱霞总其事。管、商事业须公等，归为吾里借箸筹。

《涒阳尚书端制军承邮寄手书楹联，谨此赋谢二首》：华夏争传翰墨吟，钟、王书法妙通神。每从铃阁逢清暇，想见中朝有伟人。金石满家心醉古，江山六代样翻新。冷泉亭畔群持牒，犹逊尚书下笔亲。　张限门高笔一枝，末僚安敢望荣施。何期内史临池兴，犹有吴淞剪水思。斗室清尘蛛早避，联已装潢甚缎，即可悬挂。晴簷占信鹊先知。汉砖董画俱珍贶，春间承赐汉砖榻本暨董香光画幅，曾以骈词禀谢，去后复蒙赠楹联。顶礼焚香合护持。

《哭同年项申甫太守四首》：廿载公车辇下过，同袍零落感如何？每谈秋榜成孤立，幸附春明共一科。余同郡乡榜同年无一存者，会榜以君为硕果，今又亡矣。郎署浮沉淹岁月，君由户曹改外。黄炉游宴渺山河。曩于京师，游于黄通政父子间，以君与余最暱。一麾仍指章门去，橐有余金胜我多。君以知府需次江西，曾榷厘三载，颇获利。　《瓯东》家集水心文，太仆当年早誉君。太仆孙琴西先生以叶水心自况，尝谓君能为古文。乡哲项参政有《瓯东集》，君家世均以诗鸣，盖嫡传也。韩、孟云龙同角逐，曹、刘坛席要平分。余少学诗，为孙先生称许，故余尝戏谓君曰：此可以夺君席矣。揭来小玩匡庐瀑，君在赣未久，后遂假旋。归去长看雁荡云。萧瑟江南能我顾，一樽清夜话榆枌。　别后重逢饭颗山，君由杭返沪，与余重晤于旅邸，余见君瘦甚，询悉已抱恙累月，欲赴苏就医，属余一函为先容，寻又不果行。忽惊消瘦旧容颜。为求国手能医疾，颇怪囊金未破悭。客里消愁杯酒叙，病中襆被故乡还。海天宁落孤帆挂，盼断瓯云越树间。君病危，由沪航海归，余亲送至上舟。　最难处置是乡闾，悒悒安能赋久居。君家居，为学务与人龃龉。噩耗已闻传海电，讣音何待附乡书。君疾中，越日即有电来，遍登沪埠各报。过河公死将无渡，君在籍购办内河一轮，颇沾利益，然恐因是中辍。入地亲丧尚未除。君持母服，未终制。惆怅故山猿鹤少，临风一洒泪涟如。

《杨少村寄示〈静观图〉属题》：关西清节畏人知，廉吏家风自得之。一幅诗人玄妙境，空山花放水流时。　三十年来八咏楼，白头诗老最风流。生存华屋人安往，重与羊昙话旧游。曩与沈桐轩、紫庭昆仲游，紫庭之尊甫星墀先生署其居曰"咏楼"，日课一诗，候余来，每出以相示。小村为先生之甥，故亦时常在座。今先生去世逾二十年矣，桐轩远宦郧阳，与余久疏音问。紫庭尚家居，闻亦悒悒不得志，恐无复昔时豪兴。独小村近喜为诗，有甥类其舅之风，故感概及之。

《得陈墨农山西霍州书，知其阻兵无恙，且将南归，次〈忆弟〉原韵柬之》：不识君何在？传闻苦未真。昨来千里信，如寄一枝春。烽火靖边邑，平安慰故人。曰归且评酒，我有瓮头新。

《洪栋园属题〈焚香忏绮玉照〉二首》：斩断情根不惹魔，分明悔过窦连波。风云月露终无谓，老去诗人佞佛多。　解组归来孰为群，披图无恙喜逢君。闭门只合跏趺坐，四海兵戈不可闻。

《栋园又以所制郑所南〈无根兰乐府〉索题，为赋三首绝句应之》：落纸云烟浥泪痕，亿翁所南别号心事画中论。兰花本不同芝草，那有无根尚自存。　编成乐府作哀吟，一片苍凉亡国音。欲倩风前皋羽筑，更添海上叠山吟。　柱下无人惜旷官，只愁秉笔祸儒冠。心头亦有千年史，他日凭谁掘井看？

《次韵和黄叔颂〈辛亥除夕感怀作〉》：晨鸡更鼓漫喧哗，岁尽真如赴壑蛇。零落衣冠同去国，团圞儿女且还家。与君相对增诗草，何处明年卜烛花。各自倦飞谋饮啄，最难选树是栖鸦。

《次韵和徐班侯先生〈感怀作〉》：欲返楠溪把钓竿，邦人仍恋旧台端。八州都督方争立，百里纷乡且少安。世局于人如梦寐，前身是佛证檀栾。公曾梦游古刹，有人告以前身是佛子降生，近为余述之。习家园好朋游盛，赢得山公载酒欢。昨承招饮张园，兼以致谢。

《墨农自山西归，喜简以诗，仍叠前韵》：篝火当时竞揭竿，如今差幸息兵端。

柴桑归隐陶元亮，辽海逃名管幼安。去国衣冠共零落，故乡朋旧大团栾。容成玉洞仙岩瀑，各有林泉只自欢。

《过喻志韶同年长霖著书庐，为赋二十八字以当题额》：柱下如今辍汗青，九州南董散如星。天荒地老春申浦，一角遗山野史亭。志韶为旧史官，近寓沪，搜罗国故，欲以成一巨编，盖今之元遗山也。

《寄祝黄叔颂六十寿二首》：故山松桂早归与，蓬岛前尘是劫余。大隐已如辽海鹤，倦游何恋武昌鱼。家传清望俱风世，天界遐龄为著书。遥想悬弧宾客盛，烹羊喜气动乡间。　　新浦细柳为谁绿，劲柏贞松独自荣。已有婿乡谱佳话，令坦冒鹤亭监督，现驻节瓯城。不妨儿辈事功名，喆嗣让卿昆仲均以官事留郡。仙家合种桃千树，橘里差安奕一枰。东海如今流又浅，且揩老泪看蓬瀛。

15. 洪锦标

洪锦标字叔林，瑞安城南人。少颖异，好学。尝遇疾几殆，呓语一昼夜，皆背诵四子及经典中语，家人禁之勿已。年十六，入庠，翌年试高等，食饩。孙锵鸣主玉尺、肄经书院，得其课卷，击节叹赏，袖示其兄衣言，复大叹赏，由是里人皆知其才。光绪乙酉中举人，己丑考取觉罗学教习，甲午成进士，廷试二甲，朝考一等，以庶吉士用。乙未散馆，置二等，出任江西余干知县。凡三载，励精治事，首以兴文教为己任，保甲、义仓、育婴诸善政次第举。所尤重在折狱，日阅案牍几盈尺。遇疑窦，必与幕僚反复讨论之，一载之中，所结束者十有五六。岁旱，祷雨有奇验，锦标不自以为功。尝曰："书生未读律，滥膺民社，身家不足惜，如元元何？"嗣以怔忡致仕归，体弱不良于行，有长随左右掖之。值辛亥国变，倡民主，改官制，设议会，兴学校，军人尤拔剑击柱，不遵轨范，锦标闻而叹曰："守旧固非，而变新太骤，王荆公足以乱国，此其时乎？"……锦标善书法，学张猛龙、高懿侯诸碑，得其神。诗赋尤工，谙音韵，明训诂，福建王仁堪应馆课，以雍州之雍讹读平声，众莫能辨，锦标告而改之。于同时之独心所白，易实甫顺鼎谓有奇才。遗著曰《眩鹦吟》。

资料：

《瑞安县志稿》。

《洪叔林哀挽录》。

《洪叔林诗集》。

薛储石《寄瓯寄笔》卷三。

陈谧作《墓表》。

宋慈抱作《传》，又作《洪叔林先生遗诗序》云：先生诗不多作，晚岁索居里闬，喜以诗写邑俗及身世之感。……盖先生少以词赋见赏于黄漱兰、孙止庵诸老宿，落想奇特，措词工雅，当代惟易实甫观察差足伯仲，乃以庶常散馆，出为县令，所学非所用，不获回翔词林，掌文衡之任。……后以怔忡致仕归，遂家居不复出矣。

关系：

挽孙仲容联云：为吾郡学界兴废绝续所关，何天不愁遗一老；观身后撰述经术文章之富，先生固自有千秋。

16. 洪炳文

洪炳文字博卿，号栋园，诸生。四赴乡举，不第。晚以年资贡成均，铨教职。适清季自甲午、庚子后厉行新政，炳文谓非常之原，黎民所惧，下流社会欲其开智识以祛妖妄，固团体以安君国，非经史古文所能为力，莫如改良曲本，使庸耳俗目注重及此。因取古事可以寓意者，成传奇、套曲、散曲二十余种：曰《警黄钟》《芙蓉孽》《秋海棠》《挞秦鞭》，均为末世药石；曰《鹿木居》《水岩宫》《无根兰》《晚节香》等作，则劝忠教孝之作也。又谓邑文庙礼器缺略，非所以尊先师、隆祀典，偕同志多人合资造钟馨。同州无匠，往吴门求之；瑟制久佚，授匠以法；复以鼓节教诸生，器备而礼乐兴，观者大悦。邑有团防、灾赈、社仓、农产诸务，无不首先提倡。于婴堂尤多成绩，清丈隐漏涂田一千百六十亩有奇，核减年支六百余金，聘医师，雇乳妇，别定改良章程，前此未有也。上元李滨驻婺领上江水师，招炳文入幕治官书。炳文上水师巡哨十策，滨嘉之。嗣以事归，留心乡邦文献，年七十卒。遗著于词曲外，又有《东瓯采风小乐府》《瑞志拾遗》即《瑞安乡土史谭》。《花信楼散文骈文诗词稿》等若干卷。

资料：

《瑞安县志稿》。

孙锵鸣作《洪叶臣六十寿叙》云：哲嗣博卿茂材，温文尔雅，望而知为绩学士。

薛钟斗作《传》。——《寄瓯寄笔》

项崧作《洪栋园先生五十寿叙》云：姻丈栋园先生，少以制艺名，试辄高等，每岁科榜出，洪氏群从子弟布满前列，皆君所指授也。然独屡荐不售，犹子叔林既缀甲科，登总榜，君子幼园亦以文字有声庠序，而君犹褐衣应举不少辍。然君虽屡踬于秋试，绝不介意。性好游，尤喜为诗，常欲东穷鸭绿，西北踰昆仑，东南涉台厦，循缅甸，皆纪以诗。又欲游历五大洲，询其人民、风土、政治，笔之于书，以事未果。而旁近山水如仙岩、孤屿以及婺、括、台、甬、金陵、鉴湖诸名胜，游屐殆遍。又尝至江右，溯江浮彭蠡，层峦迴沓，风樯瞬息，所为诗具存箧中，所谓《花信楼诗稿》《翰墨因缘录》是也。间为乐府，缠绵悱恻，具有宋、元人遗意。性不好饮茶，而颇喜酒。尝自言胸怀块磊不平，一寄之于酒；抚时论事，感慨无聊，一寄之于诗；婉曲讽喻，悲歌俯仰，一寄之于乐府。盖君虽于遇合之际无所耿耿，而意气所发撼有不能自已者，其善于自寄如此。（下略）——《午堤集》

按：先生性好遨游，登山临水，别有风怀。壮时尝之西湖，寻林处士遗迹于孤山。过甬上，游高则诚著《琵琶记》处。生平足迹，遍数千里。顾所愿奢，不能迈万一，乃退谱词曲，而二子亦能继起。

宋慈抱《墨哀古文甲集》。

关系：

孙衣言《候补训导洪君墓志铭》：（上略）君既卒，其仲子炳文以永嘉张君所为《状》请为墓文，予念与君久故，又新有娣，其何辞？乃叙而铭之曰：君名坤，字叶臣，河南永宁令守彝，其父也。……子四人：炳莹，国学生，候选盐知事，为兄咸后；炳文、炳枢，皆廪生；炳鉴，业儒。孙亦三人：锦淮、锦濂。皆廪生；锦标，光绪乙酉举人。……《逊学斋文续抄》四

孙葵田《题洪博卿明经〈花信楼诗集〉即送之江右》：海日楼头日未出，已听吟声出书策。海日楼，余家楼也，君课余儿辈于此，每日到馆独早。先生于书无不窥，下笔万言工且疾。迩来诗思日清新，摹绘化工若有神。想见对花发高咏，绮丽直与花争春。栋园风物秋正暮，栋园，君家园也。处处青山点红树。骊驹在门忽告行，知君更得江山助。滕王阁下江吞天，王子安去今千年。岂无秋水长天句，寄我山中万口传。

洪博卿挽孙仲容词《水红花》云：记当时，玉海富藏书。勤三余，丹黄笺注。记当时，朋辈会簪裾，任轩渠，笔歌墨舞，怅今日书堂人去，残月映纱厨。但只

有颐园门首立踟蹰。也啰！　　　又：算年华，周甲一龄余。貌清癯，朱颜难驻。报施天道还有无？盼苍苍问天无语，可惜长埋玉树，腹里五车书。莫不是修文地下赖通儒。也啰！录二首

又挽联云：文章寿世，著作等身，学务具热心，每思天下英才，尽入校中沾化雨；叔度既亡，兴公又逝，知交多寥落，为数吾乡人物，几如天际盼晨星。

17. 王岳崧

王岳崧原名黼廊，字叔高，号啸牧，为同治癸酉举人。光绪大挑二等，授开化训导。己丑成进士，签分四川知县。以母老告近，商摄安徽潜山，邻境飞蝗蔽天，岳崧周历各乡，论以防遏，蝗遂不为患。嗣调望江、蒙城。蒙城势家豪右多以横暴侵旷土，岳崧清厘经界，蓿畬咸若。凤阳、颍上之间故多盗，与蒙城密迩，岳崧集金募兵，分置四乡，相与守望。省委某转饷及此，被盗掠去几巨万，岳崧率众夜躐，黎明尽获之，群叹其先事预防为不可及。以母丧去官，服阕，安徽巡抚聂缉椝筑繁昌等县江堤，岳崧相度地形，如塘、堰、涵洞等，随宜设施。官自购材，役由民雇，无科派抑配之扰、调发期会之烦。不三月告成，余万金赈民。议叙卓异，调霍邱。霍邱有豪族，乡里皆侧目视，岳崧按致其罪，豪族怨谤于上，岳崧卒以此罢官归。被推为温州商会总理，瑞安劝学所董事。晚年专事吟咏丝竹，自不问外间事。卒于民国甲子，年七十六。

初，岳崧工制举文，乡居教授，同县陈黻宸、项崧皆曾著籍。遗书有《退思斋诗集》《词稿》，藏于家。

资料：

《瑞安县志稿》。

王润等撰《王岳崧行述》。

林损作《王岳崧传》云：岳崧既优游林下，诗酒自娱，于乐律如有神契，喜仿宋、元人长短句，被之管弦，其音谐否，每自知之。常与亲知五六辈放舟锦湖，抑扬慷慨，歌声出金石。晚亦好佛，其卒也，沐浴端坐而逝。……论曰：瑞安士大夫多治三礼，而岳崧尤粹，顾不著书，独以施于其家，一门之内雍穆济美。——《林损丛录》

林若川《寄鹤巢日记》云：十六日阴晴。叔兄谓黄叔颂。来招夜听弹词，饭后即去。移时，王小木丈率词客十人同到，管弦之声不绝于耳。小木高唱入云，声

情激越，顿挫多姿。阮湘闲和之，志和音雅，具证同调。昆腔则池伯熊、王直卿，宛转入神。余亦各擅其能，唱得六阕而散。十八日晴，叔兄宴词客于飞云阁，属予奉陪，与小蓉过此，招予同往小坐，与之同去。移时，王小木丈偕诸词客同到，举醉命杓，箫管竞奏，昆曲名家，行云响遏。俄而，夕阳西下，曲终人散。予同叔颂、小蓉、子贞同游三姓门而归。

又云：醉铭以王小木《题颐园春宴五古》见示。

刘绍宽《厚庄日记汇抄》云：程观察开商会会议，全郡总理举瑞安王小牧先生岳嵩。乙巳十月初四日。

关系：

孙仲容《与刘次饶书》有云：顷商之王啸牧、项申甫两君，前日已电沪，因初五大会议也。姑勉任五十万，以十年分缴。……

又云：承示一节，当与王筱翁商之，总当为一达也。

王小木挽孙仲容联云：经师人师，浙东西奉作大师，为通天、地、人之名儒，正上征车修典礼；中学西学，海内外并推绝学，能立功、德、言于不朽，应从里社祀先生。

18. 林向藜

林向藜字若川，诸生。

资料：

林向藜《寄鹤巢日记》廿四册。

林大闾《林若川七秩双寿叙》。

关系：

孙仲容《跋王居士砖塔铭》云：若川姻兄，嗜古若渴，偶获此拓，重装属题。——《述林》上

林向藜挽孙仲容联云：词章训诂为当代大师，独有千秋，文苑儒林应合传；涕泪风潮哭黄垆旧友，又弱一个，太山梁木更伤心。

又《寄鹤巢日记》云：初九晴。早间，叔兄来，鲁夫、醉铭踵至，留午饭之后，同登飞云阁作重阳之会，问儿亦同往。此阁王小木丈偕先外舅黄通政创议建造，为归田游眺之所。仲弢内兄为书"飞云阁"扁额，并撰联二对，睹物思人，倍增感触。问儿与叔兄议建藏书楼于此，合籀顾、鲜庵两神宝于其中。叔兄今临

其地，大加欣赏，地点因此议决。复游"拱瑞阁"，此阁修于庚子，鲜庵属予督修，并补栽冬青、梧桐、柏树，少者长与檐齐，大者浓荫覆地，而种树主人久已化为异物，既感沧桑之变，又增宿草之悲，是可痛矣。游览既卒，复过周湖殿小憩，庙中有陈止斋、李灿箕两石碑，为之狂喜。兴尽而返，夕阳已在山矣。

又甲寅正月十一日，《寄鹤巢老人日记》云：孙仲容《永嘉经籍志》已为取来校阅，虫蛀颇重，冒鹤庭已为函请都督、民政长拨附加税三千番助刻此书经费，已允所请，归五县摊派。此系国粹攸关，九原之下，想亦为之雀跃也。

19. 林左髓

林左髓一名文潜，瑞安大隐庐人。

资料：

张棡《杜隐园日记》云：吾友林君左髓，有志著述，拟将各报荟萃记述"拳匪之乱"，仿《中东战纪本末》例勒为一书，亦盛事也。庚子八月廿九日。

又云：（上略）盖左髓新自武汉学堂回也。左髓学东文颇有头绪，现已有志课书矣。并将近日所购东文、日本书数十部出示余。

陈谧作《憨楼记》云：吴之翰字子屏，廪贡生，瑞安西北隅人。……光绪戊戌政变后，尝与邑人林左髓等。在县城明伦堂创办演说会，以每月朔望日为会期。之翰每参与讲演，滔滔不绝口，至力竭声嘶，日晏人散而后已。

关系：

孙仲容作《祭林左髓文》。——《籀庼遗文》中

孙孟晋曰：光绪壬寅十一月，瑞安演说会成立，发起人是籀公和林左髓、孙季芃和孙公权衡。旋陆续参加为会员者有余松舫思勉等四五十人。会址在旧县学明伦堂，每月朔望经常开会，召集城区各学堂师生及各界人士听讲，凡数百人。演说项目如下：议论之部有：一德义，二科学知识，三县政兴革，四农工商实业。述告之部有：一中外史事，二中外时事，三地方新闻，四通俗小说。每会对于每一项目至少须有会员一人担任演讲。又遇国、乡有重大事件，则临时集会，对众讲说，以引起特殊注意。该会历半逾三载，于一邑风尚之开通有相当影响。

癸卯年，籀公又与林左髓等人组织师范教育研究会，同时林左髓等又发起举办词曲改良研究会，研究范围包括弹词、盲词以及其他向在本地流行歌唱小曲等。两会各有会员十余人，于正月间成立，会所并设于飞云阁原话桑楼易名。楼下。九月

林氏逝世，两会停辍。——《孙籀颐与温处地方教育》

20. 何庆辅

何庆辅字翰臣，光绪己卯举人，壬辰科成进士，官广西昭平、归德知县。入民国，任福建福鼎、崇安知事。未数年，致仕归，卒年六十四。

庆辅九龄入泮，负神童之目。治制举文，有名。尤工诗古文辞，池源瀚著《中国历代文派沿革录》呈示商榷，庆辅为之审定义例。……同年洪锦标以庶常散馆，改知县，每有凤池被夺之叹；庆辅亦以一官匏系，偃蹇不得志，时惟酬唱自适。晚年无子，遗著亦多零落云。有《蛰庵文存》。

资料：

《瑞安县志稿》。

张棡《杜隐园日记》云：宣统元年十二月十五日，瑞城先达何橘仙先生芝耀之子庆辅，号翰臣，系某科甲榜，赐同进士出身，签分广西知县，到省候补数年，一贫如洗，蹭蹬而归。

关系：

21. 薛作藩

薛作藩字屏侯，瑞安东小街人。少从金鸣昌治颜元、李塨之学，为文峭拔不凡。中光绪癸巳举人，掌教乐清梅溪书院。丁未，诏考举贡，作藩北上应试，以盐大使分发两淮，未授。青田陈琪办两江军事书报社，延主编辑。有《忠勇美谈战史》《宪兵条议》，为端方所赞赏。入民国，为黄岩县知事，缉匪禁烟有劳绩。嗣主省因利局事。……厘订局规二十余条，行之经年，局务大振。调充省会警察厅警正，以全国警务会议赴京。……在职六载，警务处长夏超上其绩于政府请奖。未几，卒。

资料：

《瑞安县志稿》。

嘉兴金蓉镜作《墓碑》。

关系：

挽孙仲容联云：高才硕德，为吾瓯第一完人，走卒知名，士夫堕泪，公其死无恨也，所惜万事就灰，浩浩横流谁砥柱；博学通经，在两汉大师之右，征车属道，梁木兴歌，天将丧斯文乎？值此群言淆乱，凄凄圆石竟镌名。

22. 张棡

张棡字震轩，号真侠，晚署真叟，瑞安汀田人。幼承庭训，好学不厌。甫执笔为文，便惊塾师，应府县试，恒冠曹。庚辰岁，食廪饩，为徐学使季和所激赏，刊其文入浙江试牍中。光绪壬午、丁酉两科秋闱，均荐而未售。先是，从许竹友孝廉受业，馆孙止庵侍郎家，与孙伯陶、仲彤、仲闿及洪莱仙、寿龄诸人同学，而孝廉特器棡。岁辛卯，孙琴西太仆致仕归，设诒善祠塾，遂聘棡主讲。太仆故潜心龙门书，稔棡有同好，每深夜招入玉海楼寝室，谈文指授，娓娓忘倦，并以校过本归方色笔《史记》借录，棡乃益肆力于史，纂成《史记考异》五十卷。壬寅年，朝廷废科举，兴学校，太仆子仲容征君首为邑间创中学堂，亦延棡教文史。继于郡城办温州中学，又聘棡充国文教习，历十余年。

赋性淡泊宁静，虽年逾中寿，仍竟日独坐其家杜隐园观书，且不废吟咏。日记自壮岁至老无间断，此尤可称者。又以余力办东区聚星两等学校、汀川初等小学及其他诸公益事业，皆大有功于梓里也。

棡书法类褚、董，故尽秀丽工整，得者宝之。所著尚有《汉魏六朝碑板奇字考》《乡邦文献考》《坚匏集索引》《越缦堂日记索引》《杜隐园诗文存》《藏书记》各若干卷。卒年八十一。子鉴附见，善校勘学，一九六七年卒于杭大，五十七八岁。

资料：

拙作《温中校友张震轩先生》。

张慕骞《瓯海访书小记》。

项骧《浴日楼诗》。

张组成撰《行状》。

《瑞安县志稿》。

张慕骞《瓯海访书小记》云：往者孙氏诒善祠塾之设，四方士趋归之，而家大人尝任宾席，因获与闻三先生琴西、籀田、仲容。之绪说以转于讲授。……至若余家藏书，则前有爱山楼，先叔曾祖栎农公之藏书处。后有杜隐园，家大人藏书处。盖我叔曾祖母项太孺人之兄弟雁湖、几山二先生最喜蓄书，精校勘而多识深思，明体达用，在清代乡哲中，为最先得永嘉经制之传。栎农公以姻娅游二项先生间，遂亦雅有同嗜，互矜搜获。所惜咸、同之际，遗书缺残，故不如水仙亭、株树楼之为后世所知。至家大人复于光绪间收得梓桑秘籍，孤帙单篇，殆有为玉海、海日两楼所未睹。

关系：

挽孙仲容联云：著书岁月，只须《周礼》了半生，岂知忧世别有深心，会中外时局方新，高论定应超贾、董；逊学家风，直与宋儒争千古，奈何当代不留遗老，合远近士林同慨，旧姻从是添邢、谭。

又云：治经近世几专家，读《周书斠补》，研《古籀拾遗》，绝作两无伦，即此先生名不朽；于公之死知天意，挽杭甬路权，综括瓯学务，大端都未了，宁惟吾党哭其私。

附：杜隐园主人张震轩《杜隐园日记》八十一册节录：

光绪十七年辛卯正月二十日，无雨。是日，孙君仲容家买舟来接余去开馆。抵馆约未刻后，点书后，即排宴请余午馔，陪席者仲容、仲闿两昆仲，暨延第、诒揆、延畛、济林四位学生而已。

廿九日，晴。读王氏《读书杂志》，孙君仲容来馆坐谈，并索余《史记句读异同考》看。

二月初十日，雨。是日孙君仲容母夫人忌日，要予暨胡君雪航胡亦设帐孙家者。享午馂。

四月廿八日，晴。早晨，同学生陈济林至孙氏新屋中访琴西先生。先生时年已七十七矣，发鬓皤然而精神犹矍铄。喜余来访，和颜接款，唯两耳重听，予与之促膝高谈始了了。所谈皆《史》《汉》及国朝诸古文门径。其云："史公、韩退之皆天才，非人力所及。曾文正最讲究《汉书》，近来姚氏《古文辞类纂》当选至归震川为止最好。……"又与予纵谈时事云："近日之局与南宋无异。近来有测绘之事，有二委员栈在予诒善祠塾边五显殿中，与陈君锡卿、林君和叔同测绘地里，不知此举是何人主谋？亦与宋理宗时贾似道之事相仿佛。故昔人有诗刺之云。……"约谈至午刻，予因起身告别，先生将手所评点《叶水心集》借予迻录，复亲送至大门外而返，亦可见前辈诱掖后进之殷矣。

六月初七，晴。是日德巽家尝新，请予赴席，予同延第、济林俱去。席上相陪者，蘘田先生暨仲闿、忱叔二昆仲。席上与蘘田先生谈论一番。席散，同忱叔至馆。

十二日，晴。下午至方絜夫馆中坐片刻，因同伊之玉海楼书藏处闲步中庭，大池内白莲盛开，凭栏徘徊，玩片刻而出。

十六日，晴。晚下，同德巽步月至玉海楼，游玩片刻而返。玉海楼者，孙太仆藏书处也。李药农题其额曰"玉海楼书藏"五大字。

廿七，晴。下午同胡君雪航先生去访仲容。时仲容抱恙初愈，因出陪坐，谈片刻而出。

九月十五日，晴。未刻后，至葊田先生处小坐，先生有拟作一篇甚佳，余索读数过，因将自己闱作念与先生听，先生大加赞赏。是晚，月色如昼。……

廿一，晴。早晨，至琴西先生处闲谈古文词并诗、时文。先生自言近选成《东瓯先正古文辞略》一部，尚未成书，杂记及墓志二类已抄就，惜老矣，不克蒇事。余劝其先将目录选定，纂辑之任不妨予后辈成之。先生笑而颔之曰："可。"谈至午刻而归。

庚子闰八月廿三壬戌，晴。转至虞池巷，到孙仲容先生家访先生，因与坐谈近日时事，并乞先生所著《札迻》。先生云是书刻无印本，另日印送。惟将近日所著《周书斠补》一册、宋王硕《易简方》一册持赠。按《逸周书》无善注本，惟朱右曾《集训》最善，已刻在南菁书院《续经解》中。先生校本，以朱书为质，又参之卢氏校本、俞氏校本、王氏《读书杂志》本、洪氏《读书丛录》诸本，颇有諟正，义多精确。《易简方》则吾乡先生宋时王硕德肤所著也，是书宋时盛行，以后竟无传本，乃东瀛日本反有此书刻本，仲容先生游沪上时得之，琴西先生曾叙录之于《逊学斋文集》中。书的是宋刻本子，仲容先生近重梓行，附《永嘉丛书》中。书首有宽延改元冬十一月鹿门望三英序，宽延为日本年号，望三英则日本人也。自仲容先生处出，转过孙莘农、仲闿两处少坐，乃到林宅午饭。

廿六，顺路至卓公祠，与王小木先生、孙仲容少爷谈。中容并言直隶保定现已失守，国事如此，大局定见糜烂。而平邑坡外又有民烧教堂之举，风闻不日有法国兵船抵温，如果如此，吾温防务其益形棘手矣。约谈至晡，始告别。

辛丑三月十八，是日立夏节，午饭后过孙氏玉海楼访仲容先生，因与先生畅谈于垫航客厅，询及北京议和及停试事。先生云浙省未必皆停，惟天台、衢州则似在停试之例内矣。本科秋闱闻又展期，明年以北京皇上未回銮，不能一例办差故也。又询令侄巧郎已自郡搬亲归，新人有见过否？先生云新人尚风雅，识大体，惟此子气质顽劣，并闻其在岳丈处与妻兄张文伯闹脾气，故此次送亲文伯不来，而叔侣来也。先生复问余前存先太仆所纂《水心札记》尚在否？予答以另日送还，俾镂板行世为妙。又言令先尊所评止斋、水心两文集宜梓出别行以餍读者之心，何如？先生亦称善。予因出榻扇一方乞书，即兴而出。

光绪三十二年丙午元月贰日，微晴。看《新大陆圣路易博览会游记》。是书乃青田陈君琪兰薰所纂。陈君系东洋留学生，以奉檄至美，目击中国赛品诸多窳败，贻笑外人，故撰为斯记以当警告。我邑孙主政诒让序其书，叹其用意深远，非寻常游览之作，有以也夫！

五月廿九日，阴。是日陈岩高来堂，据说昨日孙仲容昆仲同学堂生请张邑尊带衙役到第二巷仓廒内将新建无常庙塑像拆毁，投之烈炬，匾额尽皆拆卸。凡平日好言淫祀者无不退避三舍，快矣哉！

六月八日，晴。灯下，接到瑞城中学堂司事孙主政诒让、项主政崧、王大令岳崧公札一纸，盖为中学款绌，欲提阖邑粮串钱为开费故也。

六月二十，晴。下午有人来学堂，言近日瑞城新购小火轮已通行大塘河。闻此轮由商船带来，自沪抵温州水脚洋贰百元，甫到东门。……予思瑞安今日可谓风气极开矣。然徒开风气而无精神，遂至事事皆半途而废，贻笑大方。如孙仲容之招股开西溪矿山，费数千金；项调甫之集股办瑞安江轮船，亦空费数千金；郭漱霞之纠资开人力车公司，不数月停闭；黄仲弢之创议设农学会，又四五载无效。今又踵其后而造河轮，未知果能有初克终否？未知果能获利无弊否？恐当局者亦难预操成算也。

三十日，晴。邑城杨君小邨乘舟来访，予询其来意，伊云中学堂下季中文教习急需人，孙君仲容欲延余去主席，予辞以创办蒙学事忙，不暇分身，杨君又言贵学堂可以雇人代庖否？予答以本年事属草创，一切权利义务均由仆一手肩任，实无可以代庖之理。应邀杨君至普及学堂游览一周，时已向晚，杨君遂匆匆辞去。

十一月初六日，阴。至孙宅访仲容先生，因与坐话学界一切为难情形，先生亦代为扼腕。因出禀子一纸，乞其准行，先生均首肯，乃辞出。

十二月十二日，晴。过孙宅访仲容先生。时先生本日适有庶母之丧，乃匆匆与谈盐总办处未有批示，请其由劝学所照会总办，着从速批饬分局以便抽厘办学也，仲容先生谓俟属郭君小梅行之为是。先生乃邀予明年主本城中学讲席，予谢以材力不胜，先生则委托殊殷焉，乃兴辞。出东门，待船久不至……将解缆，遇杨君小村正自普及学堂回，因隔舟招呼予，谓："明年中学堂必须请驾去教习，幸勿再辞。弟已有学堂节略存交令徒手也。"予以仲翁如此热心，谊难再却，因姑告以两三日后覆命。自城回家已更余。

十五，阴。过杨宅坦，访杨君小村，与坐谭片刻。小村与予订实明年在中学教习国文、历史，计修金大洋贰百圆，节敬、旅行川费在内，膳费则由堂供给。小村又示予订约一纸。乃告辞出。

二十，微晴。适项小溪妹丈遣价送到名片一岙，中学堂关约二副，予将就聘之约钤印缴还，而收下敦请关约一份。约上"丁未"岁误书"丁巳"，不知总理孙仲容先生、项申甫先生何阅过而不觉也。因寄函小溪微讽之。

廿六日，雨。写函寄中学堂总理孙籀顾先生：

籀顾先生姻大人执事：年关迫促，俗务倥偬，不暇趋谒崇阶，畅谈学事，歉仄何似。弟一介村儒，谬荷垂青，聘充中学讲席，南郭滥竽，有乖时望。但屡蒙杨君将命枉顾，却之未免不恭，故自项君小溪处递到关约两通，仅忝颜遵教，钤缴聘约。唯约上"丁未"均书"丁巳"，岁星恰差一周，此固书记者落笔之偶讹耳。若如此而关聘他邦，似不得以小节忽之。抑弟更有请求者，敝处初等小学本年系弟一人创办，粗立规模，并无的款。若明年糊口他方，此小学又无常年经费，则难乎为继矣。前月具禀盐总办，拟于本地盐厘中带收学费若干洋，乃至今未批，殊觉无从着手。曾向先生面商榷由劝学所函催总办赶紧批示，带收盐费以便明岁早日开学，未悉贵公所近果函催否？现今学界困难之势，总以筹费为第一问题，而筹费一经官府，便生出无数波折，非藉口成例之难援，即责以舆情之不协，于是地方公有利益，坐视猾吏豪民中饱霸持，不能取分毫而供公益，此真可为长太息者也。（中略）弟明知蚊力负山，精卫填海，区区寸抱，未易观成，但为地方开风气，何能避劳怨而不为。然非得热诚爱力如先生者主持于上，又乌能为之而必其有成耶！叨属亲知，聊矼胸臆，惟先生进而教之，则幸甚。……新春伊迩，会晤非遥，谨肃寸笺，伏惟公鉴，并颂岁安不既。姻后学□□□顿首。

廿七，雨。下午三点钟，阿生自城回，接到孙仲容先生覆函，并叶君《丛报》三册。

光绪三十三年丁未，元月初十，晴。转至孙资政第访仲容先生。先生云："十三日上郡，尊处盐款带收，俟面晤总办催之，然须足下书一节略，以便临时声叙也。"自孙宅出，已一点钟，匆匆至项宅。……

十三，雨。下午二点钟，由周宅赴劝学所访孙仲容先生。盖先生于是日趁小河轮来，午刻方抵所也。因请会晤，遂谈及盐局匿禀事，且俟另禀后，先生方可向总办催批也。又询及本年中学教材如何，必须调查省城高等预备科教科书为圭臬，殆不抵忤。先生云：此论甚是，然敝公所于省城亦不甚通气，并有故匿不告者，不如就近询本城学生新自杭城高等肄业归者问之，较有见地。自劝学所出，便过各书坊一览，始回周宅。

十四，雨。八点钟，撰成盐总办禀抽学费事禀子一纸，即誊真，偕林庆到总办处投递，……又到劝学所谒仲容先生，与谭禀已送盐署，还祈晤总办时代催从速下批为要。先生当即允诺。

二十，晴。八点钟，孙仲容先生、项申甫主政均整肃衣冠到堂，予乃同林教习屏周、张教习楚玉、傅教习轶尘、金教习小霞、陈教习勉卿亦整肃衣冠出外，同至接待所，分宾主礼少坐。俄而邑尊陈明伦大令乘轿至，孙、项两主政接进，拉炕坐片刻，遂帅两总理、六教习及中学堂生六十余人趋进大成殿，向先师前，由赞礼鸣赞，排班行三跪九叩礼。旋行至学堂讲堂中间，县尊与总理、教习分立左右，互行对揖礼。又总理教习立上，诸生立下，行对揖礼。开学礼毕，县尊又偕两两总理及林教习赴高等小学堂行开学礼。五点钟堂内设开学酒二席，请总理、教习、各司事及领班生潘哲计十二人。

廿七，晴。是日中学堂本拟上课，奈昨晚洋文教习戴君丙庚偕永邑陈君守熊新自郡到堂。戴君系上海清浦县人，是约翰毕业生，今年甫十九岁，人极丰雅，中学堂今年订约，则岁奉脩金大洋乙千元，亦可谓厚聘矣。因洋教习初到，而中文教习傅君翼臣时又跌伤请假，故今日仍不能开课。监督胡君友松乃请总理孙仲容先生在大堂登座演说学堂规则，而请各教习列席其旁助演。座内诸生皆朝上列坐静听焉。先演者仲容先生，次则戴教习，陈君守熊，次则予演，……演毕已十一点钟，诸生各分领规则一纸，遂退堂。仲容先生偕胡君友松又至予房商酌教科书。

23. 王景羲

王景羲字子祥，先世自永嘉迁瑞安，遂定居焉。父一臣，国学生，以经营起家，构屋七楹，置田数百亩，令景羲一意为学。景羲少与同里池茂才志澂从王仲兰孝廉游，景羲入黉舍，为博士弟子员，志澂得古文法于孙琴西太仆，不喜治场屋制艺，故秋闱应试辄不利。景羲则潜心乾、嘉诸老遗著，最喜与人言《说文》

之义，一点画必求其不苟，尤罕治场屋文字，故游庠以后，援例贡成均，而秋闱终艰一第，与志澂同也。光绪廿八年壬寅，朝廷下诏兴学校，温州士大夫首创中学堂于中山书院以开风气，聘陈墨农大令为监督，时景羲实任国文、经学教席，片言只字，为诸生引经据史，解释详明而后已。于外洋新出译籍，如天文、星历、论理学诸本亦所旁通，惟意气太盛，同事者互相龃龉，不获申厥志，为可惜耳。居数载，辞归，适孙仲容归道山，其后人以征君遗著如《墨子间诂》《名原》次第刊行，非精小学者不能校雠，因以重金乞先生任其役。景羲则于铅椠有得，重定《墨商》一编三卷，赓续《墨子间诂》之后，其得失甘苦未易以一言断之也。丙辰岁，景羲初患足疾，未愈，至是复患风痹，医者谓游览山水或可瘳，而景羲频年索居，怆世变之日非，叹朋侪之星散，百感填膺，而疾遂不可为矣。七月廿一日竟卒，年五十有七。

资料：

《瑞安县志稿》。

宋慈抱作《王子祥先生墓表》。

拙作《温中校友王子祥先生》。——《温中校刊》

关系：

挽孙仲容联云：宾席七经秋，顾兹群阮多才，通德门高，两世渊源仍弟子；新疏八十卷，愧我代庖斟礼，颐园人去，一楼虫鸟吊先生。

又云：千秋玉海楼中客，一个儒林传上人。

《薛谱》云：光绪丁酉岁，就聘孙氏诒善祠塾校勘琴西公《瓯海轶闻》《永嘉集》二书。

又云：孙先生卒后，宣统庚戌，《墨子间诂》始刊成，景羲为之校订，撰有《墨商》四卷，附之以行。

《朱谱》云：案，先生重定是书后，越三岁宣统三年庚戌其家始付剞劂，校字之役，王景羲任之。王氏并录平日所获闻于先生者，别撰《墨商》一书，凡三卷，其中亦多精论。民国十八年刊于《敬乡楼丛书》二辑中。《孙谱》亦云。

附，王子祥《墨商跋》云：岁庚戌，瑞安孙氏校梓《墨子间诂》告葳，景羲实与校字之役，是书为征君籀顾先生遗著二十种之一，旧刻本向已流传，最精审，羲曩幸得读一过，征君续又得张氏茗柯《经说解》校本，暨阳湖杨氏葆彝《经说校注》各本，并先后与同里友人黄仲弢学士躬亲续勘，重复增定，得成是编，凡再历寒暑，其成书之艰，用力之勋，具已如此。盖其兴废举绝，与晋鲁胜《墨辨》同功，而精博则不啻倍蓰，其表章孤学之心不可谓不盛矣。而征君特留《后序》，窃自以为未足也。巨儒谦光自抑之德，洵有非后人所可蕲及者矣。

羲忝生同里，厕从征君之后，丁酉、戊戌间尝就聘诂善祠塾，校勘先太仆师《瓯海轶闻》《永嘉集》二书，时时窃闻征君绪论，故于是书撰述始末颇能识其辜较。兹复不揣浅劣而为之校勘付梓，冀宏斯编于不朽，盖匪但记一时师友文字之缘起已也。兹刻垂成，因并录平日所获闻于征君者，编为校语，仍演赞前恉，旁参己见，凡数十百条，都分三卷，名曰《墨商》，摘取紫阳诗语，藉尽校雠之责而已，盖非妄希述作之名也。敝帚之业，终当庋之于家，不堪举以示人。比因征君后贤及二三同好敦劝就梓，勉以供命，中心恒未慊然。独念墨学传本逾二千年，其中屡经前人窜改之失，雠勘之差，秒忽千里，大为良书之蠹，盖非小愆也。如振积尘，如扫蠹叶，偶因触目，藉启榛薉，亦征君未竟之虑欤？

夫校书之难，征君《自叙》详矣。以高邮王氏、德清俞氏之学识精博而犹时有所失，况其下者乎？去形存声之例，古文致为浅末，《墨书》七十一篇，尤多成比。校是编者，因都不以为意，此其致讹之所由欤？自王氏偶忘此例，遂以《尚贤》篇"海尔序寿"为"予寿"，不知"予"即"序"之声也。俞氏偶忘此例，遂以《备城门》篇"堙长以力为度"欲破"力"为"方"，不知"力"即"扐"之声也。各校视此失者多，不暇尽述，且详今校语中。二家皆海内大师，训诂巨子，偶有不照，贻此缠谬，其难盖可知矣。

窃不自量，续为此校，冀得力求完善以无负著者之盛心。盖欲为此书竭其愚，遂不暇为前贤护其短，亦犹征君志也。夫征君据前人之成说以竟其绪，此校又拾征君之绪余以补其遗，为之稍易而仍多未备。寻瘢索痏，钩乙再三，其有待于后人救正之功者，正复不知凡几。既寡多闻之助，并遭人事之穷，丹铅坐困，抚卷增喟，此又羲末学疏陋之咎终于无可自掩者矣，并识之以告世之方徕君子能尽通其读者。校录既竟，遂悉缀此言以为殿末云尔。宣统二年五月二十二日，王景羲跋。

24. 杨绍廉

杨绍廉字志林，号拙庐，光绪间诸生。通仓雅，性好书，遇板本佳者，百方罗置，而《说文》注家及金石款识诸籍犹笃嗜焉。黄绍箕任京师编书局监督，聘绍廉为分纂。尝取邢澍《金石文字辨异》为之《补编》，录金文、古钵文凡数百字，有为《说文》所无者，可以补其阙字；有为《说文》已有者，可以作为确证。其书已梓行，甚精审。又辑有《瓯海续集内外编》，尚未刻。绍廉善书法，初学褚河南《圣教序》，于《龙藏寺》有鞭辟入里之妙。有《拙庐遗稿八种》，其一曰《玉篇校记》，稿本，今存瑞安文管会。子嘉，有《东瓯书画苑初稿》。

资料：

《瑞安县志稿》。

金晦作《郑母六十寿叙》云：女夫杨君志林，韶秀温婉，能文章，工书法，最所钟爱。

宋慈抱《杨则刚家传》云：初，明经客黄仲弢提学幕中，提学与盛伯熙、缪艺风、王廉生、杨惺吾、梁星海、端午桥诸名宿搜求钟鼎碑板文字及宋、元、明秘籍，鉴别至为精审。而明经是时宾主东南，与闻绪论，亦以收藏自豪焉。生平善为拨灯家言，于金石小学书之有关六书者夙嗜在心，不惜重金罗置邺架，盖无虑二三百种矣。——《墨庵古文》

关系：

杨志林作《苏武慢跋》云：右孙籀庼先生手题岳忠武王玉印钤本，调寄《苏武慢》一阕，为吾瑞前令杨稚洪物，今流落金陵市肆，为吾友张君云雷所得，为之惊喜累日。先生著作等身，刊刻传世者，大都发挥经义，斠注周、秦诸子，考正金石龟甲文字之书。生平题跋诗词多不存稿，此亦吉光片羽，洵可宝也。云雷夙服膺先生之学，又搜访先生遗墨甚勤，一旦得此二纸，非但翰墨奇缘，抑亦乡邦韵事，遂喜极，属为跋尾而忘余之疏陋也。时甲寅国庆纪念日，瑞安杨某识于江宁卅署。——《籀庼诗词》

《籀庼述林》绍廉浏览一过，遇有确系误刻者，校于上方，应借稿本详斠。第七卷《毛公鼎释文》系亡儿宰刚手校。壬戌二月捡藏并记。

三十五年冬月，闻瑞安杨氏所藏金石文字诸书由郡文华堂商洽售于籀园图书馆，价九十万元。板心刻"述旧斋正本"。

卅六年十一月十日，余归自杭，即至籀园观书，知有此事，因草草遍阅杨氏藏书。翌日再往细检，承馆员潘君国存出视《温州经籍志》初稿抄本，书已蠹蚀，幸其中多仲容前辈注语及案语，钩乙删改，藉见著述方法与用心。间附杨氏校补之句，盖杨据定稿补之也。愚谓此书虽云初稿，实则几经改定。其编次分类，按书自成一页，后加案语，然亦有前已抄成者，可见非初稿矣。杨谓孙书是依目著录，未检全书，故亦有遗误，杨据定稿校过。杨据《内阁书目》《金陵图书馆书目》补目，又据后出书目书如翁覃溪《经义考补正》改。——《修学庐日记》

附：厦门大学何励生所知道孙仲容、杨志林两先生几件事：

孙诒让仲容先生著书处书房遍放参考书，任何人不让进去，即使他的爱妾亦不许入内。

孙先生与杨绍廉志林、池源瀚仲琳同在瑞安普通学堂执教，学生有疑问，孙先生立予回答，出某书某章某节，甚至某行，不必翻查，均能指明。若问杨先生，他必诚恳地答应，待查后再告。

听潘熙浩说，吕文起渭英先生对孙仲容、杨志林两先生甚推崇，认为瑞安文人以孙、杨两先生最好。吕藏有孙先生手稿一长页赠潘熙浩，潘转赠给陈绳甫了。据林宇翔（炜然）讲，他在瑞安旧书摊无意中发现孙先生手订有旁注之残书散页，他即出价买来。

志林先生在瑞安普通学堂之学生甚多，如林大同同庄、黄曾明述西都是。林同庄是杭州多年的水利局长，收藏甚富，其书法效沈寐叟。黄述西留日学电力工程，执教北京旧邮电学校及交通部电话工程师。述西乃黄绍第的次子。

志林先生搜求乡先生著书稿本甚多，多年为平阳郑楼黄群溯初传抄乡先生遗稿。黄溯初每次回温，必来瑞安探访志林先生，洽商抄乡先生遗著事宜。志林先生为黄溯初所抄乡先生稿本，除就温州各地采访搜求外，有不少是从孙氏玉海楼收藏借抄的。

黄溯初藏书处，在上海新闸路寓所，楼有两间，大小五方米宽敞，藏乡先生抄稿约二十箱，1926年间黄请杨先生为其藏书楼取名，杨先生定名为"敬乡楼"。

敬乡楼所藏乡先生著作稿本，约在1929—1930年间由永嘉刘景辰冠三协助校编《敬乡楼丛书》中型排印本，书目待查。1927我曾在黄溯初的敬乡楼董理乡先生著述及稿本，现我尚存有《敬乡楼藏书目》初稿。

黄溯初与志林先生旧交，他俩同为黄仲弢先生任湖北学政时僚友，我曾看到仲弢先生与志林先生及黄溯初在湖北时照片。

志林先生藏书处名"宗许楼"，收藏古籍碑帖约二十厨箱。著有《金石文字补编》，并编纂《瓯海集内外篇》。他除孙仲容先生外，与沈凤锵桐轩、周拱藻仲龙至好，李笠雁晴、宋慈抱墨庵、项廷珍子贞、陈鲁夫等经常是座上客。

杨先生藏有汉砖瓦当及铜雀台古砖砚、俞曲园墨迹_{中堂}、端方匋斋手书对联，并藏虞、褚精本碑帖。

我收藏孙仲容先生墨迹，有折扇、团扇、横幅、斗方，孙先生墨迹往往不盖名印。我所藏孙先生墨迹团扇是写他七绝诗一首。

杨志林先生墨迹，我收藏甚多，无论屏条、对联、横额、扇叶、斗方、字影均有。杨先生给我书札甚多。他所写折扇是精行楷，摘写《文心雕龙》。

杨先生的《金石文字辨异补编》石印本，1926刊印。他对《瓯海集内外编》等，以未能校刊为恨。他钦佩吴兴刘承干翰怡能大量刊印其乡先生遗著，杨先生与刘承干通讯甚密。

黄溯初，平阳郑楼人，研究系国会议员，开设上海通易信托公司、常州通城纺织厂，在永嘉松台山建有松台别业。黄是政客资本家，而对温州乡先生著作却甚关心搜集保存，编印《敬乡楼丛书》，惜仅选刊几种，未尽编印。在郑楼创办师范一所。何励生于厦门大学。

瑞安杨志林先生为黄溯初借抄玉海楼藏乡先生遗著稿本目录：

《张文忠公世家》，明李思诚辑，二册。

《花史》十卷，明吴彦匡撰。

陈子上《不系舟渔集》，平阳陈高著，三册。

《永嘉章先生困志集》，乐清章大经著，一册。

《青华集》四卷，平阳史文玑著。

《陈止斋文集》七、八二卷。

《浣川集》十卷，戴栩著，二册。

《涉斋集》十八卷，许纶著，三册。

《瓯东私录》，永嘉项乔撰，五册。

《四书管窥》，东嘉史文玑著，九册。

《珠树堂集》，王祚昌著，一册。

《问古诗编》，五卷至八卷，永嘉周天锡著。

《望山堂琴堂存书》二卷，泰顺林太冲著。

《芝轩诗草》，东嘉王崇勋著，一册。

《东昆仰止录》，郑思恭编次，八卷。

《省愆集》，黄淮_{宗豫}著，一册。

《果园诗草》，项维仁著，一册。

《慎江文征》六十一卷，周天锡编。

《干常侍易注疏证》，方成珪著，一册。

《郡斋选举考正》六卷，孙衣言著，三册。

《颍川语小》，宋陈叔方著。按，此稿本是借瑞安黄氏蓼绥阁藏《守山阁丛书》录出。

按：我在1925年秋间，黄溯初请我整检敬乡楼所藏乡先生著作刊本及稿本，刊本共三百七十二种，传抄稿本廿一种，曾录成目录。这大批乡先生著作，都是杨志林先生花去不少精力代为雇抄及搜集，藉见杨先生对温州乡先哲文献之关心和贡献，其功绩相当巨大。可惜杨先生本人之遗著未全部交存敬乡楼，例如《瓯海集内外编》等，杨先生已编纂，独恨于无力刊印，他羡慕吴兴刘承干翰怡之能广刊乡先生遗著。溯初的敬乡楼楼名，1925年间亦请志林先生为之定名的。励生并记于厦门大学，1977国庆。

25. 蔡念萱

蔡念萱字逸仲，瑞安城区汇头人。光绪丁酉拔贡，家学渊源，才情超越，自少倜傥有胆识，治经制，兼习技击、歌曲，不以科举词章自困。所与游皆知名士，当时颇负重望。丙午岁，同邑黄仲弢提学湖北，从掌记室，重要章奏多出其手。积劳致疾，卒于学署。

资料：

《瑞安县志稿》。

刘绍宽《厚庄日记汇抄》云：丙午七月初五日，刘宏宣函来，逸仲于六月廿七日在鄂病故。

又云：十月初七日，蔡逸仲丧自湖北归，同人约会于朔门迎送。

26. 池源瀚

池源瀚初名虬，字仲霖，晚号苏翁，别署任天生，瑞安虞池人，陈黻宸入室弟子。宣统己酉举孝廉方正，以知县用，未仕清亡。民国甲寅，保充知事，历署福建平潭、松溪、崇安，山东阳信，有文史声，尝充监修曲阜孔庙专员。戊辰避乱东归，侨寓永嘉垂二十年，不诣官府，不问时事，以卖医讲学自晦。又善书，为人淳厚，端朴谦恭逾恒。尤喜奖掖后进，一艺之长，称之不容口。著有《倚山阁诗文抄》《百家诗抄题尾》《五朝词人纪事诗》《读画杂咏》《医范》及笔记十余种，藏于家。壬亥四月卒，年七十六。

资料：

《瑞安县志稿》。

关系：挽孙仲容词云：永嘉派衍宋南迁，文物乾淳七百年。科学累人沿俗学，经师巍望郁高贤。渊源史籀三仓体，掌故《周官》六典篇。石室名山千古业，等身著作有遗编。　　大星连殒郑公乡，怆望黄垆共感伤。忧国兰陵垂论议，起哀礼部有文章。云亭字许鲰生问，孔壁宽容处士狂。此去尘沙多浩劫，悲歌梁木益苍茫。录二首

又挽联云：曲台撰著，惟先生绝学方新，沧海簸风潮，如何天丧哲人，孔壁微茫，不许康成延一脉；石室文章，痛贱子瓣香最笃，渊源摧泰斗，此后书传别集，韩门编校，可容皇甫附千秋。

又挽云：欧化东渐汉学微，起废针肓，舍高密谁维国粹；沧海横流世变亟，惩前法后，惜兰陵徒老经师。

27. 林调梅

林调梅字和叔，邑廪生。陈菊潭先生之弟子，工算学，孙诒让聘为学计馆教习，成材颇多。

资料：

张謇《张季子年谱》强学会事。

孙仲容《瑞安新开学计馆叙》云：光绪乙未，东事甫定，中国贤士大夫始蠢然有国威未振之惧。于是京都及南洋皆有强学书局之举，而瑞安同人亦议于邑城卓忠毅公祠开学计馆以教邑之子弟，……学计馆之开，专治算学以为致用之本。……吾乡自宋、元迄有明，惟忠毅精通历算，而未有传书。道、咸而后，几山项先生、菊潭陈先生始研治宣城梅氏之书以通中西之要。（下略）

又作《瑞安天算学社序》——孟晋编《经微室遗集》四

关系：

《与刘次饶书》：昨又接府中照会，以郡学堂事见属。自顾轻材，万不能任。盖以郡中官绅意见歧出，王太守与陈经郚均意在敷衍，余小璇太史扼腕空拳，毫

无权力，不得已挽弟相助。仲弢又从臾之，强以此相委，恐大权万不能收回。然事关一郡，又不能力辞，拟请五邑贤士大夫同筹之，或有转机。明日即偕林和叔晋郡，先开一公议学堂局以张吾党之势，庶不至为众咻所挠。

光绪乙未冬，籀公为了要创办一个比较新型的地方书院，延师讲习时务以课乡里子弟。特于十月间宴集城区士绅若干人于小东门外莲湖左旁之话桑楼，相与商谈其事。当经初步拟定试办瑞安算学书院，兼教中算和西算。经费先募集捐资，俟将来办有成效，再请筹拨官款。即席推出发起者九人以共策进行筹备事宜。这九人是黄仲弢绍箕、黄叔颂绍第、项申甫芳兰后更名崧、周仲龙拱藻、洪叔琳锦标、王雪璞恩植、鲍稚琴锦江、杨雪沧世环和籀公。黄氏兄弟供职翰林院，时因事请假归里，话桑楼就是他们在当日出钱买地建筑起来作为乡人公共游宴之地。算学书院议兴，每借此召开会议，讨论之余，兼以觞咏，晨聚夕散，不止二三次。

九个发起人联名具禀，分向温州府知府及瑞安县署申请立案。……并择定新街卓公祠作为院址，一因地点适中，二则由于本县历史人物中研治历算之学者甚少，只有卓敬算时代较早的一个人，就其祠宇集群讲学，即兼寓忆念前哲和启迪后贤之意。卓公祠于是改建一新，有会堂、有教室、有操场、有阅报室等等大小房间十多个。……旋易名为"学计馆"，由县聘请算学专家林和叔调梅充任，于翌年三月初一日举行开学。学生分甲乙两班，按班到馆，每月各九日。功课包括数学、物理、化学诸门，有分教习二人为助手。常课之外，分发馆中所藏书报，令其轮流传借阅读，提出疑问，由馆长给以解答。开馆后一个多月，籀公看看还像有点新的样子，亲为它撰写一篇《瑞安新开学计馆叙》文，这篇序文开首以京沪强学书局与学计馆相提并论。当时上海强学分会办有《时务报》，就拿此文刊登出来以通声气。于是学计馆之名广泛地接触到一时国内耳目，后来平阳黄愚初庆澄在上海编行一种《算学报》，又在各期上陆续发表了此《序》和《学记馆章程》等件以介绍于世。——孙延钊《孙籀公与清季温处地方教育》

28. 杨世环

杨世环，字啸邨。

资料：

项芳蒨作《六十寿序》云：杨君小村……吾从弟申甫谋延师课子，君课之数年，学童之业大进，故申甫屡称君之善教。当清室未改科举之时，孙君籀颐、黄君鲜庵与申甫谋设学计馆，引君佐其事。科举既改，地方设普通学堂、中学校、高等小学校，经营建筑，君皆任其劳。庚子"拳匪"起，邑设筹防局，王啸牧大令总其事，君为主会计，其后君名益盛。邑人之得仕者，皆具赘币延君，而君顾夷然，命人绘像，署曰《静观图》以见意，邑之能诗者题咏殆遍。

关系：

孙仲容《题杨啸邨明经世环〈静观图〉并序》云：太息时艰笑独醒，新书喜对鬓毛青。临安棚北寻陈起，定有吟声续四灵。——《籀庼遗文》下

杨挽孙仲容云：隐居四十载，金曰著书立说，明哲保身，谁知老态骤增，未遂衷怀经国志；公病前一夕语怀云："入春以来，老境日增，胸中事诸多未了，且左足艰于步履，礼学馆之命不克赴召。"噫！言犹在耳，思之惨然。会吊三千人，追思公义私恩，感伤堕泪，我愧庸材难造，更无亲炙讲帏时。学界同人感公教泽，就郡城师范学校开设追悼会，环往弔焉，又成一联，伏祈冥鉴。

29. 王恩植

王恩植字雪博，瑞安城南望江桥人。早慧，有至性，事嫡母甚孝。年十八补学官弟子，父病溢饮殆，恩植喟然曰：为人子而不知医，乌足以事亲？遂专精医书，自《内经》《伤寒》《金匮》外，历朝名家专著无不寻绎参考，于金石、草木、形状、气味、功用辨别精详。恩植家故雄于资，医故不受金，贫者至赠以药。尤善于外科，古丸秘丹，不惜费备以济人。西医书亦喜批阅，枕籍中不下数十种。遇艰深疑义，率皆朱墨旁注。然不因西而诋中，谓西法虽发明者多，详形迹而略气化，特得粗而丧精耳，闻者韪之。以宣统元年六月卒，年五十一。

资料：

《瑞安县志稿》。

张柟《杜隐园日记》宣统元年七月十一日。

关系：

孙仲容《赠王雪璞并序》：

雪璞富而劬学，儒而精医，光绪辛丑夏五，小儿患痰搐，乞君治之，一药而愈，以诗奉谢：

长沙法乳得传薪，附后奇胲若有神。悬识玉函能阐秘，却看锦褓已回春。鸡痈贱药时为帝，龙藏名方可活人。三世古经今间缺，何当怀絮共君论。

30. 许黻宸

许黻宸字竹友。

资料：

孙锵鸣作《许太宜人七十寿序》云：横塘许忠简公游学程门，载道而南，遂为建、绍名臣，勋节显著。其后文学武功，代有闻者。我友许子竹友，禀抱天颖，覃研古籍，沉浸浓郁，发为文章。逾冠之年，遂陪乡赋，大成非晚，宝气必腾其光。许氏之瑾瑜，吾党之鞭梓也。……顾往在大荒落敦牂之岁，锵鸣归自金陵，为儿辈择师，经明行修，莫如竹友，宜敦礼相延，屈主家塾。两易寒暑，指教有方，启迪勿倦。顽金入冶，曲木从绳，循循善诱，旷若发矇。自斯以来，乡里后生著录愈众。执经户外，方屦阗集，贤书拔萃，咸出门墙，文望日崇。……

31. 郭凤诰

郭凤诰号小梅。父庆章，光绪辛卯举人，湖北大挑知县。凤诰少以诸生试秋闱，不售。光绪丁酉提考优贡，得备取第二。孙诒让主温处学务总汇，聘凤诰襄兴学事。嗣任温州师范学堂监督，瑞安劝学所长。游吉林，客提学使曹广桢幕，为总务科长。集资购永嘉松台山北曾氏依绿园故址筑籀园，即旧温属公立图书馆也。卒年五十一。凤诰文笔温雅，有《山海经注》，未刻。

资料：

《瑞安县志稿》。

《五十自寿诗并注》。

刘绍宽作《墓表》。

关系：

挽孙仲容联云：著书万卷，复乎上下古今，痛中朝丧此巨儒，国粹几沦胥，岂第十六属攸关，多士追思同涕泪；共事三年，历尽艰难辛苦，慨横舍犹亏一篑，学规方草创，遽卸二百人重累，不才后顾更苍茫。

又作籀园联云：吾乡人物，以南宋为最隆，迄今日横塘烟锁，潜室尘封，世历几沧桑，欲访八百年前哲故居，仅留浮沚林泉，去斯不远；别墅经营，承先生之素志，况是间潭绕落霞，峰临积谷，天然好山水，偶共三五辈游人闲眺，试问颐园风月，比此何如？

32. 郭凤鸣

郭凤鸣字漱霞，凤诰弟。以诸生游幕，有声。既而孙诒让邀办商轮、开铅矿、冀作教育基金，未成。适南通张謇奏设七省渔业公司，征大绅集议沪渎，诒让令凤鸣赴之。由是交识南通，奏派赴意大利密拉诺万国博览会考察实业。四游欧美，两渡扶桑。归国后，以南通荐，受知于泗水杨吉城侍郎，奏调入农工商部，不就。入民国，宋渔父挽任农林司长，继转农商司长。又钱永信邀任财政部首席秘书。宋子文长财政，复简为参事。抗战军兴，归里，卒于家。著有《憨庐诗文稿》。

资料：

《瑞安县志稿》。

刘绍宽《厚庄日记汇抄》云：郭漱霞凤鸣赴意大利米郎鱼业赛会，携温郡鱼品百余种。晚，郭漱霞招饮于福聚园，同座逸仲、地造、宏轩、志澂共七人。地造姓冯，名豹，乐清人。丙午年二月二十日。

林若川《寄鹤巢日记》云：三月初三日，午后，郭漱霞来访，口辨滔滔，吾乡最新人物也。说明日动身赴部，予当面为之送行。

关系：

孙仲容《送郭漱霞赴湘鄂调查矿务》云：矿学榛芜几百年，奇书蟫蠹地员篇。越山金锡推天府，可有吴王解铸钱。　　曲突何人识远谋，铜官今已遍遐陬。无穷地宝长扃镭，枉费司农仰屋筹。　　昆弟君家各振奇，峥嵘棣萼照华楣。稽生煅灶消长日，谁识雄心在救时。　　西行饱看楚山青，万里江流接洞庭。此去布帆定安稳，蓬窗细读矿人经。——《籀庼诗词》

又《致某函》云：弟患疟，日一至，且有热无寒，甚委顿也。顷台驾与乐邑诸君过访，适正出汗，失迓为歉。闻敖梦姜此次到温，想为避风波而来，永、瑞耳目甚多，非避嚣之处，请属转致速到东洋为妙。弟前致一函，已送交邮局矣。次日接埭溪报，急属漱霞向局取回，弟胸中所言尽在此函，请属代致为幸。此颂台安。弟让顿首。清明日。

33. 陈范　弟恺

陈范字式卿，瑞安水心庙街人。父菊潭先生与孙衣言先后补学官弟子，精天官历算之学，范能传之。中光绪乙酉拔贡。弟恺字勉卿。

资料：

《瑞安县志稿》。

童煜《瑞安艺术传》云：科举时代习算者尟，有陈润之字菊潭，道、咸间诸生，居水心街，……菊潭工时文，兼通天官家言，著有《割圆弧矢捷法》《古今章闰表》《春秋朔食算法》《东瓯星晷表》，孙太仆尝心慕之。子范，字式卿，拔贡生，能传其家学。

关系：

孙衣言曰：陈君菊潭与予先后为学官弟子，而未尝相识。居京师时。每闻几山舅氏言菊潭静笃悦学，通天官历算家言，心甚慕之。徒以仕宦奔走，不得一见。去岁冬，自金陵内召，乞假归里，菊潭始来视予，则相对皤然，皆六七十翁矣。问以所著书，未肯辄为予出。往还既久，始以时文三五十篇相视，爱而读之，皆根柢义法，涵润经史，与近时浮华之士绝异。然菊潭在校序逾三十年，竟不得一食廪饩，岂命固有限之欤？——《陈菊潭时文跋》光绪庚辰

又云：《次韵陈菊潭润之》：老翁七十真无事，旧友婆娑幸可攀。萱草堂前犹奉母，菊潭尚有母，年垂九十。宋时乡先生林介夫年九十余，犹作萱堂以奉母。芙蓉海外欲寻山。宋时朱伯起为《阴阳精义》，水心序之，言其渡海葬妻大芙蓉，菊潭亦能言地理，时新丧耦。先生日膳厨三韭，弟子宵镫屋半间。菊潭以授徒为业。乡里善人真足矣，不须名氏满尘寰。（其一）

相对茫茫各鬓丝，一簧愁说少年时。每看岁月成奔驶，试问文章孰主持。真率犹存灵璧石，薛承之园有灵璧石，见水心《薛中奉墓志》。风流谁续澍村碑。陈文节公居澍村。长庚落月能相伴，更向南弧祝寿祺。（其二）

陈范挽孙仲容联云：天下事可知，经师人师，谁继厥后；君子死曰卒，爱乡爱国，竟殉以身。

孙孟晋曰：光绪庚子二月，林和叔因教务过劳成疾，长期请假，由县人陈式卿范代理学计馆馆长。他是老算学家陈润之的长子，继承家学，并有著作数种，而《形代通释》《重学释例》二书则兼治西算新术者。——《孙籀公与清季温处地方教育》

又曰：光绪甲辰，童道通饬各县学界各选送学员二人，每人伙助百金为治装费，令赴日本留学。于是瑞安派遣普通学堂学员陈勉卿恺、许介轩藩二人留学东京宏文学院数理化专修科，拨给地方公款六百元为学旅费，修业一年为限。——同上

34. 李炳光

李炳光字漱梅，邑画家李肇元之子也。未冠成县学生，以一等食廪饩，中光绪壬寅科浙江乡试举人，积资得五城兵马司正指挥。炳光亦善画，以朱竹墨梅为工，于诗与词多佳品，足称述。于地方公益事，若海防、宾兴、义渡、掩埋、育婴诸善政，皆力任之。喜交游以终始，奖掖后进如恐不及。有求贷请事者，无不应。遇乡里至贱小人不肖，皆款洽周至，未尝加辞色；或稍触忤，故弗与较，此其好名是所往也。光复后，被举为县商会总理。甲子，邑议续修县志，炳光充修志局主任，未成遂罢。丙寅，闽军过境，炳光奔走两兵之间，不辞劳瘁。邑之好事营私者欲拆南城以筑路，炳光力争，以瑞安城有海潮夕候，不可拆，其议始熄。庚午，伏莽遍野，毁屋杀人，蔓延至于全境，省遣泰安军舰泊镇，月饷需索，百姓当频年灾患之余，无所出赀，炳光则委曲输将，乞留之，而竟赖以无事。是岁七月卒，年七十有一。

资料：

池志澂作《行状》。

陈谧作《三李记》之一。

刘绍宽《李漱梅先生六十寿叙》云：余少时即闻瑞安李氏有癖砚、灌亭、履甫三先生，世以书画名家。既长，识漱梅先生，亦善书画。……先生既学有家法，又好搜罗故家名本，遍观尽识，鉴别极精。故其艺事不主一家，而翛然远韵，迥出尘俗之外。……远近淄流稍能文墨者，咸被延接。顾先生于乡邑公务，若海防、宾兴、义渡、掩埋、育婴诸事，莫不躬任其劳。自登贤书，物望尤萃，尝被选为商会总董、城自治名誉董事。民国初年，烟禁綦严，独先生行之不扰。……又以见先生之经心世务，固不以艺事废也。——《慎社文录》

《厚庄日记汇抄》云：午后，往瑞安北门外本寂寺观罐诘厂，厂为李君墨轩、翰轩兄弟所开。二君学于日本，归而设此，闻附股者颇多。现时所制者有牛肉、羊肉、鲜笋、鱼翅、瓯柑等物。厂名太久保。丙午正月十三日。

关系：

李漱梅挽孙仲容联云：诂《墨子》义，见重东瀛，即论文字前缘，彼国信才难，众口交推，到此方知经术贵；过黄公垆，甫归宦样，报道先生又逝，吾乡何福薄，自冬徂夏，那堪再睹泰斗颓。注：仲容先生著作等身，名闻中外，《墨子间诂》一书尤为日本文学家所称赏。先生逝矣，展读遗书，为之恻然。

（二）平阳

1. 刘绍宽

刘绍宽字次饶，平阳人。少受业求志社社友金晦遁斋，继从吴教谕祁甫游。丁酉考拔萃，获选，受知于徐季和宗师。戊戌朝考，徐寿蘅尚书得其卷，已首选，以字划小疵见抑，士论惜之。既而观学东瀛，采彼邦学者文科之长以自证其学。归记所得，质正征君诒让，征君称其论之精者与《周官经》《大小戴记》多相符合，先属主学务处编检部，至丁未岁始接办温州中学校。……丁巳冬，复主之。

绍宽自辞中学后，纂修《平阳志》垂十年，裒然成集。其体尽法章氏实斋《三书》例，特详文征，为近出新志之冠。又尝应张冷僧道尹招，长温属图书馆，馆址籀园，为六县人集赀设祠以纪念孙征君者。其中古籍多捐自瑞安黄氏蒌绥阁，颇凌乱，绍宽乃雇员整理，并为编目。

绍宽治经不分汉、宋，治诸子不辟老、佛，务以明体达用为归。所为诗、古文，多忧时伤乱之言，于纲常名教尤为惓惓，曰《厚庄集》，宜黄符璋序而梓之。续有所作，并为文八卷，诗四卷。

资料：

《平阳新志》。

《瓯海集内外编》。

《厚庄日记汇抄》。

《瓯风》杂志。

夏承焘《后怀人》十四首之一刘次饶先生云：乡邦鲁灵光，巍然遗此叟。汉、宋重师承，一经穷皓首。平生服兴公谓孙仲容先生，尊之若泰斗。——《慎社诗录》

关系：

孙仲容作《东瀛观学记叙》云：吾郡学堂之开，始于壬寅。诸邑次第兴举，瑞安先成，而平阳、乐清继之。二三君子相与究心学务，亦咸冀妙简俊才，激励其志气而驯进之道艺。……吾友平阳刘君次饶，湛深经术，淹达时务，与陈君子蕃从事于平邑学堂者有年。唶我国教育之未能尽善也，乃与子蕃东游日本，考察学务，自彼国东京大学以逮村町众小学靡不周历。又与彼都贤士大夫反复商榷，折衷至当，应时记录，积稿盈箧。乃裒辑其精要为《观学记》以饷学者，其大指在于研究师范以成教员，而多设蒙学以陶铸少年学子，至于管理之方，教科之册，无不采彼之长以裨我之阙。其论之精者，与《周官经》《大小戴记》多相符合，信不刊之作也。

又与刘次饶书七封，载《籀顾遗文》下，皆论办学事：一、承询南浔公学。二、承询敝里蒙学堂规程。三、敝堂开办数月，西文甚有进步，中文却未有把握。四、师范生……甚望台从照此主持学务，倘可惠然，当以总教习一席奉聘。五、惟此局为两郡教育总会，非得学品如阁下不足以副众望。六、府学堂……师范。七、为杨视学及铁路任款事纷扰万分……全路股金。

刘次饶挽孙仲容联云：周官大师，墨学巨子，擅千秋绝业专家，公真不朽；测海智穷，移山力绌，愧三载滥竽乡校，我负相知。

又云：绝学不传虚后死；区中知己独先生。

刘次饶《题孙仲容师学务议稿后》云：吾乡孙子楚兰陵，当代经师称老宿。清廷聘任咨议官，劝学书成上当轴。《本议》四篇《枝议》十，持论名通非琐黩。篇末纠正罗氏议，匪实周详言可复。……我读此篇增慨叹，卅年事往风惊烛。学海堂前共侍人，孙仲容师办理温处学务，在郡旧试馆中有学海堂扁额，系阮云台所署。云散风流渺遗躅。

次老《和沈子肃大令严〈登玉海楼赋感〉原韵》云：（上略）楼登玉海怀往哲，今昔俛仰心奚堪。向、歆父子久不见，芸签冷落余馥馣。濑江高阁矗然峙，空留香火诗人龛。东门外飞云阁，黄通政归田时与孙学士兄弟建为宴会之所，中祀瑞安诗人。初名"话桑楼"，后以"桑"音不祥改之，今则弥有沧桑之感矣。感怀作诗属相和，倚声郢雪心中惭。云江咫尺待航苇，游室入许灭明澹。

又跋《重修平阳县志》云：以平阳无藏书家，瑞安孙氏假又不易，乃往杭州文澜阁历览半载，归，益搜遗订坠，积十余年，撰述献征诸传稿，……不佞与诸同事假馆瑞安，从孙君孟晋借阅其先世玉海楼藏书，得琴西太仆《瓯海轶闻》《永嘉集内外编》及《温州府志》《选举考正》《职官补正》、仲容师《温州经籍志》诸书。

又作《酬黄胥庵、朱复戡诗》云：（上略）小子不才敢承乏，后死有责中彷徨。探囊取稿恣批阅，如观枸斗行舟航。乐安乔梓瑞安孙太仆衣言、比部诒让。殚闻见，乡邦故事资梳爬。一作"撰述故事勤乡邦"。楼窥玉海孙氏有玉海楼书藏。翻秘帙，更如贯月泛灵槎。一作"壮观浩浩通湖江"。

又作《吕文溪〈于园诗集〉跋》云：绍宽自束发以来，瓯中诸老如孙太仆、黄通政之父子叔侄以及一时硕彦景从而起者，莫不捧手其间，与闻绪论，数十年来，诸老先后物故……

又《壬申日记跋尾》云：孙仲师在时，未尝以《周礼》一书中之疑问胪请指教，师殁后，乃始得全部读过，于礼经未能兼综条贯，致为可恨也。

又作《籀园笔记》云：吾乡后起之士治经治史，颇能绍述孙、黄两先生之遗绪。若能盱衡时事，讲求事功，吾知永嘉经制学派必有远绍其绪者矣。

又曰：吾乡自太仆后，科第蝉联而起，文风远胜于前，不可谓非其倡导之功。至今新学盛行，而后进蔚起，尚能承其遗绪者，惟瑞安为最，则饮水思源，功何可没也。

又作《太鹤山人年谱叙》云：（上略）方阮芸台相国视学浙中，招选高材生肄业诂经精舍，一时人文蔚起，彬彬称盛。而吾温人士独鲜与上选，《经籍纂诂》所列分纂姓氏，温郡不得一人；《定香亭笔记》于所甄拔诸士多所奖借，而瓯括两郡所见称许者，唯一山人而已。盖其时瓯中人士专习帖括，余力兼涉诗赋，从未有湛深经术，能与陈鳣、严杰、洪颐煊、震煌诸子相颉颃者。山人虽处括万山中，独能开辟风气，不为方隅所囿，不可谓非振奇之士。同、光以后，学风始稍稍起，则太仆孙氏乔梓奖掖后进之功为不可及也。

又作《李孟楚诗文序》云：尝慨清乾、嘉时，海内承平，文治极盛，三江儒硕磊落相望，独吾乡文物阒然。其时之为骈文者，举不越陈迦陵、章思绮之流，散文直无家数，而诗至崇奉随园，斯益下矣。迨孙太仆、比部父子出，承学之士始知文章正轨，而瑞安学风遂腾踔为诸县冠。今世新学兴，而古学渐凌替矣。孟楚与其乡诸子尚能为其业于举世不为之日，岂惟家庭训诲，抑亦乡哲教泽之长。

又作《慎江草堂诗叙》云：余与黄君胥庵友二十年，始以创办温处学务同事孙仲容师于永嘉，继余主温州中学，而君入京师编书局。

又作《六十书怀》诗云：老贱江湖辜宅相，少长于外家杨氏。迂疏章句负师门。谓金避斋、吴祁甫、孙籀颐诸师。

又作《和沈桐轩先生〈羽阳宫瓦砚歌〉》云：此砚初属江夏公，黄仲弢学士。三楚程材抢杞梓。评量玉尺衡鉴精，公余考古亦审是。南皮尚书时开府，门下才俊纷曳履。浭阳端公尤博雅，陶斋彝器杂诙诡。公于其间殚见闻，斯砚创获非偶尔。弘农杨子在公幕，谓杨君志林。朝夕摩挲日瞻视。公以持赠转慨然，宝剑从来酬壮士。东阳先生好古家，一见瑰材辄惊喜。自出汉瓦易秦璆，札缡侉衣差可拟。先生作歌征题咏，辞七百言书万纸。将与洪、赵矜鉴藏，不比恺、崇斗富侈。我读此歌三叹息，涕下沾襟不能止。我乡孙、黄称前辈，玉海、蓼绥_{黄学士藏书阁。}书城峙。孙氏百晋旧精庐，古甓纵横出垣塊。当目风流动乡邑，后生鉴仰咸耸企。即今新学日滔滔，百氏六经等敝屣。几闻孔壁藏策书，谁复陈廷辨楛矢。

附：《厚庄日记汇抄》（节录）：

戊子五月初二日癸丑，晴阴晚雨。至县城，复陪母舅往瑞安谒孙琴西太仆，宿其家。_{琴西太仆名衣言。}

庚寅五月十二日庚辰，晴。子闿晚自京师回，本科会试，温郡中式三人：黄绍第、金振声、潘其祝。荐卷六人：孙诒让、许黼宸、章献猷。会元夏曾佑，浙人；状元吴鲁，福建人；探花文廷式，江西人。

癸巳九月初五日甲申，晴。孙蕖田学士锵鸣于光绪乙未重宴鹿鸣，以非乡试之年，浙抚崧振帅为奏准于甲午科与宴。学士，道光乙未恩科举人，时年十九也。

廿七日丙午，晴。孙蕖田学士锵鸣重宴鹿鸣，奉上谕，加三品衔。

丙申三月初九日甲辰，文芸阁学士廷式奉谕斥革。闻学士旧有奏请废太后，孙仲容先生闻，亟称赞之。

己亥二月初七日乙酉，晴。午后同姜啸樵往瑞安，寓陈宗易宅。夜谒孙仲容先生，袖奉仲愚母舅一函，以蔡桥郑宅社仓事托仲丈商之许竹友师。

仲容先生言《周官》缺冬官，甚可惜，然《考工记》亦补得好。问冬官原官即考工诸官否？曰：大概当是。

初八日丙戌，晴。同啸樵、宗易过蔡逸仲、蒋屏侯、陈式卿，因谒许竹师，不晤。少顷，得孙仲丈复函，遂同啸樵回，到家，月已明矣。

五月十六日壬戌，晴。姜啸樵云："于孙仲容先生处见谭嗣同《仁学》，以孔、墨、佛、耶杂糅为一。其言仁从二，即元字之意，亦即西人之所谓'以脱'"。

十月十二日丙戌。吴霁庵来商化学学堂事，缘上春愚楼母舅欲包办永嘉木税，以开办化学学堂为名。孙仲容先生为函致恽藩宪祖翼，旋奉藩批，由瓯海总局每年拨银钱二千元以充学堂经费，其木税仍归官办。总局覆认每年拨银钱九百六十元，藩宪批准存案。孙仲容先生已嫌其少。

庚子十七日庚申，雨，甚寒，午后霁。同君雅至瑞安，夜宿孙仲容先生宅。

十八日辛酉，阴，午后雨。孙仲容先生与同诣黄仲弢先生，适周仲龙在座，因同肩舆至东门外飞云阁。阁临云江，四面开窗，眼界颇宽。_{阁原名"话桑楼"，取}"把酒话桑麻"意，因"桑"音不祥，改之。

三月初九日辛亥，阴，寒。陈雨亭来，言外间钩党之狱，浙江十人。孙仲容先生与仲愚母舅书，云仲弢忧谗畏讥，心殊惨惨。陈佑民中丞宝箴有密谕极刑云云，看来大局不堪问矣。

六月初十日庚辰，风。孙仲容先生与愚楼书，略言：大沽炮台失守，罗军门血战六点钟，以火药局被焚而溃。文芸阁学士廷式前联各省知名士二千余人，上书英、日政府，乞挟皇上黜旧党，行新政，两政府颇为动。至是而英、日皆异前议，主张瓜分之说，而时事遂不可为矣。今日协署接中丞廿四日廷寄，密谕各督抚各筹自保疆土，一面筹援都城，词甚哀切，可痛也！然旨中尚称拳民与洋人构衅，不敢斥为叛匪，庙谟之误至此，真堪痛哭云。

六月廿一日辛卯，晴。县城信，瑞安陈飞龙已投诚。晚刻，殷叔祥来，云孙仲容先生为出保信，陈见新太守，盛夸神拳之术，新太守与何中府皆惑之。

廿三日癸巳，晴。孙仲容先生信致愚楼，谓陈飞龙、许阿雷、黄上焕均已投诚，启太守将令招集成团，仲容先生争乃止。瑞安城办团粗有端绪，乡间亦次第举行矣。

十一月十八日丙戌，阴。前河头杨人杨士云言其别族居江南上杨叶地方，有匪徒……余因奉致愚楼母舅作函禀县，请以签差密拿。并函致孙仲容先生，请公禀将监扎诸匪早行正法。缘昨日孙先生有函与和卿先生，云神拳复炽，勾引台匪，瑞安则伍正熙主之，平阳则薛明德主之等语。伍名黼廊，与日前所闻颇合。前闻神拳此举将欲劫狱，救出金宗才等匪也。

十九日丁亥，晴。得孙仲容先生复函云：敝里自十五日以来，风鹤警切，已办城守事宜，弟不解带者已三夜矣。缘前任华令专事姑息，以致匪焰大炽。前数日伍黼廊招到打石岩枪手百余人，集坊额底地方，地民不肯任其留住，乃改扎三黄寨_{在平、瑞界间}，寨民起而拒之，以寡不敌众，为其所败，遂入寨焚教民屋一座而去。旋枪手因索洋无所得而去。而河乡拳匪张新栋又有起事之说，期以十五日寅时，河港两股夹攻瑞城，闻因大雨，土枪不能着火，至半途而止。敝邑新令盛伟堂大令才具开展，到任力主剿议。前日属陈、黄两千总带队剿坊额底，与蓝纪云会剿，匪众逃逸，无所得而返。明早又派邓哨官与陈千总到华表地方，_{在河乡，距城十里而近}。张新栋竟敢拒捕，伪军师胡道隆穿八卦衣，持拂作法，全无兵器，而营练胆小，竟不敢进，匪众十余人追出，即行溃散。陈、邓两弁仅以身免，归而讳败，力言匪有大法术，人言汹汹，几成大变。河乡教民群攘臂而起，搜索往来船只。周仲龙拱藻有租谷一船过华表，竟欲扣之充公，其情状可想。邑城大震，幸盛大令谋略优长，不为所摇，力请郡来汤副将，亲率兵百人，再捣华表匪巢。开枪轰击，阵毙帮胡道隆及张逆之子阿姆，伤六人，杀四人而返。贼众四散，河乡始得安靖矣。现拟再剿坊额底各处，而河乡逸犯尚在严缉，当无棘手之事。大约此事全误于华令之怯懦，次误于项莲溪之祖护拳匪，致酿成大患。实则匪全无武艺，亦无军火，全以术愚人，且以自愚，可恨亦可悯。承属商公禀一节，容与同事诸君商之，想必可行也。

壬寅四月十六日，晴，甚热。在府学晤乐清高心博步云、郑雨农良治、吴郁周、石聘南蕴辉，遂同来寓。郁周集同志筹捐购《白话报》分赠乡人以开风气。孙仲容先生、戴席如学礼皆有捐款，交大街庆元楼银店经手。

癸卯十月廿三日。昨夜同孙芙士、杨志凯、胡叔玉、陈毅甫自郡回，晓至瑞城，在德星馆早饭。遂与志凯同谒孙仲容先生。谈及时事，先生颇以运动反抗为非，惟安辑乡里以待所归为一定宗旨。

仲容先生之论时事，颇追咎曾文正，谓使胡文忠当轴，必有所为。又言文文忠祥的是伟人，冯宫詹名桂芬林一初著《抗议》，不惬众论，独文忠识之。欲授以四品京堂，使入军机。宫詹知不易为，遂不肯出。可见满人如文忠，诚非易得也。又言中国时局全败坏于二十年前之正人君子，如倭文端之类，误事不少。又言不知时务之君子与不识时务之小人两者交讧，致使中国糜烂至此，深可痛惜。

乙巳九月廿六日丙申，晴。午后一时，程少周观察恩培开议学务演说。锡眷臣太守纶提议师范学堂，余为推演数语。项渭臣亦演说，大旨学务处总理公认孙仲容先生，余由先生自择，其经费视考试经费及厘金加捐项下支拨。

十月廿四日癸亥，晴。旋谒孙仲容先生。发信陈寿民，为平阳商务及矾石事，程观察谓矾中有铝，自云能化分，孙仲丈欲取呈验也。

廿五日甲子，晴。午后过东阳春栈孙仲丈寓，晤陈式卿、郭漱霞，豫算师范学堂开支，大约常年六千经费，连学务处约一万便可办。

丙午正月初五日癸酉，阴。得姜啸樵笺，附来马湘伯信一封，又程观察电文一帋，系致孙仲容先生催周仲祥到皖也。

十四日壬午。到郡学务分处，孙仲容先生及诸同人均已来。

十七日乙酉，雷雨。夏伯龙橄为本处调查员，戴君立夫任自广西信来，促赴陆军师范学堂，贫不能行，孙仲容先生为赠川资二十金，即夜束装动身。

廿二日庚寅，雨。晚，刘宏轩招饮，为陪宴孙仲容、王小木两先生也。

廿三日辛卯，阴。录高心朴族谱表及序语之精者，即呈稿乞仲容先生作序。

二月十三日庚戌，晴。自县城赴郡，过瑞安孙丈。晚膳后，上航船，晤林演素，谈学校管理法颇详。……于孙丈处见归选《古文举例》，颇可为中学国文课本。

十八日乙卯，晴。缙云吕子和庸以陈冲汉信来，云程观察甚盼孙丈一行，因专足告知仲丈，附寄奉原信。……薛星五信来，言程观察近为督练总办。

廿九日丙寅，侵晚雷雨，旋霁。杨以光、孙上听来，为孙家争业事，乞函致仲容先生借重一言，饬人理处。

三月初一日戊辰，雷雨，甚寒，雨中杂霰。黄中府国栋偕纪来询孙仲丈，云程筱周统领以事属与仲丈面商，因函致仲丈为言之。

初六日癸酉，阴。孙仲丈致锡太守函，请延陈介石先来商整顿中学。

初八日乙亥，晴。早晨至瑞安诣孙仲丈，以云和事奉商。旋过王小木先生。申后至县，寓婴堂，夜二时到家。

十二日己卯，微雨。君雅来，商孙上听事，拟函致孙仲丈，缘上针初呈夹入孙仲丈及莘农信语也。

缙生自务本归，携来啸樵信，云介石、仲弢两先生回电，属举孙仲丈及余协办中学。

十三日庚辰，雨霁。清明。小垞与君雅信，……又云，郡城中学堂，黄仲弢侍读、徐班侯部郎、陈介石主政来电，举孙仲丈为正监督，余为副监督。

十五日壬午，阴雨。夜得悉京电，举孙仲丈为中学正监督，余与吴郁周副之。

廿三日庚寅，阴。与郁周同函复孙仲丈，请锡太守先筹开办学经费数千金。

四月初二日己亥，夜雷雨。孙仲丈夜回，拟上锡太守禀。

初四日辛丑，雨。郡城中学监督，佥议仍推举孙仲丈，因拟缮禀折，明日亲递。

初七日甲辰，雨。过瑞安中学，晤监督蒋屏侯、名作藩理化教员陈冕卿。继至高等小学，知孙仲丈与乡人议裁并中学归郡之事，乡人不从。继谒仲容先生，商中学监督之任，欲邀屏侯，复商之申甫先生。项姓，名芳兰。时已傍晚，乃自南门德星馆雇舟回郡。

初八日乙巳，雨。早晨至郡，十一时谒锡太守，再商监督一节，太守属勿固辞。下午，函上仲容先生。

闰四月初一日丁卯，晴。同吴郁周往谒锡太尊，随到中学，朱学师寿保、陈墨农监督已在。少顷太尊来，各监督暨各教员随班谒圣，学生继谒圣毕，太尊演说，余与孙仲丈递次演说毕，乃退。

初三日己卯，晴，夜雨。九时，府尊、孙仲容师以后皆称师。到堂，余与郁周继至。府尊召集诸生在堂，宣布李生四名必革，潘生六名必复，诸生愿者留，不愿者去。于是到堂诸生四十三人皆书留，嗣后续书者三人。府尊去后，孙仲容师复与诸生演说一次。

十二日戊寅，晴。星期。为建筑及聘请教员事，函致仲容师。

十八日甲申，晴，夜雷雨。专函孙仲师，商监学脩数事。

十九日乙酉，晴。孙仲师信来，言可行姚崇十事之策云。

五月廿二日戊午，晴。平阳南监场盐，去冬经宋君仲铭禀控后，府批改归绅办，公举黄君梅生接办。本年新督销叶太守来，孙仲容师为作书介绍，叶始批准。

六月初十日乙亥，晴。孙仲师信来，为介绍张振轩事。振轩名枫。

戊申正月十三日乙亥，雨。侵晨至郡，晤宏轩、守庸、冠三、骥卿，即寄顾徐骥冕。谒孙仲丈。冠三即刘景晨。石聘南先生夜来。

五月廿五日己酉，晴。孙仲容师于廿二日巳刻逝世。廿四日，与郭小梅、刘宏轩、冠三、徐骥卿、冯地造、刘祝群、潘艺文同往吊。廿三日，金请府宪发电提学，请以余太史接办总汇处。又黄仲荃等公电抚学续请。廿四日，抚电奉裁，文云："贺观察转黄绅式苏诸公：学务总汇处往年权宜准设，并无奏案。自学部新章颁定，每省止准一教育总会，每县设分会及劝学所各一，并无一府或两府集合之教育会。而学务总汇处之名，更为部章所无。今孙绅已故，着即裁撤，毋庸再举总理。院，敬。"

六月初七日辛酉，晴，晚雷雨。郡人士为黄仲弢、孙仲容两先生开追悼会于师范学校，到者千余人。

十二日丙寅，晴。沈仲辉守经、石聘南蕴辉、郭筱梅凤诰、陈小垞锡琛、杨君雅慕汾、刘宏轩项宣等共二十余人公祭孙仲容先生，并送黄仲弢先生之葬。夜，与君雅、万里同归。

七月十七日庚子，晴。早晨二时自县城动身，侵晨过飞云江，寓务兴馆，赴孙仲丈吊祭。晚同刘宏轩、李松舟、王俊卿同晋郡。

孙公称刘次饶云：吾友平阳刘君次饶，湛深经术，淹达时务。——《观学记序》

同人均以吾兄精识邃学，冠冕枌榆，敬求即日惠临商榷定议，则亦释纷之盛惠也。——《与刘次饶书》

2.黄庆澄　师杨镜澄附见

黄庆澄字愚初，一作源初，平阳人。少即跌宕有奇气，初从同里杨镜澄游，得见瑞安金晦、孙诒让，皆执贽焉。庆澄天资超旷，每得师授，辄契悟，诸师均器之。由是益交上海张焕纶、盐城唐天燮，同郡陈虬、陈黻宸、宋衡，上下议论，学日充辟。光绪甲午，举顺天乡试。甲辰应礼部试，额溢见摈。是秋九月卒，年四十有二。庆澄负所学，饶有用世志，顾家贫亲老，负米供甘旨需，困陑不遂厥志。己丑，助教上海梅溪书院。辛卯，入安徽潜山县幕。壬辰，以书干皖抚沈秉成，大见赏异，为修书驻日公使汪凤藻，佽金俾游日本，数旬而归，著有《东游日记》。乙未，上书温处道宗源瀚，陈郡县兴革利弊，深见嘉纳，未施行而源瀚殁于任。丁酉，在上海设算学报馆，著书十余种，皆算术及训蒙浅易诸书，惟《中西普通书目表》，孙诒让为序行之。出报甫十期，以戊戌政变罢。庚子，义和团起，乡里骚动，庆澄归，与治团甚得力。辛丑，温处道童兆蓉延入署授子弟书，旋委办蚕桑学堂。生平踪迹，可记止此。

资料：

《平阳新志》卷三十九。

刘绍宽《厚庄日记汇抄》云：得同里陈文卿遇辰书，友人黄源初庆澄于本月初三日物故，……怅惘者竟日。——甲辰九月廿七日

关系：

孙仲容作《东游日记叙》云：余友平阳黄君愚初，振奇士也。以学行淹粹为沈仲复中丞所赏异，修书俾游日本，而我驻日使臣汪芝房编修复佽金以助其行。数旬之间，遍历彼国东京以归。

日本与我国同文字，其贤士大夫多通华学，邦域虽褊小，然能更其政法以自振立。愚初之行也，盖欲咨其政俗得失以上裨国家安攘之略，顾不获久留。其归也，仅携佛氏密部佚经数十册，又为余购彼国所刊善本经籍数种，按，所得善本经籍凡五种：一、抄本绍兴校正《本草》一部，一、松碕明刻影宋本《尔雅》一册、一、宋李逿《千字文注》一册、一、逍遥院内府实隆公手书本《字经》一册、一、狩谷望之翻雕北宋本《孝经》一册。见《日记》第三十三页。杨绍廉识。皆非其初意也。既又出《日记》一小册示余，识其游历所至

甚悉。……

又作《中西普通书目表叙》云：（上略）余友黄君愚初自沪渎归，出新刊《中西普通书目表》见示。……盖君书兼综中西，无所偏主，故以"普通"名。中书多取之南皮尚书《书目答问》，西书多取之新会梁氏《西书表》。芟其不甚急，而益以新出之书，所列不必求备；间附平议，亦略揭一端，不必尽其悄要。……

孙仲容《与陈兰洲书》云：缘敝里诸友因时局多艰，达权通变，建学堂以开民智，实为今日急务。客冬春卿侍郎按温，亦谆谆以此相属，而苦于费无所出。适有平阳杨明经镜澄为弟卅年旧交，通究时务，人亦极开敏，偕其戚吴茂才箴同赞学堂创办事务，博咨众论，咸谓郡城西门厘捐收数甚旺，而苦于冗费之多，未能涓滴归公，倘略事清厘疏剔，以余款供兴学之费，绰乎有余。访之众商，亦深苦卡胥稽查之苛细及经手之曲折稽延，从臾其陈请包收认解。盖敝里酒捐、布捐两项，本有绅董成例可仿，依次从事也。渠又商之其业师黄漱兰通政，亦深赞其事，为修书达之崧耘方伯，亦以方伯雅志匡时，于学堂一事尤为致意，必以为不谬也。——《冬暄草堂师友笺存》第三册

孙仲容《与愚楼书》略言：大沽炮台失守，罗军门血战六点钟，以火药局被焚而溃。文芸阁学士廷式前联各省知名士二千余人，上书英、日政府，乞挟皇上黜旧党，行新政，两政府颇为动。至是而英、日皆异前议，主张瓜分之说，而时事遂不可为矣。今日协署接中丞廿四日廷寄，密谕各督抚各筹自保疆土，一面筹援都城，词甚哀切，可痛也。然旨中尚称拳民与洋人构衅，不敢斥为叛匪，庙谟之误至此，真堪痛哭云。——《厚庄日记汇抄》庚子

孙仲容先生《致浙江学政禀》云：诒让等为革生悔悟情深，观光志切，仰求恩赐开复以励人材而申士论事：窃见平阳县学已革廪生杨镜澄、黄庆澄，出自名门，夙端儒品，束身修学，素行无疵。前因府试童生滋事，被累详革。在宪台执法，本示以无私；而舆论原情，或以为可恕。且该革生自褫革以后，闭门思过，毫无尤怨，创艾既深，操履弥笃。伏念宪台培植士林，有加无已。而该革生摈弃经年，深可矜惜。绅等与该革生等生同里闬，于其品学夙所稔悉。为此合词沥叩恩施格外，俯念该革生因案被累，向无劣迹，且悔悟自新，与怙悛者尚属有间，特予开复，俾遂其观光之志，则人材益励，士论亦申，实为大德。谨禀。

又云：兹有恳者，平阳黄茂才庆澄，学识兼人，勇于任事，前因其业师杨中愚兄考事被累，屡荷鼎力拂刷，感激无似。前年从金秤莲兄治经，于汉、宋途径

皆能讨核。嗣至申江，从张经甫谈经世之学，深相投契，经甫延充梅溪书院教习。近治西学，亦□心得。自维乡居岑寂，慨然有远游之志。刻闻许竹筼侍读重使欧洲，而舍妹婿宋燕生亦经张香帅荐充幕僚，渠意欲附骥一扩闻见而无由自达，拟求老兄代为推挽。——《与黄仲弢书》

梅冷生跋：籀廎先生平素识拔人才，宏奖士类，在乡里负人伦祭酒之望。此稿为援助平阳杨镜澄、黄庆澄师弟二人而作。当清光绪十二年，二君以府试闹考案牵连被革，得先生一言恢复学籍。黄君旋举孝廉，游学日本。著有《东游日记》，孙先生为《序》其首。及在上海创办《算学报》，出至十二期，以戊戌政变停刊，亦当时维新志士也，因附记之。一九六二年一月廿七日梅冷生识。

3. 张霱

张霱字蔚文，小字霖生，光绪十年以拔贡朝考，就职直隶州州判。时大学士李鸿章开府天津，辟霱至北洋，檄令稽查机器局。会昆明湖造捧日小轮，俾霱监其工。船成，议叙擢知县。又以海军积劳，加同知衔。二十二年，朝鲜告警，承恩公桂祥镇守榆关，檄令管理砲队。明年，兼理棉花火药局、机器西厂，旋仍就州判，指分直隶。二十四年，兼办发审局事。霱才识开敏，谙练政务，鸿章深相倚重，屡董要务，皆悉心综核，以是为同僚所嫉。鸿章丁忧去官，霱以公过降级留任。二十五年，鸿章回直督任，复委行营制造局提调。张学士佩纶办矿开平，令董购地临榆、秦皇岛运煤铁路事宜。明年，拳匪乱作，津沽失陷，挈眷回里。三十二年，以捐赈叙功，擢知州，赏孔雀翎。未几卒。霱从妇翁孙学士锵鸣游，习举子业，得其指授。所为诗文咸淹雅清丽，书法尤善。——《平阳县志·张启煊附传》

资料：

《平阳新志》。

刘绍宽《厚庄日记汇抄》云：张霱即霖生，一字蔚文，平阳乙酉拔贡也。蔚文为孙葵田学士女婿。李傅相会试出孙学士门下，蔚文选拔后，以学士荐书受知于傅相，委以差缺。此后尚留京津，至庚子"拳匪"之乱，始逃难归。

关系：

孙仲容作《蔚文张君五十寿序》云：光绪丙午嘉平之月，余堂妹丈蔚文张君五秩寿辰，同里诸戚友将举觞为千秋之祝，而属余为文以纪之。盖自先姻丈观察公与先君暨先仲父累世至交，申以婚姻，余与蔚文总角游从，如异姓昆弟，迄今四十年，经历宦途，中更患难，悲愉离合之感不可胜纪。而今者蔚文艾龄康强，福祉隆备，得相与称觥介年以申庆忭之忱，斯固余所欣幸而乐为扬榷陈之者矣。

君夙为平阳蒲乡望族。令祖总戎公，嘉、道间数历戎阃，威望昭著。先姻丈观察公以儒起家，崇跻监司，提师平寇，勋绩蔚盛。君幼秉颖异之姿，仰禀庭诰，胜衣就傅，即刻苦力学，观察公深钟爱之。咸丰之季，平邑会匪构乱，据邑城，围瑞安，势张甚。时先仲父侍郎公奉命在籍治团，而观察公适以督府檄，领军援浙。至栝闻警，遂移营至瑞，与民团合剿，肃清瑞、平之匪。粤寇继至，亦赖闽军捍御，不得逞而去。观察公保全乡里，功冠一时。先仲父以同袍之谊，深相契合，遂以堂妹与君订姻。时君年未舞勺，观察公命从无锡钱子宣明经游，从讲授文业。甲戌，来瑞完姻，遂留甥馆，更从先仲父受业，与故堂弟伯陶、仲彤同学，朝夕淬厉，所学益进，诗文咸淹雅清丽，书法尤工妙，文誉冠一乡。……

庚子，拳匪作乱，津沽失陷，挈眷避乡间，屡濒于危，幸而获全，遂回里，乃与族人议设张氏宗祠，又于蒲乡设正本学堂兼办巡警。盖推其绪余以惠乡里，斯尤不可偻指数也。

君体素强盛，而怀抱冲淡雅畅，喜愠未尝见于色。今者年跻五秩，而枕葄安颐，意兴奋发，犹如少年时。近以治赈捐叙功，擢州牧，又晋阶四品，赐孔雀翎，宠任益崇。堂妹长君数岁，上侍诸姑，下抚妾媵，仁恕无间言。年四十，未举子，养一女自娱。既而侧室董、章先后举两男一女，家庭之乐，足以自怡。

余长君十年，早衰多病，须发半白，精力不逮君远甚。回忆曩时与君浪游豪饮，友朋之欢不可复得，而窃幸君之康强迓福，子姓蕃盛，方兴而未有艾。时事多艰，需才甚亟，以君之干练明达，行将为国宣劳以崇缵祖武，光扬先德。他日崇晋耄耋，德望益隆，斯又可为预券者。《诗》不云乎："俾尔昌而大，俾尔耆而艾，万有千岁，眉寿无有害。"请为君赓续诵之矣。谨叙。——《经微室遗集》卷七

（三）永嘉

1. 徐定超

徐定超字班侯，永嘉人。生有奇相，口能容拳，歧嶷异常童。十岁辄援笔成文，塾师以畏友目之。瑞安孙蔚田学士评其文曰："后胜于前，足征福泽。"年十三，应童子试，邑令陈公宝善爱其才，擢取第二。平阳"金钱会匪"作乱劫城，

定超与江弢叔昆仲避寇梅溪山中，寄身枫林旧庐，处患难，犹讲学不辍。壬申，孙琴西太仆掌教浙之紫阳书院，定超从游，学大进。逮计偕入都，又从黄银台漱兰学，获交名公巨儒，所学益粹。成癸未进士，签分户部广东司主事。纂修《户部则例》，出入郎署，矢慎矢勤。公余博览群书，更精于医，以济人自任。辛卯，简顺天乡试内收掌官，主司属搜查遗弃，选择数卷以存，获中皆知名士。甲午之役，和议将成，定超力陈可战者再，当道辄为抚叹。

联军入京，两宫西狩，朝臣星散。定超固守都城，深惧人民被其蹂躏，与钱干臣、黄慎之、邵季英等商办京师地面巡防事宜。

辛丑，两宫回銮，召见，提补陕西司主事，并赏加四品衔，秋，升江南司员外郎。王文勤公以"勤慎谙练、才大心细"保升云南司郎中，主管浙之印结局。壬寅夏，应考御史，得记名，并充国史馆协修。丙午，简授山东道监察御史。丁未，调陕西道，冬转任湖北道、河南道。戊申，升京畿道掌印御史，疏陈时政得失利弊，凡数十上。又浙路拒款事起，项城欲践沪杭甬条约，汤公蛰仙乞援。京师同乡畏项城势，不愿持异议，定超独抗言浙路自办，合出公请朱桂卿与吴士鉴等二十四人，又联名具疏劾项城，朝野震愕，事始已，直声振天下。

科举废后，学风不古，生徒每起风潮，与师长为难，一年之中，四易监督。至是增中丞子固电聘定超为两浙师范学堂监督。辛亥春，袁提学使推定超为省学务议长。秋，武汉起义，吾浙响应，群议推定超为浙江都督。定超避隐沪渎，适温州官吏逃散一空，民惊恐，连电促归，情词恳切，而责备尤严。定超不获已应允，抵埠之日，父老子弟郊迎者以十万计，军警围拥至府署，求视事，乃就温州军政分府任，兼知永嘉县事。以梅占魁为司令官，梅为宿将，深悉温处防务情形，所有水陆巡防悉归其指挥。自任民政及军政之重要部分，添置军械、督练乡团，清理财政，裁减冗费，分科治事，知人善任，不数日而秩序复常。乃请撤军府，为中央谋统一。

癸丑春，浙督朱上将军瑞以顾问来聘，勿就。继以共游西湖山水邀，乃与眷属同行，至则朱上将军执弟子礼以待。

民国八年，普济轮船失事，溺死于上海吴淞口，年七十余。

资料：

徐象藩等撰《徐班侯行述》。

《林损杂志》。

《越缦堂日记》。

《厚庄日记汇抄》。

《温州旅杭同乡会会录》。

徐世昌《晚晴簃诗汇》卷百七十四云：徐定超字班侯，永嘉人。光绪癸未进士，历官御史。

诗话：班侯性忼爽，能面斥人过，而人不以为非。白首郎潜，绝迹权贵。及官谏垣，疏陈时政，皆言其大者。善饮精医。晚年自沪旋里，轮舶遇险，夫妇同湛于海，闻者哀之。遗稿未见，止得一诗。

喻长霖《徐母金太恭人七秩寿叙》云：我班侯先生官农部十余年，淡于荣利，温恭退让，好贤下士，无贵贱少长，咸接以诚。长霖晨夕过从，深悉其伦常懿行。——《惺是斋初稿》三

刘子屏《徐班侯先生七十寿叙》代云：吾永嘉山水之灵，前清以文章道德勋业著者，三孙、二黄外，厥惟吾师楠溪徐班侯先生。……师少辄不犹人，挺生于深山大泽之中，愤乡邦科名之不昌，留学杭州数年，荐贤书，登甲榜，圭璋特达，学士钦仰。荐跻谏垣，封章弹劾，悉持大体。性耿介，不事干请，以是沉沦台职，不罄所施，然忠诚恻怛之心未尝须臾忘也。甲子，"拳匪"乱，联军入京，举朝百司纷如鸟兽散，师独毅然曰："我与国存亡也。"遂守职不去。己酉，读礼家居，闻国事日非，瓜分说炽，殷殷以外患孔棘、新学不兴为虑，乃勉就杭垣师范学校校长之聘，造就人材独多。辛亥，武汉起义，杭民有请任事者，辞不赴。风潮所至，温州土匪蜂起，道、府、县先事逃遁，府署一空，乡邦人士争电促师主持。师始慨然归，任温州军政分府数月，锄强扶善，旧属六县赖以敉平。——《盗天庐集》民国三年八月

吴兴林鹍翔《赠郭四并呈徐班侯先生》郭四为班侯所眷。云：筝琶何与乃公事，人海茫茫感岁华。汝有高歌出尘埃，天教秋月炫风花。不妨醉眼看醒眼，莫使人家误妾家。刁斗严城宵更急，枉侬风露伴钿车。——《慎社三集诗录》

陈子万《故侍御徐班侯功德塔迁徙江心》诗句有云：当年将伯呼周勃，曾为苍生起谢安。徐利三属予为班老作《功德碑缘起》，予为叙事至光复时推班老为军政分府一节，有"苍生请命，可特起乎谢安；将伯谁呼，遂交欢于周勃"一联，班老击节不已。谢安指班老，周勃指梅鹤亭统领，盖当日彼此互有力焉。

按：此事可参看《林损杂志》。

邵池师孟心侠《吊普济汽船罹难乘客文》云：中华民国七年一月五日上午三点五分钟，由申江来瓯之普济汽船为新丰汽船撞沉于桐沙洋，永嘉徐侍御夫妇暨瑞安谢君子彝家属、虞君博卿、王君小竹、何君毅夫等凡二百余人并罹其难。越九日，瑞安邵池师孟乃为文以遥吊之曰：（略）——《慎社三集文录》

鲁迅云：沪上一班昏虫，又大捣鬼，至于为徐班侯之灵魂照相，其状乃如鼻烟壶。人事不修，群趋鬼道，所谓国将亡，听命祠神者哉？！

关系：

孙衣言曰：《同人集华盖山》诗云：连年衰懒罢登高，今日青林发兴豪。共插茱萸酬令节，更招鸾鹤接词曹。谓徐班侯户部、余小泉进士。仙人已去余鸡犬，洞穴何从问狰猱。却望慈山山色近，万松长鬣自呼号。慈山，水心葬处。（其一）　城郭遥看斗柄雄，容成太玉尚遗踪。神仙每喜谈黄帝，富贵谁能访赤松。树断江光明匹练，云开山色入疏枞。不知词赋谁豪健，倾耳清声万壑风。（其二）——《逊学斋诗续抄》

按：容成洞在温州华盖山山麓，道家称为第十一太玉洞天。在故永嘉学署内有三生石、蒙泉、丹井诸胜。

挽孙仲容联云：射策失巍科，对下第刘蕡，吾侪愧死；传经崇礼教，舍设斋安定，士望谁归？

2. 张之纲

张之纲字文伯，孝廉。著有《毛公鼎斠释》。

资料：

黄绍箕《与张文伯书》云：手教义正词辨，循环洛诵，钦服无量。近人论著往往称中国为"支那"，见之辄生厌恶。公牍亦复如此，尤可怪诧，不知兄所见系何？

张棡《杜隐园日记》云：到如园，访张君文伯，父桐侯先生。有池上楼。

李笠《三订国学用书撰要》曰：永嘉张文伯、同里陈燕甫俱治墨学，有所著述，惜未见其稿本耳。

关系：

孙仲容《墨诂小记》中有云：既又从姻戚张文伯孝廉之纲许假得阳湖杨君葆彝《经说校注》，亦间有可取，因与张皋文《解》并删简补录入册。

按，《朱谱》云：先生从张之纲许假得阳湖杨葆彝《墨经校注》。而《洪校》则谓籀公从张氏假读《墨经校注》系在庚子十一月。详孙篆《孙征君年谱》。

张之纲挽孙仲容联云：巍然当代师，凡笺《官礼》、诂《墨子》、证旗谊，洋洋十万言，著述等身，叹乾嘉诸儒，无此实学；殆哉世变呕，若立宪政、挽路权、兴教育，荦荦数大端，怨劳独任，数维新人物，首重先生。

又云：鲜庵谓《墨诂》流传，视高诱、张湛诸家非但无愧，《礼疏》屹新编，何人录上石渠阁；"视高诱、张湛"，本黄仲弢学士《墨子间诂跋》。□□请《名原》写定，度赤县神州旧物藉以重光，古文成绝学，令我愁登玉海楼。公以外人所著《文明史》谓中国象形文字绝灭，愤而为《名原》七篇，盖恢张国粹之作也。

又云：儒家墨家，统合为一，为中国二千年来别开学派；法治礼治，道符大同，惜先生十九世纪仅订朝仪。

又《跋毛公鼎拓本》云：曩尝读徐籀庄、吴子苾、吴窬斋与孙籀高丈诸家《释文》，后出者视前为精审，……其详则见拙著《毛公鼎斠释》中。近王氏观堂亦有是器《释文》。……回朔光绪间，器藏潍县陈氏时，墨本至为难得。以吾乡玉海楼搜讨之勤，卒未获一佳拓，则此本之足诊尚，什袭之为我歧海书林耀其龙烛欤！

3. 余朝绅

余朝绅字小泉，乐清人。生颖异，六岁，父玉泉卒，母周抚之成立。迁永嘉南湖，从姑夫叶莐石受举业。十五应县试第一，是岁补学官弟子员。光绪乙亥领乡荐，癸未成进士。选翰林院庶吉士，散馆授编修。历充国史馆纂修，编书处协修，会典馆纂修，各直省乡试磨勘官，会试磨勘官，殿试弥封官。

当是时，常熟翁文恭公、南皮张文襄公相继当国，皆知朝绅。有以为言者，朝绅曰："枉己以求进，吾所不屑也。"甲午，中日构衅，枢臣误国，遂偕同州黄鲜庵绍箕、嘉兴沈子封曾桐、丹徒丁叔衡立钧诸名士集松筠庵条陈封事十三，皆不报，天下惜之。庚子以后，遂归永嘉。时科举甫废，有诏州县各设学堂，乡哲孙仲容乃禀商温州知府王琛，将中山、东山二书院改作府学堂，并聘朝绅为监督，嗣举为温州商会总理。吾郡通商口岸，商民有恃洋股而谋购民地者，得朝绅力乃止。宣统辛亥，岁复大饥，朝绅请发巨帑以振之，旋被选充永嘉自治议长。民国成立，设温州船商董事会，创甲种商业学校，皆有懋绩。生平著述未成，晚年究心于弈，杜门自娱。曾著《论弈诗》三十首，为世传诵。丁巳十月卒，六十二岁。

资料：

宋平子《陈介石五十生日诗叙》云：乐清余太史朝绅者，盛年得馆职，以性耻媚世，遽归不出，萧然闭户，娱文史，天下高之。

陈谧作《传》。

关系：

诒让《与刘次饶书》云：弟在郡留十余日始回舍，昨又接府中照会，以郡学堂事见属。自顾轻材，万不能任此。盖以郡中官绅意见歧出，王太守与陈经郛均意在敷衍，余小璇太史扼腕空拳，毫无权力，不得已挽弟相助。仲弢又怂恿之，强以此相委，恐大权万不能收回。然事关一郡，又不能力辞，拟请五邑贤士大夫同筹之，或有转机。明日即偕林和叔晋郡，先开一公议学堂局以张吾党之势，庶不至为众咻所挠。但望戴石如兄早到，则可助我张目。平邑诸贤殆无逾我兄者，千万乞拨冗一来同持兹议，期以旬日略更定章程，再就永邑择通达之士分任之，而奉筱璇为倡率，或可破敷衍之局耳。亮卓见亦必以为然也。

挽孙仲容联云：保存国粹，有河间五篇，别州开瓯海绅权，当世始知儒术贵；寥落朋交，继黄琼再恸，忍读泰山学案，遗书空见礼官收。

孙孟晋曰：光绪壬寅秋七月，童勖甫和温州府知府王雪庐琛提议将府城原有中山书院改办温州府学堂，特邀集府城各县重要士绅集会于精勤堂，籀公参加会议。众以总理交推，籀公辞以本邑学务初办，事多躬亲，一时难于离开，请为考虑主持人选。后来总理一席由永嘉士绅余朝绅任，陈墨农祖绶任副总理。——《孙籀公与清季温处地方教育》

附记：近邑间尚传说永嘉恶讼师梅佐羹于孙氏殁后，曾亦作联挽之，但语多刺讥，因控案之背景为余朝绅，故系于此。其辞云：我与你有什么冤？办学起争端，一切事漫不经心，任你在令尹堂前，贿吴元乔凭空论事；你为何死这样快？盖棺当论定，八大款倘有遗恨，请自向阎罗殿上，寻张藩侯再打官司。

按：令尹指永嘉知县丁维振；吴元乔名天木，受孙氏收买，到县庭证控案是梅佐羹匿名；张藩侯，与梅同控孙氏者。陈守庸老人云。

4. 吕渭英

吕渭英字文起，永嘉人。少时具康济之志，发为文章，气量称是。年十五，以简生补弟子员，旋食饩，设帐于城南巽吉山之文昌阁。举业之余，讲求先儒有用之学，究心于经济，以求可措之用者。其接人处物，壹以诚意相孚，故所交结皆一时名宿。及门受业，半远人材。登光绪乙酉乡荐，两赴礼部试，弗售。留京受业于黄漱兰通政门下，时黄公与孙太仆琴西方提倡永嘉学，奖掖后进。公于是益习于乡先辈遗书，就其道而扩充之，于国计民生利弊尤所殚习。以拣选知县指分福建，大为当轴所器，充通商局、官运局诸差，于振赈案内叙同知衔。先后知惠安、闽县、浦城各县事，任福防同知。洋务案内得保知府，署福州府一年，百废具举。历充官运榷厘局、银元局、警察局、洋务局、土药局、赈捐局、武备学堂提调。劝募海防报捐案内保道员，寻过道班。历任驿务局、商政局会办，财政局、洋务局、电报局总办。闽省当变法之初，先后新政多渭英所规划，而以所学验之于实用，亦渭英所乐为也。

嗣以世变日亟，意倦仕途，遂告归，任温州商会总理，购置鸿发小轮行驶内港，复营嘉宁商轮来往沪甬。……并提议开办银行、电灯、电话诸实业，以同志者鲜，迟至十年，地方实业银行、普华兴记电灯公司、普益电话公司始成立。

张坚白总督两广，岑西林介渭英往，总理广东银钱局。……嗣以浙江地方银行朱晓岚董事长函聘赴杭整顿行务，由协理被推为总理。厥后张再任广东巡按，渭英复奉召入粤，仍任官银钱局，遂改银钱局为广东地方实业银行。迨南方中央银行成立，议将实业银行归并，渭英立即办理移交，事竣回里，享林泉优游之适。先是，渭英弟访谿于屋之西偏筑有园亭，渭英归，拓而颜之曰"于园"以寓友于之爱焉。

渭英能诗并画，诗盖断自入粤以后。民国丁卯九月卒，年七十三。

资料：

任宏中作《吕公纪念碑记》。

池志澂《吕文起诔词》云：甲子八月，闽浙构兵，驻温浙军旅长郝国玺主战，地方惶恐，纷纷逃避。君入见郝曰："省电欲和平解决，公何以必战？"郝以闽军进迫为辞，遂涕泣告曰："地方生灵所关，公第能退兵，闽军缓冲由某任之。"郝始勉诺。君乃来瑞，连夜渡飞云江，赴平入告闽军旅长彭德铨。彭善君为，即次兵我瑞以待君归。浙军退，闽军遂安然由瑞晋永，两邑幸皆无扰，此皆君之德也。

关系：

温州人创办图书新社，孙先生与吕文起各捐巨册以助之。

5. 陈寿宸

陈寿宸字子万，晚号意园主人，世居永嘉县城。七岁能文，十六入邑庠，从父往杭州，肄业于诂经精舍，学遂益进。归应岁科及书院试，辄冠侪偶。清光绪丁酉，膺选拔，寻例授知县，不赴。历任金鳌、环山书院山长，造就甚众。科举废后，主温州中学国文教席十余年，以老病辞去。寿宸夙渊源家学，父兄自为师友。又与其乡徐侍御定超、余太史朝绅、陈大令祖绶以道义文字相切磋。黄岩杨给事晨、乐清黄大令鼎瑞、瑞安胡孝廉玠皆与订莫逆交。故其学阅通端粹，不为偏畸矫激之论，而尤长于诗，工楷法，兼善画梅，亦家学也。瓯海监督如皋冒广生最重君，尝举诗社于关署瓯隐园，寿宸与陈大令祖绶、符大令璋与焉。继任吴兴胡惟贤与瓯海道尹吴兴林鹍翔、海宁张宗详皆风雅吏，咸契寿宸。……卒于民国十八年，七十三岁。著有《田球通义》一卷，《意园诗抄》六卷，骈文二卷，散文一卷，诗词四卷，《意园随笔》一卷。季子仲陶亦以善诗名。

资料：

刘次饶《陈子万先生传》。——《厚庄文抄》

拙作《意园老人陈子万先生》。——《温中校刊》

关系：

陈子万作《怡园看绣球花》云：曾对当年旧主人，玉友金昆同把臂。杏梁如故燕巢空，芳容似有含愁意。不林对景索题诗，孙绰纪游萦绮思。叶君蓉楼尝邀孙君仲容与予同游数十年来梦如昨，世界沧桑花不异。——《瓯隐园社集》

6. 陈祖绶

陈祖绶字墨农。

资料：

孙仲容《与刘次饶书》云：中学堂事，似非破坏不能议建立。弟前日曾议留介石半年任此，但必须墨农肯退方好措手。太尊于新学未能深究，又素疑新进少年之多事，故力持仍旧不必更张之论。鄙意拟请筱木兄密劝墨农辞总理而举介石自代，如此则太尊必能相信，且于墨农面子亦留得住。此是第一妙着，不审渠能受此忠告否耳。

宋燕生云：陈墨农祖绶、经敷祖纶昆仲两大令招集揖峰亭，同座有黄仲弢学士绍箕、孙仲容比部诒让、王雪牧大令岳崧，同年项申甫太守崧，余亦与焉。为赋诗以纪：危亭出层霄，大江为门户。潮汐自暮朝，云烟互吞吐。九山如排衙，斗柄轩然举。东瓯一弹丸，形势眼中聚。胜游载酒来，主宾雄龙虎。奔鲸驱怒涛，樽前乱飞舞。兴酣觞欲浮，坐久日移午。江心双塔铃，临风似对语。此会各东西，送客在南浦。时仲弢学士先还朝，而余与墨农、经敷以服阕，均赴宦，行与斯亭别矣。长揖谢山灵，我亦离乡土。

7. 王俊卿

王俊卿原名毓英。

（四）乐清

1. 曹文昇

曹文昇，字子旦，乐之大荆人。父应元，岁贡生，以学行称乡里。少受家学，后复从黄岩王柔桥棻游，受经学。继从富阳夏灵峰震武学象山之学，又融会于考亭。故学先生之学，以实事求是、身体力行为主。清廷颁新学制，先生首创印山学校，手编教科书，躬习英文、算术以课子弟。未几，东乡、县城各校延之任教，继任乐清劝学所总董，为温州中学、师范两校教员，复归为乐清劝学所所长。庚子后，新政颁发，先生于其乡设半日学校以课僧民，又于雁山开讲学会。于实业，则创林牧场，设贫民习艺所。后又设大荆商会，办商团，设警察，大荆自治。辛亥八月，革命事起，先生与邑人设自卫政务厅，浙江都督委先生为民事长，三日事定，辞去。在杭时，设留学会馆以联各县侨民以待旧温属之游士，实为旅杭同乡会之嚆矢。归乡后，治乡团，诛匪首，知事张寅荐为区官，省司委先生为中学校长，但先生为桑梓之急辞之未就。壬子二月二十五日，因剿匪归途中被匪所执，致害死。匪首缪四闻之，大骂众匪徒曰："何杀此好人！"挥泪而去。耗至，乡民罢市巷哭，丧归之日，夹道罗拜。先生事亲孝，父丧，苦墓庐守哀三年。待兄弟友而恭，朋友敬而信。其与人也，至诚恻怛，处事廉公有威。著有《耕心堂集》十五卷。——《温中校刊》第十三期，民国三十一年一月

2. 黄仲荃

黄仲荃字式苏。

（五）泰顺

1. 林用霖

林用霖字亨甫，泰顺人。林太冲之子，著有《望山堂诗续》。

林鹗字太冲，子用霖作《行状》云：府君讳鹗，字景一，一字太冲，别号迁谷，姓林氏，浙江温州府泰顺县人。曾复斋先生主讲罗阳书院，特器之，招侍函丈。先后从江西名儒吕月沧、李协庄两先生游，专心理学而试辄不售，充壬寅岁贡，选就兰溪训导。……所学尤邃于《易》，著《望山堂诗集》。卒于同治甲戌，八十三岁。

资料：

《泰顺县志》。

徐世昌《晚晴簃诗汇》卷百五十一云：林鹗字太冲，泰顺人，贡生，官兰溪训导，有《望山草堂诗抄》。

又云：林用霖字亨父，泰顺人，诸生，官霞浦典史。有《望山堂诗续》。

关系：

孙衣言曰：《庚辰自营寿藏，与泰顺林亨甫县倅遍历潘埭山中。亨甫老矣，予亦蹒跚随之，口占戏呈一笑》诗云：平生经世志，白首成渺茫。慨然舍之去，乃复求所藏。自视还一笑，七尺徒昂昂。寻山恃腰脚，穿谷登高冈。我友入地眼，我乃目望羊。迎龙寻结穴，拨砂防离乡。遂历山向背，细审泉阴阳。但恨此突兀，不自言否藏。刘伶昔荷锸，或封若斧堂。随俗聊复尔，亦免痴儿忙。我友笑向我，更登前山苍。——《逊学斋诗续抄》二

《送林亨父县佐之福宁厘务》诗云：白日看山夜读书，无端催促费文符。才非百里今姑去，官近双亲我不如。倦鸟渐安林茂密，惊鱼犹望网恢疏。从来一命关当世，它日知君有远谟。——同上卷三

又，《书林亨甫〈望山堂诗续〉后》云：道光二十七八年，予在京师，林君太冲自泰顺来，与予游处甚欢，间数日即一见。太冲年逾五十而意气弥盛，好饮酒为诗歌，好读兵书，知剑法，旁通天官、历数、技术家言，于天下兴废成败之故尤耿耿不能自已。相与论一时之人才，无尽当其意者。性刚鲠，好面折人过，事有不可意，辄椎床呼叫，声震堂室，人或以为狂也。居京师数年，郁郁不得志，遂从予弟粤西学政幕府，与守桂林城，叙功得兰溪教官。不数年，弃去。得主郡城中山书院以卒，年八十四。既卒，而所为《望山堂诗》盛行于世，于是天下但

知太冲为诗人矣。——《逊学斋文续抄》一

《林太冲前年在舍弟广西幕中，适贼围桂林，相从守城，今以大吏论功，得以教官用，戏寄》：林叟能言禄命书，三年乡邸出无车。自云白发堪时用，却指青云有特除。跃马男兄犹肮脏，明经科第已迂疎。君恩自此容沽酒，击剑高歌好待予。迂谷喜谈命，四年前在京师，贫甚，常就予饮酒，自云六十三岁当得官，今果然矣。——《逊学斋诗抄》九

《林教谕太冲鹗寄兰溪烟丝，戏谢以诗》：广文先生老好事，兰溪烟丝为我致。我闻此物名相思，包裹重重识君意。平牛嗜好同饮茶，涩吻枯肠有所恃。……

小鬟吹火趋来前，腹中诗香书有味。略有遗恨味过辣，颇似先生性姜桂。或者恐我软随俗，以此为砭良非戏。向使顿首再拜嘉，时能相念后当继。——同上六

《寄答林太冲学博兰溪来书》：林叟贻我书，读已令人涕。自云衰白翁，老矣不及事。我不以为然，公老勇有气。……苦思博士堂，山县若避世。论道谈诗书，弟子日三四。于世遂无闻，养生绝忧虑。况公饮能豪，无事勤买醉。——《逊学斋诗抄》卷六

又，《书林亨甫〈望山诗续〉后》云：子亨甫又自泰顺来，须发皓白，视太冲在京师时加老矣。其笑谈举止、议论意气无一不似太冲。予见亨甫，弥思太冲也。……以所著《望山诗续》见示，其诗之工，又似太冲也。亨父自少即好学，负奇气，有名庠序间。数应乡试辄不利，入赀待次于闽，得尉霞浦，以剿平"会匪"功，得县丞。以母忧归，逐不复出。今年六十有五，衰老且病，不复有四方之志矣。……太冲之诗，才逸气雄，浩浩荡荡，如长江大河，而亨父优柔敛抑，务为近情切理之言，所诣不同，要其指趣之高，忧患之深，可谓父子一家者也。——《逊学斋文续抄》一

孙锵鸣云：泰顺在吾郡为最荒僻，自明景泰置县，人文寥落，无大表见于世者。顾乾、嘉以来，曾鲸堂大令以经学古文鸣，董眉伯进士以诗鸣，近者余友林太冲广文博学善著述，耄耋不倦，不幸今岁二月亡矣。兹序先生文，固不能无老成凋谢之感。——《董斿〈太霞山馆文集〉序》，同治甲戌十月

关系：

孙仲容《罗昭谏江东外纪辩》云：《江东外纪拾残》一卷，余友泰顺林亨甫县丞用霖所刊。……注：亨甫为余父执林太冲学博鹗子，恭承家学，雅擅文笔，曩尝举此数事质之，

亦不能答也。窃疑此书即亨甫少年戏作，英雄欺人，不暇详考史籍，故留此罅隙，特不肯自名其伪耳。今亨甫物故已十余年，检箧中，得此《辨》，存之以附诤友之义，俾后人无摭为亨甫诟病也。——《述林》三

又按：万历《泰顺县志》：泰顺林县丞用霖语余曰："邑中某氏旧有藏本，今归他姓，不知尚可物色否？"——侯一元、侯一麐《泰顺县志》卷十

2. 周焕枢

周焕枢字丽辰，号盥孚，泰顺人。泰顺邑万山中，山水幽奇，人物踵接。及周君出，则益广游学，事友哲鸿，斟酌百氏，冥观古今。发为文章，追逐汉、魏。居恒郁郁不乐，悼八儒之坠绪，愤异域之威尊，慨然思张孔教，振黄族。光绪丁酉，著《大建素王教会议》，赤县之有心者见之，莫不起舞。宋衡读之而太息曰："壮哉周君！遭世浑浊，崎岖途穷，厥志愈笃，弗克及也已！"平子

盥孚生有异禀，读书能强记，过目不复忘。余辛巳始一识盥孚，是时我邑孙琴西太仆致仕归，置诒善祠塾，招当时能文士讲肄其中，人材称盛。而太仆谓人曰："他日得我文真传者，其周盥孚乎？"太仆故以文章名海内，于是盥孚之名始大著。……盥孚性豪放，泛滥百家，嗜酒而不喜谐笑，醉则大声作庄语，最不善治生，卖文度日夕。介石

丽辰先生将往台湾，谒沈吉士方伯，过此，仲舅父赠以程仪若干金。先生颇负文名，与瑞安陈志三先生为至交。仲愚母舅尝与同学于孙太仆衣言家之诒善祠。次饶

丽辰与蛰庐介石交，颇讲经世之学，而文境又一变矣。江左宗湘文公观察吾瓯，方聘陈蛰庐与余办郡城利济医院，兼设学堂、报馆，而丽辰遂为报馆中主笔。宗公好问礼贤，亦契异丽辰，所以丽辰集中大半皆当日上宗公书议并新闻报章，然皆非丽辰平时满意之作也。志澂

资料：

陈介石《〈欠泉庵集〉序》。

宋衡《书周焕枢〈大建素王教会议〉后》。——《六斋无韵文集》卷一

池志澂《〈欠泉庵集〉叙》。

刘次饶《厚庄日记汇抄》。

池志澂曰：光绪初叶，吾邑科举甚盛，太仆师以江藩归里，设塾于家，引乡

里好学文章之士专肄举业，同时著籍者数十人。……而余与丽辰亦从学其中，独嗜古文词。时《逊学斋文》早出，为世所宗。湘乡之嫡传，桐城之别派也。余时年二十有六，丽辰年方二十有三，间有抚摩，涂辙桐城，太仆师见之，辄喜曰："汝之文气刚而达，丽辰之文笔险而入，如二生者，始可与言。"师更取此独得乡先正永嘉之文，讨论综贯，而丽辰之学遂日绝而益精，而文境一变矣。

又曰：余常抵书于陈蛰庐、介石曰：泰顺周丽辰，畸士也。与余境同、遇同、志趣同、议论同，独文章不同。君其友之乎？丽辰于是始与蛰庐、介石交，颇讲经世之学，而文章又一变矣。——均见《〈欠泉庵文集〉叙》

关系：

周丽辰《欠泉庵文集》中，有《与孙仲颂第一、三书》云：顾尝追忆从游之初，同学多高材生，若者登贤书，若者贡成均。上之附名寿世，金石千秋；其次一邑一官，操券树业；又或感于速化，鸣其不平，门户自异。至有论学则出门合辙，问心则入室操矛，然而诸公衮衮，青云在目。若其屯塞否塞，臣精销亡，年未四十，蒜发生颠，一齿龋坠，学无一成，行将泯泯者，独焕枢一人耳。

致黄仲弢函云：周君晓芙，泰顺第二周，曰周恩煦，字晓芙。清才笃学，久在青睐。兹因江宁邓观察裕生之聘，便道渡江，敬谒尊公，并求雅诲。故乡旧雨，可以畅论文史，惜鄙人蜷伏里衖，无由一聆绪论也。

六、好学子孙

某报云：温州为浙东人文之渊薮，永嘉学派自宋著名，经术文章代有宏硕。爰逮有清，瑞安孙、黄二氏人材辈出。黄漱兰先生既政学兼长，名满海内；孙仲容征君尤湛精经术，为近世魁儒，所裨于瓯海学术者至多。先后以降，虽声光少替，而前贤遗徽沾溉尚宏，笃学颛研，颇多奇士。——《瓯风杂志·本社纪事》

刘绍宽曰：吾乡后起之士，治经治史，颇多绍述孙、黄两先生之遗绪，若能盱衡时事，讲求事功，吾知永嘉经制学派必有远绍其绪者矣。——《籀园笔记》

又曰：吾乡自太仆后，科甲蝉联而起，文风远胜于前，不可谓非其倡导之功！至今新学盛行，而后进蔚起，尚能承其遗绪者，惟瑞安为最，则饮水思源，功何可没也。——同上孙衣言曰：乡里后生，有读书之才、读书之志，而能无谬我约，皆可以就我庐、读我书，天下之宝，我固不欲为一家之储也。——《玉海楼藏书记》

又曰：生七十古来稀，诸老乾淳要嗣徽。经术止斋通物务，永嘉经制之学，开于郑文肃，至文节陈公集其大成，通今知古，最有裨于实用，余常以此为后进劝。文章正则妙嘲讥。水心尝戒学者作文不可骂人，然水心即不免此。岂无师友如它日，文节谓吾乡最重师友。亦有名家或庶几。后起即今多俊妙，永嘉学者未风微。——《七十自寿诗》之一

又曰：近世文章唐末造，吾乡人物宋南迁。萧萧蓬鬓空铅椠，六代维衰望后贤。——《逊学斋诗续抄》四《贺黄仲弢绍箕入翰林》

七、郡邑后辈

（一）项骧

项骧字微尘，霁曾孙。少从同里池源瀚治诗古文学，未冠，补博士弟子员。旋就沪梅溪书院，受业于江南张经甫。复入南洋公学，与邵力子、于右任、谢无量辈同为特班生。与丹徒马相伯创立震旦书院。甲辰冬游日本，乙巳赴美国，入哥伦比亚大学习政治经济，得硕士学位。归，应廷试第一，授翰林院编修。民国初元，任财政部首席参事，部制章则多出其手。迄癸亥，三任财政次长，兼理部务并盐务署、稽核总办，授一等大绶嘉禾章。居官廉介，皭然不滓。主办财政盐务专门学校，创行所得税，而争回铸币径位与拒绝金佛郎案，尤其荦荦大者焉。丁巳，奉命出席上海修改海关税则会议，多所厘正。旋赴英国考察财政，并与友人美国财政专家费熙氏、英国克里斯浦氏草拟中国币制金本位计划。乙丑，解组归里，刻意撰述。庚午，东南大水，沪人士以骧与美总统胡佛氏有旧，乞电呼吁，大获赈济。抗战军兴，激昂慷慨，剀切陈词，捐金为反日会倡。辛巳夏，敌陷县城，骧仓猝不及避，为敌威胁，誓终不屈，以是忧愤，罹脑充血症，风痹累岁。乙酉秋，敌再陷永嘉，进窥瑞、平，阖城奔避，骧以不克再见沦胥，遂绝意绝粒，于是年十一月卒，年六十六。……国府明令褒扬。著有《浴日楼诗集》，已刊。草《太平天国史》，未竟。并译《布尔希维克主义》及《人与机械》等书。又工书法，遒劲深秀，得之者珍如拱璧云。

按：骧著《太平天国史》稿本，现存伊子锦裳上海寓。王超六云。

资料：

《瑞安县志稿》。

《追悼会缘起》。

刘绍宽《厚庄日记汇抄》云：前月十六日，自杭郡来沪，将作归计，殷君铸夫邀留共学于震旦学院。震旦者，南洋公学学生散后自办之学堂也。瑞安项君渭臣总理其事，教习马相伯先生建常为眉叔先生建忠伯兄，学贯中西，为今硕儒，仰慕久矣。遂于十九日进院，廿一日上班，学习拉丁文，继复学习英文于项君渭臣。马齿加增，脑力日减，未知能否成就耳。——癸卯十月初五日

马君武作《浴日楼诗集叙》云：微臣作莎士比亚名著《罗马大将凯撒传》，长老欢传赞叹。不意居留美国旧金山，为地震所火毁，二年心血，付之虚空，至可惜矣。归田之后，优游山水，耽心著作。

关系：

孙诒让《与刘次饶书》云：又传尊谕，属访聘西文教习，增加脩脯，已遵致项渭臣矣。此次轮船到埠当有回音，惟燕生能否旋里，尚无确音耳。

挽孙仲容联云：言寿本无龄，遗著长留天下口；灵魂终不灭，先生但蜕世间身。注：西哲谓立德之寿、立功之寿为有龄，惟立言之寿则无龄耳。

项骧为予作《传经楼记》一文中，有述及孙公事者云：我州僻然海隅，文献凋敝，不足与中原抗衡。然自宋、元以来，永嘉之学当代称之，厘然绍洙泗而媲濂洛，郑文肃私淑安定胡氏，以经义治事；薛文宪、陈文节、叶文定诸儒继之，人才辈起，治经学有成名于当世者亡虑十人。清代孙敬轩精于三礼之学，著《礼记集解》诸书；孙仲容著《周礼正义》，诂经最精，不让乾、嘉诸老。士之卓然自立者无代蔑有，而谓其时其地能限之耶？己巳孟夏

（二）林大同

林大同字同庄，瑞安学前人也。天性纯笃，自幼举止如成人。独嗜读书，他无所好，乡里耆宿如黄仲弢、胡筱玉皆深器之。庚子之变，以时务艰虞，不可蛰居乡井，及负笈求学上海，考入南洋公学特班生，从沈寐叟游，同舍皆当时知名之士。居年余，特班停办，乃赴日本，入弘文书院普通科，旋考入东北帝国大学土木工程科。宣统元年，卒业归国，应留学生考试，得工科举人。入民国，历任浙江水利委员会主任、钱塘江塘岸工程处处长、水利局局长。任事敢为，多所建

树。如疏浚余杭南湖、湖州苕溪、碧浪湖、嘉兴泖湖、萧山湘湖、宁波东钱湖、余姚黄山湖等，与有劳焉。其时犹太商人哈同筑罗苑于西湖上，力持不可。书上，虽不行，而豪势亦稍戢焉。尝凿嘉兴自流井，功尤著，沈曾植为撰《玻璃泉铭》以纪其事。浙江省长齐耀珊荐以简任职，存记有"林某不特学有专长，其气节之高尤为当今不可多得"之语，其见重如此者。晚充温州同乡会会长。尤喜习书，善章草，与绍兴马浮最契，其书用笔波磔亦尽相似。卒年五十七。遗著有《伦理学》《鉴止水斋随笔》等，未刻。

资料：

《瑞安县志稿》。

林镜平等撰《林大同行述》。

《文澜学报》第二期第二卷《书林》云：林大同先生留心文献，熟谙乡邦掌故，有《鉴止水斋谈屑》之作，载《温州同乡会会刊》中。

按：《展览专载》云：清德清许宗彦好藏书，"鉴止水斋"中插架累累。……其斋额后为瑞安林大同所得，林君则以移额其居，盖林君固宗崇其乡先哲陈止斋傅良、叶水心适之学者。

关系：

林大同挽孙仲容联云：大道东行，弱水三千无所阻，负图愧微功，青简尚新公已古，倘神游穷岛，亲聆弦歌，定惊鲁城诸生，胡来异域；子身北迈，莲山一万重相隔，悬剑会有时，白云徒存德滋邈，每手披遗翰，用理碑碣，冀遇延陵季子，与恊同心。注：丁未孟秋，重辞故国，临行晋谒，曾蒙赐书。书为先生新刊《周礼正义》凡二十八册，海涉重瀛，卷积数尺，携至北海，幸无散佚。即转呈校长佐藤博士，冀光吾汉之绝学，惠此邦之士林也。博士深精汉学，得书称谢，储之书府，视若秘宝。时命诸生迭相浏览，好学之士传观不倦。虽地僻荒陬，人余夷种，先生之作，众口咸诵；先生之名，震滋殊俗矣。盖闻道苟不行，居夷非陋；礼而或失，在野可求。挽近欧化东渐，古学寝衰，国粹存亡，未可逆睹。先生今兹之绝作，将为孔壁之遗编，韫椟异国，待发它年，所谓不朽盛业，殆惟先生有之欤。大同北迈以来，接先生函索虾夷古迹。近才从事蒐集，仅得碑碣数品，方欲付邮藉供鉴玩，遽闻杖履已返道山，抚物念旧，怆然永怀，因成此联，聊抒哀思，匪敢言回文，冀邀灵鉴。

（三）虞廷恺

虞廷恺字博卿，江上人。

资料：

关系：

挽孙仲容联云：送我九月前，金石千言犹在耳；哭公三日泪，东南半壁痛何依。客秋恺东行，公辱临远送，详示宗国近状，并以"力学报国"语相勖。今年归，将复求教于公，而公竟归道山矣。悲夫！

章太炎《与孙仲容书》云：旧学放失，怪说昌披，近有欲以万国新语改汉土文字者。麟方作《驳议》一篇，以世人多谓汉字难知，故复新定纽文韵文，令蒙学略知反语，已属虞君转呈。其有恈缪，先生幸謜正之。延钊谨案，此即《太炎文别录》卷二《驳中国用万国新语说》。虞君廷恺，字博颐，瑞安留日学生，今已故。——《余杭先生与先征君》孙延钊

（四）许藩

许藩字介轩，水心庙街人。

资料：

关系：

孙孟晋曰：光绪甲辰，童道台饬各县学界各选送学员二人，每人饮助百金为治装费，令赴日本留学。于是瑞安派遣普通学堂学员陈勉卿恺、许介轩藩二人留学东京宏文书院数理化专修科，拨给地方公款六百元为学旅费，以修业一年为限。——《孙籀公和温处地方教育》

又曰：瑞安县开办了官立中学堂，因将瑞安演说会停办，拿旧县学考棚改建校舍。……总理由籀公担任，项申甫副之，蒋屏侯作藩为监督。……时陈勉卿、许介轩二人自日本归来，即以分任中学堂和高等小学堂理化教习。——同上

许藩挽孙仲容联云：先生道学，犹有千秋，试问两浙前途，谁肩教育；海内儒林，同声一哭，何况十年门下，久荷裁庇。

（五）黄群

黄群字溯初，永嘉人。少时留学日本，归任湖北法政学堂教习。武昌起义，入浙，参与独立。国会选举，当选众议院议员。袁世凯称帝时，在沪主办《时事新报》，抨击甚烈。旋与梁启超易服南行，经安南入桂，说合西南，奠安民国。抗战军兴，自日本回国，秘密往来港、沪，设计揭发日汪密约，凡有建白，皆不居

功。以三十四年四月病殁重庆，享年六十有三。遗著有《敬乡楼诗》三卷，已刊行。

生前好藏书，尤致力于乡邦文献，搜集乡先哲遗著至数百种，择要刊刻为《敬乡楼丛书》，都成四集三十八种行世。楼毁于火，书尚余若干册存上海。又于八一三沪战，为日寇所毁，其书余有六千四百三十册。其子达权敬奉遗命，捐献郡籀园图书馆。

资料：

陈敬第作《传》：君讳群，又名冲，字溯初，浙江永嘉人。……幼好学深思……喜乡先哲遗著，过戚友家，辄大索纸籖，亦往往获残帙。师事瑞安陈黻宸。弱冠赴杭州，考求是书院，平阳宋恕为总教习。宋去，君渡日本习法政，遭嗣父忧返国。瑞安孙诒让总温处学务分处，挽君为助。再渡日本，归任湖北法政学堂教习。武昌革命军起，君潜入浙，佐周承菼独立。南北议和，开国民会议于南京，浙推君代表，偕各省代表驰汉口制定临时约法。君创立国民公会，以光复会为中坚。光复会者，肇于清季，倡革命，与同盟会分帜，会稽陶成章主之。徐锡麟刺安徽巡抚恩铭，熊成基大通起义，同时殉难者如陈伯平、马子畦等亦数十辈，事在黄花岗诸烈士起义前。成章被狙击死，会众稍稍散，君故与习，悉纳诸公会中。北方有协进会，推藉忠寅南下谋合并，君亦赴湖北合并民社，名共和党。时汤化龙、刘崇佑、孙洪伊等集合各省咨议局议员设共和建设讨论会，寻改称民主党，卒又由共和、民主两党合建进步党，君奔走之力为多。国会选举，当选众议院议员，折冲各党间，以诚相见。袁世凯谋称帝，先解散国会，君至上海，主办《时事新报》，谠论抨击洪宪僭号。蔡锷、戴戡分赴滇、黔，君与梁启超易服密入安南，由洪基登陆，启超赴桂，君迂道老街抵滇，返安南入桂与启超合。滇、黔、桂、粤先后举义旗，连兵抗帝制，又南说冯国璋内应。世凯死，兵解。国会再开，复任议员。武人恣肆，变乱相继，国事益不可问，君意不如殖产以厚其力，待时而动。鸠资成立通易信托公司，志不在逐什一，亦非市隐鸣高，朝野士夫，广为接纳，意气未尝少衰。尤能济人缓急……日寇内犯，国都播迁，疆域沦陷太半，国民党副总裁汪兆铭脱自重庆，勾结日寇，组南京伪政府，君力阻不听，自此往来香港、桂林、重庆间，不受羁络。日寇占香港、桂林，乃寓重庆，凡所建白，侃侃不挠。三十四年四月二十六日卒于重庆旅次，年六十有二。……生平好藏书，多搜求乡先哲遗著，筑敬乡楼藏之。楼毁于火，书尚余若干册存上海，又为日寇所毁。曾校印《敬乡楼丛书》三十八种行世，……晚年间涉吟咏，雅近诚斋，自辑诗为三卷。……

梁启超题《黄太公寿辞》云：（上略）闻之，善教者使人继其志。吾侪交溯初久，因以想像太公之为人。溯初刻于持己而敏于察物，忠于待友而热于忧世。事所宜任者罔不任，顾謇謇焉终不稍自枉以徇流俗。故常在困横中，然锲而不舍之度终不改也，意者其所受于太公之教深矣。——《饮冰室文集》

又《题敬乡楼图》云：敬乡楼者，黄冠圭先生所构，用蓄楹书以遗子孙，而吾友溯初幼时与群从诵读游息之所也。楼中毁，书廑无恙。比年以来，溯初搜藏益富，自宋以迄清季，其先哲著作略备，孤本且十数，将精校汇刻为《续永嘉丛书》，其于维桑必恭之志事，可谓善继述者矣。乃属汤定之为作斯图以诵先芬而永礼怀，且为校理秘文之业，悬荔记焉。乃见是楼之再造，与故书之复活，同照耀瓯海永永无极也。戊辰立夏。——同上

刘翰怡《跋袁爽秋日记》云：（上略）黄溯初搜集温州一郡乡贤著作，用力数十年，多人间未见之本，玉海孙氏、蓼绥黄氏所藏，亦为彼所吸收。前日闻友人言，尚未散失，正拟函询，闻之寄顾，知通易事急时，其书移存天通庵左近。战事起后，该地已成灰烬，人间异籍亦随之而去，惋叹累日。否则，溯初夙以公诸社会为职志，必能与我合作也。郡人徐寄顾，商界巨子。

关系：

刘次饶曰：我友溯初黄子，以尊人冠圭公之命，从瑞安陈介石先生游，且及孙仲容先生之门。既习闻其绪论，复出游日本，博览泰东西之学说，兼考其政治风俗，归而与闻国政有年，充其生平阅历，闻见益广。

吾乡先哲，自有宋以来，鸿硕辈出，其道德、事功、文章、气节，实有以淹贯古今，旁通中外，而范围不过，曲成不遗者。于是仪其人，读其书，爱之重之，衰其所已见而益搜其所未见，识大识小，并蓄兼收，得四百余种，贮之一楼，颜曰敬乡。

刘贞晦曰：吾永嘉自唐以来，先哲遗书，著录于《温州经籍志》者一千三百余家。予友黄君溯初先后搜辑，三十年间，得书四百种。其中宋、元、明、清仅存之椠本，诸藏家传写未梓之书殆百种。有为《经籍志》所未著录，有著录已佚者。盖搜辑之际，瑞安杨君志林、其子则刚与有助焉。今年三月，予旅次海上，溯初为发所藏书，选印十种，属当校理之事，而溯初自董正之。十七年十二月。

昔光绪初叶，瑞安孙氏始刊行《永嘉丛书》；后三十年，如皋冒君鹤亭官永嘉，而有《永嘉诗人祠堂丛刻》；又后十年，乃有此书。

又曰：昨岁客海上，为溯初校印《敬乡楼丛书》，成第一辑。冬暮归永嘉，今春复来，校印第二辑，又成书八种。十八年二月。

刘次饶曰：予友黄君溯初校印乡哲遗著，成《敬乡楼丛书》一、二辑，皆刘君贞晦为之襄校。今岁贞晦以事入都，溯初邀余踵其任，始知其编辑之例，意在表微。民国二十年十二月。

刘贞晦曰：今春来沪，溯初复属校理《敬乡楼书》于其寓庐。时事俶扰，优思无聊，同对古人，贤于独叹。月维仲冬，板印共葳，得右书十种十八册。盖至是《敬乡楼丛书》已出四辑，总为书三十有八种，七十有一册。发陈编于久潜，备博览于来学，溯初表章乡邦文献之素心，宜足以稍慰矣。

溯初《自题〈敬乡楼丛书〉》云：南宋文章称永嘉，乡贤遗著有英华。编成丛刻堪珍重，安得人人书满家。

附：为敬乡楼作文与诗之作者名单：

为《敬乡楼图记》文者有刘景晨与刘绍宽。

为《敬乡楼图卷》题诗者有：黄群溯初，次其韵者有：刘景晨、黄迁胥庵、陈衍石遗、刘绍宽次饶。

《丛书》辑成后，为诗祝颂者有：郑汝璋孟达、黄迁胥庵、湖南李洣佩秋、镇江柳诒徵、林彬佛性、刘绍宽次饶、王理孚志澂、夏承焘瞿禅、张之纲闻百、陈闳慧仲陶、福建刘道铿放园、潘国纲、宋慈抱墨庵、洪邦泰鲁山、黄镇磐、福建黄孝纾公渚、王敬身等。——《蒌绥年刊》

《敬乡楼丛书》跋，一、二、四辑刘景晨作，三辑刘绍宽作。

乐清黄迁云：辟地东瓯始纪秦，千秋文物溯椎轮。自从经制传南渡，绝学昌明代有人。　　玉海楼深暮雨昏，蒌绥阁亦怆诗魂。丛残故籍无人问，话到沧桑有涕痕。　　百年世事有乘除，文献陵夷自劫余。却喜吾宗勤掇拾，人间犹见永嘉书。——《慎江草堂诗续集》

附：温处学务分处创始：

光绪乙巳六月，温、处留日学生永嘉吴碧华钟镕、黄溯初群，青田陈兰馨琪等在暑假中归来。鉴于两府地方教育事业正在开办，而地距省城较远，亟宜就近设立一个管理机构以上承省学务处而分任其事，专负其责，使得进行上较可便利，三人即向温处道童劭甫提出建议，童表示同意。于是招集两府各县士绅会议于温州府城谢池巷张氏池上楼，应邀参加者，有永嘉张文伯之纲、刘冠三景晨，乐清吴郁哉熙周、黄仲荃式苏、石聘南温辉、陈春坡锡麟、郑雨农良冶、刘久安之屏、冯地造豹，瑞安郭椴斋风诰、杨志林绍廉、洪藻卿炳锵，平阳刘次饶绍宽、王仲孚宗尧，泰顺刘宏轩项宣、青田徐寿九南、龙泉叶筱圃维周等五十余人。由建议者三人发表意见后，讨论决定：机关名称曰"温处学务分处"，公推籀公担任总理，联名具禀道署，转详抚院。浙江巡抚聂缉椝复准照办，即借纱帽河沙氏宗祠议立筹备处。时任浙江布政使兼省学务处总办者是一个旗人宝棻，头脑陈旧，态度顽固，意欲推翻原案，说什么"奏定各省学务处章程无下设分处之规定"，饬道暂从缓行，引起两府学界的共愤，联名公电京师学务大臣张百熙和孙家鼐，同时温州同乡京官也集会声援，推黄仲弢和永嘉徐班侯定超为代表，力向张、孙进言。张、孙以为可权宜办理以顺舆情，并即电令浙学务处特准分设，案才大定。而童道卒于任，继来署理者程筱周恩培也颇热心教育，慨然将温属各县所奉馈给他私人的"参赞"一款捐出归公以充温处学务分处开办费，计七八百元。学务分处旋于十月二十二日正式成立，籀公就总理职，将筹备处所拟章程草案三十七条核定施行。章程规定分处组织分文牍、管理、编检、调查、评议五部。

按：丙午夏间，学部奏定各省学务官制，各厅州县各设劝学所。籀公以学务分处名称又为新章所无，呈省请示办法，当奉令将"温处学务分处"改称"温处劝学公所"，规制一切仍旧，并统辖两府十六县劝学所。丁未春，奉省令饬改"温处劝学公所"为"温处学务总汇处"，移设于校士馆，即后温州师范学堂之校舍内也。可参籀公所自写《温州办学记》。

（四）刘耀东

刘耀东字祝群，青田九都人，其父凤仪，清廪贡生。著有《疢颇日记》二册稿本。

资料：

拙作《章太炎与青田》。——《温中校刊》

八、乡里后生

小序

先生之学，自其次子孟晋君稍能继承外，无传弟子。顾乡里后生私淑之者特众，就余所知，友人李笠雁晴其尤也。曾校补《墨子间诂》，并约同志组织籀顾学会，拟整理孙氏遗著，开放玉海楼藏书，后以事不果。先是，薛君储石、杨君则刚亦皆本孙氏家法治永嘉学及校勘学，薛纂《永嘉学案》《籀顾年谱》，杨作《輓鲰楼丛编》，各有成就，惜乎享年不永。近者宋墨庵、陈穆庵、夏瞿禅、李孟楚诸子皆留心乡邦文献，办瓯风社，印行杂志以表扬之，从此吾温彬彬多文学之士矣。某年月日，朴垞识。

流布后生中，取其继承孙公学术或志业而有著作者列之。朴垞又识。

（一）薛钟斗

薛钟斗字储石，瑞安第一巷人。父玉坡，邑岁贡生。钟斗儿时，岁贡君即出惜抱氏《古文辞类纂》命读之。弱冠失怙，入瑞中肄业，与夏仲涛、蔡迈冲、项我田、许达初、郑剑西、周予同等称莫逆友，发起晦鸣社，欲以振起朴学，砥砺名理也。卒业后，负笈武林。至秋，革命军兴。越二岁，倦游归，跧伏里巷，时复与故友论学谈艺，思有以上继宋皇祐、元丰之遗风，下绍道、咸、同、光诸先生之坠绪。洪栋园、幼园乔梓闻而招之，洪善编传奇，钟斗助之，刺取永嘉遗事若干则，亦编《泣冬青》《使金记》《双莲桥》《女贞木》及《幽楼记》。如皋冒鹤亭监督瓯海关，尝于署内瓯隐园筑屋三楹，招钟斗与宋慈抱二子读书，并饮膏火，使专所学。钟斗在园，独校记《永嘉诗人词堂丛刻》。监督去，钟斗则归任西山图书馆馆长，期年，以腹疾夭死，年仅二十九。

钟斗性跳荡纵驰，不拘于绳墨以内，间为声色冶游及技击诸务，人多爱之而不敬。钟斗则曰："我大德不逾闲也。"至为文，服膺姚惜抱、吴南屏二家，故简劲有法度。又曰："永嘉学术在南渡时，日与濂、洛、关、闽争席，生长于斯，而不明晰源派别，可乎哉？"乃述《永嘉学案》《东瓯文征小引》《词征》。又曰："吾家居西岘山麓，每登山寻观潮阁遗址，返而徘徊于四贤祠畔，辄为歔欷者久之。"遂作《西岘山志》。复以籀顾系汉学大师，剩馥残膏，久将失坠，为订《年谱》。

尚有《卓忠毅公文稿葺逸》《西岘薛氏捃残集》《桐城古文类选》《寄瓯寄笔》《瓯隐园志目》《拙学斋学古文抄》《拙学酬唱集》等五十三种，若干卷，总题曰《寿萱草堂丛书》。

　　按：高秋火吹万《国学丛选》中有薛储石遗稿，曰《瑞安图书馆征书启》，曰《论图书馆之分类》。余皆迻录于《传经楼丛抄》中以见其生平治学之成绩也。惜不永年，所著书俱未得襮于世，只从宋墨庵作《孙籀颐先生年谱》中述及之。——《修学庐日记》

　　资料：

　　陈逸人骏作《行状》，后改为《传》。

　　高吹万《与梅冷生书》云：薛君于弟素未相识，岁丙辰，薛君书来，广征寿亲之言，词意甚殷，弟乃作诗应之。其后遂惠然入国学商兑会。……薛君殁于九月廿六日。……薛君年少志雄，著述盈箧，阁下拟为刊布遗文以谋不朽。——《吹万楼文集》

　　又《瑞安薛君墓志铭》云：一子即钟斗，尝受业于邑故大儒孙仲容先生，能绍其学为网罗文献之绪。今长瑞安图书馆，盖笃行好古君子也。——同上

　　刘绍宽《与薛储石书》云：承示尊著《孙籀颐先生年谱》，细读一过，于先生学行具得大端。先生治经虽壹守汉人家法，而于宋儒说经之有合者未尝不兼收并取。其疏《周礼》，颇采陈祥道《礼书》诸说，而于陆农师之经说尤所心折。盖先生之学，实事求是，初无门户之见。故自泰西政艺学说一入中国，见即吻合无间，而迥非旧汉、宋学各家挟虚惝之气以仇新学者比。盖惟真正汉、宋学家，于泰西之学皆可一贯，辨生末学，唯先生得其通耳。革政思想，汉、宋两家本皆有之，惟与近世所言革命致有分别。先生尝慨守旧多君子，趋新多小人，盖隐为后来致其深虑。而与太炎等所趋亦未甚相同，太炎引先生为重而尚非先生志也。是编所录，可为读先生书之纲领。弟侍先生日浅，得聆其晚年绪论，故略为推阐如此。——《厚庄文抄》

　　宋慈抱云：老友薛储石既嗜辑乡先生遗文轶事，为掌故家事业，复以姜字立纲真迹鲜流传，仅《三希堂法帖》备刻一种，爰为上石以广布播。其《跋》云：吾瓯宋、明间乡先生多擅书画，顾事迹湮没，复不得见。以逊学老人之博雅，所得见而摩挲之者，仅王孤云、任克诚、何丹邱以及东溪诸公而已。闻东溪又有手抄四书，在平阳陈氏处，今亦恐委诸泥砾。此帧从《三希堂法帖》抽出上石，后有

展习者，知太常书法惊骇异域，亦有所动于中而兴起乎。丁巳十月邑子薛钟斗记于寿萱草堂。

《薛储石诔词》：岁在上章，律中无射。同里薛君储石以疾卒于家，春秋二十有九。悲夫！孙郎年少，谁与猘儿争锋；昌谷呕心，竟驾赤虬而逝。河鱼痛腹，淳鹊折肱。岂鬼瞰高明，人相惊以伯有；抑天怜偃蹇，遣下召今巫阳。因果茫茫，不可则逝。至于老母倚闾，贤妻摩笄。高第未传其图谶，稚子莫预乎《玄经》。桐城文古，长闉晏楹；岘山志成，空劳左笔。昔毕秋帆之于黄仲则也，生则为营薄宦，死则为恤衰亲。复悯失传，代梓遗集。知己之感，旷世难逢。君则《长门赋》就，莫名一钱；《陋室铭》成，仅留半笏。陶令浮筋之费，颜回负郭之资。安贫自得，高躅堪师。虽蒙如皋三月之流连，<small>君与余客瓯隐园中三月。</small>延陵片言之往复。<small>吴绸斋侍讲于君著《孙籀高年谱》增注数事。</small>掌书者十旬，授经者二载，而遽撤瑟舍珠耶？嗟夫！人怀斩袪射钩之小仇，则管、晏死于缧绁；世无握发吐哺之大吏，则闳、散老于草茆。布衣而立身处世，固赖名公卿为之先容也。而君之遇，穷矣。仆之与君也，稗村座上，<small>谓洪博卿、幼园乔梓。</small>曾联韩、孟之吟；瓯隐园中，复同嵇、阮之志。商量学术，岸帻临风；臧否人材，垫巾避雨。期江湖之不废，抗旗鼓以相当。忆其绝命十日前，谓李子乐臣曰："修志一事，毋假官修，同志共襄，务期翔实。默庵诸子，固善道中人也。"夫孰知其咳唾犹新，而音容已杳乎？嗟嗟，故乡文献既杞宋之难征，同社友朋复应刘之俱逝，吾乌乎涕之无从也。爰为诔曰：

霞宕之溪，星殒少微；<small>蔡莲橐茂才先君数日卒</small>岘山之麓，鸟堕长离。鹏赋徒怨，蛇谶空悲。吊我热友，白衣东篱。呜呼哀哉！积思伤神，多欲伐性。踵武长卿，希踪奉倩。床第长依，椠铅未竟。悔不知几，饮冰致清。呜呼哀哉！九原萧瑟，桂折兰摧。桐棺骨冷，麦饭魂来。望夫化石，思子成台。一声一泪，将疑将猜。呜呼哀哉！鼫生负书，归自江北。偶瞻芝颜，喜无菜色。谊切苔岑，缘深翰墨。一朝不见，九渊遽匿。呜呼哀哉！生刍徒束，鲁酒孤斟。山河邈远，鱼雁浮沉。支遁拱木，伯牙擗琴。谁堪攻玉，谁契断金。呜呼哀哉！跖寿颜夭，天踬地蹐。世变纠纷，民彝坏歝。死后茫茫，异日安适？储石逝矣，逝矣储石。呜呼哀哉！——《墨庵骈文甲集》

又《题薛储石〈绮语〉》作《满庭芳》词一阕。

又作《传》。

梅雨清《哭储石》。

李笠《哭薛君储石》。

又作《望云涯引》悼储石。——均见《慎江文征》

冒广生《小三吾亭集》。

拙作《瓯隐园考》。——《温中校刊》

张扬《薛储石自订年谱跋》。——《宋顾文录》

最近王超六作《薛储石年谱》。

关系：

薛储石云：歙吴东园丈承垣以诗二章见赠，书中误余为孙仲容先生宅相，因赋一律辨之。原诗云：海内古文家，香飞笔底花。金兰交李、杜，玉树倚兼葭。风雅多今雨，诗情为晚霞。真传衣钵在，孙宅仰寒华。　　组锦推三绝，针神薛夜来。雕龙承绝学，绣虎见奇才。明月东瓯朗，仙云北海回。愿招刘、阮伴，着屐访天台。余诗云：邗沟回首旧门楣先籍广陵，报与延陵仔细知。敢说承先继君举，先外祖陈耀甫先生为邑庠、同名宿。漫云似舅媲牢之。经师玉海成陈迹，余年十四五，在学校中，先师孙仲容日必一至，惜未窥其学术万一。远祖瓜庐尚有诗。小草乔柯难比附，故人宋玉事同嗤。吾友宋墨哀少有才人，每误称为宋平子哲嗣云。

又云：仲容先生遗书，惟《古籀拾遗》刊校最精。余如《名原》《述林》并出身后，校订无人，读者不便。《温州经籍志》尝见其稿本，粘贴空行甚多，犹非定本。又，先生尊人《瓯海佚闻》亦欠校正。余家居，拟为诸书细校一过，人事仓猝，饥来驱我，此愿不知何日了也。——《寄瓯寄笔》三

又云：籀园经营数年，始落于今岁，因择国庆节送籀公栗主入祠，颇极一时之盛。栗主今题为"清经学大儒讳诒让孙征君籀顾先生"，系洪某主稿。入祠后，有谓应填"清学部二等谘议官"者，有谓"瑞安"及"之位"四字为不可省者，冒先生独持议，引阮文达称焦里堂为通儒例，题为"清通儒刑部主事孙先生诒让之神位"，此真千秋定论也。主既入祠，无复出而易之之理。今记之于此以告后之修方志者。——《寄瓯寄笔》卷三

又作《孙籀高年谱例言》云："先生学包汉、宋，道通中西，为定海、德清以后第一大儒。其学术梗概既具宁海章梫、余杭章炳麟《传》中，而教育上所建立，余复以与黄提学绍箕合撰《浙江两教育大家传》。兹谱胪列年月，备载学行，庶几远为国史、近作方志之采择云耳。

又云：家庭琐屑事故，无关学术大体，当属诸他年墓铭，此编名为年谱，实

以为孙先生之学记，读者幸垂鉴焉。

又云：先生著述数十种，而已梓广布者尚属寥寥，然亦不易读。而郡邑间后生小子震惊姓氏，又不能备悉言行，此编如管中一斑，可想见全豹，学者由此再研究先生遗著，庶几无挂漏浩浣之叹，而有循序渐进之益。但编者学殖肤浅，于先生之学未窥万一，大雅君子，祈赐教之。戊午长夏，薛钟斗储石甫识。

又编《孙籀顾先生语体文》，一称《白话遗稿》一卷。——温州市图书馆藏抄本，瑞安文管会藏稿本

按：储石作《孙籀顾先生年谱》一卷，《孙籀顾先生遗集》一卷，附《白话遗稿》一卷，《〈永嘉丛书〉拾遗》三卷，《孙黄尺牍》二卷，除《孙谱》外，俱未刊。

又作《〈逊学斋文约〉〈瓯海轶闻〉校刊记》曰：读《瓯海轶闻》者，须知太仆专为表章永嘉学术而作，故书中于永嘉学派巨子之家世轶事搜罗甚详，其他文人原系书中附庸。至如胜迹、风俗、政治、稗谈等，见于古载记者尚不少，然则瓯海之轶闻犹有待诸他人也。抑太仆初志尚不止此，轶闻果未成完帙耶？此书以人为经，以事为纬，故其人之先世、昆季、后裔皆附于后。书中某几条下有"诒让曰"三字，益见此书为太仆父子共成之稿。又有几条注"诒让案"_{凡五见}，然亦有父子相讨论者。

又作《永嘉学案》三十卷，《东瓯词征》若干卷。

又《陈墨宧传》云：岁己卯，先生丁内忧时，王子庄孝廉承命重修《永嘉县志》，因聘先生为分纂，一时名下士如戴蕙峰广文、孙仲容比部均与此役，故书成为五邑冠。

又《瑞安公立图书馆记》云：（上略）_{西山文昌阁}左右各一庙，予拟改祀为黄仲弢、孙仲容二先生祠堂，已呈请内务部示遵。……馆中藏书，初以黄仲弢蒭绥阁、孙仲容玉海楼遗籍拨入，以他故，二氏后人终秘之，是以烦言滋兴。——《慎社文录》

按：张扬《薛储石著述目》云：《孙诒让年谱》一册，不及朱芳圃之详。《〈瓯海轶闻〉校勘记》未见过，疑未成书。《逊学斋文选编》选录孙衣言文以为读本。《孙氏遗集》此辑孙诒让遗文，不及陈准编者之详。——《宋顾文录》

薛钟斗作《浙江两教育大家传》云：孙诒让字仲容，浙江瑞安人。父衣言，太仆卿，性骨髓，治永嘉之学。诒让好六艺古文，年十三，著《广韵姓氏刊误》，十六，以第一人补学官弟子，十九，中式同治丁卯科乡试，援例得主事。而素性

静泊，淡于荣利，穷经著书垂四十年。甲午之役，中日失和，时诒让适奉讳，外睹时艰，内伤孤露，虽不复有用世之志，然于外侮之阽危，事变之环辏，每多怅触于怀，托之论议。尝手撰《兴儒会议章》，冀以折冲御侮，卫国张教，识者韪之。丙申之岁，尝与同里黄绍箕、绍第创立学计馆及方言学堂，承学之士云集飚起，论者谓瑞安风气之开甲于东南各郡，实诒让提倡之力。比年以来，朝廷诏各省一律广设学堂，诒让既于瑞安创办中学及各小学，均著成效；又以瓯、括两州离省鸳远，文化阻塞，不可不设法联络以收提絜交通之利益，请于浙抚，设立温处学务总汇处，当事者公举诒让为总理。复请以温州校士馆改为师范学堂，以小学所需格致教员甚亟，乃开两次博物、理化讲习所，卒业者皆好学深思之士。诒让办学三载，两郡中小学堂增至三百余所，而所筹之款均与地方官绅切实规划，前后无虑十万余金，其苦心孤诣有足多者。上年学部设立，曾奏派为二等咨议官，诒让乃于罗振玉所陈《学务草案》多所辨正外，复以历年办学经验积有心得之语撰成《学务本议枝议》若干条。浙江提学使聘为学务公所议绅，并经浙江全省学界公举为教育会会长。时张之洞就鄂省设立存古学堂，特聘诒让为总教习，以道途寥远，势难兼顾，力却之。而礼部开设礼学馆，征为总纂，亦不赴。遂卒于光绪三十四年五月，年六十一。（下略）——《寄瓯寄笔》中

附录籀园联语二则：

郭凤诰先生籀园联云：吾乡文物，以南宋为最隆，迄今日横塘烟锁，潜室尘封，世历几沧桑，欲访八百年前哲故居，仅留浮沚林泉，去斯不远；别墅经营，承先生之素志，况是间潭绕落霞，峯临积谷，天然好山水，偶供三五辈游人闲眺，试问颐园风月，比此何如？

王毓英先生籀公祠联云：祠枕西城，长馨俎豆，忆当年新学开基，杜厦庇欢颜，两校门墙崇报祀；书分东壁，高矗楼台，窃自幸残龄抱瓮，籀园勤供职，三生香火结因缘。

（二）杨嘉

杨嘉字则刚，号轵輮，志林明经之子也。幼而颖异，多通敏，与常儿异。洎长，读书力学，非秦、汉古籍不以措意。年二十二，即亡。初，明经客黄仲弢提学幕中，提学喜搜求钟鼎碑板文字及宋、元、明秘籍，鉴别至为精审，而明经是时宾主东南，与闻绪论，亦以收藏自豪焉。则刚既能文，则日佐乃翁玩绎理董家

所储书，未尝有倦容。又杂治目录及校雠之学，于陈振孙、晁公武所著书必详考其异同，出入唐人各类书，如《北堂书钞》《初学记》等，引以稽经子文字，一字不少假借。著述已成者，有《蓼绥阁旧本书目》《〈墨子间诂〉校记》《屈赋考异》《轈鄹楼金石文字目》《辅行记校正》五种。尝为《小尔雅疏证》，援据精博，颇殚心力，登玉海楼，见孙志祖氏已有成书，遂罢。又有《〈说文解字〉引群书考》《曝书随笔》《历代目录家传略》《温州经籍现存目》《杨氏家乘备采录》，惜均未藏事也。又辑有《籀庼诗词》《二黄先生诗茸》《藏书丛谭》。

资料：

宋慈抱作《杨则刚家传》。——《墨庵古文》

何励生作《杨嘉哀词》。

陈谧作《跋〈鲜庵文辑〉后》云：此亡友杨则刚嘉所辑乡先达瑞安黄提学绍箕仲弢先生作，而余为补录成书者也。则刚好为校雠目录之学，尤自服膺黄氏。黄提学故与宗室盛祭酒昱、长白端尚书方、福山王文敏懿荣、江阴缪侍史荃孙、宜都杨舍人守敬、南海梁编修鼎芬并负时望，治金石文字，嗜蓄旧椠，与同县孙征君诒让，学者称"二仲先生"。

关系：

杨嘉《与刘翰怡先生书》云：侄年已及冠，学殖荒落，读乡哲孙籀庼、方雪斋诸先生遗著，始略窥学术途径。敝邑虽僻处海滨，而文化尚开，妙年邃学，斐然述造，若宋墨庵慈抱、李谞臣笠诸君，时相商榷，侄均以师事之。

复函云：执事年甫及冠，文章斐然，虽当斯文绝续之交，而卓荦英才往往韬晦蓬庐，杜门著述。星回斗转，文教重明，吾辈已矣，所恃者惟足下诸少年耳。

嘉又《与何励生书》云：前邮奉岑崎山陈止斋"题名"，孙籀庼《帆游桥记》拓本各一帋，昨又奉专文拓本一册，到时希即示慰。……近日读书学文，尚觉有味，若得与妹丈握手同行，作访古揽胜之举，则更幸矣。

又《与友人论金文书》云：近人罗叔蕴《唐风楼金石文字跋尾》，每以古籀校大篆，颇多创获。嘉次将窆斋《集古录》伏案循览，间有一得，拟撰《古籀管窥》一书，分说字、证经、正释正前人释文之失、补释补前人未释之字四篇，窃附庄《古籀疏证》、孙《古籀拾遗》诸书之后以裨补阙遗，心钝事梦，未有成书。

又《与褚礼堂先生书》云：晚受性迂拙，年十六七，家严授以许氏《说文》及乡哲孙籀庼征君遗著，始略窥治经史、小学门径。然近日新法日滋，周经汉注早已束置高阁，且晚年甫及冠，学殖绵薄，何敢自附作者？近读《小尔雅》……为之校注。

又《书〈墨子间诂〉后》云：王树柟《墨子斠注补正》久以未获一读为恨。今始从永嘉黄溯初先生假得一册，竭半日之力翻阅一过。是书为补正毕、王校本而作，发疑正读，尚有可采，而不及籑公《间诂》之精博。内有校万历节本是本疑即《子汇》、焦竑校本数十条，今用朱笔录于书眉。嘉拟取此书及王子祥景羲《墨商》之说精审者，益以平日札记，并以所藏明茅坤刊本《子汇》，玉海楼有之，蓼绥阁有明人所辑《百家类纂》，亦有《墨子》一卷，均当假校。辑为《墨诂补校》。时乙未四月。

按：嘉又作《方成珪传》《方宏源事略》雪斋之曾孙《书抄本〈干常侍易注疏证〉后》。

《述林》六《集韵考正跋》：方氏藏手迹本为最后定本，与孙刻本颇有异同，曾假观一过。

按：桂未谷先生曾校此书，见《晚学集》三《集韵跋》。

纲所见方先生遗书，有《校正〈字鉴〉》五卷，《周易干常侍疏证》二卷，《韩文笺证》一卷，《守孔约斋杂记》一卷，《宝研斋诗集》一卷。其父志林云：第七卷《毛公鼎释文》，系亡儿宰纲手校。壬戌二月检藏并记。

（三）宋慈抱

宋慈抱字墨庵，年十九，执贽于王子祥之门，读《史记》《庄子》二书，子祥以慈抱为能通裴、张、小司马及郭子玄所训释，于诸弟子中特垂青眼，勖以治文史。其时里中稽古之士，有薛储石搜罗乡邦文献，李雁晴治经史小学，杨则刚金石目录，并各以吟咏推敲自遣。慈抱皆与往还，甚相契。后由储石识洪博卿广文，复因博卿识王小木、胡蓉村二大令，皆以小友呼之。尝取历代诗派评骘短长，仿刘子玄《史通》体例，名曰是《诗学刍言》等十六篇，王小木见而称之，有"钻研风雅多心得，侃侃论诗最启予"之句。既而慈抱以《三国志乐府》示冒监督广生，监督至小木许，询慈抱家境学诣甚详，遂见招，与储石翩然买棹来郡，读书瓯隐园。旋赴刘氏祝群高邮权署，为其季儿课读。迨归来，储石已逝矣。又尝钦佩邑先哲孙太仆之文章，征君之经术，乃搜采乡邦轶事，大而功臣道德，小而书画艺术，为《瓯海轶闻续编》八卷。后感黄漱兰诗散失，葺之以见其志趣行迹，曰《漱兰诗葺》。其他著作，已成者有《〈玉篇〉引经考》《〈吕氏春秋〉补正》《贾谊〈新书〉音义》、《〈史〉〈汉〉帝王冢墓考》《墨庵骈文甲集》《散文初集》《寥天庐诗抄》《灯虎选隽》等共十一种。其骈文慕效孔㧑轩、洪稚存之所为，尤脍炙人口。后又为《续史通》，取材闳赡，发句典雅，足与刘书并传于世云。一九五八年卒，年六十余。

资料：

刘祝群《疢顾日记》。

冒广生《小三吾亭集》。

宋慈抱《两浙经籍考》《瓯海轶闻续编》《寥天庐诗文》。

刘次饶作《〈寥天庐诗抄〉序》云：瑞安宋子墨庵，平时治经，善校雠之学，兼及诸子，而尤长于史学，著有《续史通》若干卷行世。铅椠之余，不废吟咏，其曰《寥天庐诗抄》，余尝读其前编，因所谓温醇朴茂者。余读其《续抄》，则雅健雄深，视前又进一格矣。

刘承干作《墨庵骈文甲集叙》云：籀顾先生，近世巨儒，彼都遗献。六官旧典，广郑注之笺；九流大宗，解《墨经》之诂。其余纂辑，悉数难穷。爰甫顾为之洁荐芳蘩，窥刊残竹，则其覃精缵厉，可谓能得师矣。

金毓黻评宋慈抱《续史通》语甚详，载《中国文学史》209—232页，可参阅：盖宋氏生长浙东，习于永嘉一派，所论近于《东莱博议》、张溥《史论》，又时时采取《四库提要》及朱彝尊、赵翼之说。……

梅雨清冷生《市楼饯别瑞安宋二墨庵之高邮》云：宋生胸中罗四库，摘句寻章愁闭户。宣室求贤难用才，洛阳少年出为傅。……噫嘻乎！君才何如宋延清，君学直趋宋于庭。生辰不值昇平日，升斗艰难困盛名。当年辟疆来海角，弱冠才华闻卓荦。君曾以文字受知如皋冒鹤亭榷使。瓯隐园林招读书，抗志千秋励朴学。侧闻监榷在润州，头白江湖老故侯。知君北行定相见，官烛衙斋十日留。读万卷书，行万里路，公卿争倒屣，天涯橐笔去依刘。君近应青田刘祝群西席。——《慎社诗录》

按：文中提到瓯隐园，即在今市人委内，其遗址改建楼房矣。有拙作《瓯隐园考》载于《温中校刊》第十一期。

薛储石云：吾妇从兄洪君幼园，以诗称邑中。余虽不解，常在其座。墨庵落落寡合，幼园之座客中独与余无忤。

宋墨庵《自题觳斋著书图》云：辙生独学鲜师友，考据词章期不朽。居龙岂复抵耕耘，磨蝎早知值箕斗。少年爱读屈、贾文，三表五饵撰述勤。儿童走卒绾朱紫，六合断无枭鸾分。同时亦多风雅士，尸祝袁、蒋叹观止。几行唐律登骚坛，刍狗周、秦及姚、姒。孰知刘勰著《文心》，载道不悖圣贤恉。文献博通杜、马书，许、郑训诂世无如。我食蛤蜊不解事，望洋向若空踟蹰。元凯偏嗜几成癖，子才思误聊自适。《吕览》杂家《贾子》儒，校雠颇资铅椠绩。结庐人境爱清幽，修竹狂花薄具秋。经史小学多暇晷，徐、庾罄悦费冥搜。箧衍横陈稿盈尺，烧薪复瓿任悠悠。——《慎社诗录》

又作《陈仲匋诗集叙》云：壬戌春，林铁尊鸥翔观察设瓯社于东山谢池，招邦人能填词者相与换羽移宫为乐。仲匋与王志澂、梅冷生、郑姜门、夏瞿禅辈俱在列。嗣观察复委仲匋、姜门及慈抱为秘书，笔札之暇，命仲匋、姜门专辑《瓯括词综》一书以饷学者。

关系：

宋慈抱《瓯海轶闻续编自叙》云：慈抱生后太仆又六十年，尝谓太仆治南宋经制之学，古文推重止斋、水心二氏，同时闻其风而起者，乐清陈虬著《治平通议》，平阳宋衡著《六斋卑议》，俨然将救民于水火之中。瑞安陈黻宸文史学宗浙东章氏说，独出与两军对垒，尤足传也。籀顾治有清考据之学，同里与之讨论者黄绍箕正《墨诂》十许事，为《楚词补注》《汉志辑略》《中国教育史》虽未成，然固博雅而不浅陋矣。……慈抱近为《瓯海轶闻读编》八卷，于太仆、籀顾乔梓遗闻轶事散见异地人著述者捃拾无遗。其同时师友除向者所述外，安固四忠及黄体芳辈，或以气节著，或以义烈名，均备载而慎思焉。且一字无臆造，太仆有灵，其首肯否耶？

又，墨庵代作《奉宝入祀籀公楼公祭文》。

又，《孙氏遗书总序》小叙云：同里籀顾先生，姓孙氏，讳诒让，太仆寺卿绍闻公之喆嗣也。经明行修，望孚朝野，以荐为礼学馆总纂，兼任学部二等谘议官。光绪三十四年五月疾卒，春秋六十有一。凡著经解子注若干种，除已刊者，凿楹藏弃，多为抄胥者所割裂改窜，非精校善本也。慈抱尝读先生之遗著，生不逢辰，未亲承绪论，又感先生崇阐汉儒，一旦赍志而殁，乃为序。

又作《两浙名流八咏》之一孙琴西先生云：桐城天下文章数，自爱梅、曾格调崇。逊学何曾输困学，东瓯古籍付鱼虫。　又之一孙仲容先生云：《墨经》校勘胜高诱，《周礼》笺疏补郑玄。余事尤精仓沮说，吉金乐石溯渊源。——《慎社诗录》

宋慈抱《孙籀庼先生年谱后叙》云："籀庼先生为胜清经学大师，海内学者均无间言。慈抱往尝仿孔㧑轩《戴氏遗书总叙》之意，为先生作《孙氏遗书总叙》一首，载诸海上《华国月刊》。兹以先生家世旧闻及著述治学之次第，非年谱勿能详也，综览《逊学斋诗文集》及《籀庼述林》等书有年月可考者，为先生年谱一帙，质正有道君子，愧不能如竹汀钱氏王、陆诸谱之简要，石洲张氏顾、阎两谱之详核，足以论世知人耳。乙丑除夕，邑后学宋慈抱记。

亡友薛君储石名钟斗，亦有《孙籀庼年谱》之作，于孙氏叙跋概录全篇，而遗闻轶事反多阙略，似未定本。今其家秘不肯出，致无从商榷证明耳。慈抱同日又记。

宋编《两浙经籍志》稿存与家，予已见之。

按：解放前，宋墨庵在杭州省通志馆任编纂时，同馆馆员嘉兴钱南扬君亦曾作《孙诒让传》，附于其父太仆公衣言后，今迻录之。文曰：

孙诒让字仲容，号籀庼，瑞安人。清穆宗同治六年举人，德宗光绪元年输款赈饥山西，援例叙刑部主事。先后七赴礼闱，竟不第。二十四年、二十七年，清廷屡议更政，开经济特科；二十九年，又开特科，京内外大臣瞿鸿禨、陈宝箴、张百熙、唐景崇、张之洞先后交章推荐，皆不赴。《续通志稿》谓光绪二十八年又荐经济特科，误。三十一年，与武进屠寄同被聘为京师大学堂教习，三十三年，征为礼部礼学馆总纂，亦不就。《清史稿》本传云：宣统元年，礼制馆征，亦不就。误。先是，诒让与邑人黄绍箕等创立瑞安学计馆及方言馆以教邑子弟，比朝议兴学，益资倡力行：光绪二十七年设瑞安普通学堂，二十八年设温州府中学堂及温属各县中小学堂，三十二年设温州师范学堂、处州府中学堂及温属各县女子学堂。历办七载，增广温、处十六县各级学堂都三百余所，温、处人士公推总理学务处事。学部尚书荣庆、侍郎严修奏充咨议官，浙江提学使支恒荣聘为学务公所议绅。两浙人士举为教育总会会长，岁必巡视，验以所得，为《学务本议》四则、《枝议》十则，上诸学部以明教育兴革之要。中日之役，沿海戒严，诒让总董团防，邑赖以安。义和团之变，东南震惊，县之马屿土匪蠢肆，诒让芒鞵短服，操刀登陴，与士卒同守卫，民恃不恐。光绪三十三年，国营浙江铁路而贷用外款，群议请归商办，诒让首输万金，其应变纾难、赴义恐后类如此。明年卒，年六十一。翰林院侍读吴士鉴奏请宣付史馆，列入《儒林传》，从之。《清史稿》谓宣统元年卒，年六十二，误。

初，诒让父衣言治永嘉之学，而诒让好六艺古文，父讽之曰："孺子徒自苦，经师如戴圣、马融，不阻群盗为奸劫，则贼善人，宁治史志，足以经世致远。"诒让曰："以人废言，不可。且先汉诸黎献风义瞵然，经训之功也。徒举一二人僻邪者，史官如沈约、许敬宗，可尽师耶？"父乃授《周官经》，从父官于江淮。是时，德清戴望、海宁唐仁寿、仪征刘寿曾、宝应刘恭冕皆治朴学，诒让与游，学益进。

以为典莫备于六官，故疏《周礼》；行莫贤于墨翟，故次《墨子间诂》；文莫正于甲骨宗彝，故作《古籀拾遗》《古籀余论》《契文举例》《名原》。

贾公彦《周礼疏》多隐略，世儒各往往傅以今文师说，而拘牵后郑义者皆仇王肃义糅杂齐鲁间学。诒让一切依古文弹正，郊社禘祫则从郑，庙制昏期则从王，益宣究子春、少赣、仲师之学，发正郑、贾凡百余事，古今言《周礼》者莫能先也。

墨子书多古字古言，《经》上下、《经说》上下、《大取》《小取》六篇尤难读。诒让覃思十年，集毕、顾、王、俞、苏、洪诸家之说，下以己意，整纷剔蠹，觚摘无遗。旁行之文，尽还旧观；讹夺之处，咸秩无紊。自墨学废二千岁，儒学孤行，至是复著。诒让行亦大类墨氏，家居任恤，所至兴学，与长吏楮柱，虽众怒弗恤也。

自段玉裁明《说文》，其后小学益密，然《说解》犹有难理者。诒让以为许书小篆实准秦文，略见远源，惟资古籀。顾所捃撅犹有未备，重文千字，名或弗瞻。又现存之字疑眩难一，是由竹帛易书错其形兆。深维废绝之阙，宜有理董。爰证名勒，旁综龟书，撅彼殊文，通其璟兆，成《古籀拾遗》《古籀余论》《契文举例》。其《例略》七篇，别为《名原》，所以审蹄远之迹，著省变之源，古籀由是大明。初，安阳甲骨之出土也，余杭章炳麟极力攻揹，以为好奇者向壁虚造。诒让得见丹徒刘鹗《铁云藏龟》，惊为瑰宝，首事甄述，凡贞卜、鬼神、官氏、方国、典礼、文字等，规模略具，近世甲骨之学自此始，其创辟之功大矣。

他若《札迻》《籀庼述林》，胥关经子小学之要；《温州经籍志》《温州古甓志》，足为乡邦文献之征。要之，诒让之学术，盖龙有金榜、钱大昕、段玉裁、王念孙四家，其明大义、钩深穷高过之。

子九：延畴、延畇、延钊、延锴、延瀚、延撰、延炯、延灏、延著。延钊辑诒让遗文为《经微室遗集》八卷，纂次《籀庼年谱》八卷。

碑传集补：章炳麟《孙诒让传》、朱孔彰《孙征君诒让事略》、张謇《张季子九录·孙征君墓表》、俞樾

《墨子间诂叙》、刘师培《名原序》、孙延钊《孙征君年谱稿》、《续通志稿》、新修《浙江通志》人物传稿。

宋慈抱《瓯海轶闻续编自叙》云：瓯海一隅，虽称鄙陋，南宋时经制学说足与程、朱相抗衡；有清时考据学说足与段、王相对垒，焕乎盛哉！其待后人之提高保存，已曷言乎经制学说也。宋仁宗时，周行己、许景衡、刘安节辈北游太学，列程、朱之门，永嘉之学于是萌芽。郑伯熊仕黄岩，请业于隐君子徐庭筠。庭筠，胡安定弟子，所谓经义治事也。伯熊归，授之后进，薛季宣、陈傅良、叶适之徒相继并起，务通经以致用，极盛一时，曷言乎考据学说也。孙希旦于三礼专治小戴，为《集解》五十卷，疏通郑、孔之室，补苴宋、元所无，名物制度，考索详矣；校《玉海》及《契丹国志》，又纂修《三通》《国史》，卒以积劳而卒。方成珪为《集韵考正》《韩文笺正》，未刻；如《困学纪闻》校及《东莱读书记》校，则雠勘犹精。孙诒让少读《汉学师承记》，慨然有治经小学之志，与德清戴望、宝应刘恭冕、海宁唐仁寿、仪征刘寿曾为友，讨论讲贯，益臻绝诣；遗著有《周礼正义》《墨子间诂》《古籀拾遗》《札迻》《温州经籍志》等十余种，风行东瀛，学者称“籀庼先生”。往时籀庼尊人琴西太仆为《瓯海轶闻》一书，搜采乡邦轶事，史志所未详者随时辑录，补国闻之缺，其援引之富，鉴别之精，足与刘孝标注《世说》、裴松之注《三国志》相抗衡，非仅有功于一郡文献已也。而于永嘉学者言之尤详，上起皇祐豪杰之始兴，下逮国朝火薪之相接，曰《永嘉学案总略》若干卷。又别纂宦绩、文苑、介节、义行数门，孙希旦、方成珪既在其列，永嘉周天锡、蒋振夔，泰顺曾镛辈亦极力表彰。盖先太仆数百年若数十年，或互相师友者，大而功名道德，小而书画艺能，无不备载焉，何其勤也。慈抱生后太仆又六十年，尝谓太仆治南宋经制之学，古文推重止斋、水心二氏，同时闻其风而起者，乐清陈虬著《治平通议》，平阳宋衡著《六斋卑议》，俨然将救民于水火之中。瑞安陈黻宸文史学宗浙东章氏说，独出与两军对垒，尤足传也。籀庼治有清考据之学，同里与之讨论者黄绍箕正《墨诂》十许事，为《楚词补注》《汉艺文志辑略》《中国教育史》，虽未成，然固博雅而不浅陋矣。平阳教谕吴承志治汉学，精审不及籀庼，著《平阳献征》，则厥功颇巨，此可列名宦或寓贤也。慈抱近为《瓯海轶闻读编》八卷，于太仆、籀庼乔梓遗闻轶事散见异地人著述者摭拾无遗。其同时师友除向者所述外，安固四忠及黄体芳辈，或以气节著，或以义烈名，均备载而博取焉。且一字非臆造，太仆有灵，其首肯否耶？与慈抱同时留心乡邦文献者：平阳刘厚庄丈方修《平阳志》，同里杨志林丈著《瓯海续集》，皆精核之作。而吾友陈牧庵方草创《东瓯人物志》，冒疚斋监督前在瓯时曾为《永嘉诗传》一书，自唐迄今凡一千六百余人，诗一万三百首有奇，惜未付刊，与孙氏《瓯海轶闻》及《永嘉丛书》《温州经籍志》等相辅并行也。慈抱此编，往载温州某报章，彼时尚非定稿，而手民复错简迭出，阅者厌之，他日当精刻问世耳。

孙延钊曰：《周礼正义》凡例，有"经注字例理董划一"及"案语用六书正字"一条，故延钊近校鄂刻本，于字体点划亦必逐细钩稽，不敢疏忽。本志叙例无及此者，兹校姑从略焉。壬申十月延钊又识。

宋墨庵慈抱《叹逝四首》：胡大令蓉村：最忆辛壬岁，墨池访我时。衔杯惟饮酒，抵几便谈诗。桑梓忧兵劫，膏肓奈病危。神交孙太史，遗著仗昭垂。昭文孙师郑太史以胡丈诗入《清代咸同诗抄》中。　　王大令筱牧：皖北归田日，郊原策杖行。待人无畛域，论事有权衡。丝竹倡酬乐，文章闲适成。吾如孟东野，闻讣叹劳生。

洪广文博卿：赫赫敦煌族，公真学者师。少年工作赋，老去爱填词。室有斜川和，门夸小阮奇。芳踪俱已逝，陵谷怅频移。往时与公以诗唱和者，令阮叔林太史卓然名家，令嗣幼园茂才亦有佳句，今俱作古。　　王明经子祥：吾年方舞勺，公为辟愚蒙。清代知《经解》，唐朝得《史通》。功名惭未就，师友感无穷。一夕河汾冷，遗书委台丛。

又《吕氏春秋补正序》云：治《吕氏春秋》者，涿郡注疏高诱注。未获千金之直，镇洋校勘毕沅校。无惭一字之珍。盖清代朴学远迈两汉，师友既广，渊源尤深，正俗匡谬，我非妄叹。降而高邮《杂志》之作，钱塘梁玉绳校补之勤，俞氏《平议》，孙氏《札迻》，皆非徒高氏之诤臣，良足称毕公之畏友。慈抱端居讽诵，既深景行之倾；稽古勤劬，复有补编之作。或订正其错简，或考证于古书。

（四）李笠

李笠字鹤臣，号雁晴，瑞安第一巷人。少时即私淑孙征君，自述甲寅之岁，初读《墨子间诂》，辄为举正数字。辛酉春月，馆邑之南鄙，索居无聊，取定本《间诂》与聚珍本、毕刻本对勘，互有不合，定本之脱讹尤多。因尽校书扫叶之功，伸大儒未竟之绪，为《墨子间诂校补》上下编。又好太史公书，耽玩裴、张、马注释，偶有结辖，依谊证所及而论定之。旋核以诸家之说有合有离，钻研既久，涂经粗通，辄事匡补，成《史记订补》八卷，并作《叙例》十二以资隅反。又以当日胡适、梁启超均有《书目》之订，随手掇拾，颇多荒陋，遂亦作《国学用书撰要》一书，凡三易稿始定。其徒陈绳甫准辑《籀頙遗文》，张宋頙扬编《黄绍箕年谱》，皆可称者，而绳甫已早逝。笠中年以后历任海内各大学教授，于一九六二年卒于上海复旦大学宿舍，七十来岁。

资料：

长沙杨树达《史记订补叙》云：往者杭县马君夷初语余："瑞安有绩学士李君雁晴，尽读其乡先辈孙仲容氏玉海楼藏书，专治太史公百三十篇，卓有心得。"余心识之。顷者李君刊其所著《史记订补》成，邮以示余，以余颇喜治史籍，嗜好比近，属为弁言。余读其书，引证赅博，思理缜密，马君所言，信不诬也。……

宋慈抱《史记订補叙》云：李君雁晴为吾郡学人之一，往治《黄帝内经》及《墨翟书》，铅椠勤劬，直追乾、嘉诸老，近复为《史记订补》一书。……雁晴与与慈抱皆甫三十耳，平居皆无嗜好，皆喜言经子小学。……

李翘《与李岳臣书》云：（上略）阁下茹古涵今，珠辉玉振。订颜监章怀之注，擅精迁书；补眹薮枏梐之疏，冥搜《尔雅》。弱杖造磨，山肃之谬讹须纠；灵兰玉函，王氏之注疏靡广。皆为掸采秘籍，斠诠精要。深宁所述，尽为爬梳；杜陵之诗，经其榥觚。宜乎南阳之称绩学，以孙秋为贤硕；乐安之号经笥，奉彦升为宗师。……方追昔日湫滲斋中之游，渔溪石畔之话。折花满手，蝶随袖襟；搴梅故枝，蚁浮杯盏。是则溯南皮之旧游者，陋东华之尘土者矣。——《慎社文录》

关系：

李笠曰：笠卯年受书，便已私淑孙氏，甲寅之岁，初读《墨子间诂》，辄为举正数字。辛酉夏月，馆邑之南鄙，索居无聊，取定本《间诂》与聚珍本、毕刻本对勘，互有不合，定本之脱讹尤多。……尽校书扫叶之功，伸大儒未竟之绪。……其时亡友则刚嘉亦体斯指，会获明茅坤校本及《百家类纂》本，并孙氏所未见者，更取孔本、陈本、俞本、《北堂书钞》与定本《间诂》互勘，颇有匡益。笠每欲合杨君所校及王氏《墨商》，撰《墨子校勘记》以为读《间诂》之助。——《定本〈墨子间诂〉校补叙》

李笠曰：关于本人与孙先生的关系，本人在十一二岁的时候在瑞安明伦堂听过先生的讲演一次。他所讲的内容是政论，我那时因为年少听不懂，但那次给我的印象很深。当时我在西北蒙学读书，有一位老教师林少竹先生时常向学生们赞孙先生的学问是如何的渊博，而我们学生都尚年少，听不懂孙先生学的是什么学问，而孙先生的声名则没有一人不听得耳熟了。有些人以我与孙先生同乡，因误会说我是孙先生的弟子，这头衔我是不敢领受的。从前我为《图书馆学季刊》撰一篇文章，他登我的略历，说我受业于孙诒让，曾经更正过。不料去年暑假到惠州讲演，又有些报纸说我是孙先生的弟子。当时因行色匆匆未及登报更正，现在顺便在此声明。

孙先生殁后十余年，我曾到玉海楼参观书籍，真是汗牛充栋，琳琅满目。虽去过好几次，但终如走马看花，未识堂奥。民十三年春，本人在永嘉曾发起组织"籀庼学会"，拟分二种工作：（一）设立籀庼图书馆以资纪念。（二）整理先生遗著以期完成先生未竟之功。计划本来颇有头绪，但一二月后本人受广东大学之聘到广州来，这事遂中辍。当时《中华图书馆协会会刊会刊》曾转载过学会的《简章》及《缘起》，后来张其昀著《浙江书目》亦曾记载其事，亦可知这事已引起学者的注意了。至于本人在著述方面与孙先生亦有深切的关系，本人在二十余岁的时候，与杨子林、孙莘农诸先生交游颇密，曾从二先生处借观玉海楼所藏传抄清儒校本古籍数种，对于我的校理古书工作帮助不少。后来撰《墨子间诂校补》，则与先生关系更进一步了。——《我对朴学大师孙诒让先生的认识》

李笠著《三订国学用书撰要》中所述及孙仲容者：

《墨子》：孙诒让《墨子间诂》，江苏聚珍本、家刻本、商务影本、扫叶山房石印本。王景羲《墨商》，定本《墨子间诂》为景羲校刊，此即其校语也。刊板现归瑞安孙氏。孙氏诂墨，前人注校搜采靡遗，故其书特为世重。

《论衡》：孙、俞二氏于此书用功特勤，学者所宜注意也。

《大戴礼记》：孙诒让《大戴礼记斠补》石印本。按：孙书附存同时宏儒许周生、孙渊如、严九能、丁小雅、赵零门诸家校注，读《戴记》者不可不备。惟原书稿本装钉错叶，印行者不加校对，遂致牵涉错误数页。其余衍字、误字，《校勘表》未载者甚多，并当改正。又孙氏有《自叙》一篇，此本不录，亦校印者之疏失也，当补抄首帙以便研究。

《淮南子》：陈硕甫奂手校宋本《许注淮南》近刊入《四部丛刊》中，此本孙仲容诒让亦曾为传录，并为之《跋》。丛刊本无孙《跋》。

《周礼》：孙诒让《周礼正义》，铅字印本，湖北有木刻本未完竣。

《文心雕龙》：吾邑孙氏玉海楼藏有顾千里、冯舒、黄丕烈朱墨校传录本，甚精核。

《古籀拾遗》：孙诒让家刊本、石印本。孙氏别有《古籀余论》，未刊。

《名原》：家刊本。此书墨钉甚多，盖稿本未定者。刘师培有《名原叙》。见《国故月刊》。

《契文举例》：同前，《吉石庵丛书》本。

《集韵》：未若方先生之综核群籍，精确详慎也。孙先生仲容为校录，刊入《永嘉丛书）中，学者称快。笠往年与方先生曾孙宏源游，探求其家藏秘笈，得精抄本《集韵校正》十卷，转校孙刻本，脱讹骈累，始知孙氏所据以刊印者尚非定本也。

《发起籀庼学会宣言书》：瑞安先生籀庼，清代之巨师，汉学之后劲也。治经之外，撰《墨子间诂》十五卷，使先秦名哲之学藉以贡献于今日社会，其识力岂寻常经生所能及哉！其斠诠群书，精审逾王石臞父子，《札迻》十二卷，于汉、魏古籍多所謒正。惜生丁旧文歇绝之秋，其学不传弟子，为可惜也。孙先生之殁迄今已十余年，孙先生之名中外学者莫不闻矣。独其遗著尚未出世者，在孙先生固无损其盛名，而前贤之心力不彰，后来之收效自寡，其影响学术前途岂浅鲜哉！孙先生著述宏富，刊资浩大，加以文字艰深，校雠不易，以私家任其责，乌能蒇事哉？同人等与孙先生谊属同乡，情殷私淑，謦欬久疏，钦迟殊切。爰萃同志发起籀庼学会，其设施有二：一则研求孙氏所学以整理其遗书，以发挥其余绪；一则开放玉海楼藏书，设籀庼图书馆以供研究国学者稽讨。惟兹事体大，非区区数人所能胜任。当代宏硕，有愿为将伯之助者，盍兴乎来。

（甲）整理籀庼遗著。为籀公手定付刊者，惟聚珍本《墨子间诂》、吴门梓人毛翼晋印，非定本。铅板《周礼正义》、木刻本《周礼政要》《札迻》《永嘉郡记》《周书斠补》《古籀拾遗》二书并写刻本。《九旗古义述》《周礼三家佚注》九种而已。近来国学之呼声渐高，孙氏遗书亦遂引起大众之注意。《墨子间诂》一书，自家刻定本外，扫叶山房既翻石印本，商务印书馆复以影印，《古籀拾遗》《名原》亦并有影本，《永嘉郡记》亦有石印本，足见孙氏遗书在社会上之需要矣。惟印各书未刊者若《述林》、若《名原》，石印者若《大戴礼记斠补》，并多讹脱，不堪卒读，亟宜精校。《名原》一书，近人马叙伦已为校补，可再为补刊一过，工力可稍省。其木刊本宜将板片抗改，其石印本宜改刊木板或重行精印以称各种。又如《大戴礼记斠补自序》，《述林》中已有著录，而石印本脱去，亦宜补排入。刘师培撰《名原叙》载《国故月刊》中，亦宜录附卷首。又定本《墨子间诂》为王景羲校刊，王别撰《墨商》三卷，已刊印未行，今《间诂》每卷之末有"校语续出"四字，而究无校语附后，亦一缺点也。今查定本《间诂》，王氏校刊谨严于点划之间，而脱句反不留意。《墨商》亦未佳，当次为《勘误表》或《校勘记》附后。可剌取李笠《墨子间诂校补》勘误诸条。未印者《尚书骈枝》闻已付石印，但外间绝未见。《六历甄微》《广韵姓氏刊误》《古籀余论》《古甓记》《亭林集外诗》《亭林诗集校文》及自著诗词杂文等，孙氏校勘乡先生集及精本书籍，每有跋语未及搜入《述林》中者甚富，当为《补编》；又孙先生于乡邦文献至为关心，撰《瑞安县志局总例》六条，《瑞安县志局采访人物条例》《征访温州遗书约》等，并曾刊为单行本，甄采极富，可资参校。亟宜搜访。《契文举例》罗振玉刊入《吉石庵丛书》中，价值异昂，购置不便，亦宜重刊单行本。《温州经籍志》现浙局已为刊印，当取家藏稿本重勘一过，如无大异，不必重刻。《周礼正义》近湖北木刊将竣工，旧铅字板似不必改制，惟印刷既久，墨油污积，须用化学药品洗涤，浸蚀各处须修补。此外如邵懿辰《四库简明目录标注》名采孙说，亦宜酌录刊入《遗书丛存》中。戴咸弼《东瓯金石志》，强半得先生之力，今板本已毁，亦宜重刻。诸书汇集后，总名《籀庼遗书》或《籀庼全集》，更取里人薛钟斗所著《孙诒让年谱》底稿，加以修订，冠诸帙首。板本一律藏籀庼图书馆中。由各图书馆设法推销。

（乙）设立籀庼图书馆。图书馆为研究学术机关，其在教育上之价值既尽人知之矣，而专门图书馆尤为学者所注意。吾国图书馆事业素不发达，近代惟昆山徐氏之传是楼、鄞县范氏天一阁、杭州汪氏之振绮堂、乌镇鲍氏之知不足斋、吴兴陆氏之守先阁，并以私家藏书任人浏览，虽未为正式图书馆，而专门图书馆之精神具矣。籀庼先生于同治戊辰间随父太仆官金陵，时值东南"寇乱"之余，故家遗书往往散出，而海舶东来，且有中土所未见者，恣意搜罗凡十余年，致书约八九万卷。己丑之岁，于城北故第金带桥北筑楼十楹，专为积藏。图书之法及藏书之意具为条约，揭之半壁，且曰"乡里后生，有读书之志，读书之才，而能无谬我约，皆可以就我庐，读我书，天下之宝，我固不欲为一家之储也"。见《逊学斋文读抄》卷三《玉海楼藏书记》。太仆既没，籀庼先生丕承先志，保存乡邦文献不遗余力，征集前哲遗书至为繁富。先生尤好治校雠、训诂之学，见海内孤本及名人批校本，必多方假归，饬胥迻录，逐卷手校，丹黄灿然，以是孙氏藏书更加珍异。惟历久约弛，管理不周，时有遗失，遂以禁锢。今欲宣扬孙氏学术，校刊孙氏遗书，非重将此楼开放不可。开放之后，按部整理，又设法增加重要新书，较之国学专门图书馆殆无多让矣。惟馆内基本书籍为孙氏私有，爰仿近人松坡图书馆、东原图书馆之例，称籀庼图书馆以垂纪念云。至其组织及设施方法，另有专章，尚须与孙氏主人斟酌施行，兹不赘。发起人：项廷珍、伍偁、李骧、王释、李苣、周予同、何辅干、洪焕津、杨绍廉、宋慈抱、李杲、戴家祥、金嵘、李翘、林熹、陈准、梅雨清、陈骏、洪瑞钊、李笠。筹备处：暂设温州瑞安第一巷李雁晴家。

记宋墨庵化名锦湖老渔与李雁晴交订事：丙寅九月《瓯海公报》记李某事一则，略云：瑞安第一巷有李某者，中学毕业，薄有学问，年来以夤缘手段得交章孤桐总长，博一大学校教授。与人书，恒自称孙征君弟子，并尽读玉海楼藏书。嗣何知事横莅瑞时，章孤桐函属其拜访李某，谓此系孙经师及门高足，宜礼其庐而谘诹焉。事为孙氏子弟所悉，遂向上海各报馆声明征君生平无弟子以揭破阴谋云。越数日，瑞安张宋卿致函《瓯海报》，谓此载李某事，即故指斥李雁晴。雁晴得大学教授，介绍者易培基、陈钟凡二子，非章孤桐也。而雁晴往时倡设籀顾学会，尤有"孙氏经术不传弟子，玉海楼藏书虫鱼消蚀，宜公开观览"之词，俱可为李君无冒充孙仲容弟子及读玉海楼书之铁证，其言甚有理。（下略）

按：李君之学问，足以自主。《订补》一书，捃摭綦详，深得乾、嘉诸老治史之家法。撰《例》十二，更为史公之学特开生面，海内名流亦所公认。实何用假人以自重，冒作弟子反隳其名哉！李君捧孙，在于阐扬其学说，而非援孙以扬己。至于外人误会，以李为孙之弟子，或以其崇孙之故。玉海楼秘藏固封已久，李虽得读其一二，皆系征君手录传本，闻假诸孙莘农，从无自言尽读玉海楼藏书也。锦湖老渔宋墨庵生性妒忌，故颇不满李君之出为大学教授，后仍作文而举其十不学而兴讼。宋畏罪求和，事始寝，乡里传为一段风雅掌故云。

宋识：李雁晴，聪明特达人也。列籍于知行社之中，厕席于留学生之内，谭旧学而无所凭藉，必遭新人之蹂躏，姑高自称许为孙征君弟子，不知者谓为及门，知者谓为私淑，彼固游刃有余也。

拙著《修学庐日记》丁卯年云：夫李兄以一中学生，刻苦自修，竟至如此，为可叹美。今家藏书籍甚富，皆数年任教所得，几以半数薪金购书，取其余以造屋也。

（五）周予同

周予同原名蘧，以字行，瑞安城关人。生父柳仙、继父晓秋二先生均治举子业，为邑大儒孙诒让所赏识，佐办地方教育颇著声誉。予同幼承庭训，亦曾见到孙公，受其薰陶。入民国，以第一人卒业瑞中后，赴北京考进北高师，即今北师大。

参与"五四"运动,提倡注音字母及白话文甚力。当年归里,曾召集邑中知识分子数百人讲演于明伦堂,并开注音字母传习班,亲莅教导。其传播新文化,实行新婚仪式,结婚日不贴红对联,点白蜡烛,废跪拜礼节等等。地方风气为之一变。旋赴沪,任商务印书馆《教育杂志》总编辑十余岁。别与郑振铎、叶圣陶、沈雁冰辈结文学研究会,创办开明书店。后历应厦门大学、安徽大学、复旦大学之聘,教授本国历史,而在复旦时间为最久,是我国著名历史学家、中国经学史专家。予同头脑清楚,思想新颖,教书、讲演口齿明白,有条理,有情感,听者乐于接受,所为论文亦如之。尚忆在解放前夕,予同所主编之《民主》杂志陈列生活书店,学子最喜观之,以其中阐述民主思想特浓厚。故至温州一解放,学生纷纷投入革命,盖由其感染力之深致然。在"四人帮"反革命集团迫害下,长期卧病,经多方医治无效,于一九八一年七月十五日以冠心病导致心力衰竭而逝世,终年八十三岁。

新中国成立之初,除继任复旦大学教务长外,还充任第三届全国人大代表,全国政协、上海市政协第五届委员,中国民盟第七届上海委员会委员,中国史学会理事,上海社会科学研究所所长等职。吴晗"三家村"事起,询及予同,予同本公论,置怀疑,为晗辨说,因遭横议,揪斗赴山东孔庙,致伤身体,卧床不起者十年,备尝苦辛。今幸"四人帮"打倒,含冤获雪,名誉恢复,顾终以天年归道山,伤已!

予同自少受邑大儒孙诒让之影响,长大好治经今古文学,曾将皮氏《经学历史》一书详作注解,刊于《万有文库》中。近人顾颉刚出版《古史辨》,予同亦为论文相应和,说解颇新颖。自编《中学历史教本》,首采考古资料,以殷墟龟甲、周口店猿人之类入册。章实斋谓六经皆史也,予同衍为六经皆史料说。家藏古籍甚富,如涵芬楼影印《四部丛刊》《图书集成》等大部书,现移存瑞安文物保管会,在玉海楼上,一排排书橱皆是,为"一二八"上海战事起运归者。

还著有《孙诒让与中国近代语文学》,载于《杭大学报·孙诒让研究》;《最近三十年之新史学》,刊行《中学生》杂志。开明本。

资料:

拙作挽联云:学有根柢,思想新颖,口头讲演,纸上宣传,阐扬主义,指导后辈,鼓吹民主功匪浅;祸不单行,言论公正,谗人生妒,贼子陷害,缠绵床褥,沉沦十年,卒获昭雪名复苏。

关系:

拙作《修学庐日记》丁卯年云：周君家贫力学，得人资助，入京高师卒业。倡新文学，与胡适、陈独秀等名相埒。现在商务任编辑，周师晓初之继子也。

（六）李翘（缺）

（七）戴家祥（缺）

（八）陈准（缺）

（九）张扬（缺）

（十）梅冷生（缺）

（十一）陈谧（缺）

（十二）夏承焘

夏承焘字瞿禅，永嘉人。早年入师范，十五岁到二十岁读完《十三经》，除《尔雅》外。二十到三十岁治学多方探索。廿五岁时回温州，那时瑞安黄仲弢家蓉绥阁藏书移藏籀园，夏将家移居图书馆旁，天天去看几遍，晚把它记入日记。三十岁左右，动手作词学研究。十三四岁时学做旧体诗，先记好平仄声，人戏谓填词。第一次试作《如梦令》，为张震轩所赏识。《词人年谱》是几十年累治写成，看了几百部文集和笔记，这由朋友伍叔傥侗《六朝诗人年谱》所引起。在严中教书时，作《姜白石词旁谱》研究。师范毕业后，在北京和西安住过五六年，研究王阳明、颜习斋学说。在西安教过章学诚《文史通义》，十多年前一度发愿研究宋史，想重编一部《宋史》，花了五六年工夫，看过许多书，后知工程浩大而放弃了。曾想替全部《宋史》作注，均未成。

书经多读，自会懂。主张朗诵，由朗诵明白作者的思想感情，起交流感染作用，并加强对作品之印象。

喜读宋诗，尤爱陆放翁诗，手不释卷。又爱好老庄哲理及佛学。

注意工具书，如阮元之《经籍籑诂》。

写得一手好字，学画山水，并亲自题词。教书，用极生动明了又富有艺术意味的口吻讲授老庄哲学，不重一字一句之训诂，而重概念上之发挥。说话很感动人，把人们整个思想及情感导引到另一个更高的境界去。他的风度潇洒、慈祥、和霭可亲，没有半点骄傲和锋芒。与学友李笠、陈仲陶、李骧、宋慈抱、薛钟斗、李孟楚，称为"永嘉七子"，都是从自修苦学中努力成功，对国学都有相当贡献。

（十三）张鋆（缺）

（十四）刘节

梁启超曰：门人永嘉刘节，字子植，承其乡先辈孙氏父子之学风，善能以核持搏。在清华研究院两年，所业益大进。……

子植之于此碑，虽未敢谓已尽发其秘，然循此途以迈进，则金石证史之理想，庶着着可以实现矣。

子植所持术，在应用近代学者所发明之音变原则，而以极忠实之态度，准据地望，融通诸史异文以求其是。——《跋刘子植〈好大王碑考释〉》

（十五）夏鼐（缺）

（十六）作者（董朴垞）自叙

从《修学庐日记》中，抄出我对孙氏乔梓之认识：

丁卯五月初六日：与洪小萍君遇，共游陈绳甫家，知此子方伏案编《管子集解》，旁列各家注本，中有戴望著《管子校正》。望字子高，为余师道锱中甫，德清人，工专国文教员。之祖父，与乡哲孙公仲容称莫逆友，著书亦有数种。

初七日：与汝美共读《逊学斋集》中《项氏二先生墓表》，文辞秀雅，极饶古文腔调。其言永嘉学派甚详。又谓瑞安藏书始于二先生，其水仙亭藏书名与玉海、蓼绥埒，惟多散佚，无从窥全豹也。

余自读逊学文数篇，皆有关于永嘉学术者。谓永嘉经制之学始自宋乾淳时郑文肃伯熊，得于台州徐高士季节。高士游程、朱之门，归教徒友，而吾永嘉遂有"元丰九先生"之目。

十四日：教爱雪读逊学文。……孙先生与俞曲园同出曾公国藩之门，即同年成进士，后随曾公于金陵幕中，相从以学文为事。门下士又有张裕钊、黎庶昌、戴望、刘寿曾、郑珍、薛福成等数十人，时江南设书局，亦此辈任校勘也，独孙先生名最高。仲子诒让亦在其署中，得随诸君子与闻绪论，故学问渊博，著作等身，实有所自也。

为项生锦裳草一函，寄郡商务馆，索《湘绮楼日记》样本，是余言之而欲订购者。湘绮为王壬秋之别号，继仲容而有文名。治《公羊》今文学，著书亦有数种，死时年八十五六。为清末经学大师。

十五日：旋得郡商务寄来《湘绮楼日记》样本，展视久之，知其体裁与余略同，亦多详学问、时事、阅历者。王先生中年读《汉书》，日必有课。又善诗词，亦于日记中录其稿底也。湘绮幼所居无楼，与妇共之室也，姑名之。继以刻告励学，至筑屋湘水滨，因即名其居曰湘绮楼以实之。曾执事曾幕中，与彭雪琴侍郎更相得，每以诗往复，想亦与我乡孙氏父子游也。

十七日：与林女生爱雪共读逊学文。初，孙先生与王极定甫为同年好友，在京都游西山，宿碧云寺，对座赋诗，甚相契也。

十九日：又悉叔霞接办中山图书馆。为并前公立图书馆及通俗图书馆，地址即在小东门外飞云阁，风景甚佳。

二十日：旋游图书馆，知尚在修理中。与许叔霞、胡鞏辈攀谈颇久，闻上仅有一横匾，为"飞云阁"三字，土名话桑楼。黄前辈仲弢先生篆法也。旁为其弟叔颂绍第跋语，言仲弢先生书法宗完白山人邓石如铁线，海内闻名。独其家无片楮存，仅此三字，尤可宝贵。至两边柱上向多佳联，余曾一寓目，为王岳崧小牧及仲闿书一联，联语多集滕王阁成句，最称合景。记其数句，如"青山横北郭，白水绕东城""南浦飞云，西山卷雨"等，一登楼阁上四望，极肖也。蝓河放生池前亦嵌有石碑，为孙琴西公书。前有二仲仲弢、仲容先生祠堂地址，惟未经建筑耳。按此阁亦系黄仲弢之父漱兰前辈致仕后所筑之别业，余处留其影片，时取赏览以悦心意。

廿四日：又与爱雪女生读逊学文，题为《东瓯金石志序》，书为嘉善戴训导咸弻作，益以仲容前辈所得金石跋志而成。戴与孙公年相若，为永嘉训导，好古能文。……

廿五日：并检视黄岩杨晨所编《敦书咫闻》，为其家藏书之总账簿。杨为孙先辈锵鸣止庵之快婿，亦善校勘学，与仲容征君游最久，亦有李友雁晴所校增数条，可称良善藏书志也。

廿六日：教爱雪读逊学文，题为《瓯海轶闻甲集叙》，此书即孙公自作，为搜集乡邦轶事，而能详永嘉学统，可补方志所阙者。其叙吾温学派始在宋时，有郑文肃公请业于黄岩徐温节庭筠，温节得程、吕之传。文肃既归，授乡之文宪、文节二薛公，再传叶文定、陈文节，遂成永嘉经制之学焉。陈尚礼，而叶重心性及经术也。当时与永康陈亮同甫称为浙东学派，数百年来，此风遂熄，至无有举其名者。逮孙公出，始提倡之，因刻《永嘉丛书》数百卷。吾师薛储石钟斗亦尝言及，盖其潜研永嘉之学有素矣。民国初元，冒广生监督有《永嘉诗人祠堂丛刻》之刊，储石亦作《校语》数卷附于后。其未成书而能见于他杂志者亦不少，有吾友陈骏逸人为《行述》时曾列举出之。

六月初七日：晤胡友质民，言孙氏王海楼藏书多为虫蚀，或受雨湿，皆佳本，殊可惜。胡既交其后人芙士莘农，劝开放与乡人阅以继其先人之志，琴西有《玉海楼藏书记》。其言诚善，但孙氏自家枝节未清，恐难照准。前岁雁晴辈亦已发起矣，名之曰籀廎图书馆，后遭孟晋翻议中止。余藏有雁晴所为此《宣言》一大幅，惜其事不成也。

初九日：晚散学，出游飞云阁，晤许、胡诸君，览阁上藏书计十余橱，有《二十四史》《三通》，正续《资治通鉴》《通志堂经解》《皇清经解》以及各注音训，《永嘉丛书》《瓯海轶闻》，仲容所著书等，还有医书、杂志、辞典、小学诸书不下七八十种，虽莫若郡城籀园所藏之富，然较前日增加不少矣。又闻心兰书社所藏多善本，惜未开放任人阅览耳。

十六日：《左传》教后，林女生逊学文选《项瓗芝石〈癸辛词〉序》瓗为几山先生从子，述孙、项二家交谊甚详。并言几山与梅伯言、邵位西、吴敏树辈相友善，所以高抬作者之身价，亦行文之要诀也。吾温言词学者少，自赵西里、卢蒲江后，几五百年而仅有孙氏。孙亦尝作词，为其友姚燮梅伯所诘而止。按，孙实有《娱老词》载《青鹤杂志》中。此篇古文声调甚亮，可读。

十七日：游竹林斋，览戴醇士、胡宝仁所画山水及孙仲容、黄仲弢所书墨迹，皆小团扇面也。仲容先生以所作诗奉王雪璞医生，多感谢语。宝仁画学耕烟山人笔法，近人石谷和尚亦学此，但未能逼肖宝仁也。宝仁一为某县知县，少有神童之目，林丈同庄之外舅也。余往岁游杭州，于温州会馆中见胡氏山水画幅，有同庄先生跋语，故知之。

七月朔：课余从李笠作《三订国学用书撰要》摘出《孙氏玉海楼所藏传抄

本》，散馆赴图书馆换取《旧温属图书馆存书目》六本，知多为吾邑黄氏蓉绥阁所捐赠者，拟特汇出《蓉绥阁藏书目》，与前抄得之《玉海楼藏书目》合为一册以备考览也。

初六日：伙冲言，欲将先秦诸子中有关经济思想语汇成经济学术史。余举示以《周礼政要》一书作法，此书为孙公仲容将《周礼》书配合西洋政教而成。见《瓯海报》载温属图书馆欲合祀黄仲弢绍箕于孙籀公之栗主侧，由其后人厚卿先生将仲弢所藏蓉绥阁书悉数捐入此馆之故。余日来摘抄此阁所藏书目，欲与玉海楼所藏合册以备考览云。

初十日：旋访孙季文君，仲容前辈之季子。与共登玉海楼遍观，藏书极富，且多善本。前后楼计有四十余橱，盖外楼以史部居多，间有目录学书，中楼置经部及子部杂类，次中楼亦置备子部杂类及集部，外楼纯置丛书，以上皆前楼也。后楼平列三间，首二间中第一间置各经总及数、医诸书，第二间则全储各省府县志，不下三四千种，而孙氏自著之《周礼正义》《温州经籍志》《墨子间诂》草稿亦乱置各橱旁。又余于前楼得见几种稿本，如《公羊传义疏》，句容陈立著，及琴西自作之《叶文定文校注》以及《瓯海轶闻》《永嘉集内外篇》各草稿本，往往为虫所蚀。今就余阅后能记忆者，拉杂记之耳。总之，余平日认为极重要之大部书，皆有之。

所以记此玉海楼杂事，以备他日有所考焉。

十一日：入塾，先与诸生谈游玉海楼，因举所藏书板刻、部数，感叹不置。又取案上《逊学斋文集》展阅，集中有言食笋斋事，始信孙家壁悬思笋斋照片，题言孙先生官金陵，有此斋之筑，刻额以志仰慕。其孙孟晋因公来宁，见先人旧迹，特摄影以寄归也。座上亦有孙公琴西晚年像，穿皮袍长而坐皮毡上；他壁所悬则又有一像，持杖，携小儿孙，不知是谁也？盖此为厅事，轩前对颐园假山，入月洞门则玉海楼阶前也。楼五楹，下置《永嘉丛书》及孙著各书刻板，实家塾式也。余拟作玉海楼记略述楼周围状况。又厅事内及堂间遍悬孙公指琴西自书各理学格言，皆以敬品读书为子孙勖。中堂上悬一大匾，题为"兄弟重游泮水"，为其门生提督陈彝所献以祝孙公衣言琴西与弟锵鸣蓉田也。

锵鸣得进士较衣言为早，故其时李鸿章、沈葆桢皆出锵鸣门，然与琴西则皆同年举于乡也。后孙氏寿日，德清俞樾贺以联曰"天下翰林皆后辈，朝中宰相两门生"，殆指此欤？亦云难能而可贵矣。其门第之盛，与黄氏漱兰、仲弢乔梓称瑞安孙黄云。惜今后生，皆不悦学，世泽难继，一叹。

十五日：教后，复点爱雪以《玉海楼藏书记》，盖孙公取王深宁《玉海》之书名名楼也。篇末云："乡里后生，有读书之才，读书之志，皆可以就吾庐，读吾书"数句，则于今日孙氏后人所为，使玉海尘封，深有诮焉。余遂取纸二张，绘玉海楼图甚详。

十九日：继为爱雪教逊学文，题为《玉海楼旁小斋记》，斋名"恰受航"，盖与侍郎彭公雪琴所取小船名同。彭公在同、光间提督水师，佐曾文正公破太平军，立功为侍郎，旋退老于西湖，作"退省庵"，又筑船以自遨游，船小，恰受二三人，故名。当时俞公曲园亦于杭州湖上作俞楼，墓旁作右台仙馆，二人时时欢聚，余于《春在堂笔记》中得观其详，并于其集中移录俞作诗、联多首。余又为俞公曲园作《年谱》，已起稿矣，待得俞公《自述诗》后，即毕事也。俞纂《春在堂全书》，前年在杭州图书馆已阅其大概矣。今孙前辈之恰受航，想即玉海楼旁之会客小厅也。室长方如船，悉如《记》中状，二面开窗，前对假山，榭池花木皆有佳趣，孙氏之经营，可云别出心裁矣。

八月初四日：览《薛君墓志铭》，文后录"其子钟斗为孙仲容弟子"一语，似与李友雁晴言"孙生平无弟子"语相背。薛工词章，与孙工考据道固不同，恐亦夸饰。至李为称孙公弟子与宋墨庵笔战数次，墨庵为人太忌才，亦极可恶。虽然，孙公于考据外并善词章，盖得诸家学，故称薛为其弟子亦不谬也。

十四日：心伟为言邑前辈王子祥景羲先生之为人、为学，多趣闻也。王性刚介，穿大袖布衣，长过膝，有名士派气。终年不出户，卧榻上看书，衣饮不计，甚至吐唾被褥间，随兴所至也。积书满室，号曰书窝。后馆孙氏仲容前辈家凡七载，甚得孙氏所器，又与斟酌《墨经》。或言孙氏亡，《墨子间诂》未终卷，由王先生续成之。然王先生亦自有《墨商》数卷行世，余顷得观之于图书馆，尽考证家法也。

九月初三日：池云珊又为孙公琴西弟子，此书《评点史记》想即公所圈点过。孙原本，余曾得观其家玉海楼中，仿归、方二氏成法，书眉注评语及自断语，亦附校勘学句，似亦饶考订家家法也。

初六日：晨起，检《孙先生传》，为余杭章炳麟太炎作，余前年从杭寓抄得者。并抄得《俞先生传》。孙为俞荫甫后辈，较早章太炎也。当时德清戴望子高、宝应刘恭冕、仪征刘恭甫与太炎辈皆以书札相研讨学问，然皆不及孙先生也。

初七日：从图书馆借得旧《东方杂志》一本归，有张文襄公之洞像。……文襄为孙先生仲容之师，时张公为吾浙学使，孙前辈去应乡试，见其文，大称赏，遂中式。今此杂志中亦有载张公事略，所述学子有孙诒让名者，则可以证实矣。

十一日：教毕，取曾公手札视之，知亦好购书。尝托莫友芝、左宗棠向各方罗致。又谋五省设局合刻《廿四史》，以板本相讨论。曾公当戎马倥偬之际，尚能从事于文学，所致幕中士皆一时绩学者，如张裕钊、薛福成、俞樾、刘恭甫、恭冕、张文虎、莫友芝、戴望、孙衣言、郑珍辈十余人，又有何子贞、罗罗山、刘孟蓉，或师或友甚伙。可参看薛福成《曾府幕僚记》。

十月初七日：入塾教《左传》后，诸生以所作《孙氏玉海楼藏书记》呈阅，知语带讥评，不合体裁，遂为添上一字曰《读〈玉海楼藏书记〉》，因原文见于《逊学斋集》中，为孙公自述筑楼及蓄书经过之情，并于篇末插叙数语曰："乡里后生，有读书之才，读书之志，而能无谬吾约，皆可以就吾庐、读吾书，天下之宝，吾固不欲为一家之储也。"云云。此太仆公之仁心较著，竟至其子孙时，不特不守祖约以书假人，并束书高阁，任为蛀食，可叹也。余前日一登其上，遍观所藏书，计数十橱，皆仿宋、元及近刻善本也，尤以乾、嘉大儒作品为多。后楼尽是方志，计数百种，想大仆公官金陵时所搜致者，其余诸丛书及类书如《太平御览》《初学记》《北堂书钞》《姓氏谱》《四库全书总目提要》等，原刻板亦皆非人间所易得也，惜不供人览，徒使无力致书如余者望洋而兴叹耳。

初八日：继命诸生续成前题文卷，至五时许，皆缮就缴来，并云"孙孟晋仲容次子将与我父同归"。余遂感触前谋曝书事，为诸生一述之。曝书虽似贱役，不学者为之，固无得益；但余颇欲藉此广求知识。诚以玉海藏书名闻海内，苟得一整理之机，著其藏书志，载明书名、撰人、卷数、序跋、印识、行数、存佚等如《经义考》及《温州经籍志》例，则甚善也。古来大学问家，当其贫时，不妨为此种事，虽为俗人所讥笑，不顾也。

初九日：继又为爱雪说逊学文，知陈傅良、叶适之学有渊源也。孙云"陈文自经出，可继子长、永叔；叶文自史出，可继贾生、苏氏"。余幼时往舅家，取所藏止斋、水心集读之，已稍稍知其意所在。今考孙公言，益信然矣。孙一生尤喜读叶文，有《校注》之作附集后，其稿本余甫见于玉海楼，惜残缺，仅遗一本耳。又于读逊学文时，知孙公琴西平生好搜集乡哲单词片纸，保存文献，成《瓯海轶闻》等书，其用心亦与余不期相合也。余初欲辑《永嘉学术渊源记》及《永嘉金石记》《永嘉名联集》等，后读孙集，知已有人先我为之，曰《永嘉学记》水心作。《东瓯金石志》，戴咸弼作，仲容先生助成之。而《名联集》竟亦有余友何君励生曾披露于《瓯海公报》，曰"鹎声"，余于是遂罢此念焉。

十一日：过图书馆，借来《舒艺室杂著》阅之，知多论文之作，又有我乡哲《琴西公六十寿序》，遂录副以存，未知杨纂《永嘉内外集》有否此篇文字也？待查。杨书以人去世，无传出，藏书闻将出卖，可哀也矣。

十二日：与孙季文共往观剧，无何，即回。季文述其兄孟晋、叔海皆将归，为葬其父仲容先生，在十一月廿九日，想有一番盛典也。

看张氏《杂著·跋薛浪语集》中，言仲容先生校订此书，有《札记》未刊行。但墨庵作孙氏《年谱》无有及此，想宋君未见故也。又此书甲编末《唐端甫别传》中亦述唐仁寿端甫当同治四年，与文虎、周学濬共在书局校刊《史记三家合注本》。文虎乃与共订校例。……文虎自著，尚有《舒艺室随笔》一书，亦甚善。

十三日：续览《杂著》甲编终，并移录《孙琴西廉访六十寿序》《校刊〈史记〉札记跋》及《薛浪语集跋》等。

继访孙友师觉演万，莘农先生之子，欲以整理玉海楼藏书事一商之，又与谈文学，甚快意。

夜，读曾公《哀挽录》，中多佳作，如彭雪琴、何子贞、张文虎、唐仁寿等，尤以我乡前辈孙衣言之作为最。其句曰：人间论勋业，但谓如周召虎、唐郭子仪，岂知志在皋、夔，别有独居深念事；天下诵文章，殆不愧韩退之、欧阳永叔，却恨老来湜、轼，更无便坐雅谈时。盖孙公为文正门人，自比皇甫湜之于韩愈，苏轼之于欧阳修也。又张作《寿序》中，言孙公为人读书，一法曾文正，余亦私窃慕之。

十四日：日间晤孙季文，知其兄孟晋、叔海皆归，下月廿七日决定安葬其父仲容先生也。

十五日：教林生读逊学文《李太夫人七十寿序》，文气甚壮，写两家遭遇之盛甚悉。又言李相国鸿章出其弟锵鸣之门，亦为孙公同年，皆曾文正幕中人也。

廿一日：项生言孙仲容先生于下月初九日安葬。

十一月初四日：晚入馆，剪《新闻报》所载中华书局将售之《清史列传》豫约，关于《儒林》一部全目登出，其末节亦载我乡先生方成珪名，而怪未列孙诒让也。孙先生卒后，有钱塘吴士鉴上表朝廷，已得列入《儒林传》矣，此殆原稿转录，未免遗失云。孙名未见近出历史教本中。

初五日：得闲阅《王静安传》，知其初治学无系统，惟取科学及西洋哲学出泛览之。中年游学日本，始知整理国故，读乾、嘉大师如戴、段、钱、王作品，悉心攻读，乃悟考据家方法。治三礼，次及各经，并能利用古金石发明经史原意。十六岁时，在杭州崇文书院将所积万钱购《前四史》读之，又读藏书家之书，一为大云书库，一为乌程蒋氏汝藻藏书。为编藏书目。尤工词曲、剧本。为文本自然，有《观堂集林》三十卷，其余关于考订甲骨金石文字更不胜举也。上虞罗振玉、振常兄弟，长沙叶德辉及吾乡孙仲容皆结文字缘，惜乎其遽轻身而沉于颐和园昆明湖死也。我国何多厄运，三四年间连丧大学问家数人，如张季直、林琴南、林长民、王闿运、竹盛书、沈子培、钱能训、康有为等。

初六日：间出游第二巷竹林斋裱画店，得览俞陛云、庄蕴宽对联。陛云为俞樾之孙，某年探花。余前在杭州逛西湖，在俞楼中见曲园居士像，像旁立一小孩，盖即陛云也。陛云获隽，吾乡前辈孙琴西贺之以诗，见《逊学斋诗抄》。

晚馆教毕，陈生剪报端新载《清史列传》儒林、文苑二全目以赠，其中所载方前辈成珪，工小学，著有《集韵校正》《韩文笺证》二书，其曾孙宏原早与余同学，年未三十即死，时杨嘉尚在，为作《传》，今嘉亦下世数年矣。

初七日：教毕，布告诸生明日放假。其辞曰："明日系乡哲孙先生仲容归圹之辰。先生学问渊博，著述等身，为此给假一天，使诸生知所仰慕，亦以表愚私淑之意也。允辉白"等字样。并为述仲容先生学行，闻明午后有送葬者数千人，其热闹莫可以状云。温属学校、公团皆派代表八人以上来送葬，而学前籀公楼下又设花祭，顶马约数十头，旗帜新鲜，执事不知其数，实为邑中破天荒之大葬礼也。

初八日：复读所点书，至午后，铨弟来访，与谈治学方法，并告此日放假来由，为纪念孙先生仲容出丧之故。一时许，孙氏出丧队伍分为十组，过我店前：第一二组牌伞，参以花亭数十座，中置籀公遗像、遗著、题曰《经微室杂著》若干种。手泽、《墓表》《清史列传》及《奏折》等，此最为难得者。第三组挽联。第四五六组饰顶马及花圈、僧道等。第七组为城乡各学校代表共数百人。第八九十组为灵柩及女客所坐轿，士绅跟随者近千人。至于道旁观者，人山人海，不减清明时节迎神赛会之热闹也。余观罢，牵铮弟复从后街赶至学前看花祭，即在县高小前，张幕置菊花数十樽，上座又安放孙公遗像，由孝子等齐跪祭止客。既毕，余与铨、铮二弟及邻舍王国元共往籀公楼上畅谈书馆教书程序，……并驳论楼中所悬联之佳恶，称胡调元、池云山、张枫之作如最体贴。吴之翰、王冰肃二联颇失神意，不配悬此文雅地也。胡撰以此楼齐俞楼，俞楼在杭州西湖上，余曾一游其间，得见公像及墨迹隶书联数种、彭雪琴画梅。张作谓孙学承陈、薛，可推为祭酒。横额题曰"经师人师"四字，项廷珍写。此楼落成在去年春间，值时大雨，送入祀者亦不下千余人，有宋墨庵为文致祭，亦极热闹也。余实心慕之，欲尽力法其读书，为世闻人然后快，因时时以此自勉。

初十日：近午刻，孙公返袥，俗称回山。又极热闹，过我店前，计费一时之久始毕，实为邑中空前之大安葬仪式也，想所耗在数千元以上矣。

灯右览《孙诒让传》并《哀辞》，皆章太炎作，以之参对项生文卷，未尝不叹项生年穉如此，可嘉也。《哀辞》中又发见宋平子之为人麻衣垢面近鄙人，与太炎交最密，并悉章氏所以与孙通信，亦由平子介绍而来也。前年章闻孙公安葬，欲来送葬，惜乎今不在国内也。

十二日：入塾教罢，诸生为余言孙家事，并所挂寿屏，各对联，皆当代名作，寿序为乡老胡调元榕村撰，对联为吴昌硕、吴让之等书。玉海楼则仍长闭也。

十三日：晚馆教罢，得暇览杨晨所为《敦书眡闻》一书。杨为孙止庵侍郎之女婿，黄岩人，与仲容游，亦知校雠学。此书中发明古善本语，书眉又有李雁晴识语数处。

十五日：入陈馆教后，续抄胡诗，归亦继之，至十二时始寝。以胡诗中多发扬我乡老辈轶事，其记观书玉海楼并怀孙籀公，尤足为余所兴感。玉海楼尘封既久，杨知事君述承孝偕胡老共登其上，想由次缪先生导之也，他人无得涉足焉。如李友雁晴在他乡任教，妄言登玉海楼读所藏书，致笔讼经年始息，实则大背其祖公之志也。

十二月朔：访孙友演万，以前托言玉海楼楼晒书事。时黄宗苣、孙延晨二君皆在，因同到演万书室坐定，室左凿壁筑书厨五行四格，满置《二十四史》洋板殿本。《渊鉴类函》《续经解》《柏枧山房集》《相台五经》残《史姓韵编》《天下郡国利病书》，皆石印本或洋板小字本也。余于其间拾得乡先生书，为泰顺周丽辰作《欠泉庵文集》上下二卷，演万举以赠余。又其父心农先生所抄《庄子义说》，中采近人俞樾辈说，又有《佩文韵府》《说库》《永嘉丛书》等，皆乱杂而置于其中者也。

归后览《周集》，前有池云山、陈介石、宋平子之《序》及《传》，然后知周君苦学之状与池同。其致书孙仲容乞事，吐词悲哀甚。池《序》言与彼共从学太仆公于诒善祠塾也。

廿六日：下午与何、黄、阮三人共至王冰肃先生家，冰肃前任邑高小校长，即我辈老师也。近抱病闲居，工诗，与余辈述普通学堂故事，称仲容先生博学，为校中诸国文教师蔡贻仲念萱、池仲鳞虬、杨志林绍廉所尊奉，时有以疑义就质先生，先生谓翻某书某卷某页某行，如其言检之，无失。然出言拘拘口吃，望之不似有学问者。与黄仲弢、叔颂二先生同以办学有功乡里，冰肃能一一述之，盖冰肃亦当时一优良学生也。

初十日：再入图书馆借《水心别集》《说郛》新出板者，为张宗祥道尹发刊，《序》中有及孙仲容者。《民铎》，《民铎》中纪俞曲园年谱，与余前年所次略同。又得薛师储石《游北雁荡记》一节。

十一日：下午宋墨庵慈抱来游，谈文学事颇久。余视以《民铎》所载《俞曲园年谱》，且消其太简略，墨庵则自言《孙氏年谱》近亦有所添增，其载太仆公死之时稍有不符事实处，已为孙氏子所大训斥矣。

十五日：入塾今日开馆，得诸生之父兄拜礼后教书。……午刻清酒敬西宾，陪者有其家五祖父方纲公涤秋及孙叔海君，仲容先生第三子，亦项氏之姑夫也。余为项二生与林生淞生也。

十六日：教二女生以逊学文《跋邵位西诗册三首》。位西，仁和邵氏，讳懿辰，与自邑项几山、孙琴西友善，所著《四库全书目录标注》，有孙仲容为《序》，言及几山、仲弢诸乡前辈者，余前在杭州图书馆曾览及之。

十七日：课诸生以古文，人各一篇：汝美《台州二先生祠堂碑》，为孙逊学作，述永嘉学派及徐温节、季节二先生之治学；锦裳琴西孙公《祭曾涤生文》，孙自比以苏轼，而以曾公比欧阳修也，故此文之首尾句皆用苏祭欧阳修语也；黄、林二女生同课以序跋类文，为《题马生其昶》及《姚慕庭诗卷后》：其昶为今时之最善古文者，昔为孙公学生，今则孙公从侄孙公达转为其昶所器，人以千元请马君为寿文，马君即令公达先为之，以二百元为酬，而自得八百元也；慕庭为其昶之外舅，桐城姬传之后人也，与孙公善，亦工文，得其家传也。

廿八日：入塾，文课题为《颐园寿宴图记》，为孙氏兄弟衣言、锵鸣退老时所作，有胡调元为之诗。余既以此命题作记，并为述孙氏生平出处事迹甚详。

余归，方点书而项生来，与共访何励生不值，……遂游高小学校，登籀公楼，指示所悬对联，其中一联谓此楼与杭州俞楼齐，胡调元作也。又有一联为张枬作，池老志澂书，较为雅洁有体。神龛两旁联语云：岂独吾乡推祭酒，愿从此地拜先生。

二月十三日：晨起，读张濂亭文数篇，其志唐端甫仁寿墓，多述桐城宗派及曾公、李公在冶城山开金陵书局事。参与者又有汪士铎_{江宁}、刘毓崧_{仪征}、莫友芝_{独山}、张文虎_{南汇}、李善兰_{海宁}、戴望_{德清}、刘恭冕_{宝应}、成蓉镜辈，皆一时英俊也，余前读《逊学斋集·唐仁寿墓表》亦略言之。

二十日：又独游利济医院览赏花卉，园丁潘志雅对余述先辈故事及雁晴在此读《文选》经过甚悉。出后遇季文，挽至其家，得与其次兄孟晋谈玉海楼藏书事。孟晋亦知余读书为人，承奖许不置。昨岁为葬其父从京归，整理书籍，言容毕工，属余重校。又言《逊学斋集》当印一部奉赠。孙氏子十人，独孟晋好学，叔海、次鏐未闻用功于此事也。别时，送至外门，谦让至极。其大门联题"颐园松菊，玉海图书"，大厅横匾书"兄弟重游泮水"，陈彝所献也。

廿四日：赴图书馆检览《县志》，为女中欲旅行仙岩寺事，得王叔果作《仙岩记》一文，甚周密；又览《花信楼采访稿》，为民国初元时浙省通志局委采各县城乡土志，其人物志记乡先生遗著，多采录《逊学斋集》中语，并《永嘉丛书》水心、止斋二集中事。其记近时乡闻颇足醒目，如人物志中录孙、黄各家事迹，有李鸿章作《孙锵鸣寿序》_{详金钱"匪"乱}。及《孙衣言六十寿序》四、五篇，_{详永嘉学派事}。又有孙诒让为其父衣言作《行述》，为上国史馆，皆可读。又项芳蒨作《黄绍第叔项传》、宋平子作《孙锵鸣传》以及黄体正、体立、体芳兄弟为官清廉事。绍第为体立子，而体芳子则绍箕仲弢也。项主襄庚戌廷对第一，亦列入。以上所列各条，其体裁皆余前欲整理者，余决意仿吴挚甫《深州风土记》例，作《永嘉耆旧传》一书，其采集材料亦如是，备它日邑中修志参考。

廿七日：灯下，览《古文旧书考》，知日人井氏对中学颇湛深，与经学大师俞曲园游。亦知吾乡孙公仲容、黄公仲弢二人者，余皆录其作品数份，随录随读，至夜分始寝。

闰二月初四日：为迈师托抄《瓯海集》，往其家检来数册，展读之，知多论乡邦文献者。时有乡前辈张枬震轩，汀田人，来访迈师，与谈文学并孙仲容、宋平子、王子祥辈之轶事，余在旁闻之甚悉。盖张老少教于孙家诒善祠塾，时孙琴西、锵鸣兄弟尚在，述其时邑中学风之盛，所以盛，由于孙、黄二氏之提倡。张老五六十岁，曾为十中国文教员，一生学问，尤工《史》《汉》，以治词章学称名里中，甚推后生林公铎不置。又述孙仲容学问深博，但甚谦虚，其著《周礼正义》《墨子间诂》二书，初不欲传后，盖戏笔也，不知至今推为绝学矣。所述诸文学事，或有为余所素知者，余遂以学古文请教，张老举能成家数及不成派者以言，_{龚定庵文稿称别家。}并勖余治旧学及保存乡邦文献，谈至午始去，而其神色不倦，_{年已}七十。真寿者相也。余时大喜，急归用饭。

四月初四日：与胡质民简，余同学也，谈治国学事甚详。……胡又言玉海楼售书日本人事，亦未必信。余前晤孙孟晋，知无其事，后闻他人言亦然，未免中止或不成事实也。年代尚近，孙氏家又未至大落，故决其无此事矣。

十一日：在塾时讲书，皆有心领。又抄孙诒让作《先考行状》，知孙氏之治学与事功。其先世务农，居集善乡潘岱，与孙希旦敬轩所居桐乾甚相近。弟锵鸣亦能以文学为大官，我邑之名声为之振起矣。同时城中小沙堤黄氏漱兰体芳、卤薌体立兄弟，亦以循吏著称海内，近在巷口尚留一匾曰"比户书声"，旧为黄菊渔体正所书，某岁大街失慎，火自八角桥边延烧至巷口，原匾遂毁，嗣由池老云山补书之，可知当时吾邑读书之风之盛也。

廿七日：暮，送赀给竹林斋主，时周老晓秋在，对余述昔日中学初开办事，国文教习蔡贻仲、杨志林、池仲麟、张震轩皆邑中文士也。

廿八日：既而又与项生共过其姑父孙叔海家，欲约再登玉海楼观书，以孟晋赴郡，楼门锁被带去，更约后日也。项生遂留，而余辞去。

九月初二日：午后，从图书馆借得《国学丛编》数册，中有薛师储石论文及通讯。储石为发杨乡邦文献成书数种，曰《永嘉学案》十四卷，《东瓯词征》六卷，《明卓忠贞公遗集》一卷，《宋薛常州年谱》一卷，《清孙仲容年谱》一卷，《永嘉诗课》二卷。其仲容年谱较宋慈抱所著为详，慈抱亦自叹不及也，见宋书后《附语》。

初三日：晚，读平阳刘绍宽次饶《厚庄诗文抄》，稍稍知其平生雅事概况，自言从孙诒让仲容、金晦稚莲即遁斋二先生受学，又与陈介石、吕文起辈为莫逆友。次饶晚年为编《平阳县志》采集材料，一登玉海楼抄书，有"往岁颐园披架轴"之句。其舅氏扬仲愚，亦平阳人士也，卒后孙琴西为作《墓表》，见《逊学斋文抄》。

二月廿六日：傍暮，访宋慈抱墨庵于其书室，纵谈时事及治学方法。墨庵语间称邑中孙公达之贤能，又余心识，欲访之。

廿七日：晨访苣孙，欲纳交孙公达也。至则苣孙辞以午后，余别出，再访孙演万，莘农先生之令嗣。与偕往晤公达，与谈于其家书室。余先以治古文法为问，孙乃详言多读古书，自能豁然心悟也。孙公达为琴西前辈之侄孙，年来与京中大师马通伯_{桐城人}、王树枏_{新城人}、郑苏戡_{闽侯人}相周旋以古文也。曾为徐树铮元帅之秘书，其交游广而学问博也。马氏在京时，有人求作寿序者，马必先付公达起稿，而自润色之。马则取润笔赀千之八百，余数悉给公达也。可知其文名早已藉藉，推为邑后辈中佼佼者。公达述马氏言，作古文当本自然，宜无痕迹为贵，如姚惜抱晚年所作文皆平澹，如出自心灵，毋做作也。至后之作者，如吴南屏、张廉卿、吴挚甫辈，始稍稍讲求摇曳其声以符合桐城义法，斯体降矣。公达又谓马氏有近刻《抱润轩文集》四本行世，_{可从京都购得。}语间便评林公铎先生文从子书出，得于其舅父陈介石先生，嫌未能纯粹也。谈二时许，归。

　　灯下读《庄子》，……并读马通伯文，深悟公达之言，谓马文纯属阴柔派，似与余性相近也。

　　二月初二日：而自坐览《湘绮日记》，知王氏壬秋自少辄喜读书，记日记越六十年皆不间断。新著《湘军志》，为纪曾公之平粤事始末，盖王亦曾幕府中人也。是时吾乡孙仲容前辈甫十余岁，曾随父参与文会于京都，即极称赞之。王氏晚年治考证，守《公羊》学，有弟子廖平，四川人，经学尤著名，至其文章逼肖西汉，即日记语亦非浅学者所能看明也。

瑞安市文史资料第五十六辑

董朴垞　著

董铁铮　清抄

陈光熙　点校

孙诒让学记

中国出版集团

研究出版社

图书在版编目 (CIP) 数据

孙诒让学记 / 董朴垞著；董铁铮清抄. 陈光熙点校.
-- 北京：研究出版社 , 2023.1
ISBN 978-7-5199-1346-5

Ⅰ.①孙… Ⅱ.①董… ②董… ③陈… Ⅲ.①治学方
法—研究 Ⅳ.① G795

中国版本图书馆 CIP 数据核字（2022）第 181048 号

出 品 人：赵卜慧
出版统筹：张高里　丁　波
责任编辑：安玉霞

孙诒让学记　中册
SUNYIRANG XUEJI　ZHONGCE

董朴垞　著　董铁铮　清抄　陈光熙　点校

研究出版社 出版发行

（100006　北京市东城区灯市口大街 100 号华腾商务楼）

北京隆昌伟业印刷有限公司　新华书店经销

2023 年 1 月第 1 版　2023 年 1 月第 1 次印刷

开本：710 毫米 ×1000 毫米　1/16　印张：85.75

字数：1500 千字

ISBN 978-7-5199-1346-5　定价：398.00 元（全三册）

电话（010）64217619　64217612（发行部）

目　录

卷五　学　术

前附

（一）目录学知识 据《温州经籍志》书中所引者

孙公云：中垒校书，是有《别录》。《释名》辨类，厥体綦详。后世公私书录，率有解题。自汴宋之《崇文》，逮熙朝之《四库》，目诵所及，殆数十家，大都繁简攸殊而轨辙不异。

宋以来书目：

《唐书·艺文志》。

《宋史·艺文志》。

《宋中兴艺文志》。

倪灿《宋史艺文志补》，又《补辽金元艺文志》。

《崇文总目》。

储藏家书目：

晁公武《郡斋读书志》。

赵希弁《读书附志》。

陈振孙《直斋书录解题》。

高似孙《剡录》。

郑樵《通志·艺文略》。

马端临《文献通考·经籍门》。

王圻《续文献通考》。

季振宜《宋板书目》。

钱大昕《元史·艺文志》。

明以来书目：

《明史·艺文志》。

《中兴艺文志》。

焦竑《国史经籍志》。

无名氏《中兴馆阁续录》。

杨士奇《文渊阁书目》。

陈骙《中兴馆阁录》。

钱曾《读书敏求记》。

高儒《百川书志》。

黄虞稷《千顷堂书目》。

孙注：《千顷堂书目》原本，实《明史·艺文志》稿。见朱彝尊《明诗综》八十九及卢文弨《抱经堂文集》七，其新载书较官撰《明史》更为精博。至每类后所附宋、辽、金、元人书，则又以补四史之阙略。故虽出近代，实目录家要帙也。又，黄氏《千顷堂书目》所收明人书至博，然多存虚目，未必真有藏本。

明连江陈第《世善堂书目》，一作《世善堂藏书目录》。

范氏钦《天一阁书目》《述古堂书目》。

尤袤《遂初堂书目》。

《季沧苇藏书目》。

娄东金氏《文瑞楼书目》。

毛扆《汲古阁珍藏秘本书目》。

莲泾王闻远《孝慈堂书目》。

清以来书目：

《四库总目提要》，或作《四库总目》《四库全书总目》。

《四库全书简明目录》。

《四库全书》庋储天府。

钱谦益《绛云楼书目补遗》。

朱彝尊《经义考》。

孙公云：朱氏《经义考》祖述马书，益恢郛郭。观其择撢群艺，研核臧否，信校雠之总汇，考镜之渊薮也。

谢启昆《小学考》。

翁方纲《通志堂经解目录》。

张金吾《爱日精庐藏书志》。

孙星衍《孙氏祠堂书目》《廉石居藏书记》《平津馆鉴藏书记补遗》。

《浙江采集遗书总录》。

《浙东采集遗书总录》。

顾修《汇刻书目》。

各志经籍门所著录。

旧通志及府县志经籍门。

孙公云：乾隆以来，储藏之家于宋、元秘籍搜访不遗余力。又云：释道两家，各有专藏。释书据雍正中藏经馆所刊《龙藏汇记》，道书据明白云霁《道藏目录详注》。

类书：

《太平御览》。

欧阳询《艺文类聚》。

王应麟《玉海》。

崔豹《古今注》。

古地理书：

祝穆《方舆览胜》。

范成大《吴郡志》。

王存《元丰九域志》。

乐史《太平寰宇记》。

潜说友《咸淳临安志》。

欧阳忞《舆地广记》。

史能之《咸淳毗陵志》。

陈耆卿《嘉定赤城志》。

论诗参考书：

《鹤林玉露》。

《瀛奎律髓》。

《诗人玉屑》。

《梅磵诗话》。

周密《绝妙好词》。

石门顾氏修《南宋郡贤小集》。

吴子良《荆溪林下偶谈》《江湖群贤小集》。

厉鹗《宋诗纪事》。

（二）板本学知识

板式如鱼尾上有"兰雪堂"三字、标题、行款、序跋、印记。

校录古籍，孙诒让云：书前后序跋及卷端标题、行款、书中跳行空格诸处，亦有关考证，均当一仍旧贯，不可移易。

原稿、手稿、手辑稿本、手迹本、石刻手迹本、手书刊本、自刻本、传录本、传录校本。

抄本、旧影抄本、闽刊本、浙板。

宋蜀大字本、宋巾箱本、新刊巾箱本。

活字本、监板监本、南监本、北监本。

后唐长兴中，国子博士李锷书本。盖经注板本之最古者

北宋刊本、北宋明道小字单注本。

宋开庆元年福州官刊本、宋麻沙刊本。

绍熙本，即余仁仲本余本绍熙辛亥刻、南宋本。

葛板、葛刻即永怀堂本。葛鼐、葛鼒。

仿宋相台岳氏本。

元刊细字本、元至大本、元刊本、元至正存斋刊本、影写元刊本。

道藏本、芝城本、元泰定甲子苍岩书院本、泰定本。

延祐丁巳陈实夫本、元至顺庚午刻本。

明永乐丙申西园精舍刊本建宁府陈印书铺印。

永乐甲辰广成堂、宣德年间清江书堂刊本。

明天顺胡深等刊注疏本、明吕柟仿宋陈道人本。

明万历丙戌武林冯念祖刊本、明景泰六年四明丰庆刊本。

明兰雪堂活字本、明范钦本、汲古阁本。

明慎独斋本、冯刻汪士鋐本、闻名坊刘氏刊。

明汾州学刊本。

明人修板、大德刊本、明仿宋本。

明正德刊本、明嘉靖间刻本、明弘治本、明弘治刊细字本。

明万历己丑刻本、明成化本。

国朝江南、贵阳、广州、成都诸翻刻本。

殿本乾隆四年刻。

江西稽古楼巾箱本、稽古楼本江西干氏刊。

皕宋楼有明刊本。

士礼居宋小字本、青照堂本、天籁阁故物。

永怀堂本、石台本、广勤堂本、胜孙本。

近南昌梅氏翻刻。

汲古阁本毛子晋斧季手跋、校语。

迥胜阁本。

泾洪氏新刊本、鄞郑淳刊本、黄丕烈氏宋本。

道光丙午谢兰生刊本、周香岩有明活字本。

灵石杨氏刊本、吴氏式芬刊本、吴若准刊本。

赵之谦刊本、任兆麟刻本心斋十种、朱谋垔本。

长沙丁氏新刊本、杭州丁氏刊本、荷池精舍所刊本。

江山刘氏履芬影宋刊本。

吴中潘氏影写本。

钱遵王校本、钱遵王跋鲍渌饮校本、何义门校本、何愿船校注本、段茂堂手校本、陈硕父校宋本、罗镜泉以智有重校定本。

王弇州手抄本、传是楼抄本、澹生堂抄本、箓竹堂旧抄本、绣谷吴氏抄本吴焯、季沧苇抄定本、黄荛圃有千顷堂抄本又跋、毛岳生手抄本、曝书亭抄本、竹垞老人手跋竹垞跋朱竹垞抄本、厉樊榭手校抄本、秦酉岩抄本、严可均手抄本、顾千里所藏抄本、钱塘丁氏有抄本、萧山汪氏旧抄校本、陈仲鱼跋鳢、吴兔床鬶、吴槎客、彭文勤、卢抱经、吴枚庵、翁覃溪、朱竹君、顾广圻、孙渊如、张啸山、海宁唐端甫仁寿、汉阳叶氏、宜都杨氏。

祥符周季贶星贻、朱修伯丈宗丞、桐城萧穆、杨定夫。

明翠若馆刊本。

海山仙馆刊。粤中潘氏

顾氏玲珑山馆丛书本。

粤雅堂丛书续刻本_{伍崇曜}。

章氏式训堂刊本。

传经堂丛书本。

张澍二酉堂丛书本。

珍艺宧遗书本。

观我生室汇稿本。

借月山房本。

得月簃本。

杨氏连筠簃_{丛书}刊本。

读画斋刊本。

三长物斋丛书本。

歙鲍氏知不足斋丛书本。

钱氏守山阁丛书本_{钱熙祚}。

孙氏岱南阁刻本_{星衍}。

钱氏小万卷楼丛书本_{金山钱培名、文选楼}。

吴氏骞拜经楼本_{吴本近归皕宋楼}。

归安陆_{观察心源}陆氏十万卷楼丛书本。

张氏_{海鹏}墨海金壶本。

方邦百川学海本。

又学津讨原本_{函海}。

南汇吴省兰艺海珠尘本。

钱仪吉经苑本。

指海本。

浮溪丛书刊本。

昭代丛书刊本。

五柳居刻汉魏丛书。

亭林遗书本。

董方立遗书本。

云南备征志本。

词学丛书本，医学丛书本，古经解汇函本，释藏本，道藏本。

日本国佚存丛书本。

台州本_{宋世牵台州丛书本}，钱塘丁氏武林掌故丛编本。

四川新刊本，贵阳、成都仿刻本。

浙江书局西吴严万里校本，杭州书局刊本，四明刻本。

苏州书局，苏州蒋氏刊影宋本，苏州新刊仿宋本。

扬州书局重刻本，上海制造局本。

孙冯翼问经堂丛书，张澍二酉堂丛书。

马国翰玉函山房丛书辑本，潘林十种辑本。

遵义黎庶昌仿刻于日本，影写付刊，影刻本，覆刊宋本，得唐写本，得旧抄卷子本于日本，缺卷，近已覆刊。

古逸丛书本。

日本国重刊，日本刻巾箱本，日本森立之。

日本国见存书目，日人森立之。

朝鲜刊本，朝鲜活字本。

海昌蒋光煦斠补偶录，又东湖丛记。

善本书：（一）古注，（二）板本，（三）校注，（四）刊刻，（五）校刊，（六）抄录，（七）辑本，（八）丛书。

1. 古注

（1）《易乾凿度》郑康成注。

（2）《易稽览图》郑康成注。

（3）《易辨终备》郑康成注。

（4）《易通卦验》郑康成注。

（5）《易是类谋》某氏注。

（6）《易坤灵图》郑康成注。

（7）《易乾元序制记》郑康成注。

（8）《韩诗外传》。

（9）《春秋繁露》。

（10）《春秋释例》。

（11）《急就篇》颜师古注。

（12）《方言》郭璞注。

（13）《释名》。

（14）《战国策》高诱注。

（15）《越绝书》。

（16）《吴越春秋》。

（17）《汉旧仪》。

（18）《列女传》曹大家注。

（19）《山海经》郭璞注。

（20）《山海经图赞》。

（21）《水经》郦道元注。

（22）《管子》尹知章注。

（23）《晏子春秋》。

（24）《老子》王弼、河上公注。

（25）《文子》徐灵府注。

（26）《邓析子》。

（27）《列子》张湛注。

（28）《商子》。

（29）《庄子》郭象注。

（30）《尹文子》。

（31）《鹖冠子》陆佃注。

（32）《公孙龙子》谢希深注。

（33）《鬼谷子》陶弘景注。

（34）《荀子》杨倞注。

（35）《吕氏春秋》高诱注。

（36）《韩非子》某氏注。

（37）《燕丹子》。

（38）《新语》。

（39）《贾子新书》。

（40）《淮南子》许慎、高诱注。

（41）《盐铁论》。

（42）《新序》。

（43）《说苑》。

（44）《杨子法言》李轨注。

（45）《太玄经》范望注。

（46）《潜夫论》。

（47）《论衡》。

（48）《白虎通德论》。

（49）《风俗通义》。

（50）《独断》。

（51）《申鉴》。

（52）《申论》。

（53）《抱朴子》。

（54）《金楼子》。

（55）《新论》袁孝政注。

（56）《六韬》。

（57）《孙子》曹操注。

（58）《吴子》。

（59）《司马法》。

（60）《尉缭子》。

（61）《三略》。

（62）《素问》王冰注。

（63）《周髀算经》赵爽、甄鸾、李淳风注。

（64）《孙子算经》。

（65）《数术记遗》甄鸾注。

（66）《夏侯阳算经》。

（67）《易林》。

（68）《周易参同契》。

（69）《穆天子传》郭璞注。

（70）《汉武帝内传》。

（71）《列仙传》。

（72）《西京杂记》。

（73）《南方草木状》。

（74）《竹谱》。

（75）《楚辞》王逸注。

（76）《蔡中郎集》。

（77）《琴操》。

（78）《文心雕龙》。

2. 板本

唐玄宗注本 23。

唐傅奕校本 23。

宋本 17。

北宋本。

宋元丰监本。

南宋本。

宋元本 15。

宋钱佃本。

蜀中本。蜀中传本，即宋时蜀本。

传校宋刊本。

宋古迁陈氏刊本。

宋本音义。

司马光《集注》本。

朱子《考异》本 67。

元本。

元椠本。

元大德刊本 48。

元至正刊本。

元熊宗立本。

元刻王应麟《补注》本。

元刊徐天祜注本。

元刻吴师觉校注本。

明本。

明世本 18。

明万历本 61。

明方玉堂刊本。

明世德堂本，又刊本。

明世德堂刊五臣音注本。

明楚府刊本。

明梁杰刊本 31。

明吴琯刊本。

明刻鲍彪注本。

明涂祯刊本 40。

明冯念祖刊本。

明袁经、吴琯、冯念祖刊本。

明毛晋刊洪兴祖《补注》本 74。

明毛晋刊《道藏》本。

明程荣刊本 41、46。

明陶珽刻本。

明刻《子汇》本。

明写本陶宗仪《说郛》。

明刻河上公注本。

日本刊施氏《讲义》本又 60。

日本施子美讲义本。

日本长庆刊本。

日本庄元益刊本。

日本久保爱《增注》本 33。

日本物茂卿本 35。

日本关嘉《纂注》本 42。

日本安井衡《纂诂》本 21。

日本蒲板圆《增读韩非子》校本。

　　吴骞景宋乾道刊本。

　　黄丕烈景刊宋姚宏校本。

　　秦恩复景刊宋治平监本。

　　刘履芬景宋刊本 25。

　　丙氏景宋刊本。

　　景宋台州刊本。

　　孙星衍景宋刊本 58、56、5。

　　景宋杨忱刊本。

　　吴骞景元刊本。

　　蒋氏景宋刊本。

　　蒋氏刊校宋本 41。

　　明仿宋嘉祐刊本 61。

3. 校注

　　汪继培注本 45。

　　凌曙注本。

　　周廷审注本。

　　王照圆注本 7。

　　黄叔琳注本 77。

　　梁端校注本。

　　赵一清《注释》本 20。

　　戴震《疏证》本。

　　杜道坚《缵义》本 24。

　　钱绎《笺疏》本 12。

　　郝懿行《笺疏》本 18。

　　汪继培校宋列本 26。

　　黄丕烈姚本校记校本 13。

　　钱熙祚校勘记校本又 27。

　　黄丕烈校宋本 66。

　　钱培名《札记》校本 14。

顾观光《校勘记》校本 7、15、24、61、62。

劳格《读书杂识》校本 75。

罗以智《举正》校本 75。

孙志祖校补本 34。

严可均校本 27。

王照圆校正本 70。

郝懿行《补注》校本 33。

任大椿《释文考异》校本 26。

梁玉绳《校补》校本 34。

刘台拱《补注》校本 33。

王先谦《校勘十识》校本 40。

俞樾《诸子平议》校本 又、又、23、44、22、24、26、33、43、31、21、27。

俞樾《读诸子评议》校本 51、24、8、30、18、31、46、32、61、45、74。

俞樾《读书余录》校本 42、37、32、40。

孙星衍校《皇象碑》本 11。

孙星衍《音义》校本。

洪颐煊《订讹补》18。

洪颐煊《义证》校本 21。

洪颐煊《读书丛录》30、38、40、25、28、22。

顾广圻千里《考证》校本 67。

顾广圻校本 71。

顾广圻《校补》。

顾广圻《识误》校本 35。

卢文弨《群书拾补》校本 40、35、26、48、54、41、47、19、2。

卢文弨校本 71。

卢校本《钟山札记》73。

毕沅《疏证》12。

毕沅《校正》本 18。

毕沅《考异》校本 23 又。

王念孙《读书杂志》22、39、28、21、13、12、33、40。

王念孙《读书杂志余编》校本 43、34、28、17、35。

戴望《校正》校本 2。

劳格《读书杂识》19。

陈立《疏证》本 47。

孙志祖《读书脞录》72、34。

□正安《释文》本 66。

梁曜北《史记志疑》34。

张敦仁《考证》校本 40。

丁晏《释文》本。

4. 刊刻

鲍廷博刊本 53。

钱熙祚刊本 21、34。

凌濛初本凌本 9。

何允中本又 47。

胡震亨本 12。

汪一元本。

范钦本。

卢见曾本。

5. 校刊

戴震校聚珍板本 20。

孙星衍校刊吉天保十家注本 56。

郝懿行校刊本 19。

黄丕烈校元至正刊本 77。

洪颐煊校刊本 68。

汪继培校刊本 29。

张海鹏校刊本 66。

谢墉校刊本。

吴志忠校刊本。

翟云升校刊本 68。

庄逵吉校刊本 39。

赵怀玉校刊本 8。

宋翔凤校刊本 32。

高均儒校刊本 75。

孙星衍校刊本又 27、26、52、16、55、10。

秦恩复校刊本又 32。

卢文弨校刊本 47、71、31、38、12、40。

毕沅校刊本 34。

孔继涵校刊本 65、又 6。

孔继涵校刊宋元丰监本 6。

严万里校刊本 27。

钱培名校刊本 14、51、50。

钱熙祚校刊本 27、25。

钱熙祚校刊道藏本 67。

6. 抄录

传录卢文弨校明吴琯本 14 又。

传录戴望校本又 38。

传录冯舒 77。

古抄本、抄本、冯抄本。

述古堂抄本 32。

7. 辑本

孙星衍辑本

8. 丛书

明《道藏》本又 12、71。

明刻《子汇》本又 54、37。

《说郛》本。

明仿宋《百川学海》本 72、73。

《唐宋丛书》本 73。

《永乐大典》本 39。

官本：聚珍板本 1、2、3、4、5、6、7。

国子监本监本。

吉府本。

楚府本。

阁本文渊阁本。

台州本。

今本今刻本。

活字本。

小字本。

沈本、范本、钱本、丰本、姜本、汪本、秦本、唐本、许本、张本、庄本。

正本、别本。

参考资料：

朱彝尊《经义考》《镂板》一门。

陈揆《论书贵旧本说》。——《稽瑞楼文草》

叶德辉《书林清话》，专讲板本。

聚珍本：板式、行款。

翰林院储《永乐大典》本。

武英殿摆印本。从《永乐大典》中辑出，内府藏。

明刊《湖海楼丛书》本萧山陈春。

明高叔嗣刊本。

李锡龄《惜阴轩丛书》本。

广顺、显德两监本。

吴琯《古今逸史》本。

马俊良《龙威秘书》本。

陆楫《说海》本。

吴震方《说铃》本。

庄肇麟《长恩书室丛书》本。

《道藏》本。

方邦《百川学海》本。

钱熙祚《守山阁丛书》本。

李调元《函海》刊本。

钱仪吉《经苑》刊本。

曹溶《学海类编》本。

成德《通志堂经解》刊本。

粤东伍氏崇曜刻本。

张海鹏《墨海金壶》刊本，又《学津讨原》刻本。

明张萱刊本。

清李鼎元刊本。

南汇吴省兰《艺海珠尘》本。

胡文焕《格致丛书》本。

锺人杰《唐宋丛书》本。

毛晋《宋六十家词》本。

文苑堂刻本《星命溯源》本。

范懋柱家天一阁藏书本。

范钦天一阁二十种□本。

浙江汪启淑家藏本。

少詹陆费墀家藏本。

两淮马裕家藏本。

歙鲍氏刊本《知不足斋丛书》

永嘉黄氏藏手稿本。

永嘉张氏摘刊本。

瑞安项氏藏手稿本。

瑞安许氏刊巾箱本。

《樗庵日抄》写本。

姜时习刊本。

通志堂刊本。

家仲父校刊本。

逊学斋藏旧抄本。

浙江巡抚采进本。

江西巡抚采进本。

江苏巡抚采进本。

两江总督采进本。

明正德本。

陈用光本。

湖北漕司本。

京本、杭本、严州本、温本、翰林院储明刊本。

时代	地方	藏书家	机构	书坊	丛书	板式
明刊本	京本	范氏天一阁	阁本	宋时建阳书林所刊		巾箱
正德本	杭本	鲍氏知不足斋	监本	麻沙旧刻		摆印
	温本	毛氏汲古阁				

缮写注意，勿作省别字。字体正俗即依通行《字学举隅》，无用拘守《说文》，致成骇俗。

省体：倚新谓半旁字。

讹体：偏旁形声错误。

别体：以圣为聖，以蚕为蠶之类。

俗体：学则子上作文，恶则心上安西之类。

（三）校雠学知识

校雠之学，主于精究仓、雅，深通古书义例，然此为校定经史及秦、汉旧籍而言，但考证方舆，以图学为最要。

孙诒让云：琐屑校雠，无益时需。《墨子》研校廿年，略识旨要，遂就毕本补缀成《注》。

又云：能读古书者，不患其不能知误字，惟患读书不多而专辄刊定，使元本不误者因妄改而致误，又使后人无从寻其误夺之迹，虽有善读书者亦无如之何矣。

琐屑校雠，无益时需。《墨子》研校廿年，略识旨要，遂就毕本补缀成《注》。

又云：昔虞山毛氏汲古阁藏书最盛，主人毛凤苞晋及其子斧季扆并精雠校。后其家中落，斧季以所藏精本售与潘稼堂检讨，开列一目，注价值以寄之，后来鉴藏家展转传抄，珍为秘玩，吴门黄氏所刻《汲古阁秘本书目》是也。

又云：檇李曹倦圃溶有《流通古书约》，因秘弄珍函多惮于远借，议令储藏家各以书目相示，出所藏本自付校写，以其所有，易其所无，既使古书多存福迻，而家藏底本亦无借出污损之患，此最为善法。——《征访温州遗书约》

孙公校勘法：

形近——形亦相近。

形近而误——字形相近而误。形误。形之误也。并形之误。皆形之误。形近故误，注曲为之说，失之。

形近而讹——形近，古多互讹。皆形近讹易。

形相似——二形相似，相似而误，相似致误，相似因而致误。

古文

籀文——形相以故误。

篆文——相近而误。二形相近而误，形相近而误，相似而误。

篆文相类，篆文略近，篆文二字形近因而致误。

篆文二形相以而讹，遂不可通耳。

隶书——汉隶，隶变，草隶，汉碑，隶古定，隶古。隶书形近而误。隶书相近而误。

草书——相近而误，形近因而致误，二字相似，草书相似，相似古书多互误；草书相近，传写善误；草书相似，传写讹省。草书相似，故荀、墨二子皆互讹。

重文——草书与重文相似，故误。

俗字——俗体，俗书，唐人俗书。形略近。

故书

漆书

正字、讹字、坏字

变体——字之变体、异形。

别体

传写——传写或误作……，传写……误作……。传写……致误，传写误耳，传写之误，并传写之误，乃传写之误。形近故传写易误，形近则又传写之误，此传写之失，非仲远之误也。传写多互讹，传写讹舛，字绝相似，故传写易讹。传抄贸乱，……遂不可识。原分三事，传写误并为一也。写者不审，遂并为……字矣。传写混入正文，遂复舛不可通耳。

传写作……，遂不可通。

疑此二字乃袁注误入正文。宋元人校语，误入正文。两字古文正同，故传写易误。语同意，而传写舛讹耳。文字传讹，构虚成实。当有讹文，亦失考。展转传写，又误作……，益不可通矣。

讹互——下上互易、又左右互易，遂不可辨。经本多讹互，不足深校也。文多讹互。旧本讹互不可读，今从卢校。

脱字——脱……字。脱字，与下文不相应。又有脱字。疑有脱字。当脱……字。今本脱……字，上下文义全不贯属矣。今本脱……字，遂不可通。

脱文——疑有脱文，今本盖有脱文，此处脱文，此上当有脱文。

误脱——今本误脱，无误脱。

讹脱——必有讹脱也。此文多讹脱，彼文亦有讹脱，有讹脱。案此文多讹脱，文多讹脱。展转传讹，今本讹脱，不可通。

脱误——正文及注皆多脱误，张氏亦未尽校正。

全脱——今本注全脱，今本全脱，今本并脱。

互讹——二字，古书多互讹。

不可通——今本脱二字……，遂不可通。展特传写，又误作……，益不可通矣。今本讹脱，不可通。今本误倒，遂不可通。文略相类，今本多讹羡，不可通。文讹衍，不可通。今本正文既讹衍，并以致注，遂不可通。

不足据——亦讹衍，不足据。

衍字——疑衍字，字衍，字疑衍，必有一衍，此误衍，皆形近而讹而字衍，明刻无……字，此误衍也。字似非衍，疑衍。

衍文——疑衍文，非衍文，……字无义，当是衍文。亦小注入正文，卢校……以……为衍文，不知其为注也。乃……之讹，……则衍文也。

涉上下文而衍——盖涉上文而衍，疑涉上而衍，盖涉下而衍，疑涉下而衍。涉上下文而误——涉上……而误，声近又涉上文而误，相涉而误，迥不相涉，涉彼而互误。涉上文及下文……而误。

衍文辄删——乃以……为衍文，而专辄删之，大谬，吴校并册……，尤谬。

错简——或即彼文错简，复著于此。前后文并复赘，未详厥旨。并不移著……上，又脱……字。错著不可通。错互久矣。

臆改——程荣又臆改为……，缪之甚也。此书正文及注皆明人臆窜，并非陆本之旧。臆改，殆未达……之古义矣。俗写或省作……，复臆改为……，遂不可通。臆改无征，今从元本。戴臆改……非是。严万里本如是，疑臆改。乃不得其说而臆改。乃校者臆改，不当据校。

妄改——与……古不相冢，御览……，乃后人妄改。今本皆妄人所改。与此上下文正合，颜不得其说而改。

妄增——校者不解而妄增。乃后人妄增也。校者不憭，误移。

避讳——唐人避讳。唐人避讳改。避讳改，而今本沿之。

佚文——当是此处佚文。疑此条佚文。

文不相贯——一事不可蒙也。二句与上文不相属。与上下文不相属。残缺文，不缀属。与上下文义不相属。

文意——文相类，文意相类。与此相类，文意小异。文虽相出入，而大旨则异。

相应与不相应——文义亦正相应。与注不相应。与下……不相应矣。正文不相应。则与上文不相应，足知其误。

文义——文义亦冗赘。文复冗赘。文复。文义殊不顺。文义较完。文义较此完备。王注失其义。无义。袁注未憭。所引不误。于义未切。文义并同，于此义无会。文并略同，正与此同。文不合，殆非也。与此义正合。所述或传闻之误。

臆说——于古无证，臆说也。三义并臆说，难信。陆说无据，亦难晓。

不可从——于文殊不顺，不可从。注沿误为释，不可从。鲍说迂曲，不可从。

不足据——讹脱不足凭。穿凿不足据。汪义并穿凿不足据。郝说尤穿凿不足据。沿误为释，不足据。高说殊不足据。专辄改窜，不可据。望文生训，不足据。此先秦、西汉旧义，虽不见于仓雅，而校核古籍尚可得其确诂。人肘虽生扬抑之理，不足信也。

文例——文例正同。文例并同。文例略同。文例亦同。文例与此正同。与此文例正同。与上下文文例同。下文亦叠……二字，文例正同。文例相近，则与上句文例参差不合矣。与礼例不合，恐有讹互。周、汉礼不同，不足相证。

文相对——对文，文正相对。相对为文。与下句正相对。上文……相对成义。文相对也。文皆平列。与上……句正相对。文自相对。文亦相对。与此注正相对也。文不相对。

蒙上而言——正蒙此注而言。蒙上文而言。正蒙此文可证。

句断——句绝，句断亦通，属……为句。王氏失其句读而为之说，不可通矣。属下读，并失之。属下……为句，乖谬殊甚。其说太巧，与上下语气不相贯，殆非也。

协韵——合韵也。与下协韵。正与韵协。按此皋、高、毫为韵。与下文韵并不叶。与上下文不协。韵数不协，疑……当为……之讹。

语词——俗语，为汉时常语。后世语变。兖、冀语。

解决方法：

审文义——审校文义。以义审之。谛审其文。审校文义，当以旧本为是。以彼上下文意审之。义亦较长，故文义多与内典相涉。

审文意——与此文意相近，文意亦本此，终与文意不相应耳。

文相对——文正相对，正相对。

衍文——于义无取，疑亦衍文，非后人妄增，为衍文。

删衍——衍文当删，衍字当删，今从……删，并衍当删。

增删——今依《史记》增删。合文相似，故误分为二字，盖浅学妄增，当删。并删此二字，遂不通耳。

增字——当据增，校增。脱字，今据增，以意增。

乙字——当据乙，字当乙。今据乙。

校正——据校正，当据校正，据以校正，可据以校正。并与此书同，可据以校正。据以校正此文之误，当依……校正，并当据颜书校正。从王念孙校正，当从《治要》为正。

证、例——是其证，如是其证，是其证也，即其证也，并其证，并其证也，皆其证也，是其确证，其确证也，可证此文之误。

是其例也，即其例也，是其比例。

失之——诸说并失之，严、俞校并失之，张注失之，缘误为训，失之。

失考——卢校失考，毕遂失考，即刘所据也，皆殊失考。某氏举正，以此为佚文，殊失考。今无考，窃谓……

未见——他书亦未见，他书未引，及近孙辑亦失采。

互见——说详《列子》《经移》《大戴礼记》。说详余所著《周礼正义》《墨子间诂》《古籀拾遗》。合详《墨子间诂》。说见《吕氏春秋》。

详前——详前《山海经》《庄子》《急就篇》《方言》《贾子新书》《商子》《晏子春秋》《鹖冠子》《吴越春秋》《老子》《管子》《越绝书》《水经注》《说苑》，义同详前。

详后——详后《晏子春秋》《楚辞》《新序》《素问》《西京杂记》《孙子》《淮南子》。

互校——当以彼文互校。彼此互校。以彼校此，书脱讹甚伙，参合校绎。

互证——与此文可互证，可与此互证，与此互证，可以互证，可互证，亦可互证，刘说与《字林》可互证也。文例相类，可以互证。两文参证，可以得其证。文与……正同，故引以相证。与……文正相类，……与此文可互证。

形声相近而误——形声并相近，形声相误，皆形声之误。形声俱远，形声疏远，……疏矣。音近而误，并声近而误，声之误也。

训诂字通——古字通，是古通，古字通用。字并通，字古互通，多互通，古字并通用。

声近字通——声相近，声相近古多通用，声近字通。

音近字通——三字音并相近，音相近，字通，古音近字通。

类同字通——同声相近，同从……声，古字通用。古从……声，字多通。音同，古盖通用，声同古字通。义同字通，义近字通。

古今字——假字，借字。

声近假借字——古音相近，得相通借，声近通借字。

同声假借字——假借，同部，得相通假，古音盖同部，得相通借也。

声类同——声类并同，古字通用。

一声之转——同纽，声转，一声之转亦通。

义同——义并同，与此义并同。

声近义同——古字通声，义并相近，亦声相近，声义并相近，声义亦同，音义略同。

声义同——声义正同，声义并略同。

字异而义同——字异而义正同。文异而义同。

义难通——难通，于文仍难通，文多难通，文义难通，义固难通，迂曲难通，并迂谬难通，此文殊难通，按此注文难通，无此文，义亦难通，且义亦难通。

义不可通——注义殆不可通，此注讹托不可通，妄为牵合，而文又到，遂不可通。

误倒不可通——颠倒其文，遂不可通。到其文，到文。张说未审，倒句文法。

未得其义——无义，亦未得其义，并未得其义，未达其义，注说未得其旨。皆未得其义。

据补——当据补，此可以补之，当据上文补，不当别据……补，卢校未确。

据正——当据正，与注义合，当据正，当据此正之，卢据下文正。

补正——当据补正。

改正——当据以改正，今改正。

订正——当据……订正，今据以订正。

校补——当据校补，并当据校补，今从贾引补。

未确——按孙说未确，凌说未确，俞说未确，俞校未确，王校未确黄注谬。

未安——按王、陈说皆未安。

校非也——卢校非，秦校非，丁校非也，顾校从之，非也丁校是也。

同、通——声义同，义亦同，与此正同，与此义亦正同，与此文亦略同。

义亦得通，义可两通，义两通当各如本书，义不可通。

校核——参互校核，诸文舛驳不合，参互校核。所引与今本上下文多舛异，附录于此以备校核。参互审校。

不必改——声义同，不必改作。不必据上文改为……。乃以今说改之，与注及下文并不合，不足据。

是也——当从……为是。同作……是也。后说是也。似是近是。

疑当为——疑……当为。疑并当为……。疑……之误。疑亦……之误。

校之——（1）以文义校：以文义校之，以上下文校之，以下文校之，以注校之，以此注校之，今按文义校正，以《淮南子》校之，此误倒，以《汉书·李广传》校之，今不备校，校者不达，又益……。

（2）以文例校：以全书文例校之，以上下文例校之，辞意相及，而文例正同；文例相类，可以互证。

（3）以声类校：以声类校之，疑当与……多通。

推之——以意推之，以意求之，以文义推之，以上下文义推之，以声义推之，以情事推之，以前后情事推之，以注推之，以注义推之，逆推之。

考之——以文义考之，以声类考之，以史考之，以《礼经》考之，以三《礼》经注考之。

例之——以上下……字韵语例之。

正之——当以皇本正之。

补缺——当据此补其缺，此可以补其阙。

当作——当作，疑当作，当作……是其义也。

当为——当为，疑当为，当读为，疑当读为。

当云——当云。

句断——属上……为句，则下二语文无所承矣。按此句与上下文不相属，疑误衍，《治要》引无，当据删。句文未足。与……句相属，文义亦正相贯也。窃疑此当读……为句。余读……绝句，非。当以……为句。接此蒙上文，读……为句。

迂曲难通——按注说迂曲难通；注说迂曲不可通；揆之事理不可通。

不足据——按注说迂谬，不足据，注说迂凿，不足据；此因后世……字音而为之说，不足据也。臆改不是据；校者不审，臆改……殊谬；按此文谲异，于古书皆不合，郭及郝诸家亦未能质证。

类举

杂举

存异

参考资料：

段玉裁《与诸同志论校书之难》。顾千里、陈仲鱼。——《经韵楼集》

黄廷鉴《校书说》。——《第六弦溪文抄》

焦循《与孙渊如论考据著作书》。——《雕菰楼集》

任兆麟《论考据》。

翁方纲《考订论》上、中、下。——《复初斋集》

方东树《汉学商兑》。

李祖望《答汪孟慈问校雠学》。——《镆不舍斋集》

郑樵《通志·校雠略》。

章学诚《校雠通义》。

俞樾《古书疑义举例》论校勘。

梁启超《清儒治学之总成绩》。——《饮冰室文集》校雠学节

胡适《陈援庵先生〈校勘释例〉叙》。——《张菊生七十生日纪念册》

校勘学：

校勘之意义及范围有多种，方法当然随之而异。

第一种校勘法，是拿两本对照，或根据前人所征引，记其异同，择善而从。因为各书多有俗本传刻，因不注意或妄改的结果发生讹舛，得着宋、元刻本或精抄本，或旧本虽不可得见，而类书或其他古籍所引有异文，便可两两勘比，是正今谬。

第二种校勘法，是根据本书或他书的旁证、反证校正文句的原始讹误。前文所说第一种法，是凭善本来校正俗本，倘若别无善本，或新谓善本者还有错误，那便无所施其技了。第二种法再进一步，并不靠同书的板本，而在本书或他书找出凭证。这种办法又有两条路可走：第一条路是本书文句和他书互见的；……更有第二条路是并无他书可供比勘，专从本书各篇所用的语法、字法深意，或细观一段中前后文义，以意逆志，发见出今本讹误之点。

第三种校勘法，是发见出著书人原定体例，根据他来刊正全部通有的讹误。……把现行本未紊未改的部分精密研究，求得这书的著作义例。然后根据他来裁判全书，不合的便认为讹误。

第四种校勘法，是根据别的资料校正原著者之错误或遗漏。……这种校法，也分根据本书、根据他书两种。

遍校多书者

专校一书者

章学诚《校雠通义》里头所讨论，专在书籍的分类、簿录法，或者也可名为第五种。

《跋古文旧书考》 黄绍箕

自汉刘向校定群书为《七略别录》，子歆又撮其要为《七略》，后世目录家推为鼻祖。其书亡于唐末，赖《汉书·艺文志》粗见梗概。宋郑樵作《校雠略》，讨论义例。我国朝章学诚又为《校雠通义》，引而申之，皆就班书以求刘氏之法，断断于部类出入之间，或执刘法以绳班。余以为刘、班二家之法判然不同，未可混而为一也。刘氏辨章学术，剖析条流，凡第录一书，必取其可览观者，又往往合中书□□□太史书、臣某某书各若干篇，删并复重，乃始定著付缮写，盖颇有所抉择去取。《别录》言："一人读书，校其上下，得谬误为校；一人持本，一人读书，若怨家相对，曰雠。"故后世称为校雠家。实则刘氏之撰《录》《略》，删定之业也。曰校雠者，谦不敢承尔，是儒家述圣之事也。班氏则史也，其所撰《艺文志》，簿录家也。当时儒臣之校录广内之弆藏，于是乎征之存掌故而已，与《礼乐》《刑法》《食货》诸篇等虽稍有增省出入，顾职志不在此，是诚目录之鼻祖，而史氏之支流矣。说者又谓刘有《七略》，班删《辑略》，存《六略》，亦非也。刘以辨章学术为主，故以《辑略》冠首。班以记录掌故为主，故分散《辑略》，附于各自之后。颜师古所谓诸书之总要是也。虽袭旧为规，而貌同心异，微旨具存，此足见前贤之作，义各有当，非苟焉而已也。

自是厥后，荀勖之《中经簿》、王俭之《七志》、阮孝绪之《七录》，代有纂辑，而书多散亡。宋《崇文总目解题》亦佚，仅有辑本。晁公武之《郡斋读书记》、陈振孙之《书录解题》，粗具录略遗意，顾学识不逮向、歆远甚，而私家藏目亦自是日以蕃滋，学者遂忘校雠家法之尊严，一切归之于目录家矣。若夫历代史家，如于志宁等撰《隋书·经籍志》据王《志》阮《录》，刘昫撰《唐书·经籍志》据《开元四部书目》，犹不失班书之旨。自余则措心于部类义例之间，又博采旁搜，取盈卷帙，使后世读之不知其书之存于何所，其目之出于何书，反不如私家藏目质实可征焉。乖史官记事之体，违班氏创例之意，殆所谓甚难而实非者焉。

惟我国朝乾隆间，纪昀等撰《四库全书总目提要》，复撮其要为《简明目录》，浩博精审，乃真得录略之遗意。当时通儒硕学与夫嗜古好事之徒闻风蔚起，以多蓄旧椠为贵，以博校精勘为能，书录题跋记之类先后著录者以数十计。近稍稍衰矣，然收藏家尚不绝踵，常熟瞿氏、归安陆氏、聊城杨氏，其最著者也。杨氏之《楹书隅录》详于板本，陆氏之《皕宋楼书目》兼载序跋，瞿氏之《铁琴铜剑楼藏书目录》并斠异文，较为详核。

今日本安井君教授我邦，以《古文旧书考》见诒，其中表岛田君所著也。所录旧抄卷子本，或系隋、唐原抄，或旧时转写，而渊源出隋、唐以前；其余旧椠本，亦多我中土所未见者。至于考书册之源流变迁，辨文字之异同得失，表彰幽隐，申畅疑滞，皆确有据依，绝无臆说。东望神山，殆如宛委琅环，为之神往。又每校一书，参考诸本，旁及它籍，于我中土校勘家之旧说订伪补逸，符验灼然。使乾、嘉诸老见之，当有入室操戈之叹。由其夙承家学，获窥秘藏，益以师友见闻，故能博涉闳览；抑亦非笃志劬学，好深湛之思，殆未能若斯之盛也。……

君年未及壮，而所成就已如此，它日覃精研思，网罗放失，整齐百家，镜学术之源流，定群言之得失，于以轶兰台、追踪都水不难矣。余学殖芜浅，近益衰病，故书雅记，十不省一，重违安井君之意，辄述所见以诒君，亦足见其荒陋寡

闻，不足与于新事之末也。大清国光绪三十一年三月，瑞安黄绍箕跋。——抄自杨氏《瓯海续集》

（四）辑句 甄辑《温州经籍志》中有关目录校雠学之原句以见公之治学态度与方法也

1. 访书

按公生平见书甚伙，除家藏外，尝假诸他人或收藏家。如皆无有，则留心寻访。既到手，必详加校核，间作札记，其原句如：

姜准《东嘉人物志》孙案：今广稽志集，一无所见，文献沦替，不惟简帙就湮，即篇目亦无从搜讨，良可慨也。谨附识于此，觊留心掌故者共寻访焉。

方成珪《集韵考正》孙案：余尝见邑中李氏所藏《吕氏读诗记》、胡氏所藏《困学纪闻》，皆先生手自点勘，丹黄戢香，精审绝伦。又尝校《唐摭言》，海宁蒋氏光煦采其精语刻入《斠补偶录》中，余皆湮没不复可物色，於戏，悕已！

王致远《开禧德安守城录》孙案：其书世无传本，宋以来储藏家亦无著录者，惟瑞安《王氏谱》尚载其全帙。同治丁卯，家大人从王叔劢孝廉旬宣借录之。

张孚敬《钦明大狱录》孙案：余家藏本，从仪征刘恭父副贡寿曾所弄明写本景录，亦罕觏之秘笈也。

又《敕谕录》孙案：同治乙丑，于杭州购得宝纶楼原刻本，实分上下二卷。

又《奏对稿》孙案：其书明刻本尚有流传，余斋偶无其书，俟更访之。

侯一元《乐清县志》孙案：林岁贡大椿有明椠本。岁贡卒后，所藏书家人秘之不肯借人，余未之见也。

《泰顺县志》孙案：万历《泰顺县志》，泰顺林县丞用霖语余曰：邑中某氏旧有藏本，今归他姓，不知尚可物色否？

康熙《永嘉志》孙案：其《通志》所称王锡琯叙，今亦未见，俟更访录焉。

朱谏《雁山志》孙案：同治辛未四月，余以应礼部试，在都假得翰林院所储《四库全书》底本数种，内有明刊《雁山志》四卷。验其册面印记，即乾隆十八年十一月浙江巡抚三宝所进汪启淑家藏本也。

刘安上《刘给谏文集》孙案：（上略）然余家藏卢氏抱经堂抄本及所见顺德丁氏、嘉兴陆氏少詹陆费墀家藏本诸抄本并作《刘给谏集》。

王十朋《王状元集注分类东坡诗》孙案：至此书元刊本二十五卷，分七十二类，余于都中书肆尝一见之。

黄淮《介庵集》孙案：同治辛未，余以应试入都，假得翰林院所储明刻小字本，验其册面印记，即乾隆三十八年浙江巡抚三宝所进汪启淑家藏本也。既迻录其副，复精勘一过。

梅颐《苏庵集》孙案：《东瓯诗存》十六，于《苏闇存稿》……《存稿》旧本曾氏固尝见之，今不知尚可搜访否？

姜东溪《书法》孙案：余所见墨本末有"文宛堂勒石"五字，何时所刻？

（二）评书

按公既博览群书，间又评断其佳恶。所谓佳者，必备具下列几种条件，否则无可取矣。

（1）佳者：论及义例凡例或缘起符合体例，考证详审，评议精确，足资考核。叙述详确，有裨文献，尤必注所出处。间附评论，详简得中，颇便省览。条举件系，间附平议，疏通证明，确有依据，……

（2）恶者：书中义例及缘起悉未论及，疏于考证，浅易粗厉，未经删定，草草采辑。喜谈神怪，间涉猥俗。文笔冗拙，于出处或注或否，体例尔为未纯。谬妄，疏舛，承伪臆改，展卷皆是……

方日升子谦《韵会小补》孙案：（上略）考证亦复详审，至亭林讥其"于古音四声通用之字一一详注，不无繁碎"。则其时古音之说尚未大明，虽精审如陈第亦不免沿吴棫、杨慎之旧例，未可独议子谦也。

蔡幼学《国朝编年政要》孙案：本以拟纪、表、志、传，备一代之史。然文懿卒时，《备志》尚未成书，仅总著其目于此，不复析百官表入职官类，俾后之考史籍者有所征焉。

王元翼祚昌《珠树堂集》孙案：易庵在明季颇擅文名，李素园维樾、周耻庵应期诸人交相推重。……然其文皆喜为疏快，随意所如，多伤浅易。诗亦粗厉，无复白鹿诗社之遗响。盖易庵讲学颇近李贽一派，诗文非所留意，此集又系拉杂稿本，未经删定，故合作殊鲜也。

朱默斋鸿瞻《竹园类辑》孙案：其门人钱肃楷等编次。……默斋潜心宋五子之学，又生于明季，目睹启、祯之乱，故此编所载文于礼制政教之失断断辨正，最为痛切。其史断类，于明代大事各为著论，平议亦多精确。其所作虽未能淹贯经史，方轨古人，然大都朴实明白，不沿明季佻薄之习，较之王元翼、李宁侯固当胜之。其诗类，即所著谱年诗集，以作之先后编年排次，于国初兵事颇详，足资考核。

潘宗耀《五梅一研斋诗抄》孙案：总诗四百单七篇，青田端木国瑚为之点正，大都秀雅可诵，文藻亦复斐然，亦近时佳集也。

徐炯文《王忠文年谱》。孙案：止据《宋史》本传及汪玉山所作《墓志》，按年排次，间及集中诗文岁月，然殊疏略，不足资考核也。

王朝佐《东嘉先哲录》孙案：总一百十一人，于宋、元两代及明成、弘以前魁儒硕彦几于搜辑无遗。所采载籍，自正史列传以及地志志状，并胪列旧文，不加窜改，且一一详其出处。其体裁渊雅，在明人书中颇不易觏。……今所见本，有凡例而无自序，无从觅正本补正，为可惜耳。至于网罗既富，踳驳亦复不免。……虽有疵颣，不害其全书之精审也。

张孚敬《温州府志》孙案：于《志》中《义例》及《纂修缘起》悉未论及，顾沾沾焉以议礼自矜，尤为非体。盖文忠之学，长于论辨而疏于考证，志乘虽卑，亦具体正史，非擅三长不副兹选，未可任意刊削，自矜简要也。

王光蕴《温州府志》。孙案：此《志》既以两书为蓝本，故所记宋、元以前旧闻佚事尤多有根据，不似流俗地志凭虚臆造，不可究诘。年代浸远，传播渐稀，印帙偶存，诚吾乡之宝笈也。至《四库总目》，……议其挂漏，考此志……修书诸公于全《志》先后义例未及详检，故有此论矣。

道光《乐清县志》孙案：《此志》体例颇为详整，……条举件系，杂而不越，在吾乡地志中又足称善本。自汤成烈《永嘉志稿》外，莫能与方驾也。……若此诸条，尚待补正，然其大体则无可议也。

黄汉《瓯乘补》孙案：此书皆记温州旧闻为郡县志所未收者，按时代先后排次。……其采自他书者，皆节录元文，间附评论。至近代轶事得诸传闻者，亦注某人述，其采摭尚为不苟。惟考证未精，如……若此之类，考古疏舛，不可枚举。惟于国初以来轶闻琐事纪录颇多，可为续修志乘之资。其诗文七卷，亦多府县志所未载，虽不尽注出处，体例不无可议，要亦有裨文献之书也。

姜准《歧海琐谈集》孙案：所录佚文旧事凡五百余条。采摭颇为繁富。其所引宋、元古籍……多今所未见之书。至于有明一代，见闻既近，捃述尤详。惟喜谈神怪，间涉猥俗，文笔冗拙，亦其一疵。其采自他书者，于出处或注或否，体例亦为未纯。然当文献散缺之余，得此一篇以补亡校异，就一郡而言，亦可谓考证之渊楸矣。

附：评人

按，公对前辈、同侪说解有不妥善者，辄不客气地予以驳辨以示治学负责之意。

《汉艺文志》载《尚书》脱简止有《酒诰》，余篇未闻。至于此经之义，求之古训本无违忤，亦不必定为脱简而后为通。亭林命世大儒，编修礼学为吾乡之冠，然知者千虑，不无一失，故辄陈诤论，窃附康成赞辨二郑之义焉。恽氏此辨，规驳亭林脱简之说最精确，故附录于此。——孙希旦《尚书顾命解》

近独山莫氏友芝得唐本《说文》木部之半笺校刊行，以此书木部所引唐本二条核之，并不合。友人歙汪茂才宗沂语余曰："此乃其乡一通小学者所伪作，其人彼尚识之。莫号能鉴别古书，乃为所欺，可哂也！"近人得莫本，多信为真，虑世之为雠校之学者将据以羼改许书，故附识之。……按，唐本在宋时犹今之明写本，固非绝无仅有之物，况许书唐本全帙彼时尚有流传，何得残剩六纸遽登秘府，又命词臣鉴定，其为伪迹显然，莫氏自不察耳。——戴侗《六书故》

艮斋所校《握奇经》，今无单行本，惟《浪语集》第三十卷尚载其全帙。明人《汉魏丛书》所刊者，系从高似孙《子略》第一卷抄出，每句下所注异同与艮斋校语一一符合。考似孙，宋庆元间人，尝献诗佞韩侂胄，为陈振孙所讥。见《直斋书录解题》二十。其人在艮斋后，盖即窃艮斋本为己校而讳其所自，故《子略》此经《序》竟不及艮斋本也。……艮斋校语精详，高本亦多所删削，然今所传《握奇》，大抵皆高本，目录家不复知其为艮斋旧校，故略辨之以发高氏之覆，且使世之欲见《握奇》善本者又知于《浪语集》求之耳。——薛季宣《校定风后握奇经》

文简诗文和平雅正，不愧王元美所谓台阁体者。惟取材稍隘，故其文数首以后，词旨每多缠复，较之东里诸集盖稍亚焉。——黄淮《介庵集》

文忠以议礼得君，其相业功过盖不相掩。此集奏议，……皆关涉当时大政，足与史传互证。惟诗多率意抒写，不甚擅场。——张孚敬《张文忠集》

曾知县镛，研究理学，宗法洛、闽，以拔贡为汤溪教谕，俸满保荐，擢湖南东安知县。……盖复斋之治经，其长在于独抒所见，绝不依附前人；其短在于自信太过，不复博稽古训，瑕瑜固两不相掩也。——曾镛《复斋文集》

其古诗清健，间近苏、陆。律体瓣香元、白，多质直流易之作。然终嫌拙率，未臻超诣。霞樵谓其"不事琢炼，纯以气行"，则确评也。——曾镛《复斋诗集》

曾瘤甫璜为复斋知县镛伯子，年十八入邑庠，寻补廪膳生。汪总督志伊抚闽，聘复斋主讲正学书院，而延瘤甫为诸子师。嘉庆辛酉，应浙江乡试，卒于杭州，复斋甚悼惜之。——《松亭遗草》

3. 校书

按公治某书，必取其不同板本或所引者对校字句异同。故有所谓传本、集本、抄本、足本、残本诸名目。

以《书传》《辑录》《纂注》所引永嘉郑氏说校之，悉合。

以集本《奏议》校之，悉合。——张孚敬《奏对稿》

俟更求足本《蒙川集》核之。——刘黻《濂洛论语》

以《永嘉四灵诗》所载徐《集》残本核之。

以《苇碧轩集》校之。

彼此舛忤，无从校核。

余尝以抄本与别集所载《进卷》校对其字句，无甚异同。

今以《东瓯续集》及《东瓯诗存》与集本对校。

4. 考证

按公每治一书，先将板本弄清，审核字句，然后加以考证。其考证方法有各方面，如：

（1）补入——据其书某文补入。

今据《宋艺文志》补入。

《经义考》亦未著录，今据《东嘉先哲录》补入。

今并据《园史》补入。

今据戴氏所录《行状》补入。

今据《行状》引……补入。

刊本今虽未见，谨据黄《目》录入以补《史志》之阙。

俟见善本，再为补入。

（2）考正——据某书正之，或考证之。

今谨据《宋文宪集》考正之。

今据《浪语集》正之。

藉此可以正之，虽较之今本溢出之诗无多，然未始非校雠之助也。

遂至重牴贻谬，莫可究诘。今据《弇州四部稿》考正之。

（3）无可考——书不传无传本，无原序不明体例，太简略，关于时代、事迹等等。

其曾否校梓，今亦无可考矣。

然旧府县志并未载，今亦无可考。

惜书既不传，而赵、陈诸《目》又无著录，无由考其体例也。

以卫氏《礼记集说》所引考之，盖亦综论礼意，不甚考证名物，与所著《续读诗记》体例相近。

今二书并无传本，惟止斋《春秋后传》、赵汸《春秋集传》及《左传补注》间有援引，然寥寥数语，不足推其全书义例也。

然刻本今未之见，卷数亦无可考。——项乔《瓯东政录》

今则文无传本，惟王氏《舆地纪胜》……略引数条，其体例无可考也。——戴溪《青源志》

其卷帙今无可考——《徐横阳文集》

不详其事，今无可考。——项文焕《惊鸿集》

然其名终无可考。——《晚翠轩稿》

朱氏被谪事亦不可考。——朱玉《芸窗杂著》

其他事迹无可考。——虞书《紫山吟稿》

余则不可考矣。——王至言昭文《笙鹤轩杂著》

不详其时代，今无可考。——卢景旭《逸叟集》

（4）猜想——对某书情况不明白，因猜想如此，便用"盖""盖即""殆即""盖亦"等字。

《宋志》所载者，盖宋时书肆之本，故仅题叶学士而不著姓名耳。——叶学士《唐史抄》

此录终乙亥者，盖属草时偶尔辍笔，遂未赓续也。——徐自明《宋宰辅编年录》

然则箅窗所称，殆即朱子所见户口、财赋之书。以其为郡计所关，郡县守令

所宜知，故题曰《须知》也。——宋彭仲刚《须知》

或亦分水何逢源所作，此书盖即其时所进也。

盖亦不以水詹之说为确也。

盖入元以后所作，其卒时或未成书也。

《东河书目》盖即朱子谱书目也。

不著其名，疑即大舆也。

古礼及释文，《提要》不云存佚，岂以其与今本无甚异同，故不复辑录耶？

文修为忠父之甥，其礼学当亦传之忠父者。

周氏《樗庵日抄》有……一篇，疑即从《语录》抄入也。——《万峰语录》

书名卷数，并与孙氏所见小异，未知即一书否？是否一书，今无可考，谨并存之。——锺景清《增编事林广记》

疑以传疑，姑并存之。——《二谷集》。

（5）阙疑——对某书情况既不明了，因用阙疑口吻置之而不加武断，所谓"疑不能明，未敢臆定"，此其治学态度有足多者。用"疑即""姑并存之""附识其疑""不知即……否""未知孰是"等字句。

遂竟删去，殊失阙疑之旨，今仍录之。

识者不能无疑。疑即讲义逸文也。

《四库提要》《宋朝事实》下亦引其语，不注出处，疑《永乐大典》内尚载其书也。——曹叔远《江阳谱》

不著撰人，亦不知即是书否？——姜得耳《盱江续志》

王仲升所著《芦江录》……又撰《三先生语录》……所谓三先生者，不知何人也？

疑叶审及门人编定时，或有分并矣。——《习学记言》

其后半册，多节录先儒言行及古书名物、制度。既无论断，又不著所出书，体例亦嫌庞杂。疑沧江手稿，本随时札记以备遗忘，诸子刊布时失于删正也。——《存愚录》

何湜《礼记集说》所采永嘉周氏说皆在其中，疑即《讲义》逸文之仅存者。

其书名、卷数并与黄若晦不同，疑万历《志》偶误以黄书属水心也。然今未敢臆删，姑录其目以备参考。

是止斋著述固有此帙，惟今无可考，姑据著录而附识其疑于此。

疑家藏本标题也。……疑不能明，未敢臆定。

陈说殆偶误忆也。

与府县志不同，未知孰是？——薛凝之、疑之

余所见者，周懋宠《樗庵日抄》汇本，凡二十六条，不知是元翼全书否也？——王元翼《园史》

然今所见鲍氏知不足斋本，卷端题东嘉李季可撰，则又似非流寓者。但不知阮文达所见旧抄本何如耳。——《松窗百说》

疑初稿写定后，因其编卷稍大，欲展为七十卷，然未及重录，故仍为六十一卷也。——《慎江文微》

（6）推定——由自己心会意推，可以决定，不为"臆必"之说。用"则必""固""足证""盖""必""当""推之""推玩得之""以意推之"等字句。

则必嘉、隆以前人也，故附于此。

盖写定时，偶未见矣。

其全书固元翼手定也。

余虽未见《诗说》，固可以心会矣。

文子之言如此，亦足证东岩于《周官》之外，又治《诗》《书》三《史》矣。

以朱子所述推之，则此本录陈，乃居二十卷之半，亦足证止斋礼说于进经三卷外，当别有一集。

此书《自叙》虽不著年月……节卿既非终于教授，则此书之作必在其前矣。

若此之类，并贯穿经文推玩得之，不为"意必"之说。据《自序》，盖因李贽、杨起元两家说择其至者，而以其父遗说及己意补缀之。

康熙《永嘉志》今未见其书，据郑廷俊《叙》推之，盖马忠勤玙本延周樗庵、林雪庵二人纂辑。

盖海外舆地，自古茫昧，不止直夫此书也。——周直夫《岭外代答》

其稿今未见，以意推之，盖……也。——叶篯林《汉官仪》

嘉定十六年卒，年七十四，则此五十卷者，乃水心绝笔之书也。——《习学记言》

《文渊阁书目》九有《郑景望集》一部一册，阙。则此书明时尚存，今则未见传本。——《郑文肃集》

则鼎盖洪武、永乐间人也。——蔡鼎《西岩集》

当为万历、天启间人也。——金锡敦《大若山房诗稿》

则亦天启以前人也。——蔡汝修《函虚斋近稿》

盖亦万历、天启间诗人也。——周文美《周才甫诗集》

（7）俟考——姑据录入以备参证者。

今亦无从核补，不能分别著录，附识于此，用俟续考。

邓刻本或未佚，它日得之，当再为考定也。

永昇《雁山志》……今未见其书，姑依黄《目》入地理类以俟博考。

今亦未敢臆改，谨附其说于此，俟更考焉。

其人当必在弘治以前，疑以传疑，姑附之明初诸人之末以俟续考。

（8）札记——参合各本，精校时复录其异同为"札记"。

孙案：明以来，梓本久佚，藏书家展特传抄，脱误最甚。同治辛未，家大人命诒让参合各本，精校付刊，复录其异同为札记□卷。然其讹缺尚未能尽补正也。——薛季宣《艮斋浪语集》

张尔田云：考史之法，最重证据，而证据又必须充足。今即所引诸文论之，凡足以证明"隋无进士科"者皆不充足；凡可以证明"隋有进士科"者则皆有明文。况杜佑为唐代通晓掌故者，而《通典》一书又为古今第一名著，此而不信，将无书可信矣。杜佑辈其生虽较贞观史臣为晚，正惟其晚，所见新出之资料或比史臣为多。今《通典》中可以补正南北两朝史事者正复不少，岂尽厚诬？吾人治史，或以前证后，或以后证前，全视其人其书足征与否为断，不宜先存一时代之成见。至于"反证"之法，遇证据全不充足时，或可偶然一试。既有充足之证据，即当舍反证而不用，此乃研究学术之标准。不立标准，专事求疵，未见其可。——《遯堪文集》卷一《与邓嗣禹书》

一、周礼学

（一）周礼历史：名称、内容、渊源、师说、古注

1. 名称

孙诒让曰：粤昔周公缵文武之志，光辅成王，宅中作洛，爰述官政以垂成宪，

有周一代之典炳然大备。然非徒周一代之典也，盖自黄帝、颛顼以来，纪于民事以命官，更历八代，斟汋损益，因袭积累以集于文武，其经世大法咸萃于是。故虽古籍沦佚，百不存一，而其政典沿革犹约略可考。——《周礼正义叙》

2. 内容

孙诒让曰：古经五篇，文繁事富，而要以《大宰》八法为纲领，众职分陈，区畛靡越。其官属一科，《叙官》备矣。至于司存攸寄，悉为官职，总揭大纲，则曰官法。若《大宰》六典，八则之类。详举庶务，则曰官常。若《大宰》正月之吉，始和布治于邦国都鄙以下，至职末，皆是也。而官计、官成、官刑，亦错见焉。若《大宰》职末、受会，则官成也；大计群吏，则官计也；诏王废置、诛赏，则官刑也。六者自官职、官常外，余虽或此有彼无，详略互见，而大都分系当职，不必旁稽。唯官联条绪纷繁，脉络隐互，散见百职，钩核为难。今略为甄释，虽复疏阙孔多，或亦稽古论治之资乎？——《凡例》

3. 渊源

孙诒让曰：此经在西周盛时，盖百官府咸分秉其官法以为司存，而大宰执其总会，司会、天府、大史藏其副贰。成、康既殁，昭、夷失德，陵迟以极于幽、厉之乱，平之东迁，而周公之大经良法荡灭殆尽。然其典册散在官府者，世或犹尊守勿替：虽更七雄去籍之后，而齐威王将司马穰苴尚推明《司马法》为兵家职志，魏文侯乐人窦公犹抱《大司乐》一经于兵火丧乱之余；它如朝事之仪，大行之赞，述于《大小戴记·职方》之篇，列于《周书》者，咸其枝流之未尽澌灭者也。——《周礼正义序》

按《孙谱》载公二十六岁，草创《周官疏》而详考经之源流，有《周官经源流考》一文，见于箧藏遗文稿中。

4. 师说

孙诒让曰：其全书经秦火而几亡，汉兴，景、武之间五篇之经复出于河间，而旋入于秘府，西京礼家大师多未之见。至刘歆、杜子春始通其章句，著之竹帛。三郑、贾、马诸儒赓续诠释，其学大兴。而儒者以其古文晚出，犹疑信参半，今文经师何休、临硕之伦相与摈斥之。唐赵匡、陆淳以逮宋、元诸儒，訾议之者尤众。或谓战国渎乱不经之书，或谓莽、歆所增傅，其论大都逞臆不经，学者率知其谬。而其抵巇索瘢至今未已者，则以巧辞邪说附托者之为经累也。盖秦汉以后，圣哲之绪旷绝不续，此经虽存，莫能通之于治。刘歆、苏绰托之以左王氏、宇文氏之篡而卒以踣其祚，李林甫托之以修《六典》而唐乱，王安石托之以行新法而宋亦乱。彼以其诡谲之心、刻核之政偷效于旦夕，校利于黍杪，而谬托于古经以自文，上以诬其君，下以杜天下之口，不探其本而饰其末，其侥倖一试，不旋踵而溃败不可振，不其宜哉！而惩之者遂以为此经诟病，即一二闳览之士，亦疑古之政教不可施于今，是皆胶柱锲舟之见也。——《周礼正义叙》

又曰：此经在汉为古文之学，与今文家师说不同。《大、小戴记》及《公羊春秋》并今文之学，故与此经义多不合。先秦古子及西汉遗文，所述古制纯驳杂陈，尤宜精择。今广征群籍，甄其合者，用资符验。其不合者，则为疏通别白，使不相殽混。近儒考释，或缀萃古书，曲为傅合，非徒于经无会，弥复增其纷粗。——《凡例》

又曰：经文多存古字，注则多以今字易之。如……四十余字，并经用古字，郑则改用今字以通俗。今字者，汉人常用之字，不拘正假也。《考工记》字例，与五官又不尽同。如……之类。又五经古字，如……诸文，记并从今字，疑故书本如是矣。宋元刻本，未通此例，或改经从注，或改注从经，遂滋歧互，非复旧观。——《凡例》

5. 古注

孙诒让曰：此经旧义，最古者则《五经异义》所引古《周礼》说谓古文《周礼》说也，或出杜、郑之前；次则贾逵、马融、干宝三家佚诂，亦多存古训。无论与郑异同，并为捃拾。近世所传有唐杜牧《考工记注》二卷，义指弇陋，多袭宋林希逸《考工记解说》，伪托显然，今并不取。至于六朝、唐人礼议经疏，多与此经关涉，义既精博，甄录尤详。——《凡例》

（二）周礼板本

经本——以《唐石经》为最古。注本——以明嘉靖仿宋本为最精。此本原出北宋椠，虽明刻，而在诸宋本之上，近黄丕烈有重校刊本。今据此二本为主，间有讹脱，则以《孟蜀石经》元石久佚，今仅存宋拓《秋官》上下二卷，首尾亦有残阙，拓册藏湖州张氏，今据湖南周编修銮诒景写本校。又冯登府《石经考异》载有《夏官》残拓，今未见。此刻之佳在兼载郑注，惟雠勘极疏，讹踳脱衍不可枚举，又多妄增助语，盖沿唐季俗本，难以依据。及宋椠诸本阮元《校勘记》所据有：宋刻小字、大字本，余仁仲本，岳珂本。黄丕烈《札记》所据有：宋绍兴董氏本，互注本。今所据有：阳湖费编修念慈所校宋婺州唐氏本，建阳本，附《释音》本，巾箱本；又有明汪道昆仿岳本，与阮、黄校岳本小异。参校补正，著其说于疏。——以上《凡例》

《周礼》单注本传于世者，以明嘉靖仿宋刊本为最佳，阮文达谓其依北宋本。今以传校诸南宋本勘之，固皆出其下，然明刊原本，于"桓"字间沿宋讳阙笔，则其底本虽出宋椠，亦必在钦宗以后，或南渡后复刊北宋欤？然今不可考矣。

明刊本流传颇鲜，黄荛圃尝据以重刊，然以众宋本参互校定，与景写覆刊，实不同也。

让卅年前侍先君子于江宁巡道署，时仁和邵子进大令需次冶城，亦同寓官斋，出所藏明刊原本见示。盖海昌陈仲鱼旧弆本，而子进尊人位西世丈收得之者，册端有丈题字，亦推为佳册。时余方草创《周礼正义长编》，以黄校本盛行于世，未遑假校也。既先君子移官皖、鄂，让皆侍行，比重至江宁，则子进已物故，其家旋杭。余频年治《周礼》，每见阮氏《校勘记》所举嘉靖本异文，校以黄本或不合，窃滋疑闷，而无从究其根柢，辄心念邵藏本不置。逮光绪癸卯，闻子进令子伯纲已捷南宫，入词馆，驰书贺之，并乞假明刊《周礼》。未几，伯纲以藏本寄至，则书册完善，与前在江宁时所见无异。窃叹伯纲之能珍护手泽为不可及，而余以衰老余年，得重见此本，校其同异，亦殊非意念所及矣。

余著疏义，于郑注咸依嘉靖本为正，然乡者仅据黄校本，而略以阮《记》及他宋椠补正其脱讹。今以明刊详校，乃知黄本之不尽足据。

荛圃校雠之学得之段懋堂、顾涧薲，所刊书最为世所珍，而乃疏牾如是，信乎校书之难也。

今春多暇，竭两旬力校竟，归之伯纲，因略记其舛互诸条以识黄本之误，藉以自释疑眩，且俾后之校读此经者得有所别择，知明刻实原出北宋精椠，而黄校是非错出，殊失嘉靖之旧，勿徒震其写刻之精，遽奉为佳本，斯为善读经者尔。——以上《嘉靖本〈周礼郑注〉跋》

（三）礼家

杜子春、贾徽、贾逵、马融、三郑君兴、众（先郑）、玄（后郑）、干宝、皇侃、熊安生、唐孔颖达、贾公彦、陈祥道、张稷若、金诚斋。

二郑释经，多征今制。考之马、班《史》《志》，卫、应《官仪》，率多符合。良以旧典坠文，留遗因袭，时代匪遥，足相比况。晋、宋而降，去古弥远，政法滋更。北周、李唐，建官颁典，虽复依仿六职，而揆之礼经多不相应。故此疏于魏、晋以后仪制概不援证，惟州国山川宜详因革，故职方、舆地，备释今名以昭征实之学。——《凡例》

郑学——余治礼经，尝疑郑君《礼注》与《诗笺》说多驳异。读山阳丁氏《郑君年谱》，乃知其笺《毛诗》在中平以后，而《礼注》先行，所据者《三家诗》也。——《冒巢民先生年谱叙》

诒让前读《郑志》，知郑君先注《三礼》，后笺《毛诗》，训释异同，不复追改。每惜仲达作《疏》，不能证明其义。今读尊著，塞楛斟异，昭若发蒙，诚有功经学之书也。窃谓《诗笺》之作，在高密为晚年定论，其所发正，较《礼注》为尤精。——《与桂文灿书》

汉氏巨师，许、郑并尊，高密注经，于同时著述罕所征引，而于《说文》独援举二事，则知其于此书特垂研览。——《与王子庄书》

康成诠释诸经，汉、魏之际盛行一时，群儒望风景附，咸名"郑学"。惟王子雍以通才闳览，起与为难，乃至伪托《家语》以为佐证，故有《圣证论》之作。盖欲以难郑树职志，遂不惮妄托圣言，其忮譺亦甚矣！以司马氏外戚之重，故其学盛行于晋初，然郑里再传弟子马昭之徒，犹坚守师法，援经发难。治王学者孔晁辈又难马申王，张融复参合郑、王，折衷其说以为评。虽是丹非素，不免党伐，而矛盾相持，各有义据，不可诬也。——《〈圣证论〉王郑论昏期异同考》

议礼群儒，昔称聚讼。此经为周代法制所总萃，阂章缛典，经曲毕晐。而侯国军赋，苞、何胶其旧闻；明堂辟雍，服、蔡腾其新论。两汉大师，义诂已自舛互。至王肃《圣证》，意在破郑，攻瑕索瘢，偏戾尤甚。然如郊社禘祫，则郑是而王非；庙制昏期，则王长而郑短。若斯之论，未容偏主。唐疏各尊其注，每多曲护，未为闳通。今并究极诸经，求厥至当，无所党伐以示折衷。——《凡例》

陆氏《释文》成于陈、隋间，其出最先，与《贾疏》及《石经》间有不同。所载异本异读，原流尤古。今并详议其是非，著之于疏，《释文》据卢文弨校本，兼以阮氏《校勘记》及贾昌朝《群经音辨》参订之。以存六朝旧本之荦较。——《凡例》

贾疏——盖据沈重《义疏》重修，据马端临《文献通考》引董逌说，《隋书·经籍志》载沈重《周官礼义疏》四十卷，与贾本卷帙并同，董说不为无据。唐修经疏大都沿袭六朝旧本，贾疏原出沈氏，全书绝无援引沈义，而其移改之迹尚可推案。在唐人经疏中尚为简当。今据彼为本，订讹补阙。凡疏家通例，皆先释经，次述注。然郑注本极详博，贾氏释经，随文阐义，或与注复，而释注转多疏略；于杜、郑三君异义，但有纠驳，略无申证，故书今制，研核阙如。今欲矫斯失，释经唯崇简要，注所已具，咸从省约，注文渊奥，则详为疏证。盖注明即经明，义本一贯也。——《凡例》

（四）孙氏对经学之根柢与影响

（一）根柢——余少耽雅诂，矻矻治经生之业。年十六七，读江子屏《汉学师承记》及阮文达公所集刊经解，始窥国朝通儒治经史小学家法。……既又治《周礼》及墨翟书，为之疏诂，稽览群籍，多相通贯，应时笔记。——《札迻叙》

（二）影响——永嘉前辈多治礼，尤其是《周礼》一经。远如宋时王氏十朋著《周礼详说》，薛氏季宣著《周礼释疑》，陈氏傅良著《周礼说》《周官制度精华》上册等；近如清乾隆时孙希旦著《礼记集解》，即由孙家为校刻行世。仲容曾作此出按语云：

按，家敬轩先生，当乾隆初，经学大师提倡未盛，先生独辟径，研精三《礼》，博考精思。于礼经制度参互研核，致多心得。其释《戴记》，兼综汉、唐、宋诸儒及近代顾炎武、戴震之说，择善而从，无所偏主。校正经文，如……并确有依据。至于郑注间有讹误，辄为纠正，如……若此之类，并贯穿经文，推玩得之，不为意必之说。其余记文，关涉《仪礼》《周官》两经者，皆一一疏释其义，注义简奥。孔、贾两《疏》述郑，或有违戾，亦为疏通证明。其学求之近代，当与张稷若、江慎修相颉颃。……原稿本五十卷，仲父止庵先生校刊时析为六十一卷。今以五十卷著于录，从其朔也。——《温州经籍志》卷四经类

（五）孙氏编《周礼》之动机

犹忆同治间，余侍亲江东，时海内方翘望中兴，而东南通学犹承乾、嘉大师绪论，以稽古为职志。——《古籀余论后叙》

同治中，诒让侍亲江宁，始得识恭甫。于时大江南北方闻之士总萃于是：宝应刘君叔俛方继成其父楚桢先生《论语正义》，甘泉梅君延祖治《谷梁》，亦为《义疏》，而恭甫治《左氏》为尤精。诒让伥伥不学，幸获从诸君子之后，亦复希光企景，拟重疏《周官》以拾贾氏之遗阙，间有疑滞，辄相与商榷，必得当乃已。

曾不数年，踪迹四散。诒让既南归，叔俛主讲鄂中，其书甫刻成而卒，梅君书仅成《长编》数卷，亦卒。二君之亡，恭甫辄驰书相告，怆师友之凋谢，怵大业之难成，若有不能释然者。其卒之前两月，犹贻书询"笠毂"疑义，诒让为据《考工》轮毂度数考定其说以复之。恭甫得之，则大喜，报书谓编《左疏》已至襄公，而以早成《周官疏》为勉。方叹恭甫勤敏，其书旦暮且有定本，自顾庸窳，《六官疏》未及半，深恐不能速成以副良友之望，而孰知恭甫之遽止于斯乎！——《刘恭甫墓表》

犹忆同治癸酉，侍先太仆君在江宁，时余方草创《周礼疏》，而楚桢丈子叔俛孝廉恭冕适在书局，刊补《论语正义》亦甫成，时相过从，商榷经义，偶出《大戴》斠本示余，手录归之。叔俛喜曰："此本世无副迻，唯尝写寄绩溪胡子继教授培系，今子又录之，大江以南遂有三本，可不至湮坠矣。"又云："胡君为《大戴义疏》，方缀辑长编甚富，倘竟其业，诸家精论必苞综无遗，它日当与《周礼疏》并行，但恐其书猝不易成耳。"未几，余从先君子至皖，而胡君适为太平教授，曾一通问，未得读其所著书也。比余归里，不数年，闻刘、胡两君相继物故。嗣胡君族子练溪太守元节守温州，余从问君遗著，略述一二，而询以《大戴礼疏》，则殊不憭，殆未必成也。子胜斐然，中道废辍，刘君之语不幸中矣。——《大戴礼记斠补叙》

又曰：余同年生鄞董沛觉轩，前亦有纂《大戴礼疏》之议，其缀辑在胡君之后，顷闻觉轩殁已数年，其书盖亦未成也。——同上

（六）计划编撰

1.定凡例

分十二项，包括：板本、陆氏《释文》、贾疏、唐疏、古经、议礼群儒、师说、经文与注、旧义、天算之学、二郑、举证揭篇目等等。

（1）板本：文字异同，或形体讹别，既无关义训，且已详阮、黄两《记》，今并不载以祛繁冗。近胡培翚《仪礼正义》、阮福《孝经义疏补》，陈立《公羊传义疏》并全录阮《记》，俗本讹文，尘秽简牍，非例也。

（2）陆氏《释文》，所载异本、异读，源流尤古，今并详议其是非，著之于疏。

（3）贾《疏》在唐人经疏中尚为简当，今据彼为本。……今疏于旧疏甄采精要，十存七八。虽间有删剟移易，而绝无羼改，且皆明揭贾义，不敢攘善。

唐疏多干没旧义，近儒重修亦或类此，胡氏《仪礼正义》间袭贾释，郝懿行《尔雅义疏》亦多沿邵义，窃所未安。非肤学所敢效也。

（4）唐疏例不破注，而六朝义疏家则不尽然。郑学精贯群经，固不容轻破。然三君之义，后郑所赞辨者，本互有是非。乾、嘉经儒考释此经，间与郑异，而于古训古制宣究详确，或胜注义。今疏亦唯以寻绎经文，博稽众家为主，注有忤违，辄为匡纠。凡所发正数十百事，匪敢破坏家法，于康成不曲从杜、郑之意或无悖尔。

（5）古经五篇，今略为甄释，虽复疏阙孔多，或亦稽古论治之资乎。

（6）议礼群儒，昔称聚讼。……今并究极诸经，求厥至当，无所党伐以示折衷。

（7）师说，此经在汉为古文之学。……今广征群籍，甄其合者，用资符谳。其不合者，则为疏通别白，使不相殽混。近儒考释，或缀萃古书，曲为傅合，非徒于经无会，弥复增其纷粗，如惠士奇《礼说》义证极博，而是非互陈，失在繁杂。至沈梦兰《周礼学》，而新奇谬盭甚矣。又陈奂《毛诗传疏》及邹汉勋《读书偶识》诸书，说礼亦多此失，学者详之。今无取焉。

（8）经文与注，经文多存古字，注则多以今字易之。……今通校经注字例，兼采众本，理董划一。或各本并误，则仍之而表明于疏。至经注传讹，或远在陆、贾以前，为段、阮诸家及王引之《经义述闻》所刊正者，则不敢专辄改定，并详著其说于疏，俾学者择焉。

（9）此经旧义，凡录旧说，唐以前皆备举书名。宋、元以后迄于近代，时代未远，篇帙见存，则唯著某云以省繁碎。大抵宋、元、明旧说，多采之王与之《订义》、陈友仁《集说》及官纂义疏。至国朝诸儒考释，则以广东《学海堂经解》、江苏南菁书院《续经解》为渊薮。此外如吴廷华《疑义》、李光坡《述注》、李钟伦《纂训》、方苞《集注析疑》、庄有可《集说》、蒋载康《心解》及林乔荫《三礼陈数求义》、黄以周《礼书通故》之类，唯吴书仅见传抄残帙，庄书亦未有梓本，余咸世所通行，故疏中并唯著姓名，不详篇目也。至如许珩《注疏献疑》之疏浅，庄有可《指掌》之武断，若斯之属，虽览涉所及，亦无讥焉。间有未允，则略为辨证，用释疑忏。宋、元诸儒说，于周公致太平之迹推论至洋，而于周制汉诂或多疏缪。今所搴择，百一而已。宋、元迄今，训释既多，唯择其义据通深者录之。或一条之中，是非错出，则为芟剟瑕纇以归纯粹，凡有缪忏，悉不暇论也。

（10）天算之学，古疏今密。然此经远出周初，郑诂……以古术释古经，致为确当。今疏惟《考工》一篇……据古谶纬史志及唐以前算经占经为释。后世新法，古所未有，不可以释周经及汉注也。如邹伯奇《学计一得》以西法推大司徒土圭测景，谓非营雒时实测。虽据密率，然非周、汉人所知也。

（11）二郑释经，多征今制。……故此疏于魏、晋以后仪制概不援证。惟州国山川宜详因革，故职方舆地，备释今名以昭征实之学。

（12）举证古书，咸揭篇目以示审确。所据或宋、元旧椠，或近儒精校，择善而从，多与俗本不同。其文义殊别，有关旨要者，则于疏中特著某本，非恒例也。佚书则咸详根柢，用惩臆造，兼资复勘。昔儒说解，援据古籍，或尚沿俗本及删改旧文，义旨未备者，今并检原书勘正，此乃校雠，非改窜也。——以上《凡例》

2. 找通例

执是例以求之，则知……两经文小异而义大同。更以是推之，《诗》《礼》《尔雅》则亦无不可通。

盖诸经之不可理董者，以是求之，而夌然若引弦以知矩，益信古经文例缜密，非综校互勘，未易通其条贯也。既概括其略著之疏，而以二千年承讹之旧义，非反复辨证，无以释学者之疑。

其他名制，无关旨要，或旧释已详，咸不著于篇。——《九旗古义述叙》

3. 引用书（缺）

（七）编撰经过

1. 搜集资料

卅年以来，凡所采获，咸缀识简端，或别纸识录，朱墨戡睿，纷如落叶。既又治《周礼》及《墨翟书》，为之疏诂。稽览群籍，多相通贯，应时笔记，所积益众。

今春多暇，检理箧藏，自以卅年览涉所得，不欲弃置，辄取秦、汉以遝齐、梁故书雅记，都七十余家，丹铅所识，按册迻录，申证厥义。间依卢氏《拾补》例，附识旧本异文以备甄考。汉、唐旧注及近儒校释，或有回穴，亦附纠正，写

成十有二卷。……其群经、三史、《说文》之类，义证闳博，别有著录以俟续订。——《札移叙》

2. 先成《长编》

诒让自胜衣就傅，先大仆君即授以此经，而以郑注简奥，贾疏疏略，未能尽通也。既长，略窥汉儒治经家法，乃以《尔雅》《说文》正其诂训，以《礼经》《大、小戴记》证其制度，研撢累载，于经注微义略有所悟。窃思我朝经术昌明，诸经咸有新疏，斯经不宜独阙。遂博采汉、唐、宋以来迄于乾、嘉诸经儒旧诂，参互证绎，以发郑注之渊奥，裨贾疏之遗阙。草创于同治之季年，始为长编数十巨册。

3. 屡易草稿

缀辑未竟，而举主南皮张尚书议集刊国朝经疏，来征此书。乃櫽括鳃理，写成一帙以就正。然疏忤甚众，又多撮录近儒异义，辨论滋繁，私心未惬也。继复更张义例，刬繁补阙，廿年以来，稿草屡易，最后迻录为此本。

4. 最后定本

最后迻录为此本。其于古义古制，疏通证明，校之旧疏为略详矣。至于周公致太平之迹，宋、元诸儒所论多闳侈，而骈拇枝指，未尽揭其精要。顾惟秉资疏闇，素乏经世之用，岂能有所发明，而亦非笺诂所能钩稽而扬榷也。故略引其端而不敢驰骋其说，觊学者深思而自得之。

5. 希望后学

世之君子，有能通天人之故，明治乱之源者，倘取此经而宣究其说，由古义古制以通政教之闳意渺旨，理董而讲贯之，别为专书，发挥旁通以俟后圣，而或以不佞此书为之拥篲先导，则私心所企望而旦暮遇之者欤！——以上《周礼正义叙》

（八）书成求教

世变纷乸，旧学榛芜，独抱遗经，无从质定。安得精研礼学如金氏者，金檠斋榜作《礼笺》。与之榷斯义之是非哉！——《九旗古义述叙》

所著《周礼正义》成，年甫四十余，座主南皮张公见而叹曰：求之乾、嘉诸老宿，亦未易易数也。——项崧作《追悼会启》

禹域大势至是，可为痛哭。曲园丈亦悲宿草，羑索居鲜欢，无复缉述之兴。《礼疏》铸板数载，近始印成，谨以一部奉政。夺误甚多，未遑校改也。——《与章太炎书》

先生视《新方言》以为精密，赐之《周礼正义》，且具疏古文奇字以告。八月发书，比今岁五月始达江户。将以旬月抽读《正义》，且以书报先生，愿辅存微学，拥护民德，冀远不负德清师，近不负先生。呜呼！不浃辰乎？先生遂捐馆舍。——《孙仲容伤词》

（九）致用

中国开化四千年，而文明之盛莫尚于周。故《周礼》一经，政法之精详，与今泰东西诸国所以致富强者若合符契。然则华盛顿、拿破仑、卢梭、斯密亚丹之伦所经营而讲贯，今人所指为西政之最新者，吾二千年前之旧政已发其端。吾政教不修，失其故步，而荐绅先生咸茫昧而莫知其原，是亦缀学者之耻也。

辛丑夏，天子眷念时艰，重议更法。友人以余尝治《周礼》，属捃摭其与西政合者甄缉之以备财择。此非欲标揭古经以自张其虚愫而饰其癫败也，夫亦明中西新故之无异轨，俾迂固之士废然自反，无所腾其喙焉尔。

书凡二卷，都四十篇，虽疏漏尚众，而大致略具。澳儒不云乎："为治不在多言，顾力行何如耳。"诚更张今法，集我群力而行之不疑，则此四十篇者，以致富强而有余；其不能也，则虽人怀晁、贾之策，户诵杜、马之书，其于沦胥之痛，庸有救于毫末乎？呜呼！世之论治者，可以鉴矣。——《周礼政要叙》

（十）旁治《大小戴记》

1.《礼记》

唐修《三礼疏义》，孔氏《礼记》最为详博，即以皇氏及熊安生两家为蓝本，以此卷校之，剽袭之迹昭然，足以发冲远之覆矣。——《礼记子本疏义残本跋》

2.《大戴礼记》

《礼大戴记》，汉时与《小戴》同立学官，义旨闳邃，符契无间。而《小戴》诵习二千年，昭然如揭日月；太傅《礼》乃残帙仅存，不绝若线，缀学者几不能举其篇目，何其隐显之殊绝欤？

二《纪》源流，刘氏《七略》、班氏《儒林传》所论略备，原其师授，咸本高堂生。而魏张稚让《进广雅表》说《尔雅》云："爰暨帝刘，鲁人叔孙通撰置《礼记》，文不违古。"然则汉初撰集《礼记》，稷嗣实为首出导师，而高堂、后苍咸在其后，故《大戴》旧本亦兼述雅训，《白虎通义》引《礼·亲属记》即其遗文。是则大戴师承既远，综览尤博，斯其左證矣。自马、郑诂《礼》，唯释《小戴》，隋、唐义疏家复专宗北海，八十五篇之《记》遂无完书。今所存三十九篇为十三卷者，不审始于何时？东原戴氏据《隋经籍志》，谓小戴删大戴为四十六篇，与今《大戴》阙篇适合，证隋时传本已如是。然《经典释文·叙录》引晋陈劭《周礼论序》先发此论，虽复谬悠，然可证彼时所传已与今同。若然，此《记》完本殆亡于永嘉之乱乎？唐以后，卢注亦阙大半，宋时虽称十四经，而自傅松卿、杨简、王应麟诸家外，津逮殊鲜。近代通人始多治此学，而孔氏《补注》最为善本。

余昔尝就孔本研读，又尝得宝应刘楚桢年丈宝楠所录乾、嘉经儒旧斠，多孙渊如、丁小雅、严九能、许周生诸家手记，又有赵零门所斠残宋椠异文，与孔书小殊，并录于册端，藏箧廿年未遑理董也。己亥冬，既写定《周书斠补》，复取《大戴》斠本别付写官。以刘录旧校传抄甚稀，虑其零落，并删定著之。——《大戴礼记斠补叙》

二、古文字学

（一）《尔雅》《说文》之学

孙氏著述，其最巨大者为《周礼正义》《墨子间诂》二书。自谓治《周礼》，以《尔雅》《说文》正其训诂；以礼经、《大、小戴记》证其制度。治《墨子》，今依《尔雅》《说文》正其训诂；古文、篆、隶校其文字。从知《尔雅》《说文》，一释字义，一辨字形，实为治朴学之基本书也。再参核其他字书、古注以疏通典籍，为后人阅读方便，其功绩有不可没者。今先说《尔雅》，次谈《说文》。

1.《尔雅》

孙氏曰："余少耽雅诂，矻矻治经生之业。"

所谓"雅诂"，就是指诂释字义，其书首推《尔雅》。盖古言、古义与今不同，读古书者，必须先搞通此道。故孙氏有言：

自文字肇兴，而邃古语言得著于竹帛。累字而成语，累语而成辞，驰骋其辞，错综连属以成文。文辞与语言，固相傅以立者也。语言则童蒙简而成人繁，蠢愚朴而智惠文，野鄙质而都邑雅。夫文辞亦然，有常也，有雅也，或简而径，或繁而曲，不可以一端尽也。故常语恒畸于质，期于辞约旨明而已；雅辞则诡名奥义，不越厥宗，其体遂判然若沟畛之不可复合矣。

是知雅言主文，不可以通于俗；雅训观古，不可以概于今。

文言雅辞，非淹贯故训不能通其读。——以上《尚书骈枝叙》

乾、嘉以来，经学大师皆精研仓雅。又曰：乾、嘉经儒治《尚书》者，如王西庄、段若膺、孙渊如、庄葆琛诸家，多精通雅诂，而王文简《述闻》《释词》释古文辞尤为究极微渺。

俾知雅辞达诂，自有焯然之通例，斯藉文字句读以进求古经之大义。

孙氏自谓：余少治《书》，于商周命诰辄苦其不能尽通。逮依段、王义例以正其读，则大致文从字顺。乃知昔之增益颠到以为释，而缀累晦涩仍不可解者，皆不通雅辞之蔽也。

以后治各书皆如此，故孙氏时称王氏父子之学曰：

诒让学识疏谫，于乾、嘉诸先生无能为役。然深善王观察《读书杂志》及卢学士《群书拾补》，伏案研诵，恒用检核，间窃取其义法以治古书，亦略有所悟。

又谓：乾、嘉大师，唯王氏父子至为精博，凡举一义，皆确凿不刊。其余诸家，得失间出，然其稽核异同，启发隐滞，咸足饷遗来学，沾溉不穷。

俞樾称孙氏曰：瑞安孙诒让所著《札迻》，雠校古书共七十有七种，其精熟训诂，通达假借，援据古籍以补正讹夺，根柢经义以诠释古言，每下一说，辄使前后文皆怡然理顺。——《札迻俞叙》

章炳麟称孙氏曰：《札迻》者，方物王念孙《读书杂志》，每下一义，妥珥宁极，淖入凑理。书少于《诸子平议》，校雠之勤倍《诸子平议》。

训诂者，即古之言语，其略具于《尔雅》，而散见于《诗》《书》。然以字义求之，其为本训者至少，而以声义假借引申，则十得八九。盖古言、古义，展转孳益，《尔雅》固不能尽载也。

此义见于《诗》《书》，而《尔雅》不详，汉以来诂经者咸莫能稽核。盖古言废失，而古书之误解者多矣。——《释翼》

又可知《尔雅》一书，犹不能解决一切文字，故必须取其他典籍之义以互证之，所谓"旁证"者是也。但古书自经秦火，文字展转讹互，殆不可读，非以前后复重之文互相推校，无由得其确诂，所谓"本证"者是也。

至于近代《尔雅》之学，以邵、郝两《疏》为渊椒；而考正文字，则归安严氏《匡名》致为精审。三家骖靳并行，观古辨言，殆无剩义矣。曩校读斯经，藉资研核，偶得数事，为严书所遗阙，聊复记之。——《尔雅匡名补义》

2.《说文》

汉、晋以降，古书脱误，尤不可校，而古字古言转多沿袭未改，非精究形声通假之源，无由通其读也，是以许氏《说文解字》一书，尚矣。

孙氏曰：今《说文》九千文，则以秦篆为正。其所录古文，盖捃拾漆书经典及鼎彝款识为之。籀文则出于《史篇》，要皆周以后文字也。仓、沮旧文，虽杂厕其间，而叵复识别，况自黄帝以迄于秦，更历八代，积年数千，王者之兴，必有所因于故名，亦必有所作于新名，新故相袭，变易孳益。巧历不能计，又孰从而稽核之乎？——《名原叙》

又曰：许书根据博奥，自《九经》外，先秦诸子靡不甄综。……足见古书亡佚，非博稽精勘，未易究其根柢也。——《书说文玉部后》

孙氏读《说文》，参考有徐锴《说文系传》、徐铉《说文注》、李阳冰《说文系传疑义》、段若膺《说文注》、钮非石《说文注订》、郑子尹《说文逸字》、戴仲逵《六书故》、严铁桥《说文声类》《说文校议》、姚秋农《说文声系》、桂未谷《说文义证》、苗先麓《说文声读表》、全贯山《说文句读》、朱丰芭《说文通训定声》、宋保《谐声补逸》、吴大澂《说文古籀补》等书。并谓字书自《说文》《字林》外，以顾氏书较为近古云。

又尝与书唐端甫论《说文》，与书王子庄论假借。其《与唐端甫书》云：

诒让近校《墨子》，于毕、苏诸家外，颇有所悟。又《经》《经说下》篇，以旁行读之，亦略得其觕理，惜猝未易写定尔。又近读《说文》，以段氏《注》与严氏《校议》、王氏《句读》参综校核，亦略有管窥，谨剌举一二奉质。如《示部》

"禳，磔禳，祀除疠殃也"句，《亯部》"𩫚，孰也"句，《木部》"核，蛮夷以木皮为箧，状如籢尊之形也"句，《𨛜部》"鄉，国离邑，民所封鄉也"句，《人部》"僂，尩也"句，《鱼部》"鮿，虫连行纡行也者"句，《斗部》"料，量物方半也"句，《车部》"輈，軺车前，衣车后也"句，《酉部》"醆，泛齐行酒也"句。以上诸条，或足补茜旧校之阙，惟执事审定之。

按，在此文中，提出：

（1）旧本不误。

（2）某说讹舛难通，审校文义，疑当作……

（3）宋本文固不可通，段校亦未见，此实当作……

（4）以许义证许书，此注之误，焯然无疑……

（5）隋、唐人俗书作……，形并相近，传写舛易，校者不审，又以……音近误改，遂益不可究诘矣。

（6）形相近，故许亦兼举。

（7）许书说解中往往有俗别字，皆传写相沿之误。

（8）段望文生训，未得其义。

（9）段氏不解，乃妄为窜易，失之远矣。

（10）段无其说，其义当为……

其《与王子庄书》云：四月间接诵况毕，深荷注存，并示大著《六书解》一秩，伏案讽味，钦慰何似。

六书之说，自汴宋以来，异论蜂起，浅学杂涉，益滋瞀惑。乾、嘉诸老诠校许书，所释略备，而得失互陈，未能衷定。得尊解别白而理董之，衍贯山指事之条，阐湘乡转注之论，平议精审，信不刊之作也。惟假借一门，所论与前贤特异，诒让再四籀绎，窃有不敢信者三，请为执事陈之。

谓许所举"令、长"二字当为"今、长"之误，今从反及，长从到亡，所谓本无其字也。长从到亡得声，所谓依声，即谐声也。今从反及为义，所谓托事，即指事也。……其不敢信一也。

《晋书·卫恒传》载恒作《四体书势》叙所述六书之义，即𡎸括许《叙》为文。其于假借一条，亦举"令、长"为证。……其不敢信二也。

汉氏巨师，许、郑并尊，高密注经，于同时著述罕所征引，而于《说文》独援举二事，则知其于此书特垂研览。然则假借之义，许《叙》之外，郑君之说，足为佐证。……其不敢信三也。

诒让知识谫劣，于小学略涉唐涂，墨守旧义，未有新得。窃谓治经说字，当深惩破字之习，即执事之绳段氏，论亦如此。而尊著于许《叙》六书所举十二字之中，已不免有所改易，其他抨击汝南，更定字例，殆非一端，尤而效之，更非鄙人之所喻也。故不胜疑懑，辄陈之左右以俟采择。其余小小疑忤，已识于册端，不复详及。……

按，在此文中，提出：

（1）自二徐以来，迄于近世，江、段诸家曾无异说，而执事以为不然。

（2）细审许《叙》，语气本自相贯成文。

（3）无论其与许书语气不合，……训诂本殊，不宜并为一论。

（4）夫西晋之世，去汉未远，在卫氏著书之时，溯许冲受诏之岁，校其历年，未逾二百，不宜……。

（5）假借者，所以救造字之穷而通其变。

又《答管逵梅书》云：前日奉诵觊毕，敬审研治许书，精诣逴绝，钦佩无似。承询各条，弟于小学才涉门径，未窥宦奥，无足仰答尊问，姑就管见所及，略为执事陈其一二。许书文字，兼备古文、大小篆。至于说解，则以隶写。既云隶书，便与篆文迥异。是以熹平《石经》，一代巨典，事关经艺，尤不容不讲字体。然中郎所书石经残字，并不用篆变书，斯知二体既分涂畛，理难合一。故近代经学大师说经正字，虽多根据《说文》针砭俗写，然亦不过去泰去甚，未能取隶体一一依篆势刊正之也。……

至于六书，指事、象形、谐声、会意为体，转注、假借为用，戴东原已畅论之矣。今诵来书，知精到之诣，自然冥合也。……然仓、沮古文，自有同义而形互异者，似是随事标识，不必别有深意，不审精识别有妙解否？

最后，观其《与友人论金文书》云：（上略）或许君见其时郡国所出钟鼎，从罩之字有如是作者，而传写误以"皿"为"口"，遂无义可说。以《毛鼎》及此"戈"证之，似亦尚可推测，非向壁虚造比也。许书古籀文不免传讹。……此类甚多，固当据金文以正之矣。

（二）古文篆籀之学

学养：

"自段玉裁明《说文》，其后小学益密，然《说解》犹有难理者。又经典相承，诸文字少半缺略，材者欲以金石款识补苴，程瑶田、阮元、钱坫往往考奇字，征阙文，不审形声，无以下笔。龚自珍治金文，盖缪体滋多于是矣。诒让初辨彝器情伪，摈北宋人所假名者，即部居形声，不可知，辄置之，既可知，审其刻画，不跌毫厘。复傅之六书，所定文字皆櫽括就绳墨，古文由是大明。"

此章炳麟太炎于孙氏死后，为作《传》之评语也。可见金文之学在当时，确有其风行之盛况。孙氏出生于官僚地主家庭，少随父至京师，往来权贵之门，与闻潘祖荫、翁同龢辈之玩赏古董，当然引起孙氏亦爱好金石之学焉。故孙氏有言：

"余少嗜古文大篆。"——《薛尚功〈钟鼎彝器款识〉跋》

"余少嗜读金文。"——《名原叙》

"蒙治古文、大篆之学四十年。"——《契文举例叙》

按其年在同治四年，孙氏年才十八岁。以后出都，到杭州，到安庆，到金陵，复到京师，所看、读金石学书籍及拓本不少。又亲身访古，挚友商讨，得益更伙，遂自有著作问世。兹据其原文，排列之如下：

余少嗜古文大篆，年十七八，得杭州本读之，即爱玩不释。尝取《考古》《博古》两图及王复斋《款识》、王俅《集古录》校诸款识，最后得旧景抄手迹本以相参校，则手迹本多与《考古》诸图合，杭本讹误甚多，释文亦有舛互。……余昔尝欲综合诸本重为校定，曩张啸山先生为余言，松江某氏有宋拓石刻本，尚完具，惜不得假校，附记之以俟它日倘得慰此宏愿尔。——《薛尚功〈钟鼎彝器款识〉跋》

余前著《拾遗》，于三家书_{薛、阮、吴}略有补正。近又得海丰吴子苾侍郎《捃古录金文》九卷，搜录尤闳博，新出诸器大半著录，释文亦殊精审，仪征、南海，信堪鼎足。览涉之余，间获新义，又有足证余旧说之疏缪者。——《古籀余论后叙》

光绪初元，余得汉阳叶氏金文拓本二百种，有龚定庵礼部考释题字，信足宝也。因检箧中藏拓本二百余种益之，装成四巨册。——同上

余治此学逾卅年，所觏拓墨亦累千种，恒耽玩篆势，审校奇字，每覃思竟日，辄万虑俱忘，眇思独契，如对古人。——《古籀余论后叙》

古文大篆之学放失千余年，藉金文略存大较。蒙治此学，自谓用心致悉。昔初见摹本，颇据以纠正薛、阮、吴诸家所释金文之误，今重检斠，则余旧释罅漏固甚众，而徐明经籀庄、吴侍郎子苾所释亦不能无误。甚矣，识字之难也。——《毛公鼎跋》

　　时德清戴子高茂才亦客秣陵，与余有同嗜，朝夕过从。余辄出所得汉阳叶氏旧藏金文拓本二百种同读之，君亦出旧藏《季娟鼎》，相与摩挲椎拓，竟日不倦。时余书方脱稿，而戴君得羸病甚剧，然犹力疾手录余说于《积古斋款识》册端，又尝属余为《毛公鼎》释文，其殁前数日，犹逢福不遗一字。盖余治此学，唯君知之最早，亦爱之独深。子云奇字，见之柏松；欧公《集古》，每咨贡父，不是过也。继余以赀郎留滞春明，时吴县潘文勤公藏彝器最盛，与潍县陈寿卿编修埒，而宗室盛伯熙、福山王文介两祭酒，元和江建霞、阳湖费屺怀两编修，同邑黄仲弢学士皆为兹学，每有雅集，辄出所藏金文，辨证难字。……京洛缁尘，萃此古欢，致足乐也。——《古籀余论后叙》

　　其亲身访古，始于同治九年庚午，二十三岁，夏，孙氏乘舟至京口。

　　《古籀余论后叙》云：余壮年气盛，尝乘扁舟，溯江至京口，登金山，访遂启諆大鼎，不得，乃至焦山海云堂，观无叀鼎，手拓数十纸以归。

　　光绪二年，侍父至京，于河南项城道次得周要君盂。四年，返瑞安，与从弟诒燕同游陶山访碑。乘潮上驶，过城西八里之白塔，橇舟登览，得宋绍兴三十一年辛巳焦石石塔题记。及抵陶山，又得宋天禧四年庚申陶山寺佛顶尊胜陀罗尼经幢、宋治平二年乙巳弥陀殿后重建井记及鲤鱼山磨崖，并手拓以归。

　　五年己卯，孙氏侍父归自江宁，里居多暇，与一二同志若林祁生庆衍、周伯龙珑、中龙璪辈，恣意游览，穷搜古刻。偶得梁天监断砖于邑之东郭，辄相与传观，矜为创获。继又得晋升平、宋元嘉诸砖，率皆断裂，文字或刓蚀不具，第以其旧物，有纪年，悉收弃之，复拓以贻戴君，咸谓吾乡金石之古无逾是者，虽残缺，犹宝贵也。

　　六年庚辰夏五月，孙氏游密印寺，_{永嘉十三都鹅颈头村，俗呼头陀寺}见宋元丰七月六日证觉院钟款，手拓以归。秋，孙氏访得故通守朝散项公墓志铭_{在瑞安曹峎残石}，精拓数纸，复以南堤项氏谱中所录全文校读一过，乃略得其大概。冬十月，孙氏得晋太和诸砖。详情见孙氏作《温州古甓记叙》，因名其居曰"百晋精庐"云。

　　接着吴县吴大澂清卿所撰《说文古籀补》十四卷刊行，孙氏称引其说。而海丰吴式芬子苾所撰《捃古录金文》三卷亦刊行。

　　其后还在永嘉得周麦鼎，以拓本寄赠黄仲弢于湖北。

　　丙申四月，手拓一本寄黄君仲弢，仲弢精鉴绝伦，而又妙擅篆势，辄复举此奉质。——《周麦鼎考》

　　同时费峼怀寄赠孙氏以金文拓本,《古籀余论后叙》云：迩年杜门课子,旧友云散,唯峼怀收罗彝器,时以拓本寄赠。

　　由于黄仲弢关系,湖北制军端方午桥亦尝以金文拓本如秦权、秦大骀权之类,介仲弢寄来,属孙氏考释。

　　渊源：

　　金文之学,盖萌柢于秦、汉之际。《礼》《记》皆先秦故书,而《祭统》述《孔悝鼎铭》,此以金文证经之始。汉许君作《说文》,据郡国山川所出鼎彝铭款以修古文,此以金文说字之始。诚以制器为铭,九能之选,词谊玮奥,同符经艺。至其文字,则又上源仓籀,旁通雅故,博稽精斠,为益无方。然则宋元以后,取录款识之书,虽复小学枝流,抑亦秦、汉经师之家法欤？宋人所录金文,其书存者,有吕大临、王楚、王俅、王厚之诸家,而以薛尚功《钟鼎款识》为尤备。然薛氏之旨,在于鉴别书法,盖犹未刊集帖之陋,故其书摩勒颇精,而平释多谬。以商、周遗文而乃与晋、唐隶草絜其甲乙,其于证经说字之学,庸有当乎？——《古籀拾遗叙》《述林》卷四

　　我朝乾、嘉以来,经术道盛,修学之儒研斠篆籀,辄取证于金文。仪征阮文达公遂集诸家拓本,赓续薛书。南海吴中丞荣光著《筠清馆金石录》,亦以金文五卷冠首。阮氏所录既富,又萃一时之方闻邃学以辩证其文字,故其考释精确,率可依据。吴书释文,盖龚礼部自珍所纂定,自负其学为能冥合仓籀之旨,而凿空貤缪,几乎阳承庆、李阳冰之说。然其孤文碎义,偶窥扃窬,亦间合于证经说字,终非薛氏所能及也。

　　作用：

　　论其作用,始于宋时,故孙氏有言曰：

　　自宋以来,彝器文间出,考释家或据以补正许书之讹阙。

　　德清戴君子高偶得桐城吴氏周毛公鼎铭摹本,使余读之,因勾集《说文》古籀及薛、阮、吴诸家所录金文考定其文字,而阙其不可知者。

　　其文危诡诘屈,似盘诰所用通藉之字,足与经传相证。

　　研究：

　　诒让束发受经,略识故训。尝慨犷秦燔书,别创小篆,仓沮旧文,浸用湮废,汉人掇拾散亡,仅通四五。壁经复出,罕传师读。新莽居摄,甄丰校文,书崇奇字而黜大篆。甄丰所定六书,一古文,二奇字,三篆文即小篆,四左书,五缪篆,六鸟虫书,而无大

篆，是其证也。建武中兴，《史籀》十五篇，书缺有间。魏《正始石经》，或依科斗之形以造古文，晋人校《汲冢书》，以隶古定，多怪诡不合六书。盖古文废于秦，籀缺于汉，逮魏、晋而益微，学者欲窥三代遗迹，舍金文奚取哉？

自惟末学肤受，不足以通古籀之源。窃欲刺剟残碎，少附证经说字之学，至于意必之论，刊除未尽，且仅据传摩，罕觏墨本，点划漫缺，或滋妄说。世有好古文字如张敞、颜游秦者，倘能理而董之矣。——以上《古籀拾遗叙》

金文虽多奇诡，若以形声字例悉心推校，尚可得其梗概。——《师奎父鼎拓本跋》

承示金文拓本，皆精，足资考证。有臆见两事，于古书奇字略有所悟，但苦少佐证，不敢自信，敬以质之左右。——《与友人论金文书》

金文奇古，不能据孤文决定，必综合诸器，参互斠核，而后可议其是非。——《克鼎释文跋》

两汉金石文字，虽多省变，犹可考见古籀遗意，此类是矣。字不可识，以文义考之。——《周要君盂考》

曩余作《古籀拾遗》，于薛书颇有辨正，而于此二字，屡辗则目眩思穷，莫能通其读。今见此鼎，乃怳然得其致误之由，其愉快为何如也。

蒙治此学，自谓用心至悉。昔初见摹本，颇据以纠正薛、阮、吴诸家所释金文之误，今重检斠，则余旧释漏扂固甚众。而徐明经、吴侍郎所释，亦不能无误，甚矣，识字之难也！——《毛公鼎释文跋》

成书：

1.《古籀拾遗》

诒让端居讽字，颇涉薛、阮、吴三家之书，读之展卷思误，每滋疑懑。间用字书及它刻互相斠核，略有所悟，辄依高邮王氏《汉隶拾遗》例为发疑正读，成书三卷。

按：此书初名《商周金识拾遗》，有刘恭冕为《叙》云：《商周金识拾遗》者，瑞安孙君仲容之所作也。君于学无所不窥，尤多识古文奇字，故其所著能析其形声，明其通假。近世鸿通之儒为此学者，自仪征阮氏、武进庄氏外，未有能及君者。可不谓盛欤！

恭冕尝欲本庄氏之意，将《玉篇》《集韵》等所载古文及今所传摹彝器、秦汉刻石，凡古籀诸体为许书所未收者，仍依许书部次，略存其声义，斯诚博古者之至乐。而搜校此事，诚非易易，非如君之学之识，岂克胜此任者，君其有意焉否？

嗣后重定，改名《古籀拾遗》，计凡三卷：上卷订正薛书十四条，中卷订正阮书三十条，下卷订正吴书二十二条。——《朱谱》

又请俞樾作《叙》。

2.《温州古甓记》

《自叙》云：光绪己卯冬，诒让侍家大人归自江宁，里居多暇，与二三同志若林祁生庆衍、周伯龙珑、中龙璪辈，恣意游览，穷搜古刻……

今年十月，家大人以盖竹山先茔封土，命诒让往视工。归时，道过邑之廿四都下湾，佣者为言，十余年前黄氏造冢，揎山取土，得古冢，其砖皆隐起有花纹，字划粲然可辨。试登山观之，冢已破坏殆尽，零砖满地，检视其文，则晋泰和二年作也。拾其完善者数块，携归以示林、周诸君，咸惊叹为得未曾有。阅数日，复携工往为修葺，并搜剔遗砖，所得甚伙。乡农闻余得砖，皆相与聚观，则诧曰："是累累者，何遽珍重若是！某村某山，破冢垅埂，其砖乃亦皆类此。"盖各乡旧甓出土者甚多，樵牧者习之，初不知其为古物也。则相率导余往求之。

既而乡人之以古砖来告者日众，辄偕林、周诸君访致之。又旁及于他县，咸有所获。检校其目，以视文达所录两浙砖文，数殆过之。其文字多完具可读，因摹刻为《温州古甓记》，通八十余种，为一卷。

按：琴西公于先哲遗著，搜罗传播，不遗余力。志在兴学术、育人才、正人心、厚风俗。孙氏禀承庭训，整理文献外，兼及于遗物之搜集。若砖甓、若经幢、若碑记、若墓志、若地券、若钟款，咸有考证。于古代制度、郡邑掌故，经其阐明者不少矣。——《朱谱》

3.《东瓯金石志》补校

孙衣言作《叙》云：《东瓯金石志》者，予友嘉善戴君咸弼之所为也。君草创此稿，盖十年以来。比予归自金陵，君时来假所藏书，加之考订，而意殊不自足，复属予子诒让为之补校。诒让又以所得金石刻及晋、宋、六朝砖文益之，遂成书十有二卷。

戴氏《凡例》云：瑞安孙仲容孝廉录示数十种。其古甓文字八十余种，搜采不遗余力，考核尤极精详，俱唐以前物，亟录入第一卷，依《两浙金石志》例也。

4.《古籀余论》

《后叙》云：甄录金文之书，自钱塘薛氏书外，近代唯仪征阮氏、南海吴氏最为精富，仓籀遗迹，灿然可寻，固悬诸日月而不刊者也。余前著《拾遗》，于三家书略有补正，近又得海丰吴子苾侍郎《捃古录金文》九卷，探录尤闳博，新出诸器大半著录，释文亦殊精审。仪征、南海，信堪鼎足。览涉之余，间获新义，又有足正余旧说之疏缪者，并录为二卷。

5.《宋政和礼器考》

《叙》云：诒让昔事审擂，窃滋疑忏，广求拓墨，适获陌铏。文识备完，原号明皙，用证诸器，知其同时。复以遐讨群籍，浏览四部，绌永乐之秘迻，得公巽之遗集，器铭诸章，缀集靡伏。甲午之簠，钦崇之豆，两文具存，一字不异。根柢既得，宿疑用祛。信足辅韩门之平考，砭程、阮之踣驳矣。

6.《百晋精庐碑录》，未刊。

7.《大篆沿革考》，未刊。

8. 其他

关于古泉、古竟、古权衡、石经、石碑、石鼓、瓦当文等，皆有考释，兹再检其所考正要语排列之：

（1）古泉：先秦圜法，流传绝鲜，汉儒诂经修史，率未见古泉，而谱录家又务按目求泉，不甚精究其文字，故不能辨其异同。谨考证之以弥《国语》《汉志》之阙忏。——《周大泉宝货考》

（2）古竟：余旧藏汉竟拓本近百种，皆无纪元，此竟独年号明皙，文既古雅，篆势尤奇崛，信可爱玩。莫先生所释颇疏，鹤亭既是正之，余复为补释数字，略可诵说。——《新始建国铜竟拓本跋》

（3）古权量：秦权文字奇古，昔颜黄门、小司马咸据以证史，而不知其符契经义，伙颐如是。——《秦大㑺权拓本跋》

（4）石经：石经所记诸家有无不同之说，例先举《鲁论》正文，而后著盖、毛、包、周诸本之异。——《书汉石经残字后》

（5）石碑：颂文凡百有十字，以斠《史记·秦始皇本纪》所载文几倍之。可互相校补。——《书秦碣石颂后》

此碑金石家皆以其残缺，不甚留意审校。今为考补四十余字，其综涉淹洽，已斐然可见，惜不能得其全文也。——《西门豹祠堂碑跋》

此碑在赵德甫时已云磨灭断续不可考，今所存字益漫漶，予得旧拓本，较为清晰，偶以王氏《萃编》所收本校读，补正逾百字，可宝也。——《唐房玄龄碑跋》

（6）石鼓：古训湮坠，非鼓文有此二字，则《说文》特字注义几不可知。而读者不审，缪误相踵，段氏《说文注》遂据南宋人《楚辞补注》误引之文，删"朴牛父也"为"特牛也"，不亦疏乎！——《宋拓石鼓文跋》

（7）瓦当文：程氏敦_{秦汉瓦当文字}、王兰泉《金石萃编》、孙渊如《寰宇访碑录》、陈仲鱼《缀文》皆定为秦瓦，然皆以意度之，无焯然征諗。——《魏邺宫残砖拓本跋》

（三）甲骨文字之学

光绪二十五年己亥，时孙氏五十二岁，潍县古董商人范维卿初以安阳小屯村出土之甲骨文字介绍于世。二十六年庚子，福山王懿荣廉生购得甲骨文字。秋七月，八国联军陷北京，王懿荣殉难。二十八年壬寅，福山王氏出所藏古器物清夙债，甲骨最后出，悉售于丹徒刘鹗铁云。二十九年癸卯，八月，刘鹗以所得甲骨文字选拓本千余片，为《铁云藏龟》六册。

冬十一月，孙氏撰《契文举例》，有《叙》云：

蒙治古文大篆之学四十年，所识彝器款识逾二千种，大抵皆出周以后，赏鉴家所篡揭为商器者，率臆定，不能确信，每憾未获见真商时文字。顷始得此册，_{按，指《铁云藏龟》。}不意衰年睹兹奇迹，爱玩不已。辄穷两月力校读之，以前后复緟者参互审绎，乃略通其文字。

按：孙氏撰此书毕，即以原稿寄呈端方。辛亥国变，端氏死难蜀中，其后家道中落，遗藏散出。民国五年丙辰冬，王国维得其稿本于沪肆，因寄罗振玉，刊于《吉石庵丛书》中，其书始显于世。——《朱谱》

三十一年乙巳十一月，又撰《名原》成。有《叙》云：

余少嗜读金文，近又获见龟甲文，咸有撰录。每惜仓、沮旧文不可复睹，窃思以商、周文字展转变易之迹，上推书契之初轨，沉思博览，时获确证。撮栝论之：书契初兴，形必至简，逮其后品物众而情伪滋，简将不周于用，则增益分析而渐繁。其最后文极而敝，苟趋急就，则弥务省多，故复减损而反诸简。其更迭嬗易之为，率本于自然。而或厌同嗜异，或袭非成是，积久承用，皆为科律，故历年益远，则讹变益众。而李斯之作小篆，废古籀，尤为文字之大厄。盖秦、汉间诸儒传读经典，已不能精究古文。……诒让通校古文大小篆，大氐象形字与画缋通，随体诘诎，讹变最多；指事字次之，会意、形声字则子母相检，沿讹颇鲜，而与转注相互^{转注从徐锴说为例}，又至广博。其字或秦篆所不具，或许氏偶失之，故不胜枚举。而假借依声托事，则尤茫无涯涘矣。^{文假借至多，兹不遑论。}——《名原叙》

今略摭金文、龟甲文与《说文》古籀互相勘校，揭其歧异以著省变之源。而会撮比属以寻古文、大、小篆沿革之大例，约举辜较，不能备也。世变方亟，兹学几绝。所觊金石璚刻日出不穷，仓、沮旧迹倘重见于人间，后之治古文奇字者，执吾说以求之，其于造作书契之微旨，或得冥符于万一尔。——《名原叙》

刘师培亦为《叙》云：先生少耽仓雅，博综名言，上绅初文，迹其蜕化。以为许书小篆实准秦文，略见远源，惟资古籀。顾所捃摭犹有未备，重文千字，名或未瞻。又现存之字疑眩难一，是由竹帛易书错其形兆。深惟废绝之缺，宜有理董。爰征名勒，旁综龟书，摭彼殊文，通其璚兆，成《古籀拾遗》《古籀余论》《契文举例》若干卷。其《例略》七篇，别为兹录，所以审蹄迒之迹，著省变之源。叙录具存，义例可睹，固无得而述矣。

惟是金文谱录，肇始宋初，亦越今兹，龟文始显。综其著录，或背贞观，宁以达儒，蔽斯近迹。顾复嗜奇之癖，窃附扬云；正读之功，下侪张敞。是其微旨，固自有在。盖以西州漆简，常佚人间；东观中文，寂寥旷世。自斯学者，颇善野言，启发地藏，犹愈求野。诚使数文相准，形义可说，定其可知，以俟百世。上规虞书观象之经，下裨周史谕名之治。是亦广业所深贸，博文所不废。故其撰述，均以六书，察言区盖之间，独悟昭明之术。昭精声画，则比类有征；分别部居，则率履不越。若情伪较著，形检所穷，虑眩名实，率从盖阙。俾夫下学启考文之绪，儒者识立诚之效。擅雕虫者，悔其小技；惑虚造者，惩夫向壁。信乎好古博物，见疑不惑者矣。其有检迹近藏，会心秘渺，亦犹纬书晚出，阐自郑君；汲简孤文，证于郭璞。雅达广览，其诣一焉。

案：晚清之际，古文字学有名著二：一为吴大澂之《说文古籀补》，二则孙氏所撰之《名原》也。吴氏之书综合古器铭识同文异体之字，依《说文》部勒之，赅博精审，世有定评矣。先生之书大抵取甲骨、彝器等文，会撮比属以相参证，意在探文字制作之源及其流变之故，虽瑕瑜互见，是非错出，然剖析研究之端，实自此书开之。——《朱谱》

三十三年丁未，六十岁，秋八月，孙氏复章炳麟书，亦有谈及《名原》者，其文云：大著略读数条，精审绝伦，容再细读寻绎，或有剩义，当续录奉质。弟桑榆暮景，意思萧槭，脑力大减，不耐深沉之思，近惟以研玩古文大篆自遣。颇愤外人著文明史者，谓中国象形文已灭绝。顷从金文、龟甲文获十余名，皆确实可信者，附以金文奇字，为《名原》七篇，俟写定，当寄质大雅。

按：章氏时违难日本，孙氏此书至戊申五月始达，比章氏再作复书，未及寄，而孙氏已捐馆舍矣。——《朱谱》

要之，孙氏之所以成为大学问家，在少时就有了涵养，据他自作各书叙或杂文，均已时时道及之矣。

《古籀拾遗叙》云：诒让束发受经，略释故训。

《札移叙》云：年十六七，始窥国朝通儒治经史、小学家法。

《集韵考正叙》云：诒让束发受书，略窥治经识字之途径。

《与王子庄书》云：诒让知识谫劣，于小学略涉唐涂。

孙氏既有了小学即古文字学上之涵养，同时还能注意金石篆籀之学，看过许多拓本，并实地探求，加以考释，进而著述。到晚年，犹有眼福获睹甲骨文字，为欲推究我国文字变迁源流订出规律，编成专书。总其一生对学术之贡献，基础知识仍系于文字学一道，能新旧兼习，由旧化新，正太炎先生所称"推迹古籀，渺合天书"，又称"函雅故，通古今"。——《孙诒让传》

当是时，吴越间学者有先师德清俞君及定海黄以周与先生三，皆治朴学，承休宁戴氏之术，为白衣宗。先生名最隐，言故训，审慎过二师。著《周礼正义》《墨子间诂》《古籀拾遗》《经移》《札移》如目录。——《瑞安孙先生哀词》

又孙氏晚岁治甲骨，虽起兴于得刘鹗之《铁云藏龟》，实则亦有热爱祖国之情绪在其间矣。观《答章太炎书》云："弟桑榆暮景，意思萧槭，脑力大减，不耐深沉之思，近惟以研玩古文大篆自遣。颇愤外人著文明史者，谓中国象形文已灭绝。

顷从金文、龟甲文_{丹徒刘氏模册}获十余名，皆确实可信者，附以金文奇字，为《名原》七篇。……"

并对时局丕变，旧学沦废，亦寓无限之感慨。如《致章太炎书》云：

"旧学沦废，无可就正。谨略陈一二以当面质，想不哂其迂疏也。"

又《古籀余论后叙》云：泰西学艺大昌，其所传埃及、巴比伦象形鐷桦古字远不及中土篆籀之精妙，彼土学者捃拾于冢塔土甓之余，犹考读庋储，珍逾球璧。而我国学子略涉译册，辄鄙弃古籀如弁髦。政教之不竞，学术亦随之，斯固相因之理乎？然周、孔之教傥永垂于天壤，则仓籀遗文必有爱护于不坠者。

《名原叙》云：世变方亟，兹学几绝。所觊金石瑑刻，日出不穷，仓、沮旧迹，倘重见于人间，后之治古文奇字者，执吾说以求之，其于造作书契之微旨，或得冥符于万一尔。

可见，到了孙氏晚年时期，正国家多故，旧学榛芜。独抱遗经，无从质定。然亦自知此学，刍狗已陈，屠龙无用。

果然，孙氏一死，士大夫狃于外学，财得魄莫，视朴学如土梗。至于今日求国人能知小学者，真稀若星凤矣。

三、墨学

（一）墨子传略

太史公述其父谈论六家之旨，尊儒而宗道，墨盖非其所喜。故《史记》捃采极博，于先秦诸子，自儒家外，老、庄、韩、吕、苏、张、孙、吴之伦，皆论列言行为《传》，唯于墨子，则仅于孟、荀《传》末附缀姓名，尚不能质定其时代，遑论行事。……

孙诒让《墨子间诂叙》云：墨子之生，盖稍后于七十子，不得见孔子，然亦甚老寿，故前得与鲁阳文子、公输般相问答，而晚及见田齐太公和，又逮闻齐康公兴乐及楚吴起之乱。身丁战国之初，感悕于犷秦淫侈之政，故其言谆复深切，务陈古以剀今，亦喜称道《诗》《书》及孔子所不修《百国春秋》。惟于《礼》则右夏左周，欲变文而反之质，《乐》则竟屏绝之，此其与儒家四术、六艺必不合者耳。至其接世务为和同，而自处绝艰苦，持之太过，或流于偏激，而《非儒》尤为乖戾。然周季道术分裂，诸子舛驰，荀卿为齐、鲁大师，而其书《非十二子篇》于游、夏、孟子诸大贤皆深相排笮。洙泗断断，儒家已然，墨儒异方，跬武千里，其相非宁足异乎？

黄绍箕《墨子间诂跋》云：（上略）墨子生当春秋之后，战国之初，愤文胜之极敝，欲一切反之质家，乃遂以儒为诟病，其立论不能无偏宕失中，故传其说者，益倍谲不可训，然其哀世变而恤民殷之心，宜可谅也。南皮张尚书尝语绍箕曰："荀卿有言，矫枉者必过其直，诸子志在救世，浅深纯驳不同，其矫枉而过直一也。自非圣人，谁能无过？要在学者心知其意，斯可矣。"自太史公叙六家，刘向条九流，各以学术名其家，独墨家乃系以姓。岂非以其博学多方，周于世用，儒家之匹亚，异夫一曲不该，姝姝自悦者欤？

孙作《墨子传略》：谨甄讨群书，次第其先后，略考始末以裨史迁之阙。

又作《墨子年谱》：以五十三篇书，关涉诸国及古书说墨子佚事附著之。

又作《墨子绪闻》：今采本书之外，秦、汉旧籍所纪墨子言论行事。

（二）墨子书

《自叙》云：《汉志》墨子书七十一篇，今存者五十三篇孙有《篇目考》。《鲁问篇》墨子之语魏越云："国家昏乱，则语之《尚贤》《尚同》；国家贫，则语之《节用》《节葬》；国家喜音湛湎，则语之《非乐》《非命》；国家淫僻无礼，则语之《尊天》《事鬼》；国家务夺侵凌，则语之《兼爱》《非攻》。"

今书虽残缺，然自《尚贤》至《非命》三十篇，所论略备，足以尽其旨要矣。《经说》上、下篇，与庄周书所述惠施之论及公孙龙书相出入，似原出《墨子》，而诸巨子以其说缀益之。《备城门》以下十余篇，则又禽滑厘所受兵家之遗法，于墨学为别传。惟《修身》《亲士》诸篇，义正而文靡，校之它篇殊不类。《当染》篇又颇涉晚周之事，非墨子所得闻，疑皆后人以儒言缘饰之，非其本书也。

又对此书之认识与批评云：综览厥书，释其纰驳，甄其纯实，可取者盖十六七。其用心笃厚，勇于赈世救敝，殆非韩、吕诸子之伦比也。

孙作《墨子目录》，又作《墨子篇目考》《附录》一。

黄绍箕《跋》云：《汉志》《墨子》书列在为墨学者我子及随巢子、胡非子之后。其叙录称墨家出于清庙之守，茅屋采椽，是以贵俭；养三老五更，是以兼爱；宗祀严父，是以右鬼；以孝视天下，是以上同。及蔽者为之，见俭之利，因以非礼；推兼爱之意，而不知别亲疏；其文盖出别录。然则详刘向之意，七十一篇之书，多弟子所论纂，孟、荀、孔鲋，诸所据以排斥墨氏者，抑亦有蔽者增附之言，其本师之说不尽如是也。……

今视其书，务崇俭约，又多名家及兵技巧家言。《明鬼》《非命》，往复以申福善祸暴之义，与佛氏果报之说同。《经上》以下四篇，兼及几何、算学、光学、重学，则又今泰西之所以利民用而致富强者也。然西人覃思艺事，期于便己适用，为闲居以自娱乐而已。墨子备世之急，而劳苦其身，又善守御而非攻，而西人逐逐焉惟兼并之是务，其宗旨盖绝异。今西书官私译润，研览日众，况于中国二千年艳学，强本节用，百家不能废之书，知言君子，其乌可过而废之乎？往读镇洋毕氏注本，申证颇多，而疑滞尚未尽释。盖墨书多引古书古事，或出孔子删修之外，其难通一也；奇字之古文，旁行之异读，讹乱迭窜，自汉以来，殆已不免，加以诵习者稀，楮椠俗书，重贻悰谬，无从理董，其难通二也；文体繁变，有专家习用之词，有雅训简质之语，有名家奥衍之旨，有兵法、艺术隐曲之文，其难通三也。

孙作《续明鬼篇》下二篇，见《述林》及《遗文》。

（三）墨学渊源

俞樾《墨子间诂叙》云：孟子以杨、墨并言，辞而辟之，然杨非墨匹也。杨子之书不传，略见于列子之书，自适其适而已。

墨子则达于天人之理，熟于事物之情，又深察春秋、战国百余年间时势之变，欲补弊扶偏以复之于古，郑重其意，反复其言，以冀世主之一听。虽若有稍诡于正者，而实千古之有心人也。

尸佼谓孔子贵公，墨子贵兼，其实则一。韩非以儒、墨并为世之显学，至汉世犹以孔、墨并称，尼山而外，其莫尚于此老乎？

墨子死，而墨分为三：有相里氏之墨，有相夫氏之墨，有邓陵氏之墨。今观《尚贤》《尚同》《兼爱》《非攻》《节用》《节葬》《天志》《明鬼》《非乐》《非命》，皆分上、中、下三篇，字句小异而大旨无殊，意者此乃相里、相夫、邓陵三家相传之本不同，后人合以成书。

……乃唐以来，韩昌黎外，无一人能知墨子者，传诵既少，注释亦稀。乐台旧本，久绝流传，阙文错简，无可校正。古言古字，更不可晓，而墨学尘霾终古矣。

国朝镇洋毕氏，始为之注，嗣是以来，诸儒益加雠校，涂径既开，奥窔粗窥，墨子之书稍稍可读。……

孙诒让《自叙》云：庄周《天下篇》之论墨氏曰："不侈于后世，不靡于万物，不晖于数度，以绳墨自矫，而备世之急。"又曰："墨子真天下之好也，将求之不得也，虽枯槁不舍也，才士也夫。"斯殆持平之论与。墨子既不合于儒术，孟、荀、董无心、孔子鱼之伦咸排诘之。汉、晋以降，其学几绝，而书仅存，然治之者殊鲜。故脱误尤不可校，而古字古言转多沿袭未改，非精究形声、通假之源，无由通其读也。

旧有孟胜、乐台注，今久不传。近代镇洋毕尚书沅所始为之注，藤县苏孝廉时学复刊其误，创通涂径，多所是正。

黄绍箕《跋》云：往读镇洋毕氏注本，申证颇多，而疑滞尚未尽释。江都汪氏中、武进张氏惠言皆尝为此学，勒有成书。而传本未观。世丈孙仲颂先生旁罗异本，博引古书，集毕氏及近代诸儒之说，从善匡违，增补漏略，取许叔重《淮南间诂》之目以署其书。

孙作《墨学通论》：今集七国以逮于汉诸子之言涉墨氏者，而殿以唐昌黎韩子《读墨子》之篇，条别其说，不加平议。又谓：秦、汉诸子及史传，涉儒、墨者甚伙，华文泛论，无所发明。及荀、韩诸子难《节葬》《兼爱》之论，而未明斥墨子者，今并不录。

又作《墨家诸子钩沉》：近世有马国翰校辑本，检核群书，不无遗阙。今略为校补，都为一篇。

又作《墨子绪闻》：墨子之学微矣！七国时，学者以孔、墨并称，孔子言满天下，而墨子则遗文佚事，自七十一篇外，所见殊鲜，非徒以其为儒者所摈绌也。其为道瘠薄而寡泽，言之垂于世者，质而不华，务申其意，而不驰骋其辞。故庄周谓"其道大觳，使人忧，使人悲，其行难为"。而楚王之问田鸠，亦病其言多而不辩。田鸠答以"墨子之说，传先王之道，论圣人之言，若辩其辞，则恐人怀其文，忘其用"《韩非子·外储说上左》。盖孟、荀之议未兴，世之好文者固已弗心慊矣。秦、汉诸子，若吕不韦、淮南王书，所采摭至博，至于援举墨子之言，亦多本书所已见，绝无异闻。然孔子遗书，自《六艺》外，《纬候》之诬，《家语》《孔丛》之伪，《集语》之杂，真赝揉苴，不易别择。而墨氏之言行，以诵述者少，转无假托傅益之弊，则其仅存者虽不多，或尚确然可信欤？

又作《墨学传授考》：犷秦隐儒，墨学亦微。至西汉，儒复兴而墨竟绝。墨子既蒙世大诟，而徒属名籍亦莫能纪述，惟本书及先秦诸子略纪其一二。今匀集之。……

墨子弟子，墨子再传弟子，三传弟子。

墨氏名家。传授不可考者

墨家巨子。同上

墨氏杂家。凡治墨术，而无从考其学业优劣及其传授端绪者。

（四）孙氏治墨学

1. 动机

让少溺于章句之学，于世事无所解。曩读《墨子》书，深爱其撢精道术，操行艰苦，以佛氏等慈之旨，综西士通艺之学，九流汇海，斯为巨派。徒以非儒之论蒙世大诟，心窃歉之。研校廿年，略识旨要，遂就毕本补缀成注。——《与梁卓如书》见《述林》卷十

2. 整理

就今存《墨子》书五十三篇钩考之，尚可得其较略。……谨甄讨群书，次第其先后，略考始末，以裨史迁之阙。——《墨子传略》见《后语》上

俞樾《序》云：于是瑞安孙诒让仲容乃集诸说之大成，著《墨子间诂》，凡诸家之说，是者从之，非者正之，阙略者补之。至《经说》及《备城门》以下诸篇，尤不易读，整纷剔蠹，脉摘无遗，旁行之文，尽还旧观，讹夺之处，咸秩无紊。盖自有《墨子》以来，未有此书也。

孙诒让《自叙》云：余昔事雠览，旁摭众家，择善而从。于毕本外，又获见明吴宽写本、黄丕烈所景抄者，今藏杭州丁氏，缺前五卷，大致与《道藏》本同。顾千里校《道藏》本，藏本，明正统十年刊，毕本亦据彼校定，而不无舛漏。顾校又有季本，传录或作李本，未知孰是。明椠诸本，大氏皆祖藏本，毕注略具，今并不复详校。又尝得倭宝历间仿刻明茅坤本，并为六卷，而篇数尚完具。册尚附校异文，间有可采，惜所见本残缺，仅存后数篇。用相勘核，别为写定。复以王观察念孙、尚书引之父子、洪州倅颐煊及年丈俞编修樾、亡友戴茂

才望所校，参综考读。窃谓《非儒》以前诸篇，义旨详焯，毕、王诸家校训略备，然亦不无遗失。《经说》、兵法诸篇，文尤奥衍凌杂，检览旧校，疑滞殊众。研核有年，用思略尽，谨依经义字例为之诠释。至于订补《经说》上、下篇旁行句读，正兵法诸篇之讹文错简，尤私心所窃自喜以为不谬者，辄就毕本更为增定，用遗来学。

又《记》：墨子书旧多古字，许君《说文》举其"羛""繝"二文，今本并改易不见，则其为后人所窜定者殆不知凡几？盖先秦诸子之讹舛不可读，未有甚于此书者。仐谨依《尔雅》《说文》正其训故，古文篆隶校其文字。

……覃思十年，略通其义，凡所发正，咸具于注。凡脱之文，旧校精确者径据补正以资省览。其以愚意订定者，则著其说于注，不敢专辄增改议昭详慎。世有成学治古文者，倘更宣究其旨，俾二千年古子厘然复其旧，斯亦达士之所乐闻欤！

黄《跋》：世丈孙仲颂先生旁罗异本，博引古书，集毕氏及近代诸儒之说，从善匡违，增补漏略，取许叔重《淮南间诂》之目以署其书。

孙《序》：命名昔许叔重注《淮南王书》，题曰《鸿烈间诂》。据宋椠本《淮南子》及晁公武《读书志》间者，发其疑忤；诂者，正其训释。今于字义，多遵许学，故遂用题署，亦以两汉经儒本说经家法笺释诸子，固后学所睎慕而不能逮者也。光绪十九年十月。

黄《跋》：太史公曰：书缺有间，其轶乃时时见于他说。郑康成《尚书大传叙》曰：音声犹有讹误，先后犹有差舛，重以篆隶之殊，不能无失，数子各论所闻，以己意弥缝其间，别作章句。所谓间者，即指音声之讹误，先后之差舛，篆隶之殊失而言。弥缝其间，犹云弥缝其阙也。

先生此书，援声类以订误读，审文例以移错简，推篆、籀、隶、楷之迁变以刊正讹文，发故书雅记之晻昧以疏证轶事。其所变易，灼然如晦之见明；其所弥缝，奄然若合符复析。许注《淮南》全袭不可得见，以视高诱、张湛诸家之书，非但不愧之而已。

3. 未竟之绪

然《经说》诸篇，闳义渺旨，所未窥者尚多。尝谓揭举精理，引而不发，为周名家言之宗。窃疑其必有微言大例，如欧士论理家雅里大得勒之演绎法，培根之归纳法，及佛氏之因明论者，惜今书讹阙，不能尽得其条理。而惠施、公孙龙窃其绪余，乃流于儇诡口给，遂别成流派，非墨子之本意也。拙著印成后，间用近译西书复事审校，似有足相证明者。……于西书所见甚少，其算例精繁者，复苦不能尽解，愧未洞窥宧窔，又虑近于皮傅，未敢著之于篇。以执事研综中西，当代魁士，又夙服膺墨学，辄剌一二奉质，觊博一发耳。

总之，《经》、《经说》上下及《大小取》六篇，文义既苦奥衍，章句又复襍贸，昔贤率以不可读置之。爻山刊误，致力甚勤，而于此六篇竟不著一字。专门之学尚复如是，何论其它。唯贵乡先达兰浦、特夫两先生，始用天算、光、重诸学发挥其旨，惜所论不多，又两君未遘精校之本，故不无望文生训之失。盖此学赅举中西，邮彻旷绝，几于九译乃通，宜学者之罕能津逮也。近欲博访通人，更为《墨诂》补义，倘得执事赓续陈、邹两先生之绪论，宣究其说以饷学子，斯亦旷代盛业，非第不佞所为望尘拥篲翘盼无已者也。——《与梁卓如书》

晚年看西艺书，学英文，大概为此。梁氏亦云：治墨子，由孙氏开导。

俞樾《叙》云：窃尝推而论之，墨子惟兼爱，是以尚同；惟尚同，是以非攻；惟非攻，是以讲求备御之法。近世西学中光学、重学，或言皆出于墨子，然则其备梯、备突、备穴诸法，或即泰西机器之权舆乎？

嗟乎！今天下，一大战国也。以孟子反本一言为主，而以墨子之书辅之，倘足以安内而攘外乎？勿谓仲容之为此书，穷年兀兀，徒敝精神于无用也。光绪二十一年夏。

4. 书成

此书写成付印后，复经黄仲弢详校，举正十余事。余亦自续勘，得剩义百事。有前误读、误释，覆勘始觉之者，咸随时逐录别册存之。

后又得张皋文《经说解》，补正书之阙误。又假得扬葆彝《经说校注》，亦间有可取，因与张《解》并删简补录入册。凡余旧说与两家有闇合者，皆改从之。盖深喜一得之愚，与前贤冥符遥契，固不敢攘善也。

脱稿——此书写成于壬辰、癸巳间，迄甲午夏，属吴门梓人毛翼亭以聚珍板印成三百部，质之通学，颇以为不谬。

黄绍箕《跋》：绍箕幸与校字之役，既卒业，窃喜自此以后，孤学旧文，尽人通晓，亦渊如先生所云，不觉僭而识其末也。

王景羲校。下注校语续出，盖即《墨商》。

四、诸子学

（一）《札迻》经过

诒让少受性迂拙，于世事无所解，顾唯嗜读古书。咸丰丙辰、丁巳间，年八九岁，侍家大人于京师澄怀园，时甫受四子书，略识文义。庋阁有明人所刻《汉魏丛书》，爱其多古册，辄窃观之，虽不能解，然浏览篇目，自以为乐也。年十六七，读江子屏《汉学师承记》及阮文达公所集刊经解，始窥国朝通儒治经史、小学家法。既又随家大人官江东，适当东南巨"寇"荡平，故家秘藏多散出，间收得之，亦累数万卷。每得一佳本，晨夕目诵，遇有钩棘难通者，疑忤累积，辄郁轖不怡。或穷思博讨，不见端倪，偶涉它编，乃获确证，旷然昭悟，宿疑冰释，则又欣然独笑。若涉穷山，榛莽霾塞，忽觏微径，遂达康庄。邢子才云："日思误书，更是一适。"斯语亮已！卅年以来，凡所采获，咸缀识简端，或别纸识录，朱墨戢香，纷如落叶。既又治《周礼》及墨翟书，为之疏诂。稽览群籍，多相通贯，应时笺记，所积益众。中年早衰，意兴零落，惟此读书结习，犹复展卷忘倦，缀草杂遝，殆盈箧衍矣。——《札迻叙》

（二）《札迻》成书

今春多暇，检理箧藏，自以卅年览涉所得，不欲弃置，辄取秦、汉以逮齐、梁故书雅记，都七十余家，丹铅所识，按册侈录。申证厥义，间依卢氏《拾补》例，附识旧本异文以备甄考。汉、唐旧注及近儒校释，或有回穴，亦附纠正，写成十有二卷。

（三）《札迻》书目

《易乾凿度》《易稽览图》《易辨终备》《易通卦验》《易是类谋》《易坤灵图》《易乾元序制记》；

《韩诗外传》《春秋繁露》《春秋释例》《急就篇》《方言》《释名》；

《战国策》《越绝书》《吴越春秋》《旧汉仪》《列女传》《山海经》《山海经图赞》《水经注》；

《管子》《晏子春秋》《老子》《文子》；

《邓析子》《列子》《商子》《庄子》；

《尹文子》《鹖冠子》《公孙龙子》《鬼谷子》《荀子》《吕氏春秋》；

《韩非子》《燕丹子》《新语》《贾子新书》《淮南子》；

《盐铁论》《新序》《说苑》《法言》《太玄经》《潜夫论》《论衡》；

《白虎通德论》《风俗通义》《独断》《申鉴》《中论》《抱朴子》《金楼子》《新论》《六韬》《孙子》《吴子》《司马法》《尉缭子》《三略》；

《素问》《周髀算经》《孙子算经》《数术记遗》《夏侯阳算经》《易林》《周易参同契》《穆天子传》《汉武帝内传》《列仙传》《西京杂记》《南方草木状》《竹谱》；

《楚辞》《蔡中郎集》《琴操》《文心雕龙》。

（四）别有著录

群经。《经移》

三史。

《说文》。

（五）态度

册中所录，凡所考论，虽复简丝数米，或涉琐屑，于作述闳旨未窥百一，然匡违茸佚，必有义据，无以孤证臆说贸乱古书之真，则私心所遵循而不敢越者，倘附王、卢诸书之后以裨补遗阙，或有所取尔。

（六）论校雠法

俞樾《札移叙》云：余尝谓校雠之法出于孔氏，子贡读晋史，知"三豕"为"己亥"之误，即其一事也。昭十二年《公羊传》，伯于阳者何？公子阳生也。子曰："我乃知之矣。"何劭公谓"公"误为"伯"，"子"误为"于"，阳在，生刊灭阙。是则读书必逐字校对，亦孔氏之家法也。汉儒本以说经，盖自杜子春始。杜子春治《周礼》，每曰"字当为某"，即校字之权舆也。自是以后，是正文字，遂为治经之要。至后人又以治经者治群书，而笔铖墨灸之功遍及四部矣。

夫欲使我受书之益，必先使书受我之益，不然，"割申劝"为"周田观"，"而肆赦"为"内长文"，且不能得其句读，又乌能得其旨趣乎？

孙诒让《札移自叙》云：窃谓校书如雠，例肇西汉。都水《别录》，间举讹文，若以"立"为"齐"，以"肖"为"赵"之类，盖后世校字之权舆也。晋、唐之世，束皙、王劭、颜师古之伦皆著书匡正群书违缪，经疏史注，咸资援证。近代巨儒，修学好古，校刊旧籍，率有记述。而王怀祖观察及子伯申尚书、卢绍弓学士、孙渊如观察、顾涧𫍹文学、洪筠轩州倅、严铁桥文学、顾尚之明经及年丈俞荫甫编修所论著尤众。风尚大昌，罩及异域，若安井衡、蒲阪圆所笺校，虽疏浅，亦资考证。

综论厥善，大抵以旧刊精校为据依，而究其微旨，通其大例，精思博考，不参成见。其是正文字讹舛，或求之于本书，或旁证之它籍及援引之类书，而以声类通转为之钤键，故能发疑正读，奄若合符。及其蔽也，则或穿穴形声，捃摭新异，冯臆造易，以是为非。乾、嘉大师，唯王氏父子致为精博，凡举一谊，皆确凿不刊。其余诸家，得失间出，然其稽核异同，启发隐滞，咸足饷遗来学，沾溉不穷。我朝朴学，超轶唐、宋，斯其一端欤？

诒让学识疏谬，于乾、嘉诸先生无能为役。然深善王观察《读书杂志》及卢学士《群书拾补》，伏案研诵，恒用检核，间窃取其义法以治古书，亦略有所悟。

尝谓秦汉文籍，义旨奥博，字例文例，多与后世殊异。如荀卿书之"案"，墨翟书之"唯毋"，晏子书之以"敆"为"对"，淮南王书之以"士"为"武"，刘向书之以"能"为"而"，骤读之，几不能通其语。复以竹帛梨枣，抄刊屡易，则有三代文字之通假，有秦、汉篆、隶之变迁，有魏、晋真、草之混淆，有六朝、唐人俗书之流失，有宋、元、明校椠之羼改，迷径百出，多歧亡羊，非罩思精勘，深究本源，未易得其正也。

（七）取法

王氏父子。

（八）《札迻》内容

1.《易乾凿度》郑康成注

（1）板本参考书：聚珍板本张，官本，钱本，范钦本，卢见曾本，张惠言《易纬略义》校，唐本，今本。

（2）征引：

［一］书本：孔颖达《易疏叙》引，《易正义》引，杜台卿《玉烛宝典》引，郑注《太平御览》七十六引，《晋书》历志，《宋书》历志，《初学记》二十九引，《洛书》，《河图》，《易纬》通卦验，《六法》，《是类谋》，《白虎通义·圣人篇》，罗泌《路史·太昊纪》注引，《孝经援神契》宋均注云，《考工记》匠人，《公羊·哀十四年》。

［二］家说：汪莱云，《历算家》晋姜岌云，王蕃云，宋祖冲之。

（3）情况：正文、注说脱误。形近而误草书、隶书。错著，遂不可通。衍文，并形之误。此注难通。残缺文不缀属，脱误不可读。正文二句与上文不相属。传写者误连属末章之后。原分三事，传写者误并为一也。

（4）方法：是当据正，与参校补正。当从某引为正，疑当作……。此沿唐本避讳字。以义推之。以文义推校。审校文义。

2.《易稽览图》郑康成注

（1）板本参考书：聚珍板本。

（2）征引：

书本：释湛然《止观辅行记》弘决云，《素问》通评《虚实论》王冰注、又《调经论》注，《史记·孔子弟子传》正义引，惠栋《易汉学》，《隋书·经籍志》，《尔雅·释虫》。

家说

（3）情况：形近而误。

（4）方法。

3.《易辨终备》郑康成注

（1）板本参考书：聚珍板本，今本。

（2）征引：

书本：《古微书》引。

家说

（3）情况：字衍，文义难通。今本脱误。注与正文不相应，校者不解而妄增。形近而误。

4.《易通卦验》郑康成注

（1）板本参考书：聚珍板本，张惠言《易纬略义》校，官本，今本。

（2）征引：

书本：上卷《礼记疏叙》引，《周礼疏叙》引，《书序疏》引，《御览》七十八《皇王部》引，《诗·大雅·文王序》孔疏引，《史记·天官书》，杜台卿《玉烛宝典》引，《汉书·王莽传赞》颜师古注苏林云，《礼记·月令》孔疏，《尔雅》释木，孙毂《古微书》，《周礼·笙师》贾疏引郑注、又《冯相氏》贾疏引；

下卷《周礼·冯相氏》贾疏引，《宝典》引，《月令》孔疏引，孙毂《古微书》，《尔雅》释木、又释鸟，《后汉书·律历志》注，《后汉书》注，《说文》，《续汉书·律历志》刘注引，《素问·大奇论》。

家说：上卷苏林，师古。

（3）情况：上卷此文殊难通，文亦相对，声之误也。今本注全脱，今本并脱，文正相对，讹互不可通，形之误也。今本脱，声同古字通。

下卷正文及注皆多脱误，张氏亦未尽校正，二字误到……。皆不可通，皆形近而讹，而字衍。隶草、魏草从竹字，多变从艸。汉碑及《急就篇》，字疑衍，与注不响应疑误。与今本句读不同，疑误。今本全脱，今本似衍，文例正同，脱字，疑以意增，不足据。

（4）方法：上卷参互校审，与注文合，当据正。以文义推之，以下文校之。案……通例，以上下文校之。以注推之，是并当据正。以意推之，二字当乙，今从贾引补。

下卷当据补正，当据补，当据增，以杜所引注校之。当据校正，当依……校正。

5.《易是类谋》某氏注，旧题郑康成注，今考定非是

今本《是类谋》非郑注，而《乾元序制记》前半，乃正《是类谋》郑注之佚文。

（1）板本参考书：聚珍板本，官本。

（2）征引：正文、注。

书本：《说文》足部，《易》，《玉烛宝典》，《御览》十六引、又八百七十四引，汉《嵩高大室石阙铭》，唐《张轸墓志》。

家说：郑注。

（3）情况：此涉彼而互误耳。此纬注讹文甚多，其易知者不具校。疑脱，注

有讹，形近而误，与下协韵。字通，二字并形之讹，形近而讹，余皆不合，未详其义，俗书。

（4）方法：当依正文，当据正。疑当作……，可证，当为……。审校注义，则非，当有，有误，今不备校。义难通者不备校。当据增，是其证，以注校之。

6.《易坤灵图》郑康成注

（1）板本参考书：聚珍板本。

（2）征引：

　　书本：《御览》十八引。

　　家说

（3）情况

（4）方法：当作……。

7.《易乾元序制记》郑康成注，按：此盖《是类谋》佚文。

（1）板本参考书：聚珍板本。

（2）征引：

书本

家说：此纬晚出，唐以前未有著录者，以古书援引之文推校之，前半当为《是类谋》，后半当为《坤灵图》，盖宋人得两纬残本合编之，而妄题《乾元序制记》之名也。

（3）情况：正文及注多脱误。

（4）方法：下当有……，疑当作……，当云，或为。

8.《韩诗外传》

（1）板本参考书：赵怀玉校刊本，周廷审注本，俞樾《读韩诗外传》校，北宋本。

（2）征引：

书本：《后汉书·翟酺传》李注引外传云，今本《周书》，《逸周书·悟儆》篇，《法言·渊骞》篇宋咸注，《韩非子·观行》篇，《史记·平原君传》裴骃集解引，刘向《别录》云，《邓析子·无厚》篇，《盐铁论·论诽》篇，《诗·齐风》毛传，《晏子春秋·内篇谏下》,《仪礼·士冠礼》郑注，赵校《御览》八百三十二引,《晏子外篇》,《古今人表》,苏灵芝《悯忠寺碑》,李承嗣《造像铭》,《左·哀二十七年》传,《吕氏春秋·贵当》篇,《新序》杂事,《史记·扁鹊传》张氏正义,《说苑·辨物》篇,《素问·痛论》篇。汉《北海相景君铭》《郑令景阙铭》《冯焕残碑》《灵台碑》,两文详略,可以互校。

家说

（3）情况：义难通，此文多讹脱，文异义同，并形近而误。古今字，同声相近，唐人俗书，音并相近，义不可通。字体相似,故传写易讹。——颜元孙《干禄字书》

（4）方法：当作。当据……补。疑……之误。字通，与此文亦略同，文意亦本相似，故书未必如是。草书相似，传写讹省。字同，汉隶。

9.《春秋繁露》

（1）板本参考书：卢文弨校刊本，卢本凌曙注本，凌本传录戴望校本，俞樾《诸子平议》校本。

（2）征引：

书本：《鬼谷子·权》篇,《毛诗·大雅·烝民》传,《素问·奇病》篇,《史记》,《汉书》,《韩非子·难三》篇,黄氏《日抄》引,《礼记·明堂位》郑注、孔疏,《考工记·梓人》郑注,《周礼·大司徒》、又《筮人》,汉隶见《隶释》汉《孙叔敖碑》俗书,《尔雅》释天,《史记·天官书》张守节正义,《晋书·天文志》,李播《天文大象赋》,《韩非子·解老》篇,《太平御览》十七引、又四百六十七引,《说苑·至公》篇、又《杂言》《修文》篇,《说文》黑部,《庄子·列御寇》释文,《玉篇》,《广韵·八物》,《尔雅》,《淮南子·时则训》高注,《墨子·备穴》篇、又《经上》篇,《艺文类聚》引,《白虎通义·考黜》篇,《史记·汲郑列传》集解引徐广,《汉书·礼乐志》,《古文苑》,《皇象书》,《急就篇》,《庄子·人间世》篇释文,《荀子·正名》篇,《仪礼·士冠礼》郑注。

家说：卢云，凌注，钱校，董班，戴校引钱大昕云，凌注引张惠言云。

（3）情况：字衍，脱落，传写坏字致误。前后文并复赘，未详厥旨。俗书见《唐内侍李辅光墓志》汉隶。见《隶释·汉孙叔敖碑》形近而误，文多难通。于义无取，不足据，……窃疑当为，不当删，文亦迻……二字，文例正同。辞字无义，当是衍文。此文有脱误，衍文。卢氏失考，乃以……为衍文而专辄删之，大缪。必有一衍。草书，相似……致误。隶书相近而误。二字古通，古字通用。义不可通。

（4）方法：谛审其文，今篇第缺互，无可推校，可证，疑当作。字无义，疑衍文，当据校补。下文亦叠……二字，文例正同，并当据补正。以上下文推之，是其证也。声近字通，借字。凌说未确，按钱说是也。义亦得通，文正相对，当为。皆形之误，与此义亦甚同。

10.《春秋释例》

（1）板本参考书：孙星衍校刊本，孙星衍辑本。

（2）征引：

书本：《左传·文二年》杜注、孔氏正义、又《隐十二年》正义，《史记·夏本纪》《河渠书》正义引《括地志》，《世本·氏姓》篇,《路史》，王符《潜夫论·志氏姓》篇正义引《括地志》、魏王泰书，《史记·孝景本纪》《项羽本纪》正义，《唐志》。

家说：郑玄，贾逵，卢植，蔡邕，服虔，孔颖达《诗灵台疏》杜佑。《通典》。

（3）情况：文互有详略，足证……之误。他书未引，及近孙辑亦失采，传写之误。

（4）方法：当据此补其缺，可据以校正，未知孰是。

11.《急就篇》颜师古注

（1）板本参考书：元刻王应麟《补注》本，孙星衍《校皇象碑》本、碑本、皇象本、皇本别本。

（2）征引：

书本：《方言》郭注，《广韵》，《盐铁论·散不足》篇,《玉海》,《说文》木部，汉隶、草书，《广雅·释器》，《史记》索隐引，《仪礼·有司彻》郑注，《周礼·追师》郑众注，《考工记·玉人》注，《左传·桓二年》杜注，《毛诗·鄘风》传，《国语·楚语》韦昭注，《说文》穴部，《尔雅·释诂》《释文》，《字林》，《释名·释舟、释车》，《广雅·释诂》《释兽》，《玉篇》籀文，《晋书·张天锡传》，《汉书·司马相如传》颜注引，变体、草书。

家说：王劭云，郑康成云，王校，孙校，张揖云，郭璞云。

（3）情况：与上下文正合，颜不得其说，而改……与上下文并不相应，形近而互讹，于古无证，……臆说也。与上下文韵并不叶，仍不可通。与上下文不相承接，错互久矣。

（4）方法：当以皇本正之，类举、杂举，文自相对，以声义推之，借字。声近古字通用。说详余新著《周礼正义》。与……句相属，文义亦正相贯也。

12.《方言》郭璞注

（1）板本参考书：卢文弨校刊本，戴震疏证本，钱绎笺疏本，旧本，毕氏疏证，蜀中本，宋蜀本。蜀中传本，国子监本，监本。宋监本，宋本。今本。

（2）征引：

书本：《左传》，《说文》言部，《礼记·乡饮酒》义注，《周礼·朝士》《士师》郑众注，《小尔雅·广言》，《吕氏春秋·过理》篇高注，《集韵》，陆羽《茶经》，《神异记》，晁公武《郡斋读书记》，六朝唐人俗字，《史记·秦始皇本纪》裴氏集解引服虔，《太玄》，《文选·吴郡赋》刘逵注，戴凯之《竹谱》，《广雅》曹宪音释。《玉篇》，《广韵》，《左传·昭二十六年》传杜注，《淮南子·修务训》《说山训》高注，《仪礼·大射仪》郑注，《尔雅·释器》郭注，《战国策·赵策》，扬雄《答刘歆书》，戴谓刘歆遗书求《方言》。《汉书·雄传赞》《百官公卿表》《王青传》《杨庄本传》《刘歆传》《成纪》，《文选·王文宪集叙》李注引《七略》，《子云家牒》。

家说

（3）情况：义相近，制异而义略同。

（4）方法：今据……改，今据以订正。戴、钱诸家皆未能详究其义，故略释之。以情事推之，似不甚确。逆推之。

13.《释名》

（1）板本参考书：毕沅疏证本，吴志忠校刊本吴校，成蓉镜补证校成氏补证，旧本，丰本。

（2）征引

书本：《春秋繁露·基义》篇，《管子·地员》篇，《初学记》引，《玉烛宝典》引，《白虎通义·号》篇，《淮南子·时则训》《本经训》高注，《汉书·晁错传》《如淳传》《严助传》颜注，《月令》，《墨子·修身》篇，《国语·晋语》韦注，《说文》水部、金部，《周礼·秋官·野庐氏》《春官·巾车》郑注，《广韵·九麻》，《楚辞·九辩》《九章》《国殇》王注,《一切经音义》引,《史记·陆贾传》集解引孟康云,《说文》竹部,《周礼·地官大司徒·内司服职》郑注,本书《释宫室》《释言语》《释饮食》《释长幼》篇,《庄子·天下》篇郭注,《墨子·兼爱上》篇,《吕氏春秋·必已》篇高注,《急就篇》颜注,《毛诗·小雅·伐木》《彤弓》《周颂·臣工》传,《管子·海王》《国蓄》两篇尹知章注,《玉篇》,贾思勰《齐民要术》,段公路《北户录》,《荀子·大略》篇,俗讹字,通俗文,《太平御览·人事》部,《北堂书钞·政术》部,皇象碑,李林甫《唐六典》注引,《初学记》引,《方言》郭注,《禹贡》正义,《通典·乐四》引,汉晋俗语,《逸周书·太子晋》篇孔注,吴玉缙《金石存》,《后汉书·李膺传》李注、又《梁冀传》注引《仓颉篇》,《论衡·奇偶》篇,《左传·定九年》正义引,盖符契,古多用竹。《宋书·礼志》引,慧苑《华严经音义》引,《字林》,《说文》车部,《考工记·辀人》《车人》郑注,《玉篇·车部》《糸部》,《广韵》,《集韵》,《西京杂记》下,《吕氏春秋·仲春记》高注,《本草经》,《丧礼·丧大记、乐记,礼记》郑注,《仪礼·既夕礼》《士丧礼》郑注。

家说:如淳云。

（3）情况:声近字通,失其义,音相近,故互相训。吴校并删字……尤谬,按毕说大谬。后世语变,到文,字之变体,隶书。毕说究难通。成说未核,毕氏不寤。吴校据段玉裁校改。音近通称,他书亦未见,音亦相近,声义相近,兖、冀语。

（4）方法:校增,声义同不必定改作……,当据以校正。从王念孙校正。是当据正,详前《方言》,与此异,详后《新序》。详余所著《周礼正义》及《经移》。音相近,义可两通,一声之转,刘说与《字林》可互证也。以三礼经注考之。即刘所据也,毕殊失考。

14.《战国策》高诱注

（1）板本参考书:黄丕烈景刊宋姚宏校本,明刻鲍彪注本,元刻吴师道校注本,黄丕烈姚本《札记》校,王念孙《读书杂志》校,曾本,鲍本,今本。

（2）征引

书本:《左传·襄二十六年》《僖九年》《庄八年》《昭二十二年》杜注,《说文·糸部》《雔部》《金部》,《周礼·大司马》郑注,《大戴礼记·文王官人》《曾子天圆》篇,《史记·商君传》集解引李奇说、《乐书》《齐世家》《楚世家》《卫世家》《封禅书》

索隐、《周本纪》《张耳传》《吴世家》,《汉书·高帝纪》颜注,《汉书·如淳叙传》《春申君传》《蒯通传》《五行志》《地里志》,《逸周书·周祝》篇,《诗·小雅、大雅》毛传、传、孔疏,《韩非子·初见秦》《备内》《内储说上》篇,《荀子·王制》《议兵》篇杨倞注,《月令》郑注,《礼记·什记》《祭法》《乐记》,《周书·大武》篇,《吕氏春秋·应言、明理》篇高注,又名《吕览》。《尔雅》孙炎注、《释诂》,古文,《墨子·备城门》《非儒下》篇,《新序·善谋》篇,《列女传》,《高士传》,《易·鼎九四》,《潜夫论·三式》篇,《考工记》郑司农注,《广韵》,《广雅·释诂》,《释名·释言语》郭注,《洪范·九畴》,礼书引古本、宋本校注,《孔丛子·论势》篇,《太平御览·人事部》曹大家注,《蔡中郎集》。

家说:详顾炎武《唐韵正》,吴师道谓,鲍彪谓,隶书借字。

(3)情况:篆文相近而误。高注来见。义近,字通。鲍说殊谬,未得其义。义难通,并声同字通,字通借。古书引书,或通称诗。文相对,鲍说迂曲,不可从。声近字通,于义难通。形近而误,亦形之误。句断。沿误为释,不足据。义难通,穿凿不足据。声近假借字。《声类》同。明刻此注讹互,不可读。揆之事理,必不可通。伪托不足凭,形近,尤为专辄。

(4)方法:疑……当为。当读为,当为。汉隶形近,因而致误,不必据上文改为……。详前《淮南子·氾论训》高注。以文义推之,同类,故兼举之。疑当读……,形近而误为非。以文义校之,今按文义校正。以彼时事势及地域推之……。疑……当义……,此可以补之。战国时多以国都为称。今本□□二字误倒,与注不相应,当乙正。

15.《越绝书》

(1)板本参考书:钱培名校刊本,传录卢文弨校明吴琯本,钱培名《札记》校,俞樾《读越绝书》校,今本。

(2)征引:

书本:《吴越春秋》,《谷梁传》,《公羊·定四年》传,郭忠恕《佩觿》,《史记·吴太伯世家》集解、徐天祐引《越绝》、《吴地记》改索隐、《五帝本纪》张氏正义本,《吴郡志》,《水经》郦注,《会稽志》引,王象之《舆地纪胜·绍兴府》引《越绝》,《国语·越语》《吴语》韦昭注,《诗·大雅》,《吴都赋》注,《太平寰宇记》,吴人内传,阖闾内传,《新序·善谋》篇,洪适《隶释》汉郡中马江碑,孙奭

《孟子音义》,《说文》刀部，伪体，俗字，借字。

家说

（3）情况：音近而通，盖涉下……而误。形近而误。脱……字，无义。校者不憭，误改……，遂不可通。其字上下有脱文，疑……上有脱文。脱文，脱字，声近字通。二书所述，与此大较相同。形近而误，皆形之误。案此句讹谬不可解。

（4）方法：以意求之，是其证。窃疑……当作……，当据上之补。二书参互校核，疑此处所阙之文，二文相应。

16.《吴越春秋》

（1）板本参考书：元刊徐天祐注本，传录卢文弨校吴瑭本，顾观光校勘记校，俞樾《吴越春秋》校，蒋光煦《斠补隅录》校，明冯念祖刊本，何允中本，宋本，宋元本，明袁经、吴瑭、冯念祖刊本。

（2）征引：

书本：《孟子》,《左传·成二年》杜注,《国语·吴语》韦注,《诗·大雅·大明》孔疏，今文《书·太誓》,《释名·释宫室》《释首饰》,《尔雅·释言》,《方言·释文》,《说文》辵部,《越绝书·经传》《内传》,《论衡·骨相》《讲瑞》篇,《太平御览》十六引、《皇王部》六百八十八引,《古今文》薛尚功书《晋姜鼎铭》,《周礼·大司马》郑注,《大戴礼记·夏小正》传,《广雅·释器》,《公羊·哀十四》传,《仪礼·士丧礼》《丧服》郑注,《山海经·中山经》郭注引《河图》,《后汉书·向栩传》,《公羊传·哀十四年》,《汉石经》,《五行大义》,《黄帝龙首经》,《六壬书》，今《道藏·金匮玉衡经》，借字，俗书。

家说

（3）情况：形近而误。案此文不可通。涉下某字而误。倒句文法。卢说未憭。形声相近而误。声近字通。字通，转改……以就之，颠矣。一声之转，于文仍难通。

（4）方法：疑当作……。当作。以上文校之，疑当为……之误。当读为……。声近假借字，是其例。可据以校此文……误。以意推之，文正相对。

17.《旧汉仪》

（1）板本参考书：孙星衍校刊本。

（2）征引：

书本：《周礼·内小臣》郑注，《汉书·陈涉传》晋灼注引。

（3）情况：疑涉上而衍。文讹衍不可通。形近而讹。

（4）方法：疑当作……。可据以校正。

18.《列女传》曹大家注

（1）板本参考书：阮元景宋刊本，王照圆注本，梁端校注本，顾广圻《考证》校，校宋本《易林》后叙，顾观光《校勘记》校。

（2）征引：

书本：《孟子》，《说文》水部，《系传》引，《北堂书钞·后妃部》，《风俗通义·愆礼》篇，《尔雅·释鱼》《释宫室》，《太平御览》，《玉烛宝典》，《淮南子·氾论训》高注，《仪礼·大射仪》郑注，《礼运》，《列子·说符》篇释文，《易林》，《诗·齐风》毛传、正义。

家说：洪颐煊云，段说，李巡，孙炎，陈奂云。

（3）情况：传写又误作。形近而误。误倒其文。涉上……而误。按王、陈说皆未安。对文。

（4）方法：当据补正。

19.《山海经》郭璞注

（1）板本参考书：毕沅《校正》本，郝懿行《笺疏》本，俞樾《读山海经》校。

（2）征引：

《说文》人部、子部、口部籀文，《尔雅·释畜》《释山》《释文》郭注，《史记·封禅书》《周本纪》集解引徐广、正义引《括地志》、历书、索隐引《世本》，《左传》杜注，《考工记》郑注，《周礼·旅人》《玉人》郑注，《礼记》杂记，《释文》《经典释文》，《汉书·礼乐志》颜注、又《贾谊传、百官公卿表》，《玉篇》《广韵》《方言》《集韵》引，《吕氏春秋·遇合》篇，《春秋繁露·执贽》篇，《周易》释文引世本、明世本宋衷注，《楚辞·远游》篇，《北堂书钞》一百五十一引，《太平御览》九引、十七引世本，邱光庭《兼明书》引，《尚书》古文，古文、今文。此唐人所传讹古文，宋薛季宣《书古文训》……。

家说：洪颐煊云订讹补。

（3）情况：声义并略同，毕、郝并未得其义。古经本多讹互，不足深校也。经通例，今经典相承，形近而误。文难通，注亦迂曲，郝说尤穿凿，不足据。疑……成当为两字，古文正同，故传字易误。文略相类，今本多羡，不可通，形近而致误。文例亦同，声义正同。迥不相涉，篆文略近，当有阙脱。当有讹文，亦失考，误脱。

（4）方法：按此文谲异，于古书皆不合，郭及郝诸家亦未能质证，郭所见本尚不误。郭强为之说，亦殊不确，窃疑……当作……，综而校之，以两文相参证，足以得其义。盖涉下而衍，三文与世本所述舛而同柢，古事虽茫昧，其踪迹固可寻矣。文例正同，郭注失之，可证此文之误。

20.《山海经图赞》

（1）板本参考书：郝懿行校刊本，卢文弨《群书拾补》本卢本。

（2）征引：

书本：《小尔雅·广名》，《说文》衣部，《左传·哀七年》杜注，《周礼》，《匡谬正俗》五引。

家说

（3）情况：皆偏旁之误，乃涉上句而讹，臆改不足据。

（4）方法：当据正。

21.《水经》郦道元注

（1）板本参考书：戴震校聚珍板本，赵一清《注释》本赵本，朱谋玮《水经注笺》赵氏朱笺刊误，旧本。

（2）征引：

书本：《庄子·庚桑楚篇》释文引向秀，《竹书纪年》今本《纪年》乃明人撮拾伪托，不足据校，《通鉴地里通释》，《礼记·曲礼》郑注，《左传·僖公二十三年》，《战国策·秦策》《魏策》，《太平广记》，《后汉书·张奂传》李注，《艺文类聚·祥瑞部》又八十二引《归藏》，《蔡中郎集》光武济阳宫碑，《太平御览·皇王部》，洪适《隶释》，费凤碑、唐梁守谦功德铭，引《中侯》郑康成注，隶书唐人俗书亦本于汉隶也，《金石萃编》尹宙碑，《诗·商颂》谱，正义引《中侯》，《汉书·百官公卿表》，李吉甫《元和郡县志》,《管子·小问篇》房注,《初学记》。

家说:赵氏《注释》引全祖望云。

(3)情况:戴臆改……非是,郦氏所引《纪年》犹汲家古文之旧……皆足证古义,而谢山、东潜、东原纷纷献疑,甚矣,古书之难读也!郦氏殆误会其旨,义不可通,文字传讹,构虚成实,形近而误。

(4)方法:义同详前,详后《晏子春秋》。审校文义,当以旧本为长。详前《急就篇》,赵、戴臆改为……,非,字通。遍检唐宋舆地诸书,……此文讹互显然,而赵、戴诸家咸沿袭莫悟。近汪士铎《水经注图》亦以阳山启筮亭列于图,何其疏乎!

22.《管子》尹如章注

(1)**板本参考书:**景宋杨忱刊本,安井衡《纂诂》本,洪颐煊《义证》校,戴望《校正》校,王念孙《读书杂志》校,俞樾《诸子平议》校,今本。

(2)**征引:**

书本:《韩非子·外储说右》《备内》篇,《吕氏春秋·别类篇》《不屈篇》《报更篇》《重言篇》《孟夏记》,《荀子·修身篇》《非相篇》《荣辱篇》《成相篇》杨注,《周礼·内府》《萴氏》《稻人》《草人》郑司农注先郑注,《大宰》郑注、又《廛人》郑众注、《媒氏》《丧祝》《乡师》注引《司马法》,《淮南子·原道训》《本经训》《道应训》高注,《吴越春秋·外传》,《说文》女部、木部、虫部、采部、麦部、土部、金部,徐锴《系传》,俗字,篆文,《山海经·海外东经》《中山经》,《文选》《阮瑀〈为曹操与孙权书〉》、陆士衡《挽歌诗》李注、扬雄《剧秦美新》注引、《子虚斌》张揖注、《上林赋》李注、稽叔夜《绝交书》、陈孔璋《檄吴将校文》、左思《吴都赋》,《隶续》魏三体石经,汉隶隶释,《孙叔敖碑、武婴祠画象》,《诗·邶风·简兮》毛传、《小雅·鱼丽》传、《大田》,《韩诗外传》,《庄子·则阳篇》释文,《史记·孝武本纪》集解引徐广云、《货殖传》,《穆天子传》郭注,《颜氏家训·书证》篇,《汉书·沟洫志》《司马相如传》《月令》郑注,《玉烛宝典》引,《国语·周语》韦注,《贾子·传职》篇,《书·西伯戡黎》,《公羊传·哀四年》,《尔雅·释草》《释诂》,《玉篇·草部》。

家说:郑康成云,安井衡云,丁士涵云,吴翌凤云,王引之云,庄述祖《弟子职集解》则近于皮傅,非管子之旨,孙星衍云。

（3）情况：假借字，字亦通，尹注并误。文例正同，注说迂谬不足据。古书……二字多互讹，文相对，古字通，迂曲难通。借字，古文，与上下文义不相属，乃不得其说而臆改。或即彼文错简，复著于此。形近故误，注曲为之说，失之。文义较此完备，此文多讹脱。义略同，当读……，句断。尹释为……殊谬。此文与彼异，或有脱误，尹注亦难通。形近故传写易讹。义同，注义殆不可通。当为□之坏字，正文与注皆不可通矣。传写之讹，字通，与一形近。无一声之转，亦通。古字通，形相近而误。篆文相近而误。重文，变体，别体。安井衡……属下……为句，乘谬殊甚，尹氏所见，本……，戴校从之，疏矣。与此义相应，校者疑……。义重复，亦不当分举。篆文相似，音亦同部，脱字，俗字。校者……，写者不审，遂并为……字矣。文例略同。

（4）方法：俞读……未确，上字疑衍，说详后，是其例也。以声类校之，疑当为……字多通。按注说迂谬，不足据，与此文可互证，注及《纂诂》说并未得其义。以此注校之，当以彼文互校，按注说迂曲难通。四者文正相对，注望文生训，彼以此并举，亦可互证，傅会可笑。详前，是其证，俞校……亦非，说见《吕氏春秋》，是其例也，丁校……是也，皆其证也。是其证也，注说非，疑亦一之误，注说并误。形近传写讹互，尹望文释之，殊谬，丁校非也，……当为形近而误。

23.《晏子春秋》

（1）板本参考书：吴鼒景元刊本，卢文弨《群书拾补》校，孙星衍《音义》校，黄以周《校勘》校，王念孙《读书杂志》校，俞樾《诸子平议》校。

（2）征引：

书本：《仪礼·饮酒礼》注《乡射》，《礼记·聘礼记》郑注，《周礼·圉师》《司节》《乐师》郑注，《考工记·梓人》《舆人》《輈人》《匠人》，《史记·周本纪》集解引郑注，《大戴礼记·诰志篇、夏小正》，《书·牧誓》，《群书治要》引本书《谏》章，《左传·宣二年》，《说文》女部、耑部徐锴本、木部、口部，《玉篇》，《尔雅·释言》郭璞注，《释宫》，《广雅·释诂》，《墨子·号令》《非儒》篇，《管子·任法》篇，《韩非子·外储说》《外储说右上》，《吕氏春秋·权勋》篇，《淮南子·本经训》高诱注，陆羽《茶经》，《说苑》宋本、明刻本，《易·系辞》，《诗》，《文选》注，《太平御览》。

家说：杜子春云，郑康成云，郑司农云，洪颐煊《读书丛录》，孙志祖云，张
溟《云谷杂记》引，金履祥《通鉴前编》，孔广森《大戴礼记补注》。

（3）情况：假字，讹为……，遂不可通耳，形之误也。亦未得其义，借字，
是也，……则非。今本盖有脱文，形近而误，缘误为训，失之。声同字通，与此
义并同，形、声、义并近，故互通。说详《经移·大戴礼记》，卢说殆不可通。声
近字通，声近通用。形相近，字之误，且义亦难通也，形误。

（4）方法：窃意……字，未必误也，说详《周礼正义》，并其证也。按孙说未
确，可证。

24.《老子》王弼、河上公注

（1）板本参考书：聚珍板王注本，明刻河上公注本，唐傅奕校本，陆德明
《释文》校，毕沅《考异》校，王念孙《读书杂志余编》校，俞樾《诸子平议》校
俞本，王本，玄宗注本，唐氏王注有别本，石本今易州石刻玄宗《道德经》注，天宝后定
之注，世无传帙，开元颁本今石刻具存，《经典释文》所载王注本，《道藏》石刻
唐玄宗注本。

（2）征引：

《弘明集》，《牟子理惑论》今所传王注，出于宋晁说之所校，不分《道》《德》二经，《老子》
王弼注，《一切经音义》，《东观汉记》，《玉篇》，《说文》手部，《释文》，《集韵》，《广
雅·释室》，释法琳《辨正论》引，《淮南子·本经训》高注，《道应训》，《韩诗外传》
九引，《群书治要》三十九引，《楚辞·远游》《吊屈原》，《册府元龟》，《礼记·檀
弓》郑注，《晏子春秋·内篇》，郭忠恕《佩觿》，《左传·文元年》杜注。

家说：近代毕沅《考异》，钱大昕《潜研堂金石跋尾》，武亿《授金堂金石
跋》，王昶《金石萃编》。

（3）情况：韩所据者，犹是先秦、西汉古本，故独完备，魏、晋以后本，皆
脱此句矣。二字古通用，是其证也。

（4）方法：以注义推之，今用诏文推校石本，得其踪迹，聊复记之以存异读。

25.《文子》徐灵府注

此书全剽窃《淮南子》伪作，详钱跋及顾记。

（1）板本参考书：蒋氏景宋刊本，钱熙祚刊本，杜道坚《缵义》本，顾观光

《校勘记》校，俞樾《读文子》校唐时盖有两本，一本同《淮南子》作："舌"，一本作"古"，宋椠徐本，杜据徐《注》作《缵义》。顾校依文澜阁本，今本，阁本，杜本，徐本。

（2）征引：

书本：《淮南子·原道训》高注、《诠言训》《说林训》《道应训》《缪称训》《精神训》，《周礼》释文，《庄子·则阳》篇释文引司马彪云，《孟子·公孙丑》篇赵岐注，《说文》口部，《太平御览》三百六十、三百八十三引，萧吉《五朝大义论·诸人篇》引，张君房《云笈七签》，《白虎通义·五行篇》，变体，俗书。

家说：王念孙《淮南子杂志》。

（3）情况：与上下文不协。文例并同，字异而义同。及校者臆改。如是张君房所引，疑臆改，不尽足据也。草书相近而误，协韵，今本脱……字，上下文义全不贯属矣，此传写之误。

（4）方法：乃校者臆改，不当据校。疑并当为……也。详后《淮南子》，乃以今说改之，与注及下文并不合，不足据。讹文，声义同，声类并同，一声之转。正……可证，但谛绎注义，详后《素问》，义详前《晏子春秋》，并形之误。

26.《邓析子》

（1）板本参考书：刘履芬景宋刊本，钱熙祚校刊本，谭仪《校文》校，今本。

（2）征引：

书本：《史记·孟荀传》《汉书·艺文志》《列子·天瑞篇》释文，《韩诗外传》，《文子·符言篇》，《吕氏春秋·必己篇》高注，《淮南子·说林训》《鬼谷子·内揵篇》《说苑·敬慎篇》，《意林》引。

家说：洪颐煊《读书丛录》。

（3）情况：对文，案此文多讹脱，今本误脱。

（4）方法：详后《楚辞》，文例同，缺亦当为××。文略同，详前。文亦略同，相似而误。

27.《列子》张湛注，卢重元注

（1）板本参考书：蒋氏景宋刊本，汪继培校宋刊本，殷敬顺《释文》校，卢文弨《群书拾补》校，王念孙《读书杂志余编》校，俞樾《诸子平议》校，任大椿《释文考异》校，石经，今国子监本今本，明世德堂本，汪本，卢本重元，别本，或本，殷本，张注旧本。

（2）征引：

书本：《易纬乾凿度》，《释文》，陈景元所增审《穆天子传》郭璞注，《汉书·杨王孙》《天文志》，《玉篇·弓部》顾野王著、宋人妄增，郭忠恕《汗简》所载石经残字，洪适《隶释》所载石经残字，石经魏三体石经，阮元《积古斋钟鼎款识》周昧鼎，石鼓文，隶写，篆文，古文，籀文，《说文》日部，《字林》，《广雅》，《尔雅·释畜》马类，《韩非子·外储说左》，丁度《集韵》，韩道昭《五音集韵》盖古书之重牲貤谬失其本始有如此者，《亢仓子·全道篇》。

家说：本张文虎《舒艺室随笔》说，洪颐煊《读书丛录》云。

（3）情况：文正相对，误移著……上，又脱……字。古通，隶古、传写讹谬，不可理董。篆文相类，此古字未审，传写之缪，又左右互易，遂不可辨。传抄贸乱，……遂不可识，亦传抄之误。脱字，张注失之，与下不相应矣。古字书无此文，形声皆不可说，故云未审。读者不见故书，无从索解。

（4）方法：以意推之，是其确证。

附：校《列子》卢重元注

（1）板本参考书：秦恩復校刊本。

（2）征引：

书本：《集韵》，《礼记·儒行》。

家说

（3）情况：脱字。

（4）方法：秦校非。

28.《商子》

（1）板本参考书：严万里校刊本，孙星衍校刊本，钱熙祚校刊本。传录严可均校本，俞樾《诸子平议》校，秦本，元本，范本，钱本，旧本，宋本，今本，叶校本，严万里本。

（2）征引：

书本：《新序·善谋篇》，魏仲举《五百家集注韩文》，《战国策·赵策》，《汉书·高帝纪》应劭注，本书《说民篇、靳令篇》，《庄子·庚桑楚篇》司马彪云、《大宗师篇》释文，《韩非子·伤令篇》，《尉缭子》，《墨子·号令篇》《备穴篇》，《吕氏春秋·高义篇》高注、《贵卒篇》《简选篇》,《说文》史部、刀部、车部,《尔雅·释虫》释文,《礼记·明堂位》释文,古文,篆文,借字,隶书,《周礼·雍氏》《旅师》郑注,《国语·鲁语》韦注,《公羊传·隐五年传》何休注,《太平御览·人事部》百九十五,又八百二十二、《资产部》引。

家说

（3）情况：钱本张亦改□,而□字仍未校正,盖未检《新序》也。汉《北海相景君碑》阴,乃传写之误,一声之转,避讳,脱字,与下文不相应,草书与重文相似,故误,误倒不可通。音形近而误,误脱,形之误,疑有脱字。经典通用字,传写多互讹。"民""氓"散文通,对文则异,与上下文不相属,疑当……,严专辄政窜,不可据。先秦诸子与《左传》纪事不必同,叶、严校并改……,失之。声同字通,颠到其文,遂不可通。

（4）方法：当据校正,义两通,严万里本如是,疑臆改,当各如本书,可以互证。正相对,当据乙正,今依《史记》增删,今据上文及《史记》改,今改正,义亦较长,严、俞校并失之,同作……是也。亦其证也,似是,以文义考之,详《周礼正义》。

29.《庄子》郭象注

（1）板本参考书：明世德堂刊本,宋本成玄英《庄子疏》校,王念孙《读书杂志余论》校,俞樾《诸子平议》校,今本从宋本及道藏本,司马本,或本,崔譔本,向、崔本。

（2）征引：

书本：《释文》司马彪、李颐、崔譔云,《文选·刘孝标〈辨命论〉》李注引司马彪曰、又张衡《南都赋》、又《江赋》李注、傅长孺《赠何劭王济诗》李注、王仲宣《褚渊碑文》李注引,《荀子·正名篇》《议兵篇》《礼论篇》《荣辱篇》《不苟篇》《修身篇》杨注,《战国策·秦策》鲍注,《楚策、韩策》,《列子·杨朱篇》释文,《力命篇》《汤问篇》《黄帝篇》张注,本书《人间世篇》《骈拇篇》《在宥篇》《逍遥游篇》《天地篇》《外物篇》《马蹄篇》《山木篇》,《说文》王筠《说文句读·足部》《车部》《言部》《木部》《人部》《口部》段玉裁注本《八部》《辵部》《肉部》《井部》《箕部》《爿部》,《书·牧誓》《尧典》《顾命》伪孔传、孔疏引王肃说,《诗·大雅》《小雅·桑扈篇》郑笺、《桑柔篇》《小昊》,《汉书·谷永传》《严延年传》,《史记》索隐引《三仓》、又《齐世家》《田齐世家》,《吕氏春秋_{吕览}·召类篇》《本生篇》《权勋篇》《贵公篇》《顺民篇》高注,《礼记·祭义》《玉藻》《曲礼》《乡饮酒》《曲礼》《月令》郑注,《周礼·缝人》《天官》《叙官》《行夫》《师氏》《大宰》《九两章》《载师》《巾车》《大宗伯》《醢人》《郑司农》《考工记》郑注,《淮南子·本经训》《原道训》《说林训》《墬形训》高注、《说山训》《道应训》许注,《仪礼·既夕》《乡饮酒礼》《士昏》《士丧礼》,《逸周书·器服篇、武顺篇》,《大戴礼记·四代篇》,《山海经·南山经》郭注、《西山经》,《玉篇·足部》,《尔雅·释诂》,籀文, 变体, 汉孔宙碑……, 金文, 晋姜鼎, 故书或作……,《钟鼎款识》, 唐那罗延经幢,《一切经音义》, 陆德明《释文》,《墨子·备城门篇_{道藏本}、明鬼篇、非乐篇、天志篇》,《韩非子·王难篇》,《白虎通义·圣人篇》,《抱朴子·论仙篇》,《孟子·万章篇》,《管子·轻重篇》,《楚辞·大招》王注、《离骚叙、七谏》,《韩诗外传》,《诸宫四事》,《易·系词上》,《孝经》,《新语·道基篇》,《左传·昭十二年》杜注、《正义》,《公》《谷·僖五年》,《三国志·蜀书·郤正传》裴松之注,《素问》王冰注。

家说: 郑司农云, 司马彪云, 梁简文云, 崔譔称, 郭、李、司马、向。

(3) 情况: 声类同, 王、俞并未得其义。字书所无, 字书故书, 隶变。段玉裁《周礼汉读考》, 俗书, 相似, 古通, 音近字通, 声之误也。借字, 文并相对, 未得其旨。一声之转, 形近, 传写, 声义并相近, 于文殊不顺, 不可从, 即其例也。窃疑……, 是其证。借字, 声近假借字, 望文生训不足据。形近而误, 文皆平列, 句断, 亦通, 按此文难通, 未达其义。声近字通, 疑有脱文, 声转, 注说未得其旨。形亦相近, 说并难通, 成疏望文生训不足据。说并迂谬难通, 声近字多通用。

(4) 方法: 案注说迂凿, 音义并与□同, 详余所著《古籀拾遗》, 可以互证, 是其证。自是汉儒古训, 揆之文义, 实为允协。陆说与礼不合, 窃疑当为……之误, 于文殊不顺, 不可从。以彼之上下文意审之, 彼此互校, 义亦同, 此可互证, 详《周礼正义》, 与此文可互证, 亦通, 是其例, 以声类考之。

30.《尹文子》

(1) 板本参考书: 汪继培校刊本, 宋古迂陈氏刊本, 钱熙祚《校勘记》校, 宋本, 沈本,《说郛》本, 钱校引《藏》本, 钱引《吉府》本, 钱本, 阁本,《子汇》本, 姜本, 今本。

（2）征引：

书本：《治要》,《御览》百四十三,《汉书·艺文志》颜注,《文选·荐士表》注、《东征赋》注,《盐铁论·论儒篇》, 盖稷下先生千有余人。

家说

（3）情况：句断属上……为句, 则下二语文无所承矣。

（4）方法：以文义校之, 当从《治要》为正, 与上文……正相对。校者不审, 臆改……殊谬。

附：宋本《尹文子》校文：有□字, 误□, 脱□字, □本同, 脱, 衍□字, □本无, 下同, 在□上。

31.《鹖冠子》陆佃注, 农师

此书正文及注皆明人臆窜, 并非陆本之旧。

（1）板本参考书：明刊《子汇》本, 俞樾《读鹖冠子》校, 明本养和本, 王宇校。

（2）征引：

书本：《群书治要》三十四引,《黄氏日抄》引, 王应麟《小学绀珠》引,《战国策·燕策》,《荀子·正论篇》扬注,《国语·鲁语》, 宋庠《补音》《管子·小匡篇》尹注,《大匡篇》《兵法篇》,《逸周书·作洛篇》,《书·舜典》孔传,《左传·哀二年、隐四年》杜注,《尔雅·释天》,《广雅·释诂》,《隶释·汉碑》《尧庙碑》《唐李晟碑》,《吕氏春秋·察今篇》《遇合篇》,《汉书·百官公卿表》颜注、《司马相如传》,《续汉书·舆服志》刘注,《史记·司马相如传·子虚赋》索隐张揖云、《集解》引郭璞,《意林》引,《墨子·公孟篇》释文,《淮南子·齐俗训》许注、《说林训》,《韩非子·亡征篇》。

家说：洪颐煊《读书丛录》。

（3）情况：正相应, 涉彼文而误增, 与上下文义皆不相属, 足明其非。借字, 俗书, 形略近, 字通, 字亦同, 音近字通, 并形声之误, 形近而误, 与此文例正同。脱字, 案此句与上下文不相属, 疑误衍,《治要》引无当, 据删。洪妄为牵合, 殊不可通。注沿误为释, 不可从。无义, 陆说无据, 疑当为……。

（4）方法：以上下文例校之, 此二字不当有, 当据《治要》删, 亦其比例, 详前《管子》。当据乙, 当据正, 当据补正。

32.《公孙龙子》_{谢希深注}

（1）板本参考书：明梁杰刊本，钱熙祚刊本，俞樾《读公孙龙子》校，今本，明刊《子汇》本。

（2）征引：

书本：《荀子·正论篇》校注，《墨子·经说下篇》。

家说：

（3）情况：借字，疑校省所改，当作……。今本脱二字……，遂不可通。与谢注似合，郭以文义校之，正与此同。

（4）方法：以文义校之，疑当作……，文正相对，文异而意同，可以互证也。

33.《鬼谷子》_{陶弘景注}

《唐志》以为尹志章注，周广业《跋》谓：注笔法绝似《管子注》，当是尹注。孙志祖《读书脞录》说同。

（1）板本参考书：秦恩复校刊述古堂抄本，俞樾《读鬼谷子》校，乐台注《鬼谷子》，"乐台"《隋志》作"乐壹"。

（2）征引：

《管子·七法篇》，本书《符言篇》，晁公武《读书志》，《太平御览》引，高承《事物记原》九引，孙志祖《读书脞录》。

家说：俞氏《读书余录》。

（3）情况：

（4）方法：以彼校此书，脱讹甚伙，注皆沿误，妄说，假令果出尹手，岂得自注《管子》而略不省勘乎？然则今本题陶注，虽未可尽信，而非尹注则无疑义。

34.《荀子》_{杨倞注}

（1）板本参考书：谢墉校刊本，景宋台州刊本，日本久保爱《增注》本，刘台拱《补注》本，郝懿行《补注》本，王念孙《读书杂志》校，俞樾《诸子平议》校，定本，笺、元刻，宋本，宋钱佃本，监本，台州本，杨本，宋吕夏卿本。

（2）征引：

书本：《逸周书·史记篇》孔晁注，《书·无逸》《秦誓》《大誓》孔疏引王肃本，《大戴礼记·小辨篇》，《说文》金部、艸部、叩部、壹部、女部、黹部、木部，《尔雅·释器》,《诗·小雅·小宛》孔疏、《周颂·文王》毛传、《节南山》释文引《韩诗》,《释名·释言语》,《吕氏春秋·自知篇》,《晏子春秋·谏下篇》,《墨子·大取篇、经说下篇、非儒篇、尚贤下篇、尚同中篇、鲁问篇、天志中篇》,《庄子·秋水篇、天地篇》释文引习马彪云,《韩非子·大体篇》,《管子·审合篇、地员篇》,《盐铁论·遵道篇》,《淮南子·本经训、氾论训》,本书《礼论篇、儒效篇、正论篇、王霸篇》《修身篇》《正名篇》《解蔽篇》,《公羊·文十二年》传,《谷梁传》《左传》昭九年、襄四年,《礼记·中庸》《曲礼》《王制》《檀弓》,《周礼·司常》《傅师》杜子春注,《中庸》孔疏引《圣证论》,《干禄字书》,《文选·张衡〈西京赋〉》李注,《史记·佞幸传》索隐。

家说：王引之云，日人久保爱云，顾千里云。

（3）情况：注望文生训，不足据。文例相近，文义并同，杨读既误，说复迂缪，不可通，义殊迂曲。主从口得声，古通用，与上文……相对成义。声义亦同，案俞说于义颇协，而字形不甚相近，疑……当作……。草书相似，故荀、墨二子皆互讹。文相对，疑当为……之讹。声类并同，古字通用，声近字通，文相类，……疑……。古音近字通，假字，三字音并相近。增字为训，非荀子意也。与此义无会。形近而误，古字通用。同声假借字，并未得其义。假字，今本盖传写脱字，而校者以注臆补一小字，故与上文不相对也，借字，件写误耳。

（4）方法：与□文正相对，是其证也，以全书文例校之，相对，非衍文，与此正同，句文末已，详前《管子》，后说是也，义未确。

35.《吕氏春秋》高诱注

（1）板本参考书：毕沅校刊本，元至正刊本，梁玉绳《校补》校，陈昌齐《正误》校，王念孙《读书杂志余编》校，俞樾《诸子平议》校。

（2）征引：

书本：本书《有度篇、求人篇》,《墨子·非儒篇》《耕柱篇》《尚贤中篇》《修身篇》《备穴篇》,《诗·小雅》释文、《大雅·抑》毛传、《小雅·楚茨》《邶风》《谷风篇》《车辖篇》,《战国策·卫策》《赵策》姚宏校本,《周书·王会篇》,《汉书·东方朔传》《习马相如传》颜注,《国语·吴语》韦注,《韩非子·十过篇》《内储说下篇》《说疑篇》《八经篇》,《论衡·异虚篇》《纪妖篇》《效力篇》,《大戴礼记》曾子立事,《淮南子·说林训》《墬形训》《主术训》《齐俗训》许慎注、高注,《周礼·篇章》杜子春注、《中车》郑注,《礼记·明堂位》《曲礼》《玉藻》《丧记》《郊特牲》郑注释文,《广雅·释诂》,《尔雅·释草》《释器》《释诂》《释地》,《说文》木部》《立部》《土部》,《方言》,《说苑·权谋篇》,《列女传·辨通篇》,《庄子·天下篇》,《管子·明法篇》,《荀子·尧问篇》,《商子·来民篇》,《亢仓子·农道篇》,《春秋繁露·循天篇》凌曙本,《史记·韩世家》《晋世家》《赵世家》《樊哙传》集解如淳注引、索引张晏云、晋灼云,《山海经·大荒西经》《东经》《南经》《又海外东》《西经》,《左传·僖五年》孔疏引服虔《宣十二年》,《贾子新书·君道篇》,《一切经音义考·仓颉篇》,《集韵》,《玉篇·韦部》,《楚辞·离骚》王注,《文选·舞赋》李注,《古文苑·刘歆遂初赋》章樵著,《释文》曹宪《广雅音》,《干禄字书》,《元和郡县志》,《齐民要术》,《周氏冥同记》陶弘景。

家说：孙志祖《读书脞录》,梁曜北《史记志疑》,梁履绳。

（3）情况：古今字，义不可通，难通，疑当为……。形近而误，字形之误也。古书或本作……，与……形相似，因而致误。同声假借字，故书壤字隶变，于文意无忤，而未能质言。高说殊不足据，古音相近字通，形近故讹。假字，讹文，声类同，古音近字通，无误脱，有臆说。案此注难通，所说近于戏古书，别无所见，恐不可信。窃谓……形近而误，按此文多讹体，不能尽通，毕遂失考。脱字，声同字通，并声类同，古通用，字异而义同，一声之转。盖汉、晋、六朝人常语，此先秦、西汉旧义，虽不见于仓雅，而校核古籍，尚可得其确诂。刘《赋》上下文并说晋事，臆揣为释，非实有根据，而与此书却闇合，不可易也。《世家》所记晋末世家，事实舛互甚多，梁曜北《史记志疑》考证极详核，而前后两校吕书，不知此为晋事何也？西汉距战国尚近，古籍遗闻，间出史之外，刘赋与吕书符合，必有所本，高氏不能检勘，而望文臆说，其疏甚矣。

（4）方法：注说缪，形近而误，可据以校此注，以上略本郝懿行、钱侗说。窃疑，详余所著《墨子间诂》，详《经移》《礼记》，是其证。以《淮南注》校之，以史考之，亦绝无证据。窃疑此当读……为句，案，俞校是也，但……形不相近，不宜致误，疑……当为……，与前过理篇同，反正相对，文正相对，是其证。以意求之，与……文正相类，……与此文可相证。

36.《韩非子》某氏注

（1）板本参考书：吴鼒景宋乾道刊本，顾广圻《识误》校，日本蒲板圆《增读韩非子》校，卢文弨《群书拾补》校，王念孙《读书杂志余编》校，俞樾《诸子平议》校，蒲板圆本，物茂卿本，凌本，凌瀛初本宋本，藏本，今本。

（2）征引：

书本：《战国策补注》、元本《国策补注》鲍彪注、《秦策》《楚策》，《说文》革部、木部、见部、隹部，本书《十过篇》《八经篇》《存韩篇》《忠孝篇》，《国语·周语》《郑语》韦注，《淮南子·原道训》《氾论训、兵略训》高注，《诗·小雅·蓼莪篇》毛传，《左传·文十一年》《僖二十五年》杜注，《春秋·定二年》经，《史记·商君传》《张仪传》《韩信传》、索隐、集解、如淳云，《鲁世家》，《尔雅·释诂》，《广雅·释诂》，《广韵》，《吕氏春秋》高注《去宥篇》《适音篇》《察微篇》，《汉书·百官公卿表》李涪《刊误》引孔衍、又《艺文志·儒家·淮南王安传》，《周礼·夏官·射人》《太仆》《仆人》《秋官·朝士》，《礼记·檀弓》郑注，《逸周书》佚文，《说苑·至公篇》，《列女传·节义篇》，《一切经音义》引《仓颉篇》，《韩诗外传》，《魏书·刑法志》，《通鉴·宋纪》胡三省注，《太平御览》一百六十一引，《文子·道德篇》，《商子·定分篇》，《荀子·臣道篇》杨注，《庄子·大宗师篇》，《孟子》孙奭《音义》引刘熙注，《墨子·备水篇》《迎敌祠篇》，《古文苑·扬雄〈宗正箴〉》，《文选》注《魏都赋》。

家说

（3）情况：正与此文相应，是其证。明刻无□字，此误衍也。形近而误，冢蒙上……而言。俗作二字，篆文形相近而误。声之误也，失之，尤误，相对为文，声近字通，字似非衍，传写误混入正文，遂复舛不可通耳。古言相近，得相通借，义不可通，疑当为……。音形近，因而致误，形声并相近，义同字通，文正相对。古字通，疑衍。隶书形近而误，声类亦同，古字通用，事异而义正同，于义未切。衍字，篆文……二形相近而误。借字，坏字，校者不知其误，因移著……之上，遂不可通矣。字形相近而误，古声同字通，同声假借字，后人臆增。先秦诸子解经，已不免沿讹，悉心推校，可略得其踪迹。今本作□，则明人不知而妄改，不足据也。

（4）方法：详后《八经篇》，与余说略不同，此因后世……字音……而为之说，不足据也。是其证，详前《老子》，详前《鹖冠子》，展转传讹，误入正文。详前《急就篇》，详余所著《墨子间诂》，可与此互证。

37.《燕丹子》

（1）板本参考书：孙星衍校刊本。

（2）征引：

书本：《初学记·天部》,《史记·刺客列传》索隐引《九州要记》,《太平寰宇记》。

家说

（3）情况：冢蒙上文而言，乃□之讹，□则衍文也。

（4）方法：可证。

38.《新语》

（1）板本参考书：宋翔凤校刊本，俞樾《读书余录》校,《子汇》本，程荣本《汉魏丛书》。

（2）征引：

书本：《太玄经》,《论衡·无形篇》,《仪礼·士昏礼》郑注,《庄子·逍遥游篇》,《考工记》,《群书治要》,《说文》册部、刀部,《史记·封禅书》,《公羊传》何休注，本书《慎微篇》《无为篇》,《淮南子·修务训》高注,《干禄字书》，汉隶《汉荆州刺史度尚碑》《三公山碑》,《毛诗叙》释文。

家说

（3）情况：二形相似，形近而误，文正相对。脱字，讹作，文例与此正同。借字，传写多互讹。

（4）方法：可证，俞校……未确，亦其证也。

39.《贾子新书》

"新书"者，盖刘向奏书时所题，凡未校者为故书，已校定可缮写者为新书，诸子古本，旧题大氐如是。盖"新书"本非贾书之专名，宋元以后，诸子旧题删易殆尽，惟《贾子》尚存此二字，读者不审，遂以"新书"专属之《贾子》，校椠者又去"贾子"而但称"新书"，展转省讹，忘其本始，殆不可为典要。

（1）板本参考书：卢文弨校刊本，传录戴望校本，俞樾《诸子平议》校，别本、建本、宋本、潭本。

（2）征引：

书本：马总《意林》，高似孙《子略》载庾仲容《子抄目》,《后汉书·邓禹传》

引《汉官仪》、《光武纪》引《风俗通》、又《张湛传》李注，《史记·秦始皇本纪》《陈平世家》索隐，《汉书·货殖传》颜注，《韩子》，《山海经》，字书《匡谬正俗》《急就篇》《一切经音义》引通俗文，《说文》言部、士部、木部、肉部、竹部、女部、心部、金部，《谷梁·定元年传》范宁注，《礼记·缁衣》《中庸》郑注释文，《淮南子·说林训》《览冥训》，《墨子·兼爱下篇》，《管子·轻重己篇》，《文子·上德篇》，《诗·周颂·臣工篇》毛传，本书《谕诚篇》。

家说：洪颐煊《读书丛录》，海昌唐仁寿云。

（3）情况：借字，声近字通，声类同，形近而误，并形之误，三字难解，疑当作……。又有脱字，字衍，并衍文，失之，与……之义不协。

（4）方法：以文义推之，非后人妄增，为衍文，皆其证也，与此正同，读□为句。按此蒙上文，说详前，可证此文之误。

40.《淮南子》许慎、高诱注

（1）板本参考书：庄逵吉校刊本，传校宋刊本，王念孙《读书杂志》校，俞樾《诸子平议》校，劳格《读书杂识》，今据宋本及劳格说改定，宋本，庄本，许本，今本，《永乐大典》本。

（2）征引：

书本：《文心雕龙·神思篇》，林宝《元和姓纂》，《晋书·卞壶传》，汉隶书，本书《齐俗训》《要略》《说林训》《诠言训》《泰族训》《本经训》《氾论训》《俶真训》，《盐铁论·险固篇》，《文子·守弱篇》《符言篇》《上德篇》，《公羊传》，《庄子·在宥篇》释文《逍遥游篇》《外物篇》司马、向、郭，《穆天子传》郭注，《周礼》贾公彦《职方、党正》郑注，《考工记·弓人》郑司农云、贾疏，《仪礼·士冠礼》钟氏疏，《丧服》，《礼记·曾子问》郑注《内则》《祭法》《乐记》《郊特牲》，《太平御览》引《文子》，《国语·周语、齐语、晋语》韦昭注，《墨子·兼爱下篇》《备城门篇》《杂守篇》，《广韵》，《尔雅·释诂》《释天》，《广雅·释亲》《释言》，《山海经》郭璞图赞，王充《论衡·量志篇》，《灵枢经·骨度篇》，《法言·先知篇》李注，《文选·鲍照芜城赋》李注、《闲居赋》李注，《玉篇·口部》，《急就篇》，《易林》，《释名·释兵》《释衣服》，《管子·小匡篇》，《说文》革部、句部、疒部、衣部，《荀子·议兵篇》杨注、《礼论篇》《赋篇》，《战国策·赵策》，《史记·匈奴传》索隐张晏云、延笃云，《汉书·匈奴传》师古云、班固《与窦宪笺》《扬雄传》《长扬赋》，《周书·王会篇》，《吕氏春秋·离谓篇》《有始览》《本味篇》高注,《左传》服虔注,《楚辞·九思》王注,李筌《太白阴经·水攻具篇》。

家说：王引之云《杂志》。

（3）情况：皆未得其义，一声之转，古今字，形近而误，正蒙此注而言，当作，文相对也，无义，讹作，望文生训，文不相贯，篆文二形相似而讹，遂不可通耳。假字，声类同，古从骨字多变为从肉，声同古通，为汉时常语，草书，形近因而致误，古字通用，展转传写又误作……，益不可通矣，按此注文难通，草书二字相似，形之误也，疑……之讹。音近假借字，句断，无此文，义亦难通，按此注讹脱不可通，今无考，窃谓，彼文亦有鄂讹脱。高氏既根据经记，不宜蹻驳至此，窃谓此注当云……。今本《慎子》残缺。今本脱，据宋本补。今本倒，此据宋本乙正。今本传写错互，移为之，……遂错互不可通矣。声近字通，俗字，同声假借字，与……协韵，义亦正相应也。形近而误，三义并臆说难信，窃疑即……，脱字，文例同，二字古书多互讹，二字声类同，文不合，殆非也，声之误也，而文又倒，遂不可通。

（4）方法：此可以补其阙，详前《吴越春秋》，是其证，与此正同，依王氏《杂志》正，以义审之，疑当……读为……。可与此互证，义未详疑当作……，或后人所增窜欤？可互证，是其比例，参合校绎，可据以校正，互详《文子》，以礼经考之，注文必有舛讹，与礼经不相应，皆不足据耳，以意求之，详前《商子》，是其证，王校未确，与此文意相近。

41.《盐铁论》

（1）板本参考书：明涂桢刊本，张敦仁《考证》校，王先谦《校勘小识》校，俞樾《读盐铁论》校，卢文弨《群书拾补》校，今本，张之象本，皇象碑本。

（2）征引：

书本：《史记·货殖传》《五帝本纪》《张耳陈余传》《赵世家》《淮南王列传》集解引韦昭云、晋灼云、徐广云，《庄子·渔父篇》释文、《盗跖篇》，本书《轻重篇》《散不足篇》《国病篇》《论功篇》《相刺篇》，《干禄字书》俗书唐易州御注《道德经》僧定太等造像记，《说文》肉部、糸部、艸部、木部、巾部、衣部，《尔雅·释训》，《小尔雅·广言》，《文选·张衡〈两京斌〉》李注，《春秋·昭五年》，《左传·哀二年》，《公羊传》，《谷梁传·庄二十三年》，《书·盘庚》，《礼书》引《尚书大传》,《淮南子·缪称训》,《论语·雍也篇》马融云、今文《论语》,《隶释·石经》_{论语碑不记},《国语·晋语》,《礼记·礼器》郑注、孔疏引《礼纬含文嘉》,魏大飨碑、皇象碑,《释文·易·丰卦》释文,《齐民要术》,王氏《读书杂志》,洪氏《读书丛录》,《诗·秦风、大雅·小戎》释文、《小雅·行苇篇》郑笺,《韩诗》,《韩非子·十过篇》,《广韵》,《释名·释床帐、释饮食》,《汉书·伍被传》_{张次公},《北齐治疾方》,《北堂书钞》一百三十三引《声类》云,《一切经音义》十四,《逸周书·王合篇》,《穆天子传》,崔豹《古今注》,《荀子·议兵篇》杨注,《战国策·秦策》)。

家说。

（3）情况：义不可通，形近而讹，义固难通，字通，衍文无义，相似，因而致误。形近而误，与《公羊》复古之义亦相近。讹为……遂不可通，形相似，因而致误，与此辞意正相反，而义则同，可以互证。传写或误作……，又倒其文，作……，遂不可推校耳。假字，声类同，与下……相涉而误，文不相对，一声之转，同声假借字，声近，古多通用。音相近，声同字通，则不可通，句断，衍字，同部得相通假，当删，此上当有脱文脱字，古音并同部，得相通借也。文正相对，下有脱文，即承此文言之。张之象本臆改为……形声殊远……疏矣。

（4）方法：详《商子》，二字当乙，详《庄子》，即其证，是其证，亦其证也。

42.《新序》

（1）板本参考书：蒋氏刊校宋本，卢文弨《群书拾补》校，程荣本。

（2）征引：

书本：《后汉书·李膺传》，余知古《渚宫旧事》，《战国策·楚策》，《庄子·在宥篇》成玄英疏郭注，《释文》引向秀云、引崔譔，《说文》弓部、足部、皿部，《史记·楚世家》集解徐广云、索隐《六国年表》,《商子·更法篇》,《国语·晋语》,《尔雅·释鸟》,李林甫《唐六典注》引《通俗文》,《左传·昭十年》,《考工记·舆人》贾疏引服虔注、《礼纬·稽命征》。

家说

（3）情况：义不可通，形近而误，字并通，古字通，音近字通，声义并相近，声近假借字，脱字，陆德明释，所述或传闻之误，则与上文不相应，足知其误，声类同。

（4）方法：声类同，详前《商子》，详《周礼正义》。

43.《说苑》

（1）板本参考书：明楚府刊本，日本关嘉《纂注》本，卢文弨《群书拾补》校，俞樾《读书余录》校，唐本，宋本，今本，唐初善本，程荣本，何允中本。今据卢校宋本及楚府本、万历丙申汾州刊本校录。

（2）征引：

书本：《荀子·臣道篇》《儒政篇》《非相篇》《子道篇》，《渚宫旧事》，《御览》四百十三引、七百六十五引、六百九十四引，《家语·六本篇》《五仪篇》《三恕篇》，《韩诗外传》，《通俗文》，《意林》，《吕氏春秋·报更篇》《至忠篇》《孟冬记》高注，《墨子·明鬼下篇》，《书》伪古文伊训，本书《尊贤篇、奉使篇》，《周礼·草人》郑注、《獻人》释文、《鳖人、巾车、土训、考工记、弓人、疾医》注、贾疏、刘向云，《淮南子·主术训、泰族训》，《春秋·定十三年》高注经云，《左传·襄三十一年、文十七年》孔疏，《礼记·礼运》《明堂》注、《丧大记》释文正义，《仪礼·士冠礼》注释文、《既夕》注，《说文》竹部、巾部、手部、口部徐铉引孙缅音、《辵部》，《战国策·齐策》，《盐铁论·险固篇》，《贾子·先醒篇》，《庄子·则阳篇》，《释文》，《孟子》，《匡谬正俗》，《干禄字书》，《尔雅》，《释名·释舟》《释形体》，《晏子春秋·谏下篇》《内篇什下》，《商子·境内篇》，徐陵《玉台新咏·山木歌叙》，李赓芸《炳烛编》，《管子·海王篇》尹注、《国蓄篇》《戒篇》《小问篇》《侈靡篇》，《汉书·元后传、贡禹传》晋灼注，《西京杂记》，《诗·卫风·竹竿》毛传、《唐风·绸缪》孔疏、《大雅·桑柔》传云，《绎史》，《书抄》《意林》引《新语》，《素问·痹论篇》王冰注，《后汉书·马融〈广成颂〉》，《中经簿·子义〈本草经〉》，《尚书大传》，《广韵》，《史记·汲郑列传》集解引徐广、《扁鹊传》《孝景本纪》索隐、正义司马贞、张守节说。

家说：惠定宇云，日人涩井孝德云。

（3）情况：形近而误，同声假借字，文并略同。俗字，假字，别字，乃后人妄增也，非衍文，形近而讹。古多互通，与韵不协，并当据颜书校正，则与上句文例参差不合矣，义不可通，与此相类，当为，疑衍文，声近义同，又到著中下，遂不可通，亦讹衍不可据，假字，义同，于文为复赘，属下读并失之，正与韵协，传写脱木形，遂成鸟字耳，形声俱远，坏字，文与……正同，故引以相证，与……

字不相冢。《御览》……乃后人妄改，不足据也。形近而误，与此可互证，案此嗥、高、毫为韵，字古为通，盖涉上文而衍，义不可通，义并难通，当为……之误，与……之文尤相承贯，与下……正相应，此文两不相应，足知其误，古字通用，字通，借字，并未审，盖传写讹……为……，又衍……字，脱……字。

（4）方法：可证，是其证，详前《越绝书》，以文义校之，"后"当为"复"之讹，下无脱文，详前《贾子新书》，未知孰是，当据补，并其证，尤谬不足据，是其证也，文正相对。

44.《扬子法言》李轨注

（1）板本参考书：秦恩复景刊宋治平监本，明世德堂刊五臣音注本，宋本《音义》校，王念孙《读书杂志续编》校，俞樾《诸子平议》校，宋本，明本。

（2）征引：

书本：《考工记》郑司农注，本书《渊骞篇》，《御览》七百五十四引，《风俗通》，《列子·黄帝篇》，《公羊传》，《庄子·达生篇》，《夏小正》，《史记·卫青传》索隐引《三仓》，《三代世表》褚先生引《黄帝终始传》。

家说：吴秘，宋咸、司马光。

（3）情况：借字，声近字通，形声之误。

（4）方法：诸说并失之。

45.《太玄经》范望注

（1）板本参考书：明万玉堂刊本，司马光《集注》本，俞樾《诸子平议》校。

（2）征引：

书本：《尔雅·释木》郭注，《山海经·海内经》郭注，《广雅·释训》，《释名·释车》《释文》，《法言·问神篇》李注，《说文》口部、日部、糸部，《玉篇·口部、耒部》，《书·吕刑》伪孔传，《周礼·大司寇》，《大戴礼记·夏小正》，《鹖冠子·度万篇》《天权篇》陆注，《汉书·天文志》如淳云，《淮南子·缪称训》。

家说：王涯，司马光。

（3）情况：俗字，形义同，理则不确。同声假借字，范注失其旨，尤误，于文义殊不顺，声近字通，语词，同从□声，古字通用，诸说并误，未确，与□文相对。

（4）方法：诸家注并未得其义，见前《说苑》，按注说非也。

46.《潜夫论》

（1）**板本参考书**：汪继培注本，俞樾《读潜夫论》校，程荣本。

（2）**征引**：

书本：《汉书·禹贡传》颜注。

家说

（3）**情况**：皆形近易讹，程荣又臆改为□，缪之甚也，皆形之误，涉上文及下文……而误。

（4）**方法**：俞读……绝句。非。

47.《论衡》

盖此书本有自注，今本皆与正文淆乱，不可析别矣。

（1）**板本参考书**：明程荣刊本，传校元刊本，俞樾《读论衡》校，元本，今本，何允中本，程荣本。

（2）**征引**：

书本：《战国策·楚策》,《韩非子·内储说下》《六微篇》《说难篇》《五蠹》《十过篇》,《文选·孔融〈荐祢衡表〉、王褒〈四子讲德论〉》, 本书《命义篇》《乱龙篇》《骨相篇》《说日篇》《效力篇》《订鬼篇》《死伪篇》《感虚篇》《指瑞篇》《书证篇》《恢国篇》《超奇篇》《无形篇》《谴告篇》《变动篇》《案书篇》《验符而》《书虚篇》《祭意篇》《君子篇》《佚文篇》《读天篇》《异虚篇》《言毒篇》《祀义篇》《四讳篇》《自纪篇》《吉验篇》《逢遇篇》《薄葬篇》《刺孟篇》, 马融《周礼注疏》,《周礼·伊耆氏》郑司农注、《挈壶氏》郑注、《秋官》贾疏,《续汉书·郡国志、礼仪志》刘注,《汉书·艺文志》《李广传》《昭帝纪》颜注、如淳曰、《燕刺王旦传司牛衣》《百官公卿表》《名秩簿》《儒林传》《王莽传》《文帝纪》《郊祀志》, 班叔皮《续太史公书》,《说文》言部、邑部、目部、耒部、竹部、爿部、木部、女部、水部,《宋书·符瑞志、循吏传》,《后汉书范书·光武纪论》李注引何承文纂文云、《公孙述传》《和熹邓皇后纪》《范升传》《梁冀传》《周章传》,《蔡中郎集蔡集·蔡邕光武济阳宫碑》, 据罗以智《蔡集举正》校补。黄氏《日抄》,《史记·五帝本纪集解》《百官志皇览》《孔子弟子列传正义》《孟荀列传》,《白虎通义·圣人篇》卢文弨校《白虎通》

引《乾凿度》,《吕氏春秋今本·音初篇》《顺民篇》,《路史·史皇纪》注引《春秋演孔图》,《御览·天部》四百三十二,《初学记·帝王部》引《春秋元命苞》又引《春秋说题词》引《纬文》,《淮南子·说山训高注》《览冥训》《道应训》《人间训》《泰族训许注》,余允文《尊孟辨》,《孟子》孙奭《孟子音义·万章篇》,《墨子·明鬼篇、薄葬篇》,《逸周书·周祝篇》、王应麟《王会篇补注》,《抱朴子·论仙篇》,《山海经·海外东经》《海外北经》《又海内北经禹益以所闻作山海经。》郭注引《孝经钩命诀》,《北齐书·樊逊传》,桓谭《新论》,《韩诗外传》,《新序·杂事》,《论语·先进篇》,齐古《论语》,今本宋、元人校语误入正文。杜氏《玉烛宝典》,《考工记·轮人》郑注,《庄子·人间世篇》释文引萃撰,《汉旧仪》,《意林》,《仪礼·士冠礼》郑注、《乡射礼》,《礼记·杂记》释文、《丧大记》,《玉海》三十五,《晏子春秋·谏上篇》,《九章算术·粟米篇》,《干禄字书》,《广韵》,《越纽录》即今《越绝书》也,《越绝外传》,《北堂书钞》七十三,《左传》服虔注、孔疏,《谷梁传·春秋文六年》经杨士勋疏,《尚书大传》,《诗·周颂》,《水经·深水篇》郦注,《书·舜典》,陆淳《春秋纂例》引,《风俗通义·怪神篇》,《孝经》正文,《黄帝龙首经》,《金匮玉衡经》,《经典释文》序录,俗书,隶书,汉孟郁修尧庙碑,周树《洞历》,谢承《后汉书》,隋唐志,范成大《吴郡志》,汉富春丞张君碑,韩敕造礼器碑。

家说:庄逵吉据《御览》校正。

(3)情况:形近而误,晋避讳改,而今本沿之,字有脱误,义不可通,讹字,脱字,衍字,借字,古字通,文互有舛误,此误到,并衍,当删,一声之转,亦声相通,字通,声近,又涉上文而误,形相似,形声相近而误,坏字,转写作……遂不可通,疑涉下而衍,句绝。今宋本《史记》附《正义》为宋人所删削,当脱……字,脱文,形声相近而误,声类同,今本下上互易,疑有脱文,脱字,字衍,并形之误,并声近而误,借字,假字,音近字通,今本《墨子》讹舛不足据,所引不误,文相对,此文多讹脱,二形相近故传写易误。形近而误,音近而误,讹为……字,字通,草书相似,古书多互误,古书多互讹。

(4)方法:此疑晋人避讳改,而今本沿之,当据……订正。当据正,详前《山海经》,详前《庄子》,以《汉书·李广传》校之,合详《墨子间诂》,是其证,审校文义,据校正,当据校正,据以校正。

附:元本《论衡》校文:

近世通行明刻,以程荣本为较佳,今据以校元本。明刻《累害篇》缺一叶,元本同。惟正德十六年补刊元本有之，已全载蒋光煦《东湖丛记》，今不录。

元本无此字，盖误衍也。　　　　元本作……，非。

元本下有□字。　　　　　　　　元本下空一字。

元本无此字。　　　　　　　　　案元本误。

元本作……。　　　　　　　　　元本亦有此校语。

元本……。　　　　　　　　　　何本脱。

何本亦作……。　　　　　　　　元本下有……字，是也，今未脱误。

案……则元本非是。　　　　　　案……亦见《……篇》。

元本作……是也。　　　　　　　案……见《方言》。

案以上下文校之，……疑……之形误。

48.《白虎通德论》

（1）板本参考书：卢文弨校刊本，又卢校《补遗》，元大德刊本，陈立《疏证》本，元本，何允中本，小字本，旧本，今本。

（2）征引：

书本：《春秋元命苞》，邢昺《孝经疏》，吴棫《韵补》，《辨名记》、《大戴礼记》逸篇之一，《孝经说》崔灵恩《孝经纬·援神契》，本书《封公侯篇》《是应篇》，《诗·魏风·沮洳》正义、《大雅·泂酌》《书·益稷》正义，《礼记·孔子闲居》《丧记》《月令》《王制》《礼器》，《说苑·政理篇》，《玉海》九十九《郊祀》引《三礼义宗》，王泾《大唐郊祀录》《五行大义》《初学记》，《博物志》，《一切经音义》二十引，《说文系传》引，《内经》，陈寿祺《五经集义疏证》，《谷梁传·襄十一年》，《论语》邢疏，《五行大义》引，《广韵》二十三，《韵补》，《左传·昭七年》孔疏，《春秋繁露·山川颂》，《吕氏春秋·圜道篇》高注，《干禄字书》俗作，《庄子·田子方篇》成玄英疏，《列女传·宋鲍女宗传》，《淮南子·氾论训》《修务训》，《后汉书·桓帝纪》李注，《尚书》残碑，《汉石经》，《隶释》，汉隶《汉司徒盛允墓碑》，《水经注》，《论衡·谢疑篇》《艺增篇》，《风俗通》一作《风俗通义》，《史记·刺客列传》。

家说：马融，梁履绳云，郑玄说，卢依庄述祖校改。

（3）情况：疑此处脱文，讹脱不可通，文相对，文义亦冗赘，非衍文，字衍，唐人避讳，下文……，正蒙此文可证。合文相似，故误分为二字，衍文，旧本讹互不可读。今本皆妄人所改，今本脱讹不可读，疑此条佚文，下□字，可作……为句，当是此处佚文，臆定无征，尚有脱讹。文义较完。

（4）方法：亦可证，今从……删，校正如右，盖浅学妄增，当删。是当据正，当据补正，不当别据……补，卢校未确，当据证。当从卢校，卢氏未瞭而增其文，斯为复赘矣，当依乙。梁说非"班"旨，以上下文例校之。

49.《风俗通义》仲远

（1）板本参考书：元大德刊本，卢文弨《群书拾补》校，元本，程荣本，旧本。

（2）征引：

书本：《史记·赵世家、刺客列传》索隐、《绛侯世家》集解、晋灼云《巴蜀异物志》，《汉书·申屠嘉传》《佞幸传赞》《郊祀志》颜注，《战国策·赵策》，《北堂书钞·设官部》，《仪礼·丧服》，《广韵》二十三，《大戴礼记·保傅篇》，《集韵》五十一部，《御览》，《左传·隐三年》《昭七年》孔疏，《周礼·司刑》引郑注，《尚书大传·大宗伯》先郑注，《论衡·谢疑篇》《感虚篇》《艺增篇》，《干禄字书》俗字，《说文》木部、许氏《五经异文》，《礼记·郊特牲》孔疏引吴义。《礼记·礼器》，《广雅·释诂》，《贾子新书·春秋篇》，《新序·什事》，《后汉书范书·桓帝纪》李注、《羊陟传》，《续汉书·舆服志》，《蔡中郎集·太尉乔公碑》，《方言》，《玉篇》，《一切经音义》，《孝经》，刘向《列仙传》，《孝经纬援神契》，汉人引经纬，不甚分别也。《孝经说》，《列女传·宋鲍女宗传》，《春秋繁露·王道篇》，《吕氏春秋·圜道篇》，《开元占经》引《春秋元命苞》，《庄子·田子方篇》成玄英注，《淮南子·氾论训》《修务训》，《水经注》，《隶释·汉石经尚书残碑》、汉隶《汉司徒盛允墓碑》，本书《是应篇》。

家说：钱大昕。

（3）情况：俗书，旧本偶作俗体，展转传写，又误分为二字，遂不可通。形近而误，此传写之失，非仲远之误也。文义较完，不可通，卢从之颠矣。避唐太宗讳世改，音正相近也，形近而讹，卢校不解……其误。

（4）方法：与此可互证，当据补正，当从……为是，卢校失考，郦引碑文，最为可据，可据以校此文。

50.《独断》

（1）板本参考书：卢文弨校刊本，唐本，今本。

（2）征引：

书本：《左传·襄二十九年》义疏，释慧苑《华严经音义》引，_{慧苑别据他书增}益，非蔡语。《汉旧仪》，《礼记·月令》《祭法》郑注，《周礼·鞮鞻氏》郑注义。

家说

（3）情况：所引与今本上下文多舛异，附录于此以备校核。

（4）方法：当据校正。

51.《申鉴》

（1）板本参考书：钱培名校刊本。

（2）征引

（3）情况：此言与此二语文正相承贯，此文经师聚讼，势无两是，当参定之耳，此与 ……… 之义不相应，当在 ……。

（4）方法

52.《中论》

（1）板本参考书：钱培名校本，俞樾《读中论》校，今本。

（2）征引：

书本：《左传·昭元年》,《家语》,《淮南子·氾论训》《道应训》许注,《主术训》高注,《列子·说符篇》张注,《一切经音义》,《集韵》,《说文》_{徐书}释文,《史记·天官书》索隐,《文选·吴都赋》李注,《周礼·大司徒》《族师》, 本书《谴交篇》。

家说：孙星衍，钮树玉。

（3）情况：俗字，同纽，传写，古今字形声并远，形并相近，形近而误。

（4）方法：即其事也。

53.《抱朴子》

（1）板本参考书：孙星衍、继昌校刊本_{孙校}，继昌《校勘记》校，俞樾《读抱朴子》校，宋本，道藏本，旧写本，卢本。

（2）征引：

书本：《淮南子·齐俗训》，本书《神仙金汋经》云："彼经亦晋宋间人依傅此书，假托为之，故文多相涉也。"又《广譬篇》，《庄子·至乐篇》，《尔雅·释鱼》郭注，《后汉书·马融传》李注引郭义恭《广志》、又《郅恽传》，《意林》引，《御览》九百三十六引、六百七十一，《山海经·海外西经》《大荒六经》，《吕氏春秋·直谏篇》，《史记·天官书》《张耳列传》索引引刘歆《七略》、《范雎传》集解引徐广，《汉书·艺文志》，《续搜神记》，《风俗通义·怪神篇》，《说苑·正谏篇》，《韩非子·八说篇》，《盐铁论·散不足篇》，《公羊传·宣元年》，《战国策·秦策》，《汉武帝外传》，《群书拾补》。

家说：王念孙据《广韵》《御览》正。

（3）情况：晋宋俗语，俗书，字通，误倒。

（4）方法：旧校乃依误本作"音"，不足据，继校转改□为□以就之，……颠矣。

54.《金楼子》

（1）板本参考书：鲍廷博刊本。

（2）征引：

书本：本书《言下篇》《终制篇》《杂记篇》，《文心雕龙·指瑕篇》，刘彦和时代较元帝略前，故此部录之。《文选·谢朓〈拜中书记室辞〉》隋王笺李注引蔡邕《玄表赋》、宋本《蔡中郎集》无此《张平子〈幽通赋〉、又〈蜀都赋〉》，《晋书·挚虞仲洽传》，《淮南子·说山训》，《颜氏家训·慕贤篇》《勉学篇》，草，隶。

家说。

（3）情况：草，隶。

（4）方法：彼文较完，此复赘当删。当并为一条，即此事也。

55.《新论》袁孝政注

（1）板本参考书：明程荣刊本，卢文弨《群书拾补》校，程本，明刻《子汇》本，今本。

（2）征引：

书本：《说苑·政理篇》，《列子·周穆王篇》，《庄子·徐无鬼篇》，《吕氏春秋·观表篇、不屈篇》，《后汉书·献帝纪》李注引《风俗通》，《汉书·艺文志》，《淮南子·氾论训高注》《泰族训》，本书《慎隙篇》《利害篇》，《晏子春秋·外篇》。

家说。

（3）情况：疑此二字乃袁注误入正文者。袁注未憭。此书所用故实，注多不能得其根柢，或疑此书即袁孝政伪作，殆不然也。亦小注入正文，形近而误，字通，假字，今本误刊，遂不可通。卢校……以……为衍文，不知其为注也。盖明人所加……大谬。

（4）方法：说详后《孙子》，说详前《说苑》。

56.《六韬》

（1）板本参考书：孙星衍校刊本，日本刊施子美讲义本，日本庆长刊本，庆长本，施本，别本，孙本。

（2）征引：

书本：《后汉书·何进传》李注、《方术传》引《玄女六韬要诀》，《考工记·轮人为盖》郑注，《说文》糸部、木部、巾部，《急就篇》皇象碑本，《逸周书·大明武篇》，《汉书·晁错传》颜师古注引郑氏云，《墨子·备穴篇》《备城门篇》《号令篇》，《文选·芜城赋》李注引《三苍》，《诗·周南·兔罝篇》毛传，李鼎祚《集解》引马融云，《释文》引刘表云，《通典》五十七引、一百五十九均引此文作……，本书《分险篇、军用篇》。

家说

（3）情况：与李所举不合，义难通，形近而讹，未详其说，义与此略同。于义亦通，于数亦不合。假字，借字，唐人避讳改，文复。

（4）方法：以上下文校之，诸本并误，今从……本正之，当据校正，□本作□误。

57.《孙子》曹操注

（1）板本参考书：孙星衍景宋刊本，孙星衍校刊，吉天保十家注本，宋元丰监本，乃唐以后删定之本，注文简略不完。今宋本，曹注，曹注本，今本。

（2）征引：

书本：《汉书·艺文志·张耳传》韦昭注，《史记》，《吕氏春秋·上德篇》高注，《说文》火部，《群书治要》引《尸子·贵言篇》，《公羊传·宣七年》何注，《周礼·大司马》贾疏引《孙子》、《士师》贾疏引,《通典》,《御览》。

家说

（3）情况：故书。形近而误。二说远不相应，今本二句互易，遂不可通。与今本同，与此文意并异。

（4）方法：与……可互证。以文义校之，疑……之误，当从某作……为是。

58.《吴子》

（1）板本参考书：孙星衍景宋刊本。

（2）征引：

书本：《庄子·马蹄篇》,《说文》金部、车部,《广雅·释诂》,《急就篇》皇象本颜注。

家说。

（3）情况：借字，字并通。

（4）方法：无。

59.《司马法》

（1）板本参考书：孙星衍景宋刊本，张澍校刊本。

（2）政引

（3）情况：不可通，疑……误为……，校者不达，又益□作□。

（4）方法：无。

60.《尉缭子》

（1）板本参考书：日本刊施氏《讲义》本，日本庆长刊本。

（2）征引：

书本：《说文》木部、火部,《史记·三代世表》裴骃集解,《墨子·尚同下篇、号令篇》,《一切经音义》,《玉篇·手部》,《礼记·孔子闲居》郑注,《淮南子·兵略训》。

家说。

（3）情况：古文，无义，形近而讹。

（4）方法：施说误，当作。

61.《三略》

（1）板本参考书：日本刊施氏《讲义》本。今刻本，今本宋足本。此书即《七录》之《黄石公记》也

（2）征引：

书本：《隋书·经籍志》，《后汉书·臧宫传》，马总《意林》。

（3）情况：文并见今本上略，文见下略。

（4）方法：似失考。

62.《素问》 王冰注

（1）板本参考书：明仿宋嘉祐刊本，顾观光《校勘记》校，胡澍棫义校，日本丹波元简《素问识》校，度会常珍《校讹》校，俞樾《读书余录》校，宋本，元熊宗主本，明道藏本，明万历本，古抄本，元椠本，林亿新校正。

（2）征引：

书本：《月令》郑注引《明堂》，《礼记·月令》郑注释文、《丧记》，《韩非子·喻老篇、难一篇》，本书《鍼解篇》《气交变大论篇》《至真要大论篇》《汤液醪醴论篇》《移精变气论篇》《刺禁论》《成论篇》《五常政大论篇》《六元正纪大论篇》《天元纪大纶》《巢氏诸病源候论》，《史记·仓公传》《苏秦列传》《天官书》索隐，钮树玉《说文新附考》，《尔雅·释诂、释文》，《说文》爿部、心部段玉裁注，《释名》，《战国策·燕策》，《周礼·形方氏》《大司徒》杜子春云，《方言》郭注，《仪礼·士丧礼》，《诗·唐风·山有枢篇》郑笺、《七月》毛传、《云汉》，《汉书·董仲舒传》，《公羊传·桓七年》传，《淮南子·人间训》，《墨子·经上》，《吕氏春秋·审应篇》，《荀子·儒效篇》，《脉经》别本，唐《等慈寺碑》。

家说：皇甫谧注。

（3）情况：借字，王注失其义，此衍，古今字，古字并通用，古通，二篇文虽相出入，而大旨则异。篆文二字形近，因而致误。字并通，讹字，别体，臆改殆未达□字之古义矣。二文并小异，而义旨似同，窃疑……当作……。俗字，写者不解……，或又改为……。

（4）方法：古书传写，展转舛贸，往往有此，参互校核，其沿讹之迹固可推也，顾校从之，非也。义亦相通，变体，假借，形近古多互讹。王氏失其句读，而曲为之说，不可通矣。注说迂曲不可通，以文义推之。句断，是其证也。

63.《周髀算经》赵爽、甄鸾、李淳风注

（1）板本参考书：孔继涵校刊宋元丰监本，李籍《音义》校，顾观光《校勘记》校。胡震亨本

（2）征引：

书本：《河图括地象》，何承天《上新历表》，《宋书·历志》，李淳风《乙巳占》，瞿昙悉达《开元占经》，《续汉书·天文志》刘注。

家说。

（3）情况：李氏《音义》引。《音义》全录此注，于义无取，疑亦衍文。今本脱……字，此误衍，与此注正相对也。形近而误，此误涉下文……而衍也。

（4）方法：是失度，可证。案以注义推之，是衍文，当删。今本并删此二字，遂不可通耳。并当据校正，验其增减，以文义校之，疑正文及注……详前《吴越春秋》，即其证也，当据正。

64.《孙子算经》

（1）板本参考书：孔继涵校刊宋本，今本。今本《孙子算经》无此语，疑传录失之。

（2）征引：

书本：《太平御览·工艺部》。

（4）方法：检今本。

65.《数术记遗》甄鸾注

（1）板本参考书：孔继涵校刊宋本。

（2）征引：

书本：《艺经》，《太平御览·工艺部》引，《艺文类聚》七十四引李季《四维赋序》，《晋书·挚虞传》，《宋书·恩倖传徐爰》《东莱子即徐岳》。

（3）情况：甄所引术文，亦不尽可解，当有脱字。

（4）方法：详前。

66.《夏侯阳算经》

（1）板本参考书：孔继涵校刊宋本。

67.《易林》

（1）板本参考书：黄丕烈校宋本，张海鹏校刊本，翟云升《校略》本，丁晏《释文》校，毛晋本，今本，别本，或本，翟本，张本。

（2）征引：

书本：《管子·轻重己篇、弟子职》，《淮南子·氾论训高注、本经》，《孔丛子》，《周礼·天府职郑注》《载师》《夏官》《叙官郑注、考工记·车人郑注》，《楚辞·离骚》《七谏》，王注《广雅·释兽》《释训》《释诂》，王引之疏证《艺文类聚·符命部》引随巢子说、《六十五》引王逸《机妇赋》，《史记·龟策传、孙子传，晋世家》，《素问·移精变气论篇》，《说文》示部、木部、水部、手部，《左氏传》，《说苑》，《盐铁论·大论篇》，《国语》，《墨子·修身篇、明鬼篇》，《太平御览》引《易林》，《易·说卦》释义，李鼎祚《周易集解》引虞翻，黄氏《后序》引顾千里说，北齐武平元年造像记，周济州刺史任公屏盗碑，《芥隐笔记》引。

家说：王引之《释兽疏证》。

（3）情况：辞意相反，而文例正同。别本及翟本并误。坏字。形近故传写易讹。声近义同。与此语意同，义并难通，疑当作……。形近则又传写之误。借字，二语同意，而传写舛误耳。

（4）方法：翟氏不悟，乃以周宣王杜伯事曲为傅会，踳缪殊甚，然大旨……，事无涉，□说殊凿。翟注真郎书燕说也，文多讹互。韵不协，疑……当为……之讹，形声之误。与……为韵，此书例多以二句一韵，古金文多段……为……，……合韵也。诸文舛驳不合，参互校核，实当作……，是其义也。别本与彼，文义略同，是其比例。文例正同，失韵。详余所著《古籀拾遗》。翟氏即沿高说而误，丁说亦未允，详《周礼正义》，可证此文之误。

68.《周易参同契》

（1）板本参考书：朱子《考异》本。

（2）征引：

书本：《淮南子·原道训》许慎注，《文选·张衡〈西京赋〉》李注引，《一切经音义》引，《后汉书·顺帝纪》李注、《陈忠传》《刘瑜传》《郎顗传》，汉隶韩敕、礼器、孔龢诸碑，郭忠恕《佩觽》，《颜氏家训·书证篇》，《说文》土部，《素问·气交变大论篇》。

家说。

（3）情况：字并通，义不可通，疑后人妄改。

（4）方法：并离析字形为之，与六书不尽合也。

69.《穆天子传》郭璞注

（1）板本参考书：洪颐煊校刊本，翟云升校刊本。

此书多诡异，不合经典，惟此文足证古文《春秋》经，而简编错互，校者不能发明其义，故具论之。

（2）征引：

书本：《周礼·司服先郑注》《巾车郑注》，《仪礼·士丧礼、磬师》，《礼记·杂记燕乐》《膳夫郑注》《内竖》，《集韵》籀文，《说文》玉部、木部，篆文，隶古定，古文，今文，漆书，《春秋·庄六年》《八年》《三传》杜预、何休、孔疏、又《桓七年》，《春秋繁露·王道篇》，西汉公羊师说《文选·宋孝武宣贵妃诔》注引，《太平御览》八百三十二引《事类赋》。

家说：洪校引孙同元云。

（3）情况：并声近通借字，传写讹舛。古通用，则与韵不协，殆非也。两《汉志》注所引疑臆改。《水经·河水》注引……古文漆书或微有省变，展然摹写，遂舛讹不可辨，传写滋讹，且误以为注耳。此隶古定，而传写讹舛，形相近故误。今本正文既讹衍，并以改注，遂不可通，形近而讹，注说误。借字，假字，是古通用，篆文相近而误。

（4）方法：不解其义而误改，不必据改，周、汉礼不同，不足相证，与礼例不合，恐有讹互。以此文证之，以上下四字韵语例之，以前后情事推之，显较无疑，说详《列子》，亦详《列子》。

70.《汉武帝内传》

此传张柬之《洞冥记跋》谓：晋葛洪所造，故文义多与内典相涉。

（1）板本参考书：钱熙祚校刊《道藏》本，钱熙祚《校勘记》校，道藏本，钱校据《续谈助》补。

（2）征引：

书本：《抱朴子·论仙篇》，《汉书·董仲舒传》议郎董仲君，此书虽伪妄，亦依附史事为之，《广弘明集》引桓谭《新论》，《左传·僖五年》杜注，《华严经》，

《玉海》五十八引《中兴书目》，《御览》九百八十四，李贤《后汉书·方术传》注，徐坚《初学记》，欧阳询《艺文类聚》引详后《西京杂记》。

家说。

（3）情况：皆为韵语，与下文……为韵。

（4）方法：故附辨之。

71.《列仙传》刘向，一说晋郭元祖撰，未确。

（1）板本参考书：王照圆《校正》本，毛晋刊《道藏》本，明吴琯刊本同，明写本陶宗仪《说郛》引。此陶氏元本，与明陶埏所刻伪本绝异。

（2）征引：

书本：《抱朴子·极言篇》，《史记·越世家》，《艺文类聚·木部》，《西京杂记》，《汉书·地里志》，《文选·魏都赋》注，《金楼子·说蕃篇》梁元帝，《御览》。

家说：无

（3）情况：音同，古盖通用，形近之误。

（4）方法：今本非衍，无□字，属上读，今本不误。

《列仙传叙》：此叙今《道藏》本佚，关本、毛本并无。王据《太平御览·道部》引补，亦有删节，惟写本《说郛》载其全文，盖宋元本尚未佚也。严可均《八代全文》亦仅录《御览》节本与先唐文，盖严未见《说郛》元本也。

今校录于后：

《御览》李昉等，《说郛》，《汉书·刘向传》，宋祁校《世说新语·文学篇》刘峻注，释法琳《破邪论》，《玉烛宝典》，《颜氏家训·书证篇》，《隋书·经籍志》，《说文》女部引某氏《星经》，《汉书·地里志》，甘公《星录》。

72.《西京杂记》葛洪

（1）板本参考书：卢文弨校刊本，道藏本，按：此书确为稚川所假托，汉武帝《禁中起居注》《汉武故事》盖亦同，故序并及之。张柬之以《汉武故事》为王俭造，未知是否？今所传本，盖诸书皆出稚川手，故文亦互相出入也。从晁载之《续谈助》校，俗本，宋本。

（2）征引：

书本：《抱朴子·论仙篇》引《汉禁中起居注》说，张柬之《洞冥记跋》云，葛洪造《汉武内传》《西京杂记》，《周礼·筵人篇》郑司农注、郑康成云：御人即

《夏官》圉人，《齐民要术》引，《左传·月令》，《汉书·丞相公孙弘》，林宝《元和姓纂》，邓名世《古今姓氏辨证》，《广韵》十八，《古文苑》，《列子》释文引《古博经》。

家说。

（3）情况：字并通，形并相近，古籀歧互，未知孰为正字也。

（4）方法：当据校正。

73.《南方草木状》稽氏

（1）**板本参考书**：明仿宋《百川学海》本，明刻本。

（2）**征引**：

书本：《汉书·礼乐志》，《说文》竹部，《急就篇》皇象碑本，《国语·吴语》，《尔雅·释木》郭注，《太平御览》九百六十二。

家说：无。

（3）情况：字形相近，涉上而误。

（4）方法：据补录。

74.《竹谱》

（1）**板本参考书**：明仿宋《百川学海》本，《唐宋丛书》本，今本，《续谈助》晁氏所录异文甚伙，亦多讹脱，今不详校。

（2）**征引**：

书本：《初学记》二十八引，《文选·南都赋》《长笛赋》《吴都赋》，李注《御览》九百六十引，徐忠衰《南中奏》南中记，《说苑·正谏篇》，《集韵》二十三，《字林》。

家说：无。

（3）情况：形近而误，音义同，来知孰是？恐不足据，于文义仍可通，惜无善本校核也。以下讹互难通。

（4）方法：以韵校之，以意求之，似当作……。今依《初学记》《御览》正。

75.《楚辞》王逸注

（1）**板本参考书**：毛晋刻洪兴祖《补注》本，日本庄允益刊本，戴震《屈原赋注》校，俞樾《读楚辞》校，官本，或本，今本，补注本，明刻单注本，庄本、戴本。

（2）征引：

书本：《国语·周语》,《左传·昭十三年》、杜注《庄十九年》,《公羊·哀十四年传》, 何注《广雅·释言》《释鸟》,《说文》车部,《淮南子·氾论训》《原道训》《本经训》《修务训》, 高注《诗·鸤鸠郑笺戴补注》《巷伯毛传》《鹰扬》,《大戴礼记·文王观人篇》卢辩注,《汉书·武帝纪颜注》《班固〈与窦宪书笺〉》,《史记·项羽本纪正义》《匈奴传集解引徐广云延笃云索隐云》《三王世家》《齐世家马融》,《吕氏春秋·知上篇》《求人篇》,《战国策·齐策》《西周策》《赵策》,《礼记·丧记孔疏》《大学释文引皇侃》,《周礼·司市郑注》《考工记·匠人》,《仪礼·士丧礼》郑注, 今文《书·大誓》,《易·艮九三爻辞》释文李鼎祚《集解》引虞翻云,《晏子春秋·问上篇》,《盐铁论·力耕篇、禁耕篇》,《续汉书·百官志》光禄勋刘昭注引胡广《汉官解诂》云,《汉书·百官公卿表》注如淳引,《管子·审合篇》,《庄子·齐物论篇》释文,《荀子·正论篇》《成相篇》,《一切经音义》,《山海经·北山经》, 神农《本草经》李颐云, 本书《离骚》《九章》《涉江》《招魂》《远游》, 江永《古韵标准》, 段玉裁《六书音均表》, 俞正燮《癸巳类稿》。

家说。

（3）情况：字并通, 诸篇字舛异, 而义实同。注说亦与□义略同, 未得其旨, 与下调协、韵同、形近。此注义不如《九辩注》之密合也, 义则未当。俞稿等可以与双声为韵, 殆皆未究其本矣。按, 王、洪、戴说, 望文生训, 非屈子意也, 王注失之, 王注并失之, 今本涉注同志之文而误耳。义并以……为释, 疏矣。文亦相应, 古文声近假借, 声近字通, 韵不协, 注非, 诸家如字读, 并失之。亦蒙上文而言, 王释……失之, 戴谓……不足据, 形近而误, 声近而误, 义并同, 今本……误涉正文作……, 遂不可通。声义同, 古书未见, 考……, 此文奥衍难通, 注说殊不憭, 以意求之……疑当如……, 注义并穿凿不足据, 此文当与彼同, 此文与彼正同, 则□字亦当与□通, 其说太巧, 且与上下语气不相贯, 殆非也。文亦正相对, 与下句正相对, 皆其证也, 是其证也。古字音近通用, 字通, 注说迂曲不可从, 戴说亦未见。古今字, 古音相近, 得相通借, 音近故通。

（4）方法：以意求之, 寻文究义, 不当如今本, 则正与屈子意相戾矣。以彼及别本证之, 详前《天问》, 审校文义。

76.《蔡中郎集》

（1）板本参考书：高均儒校刊本，劳格《读书杂识》校，罗以智《举正》校，卢文弨校本，卢文弨校读《钟山札记》，乔本，张本，俗本，高本，抄本、活字本。罗据顾广圻校补

（2）征引：

书本：《汉书·刑法志》《邕本传》《萧望之传》《霍光传》《河间献王传》《十志》，朱公叔《谥议》，《左传·僖十二年》《隐二年》，《续汉书·百官志》，《国语·鲁语》，《书·伪古文》《夏书》《甘誓》，《易·遯》释文，《诗·大雅》毛传、郑笺，《隶释·汉娄寿碑》《范史云碑》《朱议范碑》《彭城姜伯淮碑》《司空文烈侯杨公碑》，《礼记·礼器》《礼书》《大学》，《周礼·小宗伯职》，《仪礼·公食大夫礼》《少宰馈食礼》，《乐记》孔疏，《吕氏春秋·古乐篇》，《方言》郭注，《尔雅》释诂，《外集·京兆尹樊德云铭》，《楚辞·大招》王注，《列仙传》，《艺文类聚·四十六职官部》，《北堂书钞·一百三十一仪饰部》引《汉末杂事》，《文选》注《汉高祖功臣颂》。

家说：惠栋《易汉学》云，顾广圻。

（3）情况：草书相近而误。协韵，俗写或省作……，校者不悟，复臆改为……，遂不可通。高、罗诸校并从之，殊谬，声同字通，句不可通，声之误也。疑当有脱文，但脱正字耳。罗氏《举正》以此为佚文，殊失考，罗引惠氏栋云，文亦同韵，与□为韵。

（4）方法：与此文可互证。必明人臆补，当阙。今从抄本，文例相类，可以互证。如是其证，与此可互证。不当增……。一证，亦即冢此文，亦当从抄本，是其证也。

77.《琴操》

（1）板本参考书：孙星衍校刊本。

（2）征引：

书本：《御览·羽族部》引陈思王《贪恶鸟论》、《人事部》引《韩诗内传》，《史记·武帝纪》，《韩诗内传》，《广雅·释诂》，《说文》蓐部，《诗》，《淮南子·缪称训》，《盐铁论·相刺篇》，《说苑·义理篇》，《汉书·地理志》颜注，《广韵》，《风俗通》。

家说：无。

（3）情况：借字，古音近字通，字通。

（4）方法：无。

78.《文心雕龙》

（1）板本参考书：黄叔琳注本，纪昀评本，黄丕烈校元至正刊本，传录冯舒、顾广圻校本，元本，冯抄本，汪一元本，活字本，今本。

（2）征引：

书本：《说文》日部、舟部，《方言》郭注，《广雅·释诂》《释器》，《易·大有》《九四象》《乾凿度》释文或本，《周礼·师氏职》，本书《正纬》《明诗》《总术》《原道》《颂赞》《序志》《铭箴》《养气》《才略》，《汉书·元后传》《艺文志》，《晋书·挚虞传》《王衍传》，《史记·陆贾本传》正义引《陆贾赋》、《七录·诸子篇》，马总《意林》，陆贾书《新语》，《新论·审名篇》，《韩非子·内储说上》袁孝政注，《世说·文学篇》，《淮南子》高诱注，《古文苑·吴都斌》，《诗欧阳修辑本·周颂》毛传引孟仲子说、《卫风·汉广》，《吕氏春秋·异用篇》，班固、王逸《楚辞序》，《续汉书·舆服志》，《御览·八十一》引《尸子》，《隋志》，《艺文类聚·二十三》引袁宏《去伐论》，张溥辑《太初集》，《困学纪闻》引《尸子》，《老子道德论》何晏撰，《列子·仲尼篇张注》《天瑞篇》注又引何晏《道论》，《韩非子·内储篇》。

家说。

（3）情况：彦和用经语，多从别本。黄、纪说并失之，通借字也。义无脱误，形近而误，传写贸乱，遂成歧互尔。黄注缪，皆不足凭也。终与文意相应，彦和依字书作……。当作……，讹……写成……，遂不可通，义不可通，偶合，故彦和兼用之，黄、纪说并失之。

（4）方法：当据正，当据此正之，与此可互证。今无可考，文无脱误。

校定《傅子》，一册，原稿本，孙诒让著，玉海楼藏。

册面自题"校定傅子一卷"篆书六字。诒让校理古籍，精审绝伦，所著《札移》，章炳麟称其"校雠之勤，倍于俞樾《诸子平议》"。此所校傅子，《札移》尚未著录者，存稿待刊。——《浙江文献展览会专载》

附录一：

孙诒让先生著《札移》十二卷，所校古籍有七十八种而不及《家语》。从其《周礼正义》曾广引《家语》这一点来看，他虽崇尚汉学，但对王肃之学倒似并不意存蔑视的。杭州大学图书馆收藏一部分孙氏遗书，其在批校书中发现《家语》二册，里面有很多校文，藉知他对此书也曾用过功夫，可能因创见不多，没有录入《札迻》。校文所据的底本是汲古阁刊本，是用传世仅有的宋本来校勘的。

据孙氏题识，宋本为萧穆所藏，同治十一年在江宁假得校勘，详列异同，并据以改正底本异字。到光绪二年又重审一过，认为前二卷景写宋本异同颇多，不甚可据，把有些初校据改的字又改了回来。校勘用朱笔，手书小楷甚工。书中还夹有墨笔浮签，不是他亲笔所书，但文中有"诒让案"字样。其中一条上有朱笔手写字迹，足证这些浮签上是孙氏校文，可能本是批在另一本上，请人抄录，粘贴在一起以便于撰作的。

浮签的内容，除引《大戴礼》《史记》等书来比勘《家语》本文外，又录《史记·索隐》《集解》所引王注来校其异同。比勘本文七卷，家相等三家之书颇相类似，但孙氏案语所持见解实有过人之处；至校核王注，则藉见今本注文亦经后人窜乱，将从对勘中回复其本来面目，此一工作，以前诸家都没有做过，这些都有存录的必要。——一九六三年六月杭大孔竞清辑录识语。

孙诒让先生校读群书，凡有诠释疑义，订正谬讹，都是随手批注，卷端行间，朱墨纷错。晚岁整理七十八种古籍的校文，写成《札迻》十二卷刊行于世。因其考核精确，很得学术界好评。诸家撰述，每多引用其说当作立论的依据。先生手定是书时，选择较为谨严，一些举证未尽周密、立说未尽平允的校释均未被采入。而《札迻》成书后，校读又续有所得，都未为世人所见，学者每有尽读其未刊诸稿的希望。孙氏遗书，一部分藏在杭州大学图书馆，我们从《商子》《庄子》《吕氏春秋》《韩非子》《鬼谷子》等书的批校里录得校记若干条，以其对上述诸书均有所释疑订讹，乃辑为《籀庼碎金》一编供学者们参考。——张金泉、郭在贻辑录，载《杭大学报》孙诒让研究

五、金石考古学

今岁夏，我温州专区文物保管会和市图书馆举办了清末大儒孙诒让的著作遗物展览会和学术讨论会。在讨论会上，对孙氏的成就进行了探讨。这消息披露于《浙江》《文汇》各大报，时我正任职于衢县浙江化工学院，一看到便深感欢慰，

实在因为我是夙慕孙氏的，所以对孙氏一生的事迹比较熟悉些。大概孙氏学术涉及多方面，如经学、史学、诸子学、考据学、校勘学等，各有撰著流传于世。现在我特就金石考古之学作文申述之，虽时代改易，但于学术研究仍为有用呢。

首先我述当时的学风——由于我国的文籍，自经秦火，几荡然无存了。汉、唐两朝的儒者掇拾残剩，重加整理，笺注校释，编出许多专著，然它的义旨深奥，字例、文例仍非后人所能看得懂，于是到了清朝乾、嘉时期，就有不少学者出来研究，风气很盛，成为学派，像皖人戴东原震以朴学倡，跟着金榜、钱大昕、段玉裁、王念孙、引之父子辈，研讨经史小学，都有创获。绵延至于同、光时期，东南也有俞樾、黄以周和孙诒让，称清末三大儒了。

他们的治学，都是从小学入手，即熟精《尔雅》《说文》二书，然后能审字义、明训诂、通假借，但也有利用钟鼎文字以笺经注史，别成一派的，如阮元、庄葆琛、龚自珍、吴大澂之流是。孙氏则兼采他们的长处，以之治《周礼》作《正义》，治《墨子》作《间诂》，治古籀文字作《拾遗》《余论》。

同时，在南京方面，开设了金陵书局，会聚着许多海内名流，校勘所刊各书，其最著名的有周缦云、莫子偲、张啸山、刘恭甫、唐端夫、戴子高、刘叔俛等，孙氏与他们交游，学问越发进步；尤以戴、刘二子朝夕来往，商讨旧学为最密。关于孙氏之治古籀文字，也算戴子高知之为最早呢。孙氏尝以自己所得汉阳叶润臣家藏的金石拓本二百种同读之，子高亦以所藏"季娟鼎"相与整天价摩挲椎拓不疲倦，后来又属孙氏撰《毛公鼎释文》。

而在京师方面，又有一班官僚，如潘祖荫藏彝器很多，多得与潍县陈寿卿编修相等。而盛伯熙、王懿荣两祭酒，江建霞、费峣怀两编修和同邑黄仲弢学士都是研究这门学问的。孙氏那时以"资郎"留滞北京，每有宴会，就拿出所藏的金文辨证难字。就是后来孙氏南归家里，他们如获得钟鼎，也总以拓本寄给孙氏，属为考释。

以上可以说明，当时人对研究金石学，确成一种风气；然其目的却各不相同，有的是为鉴赏古玩，有的是为研究学术。但都必须有大力——人力、财力才好应付。宋欧阳修曾说过："物常聚于所好，而常得于有力之强。"《集古录叙》。这所谓"力"，我想就是指人力与财力而言。所以在朝做官的才有人力，同时也才有财力，可以搜罗、赠馈都能做到；而下民必其家饶于赀，所谓地主、资本家，才有余力来玩赏古董。这可拿当时的鄂督端方午桥为例子，他的幕僚，以他好古而有力聚之，便甚至有以赝品向他骗钱，所称"匋斋收藏"者是。又如罗振玉叔蕴参事，亦好收藏古书、古物，每每以此做买卖，与日本人交易。注：事亦见近（1964）溥仪《我的前半生》p193-194 中所述。其余的，也有以鉴赏古董为装风雅，如翁同龢、潘祖荫们都是这种用心。求如孙氏，以贵公子而能知爱好金石，探讨文字为著书参考，的确是更难得呢！

其次，我述与本性的关系——盖孙氏自少就喜欢治金石文字之学。总计他一生所见过的金石拓本不少，还实地去访古，归而撰述，把那古迹实物考释得很清楚，必根据于经典字书、历史、地理、金文、契文等知识，无一字虚设，都是踏踏实实地去研究，正是朴学家所主张实事求是的精神啦！据孙氏自云：

"蒙治古文大篆之学四十年，所见彝器款识逾二千种，大抵皆出周以后赏鉴家所摹揭为商器者。"（《契文举例叙》）又云："余少嗜古文大篆，年十七八，得杭州本薛书《钟鼎款识》读之，即爱玩不释。尝取《考古》《博古》二图及王复斋《款识》、王俅《集古录》校诸款识。"（《薛尚功〈钟鼎款识〉跋》）

孙氏再说自己壮年气盛，曾乘扁舟，溯江至京口，登金山，访"遂启諆大鼎"，找不到，便至焦山海云堂，看那"无惠鼎"，手拓数十纸带回来。

又孙氏归自江宁，里居多暇，常和邑人林祁生庆衍、周伯龙珑、仲龙璪辈，任意去游览，穷搜古代的石刻，而得到了梁代天监年间的断砖，晋代升平年间、宋代元嘉年间底诸砖，复精拓某公的墓志残石，因题自己所住屋子曰"百晋精庐"以为纪念。

现在我特辑录有关金石考古学的资料，借此以明白孙氏治此学的常识、方法和态度，好为我们后辈所学习和运用。分类述之如下：

（一）对金石考古学历史的了解

1. 金石考古学

尝慨犷秦燔书，别创小篆，仓沮旧文，浸用湮废，汉人掇拾散亡，仅通四五。壁经复出，罕传师读。新莽居摄，甄丰校文，书崇奇字而黜大篆。建武中兴，《史籀》十五篇，书缺有间。魏正始《石经》，或依科斗之形以造古文，晋人校《汲冢书》，以隶古定多诡怪不合六书。盖古文废于秦，籀缺于汉，逮魏、晋而益微，学者欲窥三代遗迹，舍金文奚取哉？——《述林》四《古籀拾遗叙》

2. 甲骨文字学

光绪戊戌、己亥间，河南安阳县西五里之小屯曲崖岸为水所啮，发现龟甲兽骨无数，其上皆有刻辞。出土之时归福山王氏懿荣，后又归丹徒刘氏鹗。刘氏墨拓数千纸，影印《铁云藏龟》行世。顾其字诡异，璚迹纤细，拓墨漫漶，不易辨认，刘氏虽定为殷人刀笔书，然竟不能举其确证，释其文字。……

甲文多纪卜事，一甲或数段，纵横反正，交错纠互，无定例。盖卜官子弟应时记识，以备官成，本无雅辞奥义，要远古契刻遗文，藉存辜较。朽骼畸零，更三四千年竟未浸灭，为足宝耳。——《述林》五《契文举例叙》

（二）对金石考古学论著的编述

1. 专书

（1）《古籀拾遗》上中下三卷，附刻《宋政和礼器文字考》。

自叙云：古文废于秦，籀缺于汉，逮魏、晋而益微，学者欲窥三代遗迹，舍金文奚取哉？诒让端居讽字，颇涉薛尚功、阮元、吴荣光三家之书，读之展卷思误，每滋疑闷。间用字书及它刻互相斠核，略有所悟，辄依高邮王氏《汉隶拾遗》例为发疑正读，成书三卷。——《述林》四《古籀拾遗叙》

按：此书初名《商周金识拾遗》，有《自叙》，俞樾作《序》，刘恭冕作《跋》。壬申成书，戊子重校付刊，庚寅刊成。由同里周孝廉璪手书上板，并是正其文字，三年而毕工。家刻本。

（2）《古籀余论》二卷。

《后叙》云：余前著《拾遗》，于薛、阮、吴三家书略有补正。近又得海丰吴子苾侍郎《捃古录金文》九卷，探录尤闳博，新出诸器大半著录，释文亦殊精审。……览涉之余，间获新义，又有足正余旧说之疏谬者，并录为二卷。——《述林》四，光绪癸卯六月。

按：此书入民国十八九年，才由燕大国学研究所代为刊行。见《燕大学报》广告云："吴式芬作《捃古录金文》，搜罗商、周彝器铭辞一千三百三十四种，号称精善。此书校正其释文之误者一百又五器，多确当之语。"又有刘师培作《叙》。燕大刊本。

（3）《温州古甓记》一卷。

自叙云：今年十月，家大人以盖竹先茔封土，命诣让往视工。归时，道过邑之廿四都下湾，……试登山观之，冢已破坏殆尽，零砖满地，检视其文，则晋泰和三年作也。拾其完善者数块，携归以示林、周诸君，咸惊叹为得未曾有。阅数日，复携工往为修葺，并搜剔遗砖，所得甚伙。乡农闻余得砖，皆相与聚观，则诧曰："是累累者，何遽珍重若是！某村某山，破冢埪埋，其砖乃亦皆类此。"盖各乡旧甓出土者甚多，樵牧者习见之，初不知其为古物也，则相率导余往求之。短屐长镵，寻访累日，得晋甓梁砖无虑数十种。乃知荒埏广隧间零落者不可胜算，惜曩时无顾问者，村农辄取以楮床垒灶，率多毁灭，今之仅存者，乃其千百中之一二。然告者日众，辄偕林、周诸君访致之。又旁及他县，咸有所获。检校其目，以视文达所录两浙砖文数殆过之。其文字多完具可读，因刻为《温州古甓记》，通八十余种，为一卷。光绪庚辰。

按：此书所记皆文字尺寸，后拟摹刻字体花纹为《百晋精庐砖录》，而工匠不能胜任，其板样初存留于玉海楼者，不过四五方而已。广明书局石印本。

晋砖，其字画奇古，篆隶咸备。异文诡体，多与汉、魏、六朝碑板相合，间有古里聚、官秩、氏族，尤足资考证。——《古甓记叙》

（4）《契文举例》

《自叙》云：迩年河南汤阴古羑里城掊土得古龟甲甚伙，率有文字。丹徒刘君铁云集得五千板，甄其略明晰者千板，依西法拓印，始传于世。……刘本无释文，苦不能畅读也。蒙治古文大篆之学四十年，所见彝器款识逾二千种，大抵皆出周以后，赏鉴家所椠揭为商器者，率臆定，不能确信，每憾未获见真商时文字。顷始得此册，不意衰年睹兹奇迹，爱玩不已。辄穷两月之力校读之，以前后复絟者参互审绎，乃略通其文字焉。——《述林》五光绪甲辰十一月

按：此书内容，为①日月，②贞卜，③卜事，④鬼神，⑤卜人，⑥官氏，⑦方国，⑧典礼，⑨文字，⑩体例。

又按：此书撰毕，即以原稿寄呈端方。辛亥"国变"，端方"死难"蜀中，其后家道中落，遗藏散出。民国五年丙辰冬，王国维得其稿本于沪肆，因寄罗振玉刊于《吉石庵丛书》中，其书始显于世。影印本。

（5）《名原》

《自叙》云：余少嗜读金文，近又获见龟甲文，咸有撰录。……今略撷金文、多据原器拓本，未见拓本，则以阮元、吴荣光、吴式芬三家模本佐之。宋薛尚功、王俅诸家所模多误，不

足依据，唯今拓本所无之字，略有援证，余悉不凭也。**龟甲文据丹徒刘氏模本**……与《说文》古籀互相勘校，揭其歧异以著省变之源，而会撮比属以寻古文、大小篆沿革之大例，约举辜较，不能备也。——《述林》五光绪乙巳十一月

按：此书甫脱稿，曾函告俞曲园前辈，说明编述动机，由于见埃及古象形字，想起我国古亦有之，乃取新出土甲骨而考定其文字，益以古籀，尚未写清本。民国五年刊成，家刻本，日本影印原稿本。

当这些新材料——甲骨发现之初，只有王懿荣、刘鹗二氏为之收藏拓印，以为古董，从未有人重视而加以考证的工夫。孙氏却能即刻注意，取来与古籀、《说文》一并研究，结果编出了《契文举例》《名原》二书，对古文字学有很多的见解。可是有一班顽固的学者如章太炎之流却极力反对，章作《理惑论》，说这些东西都是伪造的，不值得作为史料去考证，还讥笑孙氏，谓以他的学问这样通博，而竟敢相信，真是奇怪。而孙氏始终不理睬，认为这对了解真商时文字是有研究价值的，这是一点。又当那时，海运初通，外洋学术开始输入，往往有藐视祖国文化者，孙氏颇为生气，其见于《古籀余论后叙》有一段记载云："今世变弥亟，风尚日新，古文字例，殆成废绌，敝帚自珍，辄用内恧。然泰西学艺大昌，其所传埃及、巴比伦象形鏑栚古字，远不及中土篆籀之精妙。彼土学者，捃拾于冢塔土甓之余，犹考读庋储，珍逾球璧。而我国学子，略涉译册，辄鄙弃古籀如弁髦。政教之不竞，学术亦随之，斯固相因之理乎！然周、孔之教倘永垂于天壤，则仓籀遗文必有爱护于不坠者。"这也可证明孙氏之治学，实富有爱国的精神，与其后尽力办地方教育，其政治思想是一贯的，这又是一点。以不关本题，姑置勿论。

2. 单篇

（1）考文字

撰《释由申玉篇义》

孙氏云：窃谓自古籀迭变，一字分为数形，而孳生之字又各从之而为形声，以《说文》六百四十部言之，……旧本当有其说，自逐写失脱，后世治小学者遂各为一说，不可殚究。……幸金刻所校偏旁及古籍通藉之字，博稽精核，犹可得其踪迹，故特为疏释以补小学之缺。——《述林》三

撰《籀文车字说》

孙氏云：顷见汤阴羑里出土龟甲文，亦有车字，作𨏰，与金文同。……龟甲

文多象形，又有且甲、大戊诸称号，近人定为商时物，则较金文尤古，盖在史籀之前。……许书古文，出于掇拾，吉金龟甲，多未出土，故未能得其根柢也。——《述林》三

（2）考钟鼎

撰《毛公鼎释文》并《跋》

孙氏云：右潍县陈氏所藏《周毛公鼎铭》卅二行，四百九十七字。吉金款识，自《齐侯镈钟》外，如近人所得《盂鼎》《散氏盘》，其文之繁未有及此者。德清戴君子高偶得桐城吴氏摹本，使余读之，因勾集《说文》古籀及薛、阮、吴诸家所录金文，考定其文字，而阙其不可知者。_{同治壬申}

又云：古文大篆之学，放失千余年，藉金文略存大较。蒙治此学，自谓用心致悉。昔初见摹本，颇据以纠正薛、阮、吴诸家所释金文之误。今重检斠，则余旧释罅漏固甚众。而徐明经_{籀庄}、吴侍郎_{子苾}所释亦不能无误，甚矣，识字之难也。——均见《述林》七，光绪癸卯

撰《克鼎释文》并《跋》，鼎藏吴县潘氏。

孙氏云：金文奇古，不能据孤文决定，必综合诸器，参互斠核而可议其是非。——《述林》七

按：此鼎已经江建霞、王莼卿、黄仲弢、王正孺辈考证。潘宫保郑庵更以拓本属审绎。

撰《周麦鼎考》并《跋》

孙氏云：光绪丙申三月，得此鼎于永嘉，审拓其文，尚完晰可诵。……此鼎篆体峭劲，横画发端，率用方笔，而末特纤锐，斜曲处又善为波折之势，与吴县潘尚书所藏《盂鼎》似同出一原。——《述林》七

按：此鼎为方形，铭文廿又八，又重文一。鼎为井侯臣麦所作，清陈编修介祺释，黄仲弢有考证。

撰《释周大鼎》《周韩侯伯晨鼎》《商钟》《宗周钟》《楚良臣钟》——《古籀拾遗》

撰《邵钟拓本跋》

孙氏云：此钟近时出土，潘文勤得其七，其二器为趞斋编修所得，形制特小。铭文为韵语，瑰雅可诵。——《述林》七

按：此鼎吴愙斋抚部、王廉生祭酒均有考证。

撰《井人残钟拓本考释》——《述林》七

撰《无惠鼎拓本跋》——《述林》七

撰《汉卫鼎考》——《述林》七

孙氏云：东汉卫鼎，同治甲子秋，得于淮濒，以建初虑俿铜尺度之，器高五寸八分，口径七寸二分，两耳高二寸五分，三足高三寸六分。唯盖已失去，度不可考。腹有棱，纯素无文，器凿篆书大字十三。——《述林》七

撰《乙亥方鼎拓本跋》

孙氏云：凡廿有九字，文尚完具，可诵释。——《述林》七

按：此鼎曾经徐籀庄、吴清卿考释，费峻怀得之，拓寄审定。

撰《师奎父鼎拓本跋》

孙氏云：此鼎二吴并著录，奎载两文，字书咸未见。吴荷屋释奎为古文"宝"字之省，其说无证，殆不足据。——《述林》七

撰《康侯鼎拓本跋》

孙氏云：右康侯鼎铭六字，吴荷屋《筠清馆金石录》、吴子苾《捃古录》并著录。——《述林》七

按：此鼎曾经吴大澂清卿释。又此鼎篆文明晰，当为正字矣。

（3）考盘盂

撰《周虢季子伯盘拓本跋》

孙氏云：此盘旧藏毗陵徐氏，兵后，为达官某所得，今在庐州合肥。此纸仪征刘副贡寿曾所贻，犹初出土时拓本也。平定张石州孝廉、嘉兴钱衎石给谏俱有此盘跋，钱跋在《记事稿》中。——《述林》七

撰《周要君盂拓本跋》

孙氏云：此盂与《博古图·季姜盂》形制略同，皆圆盂也。盂两耳有珥，遍体为蟠夔雷回文，纠互交道。文间又缀小乳，以千百计，与《博古图》所载《七星洗》相类，文饰工缛，足征冶铸之妙矣。……

光绪丙子，家大人以鄂藩入觐，诒让侍行，得此于河南项城道次，因审定其文字之异者以资考览。——《述林》七

（4）考敦壶

撰《周遗小子敦拓本跋》。——《述林》七

按：此敦有阮文达释文。

撰《周师龢父敦拓本跋》。

孙氏云：右敦，器文百三十八，又重文三；盖文百廿一，又重文三……。闻此敦有两器同时出土，文并略同。此为趠斋太史所藏，其别器今不知归何所，惜不得拓本一校其同异也。——《述林》七

按：此敦有吴愙斋抚部考证。

撰《释叔殷父敦》《周穴敦》《周然敦》——《古籀拾遗》。

撰《周唐中多壶拓本跋》。

孙氏云：近时始出土，今归费趠斋编修。文虽不多，而篆势圆润，非秦、汉以后物也。——《述林》七

按：三吴荷屋、子苾、愙斋都有考证。

撰《召伯虎敦拓本跋》。

孙氏云：此敦阮文达、孙渊如并有释文，互有是非，余别为考定在《金识拾遗》中。此拓本与积古斋模本无异，乃亡友戴君子高所藏，今归于余。——《经微室遗集》三

（5）考镜印。

撰《新始建国铜竟拓本跋》。

孙氏云：右新莽宜子孙镜，祥符周季贶太守星贻得于闽中，太守归老吴门，以付其外孙如皋冒鹤亭孝廉广生。余前廿年，于亡友戴君子高许尝见拓本，独山莫先生子偲为跋尾，所著《金石经眼录》亦载之。……余旧藏汉竟拓本近百种，皆无纪元，此镜独年号明晰，文既古雅，篆势尤奇崛，信可爱玩。——《述林》八

按：此镜有莫子偲释文，冒鹤亭考证，孙氏复为补释。

撰《记汉赵婕仔印缪篆》。

孙氏云：右汉婕仔妾赵玉印。汴宋时，王诜始得之，定为赵飞燕物。元时曾弆顾阿瑛金粟山房，明嘉靖间入严分宜家，后迭藏项子京天籁阁、锡山华氏真赏斋、李日华六研斋。国朝乾隆间，为钱塘何梦华文学所得，后归仁和龚定庵礼部、道州何子贞编修，今藏南海潘氏海山仙馆。……此本即梦华手拓，以贻青田端木太鹤舍人者，有舍人《手跋》，并录楼间李日华题识附于后，余顷从舍人家购得之。何拓渠眉明婳，舍人书亦绝道雅，良足宝玩。——《述林》九

今世所存汉印甚多，文率简省朴拙，即周、秦古玺，间有存者，虽与古文微异，要亦甚简易。……汉时公私印章，则铸冶繁伙，率出流俗，书史舍难趣便，

应时取办，自不暇以绸缪为工。——《述林》九

撰《记元管军上百户铜印》

孙氏云：寿州官舍，掘地得残骸，旁有古铜印一，盖前代官吏之死于兵者，稿葬于此，印，其所殉也。知州施照之幼子得之，以为珍玩。同治甲子春，家大人摄分巡卢凤以襄乔抚军营务，暂驻寿州。余随侍官斋，介友人易得之。印文为蒙古字七，印背鑴汉文十六，右曰"管军上百户之印"，左曰"大德元年中书礼部造"。——《述林》九

（6）考瓦砖

撰《魏邺宫残专拓本跋》

孙氏云：右兴和断专，同邑薛茂才遇辰所藏，以拓本贻予。——《述林》八

（7）考钱币

撰《周大泉宝货考》

孙氏云：《国语·周语》景王铸大泉。洪遵《泉志》及南朝梁顾烜《钱谱》于古泉多按文作图，臆造难信。宜泉翁氏、竹朋李氏穷搜先秦圜泉甚多，独无宝货。

按：先秦古币，形制奇异，可以沿流溯源，稽泉府之遗轨。而其文字简古，虽复形声增省，变易无方，要其旨归，或不悖于仓籀，与彝器古文合者盖十八九，是尤儒者所宜考核也。——本孙氏语

（8）考权量

孙氏云：度、量、权三者，为世程品，其用至重，而古今流变乖异亦特甚。余曩据《汉志》刘歆铜斛以证嘉量，据汉长安虑俿铜尺以校周尺，虽数度小差，而形法大致相近。惟权则《周经》《汉志》文制不同，莫能稽核也。……顷者，长白午桥尚书以所藏秦权精拓，手跋其后，介黄君仲弢寄贻，寻校累日，则积疑为之涣然。

又云：古权初制，盖八觚以象琮。流传既久，渐刓觚为圆，遂成环形。觚方环圆，二制秦时盖通行于世，而钮鼻系组，则相承无异。权制之流变，小异大同，各有本始，踪迹显较，可推校也。——《述林》八

按：此权下圆，币如环，肉好，亦正若一，合于雅训。——本孙氏语

撰《秦大骉权拓本跋》

孙氏云：秦权量自隋、唐以来间有流传，咸珍为瑰宝。近长白匋斋尚书端方所藏有秦权七、秦量一，著录之富，远轶宣和御府，他勿论已！

又云：秦时权制，盖有两品：瓠权沿晚周之故范，圜权为《汉志》之权舆，其流变各有本始，非苟为傀异也。秦权文字奇古，昔颜黄门、小司马咸据以证史，而不知其符契经义，伙颐如是，信可宝贵。——《述林》八

（9）考策、尺、研

撰《筹策楼铭》

撰《四代尺铭》

按：包括周尺、汉虑俿尺、宋三司布帛尺，工部营造尺。

撰《铜矩铭》

按颂：方矩，圆规。

撰《五凤砖研拓本跋》

孙氏云：右砖原高一寸八分，长四寸七分，广四寸三分，右侧存文"五凤三"三字篆书。旧藏嘉兴姚氏，已琢为研。左侧及两端并刻张开福铭叙。——《经微室遗集》三

撰《睿思殿研拓本跋》

孙氏云：右石研，光绪间泰顺村民掘地得之，今归于余。以工部营造尺度之，高一寸五分，长八寸，广四寸九分，有文四字曰"睿思东阁"。此研不知何时所制，要为宋内府物无疑也。——同上

撰研铭三首

孙氏云：江宁玄武湖滨出古甓，旁文六，曰"富且贵，至万世"；端文二，曰"富贵"；篆法方雅，盖汉物也。友人以一块为赠，乃使工琢为研而为之铭。又浏阳菊花石，湘中奇产也。……光绪癸卯闰月，湘乡刘吉圃总戎祥胜以所藏研一方见诒。秋英五朵，宛如写生，宜乎昔贤之爱玩不置也。……因反谭君浏阳铭意，为豪语以自遣。——《述林》九

又一首，孙氏云：陈茂才少文，得奇石于会文书院之旁，琢以为研，为铭以志之：雁荡之精，孕兹奇璞。绀质白章，厥品俪玉。校经谭艺，墨光有渥。伊洛渊源，勖兹朴学。——《经微室遗集》四

（10）考石鼓石经

撰《阮摹宋拓石鼓文跋》

孙氏云：近儒阳湖孙氏、武进庄氏并祖马定国说，以鼓为后周物。——《述林》七

按：此石鼓有张氏《释存》。

撰《书南昌府学本〈汉石经〉残字后》

孙氏云：《汉熹平石经》，自黄长睿、洪文惠著录以来，治经者研校无剩义。……此真西汉旧本，然非《石经》残字尚存，几不知《鲁论》之有此异文。……惜自宋、元以逮近代，《石经》之考殆逾十家，而于此条咸莫能辨证。——《述林》八

（11）考碑碣

撰《书徐鼎臣临秦碣石颂后》。

孙氏云：右徐鼎臣临《秦碣石颂》，王抚军绍兰尝以家藏真迹属钱氏泳摹刻于焦山，近常熟杨观察沂孙又以孔氏昭孔双钩本锓木传之，遂盛行于世。此本即杨君持赠家大人者。是《颂》宋以来金石家未有著录者，《颂》文凡百有十字，以斠《史记·秦始皇本纪》所载，文几倍之。

又云：始皇巡行天下，刻石者凡六，今惟琅邪台原石尚存，泰山残石乾隆间为火所焚，今所存者止十字。之罘石刻，宋时欧阳永叔、赵德甫、王象之、陈思诸人皆见之，今则莫知其存否？峄山、会稽两石久佚，然世间尚有重摹本。盖以上五石，虽存佚显晦不同，而后人皆尝得其搨本。至碣石则不然，《禹贡》旧迹，至六朝时已不可考。——《述林》八

撰《汉司隶校尉杨淮表记跋》。

孙氏云：《表》所述杨伯邳历官始末甚详，多《华阳国志·楗为士女篇》所未及，可互相校补。至其从弟颖伯，则常《志》并无其名，仅藉此存其梗概，尤可宝也。——《述林》八

撰《汉仙人唐公房碑跋》。

孙氏云：此碑近世拓本，剥泐殊甚，不惟视《隶释》所载十缺五六，即以翁、王诸家所摹核之，亦模黏如隔重雾，更数百年，恐益不可辨矣。——《述林》八

按：此碑有洪文惠、史缦祖、何义门、朱文藻等校释。

撰《汉卫尉卿衡方碑跋》——《述林》八

按：此碑已有翁覃溪、王述庵两家所释及卢绍弓跋。

撰《汉三公山神碑跋》。

孙氏云：元代三公山有汉碑三，惟此碑见于是《隶释》，然元、明以来久无著录，至道光丁酉，沈兵备涛始访得之，载所著《常山贞石志》。碑久湮而复显，

椎拓者少，故不甚刓剥。以洪文惠所录校之，十尚存八九，可宝也。——《述林》八

撰《汉武班碑跋》。

孙氏云：此碑残缺殊甚，据《集古录》，则欧公所见已如此。今距北宋又数百年，日事毡蜡，宜其不易辨识也。——《述林》八

撰《汉郃阳令曹全碑跋》。

孙氏云：碑记曹君治郃阳事。……碑立于中平二年。——《述林》八

撰《吴九真太守谷朗碑跋》。

孙氏云：曹魏时，始置州郡大小中正以铨定九品。晋、宋以后，悉承其制。而吴、蜀典章，零落颇多，安得巨碣完文如此碑者数通，一一为补证邪？——《述林》八

按：此碑全考当时职官制度。

撰《吴禅国山碑跋》。

孙氏云：此碑为苏建篆书，然多与六书违忤。……知三国时人已不甚究小学也。……此碑立于天玺元年。——《述林》八

按：此碑曾经吴槎客、翁覃溪、王述庵、武虚谷诸家考证。

撰《晋太公吕望表跋》。

孙氏云：此碑自晋及今几二千年，尚不甚刓剥，魏穆子容重刻本删其颂词，文句亦多讹舛。——《述林》八

撰《北齐西门豹祠堂碑跋》。

孙氏云：西门君治邺之政，《国策》及先秦诸子所记最众，惜散见群籍，未有裒集为作传者。此碑前半胪述循迹，采摭殊详博。惟以俪文隶事，意多隐晦，又石本零落，文句断续，不能畅读。武虚谷、王兰泉两家未遑谛核，缺误颇多，今依旧拓本审定补释之。

又云：此碑金石家皆以其残缺，不甚留意审校。今为考补四十余字，其综涉淹洽已斐然可见，惜不能得其全文也。——《述林》八

撰《周保定四年圣母寺四面造象跋》。

孙氏云：此碑记文浅俗，所列造象人姓名多诡异，盖北朝丧乱，关中诸郡异族杂处，此碑即俚俗羌虏所为，不尽通儒义也。——《述林》八

撰《唐房玄龄碑跋》。

孙氏云：此碑在赵德甫时已云磨灭，断续不可考，今所存字益漫漶。予得旧拓本，较为清晰，偶以王氏《萃编》所收本校读，补正逾百字，可宝也。——《述林》八

撰《唐明征君碑跋》。

孙氏云：右唐高宗御制《明征君碑》，上元三年刻石，今在上元摄山栖霞寺。碑载明僧绍及法师僧辩于栖霞山建寺刻象，未成而卒，僧绍子仲璋与沙门法度终成之，其事颇详。……此碑殆即埋没圃中，而刘宜翁发出立之者。此本虽新搨，首尾尚无剥蚀，其字画遒逸，刘燊所谓有虞、褚法者，非溢美也。——《述林》八

撰《唐掦先莹记跋》。

少温此记，字体多与许书违盭，毕氏《关中金石记》及钱氏《金石文跋尾》言之详矣。……少温精究小学，亦有此误。……碑为北宋人重刻，今又泐失十余字。——《述林》八

撰《宋刻曹娥碑跋》。

孙氏云：右《蔡卞重书曹娥碑》，元祐八年刻石，以绛帖所摹右军书本及《古文苑》《会稽掇英集录》本校之，无大异同，惟以中郎碑阴题字著碑文之前，殊乖体例。又以"元嘉"为"永嘉"，则巨谬也。——《述林》八

3. 校记

（1）校正薛尚功《钟鼎彝器款识》

按，有《跋》载《述林》六。自云：尝取《考古》《博古》两图及王复斋《款识》、王俅《集古录》校诸款识。全文谈板本。

（2）代序倪迁存《古今钱略》

按，《序》云：望江倪迁存先生为乾、嘉间名儒，生平精鉴金石，而藏古泉尤富，又得江秋史、瞿木夫、翁宜泉、严铁桥诸老相与商榷，遍得其拓本加以考释，勒成《古今钱略》三十四卷。其书所收不及李氏《古泉汇》之富，而援据详博殆过之。——《述林》附录

（3）校补戴咸弼《东瓯金石志》

按：此书《叙》为孙氏父琴西太仆所作，云：《东瓯金石志》者，予友嘉善戴君咸弼之所为也。君草创此稿，盖十年以来，比予归自金陵，君时来假所藏书加

之考订，而意殊不自足，复属予子诒让为之补校，诒让又以所得金石刻及晋、宋、六朝砖文益之，遂成书十有二卷。——《逊学斋文续抄》一

（4）考校吴式芬《捃古录金文》

按：近人马叙伦作此书《移记叙》云：伦于先生昆季诸生之间，多抠衣奉手。廿余年前，曾登先生藏书之玉海楼，缅怀远徽，深以不及请益为恨。比避兵居上海，从张文白先生家借读先生手校《捃古录金文》九卷，恍如亲承挥擢，容兼旬之力，展读为完。大抵墨校于前，朱校于后，然亦有朱校之后复加墨校者，其中有谓见《古籀拾遗》《名原》者，则是最后之笔，盖出先生晚岁矣。——《学术论文集》

（5）校释刘鹗《铁云藏龟》印本

按：此书初无释文，孙氏自谓穷两月之力校读之，创通其文字。册中所夹别纸百五十余条，即校读所得之笺释也。厥后乃揭橥为例，有《契文举例》之作，推阐微旨，则复有《名原》之作。——《文献学报》

（三）对金石考古学著述的评价

1. 洪文惠《隶释》《隶续》

孙氏云：文惠诸跋，考证史事殊淹博。今本《隶释》，为元人掇拾残本重编为之。

按：有《隶释跋》载《述林》。《隶释》内容为碑目、碑式、碑图等编。

2. 翟耆年《籀史》

孙氏云：此书援据详博，足资考证。

按：有《跋》载《述林》八。

3. 薛尚功《钟鼎彝器款识》

孙氏云：宋人所录金文，其书存者，有吕大临、王楚、王俅、王厚之诸家，而以薛尚功《钟鼎款识》为尤备。薛氏之旨在于鉴别书法，盖犹未刊集帖之陋，故其书磨勒颇精，而平释多缪。以商、周遗文而乃与晋、唐隶草挈其甲乙，其于证经说字之学，庸有当乎？——《述林》四《古籀拾遗叙》

按：有《跋》载《述林》六。

4.阮元《积古斋钟鼎款识》

孙氏云：我朝乾、嘉以来，经术道盛，修学之儒研斠篆籀，辄取证于金文。仪征阮文达公遂集诸家拓本，赓续薛书。……阮氏所录既富，又萃一时之方闻邃学以辩证其文字，故其考释精确，率可依据。——《述林》四《古籀拾遗叙》

5.吴荣光《筠清馆金石录》

孙氏云：南海吴中丞荣光著《筠清馆金石录》，亦以金文五卷冠首。……吴书释文，盖龚礼部自珍所纂定，自负其学为能冥合仓籀之旨，而凿空驰缪，几乎阳承庆、李阳冰之说。然其孤文碎谊，偶窥扃窦，亦间合证经说字，终非薛书所能及也。——《述林》四《古籀拾遗后叙》

6.吴式芬《捃古录金文》

孙氏云：甄录金文之书，自钱塘薛氏书外，近代唯仪征阮氏、南海吴氏最为精富，仓颉遗迹，灿然可寻，固悬诸日月而不刊者也。余前著《拾遗》，于三家书略有补正，近又得海丰吴子苾侍郎《捃古录金文》九卷，探录尤闳博，新出诸器大半著录，释文亦殊精审。仪征、南海，信堪鼎足。——《述林》四《古籀余论后叙》

按：吴氏与孙氏均为当时金石学大家，两人当时似无往来，此书出后，孙氏常称引其说。——《朱谱》

（四）对金石考古学学侣的切磋

1.戴子高　莫子偲附

孙氏云：时德清戴子高茂才亦客秣陵，与余有同嗜，朝夕过从，余辄出所得汉阳叶氏旧藏金文拓本二百种同读之，君亦出旧藏《季娟鼎》相与摩挲椎拓，竟日不倦。时余书方脱稿，而戴君得羸病甚剧，然犹力疾手录余说于《积古斋款识》册端，又尝属余为《毛公鼎》释文，其殁前数日，犹逐福不遗一字。盖余治此学，唯君知之最早，亦爱之独深。子云奇字，见之伯松；欧公集古，每咨贡父，不是

过也。——《述林》四《古籀余论后叙》

又云：余前廿年，于亡友戴君子高许尝见拓本，独山莫先生子偲为跋尾，所著《金石经眼录》亦载之。子高物故，拓本不审归何人？今鹤亭以手拓本寄赠，恍然如见故人矣。——《述林》八《新始建国铜竟跋》

又云：犹忆同治季年，余与莫、戴两君同客江宁，莫先生子偲于让为父执，尝得侍谦谭，而子高与余同为金石篆籀之学，踪迹尤密。始以此竟拓本见示，诧其奇古，而未及悉心审校。云烟过眼，忽忽二纪，两君宰木已拱，而余幸从鹤亭重觌此拓，得相与精释其文字，惜不令两君见之，俾同此愉快也。——同上

2. 潘祖荫

孙氏云：继余以赀郎留滞春明，时吴县潘文勤公藏彝器最盛，与潍县陈寿卿编修垿，而宗室盛伯熙、福山王文介两祭酒，元和江建霞、阳湖费峺怀两编修，同邑黄仲弢学士皆为兹学。每有雅集，辄出所藏金文辨证难字。适文勤得克鼎，文字奇瑰，属王、江诸君为正其读，考跋累累，装成巨册。公以示余，俾别择其是非。余辄举鼎中"扰远能埶"一语，证以《诗》《书》，谓以"扰"为"柔"，"埶"为"迩"，为声近假借。仲弢见之，则为举《尚书》"埶祖"即"祢祖"以证其义，文勤亦以为致确。此鼎吴氏未著录，文勤所藏器殆八百余种，如齐侯镈钟等，皆吴氏所未见也。京雒缁尘，萃此古欢，郅足乐也。未几，余省亲南旋，而文勤治赈畿辅，官事倥偬，犹驰书以新得井人残钟拓本寄示，属为考释。比余答书未及达，而文勤遽薨逝。余亦自是不复至都，意兴销落，此事几辍。今检吴氏此录，则季娟鼎、毛公鼎、井人钟诸器咸入模录，而戴、潘、盛、江诸贤墓已宿草，永念畴昔，几同隔世。迩年杜门课子，旧友云散，唯峺怀收罗彝器，时以拓本寄赠，其所得师全父鼎、趩尊、师趛鼎、尤卣、弋叔朕鼎，亦多足校正吴《录》。——《述林》四《古籀余论后叙》光绪癸卯

3. 费峺怀

孙氏云：屺怀所藏，余尝见者五十余器，如毕狄钟、师龢父散、趞曹鼎、无惠鼎、乙亥方鼎，皆吴氏子苾所未见也。——《述林》四《古籀余论后叙》注引

又云：此鼎流传数千年，……阳湖费君峺怀得之，拓以示余。因为据其文字审定之如此。——《述林》十《乙亥方鼎拓本跋》

又云：此册既写定，将寄质峻怀、仲弢两君相与榷定之。——《述林》四《古籀余论后叙》

按："峻怀"一作"屺怀"。

4.黄仲弢

孙氏云：光绪丙申三月，得此鼎于永嘉，审拓其文，尚完晰可诵。……四月，手拓一本寄黄君仲弢。仲弢精鉴绝伦，而又妙擅篆势，辄复举此奉质，不知以为何如也？——《述林》七《周麦鼎考》

又云：辛丑腊月，长白午桥尚书以所藏秦权精拓，手跋其后，介黄君仲弢寄贻。寻校累日，则积疑为之涣然。——《述林》八《秦权拓本跋》

又云：仲弢又出别拓见示，形制较小，上有"大驵"两篆甚奇，其边为觚棱，不正圆，亦尚书所藏者。尚书顷又以拓本介仲弢见示，属为审定。——同上

按：黄氏尝举吴大澂《说文古籀补》之疏失者十四事，书寄孙氏，孙氏称为确释，足正沿讹。其一。吴式芬《捃古录金文》初出板，黄氏亟购两帙，以其一寄赠孙氏，孙氏详加考核，定识丹黄，乃为其后所著《古籀余论》及《名原》二书之底本。其二。孙氏收得麦鼎、周盂，搜藏汉砖、晋甓，每即手自椎拓，附书考跋以寄黄氏，俾共研究。其三。当时吴县潘伯寅尚书祖荫所藏克鼎，号称难读，黄氏、孙氏及同时治金文学者各有考跋，孙氏释铭中"扰远能埶"之"扰"字为"柔"，"埶"字为"迩"，……黄氏复举《书经》"埶祖"即"祢祖"以证之。其四。这是孙、黄二氏对于学术切磋之遗事。——《图书展望》复刊五期 p25 陈雁迅《谈瑞安孙黄二氏遗事》

5.端方

孙氏云：闻尚书所得秦权甚伙，而此权制特大，手跋定为五权之石权，精鉴至论，前无古人。至于觚圆钧石，灿然毕萃，尤为集古胜缘。遐睇海天，为之神往。昔荀勖、何承天、朱异、苏颂辈校定律度，并博求古器，资为程法。今尚书以闳达忠亮，膺岳牧之寄，当光佐天子，更法自强，绍开中兴。倘将考协权衡，用昭示万国，甄古作范，固知不藉它求矣。——《述林》八《秦权拓本跋》

又云：《名原》《契文举例》前以原稿寄示端午桥，家藏副本，篆文不完，皆非我手定不可，老病摧人，奈何？

按：这是孙氏卒前对人说的话。原稿以后流出，王国维氏得之于沪肆云。

6.冒鹤亭

孙氏云：新莽宜子孙镜，祥符周季贶太守星贻得于闽中。太守归老吴门，以付其外孙如皋冒鹤亭孝廉广生。……今鹤亭以手拓本寄赠，……鹤亭既是正之，余复为补释数字，略可诵说。——《述林》八《新始建国铜镜跋》

7.周珑、弟璪

孙氏云：光绪己卯冬，诒让侍家大人归自江宁，里居多暇，与二三同志若林祁生庆衍、周伯龙珑、中龙璪辈，恣意游览，穷搜古刻。……试登山观之，冢已破坏殆尽，零砖满地，检视其文，则晋泰和二年作也。拾其完善者数块，携归以示林、周诸君，咸惊叹为得未曾有。……既而乡人之以古砖来告者日众，辄偕林、周诸君访致之。——《籀庼遗文·温州古甓记叙》

按：林为林祁生庆衍，周则伯龙珑、仲龙璪兄弟也。伯龙以善篆书称里中，而仲龙亦好古文篆籀，为孙氏手写《古籀拾遗》上板印行。

（五）对金石考古学研究法的运用

孙氏治古文大篆之学四十年，所见到的彝器款识拓墨二千多种，恒耽玩篆势，审校奇字。每每深思了整天，就忘了一切，专心地去想，好像面对着古人一样。_{本《古籀余论后叙》}衰年时五十八岁又看到这龟甲文字，叹为奇迹，爱玩不歇止。_{本《契文举例叙》}前述各种专书、单篇，都是本着他平生所喜考据学、校勘学等方法而运用它。我现在也仿照俞曲园前辈对古书疑义，以举例方式来说明之。

1.博览审谛例

是把拓本广泛地看，看得多，认真审察，比较研究，知识丰富，自然会能区别歧异，找到痕迹以解释之。例如：

孙氏考金石，有云：余治此学逾卅年，所觏拓墨亦累千种，恒耽玩篆势，审校奇字，每覃思竟日，辄万虑俱忘，眇思独契，如对古人。——《古籀余论后叙》

2. 发疑沉思例

是刊拓本时，还须对拓本引起怀疑，加以深沉地想，想那不能通的地方而搞通之，例如：

孙氏考钟鼎，有云：诒让端居讽字，颇涉薛、阮、吴三家之书，读之展卷思误，每滋疑懑，间用字书及它刻互相斠核，略有所悟，辄依高邮王氏《汉隶拾遗》例为发疑正读，成书三卷。——《古籀拾遗叙》

又云：窃思以商、周文字展转变易之迹，上推书契之初轨，沉思博览，时获确证。——《名原叙》

又云：光绪丙申三月，得此鼎于永嘉，审拓其文，尚完晰可诵。唯此数事，略涉隐诡，辄为发疑正读，冀得自省览焉。——《周麦鼎跋》

3. 参互推校例

是拿拓本来校读、校定，即据其篆画明晰的推勘之。例如：

孙氏考古物，有云：金文虽多奇诡，若以形声字例悉心推校，尚可得其梗概。——《师佥父鼎拓本跋》

又云：足相参证，……小异大同，各有本始，踪迹显较，可推校也。——《秦权拓本跋》

又云：其偏旁并可与此参证，合校诸文，并奇异繁缛，以意推之。——《唐中多壶拓本跋》

4. 寻文究义例

是边读辨校，边思索，但也须一本规律，如字例、文例、声例。三者参互运用，俾搞明那文字的形声，文句的意义，以例相推而决定之。例如：

孙氏考盘盂，有云：两汉金石文字，虽多省变，犹可考见古籀遗意，此类是矣。字不可识，以文义考之。——《汉卫鼎考》

5. 阙疑待补例

是遇有不可知处，宁可阙了，不作穿凿附会，强求诠释，待有一日，会从别处领悟，得解决之。例如：

孙氏考鼎彝，有云：余曩校《周书》，疑……即……，今见此鼎，乃知前说殊

未审，故详论之以识吾误云尔。——《康侯鼎拓本跋》

又云：旧作释文，录附《古籀拾遗》册末刊之，后得吴子苾侍郎式芬《捃古录金文》，所释略有异同，又载徐籀庄明经同柏释文甚详，有足补正余释之阙误者。谨捃采其精确者，更以金文字例博稽精校，重定为此篇。——《毛公鼎释文跋》

6. 佐证确实例

是考释拓本文字，必依确实的证据，不能据孤文或臆说而断定之。例如：

孙氏考钟鼎，有云：承示金文拓本，皆精，足资考证。有臆见两事，于古书奇字略有所悟，但苦少佐证，不敢自信，敬以质之左右。——《与友人论金文书》

又云：金文奇古，不能据孤文决定，必综合诸器，参互斠核，而后可议其是非。——《克鼎释文跋》

7. 重斠订补例

是初校未必就对，以后还须重检，如发见新义，可将旧说遗漏、错误的地方更改而补订之。例如：

孙氏考甲骨，有云：余前著《拾遗》，于三家书薛、阮、吴略有补正，近又得海丰吴子苾侍郎《捃古录金文》九卷，探录尤闳博，新出诸器大半著录，释文亦殊精审。仪征、南海，信堪鼎足。揽涉之余，间获新义，又有足正余旧说之疏缪者，并录为二卷。——《古籀余论后叙》

以上所举研究方法的例子，总的说来，逃不出考据学、校勘学。孙氏之所有论撰都本此而为，其求精细周密，这需要先有小学知识为基础，佐以很多参考资料，明其历史和流变，然后会撮比属，剖析之、考定之以求结论。

此外，孙氏每读一书，凡所采获，咸缀识简端，或别纸识录。治金文、契文也不例外，所以俞曲园前辈称："仲容好学深思，以日思误书为一适，吾知经疾史恙之待于仲容者，正无穷也。"——《札移叙》

（六）对金石考古学艺文的创作

1. 商周金文拓本《题词》

光绪初元，余得汉阳叶氏金文拓本二百种，有龚定庵礼部考释题字，信足宝也。因检箧中藏拓本二百余种益之，装成四巨册，因题六十四字于册首：

六籍秦烬，吉金不汩。仓简籀繁，粲乎璱画。靳寿绰绾，称伐蒇历。义裨洨幭，秘甄王、薛。幼习奇觚，长窥宝鬲。目诵手模，思误为适。毡蜡传迻，装池什袭。匪云玩物，良惭探赜。

2.《书麦鼎拓本后》

光绪二十二年三月，孙诒让得周麦鼎于永嘉县，以拓本寄赠黄仲弢于鄂中，请其审定。仲弢撰《麦鼎考》，而诒让自亦书麦鼎后云：

诒让自孤露以来，读礼闇庐，杜门息景，索居无聊，殆将逾岁。去腊仲弢仁兄侍其尊公通政丈南旋，握谈近事，益复忧愤填胸。既衔家恤，又遭时艰。中年意兴，索然尽矣。今春薄游永嘉，偶获此鼎，爱其文字精雅，暇时毡蜡，藉用瘳忧。转示仲弢，知复欣赏不已。适以南皮尚书之招赴鄂，未得细与商榷奇字也。别来逾旬，积雨初晴，南窗无事，偶手一纸，似尚清晰。又新悟得"牙、余"两字，颇自喜其有征，辄为小跋附缀拓片之后，邮寄鄂中以质仲弢，冀理董其疏谬也。至于嗜古忧今，悒结靡已，此情亮复彼此同之。然则此廿九文者，非第实同珍璧，倘亦足代皋苏乎？三月二十九日记。

按：此拓本手迹今藏温州市谢烈珊家。

3. 大罗山访古《唱和诗》

孙征君诒让，殚心乡邦文献，每闻名山石刻，必恣意搜讨。少时尝携仆从往游仙岩，侨寓于李溪山家。溪山作东道主，涉险缒幽，不殚劳瘁。穷一月之力，遍历大罗诸胜。其于摩岩题字，剔藓模拓，必躬与焉。至其品评泉石，必系以诗。溪山并有和作，由是共得《唱和诗》三十余首，稿藏于李氏。其时乡人林某主讲仙岩，一瓻不归，稿即亡失，今不可复得。李济人前辈述其事如此，溪山即其先德也。——张扬《仙岩山志》

4.《题焦山定陶鼎拓本》陈衍《近代诗抄》

陶陵祭器尚流传，大礼尊崇濮议前。丁、傅剪除元后寿，宗彝霭落两千年。
残铭瘗鹤传元白，大鼎无专斟茗香，三到名山事毡蜡，卅年春梦醒黄粱。
《跋》云：汉定陶鼎，阮文达送藏焦山，与周无惠大鼎同为一代奇宝。余同治辛未、甲戌两游金、焦，曾手拓二鼎并《瘞鹤铭》、唐经幢诸石刻，古缘靳萃，其乐无量。迄今近三十年，追忆昔游，忽如春梦。中年早衰，无复远游之志，对此旧拓，为之怅然。光绪己亥正月，养疴家居，适若川仁兄姻大人持此属题，辄成两绝句，并记之以质若川，即希郢政。中容弟孙诒让。——有墨迹影片载《温州旅杭同乡会年刊》

5.题《吉日癸巳石刻二首》陈衍《近代诗抄》

昆仑西母事微茫，黄竹歌成已髦荒。不有骅骝千里足，只愁徐偃是真王。铭琭弇山迹已芜，空岩马镫费传模。笈中一卷游行传，校得殷周六历无？

按：第二首有杨嘉踪许楼藏孙氏自书旧作横卷。

6.鹤亭孝廉以《新莽宜子孙镜拓本》寄贻，

既为小跋，奉求董正，意有未尽，复成二律：

团栾古明月，脱冶二千年。圆幂斠庞斠，珍文证大泉。辟雍修学后，鄗邑中兴前。破涕诵奇语，吾将事菑田。西都兴废事，照彻一奁虚。涷齐参周纪，编元续汉余。镂文刀错似，拓影瓦当如。奇文定谁作，元亭傥察书。

按：踪许楼藏真迹。

7.《题埃及古石刻拓本》陈氏传录本

升庵峋嵝纷售伪，黔徽红崖亦渺茫。谁识西航琛赆外，一拳古石见鸿荒。七诫摩醯著录初，西来景教此权舆。泪苍字例重瀛隔，犹有佉卢别体书。朝日隆仪亚甲传，撒根古记五千年。奇文佚礼烦甄考，远在羲和柳谷前。盘敦纷纷集五洲，富强大计杞人忧。摩挲翠墨神犹王，何日皇文勒介邱？

8.《苏武慢·题岳忠武王玉印钤本》

小截鹅肪，深含猩晕，手泽摩挲犹馥。中原传檄，北伐哦诗，此印或曰钤角。南渡百年，太学经残，故宫草绿。叹绍兴传玺飘零，留此冷凉盈匊。天付与、光映仙凫，飞来灵鹊，健羡贤侯清福。幢逐剧治，琴鹤同携，想见斗牛光烛。何日重逢，锦绶纡花，新符剖竹。更细模蜗扁，补入《金陀》旧录。——杨嘉辑《籀庼诗词》

9.《周伯龙妹倩以明隆武兵科给事素园李公遗印见示作诗纪之》

赤一作炎，误。符季运遘阳九，天挈黄图付神后。江东拥立何纷纷，南下天戈真拉朽。吴潞越蹠无完堭，闽海崎岖尚嵎负。却开穷海作行都，诏板飞驰盛除授。李公中翰旧谏臣，谠议当年动旒黈。龙孙琐尾尚优贤，强起家园绾朱绶。行营草创赖筹兵，何止金章烂悬肘。东山未起时事非，青盖恩恩又南狩。坚城弹指失汀州，系组屡王马前走。冥鸿从此老云鼜，剩有寒铜付传守。自从玉玺归真人，斗宪迁迤几章蔽。故家珍庋尚依然，缪铣精光寒烛斗。大节本无二姓羞，贞金合有千年寿。周郎持示剧惊讶，缪篆屈蟠杂虫虬。赪泥霝落余残殷，涩锈研挲发深黝。科臣衔秩系御营，图志荒讹得绳纠。印文六字曰"御营兵科关防"，旧图经《李公传》并不载隆武间有兵科之除，此可补其缺。纪年犹认隆武元，大统颁正龙集酉。背文右镌"隆武元年十一月日"八字，即甲申明亡之次年也。□羊误书劳雠勘，想见仓皇付镌手。背文左镌"御营兵科关防行在礼造造"二行十一字，礼下夺一部字，而误重一造字，盖□□□□审致误。闽都沦陷三百年，社屋鼎迁复何有。素园秋草不胜愁，谁把遗文问螭钮。晴窗椎拓萃古欢，毡蜡丁丁橅印薮。吉金铭识世所希，长护珍文俪尊卣。

孙氏的头脑思想，一向是朝着新的方向发展的，像治经必先识字，而他对字书，除研究《尔雅》《说文》外，还运用古文篆隶去证经说字，已较一般的注释家进步些。到后来甲骨出土，他看到文字奇诡，又很想研究真正的殷代文字，就不顾人们的反对而去探讨，终于认出了几许的古文字，给以后新史学家王氏、郭氏以研究上古史的门路，像王编《古史新证》、郭编《上古社会的研究》，则未有不归功于孙氏之开山。

王氏国维云："夫殷墟文字之学，始于瑞安孙仲容比部，而集大成于罗参事。参事于宣统庚戌撰《殷墟贞卜文字考》，甲寅复撰《殷墟书契考释》，则所获甚多。"——《观堂集林》

郭氏沫若云："大抵甲骨文字之学，以罗、王二氏为二大宗师。在罗、王之前，瑞安孙诒让有《契文举例》一卷，其书成于一九〇四年，未行于世，一九一三年，王国维始于上海发现其原稿，今收入罗氏《吉石庵丛书》中。"——《卜辞出土之历史》

又云："孙诒让近世一大学人，《周礼义疏》可称渊博，其金文研究成绩最大，甲骨文字研究亦为开山，王国维深受其影响者也。"——《一九六二年春题词》

继此之后，我国考古学之发达，作家辈出，成绩卓著，尤其在最近新政府成立十三周年间，首都大邑设立科学院考古研究所，有专门机构从事发掘研究工作，获得更丰富、更伟大的成就，如吾友夏鼐《新中国的考古学》一文的所述，载于《红旗》十七期上，可以证明了。犹忆在解放初年，我和夏鼐、张一纯三人雇一小舟，同到温州的名胜白象、头陀、茶山等处游览，访寻古迹。承夏友一一指点，辨认石刻，获益匪浅。我退而检阅孙氏的著述，便更引起对此学的兴趣。这就是我现在所以作此文，实无非为了解孙氏的金石考古学的究竟怎样情况。最后关于孙氏的学问，我引章、梁二先生的话作结。

余杭章太炎先生称孙氏之治文字学曰"推迹古籀，眇合六书，不为穿凿，庄葆琛、龚自珍不足当牧圉"云云。

新会梁启超先生称孙氏之治文字学曰"孙仲容诒让，治《周礼》、治《墨子》，治金文、契文，备极精核，遂为清末第一大师，结二百余年来考证古典学之局"云云。

所以得到这样的好评，完全由于孙氏毕生用功，能以虚怀、详慎的态度和深思、忘倦的精神，对旧学、新材料各做出很大的成绩，以贡献于国家，这的确值得我们后辈取为榜样了。一九六二年十月，退休后脱稿于温州永塔寓庐。

孙家百晋精庐所藏，肇自晋平吴之明年，太康二年下迄陈之践祚之翌年，天嘉二年六朝遗甓已逾百种。瑞安九十七，永嘉二十二，乐清二，平阳一。兹据孟晋先生所纂，征君所拓形制特殊或考证足资者若干种，并附唐、宋塔砖俶录之。

晋太康四年砖二种：其一右侧各为四方框，每一方框内各为蟠螭，及四出泉文相间，极精致，字大不及六分，题在右侧，为第三方框内，分二行书，其左侧上半为华纹，下半五字，与华纹相间书。

永康砖：左侧及两端并有华纹，极工致，晋甓之最精者。

太兴三年改之砖：文极秀整，"兴"字作"興"，隶体讹变，与兴宁二年残砖作"興"略同，"甓"字作"甓"，尤奇诡罕覯。

咸和三年砖："就"字作"𡙕"，从尤，与两汉碑板多符合。又与永和四年孝小砖、永和十一年砖作"𡙕"者略同。

咸康六年砖：势隶绝瘦劲。

永和五年宋民砖："年"字作"秊"，古金石文字所未见。

永和九年砖：文以也字缀尾，左侧及上下两端并有华纹。左侧花纹内为四出文泉，第二泉二轮廓，左右有篆书"王五"二字。

徐弘砖二种：其一两侧各为四匡，每二匡一字。左侧字间又多为直画联缀交错。其一两侧文及形制并同，惟左侧字间不为直画。

升平二年丁字砖三种：内一种下端有阴文"宁拜言"三字，绝细瘦，盖温州古甓多阳文，惟此砖及宋元嘉廿二年砖之一种如此而已。其"宁"作"寜"，亦古金石文字所未见。

升平四年乐安令砖三种："甓范"作"甃笵"，形声省变，本于汉隶。

泰和二年大公中砖："大公中"三字，诸史及古金石文字并未见，疑即"大中正"。

泰和二年九月砖：书势险劲，晋甓中所仅见。

太元十九年砖："年"字作"秊"，汉晋碑所未见。

义熙申作砖：上端文云九月申作，侧文又云九月作。纪月重复，他砖罕觏。

宋元嘉七年砖：砖文长短疏密，参差错出。遇横笔辄引长之，以为界画，亦古甓中所罕见。

元嘉十年砖："癸酉"作"祭酉"，盖晋宋楷法多沿汉隶。元嘉廿二年九月砖"□"字如此。

元嘉廿三年砖：文在右侧上半，下半为鱼纹，颇工致。左侧上下并为华纹，中著一字，从去从买。

元嘉廿七年居士丁农砖：六朝所称居士，乃清修道术之士，与儒冠栖遁，所谓处士者微异。

孝建元年明府薄君砖：据此，则刘宋时永嘉亦有薄姓。

大明元年张上计砖：张上计盖即永嘉郡计史。据此，则刘宋时外郡亦有上计掾史。

大明七年残砖：左侧鱼纹极精致。

泰始三年曹嗣祖砖："嗣"字作"嗣"，从扁。大明二年爨龙颜碑、后魏景明四年侯太妃造像题字并如是作，盖六朝时通行之讹体。"葬"或作"荃"，与齐建元元年砖作"塋"及梁太始元年曾存基砖作"荃"，并俗书变体。

太豫砖：砖文"太豫元年八月廿七日"九字，"廿七日"下为一泉文，其中从横画之若井字者，而以日字缀于泉文之下，与前八字不相连属。

齐建元元年砖："姊"字作"妹"，讹俗不合六书，金石文字所未见。

永泰元年富相公砖：据此，则六朝时永嘉固有富姓。文中"穷"作"竆"，与北齐少林寺董洪达造像碑同。唐石刻亦多如是。

范元砖：当为隋以前作。文云"东扬州永嘉郡吉迁里"，盖六朝吾乡里名之仅存者，可补郡县志之阙。

安固左尉砖：晋时安固为大县，置二尉，至隋改县尉为县正。故此砖必晋宋物。

永嘉郡永宁县砖：上下并为华纹，中为三方匡，每匡二字，书势绝古朴，陈以前砖也。

永嘉郡安固县薄砖：砖文"县薄"即主簿，汉碑主簿作"薄者"不一而足，盖《说文·竹部》初无簿字也。

五官残砖：盖晋宋、六朝间郡吏冢甓，纪其官秩者。

晋范砖：隶法甚方整，当为晋物。"范"即"範"之借字，甓范纪国号，而无年月，亦砖文之则例。

五五古泉砖：右侧存四出泉文，一从横，各为"五五"二字，并篆书，与洪遵《泉志》四"五泉"同。

凤字残砖：上端为蟠螭文，华纹绝精。左旁一"凤"字，隶势飘逸，与汉砖文相近。

以上八种不详年代。

唐瑞安栖霞寺塔残砖：寺在西岘山，建于唐代，宋初改名悟真寺，塔久圮废，此盖初建寺时造塔砖之仅存者。

宋乾德六年永嘉瑜珈寺塔砖：砖文端秀可喜，宋甓中所仅见。

平阳佛塔砖二种：江南报恩寺塔砖，天圣造；十南乡大日寺塔砖，嘉祐造。

永嘉净光塔砖八种：塔在松台山巅，为唐宿觉禅师瘗处。初建于元和中，至僖宗赐名净光。其后重建于熙宁、元祐间，每砖刻有一塔。明弘治间，郡守文林毁之，遗砖散失。戴《志》收拾于数百年后，得熙宁三种，元祐五种，形制文字略有异同，有已琢为砚者。

瑞安因明院塔砖三种：塔在白岩山大观中，邑令吕勤始立，历明、清凡七修，最后毁于咸丰会匪之役。而基身坚固，大观旧甓尚完好，蛎灰剥处仅见侧面文字，戴《志》据以著录。其中一种，侧文多至七十八字，所罕觏也。又白岩山顶别有造塔砖三种，无年月。

附：孙公撰文中所述及的清代金石学家

1. 阮元

字伯元，号云台，江苏仪征人。乾隆五十四年进士，历官内阁学士，户、礼、兵、工等部侍郎，山东、浙江学政，两广、云贵总督，太子少保，晋加太傅，道光二十九年卒，年八十六。所编《畴人传》《淮海英灵集》《积古斋钟鼎款识》《山左两浙金石志》并为考古者所重。——支《传》

2. 吴荣光

字伯荣，号荷屋，广东南海人。嘉庆戊午举人，己未进士。散馆特授编修，累官至福建布政使。卒年七十一。尤酷嗜金石，精鉴赏，著《筠清馆金石记》，先刊其金文五卷。

3. 徐同柏

字寿藏，号籀庄，浙江海盐人。从舅氏张叔未廷济问学，叔未固嗜金石。初治钟鼎款识之学，尝谢生徒，读书叔未清仪阁，愤发刻厉，金坛段若膺见其文，以磊砢英多目之。复丐钱竹汀书"讽籀书汇"匾，用示己意。海内若平湖钱梦庐、仁和赵次闲、长白斌笠耕、诸城刘燕庭、钱塘瞿颖山、潍县陈寿卿诸家藏器，多拓请考释。久之，成《从古堂款识学》十六卷，仪征阮元题记称许甚至。更为瞿氏著《清吟阁古器款识释文》数册，卒年八十。

4. 刘喜海

字燕庭，山东诸城人。官陕西按察使、浙江布政使。当是时，秦中出土古器綦多，爱以大力搜索，先后所得秦诏板凡四以及唐善业泥造像等，均自来收藏家未经著录者。著《长安获古编》三卷。公手哀金石文字五千余通，撰《金石苑》数百卷。胸罗卷轴，家承赐书，固已详博过于兰泉。又得舅氏金蓓谷佐其校理，益臻精善。复撰《古泉苑》一百一卷。……惜两书并缘卷帙繁重，兵火后散失无传。今世所传《金石苑》六卷，仅全书之一部，亦可见其大略矣。

5. 吴式芬

字子苾，号诵孙，山东海盐人。道光甲午进士，官至内阁学士。酷嗜金石，尝就《寰宇访碑录》补其未备，删其讹复，增入三代、秦、汉以来吉金，各注姓氏家藏，……书约十六卷，名曰《捃古录》。

6. 陈介祺

字寿卿，号簠斋，山东潍县人。由进士授翰林院编修。家故饶于资，通籍后，即绝意仕进。素嗜金石之学，收藏甲海内，筑簠斋以珍弄之，凡彝器至数百件。尤著者为毛公鼎毛叔聃所作器，皮文几七百余字，推天下金器之冠。三代陶器亦数百件，周印百数十事，汉、魏印万余，秦诏板十余，魏造像数百区，从来鉴赏家所未有也。同时若潘文勤公、王文敏公、吴子苾阁学、清卿中丞、刘燕庭方伯、鲍子年康舍人、李竹朋佐贤太守并皆不足方驾。著《簠斋吉金录》八卷，《吉金文释》一卷。

7. 吴大澂愙斋（略）

8. 吴云

字少甫，号平斋，浙江归安人。生平笃嗜金石，幼读《汉书》至梁孝王尊罍事，曰："此三代以上法物，惜史氏言之不详耳。"塾师大异之。所著有《二百兰亭斋金石记》，毁于兵火。乱后得齐侯罍二，更名所居曰两罍轩，著《两罍轩彝器图释》十二卷。卒年七十三。

9. 王懿荣

字正孺，号廉生，山东福山人。（略）

10. 潘祖荫

公幼好学，涉猎百家，尤喜搜罗善本书、金石碑板之属。滂喜斋所储，不以繁富相炫，顾多精品。元和江标出其门。惟生平绝少著述，除所刊《滂喜斋丛书》间存并世通儒遗著，自撰只《攀古楼彝器款识》《秦輶日记》等零星小品而已。

有关文献之资料：

1. 书藏名称

宋　遂初堂：宋无锡尤袤藏书堂名。袤字延之，好聚书，筑遂初堂于九龙山下，有《遂初堂书目》。

元　清閟阁：元倪瓒藏书阁名。在江苏无锡县东，今为祇院寺。瓒有《清閟阁集》十二卷。

明　菉竹堂：明初昆山叶盛藏书堂名。盛官至吏部侍郎，成化间卒，谥文庄。藏书为海内之冠，凡二万二千七百余卷。虽持节边徼，必携抄胥自随，有《菉竹堂书目》六卷。

红雨楼：明万历间，福建闽县徐𤊹藏书楼名。𤊹家鳌峰，藏书与曹能始、谢在杭埒。有《红雨楼题跋》二卷。

万卷堂：明周定王□世孙睦㮮藏书堂名。有《万卷堂书目》。周王封地在今河南开封府，崇祯壬午，"贼"决河堤，书堂付之巨浸。

淡生堂：明季山阴祁承爜藏书堂名也。承爜官至江右参议，好藏书，著《淡生堂藏书约》及《淡生堂书目》。

脉望馆：明季常熟赵用贤藏书馆名。用贤官至礼部尚书，谥文毅。子琦美，号清常道人，父子皆喜聚书。清常校勘尤精，有《脉望馆书目》。清常殁，其书悉归绛云楼。

按：赵琦美，钱谦益《初学集·赵君墓表》云：君天性颖发，博闻强记。欲网罗古今载籍，甲乙编次以待后之学者。损衣削食，假借缮写三馆之秘本、兔园之残册，刬编啮翰，断碑残壁，梯航访求，朱黄雠校，移日分夜，穷老尽气。好之之笃挚，与读之之专勤，近古所未有也。

汲古阁：明季常熟毛晋藏书阁名。晋喜收书，湖州书舶云集其门，积书八万四千册，经史子集四部之书无不翻雕，毛氏之书走天下。子扆，亦精校勘，有《汲古阁秘本书目》。其所刻书，有《汲古阁校正书目》《汲古阁书目补遗》《汲古阁刻板存亡考》，皆清郑德懋撰。又刻《津逮秘书》十五集，亦皆宋、元以前旧秩，人多珍之。参钱穆斋《有学斋隐湖毛君墓志铭》。

清　绛云楼：清初常熟钱谦益藏书楼名。谦益早岁科名，交游满天下，尽得刘子威、钱功甫、杨五川、赵汝师四家书，更不惜重资购求古本，故所藏书与内府等。晚年构绛云楼于拂水山庄，藏书七十三大柜。未几尽毁于火，中有宋刻孤本，劫后不可再得者甚多，论者谓绛云一炬，实为江左图书之一厄云。有《绛云楼书目》四卷，陈景云为之注。

　　述古堂：清初常熟钱曾藏书堂名。常熟钱谦益开藏书之风，诸家踵之，曾为其族孙，故渊源有自。黄廷鉴《爱日楼藏书志》序曰："吾邑藏书，绛云之后，尚有汲古毛氏、述古钱氏，羽翼之者：叶石君、冯己苍、陆玫先诸君子。"观此可知其概。曾尤喜宋刻，人夸之曰"佞宋"。有《述古堂书目》。又以其所藏宋、元精本详加评论，著《读书敏求记》。

　　静惕堂：清曹溶藏书室名。溶字新岳，秀水人。明季官御史，入清，官至广东布政使。藏书甚富，尤多宋、元人集，著有《静惕堂书目》。

　　千顷堂：明季福建晋江黄居中藏书堂名。居中侨寓金陵，锐志藏书，子虞稷克承其志，著《千顷堂书目》，《明史·艺文志》本之。所录皆明一代之书，体例最善。

　　守山阁：清钱熙祚藏书室名。熙祚刻有《守山阁丛书》凡一百一十种。

　　小万卷楼：清钱培名藏书之所。培名金山人，为熙祚之从子。熙祚刻《守山阁丛书》，世称善本。培名又搜辑放佚以补其缺，为《小万卷楼丛书》，工未竣，而值"粤寇"之乱，仅刻成十七种，其中如《越绝书》《申鉴》《中论》《陆士衡集》等，均附《札记》，校勘颇精。

　　曝书亭：朱彝尊藏书室名。彝尊好抄书，入史馆，以楷书手王纶自随，录四方经进书。有《曝书亭书目》，其所著集名《曝书亭集》，凡八十卷，附录一卷。藏书八万卷。

　　乐善堂：清乾隆时，怡亲王正晓藏书堂名。大楼九楹，积书皆满。绛云未火以前，其宋、元精本大半为毛子晋、钱遵王所得，毛、钱两家散出，半归徐健庵、季沧苇。徐、季之书由何义门介绍归于乐善堂。至端华以狂悖诛，其书始散。

　　芳椒堂：清乾隆间，归安严元照藏书堂名。元照所藏，多宋、元铅椠。

　　知不足斋：清乾隆间，安徽歙县鲍廷博藏书斋名。廷博流寓浙江桐乡之乌镇，藏书极富。四库馆开，廷博命长子士恭进书六百余种，又进其所刊《知不足斋丛书》，恩赏其父子皆举人及《图书集成》一部。《丛书》刊至第二十七集，未竣，廷博卒，士恭续刊至三十集而止。光绪时，常熟鲍廷爵复辑《后知不足斋丛书》四函，三十四种。

　　文瑞楼：清嘉庆时，桐乡金檀藏书楼名。檀注高启诗刊行于世，有《文瑞楼书目》，所藏明人集部最多。

学海堂：在广东番禺县粤秀山，清嘉庆时，两广总督阮元所建。取《拾遗记》何劭公"学海"之意，以经古学课士，得人甚盛。刻有《学海堂经解》百八十余种。

湖海楼：清陈维崧书室名。维崧有《湖海楼诗文集》及《词集》。

鲒埼亭：浙奉化东南，《汉志》会稽郡鄞有鲒埼亭。清全祖望为鄞县人，因名所著诗文曰《鲒埼亭集》。

校礼堂：清凌廷堪厅事名。廷堪字次仲，歙县人。于礼致力最深，著有《校礼堂文集》。

镜烟堂：清纪昀厅事名。昀有《镜烟堂丛书》凡十种。

十驾斋：清钱大昕斋名。所著有《十驾斋养新录》，考订之书也。

潜研堂：清钱大昕厅事名。所著曰《潜研堂集》。

卷施阁：清洪亮吉斋名。亮吉所著书曰《卷施阁集》。

经韵楼：清段玉裁书室名。有《经韵楼丛书》，即玉裁所著书之汇刻者也。

昭旷阁：清嘉庆时，昭文张海鹏藏书阁名。海鹏常谓："藏书不如读书，读书不如刻书。"刊行《学津讨原》二十集一百七十七种,《墨海金壶》一百十四种,《借月山房丛书》一百三十五种。

文选楼：清道光时，扬州阮元藏书楼名。元家居扬州旧城文选巷，即隋曹宪故里，李善传文选学处，因构楼曰"文选"，用以藏书。辑《文选楼丛书》，初刻十种，增至二十七种。

海源阁：今山东聊城县杨氏藏书阁名。杨以增仕清，官至河道总督，谥端勤。生平无他嗜，一专于书，所收数十万卷，建海源阁以藏之。刊《海源阁丛书》。子绍和，撰《楹书隅录》，别筑"采存室"以庋宋、元精椠，江标为撰《宋元本书目》。按：杨以增事迹，可参梅伯言作《家传》《柏枧续集》、龙启瑞作《神道碑》《绳德堂文集》，今北方藏书家推为第一。

铁琴铜剑楼：常熟瞿氏藏书楼名。道光间，瞿绍基广购善本，筑怡余堂以藏之。子镛重为搜辑，著《铁琴铜剑楼书目》，其书今犹存，与聊城杨氏并峙，同为大藏书家，世称"南瞿北杨"。

结一庐：清咸丰时，仁和朱澂藏书楼名。有《结一庐书目》，其书后归丰润张佩纶。佩纶侨寓江宁，辛亥革命之役，遗书百楼顷刻而散。

雅雨堂：清卢见曾厅事名。见曾刻有《雅雨堂丛书》十四种。

连筠簃：清杨尚文斋名。尚文字墨林，山西灵石人。刊有《连筠簃丛书》凡三十种。

粤雅堂：清伍崇曜辑《岭南遗书》及《粤十三家集》，因额其堂曰"粤雅"。后又汇刻《粤雅堂丛书》行世。按：伍崇曜字良甫，南海人，事迹可参谭莹作《神道碑》《乐志堂文录》、《墓志铭》。

花雨楼：清张寿荣藏书室名。寿荣字鞠龄，镇海人，刻有《花雨楼丛书》。

海山仙馆：清潘仕成斋名。仕成字德畬，广东番禺人，刻有《海山仙馆丛书》凡六十二种。

十万卷楼：清归安陆心源藏书室名。所刻有《十万卷楼丛书》，今所藏已售归日本，学者惜之。

滂喜斋：《滂喜篇》，古字书名，言滂沱大盛也。清潘祖荫厅事名。有《滂喜斋丛书》凡四十五种。

春在堂：俞樾讲学、藏书之所。俞樾著有《春在堂全书》二百五十余卷。

校邠庐：清冯桂芬斋名。桂芬有《校邠庐抗议》。

2. 机构名称

汉　兰台：汉藏秘书之宫观，以御史中丞掌之，后置兰台令史，掌书奏。

后汉　东观：汉时宫中藏书之处，安帝诏五经博士校定东观五经、诸子、传记、音乐、艺术。

唐　秘阁：《玉壶清话》云：兴国中，太宗建秘阁，选三馆书以置之焉。

宋　天章阁：宋真宗藏书处。

明　文渊阁：在京师紫禁城内东南隅。

清　文渊阁：清代置文渊阁，领阁事及校理等职以司之，贮《四库全书》《茶余客话》谓即清之内阁大库，专指藏书之处而言。《天咫偶闻》云"光绪戊戌、己亥间，内阁大库因雨而墙倾，凤昔以幽暗无人过问，至是始见其中尚有藏书"是也。若今之文渊阁，乃乾隆中仿四明天一阁所建，非其旧地矣。

武英殿：在京师旧紫禁城内。清乾隆初，校刻《十三经》《二十二史》于此。殿宇前后二重，皆藏书板。

太清楼：《玉海》：咸丰二年，诏三馆写四部书一本，置禁中太清楼以便观览。

3. 板本名称

板本，《宋史·高丽上》言："愿赐板本九经书。"古书多用卷子，至宋始有板本印刷之书。

雕板：雕刻书籍，昔人多云始于五代。然据柳玭《家训序》《云溪友议》《猗觉寮杂记》诸书，则唐已有之。《河汾燕闲录》及《少室山房笔丛》并谓始自隋，引开皇十三年废像遗经，悉令雕撰为证；近人复据费长房《历代三宝记》以实其说。今初唐所雕佛经犹有人及见之，则权舆于隋之说信也。

刻书：《河汾燕闲录》：隋开皇十三年，敕废像遗经，悉令雕撰，是为刻书之始。胡应麟《笔丛》谓"雕本始于隋，行于唐，扩于五代，精于宋"是也。

官板：书籍雕板之风盛于南宋，大率衙署、书院，由官刊行之。金于平水山西设局，元诏诸路刻书，明有监本，清有殿本、局本，皆官板也。

聚珍板：清乾隆三十八年，诏甄择《四库全书》善本刊刻流布。侍郎金简请以活字印行，赐名曰"聚珍板"，有《武英殿聚珍板程式》一卷。

巾箱本：《南史》齐衡阳王钧尝手自细书，写五经都为一卷，置于巾箱中。

贺玠问曰："殿下家自有坟素，复何须蝇头细书别藏巾箱中？"答曰："巾箱中有五经，于检阅既易，且一更手写，则永不忘。"诸王闻而争效为"巾箱五经"。

俗以其可藏怀袖，别称"袖珍本"。

枣木：谓枣木之书板也。刘克庄诗：枣木流传容有伪，笺家穿凿苦求奇。

活字板：《梦溪笔谈》：庆历中，有布衣毕昇为活板，用胶泥刻字。元王桢亦有活字印书法，附桢所著《农书》之后。明弘治、嘉靖中，无锡华燧、安国先后创行铜活字板。清高宗时，朝鲜人金简以枣木制活字，清高宗赐名"聚珍板"，有《聚珍板程式》二卷详言其法。今世活字，悉以铅制，较之旧法速而且精。

武英殿聚珍板书：清乾隆中，四库馆开，从《永乐大典》中辑书三百余种，陆续付聚珍板刊之，颁行天下。原刊凡一百四十余种，浙、闽、赣皆有翻本。闽刻最备，浙刻三十八种袖珍本，赣刻六十种。

殿本：清初于武英殿雕刻御制及经史诸书，因称殿本。

监本：国子监所刻之书，省称"监本"。如于后唐冯道请令判国子监田敏校正九经，刻板印卖，见《五代史》。明，南北两监皆刊经史，故又有南监本、北监本之别。

朱墨本：《宋史》范冲修《神宗实录》，为《考异》一书。明示去取，旧文以墨书，删去者以黄书，新修者以朱书，世号"朱墨书"。又明万历间，乌程闵齐伋所刊书以墨印字，以朱印评点。两色相套，世谓之"朱墨本"。清康熙间，复衍为五色本，印刷术益精。

麻沙本：旧刻本之雕印不精者，世称麻沙本。按：麻沙，地名，南宋时属福建建阳县，地产榕树，质性松软，易于雕板。镌书人皆居麻沙一带，所刻颇为讹误。明弘治间，曾委官厘正之。今麻沙之本已罕流传，其地居民亦鲜以刊刻书籍为业矣。《石林燕语》谓："天下印书，以杭州为上，蜀本次之，福建最下。"所称福建本，即麻沙本也。

正本：对副本而言。《图书闻见录》："先三馆正本书万卷，自刻本盛行，学者易于得书，然板本或不是正，不无讹误。收藏家于常本之外，又觅善本藏之，谓之正本。"

副本：犹言誊本，对原本而言。《隋书》："炀帝即位，秘书三阁限写五十副本，分为三品：上品红琉璃轴，中品绀缯璃轴，下品漆轴。"

校本：藏书之家，遇有善本，照录于常本之上，谓之校本。《韩文考异》此集今世本不同，推方氏校定本号为精善。

4. 藏书家

焦竑：明上元人，字弱侯，授翰林修撰。卒后追谥文宪。藏书两楼五楹俱满，皆手自校过。有《焦氏藏书目》二卷。邢子才"日思误书"。何焯义门、全祖望作《墓碑铭》《鲒埼亭集》。沈彤《行状》《果堂集》。

秦恩复：字近光，江苏江都人。乾隆五十二年进士，改翰林院庶吉士，散馆授编修。读书好古，所居五笥仙馆蓄书万卷，丹铅不去手。尤精校勘，延顾千里于家，共相商榷。卒年八十四。

黄丕烈：字荛圃，江苏吴县人。乾隆五十三年举人，官主事。丕烈博学赡闻，寝食于古，好蓄书，尤好宋椠本书。尝构专室藏所得宋本，名之曰"百宋一廛"，自称佞宋主人。黄荛圃藏书，凡宋、元板，以甲乙别之，宋板为甲，元板为乙。参见杨玉《独学庐四稿·清秋居士家传》。

卢文弨：杭州人，号抱经。好校书，翻阅点勘，朱墨并作，寒暑无间。著有《群书拾补》《仪礼注疏详校》《钟山札记》《龙城札记》《广雅注》等。

顾广圻：元和人，字千里，号涧薲，道光诸生。广圻喜校书，皆有依据。其持论谓：凡天下书，皆当以不校校之。有取于邢子才"日思误书，更是一适"语，因自号思适居士。著有《思适斋集》。

孙星衍：（略）

5. 丛书名称

古无辑录群书为丛书者，唐陆龟蒙有《笠泽丛书》，"丛书"二字始见于此，然实为诗文集之别称。宋温陵曾慥集《穆天子传》以下二百五十种为类说，虽各标书名，而文非全录。惟宋宁宗时太学生俞鼎孙集《石林燕语辨》七种，刊为《儒学警语》四十卷，实为丛书之所昉。

《百川学海》：宋古郯山人左圭辑，为宋人汇刻书之仅存于今者。丛书之刊，昉于此。凡十集，一百种。明吴永续之，凡三十集。冯可宝又广之以十集。按：《法言》云："百川学海而至于海"，其命名盖取此。

《古刻丛抄》：明陶宗仪编。所录碑刻凡七十二种。

《稗海》：明万历时，会稽商濬编刻，共十函，凡七十种。今所刻者为振鹭堂重编本，不如原本之善。

《津逮秘书》：明毛晋校刊。胡震亨有《秘册汇函》，晋得其雕板，因附益之。凡十三集，一百四十四部。

《通志堂经解》：清初，纳兰成德所刊。其书则皆徐乾学家藏本也，唐、宋、元、明人说经之书，传本罕见者，悉收入焉。共一百三十八种，今广东有翻本。道光间，昭文张金吾编《诒经堂续经解》，元和顾湘编《艺海楼经解》，其意皆欲续纳兰之书，卷帙浩繁，未刊行。

《随园三十六种》：清袁枚别墅名，在江宁小苍山。

《学海类编》：清初，秀水曹溶编。近有活字本，分经翼、史参、子类、集录四类，凡二百二十九种，中以明人遗著为多。

《赐砚堂丛书》：清长沙顾沅，先世蒙世祖颁赐古砚，因额所居之堂曰"赐砚"。沅尝刻《赐砚堂丛书》，凡甲、乙、丙、丁四集。

《畿辅丛书》：定州王氏编。光绪五年校刊，是汇刻先贤之书，始于明刘昌钦之《中州名贤文表》，迄乎清代，其风渐盛，而范围之广、种类之多，则王氏此编可云大观。凡三百三十五种。

《学津讨原》：清张海鹏编。海鹏病明季毛晋刊《津逮丛书》抉择不精，别刊此书。凡分二十集，一百五十二种。

《玉函山房丛书》：清马国翰辑。

《读画斋丛书》：清顾修撰。修字菉涯，桐川人，官教谕。好蓄书，其斋名读画斋，其所藏者汇刻为《读画斋丛书》。已刻者八集，四十六种，壬、癸二集未刻。

《经训堂丛书》：清毕沅校刊，凡二十三种，其七种则《春秋》古书也，孙星衍助其校勘，一字一句，悉有依据，称为善本。

《微波榭遗书七种》：孔继涵，清曲阜人，字荭谷，乾隆进士，官户部郎中，深于三礼，校刻……又算经十书，皆称精本。

《皇清经解》：一名《学海堂经解》，清道光间阮元编辑。刊于广州之学海堂，共一百八十八种。光绪间，王先谦又辑《皇清经解续编》，刊于江阴之南菁书院，共二百九种。合之阮刻，清人汉学家言此已大备，诚经生之鸿宝也。近人又撰《皇清经解正续编目》以为检查之助。

《南菁书院丛书》：南菁书院在江苏江阴城内，清光绪间，江苏学政黄体芳创建，以经史词章课士，有《南菁书院丛书》及文集行世。

《史学丛书》：清张之洞督粤时，命广雅书局编刊。清儒考证乙部之书，凡翔实有裨正史者悉为收入，共八十六种。

《昭代丛书》：清张潮辑，沈楙德续。所刻皆小品，限于清人，故曰"昭代"。共廿一集，凡五百六十种。部病类之矣，江左遗民谈近儒本识。

六、文学　附书法

孙公生长名门，自少读书学文，尽得堂上父、叔之指授，原系早具规范，只因以后专治经子、钟鼎诸学，无暇复工词章。逮诸学成就，其词章温雅之名遂为所掩矣。所有题识酬应等作，皆率意为之，无存稿。殁后，人得之珍逾球璧。今邑间常见有遗墨流传，各书自作之诗词，故其子孟晋《经微室遗集叙》云："先征君生平著述，其为专编者都二十五种，而缀草未竟之作犹不与焉。……至于诗文杂制，随口而出，援笔立就，大率篋不留稿，浸以放失。当日自以为命世传远，固在彼而无贵乎此。迨夫异时追仰，则佚篇剩简，孰非瑰宝耶？！"

窃尝论吾乡儒术之盛，无过于南宋乾、淳之际，而其文章尤美者，曰水心叶氏、止斋陈氏。止斋之学最深于经，而其发之为文，则子长、永叔之流也；水心之学最深于史，而其发之为文，则贾生、苏氏之流也。——《逊学斋文集八·介庵文集叙》

邑人杨志林《苏武慢跋》云："先生著作等身，刊刻传世者，大都发挥经谊、斠注周秦诸子、考证金石、龟甲文字之书。生平题跋、诗词，多不存稿。此亦吉光片羽，洵可宝也。"

宋慈抱《孙氏遗书总序》云："（上略）至于文人通病，许、郑谈经，不善文章；任、沈多才，未谙考据。先生则序跋之作，比辛楣而尤精；骈俪之文，与巽轩相比美。解经诂史，每有专篇；考献征文，尤多名作。……均见于《籀庼述林》卷中，盖比汪中《述学》且远过之。"

按：其父琴西太仆为古文词，导源迁、固，而甄综唐、宋韩、欧诸家之长。于诗嗜山谷，于词嗜东坡、稼轩。其叔蘡田学士，诗文渊懿清雅，出入唐、宋。

又按：太仆、学士兄弟，皆留心乡学，尤喜陈止斋、叶水心二前辈之文章。而精校遗集，点勘数过，丹黄杂遝，考论异同，刊为善本。又各编陈文节、叶文定《年谱》，其尊崇乡哲如此。孙公克绍家学，耳濡目染，出辞气亦不自知已甚雅训近古矣。

兹照录常用辞藻，分为四类如左：1. 古文字 2. 词汇 3. 文言 4. 代语。

（一）古文字

1. 古文字

笔画	部首	字体	
		正字	古文
二画	亠	享	亯
	丷	冰	仌
		憑	馮
		次	㳄

笔画	部首	字体	
		正字	古文
	冖	罕	罤
	厂	原	元
		厭	猒
	尢	尤	尣
			訧
	人	今	仒
		作	伧
		佐	左
		他	它
		但	亶
		伺	覗
		俯	俛
			府
		仰	卬
		供	共
		做	放
		俟	竢
		俚	里
		仲	中
		倘	儻
		伸	信
		停	亭
		借	耤
		債	責
		傑	杰
		俊	儁
		俸	奉
		僅	廑
		備	葡
		便	偄
		僻	辟

续表

笔画	部首	字体	
		正字	古文
		倦	勌
			券
		倒	到
		假	叚
		倫	侖
二画	刀	創	刱
	刀	副	福
		辦	乎
		刊	栞
		劃	畫
		劉	鎦
			鎦
		列	例
		刪	剟
	力	勇	戜
		勃	浡
		動	勳
		剿	剝
		勵	厲
		勢	埶
三画	囗	圍	圁
	彡	形	形
		影	景
	广	庇	芘
		庵	广
			闇
		廓	郭
		廟	庿
		座	坐
		庫	卑
		序	敍

续表

笔画	部首	字体	
		正字	古文
		廢	癹
			癈
	彳	從	从
			逫
		得	㝵
		往	㣙
		後	后
		復	复
		德	悳
		徜	尚
		微	散
		祥	羊
		徵	征
	宀	寫	窢
		審	宷
		察	詧
三画	宀	實	寔
		寖	浸
		寢	寑
		寧	寍
		寥	廫
	口	啼	嗁
		咏	永
		否	不
		吟	唫
		呼	評
		哲	喆
		喜	憙
		啻	翅
		嘯	歗
		囂	㗊

续表

笔画	部首	字体	
		正字	古文
		嗜	耆
		嗟	䔹
		嗚	於
		囑	屬
	巾	幕	莫
			幙
		希	睎
	尸	居	凥
			屋
		展	琵
		屢	婁
		屑	屑
	山	岩	喦
		崛	崫
		峯	夆
	土	堂	坐
		型	刑
		塔	墖
		塊	凷
		域	或
		墜	隊
		境	竟
		冢	冡
		埃	壒
		野	埜
		墟	虚
三画	土	垒	垒
		塾	墪
		疆	畺
		墨	墨

笔画	部首	字体	
		正字	古文
		壑	叡
		壅	雝
四画	日	早	蚤
		昧	吻
			臽
		時	旹
		昔	簪
		是	諟
		春	旾
		晰	晳
		暮	莫
	月	明	朙
		望	朢
	气	氣	气
	毛	毫	氉
	木	杜	皼
		矩	榘
		枝	榰
		柢	氐
		櫃	匱
		榜	榻
		集	雧
		梅	楳
		桑	桒
		柳	栁
		棹	逴
		校	挍
		樓	廔
		末	標
		棲	栖

续表

笔画	部首	字体	
		正字	古文
			槌
	火	災	灾
		然	狀
		无	无
			亡
			罔
		熟	孰
四画	火	默	嘿
		照	炤
		燭	爥
		燃	然
		燼	妻
			烬
	水	汝	女
		法	灋
		涯	厓
		派	辰
		混	混
			輥
			圂
		浸	寖
			戞
		淪	隃
		漏	扇
		渡	度
		泊	臬
		菈	浥
		渺	眇
		激	敫
		淵	开
		淳	湻

笔画	部首	字体	
		正字	古文
		源	原
		洛	雒
		溯	㳷
			沂
		沒	湲
		汴	汳
		滅	威
		淫	婬
		渴	潐
		澤	澤
		潔	絜
		澀	蹋
		滬	扈
四画	心	忌	惎
		忖	刌
		恂	徇
		惶	皇
四画	心	怡	懌
		愧	媿
		慾	欲
		闷	懣
		愉	媮
		惭	慙
		爱	恶
		思	恩
		志	恴
		急	亟
		恭	龔
		慎	昚
		悯	閔
		慨	愾

续表

笔画	部首	字体	
		正字	古文
			嘅
		懸	㮹
			縣
		愕	咢
		愁	㦂
		慰	尉
		慊	嗛
		悟	寤
			牾
		悏	愿
		懷	怀
		愈	瘉
		惜	憎
		悕	欷
		愠	憻
		憂	惡
		愱	嫉
			疾
		懿	懖
		慕	慕
		慘	懆
		懇	狠
		忏	迁
		忘	忩
		懼	思
			盡
	手	掃	埽
四画	手	措	厝
		揚	敭
			楊

笔画	部首	字体	
		正字	古文
		掬	匊
		撫	憮
		撮	最
			冣
			㝡
		擒	捦
		攘	戁
		括	栝
		擬	儗
		撰	譔
		搜	摻
		採	采
		探	撢
		抱	褒
		撓	嬈
		抵	氐
		扼	掐
		擱	閣
		擧	舉
		捲	卷
		揭	楬
		搏	嫥
			喘
三画	寸	奪	敓
		尋	繛
		導	道
四画	方	旁	㫄
		施	鈘
	欠	歟	與
		欷	悕

笔画	部首	字体	
		正字	古文
			唏
		歡	懽
		歌	哥
	戈	武	㦿
	犬	猝	卒
		猶	猷
		獨	獸
	女	婿	聟
四画	广	庆	庆
	攴	敝	劧
		更	㪅
		散	㪚
五画	立	并	竝
		端	耑
		靖	竫
	禾	年	季
		移	䄷
		和	龢
			咊
		稱	偁
		秋	烁
		種	穜
		穢	薉
		稾	藁
			稟
	疒	疾	𤕫
		癰	㿈
		瘁	勦
	目	瞭	憭
		覽	攬
		眉	睂

续表

笔画	部首	字体	
		正字	古文
		省	渻
			媘
		現	見
		覓	覒
		瞬	眴
		睨	倪
		督	豰
	示	視	眂
			眎
		禦	御
		禍	旤
		禪	嬗
	衣	裘	求
		衰	痕
		裝	庄
		襟	衿
		襮	暴
		複	福
五画	衣	裨	髀
			稗
			髀
	玉	玩	翫
		琛	琛
		美	媺
		弄	羑
	石	磨	劘
		碎	瓵
			墼
		确	碻
			确
		磚	專

续表

笔画	部首	字体	
		正字	古文
			砖
	田	畞	畂
		留	畱
		异	异
		畢	畢
		畜	稸
		暢	㫿
	用	用	庸
		周	匊
	冊	册	冊
			笧
	穴	窳	寙
		窮	竆
	矢	矩	榘
六画	血	衊	蔑
	肉	脫	脫
		肯	肎
		胸	匈
		脅	脇
		臆	肛
		脉	衇
		腦	囟
		臃	雝
		腕	掔
		背	北
		膚	疾
六画	艸	草	屮
		草	艸
	艸	華	蕐
		茫	汒

笔画	部首	字体	
		正字	古文
		蔽	蔽
			敝
			劯
		菽	茉
		菱	淩
		萃	稡
		藝	埶
			執
		荐	洊
		藉	耤
		薛	辥
		藏	臧
		董	薰
		芟	薅
		葉	篥
	竹	笑	咲
			关
			戻
		篋	匧
		策	築
		範	笵
		篤	竺
		箋	牋
			牋
	糸	納	内
		係	系
		網	网
		累	絫
		索	索
		績	勣

笔画	部首	字体	
		正字	古文
		繇	由
		纂	簒
		繁	緐
		縱	從
		繼	䜌
		紘	貤
	米	粗	麤
			觕
		糧	粮
六画	米	粥	鬻
	虍	處	处
	羽	翦	翶
	行	術	术
	耳	聲	哻
		聽	玨
		聊	聊
			廖
			憀
	而	霸	伯
	羊	义	誼
		養	敉
		善	譱
	貝	貫	毌
		賑	振
		貴	臾
		寶	珤
	西	西	卤
	至	至	晉
			致
			郅
	聿	肇	肇

笔画	部首	字体	
		正字	古文
	虫	蜚	□
		蛛	黿
	身	躬	躳
		射	躲
七画	言	記	紀
		許	鄦
		謏	諓
		謫	讁
		讌	燕
		詞	冒
		詩	訨
		該	晐
		諒	亮
		譬	辟
			比
		託	訑
			侂
		評	平
		訾	呰
七画	言	訾	訨
			紫
		認	刃
		詁	故
		譜	諩
		誤	悟
		謨	模
	足	疏	疋
			婭
		躋	踤
		踵	歱
		歴	秝

续表

笔画	部首	字体	
		正字	古文
		歸	逿
			帰
		距	岠
		蹶	㢞
		踪	蹤
		跡	迹
		疑	冝
		躐	獵
	走	迄	汔
		近	岓
		遜	孫
		進	晉
		道	衜
		造	艁
		遇	遌
		逮	逮
		違	韋
			韍
		返	反
		遑	皇
		遽	渠
		達	達
		遂	豩
		避	辟
		逾	隃
		越	越
	車	辑	咠
			緝
		較	較
七画	車	較	校

笔画	部首	字体	
		正字	古文
			挍
		輔	俌
		軍	甸
		專	顓
			嫥
			剸
			嵩
	邑	鄒	鄹
		郵	鄭
		郭	國
		郡	羣
		耶	邪
		邪	邪
		鄙	啚
	号	號	喝
	門	閣	閣
		間	開
		闢	辟
	角	角	圀
	酉	酌	汋
		酬	詶
八画	金	錄	录
		鉅	巨
		鑛	匲
		鏡	竟
	阜	陋	匢
		障	章
		陽	易
		陰	会
		陣	陳

笔画	部首	字体	
		正字	古文
		陶	匋
		隔	鬲
		附	坿
			傅
		陵	淩
	雨	雲	云
		霧	霡
		靈	霝
		零	霝
八画	隹	難	鸂
	隹	雜	襍
			繰
		離	离隹
		雅	疋
	頁	頌	攽
		顛	瞋
		頤	臣
		顯	㬎
		額	頟
		鬚	須
	豸	貌	皃
九画	音	韵	均
	馬	驅	駈
		駭	騋
		驗	譣
十一画	鹿	麤	麿
		麗	丽
		麤	猋
		麟	麐
	鳥	鳩	勼
	麻	麾	戲

笔画	部首	字体	
		正字	古文
	医	醫	毉
	食	餉	饆
			饟
			饟
			糈
		飾	餙
		饐	饐
补遗		卑	峀
		忘	恖
		歸	皈
			眉
		鮮	尠
		奔	猋
			犇
		乎	虖
		以	㠯
		教	敎
		乃	迺
		旨	旨
		黨	郇
		希	睎
		甫	父
		乘	椉
		首	嘗
		舛	倸
		丘	㞢
		垂	𡑭
		嗣	孠
		帥	達
		叔	未

笔画	部首	字体	
		正字	古文
		友	𠬪
		亦	夾
		罪	皋
		卷	马
		業	烈
		向	鄉
		疲	置
		去	厺
		前	歬
		幾	几
		譬	伏
		一	弌
		太	大
		畔	叛
		齋	壸
		學	孝
		焉	鳶
		幸	奉
		暨	臮
			遷
		雕	彫
		互	午
		交	這
		錯	遒
		卓	逴
		淆	殽
		考	攷
		覵	睹
		銜	衙
		領	聆

续表

笔画	部首	字体	
		正字	古文
		細	絪
		殘	奶
		其	渠
		般	夥
补遗		厚	旱
		作	伦
		塗	涂
		毫	豪
		策	筴
		諮	咨
		艱	囏

骈字类

交互：交午　交错：迗道　纷纭：纷貵　奶瓶：残碎　凋敝：彫劫　疏漏：延扁　彷佛：仿佛　根柢：根氐　矩艧：矩艧、萬艧　权舆：蘿蓊　慷慨：忼概　憔悴：顦顇、蕉萃　装潢：装池　邂逅：薜莳　颠倒：颠到　呜呼：於虖　仓猝：仓卒　劳瘁：劳勩　慨喟：嘅喟　遵循：逡巡　压搁：压阁　扼腕：挖挽、扼掔、挖掔　转瞬：转眴　恳挚：肫至　丛惠：从臾　祝诞：祝延　徜徉：尚羊　欹歔：悕歔　障蔽：章蔽　毫末：豪標　歌詠：哥咏　嗟乎：詟虖

2. 虚字

作　品	简　称	代　号
周礼正义叙	正义	1
周礼政要叙	政要	2
大戴礼记斠补叙	大戴记	3
九旗古义述叙	九旗	4
尚书骈枝叙	尚书	5

续表

作　品	简　称	代　号
周书斠补叙	周书	6
六历甄微叙	六历	7
古籀拾遗叙	古籀	8
古籀余论叙	籀余	9
契文举例叙	契文	10
名原叙	名原	11
温州古甓记叙	古甓记	12
墨子间诂叙	墨诂	13
墨子后语叙	墨语	14
札迻叙	札迻	15
温州经籍志叙	温志	16
永嘉郡记集本叙	郡记	17
瑞安县志稿建置沿革表引	瑞志表	18
温州府志稿建置沿革表引	温志表	19
艮斋浪语集叙	浪语	20
刻竹轩杂著叙	竹轩	21
刻横塘集叙	横塘	22
刻蒙川遗稿叙	蒙川	23
书校顾诗后	顾诗	24
书干常侍易注疏证	干易	25
跋王居士塔砖铭	王塔	26
题董香光书后	董书	27
书何无咎……临书谱后	何书	28
曾祠百咏叙	曾祠	29
书四灵诗后	四灵	30
书藏砖拓本后	藏砖	31
东瀛观学记叙	观学	32
补学斋诗抄叙	补学	33
东游日记叙	东游	34

续表

作　品	简　称	代　号
师竹斋吟草叙	师竹	35
蚕桑验要叙	蚕桑	36
与梁卓如书	卓如	37
与苏教育总会书	苏教	38
与章某书	太炎	39
与某书（宗湘文）	湘文	40
与邃某书	邃某	41
与趎斋书	趎斋	42
与人论修南雁志书	南雁志	43
与黄漱兰书	漱兰	44
致教育总会书	教育会	45
致学务议绅书	议绅	46
致大公祖书	大公祖	47
致黄仲弢书	仲弢	48
与刘次饶书	次饶	49
与陈志三书	志三	50
与某书	某官	51
张广雅寿叙	广雅	52
六十辞寿启	六十	53

笔画	部首	虚　字	释　义	原句举例	出处代号
一	丿	乃		乃以《尔雅》《说文》正其诂训。	1
		乃亦……何也		乃亦以耳为目何也？	43
		乃至		而反复若陈公辅辈乃至反颜谯诟以相倾陷。	21
		乃得		乃得尽刊今本之谬。	23
		乃适		而此条乃适与彼相类。	43
		迺	古文"乃"	参互审校，迺略通其文字。	10
		迺亦		其砖迺亦皆类此。	12

笔画	部首	虚　字	释　义	原句举例	出处代号
		迺取		迺取《诗》《礼》《尔雅》诸经与九旗相涉之文悉心校核。	4
		迺知		迺知神明专书者，自能惟变所适，信足宝也。	27
		迺复		季师误采虚声，乃复征及鄙人。	45
		迺相与		乃相与联袂东渡。	32
二	亠	亦		亦略有所悟。	15
		亦……也		亦大贤嘉惠多士之盛心也。	40
		亦……矣		耳目所及，亦略具矣。	16
		亦……矣		疆域亦远广矣。	17
		亦以……为憾		亦以公遗集不传为憾。	21
		亦可		亦可藉……余，略润涸辙。	47
		亦必		亦必费半年唇舌。	49
		亦必……也		亮卓见亦必以为然也。	49
		亦未		疑石洲亦未睹原抄本。	24
		亦未必		本处倘议为编，亦未必能胜彼。	49
二	亠	亦足		附载近人题跋，亦足备考正。	42
		亦有		且古人之迹与习，亦有至今不变者。	1
		率		其更迭嬗易之为，率本于自然。	11
				率多毁灭。	12
				率有记述。	15
				后世公私著录，率有解题。	16
				昔贤率以不可读置之。	17
		率皆		率皆断裂，文字或刓蚀不具。	12
	厂	厥	其也	不越厥宗。	5
				谨举汉唐以来校雠家之例，论厥要略。	15
				沿厥旧规。	16
				并搜厥根荄。	16
		厥有		总其凡最，厥有二端。	16
		厥后		厥后撰著渐繁，记载难悉。	16
	亻	倘		倘有所津逮也。	13

笔画	部首	虚　字	释　义	原句举例	出处代号
		倘……必……		然周礼之教，倘永垂于天壤，则苍籀遗文必有爱护于不坠者。	9
		倘……以……尔		倘附王卢诸书之后以裨补遗阙，或有所取尔。	15
		信	实在也	信先秦雅记。	6
				信堪鼎足。	9
		信……也		其论之精者，与《周官经》《大小戴记》多相符合，信不刊之作也。	32
				信校雠之总汇，考镜之渊椷也。	16
				信申德之嘉颂，冠伦之奇作也。	27
		信足		信足网罗学界，羣揭士林。	38
		信足以……已		信足以赓续家集，辉映先达已。	33
		俾	使也	俾知为治之迹，古今不相袭。	1
				俾学者知墨家持论。	14
				修书俾游日本。	34
				俾圆颅方趾之论。	37
				俾从大贤之后，参预风议。	46
		俾遂		俾遂其观光之志。	51
		偶		偶付掌录，读之涕零。	24
		偶……辄……		偶涉考览，辄为叹息。	17
		傅	同附	或谓莽、歆所增傅。	1
		俄	旋也	篇简俄空，世无完帙也。	16
		伦		殆非韩、吕诸子之伦比也。	13
		仅此		补阙拾遗，仅此残剩。	17
二	亻	尽可		尽可斥退。	49
		但		但胪举故籍，尚多未备。	43
		但……耳		但恐其书猝不易成耳。	3
		似有		此字似有误剔之笔。	42
		似有……者		似有足相证明者。	37
		似不如		似不如径以衰茶多病不能远行辞之。	48

续表

笔画	部首	虚字	释义	原句举例	出处代号
		伊	助语	己巳之夏，属稿伊始。	16
		何以		不审诸先生橥才卓识，何以教之？	46
		何况		何况未及中寿，	53
		何图		何图偶示微痾，奄嗟怛化，惊悼何及！	48
		何遽		是累累者，何遽珍重若是！	12
		何论		何论其他。	37
		何如……耳		顾力行何如耳！	2
		何其……欤		何其隐显之殊绝欤？	3
		何能……哉		余又何能无概于心哉！	9
二	几	凡	统也	书凡二卷。	2
		凡……者	是也	凡隐篇秘籍，久无传本者。	16
				凡著弟子之籍者。	52
		凡……咸……	所有也	凡所以采获，咸缀识简端。	15
		凡……皆……		凡举一义，皆确凿不刊。	15
		凡……悉……		凡抑悒愤懑之怀，悉于诗发之。	33
		凡此		凡此昭焯，无劳藻咏。	29
		凡几	若干也	彼勤生薄死以赴天下之急，而姓名之澌灭，与草木同尽者，殆不知凡几。	14
	刀	别	另也	故别辟精庐，群为讲肄。	40
		别有		别有著录。	15
		别为		今别为考次。	18
		则	就也，即也	则私心所遵循而不敢越者。 其最后文极而敝，苟趣急就，则弥务省多。	15 11
		则……也		则义殊浅隘也。	37
		则……矣		今欲更张，则其义例宜先讲矣。	43
		则于		倘蒙延纳，同乘槎西渡，则于彼中政学，均可随时咨讨，为益无方。	48
		则或		则或穿穴形声，捃摭所异，凭臆改易，以是为非。	15
		则由		至近时地志录此志，或云晋郑缉之撰，则由俗儒臆定。	17

笔画	部首	虚　字	释　义	原句举例	出处代号
		则……不复		今则遗迹邈不复睹。	28
		则……耳		则区以别耳。	5
二	刀	则以为		尤所致意者，则以为中国自强之道，莫先于兴学。	52
		则亦以……而已		则亦以僻远羁縻之而已。	19
二	㐅	况	且也	况谛审司常建旗一经。	4
				况衰年多病。	53
		况夫		况夫树一义以为橥揭。	14
		况复		况复鞭策顽钝。	46
				况复断地为书，方隅……	16
		又非		而轻率从命，又非鄙邑所愿。	48
		又复		而外间希望资送者，又复视此为个人之利益。	49
		又不能		然事关一郡，又不能力辞。	49
		又不待……矣		又不待再计而决矣。	45
三	口	固	实也	固寰宇之通理。	1
		固……矣		求其效果，固知其难矣。	45
		固已……矣		世之好文者，固已弗心慊矣。	14
		固将		固将贯百王而不敝。	1
		固不……也		其本意固不如是也。	14
		固不能		固不能与墨抗行也。	14
	彳	復	再也	復出于河间。	1
		徒以		徒以散见群籍，艰于寻览。	17
				徒以非儒之论，蒙世大诟。	37
				徒以编录旧文，有类抄胥。	43
		徒欲		徒欲以一二令长之力，左提右挈，勉为调停。	45
		徒令		徒令种种恶感，集于学界。	46
		從……学		少卿从横塘许忠简公学。	21
		攸	助语	方隅攸限。	16
				大都繁简攸殊，而轨辙不异。	16

笔画	部首	虚　字	释　义	原句举例	出处代号
		悉	尽也	昨奉环章，备聆矩训。	40
		悉……云尔		悉职方之典录云尔。	17
		悉纡	尽受也	悉纡存问。	45
		悉揭		悉揭根柢，并著卷篇。	16
	广	庶	庶几也	庶广甄录，用备考稽。	16
				庶知刊削有由，异于逞臆弃取。	16
		庶使		庶使览者得以讨源，不难复检。	16
				庶使野言诡说，不淆文史。	16
		庶不至		庶不至为众咻所娆。	49
		靡不	靡，无也	靡不始于粗粗。	1
三	广			凡在闳达，靡不综涉。	17
		庸有……乎	庸，岂也	庸有救乎毫末乎？	2
		乎	助语	可于是乎求之。	22
	宀	安足……哉		复安足算哉？	14
				安足于论道术流别哉！	14
		安得……哉		安得精研礼学如金氏者，与之榷斯义之是非哉？	4
		曷任	曷义同安	翘瞻光霁，曷任钦迟。	40
		寖	通浸，渐也	寖失其义。	4
		寖用		仓沮旧文，寖用湮废。	8
		实	确也	义类纷舛，实乖史裁。	16
		实则		实则年来意兴阑珊，凡百灰心。	48
		实……焉		今之编纂，实奉为圭臬焉。	16
		允资	实赖也	将伯之助，允资同志。	50
		宁……乎		宁足异乎？	3
		宁……邪	邪、耶通	其违失苍史之旨，宁足责邪？	11
	攴	（夏）更	更，益也	于筹商全局，更不能仰赞一词。	46
		更有		更有书非目睹，而传帙确存者。	16
		更非所		祝延之典，更非所敢当。	53
四	牛	特	不过也	特常患为医所掩。	35

笔画	部首	虚　字	释　义	原句举例	出处代号
		特……耳		特此书名之下，兼及卷数，与彼小异耳。	16
		特无……则		特无教育以宣究之，则沦与罢癃督闓而莫能自振。	32
	女	要	总也	要不越政教二科。	1
		要……不过……		要其事实，不过如此。	10
		要皆		要皆周以后文字也。	11
		要惟		要惟是小学者，养国民之资格。	32
		要其……自是……		要其严谨遒媚，自是晋梁嫡冢，未容轻议。	28
		始	才也	始传于世。	10
				始窥国朝通儒治经史小学家法。	15
		姑	暂也	则姑为缀录，以俟参定。	16
				且堂中名额未足，姑留之。	49
	山	岂……哉		岂偶然哉？	21
		岂非……乎		岂非势之所必至乎？	14
		岂如……哉		是岂如……以难学子哉？	5
		岂无		岂无玮篇珍帙，晦而复显？	16
		岂徒……哉		岂徒吾乡先哲之幸哉！	20
	山			岂徒墨子然哉？	14
		奚……哉	奚犹何	舍金文奚取哉？	8
	弓	强	上声，勉强	仲叕又丛臾之，强以此相委。	49
		强相		比年敝里同人强相牵挽，俾侧学界。	46
		强以……终……		强以管见说之，终不敢自信。	48
三	弓	弥足	弥，益也	碎璧零玑，弥足珍贵。	17
	才	才	才	《二刘集》才四五卷。	22
		才……未……		弟于小学才涉门径，未窥窔奥，无足仰答尊问。	41
	已	已……矣		已拉杂摧烧之矣。	37
				昨已随函完缴矣。	46
				顾亭林先生已痛斥之矣。	53

续表

笔画	部首	虚　字	释　义	原句举例	出处代号
		已耳		所异者其治之迹、礼俗之习已耳。	1
		已不能		盖秦、汉间诸儒传续经典，已不能精究古文。	11
四	以	以	因也，做也	复以竹帛梨枣，抄刊屡易。	15
		以为	想也，当作	遂以为此经诟病。	1
				亦以为致确。（致同至）	9
				今别录为外编一卷以为搜访旧闻之助。	16
				常以为欲综汉宋之长而通其区畛者，莫如以永嘉之学。	20
		以……为		以稽古为职志。	7
				而多以甲乙为纪。	10
				以旧刊精校为依据。	15
				或以意为羼缀。	23
		以……为之		而以声类通转为之钤键。	15
		以……见属		益以郡学堂事见属。	49
		以……荐		以丰国赵忠简公荐入朝。	21
		以求		或改名它师以求免祸。	21
		以资		理而董之，以资道古。	18
		以逮		以逮云台耿、寇之奇。	29
		期以		期以旬日，略更定章程。	49
		兹以		兹以薄游钟阜，重谒棼楣。	29
		兹		多藉兹编，略识名址。	17
		夫以		夫以彼三十年之教育，其胜于吾今日创设之学堂，固不可以道里计。	32
		加以		加以蛰伏家衖，见闻疏隘。	46
		加以		而县学堂开支浩繁，加以津贴。	47
		兼以		兼以寻究仓后籀前文字流变之迹。	10
四	以	时以……见奇		古劲之中，时以涩笔见奇。	27
		益以		益以串捐商捐，岁入不逾二千余元。	47
				益以郡中官绅意见歧出。	49
	日	是……也		而未有读其书，深究其本者，是暧昧之说也。	14

笔画	部首	虚　字	释　义	原句举例	出处代号
		是以		是以祖冲之排之于前，僧一行诋之于后。	7
		是亦		是亦缀学者之耻也。	2
		是在		分别观之，是在鸿博。	16
		是所		是所至祷。	45
				俾资韦佩，是所至祷。	47
		是则……矣		是则不佞所睎望于方来者矣。	3
				是则南北之际，传播殊广。	17
	斤	斯	此也	斯则昭若发蒙矣。	5
				斯其符验矣。	6
				斯谓之契。	10
				斯古今之通患也。	35
				宦斯土者亦争相延至	35
				斯亦释纷之盛惠也。	39
				九流汇海，斯如巨派。	37
				斯亦先民之幸。	50
		斯……矣		斯其验矣。	14
		斯……者矣		斯又非余所能赞一词者矣。	35
		斯其		斯其一端欤？	15
		斯亦		斯亦旷代盛业。	37
		斯固……乎		斯固相因之理乎？	9
		斯固……尔		斯固不足以献疑尔。	10
		斯固……也		斯固不可以无述也。	53
		斯固		斯固古今盛衰之源。	52
		斯其		吾乡图牒，斯其权舆。	17
		斯皆……所宜		斯皆谈温故者所宜考镜也。	19
		斯为……焉		征文之余，斯为宏焉。	16
		断无从		断无从搜检南雁荡山故实。	43
		所	被作	秦汉诸子若吕不韦、淮南王书，所采撕至博。	14
				所论著尤众。	15
				所自见者十一而已。	16

笔画	部首	虚　字	释　义	原句举例	出处代号
		所以		永嘉经制之儒，所以能综经义治事之全者。	20
四	文	故虽	故，所以也	故虽古籍沦佚。	1
				故虽时代匪遥。	16
		故不复		既备载全文，则姓名已具，故不复冠以某某叙跋之类。	16
		致	通至、郅	其说皆致确。	4
		敚	通杜，闭也	下以杜天下之口。	1
	犬	猥以	猥，乃也	猥以前呈拙著《墨诂》，厚荷藻饰。	37
		猥多		书林衔鬻，题缀猥多。	16
		独以		诒让独以衔恤家居，不得与称庆。	52
		犹	还也	犹疑信参半。	1
				犹抱大司乐一经，于兵火丧乱之余。	1
		犹忆		犹忆同治癸酉，侍先太仆于江宁时。	3
				犹忆同治间，余侍亲江东时。	9
		犹是		人之性犹是也。	1
		犹若是		而所得犹若是。	12
		犹复		屡奉批严饬，犹复不准。	49
		犹不能		故缀学之士，犹不能研索总贯以搜经制之精。	20
		犹不得		则其地旷而民稀，犹不得与中原等也。	19
	水	深以……为憾		深以未得奉手承教为憾。	37
		深相		嗣至申江，从张经甫谭经世之学，深相投契。	48
		深悔		深悔前说之孟浪。	37
		深爱		曩读墨子书，深爱其撢精道术，操行艰苦。	37
	方	方	正也	海内方趣望中兴。	9
				时余书方脱稿。	9
		方……也		书此时，余方纂《温州经籍志》也。	34
		方将		方将遍游五大洲以扩闻见。	34
		旋	不久也	旋入于秘府。	1
		於	对也，一作于	于中国贫弱羸败之故。	37

笔画	部首	虚　字	释　义	原句举例	出处代号
		于是		于是有五旗，以上法天官，下应方邑。	4
		于……为		于墨学为别传	13
				于伊川为再传弟子。	21
		于……未能		于公之盛德大业，未能仰赞万一。	52
		于……皆能		于汉、宋涂径皆能讨核。	48
		于	在也	附制举于总集，入传奇于别史。	16
			于、诸同义	著于《周官》，……征诸《尔雅》。	17
				于终南山梗梓谷出土。	26
		于……之外	除也	于各教科之外，兼课西文。	47
四	方	于以	于是	于以致纯太平之治。	1
		尤	更益愈也	訾议之者尤众。	1
				尤为究极微妙。	5
				篆画尤简省。	10
				尤增愧悚。	37
				尤懵无所解。	46
		尤为		尤为无例。	16
				尤为疏略。	16
				上溯胜朝，尤为辽邈。	16
		尤少		以此书流传尤少。	21
		尤难……已		编素俄空，尤难臆定已！	17
	歹	殆	差不多大概	殆未必成也。	3
				殆不可以偻指数。	5
				殆成废绌。	9
				迄今数千年，人间殆绝矣。	10
				洛水龟书，殆亦犹是。	10
				冢已破坏殆尽。	12
			几、近	目诵所及，殆数十家。	16
			差不多	吟笺往还，殆无虚日。	33
				此殆亦形学之精理矣。	37
				不至省者殆逾廿载。	45

笔画	部首	虚　字	释　义	原句举例	出处代号
				平邑诸贤，殆无逾吾兄者。	49
		殆……已		殆倍蓰而未已。	34
		殆……者		殆有不可思议者。	46
		殆……矣		殆莫能尚矣！	1
				殆尤未窥其本末矣。	43
				殆盈箧衍矣。	5
				殆可捧腹矣。	44
		殆……乎		殆亡于永嘉之乱乎？	3
		殆亦……乎		则此册为……权舆，殆亦愚初所乐为乎？	34
		殆……欤		斯殆持平之论欤？	13
		殆即……欤		墨子之囚，殆即昭公之末年事欤？	14
		殆非……也		殆非寻常俗吏所能及也。	33
		殆尽		而周公之大经良法荡然殆尽。	1
		殊	很也	而询以《大戴礼疏》，则殊不瞭。	3
				释文亦殊精审。	9
	木	相与		相与挢摛之。	1
				则亦相与守其故常	1
				相与商榷定之。	9
四	木	相与		相与摩挲椎拓，竟日不倦。	9
				乡农闻余得砖，皆相与聚观。	12
		相率		则相率道余往求之。	12
		相拟		与子思《中庸》相拟。	3
		相继		刘、胡两君相继物故。	3
		相厕	杂也、混也	而温州旧志，并与本郡著述相厕。	16
		互相		间用字书及它刻互相斠核。	8
		竞相		陋儒耳学，竞相附和。	17
		未必……不无		此又读《公是弟子》之记，未必皆详，写庾公参佐之名，不无遗略者矣。	29
		未有		而温州未有著录者。	12
		未为		凡此科条，未为允协。	16

笔画	部首	虚字	释义	原句举例	出处代号
		未能		未能尽通也。	1
				斯之学识，度未能远过三君。	11
				故亦未能详备。	16
				未能奉手受教也。	33
				诒让亦时参末席，愧未能学步也。	33
				敝处愧未能企及。	49
		未容		斯知成、诚两通，未容专固例之。	17
		未尝		然未尝见唐以前砖也。	12
		未审		未审台旨以为何如？	42
		未敢		未敢著之于篇。	37
		未逮		以昌厥绪而未逮也。	20
		未盈		未盈百祀。	17
		不必		然多存虚目，不必真有藏本。	16
				不必经览，即定为存。	16
		不及		老眼昏眵，不及庄楷。	38
		不及见		不及见南渡之兴。	22
		不任		及年久质朽，不任毡蜡。	31
		不胜		已不胜其哗聒。	2
		不揣		故不揣梼昧，辄有敷陈。	40
		不宜		此经不宜独阙。	1
		不无		检核群书，不无遗阙。	14
				故不无望文生训之失。	37
				然因此一班功课，不无牵就。	49
		不为		则宜黄所述，不为无征。	17
		不得		缉之宋人，其书不得记隋、陈间事。	17
		不意		不意过眼云烟。	9
				不意衰年睹兹奇迹。	10
				不意怀抱郁激，竟身自蹈之。	37
四	木	不审……何如		倘令晋光草迹复出人间，不审视此册又何如也？	28

笔画	部首	虚 字	释 义	原句举例	出处代号
				不审如何甄录?	44
		不翅		征讨之难，不翅倍蓰。	14
		不啻		较之陕西碑估所鬻本，不啻天壤。	26
		不虑		然存阙并凭目验，不虑讹踳。	16
		不达		官皆不达。	22
		不逾		大都不逾三十余人。	14
				周集存者不逾十卷。	22
		不获		赍志以殁，不获竟其设施。	22
		不坠		胡氏诗学，继起有人，雅音为不坠矣。	33
		不独……亦……		于是忠肃遗集不独原本不可复见，而阮编本亦点窜无完肤矣。	23
		不有……曷资		不有区分，曷资参证。	16
		不容不		尤不容不讲字体。	41
		不能		不能备也。	11
		不能不		但难易成败不能不熟计。	49
		不旋踵	很快时间	不旋踵而溃败不可振。	1
		总不		我辈总不甘为渠作傀儡。	49
		不一		若斯之类，不一而足。	19
		不刊		是不刊之作。	48
		不已		爱玩不已。	10
		不得已		毫无权力，不得已挽弟相助。	49
		不可		篇帙日增，不可殚究。	16
		不足		古所恒觏，不足异也。	10
				不足取信。	16
				至于郡县地志及流俗类书，展转稗贩，悉不足凭。	17
		不足以		孤文碎语，不足以考其闳旨。	14
				不足以挽此危局。	38
		不足齿		温处僻居海滨，向以朴僿不足齿于东西诸名郡。	38

笔画	部首	虚　字	释　义	原句举例	出处代号
		不足据		病明以来图经所载沿革，舛午不足据也。	19
		不足辨		并《隋志》亦未成寓目，其误盖又不足辨云。	17
		必非		必非口舌所能争。	44
		必有		王者之兴，必有所因于故名，亦必有所作于新名。	11
四	木	必有……矣		必有以持其是非之平矣。	14
		必有		宛溪精博，必有依据。	17
		必不可以		其必不可以已矣。	32
五	皿	益	更也	益恢郛郭。	16
				益崇阐斯义。	52
				南旋多病，腰脚软弱，精力益衰。	45
		益以		益以他书。	7
				益以串捐、商捐，岁入逾二千余元。	47
				益以郡中官绅意见歧出。	49
		益……以求……		益稽核考索，以求制作之源。	20
		益甚		元、明以来，晦蚀益甚。	20
		益增		披诵图经，益增懵惑。	18
		盖	总申上文	盖古文废于秦，籀缺于汉，至魏、晋而益微。	8
				吴书释文，盖龚礼部自珍所纂定。	8
			未定词	考读金文之学，盖萌柢于秦、之际。	8
			申明上文	然薛氏之旨，在于鉴别书法，盖犹未刊集帖之陋。	8
		盖……者		盖从宋本侈录者。	30
		盖……也	大概也	盖后世校字之权舆也。	15
				盖土训之骈枝，书录之后裔也。	16
		盖……矣		盖尤明辨晰矣。	3
				盖亦幸矣。	12
				盖其得于性情者深矣。	35
		盖……使然		盖地势使然。	38

续表

笔画	部首	虚　字	释　义	原　句　举　例	出处代号
		盖欲		愚初之行也，盖欲谙其政俗得失。	34
		盖阙		不守盖阙古义。	23
四	见	视	比也	检校其目，视文达所录《两浙砖文》数殆过之。	12
				然视夫望而非之者。	14
				视唐玄奘……所记录。	34
		觊……焉		觊与学者共商榷焉。	15
		觊……耳		觊博一发耳。	37
		觊得……用资……		觊得旧经，用资参检。	17
五	田	略		略殊旧辙。	45
		略可		官秩所至略可考。	17
		略为		则并据科第生卒之年略为排比。	16
		略有		略有所窥。	52
五	田	略述		略述其义例大概。	44
	立	竟		于此六篇竟不著一字。	37
				于乐则竟屏绝之。	13
		并	皆	余并不存。	14
		并不		然中郎所书石经残字并不用篆变书。	41
		并有		并有失卷。	43
		并为		并为捃采。	16
		并时		或二君并时，各垂纂制。	17
		俟……当……		俟写定，当寄质大雅。	39
	穴	窃		窃思我朝经术昌明。	1
		窃以		窃以今五十三篇之书推校之。	14
		窃思		窃思以商周文字展转变易之迹，上推书契之初轨。	11
		窃惟		窃惟公自妙年通籍。	52
		窃念		窃念海内闳达。	3
				窃念师田之建旗，所以表事章信。	4
		窃欲		窃欲刺剟残碎，少附正经说字之学。	8

笔画	部首	虚　字	释　义	原句举例	出处代号
		窃疑		窃疑其必有微言大例。	37
		窃谓		窃谓校书如仇，例肇西汉。	15
				窃谓古名医如……何曾不精通儒书。	35
				窃谓宜仿释惠远《庐山纪略》之例。	43
				窃谓修志与修史略同，一乡文献所系甚重。	44
		究非……也		究非善法也。	49
	矛	务		务以相胜。	14
				务陈古刱今。	13
		务为		至其接世，务为和同。	13
	戊	咸		咸有诵述。	6
				咸与此经多相符合。	1
				咸惊叹为得未尝有。	12
		咸足		咸足饷遗来学，沾溉不穷。	15
		咸谓		咸谓吾乡金石之古，无逾是者。	12
		咸资		诹古辨物，咸资取证。	17
	可	可为		税额之旺，可为标券。	47
		可痛		旧学衰息，甚可痛也。	20
		可以……矣		可以鉴矣。	2
		可不至……矣		可不至湮坠矣。	3
		可不谓……欤		於虖，可不谓盛欤！	20
	用	用	与以同义	用补有商一代书名之佚。	10
五	用	用		用代简毕。	10
				用俟考定，再为叙次。	16
				用归简要。	16
		用相		用相叅补。	7
				用相甄核。	13
		用楬		用楬采摭之本原，且证沦佚之时代。	16
		用俟	俟之古文	用俟方闻，理而董之。	16
		用惩		用惩臆造。	16
		用遗		用遗来学。	13

笔画	部首	虚 字	释 义	原 句 举 例	出处代号
六	艸	苟	假使也	其有义士逸民，身遭易姓，苟节崇肥遯，则仍系故朝。	16
				苟地志已具，则无贵繁征。	16
		万不能		恐大权万不能收回。	49
		莫		莫得其详。	14
		莫尚		古记言之经，莫尚于《书》。	5
		莫若		宜莫若求其道于此经。	1
		莫能		莫能通之于治。	1
				而徒属名籍亦莫能记述。	14
		若	如也	与二三同志若林祁生庆衍、周伯龙珑、中龙璪辈恣意游览，穷搜古刻。	12
				若援越拒法。	52
		若……则		若编帙既亡，孤文仅存，则纵有疵类，不废逵誉。	16
		若……者哉		呜呼！若少卿者，真不负丰公者哉！	21
		若然		若然，不过就五正旗而别异之。	4
	糸	綦	甚也	厥体綦详。	16
		继	继而	继余以赀郎留滞春明。	9
		继又		继又得晋升平、宋元嘉诸砖。	12
		继复		继复更张义例。	1
		纵有……不废		则纵有疵类，不废移誉。	16
		终……耳		终成画饼耳。	49
		终以		终以库书坚抗，分文未得。	49
		终非		终非薛氏所能及也。	8
		当即		子罕与喜当即一人。	14
		当复		当复倍蓰于是。	12
		比	及也	比余归里。	3
				比余答书，未及答，而文勤遽薨逝。	9
		自……以来		国家自道、咸以来。	34
				自道光海上用兵以来。	52

续表

笔画	部首	虚　字	释　义	原句举例	出处代号
六	糸	自……以逮……		自彼国东京大学以逮邨町众小学。	32
		自是		自是以降	4
		自以		自以卅年览涉所得，不欲弃置。	15
		自可		将来造化，自可操券。	49
		自非		自非缪悠，悉付掌录。	16
				自非孟、荀大儒，不宜轻相排笮。	14
		自当		以搏桑之文明，为梓里之教育，自当成效在握	49
		自惟		自惟乡居岑寂，慨然有远游之志。	48
		自揣		自揣万不足以供鞭策。	45
		肇		乐城故县，肇建金行。	17
		肇自		肇自虞夏。	4
				中国蚕桑之利，肇自邃古。	36
		断自		所据藏目，断自昭代。	16
	幺	幾	近，差不多	其全书经秦火而几亡。	1
				汉、晋以降，其学几绝。	12
				今去史公又几二千年。	14
				骤读之，几不能通其语。	15
			差不多	此事几辍。	9
				永念畴昔，几同隔世。	9
				而承用仓沮旧文者，十几七八。	10
				今去朱氏，几二百年。	16
			及也	非一蹴而能几。	37
		几乎	近也	而凿空戺谬，几乎阳承庆、李阳冰之说。	8
		几何……乎		几何而不以为已陈之刍狗乎？	1
		几不知		几不知人间有羞耻事。	21
		几不能		缀学者几不能举其篇目。	3
	而	而	助语	读墨氏之遗书，而以此篇证其离合。	14
			转语	而图什所载，仅具书名，不详崖略。	16

续表

笔画	部首	虚　字	释　义	原句举例	出处代号
		而……不为		而《宋史》不为立传。	21
		而以		而以今日我国学堂教育之无方。	32
		而以……尤为		而以孤露余生，称觞志庆，尤为非礼。	53
		而后	如以后、以降、然后	至于唐、宋而后。	7
		而况		而况平津翘材，特开三馆。	29
	此	此其		方志书目，此其藻藻。	16
		此亦……也		此亦大君子嘉惠乡里之盛举也。	44
		此非……欤		此非儒者之不幸欤？	20
六	此	此……不第		此唐、宋以来舆地书所未载，不第可证明《一统志》……之谬说也。	17
	竹	第	但也	第以其旧物，有纪年，悉心弆之。	12
		非第……抑亦……	不但	盖非第偶存札朴，抑亦自资砭絮矣。	9
	至	至	推指之意	至吴某修志事，荒谬甚众，不及详陈。	44
				至资送东游理化两名，已定期渡海。	49
		至于		至于周公致太平之迹。	1
				至于坠文碎壁，日出不穷。	12
				至于游宦名贤，实多载述。	16
				至于辨证之语。	16
				至于谱牒一类，古志例收。	16
				至于子目分合，古录多殊。	16
				至于里聚废迁。	17
				至于汴宋倾没。	22
				至于管理之方。	32
				至于筹款兴学。	46
		至其……亦……		至其援举墨子之言，亦多群书所已见。	14
		诚……也		是诚不可以无述也。	12
		诚……哉		于忠简诚有赖哉。	22
	足	足以		权略足以持危应变。	14

笔画	部首	虚　字	释　义	原句举例	出处代号
		足以……矣		足以尽其旨要矣。	13
		足见……矣		千书虽亡，得此足见其概矣。	25
		足共	共通供	足共诵览。	16
		甚足		甚足悕也。	14
	有	有能		有能通天人之故。	1
		有资	用资	有资考校。	16
七	邑	都	合也	都四十篇。	2
		都为	合成也	今略为校补，都为一篇。	14
				乃裒近作并旧编都为一册。	33
		郅为		郅为精妙。	3
		郅巨		贬俗匡违，厥益郅巨。	17
	门	间出	去声，或也	其余诸家，得失间出。	15
			有时之意	彝器文间出。	11
		间尝		间尝综其大略论之。	19
		间窃取		间窃取其义法以治古书。	15
	每	每		每覃思竟日。	9
		每惜		每惜仓沮旧文不可复睹。	11
		每憾		每憾未获见真商时文字。	10
七	走	遂		遂无完书。	3
				错出无绪，遂多踵复。	16
				遂以儒而精医，名重一时。	35
				儒与医涂辙遂显判。	35
				遂就毕本补缀成注。	37
				遂别成流派。	37
		遂以……为		议者遂以学堂为诟病。	32
		遂乃		而西人遂乃穷其智巧以自名其家。	52
		遂为		遂为射者之的。	14
		适	凑巧	适文勤得克鼎。	9
				让适以衔恤家居。	37
		适与		按其程度，适与中学相等。	47

笔画	部首	虚 字	释 义	原句举例	出处代号
		适当		适当东南"巨寇"荡平。	15
		逮	及也	自卿大夫以逮万民。	1
				目力、脑力咸远不逮昔矣。	9
				愧弗能逮	33
				逮光绪乙卯，以江藩致太仆，南归。	33
		遝	逮也	遝其后，品物众而情伪滋。	11
				遝后孳乳寖多。	11
				田俅似亦遝见墨子者。	14
		遝于		遝于国初。	16
		臮	暨古文，及	以臮贾、孔义疏。	4
				臮后世文士臮讲学家之论。	14
		臮夫	逮乎、及乎	自王世子公卿大夫士之子，臮夫邦国所贡、乡遂所进贤能之士咸造焉。	1
		迄于	迄古文"汔"	迄于乾、嘉诸经儒家法。	1
		通		因模刻为《温州古甓记》，通若干种，为若干卷。	12
	车	辄	即	每有雅集，辄出所藏金文辨证难字。	9
				辄窃勉之。	15
				辄苦不能尽通。	5
				俾别择其是非，余辄举鼎中……	9
				辄就毕本更为增定。	13
				端居多暇，辄与友人搜剔金石古刻。	31
		辄用		敝帚自珍，辄用内惭。	9
		辄相与		辄相与传观，矜为创获。	12
八	隹	雖……然……		今书虽残缺，然自《尚贤》至《非命》三十篇所论略备。	13
				虽复申驳杂陈，然否错出，然视夫望而非之者，固较然其不同也。	14
八	隹	虽		虽区世代，然不标明，易滋淆舛。	16
				虽不能解，然浏览篇目，自以为乐也。	15

笔画	部首	虚　字	释　义	原句举例	出处代号
				此集虽残缺之余，视宋本已少三之一，然较《浮沚集》卷帙已倍之。	22
				此虽近臆定，然亦四千年来未闻之论也。	39
				弟虽厕名，然事不甚与闻。	49
		虽……而……		虽间涉偏驳，然墨子立身应世，具有本末。	14
				虽师法不同，而导源伊洛，流派则一。	20
				虽掇拾之余，编帙残缺，不及原书之半，而忠谠遗文沉霾千载，幸际右文之代佚而复显，岂偶然哉！	21
		虽……犹……		大戴虽残阙，而先秦遗籍犹多存者。	3
				虽多互讹，犹可推故书踪迹。	6
				虽依从刘班，犹致疑于字数繁简之间。	10
				虽残缺，犹宝贵也。	12
				境虽北与台分，而西犹兼处。	19
		虽……犹或		虽古之良史，犹或难之。	5
		虽……犹……尔		虽不能详确，犹愈于凭虚臆测之舛谬不验者尔。	14
		虽……辄……		虽古帙流传，辄从删汰。	16
		虽……亦……		虽疏浅，亦资考证。	15
		虽……终……		虽径涂之略备，终津逮之无方。	40
		虽……要是		存字虽不多，要是数千年前旧物。	26
		虽……要之		虽政理不同，要之建大统小，合狭成广，厥义一也。	18
		虽复……然		虽复简丝数米，或涉琐屑，于作述闳旨未窥百一，然匡违茝佚，必有义据。	15
		虽复……然而		虽复陆任地里之抄佚而无考……然而刘玄靖之笺《世说》，征系牒于琅琊。	17
		虽复……也		幸而得此，虽复有缺，实至宝也。	30
		虽复……抑亦……		虽复小学枝流，抑亦秦汉经师之家法欤？	8
		虽……实……		重差夕桀，虽小学之绪余；八线借根，实西艺之原本。	40

续表

笔画	部首	虚　字	释　义	原句举例	出处代号
		虽…… 未遑……		教育会虽成立，未遑讨论也。	45
		虽非…… 要亦……		虽非唐以前地志旧法，要亦不失于雅整。	43
八	隹	虽……几不能		遗书虽流传未绝，儒者几不能传其名目。	20
		虽不能…… 然亦……		近来新出个课本，虽不能尽餍人意，然亦尚有佳本。	49
九	頁	顷		顷理董旧册。	5
		颇	略也	亦颇具较略。	7
				刘向传《洪范》作《五纪论》，颇著其说。	7
				端居讽字，颇涉薛、阮、吴三家之书读之。	8
		顾	但也	顾唯嗜读古书。	15
		顾徒		顾徒奉周经、汉注为考证之渊椒。	1
		顾惟		顾惟禀资疏闇。	1
		顾于……犹		顾于籧、物、旆、斾，犹沿袭旧释。	4
		类皆		故其学，类皆通经学古，可施于世用。	20
尚	部	尚	通上字	信乎教典之详，殆莫能尚矣。	1
				文明之盛，莫尚于周。	2
			犹也	尚不与此数。	1
				尚可得其较略。	14
		尚……其……		于普通之知识尚阙焉其未逮。	32
		尚希		尚希惠赐箴言。	47
		尚能		毛公之传《诗》，尚能识其大略。	4
		尚……未及	尚，还有也	沙泥粘互，未暇刷剔者尚数十种，未及尽拓也。	31
		尚不知		以后尚不知其演成何局？	46
		尚不无		以汝南许君、北海郑君之精博，尚不无舛忤。	4
		尚不能…… 遑论	尚且	尚不能质定其时代，遑论行事？	14
		尝谓		阮文达公尝谓浙中汉、晋碑刻甚少。	12
				尝谓秦、汉文籍。	15
				尝谓《墨经》揭举精理，引而不发。	37

笔画	部首	虚字	释义	原句举例	出处代号
		尝于		尝于城东江滨建飞云阁祀同邑诗人。	33
		尝概		尝概犷秦燔书，别创小篆。	8
	者部	者	人也	世之君子，有秉心敬恕，精究古今学业纯驳之故者。	14
				彼窃耳食之论以为诟病者。	14
		者也		固后学所悌慕而不能逮者也。	13
		者……也		今所据以校刊者，钱塘丁大令丙所藏明抄残本及朱宗丞学勤所藏旧抄本也。	20
	者	者耳		此其与……必不合者耳。	13
		者欤		则私心所企望，而且旦暮遇之者欤！	1
				斯则榕村与不佞所为同慨喟不能已者欤！	33
		也	有起句用、指定用，通常用于结尾	愚初之行也。 其归也。（起句） 皆非其初意也。（结尾） 振奇士也。（指定）	34
		也……故……		其储能也厚，故其收效闳；其积力也久，故其集事易。	45
	非部	非		非覃思精勘，深究本原，未易得其正也。	15
				非宋时有雁荡叙述之书。	43
		非……欤		非墨氏征实之学欤？	14
		非不……者		祁甫非不读书者。	43
		非夫……也		非夫流俗变法之论也。	52
		非徒		然非徒周一代之典也。	1
				非徒以其为儒者所摈绌也。	14
				非徒世代绵邈，旧闻散佚，而《墨子》七十三篇，其时具存。	14
		非徒……也		非徒为教科增一佳册也。	48
		非有……实藉		非有悦服之诚，实藉富强之助。	40
		匪……企	匪与非同	匪尽人所能企也。	32
		匪敢谓		匪敢谓梓桑文籍尽备于斯。	16

笔画	部首	虚 字	释 义	原 句 举 例	出处代号
既类	既	既	既而	既又治《周礼》及《墨翟书》。	15
				既又出日记以小册示余。	34
				既又随家大人官江东。	15
		既而		既而乡人之以古砖来告者日众。	12
				既而东南大乱。	20
				既而先君子以湘乡太傅之招,复宦游吴、皖。	33
				既而榕村成进士。	33
		既……而		国民既蕃,而普通之教育未周,则不可以为国。	32
				既徒惊怖泰西学艺之精,而未知所津逮。	32
		既又		既又遭荒歉,捐俸治赈。	33
		既……又……		拓墨漫漶,既不易辨认,甲片又烂阙。	10
		既		既失之太后……又失之太前。	14
				文义既苦奥衍,章句又复襐贸。	37
		既……亦……		即未富于钩甄,亦无详于萌柢。	17
		既乏		平日既乏切磋之雅,临会勉为邪许之应。	45
		既……复……		既可收驾轻就熟之效,复可省往来夫马之费。	47
其类		其……耳		然则此册者,其粗粗之迹耳。	34
		其亦……乎		其亦可以少息乎!	14
		其于		其于战国诸子。	14
			望,怨也	其于墨也,多望而非之。	14
		其可……乎		其可信乎?	14
		其有		其有名作孤行。	16
		其有……略缀……		其有遗事丛谈,略缀一二。	16
		其将		其将有所取于斯。	19
		原其		原其师授。	3
		渠	同其	又渠以前此考案。	44
与类		与……共		觊与学者共商榷焉。	15

笔画	部首	虚　字	释　义	原句举例	出处代号
		与……相		故前得与鲁阳文子、公输般相问答。	13
		与……相应		与所引此记相应，则实非论文。	17
		与……同黜		以疏沮和议，与丰公同黜。	21
		与……尚属		与怙恶者尚属有间。	51
		与……为……		与先君子为文字交。	33
		与夫		公之密勿敷陈，与夫独居深念，	52
即	类	即于	就于	承学之士日即于芜陋。	20
		即以……为……		尝叹丰公首参大政，即以振兴旧学为己任。	21
		即……亦……		即一二闳览之士，亦疑古之政教不可施于今。	1
				吾兄力任其怨，即弟亦义不容辞。	49
		即令	使令藉令假使	即令幸跻耄期。	53
		即与		即与当代贤达研经讲学。	52
杂	类	嗣	接着	嗣黄漱兰侍郎丈以通政归田。	33
		抑	转折	抑余更有举证者。	10
		叵复		仓沮旧文，虽杂厕其间，而叵复识别。	11
		孰……乎		变易孳益，孰从而计核之乎？	11
		聊付		聊付杀青，贻之方来。	17
		且……也		且以见愚初之志之不尽于是也。	34
		漫		漫书数语以志眼福。	26
		雅	素也	平生雅不喜虚怀之论。	37
				永怀鲍叔知我之雅。	29
		只得		弟近在咫尺，只得噤若寒蝉。	46
		昉	始也	此例亦不知昉于何书。	16
动	词	与	同预	士衡妙年，与张司空之宾席。	29
		事	为也，从事	今就所通者略事甄述。	10
		须	待也	大考极忙，须略闲。	49
		领	受也	未得畅领教言。	45
		苞	同包	必苞综无遗。	3

笔画	部首	虚 字	释 义	原 句 举 例	出处代号
		萃	聚也	阮氏所录既富，又萃一时之方闻遂学以辨证其文字。	8
		藉	资也	考征所藉，捃辑须详。	16
			古文耤，借	则耤温习经疏以自遣。	4
				耤糁斿之通杂。	4
		致	罗致也	以广致茂异之士。	52
		绅	读也	偶绅《司常》《大司马》经注寻绎之。	4
		系	附也，缀也	故序跋系晁、陈之后。	16
		资	借也	然古事古义多足资考证。	6
				觊以"思误之适"自资省览。	6
				且复有别本，可资校核也。	7
				自资砭棨。	4
				尤足资考证。	12
				咸资援证。	15
				昔遗山《中州》之集，资修史于金源。	24
		竟	完也	端绪粗具，稿草未竟。	40
		稡	同萃，聚也	咸稡于是。	1
				稡五史之阙文。	12
		累	积也	亦累千种。	9
		觏	遇也	然阮椠本世亦罕觏弄家。	23
		祖	本也，法也	祖孟棨《本事》之例。	29
		援	引也	朱《考》所记卷数，多援史志。	16
		播		皆欲播先哲之传书。	4
		更	经过也	虽更七雄去籍之后。	1
				更三四千年，竟未漫灭。	10
动	词	滋	增多也	遂滋异议。	10
		喟	叹也	喟吾国教育之未能尽善也。	32
		蹈		而卒以蹈其祚。	1
		踵	接也	倘有踵胡君而为义疏。	3
		诬		上以诬其君。	1

笔画	部首	虚　字	释　义	原句举例	出处代号
		谂	问也	以谂学者。	10
		造	赴也	贤能之士咸造焉。	1
		逾		汉至五代专文逾八十种。	12
		方轨	相比也	虽未能方轨古人，而治兵剿匪不无可录。	44
		称道		亦喜称道《诗》《书》及孔子所不修《百国春秋》。	13
		殊异	不同也	字例文例多与后世殊异。	15
		赏异	称赞也	以学术淹粹为沈仲复中丞所赏异。	31
		从事	治事也	与陈君子蕃从事于平邑学堂者有年。	32
		专辄		有删无改，无殊专辄。	16
		专固		斯知成、城两通，未容专固例之。	17
		获见		近又获见龟甲文。	11
		览陟		览陟无间，文藻斯盛。	17
		用思		研核有年，用思略尽。	13
		畛域	区别也	然主客之间，当有畛域。	16
		畍域	分界也	如不有界域，则一卷之中，人殊燕、越。	16
		畛洫	意见纷歧	敝省迩来亦开学会于杭，而东西畛洫，意见纷纭。	38
		殿以	在最后	而殿以唐昌黎韩子《读墨子》之篇。	14
		大有		而于学者大有裨益。	47
		嫁名		至如伪作新编，嫁名前哲。	16
		累积	恨多	疑忤累积。	15
		附缀		以考证附缀下方。	18
		名家	名，动词	倡异说以名家者十余。	14
		该综	包括也	所学尤该综道艺。	14
		乖鳌	背理也	而《非儒》尤为乖鳌。	13
		乖异		科榜先后，每多乖异。	16
		服膺	钦佩	又凤服膺墨学。	37
		质定		众说舛忤，无可质定。	14
		再四		再四商酌。	48

续表

笔画	部首	虚　字	释　义	原句举例	出处代号
		辈出		厥后永嘉学者后先辈出，多于忠简为后进。	22
动	词	辈出		乾、嘉以来，巨儒辈出。	1
		宣究		宣究其说以饷学子。	37
		殷拳		师意殷拳，不宜再辞。	46
		中饱		提中饱之陋规。	46
		先施		昨承华翰先施。	45
		补苴		较之敝处勉强补苴。	49
		更张		绅办不善，得贤有司一纸公牍更张撤换，便可觊改良。	46
		号召		以数月之时间，号召全省刻期成立。	45
		慨喟		斯则榕村与不佞所同慨喟不能已者欤！	33
		挹注		而学堂得此挹注，庶可措手。	47
		镌责		至则全省学人咸以乡里义务相镌责。	45
		兴念		兴念及此，可为痛心。	40
		皮傅	皮附	《说解》引杨子云说，颇嫌皮傅。	39
		超轶		我朝朴学，超轶唐、宋。	15
		翻反		幸无翻反。	45
		究心		二三君子，相与究心学务，亦咸冀妙简俊才。	33
		著称		瓯惟古国，因水著称。	17
		剽窃		剽窃孟、荀之论以自矜式标识。	14
		洞究		洞究象数之微。	14
		起家		有以武功起家者。	20
		萌蘖		以为胜朝流寇之祸，萌蘖于姚江。	20
		眩惑		乡曲之士眩惑其说，莫知所适从。	20
		览诵		展卷览诵，老辈风流犹可想见。	27
		慰藉		其所以慰藉之者无所不至。	21
		津逮		而世之有志于永嘉之学者，亦有所津逮。	20
		区盖		稍涉疑似者，则区盖以俟续勘。	23
		殚心		贵与殚心旧录，故序跋系晁、陈之后。	16
		省览		今踵其例，觊便省览焉。	18

笔画	部首	虚　字	释　义	原句举例	出处代号
		作新		宋元丰间，作新学校。	22
		感琢	犹感激也	感琢万分。	45
		询悉		嗣晤伯龙、若川诸君，询悉安抵衙斋。	48
		标揭		朱《考》凡所标揭，以氏系名。	16
		祖述		朱氏《经义考》祖述马书，益恢郛郭。	16
		识别		今各加识别，俾寻览瞭如。	16
形	容	方	尽也	为益无方。	8
形	容词	累	连也	寻访累日。	12
		参半	大半、泰半	后儒疑信参半。	10
		千万		千万乞拨冗一来。	49
		百端		俗记剽写，讹夺百端。	17
		褊小		邦域虽褊小，然能更其政法以自振立。	34
		涓埃		某等亦当随时商榷，广为招徕以效涓埃之补。	47
		翔实		今读其书，叙载翔实。	17
名	词	科	类也，种也	明人所纪，并入佚科。	16
				凡在兹科，宜以"盖阙"。	16
				其他文字殊异复数百科。	5
				而孟子斥之，至同之"无父"之科，则亦少过矣。	14
		竟	同境	热度所至，亦复无竟。	37

（二）词汇

1. 连环词

魁儒、巨儒、宿儒、后儒、陋儒、儒素、儒先、儒风、儒族。

儒雅、大雅、淹雅、渊雅、高雅、文雅、风雅、淡雅、醇雅、雅人、雅道、雅材、雅故、雅言、雅训、雅辞、雅乐、雅驯、雅整。

儒臣、名臣、忠臣、勋臣、纯臣、疆臣、疆寄。

魁杰、魁材、轓材、樗材、储材、翘材、大才、隽才、桀才、俊才、通才。

魁桀、渠桀、桀骜。

魁硕、名硕、硕薮、硕画。

高贤、先贤、昔贤、时贤、方贤、名贤、大贤、大师。

先哲、前哲、洪哲。

耆旧、旧学、旧椠、旧籍、旧帙、旧编、旧观、旧贯、旧规。

通学、通人、通艺。

积学、种学、修学、为学、邃学、玮学、硕学、浅学、俗学、末学、耳学、道学、朴学、太学、小学、乡学、兴学、劝学、来学、华学、学案、学行、学业、学术、学派、学界、学者、学士、学子、学友、学额、学龄。

寒士、谨士、多士、隽士、魁士、达士、眷士、毅士、高士、下士、俗士、士林、士表、士类。

嗜书之士、方闻之士、通达之士、鸿博之士、振奇之士、缀文之士、缀学之士、承学之士、茂异之士、颖伟之士、荐绅之士、乡曲之士、儇薄之士、浮薄之士。

闿达、贤达、先达、特达、亮特、卓特、卓见、卓裁、逴跞、雄卓、卓绝、逴绝、达绝、旷绝、绝响、绝俗、伦比。比伦

瑰奇、瓌奇、振奇、奇瑰、奇伟、奇觚、奇节、奇作、奇宝、畸零。

耆德、先德、慙德、淑德、厚德、盛德、粹德、潜德、逾德、德政、德望、德音。

官绅、绅耆、绅董、绅佩。

专家、故家、通家、起家、满家、家学、家言、家声、家衖。

方闻、方隅、方语、方言。

同志、同好、同人。

宿将、名将、将材。

先民、遗民、罢民、边氓、流寇、黠贾、庸夫、懦卒、途莝、群小、府役、健吏、船牙。

师承、徒属、后进、举子、乡人、里人。

总角、童丱、束发、髫龄、胜衣、弱冠、白首、皓首、舍生、孤露、捐馆、物故、怛化。

耆年、意年、中年、妙年、比年、余年、天年、遥年、年祀、百祀、转眴转瞬。

家君、哲嗣嗣君、文孙、子婿子壻、文士、众人、至交、旧雨。

昭代、当代、圣朝、国朝、熙朝、故朝、胜朝、胜国。

明公、寓公、公辅、公论、众论、舆论、畅论。

嗜古、稽古、邃古、远古、绵古、亘古、醇古、终古、道古、陈古、诹古。

承平、居平、平居生平、平生勘平、平反、平舌。

时文、时栋、时日、时需、清时、应时、随时、并时。

曩者、曩载、近者、晚近、今者、畴昔、夙昔、方来、由来。

日内、经历、绵力、周历、扬历、历年、历算麻算、测算、悬测、虚悬。

更历夏历、更始、更法、更化、更治、更仆、更易、更革、更定、更张、更新、虚张、变更、变易。

乡里、梓里、珂里、旋里、归里、里门、里闬、里聚、里俗、衔茅。

里居、乡居、家居、端居、独居、索居、僻居、部居、寒舍、横舍。爨舍

闭门、杜门里门、华阀、华胄。华学

官斋、官秩、官阀、官场、官簿、官年、服官、左官、迁官。

息影、息景、匿影、蜷伏。

息心、殚心、究心、素心、私心、锐意、致意、锐厉、肆力、致力、努力、专一、抟壹。

周悉、详悉、缕悉、缕陈、敷陈。

旧业、儒业、文业、家业、广业。

故法、宗法、国法、家法、师法、义法、义类、义例、体例、树例、条例、达例、精例、算例、踵例、援例。

援举、援引、援据、义据、典据、依据、根据。

疑义、阙疑、献疑、传疑、存疑、疑懑。

就谳、就傅、牵就、牵挽。

根荄、根柢、根氐、萌柢、萌栌、萌蘖。

原委、本原、讨原、导原、望原。

圭臬、矩臬、矩矱、矩矱、矩则、懿矩。

门户、门径门目、迻径、塗径、涂径、径塗、径途、唐涂、涂畛、涂次、涂辙、涂彻、塗辙、故辙、旧辙、塗窜、点窜、盛轨、循轨、方轨、津逮。

故训、训诂、雅辞、文辞、邪辞、瑰辞、常语、代语、豪语、蜚语、蜚声、希声、采声。

存问、咨问、周咨、咨讨、咨议。

宾席、末席、讲席、讲肄、讲习、肄习、娴习、练习、习闻、识练、谙练、训练。

目录、凡目、撮目标目、书目、存目、眯目、标目、标揭。

揭著、楬署、椟楬、揭署、椟揭。

渊椷,牖椷,渊薮,学渊、神渊。

梗概、郛郭、匡郭、大较、辜较、大略、较略、崖略、大抵、大氏、大都、大端、大教、大雅、大信、大著、大索。

权舆、蘀蕰、滥觞、觞原、肇端、造端、岿倪、端倪、端绪、端谨、百岿、万端、简端、异端、绪论、条绪、余绪、绪余。

寰宇、御宇、仁宇、宇量、器量、量移。

开府、开报、开敏、开海、钧海、盛海、清海、雅海、教言、箴言、野言。

霄瀇、天壤、嵩壤、蚍壤、菌壤、僻壤、僻远、天文、天伦、伦比、人仑、命世、命脉、灵命、灵岳、灵秀、神秀、神采、神似、神往。

机会、机要、新机、转机、展转辗转。

僻远、辽远、隆远、旷远、广远、远乡、远模远谟、远图。

海邦、海滨、歧海、渡海、汇海、海警、海禁。

鞁迹、踪迹、璪迹、古迹、遗迹、草迹。

回翔、翔实、故实、颉颃、尚羊徜徉、薢苟邂逅、招徕、枉驾、台驾、驾驭、驾临。

先睹、先登、先严、先慈、先民。

枕藉、狼藉、慰藉。

增续、臆增、赓续。

延聘、延纳、祝延祝诞、迟延、延伫。

兵警、兵民、兵燹、被兵、裁兵、偏师、孤军、曹伍、戒严、巷战、激变、应变、大捷、捷报。

综萃、总萃、蓄萃、荟萃、奄萃、缀萃、光萃、群萃、鞯萃、云萃、云散、风从、风尚、风气、风议、风波、风土、出土、土著。

苦吟、吟呻、吟诵、引笺、吟哦、高吟、吟咏吟咏、哥永、歌咏、藻咏、高咏。

姑息、喘息、太息、叹息。

矜尚、矜式、矜饰、崇饰、夸饰、藻饰、被饰、夸炫。

崇尚、崇谊、崇阶、崇劭、崇阐、阐扬、阐幽、撢幽。

名世、名藩、名门、名家、名籍、名医、名郡、名作。

服膺、禽服、被服、治装、装池装潢、庄池。

懿训、矩训、懿矩、慈训、庭训、庭诰、女训、祖训。

尊谕、台谕、谕旨、台旨。

功绩、勋绩、勋勤、勋瘁。

志乘、志牒、史志、地志、郡志。

侍史、瓠史、惇史、文史、别史、四史。

条章、章程、程规、犯规、规检、规制、规驳、度制。

占毕、手毕、况毕、惠毕、惠札、况札、简札、鱼简、环章、雅音、胡音、确音、回音、复音、德音、书邮、鸿邮、邮彻、邮报。邮缀、旒缀、题缀、羼缀、缀录。

尺素、竹素、油素、编素、毫素。

手泽、手折、簿折、簿书、簿录、官簿、对簿、案牍、公牍、剡牍、案卷。

传记、笺记、剳记、札记、札朴、撰述、缉述、缀述、纂述、纪述、述造、撰造、造微。

丹青、丹铅、丹黄。

传抄、精抄、秘抄、邸抄、抄胥、抄誊、抄刻、抄梓、梓本。

誊缮、清缮、誊写、写官、写手、写定、移写、传写。

鸿制、佳制、纂制、佚制、制作、仪刑、仪型。

信笔、瑰笔、鸿笔、鸿议。

书册、书帙、书林、书船、书直、传书、遗书、政书、谏书、储书、桁书、方书、医书、儒书、驰书、废书、漫书、私书、隐书。

典册、卷册、册案、册簿。

图册、图表、图牒、图志、图学、图经、图记、谱牒、系牒、家牒、旧牒、志牒。

古帙、旧帙、珍帙、书帙、副帙、编帙、要帙、佳帙、卷帙、传帙。

珍函、珍帙、珍物、珍守、珍秘、隐秘、秘府、秘阁、秘庋、秘册、秘笈、丛笈、古笈、行箧、箧藏、匦藏、储藏、弆藏、专藏、鉴藏、元匦、箧衍、匦衍、庋储、藏宝。

经术、方术、道术、心术。

道艺、学艺、西艺、六艺、经艺、经义、经术、经学、经制、经师。

经籍、遗籍、秘籍、古籍、往籍、旧籍、故籍、异籍、史籍、文籍、籍贯、通籍。

著籍、著录、著称、著述、妙著、宏著、论著、撰著、揭著、昭著。

传录、略录、目录、编录、采录、撮录、甄录、缀录、缀述。

华翰、柔翰、文翰、文献、文偶、文治、玮文、崇文、缀文、虚文、佚文、孤文、异文、微文、原文、遗文、伪文、杂文、时文、右文。

揽涉、浏览、检览、稽览、考览、省览、经览、经见、寻览、讽览、彻览、达览、清览、宏览、采览、诵览、目览、目睹、目验、目诵、寓目、经眼、过眼、眼福、清睞。

览涉、览陟、揽陟、关涉、综涉。

览诵、传诵、弦诵、循诵、诵说。

闳揽、闳著、闳广、闳博、洪侈、闳远、闳著、宏富、宏益、宏达。

甄采、甄录、甄择、甄综、甄微、甄讨、征讨、咨讨、征信。

麕集、勾集、鸠集、较集。

葺补、戢葺、葺拾、葺逢、掇拾、收拾、摭遗。

商榷、商榷、扬榷、杨榷。

欚栝、撮栝、凡最、撮集、撮录、典录、搜录、捊录、捃录、捃采、采捃、采摭、捃采、捃辑、撮集、捊集。

董理、理董、鳃理、检理、治理、性理、疆理。

缀辑、茜辑、缀缉、撰缉、譔缉、考缉、甄缉、补缉、综缉、制缉、讽缉、勾缉、采缉、纂缉、襄缉、缉刊。

纂述、修纂、总纂、协纂、分纂。

纂考、钩考、钩甄、甄考、考揽、考释、考校、考稽、考镜。

考正、就正、是正、质正、辨正、补正。

检省、检看、检阅、检勘、检存、检录、检斟、搜检、覆检、参检。

仇核、查核、察核、斟核、考核、审核、校核、研核、讨核。

稿草、藁草、藁艸、原稿、玮稿、脱稿、脱藁。

稿本、元本、底本、定本、写本、清本、足本、槧本、梓本、印本、秘本、阁本、副本。

福迻、副迻福本、福帙。

迻福、迻复、移副、移译、移易、移写、移誊、侈录、录副、副录。

上板、铸板、刊板、枈布、刊布、刊削、刊行、削稿、付梓、校梓、编刻、编录、编订、编定、旧编、巨编、镌手、杀青、镌梨、镌珉、雕枣。

校雠、仇勘、勘对、对读。

考校、推校、校阅、校写、校样、校斟、校研、研校、研讲、研综、研玩、研撢、研讨、研读、研究、研诵、研斠。

寻绎、寻索、搜寻、推索、钩核、钩稽、博稽、考次。

考释、疏释、延释、校释、诠释、平释。

细审、谛审、详审、审谛、详察、究察。

精博、宏博、详博、淹博、博综、博奥。

精妙、精微、精诣、精通、精敏、精详、精审、精备、精确、精当、精雅、精识、精庐、精刊精例、精镠。

确实、确凿、详确、该备、晐备。

复重、重复、复緟、覆重、重译、九译、玩译、圣译、迻译。

率臆、率意、倡率、轻率、简率。

简明、简略、简要、简省、沾省、省易。

纲要、精要、要约。

繁碎、繁碎、繁委、繁剧、繁多、繁冗、繁杂、繁积、繁缛、繁糅、繁征、繁衍、繁赜。

蕃盛、蕃颐伙颐、滂蕃、浩繁。

丛脞、丛残，拨冗、冗泛、忙遽。

沦佚、沦废、沦失、沦胥、隃失、沦队、沦陷、沦落、堙沦、堙坠、湮废、堙荡、荡灭、渐灭、消灭、消沉。

散佚、椷佚、缺佚、遗佚、遗逸、补逸、佚闻、佚典、佚事、故事、封事、启事、从事。

湮没、干没、泯没、倾没、倾轧、倾陷。

肃械芜械、寸笺、笺牍、笺敬。

暌违、暌别、暌阔隔阔、雍阔、雝阔。

钦幸、钦仰、钦佩、钦迟、钦企、钦盛。

翘首、翘仰、翘望。

翘企、企望、企及。

晞望、晞慕、晞慕。

睥睨、盱眙，傲倪、傲睨。

荃鉴、荃察、察鉴、法鉴、垂鉴、鉴别。

流别、流派、流亚、流辈、流裔、流传、流亡、风流、枝流、骈枝、支委。

垂询、垂注、拳注。

奉复、奉闻、奉达、奉恳、奉缴、奉质。

惠临、汴颂、嘉颂、涵恕、原恕、肃复。

珍摄、摄卫、摄篆。

有道、道安、颐安、著安、崇安、侍安、台安、元安、闱安。

不偢，不尽、不一、不庄、不宣、不缪、不备、不戬、不解、不居、不容、不翘、不啻、不替、不害、无替、无方。

允愿、允惬、允协、妥协、剧赏、赏异。

云台、记室、环章、签掌、掌录、掌故、温故。

雅谭、谳谭、文谳、清谳、谳闲。

薄游、宦游、游历。

洞究、深究、宣究、殚究。

斟酌、斟汋、参酌、商酌、专固、专辄。

驳异、迥异、斠异、隽异、异族、异数。

异域、邦域、疆域、禹域。

畛域、区畛、畛浍、区盖。

表暴表襮、表曝、表章、表微、旌表。

激厉激励、激扬。

切劘、切磨、摩勒、磋碬、剀切。

昭焯、昭晰、昭揭、显较。

明憭明了、发明、启发、湛昧、暧昧、茫昧、暗昧、仿佛彷彿、侥倖。

牵混、淆捆淆混、辊淆、混肴、

骰乱、贸乱、构乱、倡乱。

纷贴纷纭、纷歧、纷赜、纷剩、纷扰、纷粗、纷纶。

纷错、错陈、错综、迕道、错互、交错交午、烦扰。

交互、粘互、黏互、歧互、舛互。

讹互、讹夺、误夺、扞格。

宦宦、扃奥、窀奥、深奥、博奥、玮奥、奥衍、奥区、奥突、扃宦。

荆布、荆榛、荆棘、榛梏、艰棘、艰难、难老。襫贸

贫窘、窘绌、耗绌、耗拙、支绌、亏拙、奇绌。

廉静、静退、肫至、恳挚、纯至、纯笃、纯雅、纯臣。

忠亮、忠荩、忠告、劝忠。

赣直、刚直、正直、直捷、公正、刚愎、刻核、忮忞，

骄倨、虚侨、浮薄、儇诡、惶愧、魄悚、愧悚、怅惘、萧撼、骇怪、震憺震慑、凄迷。

诡谲、诡说、诡驳、儇诡、督鞫、鞫治、诘籥。

抗顶、抗心、抗席、抗衡。

陶镕、陶铸。

访购、采访、採访、分访、专访、详访、搜访、博访、过访。

佐证、左验、符验。

合符、冥符、符契、左契、冥契、冥合、校契、素契。

罅漏、遗漏、遗略、阙误、阙遗。

零落、蕭落、凋蕭、涕零。

销落、荒落、廖落、夺落。

脱落、脱讹、脱误、殂瓶残碎、残剩、残缺、缺典、删汰、删易、删繁、掇稇。

删除、剪除、蠲除、薙薙、芟废。

疏剔、搜剔、刷剔、爬梳、搜罗、罗掘。

排笮、摈黜、摈摍_{摈蹶}、摈斥、镌斥、镌责、习斥、斥退。

诟病、谯诟、铢析。

针砭、砭瘵。

訾毁、訾议、訿议、疵纇、小疵。

犷暴、犷秦、秦坑、暴横、强暴、横恣、悍鸷。

豪侈、闳侈、侈图、伏莽、卤莽。

梼昧、佝瞀、恂霿、迂谫、迂疏、迂拙、顽钝、不佞、庸懦、鄙浅、疏浅、疏闇、疏隘、疏谫、疏狂、疏陋、疏略、疏谬。

疏舛、误舛、舛漏、舛驰、疏忤、牾忤、歧悟、歧忤、淆舛、牴忤、舛悟、舛忤、舛午。

缪盭、缪妄、缪悠、纰缪、悠缪、踳谬、巨谬、舛谬、貤谬、疏谬。

荒谬、荒讹、荒诞、荒蔑、荒服、荒歉、遭荒、髦荒、讹谬。

诬诞、诬伪、诬罔、眩惑、瞢惑、讹踳、踳驳、驳异、偏驳、偏激、偏宕、激宕。

狭隘、陋隘、浅隘、朴僿、锢闭、狂闒、弇陋、疏陋、俗陋、陋习。

蒙固、蒙蔽、愚蒙、厌图、厌鄙、鄙里、鄙俚、俚俗、伪俗、俗闒、俗劣、流俗、颓俗、俗学、俗士、绝俗。

芜陋、芜冗、芜杂、芜惘、葵惘。

梏痝、惰痝、痝败、腐败、糜败、糜烂、霉烂、蠹蚀、晦蚀。

剿剽、剽袭、剽窃、沿袭。

积累、积衅、积忤。

自废、沦废、废辍、废阙、废迁、废纸、废书。

赝托、依托、讹托、谬托。

颠到_{颠倒}、倒置、屏置、遒劲、古劲、遒媚。

枢辖、枢錧、钤键。

氂厘_{毫厘}、豪檦_{毫末}、铴厘。

称觞、称庆。

锥指、指要、指趣、指归、依归。

胪列、胪分、胪举、枚举、晐举、揭举、创举、盛举、乡举、科举。

从容、雍容、张皇、仓猝。

推挽、推索、推重、推嬗、牵挽、拔擢、拔引、相非、相胜。

陵夷、凌替、凌迟、凌猎凌躐。

霾塞、尘霾、沉霾。

衰薾、衰耄、衰年、衰羸、衰乏、衰荼、衰颓、衰敝、衰朽、衰见。

凋敔、凋敝、疲券、瘠苦、委顿。

无虑、亡虑、无聊、无寥、无憀、无常。

感瑑、感泣。感欷、衔恤、蜩恤、优恤、颜汗、反颜。

悲愤悲忿、愤懑、疑懑、郁轖、怫郁、挹结、隐抑、沉痛、痛心、痛哭、曲衷、渴衷、衷曲、创痏、忧悃、芜悃、谢悃、辞悃、下忱、心折、翕服、殷拳、奉手、藉手、措手、入手、着手。

扼腕、扼捥、扼腕、扼掔、惊惋、攘臂、瞋蹙颦蹙、怅惘。

悕歔唏嘘、忼慨慷慨、嘅唱、於戏、於虖呜呼、誊虖嗟乎。

臆增、臆改、臆补、臆定、臆造、奋臆、私臆。

饷糈、筹糈、筹饷、饷馈、饼饵、籴贵、治赈、义赈。

泉神、泉帛、廉泉、子钱、私钱、脂膏、点缀、稗贩。

求田、福田、造福。

（补遗）：

望族、氏族。

内府、天府。

义渡、义田、义塾。

钦佩、韦佩。

试帖、碑帖。

楷法、庄楷。

朱绶、纡绶。

朝野、分野。

江左、江东。

吉金、贞金、贞珉。

尊公翁、尊崇、尊卤、尊旨。

国初、初元。

中叶、季叶。

绵延、绵历。

上驷、中驷、下驷。

勃兴、中兴。

传播、传授、传信、传模。

攀附、附和、皮傅。

以给、给与。

排笮、排诘。

衙斋、郡斋。

惠允、惠毕、惠札、惠临。

金源、金行、金诺。

汴京、汴宋。

辉烂、辉映。

邪许、邪诐。

涓埃、芳埃。

敷衍、敷陈。

非第、次第。

斗宪、斗极。

鞭鞑、鞭策。

岑寂、寂寥。

侍安、侍福。

内治、礼治、更治。

2.语法词

（1）属于名词

乐府、传奇、曲剧、歌括、形学、石经、朱甍、古甓、条绪、小说、阳秋、限断、程式、照会、道术、行状、师说、巨派、碑估、行款、波磔、字样、收条、笔资、执事、宗彝、缪篆、□鎏、娉婷、贞氓、韩门、九术、天戈。封建、南戒。

搏扶桑、藩篱、蛮荒、储胥、畿闳、闉庐、衙斋、东斋、冥鸿、斗宪、斗极、傀儡、街第、流亚、臣僚、姻娅、丞倅、秘旅、举子、小子、从孙、太常、郡斋、榷场、棼楣。

花朝、贱辰、氛雾、善贾、晴窗、补禫、互市、权限、末光、壮志、威望。

针黹钖厘、竹箭、笞箯、异权、脩脯、故实、献言、金诺、典午、汳宋、汴宋、金源、笔旨、清神、盛贶、有道、天水、汴京、金行。

（2）属于动词

慰奖、通达、采摭、扩充、辈出、周咨、讲肄、倾覆、嘉惠、疗治、衒鬻、羁縻、鞭挞、鞭策、骑射、照会、设词、择撢、参证、周防、小极、弹指、拂厰、隃度、匡勷、支撑、援证、面质、骈袂、翻反、章蔽障蔽、诇知、惩儆、减割、提携、牵就、禆补、完竣、竭蹶、瞻顾、佽助、假借、建明、旧穴、回穴、纠正、震动、放弃、安谧、猒愈、俄空、厕名、祖述、作守、纡绶、践祚、建树、夸犹、摹拓、澥解、钟爱、压阁、皋苏、阻碍、设施、挹注、分裂、褫贸、凌决、姗笑、怂恿、订讹、苟同、潦草、筹拨、夸炫、迫促、捐俸、干进、后进。

（3）属于形容词

聪明、沉毅、虓戾、神采、驯谨、微茫、无方、充裕、稠叠、淡泊、锱铢、踊跃、颖伟、因循、中饱、淹粹、粗粗、琐屑、寻常、老大、褊小、冠伦、安谧、缦密、厉禁、寂寥、岑寂、辽邈。

（4）属于副词单称词

哗然、骚然、嚣然、慨然、惭然、毅然、索然、懵然、恨然、瞀然、泰然、怅然、轟然、荡然、确然、萧然、晏然、斐然、粲然、较然、憬然、傫然、昭然、焯然、显然、蔚然、超然、纷然、灿然、卓然、崭然、歆然、阙然、窣然、巍然、瞿然、喟然、厘然、井然、弇然、裦然、悦然、废然、侈然、偶然、依然、释然。

蕞尔、懵尔、适尔、偶尔。

岌焉、较若。

瞭如、纷如。

倜乎、瞠乎、浸乎、茫乎。

3. 重叠词一称双字，又谓连绵字

汲汲、忽忽、匆匆、恖恖、浸浸、兢兢、惓惓、断断、恂恂、彬彬、蒸蒸、茕茕、卓卓、寥寥、缕缕、谆谆、矻矻、斤斤、往往、累累、丁丁。

4. 典故词

画诺后汉书、帷幄史记、刍狗老子、屠龙列子、错厘诗注、宿草史记、物故史记、图南庄子、存楚史记、吠尧史记、绵蕞草坺，架子也。史记、垂槎论语、河汉庄子、画饼子书、对簿史记、受赇史记、牛耳史记、众咻孟子、服膺孟子、梓桑诗经、终天诗经、饘粥孟子、负隅孟子、重译史记、善贾价，论语、兰艾离骚、管见孟子、康庄庄子、皮傅附，左传、附骥史记、倍蓰孟子、涸辙庄子、挹注孟子、操券史记、观光易经、度制史记、刻舟庄子、从朔论语、盖阙论语、肥遯易经、补苴韩文、孟浪庄子、鼎足易经、丘坟左传、更仆礼记、謏闻礼记、勃溪庄子、秘阁汉书、献疑列子、就傅礼记、大较史记、大索史记、滥觞礼记、万端史记、述造文选、骈枝庄子、矜式孟子、荆棘左传、九丘左传、石室史记、密勿书经、知我史记、覆瓿汉书、蜡车后汉书、宛在诗经、裁玉段说、说服孟子、砥柱晏子春秋、区别易经、狼藉东周列国志、五厄牛弘、柱史史记、郑乡后汉书、三长史通、重译史记、听鼓礼记、轺轩礼记、旅进左传、唐突后汉书、作新书经、磋切诗经、阑珊、邪许淮南子、荐绅史记、适从左传、枌榆史记、帡幪尚书、不朽左传、皋比礼记、礼让论语、慕燕文选、邱貉孟子、六艺史记、途莩孟子、卓特韩文、总角礼记、敬授书经、纲维管子、韦佩诗经、旅进国语、旧贯论语、机会易经、安攘伤寒论、弦诵礼记、担簦史记、义方逸周书、鲁削周礼、下榻后汉书、札朴、秦坑史记、瓜代左传。

（三）文言

1. 典据类

大辂椎轮、层冰积水、贤于求野、已非所堪、胶柱锲舟、若操左契、骈拇枝指、旷若发蒙、屠龙无用、拥篲先导、多歧亡羊、刍狗已陈、昭然如揭、以告吾党、拥篲清道、傫然孤露、无能为役、视死如归、墓已宿草、不绝如线、枝叶扶疏、分如落叶、敝帚自珍、简丝数米、书缺有间、断烂朝报、珍逾球璧、思误之适、仰赞一词、三令五申、碎璧零玑、践土食毛、开物成务、小试小效、驽骀十驾、闭门却扫、斐然有作、蜡车覆瓿、嘿若寒蝉、捉襟见肘、稀若晨星、测蠡窥管、拉杂摧烧、中道殒折、燎原莫遏、圆颅方趾、廉蔺释嫌、膏肓之病、指臂之助、人定胜天、密勿敷陈、识小之助、投石超距、宿疑冰释、涣然冰释、牛马维娄、蛇豕荐食、将伯之助、榛楛勿翦、蛛丝委箧、社屋鼎迁、左提右挈、执其牛耳、幕燕忘危、丘貉同尽、荆棘槎枒、河汉无涯、荆公刚愎、故家乔木、鳣波啸海、狼燧传烽、义方之训、名马珍物、淹中缉简、议瓜骊市、乘槎西渡、斐然有述、担簦渡海、兰艾错陈、荆棘丛生、辀轩之采、邪诐之说。

2. 常语类

米盐凌杂、人微言轻、努力加餐、一是平善、不可思议、不言可喻、不足依据、义不容辞、义无坐视、无所不窥、罕有津逮、无失其所、未易施行、以见其概、一概删削、连篇累牍、大张旗鼓、助我张目、心力交瘁、耳目所及、驾轻就熟、精益求精、实事求是、勉强支撑、体例精当、叙次详明、计较锱铢、破除情面、先睹为快、心怀忮害、旷观远览、步其后尘、望门投谒、全活无算、时局骤变、徇私阿好、含饴弄孙、必费唇舌、善为储藏、忍心害理、莫衷一是、感激图报、枵腹从公、记忆所及、不揣冒昧、犹可想见、瞠乎后矣、感同身受、变幻百出、刻期成立、卤莽从事、家人生产、更易部署、撙节积累、有费清神、年久质朽、百不识一、热心大力、肺肝如见、得未尝有、略有所悟、袭非感是、积久承用、综而论之、失其故步、荐绅先生、缺焉未具、管见所及、平居端悫、方兴未艾、凡百灰心、不无成见、无所不至、间有可采、成效在握、明效大验、罗掘具穷、继起有人、蒸蒸日起、百无一存、咸有所获、随时陈述。

3. 雅辞类：依性质归类，便于寻检

（1）人品

通人魁儒、巨儒辈出、占毕陋儒、俗儒蒙固、命世大贤、名贤达士、当代魁士、畴人算士、达官贵人、负公辅望、家世名将、贵游子弟、墨吏猾胥、贪夫猾胥、乡曲僿子、庸夫懦卒、无业罢民。

（2）禀赋

挺资英特、器识纯素、性行纯至、宇量高雅、高掌远跖、敏才雅尚、清标绝俗、顾性静退、湛深经术、淹达时务、超轶昔贤、卓然轶伦。

（3）性情

襟怀冲淡、顾性静退、罢窳雾暗、强迫曲诱、开物成务、公正淹雅、儇诡口给、意兴阑珊、侈然自足、奇伟广远、奇伟精眇、严明周慎、冲淡夸狨。

（4）忠义

抗辞不屈、赴火蹈刃、出处大节、立朝风节、奇节高行、高谊侠节、创痏眯

目、断跀不属、陨元绝脰、陨元授命、从容就义。

（5）建树

知名当世、名重一时、崇树帜志、崇树勋绩、扬历中外、陈议疏狂、匡勷扶持、经纬万端、为时崇护、为世名臣、衣被天下、赍志以殁。

（6）学识

学识疏浅、佝瞀无似、见闻疏隘、学殖荒落、识谫才疏、考辨疏略、惭德隐瑕、才识开敏、椠才卓识、精诣卓绝、材识敏练、见闻殚洽、大雅闳达。

（7）学行

经明行修、精识邃学、邃学潜德、盛德大业、隽才邃学、积学隽才、妙简隽才、闳谟远略、研经讲学、德行道艺、妙年通籍、妙年隽采、学行淹粹、才行高秀、种学积文、修学好古、劬学笃行、殚心乡学、鸿文硕学、自强兴学、储才兴学。

驰誉庠序、蜚声庠序、冠冕枌榆、翘瞻光霁、作俪高贤、回翔词馆、寰宇翘首、德望崇劭、清节厚德、谙习掌故、老辈风流、师友渊源。

（8）时势

世变阽危、世变日亟、时局阽危、海疆多故、戊戌更化、戡平大乱、兵械棤寙、乐此承平、横恣扰民、奸宄屏迹、震慑异域、异域重译、招集流亡、振衰极弊、势焰熏炙、矼俗匡违、风厉薄俗、风厉颓俗、习俗朴僿。

（9）孤愤

扼腕攘臂、扼腕时局、悲愤悒激、忧愤扼腕、悒闷填臆、忧闷填胸、抚卷增喟、感念歔悼。

（10）居处

独居深思、里居多暇、端居多暇、索居鲜欢、索居无聊、僻居海滨、衔恤家居、杜门仇书、杜门息影、匿影希声、告归家衖、适馆授餐、宏济乡里、教授乡里。

（11）生活

艰苦淬厉、朝夕过从、时相过从、无所不至、夙所稔悉、幸附末光、歉仄万分、深可矜惜、争辨纷纭、深虑竭蹶、锐厉无前、交相推嬗、万劫无量、经济窘绌、理财习艺、积羡繁委、逐队旅进、雅有同好、足代皋苏、暇事毡蜡、实同珍璧、礼数恐后、喘息未苏、邈不及睹、旷绝不续、邮彻旷绝、日疲笔秃。

（12）卫生

摄卫康愉、灵命难老、起居康娱、杖履绥颐、著祉清娱、造端广远、福祉蕃萃、谭福康娱。

（13）衰老

衔恤余生、孤露余生、衰老余年、衰荼多病、老眼昏眵、神茹志勖、耆年著述。

（14）地理

面山负海、海滨僻处、败垣墙角、穷崖绝谷、远乡僻壤、敝乡芜陋、联袂东渡、乘槎西渡、地旷民稀、陵谷移改、名区胜景、生同里闬、陵谷变易。

（15）家族

故家巨族、故家华胄、高门华阀、矜饰阀阅、出自名门、家世名将、儒生起家、世德隆远、族姓蕃盛、支派繁衍。

（16）读书

胜衣就傅、束发受经、末学肤受、读书习武、读书结习、奉手请业、通经学古。

（17）学习

覃思阅览、提纲握要、博观精考、导以津逮、折衷至当、综辑大略、讽辑不倦、既分深眹、后进循轨、嗜古若渴、疏剔训练、检看审谛、详审检勘、束身修学、懵无所解、展卷览诵、深思自得、铢析章句、辩论滋繁、更端别起、本相承贯、无所发明、不加平议、穷思博讨、晨夕目诵、不见端倪、悒稿不怡、忻然独笑、津逮殊鲜。

（18）作品

鸿笔遒章、玮篇珍帙、珍函玮稿、奇伟精渺、详审检勘、时构精语、流俗歌括、校释精备、华文泛论、孤文碎义、孤文瓴义、无复旧观、疏略舛漏、补阙订讹、漂没遗漏、舛谬百出、体例舛谬、去取失当、其言闳侈、玮文半蚀、笃嗜文翰、纪述翔实。

（19）著述

论著名通、斠异订讹、钩沉补遗、属稿伊始、积稿盈篋、著书满家、纂述嘉话、论述沉痛、校雠精博、精审绝伦、精旨绝伦、耆年著述、采览宏富、规制宏远、著礼清娱、谭著渊邃、义例疏舛、稿草粗具、网罗文献、搜研采获、赓续增补、研索综贯、删繁举要、斜上旁行、条分件系、稽核考索、裒然成帙、概括鳃理、表章潜德、表微阐幽、会撮比属、海内传诵、一代巨典、秘不示人、明纂通译、畴人算士。

（20）刻书

旧刻精抄、誊写上板、同登剞劂、怂惥付梓、未逮镌梨、畸零残本。

（21）书册

先秦雅记、先秦故书、故书雅记、闳义渺旨、闳意渺旨、义旨宏邃、作述宏旨、义证宏博、义旨闳渺、旧闻散佚、轶闻杂事、遗文轶事、匡违茞佚、章物灿然。

（22）校书

真赝糅莒、凭臆增羼、凭臆推测、凭虚撰造、臆增阙字、以意推索、剽窃稗贩、湮没遗漏、奥衍错互、沾省深窜、沿袭未改、沿袭增立、讹文错简、孤证臆说、疏漏踳缪、淆乱不经。

（22）收藏

秘弆珍函、锢闭箧中、弃置狼藉、珍护手泽、珍函玮稿、瀽渍委弃。

（23）计数

更仆难数、得一遗十、不可胜算、不胜枚举、不一而足、百不售一、以道里计、以偻指数。

（补遗）

奄若合符、若合符契、弇若合符、互相左契、冥符遥契。

沿流溯源、沿流忘源、道术流别。

因时适变、厌同嗜异、妒异党同。

以省繁冗、以励人材。

抵巇所痏、芟剔榛秽、抵巇蹈瑕、惭德隐瑕、重复遗漏、缀累晦涩、诘籁为病。

橥揭士林、嘉惠多士、嘉惠来学。

不吝齿芬、诵芬述德。

（24）"之"类

嗜古之士、嗜书之士、瑰奇之志、特达之知、意必之论、耳食之言、不刊之作、磋切之雅、义方之训、天伦之乐。

膏肓之病、豪侈之习、荒蔑之源、邪詖之说、将伯之助、指臂之助、识小之助。

一瓻之借、一得之愚。

（四）代语

判然若沟畛之不可复合矣。分别

殆可捧腹矣。大笑

蝉联。继续

扞格。不通

若操左契。有把握

奉为圭臬。典范

珍逾球璧。宝贵

稀若。星凤

嗜古若渴。极好

若合符契，不有畛域。区分

噤若寒蝉。

榛楛勿剪，宏达所嗤。坏货

暇事毡蜡。摹拓

沿流忘源，误莫甚焉。错误

倜乎远过之矣。

若泛蓬梗于大海，茫乎不知其所浮。茫然

符契无间。

犹泛绝潢断港，而靳至于海也。困难

驽骀十驾，乃竭蹶滋虞。小心

数米简丝，劳而寡效。徒劳

非第不佞为望尘拥篲，翘盼无已者也。前导

全躯保妻子之臣。胆却

项背相望。相接

非一蹴所能几。速成

翕然若引弦以知矩。相合

所谓百世以俟圣人而不惑者。必然

刍狗已陈。已陈

屠龙无用。无用

涂径百出，多歧亡羊。不专

若陟穷山，榛莽霾塞，忽觏微径，竟达康庄。欣然

自揣万不足以供鞭策。不配……

苏会本以学会为绵蕞。架子

大都以省会执其中耳。领导

而外郡步其后尘。跟随

亦何伤于日月。无关

放之四海而皆准者。

昭然如揭明月。

而骈拇枝指，未尽揭其精要。繁杂、啰嗦

无所腾其喙焉尔。插嘴

至此册识误匡违，米盐凌杂，聊为治此经者识小之助。琐碎

奂然冰释，弆若合符，昭若发蒙。符合

其体遂判然若沟畛之不可复合矣。分歧

挈其甲乙。比好坏

仅通四五。了解少许

固悬诸日月而不刊者也。固定

信堪鼎足。三者并存

辄鄙弃古籍如弁髦。看不起

巧历不能计。要他不得

儒墨异方，跬武千里。距离远

而脱屣利禄。看不起

死不踵旋。邀接

纷如落叶。言其多

虽复简丝数米，或涉琐屑。麻烦

时代迁易，未可刻舟。死板

博引繁称，有类旒缀。繁博

如不有畛域，区别，则一卷之中，人殊燕越。不相同

殿于简末，以质大雅。君子

而以母老，不能触氛雾，相从于南海之滨为憾。偕隐

愧未能学步也。会做

若茫乎其无畔岸。辽阔

数万里重瀛，如履畿闼。缩近

亦复幽冥而莫知其源。不懂

体综唐宋而不为涂径。自由之意，涂径，所限之意，名词活用

盖学与不学，其利害固相倍蓰也。有更多距离意

九流汇海，斯为巨派。巨派

则一星之热，不啻冰界矣。

所为望尘拥篲，翘盼无已者也。盼望切意

世有好古文字如张敔、颜游秦者，倘能理而董之，而东西畛湎，意见纷纭。

分派

云谲波诡，意趣舛驰。分歧

口疲笔秃，争议纷纭。争议

数米筲丝，劳而寡效。徒劳

意兴阑珊，凡百灰心。灰心

将来进化，自可操券。有把握

炉火纯青。熟炼

永瑞耳目甚多，非避嚣之处。有人注意

按：孙公行文特点，以四字成句为最多，六字次之，并常对偶。盖生平熟读《昭明文选》，似学其中魏、晋、六朝人作品也。又喜写刘勰《文心雕龙》语句。

公又尝对文学发表主张，盖极摈斥传奇、戏曲、时文之类，谓不可载入邑志。而于乡哲、时贤作品，每每本其学识卓越，加以评骘，颇中肯綮。兹从《温州经籍志》及序跋文中录其原句于左：

1. 主张

孙诒让云：禄利兴而经义滥，风俗敝而小说滋。制缉艺文，别裁宜审。而《千顷堂书目》附制举于总集，《百川书志》入传奇于别史，榛楛勿剪，宏达所嗤。

此编搜罗务广，甄择特严，凡此两门，虽古帙流传，辄从删汰，如高明《琵琶记》、项乔《义则》、刘康祉《四书孤屿草》之类，今并不收。庶使野言诡说，不淆文史。——《温州经籍志·例言》

又云：科举之儒，珍其敝帚，于是有时文试帖之刻，此不足以为学也。儇薄之士，好行小慧，于是有传奇、曲剧之作，此不足以为书也。今之征访，虽复雅俗兼收，惟此两门，无劳见示。至词，为乐府之支流，与南北曲迥殊，倘有传集，不在摈斥之列。——《征访温州遗书约》

又云：余以为药桐城末流之文，至甚宜简练词句，劲其气骨，惟所谓四字句者，当有分别。近人骈文中妃黄俪白，骈拇枝指，此则无论散骈，均为不宜者也。知此，则散文中间厕骈句，未足为病，正如织有经纬以成文章耳。——《跋王子庄〈柔桥集〉》

按：公自为文词，则雅驯有古香，与桐城涂辙亦殊矣。

2.评乡哲

（宋）周行己，孙案：浮沚讲学本伊川，文章则轨步眉山。此集虽不完，而玮文奥笔，犹见梗概。——《浮沚先生集》

许景衡，孙案：此集虽出散佚之余，然较之刘左史、给谏两集，卷帙已多数倍。……其余诗文，亦皆粹然道德之言。——《横塘集》

刘安节，孙案：此集经义论策居其半，余表启诸骈文，亦多率尔应俗之作。然若奏疏两篇及《祭林介夫文》诸作，未尝不足见立朝风节及元丰学派也。——《刘左史集》

郑伯熊，孙案：其诗文有《景望集》，今已不传。——《郑景望集》

郑伯谦，孙案：（上略）至其文章，精伟浩瀚，尤与水心相近，信乎其为永嘉之学也。——《太平经国之书》

薛季宣，孙案：（上略）故此集叙记诸作，综贯经史，卓然名家。奏札、书牍，畅达时务，尤征经世之略，惟诗歌间有率易之作，非其至者耳。——《浪语集》

许及之，孙案：涉斋少历清要，与同时名流文谦最盛，如与杨万里、袁说友诸人酬赠诸诗今并见集中。永嘉诗人，则与潘转庵怪倡和尤伙，其次韵至六七叠不已，足见一时文字之乐。徒以晚节依阿，遂蒙大诟。然其文采富艳，自伙不可掩。其卒时，水心叶文定公为作挽诗两章，亦深致推挹，盖非徒乡曲之私矣。——

《涉斋诗集》

叶適，孙案：案：水心叶文定公雄文博辩，为永嘉诸儒之冠。同时吴荆溪、韩涧泉、真西山、黄东发、刘漫塘诸人交口推许无异词。至于碑板之文，照耀一世，几与韩、欧诸家埒。今所传集虽非完帙，然鸿篇巨制，犹见梗概。志、状百五十余篇，几居全集之半，嘉言懿行，多足与史传相参证。其为温州人作者，尤为吾乡文献之渊薮也。——《水心先生文集》

四灵：徐照、徐玑、翁卷、赵师秀。

徐照徐玑，孙案：四灵诗派出于晚唐，故最工律句，而他体则不甚擅场。此集长律数篇颇有旷远清逸之致，古诗骈句诸篇亦淡雅不俗。——《徐氏玑集》

翁卷，孙案：抄本《西岩集》存诗一百二十五首，以《苇碧轩集》校之，……其间篇第先后、字句异同殊伙。

又案：四灵诗派以晚唐为宗，此集所选诗，乃颇上溯初盛，盖紫芝在侪辈中才力较健，其所作亦不专以镂刻字句见长，故所选诗亦不囿于晚唐诸作也。——《众妙集》

薛师石，孙案：瓜庐学诗于徐道晖，而其所作，乃与四灵体格小异。诗派中，与赵东阁皆能别辟蹊径者。——《瓜庐诗》

卢祖皋，孙案：案：《蒲江词》毛刻本仅二十五阕，《四库提要》疑其从黄氏《花庵词选》抄出。今考周密《绝妙好词》一所录《蒲江词》凡十阕，……又赵闻礼《阳春白雪》所选《蒲江词》凡十一阕，……则《蒲江词》之佚者不少，《提要》所疑，或不误也。

戴栩，《宋元学案》五十五：常博戴先生栩学于水心，得其旨要，故明经之外，亦高于文。

又案：浣川学于水心，此集《浣川集》二《题吴明辅文集后叙》云："颇忆从水心游，每遇佳题，辄令同赋。"是浣川于水心文法亲得其指授，故此集所存文奇警恣肆，杂之《水心集》中，几不可辨。诗则与水心倡和者尤夥，律诗颇近四灵而工丽过之。——《浣川集》

陈埴，孙案：文亦雅驯，无语录家鄙俚之语。——《潜室文集》

林景熙，孙案：霁山先生风节冠世，其诗格律高秀，尤足洗宋末江湖诗派之浅俗。——《白石樵唱集》

又案：霁山先生身丁国难，蛰遯以终，感事忧时，悉形篇什。而痛怀故国，未敢讼言,《樵唱》一编,辞多隐托。宜竹亲及霁山之门,见闻最悉,其《白石樵唱注》,疏通证明,多得霁山微旨。至于诗中本事,考核尤详。……霁山诗之有是编,亦如山谷诗之有任渊注、荆公诗之有李璧注矣。——元章祖程宜竹《白石樵唱注》

（元）陈高,《四库全书总目》一百六十八:文格颇雅洁,诗惟七言古体不擅场,绝句亦不甚经意。其五言古体,源出陶潜,近体律诗,格从杜甫,面目稍别,而神思不远,亦元季之铮铮者矣。——《不系舟渔集》

（明）黄淮,孙案:文简诗文和平雅正,不愧王元美所谓台阁体者。惟取材稍隘,故其文数首以后,词旨每多重复,较之东里诸集盖稍亚焉。——《介庵集》

又案:《省愆集》二卷,皆文简永乐十二年闰九月,以汉王高煦潜系狱十年,狱中所作诗文。……集中五言古诗颇饶古韵,余体则长短互见,盖身交忧患,抑悒无聊,藉此以自排遣,本无意于求工。

朱谏,孙案:侯二谷谓“荡南诗宗李”,朱彝尊亦谓“其近体足自名家”,今以此集核之,其古诗之多,几居全集之半。五言寄托遥深,迥殊浮响;七言亦极踔厉纵横之致。虽间伤粗犷,要为瑜多于瑕,盖匪仅以近体擅长矣。——《荡南集》

张孚敬,孙案:文忠以议礼得君,其相业功过盖不相掩。此集奏议,自大礼诸疏外,若……诸疏,皆关涉当时大政,足与史传互证。惟诗文多率意抒写,不甚擅场。——《太师张文忠公集》

何白,孙案:其诗才华富丽,虽师法李、何,而尚无摹拟肤廓之弊。且其生平游迹遍天下,所与酬酢,如王世贞、胡应麟、梅鼎祚、俞安期、王穉登诸人,多一时胜流。晚年归隐梅屿,以诗酒终老,故其意境超旷,亦无明季山人猥蔅之习。——《汲古堂集》

（清）华文漪,孙案:平生喜为古文,……盖亦能由桐城以上溯八家者。故其所作大率简要有法,波澜纡折,亦间似震川。惟专宗南丰,不甚学步苏、王,故少纵横驰骤之作。……诗三卷亦清瘦不俗。——《逢源斋文钞》

3. 评时贤

周季贶《窳櫎诗质跋》云:诒让少时,先君尝授诗法,稍长,治经史小学,此事遂废。间有所作,神思塞郁,不能申其旨。每念袁简斋砭渊如先生语,辄用内愧,今读先生兹集,托兴孤迈,妙造自然,益复爽然自失。

胡调元《补学斋诗抄叙》云：诒让少治经生之业，尝学为诗而不能工。孤露余生，意兴衰落，诵榕村诗，钦欢玩绎，愧勿能逮。

冒广生《巢民年谱序》云：鹤亭以妙年举乡荐，所学甚富，所著文奄有阳湖、宜兴之长，尤工为词，梦窗、白石可与共论，它日所造，殆未可量。

诒让云：鹤亭孝廉以新莽宜子孙镜拓本寄赠，既为小跋，奉求董正，意有未尽，复成二律。……

冒广生赠孙仲容刑部诗二首，又作《五君咏》之一，原诗均载《小三吾亭诗集》。今录其有关文学条云：许、郑无文章，任、沈寡经术。千古滕、薛争，一言齐、鲁失。觥觥孙仲子，渊博未有匹。往籍多沦亡，后生误呫哗。穷年仰屋梁，一一为梳栉。著有《周礼正义》《墨子间诂》余事工文词，采藻复秀出。左升仪郑堂，右入平津室。始知根柢宏，枝叶自茂密。如水有本源，其流日汩汩。咄非一孔儒，晞名不晞实。

洪子迁良医《师竹斋吟草序》云：余读其诗，冲淡夷犹，时构精语。体综唐、宋而不为涂径，盖得其于性情者深矣。

陈衍《石遗室诗话》云：向只知孙仲容为考据之学，缄札往来，未询其为诗也。偶至灵隐寺书藏，见《书目》上有《孙仲容诗》一册，记其《吉日癸巳石刻》二首云：铭璪弇山迹已芜，空岩马镫费传模。笈中一卷游行传，校得殷、周六历无？昆仑西母事微茫，黄竹歌成已髦荒。不有骅骝千里足，只愁徐偃是真王。

又编《近代诗钞》，即录此及《焦山定陶鼎拓本》三首而已。

4. 爱国诗文

公诗多咏金石拓本，其次辄写爱国之忱。如题《顾亭林诗集》，文亦如之。据其子孟晋演说词云：籀公也曾发过"禹域大势至此，可为痛哭"之类悲观语调，似乎隐示同情于反清革命之人，如与中国同盟会巨子余杭章太炎炳麟结成不识面的神交。

公《书校顾亭林诗后》云：呜呼！兰畹剩馥，桑海大哀。凄迷填海之心，寥落佐王之学。景炎蹖去，空伤桂管之虫沙；义熙年湮，犹署柴桑之甲子。捃兹一掬之煤炱，恐化三年之碧血。偶付掌录，读之涕零。后之览者，倘亦亮其存楚之志，而恕其吠尧之罪乎？兰陵荀羡。

余杭章氏《检论·小过篇》谓："诒让发言，常有隐痛。"盖即指诒让校顾

《诗集》后所系之诗云：岂愿区区王佐学，苍鹅哀怨几人知。流离幸早一年死，不见天骄平郑时。万里文明空烈火，人间尚有《采薇》篇。临风掩卷忽长叹，亡国于今三百年。越东逸民荀征。

夏瞿禅承焘题先生《经微室遗集》词：礼堂余沈，七字流传千口禁；旷代亭林，识此存韩哀郢心。自注：公校《亭林诗集》，题诗有"亡国于今三百年"句。

按：顾诗近人黄晦闻节作注，于史事考证极确，于诗意亦发明甚详。实则吾乡哲孙公仲容早亦为之，盖彼时值国难，有志之士盛倡维新以救中国，公与绍兴陶某等密组会社，改名荀兼，并校记顾诗以示其意焉。余前在杭参观浙江省文献展览会，始知之，后览其子延钊孟晋所作讲演词，中亦叙及此事云。录拙著《修学庐日记》己卯十二月十二日一节。

孙诒让云：自道光海上用兵以来，海内学者嚣然争论富强。邵阳魏氏首研考四裔地理形势，间涉兵权谋家之论，其言闳侈，或未易施行；安吴包氏始探源于河漕、农桑以植内治之本；湘乡曾文正公揭礼治一原之旨，持论尤精，而以戡平寇乱，未遑更法。惟公覃思闳览，肇建兴学之议，提纲握要，其意深远。——《张广雅尚书六十寿叙》

又云：承询《学约》，乃前年倭议初成，普天愤闷之时，让适衔恤家居，每与同人论及时局，忧闷填胸，辄妄有缀述，聊作豪语以强自慰藉。——《答梁任公书》

又云：中年早衰，倮然孤露，意兴零落，得一遗十。复以海疆多故，世变日亟，眷怀时局，抚卷增喟。私念今之大患，在于政教未修，而上下之情睽阂不能相通。故民窳而失职，则治生之计狭隘，而谲觚干纪者众。士不知学，则无以应事遇变，效忠厉节，而世常有乏才之憾。夫舍政教而议富强，是犹泛绝潢断港而蕲至于海也。然则处今日而论治，宜莫若求其道于此经。——《周礼正义叙》

又云：迄今世变弥亟，风尚日新，古文字例，殆成废绌，敝帚自珍，辄用内惭。然泰西学艺大昌，其所传埃及、巴比伦象形镵碎古字，远不及中土篆籀之精妙，彼土学者，捃拾于冢塔土甓之余，犹考读庋储，珍逾球璧，而我国学子略涉译册，辄鄙弃古籀如弁髦。政教之不竞，学术亦随之，斯固相因之理乎？然周、孔之教倘永垂于天壤，则仓籀遗文必有爱护于不坠者。……古学将湮，前尘如梦，余又何能无慨于心哉！——《古籀余论后叙》

5. 望后贤

公每著一书，必自作《序》，《序》尾各言尚有余义，还须待后贤为之理董、订补，辞甚谦虚，足见大学问家之风度也。节录原文于下：

世之君子，有能通天人之故，明治乱之源者，倘取此经而宣究其说，由古义古制以通政教之闳意渺旨，理董而讲贯之，别为专书，发挥旁通以俟后圣，而或以不佞此书为之拥篲先导，则私心所企望而旦暮遇之者欤！——《周礼正义叙》一节

墨子既不合于儒术，孟、荀、董无心、孔子鱼之伦咸排诘之。汉、晋以降，其学几绝，而书仅存，然治之者殊鲜，故脱误尤不可校。而古字古言转多沿袭未改，非精究形声通假之源，无由通其读也。……研核有年，用思略尽，谨依经义字例为之诠释。至于订补《经说》上、下篇旁行句读，正兵法诸篇之讹文错简，尤私心所窃自喜以为不谬者，辄就毕本更为增定，用遗来学。……今于字义多遵许学，故遂用题署，亦以两汉经儒本说经家法笺释诸子，固后学所晞慕而不能逮者也。——《墨子间诂叙》

世变纷呶，旧学榛芜，独抱遗经，无从质定。安得精研礼学如金氏^榜者，与之榷斯义之是非哉！——《九旗古义述叙》

世之君子，有秉心敬恕，精究古今学业纯驳之故者，读墨氏之遗书，而以此篇证其离合，必有以持其是非之平矣。——《墨子后语小叙》

拙著印成后，间用近译西书复事审校，似有足相证明者。……若此诸义，蓄之胸臆者匪一，因于西书所见甚少，其算例精繁者复苦不能尽解，愧未洞窥窔窇，又虑近于皮傅，未敢著之于篇。以执事研综中西，当代魁士，又夙服膺墨学，辄刺一二奉质，觊博一发耳。总之，《经》《经说》上、下及大、小《取》六篇，文义既苦奥衍，章句又复襫贸，昔贤率以不可读置之。爻山《刊误》致力甚勤，而于此六篇竟不著一字。专门之学尚复如是，何论其它？唯贵乡先达兰浦、特夫两先生，始用天、算、光、重诸学发挥其旨，惜所论不多。又两君未遭精校之本，故不无望文生训之失。盖此学晐举中西，邮彻旷绝，几于九译乃通，宜学者之罕能津逮也。近欲博访通人，更为《墨诂》补义，倘得执事赓续陈、邹两先生之绪论，宣究其说以饷学子，斯亦旷代盛业，非第不佞所为望尘拥篲翘盼无已者也。——《与梁卓如论墨子书》

自惟末学肤受，不足以通古籀之源。窃欲刺剟残碎，少附证经说字之学，至

于意必之论，刊除未尽，且仅据传摩，罕觏墨本，点画漫缺，或滋妄说。世有好古文字如张敞、颜游秦者，倘能理而董之矣。——《古籀拾遗叙》

大抵余治此学逾卅年，所觏拓墨亦累千种，恒耽玩篆艺，审校奇字，每覃思竟日，辄万虑俱忘，渺思独契，如对古人，不意过眼烟云，倏成陈迹。迄今世变弥亟，风尚日新，古文字例，殆成废缀，敝帚自珍，辄用内惭。然泰西学艺大昌，其所传埃及巴比伦象形鑱梣古字，远不及中土篆籀之精妙，彼土学者，捃拾于冢塔土甓之余，犹考读疪储，珍逾球璧，而我国学子，略涉译册，辄鄙弃古籀如弁髦。政教之不竞，学术亦随之，斯固相因之理乎！然周、孔之教倘永垂于天壤，则仓籀遗文必有爱护于不坠者。此册既写定，将寄质崚怀、仲弢两君，相与商榷定之，而附识弱冠以来考览所逮，洎师友存亡并离之迹，缀之卷尾以志今昔之感。古学将湮，前尘如梦，余又何能无慨于心哉！——《古籀余论后叙》

蒙治古文大篆之学四十年，所见彝器款识逾二千种，大抵皆出周以后，赏鉴家所椠揭为商器者，率臆定不能确信，每憾未获见真商时文字。顷始得此册，不意衰年睹兹奇迹，爱玩不已。辄穷两月力校读之，以前后复縷者参互审绎，乃略通其文字，大致与金文相近，篆画尤简省，形声多不具，又象形字颇多，不能尽识。……今就所通者略事甄述，用补有商一代书名之佚，兼以寻究仓后籀前文字流变之迹，其所不知，盖阙如也。——《契文举例叙》

余少嗜读金文，近又获见龟甲文，咸有撰录。每惜仓、沮旧文不可复睹，窃思以商、周文字展转变易之迹，上推书契之初轨，沉思博览，时获确证。……通校古文大小篆，大抵象形字与画缋通，随体诘诎，讹变最多；指事字次之，会意、形声字则子母相检，沿讹颇鲜，而与转注相互为例，又至广博。……而假借依声托事，则尤茫无涯涘矣。……今略摭金文、龟甲文、与《说文》古籀互相勘校，揭其歧异以著省变之源。而会撮比属，以寻古文、大、小篆沿革之大例，约举辜较，不能备也。世变方亟，兹学几绝。所觊金石瑑刻日出不穷，仓、沮旧迹倘重见于人间，后之治古文奇字者，执吾说以求之，其于造作书契之微旨，或得冥符于万一尔。——《名原叙》

此记所模，虽多晋以后物，其文取足纪年月、姓名，无它记述。然其字画奇古，篆隶咸备，异文诡体，多与汉、魏、六朝碑板相合，间有古里聚、官秩、氏族，尤足资考证。区区陶瓶，遂为吾乡文献之征，是诚不可无述也。至于坠文碎墼，日出不穷，后之所获，当复倍蓰于是，将随时续增之焉。——《温州古甓记叙》

己巳之夏，属稿伊始，寒暑再更，条绪粗立。凡为卷三十有三，《外编》二卷，《辨误》一卷附焉。著于录者一千三百余家，所目见者，十一而已。自知徒殚句集之勤，未窥述作之旨，纰缪夺扇，惧弗克免，用俟方闻理而董之。——《温州经籍志序例》

诒让弱冠观书，旁涉乙部，盖尝读史志而知地志之不足据，读唐、宋以来舆地专书，而知史志亦不无讹夺也。因博稽往籍，作为一表。援据诸书，则录于下方，谓之考证。用潜说友《咸淳临安志》例也。歧海之间，倘有为舆地之学者，其将有所取于斯。——《温州建置沿革表引》

附：书法

近自修志筹备委员会成立后，宋君墨庵草《人物传》，于艺术门所列书画家，有王金庚字云西，善山水人物。金庚子鸿诰字小云，专工山水。许启畴字拙学，书学颜鲁公，亦善山水。拙学、小云故与陈介石蛰庐为布衣交，世所谓"求志社"也。陈焕章字壁堂，善人物山水。李松士字灌亭，为项维仁弟子，善山水花卉。子肇元字履甫，善画梅。孙炳光字漱梅，光绪壬寅举人，亦善山水兰竹。胡宝仁字小玉，光绪丙戌进士，善山水。林纯贤字竹逸，别署一钵沙主人，善人物花卉。周国琛字莲仙，恩贡，善美人。张梦璜字兰舟，嘉庆戊寅举人，善隶书。胡瑛字二栋，善山水。蒋锋字雪斋，廪生，善翎毛花卉，工篆刻。周珑字伯龙，邑廪生，学《天发神谶碑》，气象堂皇，得者珍之。何白字雪卧，善隶书，工铁笔。孙光第字杏溪，工山水、兰竹。鲍鲲字溟秋，同治癸酉拔贡，善画梅。沈凤锵字仲威，光绪壬午举人，善书，初学黄鲁直，自成一格。孙诒泽字仲闿，始习北魏，兼涉八体，临摹篆籀，勿失秒黍。杨绍廉字志林，书学褚河南，尤精研许书，点画不苟，皆已为阐幽发潜。

清道、咸数十年来，邑中有其人素善书，而为文名所掩者，如孙衣言学柳诚悬公权，孙锵鸣学苏东坡轼，黄绍箕篆书学邓完白山人，晨夕临摹，以为得《峄山》典型。邑人当时有知者，不备论矣。

孙锵鸣《跋伯兄临玄秘塔碑刻本后》云：余兄勤西，中年好柳书，日课三百字，寒暑无间。自来淮南，尝告余案牍之繁，十倍江宁。然能每早起，盥漱毕，必课三两纸，乃治事见客。此癸酉冬，自皖归寓，为家塾模仿本，许君笑梅见而爱之，永嘉郭熙堂善摩勒，遂属其锓板，公诸同好。同治甲戌六月孙锵鸣跋。

近日尤重孙仲容孝廉小楷，得尺牍草稿，珍如球璧。孝廉当日固不以书名也。世有不读书而自夸善书者，可以废然自返矣。——《瓯风·乡事纪闻》

余曾于邑图书馆时设在飞云阁故址中，见到孙公生前所临摹唐人欧阳询率更《九成宫碑》，选其字清晰可辨者，旁加红圈为识。故公书法可称秀丽，实书卷气也。

神明于书者，自能唯意所适，信足宝也。评董香光、何无咎书法，有跋文。

公平时写字结体，全遵《说文》，一笔不苟。如周，且多用古文画法。

附二，联语：

孙公生平所作联语甚多，兹据敝友何励生搜采，而编入《敬乡楼联话》中者，侈录之于下：

明伦堂联：即前瑞安普通高小礼堂

质力弥纶，竞胜飞腾天演界；文明教育，集群陶铸国民材。

卓公祠联：即前瑞安县立中学校礼堂

乡里有导师，亮节孤忠，历算兼精只余事；洞渊昌邃学，博理通艺，艰难宏济伏奇才。注：瑞中前身为算学书院。

东山书院联：其故址在今温州中山公园内

宛在水中，一镜波光新画本；少焉月出，半帘花影读书声。

北门关帝庙联：在瑞安市北郊

千秋圣泽留城北；一点丹心照蜀西。

孙诒让洞房联：

合欢唐殿黄金橘；多士齐宫紫石榴。

励生按：此联听说处州人普遍用，因为出之孙仲容先生所作。因忆吾瑞昔年亦时在洞房内应用，这一则可编入仲容先生故事内。

卷六　治学方法举例

孙公治学方法，据《札移叙》所述，实仿效高邮王氏父子，而以两汉经儒本说经家法笺释诸子。故其一生著作最巨者为《周礼疏》《墨诂》。《周礼疏》繁杂，剖析费时，今惟取《墨诂》所运用方法，归类举例说明之以资隅反也。

一、雠校法

孙诒让曰：墨子书旧有孟胜、乐台注，今久不传。近代镇洋毕尚书沅始为之注，藤县苏孝廉时学复刊其误，创通涂径，多所是正。余昔事仇鉴，旁摭众家，择善而从。于毕本外，又获见明吴宽写本、顾千里校《道藏》本，藏本，明正统十年刊，毕本亦据彼校定。顾校又有季本，传录或作李本，未知孰是？明椠诸本，……间有可采，惜所见本残缺。……用相勘核，别为写定。复以王观察念孙、尚书引之父子，洪州倅颐煊及年丈俞编修樾，亡友戴茂才望所校参综考读。——《墨诂叙》

按以上所述雠校古书，必须先集此书各种板本，如墨子之有古本、今本、毕本、顾校本、吴写本、道藏本、季本等，此外又有近人如二王、洪、俞、戴各家校释，然后逐字逐句校其讹夺颠倒，删补增乙，详加订正，文可讽诵。

（一）讹字据正例

"今上举义不避远。"旧本作"近"，治要作"远近"。王云："近"字涉上文而误，"近"当为"远"。不避远，见下文。案：王说是也，今据正。——《尚贤上》

"上以此为赏罚，甚明察以审信"。"甚"旧本讹"其"。王云："其"当为

"甚"。甚明察以审信，见中篇。案：王校是也，今据正。——《尚同上》

"国之为家，数也甚多。""国之"旧本作"天下"。毕云："天下"下当脱"之"字。一本"天下"作"国之"。诒让案："国之"是。下文云"天下之为国，数也甚多"，则此不当作"天下"明矣，今据正。——《尚同下》

（二）倒字据改例

"故交相非也，是以内者父子兄弟作怨恶。"毕云："非也，是"旧作"非是也"，字倒，今以意改。——《尚同上》

"若苟明于民之善非也。"毕云："若苟"二字旧倒，据下文改。——《尚同下》

（三）误字据乙例

"而天下和，庶民阜，是以近者安之，远者归之，日月之所照，舟车之所及，雨露之所渐，粒食之所养"。王云：自"而天下和"至此凡三十七字，旧本误入下文"国家百姓之利"之下，今移置于此。案：王校是也，今依乙。——《尚贤下》

"其贼人多。""其贼"旧本作"贼其"。俞云：按，当作"其贼人多"，与上文"其利人多，后天福之"相对。案：俞校是也，今据乙。——《法仪》

"助其动作者众，即其举事速成矣"。旧本"其"在"举"下。苏云：当作"则其举事速成矣"。俞云：此本作"即其举事速成矣"。上文三言"则其"，此言"即其"，"即""则"古通用也。今作"即举其事"，误。案：俞说是也，今据乙。——《尚同中》

"下者万民有便利乎，其为郑长也，天鬼之所深厚而能强从事焉。则"王云：自"上者天鬼"以下至此凡三十八字，旧本误入下文"入守固"之下，今移置于此。"而能强从事焉"旧本脱"能"字，今据下文补。案：王校是也，苏说同，今从乙补。——《尚同中》

"得此莫不劝誉。且今天下之王公大人士君子中，实将欲为仁义，求为上士。上欲中圣王之道，下欲中国家百姓之利。"王云：自"得此莫不劝誉"至此凡四十五字，旧本误入上文"而天下和"之上，今移置于此。"得此莫不劝誉"旧本脱"莫"字，今补。"求为上士"旧本脱"上"字，今据各篇补。案：王校是也，今依乙补。——《尚贤下》

（四）衍字据删例

"今上举义不避疏。""疏"上旧有"亲"字，《治要》同。王云："亲"字涉上文而衍，"不避疏"义，见上下文。案：王说是也，今据删。——《尚贤上》

"莫可以为治法。"下旧有"而可"二字。王云：既言"莫可"以为治法，则不当更有"而可"二字，此涉下句而衍。案：王说是也，今据删。——《法仪》

（五）脱字据增例

"我以此知天下之士君子明于小，而不明于大也。"上"于"字旧本脱，今据《群书治要》增，与下文合。——《尚贤下》

"故古者圣王唯而审以尚同。"毕云："而"读与"能"同，旧脱"审"字，《文选注》引作"能审以尚同"，今据增。——《尚同中》

"其为政若此，是以谋事得。"毕云：旧脱"此"字，据后文增。——《尚同中》

（六）脱字据补例

"是故古者圣王之为政也。"旧本脱"也"字，今据《治要》补。——《尚贤上》

"无故富贵面目美好者。"旧本脱此八字，王据上下文补，今从之。——《尚贤下》

"若此则饥者不得食，寒者不得衣，乱者不得治。"旧本脱此十八字，王据上文补，今从之。——《尚贤下》

"此何故以然？则义不同也然。"旧本脱此六字。王云："此何故以然"是问词，"则义不同也"是答词，"然则欲同一天下之义，将奈何可？"又是问词。旧脱中六字，则上下文皆不可通矣，今据上文补。案：王校是也，今从之。——《尚同下》

（七）文义例

"今岁凶，民饥道饿，重其子此疚于坠"。毕云：言重于其子。王引之云："重其子此疚于队"当作"此疚重于坠其子"。疚，病也，言此病较之坠其子者为尤重也。今本颠倒，不成文义。案：王说是也，苏说同。——《七患》

"为者疾，食者众，则岁无丰。"俞云："疾"当为"寡"。为之者寡，食之者众，则虽有丰年，不足以供之，故岁无丰也。今作"为者疾"，则不可通矣。盖后人据《大学》以改之，而不知其非也。案：俞说未确，此疑当作"为者疾，食者寡，则岁无凶；为者缓，食者众，则岁无丰"。此上文咸以岁善与岁凶对举，是其证。今本脱"食者寡"至"为者缓"十字，文义遂舛忤不合矣。——《七患》

"莫不敬惧而施"。"敬惧而施"即"敬惧而惕"，文义已足，非有阙文。——《尚贤上》

"是故靡分天下。"俞云："靡"当为"历"字之误也。《大戴记·五帝德》篇"历离日月星辰"，是"历"与"离"同义。此云"历分天下"与彼云"历离日月星辰"文义正同。若作"靡"字，则无义矣。——《尚同中》

"以为正长，是故上下情请为通。"然则此文，当云"唯而审以尚同为政"，上下文义始相应。因涉上文屡言"正长"，遂误作"以为正长"，上下不应矣。且既云"审以尚同"，又云"以为正长"，一句中两用"以"字，义亦未安。……案：俞校未确。——《尚同中》

（八）字例例

"我赏固而诱之矣。""赏"当为"尝"。"尝"，试也，此句为下文发端。书中"尝"字多讹为"赏"，详《尚同下》篇。——《尚贤下》

"以为正长，是故上下情请为通。"《墨子》书多以"请"为"情"。今作"情请为通"者，后人旁记"情"字，而写者遂误入正文；又涉上文以为正长，而衍为字耳。——《尚同中》

"今惟毋以尚贤为政。"毕本"毋"改"毌"，云"毌"同"惯"，下同。案：毕校非也，"毋"，语词，详中篇。——《尚贤下》

（九）文例例

"使天下之为善者，可而劝也。"王云："可而"犹"可以"也。下文曰"上可而利天，中可而利鬼，下可而利民"，与此文同一例。案：王说是也。《尚同下》篇云："尚用之天子，可以治天下矣；中用之诸侯，可而治其国矣；下用之家君，可而治其家矣。"上句作"可以"、下二句并作"可而"可证。——《尚贤下》

"以远至乎乡里之长。""远"当为"逮"，形近而误。后文云"逮至有苗之制五刑以乱天下"，《尚贤上》篇云"逮至远鄙郊外之臣、门庭庶子、国中之众、四鄙之萌人闻之，皆竞为义"。与此文例正同。——《尚同中》

"将以为万民兴利除害，富贵贫寡。"此为上下文例不合，疑当作"富贫众寡"。——《尚同中》

"唯能使人之耳目，助己视听；使人之吻，助己言谈。"《说文·口部》云：吻，口边也。以上句文例校之，"吻"上疑有"唇"字。《非命下》篇云："今天下之士君子之为文学，出言谈也，非将勤劳其喉舌，而利其唇呡也。""呡"与"吻"字同。——《尚同中》

"一耳之听也，不若二耳之听也。"以下二句文例校之，疑"二目之视"，"视"当作"睹"；"二耳之听"，"听"当作"聪"。今本皆传写混之。——《尚同下》

（十）怀疑例

"墙既立。"疑当作"宫墙既立"，"宫"字涉上而脱，"既立"又误作"立既"，遂不可通。——《尚贤上》

"陶河濒。"今检勘全书，无"釜丘"之文，疑古本此文或作"釜丘"矣。——《尚贤中》

"王公大人骨肉之亲，无故富贵面目美好者，则举之，则王公大人之亲其国家也。""亲"，疑并作"视"。——《尚贤下》

"吕刑之道。"毕云：当云"道之"。案：下文两云"之道"，此疑不倒。——《尚同中》

"宗於父兄故旧。""宗於"疑"宗族"之误。——《尚同中》

（十一）句读例

"曰处若官者，爵高而禄厚，故爱其色而使之焉。""处若"旧本倒。王云："若"与"故"义不相属，"若处官者"当为"处若官者"。若官，此官也。言以处此官者，爵高而禄厚，故特用其所爱也。下文曰"虽日夜相接以治若官"是其证。"若"与"此"同义，说见上文。——《尚同中》

"春秋祭祀，不敢失时几，听狱不敢不中。"毕云："几"读如"关市讥"。俞云：毕以"几"字属下"听狱不敢不中"读，然关市与狱讼不当并为一事，殆失之矣，"几"字仍当属上读。几者，期也。《诗·楚茨》篇"如几如式"，毛传训"几"为"期"，是也。"不敢失时几"者，"不敢失时期"也。《国语·周语》注曰："期，将事之日也"，是期以日言，不敢失时，并不敢失日，故曰"不敢失时

几"。——《尚同中》

"故子墨子言曰，然胡不赏使家君，试用家君，发宪布令其家"。王云："赏"字义不可通，"赏"当为"尝"。"赏""尝"字相似，又涉上下文"赏罚"而误。"使家君"三字，则涉下文"使家君"而衍。既言"用家君"，则不得又言"使家君"，"胡不尝试用家君，发宪布令其家"作一句读。案：王校是矣。——《尚同下》

附：段玉裁《与诸同志书论校书之难》

校书之难，非照本改字不讹不漏之难也，定其是非之难。是非有二：曰底本之是非，曰立说之是非。必先定其底本之是非，而后可断其立说之是非，二者不分鳞辂，如治丝而棼，如算之淆，其法实而瞀乱，乃至不可理。何谓底本？著书者之稿本是也。何谓立说？著书者之义理是也。文长从略

二、故训法

孙诒让曰：墨子书旧多古字，许君《说文》举其"羕""繌"二文，今本并改易不见，则其为后人所窜定者殆不知凡几？盖先秦诸子之讹舛不可读，未有甚于此书者。今谨依《尔雅》《说文》正其训故，古文篆隶校其文字。

又曰：墨子既不合于儒术，孟、荀、董无心、孔子鱼之伦咸排诘之。汉、晋以降，其学几绝，而书仅存，然治之者殊鲜，故脱误尤不可校。而古字古言转多沿袭未改，非精究形声通假之源，无由通其读也。——《墨诂叙》《小记》

（一）形近而讹例

"莫不竞劝而尚意。""意"疑当为"惪"，形近而讹，"惪"正字，"德"假借字。——《尚贤上》

"以尚贤事能为政也。"苏云："事"当作"使"，二字形近而讹。案："事""使"义同，《汉书·高帝纪》如淳注云："事，谓役使也"，非讹字。——《尚贤上》

"将以运役天下淫暴，而一同其义也。"王云："运役"二字义不可通，当依上篇作"连收"，字之误也。"连收"二字，正承"丝缕罔罟"而言。——《尚同中》

"以为唯其耳目之请。""请"当为"情"，"言"古文"𠱷"，与"心"篆文"𠱷"

字形近，故"情"字多为"请"。——《尚同中》

"女何择言人。"毕云：孔书无"女"字，作"何择非人"。王引之云："言"当为"否"。篆书"否"字作"否"，"言"字作"言"，二形相似；隶书"否"字作"吾"，"言"字或作"吾"，亦相似，故"否"误为"言"。"否"与"不"古字通，故下句云"何敬不刑，何度不及"也，今书作"何择非人，何敬非刑，何度非及"。"非""否""不"并同义。案：王说是也。——《尚贤下》

"沮以为善，垂其股肱之力"。"垂"义不可通，字当作"舍"，草书二字形近而误。——《尚贤下》

"王公大人骨肉之亲。"又如"之误"二字，草书相近。——《尚贤下》

（二）音近而误例

"是以甘井近竭，招木近伐。"毕云："招"与"乔"音相近，"竭""伐"为韵。案：毕说是也。《经说下》篇"桥衡"之"桥"亦作"招"，可证。——《亲士》

"法仪。""法仪"为法度之义，仪，义如"浑天仪"之"仪"。《说文》云，仪，干也。"仪"与"仪"音相近。又《说义》云：仪，度也。亦通。——《法仪》

（三）假字例

"错者必先靡。""靡"，"礳"之假字，今省作"磨"，谓销磨也。——《亲士》

"素食而分处。"《淮南子·主术训》云：夏取果蓏，秋畜疏食。"疏"俗作"蔬"。——《辞过》

"君修法讨臣，臣慑而不敢拂。""拂"，《治要》作"咈"。案："咈"正字，"拂"假字。——《七患》

"灰于常阳。"俞云："灰"疑"反"之误。"反"者，"贩"之假字，贩从反声。古文以声为主，故止作反也。——《尚贤下》

（四）假音例

"诗曰必择所堪。"毕云："堪"当为"媅"字假音。王云："媅"训为"乐"，与染义无涉，"堪"当读为"湛"。"湛"与"渐渍"之"渐"同。……案：王说是也。——《所染》

"故国残身死，为天下僇。""僇"，《治要》作"戮"。毕云：此"戮"字假音。

"日室高，足以辟润湿。""辟"，《治要》《长短经》并作"避"。……毕："辟"，"避"字假音。——《辞过》

（五）声同字通例

"仕者持禄，游者爱佼。"旧本"持"为"待"，"爱佼"为"忧反"。《群书治要》引"待"作"持"，"反"作"佼"。王云："待"当为"侍"，"忧反"当为"爱交"。……《墨子·天志篇》亦云"持养其万民"，然则此文既云"持禄"，必云"养交"，不当云"爱交"也。《墨子》原文盖本作"恙交"，"恙"即"养"之假字，古同声通用，后人不假借之旨，改其字作"忧"，而《墨子》原文不可复见矣。案：王校是也。——《七患》

"其人兹众，其所谓义者亦兹众。"苏云："兹""滋"古通用，是书皆作"兹"。诒让案：《说文·艸部》云"兹，草木多益"，《水部》云"滋，益也"。古正作"兹"，今相承作"滋"。——《尚同上》

"天子三公既以立。""以""已"通。——《尚同上》

"曰闻善而不善。"王引之云："而"犹"与"也，言善与不善也。"而"，"与"声之转。——《尚同上》

"乡长唯能壹同乡之义。""壹"中下篇并作"一"，字通。——《尚同上》

"潒潒而至者。"诒让案："潒潒"言风雨之盛也。《诗·小雅·无羊》云"室家溱溱"，《毛传》云：溱溱，众也。《广雅·释言》云：蓁蓁，盛也。"潒""蓁"声同字通。——《尚贤上》

"已有善傍荐之。""傍"当为"访"之借字，二字皆从"方"得声，古多通用。——《尚同中》

"疾菑戾疫。"案："戾疫"即《兼爱》下篇之"疠疫"。"戾""疠"一声之转。——《尚同中》

三、征引法

孙诒让曰：窃谓校书如雠，例肇西汉，都水《别录》，间举论文，若以"立"

为"齐"，以"肖"为"赵"之类，盖后世校字之权舆也。晋、唐之世，束皙、王劭、颜师古之伦皆著书匡正群书违缪，经疏史注，咸资援证。近代巨儒，修学好古，校刊旧籍，率有记述。而王怀祖观察及子伯申尚书、卢绍弓学士、孙渊如观察、顾涧薲文学、洪筠轩州倅、严铁桥文学、顾尚之明经及年丈俞荫甫编修所论著尤众，风尚大昌。覃及异域，若安井衡、蒲阪圆所笺校，虽疏浅，亦资考证。综论厥善，大抵以旧刊精校为据依，而究其微旨，通其大例，精思博考，不参成见。其是正文字讹舛，或求之于本书，或旁证之它籍及援引之类书，而以声类通转为之铃键，故能发疑正读，奄若合符。——《札移叙》

引：

（一）类书

魏徵《群书治要》《太平御览》<small>又有抄本御览。</small>

王应麟《玉海》

罗泌《路史》

吴淑《事类赋》

马总《意林》

徐坚《初学记》《艺文类聚》《北堂书钞》

陶潜《圣贤群辅录》

赵蕤《长短经》……

（二）字书

《尔雅》郭璞注<small>释诂、释训、释器、释水、释畜……</small>

《说文解字》<small>许慎作、二徐注。</small>

《玉篇》

《小尔雅》<small>广诂、广言、广义……</small>

《广雅》<small>释诂、释言、释训、释器……</small>

《释名》<small>释宫室</small>

《仓颉篇》

《方言》<small>扬雄撰、郭璞注。</small>

《众经音义》

《一切经音义》

《经典释文》陆德明作。

（三）古注

《易》郑注、孔疏。

《诗》毛传、郑笺、孔疏。

《书》伪孔传，孔疏。

《春秋左氏传》杜预注、服虔注、陆德明音义。

《公羊传》何休注。

《谷梁传》范宁注。

《仪礼》郑注，贾公彦疏。

《礼记》郑注、孔疏。

《周礼》郑注、郑众注、郑司农注、杜子春注、孔疏。

《大戴礼记》卢辩注。

《论语》郑注、孔疏、皇侃义疏、马融说。

《孟子》赵岐注、伪孙奭疏。

《国语》韦昭注。

《战国策》鲍彪注。

《史记》三家注：裴骃集解、张守节正义、司马贞索隐。

《汉书》颜师古注宋祁校、孟康注、萧该注、如淳注。

《后汉书》李贤注。

《管子》尹知章注。

《老子》河上公注。

《庄子》郭象注、崔譔、李颐释文引。

《荀子》杨倞注。

《列子》张湛注。

《吕氏春秋》吕览，高诱注。

《淮南子》许慎注。

《太玄经》范望注。

《山海经》郭璞注。

《穆天子传》郭璞注。

《水经》郦道元注。

《楚辞》王逸注。

《文选》李善注。

（四）近儒说

毕沅云

王念孙云

苏时学云

俞樾云

洪颐煊云

梁玉绳云

卢文弨云

顾广圻云

王引之云

戴望云

邵晋涵云

汪中云

孔广森云

张文虎云

钮树玉云

王鸣盛云

刘逢禄云

陈寿祺云

段玉裁云

江声云

钱大昕云

孙星衍云

（五）本书指《墨子》与它书

1. 释文字

互见字书、古注、近儒说。

2. 释名物

暴蛇：《春秋繁露》许慎注。

狐白裘：《玉藻》《淮南子·说山训》《晏子春秋·外篇》《汉书·匡衡传》。

染色：《韩诗外传》《淮南子·说林训》《考工记》《尔雅·释器》。

廪食：《说文》《周礼·司士》郑注，《宫正》。

鼎食：《曲礼》郑注，《玉藻》《白虎通义·谏诤篇》。

君朝朝衣：《周礼·司服》郑注，《周书·大匡篇》。

荚节：《说文》《礼运》《丧服传》。

中衣：《说文》《深衣》郡国录，《诗·唐风》孔疏，《仪礼·聘礼》贾疏，《谷梁传》范注，本书《节用》篇，《北堂书钞·衣冠部》。

素食：《管子·七臣七主篇》《淮南子·主术训》《月令》郑注，《礼运》。

竽瑟：《周礼·小胥》《曲礼》孔疏，《贾子新书·审微篇》，《公羊传》何注，《白虎通义·礼乐篇》《鲁诗》《春秋纬》。

珪璧：《考工记·玉人》。

币帛：《汉书·食货志》《周礼·内宰》《礼记·王制》。

音乐：《周礼·小胥》《大司乐》《曲礼》《贾子新书·申微篇》《公羊传》《鲁诗》传，《白虎通义·礼乐篇》《春秋纬》《太平御览·乐部》《淮南子·精神训》《氾论训》《说文》《诗》毛传，《尔雅·释器》《方言》《风俗通义·声音篇》《汉书·礼乐志》《书·皋陶谟》《史记·夏本纪》《吴世家》《吕氏春秋·古乐篇》《山海经》《礼记·文王世子》《春秋繁露·三代改制质文篇》《左传》《困学纪闻》……

3. 释人物

孟贲：《孟子·公孙丑篇》《史记·范雎传》集解，《汉书·东方朔传》颜注。

西施：《吴越春秋》逸篇。

吴起：《淮南子·缪称训》《氾论训》《韩诗外传》《吕氏春秋·执一篇》高注，《史记·本传》汪中说。

伯阳：《吕览》高注，《荀子》杨倞注，《太平御览》引《尸子》，《北堂书钞》引《尸子》，陶潜《圣贤群辅录》，皇甫谧《逸士传》《韩非子·说疑篇》《汉书·古今人表》。

崇侯恶来：高诱说，《史记·秦本纪》。

大夫种：《吕氏春秋》高注，《文选》李注，《吴越春秋》《太平寰宇记》。

王孙雒：《外传吴语》《吴越春秋·夫差内传》《说苑·杂言篇》《吕氏春秋》《史记·越世家》《韩非子》。

太宰嚭：《左传》《吕览》高注，《史记·吴世家》《越绝书》《吴越春秋》杜预，《春秋释例》，《国语·吴语》。

段干木：《吕氏春秋·尊师篇》《史记·老子传》《魏世家》《风俗通》氏姓注。

伊尹、伊挚：《史记·秦本纪》《韩非子》《文选》注，《诗·周颂·长发》孔疏，《孙子兵法·用间篇》孔安国云，《楚辞·离骚》《天问》《汉书》《玉篇》《说文》、吕不韦云，《吕览·本味篇》高注，《括地志·陈留风俗传》《周礼·天官》《庖人》《庄子·庚桑楚篇》。

傅说：《史记》索隐，《孔安国传》《贾谊传》《书叙》郑注、孔疏，《说文》《伪古文·说命》《伪孔传》皇甫谧云，《水经注》《史记·殷本纪》《国语·楚语》韦注。

伯鲧：《大戴礼记·五帝德篇》《史记·夏本纪》《三代世表》《吴越春秋》《汉书·律历志》《楚辞·离骚》《淮南子·原道训》《山海经》《左传·襄十一年》，杜注《书·尧典》《孟子·万章篇》《史记·五帝本纪》《晋语》韦注，《楚辞·天问》王注，《山海经》郭璞注，《括地志》。

4. 释地理

谿谷：《说文·谷部》《尔雅·释水》。

服泽：《文选》《史记》《孟子》。

历山：《史记·五帝本纪》《水经注》《淮南子》高注，《周处风土记》《括地志》。

雷泽：《史记·五帝本纪》集解，《太平御览》《玉海》《汉书·地里志》应劭注，《通典》，王念孙云，《穆天子传》郭璞注，《水经注》《初学记》《元和郡县志》《太平寰宇记》《路史》疏。

三苗国：《战国策·魏策》《史记·吴起传、五帝本纪》张守节云。

5. 释制度

门庭庶子：《周礼·宫伯》郑众注、郑康成云，《新序·杂事》。

国中之众：《周礼·乡大夫》郑注。

四鄙之萌：《汉书·刘向传》颜注，《管子·山国轨篇》尹注，《一切经音义》《史记·三王世家》索隐，《说文》，毕云。

将军：《周礼·夏官》《本书·非攻中》《管子·立政篇》《水经》郦注。

五刑：《书·舜典》孔传，《尧典》吕刑，《文选》注，毕云，孙星衍云。

四、考证法

孙诒让曰：诒让学识疏谫，于乾、嘉诸先生无能为役。然深善王观察《读书杂志》及卢学士《群书拾补》，伏案研诵，恒用检核，间窃取其义法以治古书，亦略有所悟。尝谓秦、汉文籍，义旨奥博，字例文例多与后世殊异。……骤读之，几不能通其语。复以竹帛梨棘，抄刊娄易，则有三代文字之通假，有秦、汉篆隶之变迁，有魏、晋真草之混淆，有六朝、唐人俗书之流失，有宋、元、明校椠之羼改，遂径百出，多歧亡羊，非覃思精勘，深究本原，未易得其正也。

汉、唐旧注及近儒校释，或有回穴，亦附纠正。

册中所录，虽复简丝数米，或涉琐屑，于作述闳旨未窥百一，然匡违茞佚，必有义据，无以孤证臆说贸乱古书之真，则私心所遵循而不敢逾者。——《札迻叙》

（一）推校例

"以本书校之。"案：墨子卒年无考，以本书校之，《亲士篇》说吴起车裂事，在安王二十一年，《非乐篇》说齐康公兴乐，康公卒于安王二十三年，自是以后，更无所见，则墨子或即卒于安王末年。——《传略》

"以彼校此。"案：《说苑·善说篇》：林既对齐景公云：夫登高临危，而目不瞬而足不陵者，此工匠之勇悍也。以彼校此，则《御览》是也。——《著录》

"以墨子年代校之。"司城子罕，当即皇喜，其事《史记·宋世家》不载。《史记·邹阳传》称子罕囚墨子。以墨子年代校之，前不逮景公，后不逮辟公，所相直者，惟昭公、悼公、休公三君。——《传略》

"以墨子先后时事校之。"案：墨子仕宋，鲍彪谓当景公、昭公时《战国策·宋册》注，非也。以墨子先后时代校之，其为宋大夫当正在昭公时。——《传略》

"以庄、吕二子所言推之。"《庄子·天下篇》说墨云：以巨子为圣人，皆愿为之尸，冀得为其后世。郭象注云：巨子最能辩其所是，以成其行。……《吕氏春秋·上德篇》云：墨者以为不听巨子，不察又有墨者巨子孟胜、田襄子、腹䵍三人，高诱以巨子为人姓名，非也。以庄、吕二子所言推之，墨家巨子盖若后世儒家大师。……——《传授》

"以文义推之。"案：洪谓"苟"为"敬"字之讹是也，而以"支"为"致"则未确。俞说尤误，以文义推之，"支"当为"交"，形近而讹。《经说上篇》：圜规写交也。今本"交"亦误"支"，是其证。——《亲士》

"以此下文推之。"案：以此下文推之，则墨子训"不及"，为不及尧、舜、禹、汤、文、武之道，犹言何虑其不能逮也。——《尚贤下》

"窃以今五十三篇之书推校之。"窃以今五十三篇之书推校之，墨子前及与公输般、鲁阳文子相问答，而后及见齐太公和与齐康公兴乐、楚吴起之死，上距孔子之卒几及百年，则墨子之后孔子，盖信。——《年表》

（二）征考例

"以本书考之。"案：此盖因墨子为宋大夫，遂以为宋人。以本书考之，似当以鲁人为是。——《传略》

"以《礼经》考之。"《玉藻》云：诸侯日食特牲，朔月少牢，此五鼎，则少牢也。以《礼经》考之，盖羊一，豕二，伦肤三，鱼四，腊五。五者各一鼎。——《七患》

"以所举二人学术大略考之。"《庄子》本以宋钘、尹文别为一家，不云亦为墨氏之学。以所举二人学术大略考之，其崇俭非斗虽与墨氏相近，而师承实迥异。——《传授》

（三）备考例

"附缀于此以备考。"案：以上三人并见本书，是否墨子弟子，无可质证，谨附缀于此以备考。——《传授》

"姑存以备考。"著书七篇，案：《韩子》无此文，《汉书·艺文志·墨家》亦

无相里子书，姑存以备考。——《传授》

　　"附识以备考。"案：田襄子言行无考。《说苑·尊贤篇》有卫君问田让语，疑即田襄子。附识以备考。——《传授》

　　《淮南子·人间训》云：代君为墨而残。许《注》云：代君，赵之别国。不详其名及时代，则疑是赵武灵王代君章见《赵世家》。此并无可质证，谨附识于此以备考。——《传授》

（四）附著例

　　"此与墨子无与，附著于此。"《列子》云："卫端木叔者，子贡之世也。藉其先赀，家累万金，不治世故。及其死也，无瘗埋之赀，一国之人受其施者，相与赋而藏之。……禽滑釐闻之曰：端木叔，狂人也，辱其祖矣。此与墨学无与，附著于此。——《传授》

　　"不知何据，谨附识于此。"墨子九下之诸书，并止言输攻墨守，惟此注更有输守墨攻事，不知何据，谨附识于此。——《绪闻》

（五）年代例

　　"而不审其年代。"案：魏牟与赵平原君、秦魏丹、范雎同时，其时中山入赵已久，安得尚属魏？则牟所封必非鲜虞之中山，而尚亦非牟后殆无疑义。张湛又以子牟为魏文侯子，盖混牟与挚为一人，其说尤谬，则杨倞已疑之矣。毕引高说，而不审校其时代，亦其疏也。——《所染》

　　"与墨子时世不值。"苏云：宋康之亡，当楚顷襄王十一年，上去楚惠王之卒一百四十三年。此不独与墨子时世不值，且与中山之亡相距止数年，而皆在孟子之后。孟子言方千里者九，则中山未亡；言宋王行仁政，则宋亦未亡。若此书为墨子自著，则墨子时世更在孟子之后，不知孟子之辟墨子，正在墨子方盛之时，其必不然也，审矣。——《所染》

（六）互证例

　　"可以互证。"俞说未确，窃疑"故"当为"攻"，即"功"之借字。下篇云：其所赏者已无故矣。"故"亦"攻"之讹，可以互证。——《尚贤中》

（七）互见例

"然则奚以为治法而可，当皆法其父母奚若。""当"与"尝"通，尝，试也。详《天志下篇》。——《法仪》

"渔于雷泽。"当作"瀤泽"，说详上篇。——《尚贤下》

（八）不苟例

虽知友戴望、长辈俞樾及所尊崇之人王念孙有未确、不是处，即作案语以纠正之。其言曰：

"以为正长。"案：戴说未确。——《尚同中》

"为五刑，请以治其民。"俞以为衍文，非。——《尚同上》

"'天'亦'夫'之误。"王说未确。——《尚同中》

又曰：覃思十年，略通其义。凡所发正，咸具于注。凡讹脱之文，旧校精确者，径据补正以资省览。其以愚意订定者，则著其说于注，不敢专辄增改以昭详慎。——《墨诂叙后小记》

其《与日人袖海君书》云：我国三代以来，文籍传者尚多在，为经世治事之学者，览涉一二、略通大义足矣。若以论乎专家研究，则贵有家法。盖群经诸子，文义奥衍，非精究声音训诂之学不能通其读；而以竹帛写刻之屡更，缪误伙颐，非博考精校，又不能穷古书之根柢；不通古音古训，而以晚近习闻之义训读古经子，则必迷谬龃龉，遗失古人之旨；不求古书精本，博考精校，则必至郢书燕说，为后世恶本伪文所绐。至于史册，则旧闻别记舛忤万端，尤非考证不能得其翔实矣。我朝乾、嘉以来，此学大盛，如王石曜先生念孙及其子文简公引之之于经、子，段若膺先生玉裁之于文字训诂，钱竹汀先生大昕、梁耀北先生玉绳之于史，皆专门朴学，择精语详，其书咸卓然有功于古籍，而某自志学以来所最服膺者也。曩者曲园俞先生于旧学界负重望，贵国士大夫多著弟子籍。先生于某为父执，其拳拳垂爱尤逾常人，然亦未尝奉手请业。盖以四部群籍浩如烟海，善学者能自得师，固不藉标揭师承以相夸炫也。

体会：

孙公诂墨，专取古注及清儒说，它皆不录。凡某人对此书有注释者，引之，则曰"某人云"，第二次简称"某姓云"。凡称述类书，下必系以"引"字"类书某"引。

引书必注出处，不攘美，不掠美。

其引前人说，是者仅移注于本文之下而已，疑者必加辨正之。

凡考字句有否错误，除本书各板本及他书所引外，多以类书所引为依归。

凡释字释句，遇有难通者，虽前人已有注解，仍辨证之。不然，只侈录前人之注于句下耳。或采字书、他书以申明之。

凡释字，除证以字书外，又引他书之句与注，再触类旁通，详引证其它书籍。

凡衍文与否，必须通其上下文义例而决定之。

称引人说，还须循检其所引之原书，审明引句有否错误，便于补正。

凡称引近儒之说，只注某人说，而不注其所编著书名。

凡释人物，可兼查于地理书。

凡考人物，先视其人生在何时，即查何时书及其他相关系者。

凡校字皆列注首，继以释字，或释其他。求板本类此。

凡考证家治学方法缜密，如遇有可研究、可说明处，必不惮烦而为之。

孙公著此书，疑先为长编，分割原文，而集各家注释并列其下，然后重加考证，如此方有条不紊也。工作完毕，乃照原状直抄为书也。

卷七　引书考

一、经学_{单篇}————篇名，简称

（一）《礼》

《彻法考》彻法。

《聘礼记异读考》聘考。

《礼记郑注考上》礼注考上。

《礼记郑注考下》礼注考下。

《圣证论王郑论昏期异同考》圣证论。

《大夫葬用輴异读考》大夫葬。

《加席重席说》加席。

《石染草染郑义述》石染。

《释周成王元年正月朔日庙祭补正郑君书注诗笺义》庙祭。

《今文礼记依铦义》铦义。

《申丧服注旁尊降义》尊降。

《官人义》官人。

《乐记五色义》五色。

《丧大礼虞筐义》筐义。

《周礼正义叙》周义叙。

《大戴礼记斠补叙》大戴。

《九旗古义述叙》九旗叙。

《周礼政要叙》政要。

《嘉靖本周礼郑注跋》嘉靖跋。

《礼记子本疏义残本跋》疏义。

《书大戴礼易本命篇卢注后》易本命。

引：

《易》

《泰卦》《咸卦》《归妹卦》圣证论。

《诗》

毛传圣证论、官人、九旗叙、庙祭。

郑笺礼注考、官人、庙祭。

皇笺礼注考。

孔疏礼注考、庙祭。

诗叙圣证论。

《国风·召南》圣证论。

《行露》

《唐风·绸缪》

《鄘风》官人。

《小雅》圣证论。

《周颂》庙祭。

《鲁颂》庙祭。

《殷颂》圣证论。

陆机《毛诗草木疏》石染。

陈奂《毛诗传疏》庙祭。

胡承珙《毛诗后笺》官人。

《书》

郑注庙祭。

孔疏庙祭。

《甘誓》周义叙。

《梓材》石染。

《洛诰》庙祭。

《无逸》铦义。

《顾命》加席。

《书孔安国传》一作《伪孔传》礼注考、铦义。

《尚书大传》铦义、庙祭、圣证论。

《周书·世俘篇》庙祭。

《周礼》《仪礼》《礼记》注礼注考。

郑君《三礼注》礼注考。

《周礼》彻法、礼注考、政要。

《周礼》一作《周官》：明嘉靖仿宋刊本，黄本丕烈札记嘉靖跋。

郑注官人、加席、庙祭、周义叙。

郑司农注庙祭。

贾疏加席、庙祭、周义叙、礼注考。

孔疏加席。

《天官·玉府》，加席《染人》石染。

《地官·掌染草》石染，《司稼》彻法，《载师》彻法、聘考，《媒氏》圣证论。

《春官·大宗伯》《司尊彝》庙祭、礼注考，《大司乐》庙祭、礼注考，《司常》九旗叙、五色，《典命》礼注考，《司巫》筐义，《占人》礼注考。

《夏官·小臣》官人。

《秋官·职金》石染。

《冬官考工记》彻法，《匠人》彻法，《陶人》聘考。

《仪礼》

《士冠礼》礼注考。

《乡饮酒礼》

《乡射》九旗叙。

《燕礼》

《大射》

《聘礼》官人、聘考又。

《公食大夫礼》

《士丧礼》九旗叙、官人。

《少牢、特牲馈食礼》筐义、加席。

《礼记》小戴大戴宋抚州公库本礼注考下。

郑注五色、礼注考下、筐义、大夫葬、尊降、官人、聘考。

贾疏聘考、铦义、九旗叙、圣证论、官人、加席。

卢植注礼注考、筐义、圣证论。

崔灵恩说五色

孔疏礼注考又、五色、礼注考下、筐义、尊降、彻法、加席、九旗叙。

《曲礼》周义叙、五色、礼注考下、加席。

《檀弓》礼注考。

《王制》官人。

《月令》石染。

《曾子问》五色。

《礼运》圣证论。

《礼器》加席。

《郊特牲》礼注考。

《内则》礼注考下、圣证论。

《玉藻》礼注考、加席。

《明堂位》庙祭。

《丧服小记》疏义。

《大传》礼注考。

《乐记》庙祭、五色、礼注考下。

孔颖达所见别本**《乐记》**礼注考下。

《杂记》礼注考。

《丧大记》筐义、官人、大夫葬又。

《丧服大记》圣证论、尊降。

《祭统》庙祭。

《坊记》大戴。

《中庸》大戴。

《缁衣》大戴。

皇侃**《礼记义疏》**疏义、加席。

熊安生疏疏义。

元陈祥道《礼书》_{礼注考。}

清惠栋《校礼记注疏》_{礼注考下。}

孔㢩轩《礼学卮言》_{聘考。}

阮文达《校勘记》_{礼注考下。}

臧玉林《经义杂记》_{圣证论。}

金檠斋《礼笺》_{九旗叙。}

胡匡衷《仪礼释官》_{官人。}

《大戴礼记》_{铦义。}

卢仆射植注_{圣证论、大戴、易本命。}

《夏小正》_{圣证论、彻法、大戴。}

《保傅篇》_{礼注考下。}

《天圆篇》_{大戴。}

《虞戴德篇》_{五色。}

《诰志篇》_{五色。}

《易本命篇》_{大戴。}

《朝事篇》_{礼注考。}

《三朝记》_{大戴。}

《王度记》_{大戴。}

惠栋《夏小正校本》_{圣证论。}

《春秋左氏传》_{圣证论。}

杜预注_{礼注考、五色、官人、疏义。}

孔颖达疏_{官人、礼注考、疏义。}

贾逵说_{礼注考。}

服虔解诂_{疏义。}

《春秋公羊传》_{庙祭。}

何休注_{礼注考，}何休《序》_{铦义。}

徐彦或谓即徐遵明《公羊疏》_{疏义。}

《春秋谷梁传》_{彻法、圣证论。}

杨疏_{五色。}

《春秋外传》_{圣证论。}

《论语》

郑注_{彻法、石染、庙祭。}

包咸注_{彻法。}

《雍也》_{彻法。}

《乡党》_{石染。}

今本皇侃《论语义疏》_{石染、疏义。}

《孟子》

赵岐注_{彻法、官人。}

《尔雅》_{周义叙、大戴、九旗叙。}

郑注_{石染。}

郭注_{石染。}

《释器》_{石染。}

《释草》_{石染。}

子夏、叔孙通、梁文之修《尔雅》_{九旗叙。}

《广雅》

魏张稚让《进广雅表》_{大戴、聘考。}

《释器》_{聘考。}

《小尔雅》_{聘考。}

《玉篇》

《匚部》_{聘考。}

《文部》_{礼注考。}

《急就篇》

颜师古注_{石染。}

《说文》_{周义叙、官人、铦义、石染。}

许君、徐铉新附_{礼注考。}

段氏注_{官人。}

《斗部》_{聘考，}**《足部》**_{礼注考。}

《六朝俗书》_{礼注考。}

《经典释文》陆德明

《叙录》_{大戴。}

《释文》筐义、石染、大夫葬、礼注考。

《开成石经》嘉靖跋。

《史记集解》

引贾逵说聘考。

《汉书》

《祭祀志》五色。刘注引《皇览·逸礼》说。

《刑法志》铦义。臣瓒注

《食货志》彻法。引魏李悝说

《礼乐志》礼注考下。

《百官公卿表》石染。晋灼注

《儒林传》大戴。

《后汉书》

陆康

《续汉舆服志》石染。

刘注引徐广说

《陈书》疏义。

《儒林传》

《郑灼传》：灼为皇侃弟子，又郑灼抄皇侃书疏义。

《管子》

《幼官篇》五色、圣证论。

《时令篇》圣证论。

《荀子》一作孙卿

杨注官人、大夫葬、圣证论。

《荣辱篇、王霸篇》官人。

《礼论篇》大夫葬。

《性恶篇》铦义。

《君子篇》官人。

《大略篇》铦义、圣证论。

《庄子》

向秀注礼注考。

《逍遥游篇》礼注考。

《公孙龙子》大戴。

《吕氏春秋》高注

《爱士篇》官人。

《贾子》

《阶级篇》官人。

《淮南子》高注

《时则篇》五色。

《俶真篇》石染。

《春秋繁露》董仲舒

《循天之道篇》圣证论。

《孔子家语》

《服经·鲁哀公问》圣证论。

《圣证论》圣证论。

《穆天子传》官人。

《韩诗传》圣证论。

《白虎通义》庙祭、铦义、大戴。

《风俗通》应劭

今本残缺聘考。

《汲冢竹书》官人。

《国语》

韦注官人、石染、聘考又。

《周语》官人、铦义、聘考。

《鲁语》聘考。

《晋语》石染。

《楚语》官人。

《吴语》官人。

《越语》圣证论。

《山海经》易本命、石染。

《异物志》久佚易本命。

《本草经》

陶弘景注石染。

《天演论》易本命。

《庄武博物学》易本命。

《玉烛宝典》杜台卿著圣证论。

《太平御览》

引《风俗通》聘考。

婚姻类引圣证论。

《通典》

杜佑君卿礼注考下。

《嘉礼》圣证论。

刘氏《**七略**》大戴。

《隋书·经籍志》一作《隋志》

日人藤原氏《**日本国见在书目**》疏义。

史逸庙祭。

叔孙通撰集《礼记稷嗣》大戴。

董仲舒、尹更始圣证论，后苍大戴。

刘韵周义叙，汝南许君九旗叙。

马郑诂礼大戴，马季长融圣证论，北海郑君九旗叙，北海大戴，郑康成一作郑元玄圣证论又，三郑周义叙，郑司农嘉靖跋，卢子干植、高堂生大戴，刘熙彻法，皇侃彻法、疏义、加席，熊安生疏义，赵商礼堂弟子礼注考，贾、杜圣证论。贾公彦九旗叙、圣证论、官人、周义叙。

马融周义叙。

王肃、刘智、蔡谟、庾蔚之、贺玚、崔灵恩疏义。

杜子春，嘉靖跋、周义叙。苏绰周义叙。

郭景纯，九旗叙孙叔然，九旗叙刘成国九旗叙。

虞翻官人。唐因官人、聘考。

临硕圣证论，何休周义叙。

张融圣证论，孔晁治王学者 圣证论，马昭郑里再传弟子圣证论，王肃子雍，圣证论又。

（唐）孔冲远颖达大戴、加席，赵匡、陆淳周义叙，李林甫周义叙，刘昌宗铦义，陆德明锴义、礼注考下，贺、孔诸儒礼注考。

（宋）傅崧卿、杨简、王应麟大戴，王安石周义叙。

（元）陈祥道礼注考、加席。

（清）张稷若加席，阎百诗尊降，顾千里《考异》礼注考下，海昌陈仲鱼嘉靖跋，黄尧圃重刊明印本嘉靖跋，丁杰《礼记注校正》礼注考下，赵雯门《斠残宋椠异文》大戴。

（近人）马国翰《圣证论》本圣证论。

东原戴氏震大戴、礼注考。

惠栋《夏小正》校本圣证论，校宋本《礼记注疏》礼注考下。

惠士奇、戴震、孔广森、宋绵初说礼注考。

孔广森㲍轩撝约聘考、大戴，孔氏《补注》大戴。

姚秋农、徐新田又彻法。

孙志祖颐谷大戴、孙志祖圣证论。

阮文达元《校勘记》，礼注考下、嘉靖跋阮元圣证论。

段懋堂九旗叙一作段茂堂嘉靖跋。

顾涧蘋嘉靖跋。

臧拜经嘉靖跋，臧镛堂圣证论，臧玉林琳《经义杂记》圣证论、《校正》礼注考。

王石臞念孙易本命。

金榜檠斋《礼笺》九旗叙，一作金氏《礼笺》五色。

金鹗诚斋加席，金鹗庙祭。

孙渊如星衍锴义。

丁小雅、严九能、许宗彦周生大戴。

胡墨庄九旗叙，胡匡衷官人，胡承珙官人，溪胡子继培系、仁和邵位西世丈嘉靖跋，邵子进大令子伯绅嘉靖跋。

南皮张尚书周义叙，刘叔俛大戴，宝应刘楚桢年丈宝楠大戴，鄞董沛觉轩大戴。

（外国人）华盛顿、拿破仑、卢梭、斯密亚当政要。

日本岛田翰疏义，英人李提摩太易本命。

（二）《诗》

《邶鄘卫考》邶考。

《诗肜弓篇义》肜义。

《诗不殄不瑕义》殄瑕。

《毛诗鲁颂駉传诸侯马种物义》駉义。

《与南海桂文灿书》文灿。

引：

《诗》

毛诗肜义、駉义、殄瑕。

郑笺肜义、殄瑕、邶考，高密文灿。

孔疏駉义、邶考，戴仲逵作疏文灿。

《郑诗谱》邶考。

《郑志》文灿。

《关雎》文灿，《兔罝》文灿。

《豳风》邶考。

《小雅·肜弓、瓠叶》肜义。

《大雅·思齐篇》殄瑕。

《鲁颂·駉》駉义。

梁刘昭治鲁诗文灿。

胡墨庄《校笺》肜义。

陈硕父一作甫疏肜义、駉义。

王文简引之《经义述闻》邶考、肜义。

桂文灿《诗礼异义》文灿。

《书》

孔传，殄瑕疏引郑《书注》邶考。

《康诰》殄瑕。

《周书》邶考。

《作洛》邶考。

《大匡》邶考。

孔晁注、卢本，邶考一作周史、王会文灿。

《周礼》

郑注。

《地官·稻人》殄瑕。

《夏官·校人》骊义。

《秋官·大行人》彤义。

《仪礼》

《聘礼》彤义。

《公食大夫礼》彤义。

《礼记》

《缁衣》文灿。

《左传》邺考。

杜注

孔疏彤义、又殄瑕。

杜氏《春秋释例》彤义。

《尔雅》彤义。

《说文》

《邑部》邺考。

《经典释文》文灿。

服虔，邺考马融、王肃、伪孔安国，邺考孔冲远，邺考宋忠邺考。

《史记》

史迁邺考。

《卫世家》邺考。

《史记正义》邺考引《帝王世纪》。

《索隐》邺考司马贞邺考。

引《世本》

梁玉绳《史记志疑》邺考。

《汉书》文灿。

《地里志》邺考。

《艺文志》一作《汉志》邺考。

《续汉书》

《郡国志》邺考。

《梁书》

《刘昭传》_{文灿}。

《隋书》

《经籍志》_{文灿}。

《世本》_{邺考}。

胡墨庄《后笺》引何楷《世本古义》_{彤义}。

《帝王世纪》皇甫谧_{邺考}。

《国语》_{文灿}。

《鲁语》_{殄瑕}。

《晋语》_{彤义}。

《史略》高似孙_{邺考}。

引《周书》

《汉石经》_{文灿}。

<h2 style="text-align:center">（三）《书》</h2>

《尚书骈枝叙》_{书枝叙}。

《与黄岩王子庄论书大麓义书》_{大麓书}。

引：

《诗》

毛、郑_{书枝叙}。

《国风》_{书枝叙}。

《大雅》

《思齐》_{书枝叙}。

《尚书》

马、郑书注，郑高密注_{大麓书}。

郑书序。

郑君大传_{大麓书}。

王肃伪作《孔传》_{大麓书}。

段氏《撰要》叙_{书枝叙}。

《尧典》《禹贡》《洪范》《金縢》_{大麓书}。

《康诰》_{书枝叙}。

江鳄涛《集注音疏》，孙李述《古今文注疏》，段若膺《撰异》，王凤喈《后案》_{大麓书}。

《礼》

《聘记》_{书枝叙}。

《大戴礼记》

《保傅篇》_{书枝叙}。

《礼三朝记》

《小辨篇》_{书枝叙}。

《春秋经》_{书枝叙}。

《春秋元命苞》_{书枝叙}。

《论语》_{书枝叙}。

《尔雅》

孙炎、郭璞注。

《释诂》_{书枝叙}。

《释地》_{大麓书}。

《释文》陆氏_{大麓书}。

王文简《述闻》《释词》_{书枝叙}。

《史记》史迁_{大麓书}。

《五帝本纪》。

《汉书》

《儒林传》_{大麓书}。

《王莽传》_{大麓书}。

《后汉书》

《桓谭传》_{大麓书}。

《路史》宋罗长源泌_{大麓书}。

《史通》唐刘子玄。

《疑经》《惑古》诸篇_{大麓书}。

《隋图经》_{大麓书}。

《十三州志》阚骃_{大麓书}。

《太平寰宇记》乐史_{大麓书}。

《吕览》高诱注_{大麓书}。

《**淮南子**》一作《淮南王书》，高诱注_{大麓书}。

《**泰族训**》。

《**新论**》桓谭_{大麓书}。

《**论衡**》王仲任。

《正说》《吉验》《乱龙》篇_{大麓书}。

《**家训**》颜之推_{大麓书}。

《**水经注**》郦道元_{大麓书}。

《**癸巳类稿**》俞正燮_{大麓书}。

《**太平御览**》引《十三州志》_{大麓书}。

史佚_{书枝叙}，伏生_{书枝叙}，孔安国_{大麓书}，扬雄_{书枝叙}，樊宗师_{书枝叙}，应劭_{大麓书}，马季长_{大麓书}，卢侍中植_{大麓书}，郑君玄_{大麓书}，王、枚、马、郑_{大麓书}，孔冲远_{大麓书}，王西庄、段若膺、孙渊如、庄葆琛_{书枝叙}。

（四）《春秋三传》

《唐杜氏考》_{唐杜}。

《台下说》_{台下}。

《萧同叔子义》_{同叔}。

《左传窒皇义》_{窒皇}。

《左传齐新旧量义》_{齐量}。

《刘恭甫墓表》_{刘表}。

《公羊去乐卒事义》_{去乐}。

《公羊昧雉义》_{昧雉}。

《与梅延祖论谷梁义书》_{谷梁书}。

引：

《**易**》

《鼎》九爻辞_{昧雉}。

惠氏《周易》_{刘表}。

《**毛诗**》

《豳风·七月》_{窒皇}。

陈氏《毛诗》_{刘表}。

《尚书》

枚、姚_{刘表}，伏、孔今古文学_{刘表}。

江氏《尚书》_{刘表}，孙氏《尚书》_{刘表}。

《尚书疏》_{刘表}，《尚书古今文注》_{刘表}。

《周书》_{唐杜}。

《皇门篇》_{窒皇}。

《仪礼》

胡氏《仪礼》_{刘表}。

《周礼》

郑注_{台下、去乐、昧雉}。

《天官·庖人》_{昧雉}。

《春官·大史》_{台下}，**《典命》**_{谷梁书}。

翟氏《周礼》_{谷梁书}，孙诒让治《周礼》作《正义》_{刘表}。

《礼记》_{台下、昧雉}。

郑注_{去乐又}。

孔疏_{台下、窒皇}。

《檀弓》_{去乐}。

《礼器》_{台下}。

《玉藻》_{台下}。

《乐记》_{唐杜}。

《左传》_{台下}。

杜征南注_{齐量、窒皇、同叔、唐杜、刘表}。

孔疏_{谷梁书、刘表}。

贾、服_{刘表}。

顾亭林《左传杜注补正》_{唐杜}。

近儒叔明、邵武_{刘表}。

仪征刘文淇_{孟瞻}、毓崧_{伯山}、寿曾_{恭甫}三世治《左传》_{刘表}。

《公羊传》_{昧雉、谷梁书}。

何休注_{谷梁书、去乐、台下、同叔}，一作何休《解诂》。

锺氏谷梁书。

徐彦疏谷梁书。

陈氏立《公羊》刘表。

孔蘖轩扐约《公羊通义》同叔、谷梁书。

《谷梁传》台下。

范宁注，一作武子注谷梁书、同叔。

杨疏谷梁书唐人杨士勋。

柳氏《谷梁大义述》谷梁书。

锺氏《补注》谷梁书锺子勤。

刘恭甫纂《谷梁义疏》方为长编谷梁书。

梅延祖治《谷梁》，作《义疏》未成刘表。

《论语》

刘氏《论语》刘表，刘楚桢《论语正义》刘表，子叔俛继作刘表。

《孟子》

焦氏《孟子》刘表。

《尔雅》

郭注

《释宫》窒皇。

《释鸟》昧雉。

邵氏、郝氏《尔雅》刘表。

《说文》

许慎昧雉、唐杜、台下。

《手部》谷梁书，《高部》唐杜。

《玉篇》

刘兆注谷梁书。

《广韵》同叔。

《五经异义》昧雉。

《经典释文》

陆氏德明谷梁书、齐量。

《史记》

《殷本纪》_{同叔。}

《秦本纪》_{唐杜。}

《龟策传》_{昧雉。}

《平原君传》_{昧雉。}

张守节《史记正义》_{唐杜}，司马贞《史记索隐》_{唐杜。}

徐广_{唐杜。}

《汉书》

颜师古注。

《郊祀志》_{唐杜。}

《地里志》_{唐杜。}

《唐书》

《世系表》_{同叔。}

《国语》

韦昭注_{谷梁书。}

贾逵注_{唐杜。}

隋刘炫说_{唐杜。}

《晋语》_{唐杜。}

《吴语》_{窒皇。}

《通典》

杜佑_{谷梁书。}

《通志》

《氏族略》_{同叔。}

《管子》

多春秋后人增修_{齐量。}

《轻重篇》《海王篇》_{齐量。}

《小匡篇》_{窒皇。}

《荀子》

《大略篇》_{窒皇。}

《吕氏春秋》

高诱注_{窒皇。}

《行论篇》<small>窒皇。</small>

《说苑》

《建本篇》<small>谷梁书。</small>

《春秋繁露》

《俞序篇》<small>谷梁书。</small>

《风俗通》<small>同叔。</small>

《白虎通义》

《号篇》<small>唐杜。</small>

《论衡》

《指瑞篇》<small>谷梁书。</small>

《括地志》<small>唐杜。</small>

《竹书纪年》

纪年虽出汲冢古文，而今所传者，乃明人掇拾伪本……<small>唐杜又。</small>

《逸周书》

孔晁注。

《王会篇》<small>唐杜。</small>

《汉志》

三统历——黄帝、夏、周历<small>台下。</small>

颛顼历、殷历、鲁历<small>台下。</small>

鲁历<small>台下。</small>

汪曰桢《古今长术》<small>台下。</small>

杜预《长历》<small>台下。</small>

近人罗士琳《春秋朔闰异同》<small>台下。</small>

《开元占经》

古六历<small>台下。</small>

《文选》

李善注。

宋沈约《齐安隐王碑》<small>同叔。</small>

贾逵景伯<small>谷梁书</small>，孔融<small>谷梁书</small>，严、颜<small>去乐</small>，皇、熊、沈、刘<small>刘表</small>，贾、元、徐、杨<small>刘表</small>，王辅嗣<small>刘表</small>。

杜征南预_{同叔。}

唐孔冲远_{刘表，}韩愈、锺文烝_{谷梁书、同叔。}

清王鸣盛_{谷梁书，}洪颐煊_{谷梁书，}马元伯端辰_{唐杜，}江熙_{谷梁书。}

附：《六历甄微》_{六历。}

六历：黄帝、颛顼、夏、殷、周、鲁六家历术_{六历。}

引：

《洪范传》刘向。

《五纪论》_{六历。}

《七略》刘歆_{六历。}

《周髀》

《周术》_{六历。}

《易纬》

《殷术》_{六历。}

《淮南书》

《颛顼术》_{六历。}

《周历谱牒》_{六历。}

《汉历世经》_{六历。}

《诸史历志》_{六历。}

《天官占验》_{六历。}

《开元占经》_{六历。}

史迁《年表》_{六历。}

汉末宋仲子集七历_{六历。}

僧一行_{六历。}

祖冲之_{六历。}

瞿昙悉达_{六历。}

魏李业兴所补缺_{六历。}

唐李淳风注《五经算术》_{六历。}

金山顾氏《六历通数》，_{六历}嘉定钱氏《三统术钤》，_{六历}阳湖董氏，_{六历}元和李氏，_{六历}宣城梅氏_{六历。}

（五）《论语》

《与刘叔俛论论语义书》论语义。

引：

《诗》

毛传论语义。

《羔羊》论语义。

《周颂》论语义。

《书》

《洛诰》论语义。

《秦誓》论语义。

《周书》

《大聚篇》论语义。

《仪礼》

《士丧》《既夕》论语义。

《周礼》

贾疏论语义。

《春官·职丧》论语义。

《冬官·车人》论语义。

《礼记》

孔疏。

《玉藻》论语义。

《左传》

杜注论语义。

梁玉绳《左通补释》。

《论语》

皇、邢论语义，皇氏《义疏》，小郑论语义。

包、郑注，《集解》，何氏论语义。

《为政》《八佾》《里仁》《雍也》《泰伯》《子罕》《乡党》《阳货》等篇论语义。

《说文》

《人部》论语义。

《汉石经》论语义。

《国语》

韦注。

《周语》论语义。

《晋书》

《司马彪绍统传》论语义。

《韩非子》

《外储说左上篇》论语义。

《文选》

李善注。

李陵《答苏武书》论语义。

（六）《孟子》

《绍我周王见休义》见休。

引：

《尚书》

郑注见休。

孔疏见休。

《伪孔传》见休。

《君奭》见休。

《禹贡》见休。

《周书》见休。

《逸周书》见休。

《孟子》

赵岐注见休。

朱、蔡诸儒说见休。

《尔雅》

《释诂》见休。

《说文》

《亻部》见休。

《宗周钟铭》见休。

王文简说见休。

二、文字学

《斦厵谓之定义》斦厵。

《尔雅匡名补义》匡名。

《尔雅时善乘领义》时善。

《释翼》翼。

《释柔》柔。

《释畴》畴。

《释纚》纚。

《释踏》踏。

《释由》《申玉篇义》由。

《书〈说文·玉部〉后》玉部。

《与王子庄论假借书》假借书。

《与唐端夫论〈说文〉书》说文书。

《〈集韵考正〉跋》集韵。

《卫宏议定古文官书考》古文考。

引：

《易》

《象传》由。

《鼎象传》说文书。

《诗》翼、由。

毛传翼、匡、柔。

郑笺翼、柔、畴。

孔疏说文书、畴。

陆机《草木疏》说文书，苏轼、蔡沈畴。

《周南》畴。

《齐风·南山》由。

《陈风·墓门》说文书。

《小雅·车攻》由，《祈父》畴，《巧言》枭。

《大雅·文王有声》翼，《生民》匡，《崧嵩》匡，《荡》枭，《大明》枭。

《周颂·载芟》枭。

《鲁颂·閟宫》畴。

《书》翼。

　马融枭又、翼。

　郑枭，注畴。

《伪孔传》枭、畴、翼。

　宋朱子、蔡仲默枭、翼，顾希冯由。

《虞书》《尧典》《舜典》畴。

《夏书》《禹贡》枭。

《商书》由。

《周书》《洪范》畴，《君奭》枭，《多士》翼，《吕刑》枭又，《牧誓》枭，《大诰》枭又、翼又，《康诰》枭又，《酒诰》枭又、畴，《召诰》畴、枭，《洛诰》枭又。

《周书》

《小弁》枭。

《皇门》枭。

　阮元说枭。

《尚书大传》古文。

　段若膺《古文尚书撰异》古文。

《仪礼》

　郑康成《礼图》玉部。

　聂崇义《三礼图》玉部。

　郑注说文书、踏、纚。

　卢说。

　孔疏。

《士冠礼》纚又、说文书。

《乡射礼》说文书。

《觐礼》_{玉部。}

《公食大夫礼》_{踏。}

《士丧礼》_{纚。}

《周礼》

郑注_{说文书。}

贾疏_{纚。}

《天官·大府》_{匜,}《内宰》_{纚,}《司裘》_{说文书,}《女祝》_{说文书。}

《春官·邑人》_{匜,}《鸡人》_{匜,}《典瑞》_{玉部,}《巾车》_{说文书。}

《夏官·弁师》_{纚,}《射鸟氏》_{说文书。}

《冬官考工记》

郑注_{说文书、斫斸、假借书。}

《梓人》_{说文书。}

《车人》_{斫斸。}

《礼记》

郑注_{翼、踏。}

孔疏_{翼、踏。}

《礼记音义》_{说文书。}

《曲礼》_{踏,}《王制》_{纚,}《礼运》_{由,}《内则》_{说文书、纚,}《玉藻》_{踏,}《丧服小记》_{翼,}《杂记》_{假借书,}《丧记》_{翼。}

《春秋经》

《公》《谷》_{翼。}

《公羊》

何注_{踏。}

《左传》_{枼。}

孔疏_{说文书。}

《论语》_{由。}

《乡党篇》_{翼。}

《孟子》_{由、斫斸。}

《尔雅》

郑司农_{斫斸。}

李巡注、郭璞注_{听赋}。

邵、郝疏_匡。

邢疏_匡。

归安严氏_匡。

《释诂》_{棐、翼、畴},《释言》_棐,《释训》_翼,《释亲》_翼。

《释器》_{听赋},《释山》《释草》_匡,《释兽》_{时善、匡},《释畜》_{时善}。

《释名》刘熙

《释州国》_{说文书},《释车》_{说文书}。

《字林》_{说文书、集韵}。

《集韵》_{说文书},曹寅扬州刊本、朱彝尊景宋本。

余仲琳萧客、段若膺玉裁、钮非石树玉、

严厚民杰、陈硕甫奂、汪小米远孙、陈颂南庆镛、丁叔雅、方雪斋、钱塘罗镜泉以智、长洲马远林剑校勘记。

以上校本。

《广韵》校本。

《方言》_{棐、集韵}。

《广雅》

张稚让揖_{听赋、集韵、棐}。

《释诂》_匡。

《释器》_{听赋}。

《仓雅》_{集韵}校本。

《玉篇》

顾氏野王_由。

《急就篇》

颜师古注_纚。

《仓颉篇》_{听赋、说文书}。

《说文》_{由又、集韵、假借书、棐、匡、纚、玉部、听赋}。

许叔假借书。

戴仲达_由,徐锴踏注,李阳冰《说文系传疑义》_由,段若膺《说文注》_{听赋、说文书、由、畴、玉部},段少卿_{玉部},严氏铁桥《校议》《声类》_{玉部、说文书、由}。

曾湘乡假借书，宋保《谐声补逸》由，王氏贯山《句读》由、说文书、假借书，朱丰芑《说文通训定声》由，苗先麓《说文声读表》由，桂未谷《说文义证》由，姚秋农《说文声系》由，郑子尹《说文逸字》由，钮氏非石《说文注订》由。

《金部》邲勵，《斤部》邲勵，《白部》畴，《口部》畴，《田部》畴，《鸟部》《车部》《斗部》《鱼部》《罷部》《乩部》《亯部》《木部》《竹部》《人部》说文书，《木部》裴，《走部》翼。

《众经音义》

玄应由、裴。

《汉书音义》

萧该集韵。

《声类》

李登集韵。

《唐摭言》

王定保集韵。

《音论》

顾亭林集韵。

《经典释文》一作《释文》邲勵、集韵、畴又、踏、匡、翼、说文书。

陆德明元恪说文书。

《叙录》假借书。

《汗简》

郭忠恕古文。

《字说》

卫宏古文。

《古文官书》

卫宏、卫敬仲古文。

《四体书势》

卫宏古文。

《书断》

唐张怀瓘古文。

和峤、荀勖、陆法言古文。

《**东莱读诗记**》集韵。

《**困学纪闻**》集韵。

《**斠补隅录**》

海昌蒋氏集韵。

江子屏藩假借书，程易畴斫斸，孔荩轩玉部，卢绍弓匡。

《**经义述闻**》

王文简翼。

《**说文**》——先郑斫斸，马、郑、王注翼，王辅嗣弼《正字》枲，许、郑假借书，汝南假借书，高密假借书，郑康成假借书，许冲假借书。

二徐假借书，李阳冰由。

金石——彝器文、吉金款识由，钟鼎款识由，《积古斋钟鼎款识》由，雩字钟由，粤钟由，雩父盉由，散氏盘由，阮氏召鼎由，毛公厝鼎由，近潍县陈氏董武钟镈由，余又钟镈由，楚良臣虢季子伯盘由，合肥刘氏。

《**石经**》匡。

《**三字石经**》古文。

《**唐石经**》匡。

《**武梁祠画像**》由，《刘宽后碑》匡，《尉氏令郑季宣碑》，阴匡，《鲁峻碑》阴匡，《韩敕碑》匡，《桐柏庙碑》匡，《三公山碑》匡，《唐扶颂》匡。

《**管子**》

尹知章注。

《**小匡篇**》斫斸。

《**轻重篇**》枲。

《**墨子**》

毕、苏说说文书。

《**尚贤篇**》中枲。

《**备城门篇**》斫斸。

《**荀子**》

杨注、戴子高校《荀子》说文书。

《**性恶篇**》枲。

《**庄子**》

《外物篇》说文书。

《吕氏春秋》一作《吕览》玉部。

高诱注玉部。

《淮南子》

许注、高注。

《诠言训》说文书。

《墬形训》说文书。

《韩诗外传》一作《韩诗》枼、由又。

《三统历》由。

《九章算术》说文书。

《白虎通义》

《圣人篇》说文书。

《盐铁论》枼。

《齐民要术》匡。

《素问》

《精气篇》由。

《通天篇》说文书。

《郑志》纚。

《开元占经》六历。

《史记》

《天官书》畴。

《□王世家》枼。

《史记集解》畴。

《汉书》

颜注枼，孟康、王劭说文书。

《元帝纪》纚。

《食货志》，纚《地里志》枼。

《燕王旦传》枼，《孔光传》枼，《王莽传》枼，《卫宏传》古文。

《后汉书》

《梁冀传》说文书。

《晋书》

卫恒传假借书、古文。

《宋书》引徐爰纏。

《礼志》说文书。

《国语》

韦注匡。

《齐语》斸斸。

《通典》匡。

《楚辞》

《离骚》由。

《文选》

李注说文书。

张平子《东京赋》畴。

东方朔《七谏》由。

班固《幽通赋》枈。

《韩昌黎集笺正》集韵。

方崧卿注，集韵陈景云注集韵。

《酉阳杂俎》段成式玉部。

《太平御览》一作《御览》。

引舍人注斸斸、匡。

《珍宝部》玉部。

《隋书·经籍志》古文。

《唐书·经籍志》古文。

三、墨学

《墨子间诂叙》墨叙，又小记。

《墨子后语小叙》墨后叙。

《与梁卓如论〈墨子〉书》与梁书。

引：

孔子遗书，自六艺外，纬候之诬，《家语》《孔丛》之伪，《集语》之杂，真赝糅莒，不易别择。_{墨后叙。}

《诗》《书》《礼》经。

《伪古文尚书》

魏晋人作_{墨叙。}

《周书》

《王会》_{墨叙},《史佚》_{墨后叙。}

《周礼》

《职方氏》_{墨叙。}

《左传》_{墨后叙。}

《战国策》

鲍彪注。

《宋策》_{墨后叙。}

《孟子章指》

赵岐注_{墨后叙。}

元人所传孟子生卒年月，臆撰不足据_{墨后叙。}

《尔雅》

孙炎本《尔雅·释地》_{墨叙。}

许君**《说文》**_{墨叙。}

《公孙龙书》_{墨叙。}

《庄周书》_{墨叙。}

述惠施论、《天下篇》。

《文子书》

《自然篇》_{墨后叙。}

《我子书》_{墨后叙。}

汉以后不传，古书绝无援引者。

《韩非子》

韩非，韩子《内储说上》、韩非子《外储说》_{墨叙、墨后叙。}

《吕氏春秋》

高诱注。

《召类篇》_{墨叙、墨后叙。}

《淮南子》宋椠本

许叔重注_{墨叙。}

《修务训》_{墨后叙。}

《文选》

《答宾戏》_{墨后叙。}

《唐昌黎韩子》

《读墨子》_{墨后叙。}

《史记》

太史公、史公、史迁，父谈_{墨后叙。}

《六国年表》_{墨后叙，}《邹阳书本传》_{墨后叙，}《孟荀传》_{墨后叙。}

《汉书》

述古文尚书_{墨叙。}

《张衡传》_{传注引衡《集论图纬》墨后叙。}

《新语》

《思务篇》_{墨后叙。}

《新序》_{墨后叙。}

《别录》

刘向《史记索隐》引_{墨后叙。}

《七略》

刘歆《汉志》所本_{墨后叙。}

《汉书·艺文志》_{墨后叙。}

班固

《墨子下》_{墨叙。}

《七录》

阮孝绪见《隋志》_{墨后叙。}

《隋书·经籍志》_{墨后叙。}

《唐书·经籍志》_{墨后叙。}

《新唐书·艺文志》_{墨后叙。}

《子抄》

梁庾仲容见《意林》及高似孙《子略》墨后叙。

《意林》

马总墨后叙。

宋**《崇文总目》**墨后叙。

晁公武**《读书志》**墨叙。

《易》郑注、孔颖达书、《释文》《集解》《坤卦》文言、《震卦》《坎卦》象、《杂卦》传修身、法仪、尚同中。

《易林》修身。

《诗》毛传、释文、郑笺、孔疏

《周南·兔罝》《大雅·绵》《小雅·采菽》。

《召南·驺虞》。

《陈风》《月出》《宛丘》。

《卫风·氓》尚同上。

《唐风·扬之水》《有杕之杜》。

《郑风·缁衣》。

《齐风·猗嗟》。

《小雅·瓠叶》《甫田》《巷伯》《无羊》《皇皇者华》《苕之华》《节南山》《何人斯、无将大车》。

《大雅·节南山》《桑柔》。

《商颂·长发》。

《鲁颂·閟宫》《駉》尚贤上中下、三辨、修身、尚同上中、兼爱中、所染、辞过。

《周颂序》。

《书》

伪孔传、孔疏、正义、释文、王引之《尚书经义述闻》。

《尧典》《盘庚》《益稷》《伊训》《君奭》《大禹谟》《泰誓》《禹贡》《立政》《兑命》《汤誓》《汤诰》《吕刑》《书序》尚贤上中下、见爱中、尚同上中下、七患、所染。

书传孔安国尚贤中下、尚同中。

伪古文《兑命》尚贤中、尚同下。

《尚书大传》三辨、尚贤上中下。

《仪礼》

郑注、贾公彦疏、释文。

《乡射礼》《乡饮酒礼》《燕礼》《相见礼》《有司彻》《士冠礼》《聘礼》《小牢馈食礼》修身、尚贤上中、辞过。

《周礼》 郑康成注、郑司农注、杜子春注

《保氏》《司士》《宫正》《小胥》《司服》《大司乐》《夏官》《春官》《叙官》《少师》《大宗伯》亲士、三辨、七患、尚同中、兼爱中下。

《地官》《叙官》《职方氏》《稻人》《考工记》《载师宫伯》《大司徒》《司士职》《宫人》《内宰》《大宰》《大司寇》《天官》《庖人》尚贤上中下、尚同中、修身、所染。

《考工记·舆人》《弓人》《玉人》法仪、尚贤下、尚同中。

《春秋经》 杜预《释例》

《隐十年》《文八年》《宣三年》修身、所染、三辨。

《礼记》 郑君注、释文、孔疏

《少仪》《孔子闲居》《玉藻》《缁衣》《曲礼》《丧记》《坊记》《祭义》《礼器》《礼运》《王制》《儒行》《丧服》《乐记》《檀弓》《郊特牲》《文王世子》《内则》亲士、修身、尚同上中下、七患、尚贤上中、三辨下、兼爱中、所染。

《月令》尚贤下、尚同上、所染、辞过、七患。

《大学》法仪。

《中庸》亲士。

《大戴礼记》 卢辩注

《保傅篇》《王言篇》《曾子立言篇》《五帝德篇》《卫将军文子篇》《虞大德篇》尚贤中下、尚同中、辞过。

《左传》 杜预注、服虔注、陆德明《左氏音义》、孔颖达疏

《桓六年》《庄四年》《闵二年》《僖二十八年》《文十八年》《宣十二年》《成十五年》《定四年》《哀二年》《二十三年》《襄十七》《二十九年》《昭二十一》《二十五年》亲士、修身、所染、尚贤上中、兼爱中、三辨、尚同上中下、七患。

《公羊传》 何休注

《隐十一》《五年》《僖十八年》亲士、所染、三辨。

《谷梁传》 范宁注

《庄二十八年》《文六年》《宣九年》《襄二十四年》亲士、修身、辞过、七患。

《**论语**》郭注、孔疏、集解引、孔融说、皇侃《义疏》

《宪问篇》《子路篇》《乡党篇》《子张篇》《子罕篇》《学而篇》所染、辞过，尚贤上下。

《**春秋元命苞**》三辨。

《**经典释文**》《叙录》引郑康成《书赞》尚贤上。

《**世本**》尚贤中、所染。

《**竹书纪年**》今本纪年出于掇拾，未知足据否？所染、尚同中。

《**周书**》

《籴匡篇》《大匡篇》《命训篇》《夏箴》《攻传篇》七患。

《**逸周书**》

《尝麦篇》《大开篇》《克段篇》《皇门篇》所染、七患、尚贤上下。

《**国语**》韦昭注、贾逵注

《周语》《晋语》《楚语》《齐语》《吴语》《郑语》《鲁语》《越语》亲士、所染、尚贤上中下、尚同中下。

《**国策**》吴师道《校注》

《宋策》《魏策》《齐策》《楚策》《秦策》《韩策》《中山策》尚贤中下、尚同中下、兼爱中、所染。

《**史记**》索隐、集解、正义、徐广、马融。

《五帝本纪》《夏本纪》《殷本纪》《周本纪》《秦本纪》《三王世家》《吴世家》《越世家》《魏世家》《老子传》《仲尼弟子传》《范睢传》《吴起传》《乐毅传》《李斯传》《蒯通传》《贾谊传》《司马相如传》《天官书》《封禅书》《乐书》《十二诸侯年表》尚贤上中下、兼爱中、修身、所染、亲士、尚同上中下、三辨、七患。

《**汉书**》颜师古注、宋祁校、孟康、萧该、如淳

《古今人表》《礼乐志》《食货志》《地里志》《律历志》《刑法志》《高帝纪》《韩信传》《田蚡传》《东方朔传》《息夫躬传》《贾谊传》《匡衡传》《刘向传》《司马相如传》《薛宣朱博传》《货殖传》亲士、兼爱中、所染、七患、辞过、三辨、尚贤上中、尚同中下。

《**汉书·艺文志**》如淳注、王应麟《汉志考证》所染、尚贤上中、尚同上。

《**汉纪**》尚同下。

《**后汉书**》李贤注。

《马后传》《马援传》《边让传》《刘恺传》《东夷列传》修身、兼爱中、所染、尚贤下。

《**说文解字**》徐锴亲士、所染、辞过、尚贤上中下、尚同上中下、七患、三辨、法仪、兼爱中。

《**尔雅**》郭璞注、邢昺疏、释文。

《**释诂**》《**释训**》《**释水**》《**释器**》《**释地**》《**释畜**》亲士、修身、所染、兼爱中、法仪、七患、三辨、尚贤中下、尚同上中。

《**小尔雅**》

《**广诂**》《**广言**》《**广义**》修身、辞过、尚同上、兼爱上、尚贤上中。

《**玉篇**》亲士、修身、所染、法仪、辞过、尚贤上中、兼爱中。

《**仓颉篇**》亲士、法仪、尚贤中、兼爱中。

《**方言**》郭璞注修身、三辨。

《**众经音义**》《**一切经音义**》亲士、尚贤上、兼爱中。

《**释文**》亲士、修身、尚贤下、释宫室。

《**广雅**》

《**释训**》《**释诂**》《**释器**》《**释言**》《**法仪**》亲士下、修身、所染、法仪、辞过、尚贤中、尚同上中下。

《**广韵**》兼爱中。

《**释文**》兼爱中。

《**干禄字书**》颜元孙兼爱中。

《**逸诗**》所染。

《**汉刻石门颂**》尚贤上。

《**汉孔彪碑**》兼爱中。

《**周晋姜鼎铭**》修身。

《**孔子**》亲士。

《**管子**》尹知章注。

《**形势解篇**》《**明法篇**》《**七臣七主篇**》《**权数篇**》《**地数轻重篇**》《**山国轨篇**》《**小匡篇**》《**侈靡篇**》《**立政九败解**》《**宙合篇**》法仪、尚同中、七患、尚贤上中下、辞过。

《**孟子**》伪孙奭疏、赵岐注《章指》。

《**公孙丑篇**》《**尽心篇**》《**万章篇**》《**梁惠王篇**》《**离娄篇**》《**滕文公篇**》亲士、所染、七患、辞过、尚贤上中下、尚同上下、兼爱上中。

《**老子**》河上公注亲士。

《**庄子**》郭象注、释文引崔譔、李颐

《**人间世篇**》《**山木篇**》《**刻意篇**》《**让王篇**》《**马蹄篇**》《**渔父篇**》《**庚桑楚篇**》《**大

宗师篇》《外物篇》《寓言篇》《秋水篇》亲士、所染、法仪、七患、尚贤中下、尚同上中。

《**荀子**》杨倞注

《成用篇》《成相篇》《天论篇》《王霸篇》《富国篇》《子道篇》《劝学篇》《解蔽篇》《礼论篇》《正名篇》《非相篇》《荣辱篇》《议兵篇》《臣道篇》《君子篇》《赋篇》兼爱，尚贤中下、所染、尚同上中、辞过、法仪、七患。

《**孙子**》

《用间篇》尚贤中。

《**司马法**》尚贤上。

《**吕氏春秋**》吕览高诱注

《顺民篇》《不侵篇》《执一篇》《谕威篇》《当染篇》《本味篇》《慎大篇》《尊师篇》《察传篇》《去宥篇》《淫辞篇》《重言篇》《审为篇》《知度篇》《行论篇》《用民篇》《古乐篇》《长见篇》《忠廉篇》《重己篇》《尽数篇》《求人篇》《适音篇》《具备篇》《不苟篇》《遇合篇》七患、三辨、辞过、亲士、修身、所染、兼爱中、尚贤中下、尚同中下。

《**白虎通义**》

《崩薨篇》《谏诤篇》《礼乐篇》《号篇》亲士、所染、七患、三辨、尚贤上。

《**家语**》

《六本篇》修身。

《**贾子**》

《等齐篇》尚同下。

《**吴越春秋**》逸篇见杨慎《丹铅录》。

《夫差内传》《外传》《阖庐内传》《越王外传》亲士、所染、尚贤中、七患。

《**韩诗外传**》亲士、所染、尚贤中。

《**风俗通义**》

《氏姓篇》《声音篇》所染、三辨。

《**论衡**》王充

《感应篇》七患。

《**颜氏家训**》颜之推

《音辨篇》尚贤下。

《**华严经音义**》释慧苑七患。

《**百官箴叙**》七患。

《**穆天子传**》郭璞注尚贤中、兼爱中。

《**刘子新论**》

《**阅武篇**》兼爱中。

《**太平寰宇记**》尚贤中。

《**元和郡县志**》尚贤中。

《**括地志**》尚贤中、兼爱中。

《**水经**》郦道元注所染、尚贤中、尚同中、兼爱中。

《**风土记**》周处尚贤中。

《**困学纪闻**》

《诗》类引、《左氏》类引所染、三辨。

《**楚辞**》王逸注

《湘夫人篇》《七谏篇》《离骚篇》《天问篇》尚贤中下、亲士、所染。

《**郑目录**》辞过。

《**文选**》李善注

《苏子卿古诗》《七发》《七命》《东京赋注》《江赋注》《曲水诗叙》《藉田赋》、应璩《与第君苗书》、袁彦伯《三国名臣叙赞》注、《豪士赋序》、左思《赋》亲士、修身、尚同中下、辞过、尚贤上中、所染。

《**圣贤群辅录**》陶潜引皇甫谧《逸士传》所染。

《**群书治要**》魏徵尚贤上中下、辞过、所染、法仪、七患。

《**初学记**》唐徐坚，今本

《器物部》《地部》亲士、尚贤中。

《**太平御览**》抄本

《服章部》《治道部》《诗序部》《百谷部》《乐部》《州郡部》《皇王部》《宫室部》亲士、所染、七患、辞过、兼爱中、三辨、尚贤中、尚同上。

《**事类赋**》吴淑所染。

《**路史**》罗泌尚贤中。

《**玉海**》王应麟尚贤中。

《**意林**》马总亲士、修身、辞过、兼爱。

《**北堂书钞**》唐虞世南

《衣冠部》《乐部》亲士、辞过、三辨。

《艺文类聚》唐欧阳询

《衣冠部》《百谷部》《帝王部》亲士、七患、辞过、三辨。

征行各家解说：

郑康成尚贤中。

高诱注《吕氏春秋》所染、辞过。

马融尚贤上中下。

皇甫谧尚贤中。

小司马司马贞 尚贤中。

张湛注《列子》所染。

李淳注《新序》所染。

杨倞注《荀子》所染。

（宋）吴仁杰尚贤上。

王应麟《诗考》尚贤中。仲容曰：王《考》多以意改，未必宋本也，今不据改。

（清）毕沅亲士、修身、所染、法仪、七患、辞过、三辨、尚贤上中下、尚同上中下、兼爱上。

邵晋涵七患。

江声尚同下。

钱大昕尚同中。

王鸣盛尚贤中下、尚同中。

卢文弨校所染、辞过、尚同中、尚贤中。

钮树玉尚贤上。

孔广森尚贤上。

孙星衍尚贤中、尚同中。

刘逢禄尚贤中。

陈寿祺尚贤下、尚同下。

段玉裁尚贤下，尚同中。

王念孙校亲士、修身、所染、七患、辞过、三辨、尚贤上中下、尚同上中下、兼爱上。

王引之兼爱上中、法仪、辞过、七患、尚贤上中下、尚同上中下。

汪中亲士、所染。

顾广圻校所染、辞过、尚同中、兼爱上中。

戴望校_{尚同上中下。}

张文虎_{辞过。}

俞樾_{亲士、修身、所染、法仪、七患、辞过、三辨、尚贤上中下、尚同上中下、兼爱上中。}

苏时学_{亲士、修身、所染、七患、辞过、三辨、尚贤上中、尚同上中下、兼爱中。}

黄绍箕_{兼爱中。}

俞樾曰：瑞安孙诒让仲容乃集诸说之大成，著《墨子间诂》。凡诸家之说，是者从之，非者正之，阙略者补之。至《经说》及《备城门》以下诸篇，尤不易读，整纷剔蠹，脉摘无遗，旁行之文，尽还旧观，讹夺之处，咸秩无紊。盖自有《墨子》以来，未有此书也。——《墨诂叙》

黄绍箕曰：世丈孙仲颂先生旁罗异本，博引古书，集毕氏及近代诸儒之说，从善匡违，增补漏略，取许叔重《淮南间诂》之目以署其书。太史公曰："书缺有间，其轶乃时时见于它说。"郑康成《尚书大传叙》曰："音声犹有讹误，先后犹有差舛，重以篆、隶之殊，不能无失。数子各论所闻，以己意弥缝其间，别作章句。"所谓"间"者，即指"音声之讹误，先后之差舛，篆、隶之殊失"而言。"弥缝其间"，犹云"弥缝其阙"也。先生此书，援声类以订误读，审文例以逐错简，推篆、籀、隶、楷之迁变以刊正讹文，发故书雅记之晻昧以疏证轶事。其所变易，灼然如晦之见明；其所弥缝，奄然若合符复析。许注《淮南》全袠不可得见，以视高诱、张湛诸家之书，非但不愧之而已。——《墨诂跋》

《墨子间诂》后语：

墨子传略、墨子年表、墨学传授考、墨子绪闻、墨子通论、墨家诸子钩沉。

引：

《本书》

《亲士篇》_{传授、年表，}《明鬼篇》_{传略2、著录，}《非儒篇下2》_{通论，}《非乐篇》_{传略、年表，}《耕柱篇》_{传略、传授，}《贵义篇》_{传略、传授、年表，}《公孟篇》_{传授，}《所染篇》_{年表、传略，}《鲁问篇》_{传略8、传授8、年表2、绪闻2，}《公输篇》_{传授3、传略2、年表、绪闻，}《备城门篇》《备梯篇》_{传授。}

《又》

宋本_{绪闻、通论，}元椠本_{绪闻，}明刻本_{通论，}旧本_{绪闻 今据宋本补，}道藏本_{通论，}鲍彪本_{绪闻，}旧校_{绪闻，}许注_{通论，}杨注_{通论2。}

《晏子春秋·内外篇》_{绪闻、通论。}

《孟子》传授、传略、通论。

赵岐《章指》传略。

《滕文公上篇》赵注传授、通论,《告子篇》赵注传授、《下篇》通论。

《庄子》向秀本、崔譔本通论、传授,郭象注传授,司马彪注通论,释文引传授,成玄英疏成本 传授 2、通论,李颐说传授、通论。

《人间世》通论,《骈拇篇》通论,《列御寇篇》郭注 传授,《天下篇》传略、传授 10。

《列子》张湛注。

释文殷敬顺 传授 2。

《杨朱篇》传授 2、著录,《汤问篇》绪闻。

《宋钘书》传授。

《孔丛子》著录。

《诘墨篇》通论。

《文子书》

《自然篇》传略。

《公孙龙子》著录。

《荀子》杨倞注

《王霸篇》传授 2、通论、绪闻、著录,《天论篇》通论,《乐论篇》通论,《富国篇》通论,《解蔽篇》通论,《非十二子篇》传授、通论。

《韩非子》韩非书 传授。

《显学篇》传略 2、传授 4、通论,《五蠹篇》传授,《问田篇》传授,《内外储说上篇》传授、绪闻 2,《下篇》传略、年表。

《吕氏春秋》吕不韦绪闻,一名《吕览》,高诱注传授 2。

《上德篇》传授 3,《首时篇》传授 2,《不二篇》通论,《去宥篇》传授 2,《疑似篇》绪闻,《高义篇》传略、传授 3、绪闻,《贵因篇》绪闻,《爱类篇》传略、绪闻,《慎大篇》绪闻、传略 2,《去私篇》传授,《博志篇》绪闻,《尊师篇》传授 5、传略,《当染篇》传授 5、传略 3,《召类篇》传略、年表。

《贾子新书》

《审微篇》绪闻,《先醒篇》传略。

《抱朴子》

《内篇·遐览》绪闻。

《**淮南子**》淮南王书 传授 2、绪闻，高诱注 传授、绪闻、传略。

《**说山训**》绪闻，《**人间训**》传授，许注《**道应训**》传略、传授 2、绪闻，《**齐俗训**》高诱注绪闻，《**泰族训**》绪闻，《**主术训**》绪闻，《**氾论训**》传略、传授、通论，《**修务训**》高注 传略 3、传授 2、绪闻、著录，《**要略**》传略 2、通论。

《**论衡**》

《**福虚篇**》传授、著录，《**儒增篇**》绪闻，《**按书篇**》通论，《**薄葬篇**》通论。

《**说苑**》传授、通论、传略。

《**君道篇**》传略，《**反质篇**》传授、绪闻，《**尊贤篇**》传略，《**杂言篇**》传授 2，《**善说篇**》著录。

《**新序**》传略。

《**韩非外传**》韩婴 传略。

《**新语**》

《**思务篇**》传授。

《**真诰**》陶弘景绪闻。

《**神仙传**》葛洪传略 2、绪闻。

《**昌黎集**》韩愈。

《**读墨子**》

《**柳宗元**》著录。

《**开元占经**》绪闻。

《**海录碎事**》著录 2。

《**渚宫旧事**》传略 6、绪闻 2。

《**圣贤群辅录**》陶潜集传授 3、通论，一说北齐阳休之编。孙诒让曰：本依托，不出渊明。传授。

《**陶集**》宋庠《后记》传授，宋本

《**太白阴经**》李筌。

《**守城具篇**》传授。

《**广弘明集**》著录。

《**广韵**》传略、传授。

《**文选**》李善注传略、绪闻、著录。

《**七命**》引《尸子》绪闻，邹阳《狱中上书》传略，《长笛赋》传略，班孟坚《答宾戏》传略、著录，陆士衡《文赋》著录，张平子《东京赋》著录，陶渊明杂诗《夜行涂口》著录2，王元长《曲水诗序》著录。

《诗》三百篇传略。

《尚书》

《甘誓》《说命》《大誓》《洪范》《吕刑》《仲虺之诰》传略。

《礼记》

《乐记》通论。

《尔雅》 邢昺疏引《尸子·广泽篇》

《释诂》通论。

《周书》 著录。

《左传》 传略、年表。

《汲冢纪年》 传略、著录。

《战国策》

《宋策》绪闻。

宋鲍彪注传略2、年表2。

《史记》《索隐》传授，《集解》徐广说通论、著录，《正义》引韦昭说传授，《自序》传授、通论。

《周本纪》著录，《乐书》通论，《六国表》引皇甫谧说著录、传略、年表，《宋世家》传略，《孔子世家》年表，《李斯传·上对二世书》传略，《赵世家》传授，《儒林传》传授，《孟荀传》传略2、通论，《邹阳传》绪闻、传略、年表，《古今人表》传授。

《汉书》

《张衡传》年表、传略。

《隋书》

《李德林传》传略。

《晋书》

《石崇传·自理表》著录。

《通鉴外纪》 刘羲著录。

《七略》 刘歆钩沉、年表。

《汉书·艺文志》 颜注引刘向《别录》传授5、钩沉、传略4、年表。

诸子著录，论墨家通论，苏林说著录，颜师古说著录，如淳说著录，文颖说，传略。

《七录》阮孝绪

孙诒让曰：阮《录》久佚著录。

《子录》著录、绪闻、钩沉。

《子抄》梁庾仲容钩沉。

《隋书·经籍志》传授、绪闻、著录 3、钩沉。

《旧唐书·经籍志》

《丙部子录》著录、钩沉。

《新唐书·艺文志》

《丙部子录》著录。

《宋史·艺文志》著录、钩沉。

《崇文总目》著录、钩沉。

《郡斋读书志》著录 2。

《玉海》王应麟

吴祕注引《中兴馆阁书目》著录、传略。

《意林》马总传授 2、著录 3、钩沉 2、绪闻。

《子略》高似孙著录 2、钩沉。

《通志·艺文略》郑樵著录 2。

《氏族略》传略。

《世善堂书目》明陈第著录。

近世马国翰校辑本著录、钩沉 辑古佚书。

仁和劳格辑本钩沉。

《白孔六帖》著录。

《艺文类聚》

《地部》引《本书》传授、著录 4、绪闻 2。

《北堂书钞》著录、绪闻、传略。

《太平御览》

《言语部》传授 3、绪闻 2、著录 3。

《元和姓纂》传授 4。

汪中年表，武亿《授堂文钞·墨子篇》传略，毕沅传授 2、通论 2、绪闻 2、年表，校补、校正《墨子注序》传略，俞正燮《癸巳类稿》传授，何焯校通论，谢墉通论，黄丕烈绪闻，汪继培绪闻，吴师道绪闻，梁玉绳《史记志疑》传授 3、传略 3，弟履绳左通说传略，马骕《绎史》传授、著录，黄以周绪闻、父黄式三《周季编略》传授，王念孙通论、子引之《春秋名字解诂》传略，苏时学《墨子刊误》传略 2。

附 1：墨子书板本：

明吴宽写本，倭宝庆间仿刻。

明茅坤本，附有《考异》。

道藏本，明正统十年刊，毕本亦据彼校定。

清顾千里道藏本，顾校又有季本传录，或作李本。

黄丕烈景抄本。

毕沅本。以上均见墨叙。

附 2：墨子书注家：

孟胜注墨叙。

乐台注墨叙。

张皋文《经说解》小记。

近代镇洋毕尚书沅注墨叙、墨后叙。

汪中说墨后叙。

王观察念孙校训墨叙，王尚书引之校训墨叙。

洪州倅颐煊校训墨叙。

俞编修樾校训墨叙。

戴茂才望校训墨叙。

藤县苏爻山时学《刊误》墨叙、与梁书。

武进金湜生武祥运判小记。

如皋冒鹤亭广生孝廉小记。

挚友黄仲弢详校小记。

姻戚张文伯孝廉之纲小记。

阳湖杨葆彝《经说校注》小记。

近世马国翰辑校本墨后叙。

仁和劳格辑本墨后叙。

附 3：欧土论理家：

雅里大得勒演绎法与梁书。

培根归纳法与梁书。

佛氏因明论与梁书。

奈端力学与梁书。

又附：征引诸子家：

老、庄、韩、吕、苏、张、吴、子思、惠施、公孙龙、吴起、商君、鲁连、吕不韦。

孟、荀、杨朱、董无心、孔子鱼、禽滑厘、张衡等。均见墨叙、墨后叙。

四、诸子学

《子莫子学术考》子莫。

《白虎通义考》白虎上、白虎下。

《书顾长康列女传图后》列女。

《书华阳国志序志篇后》华阳。

《牟子理惑论书后》牟子。

《书洪筠轩校正竹书纪年后》竹书。

《题卢校越绝书附考定内经八篇目录》越绝。

《记旧本穆天子传目录》穆天子。

《易简方叙》简方。

《札移叙》札移。

引：

《易通论》汉洼丹世称《洼君通》白虎下。

《春秋》啖助、赵匡《集传纂例》竹书。

《大戴礼》

《虞戴德篇》华阳。

《左传疏》白虎下，《左传正义》孔颖达白虎下，《左传后叙疏》孔颖达撰穆天子。

《论语》郑注华阳，包咸注华阳。

《孟子》赵岐邠卿注

《告子篇》子莫，刘熙、綦毋邃诂《孟子》子莫。

《孝经疏》白虎下。

《尔雅注》白虎下。

《广韵注》牟子。

《方言》子莫。

《说文》一作《说文解字》白虎下、牟子，《说文系传》徐楚金牟子。

《老子》唐傅幽校本，一作《老子道德经》，晋王弼注、河上公注牟子。

《而未篇》牟子。

《庄子》

《秋水篇》子莫,**《让王篇》**子莫,**《庄子音义》**华阳。

《荀子》杨倞注

《非十二子篇》子莫。

《淮南子》

《道应篇》子莫。

《列子》张湛注

《仲尼篇》子莫。

《吕氏春秋》一作《吕览》高诱注华阳。

《审为篇》子莫。

《韩诗外传》子莫。

《说苑》子莫。

《白虎通》卢文弨刻本、宋小字本、元大德本、明诸刻本、《四库全书》本，白虎下。

阳湖庄述祖《白虎通义考》白虎上。

《论衡》

《骨相篇》牟子。

《越绝书》卢文弨校越绝。

《华阳国志》一作《常志》，常璩华阳。

《古史略》高续穆天子。

《战国策》

《赵策》子莫,吴师道《楚策补注》越绝。

《国语》韦昭注华阳。

《汲冢纪年》临海洪氏校本竹书。

《东观汉记》白虎上。

《文心雕龙》

《论说篇》白虎下。

《风俗通义》应仲远白虎下。

《弘明集》释氏牟子。

《内经》越绝。

《史记》越绝。

《贾谊传》越绝，司马贞《史记索隐》穆天子引《世本》华阳。

《后汉书》范蔚宗越绝，章怀太子注白虎下。

《肃宗纪》白虎下，《儒林传》白虎下，《班固传》白虎上。

《续汉志注》刘昭越绝。

《郡国志注》华阳。

《后汉纪》袁弘白虎上下。

《蜀志》华阳。

《吴志》

《刘繇传》牟子，《士燮传》牟子。

《十八家晋书》

《左思传》穆天子。

《晋书》

《职官志》穆天子，《左思传》穆天子。

《晋书》王隐

《束皙传》穆天子。

《南齐书》

《礼志》白虎下。

《新唐书》

《刘贶传》竹书。

《通典》杜佑白虎上。

《文选》李善注白虎下、越绝。

左太冲《三都赋》穆天子。

《困学纪闻》王伯厚_{白虎下}。

《汉书·艺文志》_{子莫、白虎上}。

《隋志》_{白虎上}。

《唐书·经籍志》_{白虎上}。

《新唐书·艺文志》_{白虎下}。

《五代志》_{白虎上}。

《宋史·艺文志》_{白虎下}。

《崇文总目》_{越绝、白虎下}。

《文渊阁书目》_{简方}。

《四库》_{简方}。

都水《别录》_{札叙}。

梁《七录》_{子莫}。

《陈氏直斋读书录》_{简方}。

《文献通考·经籍考》_{越绝，一作《马氏经籍考》简方}。

《经义考》注意尊_{白虎上}。

《易简方》永嘉王德肤_{简方}。

《续易简方论》施发_{简方}。

《续易简方论集》卢祖常_{简方}。

《续易简方脉论》_{简方}。

《察病指南论》施发_{简方}。

《考古图》吕与叔_{列女}。

《考古录》李伯时撰_{列女}。

《宣和图谱》_{列女}。

《蔡中郎集》_{白虎上}。

《太平御览》_{白虎上、越绝}。

《汉魏丛书》_{札叙}。

唐宋类书_{白虎上}。

《古今逸史》明吴琯_{穆天子、越绝}。

《公孙龙书》_{札叙}，《墨翟书》_{札叙}，《荀卿书》_{札叙}，《淮南王书》_{札叙}，《刘向校定古书》_{白虎上、穆天子}，《刘向书》_{札叙}。

《**唐六典**》李林甫撰_{穆天子}，荀勖、和峤、傅瓒_{穆天子}，束晳、王劭、颜师古_{札叙}，晋顾恺之列女，赵文敏临顾图，列女张佳胤_{越绝}。

《**汉学师承记**》江子屏_{札叙}，江郑堂列女。

《**读书杂志**》王怀祖_{札叙子伯申}。

《**群书拾补**》卢文弨_{札叙绍弓}。

《**经解**》

阮氏文达_{札叙}，列女传图景刊宋余仁仲本_{列女}，顾千里_{列女}，顾涧薲_{札叙}，孙渊如_{札叙}，顾尚之_{札叙}，俞荫甫_{札叙}，洪筠轩_{札叙}、穆天子，戴子高_{越绝}，海宁周广业_{白虎下}，倭宽延中刊本《简方》蒲阪圆、安井衡_{札叙}，毗陵孙氏_{牟子}，孙氏平津旧刻_{牟子}，抱经堂集_{越绝}。

　　附：据《札迻》中校勘诸子除本书外，所征引各书书目编号：

代号	书目	代号	书目	代号	书目
1	易乾凿度	20	水经注	39	淮南子
2	易稽览图	21	管子	40	盐铁论
3	易通卦验	22	晏子春秋	41	新序
4	易是类谋	23	老子	42	说苑
5	易坤灵图	24	文子	43	法言
6	易乾元序制记	25	邓析子	44	太玄经
7	韩诗外传	26	列子	45	潜夫论
8	春秋繁露	27	商子	46	论衡
9	春秋释例	28	庄子	47	白虎通德论
10	急就篇	29	尹文子	48	风俗通义
11	方言	30	鹖冠子	49	独断
12	释名	31	公孙龙子	50	申鉴
13	战国策	32	鬼谷子	51	中论
14	越绝书	33	荀子	52	抱朴子
15	吴越春秋	34	吕氏春秋	53	金楼子
16	汉旧仪	35	韩非子	54	新论
17	列女传	36	燕丹子	55	六韬
18	山海经	37	新语	56	孙子
19	山海经图赞	38	贾子新书	57	吴子

代号	书目	代号	书目	代号	书目
58	司马法	65	夏侯阳算经	72	南方草木状
59	尉缭子	66	易林	73	竹谱
60	三略	67	周易参同契	74	楚辞
61	素问	68	穆天子传	75	蔡中郎集
62	周髀算经	69	汉武帝内传	76	琴操
63	孙子算经	70	列仙传	77	文心雕龙
64	数术记遗	71	西京杂记	78	

引：

《易》

《丰》卦40。

《遯》释文、《艮》九三爻辞74。

《鼎》九四13。

《大有》九四象77。

孔颖达《易疏》叙引《易正义》引11。

《说卦》66。

《系辞》上38，下22。

《周易释文》引《世本》宋衷注18。

李鼎祚《集解》71，引虞翻66、74，又引马融55。

惠栋《易汉学》2。

张惠言《易林》17、39、66。

《易纬·通卦验》《乾凿度》17、36。

《诗》毛传、郑笺、汪义、孔疏、孙炎张巡释文、戴《补注》。

《周南·兔罝》55。

《邶风·谷风》34《简兮》25。

《鄘风》11。

《卫风·竹竿》42。

《齐风》17。

《魏风·汾沮洳》47。

《唐风·山有枢》61,《绸缪》42。

《秦风·小戎》40。

《豳风·七月》61,《鸱鸮》74。

《小雅》13,《伐木》13,《彤弓》13,《鱼丽》21,《蓼萧》35,《节南山》33,《小旻》28,《巷伯》74,《小宛》33,《楚茨》34,《大田》21,《桑扈》28,《车舝》34。

《大雅》75、67、13,《大明》15,《行苇》40,《洞酌》4,《抑》34,《桑柔》28、47,《烝民》9。

《周颂》33、46、77,《臣工》13、38。

《商颂》注正义引中侯20。

《书》75 伪孔传、孔疏、正义。

《书序疏》引《尧典》28,《舜典》30、46,《益稷》47,《禹贡》13。

《甘誓》《伊训》伪古文《盘庚》40,《太誓》15、33,《牧誓》33。

《武成》《洪范》12,《无逸》33,《顾命》28,《吕刑》44,《秦誓》33。

宋薛季宣《书古文训》18 邱光庭《兼明书》引《尚书》古文。

《周书》今本《周书》8。

《王会篇》34。

《周礼》39,先郑司农众注 40,后郑康成注、马融注 74,贾公彦疏 39,杜子春注 14、33,释文 74,《周礼疏叙》4。

《天官·叙官》郑注 28,《大宰》《师氏》28,《膳夫》68,《疾医》42,《㿝人》21、42,《鳖人》42,《笾人》71,《内府》21,《缝人》28,《司裘》46,《追师》郑众注 11。

《地官·大司徒》61,《乡邺》21,《续正》29,《旅师》51,《内师服》13,《䡍氏》《稻人》《草人》21、42,《师氏》77,《媒氏》21。

《春官·大宗伯》先郑注 47,《天府》66,《载师》28、66,《小宗伯》75,《巾车》13、42、68、34,《冯相氏》4,黄疏 74,《司常》32,《司常》杜注 33,《笙师》贾疏 41,《磬师》68,《籥章》34,《丧祝》21,《鞮鞻氏》44,《司干》22、21。

《夏官·大司马》12、15、56,《叙官》66,内小臣 16,《圉师》35,《御人》即圉人 71,《职方氏》14、39,《形方氏》61,《射人》35,《挈壶氏》46。

《秋官·大司寇》44、46,《朝士》12、35,《士师》12,《雍氏》27,《旅师》27,《伊耆氏》46,《行夫》28,《司刑》49,《野庐氏》12。

《冬官考工记》37，郑司农注13、28、43,《轮人》46,《舆人》22、41,《辀人》13、22,《冶氏》12,《玉人》18、11,《矢人》12,《瓬人》18,《梓人》9,《匠人》11、22,《车人》13、66,《弓人》39、42。

《仪礼》郑注、释文、锺氏疏、戴校。

《士冠礼》8、9、11、39、42、46,《士昏礼》28，37,《乡饮酒礼》14、22、28,《乡射》46、34,《大射》13、17,《聘礼》《公食大夫礼》75,《少掌馈食礼》75,《丧服》15、39、47,《士丧礼》15、28、13、61、74,《既夕礼》28、42,《有司彻》11。

《礼记》郑注、孔疏、释文、崔灵恩引。

《礼记疏叙》4,《曲礼》20、28、33、34,《檀弓》23、31、35,《王制》33、47,《月令》12、4、21、28、11、47、49、61,《曾子问》39,《郊特牲》34、39,《礼运》17、42,《礼器》引《礼纬含文嘉》40、47,《内则》39,《玉藻》24、28,《杂记》12、13、18、46,《明堂位》9又、27、34、42,《乐记》12、39、75,《丧大记》13、42,《祭法》13、39、49,《祭义》28,《孔子闲居》47、59,《缁衣》38,《中庸》33、38,《表记》34、47、61、74,《儒行》26,《饮酒义》12、28。

《大戴礼记》33、48,卢辩注、孔广森补正。

《文王观人篇》12、14,《曾子天圆篇》13,《曾子立事》34,《四代篇》28,《诸志篇》22,《小辩篇》33,《辨名篇》逸篇之一《夏小正》15、43、47。

《礼书》引《尚书大传》、引古本宋丰校注。

《春秋经》《春秋说题词》46,陆淳《春秋纂例》41。

《桓七年》68,《庄六年、八年》68,《文六年》46,《昭五年》40,《定二年》35,《春秋纬元命苞》47。

《左传》12、13、28、71，一作《左氏传》46、66，杜预注18，服虔注39、46，孔颖达疏49，正义。

《隐二年》75,《三年》49,《四年》30.《十一年》10;《桓二年》《庄八年》12,《庄十九年》74,《僖五年》28、34、69,《九年》13,《十二年》75,《二十三年》20,《三十五年》35;《文元年》23,《二年》10,《十一年》35,《十七年》42;《宣二年》22,《十二年》24;《成二年》15,《襄四年》33,《二十六年》12,《二十九年》49,《三十一年》42;《昭元年》51,《七年》47,《九年》23,《十三年》74,《十七年》《二十二年》12,《二十六年》12;《定九年》13,《十三年》42;《哀二年》30、

40,《七年》19,《二十七年》8。

《公羊传》39、40、43，何休注 37。

《隐五年》37,《桓七年》61,《文十二年》《宣元年》52,《宣七年》56,《定四年》14,《哀四年》21,《十四年》1、15。

《谷梁传》40、46 又、47、73、14，范宁注。

《庄二十三年》40,《定元年》38。

《论语》40，马融说、集解 40。

《雍也篇》40,《先进篇》41，齐古《论语》41。

《孟子》15、17，孙奭《音义》14、46，又引刘熙注 35，赵岐注。

《公孙丑篇》24,《万章篇》28、46。

《孝经》邢昺《疏》47,《正义》46。

《孝经说》28、43,《孝经纬》47,《援神契》47。

《逸周书》孔晁注 53。

《周祝篇》46,《器服篇》28,《王会篇》10、40,《大明武篇》55,《史记篇》53。

《世本》10、18,《尚书大传》郑注 46、42。

《国语》66，韦昭注、宋庠《补音》。

《周语》21、35、39、74,《齐语》39,《鲁语》27、30、75,《郑语》35,《晋语》30、39、40、41,《楚语》11,《吴语》14、34、72,《越语》14、28。

《五经异义》许慎 47。

《五经异义义疏》陈寿祺 47。

《尔雅》郭璞注 12、42、75，孙炎注。

《释言》15、22,《释训》40,《释诂》21 又、28 又、34、35 又、39、61、11、12,《释亲》39,《释天》9、30、39,《释地》34,《释山》18,《释草》21、74,《释木》4 又、12、44,《释虫》2、27,《释鱼》17、52,《释鸟》4,《释器》12、34,《释宫》17、22,《释畜》18。

《小尔雅》。

《广言》40,《广名》19。

《广雅》曹宪《音释》12，又名《广雅经》12，王引之《疏证》。

《释诂》57、35、39、22、28、17、34 又、76、28、47、77、66、11,《释言》14,《释训》44、66,《释器》15、41、77,《释室》23,《释畜》26,《释兽》11、

66 又《释鸟》74。

《说文解字》4、12 又、18、26、28、35、42、47、51、61，段玉裁注 61,《六书音韵表》24、74，王筠《说文句读》28，徐铉 42，徐锴《说文系传》47、21、22。

《人部》18、28,《八部》28,《子部》18,《刀部》14、27、37,《女部》21、22、23、38、46、70,《心部》38、61、35,《手部》23、42、66,《土部》34,《巾部》40、42、55,《木部》21、22、28、34、35、38、40、43、46、55、66、68、33,《弓部》41,《弋部》55,《士部》38,《口部》18、22、24、28、42、44,《穴部》16,《史部》27,《水部》17、46,《冰部》66,《火部》59、66,《日部》26、46、77,《示部》66,《立部》34,《玉部》68,《糸部》13、40、44,《艸部》33、40,《本部》59,《虫部》39,《禾部》46,《衣部》19、40,《竹部》13、12、38、42、46,《句部》39,《叩部》33,《金部》12、21、33、38、57,《䰞部》33、41,《厂部》38 又、46,《车部》27、28、57、74,《辵部》15、28 又、42,《足部》13、28、41,《言部》18、46,《肉部》28、38、40,《林部》28,《见部》35,《甀部》31,《冊部》37,《革部》35、39,《舟部》77,《隹部》35,《雔部》12,《邑部》33,《瀟部》22、33,《黑部》9,《壹部》33,《蓐部》76,《箅部》28。

《经典释文》8，陆德明元朗 18，殷敬顺《释文》校序录 46，今本 23，或本陈景元所增窜 26。

释文 11、26、30、34、40、61、72、74、76、9、15、28、41、46、51、56、55、61、66、76。

《释名》张次公 61、13，毕沅《疏证》13。

《释形体》42,《释言语》13、33,《释衣服》39,《释饮食》40,《释宫室》13、15,《释兵》29,《释舟》42、71、11,《释车》44、11,《释山》21,《释首饰》15,《释床帐》46。

《一切经音义》考 34、35、38、40、47 又、51、59、67、28、23、13、74。

《广韵》1、12、13、18、35、39、40 又、46、47、52、71。

《八物》1,《九历》12。

《集韵》12 又、18、21、23、26、34、51、68、73。

丁度《集韵》26，韩道昭《五音集韵》26，江永《五音标准》74，吴棫《韵补》，顾炎武《唐韵正》13。

《玉篇》顾野王著宋人妄增 26、14、18、47 又、13、39、9、11。

《口部》39、44,《手部》《足部》28,《爿部》46,《艸部》21,《糸部》13,《弓部》26,《革部》13,《韦部》34,《耒部》44。

《急就篇》38、39、55、72颜注9、13又、41、57、40又。

《仓颉篇》34。

《通俗文》13、40俗字六朝唐人12晋俗语12。

《干禄字书》俗书33、37、40又、42、46、47、49、34唐人俗书亦本于汉隶也。仲容。

《匡谬正俗》19、38。

《字林》11、13、26皇象书9。

《声类》40《声谱》70。

郭忠恕《佩觿》14、23汗简26。

《方言》郭注11、61、77。

《方言》11、12、13、18、34、40、41、75、76。

古金文15,籀文11、28、68,石鼓文26。

薛尚功《钟鼎款识》15、27。

阮元《积古斋钟鼎款识》26。

王昶《金石萃编》20、23。

吴玉搢《金石存》13。

武亿《授堂金石跋》23。

隶书11、20、41、46,卞壹传汉隶书。

汉隶。

《汉孔宙碑》28,《汉司徒盛允墓碑》47,《汉孟郁修尧庙碑》46、30,《张寿碑》46,《韩敕礼器孔龢诸碑》67,《蔡邕光武齐阳宫碑》46,《汉富春丞张君碑》《范史云碑》75,《朱议范碑》75,苏灵芝《悯忠寺碑》8,《姜伯淮碑》75,皇象碑40,《冯焕残碑》《灵莹碑》8,《司空文烈侯杨公碑》。

《隶释》47。

洪适汉碑,《汉郎中马江碑》14,《汉娄寿碑》75,《费凤碑》20,《孙叔敖碑》21,《武梁祠画像》21,《北齐武平元年造像记》66,《魏敬始君碑》,《汉石经论语碑末记》40,《石经残字》26,《魏三体石经》26,《汉石经》15、26,《晋姜鼎铭》15,《汉嵩高大室石阙铭》5,《北海相景君铭》8,《李承嗣造像铭》8,《唐等慈寺碑》,《唐梁守谦功德铭》,《唐张轸墓志》15,《唐李晟碑》30,《唐易州御注道德经》

40,《僧定太等造像记》40,《那罗延经幢》28,《大罗那像龛记》。

《隶续》。

《魏三体石经》21,《周济州刺史任公屏盗碑》66。

《战国策》鲍彪注,《补注》35,姚宏校本。

《西周策》74,《韩策》28,《赵策》12、27、34、39、41、74,《魏策》12,《齐策》74,《楚策》28、35、41、46、54,《燕策》30、61,《秦策》12、28、30、35、40、52、66,《卫策》34。

《史记》8、9、35、46、56,张守节正义11,司马贞索隐又、裴骃集解、晋灼注、张晏注、如淳注、孟康注、延笃注、徐广注。

《五帝本纪》14、40、46,《夏本纪》1,《周本纪》18、22,《秦始皇本纪》12,《项羽本纪》14、10,《孝景本纪》10,《孝武本纪》76。

《三代世表》43、59,《乐书》12,《历书》18,《天官书》4、9、51、52、61又,《封禅书》13、18、37,《河渠书》10。

《吴太伯世家》13、14,《齐世家》12又、28、74,《田齐世家》28,《鲁世家》35,《晋世家》34、66,《韩世家》34,《赵世家》34、48、14,《楚世家》33、41、54,《越世家》70,《三王世家》74,《六国年表》41,《绛侯世家》47,《陈平世家》38。

《孔子传》66,《苏秦传》61,《范雎传》11、32,《孔子弟子传》2、46,《商君传》13、35,《孟子荀卿传》25、46,《平原君传》8,《春申君传》《刺客列传》36、47,《张耳陈余传》13、40、52,《韩信传》35,《樊哙传》34,《卫青传》43,《陆贾传》13、77,《匈奴传》34、74,《司马相如传》30,《汲郑列传》9、42,《佞幸传》33,《仓公传》61,《扁鹊传》8,《龟策传》66,《货殖传》21、40又。

《汉书》9、46,苏林4,颜师古4,如淳、应劭、晋灼、韦昭。

《叙传》13,班固《与窦宪书笺》29、74,班叔皮《读太史公书》46。

《高帝纪》13、27,《文帝纪》16,《武帝纪》74,《昭帝纪》46。

《百官公卿表》18、35、40,李涪《刊误》20、30,《古今人表》8、14。

《礼乐志》9、18、72,《刑法志》,《郊祀志》47,《天文志》20、44,《五行志》12,《地里志》70又、12、76,《沟洫志》21,《律历志》4,《艺文志》25、29、35、43、46又、54、56、68、77,两汉志注68。

《陈涉传》16,《张耳传》56,《蒯通传》13,《刘向传》10宋祁校,《淮南王安传》

35,《贾谊传》18,《晁错传》12、55,《田千秋传赞》28,《申屠嘉传》48,《伍被传》40,《严延年传》28,《杨王孙传》26,《贡禹传》45、42,《李广传》46,《河间献王传》,《董仲舒传》61、69,《司马相如传》11、21、30,《东方朔传》34,《扬雄传》39,《公孙弘传》71,《严助传》12,《佞幸传》49,《匈奴传》29,《儒林传》46,《货殖传》38,《元后传》又、42又,《王莽传赞》4,《萧望之传》75,《霍光传》75,《谷永传》28。

《**后汉书**》47,李贤注。

《光武纪》38、又论46,《顺帝纪》67,《桓帝纪》47,《献帝纪》54,《和熹邓皇后纪》46。

《公孙述传》42,《邓禹传》38,《臧宫传》60,《律历志》4,《郅恽传》52,《张堪传》38,《周章传》46,《梁冀传》13、46,《范升传》46,《刘瑜传》67,《陈忠传》67,《翟酺传》8,《马融传》42、52,《蔡邕传》《张奂传》20,《李膺传》13、41,《羊陟传》49,《何进传》55,《向栩传》15,《方术传》55,注69。

谢承《后汉书》46。

《三国志》裴松之注。

《邵正传》28。

《**晋书**》53。

《张天锡传》11,《挚虞仲洽传》64、71。

《历志》《天文志》9又。

《**宋书**》。

《符瑞志》45、46,《礼志》13,《历志》1。

《循吏传》45。

《**魏书**》35。

《魏王泰书》10。

《**北齐书**》。

《樊逊传》46。

《**隋书·经籍志**》简称《隋志》60、70、71。

《隋唐志》46。

《**通鉴**》《宋纪》胡三省注35。

《通鉴前编》金履祥32,《通鉴地里通释》王应麟20。

《元和郡县志》李吉甫 20、34。

《太平寰宇记》14、36。

《吴郡志》范成大 14、46。

《舆地纪胜》王象之 14。

《会稽志》14。

《括地志》象 12。

《续汉书》光禄勋刘昭注。

《天文志》62,《律历志》4,《礼仪志》41、46,《舆服志》12、20、47、77,《百官志》46、74、75,《郡国志》46。

《汉旧仪》49。

《汉官名秩簿》46。

《逸周书》王应麟《王会篇补注》。

《作洛篇》30,《寤儆篇》8,《太子晋篇》13,《武顺篇》28。

《吴越春秋》14、21。

《阖闾内传》14,《吴人内传》14。

《越绝书》一作《越纽录》46。

《内传》15,《外传》14、15、46,《计倪篇》《记地篇》14,《本事篇》14,《纪策篇》14。

《竹书纪年》20 明人撮合伪托。

《穆天子传》郭注 21 又、39、42。

刘向《别录》8。

《汉武内传》葛洪 71。

《郡斋读书志》晁公武 12、32。

《贾子新书》。

《君道篇》34,《春秋篇》47,《道术篇》21,《傅职篇》21。

《鬼谷子》乐台注乐台《隋志》作乐壹。

《亢仓子》34,《尸子》77,《牟子》。

《权篇》9,《内楗篇》25,《全道篇》26,《农道篇》21,《理惑篇》23。

《春秋繁露》9 西汉公羊师说。

《基义篇》12,《执贽篇》18,《王道篇》47、68,《循天篇》。

《**韩诗外传**》15、21、23、28、25、35、40、42又、46、76、61一作《韩诗》，一作《外传》。

《**说苑**》22、27、66。

《**正谏篇**》52、73，《**至公篇**》4、35，《**政理篇**》47、54、76，《**权谋篇**》34，《**修文篇**》9，《**杂言篇**》9，《**辨物篇**》8，《**敬慎篇**》25。

《**新序**》13。

《**善谋篇**》14、27，《**杂事篇**》14、47。

《**新论**》桓谭46又又。

《**盐铁论**》刘子推、马融。

《**相刺篇**》76，《**险固篇**》30、42，《**先醒篇**》42，《**散不足篇**》52，《**力耕篇**》74，《**禁耕篇**》74，《**遵道篇**》11、33，《**大论篇**》66，《**杂论篇**》28，《**论儒篇**》29，《**论诽篇**》8。

齐稷下先生千有余人。

《**列女传**》刘向2，《**宋鲍女宗传**》41。

《**节义篇**》35，《**辨通篇**》34。

《**列仙传**》刘向17、75。

《**法言**》李注、宋咸注。

《**先知篇**》39，《**问神篇**》44，《**渊骞篇**》8。

《**太玄经**》14、37。

《**高士传**》13。

《**神异记**》12。

《**白虎通义**》卢文弨校《白虎通》46。

《**圣人篇**》1、28、46，《**号篇**》1，《**考黜篇**》9，《**五行篇**》34。

《**西京杂记**》13、40、70。

《**汉官解诂**》胡广、如淳74。

《**汉旧仪**》46。

《**论衡**》王充撰。

《**感虚篇**》28、49，《**效力篇**》34，《**量知篇**》39，《**异虚篇**》34，《**纪妖篇**》34，《**谢短篇**》，《**艺增篇**》，《**骨相篇**》15，《**讲瑞篇**》15，《**无形篇**》37，《**幸偶篇**》13。

《**潜夫论**》王符。

《志氏姓篇》10，《三式篇》13。

《齐民要术》贾思勰 13、34、40、71。

《管子》房玄龄注、尹知章注。

《小问篇》20、42，《海王篇》13、42，《国蓄篇》13、42，《轻重甲篇、乙篇》38、66，《侈靡篇》42，《弟子职》66，庄述祖《弟子职集解》21，《大匡篇》30，《小匡篇》30又、39，《兵法篇》30，《明法篇》34，《任法篇》22，《七法篇》32，《地圆篇》12、73，《宙合篇》73、74，《戒篇》《乘马篇》21。

《晏子春秋》。

《内篇》22，《内篇谏上》46、《谏下》8、22、33、42，《内篇杂下》42，《问上篇》74，《外篇》18、54。

《墨子》。

《兼爱上篇》13，《下篇》38、39，《尚贤中篇》34、《下篇》33，《尚同篇》33、59，《号令篇》22、27、55、59，《非儒篇》22、33、34《下篇》12，《非命篇》33，《天志篇》28、33，《非乐篇》28，《天篇》28，《明鬼篇》28、46、66、《中篇》46、《下篇》42，《薄葬篇》46，《耕柱篇》34，《修身篇》34、66，《鲁问篇》33，《经上篇》9、61，《经说下篇》31、33，《大取篇》33，《备城门篇》13、28、55，《杂守篇》、《备穴篇》9、34、55，《备水篇》35，《迎敌祠篇》35。

《老子道德论》77 何晏撰何平叔注《老子》始成，诣王辅嗣，见王注精奇，因以所注为《道德二论》。王弼注 23。

《庄子》郭象注，向秀注释文，司马彪、崔譔、成玄英疏。

《逍遥游篇》34、37，《齐物论篇》74，《人间世篇》9、46，《大宗师篇》27、35，《马蹄篇》57，《在宥篇》39、41，《天地篇》33，《秋水篇》33，《至乐篇》52，《达生篇》43，《田子方篇》47，《庚桑楚篇》20、27，《徐无鬼篇》54，《则阳篇》24、42，《外物篇》34，《天下篇》13、33、34，《盗跖篇》40，《渔父篇》40，《列御寇篇》9。

《列子》张湛注，殷敬顺《列子释文》。

《说符篇》17、51，《黄帝篇》28、43，《力命篇》28，《汤问篇》28，《杨朱篇》、《天瑞篇》25、77，《仲尼篇》77，《周穆王篇》54。

《荀子》杨倞注。

《修身篇》21又、28，《不苟篇》28，《荣辱篇》21、28，《非相篇》21、42，《儒效篇》42、61，《王制》12、13，《臣道篇》35、42，《礼论篇》25、39，《议兵篇》

13、28、39、40,《正论篇》30、31、74,《正名篇》9、28,《成相篇》21、74,《赋篇》39,《尧问篇》34,《子道篇》42,《大略篇》。

《**韩非子**》27、38。

《内储说上篇》12、21、34、77,《下篇》34、46,《外储说左篇》21、22、26、74,《右篇》21,《备内篇》12、21,《十过篇》34、40、46,《观行篇》8,《大体篇》33,《说难篇》46,《说疑篇》34、41,《难一》6,《难三》9、28,《八经篇》34、52,《五蠹》46,《七术篇》77,《喻老篇》61,《解老篇》9,《初见秦篇》13,《亡征篇》30,《饬令篇》27。

《**吕氏春秋**》39、42,高注,简名《吕览》12。

《去宥篇》35,《必己篇》13、25,《直谏篇》52,《贵公篇》25,《贵当篇》8,《顺民篇》28、41,《荅民篇》34,《适音篇》35,《察微篇》35,《权勋篇》22、28,《应言篇》12,《不屈篇》21、54,《高义篇》27,《贵本篇》27,《简选篇》27,《遇合篇》18、30,《本味篇》30,《音初篇》46,《过理篇》13,《明理篇》12,《敫更篇》21,《至忠篇》42,《审应篇》61,《报更篇》43,《古乐篇》即《河间乐记》75,《别类篇》21,《召类篇》28,《上德篇》56,《观表篇》54,《异用篇》77.《仲春纪》13.《孟夏纪》21,《孟冬纪》42,《离谓篇》39,《本生篇》28,《察今篇》30,《圜道篇》47,《自知篇》33、74。

《**商子**》。

《境内篇》42,《定分篇》35,《更法篇》41。

《**文子**》。

《符号篇》25,《守约篇》《上德篇》39、58,《道德篇》35。

《**孔丛子**》66。

《论势篇》12。

《**邓析子**》。

《无厚篇》。

《**尉缭子**》27。

《**鹖冠子**》陆注。

《王权篇》《度万篇》44。

《**淮南子**》66,高诱注《叙》77,许慎注,王念孙《杂志》24。

《原道训》21、24、28、35、48、67、74,《说林训》24又、25、28、30、31、

34，《人间训》34、46 又、64，《道应训》21、23、24 又、28、46、51，《坠形训》28 又、34 又，《本经训》13、21、23、26、28、33、59、74、24，《修务训》12、37、47、74，《氾论训》17、33、39、47、51、66、74，《泰族训》39、42、46、54，《俶真训》37，《诠言训》24，《时则训》9、12，《时令训》32，《齐俗训》30、34、52，《缪称训》14、29、30、40、41、76，《精神训》24，《兵略训》34、50，《慎隟篇》35、55，《览冥训》38、46，《利害训》54，《主术训》12、34、42、51，《说山训》12、28、46、53。

《抱朴子》。

《论仙篇》28、46、69，《极言篇》70。

《内经》47。

《灵枢经·首度篇》38。

《素问》王冰注，日本丹波元简《素问识》61。

《痹论篇》8、42，《气交变大论篇》66，《移精变气论篇》61、66，《奇病篇》9，《大奇论篇》4，《通评虚实论》2。

《巢氏诸病源候论》61。

《元氏诸病源候总论》46。

《脉经》61。

《本草经》13，一作《神农本草经》74，李颐注。

《子义本草经》42。

《艺经》64。

《北齐治疗方》40。

《弘明集》23。

《广弘明集》69。

释慧苑《华严经音义》13、49。

《华严经》69。

释法琳《破邪论》70。

释湛然《止观辅行记》2。

《天元记大论》61。

《黄石公记》60。

《中经簿》42。

《太初集》张溥辑 77。

《南中奏记》徐忠 77。

《茶经》陆羽 12、32。

《竹谱》戴凯之 12。

《续搜神记》。

《续谈助》73。

《周氏冥通记》陶弘景 34。

《洞冥记》张柬 11。

《巴蜀异物志》47。

《秉烛篇》李赓芸 42。

《山海经》郭注 38、46，图赞 39。

《海外·东经》21、46、《北经》46、《西经》52；《海内》44、《北经》46；《大荒·西经》34、52、《东经》34、《南经》34；《中山经》13、21，《西山经》28，《北山经》74，《南山经》28。

《水经》14、68，郦注 14、49、64。

《汉水注》68，《溪水篇》46。

《风俗通义》11、43、46、47、53、76。

《神怪篇》46，《愆礼篇》17。

《颜氏家训》。

《慕贤篇》53、70，《勉学篇》53、72，《书证篇》21、57、70。

《文心雕龙》39、53、77。

《神思篇》9，《指瑕篇》53。

《金楼子》。

《说蕃篇》70。

《古渚宫旧事》28、41 又、42 又。

《东观汉记》23。

《开元占经》47。

《九章算术》《粟米》46。

《孙子算经》63。

《天文大象赋》李播。

《金匮玉衡经》46。

《五帝政大论篇》61。

《六元正纪大论篇》61。

《黄帝龙首经》15、46。

李淳风《乙巳占》62。

《六壬书》15。

《宋书历志》61。

《五行大义》47，萧吉《诸人篇》24。

何承天《上新历》62。

《甘氏星经》录70。

王泾《大唐郊祀志》47。

《云笈七签》24。

《太平广记》20。

《家语》51。

《王仪篇》42，《王恕篇》42，《六本篇》42。

《世说新语》刘峻注。

《道基篇》28，《文学篇》70、77。

《典语》陆贾书77。

《云谷杂记》张淏。

《北户录》段公路。

《唐六典》李林甫41、63。

《元和姓纂》林宝39、71。

《通典》杜佑10、13。

《乐志》56，《五十七》引55，《一百五十九》引55。

《初学记》引12、20、46、47、69。

《帝王部》46，《二十八》引73，《二十九》引1，《天部》36、37、56。

《群书治要》引72，《治要》29，《三十九》引23，《三十四》引30。

《太平御览》引17、18、39、42、47、49、52、56、66、70，简称《御览》，李昉等

《九百六十三》72，《人事部》12、13、27、76，《工艺部》63，《皇王部》引4、

15、20，《八百三十二》68，《天部》46，《资产部》27，《羽族部》76。

《御览》：《九百六十三》引73，《四百三十二》引46，《九百八十四》引69，《三百六十》引、《三百六十一》引24，《二百五十四》引43，《六百八十八》引15，《百四十二》引42，《四百六十七》引9，《百四十三》引29，《十七》18，《九百三十六》引52，《七百六十五》引42，《五百二十六》引14，《八十一》71，《一百六十一》引35，《十八》6，《八百三十二》引8，《三百六十》引24，《十六》引5，《八百七十四》引5。

《北堂书钞》书抄42。

《二百五十一》引18，《七十三》引46，《一百三十一》引75。

《政术部》13，《设官部》48，《后妃部》1。

《玉海》11，王应麟。

《九十九郊祀》47，《三十五》引46，《五十八》引69。

《路史》罗泌10。

《大昊纪注》引1，《中昊纪》引46。

《子略》高似孙28。

《意林》引马总30、38、42、46、52、60、77、25。

《事类赋》引68。

《小学绀珠》王应麟30。

《艺文类聚》引9、69。

《二十三》引77，《八十四》引19，《六十五》引66，《四十六》引75，《七十四》引64，《八十三》引20，《木部》70，《祥瑞部》20，《符命部》66。

《玉烛宝典》引杜氏台卿21、46、70、12、17、5、6，《宝典》引4。

《册府元龟》23。

《事物纪原》32。

《古今注》崔豹40。

《黄氏日抄》46又、69、30，《日抄》9。

《说郛》70。

《楚辞》王逸注，班固《序》77，戴震《屈原赋注》74。

《离骚》66、74，《离骚叙》28，《大招》28、75，《远游篇》18、23，《九章》33，《国殇》13，《九思》《九辨》《七谏》66。

《文选》李善注、刘逵注。

《吴都赋》左思 12、14、51、21、73、77，《西京赋》张衡 33、40、67，《南都赋》张衡 28、73，《蜀都赋》31，《魏都赋》35、70，《上林赋》21，《子虚赋》张揖注 21，《芜城赋》鲍照 21、55，《江赋》28，《东征赋》29，《闲居赋》39，《长笛赋》73，《玄袁赋》蔡邕 39，《幽通赋》张平子 17，《辨命论》刘孝标 28，《荐士表》29，《荐祢衡表》孔融 41，《为曹操与孙权书》阮瑀 21，《挽歌》诗陆士衡 21《剧秦美新》阮瑀 21，《绝交书》嵇叔夜 21，《檄吴将校文》扬雄 21，陈孔璋 21，《褚渊碑文》王中宣 28，《四子讲德论》46，王褒 53，《拜中书记室辞》谢朓 53，《宋孝武宣贵妃诔》68，《汉高祖功臣颂》75。

《古文苑》9、31、77。

扬雄《字正箴》35，刘歆《遂初赋》34，章樵注。

《蔡中郎集》46、53，罗以智《蔡集举正校补》46。

《太尉乔公碑》47，《光武济阳宫碑》20。

《玉台新咏》徐陵《山木歌叙》42。

《五百家集注韩文》魏仲举 27。

《道藏》。

《金匮玉衡经》15。

《绎史》42。

《古微书》孙毂引 4、7。

《癸巳类稿》俞正燮 74。

又引各家解说：

郑玄康成 10 又又又，郑司农 21 又又，卢植 10，张揖 11，王劭 11，鲍彪 12，司马彪 28，李颐 28，崔譔 28，吴师道 12，贾逵 10。

历算家：

汪莱、姜岌、王蕃、祖冲之。

吴泌 43，司马光 43、44，王涯 44，全祖望 20，凌曙 34、9，钱大昕 23、9、48，惠栋定宇 42、4、75，吴翌凤 21，丁士涵 27，孙同元 68，张惠言 9，洪颐煊 17、26，庄逵吉 46，钮树玉 51、61，段玉裁 17，王念孙、王引之 21、33、66，卢文弨、劳格 39，梁履绳 31、47，陈奂 17，孙星衍 26，顾千里 66 又，唐仁寿 38，孙志祖 22，俞樾、安井衡、瞿昙悉达 66，董班 9，释长功。

五、史地学

《书颜师古汉书叙录后》_{汉叙录}。

《书旧唐书礼仪志李敬贞议后》_{敬贞}。

《开禧德安守城录后序》_{守城录}。

《书宋史叶适传后》_{叶适传}。

《沈氏东游日记跋》_{东游跋}。

《冒巢民年谱序》_{巢谱}。

《唐静海军考》_{静海}。

《永嘉郡记集本跋》_{郡记跋}。

《温州经籍志叙例》_{温志}。

附：晚清论治之书：

安吴包氏、邵阳魏氏、善化孙氏、吴县冯氏、无锡沈俪崑《富强刍议》

引：

《周礼》一作《周官经》_{东游跋、郡记跋}。

《秋官·司烜氏》_{敬贞}，《冬官考工记·攻金之工》_{敬贞}。

《尔雅》舍人注_{郡记跋}。

《淮南子》高、许注。

《天文训》_{敬贞}。

《世说》刘玄靖笺_{郡记跋}。

《晏子春秋》_{巢谱}。

《吴越春秋》范炯、林禹。

《朱襃传》_{静海}。

《关东风俗传》北周宋孝王_{温志}。

《建炎德安守御录》汤璹_{守城录}。

《德安守城录》永嘉王致远_{守城录}。

《开禧襄阳守城录》赵万年_{守城录}。

《楞严经》唐释_{敬贞}。

《毕万术注》_{敬贞}。

《**农术**》贾高阳辑_{郡记跋}。

《**止斋集**》陈文节_{静海}。

《**水心集**》叶忠定_{守城录、叶适传}。

《**二薇亭诗**》徐玑_{温志}。

《**更生斋甲集**》洪亮吉_{温志}。

《**抱经堂文集**》卢文弨_{温志}。

《**钱文穆王神道碑**》和凝_{静海}。

《**典论**》。

《帝自叙》_{汉叙录}。

《**开元释教录**》唐释智昇_{温志}。

《**荆溪林下偶谈**》吴子良_{叶适传}。

《**剡录**》宋高似孙_{温志}。

《**说郛**》清姚安陶珽_{郡记跋}。

《**琵琶记**》高明_{温志}。

《**四书**》。

《**孤屿草**》刘康祉_{温志}。

《**义则**》项乔_{温志}。

《**太平御览**》

《天部》_{敬贞}。

太史公《**三代世表**》实效《周谱》_{巢谱}。

《**汉书**》叙录小颜注

《汉献帝纪》_{汉叙录}。

《**三国志·魏志**》裴注_{汉叙录}。

《文帝纪》《武帝纪》注引。

《**魏书**》_{汉叙录}。

《**唐书**》刘朐_{汉叙录}。

《百官志》《地里志》《方镇表》_{静海}。

《**新唐书**》_{静海}。

《**宋史**》_{守城录}。

《儒林传·叶水心》_{叶适传}。

钱晓征《宋史考异》叶適传。

《通典》杜佑。

《州郡门》郡记跋。

《史通》彭城刘知己巢谱。

《书志篇》温志。

隋、唐《经籍志》郡记跋。

《五代经籍志》温志。

《宋崇文》温志。

《中兴馆阁续录》叶適传。

《通考》马端临。

《经籍考》温志，《舆地考》郡记跋。

《宋史补志》倪灿温志。

《元史艺文志补志》钱大昕温志。

《明史·艺文志稿》温志。

《四库总目》一作《四库》温志、守城录。

《龙藏汇记》释书温志。

《道藏目录详注》明白云霁。

中垒《别录》温志。

《刘略》温志。

《班艺》温志。

王俭《七志》温志。

荀勖《四部》温志。

梁阮孝绪《七录》温志。

晁昭德守城录。

陈直斋守城录。

《读书附志》赵希弁温志。

《百川书志》温志。

《千顷堂书目》黄虞稷温志。

《经义考》朱氏温志。

《小学考》谢启崑温志。

《张氏藏书志》<small>温志。</small>

《廉石居藏书记》孙星衍<small>温志。</small>

刘、班、晁、陈<small>温志，</small>马贵与<small>温志，</small>朱约邙<small>温志。</small>

《元和郡县志》唐李吉甫<small>郡记跋。</small>

《太平寰宇记》宋乐史<small>郡记跋。</small>

《舆地记胜》王象之<small>郡记跋。</small>

《方舆胜览》穆祝<small>静海。</small>

《嘉定赤城志》陈耆卿<small>静海。</small>

《嘉泰会稽志》<small>温志。</small>

《读史方舆纪要》顾祖禹<small>郡记跋。</small>

宋代地志家<small>静海。</small>

《乐史》王溥、欧阳修、欧阳忞<small>静海。</small>

《永嘉郡记》刘宋郑缉之<small>郡记跋。</small>

《永嘉谱》宋曹叔远<small>静海。</small>

万历《温州府志》王光蕴<small>静海。</small>

万历、乾隆二《府志》<small>温志。</small>

雍正《浙江通志》<small>温志。</small>

嘉庆《平阳县志》<small>温志。</small>

道光《乐清县志》<small>温志。</small>

咸丰《永嘉县志稿》汤成烈<small>温志。</small>

年谱：陶、杜之诗，韩、柳之文，按年为谱。<small>巢谱。</small>

《郑君年谱》山阳丁氏<small>巢谱。</small>

《朱子年谱》白田王氏<small>巢谱。</small>

《冒巢民年谱》如皋冒广生<small>巢谱。</small>

《竹汀钱氏》。

三洪、王、陆诸《谱》<small>巢谱。</small>

六、金石考古学

《籀文车字说》车字说。

《古籀拾遗叙》拾遗。

《古籀余论后叙》余论。

《名原叙》名原。

《契文举例叙》契例。

《古今钱略叙》代父作钱略。

《薛尚功钟鼎款识跋》薛书。

《翟氏籀史跋》籀史。

《隶续跋》隶续。

《隶续第二跋》。

《书洪氏泉志后》。

《毛公鼎释文》毛释。

《克鼎释文》克释。

《邾钟拓本跋》邾钟。

《乙亥方鼎拓本跋》乙亥鼎。

《周虢季子白盘拓本跋》白盘。

《周遗小字敦拓本跋》遗小子。

《周唐中多壶拓本跋》中多壶。

《周师艅父敦拓本跋》师艅父。

《周麦鼎考》麦鼎。

《周要君盂考》要君。

《汉卫鼎考》卫鼎。

《周大泉宝货考》大泉。

《魏邺宫残专拓本跋》魏邺专。

《无惠鼎拓本跋》无惠鼎。

《秦权拓本跋》秦权。

《秦大驺权拓本跋》大驺权。

《新始建国铜竟拓本跋》新铜竟。

《阮摹天乙阁宋拓石鼓文跋》石鼓文。

《书南昌府学本汉石经残字后》汉石经。

《书徐鼎臣临秦碣石颂后》碣石颂。

《汉司隶校尉杨淮表记跋》杨淮表。

《汉仙人唐公防碑跋》唐公防。

《汉卫尉卿衡方碑跋》衡方。

《汉三公山神碑跋》三公山。

《汉武班碑跋》武班。

《汉郃阳令曹全碑跋》曹全。

《吴九真太守谷朗碑跋》谷朗。

《吴禅国山碑跋》禅国山。

《晋太公吕望表跋》吕望表。

《北齐西门豹祠堂碑跋》西门祠堂。

《周保定四年圣母寺四面造像跋》圣母寺。

《唐房玄龄碑跋》玄龄。

《唐明征君碑跋》明征君。

《唐撝先茔记跋》撝先。

《宋刻曹娥碑跋》曹娥。

《记元管军上百户铜印》上百户。

《记彝器款识蕭斁文》蕭斁文。

《记汉赵婕仔印缪篆》婕仔印。

《师奎父鼎拓本跋》奎父鼎。

《康侯鼎拓本跋》康侯鼎。

《与友人论金文书》与书。

引：

《**易传**》京房毛释。

《**诗经**》毛传毛释、契例、白盘，郑笺师穌父，孔疏师穌父。

《卫风·硕人》《郑风》毛释，《秦风·小戎》车字说、毛释，《陈风》曹娥，《小雅·常棣》毛释、师穌父，《大雅·绵》契例，《荡》无惠、石鼓文，《崧高》邵钟，《烝民》毛释，《鲁颂》邵钟,《商颂·玄鸟》毛释。

陆机《诗疏》克鼎,齐、鲁、韩三家义曹娥。

《尚书》

《咎繇谟》齵蓋文,《五子之歌》遗小子,《洪范》契例,《立政》《康诰》《酒诰》《文侯之命》毛释。

《尚书大传》毛释,《书叙》遗小子,孔疏康侯鼎,《伪孔传》齵蓋文,郑玄注康侯鼎,王肃注康侯鼎,孔颖达疏康侯鼎。

《周书》

孔晁注康侯鼎,《王会说》中多壶。

《逸周书》毛释。

《祭公篇》毛释,《皇门篇》克释。

《周礼》无惠鼎、大驭权、中多壶。

《天官·小宰·八成》《薶氏》契例,《酒正》。

《地官·小司徒》毛释,《司谏》《太仆》克释。

《春官·大宗伯》《膳夫》克释、乙亥鼎,《小胥》邵钟。

《夏官·大司马》石鼓文、汉石经、齵蓋文,郑注白盘、师龢父、大泉。

《冬官考工记》车字说、契例、邵钟、秦权、大驭权。

《礼记》拾遗郑注

《曲礼》毛释,《王制》师龢父,《礼器》三公山、□父鼎,《内则》师龢父,《玉藻》克父鼎、克鼎、师龢父,《明堂位》邵钟,《祭统》:孔悝鼎铭拾遗、毛释、克释、白盘。

《仪礼》

《士冠礼》克父鼎,《士昏礼》毛释,《燕礼》克父鼎,《聘礼》克释,《公食大夫礼》克父鼎,《觐礼》麦鼎,《既夕》要君,《有司彻》克父鼎。

《大戴礼记》

《文王官人篇》毛释,《保傅篇》师龢父、与书。

《三礼图宗》梁崔灵恩大驭权,《三礼图》聂崇义大驭权,《礼图说》,大驭权。

《左传》杜预注毛释、邵钟、遗小子、中多壶、吕望表、曹娥。

《春秋内外传》邵钟、遗小子,《春秋后传》吕望表,《春秋世族谱》康侯鼎。

《公羊传》何休注邵公三公山、白盘。

《国语》韦昭注钱略、白盘、遗小子,颜师古注。

《周语》大泉,《楚语》中多壶。

《战国策》中多壶。

《魏策》西门祠堂。

《竹书纪年》一名《汲冢纪年》毛释、遗小子、麦鼎、吕望表。

《论语》郑注车字说, 孔注白盘。

《乡党篇》《鲁论》汉石经。

《孟子》

《梁惠王篇》。

《尔雅》郭注

《释诂》毛释、克释、麦鼎、无惠、秦权,《释器》毛释、克释、虢叔文,《释天》毛释,《释兽》石鼓文。

《方言》毛释。

《玉篇》邵钟、师䣄父、麦鼎、石鼓文。

《释名》

《释车》毛释、衡方。

《广韵》圣母寺。

《小尔雅》

《广言》汉石经。

《甄斗六体》新铜竟。

《经典释文》搞先。

《说文》许慎撰车字说、拾遗、名原、契例、毛释、邵钟、要君、大泉、无惠、大驵权、石鼓文、三公山、乙亥鼎、遗小子、中多壶、至父鼎。

许慎《说文叙》, 婕伃印二徐铉、锴, 车字说、名原、邵钟、要君段玉裁注, 车字说、毛释、邵钟、石鼓文又有《六书音韵表》与书、毛释、汉石经、大驵权、婕伃印, 苗夔《说文声订》毛释, 贯山王氏筠车字说, 珍艺庄氏车字说, 许瀚《说文》麦鼎。

《史记》

《秦本纪》克释,《郑世家》毛释,《卫世家》康侯鼎,《韩世家》西门祠堂,《天官书》中多壶。

徐广注乙亥鼎,《史记索隐》康侯鼎、与书, 张守节《史记正义》与书,《补太史公书》褚少孙撰白盘。

《**汉书**》颜注遗小子。

《**古今人表**》与书、曹娥，《**恩泽侯表**》卫鼎，《**百官公卿表**》大泉。

《**食货志**》大泉，《**律历志**》秦权、大驸权，《**五行志**》无惠，《**艺文志**》秦权、婕伃印,《**地里志**》大驸权、唐公防。

《**韦贤传**》龗斅文，《**王莽传**》新铜竟，《**外戚传**》。

《**汉书**》孟康注秦权，《**汉书**》张晏注钱略，《**汉书**》惠栋补注卫鼎。

《**后汉书**》

《**本纪·冲帝纪**》卫鼎、武班，《**陈寔、赵咨传**》衡方，《**列女传**》曹娥。

《**续汉书**》

《**百官志**》卫鼎，《**郡国志**》唐公防。

《**后汉纪**》袁宏卫鼎、曹全。

《**三国志**》陈承祚、裴注。

《**魏志**》魏邽专，《**吴志**》谷朗。

《**晋书**》

《**束皙传**》吕望表。

王隐《**晋书**》麦鼎，习凿齿《**晋纪**》谷朗。

《**南齐书**》明征君。

《**北史**》

《**萧琮传**》圣母寺。

《**新旧唐书**》

《**本纪**》玄龄。

《**高氏世系表**》明征君。

《**元史**》

《**百官志**》上百户。

《**通典**》杜君卿公朗。

《**通鉴注**》胡景参隶续。

《**荀子**》杨倞注

《**王霸**》《**大略篇**》毛释。

《**韩非子**》

《**内外储说**》要君、西门祠堂。

《吕氏春秋》一作《吕览》_{衡方。}

《乐成篇》_{西门祠堂。}

《淮南子书》即《淮南子》_{白盘高诱注遗小子。}

《人间训》_{西门祠堂。}

《说苑》_{毛释。}

《穆天子传》_{师穌父。}

《潜夫论》王符。

《浮侈篇》_{曹娥、遗小子。}

《列仙传》_{唐公防。}

《白虎通》_{大骓权。}

《盐铁论》

《取下篇》_{汉石经。}

《齐民要术》

引《崔实四民》_{新铜竟。}

《山海经》_{大骓权。}

《大荒西经》，_{玄龄}《海内经》引《帝王世纪》_{与书。}

《水经》_{遗小子。}

《水经注》_{郦道元碣石颂、吕望表。}

《华阳国志》_{杨淮表。}

《开元占经》_{三公山。}

《洛书》引陆绩《浑图》，皇甫谧。

《推步图纬》_{晋虞纲仲翔禅国山。}

《三辅黄图》_{白盘。}

《元和郡县志》_{大骓权、擂先。}

《长安志》宋氏_{擂先。}

《会稽掇英集》_{曹娥。}

《困学纪闻》_{毛释。}

《日知录》顾亭林_{圣母寺。}

《荆溪外纪》引吴槎客《碑考》_{禅国山。}

《云麓漫钞》_{禅国山。}

《**学斋佔毕**》史绳祖_{武班。}

《**通艺录**》程瑶田_{矞敼文。}

《**纪事橐**》钱衍石_{白盘。}

《**抱经堂集**》卢绍弓_{邨专、衡方。}

《**经义述闻**》王引之_{毛释、克释、白盘。}

《**楚辞补注**》_{石鼓文。}

《**古文苑**》_{曹娥。}

《**续古文苑**》孙氏_{毛释。}

《**书断**》唐张怀瓘_{明征君。}

《**绛帖**》_{曹娥。}

《**宣和书谱**》_{碣石颂。}

《**御览**》一作《太平御览》。

《**职官部**》引《益都耆旧传》_{杨淮表。}

《**宋史·艺文志**》_{薛书。}

《**止斋书录解题**》_{薛书。}

《**读书志**》晁昭德_{薛书。}

《**集古录**》欧阳修_{碣石颂、唐公防、武班。}

《**集古录**》王俅_{拾遗、薛书。}

又名《啸古堂集古录》_{毛释。}

《**金石录**》_{玄龄、碣石颂。}

又有《今古碑目》。

王诜_{婕伃印，}王楚_{拾遗、婕伃印，}王厚之_{拾遗。}

《**隶释**》《**隶续**》

洪文惠迈_{汉石经、唐公防、三公山、武班。}

又有《泉志》_{钱略、大泉。}

朱文藻《校隶释》_{唐公防。}

《**隶韵**》刘球_{唐公防、武班。}

《**汉隶拾遗**》王应麟_{拾遗。}

《**汉隶字原**》娄彦发_{隶续。}

《**金石萃编**》

王兰泉述庵大泉、邺专、石鼓文、唐公防、衡方、禅国山、西门祠堂、圣母寺、玄龄、揭先。

王绍兰抚军碣石颂。

《**金石存**》吴氏揭先。

《**金石索**》冯氏大泉、上百户。

《**两汉金石志**》翁覃溪隶续、杨淮表、唐公防、衡方、禅国山。

《**关中金石记**》毕沅揭先。

《**常山贞石记**》沈涛三公山，道光丁酉兵备。

武虚谷亿西门祠堂。

《**潜研堂金石文跋尾**》钱大昕揭先。

《**金石经眼录**》莫子偲新铜竟。

《**舆地碑志目**》宋王蒙之碣石颂。

又有《蜀碑目》。

《**宝刻丛编**》陈思一作恕隶续、碣石颂、明征君。

《**宝刻类编**》宋无名氏明征君。

《**石刻铺叙**》曾宏父薛书。

《**河朔访古记**》元纳新邺专。

《**碑考**》吴槎客禅国山。

《**寰宇访碑记**》孙渊如邺专、石鼓文。

武进庄氏石鼓文。

杨沂孙观察，常熟人。

《**汉石例**》刘宝楠汉石经。

《**东观余论**》黄伯恩明征君。

《**学古编**》吾邱子行薛书。

《**考古图**》薛书。

吕大临毛释。

《**博古图**》薛书、要君。

《**宣和博古图录**》王黼毛释。

《**钟鼎款识**》。

王复斋薛书、籀史。

钱塘薛尚功车字说、拾遗、余论、毛释、中多壶、师酥父、石鼓文、婕仔印，仲容有《跋》。

《**积古斋款识**》仪征阮文达拾遗、余论、名原、薛书、毛释、遗小子、要君、麗齚文、至父鼎、与书。

又有《两浙金石志》碣石颂。

《**簠斋吉金录**》潍县陈耆卿编修介祺藏毛公鼎余论、毛释、麦鼎、与书。

又有《簠斋集古别录》。

《**筠清馆金石录**》南海吴中丞荣光荷屋抚部拾遗、余论、名原、毛释、中多壶、要君、至父鼎、康侯鼎。

吴县潘文勤郑盦宫保藏克鼎余论、克释。

又有《攀古楼汉石记存》附《古泉丛谈》。

宗室盛伯熙祭酒余论。

福山王文介廉生祭酒余论、邵钟。

阳湖费屺怀编修又得邵钟、中多壶，藏师穌父敦余论、克释、乙亥鼎。

端方藏秦权、大驵权。

《**说文古籀补**》吴大澂愙斋抚部清卿中多壶、至父鼎、康侯鼎。

又有《愙斋集古录》附《释文剩稿》。

又有《恒轩所见所藏吉金录》。

元和江建霞编修余论、克释。

同邑黄仲弢学士余论、克释、麦鼎、秦权、大驵权。

《**毛公鼎释文**》。

同邑徐同柏籀庄毛释、乙亥鼎。

德清戴子高余论、新铜竟。

《**揭古录金文**》海丰吴子苾式芬侍郎阁学余论、名原、毛释、中多壶、至父鼎、康侯鼎。

《**铁云藏龟**》丹徒刘氏鹗名原、契例。

（秦）李斯名原、婕伃印。

程邈婕伃印。

（汉）班固孟坚契例。

刘歆子骏契例、秦权。

杜子春契例、邵钟。

杜林毛释。

张禹汉石经。

张敞拾遗。

马融契例、康侯鼎。

郑君康成契例、毛释。

郑仲师众车字说。

（魏）穆子容吕望表。

（三国）苏建篆书禅国山。

（晋）杜预吕望表。

（唐）颜游秦拾遗。

孔颖达契例、遗小子。

颜黄门大蒐权。

小司马司马贞大蒐权。

李少温搞先。

（宋）郑樵石鼓文。

黄长濬汉石经。

钱泳碣石颂。

娄机武班。

（元）顾阿瑛金粟山房婕仔印。

（明）赵古石鼓文。

锡山华氏真赏斋婕仔印。

李日华六研斋婕仔印。

项子京天籁阁婕仔印。

严分宜婕仔印。

（清）何义门武班。

张惠言克释。

许印林至父鼎。

汪容甫至父鼎。

钱塘何梦华文学婕仔印。

仁和龚定庵礼部婕仔印。

道州何子贞编修婕仔印。

南海潘氏海山仙馆婕仔印。

金山钱氏刻本籀史。

昭文张氏刻本籀史。

清田端木太鹤舍人婕伃印。

张啸山薛书。

纪文达薛书。

江永克释。

凌廷堪克释。

戴东原大驲权。

金榜克释。

王念孙毛释子引之。

郝兰皋籀欮文。

孔广森克释。

金鹗克释。

陈恭甫寿祺籀欮文。

黄元同大驲权。

王莆卿户部克释。

李仲约克释。

张仲簠薛书、毛释一作弤中簠。

周季贶、冒广生新铜竟。

孙公所藏金石拓本：

拓本名称	次	见于作品（简称）	备 注
宗周钟	3	毛释、克释、乙亥鼎	
单伯钟	2	毛释、中多壶	
毕狄钟	2	后叙、乙亥鼎	屺怀
井人残钟	1	后叙	屺怀
秦盄和钟	1	克释	
郑井叔钟	1	克释	
齐侯镈仲	5	后叙、毛释、克释、邵钟、中多壶	薛书
蛛公牼钟	1	邵钟	
蛛公华钟	1	邵钟	

拓本名称	次	见于作品（简称）	备　注
叔丁宝林钟	1	克释	
虢叔大林钟 邵钟	1		有跋
聘钟	2	毛释	一作鲁钟
毛公鼎	5	车字说、后叙、克释、中多壶	有释文
克鼎	2	毛释、后叙	鼎藏潘文勤祖荫家，有释文。按余仲戗亦有克鼎释一通，共分四条，杂以篆籀文，非写官所能侈录，仲午手自写出，可敬亦可感也。昌炽识。
盂鼎	5	车字说、乙亥鼎、中多壶、麦鼎、至父鼎	潘尚书藏
昧鼎 汉卫鼎	1	毛释、散氏盘、至父鼎	近人所得 有考
晋姜鼎	1	克释	
师旦鼎			《籀史》称大娟鼎
师奎父鼎	2	后叙、克释	屺怀有拓本跋
师趛鼎	1	后叙	屺怀
乙亥方鼎	1	后叙	屺怀有拓本跋
韩侯伯晨鼎	1	毛释	
先獴鼎	1	麦鼎	
叔夜鼎	1	毛释	
庎父鼎	1	麦鼎	
无惠鼎	1	后叙	屺怀有拓本跋
康侯鼎	1		有拓本跋
靽瓽鼎	1	麦鼎、至父鼎	
黄克鼎	1	毛释	
微乐鼎	2	毛释、克释	
应公鼎	1	毛释	
穆公鼎	2	毛释、克释	
颂鼎	2	毛释、师穌父	

续表

拓本名称	次	见于作品（简称）	备　注
朕鼎	1	后叙	屺怀
曹鼎	1	后叙	屺怀
㪟鼎	1	麦鼎	
䵼鼎	1	毛释	
方鬲	1	乙亥鼎	即方鼎
井方鬲	1	乙亥鼎	
父辛鬲	1	乙亥鼎	
鬲爵、鬲甗	1	乙亥鼎	
王宜人甗	1	毛释	
父丁甗	1	遗小子	
虢季子白盘	2	毛释、黼黻文	有拓本跋。藏毗陵徐氏、刘寿曾、张石洲。
散氏盘	3	毛释、麦鼎	
多父盘	3	毛释、中多壶、至父鼎	
寰盘	1	师穌父	
周要君盂	1	要君	有考
季娄盂	1	要君	
賣盂	1	麦鼎	
册考盂	1	毛释	
父乙彝	1	乙亥鼎	
父丁彝	1	乙亥鼎	
辛子彝	1	乙亥鼎	
父甲车彝	1	车字说	
黄宂彝	1	毛释	
宂彝	1	至父鼎	
县伯彝	1	邵钟	
吴彝	2	毛释、车字说	
鬲彝	1	乙亥鼎	
父乙尊	1	车字说	
申叔尊	1	车字说	

拓本名称	次	见于作品（简称）	备　注
格仲尊	1	毛释	
趩尊	1	后叙	
穴卣	2	后叙、盉父鼎	
旅车卣	1	车字说	
史穴簋	1	麦鼎	
未象父簋			
曾伯霖簋	1	毛释	
寅簋	1	毛释	
周遗小子敦			有跋
周鄂侯敦	1	毛释	
陈侯因肎敦	5	毛释、克释、乙亥鼎、中多壶、师穌父	
陈侯敦	1	毛释	
齐侯敦	1	中多壶	
雁侯敦	1	毛释	
召伯虎敦	2	毛释、遗小子	有跋。此敦阮文达、孙渊如并有释文，互有是非。余别为考定在《金识拾遗》中，此拓本乃亡友戴子高所藏，今归于余。
系伯戒敦	2	毛释、中多壶	
不嬰敦	1	车字说	
不期敦	1	毛释	
师西敦	3	毛释、克释、师穌父	师一作史
师馀敦	1	师穌父	
师𣪊敦	1	毛释	
师遽敦	1	毛释	
师敳敦	2	毛释、克释	
师穌父敦	1	后叙	屺怀有跋
窖磬龙敦	1	中多壶	
大保敦	1	麦鼎	

拓 本 名 称	次	见 于 作 品（简称）	备 注
伯雝父敦	1	麦鼎	
伯要敦	1	要君	
叔向敦	1	毛释	
丰姞敦	1	毛释	
牧敦	2	毛释	
追敦	1	毛释	
郏敦	2	毛释	
訇敦	1	毛释	
敔敦	1	毛释	
颂敦	1	毛释	
厘敦	1	毛释	
龙敦		毛释	
季㝨壶	1	毛释	
齐侯壶	1	毛释	
召仲考壶	1	要君	
叜仲良壶	1	中多壶	
周唐中多壶			有拓本跋
父癸角	1	遗小子	
鱼父丁觯	1	乙亥鼎	
七星洗	1	要君	
齐侯甒	1	要君	
晋公庵		毛释	
史宾钘		要君	
王莽侯钲		卫鼎	有铭
陈侯午镈		邵钟	
五凤砖研			
魏邺宫残专			有跋
秦卫氏瓦		卫鼎	有跋
秦权			有跋
铜斛		秦权	刘歆

续表

拓本名称	次	见于作品（简称）	备　注
长安虑俿铜尺		秦权	
汉赵婕仔印缪篆			有记
元管军上百户印			有记
彝器款识黼黻文			有记
泰山峄山琅琊台刻石	2	郧专、碣石颂	
峄山刻石	1	揭先	
石鼓文		毛释、麦鼎	天一阁宋拓本跋
石刻五经文字		卫鼎	
汉石经残字			有书后
秦碣石颂			有书后徐鼎臣临
汉司隶校尉杨淮表记			有跋
李翕西峡颂			有跋
盛伯著碑	1	杨淮表	
史晨碑			
飨孔庙后碑			
汉仙人唐公防碑			有跋
汉卫尉卿衡方碑			有跋
汉三公山神碑			有跋
中郎碑附题字		曹娥	
汉武班碑		武班	有跋
王幽题名石刻			
汉郃阳令曹全碑			有跋
吴禅国山碑			有跋
晋太公吕望碑			有跋
北齐西门豹祠堂碑			有跋
周保定四年圣母寺四面造像			有跋
唐房玄龄碑			有跋
唐明征君碑			有跋
唐揭先茔碑			有跋

拓本名称	次	见于作品（简称）	备　注
宋刻曹娥碑			有跋
夏承碑	卫鼎		
唐汝州开元寺贞和尚塔铭	卫鼎		
元次山堂唐顾铭	卫鼎		

　　原稿有"拟编一篇附《引书考》后"打算，下有《尚书》《礼记》《易经》《庄子》《荀子》等篇目内容，从略。

卷八　著述考

　　瑞安孙仲容先生淹通今古，著纂闳博，其书已成者二十六种，未成者七种，别有题跋、书牍之属不在著纂者不可胜记。——章太炎《孙仲容年谱序》

　　盖先生由同治丁卯科举人援例分部行走，淡于仕进，引疾归里，穷经著书垂四十年。<small>自二七龄考注虫鱼，著述闳倦，积半生伏案闭户功深。</small>宏著已刊者：《周礼正义》《古籀拾遗》《墨子间诂》；其未刊者：《六历甄微》《广韵姓氏刊误》《尚书骈枝》。最重要者为《周礼正义》《墨子间诂》《古籀拾遗》《名原》《契文举例》《札移》《温州经籍志》《籀庼述林》《古籀余论》九种。《周礼正义》尤为有清一代经学家殿后之绝大著作。

　　关于孙先生著书，有我师顾颉刚氏作《孙诒让著述考》，载《大中华杂志》及《中大图书馆报》七卷五期上；又有我友张扬作《孙仲容著作考》，载《浙瓯日报》上；复有拙作《孙公著述简表》，载《燕大国学月刊》上。忆我早岁阅德清俞荫甫樾《春在堂全书》时，即欲仿之作《孙氏经微室全书录要》，为小叙：

　　　　乡先哲孙公仲容，学问渊通，潜心经术垂四十年，著作等身，为世所称。顾其书内容未有简明记述，兹仿俞氏曲园《春在堂全书》例，分类录要，以便省览，并附注校抄各本于后云。

　　今仍本此旨以考其著述，而略变义例，而学梁任公为纪念戴东原震作《著述考》，分内编，属于自己所著各书的，曰经术类、小学类、诸子类、文献类、结集类；外编，属于批校他人所著各书的。各类俱再分为专书与单篇。如此，则孙公一生著书成绩约略尽矣。一九六三年一月廿七日朴垞识。

　　附参考资料及简称：

　　一、《清史稿·儒林》本传。<small>史传</small>

二、《浙江通志》稿。志稿

三、吴士鉴作《奏折》。吴折

四、张謇《墓表》。张表

五、朱孔彰作《事略》。朱略

六、章炳麟作《传》。章传

七、章梫作《别传》。梫传

一、内编

（一）经术类

1. 专著

（1）《周礼正义》张表、朱略、章传、梫传、史传、志稿

八十六卷，有《略例》十二凡。

家刻本。日本铅铸，盛杏荪出资制板。有孙氏自校初印本，误字少，为最后定本。

按：孙氏《周礼正义》托黄绍箕转质费屺怀商铸印。光绪壬寅三月，从鲜庵前辈假

观，病中校读至《考工》，以目疾未卒业。癸卯二月，樊君时勋将付铅印，匆匆寄还。念慈记稿本《周

礼正义》卷首。

湖北刻本。武昌笛湖精舍本刻，以楚学社本补校印行，误字较少。

按：孙宣曰：寄孟兄书，言武昌刊成《周礼正义》，此事余于前数年曾谋取刊

板，移存杭州书局，以钱不给而止；今则见此刊本，真可喜也。

商务印书馆《万有文库》本。铅字排印

中华华局《新十三经注疏》本。仿宋体

按：其时南皮张公之洞议集刊《清代诸经新疏》，来征其书，乃写本以应。未

几，南皮薨，鄂臬梁鼎芬移资以刊其书。甫半，而以武昌起义事缀。迨民国十九

年，夏斗寅主鄂政，醵资补刊，即今楚学社本，主其事者，汉阳周贞亮也。

注：鄂臬梁节庵罢官旅居，及门诸子馈金不受，乃移其资用刻是书。

今其子延钊孟晋又取孙公自校本、家刻本与湖北刻本互读，举正甚伙，写为

《校勘记》云。

又按：张之洞著《劝学篇·守约第八》中，有"《周礼》止读孙诒让《周礼正义》已刊未毕"之句。——《徐案》卷百八十七《南皮学案》上

刘次饶《厚庄日记汇抄》癸卯十月二十日载：林君仪廷伯瑾自澄衷蒙学堂回，仪廷校刊《周礼正义》，以家书促归，云《周礼》校刊非易，以排印者多自是，惮于改窜故也。

王舟瑶《复王雪澄兵备书》云：日前辱承枉顾，畅聆教言，其为忻幸靡有厓量。承示孙氏《周礼正义》，铅板未精，拟勾同人又重寿梨枣，懼古学之零替，重国粹之保存，甚盛甚盛。不嫌窭陋，属为刊例，条其大凡，厥有四事：

一曰征定本——孙氏所著《墨子间诂》，手自校雠，尚有脱误。今兹印本，未经寓目，讹误必多。加以墨色黯淡，文字模糊，有似石经之湮文，恐类武成之脱简。必须移书其家，征取原稿。惟是书稿本屡易，犹忆庚寅春间订交都下，出示初稿，较此为繁。其《自叙》称："廿年以来，稿草屡易，最后迻录为此本。"故必征最后定本，方足依据。犹之高密遗书，必求礼堂之写本；新安学说，征诸晚年之定论。其例一也。

一曰正字体——《周官》经义，多存古字；郑君作注，易以今文。《略例》所举，魰鱼灋法四十余字，并经用古文，注从今字。宋元刻本，未达斯例，或依经而改注，或依注而改经。涫乱滋多，旧观浸失。拜经曾条其例，阮、黄并刊其讹。孙氏精心董理，是正尤多。今宜依据《略例》，分别字体，一为经中之古文，一为注中之今文；一为隋、唐之俗书，一为案语之正字。各依定稿，并用原文。庶异元宗论韵，擅改《洪范》之文；亦殊艮庭注经，概用许书之字。其例二也。

一曰检原书——孙氏是书，征据至博，宜萃群籍以备校雠。今依《略例》，撮其最著。如经则唐开成石经，注则顾注嘉靖仿宋本，疏则阮校宋十行本。古文礼说，见于异义，汉、魏、六朝，并详所出。宋、明诸说，则采诸王与之之《订义》、陈友仁之《集说》。官纂之义疏，近世诸家则详于学海之《经解》，南菁之《续编》。外此诸书，各标名氏，宜搜珍本以供检查。可免亥豕讹文，待质于晋使；蹲鸱误读，贻笑于黄门。其例三也。

一曰定板式——唐人正义，本自单行。疏与注合，胚胎赵宋。今之所传宋刻，则有十行本，每半叶十行，行十七字；注及正义夹行，行二十三字。明刻则有嘉靖时闽本，万历时监本、崇祯时汲古阁本，皆半叶九行，行二十一字；注及正义低一格，行二十字。今孔疏铅本，半叶十二行，行卅二字；注及正义夹行，行卅

七字。未免过密，殊耗目力，有似坊贾之陋刻，几类干禄之俗书。今宜仿宋椠，定为十行，略如扬州阮氏之旧藏，一洗近日译编之陋习。其例四也。

欲举四例，依此校刊。既而思之，孙氏平日深明家法，多见古书，考核之精，抗行江、戴；雠斠之审，不让顾、黄。而是书尤致力卅年，稿草屡易。胜于硕甫之疏《毛》，远过竹村之笺《礼》。其所定本，不第点画无讹，当亦款识近雅。必先移出鄂渚，致意叔颂，取观定本，方可商榷。

……率臆布复，未尽欲言。敬候起居，惟希亮察。己酉二月。——《默庵集》六

《自叙》全文见《述林》四，录要云：

周经渊源——此经在西周盛时，盖百官府咸分秉其官法以为司存，而大宰执其总会，司会、天府、大史藏其副贰。成、康既殁，昭、夷失德，凌迟以极于幽、厉之乱，平之东迁，而周公之大经良法荡灭殆尽。然其典册散在官府者，世或犹尊守勿替：虽更七雄去籍之后，而齐威王将司马穰苴尚推明《司马法》为兵家职志，魏文侯乐人窦公犹抱《大司乐》一经于兵火丧乱之余；他如朝事之仪，大行之赞，述于《大小戴记·职方》之篇，列于《周书》者，咸其枝流之未尽澌灭者也。

其全书经秦火而几亡，汉兴，景、武之间，五篇之经复出于河间，而旋入于秘府，西京礼家大师多未之见。至刘歆、杜子春，始通其章句，著之竹帛。三郑、贾、马诸儒，赓续诠释，其学大兴。而儒者以其古文晚出，犹疑信参半。今文经师何休、临硕之伦相与摈庎之，唐赵匡、陆淳以逮宋、元诸儒訾议之者尤众：或谓战国渎乱不经之书，或谓莽、歆所增附。其论大都逞臆不经，学者率知其谬，而其抵巇索瘢，至今未已者，则以巧辞邪说附托者之为经累也。盖秦、汉以后，圣哲之绪旷绝不续，此经虽存，莫能通之于治。刘歆、苏绰托之以佐王氏、宇文氏之篡，而卒以踬其祚；李林甫托之以修《六典》而唐乱；王安石托之以行新法而宋亦乱。彼以其诡谲之心，刻核之政，偷效于旦夕，校刊于黍秒，而谬托于古经以自文，上以诬其君，下以杜天下之口，不探其本而饰其末，其侥幸一试，不旋踵而溃败不可振，不其宜哉？而惩之者遂以为此经诟病，即一二宏览之士亦疑古之政教不可施于今，是皆胶柱锲舟之见也。

整理经过——诒让自胜衣就傅，先太仆君即授以此经，而以郑注简奥，贾疏疏略，未能尽通也。既长，略窥汉儒治经家法，乃以《尔雅》《说文》正其诂训，

以《礼经》《大小戴记》证其制度，研撢累载，于经注微义略有所悟。……遂博采汉、唐、宋以来，迄于乾、嘉诸经儒旧诂，参互证绎，以发郑注之渊奥，裨贾疏之遗阙。草创于同治之季年，始为长编数十巨册。缀辑未竟，而举主南皮张尚书议集刊国朝经疏，来征此书，乃隐栝觭理，写成一帙以就正。然疏忏甚众，又多撮录近儒异义，辩论滋繁，私心未惬也。继复更张义例，掇繁补阙，廿年以来，稿草屡易，最后迻录为此本。其于古义古制，疏通证明，校之旧疏，为略详矣。

此经作用——中年早衰，儇然孤露，意思零落，得一遗十。复以海疆多故，世变日亟，睠怀时局，抚卷增唈。私念今之大患，在于政教未修，而上下之情睽阂不能相通。故民窳而失职，则治生之计陕隘，而谲觚干纪者众。士不知学，则无以应事偶变，效忠厉节，而世常有乏才之憾。夫舍政教而议富强，是犹泛绝潢断港而蕲至于海也。然则处今日而论治，宜莫若求其道于此经。而承学之士，顾徒奉周经汉注为考证之渊椒，几何而不以为已陈之刍狗乎？既写定，辄略刺举其可觇今面振敝一二荦荦大者，用示椟揭，俾知为治之迹，古今不相袭，而政教则固百世以俟圣人而不惑者。世之君子，有能通天人之故，明治乱之原者，倘取此经而宣究其说，由古义古制以通政教之阂意渺旨，理董面讲贯之，别为专书，发挥旁通以俟后圣，而或以不佞此书为之拥篲先导，则私心所企望而旦暮遇之者欤？光绪二十有五年八月。

按：孙氏之作此书，始于同治癸酉，时侍太仆公于江宁，与大江南北方闻之士游，乃相约重疏诸经，而孙氏分任《周礼》，开始缀辑，初作长编，几经修订而定稿焉。观孙氏作《刘寿曾墓表》云：同治中，诒让侍亲江宁，始得识恭甫。于时大江南北方闻之士总萃于是。宝应刘君叔俛方继成其父楚桢先生《论语正义》，甘泉梅君延祖治《谷梁》，亦为《义疏》，而恭甫治《左氏》为尤精。诒让倜傥不学，幸获从诸君子之后，亦复希光企景，拟重疏《周官》以拾贾氏之遗阙，间有疑滞，辄相与商榷，必得当乃已。曾不数年，踪迹四散：诒让既南归，叔俛主讲鄂中，其书甫刻成而卒；梅君书仅成《长编》数卷，亦卒。二君之亡，恭甫辄驰书相告，怆师友之凋谢，怵大业之难成，若有不能释然者。其卒之前两月，犹贻书询"笠毂"疑义。诒让为据《考工》轮毂度数，考定其说以复之。恭甫得之则大喜，报书谓编《左疏》已至襄公，而以早成《周官疏》为勉。方叹恭甫勤敏，其书旦暮且有定本，自顾庸窳，《六官疏》未及半，深恐不能速成以副良友之望，而孰知恭甫之遽止于斯乎？

《大戴礼记斠补叙》云："犹忆同治癸酉，侍先太仆君在江宁时，余方草创《周礼疏》，而楚祯丈子叔俯孝廉恭冕适在书局，刊补《论语正义》亦甫成，时相过从，商榷经义……"又云："胡君绩溪胡子继教授培系为《大戴义疏》，方缀缉长编甚富，倘竟其业，诸家精论必苞综无遗，当与《周礼疏》并行，但恐其书猝不易成耳。未几，余从先君子至皖，而胡君适为太平教授，曾一通问，未得读其所著书也。"

《新始建国铜竟拓本跋》云：犹忆同治季年，余与莫友芝、戴子高两君同客江宁，莫先生于让为父执，尝得侍谦谭，而子高与余同为金石篆籀之学，踪迹尤密。……忽忽二纪，两君宰木已拱，而余幸从鹤亭重觏此拓，得相与精释其文字。……

吴士鉴《奏折》云：诒让之学，淹贯中西，博综今古，而尤以通经致用为急。以为《周官》一经乃政教所自出，先圣经世大法，节目至为精详。今泰西诸强国，其所以道国明民者，往往冥符而遥契。爰博稽制度典章，阐明微言大义，采汉、唐以来迄于乾、嘉诸儒学说，参互证绎，以发郑注之渊奥，纠贾疏之阙遗，成《周礼正义》八十六卷。至是而官礼之闳意眇旨，皆可措之施行矣。论者谓二百年研经之士，未尝有此巨作也。

《清史稿·儒林本传》云：又著《周礼正义》八十六卷，以为有清经术昌明，于诸经均有新疏，《周礼》以周公致太平之书，而秦、汉以来诸儒不能融会贯通。盖通经皆实事实字，天地山川之大，城郭宫室衣服制度之精，酒浆醯醢之细，郑注简奥，贾疏疏略，读者艰于深究。而通之于治，尤多谬盭，刘歆、苏绰之于新周，王安石之于宋，胶柱锲舟，一溃不振，遂为此经诟病。诒让乃以《尔雅》《说文》正其训诂，以《礼经》《大小戴记》证其制度，研撢廿载，稿草屡易，遂博采汉、唐以来迄乾、嘉诸经儒旧说，参互译证，以发郑注之渊奥，裨贾疏之遗阙。其于古制，疏通证明，较之旧疏，实为淹贯。而注有忤违，辄为匡纠，凡所发正数十百事，匪敢坏疏不破注家法，于康成不曲从杜、郑之意实亦无谇。而以国家之富强从政教入，则无论新旧学均可折衷于是书，识者韪之。

张謇《孙征君墓表》云：征君当文字弛禁，海通国创，世变学纷之会，慨然欲通古于今，汇外于中，以一尊而容异。以为《周官》乃先王政教所自出，自古文、今文之相主奴，刘歆、苏绰、李林甫、王安石之假名制，皆足湮塞古义，迷瞀后学。于是博甄汉、唐以来诸儒旧诂，绎疏证通，抉郑之奥，裨贾之疏，成

《周礼正义》八十六卷。

又云：《礼义》《墨诂》，世久承诵，日本学者且远致而传习之。著书终老，世未见用，而间一用于乡。……

章炳麟《孙诒让传》云：以为典莫备于六官，故疏《周礼》。……初，贾公彦《周礼疏》多隐略，世儒往往傅以今文师说，而拘牵后郑义者皆仇王肃，又糅杂齐、鲁间学。诒让一切依古文弹正，郊社禘祫则从郑，庙制昏期则从王，益宣究子春、少赣、仲师之学，发正郑、贾凡百余事，古今言《周礼》者莫能先也。……

宋慈抱《瑞安孙氏遗书总序》云：《周官》一经，创始姬旦；宅中作洛，光辅成王。溯轩辕、颛顼以来，观五礼、六乐之盛。小学大学，自内畿以达外邦；国危国迁，通下情而宣上德。闳纲细目，立法綦详。徒以古文晚出，遭何休、临硕之推排；遗绪俱存，为刘歆、苏绰所刺蔑。因噎废食，学者病之。先生本河间献御之心，法曹褒定仪之盛。深窥堂奥，痛砭膏肓。以许书、郭雅正其言，本《戴记》《周书》考其事。裨贾疏之残阙，发郑注之渊深。成《周礼正义》八十六卷，盖巨制也。

所著《周礼正义》成，年甫四十余，座主南皮张公见而叹曰："求之乾、嘉诸老宿，亦未易易数也！"由是声誉大起。

又编述时所参考此经板本，据《周礼郑注跋》云：让卅年前，侍先君子江宁巡道署，时仁和邵子进大令需次治城，亦同寓官斋，出所藏明刊原本见示，盖海昌陈仲鱼旧弆本，而子进尊人位西世丈收得之者，册端有丈题字，亦推为佳册。时余方草创《周礼正义》长编，以黄校本盛行于世，未遑假校也。……余频年治《周礼》，每见阮氏《校勘记》所举嘉靖本异文，校以黄本或不合，窃滋疑谬，而无从究其根柢，辄心念邵藏本不置。逮光绪癸卯，闻子进令子伯纲已捷南宫，入词馆，驰书贺之，并乞假明刊《周礼》。未几，伯纲以藏本寄至，则书册完善，与前在江宁时所见无异。窃叹伯纲之能珍护手泽为不可及，而余以衰老余年，得重见此本，校其同异，亦殊非意念所及矣。……余著疏义，于郑注咸依嘉靖本为正，然向者仅据黄校本，而略以阮《记》及他宋椠补正其脱讹。今以明刊详校，乃知黄本之不尽足据。……今春多暇，竭两旬力校竟，归之伯纲。

又当书成后，曾以一部寄章氏请教，及交邑子林同庄带往日本赠彼国学者佐藤博士。征以两次复章氏书，与林君挽公联注可知矣。

复某书：又垂询《礼疏》，曩载校研，妄思缀缉，削稿盈尺，写定无期。重以今学之日新，窃恐此道之将废。蚯壤同论，柏松腾诮于元亭；刍狗已陈，濠吏献嗝于鲁叟。聊自珍于享帚，尚未逮于镌梨。辱荷齿芬，弥增颜汗。

与某君书：禹域大势至是，可为痛哭。曲园丈亦悲宿草，兼索居鲜欢，无复缉述之兴。《礼疏》铸板数载，近始印成，谨以一册奉政。夺误甚多，未暇校改也。

按：称某君，即对章氏太炎，不敢明言，以其时章违难日本，孙公与之函札往还故也。

至林君挽联注云：丁未孟秋，重辞故国，临行晋谒，曾蒙赐书。书为先生新刊《周礼正义》凡二十八册。海涉重瀛，卷积数尺，携至北海，幸无散佚。即转呈校长佐藤博士，冀光吾汉之绝学，惠此邦之士林也。博士精深汉学，得书称谢，储之书府，视若秘宝。时命诸生递相浏览，好学之士，传观不倦。虽地僻荒陬，人余夷种，先生之作，众口成诵，先生之名，震兹殊俗矣。

朱芳圃云：是书疏明典制，考定名物，贯通诸经，折衷至当。上承秦蕙田、程瑶田诸儒之绪，下开近世考古之端。其于学术上之贡献，可谓大矣。——《孙诒让年谱》

（2）《周礼三家佚注》张表，余皆无著录

不分卷，《周礼正义》附录之一，写"瑞安孙诒让校集"。

家刻本。光绪甲午夏刊成

《录要》云：贾疏序《周礼》废兴，引马传。今按：当是《周官传》叙，谨附录于此。其辞曰：

秦自孝公以下，用商君之法，其政酷烈，与《周官》相反。故始皇禁挟书，特嫉恶，欲绝灭之，搜求焚烧之独悉。是以隐藏百年，孝武帝始除挟书之律，开献书之路。既出于山岩屋壁，复入于秘府，五家之儒，莫得见焉。至孝成皇帝达才通今，刘向子歆校理秘书，始得列序著于录略。然亡其《冬官》一篇，以《考工记》足之。时众儒并出共排，以为非是。唯歆独识，其年尚幼，务在广览博观，又多锐精于《春秋》。末年，乃知其周公致太平之迹，迹具在斯。奈遭天下仓猝，兵革并起，疾疫丧荒，弟子死丧。徒有里人河南缑氏杜子春尚在，永平之初，年且九十，家于南山，能通其读，颇识其说，郑众、贾逵往受业焉。众、逵洪雅博闻，又以经书记转相证明为解传。逵解行于世，众解不行，兼揽二家为备，多所遗阙。然众时所解说，近得其实。独以书序言成王既黜殷命，还归在丰，作《周官》，则此《周官》也，失之矣。……至六十，为武都守，郡小，少事，乃述平生之志，著《易》《尚书》《诗》《礼》传皆讫。惟念前业未毕者，唯《周官》。年六十有六，目瞑意倦，自力补之，谓之《周官传》也。

胡玉缙《周礼三家佚注跋》云：清孙诒让撰。三家者，贾逵、马融、干宝也。三家注得失，详见马国翰各辑本下。是编仿汪远孙《国语三家注辑存》之例，依经文为次，而以贾曰、马曰、干曰为别。所辑较马本多三十余条。间有案语，大率考订文字，而不论注之得失。如……。惟所辑尚有漏略，……是在好学者之搜讨增补尔。——《许庼学林》中

（3）《九旗古义述》张表、章传、棪传、史传、志稿、吴折

一卷。史传作一卷

家刻本。

《自叙》全文见《述林》四。录要云：

《周礼·司常》掌九旗之物名，而《巾车》陈路建五正旗，其文制昭晰，不可增省。先秦、西汉儒家大师如子夏、叔孙通、梁文之修《尔雅》，毛公之传《诗》，尚能识其大略。东汉以后，说经者浸失其义，以汝南许君、北海郑君之精博，尚不无舛忤，……而旗帜古义，沉霾千载矣。自是以降，刘成国、孙叔然、郭景纯以泪贾、孔义疏，率敷阐郑诂，无所匡益。而《司常》大阅，《大司马》治兵，旗物错文互见，郑君不得其说，则归诸常变、空实之异，礼堂弟子如赵商辈已疑之。宋、元迄今，说礼者间持异论，然皆未能有所发明。余前著《周礼疏》，深善㯩斋金氏《礼笺》说。……近儒懋堂段氏、墨庄胡氏皆宗其说，余初亦无以易之，……私心终未能释然也。积疑胸臆，于今廿年。庚子之夏，畿辅告警，銮舆西狩，余里亦伏莽窃发，邑城戒严。索居无聊，忧愤怫郁，辄藉温习经疏以自遣。偶绅《司常》《大司马》经注寻绎之，综览旧诂，疑忤益甚。乃取《诗》《礼》《尔雅》诸经与九旗相涉之文，悉心校核。……因其参互之迹以寻其间镈，覃思累日，始较然得其觚理。乃知周之旗物名九而正唯五，五旗之外，更无它旗。……盖诸经之不可理董者，以是求之，而弇然若引弦以知矩，益信古经文例缦密，非综校互勘，未易通其条贯也。既隐栝其略著之疏，而以二千年承讹之旧义，非反复辨证无以释学者之疑，故别述是册以究其说。……其它名制，无关旨要，或旧释已详，咸不著于篇。世变纷呕，旧学榛芜，独抱遗经，无从质定。安得精研礼学如金氏者，与之榷斯义之是非哉！光绪辛丑孟陬。

胡玉缙《九旗古义述跋》云：清孙诒让撰。是书以《周礼·司常》大阅颁旗

物，《大司马》治兵辨旗物，互有不同。……孙氏故见黄氏书者，而力诋郑注。凡许慎、刘熙、孙炎诸说之同郑者一概屏斥，甚矣，其为金氏异说所惑也。……孙氏负经学盛名，此书足误后学，爰详论之如此。

宋慈抱《孙氏遗书总序》云：复以五旗遗制，旟旐各别，旒斿不分。将使宾祭师田，莫章物采；何况许、郑、孙、郭，未达礼笺。伸檠斋金氏所释，案高密郑君所云，为《九旗古义述》一卷。

（4）《周礼政要》张表、朱略、棳传、志稿

按：即《变法条议》四十篇之易名。

二卷都四十篇，吴折作四卷，张表亦作四卷。

光绪壬寅瑞安普通学堂刻本。

又上海坊刻本。按：即上海求新图书局光绪癸卯年板《评点周礼政要》。

又《关中丛书》铅印本，四卷，为民国宋联奎辑于陕西通志馆。

《自叙》全文见《述林》五，录要云：

中国变法之议，权舆于甲午，而极盛于戊戌。盖诡变而中阻，政法未更，而中西新故之辩舛驰异趣，已不胜其哗哤。夫政之至精者，必协于群理之公而通于万事之变。一切弗讲，而徒以中西新故划区畛以自隘，吾知其懵然一无所识也。中国开化四千年，而文明之盛莫尚于周。故《周礼》一经，政法之精详，与今泰东西诸国所以致富强者若合符契。……辛丑夏，天子眷念时艰，重议更法，友人按：即费屺怀。以余尝治《周礼》，属捃摭其事与西政合者甄译之，以备财择。……书凡二卷，都四十篇。虽疏漏尚众，而大致略具。汉儒不云乎："为治不在多言，顾力行何如耳！"诚更张今法，集我群力而行之不疑，则此四十篇者，以致富强而有余；其不能也，则虽人怀晁、贾之策，户诵杜、马之书，其于沦胥之痛，庸有救于毫釐乎？光绪壬寅四月，籀廎居士书。

《自题〈变法条议〉》后，传录本，载扬嘉辑《籀廎诗词》中：

六典周经炳揭橥，輶轩绝域更搜书。中西政法原同贯，始信荆公太阔疏。

太平经国细推详，王道由来足富强。重见始元论盐铁，昔年星散几贤良。自注：戊戌更政，持议者多举制科，未试而党狱兴矣。不佞以陈右铭中丞、瞿子久尚书荐，亦厕名其列。陈尚未识面，盖得之党人某也。鍥舟瞀论陋儒冠，属草奇觚急就难。自注：某君索稿甚急，乃杜门旬日，成此册篇，愧不能精备也。纵是屈平能制法，却愁腾怨到椒兰。百年礼乐未嫌迟，微管经纶亟救时。周室成均汉衔弹，承平治教此荄兹。自注：更法条目繁伙，要当

以学堂为根底，警察次之。盖学堂储立法之才，且开守旧者之蒙固；警察则使法之必行而祛积弊，无此而徒议变法，无益也。党狱纷纷士气伤，秋荼禁网到文章。兰陵祭酒杜门久，犹有新书法后王。绵蕝孙通世所宗，议郎博士自雍容。中兴事业由图谶，作奏何劳属葛龚。午贯姑榆战教宗，自注：午贯姑榆见《秋官·壶涿氏》，景教十字与彼相类，盖中西大方术家皆有之。漫天飞艟苦连烽。杀机金火终当尽，要看潜霆起蛰龙。自注：火器之烈，于今已极，揆之天时人事，必有废绌之日。其在电学发微，黄种将兴之际乎？臆见如是，书以为券。东西瀛海匝圜球，行见隆平接盛周。中外文明倘同轨，徒宏侈说齐邹。自注：光绪辛丑，天子将更法自强，博求众议，友人属为具稿。乃以《周礼》为纲，西法为目，成书册篇以贻之。陈古剀今，聊以塞守旧者之口，与诂经属文义例不能强同。偶存此副，移示家塾子弟。辄题八绝句，用代跋尾。端阳后五日，籀高居士书。

按：四十篇目，为：朝仪坐论，冗官兼职、减员、裁缺，重禄，达情臣民、言事，宫政内务府隶户部，奄寺革内监，吏胥革书吏差役，乡吏乡董，教胄官学堂、王公游历，广学学堂，通艺算学、光重化电，选举荐举、征辟，博议议院，广报报馆，通译译书、言语文字，观新凭单、博物院、博览会，治兵民兵，巡察警察，图表，会计预算决算，户板，口税，廛布市肆房屋税，券税印花税，金布金银圜，券币钞票，渔征，度量，矿政，冶金炼金银、炼铜，水利治河，教农，树艺园圃木材，保商，同货公司商会，考工，考医，狱讼讼费、陪讯，谕刑西律，收教警惰、教游、教疾。

吴士鉴《奏折》云：又于周礼古义与西人之政相通者，别为《周礼政要》四卷。

张謇《孙征君墓表》云：又撫《周礼》合乎远西政治者，类区科别，论说征引，推勘富强所由，如合符契，成《周礼政要》四卷。

朱孔彰《孙诒让事略》云：别揭当今切实可行者，为《周礼政要》。

宋慈抱《瑞安孙氏遗书总序》云：欧化东渐，国粹中坠。莘莘学子，视旧法如弁髦。译籍难穷，雕龙炙輠；新学自负，裂冕毁冠。不知元公礼意之精详，实与斯密经营相符契。取西政与《周官》合者，成《周礼政要》二卷，开守旧顽固之风，祛专制淫虐之习。其书虽未施于朝廷，实普传于庠序矣。

按：其时清廷重议变法，下诏命京外官员陈奏新政，公因友人翰林院编修武进费屺怀念慈的属托，撰《变法条议》四十篇以应。这四十篇以《周礼》为纲，西政为用。……

胡玉缙《周礼政要跋》云：清孙诒让撰。光绪庚子、辛丑间，西安行在诏言新政，某侍郎以诒让尝治《周礼》，属刺取其与西政合者甄缉之以为是书，将以进呈而未果。故其行文颇于经筵讲义为近，其体例则列经文及郑注于前，意取立竿见影，其后发挥西政之作用。绝不一一牵合，无胶柱鼓瑟之弊。自《朝仪》至《收教》凡四十篇，前有壬寅籀顾居士序，又有瞿廷韶序。后萍乡文氏代南昌沈氏撰《新学书目提要》，称其《奄寺》篇不惜牵合经文，命意良为沉痛。……其推挹亦备至。……文氏颇多补正，可资参证。然其作书本旨，以戊戌变法中阻，今欲使迂固者晓然于中西新故之无异轨，小小疏舛，无害大体。其自序曰："诚更张今法，集吾群力而行之不疑，则此四十篇者，以致富强而有余……"是书刊行后，高视诒让者谓不应作此书，此犹严元照《悔庵学文·书〈四书典林〉后》，惜其书之出自江氏耳。不知著书各视其所宜，学问淹博之人，奚妨为浅近之书。江氏为初学而设，其中案语令人有实事求是之思；此书为初变法而设，其所持论令人有异世同符之感。彼高视二人者，殆未知二人者也。惟书名《周礼政要》，而于《周礼》本义不甚相关，当厕之夏休《周礼井田谱》之列云。——《许顾学林》卷十二、十三，一九五八年中华板

　　按：胡玉缙字绥之，吴县人，为近代经学大师。当清宣统初年，任礼学馆纂修及京师大学堂经学教习。象山陈汉章、武陵余嘉锡、盐城陈钟凡均为及门弟子。平生著述等身，皆未刊布。殁后遗命交王欣夫大隆校理，编成《许顾遗集》二十卷，多考证经史之作，博通翔雅，与钱大昕《潜研堂集》相近。一九五八年由中华书局出板，曰《许顾学林》。

　　《周礼政要》，沈兆祎《中西书目表》称："先生受某侍郎之托而为此，以效汉人诗以当谏之义，将以进呈而未果。"今观费屺怀与胡蓉村手札，始知盛宣怀授意于费氏，而费转属孙氏为之，益信沈氏之言不诬。故翁同龢与屺怀诗，有"孙注《周官》有巨编"之句。——《瓶庐诗稿》八

　　《翁同龢日记》：十二月十二日，看西蠡与孙仲容、道希内订《周礼政要》，盖比附《周官》而行新法之书，因摘录数条，手为之倦。

　　记宋芸子亦有此书，大致相同。

　　因为没有进呈，易名《周礼政要》，分作上下二卷，作为教材用书，由普通学堂为之刊板。同时上海各书坊又为之铅印和石印，并流行于各省。而普通学堂有此书售价收入，除归还刻资外，余储以充购置新书之用。

　　宋衡云：初，侍郎盛公宣怀请居士代述《周礼政要》，将上御览，成而惊其陈

义太高，不敢即上，乡人遽椠之，书肆争传刊。齐抚侍郎杨公士骧见而深好之，特命诸学校用为教材书，于青、兖间始复知有《周官》之学焉。

孙公自谓："中年以后，晞念时艰，始稍涉论治之书，虽禀资阗弱，不足以窥其精妙，而每觏时贤新论，辄复钦喜玩绎，冀以自药顽钝。……"阅苏州冯氏《校邠庐抗议》、绍兴汤氏《危言》后，又阅章氏《訄书》、刘氏《攘书》和《中国民族志》、四川邹氏《革命军》等书，手加批校，朱墨烂然。

（5）《大戴礼记斠补》张表、朱略、章传、椶传、志稿、吴折

三卷。吴折作《礼记斠补》。

家刻石印本。

按：此书为先生卒后，其侄铣属同邑包作霖手书上石，一时校勘未审，以致上下页脱略舛错，杨氏绍廉乃以稿本为之厘定。

孙氏石印本《大戴礼记斠补》三卷，孙诒让撰。乙卯秋八月，家君假孙氏藏稿本校过。其《自序》叙述源委极详，付写时失检未载，应据《述林》补入。——《曝书随笔》

《自叙》全文见《述林》四，录要云：

《礼·大戴记》，汉时与《小戴》同立学官，义旨宏邃，符契无间。而《小戴》诵习二千年，昭然如揭日月。太傅《礼》乃残帙仅存，不绝如线，缀学者几不能举其篇目，何其隐显之殊绝欤？综而论之，二君咸最集古记，捃采极博，《大戴》虽残阙，而先秦遗籍犹多存者。……

二记源流，刘氏《七略》、班氏《儒林传》所论略备。原其师授，咸本高堂生。而魏张稚让《进广雅表》说《尔雅》云："爰暨帝刘，鲁人叔孙通撰置《礼记》，文不违古。"然则汉初撰集《礼记》，稷嗣实为首出导师，而高堂生、后苍咸在其后。故《大戴》旧本亦兼述雅训，《白虎通义》引《礼·属亲记》即其遗文。是则大戴师承既远，综览尤博，斯其左验矣。自马诘《礼》，唯释《小戴》。隋、唐义疏家复专宗北海，八十五篇之《记》遂无完书。今所存三十九篇为十三卷者，不审始于何时？东原戴氏据《隋·经籍志》谓小戴删大戴为四十六篇，与今《大戴》阙篇适合，证隋时传本已如是。然《经典释文·叙录》引晋陈邵《周礼论序》先发此论，陈《序》谓小戴删大戴为四十九篇者，并《月令》《明堂位》《乐记》三篇计之也。《隋志》则以三篇为马融所补，故止四十六篇。然《隋志》似即本陈说，陆氏所引，或有删润欤？虽复谬悠，然可证彼时所传已与今同。若然，此《记》完本，殆亡于永嘉之乱乎？唐人所

引有《王度记》诸篇，盖从魏、晋古书捃拾得之。孔荭轩、孙颐谷并谓唐本篇数增多于今，未确。唐以后，卢注亦阙大半，宋时虽称十四经，而自傅崧卿、杨简、王应麟诸家外，津逮殊鲜。近代通人始多治此学，而孔氏《补注》最为善本。

余昔尝就孔本研读，又尝得宝应刘楚桢年丈宝楠所录乾、嘉经儒旧斠，多孙渊如、丁小雅、严九能、许周生诸家手记，又有赵雩门所斠残宋椠异文，与孔书小殊，并录于册端，藏箧廿年，未遑理董也。己亥冬，既写定《周书斠补》，复取《大戴》斠本，别付写官。以刘录旧斠传抄甚稀，虑其零落，并删定著之。

胡君为《大戴义疏》，方缀长编甚富，倘竟其业，诸家精论必苞综无遗。它日当与《周礼疏》并行。

今者甄录诸家旧斠，亦以答刘君相示之意，而深惜胡《疏》之不得观其成。光绪廿五年十二月。

余同年生鄞董沛觉轩，前亦有纂《大戴礼疏》之议，其缀辑在胡君之后，顷闻觉轩殁已数年，其书盖亦未成也。籀顾又记。

戴家祥评《朱谱》附录孙氏著述目录表云：《大戴礼记校补》为先生手定付刊，此书民四广明书局印，书中错置三页。

（6）《尚书骈枝》张表、朱略、章传、棳传、志稿、吴折

一卷。

民国初其家有石印本。薛钟斗云：《尚书骈枝》约七十余条。——《薛谱》

民十八年北京燕京大学墨板本。王国维有抄本，朱笔校语。

《自叙》全文见《述林》五，录要云：

《书》自经秦火，简札淆乱，今古文诸大师之所传，汉博士之所读，所谓隶古定者，或以私臆更易，展转传授，舛忤益挐。……乾、嘉经儒治《尚书》者，如王西庄、段若膺、孙渊如、庄葆琛诸家，多精通雅诂，而王文简《述闻》《释词》释古文辞尤为究极微渺。余少治《书》，于商、周《命》《诰》辄苦其不能尽通。逮依段、王义例以正其读，则大致文从字顺。……顷理董旧册，撷蒙所私定与昔儒殊异者，得七十余事，别写存之。

乾、嘉诸儒，若江鳄涛《集注音疏》、孙季逑《今古文注疏》、段若膺《撰异》、王凤喈《后案》……

夫今文尚书之学，本于伏生。道光中，黟俞君正燮始毅然……见俞所著《癸巳类稿》晋、宋以来，重怪恑缪之说经其纠摘，灼然如晦之复明，鄙人又以王仲任之言

记之，而知其论为不刊也。

宋慈抱《孙氏遗书总序》云：雅言主文，不可通于俗；雅训观古，不可通于今。自鲁恭得经，临淮首加传释；而殷盘诸诰，昌黎曾苦聱牙。非旁证诸籍为之前，将坐见八厄而莫救。裴匪通假，翼趫合符。依段若膺、王文简义例以正其读，为《尚书骈枝》一卷。

（7）《周书斠补》张表、朱略、章传、棳传、史传、志稿

四卷。史传作《逸周书斠补》四卷。

家写刻本。

《自叙》全文见《述林》四，录要云：

《周书》七十一篇，《七略》始著录。自《左传》以逮墨、商、韩、吕诸子，咸有诵述。虽杂以阴符，间伤诡驳，然古事古义多足资考证，信先秦雅记壁经之枝别也。

此书旧多阙误，近代卢氏绍弓校本、朱氏亮甫《集训》，芟剔蓁薉，世推为善册。

余尝以高续《古史略》、黄东发《日钞》勘之，知宋时传本实较今为善。世所传录惠氏定宇校本，略记宋椠异文，虽多互讹，犹可推故书踪迹。卢本亦据惠校，顾采之未尽。朱本于卢校之善者复不尽从之，而所补阙文多采丁宗洛《管笺》，则又大都凭臆增羼，绝无义据。盖此书流传二千余年，不知几更迻写，俗陋书史，率付之不校，即校矣，而求专家通学如卢、朱者，固百不一遘。

至近代治此书者，如王氏怀祖《读书杂志》、洪氏笏轩《读书丛录》、二书朱校亦采之，然未尽也。庄氏葆琛《尚书记》、此书逞臆增窜，难以依据，然亦间有确当者。何氏愿船《王会笺释》、俞丈荫甫《群经平议》，其所理董，亦多精确。

余昔读此书，颇涉雠勘，略有发正，辄付掌录，觊以思误之适，自资省览，不足为朱、卢卢绍弓《校本》、朱亮甫《集训》两家拾遗补阙也。至近代治此书者……，则固不烦掇录矣。光绪丙申七月。

张謇《孙征君墓表》云：考据有《周书斠补》三卷、《大戴记斠补》三卷、《尚书骈枝》一卷、《周礼三家佚注》一卷、《六历甄微》一卷、《九旗古义述》一卷、《札迻》十二卷、《籀庼述林》十卷以条理罅逸。……

宋慈抱《瑞安孙氏遗书总序》云：孔壁记言之史，《周书》亦其支流；曲台撰《礼》之文，戴德与同家法。先秦雅典，盛汉大师。猥使《汲冢》相淆，且令

信都不显。徇声罔实，识者痛焉。用是补马、郑之疏，正卢、朱之谬，先生以孔氏《补注》，固为尽善；朱氏《集训》，亦称名家。据传录本乾、嘉诸儒校订，及近代理董《周书》诸文，捄张古文，雠勘错简，期与王怀祖比美，非特卢抱经齐驱。为《大戴礼记斠补》三卷，《周书斠补》四卷。先生经术，其其大端欤！

（8）《六历甄微》张表、章传、椉传、志稿、吴折

五卷。

民国二十三年瓯风社排印本，而未全，稿藏于家。

《自叙》全文见《述林》四，录要云：

黄帝、颛顼、夏、殷、周、鲁六家历术，汉时掌于史官，民间亦有传之者。刘向传《洪范》，作《五纪论》，颇著其说。向子歆集《七略》，亦载古历，总四家八十二卷。演撰权舆，备于是矣。向又谓黄帝历有四法，颛顼、夏、殷、周有二术。汉末，宋仲子亦集七历以考春秋朔蚀。七历者，盖六家之外，兼及三统。而所校夏、周两历，又各有二家。是其时，诸历皆完具，且复有别本可资校核也。然古术障蔽疏阔，才举大端，日蚀岁差，缺焉未具。加以畴人算士妒异党同，略涉旧文，便相訾毁。是以祖冲之排之于前，僧一行诋之于后。羲、桡遗典，几为射的，良足惝已。南北之乱，典籍灰烬，六家之文，益多散佚。故魏李业兴称殷历甲寅，黄帝辛卯，徒有积元，而术数亡缺，修之各为一卷。然唐修《隋志》，辨章经籍，并录亡书，六家之目，固已无载，李氏所补，亦复阙如。至于唐、宋而后，议历之士虽有援据，盖由展转征引，非见本书。然其遗文，乃时时见于它籍。如李淳风注《五经算术》，详推周历至朔。瞿昙悉达《开元占经》备列六家岁元，斯皆确然可征，贤于求野。它如诸史《历志》及天官占验之书，所载亦颇具较略。爰博为钩核，甄其佚文，别录四分，用相昚补，为《历经》一卷。

熹平论元，大明改法，群议取证，多及六家。开元《大衍》，考述尤赜。或仰测天行，远符古象；或别演新术，获验旧编。今并疏通证明，课其离合，益以它书，为《历议》一卷。

昔史迁《年表》，断自共和，三五步骤，元纪茫昧。若仅凭积年，则上推易舛。辄仿周历《谱牒》、汉历《世经》，自黄帝初元逮于秦亡，列其年岁同异，为《历谱》一卷。

斗宪沦失，散见旧典。如《淮南书》之颛顼术、《易纬》之殷术、《周髀》之周术，并法数详确，足为左验。亦删缀其文，略为校核，为《历征》一卷。

汉、唐治历之家，率有立成，法实相乘，数究于九，御率治分，实便布策。复仿嘉定钱氏《三统术钤》，别演《四分术钤》一卷。总题曰《六历甄微》。

近代通人，如宣城梅氏、元和李氏、阳湖董氏皆治古历，并以六术久亡，未能补述。惟金山顾氏《六历通考》甄综略具，而未能详备。今之所集，虽复疏略，而梗概粗具，推课无难，用以存教授之初轨。其于太初乾象，盖亦大辂之椎轮，增冰之积水也。光绪初元，岁在旃蒙大渊献壮月朔日，瑞安孙诒让。

宋慈抱《孙氏遗书总序》云：六家古历，三统遗书。刘更生曾著原流，僧一行颇精推衍。而殷历首于甲寅，黄帝始于辛卯。元纪茫忽，古籍纷繁。非谙《易纬》《周髀》之文，难求羲和亥章之说。钩深索隐，为《历经》《历议》《历谱》《历征》《四分术钤》各一卷，总为《六历甄微》五卷。

（9）《经迻》章传、朱略、志稿

稿本未刊。洪《校》云：《经迻》别为专书，有稿本十余册，藏玉海楼。

近有辑本载《杭大学报》人文板一九六二年一期，为杭大教师雪克从孙氏批校《十三经注疏》中侈录。此子又将辑孙氏批校梁玉绳《史记志疑》、全祖望《汉书地里志稽疑》、钱坫《汉书地里志》、钱大昭《后汉书补表》、王先谦《汉书补注》成《会注》云。

按：孙氏所批校各书，前由哲嗣孟晋先生送赠浙江大学图书馆，近因浙大取消文科，失其作用，遂转赠杭州大学中文系保管矣。

《札迻》二《释名、释车》条有云：详余所著《周礼正义》及《经迻》。

又《札迻》四《晏子春秋·内篇杂上》第五条有云：与此义并同，说详《经迻》《大戴礼记》。

又《札迻》六《吕氏春秋·遇合》条有云：亦言以礼貌相亲厚也。详《经迻·礼记》。

又《札迻》八《盐铁·取下》条有云：石经《论语》，说详《经迻》。

2. 单篇

（1）《嘉靖本〈周礼郑注〉跋》全文见《述林》六，其辞云：

《周礼》单注本传于世者，以明嘉靖仿宋刊本为最佳，阮文达谓其依北宋本。今以传校诸南宋本勘之，固皆出其下，然明刊原本，于"桓"字间沿宋讳阙笔，则其底本虽出宋椠，亦必在钦宗以后，或南渡后覆刊北宋本欤？然今不可考矣。

明印本流传颇尠，黄荛圃尝据以重刊，然以众宋本参互校定，与景写覆刊，实不同也。……

余著疏义，于郑注咸依嘉靖本为正，然向者仅据黄校本，而略以阮《记》及它宋椠补正其脱讹。今以明刊详校，乃知黄本之不尽足据。荛圃校雠之学得之段懋堂、顾涧薲，所刊书最为世所珍，而乃疏忲如是，信乎校书之难也！今春多暇，竭两旬力校竟，归之伯纲，因略记其舛互诸条以识黄本之误，借以自释疑眩，且俾后之校读此经者得有所别择，知明刻实原出北宋精椠，而黄校是非错出，殊失嘉靖之旧，勿徒震其写刻之精，遽奉为佳本，斯为善读经者尔。

（2）《彻法考》全文见《述林》一，录要云：

彻为有周一代税敛之正法，而其名不见于《周礼》，其见于《论语》《孟子》者，与夏贡、殷助三法并举，是必周损益二代，特为此制，与贡、助不同，故得专是名。且既为当代之正法，则必通行于畿内邦国，凡税敛悉取正于是，皆可知也。而汉以来，说经者咸不能确指其制。郑君注《考工记·匠人》引《论语》《孟子》诸文而释之，……义虽与《周礼》注小异，而其诂彻为通则同。……赵岐《孟子》注则云："民耕百亩者彻，取十亩以为赋。彻者，彻取物也。"《王制》孔疏引刘熙、皇侃说同。隋、唐义疏家所述，率皆不出此数说。于其法制之详，殊异于贡、助者，未有能质言之者也。今谛审郑诂，彻为通，盖以贡什一、助九一，通二法以为率，故云"通其率，以什一为正"，是谓兼用贡、助之旧法，而无所损益也。且谓其法行于邦国，而畿内则不用，是又不得为天下之通法矣。夫《孟子》综论贡、助、彻三法，而以为莫善于助，莫不善于贡。明彻之为法，必善于贡而不及助。则其立法之大要，与行法之细目，必较然别异，非徒沿夏、殷旧制可知。况以一代税法之正，乃不行于王畿，而唯行于邦国，其义亦有难通者，非所敢信也。至赵、刘训彻为取，则望文生训，其义尤广，无由推其法数。且贡、助亦何非取于民，而彻乃独专此名乎？然则彻之为法，其授田之通率，与定赋之等衰，将于何征之欤？曰彻之名虽不见于《周礼》，而其法仍当于《周礼》征之。盖《周礼》为周政法之总会，彻既为周税法之正，则《周礼》一经，凡税敛之法，虽不言彻，而实则皆彻法之凡目条例也。……盖彻法之名著于《论语》《孟子》，而其条目实备存于《周礼》。自郑、赵诸经师未能发明斯义，后儒遂瞀然莫辨。近惟姚氏秋农、徐氏新田始据《司稼》之文，以明彻之异于贡、助者，在视年上下为敛法，为能以周经证周法，惜乎《载师》相地衰征之法咸未能甄举，则仍知其一而未知其二也。……若是诸义，皆未能究其详实。此外众说，大都凭臆推测，全无根据，殆无足论。今谨据《司稼》《载师》两职文以求彻之本制，而后有周一代税法之异于夏、殷者可略得其辜较，而《论语》《孟子》之义亦昭然若揭矣。

（3）《官人义》全文见《述林》二，录要云：

周时王国、侯国治事之人，其等有四：曰卿，曰大夫，曰士，曰庶人在官者。此四者，皆有秩于国者也。卿、大夫、士，《周官》及诸经详载之，庶人在官者，见于《孟子》及《王制》。郑君以为《周官》府史之属，官长所辟除，不命于天子、国君者，是也。因其在官，故谓之官。引《吕氏春秋·爱士篇》高注，《荀子·荣辱篇》《王霸篇》杨注，又《强国篇》杨注，《礼》古文经、《聘礼》《士丧礼》《穆天子传》。盖官本为官府百吏之大名，故《说文》《国语》《贾子·阶级篇》《左·襄十四年传》杜注《十五年传》孔疏、《国语·吴语》韦说、《诗》毛公、郑君，疏释家又踵其误，而求其官以实之。贾氏《礼疏》……近儒胡氏匡衷《仪礼释官》亦沿其说。……胡氏承珙《毛诗后笺》亦主其说。……此皆由不知伯人即官人，官人即庶人在官之称，本无专职，故望文生义，而卒不可通也。

（4）《释周成王元年正月朔日庙祭补正郑君书注诗笺义》全文见《述林》二，录要云：

周宗庙内祭，备于《周礼·大宗伯》六享，皆祭以首时，荐以仲月，而禘祫殷祭行于其间，故《司尊彝》谓之四时间祀。盖圣人制礼，斟酌于疏数之中者，意至精密。其非时告祭，则又随事特举，不可豫定，要亦必因其时地，肃雍将事，苟其繁数太过，而不顾其力不逮，时有不给，揆之圣人敬事追孝之旨，必不如是矣。周成王元年正月于夏正为仲冬，本非时享之月，而郑君说是月朔日庙祭，见于《书》注、《诗》笺者，有正祭一，告祭三。崇朝之间，大祀叠举，重复繁渎，义颇难通，谨条举而详论之。

义疏家随文诂释，不能申正，遂使大祭盛仪并萃一日，繁数劳剧，殆不可堪。上推礼意，下揆人情，皆不无窒碍。近陈氏《毛诗传疏》不从郑义，而谓《洛诰》特牛祭文、武，即兼告即位。则以改元受命之盛典，而乃唯告文、武，竟不及太祖及太王王季庙。且不用太牢，而唯用特牲，于礼太简褻，必不可通。今综合郑义，参酌折衷，以求其至当，学者可无疑矣。

（5）《加席重席说》全文见《述林》二，录要云：

《礼经》陈设筵席之法有二：有加席，有重席，各自为等数，不相遝杂。故司几筵说加席者，不涉重席；礼器说重席者，亦不涉加席。而说《礼》者不能研核，辄臆为牵傅，强合二者为一，遂如治丝而棼矣。今为别白之曰：凡异席而增益设之者为加席，凡同席而重累设之者为重席。

引郑注、贾疏、熊安生说、贾公彦、孔颖达、六朝义疏家、皇侃、元陈祥道，近代经儒则张稷若、金诚斋……

今谨据司几筵加席、礼器重席，而以《礼经》疏通证明之，俾知加数与重数两不相涉，亦两不相硋，而后《礼经》筵席之等例，黬然可说矣。

（6）《石染草染郑义述》全文见《述林》二，录要云：

古《礼经》冠服，以色辨等，浅深正间，衰次秩然；而同色又以石染、草染为尊卑隆杀之别。郑君《周礼》《论语》注所论甚详，此亦治杂服者所宜辨也。

若然，周经汉注皆不分草木，皇《疏》为传写之误无疑。唯杜氏《玉烛宝典》引《论语》注，正作"绀緅石染"，可据以校正。而乾、嘉经儒治郑学者，皆未见《宝典》，不悟皇《疏》文有讹互，遂以木染与草染穿穴辩论，全失郑旨，而《论语》之义亦因而不明，此不可不辩也。

（7）《〈礼记〉郑注考》上下篇　全文见《述林》一，录要云：

汉儒经诂，今存者六家，《书》孔安国传伪托，不数。唯郑君《三礼》注最为完备，而于《周礼》校古书，《仪礼》叠古今文，尤极详核。唯《礼记》注于记文异同多不著，而注义亦间有疏忤。今就览涉所及，略为举证数事，以补陆氏《释文》、孔氏《正义》之遗阙。有经本用正字，而郑本从后出增修之字者，……有经疑用借义而注以正字释之者。……又有经字误而郑校易未允者。……有经字不误而郑误破之者。……又有经文讹互而郑注未及考正者。以上上篇。

《礼记》郑注，今世所存，宋抚州公库本为最善，阳城张氏景刊行世，顾千里作《考异》、阮文达作《校勘记》皆据以为正本。然此注隋、唐以来已有错互，顾、阮诸家未能尽正也。……

学者精考其异同之迹，而不必以臆说曲为弥缝，斯为善治经者矣。……此则宋以来板本之误，全书类此者当复不少，未及悉校也。偶读张氏景宋本，拉杂记之，以质世之治郑学者。以上下篇。

（8）《〈礼记子本疏义〉残本跋》全文见《述林》六，录要云：

群经义疏之学，权舆于六朝。唐贞观群儒根据旧疏缀集删定以应敕旨，而遽尸其大名。实则平议之精审，援证之奥博，皆由于作奏之葛龚尔。

六朝旧帙存者，唯皇侃《论语义疏》犹完具，而徐彦《公羊疏》或谓即徐遵明，则苦无确证。此外咸湮灭不传。

是书为日本国岛田翰所得残本，仅存第五十九卷《丧服小记》半篇，疏中有灼案云云。岛田氏据《陈书·儒林传》定为郑灼抄皇侃《疏》为之。《隋志》所载之皇氏《礼记义疏》有二部，其九十九卷者，即此本。藤原氏《日本国见在书目》著录，称《礼记子本义疏》百卷，为并目录数之，其考证颇详确。《隋志》不著灼名，而《陈书·灼本传》亦不著此书。子本之名，它书未见，疑即灼所题，以别于皇《疏》原本者。子本犹别本云尔。

大抵六朝经儒喜为抄集义疏之学，故隋、唐《志》著录一经，有多至数十家者，或不著姓名，或一人之书而有数帙，职是故也。灼为皇氏弟子，此本即全录师说，其所增补及驳正它说者，皆著名以别之，则知凡不著名者，皆皇义也。此实远胜唐人之干没旧疏，其所援引马融、王肃、刘智、蔡谟、庾蔚之、贺玚、崔灵恩佚说甚多，尤足宝贵。

唐修《三礼疏义》，孔氏《礼记》最为详博，即以皇氏及熊安生两家为蓝本，以此卷校之，剿袭之迹昭然，足以发冲远之覆矣。

（9）《释踖》全文见《述林》三，录要云：

《曲礼》"毋踖席"，郑注未释踖字之义。孔疏云："踖，犹躐也。"……引《玉藻》云："登席不由前为躐席。"孔唯以《玉藻》拟其义，而于踖字本训则未之及。又引庾氏之踖席为逆席，亦非踖字训义。今考《说文·足部》云："踖，长胫行也。"与《曲礼》义亦不相应。窃疑踖当为蹐之假借。

（10）《申丧服注旁尊降义》全文见《述林》二，录要云：

《丧服》齐衰不杖期章，注谓降有四品，其尊降、厌降、出将三品并据传义，无俟申证。惟旁尊降传无正文，说者多不得其旨，遂滋疑忤，此不可不辩也。

（11）《丧大记虞筐义》全文见《述林》二，录要云：

《丧大记》云："君里椁，虞筐，士不虞筐。"郑注云："'虞筐'之文，未闻也。"孔疏谓卢植有说，而未引。今考筐，即《士虞礼》之篚也。……是筐、篚同物。……盖《士虞经》虽无虞筐正文，而奉篚、错篚诸文即其证谳，谨据以补卢、郑之义。

（12）《大夫葬用輴异读考》全文见《述林》一，录要云：

《丧大记》云："君葬用輴"，又云："大夫葬用輴。"郑注云："大夫废輴，此言輴，非也。輴皆当为载以轻车之轮，声之误也。"陆氏《释文》云："輴，依注音轮，市专反。王，敕伦反。"依陆氏说，王肃读此经，輴不破字。则"大夫葬用輴"句，不知其说云何？《荀子·礼论篇》云："舆藏而马反，示不用也。"杨倞注云："舆，谓輴轴也。国君谓之輴。"引此经为证。则亦读輴如字，谓诸侯葬时、窆时，载柩于輴也。……郑读自不可易，杨说殊未确，以其为唐以前异读，聊复记之。

（13）《聘礼记异读考》全文见《述林》一，录要云：

《聘礼》致礼于客，车米禾各有等数。《记》释其义云："十斗曰斛，十六斗曰籔，十籔曰秉。"郑注云："秉十六斛，今文籔为逾。"……名同而数量复异，此郑读郑义也。此外异读异义，见汉魏古书者有四，则咸合三节为一，而上下分并，错互不同。虽皆不及郑义之精当，要亦古礼家之佚诂，学者所当知也。今略考之。

引《国语·鲁语》韦注，许君《异义》说，今本《风俗通》应说，孔㧑轩《礼学卮言》，《广雅·释器》张说。

以上四家之说，校文则有籔、逾、庾、斛，及斗、斤之差异，陈数则有十斗、十六斗、六斗，及二百四十斗、一百十六斗、二百四十斤之舛互，审义则有籔、秉、米、禾之分合，大小衰等，相校远甚，咸与郑注殊异。韦、许二家，固明援《礼经》，应、张虽不主诂《礼》，而推其根柢，亦复无二。贾、胡两疏，咸不能综述，信为疏阙。故为甄缉著之，凯与郑义相参证尔。

（14）《〈乐记〉五色义》全文见《述林》二，录要云：

《乐记》"五色成文而不乱，八风从律而不奸。"郑注云："五色，五行也。"孔疏引崔氏云："五色者，五行之音，谓宫、商、角、徵、羽之声，和合成文而不乱也。"今考五行与声乐义甚远，注说固难通，崔以五行之音强申其义，然五音不当云五色，其说究未可凭。孔从之，非也。谛审此二句文义，五色当属目治，与八风属耳治，相俪成文不乱，亦正蒙色言之，与上文声成文谓之音不同。窃谓乐舞有用旌旗表行列者，此五色盖谓五方旗识五色即五旗。依大戴说，知古行大典礼，亦多建五方旗，不徒乐舞。……

通校《大小戴记》五色之为五旗，证验确凿，足知以方色表旗物为古恒语，故经典咸不云旗而经称色，而郑、崔、孔诸儒以五色为五行之音，或以为五方之服，其误亦不辩而自明矣。

（15）《今文〈礼记〉依铦义》全文见《述林》二，录要云：

《既夕》《礼》说明器之弓云"有柲，设依挞焉"，注云："柲，弓檠也。依，缠弦也。挞，弣侧矢道也。皆以韦为之，今文挞为铦。"贾疏云："言依者，谓以韦依缠其弦，即今时弓弸是也。云挞弣侧矢道者，所以挞矢令出。"贾唯释依挞之义，于今文依铦则绝无疏释。考铦即錯之隶变，故刘昌宗音括，陆德明音息廉反，则是误切为从舌之铦，殊谬。今文说，盖以依铦为檃括之借字。依、檃字通。……

盖与柲同为正弓弩之器。……

若然，今文《记》义亦自可通。郑君以其不及古文之长，故不从，而著其异文于注。陆音既不识铦字，贾疏复懵然莫辨，近儒徐新田、胡墨庄诸家释古今文者亦咸不能补正，故宣究其义，俾治礼学者有考焉。

（16）《书〈大戴礼记·易本命〉篇卢注后》全文见《述林》六，录要云：

卢仆射注，援证古籍殊赅博。此篇云："龂吞者八窍而卵生，咀嚼者九窍而胎生。"注引《异物志》云："狸十有一种。囊狸，卵生也。"此兽古书皆未见，近见泰西动物学书，记澳大利亚洲有兽名哈利么格拉者，……据《异物志》，似亚洲古亦有此等兽，今年久，无复遗育。《异物志》书又久佚，非见卢君此注，几不复知有是物矣。中土人民繁育，蹄远屏迹，自五洲通译以来，所记异兽、奇鱼如《山海经》犰狳、文鳐之属，彼土悉实有其物，而华人不复识其名，囊狸亦其一也。谨表出之，以告世之为庄武博物之学者。

以上《礼》经

（17）《毛诗〈鲁颂·駉〉传诸侯马种物义》全文见《述林》二，录要云：

《鲁颂·駉》："薄言駉者，有骄有皇，有骊有黄。"《传》云："诸侯六闲，马四种，……"孔《疏》据郑君《周礼·校人》注义申毛，谓毛以齐马为良马，道马为戎马。陈硕甫《疏》则云："传文马四种，有良马。良马当作种马，疑涉上良马致误。……依《校人经》义，则良马本通咳种、戎、齐、道、田五马，……窃疑毛所谓良马者，殆兼指齐、道二马也。

（18）《邶鄘卫考》全文见《述林》一，录要云：

《诗》三卫之分国，沿于三监，其源流分合，略具于《周书》。史迁既失纪其事，而汉、晋《诗》《书》大师亦未能究其详实，此不可不考也。……今以《周书》《世本》《汉志》诸文参互校核，知康叔初封，固已奄有三卫，而中旄父为康伯，实即庸伯，盖别治庸以属卫。如是，则周公经理旧殷之政略，乃三卫先后分合之情事，皆显较可得其踪迹，或足为治经考史者释一大疑乎？

（19）《诗不殄不瑕义》全文见《述林》二，录要云：

《大雅·思齐篇》云："肆戎疾不殄，烈假不瑕。"毛传云："肆，故今也。戎，大也。故今大疾害人者，不绝之而自绝也。烈，业。假，大也。"郑《笺》云："厉、假皆病也。瑕，已也。文王于辟雍德如此，故大疾害人者，不绝之而自绝，为厉假之行者，不已之而自已，言化之深也。"此章郑义较毛为长，而训瑕为已，尚未尽得其义。……此云"不殄、不瑕"，犹言不汝瑕殄也。……今以二文互证，则昭如发蒙矣。

（20）《〈诗·彤弓〉篇义》全文见《述林》二，录要云：

《小雅·彤弓》首章云："钟鼓既设，一朝飨之。"次章云："一朝右之。"三章云："一朝酬之。"《毛传》云："右，劝也。""酬，报也。"郑笺云："右之者，主人献之，宾受爵奠于荐右。既祭俎，乃席末坐卒爵之谓也。"陈硕父疏云：《楚茨》传："侑，劝也。"右、侑声通，侑本字，假借作右，又作宥。"胡墨庄《后笺》……以《诗》《礼》互证，差次甚明。……陈、胡皆知此《诗》右即侑、宥之假借，不知其即酢宥之节，皆其疏也。

（21）《与桂文灿书》全文见《述林》十，录要云：

窃谓《诗笺》之作，在高密为晚年定论，其所发正，校《礼注》为尤精。尊书折衷是正，申《笺》者居其大半，最为精审。然内有驳《笺》申《注》者数条，以鄙见求之，似亦当以《笺》说为是。即如……又尊书援据奥博，多浅学所未窥。若……凡此诸条，皆小小疵颣，于宏旨无害。辱承雅爱，故妄陈之，未知卓见以为然否？

以上《诗经》

（22）《与黄岩王子庄论大麓义书》全文见《述林》十，录要云：

前在都门，偶论及大著《大麓解》，表揭王、枚，排斥马、郑，以鄙见核之，似为智者千虑之一失，故敢辄献其疑，而尊意不以为然。寓中无书，不能疏通证明以戬其说。南归后，重检各书，细为寻绎，其惑滋甚。不敢久蓄其疑，故再为执事陈之。

盖尊解之可疑者有二：一则以西汉古文、今文两家相同之说专属之今文，而以王莽以后今文家之伪说为古文也；一则疑入山林而风雨不迷，不足以为圣人，遂不惜弃西汉古、今文相同之古训，而从亡新之伪说也。

引乾、嘉诸儒，若江鳄涛《集注音疏》、孙季逑《古今文注疏》、段若膺《撰异》、王凤喈《后案》……

道光中黟俞君正燮《癸巳类稿》。

诒让于经诂至疏浅，偶读大著，于心有不安，不胜其疑懑，恃爱陈之，未审尊见以为然否？有鸿便，尚希惠我一言以开茅塞，幸勿因其妄而置之也。

以上《书经》

（23）《台下说》全文见《述林二》，录要云：

《春秋·文公十八年经》"春王二月丁丑，公薨于台下"，《谷梁传》云："台下，非正也。"诸家传注皆不言台下为何地，以诸侯门制考之，台当即门台，台下盖即路门之塾也。……则知文公之尚守周礼，知居台下即闰月居门之制，则知鲁之本用周历，而鲁历为秦、汉时畴人假托之本，此二千年不传之经义也。乃《三传》以来，曾有能发明之者，惟《谷梁》以非正发传，此与《庄三十二年传》"寝疾居正寝，正也"文义相应，盖正与常义本相成。……今参互校核，知文以正终，实与周礼、周历冥符无间，或亦春秋家一异闻乎。

（24）《唐杜氏考》全文见《述林》一，录要云：

《左·襄二十四年传》范宣子曰："昔匄之祖，自虞以上，为陶唐氏。"……杜预注："唐、杜，二国名，殷末，豕韦国于唐，周成王灭唐，迁之于杜，为杜伯。"杜，今京兆杜县。贾逵注《国语》则云："武王封尧后为唐、杜二国。"见孔疏。隋刘炫主贾说，故《规杜》云："杜于《昭元年》注云：'唐人若刘累之等，累迁鲁县，此在大夏。'即如彼言，则居唐之人非累之裔，此注何云豕韦国于唐也？又据何文知初封于唐，后封于杜乎？唐非豕韦之胤，杜亦未必是后，安知唐灭迁于杜也。"以上皆疏引《规过》文。亭林顾氏《左传杜解补正》又申杜，引《竹书纪年》成王八年冬十月，王师灭唐，迁其民于杜以为之证。今考二说，皆未为得也。……今以《左传》《周书》诸文参互校绎。……要知唐杜即荡杜，其在杜陵，今陕西西安府咸宁县，即汉杜陵。非二国，可无疑也。

（25）《萧同叔子义》全文见《述林》二，录要云：

《左氏·成二年传》称齐顷公之母云"萧同叔子"，杜注云："同叔，萧君之字，齐侯外祖父子女也。"《公羊》作"萧同侄子"，何注云："萧同，国名。侄子者，萧同君侄娣之子，嫁与齐，生顷公。"《谷梁》作"萧同侄子之母"，范注云："齐侯与侄子同母异父昆弟。"《谷梁》此说，与《左氏》《公羊》《史记》并异，《史记·齐世家》作"萧桐叔子"，《晋世家》作"萧桐侄子"。萧同即萧桐。依何说，自是国名，为宋之附庸。《左传·庄十三年》有"萧叔大心"，即萧同君。……

则叔子盖齐侯母字，子即宋姓，叔其行弟，犹言叔姬、叔姜尔。……杜征南误以"萧同叔"为字，孔拗约又谓"萧同侄子"谓萧同叔之侄女，忽子忽侄，尤不辞矣。

（26）《〈左传〉窒皇义》全文见《述林》二，录要云：

《左传·宣十四年》，楚围宋，《传》说楚庄王云："屦及于窒皇，剑及于寝门之外。"杜注云："窒皇，寝门阙。"今考窒皇为门阙，于古别无所见。凡侯国阙在雉门，《春秋经》雉门及两观灾是也。与内朝之庭相去绝远，至寝门则止为台门，不闻有阙也。……窒皇即皇门内屏。窒皇者，谓窒塞皇门也。……故皇门之屏，亦谓之窒皇，足相比例矣。

（27）《〈左传〉齐新旧量义》全文见《述林》二，录要云：

《昭三年》《左传》晏子曰："齐旧四量：豆、区、釜、钟。四升为豆，各自其四，以登于釜。釜十则钟。陈氏三量，皆登一焉，钟乃大矣。"杜注云："四豆为区，区斗六升。四区为釜，釜六斗四升。十釜为钟，钟六斛四斗。登，加也。谓加旧量之一也。以五升为豆，四豆为区，四区为釜，则区二斗，釜八斗，钟八斛。"《释文》本或作五豆为区，五区为釜者，谓加旧豆区为五，亦与杜注相会，非于五升之豆，又五五而加也。今考陈氏新量之釜，盖十斗，非八斗也。……

若如杜说，则三量各依旧法，而唯加豆为五升以为根数，实则四量皆加，不得云三量，显违《传》义。……如陆说，则……，故云亦与杜注相会。然于文义殊迂曲，杜意固未必然也。

（28）《刘寿曾墓表》全文见《述林》九，录要云：

嘉庆之季，为义疏之学者，又有刘先生孟瞻，治《春秋左氏传》，谓郑、贾、服三君古义久为杜氏所晦蚀，孔疏不能辨也。乃钩稽三君佚注，精校详释，依孙氏《尚书疏》例，为《左氏疏证》，凡杜、孔所排击者纠正之，干没者表著之。草创四十年，《长编》襄然，《疏证》则仅写定一卷，而先生遽卒。其子伯山先生继其业，亦未竟而卒。伯山先生长子恭甫知县，绍明家学，志尚闳远，念三世之学未有成书，创立程限，锐志研纂，属稿至襄公四年，而恭甫又卒。千秋大业，亏于一篑，斯尤学人所为累欷而不释者已。

以上《春秋左氏传》

（29）《〈公羊〉去乐卒事义》全文见《述林》二，录要云：

《公羊·昭十五年》："二月癸酉，有事于武宫。籥入，叔弓卒，去乐卒事。"

传云："其言去乐卒事何？礼也。君有事于庙，闻大夫之丧，去乐卒事。大夫闻君之丧，摄主而往。大夫闻大夫之丧，尸事毕而往。"何注"去乐卒事"云："毕竟祭事。"……窃疑郑所见本"去乐卒事"下，亦有"而往"二字，与下"摄主而往""尸事毕而往"文例正同。……郑注《周礼》《礼记》引《公羊》，往往与何本不同，岂严、颜家法之异乎？

（30）《〈公羊〉昧雉义》全文见《述林》二，录要云：

《公羊·襄二十七年》传云："公子鱄挈其妻子而去之，将济于河，携其妻子，而与之盟曰：'苟有履卫地、食冲粟者，昧雉彼视。'"何注云："昧，割也。时割雉以为盟。"……窃疑此雉，即谓鸡也。……以相参证，其义可知。盖鹅、鹜、鸡之初，本通名雁、凫、雉，后世家畜渐蓄，失其野性，而文字言语孳乳浸多，始别有鹅、鹜、鸡之名。然旧名沿袭尚存，不甚分别，但以鹅、鹜为雁、凫，古书常见，独以鸡为雉，所见较少，笺诂家率习焉不察，古言茫昧，抑亦释名辨物者所当知也。

（31）《与梅延祖论〈谷梁〉义书》全文见《述林》十，录要云：

昨晤恭甫同年，知赓述家业，纂《谷梁义疏》，方为《长编》甚富。……让幼耆《左氏》，于《谷梁》则肄业及之，才通句读而已。顷始得钟氏《补注》，又假得柳氏《大义述》，略事研校。钟书平议精当，足与荦轩《公羊通义》并传，惟援证略病泛滥。柳氏致力甚勤，而识鉴疏固，其书义例芜杂，骈枝为累，殊未餍所闻也。

以上《公》《谷》二传

（32）《与刘叔俛论〈论语〉义书》全文见《述林》十，录要云：

昨日下稷，辱惠顾，敬聆绪论，以前举质《哀公问有若章》石经异文，猥荷不弃刍荛，以为致确，仰见虚衷下问之盛，曷任钦佩。迩来校读尊《疏》，又得剩义数事，谨再质之执事，未敢自以为是也。……此皆琐屑义证，并附陈之以备财择。尊《疏》体大思精，远轶皇、邢，匆遽未遑尽读，俟更研绎，倘有所窥，当续录奉质也。

（33）《日本刊〈孝经郑注〉跋》全文见《述林》六，录要云：

右《孝经郑注》一册，日本宽政六年刊本。……册末有冈田挺之《跋》云："《群书治要》所载经文不全者，据注疏本补之。"今检《治要》卷九《孝经》下所载注，勘之悉同。其《治要》所未引者，此本皆有经无注。则挺之依注疏本补苒之者，于注文固无所沾益也。……挺之于郑学，盖未能深究奥窔，故于元、陆诸家所引郑本异文佚义，皆绝无甄采，仅从《治要》抄出为此本，竟署为郑注，固臆定无左验。临海洪氏《孝经补注》遽奉为真郑义，疏矣。然此注虽不出康成，要是魏郑公前旧诂，故《治要》得采之，非贞观以后人作也。此本流传入中国时，《治要》全本尚未显于世，故阮文达《校勘记叙》遂斥为日本人伪撰，不知旧跋明云出《治要》，固未尝深没其根柢也。

以上《孝经》

（34）《斫斸谓之定义》全文见《述林》三，录要云：

《尔雅·释器》"斫斸谓之定"，有鉏、斤两义。郭璞注云："锄属。"《释文》载或本斸作"欘"。又引李巡云："斫斸，锄也。定，锄别名。"……知欘、斸同为斫器，以倨句形度异名，而后《尔雅》《考工》及《管》《墨》诸书之本义，许、郑、李、郭诸儒之异论，皆可确定其是非，此亦释名辨物之助也。

（35）《〈尔雅〉匡名补义》全文见《述林》三，录要云：

近代《尔雅》之学，以邵、郝两疏为渊椒，而考正文字，则归安严氏匡名至为精审。三家骖靳并行，观古辨言，殆无剩义矣。曩校读斯经，藉资研核，偶得数事，为严书所遗阙，聊复记之。

（36）《〈尔雅〉时善乘领义》全文见《述林》三，录要云：

《释兽》："蜼，卬鼻而长尾，时善乘领。"注云："好登山峰。"邢疏云："好登山峰之一兽。"审玩邢义，似以时为兽名，与蜼别。今考此当蒙上"蜼"为文。……言此蜼之为兽，是善登山领也。乃以时别为善乘领之一兽，非徒于古无征，即以《尔雅》文义校之，亦必不可通。其疏舛殊甚，而邵、郝诸家咸无匡正，何也？

（37）《释翼》全文见《述林》三，录要云：

《释诂》云："翼，敬也。"《释训》云："翼翼，恭也。"翼本训鸟翅，此训敬、训恭者，盖趰之假借字。《论语·乡党篇》："趋进，翼如也。"《说文·走部》作趰，是其本字。趰本为拱翼之容，引申为恭敬，因之所尊敬之人亦得称翼。此其义见于《诗》《书》，而《尔雅》不详，汉以来诂经者咸莫能稽核。盖古言废失，而古书之误解者多矣。……盖翼训尊贵，又假以称兄长，《诗》《书》之义可以互证，而说经者徒拘守《尔雅》翼敬之训，不能通其引申之义，故咸不得其旨。谨表出之，或足裨《雅》训之遗阙乎。

以上《尔雅》

（38）《绍我周王见休义》全文见《述林》三，录要云：

《孟子·滕文公下篇》云："有攸不惟臣东征，绥厥士女，匪厥玄黄，绍我周王见休，惟臣附于大邑周。"赵岐注以为《尚书·逸篇》……综校诸义，赵释绍为见，虽可通，而读见休属下句则未安。伪《书》说，以见休二字自为天之美应，与上下文绝不相属，皆非《孟子》述《书》义也。……知《孟子》所述，确是《逸书》，文义大致符合。……周代彝器古文，义证尤显，较足见伪孔训明之非。至伪古文《书》失其句读，妄肆增窜，其疏谬尤不足辩。然自伪《书》羼入《武成》，后儒奉为古经，遂不敢轻破，故朱、蔡诸儒咸沿袭莫能刊正矣。

（39）《子莫学说考》全文见《述林》一，录要云：

《孟子·告子篇》以子莫执中与杨、墨同论，则子莫必战国时闻人硕士，能以学说自名其家，然自来无有能知其人者。赵岐注则云："子莫，鲁之贤人也，其性中和专一者也。"其说殊无义据。余博征之先秦诸子遗说，而以声义合推之，窃意其即魏公子牟也。……西汉时，其书尚存四篇，执中之说，容有见于其中者。自东汉以后，其书亡佚，梁《七录》已不著录。赵邠卿乃臆定为鲁人，说固未足凭，而刘熙、綦毋邃诸儒诂《孟子》者亦皆未有所见。要孟子以子莫与杨、墨鼎足而三，而荀子论十二子，又首举子牟，其持之有故，言之成理者，殆亦战国时一巨子欤？

以上《孟子》

（二）小学类

1. 专著

（1）《古籀拾遗》张表、朱略、章传、棣传、史传、志稿、吴折

上、中、下三卷。

按：此书初名《商周金识拾遗》，而刘君为跋其后。今重定，改名《古籀拾遗》，而刘君已物故，不欲追改，故仍之。诒让记。

家刻本。按：此书成于同治壬申，时在金陵。光绪戊子，重校定，刊于温州。同里周孝廉璪亦嗜篆籀之学，为手书以上板，并是正其文字。中牵于他事，三载始毕工。昔亭林顾先生刊《音学五书》，山阳张力臣为之校写，世珍为善本。亭林

古音，旷代绝学，非疏陋所敢仰希万一，而周君之修学好古。则固今之力臣也。庚寅正月刊成记之。诒让。

又有影印本。钟斗云：按，《古籀余论》原名《商周金识拾遗》，光绪戊子重校定付刊，同里周孝廉璪手写上板，庚寅刊成。——《薛谱》

又按：仲容先生遗书，惟《古籀拾遗》刊校最精。余如《名原》《述林》，并出自身后，校订无人，读者不便。《温州经籍志》尝见其稿本，粘贴空行甚多，犹非定本。又先生尊人《瓯海轶闻》亦欠校正。余家居，拟为诸书细校一过，人事仓猝，饥来驱我，此愿不知何日了也？——薛钟斗《寄瓯寄笔》三

《自叙》全文，见《述林》四，录要云：

考读金文之学，盖萌柢于秦、汉之际。《礼》《记》皆先秦故书，而《祭统》述《孔悝鼎铭》，此以金文证经之始。汉许君作《说文》，据郡国山川所出鼎彝铭款以修古文，此以金文说字之始。诚以制器为铭，九能之选，词义玮奥，同符经艺。至其文字，则又上原仓籀，旁通雅故，博稽精斠，为益无方。然则宋、元以后，撮录款识之书，虽复小学枝流，抑亦秦、汉经师之家法欤？

宋人所录金文，其书存者，有吕大临、王楚、王俅、王厚之诸家，而以薛尚功《钟鼎款识》为尤备。然薛氏之旨，在于鉴别书法，盖犹未刊集帖之陋，故其书摹勒颇精，而平释多谬。以商、周遗文而乃与晋、唐隶草挈其甲乙，其于证经说字之学，庸有当乎？

我朝乾、嘉以来，经术道盛，修学之儒研斠篆籀，辄取证于金文。仪征阮文达公遂集诸家拓本，赓读薛书。南海吴中丞荣光著《筠清馆金石录》，亦以金文五卷冠首。阮氏所录既富，又萃一时之方闻邃学以辨证其文字，故其考释精确，率可依据。……

诒让束发受经，略识故训，尝慨犷秦燔书，别创小篆，仓沮旧文寝用湮废，汉人掇拾散亡，仅通四五。《壁经》复出，罕传师读。新莽居摄，甄丰校文，书崇奇字而黜大篆。建武中兴，《史籀》十五篇，书缺有间。魏《正始石经》，或依科斗之形以选古文，晋人校《汲冢书》，以隶古定，多怪诡不合六书。……

端居讽字，颇涉薛、阮、吴三家之书，读之展转思误，每滋疑闷。间用字书及它刻互相斠核，略有所悟，辄依高邮王氏《汉隶拾遗》例，为发疑正读，成书三卷。

德清俞樾《序》云：今读瑞安孙君仲容撰《古籀拾遗》，殆为王氏念孙补其所

未逮乎？仲容好学不倦，而精力又足以副之。凡前所未识之文，所误认之字，皆以深沉之思，一索再索而得之。……仲容于予为年家子，闻其《周礼》甚精博，而未之见。读此，逮知其得于古者深也。余老懒废学，无能为役，而仲容介蔡君癯客乞序于余。……

宝应刘恭冕《跋》云：《商周金识拾遗》者，瑞安孙君仲容之所作也。君于学无所不窥，尤多识古文奇字，故其所著能析其形声，明其通假。近世鸿通之儒为此学者，自仪征阮氏、武进庄氏外，未有堪及君者，可不谓盛欤！……恭冕尝慨古人文字屡变失真，致声义俱失，或更舛互，使后人不能属读。如今所传《管子》《墨子》《列子》《穆天子传》诸异文，二千年来，竟无人认识之者。是皆由古文废绝，儒者于此不能不重惜之。恭尝欲本庄氏之意，将《玉篇》《集韵》等所载古文及今所传摹彝器、秦汉刻石，凡古籀诸体为许书所未收者，一依许书部次，略存其声义，斯诚博古者之至乐，而揆较此事，诚非易易，非如君之学之识，岂克胜此任者，君其有意焉否？

章太炎《孙诒让传》云：（上略）以为文莫正于宗彝，故作《古籀拾遗》。其他有《名原》《古籀余论》《契文举例》《九旗古义述》……

自段玉裁明《说文》，其后小学益密，然说解犹有难理者。又经典相承，诸文字少半缺略，材者欲以金石款识补苴，程瑶田、阮元、钱坫往往考奇字，征阙文，不审形声，无以下笔。龚自珍治金文，盖缪体滋多于是矣。诒让初辨彝器情伪，摈北宋人所假名者，辄部居形声，不可知，辄置之；既可知，审其刻划，不跌毫厘。然后傅之六书，所定文字皆檃栝就绳墨，古文由是大明。

又作《孙先生伤辞》云：推迹古籀，渺合六书，不为穿凿，庄述祖、龚自珍不足当牧圉。

陈衍《书孙仲容〈古籀拾遗〉后》，寄仲容兼谢《札移》之赠，诗云：

孙君嗜学兼汉宋，余尝谓小学为汉学，金石学为宋学。爰有古籀之《拾遗》。桐城萧君吾老友，转以投赠右手持。汤盘、孔鼎出《戴记》，岣嵝石鼓只传疑。古文奇字篆所本，吉金远过碣与碑。三王、薛、吕始有作，宣橪引据他可推。熙朝此学迈天水，辨别点画穷毫厘。朝夕昧爽释殷敦，甲骨弓矢审周彝。夏官走马属下士，楚臣笴敬修谯仪。嫡孙系出陈桓子，覵斺物掌太白旗。刘君跋尾撮其要，大旨已朗如列眉。仆也开卷更举似，十祀廿祀知者谁？其繡其黄张仲篘，沱沱熙熙孟姜匜。如宫作公上作在，及丰作惠要作孽。卷中此例难仆数，屡喜永宝犹恒辞。嗟余治经讲许学，廿载心得同管窥。已蛇亥豕匪同字，渡河甲子讹晋师。孚采茜茆本一例，毋以缩酒疑凫葵。大篆一省不再省，若雾霿霖例可知。教学相长学去支，云如其来尢发垂。省文假借易聚讼，不合古籀奚指麾。山川郡国出彝器，尽补《说解》须他时，《考工》断断偶采证，君作《正义》将取资。手民传命通缙纮，相报何速来《札移》。余刻《考工记辨证》与君刻《札移》同一刻匠，君见令转索。周、秦诸子唯句读，《商周金识》其纲维。杜林、张敞果同好，会当载酒趋问奇。——《石遗室诗集》

宋慈抱《瑞安孙氏遗书总序》云：仓颉古文，已遭秦劫；周籀大篆，间出许书。兽蹄鸟迹之奇，八技六书之本。据郡国鼎彝所出，远证经文；依薛、王《款识》之遗，自成字说。周盉商鬲，齐镈吴壶。积古斋之所录，筠清馆之所稽。物聚所好，义求其是。为《古籀拾遗》三卷，《古籀余论》二卷。

按：以后海宁王氏国维本此书作《史籀篇疏证》，其《叙录》有云：最近瑞安孙氏诒让《古籀拾遗》、吴县吴氏大澂《说文古籀补》，但多记古器异文，不以诠释籀文为主。今就《说文》所录遗字，通证明之。

（2）《宋政和礼器文字考》张表，余皆无著录

一卷。

《古籀拾遗》附刻本。

《自叙》见《古籀拾遗》书目。近孟晋先生已增入《述林》补遗中。

曹元忠《书〈政和礼器文字考〉后》云："永嘉孙年丈仲颂，从翟汝文《忠惠集》及其子耆年《籀史》得政和礼器铭，而后诸家钟鼎款识误释为三代器者，明辨晰矣。……"元忠又按，《研北杂志》云："翟公巽知越州，制鼎壶盘权钲，各有铭，命其子耆年作篆甚奇。……自倦圃本《籀史》亡佚下卷，遂无知之者。安得毛斧季藏本并几对勘，证吾说也。因书年丈《政和礼器文字考》后以俟将来。"——《笺经室遗集》卷九

宋慈抱《瑞安孙氏遗书总序》云：又以政和礼器，远仿姬周。甲午之簋，钦崇之豆。远考耆年之《籀史》，近证师韩之《缀学》。为《宋政和礼器文字考》一卷。

（3）《古籀余论》朱略、章传、志稿

二卷。

燕京大学国学研究所刊本。东莞容希白庚为之校勘，墨板，有容君跋语。

按：容《跋》云："原作二卷，未有划分，余为改作三卷，俾与《捃古录金文》同，复为补目于首。昔孙氏刊《古籀拾遗》，由周璪手书上板，孙氏比之张弨之写《音学五书》。今此书之刊，迟之二十六年之后，篆书待余手写，其视周氏，得失奚若？世必有能辨之者。民国十八年八月。"

《后叙》全文见《述林》四，录要云：

"余前著《拾遗》，于薛、阮、吴三家书略有补正。近又得海丰吴子宓《捃古录金文》九卷，搜录尤闳博，新出诸器，大半著录，释文亦殊精审仪征、南海，信堪鼎足。览涉之余，间获新义。又有足正余旧说之疏谬者，并录为二卷。……诒让治此学逾卅年，所觏拓墨亦累千种，与余有同嗜者为戴子高、潘祖荫、陈寿卿、盛伯熙、王文介、江建霞、费峣怀、黄仲弢诸君，每有雅集，辄出所藏金文，辨证难字，致足乐也。"光绪癸卯六月。

按：近人某有谓，钟鼎文字，虽自宋世已有人提倡，但没有深刻的研讨和重要的贡献。到了清代的吴大澂，始作有系统的研究，孙先生认为这材料也很值得深究，著《古籀拾遗》《古籀余论》，果然开辟了许多前人未经发现的田地。先生又将甲文与金文混合的研究，著有《名原》一书，对古文字学很多新见解。

（4）《名原》张表、朱略、章传、樅传、志稿、吴折

二卷。

家刻本民五刊成。多讹脱，王国维有识语。

日本影印原稿本。按：册中篆籀文字皆著者手写，丹黄烂然，较印本尤易见著者之用心。

按：此书刊成于先生身后，约在民国八年，书中篆文为其从弟诒泽补书，一时以手稿签篆脱落，故墨丁累累，近人王国维、马叙伦有校本。

此书凡二卷，上卷三篇：曰原始数名，曰古章原象，曰象形原始；下卷四篇：曰古籀撰要，曰转注揭橥，曰奇字发微，曰说文补阙。

邵子风云：《名原》一书，盖继《契文举例》而作，所以寻古文大小篆之迹，而求其大例。故书中摭拾金文、龟甲文、石鼓文及贵州红崖古刻，博综详考以求文字之源及其省变之意。其于龟甲文字征引尤详，颇能窥见造作书契之微旨，治古文字之学者，类多推本其说。光绪三十一年乙巳自刊本。——《甲骨书录解题》

《自叙》全文见《述林》五，录要云：

自宋以来，彝器文间出，考释家或据以补正许书之讹阙。迩年又有龟甲文出土，尤简省奇诡，间有原始象形字，或定为商时契刻间与籀文同，或本商前旧文，而籀篇

因袭之。然亦三代瓒迹尔。余少嗜读金文，近又获见龟甲文，咸有撰录。……今略捃金文、多据原器拓本，未见拓本，则以阮元、吴荣光、吴式芬三家模本佐之。宋薛尚功、王俅诸家所抚多误，不足依据，唯今拓本所无之字，略所援证，余悉不凭也。龟甲文据丹徒刘氏模本、石鼓文、贵州红崖古刻。与《说文》古籀互相勘校，揭其歧异以著省变之源，而会撮比属，以寻古文大小篆沿革之大例，约举辜较，不能备也。光绪乙巳十一月。

《与俞曲园书》云：（上略）前见埃及古象形字，奇诡不易辨。窃意仓、沮旧文，象形字亦必如是，惜为籀、斯改易，多失其原形。前年得见河南汤阴所出龟甲文数千片，内有象形字十余，果与埃及文相类，而苦无释文，不易读。偶以意推索，依上下文谊寻绎，略通一二。乃益以金文新考定诸字，为《名原》二卷，觊以求仓后籀前文字变易之迹。稿草初具，尚未写清本，新学盛行，此事恐为时贤姗笑，不敢出以未人。顷诵大著《题埃及拓墨诗》，有感于衷，谨附陈之。容当迻写，奉求钧诲也。孙诒让。

《复章太炎书》云：弟桑榆暮景，意思萧槭，脑力大减，不耐深沉之思。近维研玩古文大篆自遣，颇愤外人著《文明史》者，谓中国象形文已灭绝。顷从金文、龟甲文获十余名，皆确实可信者，附以金文奇字，为《名原》七篇，俟写定，当寄质大雅。光绪三十三年丁未。

按：章氏时违难日本，先生此书至戊申五月始达江户。比章氏再作复书，未及寄，而先生已捐馆舍矣。

故太炎作《伤词》云："先生被炳麟书，自言作《名原》七篇，今亦不可得受读。国亡典型，炳麟丧其师资。"

宋慈抱《孙氏遗书总序》云：《毛诗》有契龟之说，殷墟有刻甲之文。形制虽异，未合许书；时代既遥，远征周始。自发掘之风启，益考释之日多。先生以仓后籀前，足证沿革；吉金乐石，可析异同。为《名原》二卷，《契文举例》一卷。盖铁云收藏，已穷搜览；静庵诂训，尚逊宏通。良由小学之功深，藉考古文之体变。

又有《名原》七篇《小序》，孟晋已增入《述林补遗》中。

王国维云：夫殷墟文字之学，始于瑞安孙仲容比部，而集大成于参事（指罗振玉），参事于宣统庚戌撰《殷墟贞卜文字考》，甲寅复撰《殷墟书契考释》，创获甚多。

沈兼士云：孙氏诒让，继吴大澂作《名原》以穷文字之本。金文之学乃与文

字学相得，而其用益显。——容庚《金文编序》

马衡云：其后孙诒让著《名原》七篇，大抵皆取甲骨、彝器等文，会最比属以相参证。此所谓剖析者也。……世之治文字学者，苟能资此编以施其剖析之功，继《名原》而有所阐发，则秦以前纷歧之文字，庶几得其指归欤？

按：近人马叙伦有《名原校补》，刘节有《名原校证》，朱芳圃有《名原述详》，皆于孙氏有特殊贡献。

（5）《契文举例》张表、朱略、章传、棪传、志稿、吴折

二卷。

吉石庵丛书影印本，蟫隐庐巾箱本。

按：先生撰是书毕，即以原稿寄呈端方。辛亥国变，端氏死难蜀中，其后家道中落，遗书散出。民国五年丙辰冬，王国维得其稿本于沪肆，因寄呈罗振玉，刊于《吉石盦丛书》中。后十六年丁卯，蟫隐庐复据缩小重印成巾箱本。

故郭沫若亦云：一九一三年，王国维始于上海发见瑞安孙诒让所著《契文举例》原稿，后收入罗氏刊《吉石庵丛书》中。

但李笠则云：《契文举例》稿系先生生前寄给罗振玉的，罗留其稿，到先生死后为印行。

而钟斗云：《契文举例》，罗叔蕴丈称，庚子间曾以稿本寄刘铁云，而其《序》作于甲辰。

《自叙》全文见《述林》五，录要云：

文字之兴，原始于书契。契之正字为栔，许君训为刻，盖鏁刻竹木以著法数，斯谓之栔。契者，其同声假借字也。诗云："爰始爰谋，爰契我龟。"是知契刻又有施之龟甲者。……商、周以降，文字繁孳，竹帛漆墨，日趋简易。而契刻之文，犹承用不废。汉承秦燔之后，所存古文旧籍亦复如是。然则契刻文字，自汉时已罕觏，迄今数千年，人间殆绝矣。迩年河南汤阴古羑里城掊土得古龟甲甚伙，率有文字。丹徒刘君铁云集得五千板，甄其略明晰者千板，依西法拓印，始传于世。……刘本无释文，苦不能畅读也。蒙治古文大篆之学四十年，所见彝器款识逾二千种，大抵皆出周以后，赏鉴家所夸揭为商器者，率臆定不能确信。每憾未获见真商时文字，顷始得此册，不意衰年睹兹奇迹，爰玩不已。辄穷两月力校读之，以前后复重者参互审绎，乃略通其文字。光绪甲辰。

张謇《孙征君墓表》云："伟矣哉！明经必根荄小学，君治小学本许书，上考

金文，益上而考契文，成《契文举例》二卷、《名原》七卷、《大篆沿革考》一卷、《古籀余论》三卷、《古篇拾遗》三卷、《政和礼器文字考》一卷，以解说文字，必归殷墟。

王国维云：此书虽谬误居十之八九，然筚路椎轮，不得不推此矣。

又云：此书却无可采，不如《古籀拾遗》远甚，因其是者与误者尝并在一条中也。上卷考殷人制度，亦绝无条理，又多因所误释之字立说，遂觉全无是处。我辈因颂老而重其书，又以其为此学开山，更特别重之，公一观此书，当与国维同感也。——《王氏尺牍》

邵子风云：通核此书，为篇凡十，而发明有六。粗得条例，辨认文字，一也；殷人卜法，略得端倪，二也；殷商祭享礼法，考论颇详，三也；殷商官制人氏，颇多论定，四也；初考商都，兼言方国，五也；援据《诗》《礼》以证契龟之义，可正郑氏之疏舛，六也；其篇目：曰日月、曰贞卜、曰卜事、曰鬼神、曰卜神、曰官氏、曰方国、曰典礼、曰文字、曰杂例。诸目颇具草创之功，自殷契出土以来，此中国近人学术史上别创领域之作，有裨于殷墟文字之学尤未可估量，固亦伟矣。——《甲骨书录解题》

（6）《古文大小篆沿革表》张表，余皆无著录

未刊。

别有手稿本一册，存玉海楼。

当附刻于《名原》后，详孙孟晋《孙征君年谱跋》。

（7）《汉石记目录》

二十三卷，未成。

抄稿本。

按：此为孙氏遗著之有目而未成书者。其家藏有手校本，有《跋记》云：光绪丁丑，增定此目，凡汉及三国石刻共一百六十六种。中容记。

孙延钊云：写定《汉石记目录》一小册、所录汉及三国石刻，倍于翁氏《两汉金石记》石目，并按勒石年月编次先后，为卷二十有三。翁《记》文字闻有缺误，复一一详审拓本，旁稽它籍，为之补正，随笔缀识于翁《记》册端。兹取家藏手校本翁《记》互读之，略阙其异同如此。

朱《谱》谓疑即《名原》初稿之一部分，误，见洪《校》。

（8）《广韵姓氏刊误》张表、朱略、章传、楼传、吴折

未刊，抄本。

宋慈抱《孙氏遗书总序》云：孙恬《唐韵》，比美《说文》。一则讨六书之源，一则明四声之别。援据子史，综核古今。然而充虞未收，贲育错合；祥符重刊，深宁常讥。为《广韵姓氏刊误》一卷。

按：《广韵姓氏刊误》，近由杭州大学教师雪克为之整理，发表于《杭大学报》《孙诒让研究》上，说此书创草于咸丰十年七月，成于是年十月，时孙氏十三岁。同治元年复加以增删，为二稿，三年更润色之为三稿，四年又为之修改而成定稿。其初稿、二稿今未得见，三稿、四稿各一册，并藏杭州大学图书馆。并附录孙氏自题两稿册端、帙尾诸跋。

其一曰：姓氏之学，自《世本》以来，多有专书，然其说往往多附会可笑，虽应仲远之博学，尚不免是患，其他可知矣。唐人尚门第，故其时谱谍姓氏之书最盛，《新唐书》至作为《宰相世系表》，然其言无一可据，杭大宗尝病之。是书非为姓氏而作，然其言姓至详，公字下至什一氏，可想见其余，而矜奇炫博，凡不得其受姓之始，必强取三代上人以实之，故窜误百出，不可究诘，盖亦周人之陋习也。余尝病之，为摘其显然谬误者，得若干条，作《刊误》，其说或亦有所受，恨兵燹之余，唐、宋言姓氏者，如《元和姓纂》《古今姓氏辨证》等书不可得，仅据家中所有书而考之，后之校是书者，或有所取乎！自题同治四年稿册端

其二曰：此册可不存，内校订处，误录校宋本《广韵》书眉，不必别为一书也。光绪元年除夕，检校少时稿草，始悔曩时学识未精，妄希述造也。中容记。自题同治四年稿册端

其三曰：是编始于咸丰十年庚申之七月，成为初稿。同治元年壬戌，在江右复删其谬者数条，增其遗者数条，重抄一过，是为第二稿。三年五月复润色于临淮关，又重抄之，至八月抵寿州，始成是本，是为三稿也。自题同治三年稿尾

（9）《集韵考正补注》

十卷五册。方成珪原著，孙诒让补注。

《永嘉丛书》刻本。孙氏传录原稿本，帙尾有朱笔手记。

征君《跋》全文见《述林》六，录要云：

吾邑雪斋方先生，博综群籍，研精覃思，储藏数万卷，皆手自点勘，而于《集韵》致力尤深。既录得段、严、汪、陈四家校本，又以《经典释文》《方言》《说文》《广雅》诸书悉心对核。察异形于点画，辨殊殊于翻纽，条举件系，成《考正》

十卷。先生殁后，遗书散出，先舅祖项几山傅霖得此手稿，间有刺举原文而缺其校语者，殆尚未为定本。今辄就管窥所及，略为补注。光绪己卯二月。

2. 单篇

（1）《释枼》全文见《述林》三，录要云：

《说文·木部》："枼，辅也。"此枼之正义。辅者，榜也，以木为之，匡矫弓弩，使不弧剌者。……许以辅训枼，盖谓枼、辅同物。……

《尚书》自经秦火，文字展转讹互，殆不可读。非以前后复重之文互相推校，无由得其确诂。……今为综校全经，宣究其说，俾知《书》义《雅》训，不能强合，用祛经儒墨守旧故之蔽焉。

（2）《释畴》全文见《述林》三，录要云：

《说文·白部》云："𠷎，词也。从白，𠷎声。"𠷎与畴同。《虞书》帝曰："𠷎咨。"段若膺谓当作"谁词"，其说近是。而口部又𠷎字，云："谁也。从口𠷎，又声。𠷎，古文畴。"又《田部》云："𤰝，耕治之田也。𠷎，𤰝或省。"今隶变为畴。其见于《经典释文》者，字作𠷎，盖𠷎、𠷎字之省变。今经典通作畴，故《尔雅·释诂》云："畴、孰，谁也。"……斯皆𠷎、谁展转引申之义也。

（3）《书〈说文·玉部〉后》全文见《述林》六，录要云：

许君此部，说瑞玉名义，咸本《礼经》，于《周礼·大宗伯、典瑞、玉人》六玉六瑞之等捃摭无遗，惟琥珑二文，相连说解，特为诡异。琥注云："发兵瑞玉也。为虎文。"又珑注云："祷旱玉也。为龙文。"则《三礼》经注，咸无是义。……近代治许学段、严诸家，未有能通其说者。……许书根据博奥，自《九经》外，先秦诸子靡不甄综，……足见古书亡佚，非博稽精勘，未易究其根柢也。

（4）《与唐仁寿论〈说文〉书》全文见《述林》十，录要云：

又近读《说文》，以段氏《注》与严氏《校议》、王氏《句读》参综校核，亦略有管窥，谨刺举一二奉质。……以上诸条，或足补茵旧校之阙，惟执事审定之，幸甚。

（5）《与王子庄论假借书》全文见《述林》十，录要云：

六书之说，自汴宋以来，异论蜂起，浅学杂涉，益滋瞀惑。乾、嘉诸老，诠校相与书，所释略备，而得失互陈，未能衷定。得尊解别白而理董之，衍贯山指事之条，阐湘乡转注之论，平议精审，信不刊之作也。惟假借一门，所论与前贤特异，诒让再四籀绎，窃有不敢信者三，请为执事陈之。

诒让知识谫劣，于小学略涉唐涂，墨守旧义，未有新得。窃谓治经说字，当深惩破字之习……而尊著于许《叙》六书所举十二字之中，已不免有所改易，其它抨击汝南，更定字例，殆非一端，尤而效之，更非鄙人之所喻也。故不胜疑懔，辄陈之左右，以俟采择。

以上《说文》

（6）《释由申〈玉篇〉义》全文见《述林》三，录要云：

《说文》苗、迪、柚、詷、冑、笛、柚、邮、粤、宙、冑、罿、重文。舳、岫、窗、重文。蠟、怞、油、妯、紬、轴、粤、䄂、褎重文。抽、榴重文。䎖、䩋、樳、俌、騁、聘、娉，卅有一文，并从由为形声，而正文无由字。顾氏《玉篇》始补录由字隶于《用部》，而不详其形声所从。唐、宋以后，异说蜂起，殆近十家。

引李阳冰、徐锴、段若膺、江子屏、钮非石、郑子尹、戴仲遽、严铁桥、姚秋农、桂未谷、苗仙麓、王贯山、朱丰芑等说。

窃谓自古籀递变，一字分为数形，而孳生之字又各从之为形声，以《说文》五百四十部言之，如……之类，皆本一字，而各为建首。曼根歧干，僻而同氏。由、用之变，盖亦犹此。展转传习，遂或昧为一字，于是并音读而变之。《说文》旧本，当有其说，自移写失脱，后世治小学者遂各为一说，不可殚究。……幸金刻所存偏旁，及古籍通藉之字，博稽精核，犹可得其踪迹。故特为疏释，以补小学之缺。虽近巧说邪辞，违墨守之义，然犹愈李少温诸人牵引不相涉之字以比傅之也。

（7）《卫宏诏定古文官书考》全文见《述林》四，录要云：

《隋书·经籍志·古文官书》一卷，后汉议郎卫敬仲撰。《旧唐书·经籍志》亦载卫宏诏定《古文官书》一卷。唐人书屡见援引，或作"古文字书"，或作"古文尚书"，或作"古文奇字"，皆"古文官书"之讹也。段氏若膺《古文官书撰异》有《卫宏官书考》一篇，谓《后汉书·卫宏传》所不载，疑南北朝人依托为之。窃谓诏定古文，儒林盛事，使此书果出卫氏，范《史》不宜无载，段氏疑之，是也。然后人伪作古籍，亦必依附故实以售其欺。今卫氏既无诏定之事，而赝托者忽有官书之题，事既无征，名尤不类，作伪者虽至愚，必不出此矣。以意推之，疑官书之题卫宏，乃流传之误，非由赝托。撰此书者，非汉之卫宏，盖晋之卫恒也。

（8）《籀文车字说》全文见《述林》三，录要云：

《说文·车部》车，籀文作韇，从二车二戈，于形声皆无所取，且与轵车字混，而二徐以来，未有知其误者。近珍艺庄氏，贯山王氏，始据金文车字作韏以正之，其说确矣。今考金文，车，本象驷马车之全形，其义至精，不徒可正《说文》之讹，且可考正古驷马车制。今略释之……余前著《周礼正义》，于先郑说未及分别，兹因籀文车字象形，悟衡轭之制，而五棵之说始昭然若揭，故详说之以补《礼疏》之阙焉。

（9）《翟氏〈籀史〉跋》全文见《述林》六，录要云：

此书世所传者止上卷，其下卷有录无书。王复斋《钟鼎款识·同师旦鼎》云："翟耆年伯寿《籀史》作大姒鼎，款文四十一字。"又《弡中簋》云："鬗，翟乙穴反。鋶，翟作'铳'，充仲反。炉，翟徒兮反。畀欧，翟作'萬'。今本并无之，当在所缺下卷内矣。"此书援据详博，足资玫证。……

古文放失，此等字，写官既不能知其点画，而校书者又漫以不识置之，宋以来字书往往有之，不独此书也。

（10）《薛尚功〈钟鼎款识〉跋》全文见《述林》六，录要云：

今本薛书二十卷，晁昭德《读书志》及《宋史·艺文志》著录并同，而《直斋书录解题》及吾邱子行《学古编》……殊不然也。盖此书在宋时，自薛氏手写本外，止有石本法帖，无板刻本。……

"予读薛尚功《集古金石文字》，叹其博，及见谢长源所收尚功写本，乃知今石刻仅得其半，而写本字画为精。"以此题推之，盖定江石本，南宋中叶已缺其半，陈直斋所见，即不全本，实无二刻也。

余少嗜古文大篆，年十七八，得杭州本读之，即爱玩不释。尝取《考古》《博古》两图及王复斋《款识》、王俅《集古录》校诸款识，最后得旧景钞手迹本以相参校，则手迹本多与《考古》诸图合，杭本讹误甚多，释文亦有舛互。……

余昔尝欲综合诸本，重为校定。曩张啸山先生为余言，松江某氏有宋拓石刻本，尚完具，惜不得假校。附记之，以俟它日倘得慰此宏愿尔。

（11）《与友人论金文书》全文见《述林》十，录要云：

承示金文拓本，皆精，足资政证。有臆见两事，于古书奇字，略有所寤，但苦少佐证，不敢自信，敬以质之左右。

考嬗，不从"亘"，而从"且"。"澸"，即"□"之古文。右二义，皆创获臆定，不佞亦自病其嗜奇吊诡。古籍间阙，无可质证，以执事精鉴，聊献之以博一笑尔。

（12）《隶续跋》全文见《述林》六，录要云：

今本《隶续》第二十卷，有盘洲《跋》云"《隶释》有续二十一卷"，不云有碑式、碑图。此淳熙庚子初刻《隶续跋》也。《盘洲集》别载淳熙辛丑所作《隶释跋》，称合《隶续》编刻之，为九十四卷，则有《图式》八卷在内，而不复有释、续之分矣。

又《第二跋》录要云：

文惠诸《跋》，考证史事殊淹博，《通鉴》胡景参注，引《隶释》考正会稽东郡、南部都尉治地舛忤，论尤详核，为唐、宋舆地书所未及。检今本《隶释》无此文，《隶续》第十三卷末，……此于吾乡舆地沿革，尤足资考证，为录出之，亦冀常得自省览也。

以上古籀

（13）《古今钱略序》代太仆作 全文见《述林》五，录要云：

泉币之兴，盖始于遂古，而汉、魏以前无图谱之书，其见于史志者，文字形制存其大较而已，不能详审也。加以制度屡更，前世旧泉多废罢铄铸，其仅存者，摩鉊剪郭，往往毁于贾竖之手，为儒者玩览所不及。故其时通人训释经史，偶涉泉制，率莫能于史志之外有所增益。或疏舛逐易，与史文相迕。……

泉谱之作，最古者为刘氏《泉志》，其书出于梁顾烜《谱》前，……钟官纪述，此其滥觞。踵而作者，自顾《谱》外，有唐封演、李孝美等数家，今皆不传。其传者惟洪文惠《泉志》为完帙，然舛谬其多，不足依据。乾隆间，官撰《钱录》，始补正洪《志》之缺误。风尚既开，海内好事者争购觅奇异，模拓为谱，百余年来，著于录者无虑数十家。虽其体裁大略相等，而搜访既勤，所得之泉为旧录所未见者，或出于内府储藏之外。至近时利津李氏《古泉汇》，则甄录之多至五千余种，而详富几无以加矣。

然某尝谓泉布者，食货之大经，古之造币者，轻重相权，务以利用行远，其为制，必精而不窳，简一而使民毋疑。及其敝也，子母亡等，法令屡易，币以壅阏不行，未尝有利于国，而民已为重病。然则泉法虽国计之一端，其因革利病，亦古今得失之林矣。

至于先秦古币，形制奇异，可以沿流溯源，稽泉府之遗轨。而其文字简古，虽复形声增省，变易无方，要其指归，咸不悖于仓籀，与彝器古文合者盖十八九，是尤儒者所宜考核也。顾诸家之谱多斤斤焉致详于肉好色泽之间，而于古今制度及文字音读之异，莫能博稽精校以究其本，宏达之儒不能无慊焉。

（14）《书洪氏〈泉志〉后》全文见《述林》六，录要云：

洪氏此《志》所载古泉，皆以梁顾烜《泉谱》为祖本，而卷六两铢钱引顾烜曰："刘氏《钱志》所载，奇异希有，原始未闻。"是刘《志》又在顾书之前，为祖本之尤古者，而洪《志》不详刘氏为何人，近代泉谱家，亦未有能考其书之原委者。

以上金石文字

（三）诸子类

1. 专著

（1）《墨子间诂》张表、朱略、章传、棪传、史传、志稿、吴折

十五卷，目录一卷，后语四卷。

初本、光绪十九年刊定本、宣统二年刊。

扫叶山房石印本，文瑞楼本。

商务《万有文库》本，中华书局平装本。

涵芬楼影印本，世界书局《诸子集成》本。

叶揆初曰：检书，阅第一次排印《墨子间诂》，原校极精细，即偏旁点画亦纠正无遗，必以原稿对校者。黄溯初谓，此本极难得，不诬也。——《卷庵剩稿》

先生四十七岁，以《墨子间诂》属吴门梓人毛翼亭聚珍板印成三百部，质之通学，均谓必传。——《宋谱》

按：最近出板范文澜《中国通史简编》第一编再板说明中有云"《墨子》多采孙诒让说"之句。

《自叙》附《后语小叙》，全文见《述林》五，录要云：

《汉志》：《墨子书》七十二篇，今存者五十三篇。……以其与儒家异方，故自汉、晋以降，治之者殊鲜，其脱误尤不可校，而古字古言转多沿袭未改，非精究形声通假之源，无由通其读也。诒让乃取毕沅、苏时学注本，用相校核，别为写定。复以王念孙、引之父子，洪颐煊、俞樾、戴子高所校，参综考读，为《间

诂》十五卷。昔许叔重注《淮南王书》，题曰《鸿烈间诂》。间者，发其疑忤，诂者，正其训释。今字义多遵许学，故遂用题署也。

又附《后语》四卷，计《墨子传略》第一，《墨子年表》第二，《墨学传授》第三，《墨子绪闻》第四，《墨学通论》第五，《墨学诸子钩沈》第六。

俞荫甫《墨子间诂叙》云：（上略）墨氏弟子，网罗散佚，参考异同，具有条理，较之儒分为八，至今遂无可考者，转似过之。乃唐以来，韩昌黎外，无一人能知墨子者，传诵既少，注释亦稀。乐台旧本，久绝流传，阙文错简，无可校正，古言古字，更不可晓，而墨学尘霾终古矣。国朝镇洋毕氏始为之注，嗣是以来，诸儒益加雠校。涂径既辟，奥窔粗窥，《墨子》之书，稍稍可读。于是瑞安孙诒让仲容，乃集诸说之大成，著《墨子间诂》。凡诸家之说，是者从之，非者正之，阙略者补之。至《经说》及《备城门》以下诸篇，尤不易读，整纷剔蠹，脉摘无遗，旁行之文，尽还旧观，讹夺之处，咸秩无紊。盖自有墨子以来，未有此书也。光绪二十年夏。

黄仲弢《墨子间诂跋》云：（上略）往读镇洋毕氏注本，申证颇多，而疑滞尚未尽释。盖墨书多引古书古事，或出孔子删修之外，其难通一也；奇字之古文，旁行之异读，讹乱逐窜，自汉以来殆已不免，加以诵习者稀，楮椠俗书，重貤恇谬，无从理董，其难通二也；文体繁变，有专家习用之词，有雅驯简质之语，有名家奥衍之旨，有兵法艺术隐曲之文，其难通三也。江都汪氏中、武进张氏惠言皆尝为此学，勒有成书，而传本未观。世丈孙仲颂先生旁罗异本，博引古书，集毕氏及近代诸儒之说，从善匡述，增补漏略，取许叔重《淮南间诂》之目以署其书。……先生此书，援声类以订误读，审文例以逐错简，推篆籀隶楷之迁变以刊正讹文。发故书雅记之晻昧以疏证轶事。其所变易，灼然如晦之见明；其所弥缝，奄然若合符复析。许注《淮南》，全帙不可得见，以视高诱、张湛诸家之书，非但不愧之而已。绍箕幸与校字之役，既卒业，窃喜自此以后，孤学旧文，尽人通晓，亦渊如先生所云，"不觉僭而识其末"也。

吴士鉴《奏折》云：诒让以墨子强本节用，劳身苦志，该综道义，应变持危，其学术足以裨今日之时局，撰《墨子间诂》十五卷。其书精深闳博，一时的为绝诣。

《清史稿·儒林传》云：所著又有《墨子间诂》十五卷，《目录》《附录》二卷，《后语》二卷，精深闳博，一时推为绝诣。

张謇《孙征君墓表》云：趡哉，君所谓"协群理之公，通万事之变，而无新故，无中外"也。推君学之为用而体承永嘉，所致力近昆山顾氏。士不通经，诚不足以言致用。夫言富强而适今代，则《周礼》之外，无过《墨子》。君以为墨子强本节用，兼爱非攻，足以振世救敝，不止五十二篇以下为兵家之要言也。于是尽引诸本，参综考读，覃思正训，发疑解忤。又旁通邹、梅，证合算理，成《墨子间诂》十九卷。

章太炎《瑞安孙先生传》云：（上略）以为行莫贤于墨翟，故次《墨子间诂》。

墨子书多古字古言，《经上下》尤难读，《备城门》以下诸篇，非审曲勿能治。始，南海邹特夫比次重差，旁要诸术，转相发明，文义犹诘诎不驯。诒让集众说，下以已意，神旨迥明，文可讽诵。自墨学废二千岁，儒术孤行，至是较著。诒让行亦大类墨氏，家居任邮，所至兴学，与长者楷柱，虽众怨弗恤也。

又《孙先生哀词》云：墨经废千载，本隐之显，足以自名其家。

宋衡《孙籀顾五十生日寿诗序》云：奇渥温氏之肆虐也，九域为墟，河岱文明，惨被扫尽，江表一线，危微极矣。而北条氏能以三岛挫其锋，直至德川，不失独立，存古籍，厚遗民，学业迫汉、唐，官制比三代。及明治立宪，教育规模益阔远，故士之稍涉周、秦诸子者，何啻数千万倍今禹域。然其学者殊珍重《墨子间诂》，盖居士所著之《周礼正义》未流彼中，故《墨诂》独称焉。

宋慈抱《瑞安孙氏遗书总序》云：先生之治丙部诸子也，班孟坚分十家别科，太史谈论六家要旨。淄渑各别，璞鼠不淆。而墨学兼爱尚同，尤为其所服膺不置。以为死薄生勤，以非乐相尚；栉风沐雨，慕大圣之劳。绌公输般以存宋，止阳文君之攻郑。智略如商君、吴起，高节希阘、鲁连。至其贯穿道艺，洞明象数。应居六艺之伦，不与九流并列。徒以门人记述，杂出瑕瑜；简册流传，尤多讹夺。渡河三豕，大雅讥焉。爰于治乱余闲，详加勘校。知人论世，征疏漏于龙门；析句分节，媲笺疏于《鸿烈》。漆书三灭，涸笔十年。成《墨子间诂》十五卷，《后语》附焉。俞曲园谓"自有《墨子》以来，未有此书"也。

按：孙氏之治《墨子》，曾与新会梁启超以书函相讨论，其载《述林》十有云：

让少溺于章句之学，于世事无所解。曩读《墨子书》，深爱其撢精道术，操行艰苦，以佛氏等慈之旨，综西土通艺之学。九流汇海，斯为巨派。徒以非儒之论，蒙世大诟，心窃悁之。

尝谓《墨经》揭举精理，引而不发，为周名家言之宗。窃疑其必有微言大例，如欧士论理家雅里大得勒之演绎法、培根之归纳法及佛氏之因明论者，惜今书伪阙，不能尽得其条理。而惠施、公孙龙窃其绪馀，乃流于儇诡口给，遂别成流派，非墨子之本意也。

近欲博访通人，更为《墨诂》补义。倘得执事赓续陈_{兰甫}、邹_{特夫}两先生之绪论，宣究其说以饷学子，斯亦旷代盛业，非第不佞所为望尘拥篲，翘盼无已！

其后梁氏作文，亦时时称道孙公为学，尤其对墨子书之整理推许备至。有谓：

当孙公卒后，其塾师里人王景羲子祥继任校雠刻板，亦有拾遗若干则，汇为《墨商》一书。据宋慈抱《王子祥墓表》云：居数载，辞归，适孙仲容征君归道山，其后人以征君遗著如《墨子间诂》《名原》方次第刊行，非精小学者不能校雠，因以重金乞先生任其役。先生匄于铅椠有得，重定《墨商》一编，赓续《墨子间诂》之后，其得失甘苦未易一言断之也。

李笠曰：今查定本《间诂》，王氏校刊谨严于点划之间，而脱句反不留意。《墨商》亦未佳，当次为《勘误表》或《校勘记》附后。

逮后邑后学李笠雁晴，亦能绍孙公未竟之绪，赓罗各种板本，与今定本《间诂》互勘，并撷集近顷各家之说，参以己意，勒成《定本〈墨子间诂〉校补》二册，由商务印书馆出板。于《间诂》之讹误疏漏，颇多是正补苴，诚治墨学者所必备之参考书也。其书《叙》云：（上略）清代朴学，崇尚客观，整理古籍，羌无结塞。惟当时风气以治经为荣，乙部以下罕事钻研。自毕沅为《墨子注》，始引起诸儒之议论，王氏之《读书杂志》、俞氏之《诸子平议》其尤著者也。然而断珪别璧，未成家数。孙征君籀顾纂辑群言，折中一是，为《墨子间诂》十五卷，同时戴望之《管子校正》、王先谦之《庄荀集解》并勿逮焉。惟考证之学，积锱累黍，有非一人一生所能蒇事者。王引之之《经传释词》，盖袭石臞之遗绪也；刘文淇之成《左氏传正义》，始终三世。孙氏之为《墨子间诂》也，初以聚珍本印行，继复以张惠言、杨葆彝诸人之说，及与同里黄学士仲弢所商榷者，反复推详，始成定本。定本未刊，而孙氏遽归道山，王氏子常复有《墨商》之作。使孙氏得假遐龄，则其成就岂止此而已哉？笠卯年受书，便已私淑孙氏。甲寅之岁，初读《墨子间诂》，辄为举正数字。辛酉夏月，馆邑之南鄙，索居无聊，取定本《间诂》与聚珍本、毕刻本对勘，互有不合，定本之脱讹尤多。因念孙氏《间诂》斟酌诸本，至为勤劬，重刻之后，便有差跌。则孙氏引据诸本，庸无差跌乎？孙氏所未见者，不更有差跌乎？尽校书扫叶之功，伸大儒未竟之绪，积累之事，谈何容易。其时亡友杨君则刚嘉亦体斯指，会获明茅坤校本及《百家类纂》本，并孙氏所未见者，更取孔本、陈本、俞本、《北堂书钞》与定本《间诂》互勘，颇有匡益。笠每欲合杨君所校及王氏《墨商》，撰《墨子校勘记》以为读《间诂》者之助。频以事牵，终年未暇。今岁在王氏家塾为诸生讲授《墨子》，参读梁启超《墨经校释》，见其中有因定本《间诂》致误者，为之不怡累日。……因复重理铅椠，别取张、杨经说，影嘉靖本、顾校本、王注本暨孙籀庼、王子常朱墨校本，稽核异同，推寻义旨。更取则刚所校，附入编中。间有差失，辄为审定。盖论学无私见，亦孙氏治墨之矩也。

又有近人汉阳张纯一作《〈墨子间诂〉笺》、北流陈柱作《〈墨子间诂〉补》、吴县王仁俊作《孙氏〈墨子间诂〉补遗》，皆于孙著多所补正焉。

按：张纯一云：戊申春，孙仲容先生创办温州师范学校，余承乏讲席，盖亟欲治墨家言。不意绝学之难闻也，唯研核于其书，欲有所诠说。八年春，始属稿，屡以事辍。九年任南开、燕京两大学讲席，复撮要为诸生解说。自是赓续钩考，有所得，辄书之。十年冬始毕，乃汇集诸稿，编为一帙，都二十余万言，盖本《间诂》而成，间亦窃附己意。今春，就正于蔡先生孑民，颇承指示。并属以专辑订正《间诂》各条为一编，名曰《〈墨子间诂〉笺》以明学有师承，而仍不苟同之义。余从之，先辑是篇云云。十年十一月自叙。

又按：陈柱尊云：予自志学之年，好治子部，其于《墨子》尤所用心。孙君之书，研寻尤旧。鼎革以后，子学朋兴，六艺之言，渐如土苴。余性好矫俗，乃转而治经，其于《墨子》亦弃之久矣。乙丑之春，兼上海大夏大学讲席，车中无事，聊取《间诂》视之，自是以为常，一两月间，乃裒然成巨册矣。于是发愤为孙书作《补正》，遂博览群书，钩稽异本，而后益知孙氏之说尚多未备，《补正》之作更不容缓。略陈大概，盖有九端：一、解释尚多未备，二、注义尚有谬误，三、古训尚有未明，四、折衷尚多未当，五、独见尚须旁证，六、训诂尚当增订，七、校订尚多漏略，八、刊印不免讹谬，九、体例尚有未善。凡此九者，或须申己见，或博采古今，或足补遗阙，或足资参考。至诸本异同，可供慎择，今兹所撰，亦并录焉云云。

（2）《白虎通校补》

一卷。别有《白虎通义考》上下二篇，全文载于《述林》四。

未刊。

按：《白虎通校补》未有专书单行，民国二十年间，陈赣一将其遗稿逐期刊载而已。

《自叙》云：同治甲子冬，余侍家大人自皖归里，道杭州，购得旧刻《白虎通》，乃十卷本也。余喜其分卷与宋人著述者同，既抵家，乃即家中所有之本校之，凡得数百条。今年夏，仲叔自吴门归，又为携卢君抱经校本来，乃知此本即元大德本也。卢君所校精博，自谓于元、明以来讹谬之相沿者几十去八九，殆非虚语。然其校刻时尚未得十卷本，故仍从明人四卷之本。后得此本及小字宋本，则刻已将成，乃校其同异为《补遗》，然不尽详，于元本之异同多有未经采入者。今秋，余肄经之暇，乃重取藏本以校其字，又取唐、宋人书所引用其异同为卢君所遗者，凡得若干条。惟元本与俗本皆误，卢君据他书订正而明著旧本如是者不录。又元本偏旁多误体、俗体，或不合六书，至于不可胜校，今亦从略。余则虽明知元本之脱误，及古书所引虽无关大义而有一二字异者，亦从录入以广其异。盖古书流传既久，讹误必不能尽，故今补校，宁详毋略，从卢氏意也。所得异同既多，乃仿梁曜北《吕子校补》例，录为斯帙，名之曰《白虎通校补》，期以补卢君之阙。自愧荒陋，不逮卢君远甚，特以元刻流传绝少，故欲与天下之读此书者共悉其详，而某亦与进其愚者之一得，后之校刻此书者，或有取乎？同治四年，岁在旃蒙赤奋若九月既望，孙诒让仲容识。

延钊按：此稿著录数百条，而《札迻》则见其四十余事，校文亦略有异同。殆公以少作重自删订，录入《札迻》而不欲别为专刊耶？——《孙谱》

（3）《札迻》<small>张表、朱略、章传、棪传、志稿、史传、吴折</small>

十二卷。

家刻本，近湖南有石印本。

《自叙》全文见《述林》五，录要云：

诒让年十六七，读江子屏《汉学师承记》及阮文达公所集刊《经解》，始窥国朝通儒治经史、小学家法。既又随家大人官江东，适当东南"巨寇"荡平，故家秘藏多散出，间收得之，亦累数万卷。每得一佳本，晨夕目诵，遇有钩棘难通者，疑忤累积，辄郁轖不怡。或穷思博讨，不见端倪，偶涉它编，乃获确证，旷然昭悟，宿疑冰释，则又欣然独笑。若陟穷山，榛莽霾塞，忽覩微径，遂达康庄。邢子才云："日思误书，更是一适。"斯语亮已！卅年以来，凡所采获，咸缀识简端，或别纸识录，朱墨戬壹，纷如落叶。既又治《周礼》及墨翟书，为之疏诂。稽览群籍，多相通贯，应时笺记，所积益众。中年早衰，意兴零落，惟此读书结习，犹复展卷忘倦，缀草杂逻，殆盈箧衍矣。……今春多暇，检理箧藏，自以卅年览涉所得，不欲弃置，辄取秦、汉以逮齐、梁故书雅记，都七十余家，丹铅所识，按册侈录，申证厥义。间依卢氏《拾补》例，附识旧本异文以备甄考。汉、唐旧注及近儒校释，或有回穴，亦附纠正，写成十有二卷。其群经、三史、《说文》之类，义证宏博，别有著录以俟续订。光绪十有九年十一月。

俞樾《札移序》云：（上略）余尝读古书，每读一书，必有校正。所著《诸子平议》凡十五种，而其散见于《曲园》《俞楼》两杂纂者，又不下四十种。……今年夏，瑞安孙诒让仲容以所著《札移》十二卷见示，雠校古书共七十有七种……至其精熟训诂，通达假借，援据古籍以补正讹夺，根柢经义以诠释古言，每下一说，辄使前后文皆怡然理顺。阮文达序王伯申先生《经义述闻》云："使古圣贤见之，必解颐曰：'吾言固如是。'数千年误解，今得明矣。"仲容所为《札移》，大率同此。然则书之受益于仲容者，亦自不浅矣。……余老矣，未必更能从事于此。仲容学过于余，而年不及余，好学深思，以日思误书为一适，吾知经疾史恙之待治于仲容者，正无穷也。

《清史稿·儒林本传》云：初，读《汉学师承记》及《皇清经解》，渐窥通儒治经史、小学家法。谓古子群经，有三代文字之通假，有秦、汉篆隶之变迁，有魏、晋正草之混淆，有六朝、唐人俗书之流失，有宋、元、明校雠之羼改，匡违捃佚，必有谊据，先成《札移》十二卷。

章太炎《孙诒让传》云：《札移》者，方物王念孙《读书杂志》，每下一义，妥聑宁极，淖入凑理。书少于《诸子平议》，校雠之勤倍《诸子平议》。

宋慈抱《瑞安孙氏遗书总序》云：五经异义，郑司农驳祭酒之疏；三家佚文，马国翰补深宁之阙。学术争友，自古难逢。周、秦之时，九流并起；汉、魏以下，六籍难穷。庄生逍遥之情，孙子孤虚之说。汲郡魏冢，《灵枢》黄经。所注浩繁，恐千家而未已；厥言奥秘，因三写而误传。淮雨别风，笔鍼墨灸。颜师古匡谬正俗，刘中垒以立为奇。先民有作，后起是追。为《札移》十二卷，章太炎谓比曲园《诸子平议》为精也。

近人胡怀琛《〈札移〉正误》一卷。——《朴学斋丛书》第一集本

（4）《四部别录》张表，余皆无著录。

钟斗云：《四部别录》，《四库》未收书籍，仿《提要》例，录为一卷，为未成之稿。——《薛谱》

未刊。

张謇《孙征君墓表》云：其为目录学，有《四部别录》二卷，《温州经籍志》三十六卷，《百晋精庐砖录》一卷，《温州古甓记》一卷。

（5）《学务平议》，一名《学务条议》。

一卷。

按：书末附有罗署正振玉《教育计划草案平议》三条。民国四年石印本。

张謇《孙征君墓表》云：始光绪壬寅之岁，建设温州师范学堂、中学堂，瑞安中学堂、各县高初小学堂，先后七年，都三百余所，资倡而力营之，率底于成。岁必巡视，验以所得。为《学务本议》四则，《枝议》十则，上诸学部以明教育兴革之要。

刘绍宽《题孙仲容师〈学务议稿〉后》云：吾乡孙子楚兰陵，当代经师称老宿。清廷征聘咨议官，勤学成书上当轴。《本议》四篇《枝议》十，持论名通非琐黩。篇末纠正罗氏振玉议，平实周详言可复。吾师应聘作此书，卑无高论贵通俗。属稿初成不自惜，侍史门生勤收录。

2. 单篇

（1）《书洪筠轩〈校正竹书纪年〉后》全文见《述林》六，录要云：

《汲冢纪年》旧本佚于宋时，今所传，乃明人掇拾为之。

近临海洪氏校本略复旧观，然遗漏亦尚不少，甚矣，校书之难也。

刘惠卿、赵匡两君论《纪年》甚详，所举七事，今本并无，洪校亦仅据惠卿本传，补……二事，而赵伯循所举三事亦复阙如，殆偶有不照乎？刘、赵两君亲见《纪年》旧本，足征唐中叶尚有流传，所论亦殊允当，非徒足补洪校之遗阙也。

（2）《〈国语〉九畡义》全文见《述林》三，录要云：

近代治《国语》者，如龚氏丽正、董氏增龄、汪氏远孙，咸未能疏证其义。

（3）《题卢校〈越绝书〉》附考定《内经》八篇目录 全文见《述林》六，录要云：

右《越绝书》，卢绍弓学士所校，余从德清戴君子高假录之。盖以明吴琯《古今逸史》本校张佳胤刻本，又取《史记》《续汉志注》及唐、宋类书征引之文，勘今本之夺误，其举正多精审。

今据《叙外传记》所叙篇目次弟，合以《崇文总目》所纪旧本《内经》篇数，别为《越绝内经目录》。

（4）《书〈华阳国志·序志篇〉后》全文见《述林》六，录要云：

常璩《志》叙述华赡，无后世地志附会缘饰之习，然亦有沿袭乡曲传闻，未尽翔实者。SS

（5）《书顾长康〈列女传图〉后》全文见《述林》六，录要云：

仪征阮氏景刊宋建安余仁仲本《附图列女传》，首题"晋大司马参军顾恺之图画"，顾千里校刻《列女传》因王回《序》有"好事为之图"之语，疑为宋人所伪托。江郑堂则云："尝见赵文敏临顾长康《列女传仁智图》，其画象佩服与此同。"阮文达亦云："尝见内府唐、宋人临长康《列女图》，与此悉同，而微有减小。"窃谓顾《图》真迹，宋时尚存，著录《宣和画谱》。则此图流传模绘，远有端绪，必非余仁仲所能假托。

晋、宋丹青名迹，今希觏如星凤，而此图全帙，犹首尾完具。虽复麻沙枣木传刻，而虎贲中郎，典型具在，剧可宝贵。

（6）《〈白虎通义〉考》上下篇　全文见《述林》四，录要云：

《白虎通义》之名，见于《后汉书》者三：曰《议奏》，曰《通德论》，曰《通议》。晋、宋以后群书援引及隋、唐《经籍志》并曰《白虎通》，《新唐书·艺文志》曰《白虎通义》，《宋史·艺文志》及宋人书目并曰《白虎通德论》。其流传之本，则宋小字本据卢校本、元大德十卷本及期诸刻本并题《白虎通德论》，乾隆《四库全书》本依《后汉书·儒林传》及《唐·艺文志》改题《白虎通义》……

窃尝以"白虎通义""白虎通德论""白虎通"三名详考之，而知"通义"为建初之原名，"通德论"为六朝人之改题，"白虎通"为援引之省字也。

（7）《〈牟子·理惑论〉书后》全文见《述林》六，录要云：

唐、宋以后，世无单行本，近世毗陵孙氏始从释氏《弘明集》抄出刊行，首尾尚完具可读。……此书尘霾梵夹，为儒者浏览所不及，故唐以前史注、类书援引甚鲜。孙氏始表章之，而未暇为之考覈文字。长夏多暇，偶得鄂中新刊本，捡平津旧刻雠核一过，记忆所及，辄牵连书之，俾世人知两京遗笈，虽佛道家言，犹足资考证也。

（8）《续明鬼篇下》全文见《述林》三，录要云：

（上略）知鬼神之为微气所聚，则知其为真实之质。知微气之有所聚而必散，而其永久不散者，必有特异之能，要其非幻化则同也。夫日月之光，遇地气而成晕珥，光景蔽隔则成视差而为薄蚀，雨气对日，光线遇折而现七色，则有虹蜺，海气下摄，到景则为海市，此咸众著于常人耳目之间，而皆幻也，非实也。若鬼神，则不见不闻，而实有精气游魂聚散之理，则固实也，非幻也。但以虚空微渺，迹象旷绝，而流俗浅人凭臆窥测，莫能究其原理。或信之太过而崇阐巫风，或疑之太过而昌言神灭。众论舛驰，殆皆未窥其本矣。

（9）《记旧本〈穆天子传〉目录》全文见《述林》九，录要云：

旧抄本《穆天子传》卷首荀勖《序》前，有结衔五行。……明以来刊本无此五行，惟旧抄本有之，盖犹西晋时校上之旧。汉刘向校定古书目录，皆属于《叙》后，故司马贞《史记索隐》引《穆天子传目录》云："傅瓒为校书郎，与荀勖同校《穆天子传》。"宋本高绩古《史略》亦云："郎中傅瓒，即师古注《汉书》所引臣瓒者也。"皆即指此《叙》首五行也。臣勖者，荀勖；臣峤者，和峤。孔颖达《左传后叙》疏引王隐《晋书·束晳传》云："汲郡初得此书，表藏秘府，诏荀勖、和峤以隶字写之。"此《叙》盖勖、峤二人同进，故称臣而不著姓，吴琯《古今逸史》及近时洪筠轩校本所载《叙》，并止题荀勖撰，误也。

（10）《易简方叙》全文见《述林》五，录要云：

宋永嘉王德肤《易简方》一卷，见陈氏《直斋书录》、马氏《经籍考》，明以后，自《文渊阁书目》外绝无著录，盖中土久无传本矣。此本为倭宽延中刊本当中土嘉庆间，……曩游沪渎，于书肆购得此本，敬呈先君子，以其为吾乡宋、元医家最古之册，惊喜索日，手跋其后，拟重刊之。而先君子以甲午冬捐馆舍，诒让孤露余生，未遑理董。既释服，乃检付梓人，以仰成先志。……光绪戊戌孟陬。

（11）《瑞安新开学计馆叙》全文见《述林》五，录要云：

光绪乙未，东事甫定，中国贤士大夫始蠢然有国威未振之惧。于是京都及南洋皆有强学书局之举，而瑞安同人亦议于邑城卓忠毅公祠开学计馆以教邑之子弟。……学计馆之开，专治算学以为致用之本。……丙申三月。

（12）《记瑞平化学学堂缘起》全文见《述林》十，录要云：

（上略）迩来中土士大夫始知自强之源莫先于兴学，内而京师大学堂，外而各行省，公私学堂林立，无不以化学为首务。而温州独未有兴者，斯不可谓非阙典也。不佞曩与同志撢研西艺，浏览新译各书，深知斯学之体精而用博，而苦无堂舍以资其聚习，无器质以闳其考验，故略涉其藩而未能深窥其奥窔。爰与平阳杨君愚楼、吴君霁庵、同邑金君邂庵筹议集赀千金，于郡城开设学堂，广购书器与夫金石药剂，萃一郡之学人志士，相与切磋，讲贯于其中。……光绪祝犁大渊献二月。

（13）《与友人论动物学书》全文见《述林》十，录要云：

动物之学，为博物之一科。中国古无传书，《尔雅·虫、鱼、鸟、兽、畜》五篇，唯释名物，罕详体性。《毛诗》陆疏旨在诂经，遗略实众。陆佃、郑樵之伦，摭拾浮浅，同诸自郐。西欧此学，著录殊伙，自布拉默特人蝯以下，遝于动植，不分微生、原虫，靡不包综，信专家之盛业。惜西人于中国古籍鲜能淹贯，不能稽核同异耳。不佞谫陋，间就译册研涉一二，尝取其说与中籍互相推校，颇多符合。

至古鸟兽虫鱼种类，今既多绝灭，古籍所纪尤疏略，非徒《山海经》《周书·王会》所说珍禽异兽荒远难信，即《尔雅》所云比肩民、比翼鸟之等，咸不为典要。而《诗》《礼》所云螟蛉、果蠃、腐草为萤，以逮鹰鸠、爵蛤之变化，稽核物性，亦殊为疏阔。

（四）文献类

1. 专著

（1）《温州经籍志》

三十三卷，《外编》二卷，《辨误》一卷。

民国十年浙江省图书馆刊本。民国十年浙江巡按使屈映光序而刊之，板储浙江图书馆。

子延钊有《续志稿》，未刊。

按：据林若川癸丑《榕楼日记》云：二十午下访叔兄，并报告《瓯海轶闻》稿已检得，尚缺二卷，《永嘉经籍志》亦检得，此真逊学桥梓呵护有灵，为之狂喜。

又《寄鹤巢日记》云：孙仲容《永嘉经籍志》已为取来校阅，虫蛀颇重，冒鹤亭已函请都督民政长拨附加税三千番为刻此书经费，已允所请，归五县摊派。此系国粹攸关，九泉之下，想必为之雀跃也。

《叙例》全文见《籀庼述林》九，录要云：

温州自唐以来，魁儒玮学，纂述斐然。而图经所载，仅具书名，不详崖略，疏漏踳谬，研讨靡资。今特为补辑，勒成斯编，粗存辜较，兼拾阙遗。匪敢谓梓桑文籍尽备于斯，然唐、宋而后，嘉、道以前，耳目所及者，亦略具矣。

此书之作，意存晐备，故辄远轨鄱阳，近宗秀水，庶广甄录，用备考稽。

故此编分类，一遵四部。至于子目分合，古录多殊，惟乾隆《四库总目》辨析最精，配隶尤当，今之编纂，实奉为圭臬焉。

写录之次，马、朱互异。贵与殚心旧录，故《叙》《跋》系晁、陈之后；锡畅博综佚闻，则《传》《状》冠《志目》之前。凡此科条，未为允协。今之写定，辄为更张。大抵每书之下，《叙跋》为首，《目录》次之，评议之语又其次也。其有遗事丛谈，略缀一二。苟地志已具，则无贵繁征。至于申证精奥，规检讹误，一得之愚，不敢自秘，殿于末简以质大雅。己巳之夏，属稿伊始，寒暑再更，条绪粗立。凡为卷三十有三，《外编》二卷，《辨误》一卷注附焉。著于录者一千三百余家，所目见者，十一而已。自知徒殚句集之勤，未窥述作之旨，纰缪夺漏，惧弗克免，用俟方闻，理而董之。注：鞁许楼藏抄本一本。

《征访温州遗书约》云：家君纡绶名藩，殚心乡学，悯遗文之就坠，惜旧业之不昌。簿书之暇，不废丹铅；舟车所至，辄增卷帙。《佚闻》编写，罄侧理之千番；丛笈精刊，富杀青之万简。诒让仰承庭诰，博访奇觚，爰竭愚蒙，略为鳃理。礛栝义旨，仿中垒《别录》之规；揅揭存亡，蹃秀水《经考》之例。为《温州经籍志》卅六卷，觊以广丛甄微，拾遗补艺。复以见闻所域，捋采未宏，乃驰尺素之书，冀代一瓻之藉。广征秘庋，助我旁搜。倘求善价，愿易以精缪；或付写官，移誊夫福帙。庶几绛州《诗谱》，入永叔之搜罗；汲冢《纪年》，裨征南之考证。延伫大雅，鉴此渴衷。……

吾乡文献，二百年来散失殆尽。无论宋、元旧籍，百不存一；即前明及国初诸老所著，亦大半无传。其幸存者，多系旧椠秘抄，单本孤行，最易湮坠。更数百载，恐益无从采辑，甚可惜也。兹欲广为搜罗，以钩沈补逸。凡遇先哲著述，片纸只字，无不收拾。诸家倘有储藏，不论时代远近，卷帙多寡，均祈惠示，俾得抄存福本，甄其精要．校梓以广流传。——《籀庼遗文》下

仪征刘寿曾《叙》云：（上略）瑞安孙仲容同年，博闻强识，通知古今，承吾师琴西先生过庭之训，于其乡文献尤所研究。以郡县旧志之于经籍，疏漏舛驳，无裨考证，而姜氏之书又不传也，乃讨论排比，成书三十七卷，得书目一千二百余家。其部居分合出入，一遵《钦定四库书目》，编纂义例则多本马氏，马氏所未备者，则宗国朝朱氏《经义》例。

吾师尝编《永嘉学案》以见派别之正。又曰："欲捄今汉学、宋学之弊者，其永嘉乎？"以仲容之贤而好学，而诵法其乡先生之言，见于撰著者又如此矜慎，则他日大展儒效，广永嘉之学于天下以达于风俗政教者，其必有在也。

宋慈抱《瑞安孙氏遗书总序》云：先生治经史小学，于乡邦文献亦所不弃。谓瓯海自有唐以还，永嘉宿学，陈、叶绝伦；伊洛微言，周、郑撢赜。合经义于治事，依稀安定之门；以会文而辅仁，契合嘤鸣之义。人文蔚起，炳耀千秋；著述浩繁，树立一帜。恐方来之忘祖，爰急事于探源。以刘向校录之裁，为关东坟籍之志。是马贵与，则《通考》创例；是朱彝尊，则《经义》存疑。为《温州经籍志》三十三卷，《外编》二卷，《辨误》一卷。

临海屈映光《叙》云：浙江为著作之林，瓯海更人文之薮。华盖洞天之胜，丹霞赤水之奇。足以亭毒万流，胚胎众秀。止斋、水心导其绪，茂恭、宗豫踵其徽。靡不家握隋珠，人怀宝椠。盛名鼎鼎，大集觥觥。而陶隐山荒，空留丹室；奎文亭在，难觅青箱。虽盛弗传，致可慨已。则有瑞安孙先生仲容，誉推宗匠，系出名门。家学凤膺，箕裘克绍。凡夫虫篆之迹，豹鼠之辨。表蓺经天之制，广轮纬地之仪。九轨二历，参《周髀》之绪；合黎弱水，补涿鹿之遗。莫不寄怀绵邈，植思幽邃。奥窔独辟，畦径能探。张茂先之洽闻，三十余乘；郑夹漈之博物，五十八签。方之昔贤，殆无愧色。而又瀹心众妙，洞镜万流。腾舌名公，出扬朱育之对，关心乡里，入著虞卿之书。累月经年，旁搜远绍。爰考求乡先达著作，上断唐、宋，下迄胜国，撮其大要，别其存佚，成《温州经籍志》三十六卷，列名者千三百余家，伟矣，备矣！

按：屈氏台州临海人，作此序时在民国四年，正任浙江省长职。故又曰：映光昔在梓乡，久钦星斗；泊游杭会，亲接风规。备承荀鹤之仪，窃起聘龙之叹。高文典册，一生首重宣城；前辈芳型，当代尤倾北海。一自皖水驱车，金陵揽辔。再归东越，已恸西州。人琴俱亡，梁木安放。会以备官屏翰，观政乡邦。每当尘读之余闲，时复缅怀于旧德。窃欲广搜遗著，大阐幽光。仰体国家励学之心，以尽斯文后起之责。（下略）

薛钟斗《戏言校记》云：孙仲颂诒让先生《温州经籍志》，搜罗郡人著述甚完备，独缺说部、制艺二类。勿录《琵琶记》一书，犹有言之；至王魁则无知之者，诚可惜也。邑志列王元哲会昌《绯桃咏》《髯姝姗》二部，其书亦未流传，知湮没者多矣。明时，乐清陈志非一球有《蝴蝶梦传奇》，不知尚存否？去秋与洪炳文栋园丈剌取永嘉乡先生遗事若干则，各编传奇。洪丈新编者，为《孝廉坊》仰忻事、《天水碧》赵与释事、《鹿木居》邹元檄事、《白桃花》白老三事；余所编著，为《泣冬青》林霁山事、《使金记》宋之才事、《双莲桥》见永嘉志、《女贞木》白姑娘事。冒先生尝以温州戏学与永嘉经制之学相提并论，称为"二霸"，洵非虚语。——《寄瓯寄笔》

孙延钊《〈温州经籍志〉校勘记略例序》云：《温州经籍志》者，先考籀顾征君公二十六种遗著之一也。稿曾两易，再稿卷首有清光绪三年刘寿曾《叙》。是年公三十岁，则是书盖三十以前所作。而公三十以后，殚心尽力于经子小学，撰述日新且繁，遂不遑重董旧著，稿本辍置箧衍垂卅载，而公捐馆。又十余稔，浙江图书馆征副以付剞劂。顾印帙流行，读者颇病其疏忤。民国丁卯，延钊自燕京归，检点初、再各稿，谋别镌之于家，而里中梓人寥落，难于集事，乃有意先事整理淅刊。同时延钊复草创先祖琴西太仆公及公年谱，而余从侄师觉亦有志于《玉海楼藏书志》之纂次，几席相亲，晰夕共讨，庋册槛编，检索略遍。每于此刊本发见讹文错简，辄随笔斠正，而商榷以决其疑，各缀眉编，合誊为斯记。《志目》未著录之书，延钊窃拟采辑至清末止，依《志》例为《后志》。

按：民国三十六年一月十日，余归自杭州，即至籀园观书。知图书馆以九十万元新购得瑞安杨绍廉子林家藏书，金石文字书居多。承馆员潘君出视《温州经籍志》初稿抄本，书已蠹蚀，幸其中多仲容前辈注语及案语，钩乙删改，藉见著述方法与用心。间附杨氏校补之句，盖杨据定稿补之也。愚谓此书虽云初稿，实则几经改定，其编次分类按书自成一页，后加按语。然亦有前已抄成者，可见非初稿矣。

杨谓孙书是依目著录，未检全书，故尚有遗误。

纸刻《述旧斋正本》。朴垞识。

（2）《永嘉郡记集本》张表、朱略、章传、吴折

一卷。一称"佚文"刘宋郑缉之原著，孙诒让校集。

家刻本。民国元年石印《蓼绥年刊》创刊号。

按：杨嘉《曝书随笔》云：籀顾先生《永嘉郡记》辑本刻成后，又补校数条。前得一初印本，有黄仲弢先生校语一条，予亦补校一二，拟为复刻，补入校语，颜曰《重校〈永嘉郡记〉》

《自叙》见《述林》九，录要云：

《永嘉郡记》者，刘宋郑缉之之所撰也。其书叙载翔实，虽复散佚之余，劣存

百一，而肇典午之渡江，逮彭城之膺箓，旧闻坠记，犹见辜较。国朝姚安陶珽盖尝略采一二，羼著《说郛》，既未富于钩甄，亦无详于萌柢，偶涉考览，辄为叹息。爰竭謏闻，重为茜辑。目诵所及，捃摭略备，锥指有得，申证颇众，凡五十余条，定著为一卷，仿《东阳记》也。

吾郡文献寂寥，图记悠谬。诒让尝事研校，刊厥舛误，觊得旧经，用资参检。而宋元诸志，沦坠遂等于《邱》《坟》；齐梁以前，暗昧乃同于巢、燧。补阙拾遗，仅此残剩；碎璧零玑，弥足珍贵。屠维大芃，校集粗竟，藏箧十载，重为理董，聊付杀青，贻之方来。庶几神帆仙石，勾绝代之殊闻；蛎屿鱼仓，备职方之典录云尔。诒让书于江宁之瞻园，光绪四年。

又案语云：《永嘉郡记》，按，郑氏《永嘉郡记》，宋以后久佚，余从《世说注》诸书辑其逸文为一卷。记中所载山川长亭最为详悉，今多不得其地。如……并足裨补地志之缺，附识之以谂后之精于舆地者。

宋慈抱《瑞安孙氏遗书总序》云：复以瓯维图牒，缉之实称先河；玉清伐材，梦溪误言灵岳。神帆仙石，绝代之殊闻；蛎屿鱼仓，行人所宜录。爰缉逸文于秘籍，期昭诵训之遗言。为郑缉之《永嘉郡记》佚文一卷。

（3）《温州建置沿革表》张表，余皆无著录

一卷。载《蓼绥年刊》创刊号。

按：薛钟斗作《孙公年谱》云：《温州建置沿革表》，见辑本《永嘉郡记》注，稿已佚。

有《引》，录要云：

余辑《永嘉郡记》既毕，病明以来图经所载沿革表舛午不足据也，乃以旬日之力重为一表，以附郑《记》文后。

诒让弱冠观书，旁涉乙部，盖尝读史志而知地志之不足据，读唐、宋以来舆地专书而知史志亦不无伪夺也。因博稽往籍，作为一表。

张謇《孙征君墓表》云：为地理学，有《温州建置沿革表》一卷以裨益文献，津逮方来，不足尽君之大凡也。

（4）《永嘉丛书札记》有《浪语集》札记

稿本，未刊。

按：薛钟斗作《孙公年谱》云：《永嘉丛书》惟《水心文集》为太仆公手校，《水心别集》为遵义李春龢刊，余均为先生校订。又案：《温州经籍志·浪语集》：

"同治辛未，家大人命诒让参合各本，精校付刊，复录其异同，为《札记》口卷，然其讹缺，尚未能尽补正也。"是《浪语集》不仅为先生手校，且尚有《札记》若干卷，惜无从搜矣。

校刊太仆公《瓯海轶闻》，钟斗云：《瓯海轶闻》数十卷，先生尊人孙太仆公所辑也。先生细加校勘付刊，未终卷，而先生殁。

（5）《永嘉县志》黄岩王棻主编。

王棻《与孙仲容书》云：（上略）近者谬承鳌翁先生之荐，张静芗县尊瞩棻与戴君同修《永嘉县志》，弟既末学肤受，于古志义例及贵郡掌故全未讲求，而局中置书不多，无从措手。因思阁下储藏过于曹邺，著作丰于班、扬，而乡邦文献所系，搜罗尤富，编辑已多。且闻尊人内召，凡购刊之籍，自当捆载而来。但恐时日迁延，未能先睹为快，谨将所需书目写列别纸，乞封庋数厨，迅交妥友先带来瓯以供翻阅，不胜企踵待命之至。——《柔桥文钞》

戴咸弼《光绪〈永嘉县志〉序》云：嗟乎！永志失修百二十年于兹矣！道、咸间，前令汤君成烈缉《志稿》若干卷，体例渊雅，讨论精详，力矫乾隆《志》疏略舛漏之弊，盖善本也，惜未成书而罢。既而荐经"寇乱"，相率因循，失今不修，后将谁属？乙卯，余干张侯宝琳莅任之三年，政理之暇，访故牒，镜前徽，知志板阙如，喟然曰："志顾可缓乎哉？"时吾乡徐君梅客幕中，实怂恿之，遂锐意重修，虽资未集，勿顾也。于是授简中山院长黄岩王君棻，猥及鄙人，分任笔札。除馆郡庠，集诸生之秀而文者，稽古谉今，网罗放失。会孙太仆桥梓自金陵归，出所撰述甚富，又尽弆家藏秘笈有关永嘉掌故者，移庋局中以资博览，不下万余卷。文献足征，诚不易逢之嘉会也。

所幸太仆哲嗣孝廉君诒让博雅淹通，近在咫尺，每有疑义，辄移书咨询，获益滋多。——《蓡绥年刊》创刊号

（6）《〈东瓯金石志〉校补》

十二卷。嘉兴戴咸弼撰，孙诒让校补。

光绪二年刻本。

宋慈抱《瑞安孙氏遗书总序》云：东瓯金石，肇始晋宋。如稚川仙坛之刻，谢客飞霞之题。降逮天水，著录尤多。自戴鳌峰勒为专书，于阮芸台颇有补录。然搜寻徒劳，考订未备。先生为旁证诸籍，补作释文。天监以还，砖甓日出，其年月可以证史，其姓名可以知人，并附列其下，为《〈东瓯金石志〉校补》

十二卷。

李笠《我对孙先生仲容的认识》云：先生不但注意到时代的新材料，对地方性的新材料亦同样地注意。如《东瓯金石志》一书，虽与戴咸弼合作，而先生之功居多。——《图书展望》复刊号

（7）《温州古甓记》张表，余皆无著录

一卷。

铅印本。民国二十年，邑人陈准以活字本印于中华书局。

又附拓本，戴幼和集拓，陈准释文，写本，插拓片，十册。

《自叙》全文见《籀庼遗文》上，录要云：

庚辰十月，家大人以盖竹先茔封土，命诒让往视工。归时，道过邑之廿四都下湾，……试登山观之，冢已破坏殆尽，零砖满地。检视其文，则晋泰和二年作也。拾其完善者数块，携归以示林、周诸君，咸惊叹为得未曾有。阅数日，复携工往为修葺，并搜剔遗砖，所得甚伙。乡农闻余得砖，皆相与聚观，则诧曰："是垒垒者，何遽珍重若是？某村某山，破家堪埋，其砖乃亦皆类此。"盖各乡旧甓出土者甚多，樵牧者习见之，初不知其为古物也。则相率导余往求之，短屐长锸，寻访累日，得晋至梁砖无虑数十种。乃知荒堙广隧间，零落者不可胜算，惜曩时无过问者，村农遂取以搘床垒灶，率多毁灭，今之仅存者，乃其千百中之一二。来告者日众，辄偕林、周诸君访致之。又旁及他县，咸有所获。检校其目，以视文达所录《两浙砖文》数殆过之。其文字多完具可读，因摹刻为《温州古甓记》，通八十余种，为一卷。

按：南通张季直撰先生《墓表》，载其余书，有《百晋精庐碑录》一卷。"碑录"乃"砖录"之误也。

钟斗云：叶氏《存古丛刻》金石书目，列孙诒让《百晋精庐砖录》。按：《砖录》附刻《东瓯金石志》。——《薛谱》

戴家祥《书孙诒让年谱后》云：先生于光绪庚辰之岁年三十三，得晋泰和砖于盖竹村。后又倩人搜访，得晋、宋、梁、陈砖七十余块，因以"百晋精庐"署斋额。记其文字尺寸，有《温州古甓记》一卷；后拟摹刻字体花纹，为《百晋精庐砖录》，而工匠不能胜任，今板样存留玉海楼者，不过四五方而已。朱氏误信张氏之说，剌取《籀庼述林》卷八碑跋十四篇，系于同治甲戌，当《百晋精庐碑录》之一部，未免武断。

李笠《我对孙先生仲容的认识》云：先生又搜集瑞安、永嘉附近的古砖，著《古甓记》，这都属于地方性的新材料的整理。——《图书展望》复刊号

（8）校刊《蒙川遗稿》四卷

《跋》略云：刘忠肃《蒙川集》，《宋史》本传及忠肃弟成伯《叙》并作十卷。今所传《遗稿》四卷，乃广东左布政使永嘉阮存存畊所辑刊，非足本也。又云：同治戊辰，诒让应礼部试，报罢南归，道出甬东，购得写本，尚为阮编之旧，乃得尽刊今本之谬。家大人遂命校刊以广其传云云。

（9）校刊《横塘集》二十卷

《跋》略云：宋元丰间，作新学校，吾温蒋太学元中、沈彬老躬行、刘左史安节、刘给谏安上、戴教授述、赵学正霄、张学录辉、周博士行己及横塘许忠简公景衡同游太学，以经明行修知名当世。自蒋、赵、张三先生外，皆学于程门，得其传以归，教授乡里，永嘉诸儒所谓九先生者也。蒋、沈二先生皆未仕而卒。其仕者，戴明仲、赵彦昭、张子充官皆不达；周浮沚、刘左史、给谏昆弟几达矣，而二刘官不过侍从，浮沚由馆职出为县令以殁，未尝得尺寸之柄以昌其学也。至于汴京倾覆，中原沦于完颜，伊洛大师既鲜存者，永嘉诸先生亦多先卒，不及见南渡之兴。惟忠简扬历中外，建炎初，首参大政，虽扼于汪、黄，甫进即退，赍志以殁，不获竟其设施，然勋节显著，为世名臣。盖元丰九先生惟忠简独后卒，名德亦最显。厥后永嘉学者后先辈出，多于忠简为后进，或奉手受业其门。靖康、建炎之际，永嘉之学几坠而复振，于忠简诚有赖哉！

又云：《大典》本所佚而见于他书者尚多，拟捃辑之别为补遗，俟他日补刊之云云。

（10）校刊《竹轩杂著》六卷

《跋》略云：右《竹轩杂著》六卷，宋太常少卿永嘉林公季仲所著。少卿从横塘许忠简公学，于伊川为再传弟子。建炎间，以丰国赵忠简公荐入朝，后以疏沮和议，与丰公同黜。其师友渊源及立朝风节皆卓有可纪，而《宋史》不为立传。《杂著》十五卷亦久散佚，故全吉士祖望修《宋元学案》，亦以公遗书不传为憾。乾隆间，与许公《横塘集》、赵公《忠正德文集》同于《永乐大典》录出，始复传于世。虽掇拾之余，编帙残缺，不及原书之半，而忠谠遗文，沈霾千载，幸际右文之代佚而复显，岂偶然哉云云。

（11）校刊《止斋集》五十二卷

《跋》略云：家大人既校刊刘、许诸先生集，复以止斋永嘉魁儒，而遗集世无佳刻，乃检家藏明椠两本，手自雠勘，得以尽刊林、陈两刻之谬。其明椠误夺，今参检群籍补正之者复得数百事，虽不能尽复宋本之旧，而较之明椠已略为完整，不论林、陈两刻也。官斋多暇，遂刺举同异，揭所据依，写为定本。光绪戊寅春开雕于江宁，而命黄岩王工部彦威及诒让覆勘一过，并命记其校雠之例于册尾以示读者云尔。

2. 单篇

又有《瑞安县志局总例》六条，《瑞安县志局采访人物条例》《征访温州遗书约》等，皆关乡邦文献者。

（五）结集类

1. 专著

（1）《籀庼述林》张表、章传、志稿、吴折

初署《撢艺宧杂著》。薛钟斗《年谱》云：《籀庼述林》为晚年写定。

十卷。

家刻本。多讹脱。展览专载云：王国维有眉识。王静安校《籀庼述林》十卷，一册，原刻本，北平图书馆藏。

按：《述林》髣髴汪中《述学》，大凡关于诠释的、考证的、论辨的单篇文字，以及所著书自序，备见于此。书刊于先生身后，出其从弟诒棫增定，有刘师培《序》。

刘师培《述林序》云：《籀庼述林》者，父执瑞安孙先生仲容著也。先生质亚生知，照邻殆庶。密察足以有别，徇齐足以达旨。覃精《官礼》，展也大成；探赜《墨书》，通其诘诎。传之当世，具有专篇。其有单篇通论，体非一致；手辑斯录，定著八卷。笺书记状，时有遗略，介弟季芃先生更续缵辑，上足前刊，都为十卷。综其梗枭，可得而言。

师培少奉清尘，长窥绪论。聿披注帙，如诵德音。校安国之书，载惭子政；识扬云之业，窃比君山。故论其大旨，述为序赞云尔。民国六年十月。

宋慈抱《瑞安孙氏遗书总序》云：至于文人通病，许、郑谈经，不善文章；任、沈多才，未谙考据。先生则序跋之作，比辛楣而尤精；骈俪之文，与巽轩相比美。解经诂史，每有专篇；考献征文，尤多名作。如邶、鄘、卫之考，贡、助、彻之分。定毛公鼎之释文，辨罗昭谏之伪作。均见于《籀庼述林》十卷中，盖比汪中《述学》且远过之。

孙延钊《籀庼述林跋》云：原稿初署《攈艺宧杂著》，有光绪丙子刘叔俛校读之记，旋改今署。……延钊既取浙刻本《温州经籍志》、家刻本《周礼正义》《名原》覆勘卒业，乃着手为此册之雠斠。

《经微室遗集跋》云：先征君生平著述，其为专论者都二十五种。而缀草未竟之作犹不与焉。单篇论撰，见于《籀庼述林》者百二十七目，出自手订，抉择精严，刘申叔以谓"子兵余裔，非文翰支流"。呜呼，尚矣！至于许文杂制，随口而出，援笔立就，大率篋不留稿，浸以放失。当日自以为命世传远，固在彼而无贵于此。——《图书展望》复刊第五期

张尔田云：昔俞理初目所造曰《类稿》，近孙籀庼亦题所著曰《述林》，彼诚感夫文与质之不相丽，而思有以正其名也。——《传经室文集序》

（2）《经微室遗集》

八卷，四册。

玉海楼抄本，子延钊辑本，未刊。

有《跋》，延钊作。见《图书展望》复到第五期。录要云：至于遗文二十余篇，则别册仍存，俟更远搜广访，旁及诗词，意将纂为《经微室遗集》。

（3）《籀庼诗词》

一卷。邑人杨嘉辑，附刊《墨香簃丛编》。

杨纪廉《跋》云：孙籀庼先生著作等身，刊刻传世者，大都发挥经义，斠注周、秦诸子，考正金石、龟甲文字之书。生平题跋诗词，多不存稿。甲寅国庆纪念日，瑞安杨某识于江宁卭署。

按：二君意在搜罗孙氏遗佚文字，以补《述林》之阙。顾急于成书，校勘未审耳。应各分录其篇目于此，以便与志林《永嘉集补编》、孟晋《经微室文集》所选相比较。

（4）《籀庼遗文》

二卷。邑人陈准辑。

民国十五年颍川书舍石印本，有李笠《序》。

《朱略》云：诒让为文，精遒雅正，以经学深掩其词章名。

（5）《白话文录》

孙家后人公达辑，今存玉海楼。

薛钟斗亦辑有《孙籀高白话文稿》一卷，存《寿萱草堂丛书》中。

按：孙公所作白话文，《青鹤杂志》载有数篇，系公之从子宣公达所投稿也。

（6）《〈顾亭林诗集〉校记》。昆山顾炎武原著，孙诒让校记。

一卷。稿本载于《瓯风杂志》上。

又《惜砚楼丛刊》排印本。

《录要》云：《亭林诗集》六卷，传校原抄稿本。潘稼堂刻本并为五卷。以潘刻本勘之，得佚诗十有八篇，潘刻所有而文字殊异者又逾百事，潘刻亦有初印本及重修之异，修板本缺字殊伙。初印本并与原抄本同，今不备校。谨校写为一卷。

呜呼！兰畹剩馥，桑海大哀。凄迷填海之心，寥落佐王之学。景炎跸去，空伤桂管之虫沙；义熙年湮，犹署柴桑之甲子。捃兹一掬之煤炱，恐化三年之碧血。偶付掌录，读之涕零。后之览者，倘亦亮其存楚之志，而恕其吠尧之罪乎？兰陵荀羡。

《集外诗注》中间有佚事，张氏《顾先生年谱》咸失载，疑石洲亦未睹原抄本也。羡又记。此《跋》家君已录入《永嘉续集》。——《曝书随笔》

按：此传校原抄稿六卷本，潘稼堂写为此册，手跋其后。余杭章太炎《检论·小过篇》谓："诒让发言，常有隐痛。"往往以孙诒让校《亭林集》后，系诗云："亡国于今三百年。"然检此册，不见所谓系诗，惟跋尾辞意悽绝，亦可以概见所谓隐痛之情矣。

钟斗云：按，《亭林集》手校本余曾见之，但无系诗，然观此，可推想先生之抱负矣。——《薛谱》

章太炎《检论》九注：孙诒让校《亭林集》，是时尚畏清议，自署荀羡，盖以孙音通荀，诒让切羡也。其与余书，或触忌讳，皆署"荀羡"名。《太炎文钞·瑞安孙先生哀词》，附先生最后书亦然。

其《自题〈亭林集〉校本后》云：岂愿区区王佐学，苍鹅哀怨几人知？流离幸早一年死，不见天骄平郑时。万里文明空烈火，人间犹有《采薇》篇。临风掩卷忽长叹，亡国于今三百年。越东遗民荀征，戊戌。《瓯风》本无此诗夏先生瞿禅题先生《经微室遗集》词："礼堂余沈，七家流传千口禁；旷代亭林，识此存韩哀郢心。"自注：公校《亭林诗集》，题诗有"亡国于今三百年"句。又章太炎先生寄公《訄书》，公署叙目后曰"辛丑后二百三十八年己亥"。辛丑，顺治十八年，永历被执之岁也。又曰：公主温处学务处，与清吏楬柱甚苦，几以文字遘大狱。王季思云：详见平阳刘次饶《籀园笔记》。

顾集校文别行自先生始。当时以一本寄章先生太炎，民国改元，印入《古学丛刊》，先生已先四年卒，不及见矣。又一本迄今藏于家，民国二十三年再印入《瓯风杂志》，改称《顾亭林诗校记》，误夺滋多，重校单行未能免。嗣君孟晋又据稿本校示，仍称《亭林诗集校文》。则加《顾亭林诗校记》乃《瓯风》编者所改称，今不从。——近人徐益藩《孙先生〈亭林诗集校文〉后记小笺》。《浙江学报》第一期第三号

陈谧云：右《顾亭林诗校文》及佚诗补若干首，都为一卷，乡先达孙籀高先生诒让之所作也。此记作于清光绪戊戌、庚子之间，寄示党人某君之书，未署"兰陵荀羕记"五字，盖避当时党禁之祸。昔荀卿以汉宣帝讳，史称或曰孙卿。故此以"孙易荀"，"羕"字又为"诒让"二字之转音。而别署"兰陵"者，其即以荀卿尝为兰陵令欤？——《瓯风杂志》

林同庄《鉴止水斋谈屑》：乡人林庆云志甄《跋惜砚楼丛刊》云：次孙籀顾征君《顾亭林诗校记》一卷，此作曾载神州国光社《古学汇刊》中，云未之见。是册得之征君哲嗣孟晋先生，悉依手稿重校，与前杂志所录迥异，洵佳本也。（节录）——《蓼绥年刊》创刊号

黄晦闻节《顾亭林诗注》。

按：黄注顾亭林诗，于史事考证极确，于诗意亦发明甚详。中道而殂，至堪痛惜。——民国廿四年一月于北平寓庐。

关于顾氏诗注，吾乡哲孙公仲容亦曾为之。盖彼时值国难，有志之士盛倡维新以救中国。公与绍兴陶某等密组会社，改名荀羕，并校记顾诗以示其意焉。余前年在杭参观浙江省文献展览会，始知之。复览其子延钊孟晋所作讲演词，中亦叙及此事云。——《温中校刊》

阅顾亭林诗，多爱国语，何怪孙仲容、章太炎、黄晦闻辈好治之。——朴垞《日记》

摘录顾亭林诗句，侧重典故，以为作联等应酬文之资料，甚有趣。教书余闲，

摘抄顾诗。——《日记》

（7）乾隆《温州府志》

按：……其书为齐侍郎召南及汪鸿博沆所定。沆号槐堂，仁和人，乾隆丙辰举博学鸿词。……家大人著《瓯海轶闻》及诒让此《志》，随事辨证殆不下数百条，兹不详著。……盖侍郎虽号博综，温州典故非所谙习，宜乎此书不能远胜旧志矣。

2. 单篇

（1）《艮斋浪语集叙》代家大人作 全文见《述林》四，录要云：

某顷官江东，笺牍之暇，辄以先生遗集为请，相国合肥李公览而善之，遂捐奉属桂芗亭观察刊之金陵书局，而以其板归某，使浙中学士大夫得读先生之遗集，而世之有志于永嘉之学者亦有所津逮。则相国是举也，实古今学术升降之枢辖，岂徒吾乡先哲之幸哉！

是集宋宝庆间先生从孙师旦始编定，刊行于世，明以来印本殆绝。今所据以校刊者，钱塘丁大令丙所藏明抄残本，及朱宗丞学勤所藏旧抄本也。……同治壬申十二月。

（2）《窳橅诗质跋》全文见《述林》六，录要云：

右五言律诗一卷，周季贶先生之所著也。……季贶先生学尤淹洽，喜收藏异书，著录数万卷，多宋、元旧椠及乾、嘉诸老精校善本，三荣郡斋不是过也。

先君曩官江东，季贶先生亦需次闽中，时驰书从先生借抄秘籍，辄录副见寄，手自理董，丹黄杂遝，精审绝伦。诒让尝与校读，每伏案钦诵，以为抱经、堯圃未能专美。既而同岁老友谭君仲修复为诵先生所作诗词，尤多造微之作，则又窃叹先生述造之富，非徒为校雠略录之学也。

诒让少时，先君尝授诗法，稍长，治经史小学，此事遂废。间有所作，神思蹇郁，不能申其旨。每念袁简斋砭渊如先生语，辄用内愧。今读先生兹集，托兴孤迈，妙造自然，益复爽然自失。夫商彝、周鼎，范制简朴，而非巧冶所能仿造，此岂涂泽雕绘者所能窥其万一乎？

二、外编

（一）校《周书》，附逸文

十卷，一册。清嘉定朱右曾集释。

抄本。

按：此书眉端有仲容墨笔校语，后以赠汪宗伊者。

（二）校《求古录礼说》

十六卷，六册。清临海金鹗著。

刻本。

按：此书有德清戴氏旧藏本，首钤"谪麐堂戴望"之印，"子高"之印。册中有仲容朱笔校语甚多。鹗字风荐，号诚斋，一字秋史。嘉庆丙子优贡，肄业诂经精舍时，受知阮文达，为学精博。同时若王引之、郝懿行、胡培翚、陈奂辈，咸敛手推服。

（三）校《历代钟鼎彝器款识法帖》

二十卷，六册。宋钱塘薛尚功著。

影写本。

按：尚功字用敬，绍兴中，以通直郎命定江军节度判官厅事。深通篆籀，他著有《钟鼎篆韵》。此旧影抄薛氏手迹本，孙仲容先生得之，辄取阮文达杭州刻本以相参校，而为之跋，见《籀庼述林》卷六。据谓阮刻本讹误甚多，释文亦有舛互，不及此本远甚。又谓此本册端所摹宋、元、明人题字十则，咸翰墨精雅，足参此书源流。又谓张啸山先生为言，松江某氏有宋拓石刻本，尚完具，惜不得假校云。

（四）侈录翁覃溪校《汉隶字原》

六册。宋嘉兴娄机。

汲古阁刻本。

按：仲容手录翁覃溪校本，盖翁氏尝据朱竹君所得南宫本校正毛刊之误，海昌唐端夫仁寿写存其副，而孙氏复从唐氏假观，侈录手册上，朱墨小楷，三十余岁时所为云。

（五）校《铁云藏龟》清丹徒刘鹗著

六册。

印本。

按：此书初无释文，仲容自谓穷两月力校读之，创通其文字。册中所夹别纸百五十余条，即校读所得之笺释也。厥后乃揭橥通例，有《契文举例》之作，推阐微旨，则复有《名原》之作。

（六）校《商子》

五卷，一册。

浙江书局刻本。

按：书面孙氏手题"商子校本，孙渊如、严铁桥、钱雪枝三家校本合勘定，仲容记。"篆书二十三字。闻玉海楼所藏浙局刻本诸子类，悉经先生精校一过，各有笺记，间见五十以后之笔，为《札迻》所未著录者。

（七）校《陆子新语》

二卷，一册。

抄本。

按：孙仲容先生手题"《陆子新语》二卷，宋于庭校本"篆书十一字于书面，其目录后及册尾均有先生朱墨笔识记，凡四则。盖此册初于同治壬申从戴子高假浮溪精舍刊本，命胥侈录。光绪丁丑、壬辰、癸巳，又三次重校读之。尝谓俞曲园《读书余录》所校，亦有不甚确云。

（八）校定《傅子》

一册，一卷。

原稿本。

按：册面自题"校定傅子一卷"篆书六字。诒让校理古籍，精审绝伦。所著《札迻》，章炳麟称其校雠之勤，倍于俞樾《诸子平议》。此所校《傅子》，《札迻》

尚未著录者，存稿待刊。

（九）校《十驾斋养新录》

按：同治丁卯，瑞安孙诒让年二十岁，在杭州收获，手识于帙尾。又眉上附札记数条，则其中年笔也。

（十）校《浪语集》

三十五卷，十四册。宋薛季宣。

抄本。

按：此传录新城陈硕士氏藏本，孙仲容手校。简端有札记数十条，盖据明祁承㸁淡生堂本及文澜阁本、仁和朱学勤藏御儿吕氏旧钞本、钱塘丁丙藏本参合校理，朱墨骈萃，此《永嘉丛书》本，所以为宝庆以后唯一之完善书也。惟"札记"拟附刊，未果云。

（十一）抄校《四库全书简明目录》

二十卷，十册。清仁和邵懿辰标注。

抄本。

按：此传录邵氏手稿本，孙仲容先生多根据蒋光煦《东湖丛录》来校对。于书眉附笺极伙。又有题跋数则，为二十四五岁之笔。其中一则谓此书所删简目录原文，经部四卷并邵先生手笔钩乙，史部以下，原未动笔，兹以管见删存之云。册端题《四库全书简明目录》。仲容先生以朱笔手加"仁和邵懿辰校注"七字于其下，近邵氏家刻本署《四库简明目录标注》，乃哲嗣伯絅于宣统辛亥付刊时追定书名，盖以山阴胡氏所奉别帙校勘其家藏稿，而仲容先生编录此本，伯絅未见也。

又余友张慕骞鋆作《瓯海访书小记》，中有一节述邵氏书甚详，今侈录之以供参考见《蓼绥月刊》创刊号云：

《四库简明目录标注》之底本，此书二十卷，人但知为仁和邵位西员外懿辰遗著，而不知曾经仲容征君为之理董，始得成书。此书于宣统三年间，其后人伯絅先生章以家藏稿本授之梓人，题曰《四库全书简明目录标注》，而余观玉海楼所藏抄本，则首行上题《四库全书简明目录》，而下有"仁和邵懿辰校注"七字，为仲容征君朱色手笔。盖"标注"二字，系伯絅先生付刻时所加，孙氏藏本初无之也。

孙本全书分装十册，中间余格跳行，朱墨纷纭，每卷末皆有征君手记校勘年月，又有两跋云：

此书编录时未及校勘，壬申冬，乃从先生令嗣子进取原稿精校一过，惟《目录》原文未及细校，误事尚多，付刊时尚须勘正也。

原稿于巾箱本《目录》书端随笔记录，小字戴香，颇不易辨，所录刊写各本先后亦无次序，疑先生本意欲别为一目，特就《库目》记录以为稿本耳。杭城之变，先生殉节，遗书散失殆尽。此稿为吾乡项几山傅霖先生籍录未归，乃巍然独存，亦一幸也。辛未夏，家大人从项氏索得，归之子进，因命诒让编录为此本。十一月五日校毕，附识于书尾。瑞安孙诒让。

右《跋》盖言邵稿流传之经过与征君续编之由来，为今刻本所未载。又卷四末附识云："十一月四日孟晋谓此清同治十一年校毕此册，共二卷。诒让。"

"此书所删《简明目录》原文，经部四卷并先生手笔钩乙，史部以下原未动笔，兹以管见删存之，谨附识于此。仲容又记。"

此外则参校各家，散见各卷中者，有桐城萧敬孚穆、黄岩杨定夫晨、王子庄葇、子裳咏霓，及未详姓氏之碤君等识语数十条，邵氏刻本并所未录。至于征君校语，玉海楼本所见，以校邵刻为多，而邵本所录之瑞安黄叔颂绍第、江阴缪筱珊荃孙、钱塘吴敬疆庆坻、苏州王莤卿颂蔚、归安钱念劬恂、嘉兴沈子封曾桐、桐城马通伯其昶、姚仲实永朴、叔节永概、祥符周季贶星贻、余杭褚伯约成博、山阴胡右阶念修等之校语，则为玉海楼本所无。余更忆及江苏省立国学图书馆第二年刊，赵鸿谦《松轩书录》稿本节，有不分卷位西先生所见书目一条，据谓乌丝阑精抄。每书后有空行一，待有所补也。朱墨笔涂乙校改。首册附页有王子庄手写跋语云：

往余客瑞安孙仲容同年诒让所，见邵位西懿辰以生平所见群书记于《四库简明目录》之眉，每书或数本，或数十本，盖近时所谓板片之学也。仲容复加审定，属写官移书，成二十卷，富矣哉，古未之有也。今岁客武林，从丁松生丙所得见原编稿本八册，未知与仲容所编异同若何？宜从孙氏假录副本，参互雠校，益以八千卷楼所藏诸本，重为编定，刊行于世，俾乡曲孤陋之士抱残自足者获窥一二，庶足为博物洽闻之一助云。光绪二十三年丙申孟夏十月，黄岩王葇书于求古斋。

盖王氏既曾睹玉海楼藏本，后复续见丁松生藏本，丁本涂乙校补，均位西员外手笔。又，王《跋》后有考证《简明目录》杭本与胡本异同二页，墨笔行体，当亦为员外所记。附藏印，王葇之印、钱塘丁氏正修堂藏书。此帙今在南京馆中，又不知视现行邵刻所据之半岩庐藏本如何？邵刻前四卷，固亦员外手稿，殆员外当日批记之《四库简目》不仅一本欤？总之，著者于是书致力既勤，复经群贤先后校理，弥见精审，安得萃各本而参互雠勘之，重为刊印，以完子庄先生之宿愿，而使书林之共睹哉！

（十二）校遵义黎氏《古佚丛书目》

一册。

抄本。

按：各叶有孙先生眉注几条，末有题记一行。黎氏名庶昌，字莼斋，官至川东道，两使日本，影抄唐宋旧籍成《古佚丛书》，皆中土不传之本。

（十三）校《礼书通故》

五十卷，四十册。以周。

浙江书局刻本。

按：俞曲园《序》是书，称其精审过于秦蕙田《五礼通考》，而此册复经孙仲容精校，随笔笺正其疏误处乃得三百余条，盖治经之难如此。以周字元同，号儆季，与曲园、仲容并治朴学，世称晚清三大师。

（十四）校《訄书》

一册。章太炎作。

刻本。

《叙目》末署辛丑后二百三十八年己亥。按：辛丑指清顺治十八年，即康熙元年，明永历帝被杀之前一岁。其后二百三十八年，则光绪二十五年己亥也。是年章氏以此本寄孙先生，先生手校一过，有朱笔眉注。

（十五）校《新方言》

十一卷，一册。章太炎撰。

日本东京民报社印本。

按：此初印不分篇本，今浙江图书馆所刊《章氏丛书》本，系著者重定分篇本，与此不同。光绪丁未三月，著者以此本寄示仲容。仲容为圈出精审者若干事，又下校记一条，并朱笔。太炎为晚近朴学大师，名闻中外，甫于民国二十五年夏逝世，寿六十九。

（十六）校《鲜虞中山国事表疆域图说》

不分卷，清王先谦撰，孙诒让校本。

光绪癸未长沙王氏刻。

此书系孙仲容先生校本，今藏温州市图书馆。

按：最近杭州大学编印《孙诒让研究》专刊，末辟"孙诒让先生遗著"一门，内载《讽籀余录》一书，为孙先生少时读书札记。据原稿册端自题《讽籀余录》下识"丙寅以后"四小字，知此编创草于十九岁。稿仅数叶，当是未成之作。曰宋余仁仲本《公羊》何注、唐写本《说文·木部》、明内府本《玉篇》《广韵》、罗镜泉校《集颜》、重校本《契丹国志》、唐以前本《史表不划界》、宋本《鲍照集叙误字》，《觚鲥》《钟鼎款识》册首题字，《山海经》离瞀音，《论语正义补义》，由雪克点校。《仪礼注疏校记》一书，为《十三经注疏校记》之一，亦由雪克辑录。此编先录有关经注疏文，后附以孙氏批校语。《孔子家语校记》一书，孔镜清辑录。杭州大学图书馆收藏一部分孙氏遗书，在其批校书中发现《家语》二册，藉知孙氏对此书也曾用过功夫，而没有录入《札迻》。校文所据的底本是汲古阁刊本，是用传世仅有的宋本来校勘的。据孙氏题识，"宋本为萧穆所藏。同治十一年，在江宁假得校勘，详列异同，并据以改正底本异字"。至光绪二年，又重审一过，认为"前二卷景宋本异同颇多，不甚可据"。把有些初校据改的字，又收回来。又有张金泉、郭在贻所辑录的《籀颐碎金》一书，谓《札迻》成书后，校读又续有所得，都未为世人所见者。孙氏遗书，一部分藏在杭大图书馆，我们从《商子》《庄子》《吕氏春秋》《韩非子》《鬼谷子》等书的批校里，录得校记若干条，以其对上述诸书均有所释疑订讹，乃辑为此编，供学者们参考。曰《商子》《庄子》郭象注、《吕氏春秋》高诱注、《韩非子》某氏注、《新语》《鬼谷子》……一九六四年七月，朴垞识。

瑞安市文史资料第五十六辑

董朴垞　著

董铁铮　清抄

陈光熙　点校

孙诒让学记

下

中国出版集团

研究出版社

图书在版编目 (CIP) 数据

孙诒让学记 / 董朴垞著；董铁铮清抄. 陈光熙点
校 . -- 北京：研究出版社 , 2023.1
　ISBN 978-7-5199-1346-5

　Ⅰ . ①孙… Ⅱ . ①董… ②董… ③陈… Ⅲ . ①治学方
法—研究Ⅳ . ① G795

　中国版本图书馆 CIP 数据核字（2022）第 181048 号

出 品 人：赵卜慧
出版统筹：张高里　丁　波
责任编辑：张　琨
助理编辑：于孟溪

孙诒让学记　下册

SUNYIRANG XUEJI　XIACE

董朴垞　著　董铁铮　清抄　陈光熙　点校

研究出版社 出版发行

（100006　北京市东城区灯市口大街 100 号华腾商务楼）

北京隆昌伟业印刷有限公司　新华书店经销

2023 年 1 月第 1 版　2023 年 1 月第 1 次印刷

开本：710 毫米 ×1000 毫米　1/16　印张：85.75

字数：1500 千字

ISBN 978-7-5199-1346-5　定价：398.00 元（全三册）

电话（010）64217619　64217612（发行部）

目　录

卷十四 纪 念

卷九　　孙氏乔梓留心乡邦文献

我温州在两汉、三国时代，荆榛肇辟，几乎无文献可言。自东晋明帝太宁元年创置永嘉郡，于是文献始渐见曙光。下逮赵宋，学术人才乃称极盛。元、明以降，迄于中清，乃渐呈乡学式微之象。瑞安孙衣言、锵鸣兄弟出，复覃心表章，征君诒让继志，更阐述之。数十年来，火薪相接，缵绪犹不乏也。

尝读孙太仆公衣言所著《逊学斋文抄》，其中载有关乡邦文献之资料甚夥。如述永嘉学派溯源曰：

> 吾温李唐以前，士大夫以文艺行治著者，史旷不书。至有宋仁宗时，博士周公、右丞许公、左史给谏二刘公与同志之士十人始自奋于海滨，北游太学，得列程、吕氏之门，永嘉之学于是萌芽。其后文肃郑公初仕黄岩，请业于隐君子温节徐先生庭筠。温节实传安定胡氏之学，所谓"经义治事"者也。文肃既归，授之乡后进，于是文节、文宪二薛公、文节陈公、文懿蔡公、文定叶公相继并起，皆守胡氏家法，务通经以致之用，所谓"经制之学"也。——《瓯海轶闻甲集序》

按：周博士名行己，许右丞名景衡，刘左史名安节、给谏名安上，郑文肃名伯熊，薛文节名徽言，文宪名季宣，陈文节名傅良，蔡文懿名幼学，叶文定名适，是"永嘉学派"中之主要人物也。其详可参黄黎洲、全谢山《宋元儒学案》。至于徐温节，则为台州人。宋时，台州有隐君子徐先生中行，由临海徙居黄岩山中，以安定胡氏之学传于其子季节先生庭筠。季节亦肥遁不出，治经教徒。吾乡郑文肃公时为黄岩县尉，与闻绪论，特相讲肄，遂缵元丰九先生以启乾、淳之盛。永嘉经制，乃成巨派。然则台学者，固温学之所从出也。——孟晋先生《玉海楼藏乡哲遗书目录跋》

　　盖吾乡之学，自周恭叔行己首闻程、吕遗言，郑景望伯熊出，明见天理，笃信固守，而后知今人之心，乃即于古人之心。故永嘉之学，必兢省以御物欲者，周作于前，郑承于后也。薛士隆季宣愤发昭旷，独究体统，陈君举傅良尤号精密，而后知古人之治，可措于今人之治。故永嘉之学，必弥纶以通世变者，薛经其前，陈纬其终也。——本叶适语

　　是以孙太仆公作诗行文，每每提出永嘉学派之大旨，奖励后辈，其原句为：

　　1. 伊洛微言持敬始，永嘉前辈读书多。

　　2. 近世文章唐末造，吾乡文物宋南迁。

　　3. 萧萧蓬鬓空铅椠，六代维衰望后贤。

　　从此可知永嘉之学，自元、明以降，早已衰替，至不能举诸儒名姓，遑暇论研讨遗书？逮及清代同、光间，时势丕变，士子读书，不宜专工帖括与经训，应兼商政事，遂对经学引起今古文二派之争辩。于是孙太仆在京师，与方闻之士论当时门户之弊，常以为欲综汉、宋之长而通其区畛者，莫如以永嘉之学。因开始匄集乡先哲遗文，广为传播，以昌厥绪也。

　　谓宋时吾乡前辈皆能读书，喜著述。年久率多亡佚，其幸而存者，仅有秘府著录，人间绝少传本，乡人士往往不得见之。——《记永嘉佚书》

　　遂多方设法搜采征集，其主要渠道有四：

　　1. 辑录——从书本中辑出资料；

　　2. 传写——从友人处借抄藏书；

　　3. 购求——从市肆里出资换得：

　　4. 征访——从乡里间征录秘籍。

　　如云："同治戊辰之春，再至京师，颇思搜采乡邦逸事，史志所未详者，随时辑录以补国闻之缺。"其撰《永嘉集》与《瓯海轶闻》即用辑录法为之。予集乡先生及外郡人诗文有关掌故者，为《永嘉内外集》，又以类刺取，为《瓯海轶闻》，各五十余卷。

　　如云："此吾乡《戴文子集》写本，吴兴陆存斋观察所藏。存斋富藏书，予搜访乡先生集，往往求之存斋。存斋所有者，不予靳也。"意谓借书传抄时，甚见慷慨也。——《跋陆藏抄本〈浣川集〉》

　　"此丰顺丁中丞藏本，予假得之，以校所藏《给谏集》旧抄本。中丞本盖与予新抄本同出一家，其讹脱及臆改处大略相似，皆不如旧本之善，而亦有可互相补益者。"意谓假得中丞藏本以相校勘者。——《跋中丞所藏〈刘给谏集〉抄本》

"衣言顷从友人丁君丙假文澜阁残本求吾乡先辈书，仅得《止斋集》《浪语集》《云松巢集》。《止斋集》予故有之，《浪语集》缺二十余卷，唯《云松巢集》为完书。"意谓又假得丁松生所藏书以相校勘者。——《书乐清朱希晦〈云松巢集〉后》

上举陆氏、二丁氏，皆我国晚清藏书大家也。陆氏心源所藏曰皕宋楼，丁氏日昌所藏曰持静斋，丁氏丙所藏曰嘉惠堂、八千卷楼，各以藏有善本书称海内，孙太仆从之借录传抄甚多，且取以校勘己所藏者。盖皆本传写法为之也。

如云："顷于沪上购得日本人涩汇全善、森立之所撰《经籍访古志》，皆宋、元间善本，所列吾乡遗书，独有王忠文公《百家苏诗注》及医书等数种。"——《书王德肤〈易简方论〉后》

"旧抄本《花史》十卷，凡八册，今年夏得之金陵。书为永嘉吴彦匡葵衷所著，……以乡前辈遗书，见之甚喜，因以重贾取之。"——《跋抄本吴彦匡〈花史〉后》

"曩游沪渎，于书肆购得此本，敬呈先君子，以其为吾乡宋、元医家最古之册，惊喜累日，手跋其后，拟重刊之。而先君子以甲午冬捐馆舍，诒让孤露余生，未遑理董。既释服，乃检付梓人，以仰成先志。"——《〈易简方〉叙》《述林》五

最后，征君曾草《征访温州遗书约》，向乡里各地征集乡哲遗著，凡属玉海楼所未庋藏者，尽在征集之列。

故云："吾乡文献，二百年来散佚殆尽。无论宋、元旧籍，百不存一；即前明及国初诸老所著，亦大半无传。其幸存者，多系旧椠秘抄，单本孤行，最易湮坠。更数百载，恐益无从采缉，甚可惜也。兹欲广为搜罗以钩沉补逸，凡遇先哲著述，片纸只字，无不收拾。诸家倘有储藏，不论时代远近，卷帙多寡，均祈惠示，俾得抄存副本，甄其精要，校梓以广流传。"——《征访温州遗书约》节

当书搜集后，继之以校勘，再或付刊。孙太仆、侍郎、征君兄弟父子皆能亲手为之，故玉海楼所藏乡先哲遗书，约有四百余种之谱。地方修志，或私人撰述，皆来借观、移录作参考也。

其被校勘之书，有：

校勘者	别集	总集	杂著	金石	地里	医书
太仆	廿八种	三种	一种		四种	
侍郎	八种				四种	
征君	十三种		四种	三种	五种	二种

其被付刻者，有：

集名	卷数	作者
横塘集	二十卷	宋瑞安许景衡
刘左史集	四卷	宋永嘉刘安节
刘给谏集	五卷	宋永嘉刘安上
竹轩杂著	六卷	林季仲
浪语集	三十五卷	薛季宣
止斋集	五十二卷	宋瑞安陈傅良
水心集	二十九卷	永嘉叶适
水心别集	十六卷	叶适
蒙川遗稿	四卷	刘黻
开禧德安守城录	一卷	王致远
礼记集解	六十一卷	清瑞安孙希旦
尚书顾命解	一卷	孙希旦
集韵考正	十卷	方成珪

《永嘉丛书》汇刻凡十三种，二百四十六卷，经太仆、征君父子精校写定，在吾浙郡邑丛书中堪称佳本。

按：以上各书，合称《永嘉丛书》，十三种，八十册。同治、光绪间木刻，板片旧藏玉海楼下一说诒善祠塾，后寄存浙江省图书馆。

太仆公自为乡邦文献书，则有：

书名	卷数	备注
永嘉集内外编	七十四卷	
永嘉古文词略	二十卷	
瓯海轶闻	五十八卷	三十册，家刻本。援据群籍几及千种，而因卷帙浩繁，校刻久未毕事。又，刘绍宽云：孙太仆《瓯海轶闻》刊仅十余册，尚无卷数，此书为《永嘉学案》之大宗，将来修县志之渊海。而惜乎中容先生不能踵成先志，即归道山也。
温州府志选举考正	六卷	稿本

续表

书名	卷数	备注
温州府志职官补正	八卷	稿本
温州氏族韵编	五卷	
叶水心先生年谱	一卷	太仆尝以平阳叶嘉榆原作《叶文定公年谱》多疏漏舛忤，别为纂定，藏有手稿，尚未写定。
水心集校注	一卷	

以上玉海楼藏

侍郎公作：

书名	卷数	备注
东瓯大事记	六卷	一册，稿本
陈文节年谱	一卷	
周行己年谱	一卷	

以上玉海楼藏

太仆令弟止庵侍郎，则有海日楼藏书，与玉海楼东西对峙，其藏书中亦多地方先贤遗著，每册皆有侍郎手题跋记。玉海楼所藏乡哲遗书抄本，海日楼每存副帙，且经侍郎公手加点勘，多有跋记。

征君作：

书名	卷数	备注
永嘉郡记集本	一卷	刘宋郑缉之原著，孙诒让校集。
东瓯金石志	十二卷	清戴咸弼原著，孙诒让补正。
温州建置沿革考	一卷	
瑞安建置沿革考	一卷	
温州经籍志	三十六卷	浙江书局刻本。
东瓯古甓记	四卷	
书宋史叶适传后	一篇	载《述林》卷六

以上玉海楼藏

从以上成绩观之，则深信孙氏一家兄弟父子对乡邦文献皆能留意。其孙孟晋先生亦然，故有曰：

"先祖太仆公，生平殚心乡邦文献，每觏往哲遗书，或旧椠易以精镠，或孤抄移其副帙，广讨旁搜，不遗余力。丹铅点勘，老而犹勤。"

"先考征君公，绍承弓冶，志温州经籍，乃有博访奇觚之约，约后付刊当时收藏书目，著于录者为八十部。"

当征君殁后，平阳宋衡平子作联挽之，其下联曰："甲午哭太仆，庚子哭学士，戊申又哭征君，人物颍川荀，音尘俱杳，怅沉埋雁荡，最惜乡邦文献，精心搜补未终篇。"征君父太仆公曾述《瓯海轶闻》，搜辑乡邦文献甚博，未刊而逝。征君校补付梓，未终。叔父学士公著有《东瓯大事记》，亦未刊行，至可惜也。南宋乡哲如陈、叶诸公，其论议皆破除门户，暗符立宪主义，与新安不合。故遗书晦于近代，孙氏虽极力表章，有《永嘉丛书》之精刻，然以无登高一呼之地望，世卒鲜属耳目者。今征君之逝，乡邦文献之光大，益无可期矣。——宋衡

又作一联挽之，其上联曰："周官墨子学，旷代一人，玉海楼空对荒江，公卿之罪。"征君父太仆公以诗古文名世，提倡南宋乡哲之学甚力，筑书藏曰玉海楼。

而余杭章太炎炳麟作《征君传》，其赞云："诒让学不能传弟子，勉为乡里起横舍，顾以裂余见称于世，悲夫！"

此二条，皆为征君之怀才不遇深表惋惜，亦即对永嘉之学不得发扬，以致无能广及功利于天下国家也。

征君又谓其父太仆公在时，尤喜考绪乡先生遗文逸事，尝以黄黎洲、全谢山《宋元学案》，于永嘉诸儒尚未该备，补辑为《永嘉学案》，以冠诸所著《瓯海轶闻》之首。又编《永嘉集》若干卷，采涉甚博。精校陈止斋、叶水心二先生集，点勘数过，丹黄杂沓，考论异同，刊定为善本。——《先考行状》

以太仆公于乡先哲最服膺薛浪语、陈止斋、叶水心，故尝以勖勉后进，亦以此为言，曰："吾乡诸儒，莫盛于南宋，而余尤慕薛文宪、陈文节之为学，喜读其书。时时访求其逸事，每见后生秀士，即欲导以永嘉之学。"——《林恒轩诗序》又曰："予于乡党后进，尝欲因文节、文定之文，以进之于文节、文定之所以为学。……而苟能有古人之志，即未尝不可为古人之学，则乾、淳坠绪固可以复振也。予虽老矣，尚庶几再见其盛也欤？"——《永嘉先生时文序》

可见太仆公何等期待后辈，故于致仕归里后设诒善祠塾，集邑中好学者读书其中，讲求乡学。其门联石刻：上联"务求知古如君举"；下联"尤喜能文似水心"。今尚存留。可参考平阳刘次饶、同邑池云珊等所作诗文，则时时提及也。

池、刘等皆塾中从学者。

征君既佐其父校刻《永嘉丛书》，又尤敬服乡哲方成珪先生，观所作《方氏〈集韵考证〉跋》云：

"吾邑雪斋方先生，博综群籍，研精覃思，储藏数万卷，皆手自点勘，而于《集韵》致力尤深。既录得段、严、汪、陈四家校本，又以《经典释文》《方言》《说文》《广雅》诸书悉心对核，察异形于点划，辨殊读于友纽，条举件系，成《考正》十卷。……"

"诒让束髪受书，略窥治经识字之途径。窃闻吾乡修学之儒，自家敬轩编修外，无及先生者。徒以白首校官，名位不显，身后子姓孤微，遗书不守，散失者不可胜数。……深幸先生遗著后先踵出，不可不为传播，遂请家大人先以此书刊之鄂中。而工匠拙劣，所刻不能精善，修改数四，乃始成书。项氏所弆手稿，间有刺举原文而缺其校语者，殆尚未为定本。今辄就管窥所及，略为补注。诒让检核之余，间有条记。"

实则征君之治学问与办教育，皆本永嘉学。先说做学问，据刘寿曾云："瑞安孙仲容同年，博闻强识，通知古今，承吾师琴西先生过庭之训，于其乡文献尤所研究。"

一、志温州经籍

以郡县旧志之于经籍，疏漏踳驳，无裨考证，而姜氏准之书，又不传也。

乃讨论排比，成书三十七卷，得书目一千三百余家。与学派升降，文人风雨，异同之微，尤详哉其言，之可谓一郡文献之帜志矣！——《温州经籍志跋》

《自叙》云：

"温州自唐以来，魁儒玮学，纂述斐然。而图经所载，仅具书名，不详崖略，疏漏舛谬，研讨靡资。今特为补辑，勒成斯编，粗存梗较，兼拾缺遗。匪敢谓梓桑文籍尽备于斯，然唐、宋而后，嘉、道以前，耳目所及者，亦略具矣。"

二、疏《周礼》

以海疆多故，世变日亟，眷怀时局，抚卷增喟。私念今之大患，在于政教未修，而上下之情暌阂不能相通。故民窳而失职，则治生之计狭隘，而谲觚干纪者众。士不知学，则无以应事遇变，效忠厉节，而世常有乏才之憾。夫舍政教而议富强，是犹泛绝潢断港而祈至于海也。然则处今日而论治宜，莫若求其道于此经。而承学之士，顾徒奉周经汉注为考证之渊薮，几何而不以为已陈之刍狗乎？既写定，辄略刺举其可剀今而振敝一二荦荦大者，用示橥揭，俾知为治之迹古今不相袭，而政教则固百世以俟圣人而不惑者。世之君子，有能通天人之故，明治乱之源者，倘取此经而宣究其说，由古义古制以通政教之阃意渺指，理董而讲贯之，别为专书，发挥旁通以俟后圣，而或以不佞此书为之拥彗先导，则私心所企望而且莫遇之者欤！光绪二十有五年八月。——《自叙》

按，此可知征君之著《周礼正义》，其用意甚阃且远。故后来又摘录其与西政合者四十篇以献当轴，书曰《周礼政要》，备革新变法用也。

三、诂《墨子》

以墨翟能劳身苦志以振世之急，权略足以持危应变，而脱屣利禄不以累其心。

所学尤该综道艺，洞究象数之微。其于战国诸子，有吴起、商君之才而济以仁厚，节操似鲁连而质实亦过之。彼韩、吕、苏、张辈，复安足算哉。——《墨子间诂·后语》

故章太炎曰："诒让行亦大类墨子，家居任恤，所至兴学，与长吏楛柱，虽众怨弗恤也。"

四、考金石

大抵余治此学逾卅年，所觏拓墨亦累千种，恒耽玩篆势，审校奇字，每覃思竟日，辄万虑俱忘，渺思独契，如对古人。不意过眼云烟，倏成陈迹。迄今世变弥亟，风尚日新，古文字例，殆成废黜。敝帚自珍，辄用内惭。然泰西学艺大昌，其所传埃及、巴比伦象形鐇栟古字，远不及中土篆籀之精妙。彼土学者捃拾于冢塔土甓之余，犹考读庋储，珍逾球璧；而我国学子，略涉译册，辄鄙弃古籀如弁髦。政教之不竞，学术亦随之，斯固相因之理乎？然周、孔之教倘永垂于天壤，则仓籀遗文必有爱护于不坠者。——《古籀余论·后叙》

故在平时游览邑名胜古迹，必摩拓其碑刻，如《朱谱》记征君游永嘉仙岩_{永嘉}二字应改作瑞安，手拓沈枢_{持要}题记并诗、彭城执中题名及陀罗尼经幢以归。又与从弟诒燕同至陶山访碑，乘潮上驶，至城西八里白塔，舣舟登览，得宋绍兴三十一年辛巳焦石石塔题记。及抵陶山，又得宋天禧四年庚申陶山寺佛顶尊胜陀罗尼经幢、宋治平二年乙巳弥陀殿后重建并记及鲤鱼山磨崖，并手拓以归。又游密印寺_{即永嘉十三都鹅颈头村，俗呼头陀寺}，见宋元丰七年六月证觉院锺款，手拓以归。

征君又尝搜集古甓于郊外荒冢。如《古甓记叙》云：光绪己卯冬，诒让侍家大人归自江宁，里居多暇，与二三同志若林祁生庆衍、周伯龙珑、仲龙璪辈，恣意游览，穷搜古刻。偶得梁天监断砖于邑之东郭，辄相与传观，矜为创获。继又得晋升平、宋元嘉诸砖，率皆断裂，文字或刓蚀不具，第以其旧物，有纪年，悉收弆之，复拓以贻戴君，咸谓吾乡金石之古无逾是者，虽残缺，犹宝贵也。

《朱谱》云：按，琴西公于先哲遗著，搜罗传播，不遗余力，志在兴学术、育人才，正人心，厚风俗。先生秉承庭训，整理文献外，兼及于遗物之搜集，若砖甓、若经幢、若碑记、若墓志、若地券、若锺款，咸有考证，于古代制度、郡邑掌故，经其阐明者不少矣。

像先生校补《东瓯金石志》，除增益材料外，于考证方面颇多精赅之作。如卷三跋陶山寺广照院造夹苎释迦佛一身，谓夹苎为以苎麻夹土塑成之佛像；卷九跋徐德宝造墓告神文，详考地券沿革，皆为考古学上重要之发明。

五、修邑志

为地理学，有《温州建置沿革表》一卷，以裨益文献，津逮方来，不足尽君之大凡也。——张謇《孙征君墓表》

台人王棻子庄纂《永嘉县志》亦请教于征君，有王棻致孙氏书云："县尊属棻与戴君同修《永嘉县志》，弟既末学肤受，于古志义例及贵郡掌故全未讲求，而局中置书不多，无从措手。因思阁下储藏过于曹、邺，著作富于班、扬，而乡邦文献所系，搜罗尤富，编辑已多；且闻尊人内召，凡购刊之籍自当捆载而来，但恐时日迁延，未能先睹为快。谨将所需书目写列别纸，乞封庋数厨，迅交妥友先带来瓯以供翻阅，不胜企踵待命之至。"

征君得书，遂检所藏，助之编纂，其热心乡邦文献可想见矣。

会孙太仆桥梓自金陵归，出所撰述甚富，又尽弄家藏私笈有关永嘉掌故者，移庋局中以资博览，不下万余卷。文献足征，诚不易逢佳会也。——光绪《永嘉县志》戴咸弼《跋》

又对瑞安设局修志亦提意见，作为《瑞安修志局总例》六条，《采访人物条例》三条及《征访温州遗书约》，其文均载陈准辑《籀庼遗文》中。

又曾与书黄漱兰论平阳修志事，斥吴训导承志曰："窃谓修志与修史略同，一乡文献，所系甚重，岂宜任情抑扬，不顾公论。可否仰求鼎力，函达廖中丞，详陈其体例舛谬，去取失当，请即拟札平阳县学，勒令撤局，另聘公正淹雅之士修撰，以示传信，斯亦大君子嘉惠乡里之盛举也。"

按，此可见征君之重视修志，以其有关地方文献，必须直笔记载，以实事求是精神为之，使成为信史也。

次言办教育，据征君所作《瑞安新开学计馆叙》云：

光绪乙未，东事甫定，中国贤士大夫始蘁然有国威未振之惧。于是京都及南洋皆有强学书局之举，而瑞安同人亦议于邑城卓忠毅公祠开学计馆，以教邑之子弟。皆以甄综术艺，培养人才，导厥涂彻，以应时需，意甚盛也。夫时局之艰难，外变之环伺而沓至，斯天为之也。然人才之衰尔，学艺之不讲，朝野之间，岌焉有不可终日之虑，则人事或不能无过矣。瑞安褊小，介浙、闽之间，僻处海滨，于天下形势不足为重轻，然储才兴学以待国家之用，而出其绪余以泽乡里，则凡践土食毛者，皆与有责焉，固不容以僻远而自废也。

夫学计馆之设，实为我温州之有学校之嚆矢。非征君之思想开明与夫重视国事，不能为也。以后全温、处二州中小学校发展至三百余所，皆征君一人之力为之，以致弥留之际，犹召邑绅聚于床前，以如何办学之事相商量。此时，征君亦尝览涉时贤论治之篇，如安吴包氏、邵阳魏氏、善化孙氏、吴县冯氏诸家之书。

谓魏、冯之书恢奇闳深，善言外交，多采摭西政之善，欲以更张今法；包、孙则精治内政，于河、漕、盐诸大端校核致详，而包氏又推本于农桑，不为过高之论。四家指趣不尽同，而要多精富，可见诸施行。

自道光海上用兵以来，海内学者嚣然争论富强。邵阳魏氏首研考四裔地理形势，间涉兵权谋家之论，其言闳侈，或未易施行；安吴包氏始探源于河漕、农桑以植内治之本；湘乡曾文正公揭礼治一原之指，持论尤精，而以戡平"寇乱"，未遑更法。唯公覃思闳览，肇建兴学之议，提纲握要，其意深远。——《张广雅尚书六十寿序》

故又曰："余少耽雅诂，矻矻治经生之业。中年以后，欿念时艰，始稍涉论治之书。虽禀资暗弱，不足以窥其精渺，而每觏时贤精论，辄复钦喜玩绎，冀以自药顽钝。……"

俱可见征君晚年之所以出为地方办学堂，皆本其一贯留意乡学，所谓"永嘉之学弥纶以通世变"者是也。其殁后，学校、时流挽之，皆举继承永嘉学为言，有以焉。浙江提学使支恒荣《哀辞》云：仲容为绍闻先生子，学有渊源。报罢后，益究心经史，旁及诸子百家，冀出其所蓄以为世用，引纳赀捐主事，分刑部。未几遂退归林下，著书立说以自见。暇则与地方士人研求教育，以冀广开风气。

瑞安城区诸初等小学校挽词云：吾中国教育，沉沦黑暗已数十祀于兹矣，几乎不与印度、波兰、埃及、非墨等。幸先生悲悯时艰，不惜一身供献社会，出而提倡改良教育之道，发起学堂。举凡捐金输款，辟牖民智，与夫明体达用之旨，导民成俗之方，靡不殚厥心力。而独于我蒙学尤为兢兢致意，故不及数年，而我邑学堂接踵并兴，文明蔚起，皆先生之力也。

浙江两级师范学堂挽联云：国粹存三代遗编，政治家、著作家，融贯中西，方期姬旦心传，从此沟通行薄海；山斗失一方瞻仰，永嘉派、阳明派，调和新旧，正盼高阳远驾，忽然电耗接瓯江。

又瑞属学生挽联云：文章学问，得浮沚真传，于今逝水东流，来日谁昌永嘉派；凭吊欷歔，登吴山绝顶，何忍故乡南望，悲风听送浙江潮。

留杭法政学生挽联云：《周礼》遗书推绝作，永嘉学派失传人。

吴士鉴挽联云：千秋绝学独在《周官》，斠量高密功臣，后起远过贾公彦；两浙经师有光乘史，慨想东瓯人物，旷世如钦陈止斋。

章棁挽联云：前廿余载，从沪渎相过，独发山岩石室之书，绵三郑绝学；后二百年，溯永嘉遗派，乃览循吏儒林列传，有二仲齐名。

其余如张謇、汤寿潜、喻长霖、陈衍、沈家本、曹广权、宋育仁等所作联语，亦皆以此意哀悼之。

引此数条，皆可证明征君继太仆志，以永嘉学术倡导后辈，并搜集桑梓文献，藏书、校书及刻书，与夫著书、兴学、办地方公益事业，在本此旨而为之，不少懈。尤其对捐款赎路，办中国兴儒会，营救革命青年，此种爱国举动，最为可称云。

章太炎曰：宋世永嘉诸贤与新安、金溪、金华并峙。其后三家皆有传人，迄元、明未替，而永嘉黯然不章。……太仆父子生七百年后，独相继表章之，专著则有《永嘉丛书》之刻。佚篇则有《永嘉集》之纂，括囊大义，辨秩源流，则拾南雷、谢山之遗，以成《永嘉学案》二十卷，撮录凡目，则《温州经籍志》为一郡艺文渊海。自是郑、薛、陈、叶与先后作者之遗绪，斩而复续。——《孙太仆年谱序》

以上为记述孙氏兄弟父子在清季留心乡邦文献，阐扬永嘉学术之大概也。

附录：记永嘉区征辑乡先哲遗著委员会之始末

吾永嘉学术，始兴于宋元丰，而盛于乾、淳，继阐扬于清咸、同间，终得绵一线之延于今日，真若乡哲精神有不可泯灭者。盖自郑文肃传黄岩徐季节之学，承元丰九先生之绪，合性理与事功，自成经制一派。陈文节、叶文定继起，遂称极盛，从学弟子遍温、台间。阅七百年，以逮清季孙征君之父琴西太仆，以谓经制学说可通汉、宋门户之弊，因为汇刊丛笈，饷遗学人；复纂辑《永嘉学案》以补南雷、谢山之所未及。台士杨定夫给谏晨、王子庄孝廉棻，并著声誉，襄助编校。而太仆介弟止庵侍郎有周浮沚、陈止斋《年谱》之辑，黄漱兰通政督学江苏时，有《叶文定习学记言叙目》之刻，则与太仆同声相应和者也。征君师承庭训，与永嘉徐芷生、傅省三、平阳杨仲渔、徐松樵，泰顺林亨甫，瑞安林祁生诸先生为同志，益访遗书以振散坠，此《温州经籍志》之所由作也。通政之子仲弢提学、犹子叔颂观察并渊源家学，与征君同负儒林众望。既而瑞安陈介石户部与黄岩王玫伯观察先后教授京师大学，户部又监督两广方言学堂，讲学南武公学。于是永嘉遗说赓续流播，而台士复为之助。同时乐清余筱泉太史，永嘉徐班侯侍御、吕文起观察，瑞安项申甫太守、洪博卿广文、王子祥明经，乐清陈志三孝廉，平阳黄愚初孝廉、宋平子征君等，或尝游孙氏三先生之门，或与闻提学、户部之论，故其处则修己，出则慨然有志于用世，亦莫不以乾、淳诸儒为之师法。鼎革之交，旧学废黜，同、光朝之温、台前辈凋谢殆尽矣。许氏蟠云，黄岩士也，其尊人常从子庄、玫伯游，得温、台同案之传。氏既濡染于庭闻，前岁来任永嘉，观政之余，辄兢兢以掇拾丛残为务。遂约时贤如刘绍宽次饶、刘景晨冠三、黄迁胥庵、黄群溯初、王理孚志澂、林大同同庄、姚琮味辛、许超笃仁之徒，组织"永嘉区征辑乡先哲遗著委员会"。议定保管、整理及印行品件办法各若干条。复得京、沪、杭诸同乡若徐寄庼、朱铎民、林佛性、姚味辛、王志澂、周守良、叶啸谷诸先生倾囊相助，俾征集缮写诸费有所取给。成立之日，群推许氏任主席，刘次饶副之。梅冷生为总务兼印行股主任，而征集兼保管股主任则孙孟晋也。孟晋，征君之哲嗣，既布其家玉海楼所藏乡贤遗书凡四百六十二部以备访问，又尽举原书移庋会中以供写录。会中有此巨籍为之基础，渐进而旁搜远访，益易为力。于是永嘉由梅君冷生征集周天锡樗庵著述，都十余种，皆手抄本，阑格楷书，古香如接，前辈精勤，展卷生慕。又往商简巷杨淡风哲嗣中竞，假写其《杨园诗集》数十卷，凡乾、嘉至清季郡人遗诗皆备，每集各有题词。乐清由高君心朴征录，得三十余种，于林友斐、翁稚川、叶晓园、施六洲、林礼门、林恒轩、徐春台、徐惇士、蔡梅阁、郑铭之诸先生著述，搜采靡遗。平阳由刘君次饶征录宋黼《三国六朝五代纪年总辨》二十八卷，且为校正。瑞安由林同庄自杭寄方雪斋《唐摭言》校本至，张君宋庼征录林觉侯《获斋初集》等十数种。陈君木庵写录先德介石、孟冲两先生遗著。泰顺无所获。玉环由胡君封征得戴礼女士《孑遗吟草》一卷及印本《女小学韵语》二书。

　　此会经始于民国乙亥四月，至丁丑四月结束，为时甫逾两载。所得遗著，第一次写成，由冷生分县编目印行，计一百八十五种，五百六十一卷。第二次写成，得二百一十七种，六百九十八卷，目尚未刊。今合计之，得四百零二种，一千二百五十七卷，六百四十七册。以视孙氏《经籍志》所著录，虽仅三之一，而有目皆有书，比之孙《志》一千三百余家，所目见仅十之一者，固已倍其三矣。孙《志》依朱氏《经义考》之例，分存、佚、阙与未见四目。此次所征四百零二种，采自孙《志》所注为"存"者十之一，而于《志》所注为"未见"者，今征得凡二十一种，于《志》注为"佚"，今征得者凡十三种，岂非征君所谓"玮篇珍帙，晦而复显"者耶？其余皆嘉、道后百年间之撰述也。

此会既有冷生、孟晋握铅于内，复有同庄、贞晦辈征集于外，其振奇汲古之心可嘉。时次饶以古稀之龄，校理过劳，致翳一目；而心朴、胥庵、志澂并皓首敦书，商榷不倦；又有池君仲霖、宋君墨庵、陈君明夷、赵君百辛、陈君木庵、张君慕骞、陈君仲陶、严君琴隐、吴君天五、郑君伯烺、张君宋顾、孙君演万，咸究心温故，间得相与讨论以成此伟业，诚一郡文献之大幸矣！

一九六二年朴垞纂。

参考资料：

高谊《永嘉区征集乡先哲遗书目录叙》。——《薏园文抄》卷二，《目录》载《文澜学报》

又《永嘉区征书周年记》。——《蓼绥年刊》创刊号

梅雨清《郡斋征书记》。——同上

孙孟晋《玉海楼藏乡先哲遗书目》——单行本，有载《浙江省立图书馆馆刊》《瓯海日报》纪念特刊。丙子四年五月

《瓯风杂志》第廿一、二期合刊《乡事纪闻》

按：此会结束后，所有征抄之书数百种，统归籀园图书馆即今市图书馆保管，而其未了事宜，亦移交该馆接办。朴垞又识。

抄本目录：

《毛诗解诂》四卷一册，清陈莲。

《燕赋集古》一册，清徐献庭撰。

《鹤阳谢氏家集》八卷一册，清谢梦觉辑。

《胡氏家集》十六卷一册，明胡褒、清胡金。

《杨园诗集》八册，民国杨黄、杨青同辑。

《春园叙乐图题辞》一册，清□珠辑。

《石文录》一册，清王肇槐辑。

《长林留别送别诗》□册，清徐德元等辑。

《慎江诗类》六卷二册，清周天锡辑。

《瓯雅目录》一册，清陈舜咨辑。

《永嘉诗征》六册，民国池虬辑。

《乐清诗征》卅七册，民国高谊辑。

《瑞安诗征》十五册，民国宋慈襄辑。

《平阳诗录》二册，民国王锐辑。

《草堂管窥》四卷一册，清鲍作雨辑。

《之宦官纪行诗草》一册，宋吴驲撰。

《云泉诗集》一册，宋薛隅撰。

《天玉洞天藏稿》一册，明王光蕴撰。

《怡真堂超越山人寄履诗稿》一册，明应德成。

《玄对草前后集》二卷二册，清王至彪。

《雪斋诗外》一册。

《雁游草纪游草》一册，清释西来。

《依绿园诗抄》一册，清曾儒璋。

《秋田诗稿》一册，清朱丰。

《两峰诗录》一册，清余国鼎。

《圃余诗草》二卷一册，清季镇海。

《旅中草》一册，清张天树。

《客途杂咏》一册，清周官。

《姜龙坪诗草》一册，清姜云湘。

《瓮云草堂诗稿》三册，清黄汉。

《菜香斋诗稿》一册，清黄汉。

《果园诗抄》二册，清项维仁。

《宝香山馆诗集》二册，清林培厚。

《息耒园吟草》六卷一册，清郑作朋。

《小丽农山馆诗抄》一册，清潘鼎。

《睡余偶吟》四册，清颜清标。

《蓉江吟草》一册，清翁效曾。

《樵童野啸》一册，请翁效曾。

《吟香舫吟稿》一册，清黄青霄。

《友十花楼课草》一册，清章冠儒。

《项孝廉诗》一册，清项国柟。

《一壶轩诗稿》一册，清张锦山。

《厚田遗诗》一册，清朱步墀。

《环州轩诗草》一册，清孙炳富。

《翔云野啸》一册，清徐炯文。

《仙楼闲冤杂稿》一册，清徐炳元。

《静斋小草》四卷一册，清林文朗。

《博笑集》一卷、《雁山即目》一卷，共二册，清林文焕。

《雪斋吟稿》一册，清蒋锋。

《静修斋诗草》一册，清赵治瑄。

《张藕塘遗诗》二册，清张悼。

《获畴诗稿》一卷、《百四十轩诗稿》一卷，共二册，清郑烺。

《一斑集》一册，清郑炜。

《三经堂诗稿》附《十二时毋自欺室诗》共一册，清周玉纶。

《水田吟草》一册，清林启亨。

《淡宁轩诗抄》附《兰桂轩诗抄》《虚日吉祥室诗抄》共一册，清项士桢。

《存朴轩吟草自怡集》一册，清无名氏。

《垦河吟草》一册，清洪守一。

《韫玉山馆诗抄》一册，清沈宝瑚。

《粤寇纪事诗》一卷一册，清林大椿。

《罗山樵子吟稿》一册，清余澜。

《芙蓉山馆吟草》一册，清陈越英。

《吟筐诗草》一册，清周绍基。

《尺砚楼诗稿》一册，清周国琛。

《守约堂诗稿》一册，清曾右湘。

《冰瓯诗抄》一册，清谷培宸。

《晓芙遗稿》一册，清周恩煦。

《郑简庭诗草》一册，清郑作霖。

《悟桃山斋吟稿》一册，清董曦。

《先器识斋诗草》一册，清蔡其谔。

《鱼雁诗存》一册，清林晓湖。

《梅月楼诗》三卷三册，清彭镜清。

《闲妙香斋吟草》四卷一册，清陈玮。

《街南吟草》一册，清王建中。

《读画楼诗抄》一册，清张黻。

《退园偶吟》二卷、《拾遗》一卷、《后稿》一卷共一册，清吴树森。

《双柏草堂诗抄》一册，清吴鸿翔。

《吟花香室试草》一册，清潘锟。

《师竹轩吟草》一册，清洪荫南。

《礼门遗稿》一册，清洪启亨。

《庾梅香室诗抄》一册，清李缙云。

《戴庚山先生诗稿》一册，清戴作鼎。

《晚香吟馆曼草》一册，清黄玉。

《影玉庐诗抄》二册，清鲍鲲。

《茹古轩诗抄》四卷一册，民国徐乃康。

《梅雨联吟》一册，清徐献廷。

《集唐梅花百咏》一册，清徐献廷。

《二酉轩陶陶集》一册，清徐献廷。

《集陶诗故》二卷一册，清徐献廷。

《筠生吟稿》一册，清吴达三。

《昼锦轩遗稿》一卷、《红蕉山房诗存》一卷共一册，清谷钟岳。

《履斋诗抄》二册，清张考吉。

《啸篴集唐遗稿》二卷一册，清潘福纶。

《留香阁诗稿》一册，清张佩慧。

《集云山房诗》一册，清鲍维城。

《松风吟馆小草》一册，清孟锦城。

《自怡悦斋诗草》一册，清胡睦琴。

《冰竹居诗集》附《醉自生诗稿》《石农存稿》共一册，清郑协和。

《二十四孝诗》一册，清薛源。

《午堤集》一册，清项崧。

《蛰庐诗录》一册，清陈虬。

《淑圈诗稿》一册，清张陶。

《眩鹦吟》一册，洪锦林。

《松秆吟稿》一册，苏毓涛。

《十国春秋小乐府》一册，洪炳文。

《赪桐花馆吟草》一册，徐镇龙。

《榕庐偶吟》一册，吴拱宸。

《香雪庐吟稿》册，吴国华。

《退思斋诗稿》一册，王岳崧。

《四香吟堂百花吟》一册，杨青。

《于园诗集》二册，吕渭英。

《余园诗稿》二卷一册，梅淦。

《永嘉风俗竹枝词》一册，杨青。

《沚庐吟草》一册，陈谱笙。

《辛白诗抄》四卷二册，陈怀。

《沁芳遗草》十卷六册，余朝钦。

《慎江文征》六十卷六册，清周天锡辑。

《鹤山集》二册，明王激。

《玉介园存稿》十八卷、《附录》四卷共八册，明王叔杲。

《玉介园集》一册，明王叔杲。

《歌宜室集》十六卷二册，明柯荣。

《黄石藏稿》一册，明王光经。

《玉沧集》四卷一册，明王光美。

《孙敬轩太史遗文》一册，清孙希旦。

《柿团诗文》一册，清张正宇。

《宝仙山馆集》四册，清林培厚。

《鹿迹山房文集》《晚园诗稿》二册，清叶正阳。

《三国六朝纪年论辨》廿八卷八册，宋朱黼。

《古言》一册，清戴庆祥。

《中国通史》二卷四册，陈黻宸。

《钦明大狱录》一册，明张孚敬。

《钱虏爰书》一册，清黄体芳。

《永嘉先哲录》廿卷二册，明王朝佐辑。

《东昆仰止录》八卷二册，明郑思恭辑。

《叶文定公年谱》一卷一册，清孙衣言。

《忠贞录》，明李维樾、林增志辑。

《衡阳吴惺台公忠烈遗迹》一册，清吴文焕辑。

《林任先年谱》一册，明林增志自订。

《锦堂自订年谱》一册，清陈步云。

《百甓斋日记》三册，郑良治。

《东瓯掌录》二册，清陆进辑。

《东瓯志录》三卷一册，阙名。

嘉靖《瑞安县志》十卷四册，明朱㒜、黄思亲等辑。

《蒲歧新志》二卷一册，清倪启辰辑。

万历《雁山志》四卷一册，明胡汝宁辑。

《雁山志》五十四卷一册，蒋希召辑。

《白龙山志》四卷一册，清吴永佶辑。

《白石山志稿》五卷一册，清施元孚辑。

《南雁荡山图志》六卷一册，清刘眉扬辑。

《雁荡四谷金石录》一册，倪启宸辑。

《望山草堂文集》四册，清林鹗。

《鹤仙遗稿》二册，清叶芝寿。

《水竹居文集》一册，清郑协和。

《醉星文集》一册，清郑鼎彝。

《传经堂文稿》一册，清郑锡庆。

《怡云楼遗稿》一册，清张硕。

《梅园诗草》一卷、《文集》一卷，共一册，清蔡保东。

《礼门文录》一册，清林启亨。

《湘兰文抄》一册，清李王仁。

《小琅嬛馆文稿初集》二卷一册，清沈宝瑚。

《栎室文抄》一册，清陈锦江。

《午堤文集》一册，清项崧。

《六斋无韵文集》二卷二册，清宋衡。

《耕心堂集》十五卷四册，清曹文升。

《诒轩文录》一卷、《诗抄》一卷共二册，陈莲。

《补学斋梓余吟草》二卷、《文续抄》一卷、《楹联录》一卷，共三册，胡调元。

《慕肱斋文佚稿》一册，吴之翰。

《菊庐集》一册，吴真。

《红楼梦后叙》一册，清蔡保东。

《省非室尺牍偶存》一册，清金元珠。

《先哲遗著会抄》《小酉山房倚声》二卷一册，清徐德元。

《须曼那馆词草》一册，清潘其祝。

《花信楼词存》一册，洪炳文。

《蝴蝶梦传奇》二卷一册，明陈一球。

自孙氏《永嘉丛书》及《周礼正义》《墨子间诂》等书出版后，于是各县刻书之风渐开，长篇短帙，陆续问世。

永嘉有：

王景羲《墨商》木刻及敬乡楼丛书本。

陈祖绶《墨宧诗抄》油印本。

陈阆慧《剑庐诗抄》排印本。

乐清有：

陈虬《治平通议》《报国录》木刻本。

林大椿《红寇记》敬乡楼丛书本。

黄鼎瑞《天一笑庐诗》排印本。

黄迁《慎江草堂诗》排印本。

瑞安有：

孙锵鸣《陈文节年谱》敬乡楼丛书本。

项霁《且瓯集》家刻本。

项瓆《水仙亭词》家刻本。

胡玠《脂雪轩诗抄》排印本。

胡调元《补学斋诗钞》排印本。

黄绍箕《鲜庵佚稿》《永嘉祠堂丛刻》及单行本。

黄绍第《缦庵佚稿》《瑞安百咏》《永嘉祠堂丛刻》本及单行本，

金晦《无始以来天人性命之本原》家刻本。

项芳倩《七政四余命学》家刻本。

陈葆善《白喉条辨》家刻本。

李式揆《注释〈读史方舆纪要〉序》家刻本。

陈怀《辛白论文》《文学史概》家刻本。

洪炳文《东瓯采风小乐府》石印本。

林损《政理古微》铅印本。

李笠《史记订补》木刻本。

宋慈抱《三国志乐府》《墨庵骈文甲集》《寥天庐诗抄》木刻本。

项骧《浴日楼诗》油印本。

涂墨西《叹逝吟》油行本。

陈谧《木庵甲集》油印本。

张扬《仙岩新志》仿宋排印本。

平阳有：

宋衡《六斋卑议》《敬乡楼丛书》本，《六斋无韵文稿》家刻本。

刘绍宽《厚庄文抄》木刻本。

周喟《南雁荡山志》木刻本，《船屯渔唱笺释》石印本。

泰顺有：

周焕枢《欠泉庵文集》木刻本。

玉环有：

戴礼《大戴礼注》排印本。

此皆最近十年内出书者也。

外此则黄体芳《征书札文》、方成珪《干常侍易注疏证》，见于《敬乡楼丛书》；《韩文笺正》印于陈氏湫漻斋；孙诒让《契文举例》见于《吉石庵丛书》，《温州经籍志》刻于浙江书局，《温州古甓记》刻于陈氏湫漻斋，《古籀余论》刻于张氏籀经楼；陈怀《中国近百年史》《清史要略》刻于中华书局；宋衡《莫非师也斋文录》刻于林氏惜砚楼。乐清朱铎民氏欲为其远祖谏刻《李诗辨疑》等书。瑞安陈穆庵亦将汇辑其叔祖介石先生及其考辛白先生两世遗著为《陈氏丛书》云。——《瓯风·乡事纪闻》

卷十　乡哲遗著按语专辑

孙公之所以留心乡邦文献，自有其家学渊源在。当其父琴西太仆供职京都以及游宦所至，即喜搜集我温乡哲遗著，讲乡哲学术，为后辈倡。而孙公皆随侍在侧，深受濡染，因引起兴趣，遂于廿七岁时即开始编著《温州经籍志》，从此便对乡哲作详细了解。今观书中各条案语，每每于乡哲事迹、著作，原原本本予以考证，使后之学者得知乡哲之学术与功业梗概。特移录其原文为专辑云。一九七〇年八月朴垞识。

一、历代著名乡哲遗著

1.（宋）王开祖 《儒志编》一卷，存。

孙诒让案以下简称孙案：儒志王秘校开祖，万历《温州府志·理学传》、雍正《浙江通志》、乾隆《永嘉县志·儒林传》并有传。

《儒志编》此书阐明义理，醇正精切，颇近《法言》《申鉴》。至每条之末，多引诗以畅其旨，又与《说苑》《新序》相似。唯其说经颇多新说，……立论未免太奇。然以视王充之《问孔》《刺孟》，则固不侔矣。

参考资料：

眉山苏伯衡《苏平仲集》。

张振夔《介轩文抄》。

《浙江采集遗书总录·已集》许涉斋说。

苏伯衡《叙》：伯衡年十二三，侧闻乡之达尊言宋时永嘉人物之盛、道术之懿，固莫加于乾、淳之际。尚论其所由来，实出皇祐贤良王公景山，且盛称公学术议论文章卓然过人。……兹过永嘉，辱友公九世孙渊，始得见其家藏《儒志编》若干首。……惜乎公年三十有二而遽卒。

金洪铨《叙》：宋王氏景山先生，永嘉人也。登进士，不乐仕进，隐居东山之麓，聚徒讲学，卓然为瓯邦道学开山祖。其著作，仅存《儒志编》一书。是编也，觅诸藏书之家无有存者，郡庠黄生之升偶得之农家，服膺弗失。郡司训童君基为捐清俸，重镌以寿诸世。

许及之《叙》：贤良王景山《儒志编》一卷。先生名开祖，字景山，永嘉人。少蕴闳博，有大志。皇祐初，以所业进，召试至京。以后时而归，筑室城东隅，尽焚旧作，绝意进取。日与门弟子论道考德为事，多所著述，书成终不肯出。独《儒志》一书，为门弟于默记，转相授受。故永嘉之学，言宗师者首贤良焉。

张振夔《跋》：当宋庆历间，伊洛未作，吾瓯有景山王先生，于僻壤而能心领神会于圣贤之学，奋然以复性为宗。虽所著仅遗一编，其中昌明宗旨似不及伊洛之奥衍，然其论学无过高之言，论政无过迂之谈，论人无过刻之求，固醇乎其醇者也。惜其短命与复圣同。

2. 林石　《塘奥集》，佚；《三游集》，佚。

孙案：塘奥林先生石，万历《温州府志·理学传》、雍正《浙江通志》、嘉庆《瑞安县志·儒林传》并有传。

3. 周行己　《易讲义》，佚；《礼记讲义》，佚；《浮沚先生集》后集，武英殿本、聚珍板本、《永乐大典》本。

孙案：浮让周博士行己，伊川程子门人。万历《温州府志·理学传》、雍正《浙江通志》、乾隆《永嘉县志·儒林传》并有传。

又案：浮沚讲学本伊川，文章则轨步眉山。此集虽不完，而玮文奥笔，独见梗概。

又案：《文渊阁书目》九，有《周博士文集》一部，四册，全。则明初所传不止《浮沚前后集》矣。其书止十卷，盖不及《浮让集》之完备，故永乐时修《大典》不载其事也。

陈振孙云：十七岁入太学，有盛名，师事程伊川。元祐六年进士，为太学博士。——《直斋书录解题》

卢文弨《跋》：周恭叔名行己，永嘉人。宋元祐六年进士，官至秘书省正字，出知乐清县。乡人相沿称其初授之官为周博士云。——《抱经堂文集》卷十二

韩淲云：周恭叔行己，文字温淡，但时有庄老，与程氏之说相背，诗亦好。——《涧泉日记》下

《四库总目》：行己早从伊川程子游，传其绪论，实开永嘉学派之先。观其自叙。其生平学问梗概可以略见，则发为文章，明白淳实，粹然为儒者之言，固有由也。且行己之学虽出程氏，而与曾巩、黄庭坚、晁说之、秦观、李之仪、左誉诸人，皆相倡和。……于苏轼亦极倾倒，绝不立洛蜀门户之见。故平濡目染，诗文亦皆娴雅有法，尤讲学家所难能矣。

4. 许景衡　《横塘集》三十卷，阙，从《永乐大典》辑出。

孙案：横塘许忠简公景衡，伊川程子门人。《宋史》三百六十三、万历《温州府志·理学传》、雍正《浙江通志·名臣传》、嘉庆《瑞安县志·儒林传》并有传。

元丰九先生，唯横塘仕宦最达，勋德亦最盛。此《集》虽出散佚之余，然较之刘左史、给谏两《集》，卷帙已多数倍。札子三卷，足见一时谠论。……其余诗文，亦皆粹然道德之言。

《横塘集》宋时有台州刻本，明中叶以后久佚。乾隆时修《四库全书》，从《永乐大典》辑出，乃复传于世。

逊学斋藏重辑二十卷抄本。

自明以来，传本久绝。今从《永乐大典》中采掇裒缀，以次排纂，厘为二十卷。

陈振孙云：尚书右丞瑞安许景衡少伊，亦尝从程氏学。建炎初为执政，与黄、汪不合，罢。建议渡江幸建康，言者以为非是。及下还京之诏，景衡以忧卒于瓜洲。未几，虏骑奄至淮阳，仓猝南渡。——《直斋书录解题》

《四库提要》云：景衡字少伊，温州瑞安人。登元祐九年进士，宣和中召为监察御史，迁殿中侍御史。钦宗即位，以左正言召，累迁中书舍人。高宗朝至尚书右丞，罢，为资政殿大学士，提举洞霄宫，卒谥忠简。事迹具《宋史》本传。

又云：景衡虽源出洛学，而立身刚直，不与贾、易诸人嚣争门户。其文章坦

白光明，粹然一出于正。在徽宗时，即极言财力匮乏，请罢花石纲运，为王黼所中而去。及从高宗在扬州，又与黄潜善不协，借渡江之议斥逐而死。虽阨于权幸，屡起屡踬，而终始不挠。今集中所存奏议，如论童贯误国、辩宗泽无过、论王安石当自便、乞宽恤东南诸札子，皆诚意恳挚，剀切详明。其他亦多关系国家大计，虽当时不能尽用其说，而史称既殁之后，高宗每念其遇事敢言，追思不置，亦足见其忠爱之忱有以感孚于平素也。至其诗篇，乃吐言清拔，不露伉厉之气。

参考资料：

《直斋书录解题》十八。

《文献通考》二百三十八。

《宋史·艺文志》七。

《国史经籍志》五。

《四库全书总目》二百五十六。

陈耆卿《嘉定赤城志》十二。

全谢山《补宋元学案》三十二。

陈傅良《止斋文集》四十九。

林表民《赤城集》十七。

《刘左史集》附录。

《朱子语录》。

周必大《平园续稿》十一。

《东瓯诗集》。

5. 刘安节 《刘左史文集》四卷，存。《伊川先生语录》一卷，存。

孙案：刘左史安节，伊川程子弟子。万历《温州府志·理学传》、雍正《浙江通志》、乾隆《永嘉县志·儒林传》并有传。

安节字元承，永嘉人。元符三年进士，官至起居郎，擢太常少卿，出知饶州，迁知宣州，卒于官。

陈振孙云：刘安节元承与从弟安上，皆尝事二程，同游太学，号二刘。安节，元符三年进士，为察官左史，晚知宣州以殁。——《直斋书录解题》

留元刚《叙》：元祐、绍圣间，程先生讲道伊洛，东南之士多从之游。而为永嘉倡者，太学博士周公，起居郎、给事中二刘公也。

叶适云：按《周博士集》，元丰时，永嘉同游太学者：蒋元中、沈彬老、刘元承、刘元礼、许少伊、戴明仲、赵彦昭、张子充，所谓"不满十人，而皆经行修明，为四方学者敬服"者也。绍兴末，州始祠周公及二刘公于学，号三先生。——《水心文集》二十九《题二刘文集后》

板本：逊学斋藏抄本。同治癸酉新刊本。

朱彝尊抄本《跋》：曩从刘考公勇借抄二刘长史合集，元礼止得半部而已。康熙壬午，福州林孝廉吉人以抄本见寄，乃得全。竹垞老人识。

《宋元学案》三十二：知州大刘先生安节，所著有《左史集》四卷，非足本也。

孙案：《刘左史集》四卷，经义论策居其半，余表启、诸骈文，亦多率尔应俗之作。然若奏疏两篇及《祭林介夫文》诸作，未尝不足见立朝风节及元丰学派也。

参考资料：

《直斋书录解题》十七。

《文献通考》二百三十八。

《宋史·艺文志》七。

《宋元学案》三十二。

《晁氏读书出志》。

《黄氏日抄》三十二。

《水心文集》二十九。

《曝书亭集》。

6. 刘安上　《刘给谏文集》五卷，存；《刘氏制诰集》，佚。

事迹具《宋史》本传，薛嘉言作《行状》。

孙案：刘知州安上，左史安节从弟，伊川程子门人。万历《温州府志·理学传》、雍正《浙江通志》、乾隆《永嘉县志·儒林传》并有传。

陈振孙云：给事中刘安上元礼，绍圣四年登第，历台谏、披垣琐闱，以次对，历三郡而终。——《直斋书录解题》

《四库提要》：安上字元礼，永嘉人。绍圣四年进士丙科，由钱塘尉历擢殿中侍御史，疏劾蔡京，不报。复与石公弼等廷论之，坐是浮沉外郡者十六年。晚知舒州，乞祠，得提举鸿庆宫。靖康元年致仕，建炎二年卒于家。

其诗酝酿未深，而格意在中晚唐间，颇见风致。文笔亦修洁自好，无粗犷拉杂之习。盖不唯风节足重，即文章亦不在元祐诸人后矣。

薛嘉言作《行状》云：公为文典重有法，尤工五言，晚更平淡，浑然天成，无斧斤迹。有诗五百篇，制诰杂文三十卷，藏于家。

板本：旧抄本，逊学斋藏抄本，同治癸酉新刊本，浙江鲍士恭家藏本。

据薛嘉言作安上《行状》，称其有诗五百首，制诰杂文三十卷，篇帙颇富。然焦竑《国史经籍志》载《刘安上集》实止五卷，与此本相合。盖兵毁之余，后人掇拾而成，非其原本矣。

自明以来，流传甚少。朱彝尊自颍州刘体仁家借抄，仅得其半，后得福州林佶抄本，始足成之。——《四库提要》

孙案：余家藏卢氏抱经堂抄本及所见丰顺丁氏、嘉兴陆氏诸抄本，并作《刘给谏集》。给事、给谏义同。

参考资料：

《直斋书录解题》十八。

《文献通考》二百三十八。

《宋史·艺文志》七。

万历《温州府志》七。

《四库提要》一百五十五。

《宋元学案》三十二。

薛嘉言作《行状》。

朱彝尊说。

7. 戴述　《归去来集》，佚；戴述、迅《二戴集》，佚。

孙案：戴教授述，伊川程氏门人。万历《温州府志·理学传》、雍正《浙江通志》、乾隆《永嘉县志·儒林传》并有传。

周行己《戴明仲墓志铭》：明仲中元符三年进士第，调婺州东阳县主簿。州徙君监银冶，君以去辞，弗获，因慨然赋《归去来诗》十首以自见，投檄而去。——《浮沚集》七

戴栩《处州通判戴君墓志铭》：戴姓著籍永嘉百七十年矣。知盐官县事士先始擢进士第，临江教授述继之，与公曾祖中散大夫迅为伯仲，订经诹史，文辞大

振，乡人号二戴先生。教授与周博士行已游至款，而状舍人刘公安节《行实》，则中散笔也。——《浣川集》十

参考资料：

万历《温州府志》十七。

8. 鲍若雨　《敬亭文集》，佚；《程门问答录》，佚。

孙案：敬亭鲍先生若雨，伊川弟子。万历《温州府志·理学传》、雍正《浙江通志》、乾隆《永嘉县志·儒林传》并有传。

朱熹云：鲍商霖名若雨，永嘉人。有《答问》数条及录《伊川语》一卷，今见文集遗书。——《伊洛渊源录》卷十四

参考资料：

万历《温州府志》十七。

《世善堂藏书目录》七。

《河南程氏文集》九。

《二程遗书》二十三。

朱子《伊洛渊源录》。

9. 陈桷　《无相居士集》，佚。

孙案：陈安抚桷，《宋史》三百七十七、万历《温州府志·宦业传》、雍正《浙江通志》、乾隆《平阳县志·名臣传》并有传。

10. 林季仲　《竹轩杂著》

孙案：竹轩林知州季仲，万历《温州府志·宦业传》、雍正《浙江通志》、乾隆《永嘉县志·名臣传》并有传。

陈振孙云：太常少卿永嘉林季仲懿成，以赵元镇荐入朝，奏疏沮和议，得罪。仲熊、叔豹、季狸，其弟也，皆知名。——《直斋书录解题》第十八

《四库提要》：季仲字懿成，永嘉人。登进士第，历官太常少卿，知婺州，自号芦山老人。尝侨居暨阳。……《宋史》不为立传，其行事不可概见。

《集》本十五卷，世久失传，论宋代人物者或不能知其姓氏。今从《永乐大典》中搜辑编缀，厘为诗二卷，文四卷。

板本：《竹轩杂著》十五卷，阙。逊学斋藏重辑六卷，抄本。

孙案：今所传《永乐大典》辑出本，残缺不完。阁本。

参考资料：

《宋元学案》三十二。

徐梦莘《三朝北盟会编》一百八十九。

11. 萧振　《萧德起文集》，佚。

孙案：萧制置振，《宋史》三百八十、万历《温州府志·宦业传》、雍正《浙江通志》、乾隆《平阳县志·名臣传》并有传。

12. 宋之才　《三余录》《云海敝帚》，佚；《云海后集》，佚；《词林》，佚。

孙案：云海宋侍郎之才，万历《温州府志·宦业传》、雍正《浙江通志·儒林传》、乾隆《平阳县志·理学传》并有传。

薛季宣作《行状》，有自次文五十卷，曰《云海敝帚》。云海，公之居士号也。家有《云海后集》《三余录》《词林》合若干卷。

参考资料：

《艮斋浪语集》三十四《宋侍郎行状》。

《续文献通考》一百八十。

13. 张阐　《张忠简文集》，佚；《奏议》，佚；《经筵讲义故事》，佚；《藩邸圣德事迹》，佚。

孙案：张忠简公阐，《宋史》三百八十一、万历《温州府志·宦业传》、雍正《浙江通志》、乾隆《永嘉县志·名臣传》并有传。

参考资料：

李心传《建炎以来朝野杂记》乙集一。

周必大作《神道碑》，载《平园续稿》二十一。

王十朋《梅溪后集》六。

万历《温州府志》十七。

14. 薛徽言　《薛右史遗编》十卷，佚；《遗编别录》，佚；《经书训义》，佚。

事迹：蒋嘉言作《行状》，子季宣笺。

孙案：薛舍人徽言，《宋史》三百七十六、万历《温州府志·忠节传》、雍正《浙江通志》、乾隆《永嘉县志·名臣传》并有传。

又案：右史《遗编》，宋以后久无传本，惟《浪语集·先大夫行状笺》载其篇目、卷第颇详，故撮录之，庶知艮斋家学之所自焉。

子季宣《书后》：先君《右史遗编》手泽二策，先兄将仕手抄一策，《使事录》二策，《议和奏草》一卷，《遗表》一篇，哀成一编，通《行状》为十卷。

子季宣《叙》：孤某既次先君《右史文笔集录遗编》，患其未能备详，求诸绌帙，又得《遇事勤书》及《癸丑续记》一策。《续记》多记奏稿，行草相间，往往斤削涂窜，不可尽识。字字寻绎，始颇可通。去其复重，抄其要切之语，编诸书末，以为《遗编别录》。俟有它求而得，将以备后录云。

参考资料：

艮斋《浪语集》三十三。

15. 陈鹏飞　《陈博士书解》，佚；《诗解》，未见；《管见集》十卷，佚；《罗浮集》二卷，佚。

孙案：陈郎中鹏飞，万历《温州府志·理学传》、雍正《浙江通志》、乾隆《永嘉县志·儒林传》并有传。

陈傅良《潘公墓志铭》：某先君子与故侍讲陈公鹏飞少南为辈行，以诸叔父从之学。少南之门，授经数百人，叔父亟称同舍生，则曰永嘉二潘公。少南每过先君子，则馆于叔父之心远堂，尝赋诗焉。

叶适《陈少南墓志》，（略）——《水心集》十三

参考资料：

《直斋书录解题》二。

《文献通考》一百七十七。

《宋史·艺文志》一。

晁公武《郡斋读书志》二。

《玉海》二十八。

钱谦益《绛云楼书目补遗》。

焦竑《国史经籍志》二，《授经图》四，《经义考》八十。

16. 郑伯熊　《敷文郑氏书说》，存；《六经口义拾遗》，佚；《戆语》，佚；《记闻》，佚，《郑景望集》三十卷，佚，《郑景望杂著》，佚。

孙案：郑文肃公伯熊，万历《温州府志·理学传》、雍正《浙江通志》、乾隆《永嘉县志·儒林传》并有传。

伯熊字景望，永嘉人。绍兴十五年进士，累官吏部郎兼太子侍读，进国子司业、宗正少卿，以直龙图阁出知宁国府，卒谥文肃。其诗文有《景望集》，今已不传。

周必大《跋》：景望龙图，通经笃行，见谓儒宗。而其诗句乃绰有晋、唐名胜之遗风，胸中所养，亦可知矣。——《省斋文稿》十八

《浙江通志》称伯熊邃于经术，绍兴末，伊洛之学稍息，伯熊复出而振起之。刘壎《隐居通义》谓"伯熊明见天理，笃信困守，言与行应。"孙案：此刘壎引叶适《温州新修学记》语。

《朱子语类》七十九（略）。

陈亮云：郑公景望，永嘉道德之望也。朋友间有得其平时所与其徒考论古今之文，见其议论宏博，读之穷日夜不厌，又欲镂木以与从事于科举者共之。余因语之曰：公之行己以吕申公、范淳夫为法，论事以贾谊、陆贽为准，而惓惓斯世若有隐忧，则又学乎孔、孟者也。——《龙川集》十四《郑景望杂著叙》

孙案：《郑文肃集》，据《朱子语类》，疑亦蔡文懿所刊。文懿为文肃弟伯英婿，尝刊《归愚翁集》，或并刊《文肃集》也。……《文渊阁书目》九有《郑景望集》一部，一册，阙。则此书明时尚存，今则未见传本。

所著《书说》凡二十六条，以《书传辑录纂注》所引永嘉郑氏《说》校之悉合。今所见旧抄本及李氏刊本书端并题"宋郑朴撰"，误也。其书综论大义，推阐最为明畅，间亦纠正儒先旧诂……其说并精确。

板本：《书说》一卷，存，逊学斋藏旧抄本。

参考资料：

《直斋书录解题》十八。

《文献通考》二百四十。

《宋史·艺文志》七。

《国史经籍志》五。

《四库总目》。

周必大《省斋文稿》十八。

《朱子语类》七。

陈亮《龙川集》十四。

万历《温州府志》。

雍正《浙江通志》。

乾隆《永嘉县志》

凌迪知《万姓统谱》二百零七。

陈骙《中兴馆阁录》七。

《宋元学案》三十二。

《浪语集》五《送郑景望赴国子丞诗叙》。

吴子良《荆溪林下偶谈》四。

《东嘉先哲录》六。

《经义考》。

方回《瀛奎律髓》二十。

孙案：朱伯起，郑文肃公伯熊弟子。

17. 郑伯英　《归愚翁集》二十六卷，佚。

孙案：郑判官伯英，文肃公伯熊弟。雍正《浙江通志》、乾隆《温州府志》、乾隆《永嘉县志·义行传》并有传。

叶适《叙》：吾永嘉二郑公是已。盖其长曰伯熊，字景望；季曰伯英，字景元。大郑公恂恂，少而德成，经为人师，深厚悃愊，无一指不本乎仁义，无一言不关于廊庙。而景元俊健果决，论事愤发。思得其志，则必欲尽洗绍圣以来弊政，复还祖宗之旧，非随时默默苟为禄仕者也。景望徇道寂寞，视退为进，官至宗正少卿而止。初，景元中进士第四人，少卿喜而笑曰："子一日先我矣。"然既任秀州判官，遂以亲辞，终其身二十余年不复仕，朝廷亦卒不征用。——《水心文集》十二

陈振孙云：近世永嘉学者推二郑。伯熊，绍兴乙丑进士。自隆兴初为馆职、王府、东宫，官至少卿成宗正卿。用矣，每少不合，辄乞去，卒于建宁守。伯英，癸未甲科第四人，以亲养，三十年不调，竟不出。二人皆豪杰之士也。——《直斋书录解题》十八

吴子良云：永嘉郑敷文，大儒也。名伯熊，字景望。其弟名伯英，字景元，负气尚义之士也，登甲科，为第四名，以母老不肯仕宦，养母不出者二十年。绍兴末，上《中兴急务书》十篇，极言秦桧之罪，文亦豪健浩博，诸公忌而畏之。孝庙朝，无人为提拔，景元亦不屑求用。晚自号归愚翁，有《归愚翁集》。——《荆溪林下偶谈》四

参考资料：

《直斋书录解题》十八。

《文献通考》二百四十。

《宋史·艺文志》七。

《国史经籍志》五。

《荆溪林下偶谈》四。

18. 徐履　《徐省元集》，佚。

孙案：徐通判履，万历《温州府志·官业传》、雍正《浙江通志》、嘉庆《瑞安县志·介节传》并有传。

19. 张辉　《草堂语录》，佚。

孙案：草堂张学录辉，万历《温州府志·理学传》、雍正《浙江通志》、乾隆《永嘉县志·儒林传》并有传。

张辉自六经、诸子书、历代史记，下至百家之说，皆通习，辨析精微，论议亹亹。尝摭古人行事，断以己意，曰《草堂语录》，人称草堂先生。——万历《温州府志》卷十一

参考资料：

《千顷堂书目》十一。

《补辽金元艺文志》。

20. 王十朋　《尚书解》，佚；《周礼详说》，佚；《春秋解》，佚；《论语解》，佚；《梅溪奏议》，未见；《唐书详节》，佚；《家政集》，佚；《会稽三赋》，存；《王状元标目集注唐文类》，未见；《楚东酬唱集》，佚；《梅溪先生文集》五十四卷，存。

孙案：梅溪王忠文公十朋，《宋史》三百八十、万历《温州府志·理学传》、

雍正《浙江通志》、道光《乐清县志·名臣传》并有传。

朱熹云：公始以诸生对策庭中，一日数万言，被遇太上皇帝，亲擢以冠多士，遂取其言施行之。及佐诸侯，入册府，事今上皇帝于初潜，又皆以忠言直节有所裨补，上亦雅敬信之。登极之初，即召以为侍御史，纳用其说。……寻以边兵失律、廷议不和上疏自劾，除吏部侍郎，不拜，去。为数郡，布上恩，恤民隐，早夜孜孜，如饥渴嗜欲之切于己。去之日，民思之如父母。其处闺门，居乡党，则又亲亲敬故，隆信义，务敦朴，虽家人孺子，亦蔼然有忠厚廉逊之风。平居无所嗜好，顾喜为诗，浑厚质直，恳恻条畅，如其为人。不为浮靡之文，论事取极己意，然其规模宏阔，骨骼开张，出入变化，俊伟神速，世之尽力于文字者，往往反不能及。其他片言半简，虽或出于脱口肆笔之余，亦无不以仁义忠孝为归，而皆出于肺腑之诚，然非有所勉强慕效而为之也。盖其所禀于天者，纪乎阳德刚明之气，是以其心光明正大，疏畅洞达，无有隐蔽，而见于事业文章者一皆如此。……

公之行事，今某官莫侯子齐既状之，而故端明殿学士汪公圣锡取以志其墓矣。……

公殁几十年，而其子闻诗适官府下。……闻诗亦好学有立，能世其家。——《晦庵大全集》卷十五，刘珙序，朱子代作

黄淮云：温郡梅溪先生王公十朋，家食时敏于力学，博究经史，旁通传记百家，由博反约，择精守固。其于天理民彝之懿，忠孝立身之本，体认真切，凝然以斯道自任。绍兴间对策大廷，日盈万言，援经证据，切中时病，高宗亲擢首选，试以民事，金判绍兴府。自后历官侍从、台谏，出知饶、夔、湖、泉四大郡，入为太子詹事，以龙图阁学士致仕。——《介庵集》

罗大经云：王龟龄年四十七魁天下，以书报其弟梦龄、昌龄曰：今日唱名，蒙恩赐进士及第，惜二亲不见，痛不可言。嫂及闻诗、闻礼，可以此示之。诗、礼，其二子也。——《鹤林玉露》十三

《四库提要》：十朋立朝刚直，为当代伟人。应辰称其于文专尚理致，不为浮虚靡丽之词，其论事章疏，意之所至，展发倾尽，无所回隐，尤条畅明白。珙称其诗浑厚质直，恳恻条畅，如其为人。今观全集，淳淳穆穆，有元祐之遗风。二人所言，良非溢美。

男闻礼《跋》：右先君文集，合《前》《后》并《奏议》五十四卷。绍熙壬子，

闻礼锓木江陵，归藏于家。痛念先君即世二十有一年矣，不肖孤家贫力弱，日夜抱遗书以泣，一旦惧溘先朝露，无以赎不孝罪。会兄闻诗假守浮光，以俸余命闻礼等董其役。始事于暮春，讫工于中秋。先君正大之学、忠愤之气，爱君忧国之诚，仁民爱物之念，庶几一展卷而尽见之。

莆田周琰云：公之文集，旧有刊本，而朱文公代刘共父为《序》，论其心为特详。岁久板坏，前守何公文渊、刘公谦相继掇拾于蠹腐之余，重为刊板，盛传于今。而少保黄文简公淮为《序》，则兼论其道也。文公之《序》载于《大全集》中，惜重刊者遗之，余为表而冠诸卷端。——天顺六年明刻本刘《叙》后识语

黄淮云：《文集》尝有镂板，岁久浸废。郡之前太守何公文渊访于其家，得录本若干卷，残缺错乱，不可缉理。会升除侍郎而去，然其心未尝忘也。未几，前御史刘公谦继守是郡，旁求博访，乃得其刻本于黄岩士族蔡玄兀家。命郡学教授何瀻重加订正，鸠工刊刻，用广其传。——正统五年同郡黄淮序

孙案：《梅溪前（集）后集》并《奏议》五十四卷，绍熙壬子王闻礼编刊。《前集》诗八卷，皆编年排纂，始宣和乙巳，终绍兴丁丑春登第以前之作，而附以《和韩诗》及《咏古诗》各一卷；文十卷，则分体编次，与诗不同。《后集》诗十九卷，始《丁丑二月二十一日集英殿赐第诗》，终乾道庚寅自泉州奉祠归里后诸作；文九卷，分体与《前集》同。惟以赋三篇别为一卷，冠诗之前，则与《前集》赋与杂文合编者不同耳。……《宋史・艺文志》所载《后集》一卷及西山所刊《续集》，元、明以后亦无传帙，梅溪遗著终以此二集为完本矣。

又案：至雍正间，乐清所刊《王忠文公诗文集》经邑令唐传鉎重编，取《前集》《后集》搀合移易为五十卷，诗则易编年为分体，遂至先后贸乱，不复可识别。后有重刊者，必宜复正统本五十四卷之旧也。

又案：梅溪以大魁起家，名德冠一世。其遗书流播，学者争相传诵。故宋时建阳书林所刊王状元书极多宋人多称梅溪为王状元。

又案：《分类东坡诗注》，此书元刊本二十五卷，分七十二类。余于都中书肆尝一见之，其本较明刊三十二卷本迥胜。

又案：真文忠所刊《梅溪续集》，明以后久佚。

又案：东岩与梅溪同里，岂不知此书《周礼详说》为其所著而云未详谁氏乎？

三月初三癸丑，阴，偕群从赴钩湖本生曾王父母墓扫松。是地有状元桥，张文恭公所建也。午刻泊舟凤凰山侧社庙前，庙题梅溪公祠，乃宋王忠文公也王十

朋。柱联有"万言谏草"及"文章三赋"等语，庙中禁唱《荆钗记》。乡僻小村，得此名士社公，大是奇事。吾乡有两凤凰山，若城西六十五里，至小而具山形；此在城南七里许，亦仅培塿。与楚村登山顶望之，虽春城绣错，西岊、破塘诸山朗然在目，然大不及侯山也。脯时归。——《越缦堂日记》

板本：宋本《梅溪集》，麻沙旧刻。明正统本。聚珍板本。逊学斋藏明正统庚申何潾校刊本。又雍正戊申唐传鉎重编本。

参考资料：

汪应辰《汪文定集》二十三,《龙图阁学士王公墓志铭》，载《梅溪集》附录。朱子作《集序》。

何文渊作《梅溪集后序》。

史铸《会稽三赋注》。

《直斋书录解题》十八。

《文献通考》二百四十。

《宋史·艺文志》。

《国史经籍志》。

《四库总目》一百五十九。又一百三十四。

《述古堂藏书目》二。

《平津馆鉴藏书记》。

魏齐贤、叶芳圣《五百家大全文粹》。

《晦庵大全集》卷七十五。

罗大经《鹤林玉露》十三、十六。

韦居安《梅磵诗话》上。

真德秀《西山文集》卷三十四。

21. 郑伯谦　《太平经国之书》十一卷，存。

字节卿，永嘉人。官修职郎，衢州府学教授。

孙案：《经国书》贯穿全经，综论大意，虽考证简明，而平议阔通，殆亦习闻薛、陈诸老绪论者。至其文章精伟浩瀚，尤与水心相近，信乎其为永嘉之学也。

参考资料：

《宋史·艺文志》。

《经义考》。

《四库总目》。

车若水《脚气集》上。

洪咨夔《平斋集》十八。

《江西通志》六十四。

22. 王与之　《诗说》，佚；《东岩周礼订义》八十卷，存；《周官补遗》，佚。

孙案：东岩王通判与之，万历《温州府志·理学传》、道光《乐清县志·儒林传》并有传。

乐清人，字次点，著《周礼订义》，卒年九十七。照得温州布衣王与之，皓首穷经，其书满家，若《周礼订义》最为精粹。与之守志厉行，无求于世。今秘省取其书，守臣上其名，与献书自鬻者不同，欲特补一官以示旌异。四月二十六日奉圣旨：王与之敕授宾州文学，其《周礼订义》付秘书省。

真德秀云：永嘉王君次点，其学本于程、张，而于古今诸儒之说莫不深究。著为《订义》一编，用力甚至。然未以为足也，方将早夜以思，深原作经本旨以晓当世，其心抑又仁矣。以是心而为是学，《周礼》一书其遂大明矣。——《西山文集·序语》

赵汝腾云：次点研精覃思十余年，而《订义》成，显幽阐微，商是榷非，其有发先儒所未发者多矣。

孙案：东岩《周礼订义》采摭浩博，为《周官》说之渊椷，易被、王昭禹诸书莫能及也。……至所采旧说五十一家，《序目》载其姓氏，今录于此以备参考……搜辑之富，不减卫湜《礼记集说》。惟剪裁旧说为一家言，与卫书之备列众说同异者异。又间以己意论定是非，亦与卫书之不加论断者异耳。

又案：王东岩《订义》，于永嘉诸儒采取甚详。余虽未见《诗说》，因可以心会矣。

又案：戴文子《浣川集》五，《乐清王次点东岩记》："王君次点，以《诗》《书》《周官》、太史、班、范书，东向为人师者二十年。其学长于讲说，引类贯伦，敛博归约。为文峻洁雄特，下笔不自休。"文子之言如此，亦足征东岩于《周官》之外，又治《诗》《书》、三史矣。

参考资料：

真德秀《西山文集》。

刘爚《云庄集》。

《宋史·艺文志》。

陈栎《定宇文集》三。

卢文弨《抱经堂文集》八。

《四库全书总目》十九。

《通志堂经解·目录》。

慈溪《黄氏日抄》三十。

秦蕙田《五礼通考》。

邱葵《五礼全书叙》。

《方望溪集》。

23. 薛季宣　《古文周易》，佚；《书古文训》，存；《诗性情说》，佚；《周礼释疑》，佚；《春秋经解》，佚；《指要》，佚；《论语直解》，佚；《中庸解》，存；《大学解》，存；《十国纪年通谱》，佚；《地里丛考》，佚；《九州图志》，佚；《武昌土俗编》，佚；《汉兵制》，佚；《资治通鉴约说》，佚；《校定风后握奇经》，存；《遁甲龙图》，佚；《艮斋浪语集》。

孙案：艮斋薛文宪公季宣，《宋史·儒林传》、万历《温州府志·理学传》、雍正《浙江通志》、乾隆《永嘉县志·名臣传》并有传。

陈振孙云：季宣博学通儒，不事科举。陈止斋先生师事之。季宣死当乾道七年，年四十九。

《四库总目提要》：季宣字士龙，号艮斋，永嘉人，起居舍人徽言之子。绍兴二十九年，年甫十七，即从荆南帅辟写机宜文字。调鄂州武昌令，以王炎荐，改知常熟县。入为大理寺主簿，进大理正、知湖州。乾道元年，迁知常州。未上，卒。事迹具《宋史·儒林传》。

薛师旦云：叔祖常州，好学凤成，高明缜密。于书无不读，必略短而取长；于事无不悟，必通今而据古。每以口耳之习为学者之戒，凡有得于残编断简，必参校订审，不至于理融不已也。其立朝大节，难进易退，孜孜然惟以进贤去不肖为务。奉使淮壖，首正奸欺之罪，而以忠实报上。出守苕霅，抗论经总制钱非法，不忍重为民困。卒以不合而归，则死矣。盖叔祖之学，有根有叶，有源有流，本末精粗，内外如一。不变今，不泥古，措之事业，无非实学实理也。其古所谓儒

者欤！——宝庆二年侄孙师旦叙

《四库总目提要》：季宣少师事袁溉，传河南程氏之学，晚复与朱子、吕祖谦等相往来，多所商榷。然朱子喜谈心性，而季宣则兼重事功，所见微异。其后陈傅良、叶适等递相祖述，而永嘉之学遂别为一派。盖周行己开其源，而季宣导其流也。其历官所至，调辑兵民，兴除利弊，皆灼有成绩，在讲学之家可称有体有用者矣。

又云：盖季宣学问最为淹雅，自六经、诸史、天官、地理、兵农、乐律，乡遂、司马之法以至于隐书、小说、名物、象数之细，靡不搜采研贯。故其特论明晰，考古详核，不必依傍先儒余绪，而立说精确，卓然自成一家。于诗则颇工七言，极踔历纵横之致。惜其年止四十，得寿不永；又覃思考证，不甚专心于词翰，故遗稿止此。然即所存者观之，其精深闳肆已足陵跨余子矣。

孙衣言云：南北宋间，吾乡学派，元丰九先生昌之，郑敷文、薛右史赓之。敷文之学，出于周博士行己，接乡先生之传；右史之学，出于胡文定公安国。师法虽不同，而导源伊洛，流派则一。故其学类皆通经学古，可施于世用。永嘉经制之儒，所以能综经义治事之全者，诸先生为之导也。敷文之学，殁而无传。右史之学，传于其子艮斋先生，益稽核考索以求制作之源，甄综道艺，究极微妙，遂卓然自为一家。其没也，止斋陈先生实传其学。其为先生《行状》有曰："公莅事惟谨，宅心惟平，其宴私，坐必危然，立必巍然。其寡欲信于家，行推于乡，正直闻世，而居无以逾众人。自六经之外，历代史、天官、地里，兵、刑、农，末至于隐书、小说，靡不搜研采获。尤邃于古封建、井田、乡遂、司马之制，务通于今。"止斋之言如此，於虖，可不谓盛欤！——《浪语集跋》，同治壬申子诒让代作

孙案：艮斋弱冠时，即殚心纂述。

又案：永嘉诸儒，其学问渊奥莫如艮斋。《书训》橐括旧诂，推阐大义，不屑屑于章句。至偶涉考证，则援据至为该博。……至于艮斋生平精究舆地学，无不剖析详核。《禹贡》山川，尤所致意。……厥后蔡仲默作《书集传》，所释地里，大半沿袭薛训，罕有刊易。朱子虽讥其"多于地名上着功夫"，而所作学校贡举私议，胪列诸儒诸说，其《书》十家，薛氏居其一，则未尝不心折是书矣。——《书古文训》

又案：艮斋之学，原出伊洛。

又案：《艮斋浪语集》三十五卷，末一卷为祭文、挽诗、志状之属。宝庆间，艮斋从孙师旦所编。明以来，梓本久佚，藏书家展转传抄，脱误最甚。同治辛未，家大人命诒让参合各本，精校付刊，复录其异同，为《札记》□卷，然其讹缺尚未能尽补正也。艮斋之学，精博为永嘉诸儒之冠，故此集叙记诸作，综贯经史，卓然名家。奏札、书牍，畅达时务，尤征经世之略。惟诗歌间有率易之作，非其至者耳。——《浪语集》

又案：陈文节《薛公行状》载艮斋所校书，《握奇经》外，尚有《阴符经》《山海经》《古文道德经》、焦赣《易林》、刘恕《六国纪年》、庄绰《搉耆谱》、林勋《本政书》、姚宽《汉书正异》诸书。盖皆流览之际，偶下丹铅，既非别垂定本，无用一一著录。……今以《握奇经》雠勘精详，且陈《录》已载，故加甄采。余并不登，用祛鲦缀。

从孙师旦云：乾道以来六十年间，学士大夫皆知宗薛常州经制之学。而其遗文，世独以未见为恨。盖叔祖常州得岁四十，所为文虽富，而犹有未脱稿者。先叔建安簿沄早世，其孤又幼，箧中书因秘不复启。顷华文曹太博持节东川，尝取奏札及简牍等刊于蜀矣，而亦憾不得其全书。师旦自外府丞出守临汝，至既数月，事稍闲，因令师石弟从其家发箧中书，诠次得三十有五卷而锓诸梓。此独箧中所存者耳，遗缺尚多焉。——师旦《序》

《四库全书总目》：平生著书甚夥，有《古文周易》《反古诗说》《书古文训》《春秋经解》《春秋指要》《论语直解》、小学诸书。……其集乃宝庆二年，其侄孙知抚州事师旦所编次刊行，师旦所作《后序》尚存。而自明以来，刻本遂绝，藏书家辗转传抄，讹脱颇甚。谨重为校正，而卷帙则悉仍其旧焉。

孙衣言云：自止斋殁，而先生之绪绝而弗续。元、明以来，晦蚀益甚。其遗书虽流传未绝，儒者几不能举其凡目。旧学衰息，甚可痛也！我朝勃兴，文治之盛超迈前古，于是姚江黄氏、甬上全氏，修定宋、元两朝《学案》，始表章吾乡学术，列为五派，而以先生及止斋为永嘉诸儒之宗。然先生遗书存于世者，自《书古文训》外，更无梓本，故缀学之士犹不能研索综贯以探经制之精。先生之学，明而未融，此非儒者之不幸欤？

乾、嘉以来。巨儒辈出，而性情经术各守其家法，不相假借，汉、宋之间，盖断断如也。某曩在京师，与方闻之士论当时门户之弊，常以为欲综汉、宋之长而通其区畛者，莫如以永嘉之学。尝欲勾集乡先哲遗文，广为传播，以昌厥绪而未逮也。既而东南大乱，承学之士日即于芜陋，而达官贵人有以武功起家者，遂奋其私臆之论，以为胜朝"流寇"之祸本于姚江；道、咸以来"粤匪"之乱由于乾、嘉之经学。乡曲之士眩惑其说，莫知所适从。今相国合肥李公有忧之，以为此邪诐之说而荒蔑之源也，思欲刊布先儒遗书以捄其弊。某顷官江东，笺牍之暇，辄以先生遗集为请。相国览而善之，遂捐俸属桂芗亭观察刊之金陵书局，而以其板归某，使浙中学士大夫得读先生之遗集，而世之有志于永嘉之学者亦有所津逮。则相国是举也，实古今学术升降之枢辖，岂徒吾乡先哲之幸哉！

是集，宝庆间先生从孙师旦始编定刊行于世，明以来印本殆绝。今所据校刊者，钱塘丁大令丙所藏明抄残本及朱宗丞学勤藏旧抄也。同治壬申十二月，后学瑞安孙某谨序。

孙案：《九章算术·少广篇》言开方，皆论积数，不论边数。艮斋博涉，不容未瞭。

又案：惜书《周礼释疑》不传，而赵、陈诸目又无著录，无由考其体例也。

板本：《浪语集》三十五卷，存。逊学斋藏抄本。

参考资料：

《四库总目》一百六十。

《千顷堂书目》二十九。

《宋史·艺文志补》。

王与之《周礼订义》。

郑樵《六经奥论》六。

王应麟《困学纪闻》三。

陈振孙《直斋书录解题》。

朱彝尊《经义考》一百五十二，二百十八。

《文献通考》六。

《玉海》。

《朱子语类》四十八。

虞集《道园学古录》三十四。

赵汸《春秋左氏传补注》。

黄震《慈溪黄氏日抄》五。

陈傅良《右奉议郎新权发遣常州薛公行状》《止斋文集》五十一。

《通志堂经解目录》，

《续文献通考》。

《水心文集》二十九。

《国史经籍志》。

万历《温州府志》。

惠栋《九经古义》。

段玉裁《古文尚书撰异》。

阮元《尚书注疏校勘记·序》。

庄述祖《珍艺宧文抄》五。

24. 许及之　《许右府涉斋诗集》三十卷，阙；《涉斋课稿》九卷，佚；《北征纪行诗集》，佚。

孙案：涉斋许枢密及之，《宋史》三百九十四、万历《温州府·宦业传》并有传。

又案：《涉斋集》，《永乐大典》本误题许纶，《四库提要》及家大人《跋》考之详矣。

《四库全书总目》一五九：考《宋史·许及之传》云：及之字深甫，温州永嘉人。隆兴元年进士，累官至知枢密院事。

赵谏《东瓯续集》二：许及之，永嘉人，字深甫，登隆兴癸未第，官至枢密院参知政事，有《北征纪行诗集》行世。

孙衣言《跋》：深甫依附韩平原，《宋史》所载，颇为可丑。然颇记周密《齐东野语》言赵师𥅫、许及之谄媚侂胄之事，皆怨家诬之，不足深信。但侂胄盛时，吾乡诸正人如徐子宜、陈止斋、薛象先、陈寿南辈皆遭贬斥，而深甫乃反擢官至知枢密院，则附侂实所不免。意文士急功近名，亦如柳子厚之于王叔文，特《宋史》言之太甚耳。

孙案：涉斋少历清要，与同时名流文宴最盛。如与杨万里、袁说友诸人酬赠诸诗，今并见集中。永嘉诗人，则与潘转庵柽倡和尤夥，其次韵至六七叠不已，足见一时文字之乐。徒以晚节依阿，遂蒙大诟。然其文采富艳，自夥不可掩。其卒时，水心叶文定公为作挽诗两章，深致推挹，盖非徒乡曲之私矣。

孙衣言《跋》：《四库书目》又言：其为诗，瓣香王安石，气体高亮，远过江湖诗派之刻画琐碎。今按其所作七言古诗，用意妙远者几非后人所能骤然领略，其他古诗亦皆排奡峭厉，在南宋诗人中当为健者，不但超越江湖一派。惟近体诗篇幅浅狭，殊乏深意，则所谓下笔稍易者耳。

又云：此《集》仅有《四库》本。今年余在京师，居南横街同年袁筱坞学士所，与翁叔平庶子同巷，偶属庶子觅乡先生集，庶子以此《集》见示，盖法时帆祭酒诗龛所藏《四库》副本。既命友人录副，复为校勘所疑者，仍以归之庶子。同治七年一月二十四日，临清舟中书。

板本：逊学斋藏重辑十八卷抄本。《永乐大典》本。

孙案：《宋史·艺文志》载《许及之文集》三十卷；焦氏《经籍志》及《千顷堂书目》并作《许右府涉斋诗集》三十卷。考《文渊阁书目》十，载《许涉斋诗集》一部，七册，残缺。是明时所传《涉斋集》确系《诗集》，故《永乐大典》所录，亦有诗无文，《宋志》所载未足据也。

又案：《北征纪行诗集》，盖涉斋绍熙四年使金时所作。《永乐大典》本《涉斋集》十六、十七、十八三卷所载七言绝句，纪北方驿程者凡数十篇，盖即此《集》内诗。

参考资料：

《宋史·艺文志》《艺文》七。

《国史经籍志》五。

《千顷堂书目》二十九。

《四库总目》一百五十九。

《东瓯续集》二。

25. 张淳 《古礼》十七卷，未见；《释文》一卷，末见；《释误》三卷，阙。

孙案：张监狱淳，万历《温州府志·义行传》、雍正《浙江通志》、乾隆《永嘉县志·儒林传》并有传。

《自叙》：此书初刊于周广顺之三年，复校于显德之六年，本朝因之，所谓监本者也。而后在京则有巾箱本，在杭有细字本。渡江以来，严人取巾箱本刻之，虽咸有得失，视后来者为善，此皆淳之所见者也。淳首得严本，故以为据，参以群本。不足则质之《疏》，质之《释文》；《疏》《释文》又不足，则阙之。盖不敢以谀见断古今也。

孙案：其新校各本，若广顺、显德两监本，京本、杭本、湖北漕司本，开宝《释文》，今并散佚。惟严州本仅有传帙，然亦罕觏，惟藉此书存其同异。

又载显德监本为吉观国所校，亦它书所未及，可补《经义考》镂板一门之缺，固为校雠之学者所宜考核也。

参考资料：

《直斋书录解题》。

《文献通考》。

《经义考》。

《四库书目》。

《宋史·艺文志》。

万历《温州府志》。

陈君举作《张忠甫墓铭》《止斋文集》。

《晦庵大全》七十。

《朱子语类》。

楼钥《攻愧集》七十七。

全祖望《鲒埼亭集》三十一。

又《宋元学案》五十二。

王梓材《补宋元学案》。

卢文弨《抱经堂文集》十二。

阮元《仪礼注疏校勘记》。

26.陈傅良　《止斋先生文集》五十卷，《附录》一卷，存。《书抄》，佚；《毛诗解诂》，佚；《周礼说》，佚；《周官制度精华》，佚；《春秋后传》，存；《补遗》佚；《左氏章指》，佚；《论孟古义》，未见；《建隆编》，佚；《读书谱》，佚；《皇朝大事记》，佚；《制诰集》，佚；《西汉史抄》，佚；《皇朝百官公卿拜罢谱》，佚；《皇朝财赋兵防秩官志稿》，佚；《历代兵制》，存。

孙案：止斋陈文节公傅良，《宋史·儒林传》四、万历《温州府志·理学传》、雍正《浙江通志》、嘉庆《瑞安县志·儒林传》并有传。

《四库总目》：傅良字君举，号止斋，温州瑞安人。乾道八年进士，官至中书出舍人、宝谟阁待制，谥文节。事迹具《宋史》本传。

曹叔远《序》：先生名傅良，字君举，世系、历官具见于《神道碑》《墓志铭》

《行状》云。

《荆谿林下偶谈》四云：止斋年近三十，聚徒于城南茶院，其徒数百人，文名大震。初赴补试，才抵浙江亭，未脱革履，方外士及太学诸生迓而求见者如云。既入学，芮祭酒即差为太学举录，令二子拜之斋序。止斋辞不敢当，径遁之天台山国清寺，士友纷然从之者数月。其时止斋有《待遇集》板行，人争诵之。既登第后，尽焚其旧稿，独从郑景望讲义理之学，从薛常州讲经制之学，其后止斋文学日进，大与曩时异。——《待遇集》

《四库全书总目》：初，傅良讲学城南茶院时，以科举旧学，人无异辞。于是芟除宿说，标发新颖，学者翕然从之。——《论祖》

曹叔远《序》：先生禀抱天颖，研尽学力，据六经奥会，执九经百家之辔，俾环向以趋于一。披剔文义，蹢藉众纠，究明帝王经世宏模，而放于秦、汉以下治乱兴衰之故。独揭源要，不牵多歧。由是彰往考来，默察当世丕平之机。深抱大业，至于化裁推行，不动声色，使人回心而向道者，其纲领条目，靡不该具。尝忘寝废食，审玩熟复，庶几对越天地百世，以俟圣人而不惑也。虽言论未孚，几进辄沮，而志念回皇，与物委蛇，左推右挽，旁接广诱。其任重道远，终老未尝一日敢忘于斯焉。呜呼，盛矣！邹鲁之统绪，河洛之承续，千载以来，不知其能几见也。

执经户外，方屦阗集，片言落笔，传诵震响，场屋相师，而绍兴之文丕变，则肇于隆兴之癸未。屏居梅潭，危坐覃思，超诣绝轶，学成道尊，则邃于乾道之丁亥。博交遍验，洞碍融室，对策初第，懑恩茝独到，则盛于乾道之壬辰。官太学，倅闽府，诋劾却扫，勤十寒暑，绅绎文献，宏纲具举，则备于淳熙之丁未。起守桂监，持节湖南，疏涤拊摩，民信有古，百年之思，郁乎湘山，则验于绍熙之庚戌。召对光宗，骤遇奖用，侍主代言，赞翊储邸，次第蕴画，庶将发挥，则著于绍熙之癸丑。宛转极谏，彷徨乞身，龙飞急召，十旬乃罢，爰抒旧志，著于训传，疾痃渐臻，梁木竟殒，则终于嘉泰之癸亥。

王瓒《序》：儒者之所难，曰德、曰功、曰言而已。三者克具，斯为儒者之盛。远而有以恢弘鲁、邹所传之绪，近而有以昭阐濂、洛未启之机，尚论其世有足征者，此止斋陈文节公所以不可及也。公少以斯文为己任，强学笃志，弗得弗舍。其从郑景望、薛季宣也，以克己竞业为要。其友张钦夫、吕伯恭也，则交致夫持敬集义之功，涵养于致知之际，躬行于自得之余。刚毅乐易，孝友恭肃，融澈混成，莫测涯涘，是能立德者矣。其教人也，诱掖不倦，四方景从，士习丕变，随才有造。其仕于外也，事无细巨，一裁以义，劝善革奸，缩用薄利，卓越之绩，传不绝书。其在朝也，正色谠论，直前极陈，扶翊大政，匡持君德。欲进忠贤，则黄冕仲、朱元晦之迁改，不与书行；欲摧权奸，则率逢源、张子仁、陈源之除目，缴驳论奏。苟裨社稷，奋不顾身，是能立功者矣。读书有谱，六经有论，《建隆》有编，《毛诗》有解诂，《春秋》有后传，《左氏》有章旨，《周礼》有进说，《制诰》有集，皇宋有《大事记》，进读有《艺祖实录》，周、汉以来有《兵制》，著书明道，简册充栋，是能立言者矣。功在人，德、言在己，三者相须以为用者也。

瓒幸生公之乡，屡尝诵读遗文而私淑之，茫乎如阴阳之阖辟也，浩乎如河海之洄潏也，灿乎如日星之炳耀也，油乎如风云之流行也。雄伟而不放，精深而不晦，驰轶而不迫，起伏敛纵，愈出愈驶，引古质今，涤宂为新，错综万务，体悉人情，而归宿于至理。盖不独绳矩之具，而精粗隐显，皆可以适天下之用，自有文字以来，学士大夫竦企倾动，固其时乎！非有本者，共孰能之？

公淹贯六经，包括百氏，洞彻天人之奥，而于历代经制大法，与夫当世制度沿革失得之故，稽验钩索，委曲该洽，此岂汛然雕饬以骛于虚言者也。

富呢扬阿《序》：南宋时，为经济之学者，推陈止斋、叶水心、陈同甫，而止斋之学较同甫为醇笃，其文亦较水心为高峻。……余读《四库全书提要》，称永嘉自周行己传程子之学，及南渡，陈傅良、叶适为巨擘。《宋史》本传称，永嘉郑伯熊、薛季宣皆以学行闻，伯熊于古人经制治法讨论尤精，傅良皆师事之，而得季宣之学为多。

《四库全书总目》：自周行己传程子之学，永嘉遂自为一派，而傅良及叶适尤其巨擘。本传称永嘉郑伯熊、薛季宣，皆以学行闻，伯熊于古人经制治法讨论尤精，傅良皆师事之，而得季宣之学为多。及入太学，与广汉张栻、东莱吕祖谦友善。祖谦为言本朝文献相承，而主敬、集义之功得于栻为多。然傅良之学终以通知成败，谙练掌故为长，不专于坐谈心性，故本传又称傅良为学，自三代、秦、汉以下靡不研究，一事一物必稽于实而后已。盖纪其实也。

《荆溪林下偶谈》二云：止斋之文，初则工巧奇丽，后则平淡优游，委蛇宛转，无一毫少年幼作之态，其诗意深义精而语尤高。

四明楼钥《攻愧集》：止斋生于东嘉，天资绝人，诵书属文，一旦迥出诸老先生上。歛然布衣，声名四出，六经之说，流行万里之外，而其学尤深于《春秋》。

孙案：永嘉诸儒，本以经制为宗，止斋为薛文宪弟子，于井地、军赋尤为专门之学，宜其精究治本，非空谈经世者比也。至其诂释经义，亦多守师说。——《周礼说》

楼钥云：钥自客授之初，即从止斋游，虽不得执经其门，尝深叩之。……于诸生中择其能诵三传者，首得蔡君幼学。蔡既仕，又得二人焉，曰胡宗，曰周勉。游宦必以一人自随，遇有所闻，其应如响。……卒于嘉泰三年，年六十七……长子师辙，其徒汪龙友。

周勉云：勉从先生于桂阳、于衡、于潭，日受经焉。

曹叔远《序》：叔远夙蒙挈策，俾窥津涯，蒿干鷃羽，惕负大赐。适当新义川涨，群文猬兴，畴昔懇析，而致孤条之靡郁，砥途之失榛乎！是用敬辑遗稿，寄诸琬琰，倘开后哲，庶勿沦坠。

孙案：曹叔远教授，止斋陈文节公门人。《宋史》四百十六、雍正《浙江通志·名臣传》、万历《温州府志·宦业传》、嘉庆《瑞安县志·儒林传》并有传。

又案：瑞安沈仲一、平阳朱黼皆为止斋之门人。

板本：宋三山本，明安正堂本，国朝林上梓本、陈用光本。逊学斋藏明正德乙丑林长繁刊本、嘉靖辛卯安正堂刊本，清乾隆乙丑林上梓刊本、道光甲午陈用光刊本。

曹权远《序》：故今裒次，断自梅潭丁亥之后，凡为歌辞、古律诗、内外制、奏状、札子、表、啟、书简、序、记、杂著、祭文、墓志、行状，总五十一卷，即先生宴坐之斋以为集名。若成书，则有《读书谱》二卷、《春秋后传》十二卷、《左氏章指》三十卷、《周礼进说》三卷、《进读艺祖皇帝实录》一卷。未脱稿，则有《诗训义》《周汉以来兵制》《皇朝大事记》《皇朝百官公卿拜罢谱》《皇朝财赋兵防秩官志稿》，别自为编，附识其目，用熄淆乱。

又《序》：先生《春秋后传》诸书，今参知政事楼公既属永嘉守施公栻刊置郡斋矣。惟文集旧未成编，盖俗所传如《南城集》之类，皆幼作，先生每悔焉，故叔远所诠次，断自梅潭丁亥以后，抑先生意云尔。

楼公复以属郡守杨公简续刊之，杨谢不能。郡博士徐公凤慨然曰："是吾志也，吾起慕敬于兹久。"乃与前吏部侍郎蔡公幼学更加订定，即廪士羡缗数万，亟成之，于是后学咸得观先生全文。

王瓒《序》：公文散载于群书，遐陬寡陋，未见有统汇为全帙者。瓒近于秘阁录出公集五十二卷，则向所尝诵读者百无一二存焉。盖曹公所编，止自梅潭丁亥之岁，而他作不入也。弘治乙丑，侍御史同年泽州张君伯纯往巡浙中，因论乡哲，而于公尤致向慕。瓒遂出示公集，伯纯喜曰："班求公文久矣，而莫获见之，是行未广也，请得梓之以传。"且欲汇拾散逸，以为外集。

孙案：蔡文懿作《止斋行状》云："《制诰集》五卷，《文集》三十卷。"此止斋殁后家藏稿本。其刊本行于世者，陈氏《书录解题》载有二本：一本五十二卷，即曹文肃所编，徐凤刊于永嘉郡斋者；一三山本五十卷，据吴氏《林下偶谈》，盖蔡行之所刊者。两本同出一时，未知孰先孰后？

自明以后，惟连江陈氏《世善堂书目》下载有《止斋集》五十卷，则三山本其时尚有流传，此后则不复有著录者。惟曹编本，王文定公瓒从秘阁录出，温州同知林长繁为刻之。后书肆别有小字本，与林刊同，惟并为二十八卷，所谓安正堂本也。国朝乾隆丙寅，瑞安林上梓又以正德本重编刊行，为《陈文节公诗》五卷、《文集》十九卷，《附录》一卷，遂大失宋本面目。癸巳，其板烬于火。道光甲午，新城陈侍郎用光又以林本复刊。明槧传播浸稀，学者多不获睹曹编之旧，可慨也。

又《论祖》五卷，存。翰林院储明刊本，逊学斋藏抄本。

又《奥论》八卷，存。逊学斋藏明刊本。

参考资料：

蔡文懿作《行状》。——《止斋文集·附录》

楼钥作《陈公神道碑》。——《攻愧集》九十五

叶适作《墓志铭》。——《水心文集》

《宋史·儒林传》四。

《文献通考》百八十一，又百九十三。

《中兴馆阁续录·官联门》。

《书录解题》四。

《文渊阁书目》。

《困学纪闻》一、三、四。

《水心文集》十二。

《朱子语类》八十一、八十四。

《慈溪黄氏日抄》。

吴子良《荆溪林下偶谈》四。

方回《瀛奎律髓》十三。

宋翔凤《过庭录》十六。

赵希弁《读书附志》上。

《玉海》四十七、四十九。

《宋史·艺文志》二。

《国史经籍志》三。

明高儒《百川书志》二十。

陈献章《白沙集》七。

陈埴《木钟集》七。

钱曾《读书敏求记》一。

《授经图》。

《四库全书总目》。

《宋诗抄》。

《宋元学案》。

王梓材《补录》。

刘埙《隐居通义》二十六。

项乔《举业详说》。

《瓯东私录》。

李心传《建炎以来朝野杂记》二集十三。

叶绍翁《四朝闻见录》。

《世善堂藏书目录》上。

《续文献通考》一百七十三。

夏炘《读诗札记》。

孙案：近人当途夏炘《读诗札记》乃深改诋排，以为止斋傲然自大。大抵夏氏之学，喜以尊崇朱子博正学之名，其所著《读朱质疑》，于永嘉之学颇致不满，说经亦墨守考亭，盖党同伐异之论，不足深辨也。

27. 陈谦　《易庵文集》，佚；《诗解诂》，佚；《周礼说》，佚；《春秋鲜》，佚；《永宁编》，佚；《雁山行记》，佚；《阳明洞天图经》，佚。

孙案：易庵陈副使谦，《宋史》三百九十六、万历《温州府志·宦业传》、雍正《浙江通志》、乾隆《永嘉县志·武功传》并有传。

叶适《陈公墓志铭》云：初，隆兴、乾道中，浙东儒学特盛，以名字擅海内数十人，惟公才最高。

王致远《开禧德安守城录》孙诒让注：案《黄介庵集》十《陈处士宗道墓志铭》："永嘉宋岙陈氏，世为乡之望族。其先由闽徙温，宋乾道中，有名谦者，号水云，由甲科仕至宝谟阁待制。"据此，则水云即陈副使谦也。

孙案：全氏《札记》沿王《志》之误。又因诗诂、礼说，书名偶同，而易庵复为止斋学侣，悬揣其为赓续而作，实无确证也。其后谢山补定《学案》，于易庵小传止云"著《毛诗解诂》《周礼说》"，皆不著"续"字。注：冯氏所引《学案札记》载永嘉诸儒著述，舛误至多，今不悉辨也。

参考资料：

冯云濠校刊《宋元学案》五十三引谢山《学案札记》。

楼宣献钥说。

28. 戴蒙　参见 59 戴侗

29. 薛叔似　《薛文节文集》，佚；《薛恭翼公奏议》，佚。

孙案：薛恭翼公叔似，《宋史》三百九十七、万历《温州府志·宦业传》、雍正《浙江通志》、乾隆《永嘉县志·名臣传》并有传。

参考资料：

《万姓统谱》百十八。

30. 蔡幼学　《春秋解》，佚；《育德堂集》五十卷，佚；《文懿公集》，佚；《西垣集》，佚；《国朝编年政要》，佚；《国朝实录列传举要》，佚；《皇朝宰辅拜罢录》，佚；《续百官公卿表》，佚；《续百官表质疑备志》，佚；《育德堂外制集》，佚；《内制集》，佚。

孙案：蔡文懿公幼学，陈文节公弟子。《宋史·儒林传》四、万历《温州府志·理学》、雍正《浙江通志·名臣传》、嘉庆《瑞安县志·儒林传》并有传。

又案：文懿为止斋高第，在乾、淳间，其名几与止斋相埒。然其著述，元以后流传绝少。

又案：蔡文懿为文肃弟伯英婿。

参考资料：

叶水心作《文懿墓志》。——《水心文集》卷五

《宋史》即依叶《志》作传，故亦袭其文。

《文献通考》百九十七。

《宋史·艺文志》二。

《读书附志》上。

《玉海》四十七。

《国史经籍志》三。

《世善堂藏书目录》上。

《直斋书录解题》四。

魏了翁《鹤山集》。

31. 朱黼　《三国六朝五代纪年总辨》，存；《纪年备遗》一百卷，佚；《纪元通纪论》，佚。

孙案：朱处士黼，陈文节公弟子。万历《温州府志·文学传》、乾隆《平阳县志·理学传》并有传。

叶适《序》：黼字文昭。初，陈公君举未仕讲学，文昭年差次，最先进。及后来取名官，弁冕接踵，而文昭蓬累耕南荡上，山水叠重，声迹落落，人不知其能传陈公之业也。

陈振孙《书录解题》：黼从陈止斋学，尝著《纪年备遗》。

朱彝尊《序》：永嘉先生者，宋平阳布衣朱黼文昭也。陈君举讲学东瓯，文昭年相差次，首著录门下。又与叶正则定交。二公出仕，文昭奉母杨，躬耕南雁荡山。君举谓其屡举不第，而业益修。谢客深居，而士益附。续史家之绪，论撰不休。正则美其有贤母，教以篇章，书成百卷。

参考资料：

《直斋书录解题》四。

《文献通考》百九十三。

《国史经籍志》三。

《四库总目》八十九。

《水心文集》十二。

朱彝尊《曝书亭集》三十五。

32. 叶适　《水心先生文集》二十八卷，阙；《水心先生别集》十六卷，存；《习学记序目》三十卷，存；《春秋通说》，佚；《名臣事纂》，佚；《唐史抄》，佚；《荀杨答问》，佚；《播芳集》，佚。

孙案：水心叶忠定公适，《宋史·儒林传》、万历《温州府志·理学传》、雍正《浙江通志》、乾隆《永嘉县志·名臣传》、嘉庆《瑞安县志·儒林传》并有传。

注：水心本贯处州龙泉，其祖徙瑞安，水心晚年又寓永嘉，故各《志》互收之。

又案：适字正则，自号水心居士，永嘉人。淳熙六年进士，官至宝文阁学士，谥忠定。嘉庆十六年卒，年七十四。

陈昉云：瑞安叶文定公，族本龙泉，凡公所题号皆曰龙泉叶某。后居永嘉水心寺侧，水心，寺名也。赵蹈中序公遗文，直目为《水心集》，当为公辨之。——《颍川语小》下

王直《叙》：先生之学，浩乎沛然，盖无所不窥。而才气之卓越，又足以发之。然先生之心，思行道于当时而见之功业，不但为文而已也。观其议论谋猷，本于民彝物则之常，欲以正人心，明天理。至于求贤、审官、训兵、理财，一切施诸政事之间，可以隆国体，济时艰。然未至于大用而道不盛行，今之所见，惟其文而已，岂非可惜哉！

雷铉《叙》：读先生文，非徒学其文也，其学为有用之学而非无本而然。探源于经训，沿流于史籍，而切磨于师友，近则陈止斋，远则朱文公，往复辨析，资陶冶焉。以陈同甫之豪气，心折于文公与先生，则先生之本末可思矣。其事功之大者，在赞赵汝愚请嘉王代光宗执丧，而宗社获安。事出非常，以一言为国家定大计，惜乎不克竟其用也。当先生为太学博士时，上疏论林栗言朱子非是。盖义理素明，而气足以胜之，故其发为文章，不可磨灭如此。其赠答碑板，亦有牵率应酬之作。读先生文，又当知其大者也。

《四库全书总目》：适文章雄赡，才气奔逸，在南渡卓然为一大宗。其碑板之作，简质厚重，尤可追配作者。适尝自言："譬如人家筵客，虽或金银器照座，然不免出于假借。惟自家罗列者，即仅瓷缶瓦杯，然都是自家特色。"其命意如此，故能脱化町畦，独运杼轴，韩愈所谓"文必己出"者，殆于无忝。——《水心文集》

黄震云：愚按，乾、淳间，正国家一昌明之会，诸儒彬彬辈出而说各不同。晦庵本《大学》致知格物，以极于治国平天下，工夫细密；而象山斥其支离，直谓"即心是道"；陈同甫修皇帝王霸之学，欲前承后续，力拄乾坤成事业，而不问纯驳；至陈傅良则又精史学，欲专修汉、唐制度、吏治之功；其余亦各纷纷而大要不出此四者：不归朱，则归陆，不陆则又二陈之归。虽精粗高下，难一律齐，而皆能自白其说，皆足以使人易知。独水心混然于四者之间，总言统绪，病学者之言心而不及性，则似不满于陆；又以功利之说为卑，则似不满于二陈；至于朱则忘言焉。水心岂欲集诸儒之大成者乎？然未尝明言统绪果为何物，令人晓然易知 如诸儒者。尝略窥其所指为统绪者，似以礼为主。——《慈溪黄氏日抄》

孙案：永嘉之学，与洛、闽同原异委，水心之讥伊川，亦如东坡、象山诸人意见偶殊，无害其学也。至张魏公先附汪、黄，后主恢复，富平之败，丧师蹙国，岂无可议者？宋人以南轩讲学，朱子又作魏公行状之故，遂不敢斥其罪，本偏袒之见。东发之学，尚非姝姝暖暖依附门户者，亦为此论何也？至水心之欲分两淮、江南、荆、湖为四镇以驻扎兵，委之财赋，皆得自用，盖欲重方镇之权以救宋之弱，未尝非识时务之言，东发乃谓水心欲割四镇弃诸人，毋乃欲文致其罪乎？

吴子良云：水心少与陈龙川游。龙川才高而学未粹，气豪而心未平，水心不以为然也，作《抱膝轩》诗镌诮规责，切中其病。是时水心初起，而在龙川已有盛名，龙川虽不乐，亦不怒，垂死犹托铭于水心。……又谓："同甫之学，惟东莱知之，晦庵不予，又不能夺，而予犹不晓，皆所谓必信者。"后诸子再求铭，水心遂以陈同甫、王道甫合为一铭，盖用太史公老子、韩非及鲁连、邹阳同传之意。——《林下偶谈》二

刘壎云：《水心文集》中称朱文公，或曰新安先生朱公，或曰朱公元晦，又尝腾章为文公力辨林黄中之劾。其于陈止斋、吕东莱亦屡称之，独不及于象山，心尝疑焉。以为此时号为儒宗者有四：曰朱、张、吕、陆，何独见遗？惟于《胡崇礼墓志》中一寓其辞曰："朱元晦、吕伯恭以道学教闽、浙士，有陆子静后出，号称径要简捷，诸生或立语已感动悟入矣，以故越人为其学尤众。"——《隐居通议》一

又云："初，周恭叔首闻程、吕氏微言，仿新经，黜旧疏，挈其俦论，退而自求，是千载之已绝，霍然如醉忽醒，梦方觉也，颇益衰歇。而郑景望出，明见天理，身畅气怡，笃信固守，言与行应，而后知今人之知心可即于古人之心。故永

嘉之学，必兢省以御物欲者，周作于前，郑承于后也。薛士龙奋发昭旷，独究体统，帝王远大之制，叔末寡陋之术，不随毁誉，必摭故实，如有用我，疗复之方安在。至陈君举尤号精密，民病某政，国厌某法，铢称镒数，各到根穴，而后知古人之治可措今人之治矣。故永嘉之学，必弥纶以通世变者，薛经其始，陈纬其终也。四人，乡之哲人也。"此叶氏新著《温州学记》之说。——同上。

孙案：水心论学，在宋时自为一家。不惟与洛、闽异趋，即于薛文宪、陈文节平生所素与讲习者亦不为苟同。

此书论辩纵横，说经，则于《系辞》《礼记·檀弓》《孔子闲居》《中庸》《大学》咸有遗议；论史，则不满史迁、班固；论文，则不满于韩愈、曾巩。其诋诃前人，信不免太过，然其论太极先后天及《尚书》《论语》《大学》无错简，则在讲学家为不耻于众哖者。至于诸史自《战国策》《史记》迄《唐书》，诸子自老子、荀子迄兵家七书，靡不该览综贯，抉其义蕴，其淹博尤非陋儒所敢望，未可以陈伯玉所论遽讥其偏驳也。

又案：水心叶文定公，雄文博辩为永嘉诸儒之冠，同时吴荆溪、韩涧泉、真西山、黄东发、刘漫塘诸人，交口推许无异词。至于碑板之文照耀一世，几于韩、欧诸家埒。今所传集，虽非完帙，然鸿篇巨制，尤见梗概。志、状百五十余篇，几居全集之半，嘉言懿行，多足与史传相参证。其为温州人作者，信吾乡文献之渊薮也。

又案：水心负经世之略，晚年制置江淮，虽为时不久，而经划卓然。故此集《水心别集》论治诸篇反覆畅明，切中时弊，《文献通考》各门录之几尽。其文笔雄伟，尤非掇拾陈言者可比。其《后总》末卷号《后总》专论买田、赡兵，黄东发颇论其不可行。然治无成法，在乎其人，苟行之不善，则封建、井田，圣人之大经，骤举之亦足以厉民而兆祸。水心买田之议，亦视行之何如耳，未可遽议其疏也。

吴子良云：水心之门，赵师秀紫芝、徐照道晖、玑致中、翁卷灵舒工为唐律，专以贾岛、姚合、刘得仁为法。其徒尊为"四灵"，翕然效之，有八俊之目。水心广纳后辈，颇加称奖。——《林下偶谈》

陈栎云：水心自建康帅阃病归，不复出，大肆力于碑铭、记文，四方甚重之。陈筠窗耆卿、吴荆溪子良皆宗水心为文，虽奔走其后而追之，终莫能继。——《随录》《定宇文集》八

赵汝谱云：《集》起淳熙壬寅，更三朝四十余年中，朝运通塞，人物聚散，政

化隆替，策虑安危，往往发之于文，读之者可以感慨矣。故一用编年，庶有考也。——赵《序》

黎谅云：尝慕求全集，竟不可得。及余领乡荐，授官栝郡，先生乃郡邑龙泉人也，后徙居温之瑞安。尝因公事诣邑，访求遗本，无有存者。间或得一二篇，或数十篇，历八载，始克备，……公暇躬自誊录。其各集中所作札、状、奏议、记、序、诗、铭并杂著，成篇章者得八百余篇，编集汇次，分为二十九卷。其所著经传、子、史编为《后集》，总名曰《水心先生文集》，绣梓以永其传，与四方同志共览焉。——明正统本《序》

朱椿云：《叶水心先生文集》，赵氏《郡斋读书附志》载二十八卷，马氏《通考》二十八卷，外载有《拾遗》一卷、《别集》十六卷。今所存二十九卷，则明正统间章贡黎氏另为搜辑编次以传之者，其《拾遗》《别集》是否汇而为一，旧本失传，无从考证。先生裔孙宾上守其先集，肄业东山书院。黎本二十九卷，又复佚去二三。乾隆甲戌，学使者副都御史宁化雷公按部至瓯，搜求先贤遗集，从书院得之，惜其残阙，命教授王君执玉于钱塘吴氏购得全书，谋重梓焉。——乾隆刊本《序》

孙之弘《序》：《习学记言序目》者，龙泉叶先生所述也。初，先生辑录经史百氏条目，名《习学记言》，未有论述。自金陵归，间研玩群书，更十六寒暑，乃成《序目》五十卷。

故根抵六经，折衷诸子，剖析秦、汉，迄于五季，以吕氏《文鉴》终焉。

《直斋书录解题》十：自六经、诸史、子以及《文鉴》皆有论说，大抵务为新奇，无所蹈袭。其文刻峭精工，而义理未得为纯明正大也。

《四库全书总目》百十七：适字正则，自号水心居士，永嘉人。淳熙五年进士，官至宝文阁学士，谥忠定。其书乃辑录经、史、百氏，各为论述，条列成编。凡经十四卷，诸子七卷，史二十五卷，《文鉴》四卷。所论喜为新奇，不屑撦拾陈语。故陈振孙《书录解题》谓"其文刻峭精工，而义理未得为纯明正大"。刘克庄为赵虚斋作《注庄子序》，示称其"讲学析理，多异先儒"。今观其书。……其识尤未易及，特当宋之末世，方恪守洛、闽之言，而适独不免于同异，故振孙等不满之耳。

《宋元学案》五十四：宗羲案，黄溍言"叶正则推郑景望、周恭叔以达于程氏，若与吕氏同所自出。至其根抵六经，折衷诸子，凡所论述，无一合于吕氏。

其传之久且不废者，直文而已，学固勿与焉"。盖直目水心为文士。以余论之，水心异识超旷，不假梯级。

孙案：水心《习学记言序目》，孙之宏《叙》谓"先生辑录经史百家条目，名《习学记言》，未有论述。自金陵归，间研玩群书，更十六寒暑，乃成《序目》五十卷"。考景之《建康志》十四："开禧二年四月二十二日，朝请大夫、宝谟阁待制、江东安抚使叶适知府事。三年七月，召赴行在。"《宋史·儒林传》四："韩侂胄诛，中丞富孝友劾适附侂胄用兵，遂夺职奉祠。嘉定十六年卒，年七十四。"则此五十卷者，乃水心绝笔之书也。

孙案：《全集》在宋代凡二本：一为水心殁后，门人赵汝谠蹈中所刊，即《书录解题》《读书附志》所著录者，其本凡《正集》二十八卷，《拾遗》一卷，《别集》十六卷；一为淮东本，不知何人所编，《书录解题》称其无《拾遗》，编次亦不同。至明而《正集》二本并佚，惟《别集》仅存于世。正统间，处州推官章贡黎谅乃搜缉遗佚，编为二十九卷。自《序》称所得残本有曰《策场标准集》者，有曰《水心文粹》者，有曰《叶学士文集》者，有曰《水心先生文集》者，不知孰为赵本，孰为淮东本也？今世通行者，大抵皆黎编本。……《别集》今世传本首尾完具，而黎编本《财计》下《外论》三《外论》四三篇并缺，则搜罗亦未该备。然今距黎氏编集之时又数百年，不惟宋刊两本不复可得，即黎氏所见残本四种亦尽散佚。水心遗文终赖其编刻而存，未可以疏舛置之也。

板本：《文集》逊学斋藏明正统戊辰黎谅重编本。重刊黎编本。乾隆乙亥温州刊本。《别集》逊学斋藏抄本。同治辛未新刊本。《进卷》归安陆氏仪顾堂藏抄本。《习学记言》逊学斋藏明秦四麟抄本。

孙案：余尝以抄本与《别集》所载《进卷》校对其字句，无甚异同。

孙案：汪《跋》谓"所见凡二本：一本合前后两帙，出于林居安；一本合编为五十一卷"。孙《叙》谓"水心子宷所编次，汪氏据以刊行"。今世藏书家辗转传抄，皆出汪本，林本遂不复传。

参考资料：

陈振孙《书录解题》十八。

赵希弁《读书附志》下。

《文献通考》二百四十。

《宋史·艺文志》七。

《四库总目》百零六、又百六十。

《国史经籍志》五。

张金吾《爱日精庐藏书志》四。

《鹤林玉露》七。

《四朝闻见录》甲。

季沧苇《藏书目》。

陈昉《颍川语小》下。

《涧泉日记》下。

吴子良《荆溪豀林下偶谈》二。

《黄氏日抄》六十八。

王鸣盛《西庄始存稿》三十二。

陈栎《随录》。

《梅磵诗话》上。

刘壎《隐居通议》。

无名氏《爱日斋丛抄》。

附：黄体芳《校刻习学记言叙》：

吾师孙太仆先生最服膺于乡先正水心叶公，体芳昔在左右，或语及经济文章，必为言水心。《水心文集》《别集》，先生先后刻之。其《习学记言》五十卷，亦颇已散失，而先生及体芳处各有缮本，则以此事属之于体芳。比体芳视学江苏，欲刊是书，谋得他本校之，舛谬尤甚。乃求观先生藏本，具皆先生所自校，毛发差失无不辨者。于是体芳更循读一过，以光绪十年五月付刊，十二月刊成，窃附己意以告世之读是书者。（下略）光绪十一年九月。

33. 戴溪　《岷隐文集》，佚；《〈易〉总说》，佚；《〈书〉说》，佚；《续〈吕氏家塾读诗记〉》，阙；《诗说》，佚；《〈曲礼〉□义》，佚；《〈学记〉□义》，佚；《〈春秋〉讲义》，存；《〈续春秋〉讲义》，佚；《石鼓〈论语〉答问》，存；《石鼓〈孟子〉答问》，佚；《〈通鉴〉笔议》，佚；《将鉴论断》，未见；《复仇对》，佚；《清源志》，佚。

孙案：岷隐戴文端公溪，《宋史·儒林传》四、万历《温州府志》十七《理学传》、雍正《浙江通志》、乾隆《永嘉县志·儒林传》并有传。

又案：溪字少望，从父戴厚，县尉；从孙戴栩，常博。

又案：岷隐《续读诗记》最为黄东发所推，明以来久无传本，乾隆间始从《永乐大典》辑出。……其书虽云赓续吕《记》，然体例与彼迥异，逐篇各自为说，不复胪列旧训。持论醇正，于枝言曲说芟除殆尽，而反覆阐明，多得诗旨。……亦偶有援证，然寥寥数条，殊不多觏。盖意在综贯大义，不以考订见长也。——《续读诗记》

又案：岷隐《〈诗〉说》，嘉定初应景献太子命所作，见《宋史》本传。万历《温州府志·艺文门》载其卷数与《续读诗记》同，则疑《诗记》乃就《诗说》稿本重为刊定者。惜《诗记》原《序》今已不存，无可考核也。

又案：以卫氏《〈礼记〉集说》所引考之，盖亦综论《礼》意，不甚考正名物，与所著《续读诗记》体例相近。——《〈学记〉□义》

参考资料：

《宋史·艺文志》。

《四库全书总目》

《授经图》。

《经义考》。

咸丰《永嘉县志》二十。

《直斋书录解题》。

《文献通考》。

盛如梓《庶斋老学丛谈》上。

《国史注籍志》。

《读文献通考》。

黄震《日抄》。

《朱子语类》。

万历《温州府志》。

34. 戴厚　《横荡类稿》十卷，佚；《春秋经解》，佚。

孙案：戴县尉厚，文端公溪从父。旧府、县志无传。

35. 潘栝　《转庵集》一卷，佚。

孙案：转庵潘铃辖栝，万历《温州府志·文学传》、雍正《浙江通志》、乾隆

《永嘉县志·文苑传》并有传。

36. 徐自明　《宋宰辅编年录》二十卷，存；《礼记说》，佚；《零凌志》，佚；《浮光图志》佚。

孙案：愧堂徐常博自明郡县志无传。陈昉序《宰辅编年录》称："故太常博士徐公，永嘉之经师宿儒，容止靖严，言悉中节，行不越矩，论著满室。蝇头手笔，无一字不端楷，皆有益于世教。"可见其学术大较……其说于封建、井地特详。盖亦精研经制之学者。

又案：徐愧堂《宋宰辅编年录》始建隆，迄嘉定，宰辅除罢及制词事迹一一详载，其足校《宋史·宰辅表》之误者甚夥。……至于援引宋代史籍，若《遗史》《日历》《丁未录》《拜罢录》诸书，今并不传，亦藉是存其崖略。李焘《长编》今本缺徽、钦两朝，此录所引尚有数条可补其缺，诚有宋一代典故之渊薮也。

又案：愧堂谙习典故，犹有乾、淳遗老之风，而志乘荒略，不详其事迹。爰略为考窍，俾读此《录》者可以论其世焉。

板本：《宋宰辅编年录》二十卷，存。逊学斋藏明万历戊午吕邦耀刊本。

参考资料：

万历《府志》十七。

《黄氏日抄》十六。

钱大昕《潜研堂文集》二十八。

《四库全书总目》七十九。

37. 陈岘　《东斋集》三十卷，佚；《东斋表奏》，佚；《南海志》佚。

孙案：东斋陈待制岘，万历《温州府志·宦业传》、雍正《（浙江）通志》、乾隆《平阳志·名臣传》并有传。

38. 曹叔远　《蓬经集》，佚；《〈周礼·地官〉讲义》，佚；《〈春秋〉书法起例》，佚；《〈中庸〉注疏》，佚；《诸经要解》，佚；《永嘉谱》佚；《江阳谱》，未见；《修复李渠志》，佚；《家塾手编》，佚；《宣和御寇纪事》，未见。

孙案：曹文肃公叔远，教授字器远逢时子，止斋陈文节公门人。《宋史》四百六十六、万历《温州府志·宦业传》、雍正《浙江通志·名臣传》、嘉庆《瑞安县志·儒林传》并有传。

参考资料：

姜准《岐海琐谈》五。

《经义考》百二十三、百二十九。

谢旻《江西通志》。

39. 蔡节 《〈论语〉集说》，存。

孙案：蔡先生节为文懿公幼学次子。朝散郎试太府卿兼枢密副都承旨，又尝知庆元府、安吉州、衢州府。

参考资料：

朱晦庵说。

叶适《蔡公墓志铭》。《水心文集》卷二十三

《宋史·艺文志》。

《千顷堂书目》。

《经义考》。

《四库书目》。

40. 钱文子 《白石诗传》二十卷，未见；《〈诗〉训诂》三卷，未见；《〈中庸〉集传》，佚；《〈论语〉传赞》，佚；《〈孟子〉传赞》，佚；《两汉篇》，佚，《补汉兵志》一卷，存，《汉唐事要》，佚。

孙案：白石钱少卿文子，冲虚处士朝彦子。万历《温州府志》、道光《乐清志·儒林传》并有传。

《诗传》《训诂》，宋时有庐陵、永嘉两刻本。其书国初时尚存，《绛云楼书目补遗》及《经义考》并列其目。乾隆以来，储藏之家于宋、元秘籍察访不遗余力，而此二书绝无著录，不知天壤内尚有传本否？

又案：《补汉兵志》，钱白石采两汉兵制散见于《史记》、前后两《汉书》及《汉官仪》诸书者为之，每条之下各采所据之书以为之注。叙述详雅，注中援证尤博。……其考正精核多类此，非徒排比旧文，掇拾亡逸而已。其书宋时永嘉陈元粹刻于瑞昌，池阳王大昌复刻于淮南漕廨，二人皆白石弟子。此书卷首有《纲目》二页，即元粹所补也。

魏了翁《序》：钱公名文子，字文季，永嘉人。早以明经励志有声庠序，仕至宗正少卿，学术行谊为士人宗仰云。

乔行简《序》：先生姓钱氏，讳文子，字文季，永嘉人。入太学，以两优解褐，仕至宗正少卿。乾、淳诸老之后，岿然后学宗师。白石，其徒号之也。绍定六年。

《直斋书录解题》：所居白石岩，因以为号。

陈元粹《序》：嗟乎！先生乃老矣。方力疾乞休，筑室深山中，徜徉物外，以书史泉石自娱，将以终身焉，此志邈矣。

先生名文子，字文季，世居乐邑白石山下，因自号白石山人云。

朱彝尊《跋》：文子字文季，绍熙三年由上舍释褐出身，以吏部员外郎兼国史院编修官，历宗正少卿。退居白石山下，自号白石山人。

板本：《补汉兵志》乾隆己丑盛百二刊本，鲍氏《知不足斋丛书》本。

参考资料：

《直斋书录解题》二、又十二。

《文献通考》百七十九，又二百二十一。

《宋史·艺文志》一、又六。

《国史经籍志》二。

《授经图》四。

《经义考》一百九。

《四库全书总目》八十二。

王鸣盛《十七史商榷》十一。

夏炘《景紫堂文集》七。

朱彝尊《曝书亭集》四十五。

得闲居士鲍廷博。

41. 叶味道　《〈周易〉会通》，佚；《〈仪礼〉解》，佚；《祭法宗庙庙享郊祀外传》，佚；《〈大学〉讲义》，佚；《四书说》，佚；《经筵□奏故事》，佚；《朱子语录》，佚。

孙案：西山叶文修味道，朱子弟子。《宋史·儒林传》、万历《温州府志·理学传》、雍正《浙江通志》、乾隆《永嘉县志·儒林传》并有传。

又案：南宋初，治《仪礼》者莫如张忠父淳，文修为忠父子甥，其礼学当亦传之忠父者。

又案：叶文修分编朱子《〈仪礼〉经传通解》，见《语类》《晦庵集》……二书。

又案：本传谓味道师事朱熹，试礼部第一。时伪学禁行，味道对策无所避。既下第，复从熹于武夷山中。

42. 徐宇　《〈中庸〉说》，未见。

孙案：盘州徐先生宇，朱子弟子。乾隆《温州府志·儒林传》附载其名作"宇"，黎靖德《朱子语类》卷首姓氏、万斯同《儒林宗派》十、《经义考》一百五十二、《宋元学案》六十九并同。

43. 汤建　《〈周易〉筮传》，佚；《〈诗〉衍义》，佚；《〈论语〉解》，佚；《〈道德经〉解》，佚；《艺堂文集》，佚。

孙案：艺堂汤先生建，万历《温州府志·理学传》、雍正《浙江通志》、道光《乐清县志·儒林传》并有传。

44. 戴仔　《开治堂集》，佚；《〈易〉传》，佚；《〈书〉传》，佚；《〈诗〉传》，佚；《〈周礼〉传》，佚；《四书传》，佚。

45. 徐照　《徐照集》三卷，存；《芳兰轩集》一卷，存。

孙案：山民徐处士照，万历《温州府志·文学传》、雍正《浙江通志》、乾隆《永嘉县志·文苑传》并有传。

《四库全书总目》：照字道晖，一字灵晖，永嘉人。与徐玑、翁卷、赵师秀号曰"永嘉四灵"。照即四灵之首也。尝自号"山民"，故其集又曰《山民集》。

盖四灵之诗，虽镂肝钵肾，刻意雕琢，而取径太狭，终不免破碎尖酸之病。照在诸家中尤为清瘦，然清瘦不俗，故亦能自成丘壑。

叶适云：徐照，自号山民，有诗数百。斫思尤奇，皆横绝异起，冰悬雪跨，使读者变踔聊栗，肯首吟叹不自已。然无异语，皆人所知也，人不能道尔。惜其不尚以年，不及臻乎开元、元和之盛。而君既死，同为唐诗者徐玑字文渊，翁卷字灵舒，赵师秀字紫芝。——《水心文集》十七《徐道晖墓志铭》

案：《芳兰轩集》一卷，首为乐府古诗，次律诗，次绝句，总诗一百单五首。

顾刻谓依明潘是仁《宋诗选》，然潘本实四卷，与顾本不同，或传抄所并也。是集盖后人选本，以宋本《永嘉四灵诗》校之，律诗尚存大半，长律及古诗、乐府删汰几尽。……至宋椠足本，顾氏未见，故所补仅此也。

板本：影宋抄《永嘉四灵诗》本。宋本《永嘉四灵诗》。石门顾修《南宋群贤小集》刊本。浙江鲍士恭家藏本。阁本补遗。

参考资料：

《直斋书录解题》二十。

《文献通考》二百四十五。

《千顷堂书目》二十九。

《宋史·艺文志补》。

《四库总目》百六十二。

周密《绝妙好词》。

《瀛奎律髓》。

《东瓯诗集》《东瓯续集》。

《水心文集》。

吴子良《荆溪林下偶谈》。

《四库简明目录》六。

《鹤林玉露》十四。

《梅磵诗话》中。

顾修《汇刻书目》。

46. 徐玑　《徐玑集》二卷，阙；《二薇亭集》，存。

孙案：徐长泰玑，雍正《浙江通志》、乾隆《温州府志》、乾隆《永嘉县志·文苑传》并有传。

《四库全书总目》云：玑字文渊，一字致中，号灵渊。……永嘉四灵之二也。《宋元诗会》载：玑官建安主簿，龙游丞，武当、长泰令，嘉定七年卒，年五十九。

《四库全书简明目录》云：玑字灵渊，永嘉四灵之二也。其诗与徐照如出一手，盖四灵同一机轴，而二人才分尤相近。

叶适云：初，唐诗废久，君与其友徐照、翁卷、赵师秀议曰："昔人以浮声切响，单字双句计巧拙，盖风骚之至精也。近世乃连篇累牍，汗漫而无禁，岂能名家哉！"四人之语遂极其工，而唐诗由此复行矣。——《水心文集》二十一《徐文渊墓志铭》

孙案：四灵诗派出于晚唐，故最工律句，而他体则不甚擅场。此集长律数篇颇有旷远清逸之致，古诗联句诸篇亦澹雅不俗，《二薇亭集》大半不载，可惜也。

又案：以《永嘉四灵诗》所载徐集残本核之《二薇亭集》。

板本：影宋抄《永嘉四灵诗》本。余所家藏《永嘉四灵诗》本，仅存上卷。《南宋群贤小集》本。浙江鲍士恭家藏本。

参考资料：

《直斋书录解题》二十。

《文献通考》二百四十五。

《东瓯诗集》二。

《宋史·艺文志》七。

雍正《浙江通志》二百四十八。

万历《温州府志》十七。

《千顷堂书目》二十九。

《宋史·艺文志补》。

《四库总目》一百六十二。

厉鹗《宋诗纪事》四十三。

《东瓯续集》。

《四库简明目录》。

《瀛奎律髓》。

47. 翁卷　《翁卷集》一卷，佚；《西岩集》一卷，存；《苇碧轩诗集》四卷，存。

孙案：西岩翁乡贡卷，万历《温州府志·文学传》、雍正《浙江通志》、道光《乐清县志·文苑传》并有传。

《四库全书总目》：卷字续古，一字灵舒，永嘉四灵之三也。尝登淳祐癸卯乡荐，终于布衣。

又云：叶适序其诗，称为自吐性情，靡所依傍。注：诒让案，今所见文澜阁传抄本《西岩集》无此《序》，明本《水心集》亦无之。然其目实见于《黄氏日抄》六十八，盖黎谅重编时佚之也。

此不知何从得之?

《四库全书简明目录》：卷字灵舒，永嘉四灵之三也。其诗较二徐稍秀润。

板本：逊学斋藏抄本。文澜阁传抄本。顾刻《苇碧轩集》。顾辑补遗《南宋群贤小集》本。潘是仁《宋元名家诗集》本。

孙案：抄本《西岩集》有诗一百二十五首，以《苇碧轩集》校之，……其间篇第先后、字句异同殊夥。……藉此可以正之。虽较之今本溢出之诗无多，然未始非校雠之助也。

参考资料：

《直斋书录解题》二十。

《文献通考》二百四十五。

《四库全书总目》一百六十三。

雍正《浙江通志》二百四十八。

万历《温州府志》十七。

《千顷堂书目》二十九。

《宋史·艺文志补》。

《南宋群贤小集》。

潘是仁《宋元名家诗集》。

刘克庄《后村集》。

《千家诗》十五。

张端义《贵耳集》。

厉鹗《宋诗纪事》六十三。

《东瓯诗集》二。

48. 赵师秀　《赵师秀集》二卷，佚；《清苑斋诗集》一卷，存。《众妙集》，存。《二妙集》，未见。

孙案：赵推官师秀，万历《温州府志·文学传》、雍正《浙江通志》、乾隆《永嘉县志·文苑传》并有传。

《直斋书录解题》：四人者，号"永嘉四灵"，皆为晚唐体者也。惟师秀尝登科改官，亦不显。

《四库全书总目》：师秀字紫芝，号灵秀，永嘉人。太祖八世孙，绍熙元年进士，浮沈州县，终于高安推官，永嘉四灵之四也。

其诗亦学晚唐，然大抵多得于武功一派，专以炼句为工，而句法又以炼字为要。

故其诗主于野逸清瘦，以矫江西之失，而开宝遗风则不复沿溯也。

《四库全书简明目录》：师秀号灵秀，永家四灵之四也。四灵皆以炼字为宗，而师秀才力稍富健。

赵汝回云：唐风不竞，派沿江西，此道蚀灭尽矣。永嘉徐照、翁卷、徐玑、赵师秀乃始以开元、元和作者自期，冶择淬炼，字字玉响，杂之姚、贾中，人不能辨也。水心先生既啧啧叹赏之，于是四灵之名天下莫不闻。——《瓜庐诗叙》

孙案：瓜庐学诗于徐道辉，而其所作，乃与四灵体格小异。诗派中，与赵东阁皆能另辟蹊径者。

又案：四灵诗派以晚唐为宗，此集所选诗，乃颇上溯初、盛，盖紫芝在侪辈中才力较健，其所作亦不以镂刻字句见长，故所选诗亦不囿于晚唐诸作也。——《众妙集》

板本：《宋元名家诗集》本。《南宋群贤小集》本。毛晋刻《诗词杂俎》本。

参考资料：

《直斋书录解题》二十。

《文献通考》二百四十五。

《千顷堂藏书目》二十九。

《宋志补》。

《四库全书总目》一百六十二、又一百八十七。

《诗人玉屑》十九。

《梅磵诗话》中。

赵与虤《娱书堂诗话》下。

《东瓯续集》。

《颍川语小》下。

《瀛奎律髓》卷三。

厉鹗《宋诗记事》。

《贵耳集》。

《鹤林玉露》九。

《文苑英华》下。

惠栋《易汉学叙》。

《读书附志》。

49. 卢祖皋　《卢氏正岁会拜录》，佚；《蒲江诗稿》，佚；《蒲江词》一卷，存。

孙案：蒲江卢少监祖皋，万历《温州府志·文学传》、雍正《浙江通志》、乾隆《永嘉县志·文苑传》并有传。

毛晋云：卢祖皋字申之，自号蒲江居士，永嘉人，楼大防之甥也。一时永嘉诗人争学晚唐体，徐照字道晖、徐玑字文渊、翁卷字灵舒、赵师秀字紫芝称为"四灵"。与申之倡和，莫能伯仲。惜其诗集不传。黄叔阳谓"其乐府甚工，字字可入律吕，浙人皆唱之"，《中兴集》中几尽采录。……惜乎！《蒲江词》一卷，仅仅二十有五阕耳。——毛《跋》

《四库全书总目》：祖皋字申之，又字次夔，号蒲江，永嘉人。登庆元五年进士。嘉定中为军器少监，权直学士院。祖皋为楼钥之甥，学有渊源，尝与永嘉四灵以诗相唱和，然诗集不传。

杨慎云：卢申之名祖皋，邛州人注：案，申之别子蒲江，非邛州蒲江县人也。升庵不考，乃有兹误。有《蒲江词》一卷，乐章甚工，字字可入律吕。——《升庵词品》四

孙应时云：东嘉卢申之妙年取进士第，辞藻逸发，如水涌山出。见予于吴中，不鄙定交。申之喜为乐府，余回："不如诗之愈也。"申之即大肆其力于诗。居三年，寄《蒲江诗》一编。读之，郁然其春。若时禽之高下而众芳之杂袭也；洒然其秋，若风露之清高而山川之寥廓也。淡兮如幽人处士，自足于尘垢之外；俨然如王孙公子，相命于礼乐之间也。窃兮其思之深，修兮其味之长也。盖申之天分自高，而用心尤苦。洞视古今，作者神交而力角之，不惬其意不止，非余子碌碌新有诗声者比也。

板本：毛晋《宋六十家词》本。

孙案：《蒲江词》，毛刻本廑二十五阕，《四库提要》疑其从黄氏《花庵词选》抄出。今考周密《绝妙好词》一，所录《蒲江词》凡十阕。……又赵闻礼《阳春白雪》所选《蒲江词》凡十一阕。……则《蒲江词》之佚者不少，《提要》所疑或不误也。……则词本与今本《词选》并不误，毛氏所校《词选》殆偶据讹本耳。

参考资料：

孙应时《烛湖集》十。

张端义《贵耳集》上。

雍正《浙江通志》二百五十二。

《温州府志》二十七。

乾隆《永嘉县志》二十三。

《四库全书总目》百九十八。

《梅磵诗话》。

《书录解题》。

《中兴集》。

《东瓯诗集》。

黄昇《花庵词选》。

杨慎《升庵词品》。

周密《绝妙好词》。

岳珂《桯史》十五。

魏了翁《鹤山集》。

50. 戴栩　《浣川集》十八卷，阙；《东都要略》，佚；《诸子辩论》，佚；《五经说》，佚；《〈春秋〉说》，佚。

孙案：浣川戴常博栩，文端公溪从孙。雍正《浙江通志》、乾隆《温州府志》、乾隆《永嘉县志·儒林传》并有传。

《四库全书总目》：栩字文子，永嘉人。登嘉定元年进士，为太学博士，迁秘书郎，出知临江军，不赴，后复起为湖南安抚司参议官。按，栩有诗句云："近来万境心如洗，笑改斜川为浣川。"盖其罢官后所自号，因以名集也。

又云：栩与徐照、徐玑、翁卷、赵紫芝等同里，故其诗派去四灵为近。然其命词琢句，多以镂刻为工，与四灵之专主清瘦者气格稍殊。盖同源异流，各得其性之所近。至其文章法度，则本为叶适之弟子，一一守其师传。故研炼生新，与《水心集》尤为酷似。

孙案：常博戴先生栩，学于水心，得其旨要，故明经之外，亦高于文。

又案：浣川学于水心，此集《浣川集》二《题吴明辅文集后叙》云："颇忆从水心游，每遇佳题，辄令同赋。"是浣川于水心文法，亲得其指授，故此集所存文奇警恣肆，杂之《水心集》中，几不可辨。诗则与水心倡和者尤夥，律诗颇近四灵而工丽过之。

板本：逊学斋藏重辑十卷抄本。《四库全书总目》：《浣川集》外间久无传本，今从《永乐大典》采掇编次，厘为十卷。

孙案：《浣川集》，《永乐大典》本存诗三卷、文七卷。

参考资料：

万历《温州府志》十七。

《千顷堂书目》二十九。

焦竑《国史经籍志》五。

《四库总目》百六十二。

朱彝尊《经义考》。

《宋元学案》。

51. 黄仲炎　《〈春秋〉通说》，存。

孙案：黄若晦仲炎，旧府、县志无考。据李鸣复《奏状》称为"温州布衣"，而《状》末有"甄以宠光"之语。则若晦进书时，鸣复又为乞恩泽。万历《温州府志·选举门》载宋进书补官，有永嘉黄叔炎。叔炎即仲炎之误，然补何官，则终无可考也。

又案：《通说》大旨宗朱子《春秋》无褒贬之说，故其书于治乱得失推论明切，又多引后世史事参互证验以阐教戒之旨，虽不必果得圣人笔削之意，然以观孙复诸人以《春秋》为有贬无褒者，其厚薄固有间矣。

板本：《通志堂经解》刊本。

参考资料：

《直斋书录解题》三。

《文献通考》百八十。

《宋史·艺文志》。

《四库总目》二十七。

《通志堂经解目录》。

何焯语。

黄虞稷《天一阁书目》。

52. 陈埴　《潜室先生木钟集》十一卷，存；《潜室文集》，佚；《〈禹贡〉辨》，佚；《〈洪范〉解》，佚；《〈书〉说》，佚；《〈王制〉章句》，佚。

孙案：潜室陈先生埴，字器之，朱子弟子。万历《温州府志·理学传》、雍正《浙江通志》、乾隆《永嘉县志·儒林传》并有传。

又案：潜室先生为朱门高第，《木钟集》皆与门人问答语，大都阐述师说。然其学颇渊博，如礼乐、历算及汉、唐制度莫不该贯。文亦雅驯，无语录家鄙俚之语。

陈思煜《叙》：先生为宋名儒，尝从朱子于武夷，所见超卓。绍定间，赵善湘建明道书院，辟主讲席，四方就学者数百人。所著《〈禹贡〉辨》《〈洪范〉解》《〈王制〉章句》等书，皆未及觏，而是集为前明东瓯守邓公淮访求遗稿，刊于郡斋，藏板已无复存。同治癸亥岁，余来守是郡，考献征文，辄乐得先生遗书而读之，而所见惟叶氏《水心集》、王氏《儒志编》《梅溪集》数种。……会瑞安孙琴西观察主讲紫阳书院，既从丁松生大令索得旧本，邮寄示余，且谓："是集初镂赖有吉水邓公，今君亦籍隶豫章，能为重谋剞劂，自明迄今，相望遥遥，后先辉映，亦佳话也。"余重韪之。爰与中山院长孙蒉田学士互相商榷，即属永嘉王复斋广文专司校理，篇幅字体，悉仍旧板，阅四月告成。温州知府，江右人。

板本：逊学斋藏明弘治刊本。温州府学新刊本。

参考资料：

《四库全书总目》九十二。

万历《温州府志》十七。

朱子《晦庵续集》三。

《宋元学案》六十五。

《经义考》百四十四。

《千顷堂书目》。

《宋志补》。

53. 薛据　《孔子集语》二十卷，存；《宅揆成鉴》二十二卷，佚；《采薇天保末议》二卷，佚；《二薛先生文集》薛凝之、据，佚。

孙案：薛提举据，万历《温州府志·文学传》、雍正《浙江通志》、乾隆《平阳县志·文苑传》并有传。

《四库全书总目》：据字叔容，永嘉人，官至浙东常平提举。林德旸《霁山集》有《二薛先生文集序》曰："薛氏世学盖三百年。玉成公学于慈湖杨敬仲，刊华据实，犹程门绪余。伪学禁兴，只手卫道，著《伊洛源流》，各为谱传。又以弓冶授其子，叔容公志宏力毅，负荷千年，念圣远言湮，为《孔子集语》二十卷。"即是书也。

林景熙《序》：永自许少伊右丞、周恭叔太博、刘元承给事受业程门，为最先一辈，而义理之学始于此矣。生而晚者，虽不及成德达材之列，而亦窃闻私淑之教，见知、闻知，成功一也。薛氏世学盖三百年，最后玉成公学于慈湖杨敬仲，刊华据实，犹程门绪余。伪学禁兴，只手卫道，著《伊洛源流》，各为谱传。书成而化，更生人之类，不为夷狄禽兽，吾道力也。又以弓冶授其子，叔容公志弘力毅，负荷千年，念圣远年湮，为《孔子集语》二十卷。念国家内外治疏，为《采薇天保末议》二卷。念伊、傅、周、召之业不复见，随世寒浅，不能登其主于三代，为《宅揆成鉴》二十二卷。荐绅剡进，上经乙览，藏之秘府以诏厥来。会兵兴，君亮区区，收拾于烟埃零落之余，两世遗文其仅存者。

板本：明范钦《天一阁二十种奇书》本。钟人杰《唐宋丛书》本。乾隆丁巳衍圣公孔广棨刊本。

54. 刘黻　《蒙川先生遗稿》十卷，阙；《薇垣制稿》，佚；《谏坡奏牍》，佚；《经帷纳献》，佚；《濂洛〈论语〉》，佚。

孙案：蒙川刘忠肃公黻，《宋史》四百零五、万历《温州府志·忠节传》、雍正《浙江通志·忠臣传》、咸丰《乐清县志·忠烈传》并有传。

刘应奎云：先伯氏蒙川先生，少有志操，刻励清苦以成其学。而惟孝惟忠，虽流离颠沛中，亦未尝忘于言，其立身大节，虽没齿无愧怍也。平生无他嗜好，推殚精毕思于文字间。凡所著述，与《谏坡奏牍》《薇垣制稿》《经帷纳献》若干卷，悉以自随，今皆教落不复见矣，可哀也！若夫庐室为毁，幸而读书之朝阳阁岿然于苍梧翠竹间，亦天也耶！大德辛丑弟应奎《跋》

林大椿云：吾乐当南宋时，名儒辈出，而梅溪王詹事为称首。某中诸奏疏，弹劾权臣，指陈时政，迄今凛凛有生气。文章本于节义，不信然耶？后八十年而蒙川刘先生出焉，节义不让梅溪，而境之艰阻有甚焉者。盖宋自宁宗后，宗社大事，一坏于韩，再坏于史，三坏于郑安晚之再相，四坏于丁大全之专权。一时狨险之徒，方附影希风，舭排善类，累朝养士之泽消磨殆尽矣。先生以太学生状阙数上书，痛哭流涕而言之，略无畏阻。卒之身遭贬谪，屏迹南安，其始境之艰如此。厥后唷出霰消，赐环归国，中年通籍，时与日非，虽有出领郡符，入司铨柄，而半闲堂气焰方张，终不得少行其志。迨奉讳还乡，读《祭礼》未终，宋社已屋。毅然赴国难，间关数千里，扶持幼君，崎岖岭海间，遂赍志以殁。其晚境之艰又如此。

《四库全书总目》：黻字声伯，号质翁，乐清人。淳祐初以试入太学，伏阙上书攻丁大全，送南安军安置，大全败后召还。 廷试，又以对策忤贾似道，复为所抑。后由昭庆军节度掌书记除学官，擢御史，累官至吏部尚书。遭母丧，解官，遂不复起。 会宋亡，二王航海，黻追从入广，至罗浮而卒，谥忠肃。所著有《谏坡奏牍》《薇垣制稿》《经帷纳献》诸书，航海时携以自随，遂散落不存。此诗文残稿四卷，乃其弟应奎所裒集也。

《四库全书简明目录》：黼触忤权奸，再遭挫折，卒以追随故主，身殒海滨。所著作散落鲸波，不可复得，惟此残稿仅存。其诗多规仿陈子昂体，虽格律未纯，而人品既高，神思自别。下视方回辈背主求荣，如凤凰之翔千仞矣。注：诒让谨案，忠肃之名，《中兴馆阁续录》九、《千顷堂书目》二十九、《补宋史·艺文志》并作"黼"，此亦沿其误。

板本：逊学斋藏明阮存编四卷抄本。 乐清刘氏摆印本。同治癸酉新刊本。 旧抄本。文澜阁传抄本。

林大椿《叙》：平生著作仅有流传，然皆掇拾于秦灰楚焰之余，存什一于千百，以视梅溪之所遭，夷险有不同，而显晦因之矣。《梅溪集》屡经梓行。而《蒙川遗稿》十卷板已久佚，邑竹屿刘君乐亭……与同族大桥头酉山等，谋付梓人。……椿轻材肤学，获与校订，因茸先生年谱，并疏当日立朝大节，弁诸简端。咸丰七年。

参考资料：

《千顷堂书目》二十九。

《宋史·艺文志补》。

《四库全书总目》百六十四。

55. 郑朴翁 《续古杂著》，佚；《厚伦诗》，佚；《初心斋集》，佚；《〈礼记〉正义》，佚；《四书指要》，佚；《〈易〉说》，佚。

孙案：郑国正朴翁，万历《温州府志·忠节传》、雍正《浙江通志·义行传》、乾隆《平阳县志·忠义传》并有传。

章祖程《白石樵唱注》：宗仁晚年著《〈易〉说》若干卷，盖入元以后所作，其卒时或未成书也。

参考资料：

林景熙作《墓志铭》。

《千顷堂书目》。

《宋志补》。

万历《温州府志》。

《续通考》百七十五。

《世善堂藏书目录》上。

《经义考》二百五十三。

《元史·艺文志》。

56. 林景熙 《白石稿》十卷，阙；《白石樵唱》六卷，存；《霁山先生集》五卷，存。

孙案：霁山林架阁景熙，万历《温州府志·忠节传》、雍正《浙江通志·义行传》、乾隆《平阳县志·忠臣传》并有传。

吕洪《叙》：予平阳素称文献之邦，骚人墨客，义士忠臣，无代无之。宋淳祐壬寅，挺生林先生，讳景熙，字德旸，号霁山。居州治后白石巷，别墅在城西赵岙马鞍山之麓，予今所卜筑，即其故址也。咸淳辛未，先生上舍释褐，授泉州教官，历礼部架阁，转从政郎。适元胜宋，遂不复仕。恒与同舍生邑人郑朴翁辈私相嗟悼，以不能死难、报君恩为愧。丙子，元兵破杭，有杨总统尽发越上宋诸陵墓，弃其遗骸于草莽中，人莫敢收。先生在越，痛愤不已，乃与朴翁佯为采药，偕行陵上，以草囊拾之，盛以二函，托言佛经，埋瘗越山，植冬青树以志之，而哭之以诗。既而返于故乡，隐居别墅，研穷经史，摛绘文章，教授学徒。其忠义之怀，每形诸言辞间。道德之士闻其风者，罔不敬仰，识与不识，咸称"霁山先生"。时为会稽王监簿延致，与寻岁晏之盟，于是往来吴越殆廿余年。戊申岁归自武林，感疾，殆庚戌冬卒于家，享年六十有九。所著文十卷，曰《白石稿》，诗六卷，曰《白石樵唱》。明天顺七年。

辽藩光泽王《叙》：霁山林先生，宋度宗咸淳辛未太学释褐，温之平阳人也。官止礼部架阁，转徙从政郎。时宋为蒙古侵逼狩闽海，已不可为国，先生遂引归。晚与会稽胡汲古辈寻岁晏盟，终于武林。

按，先生当宋帝昺祥兴元年，蒙古以西僧杨琏真珈总摄江南释教，于是年十二月入绍兴，利宋攒宫金玉，尽发诸陵及大臣冢墓凡一百一所。又欲哀诸陵骨，杂牛马枯骼为镇南浮图。先生与尝所交会稽唐珏，初不相谋，各私痛忿。货家具，行贷得百金，为酒食，阴召诸恶少，泣曰："尔辈皆宋人，岂忍陵骨暴露？已造六石函，各记年一字为号，自思陵以下，欲以他骨收殡。"众咸感诺，携函如言收取，葬兰亭山。移宋故宫冬青树，植以为识。嘉靖七年。

冯彬《叙》：宋当易命，元政方殷，顽鄙庸遒者尚复希进。目故都犹传舍，谁复顾之。霁山氏痛国沦夷，求无死所，遂逃名当世，依托山水间，以诗文自况，甘为宋室遗民无悔言者。既而寝园遭祸，即奋身纠义，托名采药，收遗骸而葬诸，树以冬青，作诗纪之。其忠义为何如？嘉靖辛卯。

吴菘云：按，遂昌郑元祐《书林义士事迹》云：霁山当杨总统发陵时，故为杭丐者，背竹箩，手持竹夹，遇物即以夹投箩中。林铸银作两小牌贿西番僧曰："余不敢望收其骨，得高宗孝宗斯足矣。"番僧左右之，果得高、孝两朝骨，为两函贮之，归葬于东嘉。

《四库全书总目》：景熙一作景曦，字德旸，温州平阳人。咸淳七年太学释褐，官礼部架阁，转从政郎。宋亡不仕，会札木扬喇勒智注：原作扬琏真伽，今改正发宋诸陵，以遗骨建镇南塔。景熙以计易真骨葬之，其忠义感动百世。然诸书或以其事归唐珏。

《东瓯诗集》五：林景熙字德旸，号霁山，平阳人。元兵发宋诸陵，弃其遗骨，人莫敢收。先生在越，佯为采药，以草囊拾之。又闻理宗颅骨为北军投湖中，以钱购渔者，举网而得之，乃盛二函，托佛经葬于越山，植冬青树志之，而忠愤形诸赋咏。所著有《白石樵唱集》。

孙案：霁山风节冠世，其诗格律高秀，尤足洗宋末江湖诗派之浅俗。其拾宋陵遗骨事，章祖程《白石樵唱注》及郑元祐《遂昌杂录》所载甚详。罗有开《唐义士传》陶宗仪《辍耕录》四、张孟兼《唐珏传》《明文衡》五十九并属之会稽唐珏。吴蟾泰《跋》据集中《与唐玉潜诗》定为霁山与唐同为之事，最为精确。……拾陵骨事，为宋末遗老奇节之一，记载龃龉。明陶宗仪诸人辨之，并不得其要领。今因录先生遗集，附订其一二，其他小小异同，则不复论。

方逢辰《叙》：霁山林德旸，前释褐进士也。壮年英华果锐之气，无所于托，如水洪源，木梗石捍，而借诗以鸣之。……德旸自雁荡游会稽，禹穴荒寒，云愁木怆。凭高西望，钱塘潮汐之吞吐，吴山烟霏之舒卷，纷感互发，凡以写我郁陶者何限。故其诗悽惋而悠以博，微以章，宛然六义之遗音，非湖海啸吟风月而已。

何梦桂《叙》：霁山诗仅见三十篇，其辞意皆婉娩悽恻，使人读之如异代遗黎及见渭南铜盘、长安金爵，有不动其心者哉！——《潜斋文集》五

张寰《叙》：其间如礼部架阁霁山先生林德旸氏者，当孤穷摈弃之日，歛其蕴蓄，而从事乎文，夷然自放，不怨不尤，往来平阳、陶山之间，自托宋之遗民。佗日结客举义，潜易诸陵遗骼，俾脱裔戎之祸。噫，先生真烈士哉！吾尝读其《冬青》诸作，未尝不泫然悲之而壮先生之行也。

吴瞻泰《叙》：霁山先生，宋末名儒，为诗沈雄悽惋，忠愤之气，无所于托，而即物比兴以泻其胸中之蕴，固不徒以骚人文士目之也。

《四库全书总目》：所著有《白石稿》十卷，皆其杂文。又有《白石樵唱》六卷，皆诸体诗。元统甲戌，昆阳章祖程为其诗集笺注，传本仅存。其文集遂就散佚。

附：章祖程注《白石樵唱》

章祖程云：愚尝熟玩其诗，大抵皆托物比兴，而所以明出处、系人伦、感世变而怀旧俗者至矣！卷首数篇，尤为亲切。其他题咏酬唱虽有不同，然而是意亦未尝不行乎其间。读者倘以是求之，则庶乎不失其本领，而有以知其诗不苟作也。至于造语之妙，用字之精，法度之整而严，格力之清而健，又未易以名言，今辄为之注释云。崑阳后学章祖程和甫题。

孙案：宜竹章处士祖程，乾隆《平阳县志·文苑传》有传。霁山先生身丁国难，蠹遁以终，感事忧时，悉形篇什。而痛怀故国，未敢讼言，《樵唱》一编，辞多隐托。宜竹亲及霁山之门，见闻最悉。其《白石樵唱注》，疏通证明，多得霁山微旨。至于诗中本事，考核尤详。……霁山诗之有是编，亦如山谷诗之有任渊注，荆公诗之有李璧注矣。

板本：康熙癸酉汪士铉刊本。鲍氏《知不足斋丛书》本。

孙案：所著杂文曰《白石稿》，明时已不存，惟诗六卷曰《白石樵唱》者尚有

传本。天顺癸未，平阳吕洪辑其佚文，并《白石樵唱》，厘为五卷刊之。后辽藩光泽王及国朝汪士铉皆为覆梓。嘉靖庚寅，邑令冯彬又别编定为十卷，焦氏《经籍志》及《千顷堂书目》所载殆即其本。国朝鲍廷博复以各本合校付刊，其本最为精备，后附补遗诗文六篇，则平阳张岁贡綦毋所抄补也。

参考资料：

《四库总目》百六十五。

《国史经籍志》五。

《千顷堂书目》二十九。

《宋史·艺文志》八。

元陶宗仪九成《辍耕录》。

明宪宗时《续编纲目》。

《史会编》。

《皇明文衡》。

金华张孟兼《唐珏玉潜传》。

西涯翁《拟古乐府词》。

《宋逸民录》。

贺裳《载酒园诗话》。

周密《癸辛杂识》。

谢翱《晞发集》。

郑元祐《遂昌山人杂录》。

57.（元）高明　《柔克斋集》二十卷，未见。

孙案：高都事明，万历《温州府志·文学传》、雍正《浙江通志》、嘉庆《瑞安县志·文苑传》并有传。

《元诗选三集》庚：高相掾明，字则诚。所著有《柔克斋集》，辞章斐然，东海赵汸称其学博而深，才高而赡云。

《静志居诗话》：顾仲瑛辑元耆旧诗为《玉山雅集》，中录高则诚作，称其长才硕学，为时名流，可知则诚不专以词曲擅美也。世传《琵琶记》为薄幸王四而作，此殆不然，陆务观诗云："斜阳古柳赵家庄，负鼓盲翁正作场。死后是非谁管得？满村听唱蔡中郎。"是南渡日已演作小说矣。——《明诗综》十一

《温州经籍志·叙例》：禄利兴而经义滥，风俗敝而小说滋。制辑艺文，别裁宜审，而《千顷书目》附制举于总集，《百川书志》入传奇于别史，榛楛勿翦，宏达所嗤。此编搜罗务广，甄择特严，凡此两门，虽古帙流传，既从删汰，注：若高明《琵琶记》、项乔《义则》、刘康祉《四书孤屿草》之类，今并不收。庶使野言诡说不淆文史。

《清颖一源集》二：陈挺《吊高则诚》诗注，先生所著《柔克斋集》，遗板亡失，子方塘叔祖案：方塘名锶，见二十七卷。尝于其家得二十余片以归，甚喜。既而视之，册叶多不相续，始知无用，后因兵火并失之。

孙案：其集久无著录，据陈挺诗注，则明中叶时已无传本。顾氏《元诗选》三集庚，选都事诗一卷，亦题《柔克斋集》，疑从他书转录，非果见原集也。

参考资料：

《千顷堂书目》十七。

陶宗仪《辍耕录》三。

《元诗选》三集庚。

《静志居诗话》。

《苏平仲文集》五。

顾仲瑛《玉山雅集》。

《万姓统谱》三十二。

附：高旸　《郑璞集》

孙案：宾叔为则诚弟。《元史·艺文志》及旧府、县志载高宾叔《郑璞集》，而不知其名。考《苏平仲文集》三《金贞妇高传》："贞妇，儒家女，龙江书院山长高旸宾叔，其父也。"是宾叔名旸，与则诚名明，偏旁相应。吴论《崇儒高氏家编》《万姓统谱》三十二并谓则诚别有弟名诚，字则明，明以来府、县志因之，殆无稽之说也。

58. 史伯璿　《四书管窥》五卷，阙；《管窥外篇》，存；《牖岩遗稿》，佚；《青华集》，佚。

孙案：牖岩史先生伯璿，万历《温州府志·理学传》、雍正《浙江通志·儒林传》、乾隆《平阳县志·理学传》并有传。

又案：史文玑《管窥外编》……其说于天文、历算特详。若所考书传日法、闰法，疏通证明，确有依据。虽所援证皆宋、元以来习见之书，未能远稽史志，然在讲学家亦可谓渊雅之士矣。又云：牖岩讲学，墨守洛、闽。

　　板本：家中父始从邑中项氏假得，见旧抄足本五册，录副弆之。_{外篇}雍正乙亥平阳吕氏刊本。

　　参考资料：

　　《国史经籍志》。

　　《千顷堂书目》。

　　《经义考》。

　　《补辽金元艺文志》。

　　《元史·艺文志》二。

　　《四库总目》九十三。

　　《浙江采集遗书总目》己集。

　　《东嘉先哲录》十。

　　郑瑗《井观琐言》中。

　　陈高子上《不系舟渔集》十。

　　59. 戴侗　《六书故》三十三卷，存；《六书通释》一卷，存；《〈周易〉家说》，佚；《〈尚书〉家说》，佚；《四书家说》，佚。

　　《万姓统谱》九十九：侗字仲达，仔弟。登淳祐进士第，由国子监簿守台州，德祐初由秘书郎迁军器少监，亦辞疾不起，年逾八十卒。

　　赵凤仪《叙》：公之父蒙，从学于武夷；兄仔，举孝廉。父子昆弟，自为师友。是书之成，渊源有自。

　　虞集云：至永嘉戴氏父子三世所著《六书故》，六书之外，设疑一条，以识不可强通者，近世书法之要论也。——《道园学古录》三十一

　　孙案：戴仲达于《易》《书》、《四书》并有《家说》，盖述其父蒙之遗言而为之者。

　　又案：宋南渡后，诸儒承伊洛遗绪，喜研道德心性，罕有为六书之学者。永嘉诸先生惟薛文宪研精篆籀，然未尝著书。谢氏《正字韵类》颇为楼攻愧所推，其书不传。考攻愧所述，当是《干禄字书》之类，盖亦未能综小学之全也。合谿戴氏最为晚出，绍明家学，为《六书故》三十三卷。合谿之讲六书，虽瑕瑜互见，而其精义独造，实能通究原本。《通释》一卷，阐明体例，尤多微渺之论。

　　又案：（上略）若此诸条，疵颣良伙，不独如吾子行所讥也。然其研精覃思逾三十年，补阙拾遗，亦多创获。明以来，缀学之士如陈第、顾炎武论古音；及近

代段玉裁、桂馥、王筠注《说文》，多袭其说。世儒习闻吾氏之论，于此书罕有津逮，故特揭之，使治小学者无徒以耳食之说诟病戴氏也。……

板本：明张萱刊本。国朝李鼎元刊本。

李鼎元云：前明岭南张萱曾刻于浒墅，后板归岭南，流传于世者甚少，购之书肆，绝不可得。余在翰林，职司校理，得见宋刻原本，恐其流传日少，六书之故无从求正，因手自抄录，细加雠校，选工重刻以公同好。案，戴氏此书成于入元以后，延祐庚申始刊行，安得有宋刻？李氏谓得见宋本雠校重刊，欺人之言也。实止即张萱本重行翻刻，而于每卷首第二行刊改"明岭南张萱订"六字为"西蜀李鼎元校刊"耳。其板式、行款与张本分毫不异，书内卷二"晤"字下，卷六"泣"字下，并有张萱附注之语，亦未删去也。

参考资料：

《千顷堂书目》。

《补辽金元艺文志》。

《四库总目》。

《元史·艺文志》。

《浙江采集遗书总录》丙集。

苏天爵《元文类》三十二。

《万姓统谱》九十九。

虞集《道园学古录》三十一。

顾炎武《诗本音》二。

王鸣盛《蛾术编》十八。

王引之《经义述闻》三十一。

段玉裁《古文尚书撰异》一下。

崔铣《洹词》五。

孙案：明以来小学书关涉此书者甚夥，今择其足申证戴说者录之，余不备引也。

60. 陈刚　《〈禹贡〉手抄》，佚；《〈洪范〉手抄》，佚；《五经问难》，佚；《四书通辨》，佚；《历代官制说》《历代帝王正闰图说》，佚；《浑天仪说》，佚；《性理会元二集》，佚；《潜斋文集》，佚。

孙案：潜斋陈先生刚，万历《温州府志·理学传》、雍正《浙江通志》、乾隆

《平阳县志·儒林传》并有传。

又案：陈公潜斋为胡石塘长孺弟子，时代与史文玑相接。

61. 李孝光　《五峰集》二十卷，阙；《〈春秋〉述始》，佚；《〈孝经〉义疏》，佚；《画〈孝经〉图》，佚；《雁山十记》，存；《赵鲁国公政录》，佚。

孙案：五峰李秘丞孝光，《元史·儒林传》六、万历《温州府志·文学传》、雍正《浙江通志》、道光《乐清县志·文苑传》并有传。

《四库全书总目》：孝光字季和，乐清人。隐居教授，白野泰哈布哈尝师事之。至正七年，诏征隐士，以秘书监著作郎召。明年，陞文林郎秘书监丞。所著诗文，岁久散佚。是编乃弘治甲子怀远钱杲为乐清令，访求遗稿，得全集于儒生周纶家，因俾纶编次刊板，杲自为之序，乃以《五峰集》为名。

《元史·儒学传》二：孝光以文章负名当世，其文一取法古人，而不趋世尚，非先秦、两汉语，弗以措辞。有文集二十卷。

孙案：《五峰集》二十卷本，明时已佚。今所传者，明钱杲重辑本，不分卷，然椠本亦不多觏。余家所藏，则从钱刻传录者。

然百余年来，曹本不知存佚，藏书家辗转传抄，大氐皆祖钱椠，则欲读五峰遗诗者，终以此为古本矣。

板本：《四库全书》本。逊学斋藏旧抄本。

《元诗选》二集戊按：《五峰集》向来失传，仅得曹侍郎秋岳编辑抄本。癸未春，朱检讨竹垞从乐清搜得弘治甲子乐清令怀远钱杲慎斋所刊本合之，允称大备。

参考资料：

陈德永《李五峰行状》。

《续文献通考》一百八十。

黄氏《千顷堂书目》二十九。

倪氏《补辽金元艺文志》。

《四库全书总目》一百六十七。

钱氏《元史·艺文志》四。

《孝慈堂书目》。

顾瑛《玉山草堂诗雅集》一。

《元史·儒学传》二。

杨维桢《东维子集》。

叶盛《水东日记》。

胡应麟《诗薮》。

《元诗选》二集戊。

宋濂《銮坡别集》五。

《世善堂书目》。

《浙江通志》。

旧府、县志。

62. 陈高　《不系舟渔集》十五卷，《附录》一卷，存。

孙案：陈县尹高，万历《温州府志·隐逸传》、雍正《浙江通志》、乾隆《平阳县志·文苑传》并有传。

《不系舟渔集》十五《与张仲举祭酒书》云："遭时多故，众醉独醒，弃官归田，今五十矣。或徜徉乎山谷之间，或浮游乎江湖之上，任情自适，无所系留，当道者虽欲牵挽而不能羁縻，因自号为'不系舟渔'。初非敢为高也，揣己之无能，处俗之不偶，故以是而托其名焉耳。"

子上之举进士，出张翥之门，又与揭汯、苏伯衡、胡翰诸人为友，今核其全集，虽文采不及五峰诸老，而耳濡目染，终有典型，不仅亮节清风足厉百世也。

《自识》云：至正癸卯十二月廿七日，平阳失守，余时在郡城，回至州南闻变，仓猝同江浙行省都事王铨伯衡夜寻山径，泥涂中崎岖行六十余里，至麦城，得渔舟浮海达安固，不及与家人别。明年正月朔，至南塘。二月至乐清，之玉环，迤逦道途，随处留寓。念余以布衣举进士，辞禄归隐已八年矣，守拙耕田，将以终老。而罹此变，间关遁逃，非有所为也，求无愧于心而已矣。困厄颠沛之余，触目兴感，率尔成诗，聊笔诸简册，以示不忘。间有应俗所作诗文，亦并录之，其妍丑不暇择也。

《四库全书总目》：高字子上，温州平阳人。至正十四年进士，授庆元路录事。未三年，辄自免去。平阳陷，弃妻子往来闽浙间，自号不系舟渔者。至正十六年，浮海过山东，谒河南王库库特穆尔于怀庆，密论江南虚实。库库特穆尔欲官之，会疾作，卒。盖当国祚阽危，犹力谋匡复。明太祖称王保保真男子（即库库特穆尔），如高者，事虽不就，其志亦不愧王保保矣，不但诗之足传也。

文格颇雅洁。诗惟七言古体不擅场，绝句亦不甚经意。其五言古体，源出陶潜；近体律诗，格从杜甫；面目稍别，而神思不远，亦元季之铮铮者矣。

板本：金华苏伯衡所编本。平阳吕洪刊本。逊学斋藏旧抄本。两淮马裕家藏本。

《元诗选》初集庚：初，陈录事高，明初眉山苏伯衡访其诗文，得若干首，诠次成帙，题曰《子上存稿》，八世孙一元重校而刊之。揭汯《陈子上先生墓志铭》："先生为文，上本迁、固，下猎诸子；先生为诗，上溯汉、魏，而齐、梁以下勿论也。先生为行，洁己而不同于俗，抗节而不屈于物。意所为，惓惓焉不能舍，赴其急，水火不避也；所不与，欲其一语一字不可得。所至合则留，不可则去，自号不系舟渔者。"

参考资料：

《爱日精庐藏书志》。

《千顷堂书目》。

《四库全书总目》。

《苏平仲集》。

《补辽金元艺文志》。

《元史·艺文志》。

《浙江采集遗书总录》。

《元诗选》初集庚。

63.（明）卓敬　《性情发明》，佚；《卓氏遗书》五十卷，佚；《卓公遗稿》一卷，未见；《卓忠毅公遗稿》三卷，未见。

孙案：卓忠毅公敬，《明史》一百四十一、万历《温州府志·忠节传》、雍正《浙江通志》、嘉庆《瑞安县志·忠臣传》并有传。

顾问《引》：公之忠诚，人皆知之。至其篇章清新粹美，用意独至，造语无前，若嚼冰雪而出之，绝烟火而住蓬莱者，岂易得哉？

傅珮《叙》：公尤邃学问，根极义理，其绪余发为文辞，复出人意表，竟不少概见者，何哉？呜呼，遭遇靡常，族类殄绝，门生故吏，畏罪远去，谁复能存之？

王诤《跋》：予童子时，则闻长老谈卓公凭虎事，又闻公死节事，心窃奇伟之。恽敬云：谨按，忠毅授命于建文四年，其生平经济气节，前人已表章之，如日月之著矣。敬所惜者，刘忠愍所作原传，载忠毅著述，有遗书十卷，诗文五十卷，今止存数十首。忠毅门人黄潮光所作《年谱》《行状》，今悉不存。……忠毅本学宋儒，其言行必精密有步骤，而竟无可考证，岂不重可惜哉！然忠毅遗文、遗迹虽散落，幸有此数十首及忠愍所作原传，读者能一一推之，未尝不可以测忠毅。——《大云山房文稿》二集二

板本：《卓氏遗书》二卷，明仁和卓发之辑，瑞安林从炯编。

傅珮《叙》：嘉靖辛亥岁，羽泉刘侯令兹土。爰睹时艰俗敝，雅尚节义，三之日拜公祠下，喟然叹曰：公之忠著矣而文不传，阙典之大者，孰逾此哉！乃咨生儒，询耆俊，穷搜远索；再历岁月，始得公序文二篇，诗十六章。皆清纯简逸，体格自成。譬若岭梅海鹤，尘土俱蜕，其真出于性情者乎，可以垂式矣。侯乃白于少参日岩顾公，公曰："是吾志也。发潜德之幽光者，其在兹乎？勿可失也。"时宪副聚庵谷公、郡守鸿洲龚公咸以为然，遂锓诸梓。

刘畿《跋》：辛亥之秋，畿承乏浙之瑞安。……未几，抵瑞邑，得拜公遗像于祠下，即博访其遗稿于里中。缘公遭赤族，而门人黄潮光者家复衰替，其稿湮没已久。访之逾年，仅得其诗文若干首于邑之弟子员。……畿遂承命录其稿，并传刻之邑斋。俾邑之士民诵公之言、考公之行者，时兴仰止之思焉。

恽敬云：瑞安林监州从炯，搜次《卓忠毅公遗稿》，并附各文及诗之伤忠毅者，为三卷刻之，而征辞于敬。——阳湖恽《书后》

参考资料：

刘球《卓忠贞传》。

万历《温州府志》十七。

嘉庆《瑞安县志》九。

乾隆《温州府志》二十七。

《明史·艺文志》四。

《千顷堂书目》十八。

《文瑞楼书目》三。

《孝慈堂书目》五。

恽敬《大云山房文稿》二集二。

64. 王瓛　《访书题断》，佚，《莲塘集》，佚。

孙案：王进士瓛，儒志先生九世孙，万历《温州府志·理学传》、雍正《浙江通志》、乾隆《永嘉县志·儒林传》并有传。

65. 孔克表　《通鉴纲目附释》，佚。

孙案：孔修撰克表，万历《温州府志·义行传》、乾隆《平阳县志·文苑传》并有传。

宋濂《序》：永嘉孔君克表殊切病焉。于是历考义例异同，凡朱子微意，先儒有未发者，及发之而未当者，皆备疏其纲之左。目中音义、事证及名物度数之属，亦不可不知，仍取史照、胡三省、王幼学三家，会萃群书而折衷之。通成若干卷，名曰《通鉴纲目附释》云。

孔君字正夫，克表其名也，宣圣五十五代孙。至正戊子进士，博通六籍而文又称之，士林咸推为巨擘云。——《銮坡续集》二

66. 黄淮　黄文简公《介庵集》十五卷，阙；《自省录》，佚；《省愆词》，未见；《省愆集》二卷，存。

孙案：介庵黄文简公淮，《明史》一百四十七、万历《温州府志·宦业传》、雍正《浙江通志》、乾隆《永嘉县志·名臣传》并有传。

杨荣云：公洪武间登进士，擢中书舍人。太宗皇帝入正大统，首选入翰林院为编修，累拜右春坊大学士，以职事被遣，居幽十余年。仁宗皇帝嗣立，即释复任，又累升今官少保、户部尚书、兼武英殿大学士。——宣德八年建安杨《序》

金幼孜云：公在洪武间，以名进士授中书舍人，太宗皇帝入正大统，首膺拔擢，由翰林编修历迁右春坊大学士。尝被命辅皇太子监国，朝夕左右，付托隆重。久之，以事去职，遂幽居十余载。仁宗皇帝自东宫嗣登宸极，思惟旧人，再拔用公，又累转今官。——临江金《序》

杨溥《叙》：今少保、户部尚书兼武英殿大学士永嘉黄公，洪武中由进士官禁近，太宗皇帝入正大统，擢居翰林，日侍左右。公以宏达有为之才，尽心殚虑以奉其职，大见信用，复俾兼宫僚。及车驾幸北京，皇太子监国，公以春坊大学士辅导，久之，以职务被系者若干年。时其尊府封少保公及母夫人皆在堂，公深自克责，念君亲之恩，惟图存庶报称于万一，乃托之诗歌以舒其抑悒憔悴之怀。

故凡风景之接乎目而感乎情者，皆发之于诗。久而成卷，名之曰《省愆集》。仁宗皇帝即位，首释公，复其官。未几，进位师保，人皆谓公忠孝之心无间于夷险，而卒获其报也。——南郡杨《序》

杨士奇《叙》：初，太宗皇帝将巡北京，召吏部尚书兼詹事蹇义、兵部尚书兼詹事金忠、右春坊大学士兼翰林侍读黄淮、左春坊左谕德兼翰林侍讲杨士奇，谕之曰："居守事重，今文臣中简留汝四人辅导监国。昔唐太宗简辅监国必付房玄龄，汝等宜识朕此意，敬共无怠。"四臣皆拜稽受命。其后凡下玺书谕几务，必四臣与闻。时仁宗皇帝在东宫，所以礼遇四臣甚厚。而支庶有留京邸潜志夺嫡者，日夜窥伺间隙，从而张虚驾妄，以为监国之过，又结嬖近助于内。赖上圣明，终不为惑。然为宫臣者胥懔懔脆跪，数见颂系，虽四臣不免，或浃旬，或累月，惟淮一滞十年，盖邹孟氏所谓"莫之致而至"者也。夫莫之致而至，君子何容心哉！亦反求诸己耳。此《省愆》之所以著志也。——《庐陵集》

《四库全书总目》：淮字宗豫，永嘉人。洪武丁丑进士，除中书舍人。燕王篡位，命入直文渊阁，陞翰林院编修。累进右春坊大学士，辅皇太子监国。为汉王高煦所谮，坐系诏狱十年。洪熙初复官，授武英殿大学士，累加少保，卒谥文简。事迹具《明史》本传。淮当革除之际，身事两朝，不免为白圭之玷。史又言淮性颇隘，同列有小过，辄以闻。解缙之死，淮有力焉。人品亦不甚醇。然通达治体，多所献替，其辅导仁宗，从容调护，尤为有功。虽以是被谤获罪，而赐环以后，复跻禁近。迨至引年归里，受三朝宠遇者又数十年。遭际之隆，几与三杨相埒。

孙案：文简诗文和平雅正，不愧王元美所谓台阁体者。惟取材稍隘，故其文数首以后，词旨每多重复，较之东里诸集盖稍亚焉。

板本：翰林院储明椠本。逊学斋藏影明写本，又明椠本。浙江汪启淑家藏本。

《浙江采集遗书总录》癸集上：《黄介庵集》六卷，《省愆集》二卷，右明户部尚书永嘉黄淮撰。有《介庵》《归田》《省愆》等集。《省愆集》者，成祖北征时留辅太孙，汉庶人中以蜚语，系诏狱十年，遂以名集。

孙案：黄文简《介庵集》，世间流传绝少。焦氏《国史经籍志》五、《明史·艺文志》四，所著录者并止《省愆》一集。朱锡畅、黄虞部广搜明代别集，而《明诗综》十七及《千顷堂书目》十八所纪《文简集》，并以《介庵集》《归田稿》并列，注：此本《明文衡》陈敬宗所作《墓志》，疑《介庵集》初刻止录《退直稿》，其《归田》《入觐》两稿本别为编，文简卒后，乃并之也。《通志》及府县《志》并同。知亦未见其书。同治辛未，余以应试入都，假得翰林院所储明刻小字本，验其册面印记，即乾隆三十八年浙江巡抚三宝所进汪启淑家藏本也。既移录其副，复精勘一过。

又案：《省愆集》二卷，皆文简永乐十二年闰九月，以汉王高煦潜，系狱十年，狱中所作诗文。……集中五言古诗颇饶古韵，余体则长短互见，盖身处忧患，抑抑无聊，借此以自排遣，本无意于求工。

参考资料：

陈敬宗作《墓志铭》。《明文衡》八十九

王世贞《艺苑卮言》五。

高儒《百川书志》。

朱竹垞《静志居诗话》。《明诗综》十七

郑晓《吾学编》。

周天锡《慎江诗类》。

《四库全书总目》一百七十五。

《千顷堂书目》十八。

《明史·艺文志》四。

67. 任道逊　《集云山樵文集》，佚；《云山樵语》，佚；《竹亭稿》，佚；《归田百咏》，佚；《雅鸣集》，佚；《匏翁家藏集》，佚.《坦然子集》，佚；《感兴诗》，佚。

孙案：任太常道逊，万历《温州府志·翰艺传》、雍正《浙江通志》、嘉庆《瑞安县志·文苑传》并有传。

68. 周旋　《畏庵集》十卷，存。

孙案：畏庵周庶子旋，万历《温州府志·宦业传》、雍正《浙江通志》、乾隆《永嘉县志·文苑传》并有传。

章纶《叙》：若温郡有王景山、周行己、刘安节、宋之才、许景衡、叶味道、章仕尧、史伯璿诸先生，皆得伊洛之学，复以道而寓诸文。戴述、张辉、张阐、陈鹏飞、王十朋、徐履、木待问、蒋叔似、蔡幼学、叶适，以至李孝光、孔克表、黄淮诸先生，皆得学术之醇，以诗文而本乎道。若今继黄之后，则周旋先生矣。

先生字中规，自少游郡庠，笃志于学，登名浙闱甲榜，礼部廷对第一，盖得乎道而发为文者。初授翰林修撰，升侍讲，兼左春坊左庶子。侍从宫廷，出入禁掞，或承诏出使，或承恩省祭，以及宴会饯送，游观赠别，皆形之咏歌，制为序记等文，悉皆典雅闲淡，适情遣兴，如行云流水，不暇雕琢而足以脍炙人口，矜式后学，盖皆出乎道而无愧乎前辈者，知道者之言也。

刘逊《叙》：永嘉周先生旋，字中规，明《书经》，登正统改元进士第一，累官左春坊左庶子。博览百家，锐志史业，尤工于诗文词赋，类成四十余卷。辞理纯雅，不事浮夸，自题曰《畏庵集》，盖畏庵，其别号也。景泰初，极言时政，多所建明，既而以疾卒于官。

《四库全书总目》：旋字中规，别号畏庵，永嘉人。正统丙辰进士第一，官至左春坊左庶子。

板本：成化壬寅刘逊刊本。

刘逊《叙》：成化庚子，逊奉命来官，得阅是集，玩辞探志，嘉慰实深。将欲板行，然以其不出亲书，未免鲁鱼之谬，而弗敢全录也。间因抽其不谬者，类为十卷，请少宗伯致政乐清章公序其首，赁工锓梓以传于世。

周应期《后叙》：先太史畏庵公集，原录四十卷，前令尹安成刘公简而刻矣，汰三存一，乡先生章恭毅公为《叙》其首。凡天人之奏对，宫陛之献纳，就友之赠贻，观览之哦咏具在矣。……惟是篇章善渤，认鸿乙而多疑；锓梓弗工，辨豕鱼而悉舛。是用亲为雠校，授之副墨，购良梓再刻焉。凡卷帙序次悉依其旧，不能访求遗帙，有所裨益，只厘葺其断误而已。

孙案：所著《畏庵集》稿本凡四十卷，成化庚子县令安成刘逊选录付梓。凡廷试策及表启一卷，赋一卷，诗三卷，杂文五卷，而附以挽诗、序及像赞，即今所传十卷本也。后崇祯间，裔孙应期又以刘本重刊，《后序》称"卷帙、序次悉依其旧，不能访求遗佚，有所裨益"。则原稿明末时已散佚。今以《东瓯续集》及《东瓯诗存》十八所录诗，与集本对校。

参考资料：

《明史·艺文志》四。

《国史经籍志》五。

《四库总目》一百七十九。

《千顷堂书目》十九。

雍正《浙江通志》二百四十九。

乾隆《永嘉县志》二十三。

69. 章纶　《章恭毅公奏议》，未见，《进思录》，未见，《恭毅文集》二十七卷，未见，《拙稿》，佚，《困志集》，未见。

孙案：章恭毅公纶，《明史》一百六十二、万历《温州府志·忠臣传》、雍正《浙江通志》、道光《乐清县志·名臣传》并有传。

张诩《叙》：公在景泰初为仪制郎中，即抗疏论太平致治十六事，次论御戎、次论钞法、次论幸寺、次论恤民、次论时政、次论朝贡、次论科举，最后论修德。方在一司，秩五品，非秉钧轴当言路也。五岁中，疏入者八九，皆国家大计，言人所不能言者也。……疏一上，举世韪之，而公坐是得祸矣。首尾困缧绁七年，考讯无完肤，继受大杖一百，濒死者亦屡矣。我英宗皇帝复辟之初，首释公。是夜索公疏读之，猝不可得，随闻之内侍口诵，以手击节叹曰："好臣子！"明日擢公礼部左侍郎，盖简在帝心久矣。……惜乎公以公辅之器而沉于下僚，后虽任以卿佐，寻改南都，未衰乞骸去矣。

其素所蕴蓄，容有未究其用者，故往往于文章焉发之。平生所为诗文甚富，虽一时应酬之作，亦皆本于性道节义，该乎人伦物理，不为无益之空谈。故虽不屑屑求中于文士诗人之矩度，而精诚贯金石，光焰夺星斗，非有本者能如是耶？

公薨之二十二年，冢嗣方伯玄应始编次成集，凡二十有七卷，诗文若干首，刻梓以传，属诩序其端。

公名纶，字大经，浙之乐清人。有《年谱》《奏议》《进思录》《困志集》，已梓行于世矣。

参考资料：

《瓯秉补》十七。

《天一阁书目》。

《千顷堂书目》十九。

《续通考》一百八十三。

70. 朱谏　《宋史辨疑》，佚；《荡南集》四卷，存；《李诗选注》十三卷，存；《李诗辩疑》二卷，存；《雅山志》四卷，未见；《诗评》，佚；《学庸图说》，佚。

孙案：荡南朱知府谏，万历《温州府志·宦业传》、雍正《浙江通志》、道光《乐清县志·循吏传》并有传。

诸大绶云：最后观王君所传先生事，始知先生为人，自少即负颖特资，复出俗表。中岁官郎署，翱翔五马，可谓贵显矣。仕稍不得意，辄弃去，恣情林壑，兴来则尽日忘返。所至携笺筒自随，遇有索篇什为赠者，即累牍弗厌。其所咏题，迨遍乎越中矣。

叶正阳《跋》：谨案，先生讳谏，字君佐，家雁荡南之瑶川，故自号曰"荡南"。前明弘治丙辰进士，出守赣，迁吉安，有政声。侯二谷方伯为立传。注李青莲诗及诗评，《学庸图说》《宋史辨疑》等书，载《两浙名贤录》与省、府志。至《荡南诗集》凡四卷，为之序者有诸大绶，外如朱竹垞《明诗综》引俞汝成语："君佐诗多自得之趣，不规规于声调格律。"《静志居诗话》："荡南近体，足自名家。"然则先生之诗，前人论之详已，阳何敢复赘一词。

孙案：侯二谷谓"荡南诗宗李"，见《二谷山人近稿》五《朱孝子传》朱竹垞亦谓"其近体足自名家"。今以此集核之，其古诗之多，几居全集之半，五言寄托遥深，迥殊浮响，七言亦极踔厉纵横之致。虽间伤粗犷，要为瑜多于瑕，盖匪仅以近体擅长矣。

又案：荡南《李诗选注》，笺释文义，大抵以杨齐贤、萧士赟《分类补注》为蓝本，而删其词意浅俗，不类白作，及虽系白作而出于不经意者。以其不全录原本，故名《选注》。其注征引故实，兼及意旨，详简得中，颇便省览。惟每篇必傅以六艺，则未脱宋以来讲学家说诗窠臼。其考释亦间有疏漏，……然其纠正旧注者，亦复不少。……其辨证亦不为无功，固足与杨、萧注同行也。《辨疑》二卷，录《选注》所删诗二百十六篇，以为多他人作羼入李集，每篇皆略摘其疵颣以明其删削之旨。……其鉴别亦尚精审。其他……亦非尽出创论。然篇数既多，评议不必尽当。且好断某诗为李益作，某诗为李赤作，专辄之弊亦不能免，读李诗者分别观之可耳。

板本：《荡南集》乐清朱氏摆印本。《李诗选注》逊学斋藏明刊本。《李诗辨疑》逊学斋藏明刊本。

孙案：洪觉山《李诗选注叙》谓荡南诗有别刻，则明时已有刻本，然今未见。余家所藏者，道光癸巳，其裔孙世翰等摆印之本，凡四卷，与《千顷堂书目》所载一卷者不同。然此本凡二厚册，必非一卷所能赅，疑黄氏所见乃初刻选本，此本乃荡南卒后诸子编定之帙。……盖此本卷数虽较黄目所载为多，亦仍非足本也。

《李诗选注》逊学斋藏明刊本，《李诗辩疑》附于卷末。

王心《叙》：荡南先生既罢吉安之守，致政家居，放意山水，多所吟赏。考论古今诗人，为《李诗选注》十三卷，《辨疑》二卷。将终之日，厥子仕都下，乃躬手封识，遗教俾守掌焉，盖平生所注意在此也。先生姓朱，讳谏，字君佐，居雁荡山之南，号荡南。厥子名守宣，别号灵谷。灵谷先生闻父丧，奔回奉书号陨，日思所以阐幽继志，经纪弗遑。及嘉靖乙巳，出守郴州，积俸阅岁，召工镌梨。既成，为丙子之夏，心以罪谪适至，请得遍读之，乃为之序。明嘉靖乙巳。

洪垣《叙》：先生诗有别刻，今从子瑶山公携是卷刻于郡斋，郡大夫旸谷崔公、兰窗党公、鹏海郭公三先生复爱而校之，其亦宗工缘真立教之意。明隆庆壬申。

孙案：此书明刊本，首载王心《叙》，作于嘉靖丙午，云"荡南子守宣刻于郴州"。又载洪垣《叙》，作于隆庆壬申，则云"荡南从子守行刻于徽州郡斋"。洪《叙》称荡南从子瑶山公，即守行别号也。隆庆壬申去嘉靖丙午二十六年，盖荡南卒后守宣始以稿本刊行，守行又依初刻复梓。今所见本，每卷有"徽州府知府崔孔昕重校"一行，又有"同知党馨、通判朱守行、推官郭宗磐同校"三行，是其证也。明本第十三卷末叶，又有"侄守探、外甥周澜清同书"一行，时识于此。

71. 张孚敬　《太师张文忠公集》十九卷，存；《敕谕录》，存；《瑜对录》，存；《奏对稿》，未见；《张文忠公奏议》，未见；《张文忠诗集》，未见；《罗山全集》，未见；《宝纶楼和御制诗》，未见；《温州府志》，未见；《大礼要略》，未见；《〈金縢〉辨疑》，佚；《〈礼记〉章句》，未见；《钦明大狱录》，存；《杜诗训解》，佚；《乘舆冕服图说》，未见；《玄端冠服图说》，未见；《保和冠服图说》，未见；《忠靖冠服图说》，未见；《郊祀考议》，未见；《正先师孔子祀典集议》，未见；《灵雪编》，未见。

孙案：罗山张文忠公孚敬，《明史》一百九十六目标张璁、万历《温州府志·宦业传》、雍正《浙江通志·名臣传》、乾隆《永嘉县志·仕绩传》并有传。

《自序》云：孚敬自少业举子时，即好读《礼经》，第观旧说，多所未安，思欲厘正之而有所未暇。弘治戊午，以《诗经》中省试，乃筑罗峰书院于五都瑶溪山中，集徒讲学，始取而章句之。正德庚寅，中礼部试。辛巳上登极，赐进士。……岁乙未，以疾乞归。未几，朝使复促，因付儿逊业辈校梓，藏于敕建宝纶楼中，以质诸博古君子。

李维桢云：世宗践祚，永嘉张文忠公以留曹郎言大礼，称上意，向后言听计从。不数年入阁，位首揆，官少师，三四出入，生而尊宠，殁而赠恤，非诸臣新

敢望。——京山李《序》

徐栻云：维时太师张文忠公翌神明之孝思，躬格众之旷览，建白典礼，睿志允谐。成进士六年而登枢辅，拥摄风云，托契鱼水，明兴一人而已。嘉靖初，一切创罢表章，轶往宪来，虽宸断天启，而筹帷造膝，实公翊赞其间，具在公奏疏中。余尝反复读之，彼其以孤踪抗群咮，发明伦之伟辩，扩不匮之大孝，其功卓矣。然且上酌褒崇，不党谀于入庙之请；下理忤逐，乞旷恩于异己之俦。论救首揆杨公，至再益力，竟能霁天威以全宽假。论脱侯延龄之族罪，宁批鳞触怒，而不忍世庙伤昭圣之心，此岂庸庸者有哉！盖其矫矫谔谔，气足以发其辩，而剀然动于忠笃诚恳之思，则有独至者。所以结主知而光圣德，弼成嘉靖初元之治也。逮其清操峻节，屹然砥柱，莹然冰雪，世纷外慕，举不足以动其中，殆超立于埃壒表矣。——姑苏徐《序》

杨鹤云：永嘉张文忠公遇主甚奇，成进士六年而拜相甚速。旋去旋召，进公孤赐更名、赐银印记、赐游南城西苑、赐手调药、赐居第楼院诸额，非出宸翰，则出献皇帝御书。其前后宠赍，于廷臣无两。皆谓公以大礼一事中上意而骤贵，而实非也。…… 公教授瑶溪，精于《三礼》，读书长啸，以山中宰相自负。一旦遇时遭会，能理夺明主之心，而以辨才杜三事大夫之口，众目睽睽，谈笑自若，即使不言大礼，其议论之快心，精神之透骨，世谁得而抹杀之？所谓豪士如玉山，千人亦见，万人亦见矣。初，公抗议时，桂公萼、方公献夫、夏公言、霍公韬不过缘饰公说以就功名。而舍大礼外，如农蚕有议，祭服有议，礼器有议，乐舞有议，郊社之分合，日月之配享，孔子之易王而师，易像而主，诸君子能创一言否？试之少司马，汰边方之债帅，裁冒滥之冗官；试之总宪，决大诬之冤狱，弹不职之属吏；试之内阁，革镇守之宦官，平潞州之剧盗，定大同之叛军，诸君子又能创一言否？上禁中不时出片纸，敕小黄门立索回奏，非势切疾雷，则几难终日，公援笔随答，克期取办。同官不及谋，外曹不及闻，古典不及考，西分阴寸晷之间，如宿构于平时，咄嗟于俄顷者。宰相须用读书人，公之谓矣。——楚人杨《序》

邱应和云：公初登用于正德之季，时年已五十矣。肃皇帝以茂龄由藩邸入登宝位，继嗣继统之议未定，新主尚少，旧臣恃恩，往往执刊定之成礼以胶父子兄弟之辙，主心不能无孤。公虽新进，宿学老成，能据礼援经以与之衡，而关三事大夫之口。天子倚之，自是遂复用公。……故凡上欲有所为而未就，或有所疑而未决，辄下手礼，非时遣小黄门赍以问公，立索回奏；而公援笔随应。如议农蚕、议郊祀日月、议礼器乐舞、先师庙号之类，事无巨细，制无丰约，必俟公商榷而后定，而公遂发舒其所为文如此也。——温陵邱《序》

李思诚云：今之知公者，遇主奇耳，结主深耳。而不知其首倡大伦，力排群喙，张胆明目，不独置身荣辱外，置身是非外，而始成其为公也。盖当大礼创议，新都而下，攘臂相角，文襄诸公，后劲未起，公挺只身，掉寸舌，缕缕乎，缅缅乎，随驳随应，玄黄其战。使少慑众寡之形，色沮气夺而退一步地，几无处所矣。故曰置身荣辱外也。且其时争者皆老臣名流，排闼叩阍，在彼为批鳞，在此为承颐，倘顾惜小嫌而身名难徇，不将呼吸而是非乱耶！公之言曰："大孝明于天下后世，臣死不憾。"究之明伦典成，至今虽不没诸公之戆，而终不能易公之是，故曰置身是非外也。——广陵李《序》

《四库全书总目》：孚敬以议礼得君，故其著述强半皆考礼之词。不惟议兴献王礼，而且议郊祀礼，议孔庙礼；不推撰明伦大典，而且撰《〈礼记〉章句》。自谓有明一主持礼教之人。其间所论未必百无一当，然穿凿附会以迁就时局者比比然也。

张汝纪云：盖先太师生平深于经学，故其所论著，皆军国大议，宗社至计，足以扶植纲常而维挽世道，至若藻悦辞华之文，非所屑也，故亦不甚存录。——张《跋》

孙案：文忠以议礼得君，其相业功过盖不相掩。此集奏议自大礼诸疏外，若救张延龄、议大同兵变诸疏，皆关涉当时大政，足与史传互证。惟诗文多率意抒写，不甚擅场。汝经等编辑务盈卷帙，尤漫无抉择，一卷之中，前后重复，皆非文忠意也。

又案：文忠在嘉靖初以议礼骤贵，一时宠遇无与比伦，自大礼、大狱外，凡军国大事以至郊祀、冠服、制度之更定，无不与议。其谕旨、奏札悉载此录《谕对录》。故虽私家之书，而世宗初政大略十具七八，与《敕谕录》侈陈恩眷者固是不同，……则此《录》亦读史者所宜参核矣。

又案：《张文忠集·奏进大狱录疏》称"刊印千七百部"，又请令内外各衙门翻刻颁行。《明史·世宗纪》亦称"嘉靖六年颁此书于天下"，然世间传本绝少，近时储藏家惟范氏《天一阁书目》二尚有著录，兵燹后亦不知存佚。余家藏本，从仪征刘恭父副贡寿曾所弆明写本景录，亦罕觏之秘籍也。

又案：盖文忠之学长于论辩而疏于考证，志乘虽卑，要亦具体正史，非擅三长，不副兹选，未可任意刊削，自矜简要也。

板本：万历甲寅明刊本。逊学斋藏明刊本。道光辛丑永嘉张氏刊本。浙江巡抚采进本。

孙案：《张文忠集》，其孙汝纲、汝纪、汝经等所编。凡《奏疏》八卷，《文稿》六卷,《诗稿》四卷,《诗稿续》一卷。首有小像及御赞诗《国史》本传。其《奏疏》初刻单行本七卷，此增嘉请十年致仕以后所上疏及张逊业疏三篇，别为一卷。《诗》初刻本三卷，此补辑为四卷，又拾所遗为《续》一卷。其《文稿》向无刊本，稿藏贞义书院，又毁于倭寇，此本乃汝纲等所辑，盖不无散佚矣。

又案：是集别有道光辛丑裔孙一慎刊本，即以全集内《文稿》六卷录出单刊。后附《葩经全旨》三十章，乃以骈俪之文檃栝《诗经》篇名者，前有小引云"奉敕所撰"。然明刻《全集》未收，文亦浅陋，疑一慎等据家牒增入，其真伪盖不可考。今附识于此，不复分著其目也。

又案：同治乙丑，于杭州购得《敕谕录》宝纶阁原刻本，实分上下二卷。

又案：《奏对稿》其书明刻本尚有流传，余斋偶无其书，俟更访之。

参考资料：

《明史·艺文志》。

《国史经籍志》。

《千顷堂书目》。

《经义考》。

《授经图》。

万历《温州府志》十七。

《四库全书总目》百七十六。

《文端楼书目》九。

梁章钜《浪迹续谈》五。

《天一阁书目》四之二。

乾隆《永嘉县志》二十三。

乾隆《温州府志》二十七。

72. 王叔果　《半山藏稿》二十卷，未见；《永嘉县志》，未见；《旸湖小志》，佚；《京营记》，佚。

孙案：西华王副使叔果，万历《温州府志·理学传》、雍正《浙江通志》、乾隆《永嘉县志·儒林传》并有传。

汤宾尹云：先生连代为贵人，世其学，登第四十年，居官仅八岁。退而老于半山故所读书处，疏食布衣，吟诵不废若诸生。先生之取于世，盖多所不尽之思也。——汤《序》

子光蕴云：先中宪公潜心嗜学，不以寝食废。林居长年，日惟研析经传，旁及诸史，简端札记，类以赫蹄，积积累帙矣。所为诗若文，出于酬应纪遇，投稿箧中，未集也。……

公家食时，尝读书半山。迨归老，日从宴憩，益聚精游神于兹山也。集成，将归之山中藏室，因题曰《半山藏稿》。——子光蕴《跋》

茅坤云：余同年广东观察王公德，数称"从兄西华并旸谷，风神藻雅，当于晋之王逸少、唐之白香山，无以异者"，余窃向往之，数获缔交云。已而西华先生没，其子宁国使君光蕴遣使函先生诗文稿二十卷属余序。——茅《序》

汤宾尹云：郡大夫王君，刻其尊人西华先生藏集于衙斋，余得以观焉。所为诗若文，大要惟灵发之，严于矩尺，绝无虚华荡肆之态。——汤《序》

附：王光蕴　编万历《温州府志》，存；《永嘉县志》，未见；《江心志》，未见；《太玉洞斋近草》十卷，佚。

孙案：王郡丞光蕴，乾隆《温州府志·循吏传》、乾隆《永嘉县志·仕绩传》并有传。

又案：季宣为西华副使子，家学渊源，世传文誉。故此书体裁尚为渊雅。

此《志》所记宋以前旧闻佚事尤多有根据，不似流俗地志凭虚臆造，不可究诘。年代浸远，传播绝稀，印帙偶存，诚吾乡之宝笈也。

李维桢云：西华公卒，公哀之，毁，庐墓不忍归。……于书涉猎极博，诗宗盛唐大历，文则韩、欧及本朝晋江、江北、毗陵诸公。所著《太玉洞斋近草》十卷，藏于家。——《大泌山房集》一百零四《宁国郡丞王公墓表》

又云：公所辑《永嘉县志》《温州府志》，有良史才，《县志》则继西华公成者。——《大泌山房集》一百另四《王公墓表》

《自叙》：总之，遹追先献，而慨于世法。征之见闻，而副在掌故。勉卒业乎父书，亦徼灵于山川也欤！然蕴不能无惧焉。

参考资料：

《明史·艺文志》四。

《千顷堂书目》二十四。

大泌山房集》一百零四。

73. 王叔杲　《玉介园存稿》二十卷，阙；《三吴水利考》，未见；《旸湖小志》，佚。

自叙云：余弱龄好吟，甫弱冠，与兄侄辈读书山中，故多山中之作。时方治经生业，惟对景适兴，不暇求工也。及壮游金陵，与一时作者相赓咏，始稍稍属意，故稿中惟金陵诸作稍可观。既滥仕籍，宰邑治郡，日与俗吏相对，则又悉置去矣。间于游览、答赠，辄复一作，积数十年，所存诗文稿成数帙。治兵吴中时，王长公元善为序之，欲余付梓。余恐贻笑大方，收之一箧，置于室中。甲午除夕，值回禄，仓皇不及持出，悉付煨烬。一仆少掌书记，间以所草诗稿蓄之家，偶检得之，儿辈复纂写成帙，仅存十之二三。曩余守魏博时，与南乐魏氏诸昆投文字知，今长君中丞抚晋阳，以所刻诗草并仲子诗见寄，且索余遗稿。曰："子云《太玄》可能付侯芭否？"余重违中丞雅意，命儿辈录寄览之，仅可覆酱瓿耳。万历丙申秋日，旸湖八十老翁叔杲书。

李化龙云：吾师旸谷王公……自幼时举于乡，即刻意词赋，不上南宫。既久之，乃成进士，为夏官郎，二千石，历外台，参行省。一日致其仕而去，啸咏于水石花竹之间，意恬如也。余少为诸生，以举子业从公天雄郡斋，见其一日之间，三时酬应，三时宴闲，每坐晚香堂中，莳菊浇竹，啸傲其旁。或引三五童冠，授经讲业，一咏一觞，萧然自远以为常。既迁去，不久竟挂冠归。由是观之，公之用情，固自加常人一等矣。

今观其诗，长言短韵殊其体，行役林居殊其时。乃清旷闲适，脱然于埃壒之外，泻道要而抒性真，比于彭泽、苏州，有过之无不及也。

于今徜徉林壑，行年八十，犹有婴儿之色，具三立，备五福，有古今词人所不敢望者，何论陶、韦！乃益知公之所为，不朽大矣。

公有文若干卷，渊源理学，高雅如其诗，并集之，题曰《玉介园存稿》。同门魏懋忠氏属余校刻，辄为识其大都如此。——李《序》

板本：永嘉王氏录本。

男光美云：万历岁，不肖孤美惧其久而逸也，乃次为集。诗以岁编；文曰叙、曰记、曰传、曰尺牍、曰志铭诔辞、曰杂著类，凡若干卷。往乞弇山王先生为之序，因请公，欲锓之。公笑曰："是予敝帚，无足当作者，盍已诸？"寻不戒，尽付煨烬。越六年，公春秋八十有四矣。不肖复从掌记检收遗稿，得十之四五，复请于公，公首颔曰："无已，则付之梓人，以藏家塾可耳。"辑未成而公遘疾捐馆宾客。於乎，痛忍言哉！

参考资料：

《绛云楼书目》。

《千顷堂书目》二十二、二十四。

《明史·艺文志》四。

74. 林增志　《玉署初编》，佚。

孙案：法幢林詹事增志，乾隆《温州府志》、嘉庆《瑞安县志·循吏传》并有传。

又案：法幢为林詹事增志法号。

参考资料：

嘉庆《瑞安县志》九。

75. 李维樾　《督漕行草》，佚；《纪录荐牍》，佚；《独峰唱和》，佚；《谏园奏议》，佚；《江浦县志》十二卷，未见；《格言集要》，佚；《掖园封事》，佚；《瑞凤堂讲录》，佚；《折冲纪述》，佚。

孙案：素园李给谏维樾，雍正《浙江通志·武功传》、乾隆《温州府志》、嘉庆《瑞安县志·循吏传》并有传。

姚鼐云：李维樾，浙江瑞安人。崇祯间任江浦令，捍御流寇，著有成绩，劝输赈荒，德政在民。重修县志，最为严简，足称良吏，祀忠烈祠。——《江宁府志》二十七

76. 姜立纲　《东溪书法》，存；《楷法大成》存。

文征明《跋》：右书法者，乃太仆寺卿姜立纲先生之笔也。观其点划形体，端庄严肃，士大夫品其有正人君子立朝之象，噫，岂虚誉哉？后之君子，即此是

学，因其笔而得其心法，其心正则笔正，如正人君子，则其为益不小矣，岂特为六艺之一而已哉！

　　孙案：东溪姜少卿立纲，万历《温州府志·翰艺传》、嘉庆《瑞安县志·文苑传》并有传。

　　今所见《书法》一卷，题曰"永嘉姜立纲著"，盖即《千顷堂书目》所载《东溪书法》也。余所见墨本，末有"文苑堂勒石"五字，不知何时所刻。书首列永字图、八法八病六书图，大抵临池常语，无所考证。

77. 何白　《汲古堂集》二十八卷，存；《续集》，阙；《鄞诗嫡派》，未见；《山雨阁诗》，未见；《榆中草》，未见；《雁山十景记》，存。

　　孙案：丹邱何处士白，雍正《浙江通志·隐逸传》、乾隆《温州府志》、道光《乐清县志·文苑传》并有传。

　　陈继儒云：先生雅好奇游，尝赋两京，溯三楚；高阳池畔，天柱峰头；流杯尚旋，题名未藓。已而入潼关，搜访秦宫汉阙。复从大军出猎沙碛中，眼闪电光，弓鸣霹雳；拥紫貂裘，啖葡萄酒；醉草军书露布数十通。名王解辫于前，小队拥歌于后，洵豪举矣。归而偃息于东渚之上，草堂花屿，映带林坰。宵竹镶而月淡，晓松沉而雾黄。笙发子晋之台，丹留宏景之窟。芙蓉负宸，雁瀑跳珠。不以篱落据之，井灶投之；则以胜情胜具收之，异人异具享之。将迎既谢，简傲日休。鹏运殊劳，龙卧乃适。收视听于亡羊之境，韬锋镝于逐鹿之场。屋住两头，榻穿双膝。笺仲长《乐志论》，咏谢朓惊人诗。精丽沉雄，迥绝时辈。昔何万伦养志衡门，专以著述为业；何子平敦厉名行，暗室如接大宾。小山兄弟，都无宦情；通夫衣冠，悉复古制。方之无咎，非特荫映东瓯，抑亦总持先觉。玄根难朽，英彩群飞。可谓竹树绕钟球之音，猨鹤披鹓鸾之色矣。

　　惟无咎早年悟道，故晚岁得遂沉冥。燕语莺啼，无非谈道；蠕言蠢动，即是教儿。传家积等身之书，垂世有副山之草。日与孝廉君父子相师，文行相砥，皆王、谢后不死人也。——陈《序》

　　王锡瓒云：我瓯诗学，盛于南宋，四灵杰出，于范、陆、尤、杨外别竖一帜。今读《清苑斋》《芳兰轩》《苇碧轩》《二薇亭》诸诗抄，寥寥尔。讵当时惜墨如金，以少许胜人多许耶？抑去古远，风雨蚀之，兵燹残之，第留此吉光片羽耶？——王《序》

孙案：其诗才华富丽，而尚无摹拟肤廓之弊。且其生平游迹遍天下，所与酬酢，如王世贞、胡应麟、梅鼎祚、俞安期、王稚登诸人，多一时胜流。晚年归隐梅屿，以诗酒终老，故其意境超旷，亦无明季山人猥龊之习。

板本：逊学斋藏明刊本。乾隆癸未永嘉高氏刊本。道光永嘉重印本。《续集》乐清董氏藏抄本。

高朝选云：何无咎先生《汲古集》二十八卷，梓行甚久，据陈眉公简云"《汲古》出自手选"，则此集为先生自定无疑。而李本宁所序《山雨阁诗》，原刻今已无传，意必并入此集矣。第流传未广，板已浸漶不全；先君子嗜学古先，尝欲重刻而未暇也。方今圣天子追赓歌喜起之盛，以诗教广励学官，一时扬扢风雅者开文选之楼，虑无不家玉海而户珠林。选踪伏衡茅，无能为役。窃以为维桑维梓，必恭敬止。先生擅名隆、万间，观其《与王伯度书》，则其生平宗趣可知。乃遗集具在，使听其日就湮没，诚学者之耻也。顾及今不广其传，则亦与前所称四百余集者等。因捐资重付梨枣，自癸未仲春迄甲申孟夏而告竣。匪敢自功，抑以承先志耳。——高《跋》

参考资料：

《列朝诗集》丁集十五。

《千顷堂书目》二十六。

李维桢《大沁山房集》十三、廿四。

咸丰《乐清县志》八。

乾隆《温州府志》二十七。

道光《乐清县志》十一。

汤成烈《缙云文征》十四。

78. 谢天埏　《谢坦斋集》，存。

孙案：坦斋谢知县天埏，武阳知县包京孙。乾隆《温州府志·循吏传》、乾隆《永嘉县志·仕绩传》并有传。

家大人孙衣言《跋》：先生名天埏，字亦潜，永嘉人。康熙庚辰进士，官终河南杞令，武阳令包京之孙也。《郡志·循吏传》称天埏"为文如行云流水"，而不言其有《坦斋集》。……予顷以搜采乡先辈书，徐君茞生从其友张君阆仙处得此本。集中文多近俗，诗亦未为深诣，而冲和真朴处乃有似元次山、白乐天者，《志》

所谓行云流水，殆指其诗而言欤？

《两雁集》《自怡集》今皆未得见，仅于徐君得见此本，亦残蠹损矣。因为择其雅洁可诵者别为一编，录而存之。

板本：永嘉谢氏藏抄本。

79. 张元彪　《燕吟》，存；《吴吟》，存；《粤吟》，存；《瓯吟》，存；《哀思百鸟吟》，存。

孙案：张海康元彪，乾隆《温州府志·循吏传》、乾隆《永嘉县志·仕绩传》并有传。

家大人孙衣言《跋张虎文父子诗集后》：《松涛阁诗》曰《瓯吟》《吴吟》《燕吟》《粤吟》《哀思百鸟吟》者凡五种，永嘉张元彪虎文著。《柿园诗》二册，不分卷数，则虎文子正宰所为也。虎文诗有张芸墅、王西庄、侯夷门诸《序》《跋》，而正宰诗，钱塘袁简斋为之论定，皆有推许语。盖虎文父子，当时固以能诗名者矣。

张氏，永嘉望族，而虎文世居郡城松台里。虎文为雍正己酉拔贡，子正宰副贡、正寯拔贡，盖百年以来永嘉人士能以读书科第世其家者，甚可慕也。同治丁卯二月。

80.（清）姜准　《岐海琐谭集》，存；《海族谱》，佚；《东嘉书目考》，佚；《东嘉教职世表》，佚；《东嘉科第年表》，未见；《东嘉诸科年表》，未见；《东嘉人物志》，佚。

孙案：姜平仲《岐海琐谭集》，从永嘉张氏藏本传录，前后无序跋，专记温州一郡宋、元、明三朝文献。其曰岐海者，取《山海经·海内南经》"瓯居海中"郭璞注语也。所录佚文旧事凡五百余条，采摭颇为繁富。其所引宋、元、明古籍，若《永嘉谱》之类，多今所未见之书。至于有明一代，见闻既近，抒述尤详。惟喜谈神怪，间涉猥俗，文笔冗拙，亦其一疵。其采自他书者，于出处或注或否，体例亦为未纯。然当文献散缺之余，得此一编以补亡校异，就一郡而言，亦可谓考证之渊概矣。

板本：永嘉张氏藏手稿本。逊学斋藏抄本。

81. 孙希旦　《尚书顾命解》，存；《礼记集解》，存；《求放心斋诗文集》三十卷，佚。

孙案：敬轩孙编修希旦，嘉庆《瑞安县志·儒林传》有传。子涑《敬轩府君行述》：所著《文集》约三十卷。

孙衣言《敬轩先生行状》云：著有《求放心斋诗文集》若干卷。而诗尤清远，有王维、孟浩然之风。今他文多散轶，而诗特为世所传诵。

孙锵鸣云：先生《三礼》之学，通之诸经而无弗协也。刻《礼记集解》成，遂以此卷附于后以广其传。——《尚书顾命解叙》

孙案：家敬轩先生，当乾隆初，经学大师提倡未盛，先生独辟涂径，研精《三礼》，博考精思，于《礼经》制度参互研核，致多心得。其释《戴记》，兼综汉、唐、宋诸儒及近代顾炎武、戴震之说，择善而从，无所偏主。校正经文，……若此之类，并贯穿经文，推玩得之，不为意必之说。其余记文关涉《仪礼》《周官》两经者，皆一一疏释其义，注义简奥。孔、贾两《疏》述郑，或有违盭，亦为疏通证明。其学求之近代，当与张稷若、江慎修相颉颃。……原稿本五十卷，仲父止庵先生校刊时析为六十一卷，今以五十卷著于录，从其朔也。

又案：亭林命世大儒，编修《礼》学亦为吾乡之冠，然知者千虑，不无一失，故辄陈诤论，窃附康成赞辨二郑元义焉。——《尚书顾命解》

板本：瑞安孙氏录本。《礼记集解》家仲父孙锵鸣校刊本。

孙锵鸣云：我家敬轩先生，乾隆戊戌廷对以第三人及第。为学一宗程、朱，研精覃思，于书无所不窥。旁涉天官、地舆、钟律、历算，而致力于《三礼》尤深，著《礼记集解》六十一卷。余舅雁湖、几山两先生屡谋锓板而未果。咸丰癸丑，某自粤右归，被朝旨治团于乡，从其曾孙裕昆发箧出之，则累然巨编。首十卷，几山先生所精校，录藏其副。余则朱墨杂糅，涂乙纷纠。盖稿虽屡易，而增改尚多。其间翦纸黏缀，岁久脱落，往往而是。乃索先生所治《三礼》注疏本及卫氏《集说》于裕昆所，皆逐字逐句，丹黄已遍，雠勘驳正之说札记于简端者几满，遂为之参互考订，逾岁而清。本定庚申六月开雕，中更寇乱，迄同治戊辰三月始成。集赀鸠工，藉同人之力为多。

先生易簀时，年未逾五十，于是书已五易稿。於乎，功亦勤矣。——孙《序》

项琪云：吾乡孙敬轩先生，精《三礼》学，著有《礼记集解》六十一卷，藏于家。道光癸巳、甲午间，先伯父雁湖府君与二三同志谋锓板，命先严几山府君先事校勘，才毕十卷，而两府君先后捐馆。咸丰初年，先生族子琴西、蕖田昆仲，于琪为中表兄弟，深惧先业之湮，悉心厘定，集赀开雕，功甫及半，旋遭兵燹，板复毁其五六。今幸掇拾散亡，力完是书。琪亦得与校刊之役，幸藉手以竟先人未卒之志。——项《跋》

孙衣言云：先生于诸经尤深于《三礼》，辛卯以后，始专治《小戴注》。说有未当，辄以己意为之诂释，谓之注疏驳误。己亥居忧，主中山书院，乃益取宋、元以来诸家之书，推广其说，为《集解》五十卷。——孙《行状》

参考资料：

嘉庆《瑞安县志》九。

孙衣言《敬轩行状》。

子涑《敬轩府君行述》。

项琪作《跋》。

《大云山房文稿初集》二。

82. 林培厚　《宝香山馆集》十九卷，存。

潘世恩云：曩予按试浙东西，遍览山川名胜之区，东瓯之雁荡甲于浙东诸山，瑞安之宝香山又奄有东瓯之胜。夫宝香视雁荡，卷石耳，然其崛起平地，双峰峭立，东环小浦，南临平野，面江背郭，亦巨观也。双峰之间有寺，吾友林敏斋曾读书其中，遂以宝香山馆名其集焉。

敏斋为余甲子典试所得士，自为诸生，即以博学多识闻于时。戊辰入词垣，馆课诗赋以及经进文字一时传诵。分校春秋闱各一，所得尽知名士。以京察一等出守重庆，再守天津，分巡大顺广，督粮湖北，所至不滥刑，不妄取，不留牍，爱士恤民，颂声交作。至于禁匪治盗，赈灾浚渠，河工之险要，漕运之机宜，凡关国计民生，洒洒数千言，上书大府，下令属吏，立可兴利而除弊，故屡以举最彻宸聪，上方向用殷殷。遽卒于通州舟次，不得竟其施，命矣夫！——吴县潘《序》

陈官俊云：余与敏斋林公为戊辰同年友，又同官词林，又同寓宣武门外之椿树头条胡同，东西相去约百余步，朝夕过从，得时以诗文相质，兼有陈云伯、端木子彝诸名流数来公寓，饮酒赋诗，各标新异。有时酒酣耳热，谈议风生，公独据事证理，归繁缛于正当，盖中有真得，故辞无枝叶也。及出守巴渝，本文章为经济用政之要，一以爱民为先务。其观察大名也，务除暴以安良；其督运荆襄也，劣汰弊以恤丁。精详周密，无微不至，而总以实意流贯于其间，故民无不爱，军无不感。方冀享遐龄，抒伟略，为国家造无穷之福，乃天不假年，不克竟其用。呜呼，惜哉！——陈《序》

冯芝云：敏斋先生，予戊辰同年，同入词馆，即以根底相切磨，不屑于镂月裁云，俪青配紫也。然敏斋才长性挚，所作诗古文词，皆有真气贯注于其间。及为郡守，为观察，又能不负所学，一一见诸行政，方之古人，讵肯多让。乃未竟其用，赍志以殁，天下莫不惜之，不独予嗒然若丧也。——冯《序》

张履云：公讳培厚，字辉山，一字敏斋。先世自闽迁浙江温州之瑞安。博览工文，嘉庆九年举于乡，十三年成进士，改翰林院庶吉士，明年授编修，历充国史馆纂修、文颖馆治河方略提调、文渊阁校理。二十一年，补四川重庆府知府。……在蜀三年，丁太恭人忧回籍。道光三年服阕，补天津府知府。……明年，授湖北督粮道，以将漕最得旨优叙。十年夏，督运抵通州，引疾乞休，甫奉温旨，回籍调理，遽卒于行馆，年六十有七。——张《序》

板本：瑞安林氏家藏抄本。

沈祖懋云：林君若衣哀辑其先祖敏斋先生诗文遗集，将授梓，而问序于余。受而读之，博大沈雄，卓然先辈典型，后学何足以赞一词？而于若衣之刊行是集，因不能无感焉。

若衣以名诸生，屈志少尹一官，其权祁阊令篆也，方有寇警，军书旁午，日不暇给，犹能惓惓于先人之著述手泽，而欲传其所可传。然则祖父之乐有贤子孙，固不在官之通显也。

集中零章断句，悉载靡遗，既足见搜讨之勤。间有脱误，并仍其旧，尤得盖阙古意，若衣信足以称贤而无愧矣。——沈《序》

陈官俊云：公孙若衣，恪守先泽，编次公遗集，于道光甲辰秋携至都，求余识数语于简端。余视其人温恂有书气，是能传家学者。——陈《序》林用光《惜砚录》三

张履云：公所为诗文，高华典则，顾不自珍惜，削稿即为人持去。其孙用光搜罗散佚，编为若干卷，藏于家。

参考资料：

邵懿辰作《林氏墓表》。《邵位西遗文》

张履作《林公墓志铭》。

83. 鲍作雨　《周易择言》，存；《鲍云楼遗诗》，未见。

孙案：云楼鲍先生作雨，道光辛巳举人。其解《易》，汇汉以来至国朝诸儒之

说，择其精粹而参以己意。其旨主于明人事，阐《易》理，故所采旧说，宋儒居多，荀虞爻象之蕴未及详也。……其持论明确，与黄氏宗炎、胡氏渭诸人之论同。其他辨正陈、邵术数之学者甚夥，盖宗法程、朱，而能不囿于门户者。——《周易择言》

项傅梅云：先生幼负异禀，读书十行俱下，研精羲象，若有先觉。为文攻苦，不汲汲于时尚，将以政事文学绳其祖武。而高才蹇遇，十赴省试不第。嘉庆壬申岁贡成均，从先生者众。先生益自奋，日以《易》义诱掖及门，反复于阴阳消长之理，洞彻于吉凶悔吝之源。……年五十，始举于乡，……卒困于礼闱。……归里后，益讲学不辍，乡校聚星书院延主讲席。注《易解》六卷，名曰《周易择言》，甫竟，而先生遽归道山。

曹应枢云：读云楼先生之遗诗，而破觚为圆，绣帨成藻者，庶知屏焉。五古觞滥唐初，筏原魏、晋，其最著者。余古律则瀼西正宗，剑南别子，派系新属，寝馈不忘，亦辞貌其情矣。——《茹古堂文集》

参考资料：

永嘉张振夔《介轩文集》。

瑞安曹应枢《茹古堂文集》。

项傅梅作《周易择言叙》。

84. 林鹗 《易候象像》五卷，存；《阴符笺》，存；《〈论语〉额书汇参》，存；《葬书易悟》，存；《奇门蠡测》，存；《学署花木记》，存。

林用霖《先考行状》：府君讳鹗，字景一，一字太冲，别号迁谷山人，姓林氏，浙江温州府泰顺县人。曾复斋先生主讲罗阳书院，特器之，召侍函丈。先后从江西名儒吕月沧、李协庄两先生游。专心理学，而试辄不售。充壬寅岁贡选，就兰溪训导。……有所学，虽理蕴深微，必冥参静悟，无不得其精要。尤邃于《易》，……至于音律，更有神悟。著有《文集》、先大父《年谱》《泰顺分疆录》若干卷。……卒于同治甲戌三月，寿八十有三。

85. 项霅 《且瓯集》九卷，存。

钱泰吉云：叔明早谢时名，远声气。凡所交游，多积学砥行之士。……叔明伏处之士，于邑之水旱，与其弟私忧窃计以赈救之。……虽然，叔明专力于诗，弟妹皆秉其教，其家之男子、女子各有能诗声。……叔明虽笃嗜于诗，其教人必为有用之学，广座议论，有不合不断断辨，徐取书传之足与所论事理相证明者，指以示人曰："试详读之。"子弟有过亦然。盖叔明博览古籍，于古今兴衰治乱之源，民生利害之故，及前言往行之可为法戒者，必多识而审思之，不徒资以为诗。……叔明年五十而卒。叔明讳霂，自号雁湖。咸丰三年，甘泉乡人钱泰吉识于海昌城东寓斋。

曹应枢云：山人项君雁湖先生，少沉酣典籍，锲而不能舍，乃以性情学力之所积，时而见之于诗。枢以姻娅旧交，时得窥其胜概，而每自愧为未足深知山人也。中翰端木太鹤师与山人有素，丁酉秋自都门归，山人质以诗一帙，约百余篇。今春，仆并得见示，因欲即太鹤师评别偶未及详者，为山人竟言之：五言忧郁跌宕，具超旷一世之情，无愤嫉于时之意；七言奇俊纵恣，精意所结，不欲矜才炫博以驰骋其词；五七律深情逸旨，循环相生，要其大致，出入李、杜、韩、苏，并涉意于六朝、中唐，而不欲规模其形似。丽词古藻，得之楚骚者亦复不少。君诗篇什富，今就见者五之一而已，卓然可名如此。——曹《序》

板本：

钱泰吉云：瑞安项几山以其仲兄叔明先生遗稿属为校定，留寓斋数月，暇辄读之。客有能诗者过余，与共读焉。其中多游览山水之作。客曰："天台雁荡，我曹梦想不得一至者，读叔明诗，恍如置身其间，且得贤主人导以登陟，而歌咏之声与山水清音相应答也。若叔明者，方诸古人，其谢康乐乎？"余曰："子诚知诗者，然未知叔明之为人也。"

乃论次以为《且瓯集序》，集凡四卷，注：此集刻本九卷，此云四卷者，盖作《序》时全稿尚未写定也。古今体诗六百余篇，起嘉庆戊辰，迄道光辛丑。叔明之卒后数年，子琨、琪所编辑者。

参考资料：

钱泰吉《甘泉乡人稿》。

曹应枢《茹古堂集》。

86. 张振夔　《介轩文集》十八卷，存《诗抄》十卷，《文抄》八卷；道光《乐清县志》，存。

孙衣言云：先生名振夔，字庆安，号馨庵。世居永嘉场，嘉庆戊寅举人。道光丙戌大挑一等，改教职官，终镇海教谕。卒年六十有九。

先生幼慧，喜读书，自少志操特异。既举乡试，连会试不第。居京师，不轻与人交，独与青田端木先生子彝及吾邑鲍先生往来论学，尝谓"治经之道，宜取古人之言有裨世用者，博涉而精考之以自储其才。无妄分汉、宋，徒资排击"。又谓"诸经史及古人诗文辞皆足以增长学识，不必专守性理语录"。盖先生为学通博，其旨如此。——《永嘉张先生墓志铭》

又云：昔宋之南渡，吾永嘉诸先生之学尝极盛矣。而其文章尤美者，曰水心叶氏、止斋陈氏。止斋之学最深于经，而其发为文章，则子长、永叔之流也；水心之学最深于史，而其发为文章，则贾生、苏氏之流也。二先生之书今犹具存，吾乡之人能读其书者鲜矣，读其书而能知其意尤鲜矣。至于由止斋而知其可以为子长、永叔，由水心而知其可以为贾生、子赡，又岂可人人而语之哉？盖乡曲之士，习为所见。引之以近时作者，如先生之为文，则必有奋起追之者矣。

又云：郡二百年来，士鲜以功业垂世，至文章卓然可传者亦不多见。岂学术顾有资势位哉？跧伏里巷，无所闻见，则志气衰惰，亦自安于浅陋而已矣。然衣言所及见，如鲍先生作雨之《易注》，曹先生应枢、林先生从炯、项先生叔明之诗，方先生成珪、项先生几山之博雅，皆足以抗衡古人，士亦贵自立耳。今得张先生《介轩诗文集》，既尽读之，其文则欧、曾也，五七言古诗则韩、杜也，而言行之笃实平正，亦不失为程、朱之徒。益喜乡先辈流风遗韵尚有存者。——孙《跋》

板本：永嘉张氏刻本。

孙衣言云：同治丁卯，某在杭州，既为《馨庵张先生铭墓》，而是生之子硕复以先生所为《介轩文集》见寄，求为之序。予为订定其可否，因详论其辞义之美以示乡之后进。——孙《序》于金陵

洪坤云：坤向既刻《太鹤集》以成仲兄之志，岂漠视先生诗而无以慰妻弟愿耶？奇觑之费，夫何敢辞！——洪《跋》

参考资料：

《逊学斋文抄》。

附《乐清县志》。

孙案：道光《乐清县志》，在吾乡地志中足称善本，自汤成烈《永嘉志稿》外莫能与方驾也。虽其间小有疏舛，……尚待补正，然其大体则无可议也。

87. 曹应枢　《茹古堂文集》三卷，存；《梅雪堂诗集》十卷，存。

朱紫贵云：曹秋槎孝廉，青田端木太鹤中翰之高第也。……秋槎之文，其简练也，得柳州意；其峭折也，得半山意；其盘屈而恣肆也，得韩、苏意。至于植体于汉、魏而不为艰深之词，讨源于庄、列而且有其宕折之致。沉思独往，意与古会。则自成其为秋槎之文，秋槎之论文。……——朱《序》

板本：唐氏刊本。

唐虞勋云：右《茹古堂文集》三卷，合前梓《梅雪堂诗集》十卷，先业师一生精力毕萃于此。师弥留之际，谆谆以此命，勋大惧负师命而手泽之就湮也，黾勉督促，先后告成。用是窃自慰，而益信师之灵之有以呵护之也。——唐《跋》

参考资料：

《逊学斋文抄》。

88. 林大椿　《求是斋诗抄》三卷，存；《垂涕集》二卷，存。

《自叙》云：南戒一域，大海环之，登山而望，有诗境焉。吾家在涧滨，广不五丈，深半之，可持竿而度也。然一勺之多，观海者所弗弃，敦谓此弥弥者之非水耶？盈科而后进，异日或可至于海，顾其量则浅甚，其诸枝流汊港之稍足泳游者乎？是说也，吾尝持以评吾诗。

孙衣言云：予年十八九，在邑校从城中曹先生秋槎游，学为时文，其时乐清林君大椿恒轩亦来从先生学。曹先生虽以时文名，然并治古文词。故予与恒轩亦时从先生学诗。恒轩年稍长于予，貌侵而气朴，见人辄暗然无言。在邑中尤不轻与人交，虽予亦不能时相见，往复论议。其后予至乐清，一访恒轩，始得见恒轩的为诗，予甚善其五言古诗质实有义理，以为可传。又十余年，予自京师归，复见恒轩于郡城，出示其诗，诗益进，而窃叹恒轩发须半白矣。其后，予官京师久，恒轩不幸遂卒。前年，予在金陵，仲弟书来，言"恒轩诗已得其门弟子刻之，独俟得兄序"。以事多，久不得为，而我弟趣为序不已。盖予最知恒轩，予诚不可无言也。

恒轩善事父母，居乡间恂恂笃谨，常终岁闭门教授，不轻出。独喜读书著文，于诸儒书及天官、历算家言，皆能研精覃思，而书皆未成，独其诗可以示世。连应乡举，即不中，以廪生久次贡国子以卒。又无子，以从子为主后。盖天之啬于恒轩如此。然其修身笃学，卒有可见于后世，则恒轩之所以自厚者，天亦无与也，

恒轩可谓无憾矣。——孙《序》

又云：吾乡诸儒，莫盛于南宋，而予尤慕薛文宪、陈文节之为学，喜读其书，时时访求其轶事。每见后生秀士，即欲导以永嘉之学，然苦无有应者。夫永嘉之学之美岂有它术哉？使郡邑间皆得如恒轩者一二十人，其为乾、淳之盛无难耳，独无如知此者鲜也。——同上

板本：同治甲戌刻本。

孙案：恒轩先生大椿，乐清人。笃学工诗，与家大人善。道光间，乐清修志，其搜采之力的多。屡试不得举，以岁贡终。其著述多未竟，惟诗二集，门人梓行之。——《刘蒙川年谱》

又案：咸丰丁巳，乐清刘氏以聚珍板重印《蒙川遗稿》，先生任校勘之役。——同上

89. 华文漪　《逢源斋文抄》四卷，存。

孙案：菉园华拔贡文漪，平阳人。平生喜为古文，盖亦能由桐城以上溯八家者，故其所作大率简要有法，波澜纡折亦间似震川。惟专宗南丰，不甚学步苏、王，故少纵横驰骤之作。……诗三卷，亦清瘦不俗。

林滋秀《叙》：吾友华君菉园，自少嗜学，锼研典籍，晨夕不懈。所为诗文，皆力遵正轨。

板本：道光丙戌刊本。

90. 方成珪　《集韵考正》十卷，存。

孙案：雪斋方教授成珪，嘉庆戊辰举人，官海宁州学正。生平精究苍雅，尤嗜雠校古籍。官俸所入，尽以购书，身后储藏数万卷，散佚殆尽。余尝见邑中李氏所藏《吕氏读诗记》、胡氏所藏《困学纪闻》，皆先生手自点勘，丹黄戢香，精审绝伦。又尝校《唐摭言》，海宁蒋氏光煦采其精语，刻入《斠补隅录》中，余皆湮没不复可物色。于虖，欤已！林培厚《宝香山馆集》九：《除夕得方雪斋广文〈岁暮怀人诗十二韵〉舟中依韵奉答却寄》诗注："来札谓有诗三集已付梓，并笺注王右丞诗。"据此，是雪斋又有《诗集》及《右丞诗注》，然今未见其稿，其书名卷帙均无可考，谨附识于此。

其校《集韵》，初据汪氏远孙校宋本正曹寅刊本之误，又假吴学使钟骏所藏影宋本及陈侍御庆镛校本重为增定，又以丁氏所引原书订正伪舛，成《考正》十卷。

先生殁后，其稿本归余舅祖项几山训导傅霖，仲父止庵先生从项氏假录其副，因得读焉。

其书考证形声，至为精博。于丁氏原书驳文纠正尤伙。如据……，凡此诸条，并精确不刊。其他拾遗订误，不可枚举。不徒……于曹本缺文一——补完已也。

板本：瑞安项氏藏手稿本。逊学斋藏抄本。

参考资料：

钱泰吉《甘泉乡人稿》五。

黄式三作《叙》。

吴钟骏《叙》：方君雪斋服官暇日，嗜志于音韵，钻思于仇对。即依据扬州椠本，以群本校其讹字，成若干卷。雪斋不谓余不敏，而出所作相示。余乃嘉叹其意之挚，功之密，窃自喜志愿趋向之所同，为录其副，而以原稿归雪斋。

总论：

刘寿曾云：两浙人文之盛甲于东南，温州负山而滨海，承学之士秀伟同于浙西；而质有其文，信守师法，则为浙以东诸郡之冠。

寿曾则谓温州学派莫盛于宋。庆历间，儒志、经行开之，元丰九先生继之；绍兴以后，艮斋、止斋、水心诸公绪益昌大，天下尊为永嘉之学。其宗旨在躬行实践，由明体以达于用。文章风节，皆卓然有所表见。渊源于伊川、考亭，而立乎金华、永康之上者也。元以后，其学稍微矣，然芬泽濡染，犹能矢音不衰。吾师尝编《永嘉学案》以见派别之正，又曰："欲救今汉学、宋学之弊者，其永嘉乎？"

以仲容之贤而好学，而诵法其乡先生之言，见乎撰著者又如此之矜慎，则他日大展儒效，广永嘉之学于天下，以达于风俗政教者，其必有在也。——《温州经籍志序》

又，瑞安孙仲容同年，博问强识，通知古今，承吾师琴西先生过庭之训，于其乡文献尤所研究。以郡县旧志之于经籍，疏漏舛驳，无裨考证。……乃讨论排比，成书三十六卷，得书目一千三百余家。其部居分合出入，一遵《钦定四库书目》，编纂义例则多本马氏，马氏所未备者，则宗国朝朱氏《经义考》。侨寄人士之书、作伪之书、传疑之书，则纳于《辩误》；游宦名贤之图经谱录，则别为《外编》。限断至严，考证至博。其附著之词，于学派升降、文人风尚异同之微，尤详哉其言，之可谓一郡文献之帜志矣。

屈映光云：浙江为著作之林，瓯海更人文之薮。华盖洞天之胜，丹霞赤水之奇，足以亭毒万流，胚胎众秀。水心导其绪，茂恭、宗豫踵其徽。靡不家握隋珠，人怀宝椠，盛名鼎鼎，大集觥觥。而陶隐山荒，空留丹室：金文亭在，难觅青箱。虽盛弗传，致可慨也。

则有瑞安孙先生仲容，誉推宗匠，系出名门。家学凤膺，箕裘克绍。凡夫虫篆之迹，豹鼠之辨；表絷经天之制，广轮纬地之仪。九轨二历，参《周髀》之绪；合黎弱水，补涿鹿之遗。莫不寄怀邈远，植思幽邃。奥窔独辟，畦径能探。张茂先之洽闻，三十余乘；郑夹漈之博物，五十八签。方之昔贤，殆无愧色。而又沦心众妙，洞镜万流。腾舌名公，出扬朱育之对；关心乡里，入著虞卿之书。累月经年，旁搜远绍。爰考求乡先达著作，上断唐、宋，下迄胜国。撮其大要，别其存佚，成《温州经籍志》三十六卷，列名者千三百余家。伟矣，备矣！——《〈温州经籍志〉序》

二、孙公所征引有关吾温文献书

孙诒让云：南宋人通称温人为永嘉人，盖用永嘉郡旧称也。
又云：南宋人称温州诸儒并曰永嘉先生。

（一）史籍

（宋）曹叔远《宣和御寇纪事》，未见。

李象坤《序》：永嘉瓯脱海外，地望赤城，西接括苍，南邻闽之福宁，各界万山，奸宄易匿。而伏莽流突，以山为蔓，揭竿一起，瓯鲜不被兵。自壬申迄今廿余稔，予耳予目，厌苦兵钲，屡率而登陴矣。宣和御寇，郡令长且委去，刘与石一寒毡，师若弟奋螳臂与撄，俾蹯浙东西无坚城之寇独窜于此撮土，可不云伟男子！《纪事》出曹文肃，叙述颇详。——《菊庵集选》

（宋）戴仔《家传》，佚。

孙案：戴守镛《家传》，旧府、县志未著录，惟《东嘉先哲录》戴盐运蒙下引之。其纪盐运初假阁门舍人戴勋牒，更名野，应国子试中第，后复旧名应乡举事，始末甚详。盖其书明时尚存也。

（明）黄潮光《卓忠贞年谱》，佚。

孙案：黄学正潮光，万历《温州府志·文学传》、嘉庆《瑞安县志·义苑传》并有传。

又章玄应《章恭毅公年谱》一卷，未见。

邓淮《序》：章恭毅公既没之十有九年，予于郡城建祠，肖像以杞之，用表忠节以励士风也。祠成，卜吉以落之，时公之令子方伯将之广藩，便道归，同拜祠下，且出其所作《年谱》示予，复命识其后。

李东阳《序》：赠南京礼部尚书章恭毅公之卒也，既有《状》、有《志》，有《神道》之碑、哀挽之诗，其子玄应为南京给事中时，尝自为《年谱》一帙，以序于予请为《序》。比以陕西参政入朝，复申前请，予弗能让也。

公奏疏载国史，文章著家集，故谱但存其名，不复录，庶他日得以互见云。公讳纶，字大经，温之乐清人，正统己未进士。玄应，成化乙未进士，以才行世其家。

孙案：曼亭章布政玄应，恭毅公纶子。《明史》一百六十二附《章纶传》。万历《温州府志·宦业传》、雍正《浙江通志》、道光《乐清县志·名臣传》并有传。

又张汝纪《张文忠世家》，存。

孙案：张太衡汝纪，文忠公孚敬孙，太仆丞逊业次子。凡文忠所著书，并其所刊行。明椠《谕对录》卷首附刊职名，太衡系衔为四川龙安府知府，前刑部广东清吏司郎中。后不知终于何官也。

又李维樾、林增志《忠贞录》三卷，《附录》一卷，存。

《四库全书总目》：《忠贞录》三卷，《附录》一卷，明李维樾、林增志同编。

是编为其同里卓敬而作。卷一为遗稿，凡诗十九首，序二首，志铭一首，而冠以像赞及遗稿序。卷二、卷三为后人记载题咏诗文。而《附录》黄养正、陈茂烈二传，皆敬乡人也。

孙案：林詹事增志，乾隆《温州府志》、嘉庆《瑞安县志·循吏传》并有传。

王朝佐《东嘉先哲录》二十卷，存。

季敩《序》：吾温旧名东嘉，负山而濒海，清淑所钟，人物之生，其来尚矣。晋、唐以前，志载无考。迨乎有宋，气化特盛。若王儒志倡鸣道学于伊洛未作之先，林塘奥讲明《春秋》于王氏新学之际。厥后真儒，彬彬辈出，或以道学显，或以功业著，或以文章鸣，或以气节忠义见，炳然粹然，莹无瑕纇，其气象如何耶?

今南京虞部员外郎平阳王君廷望慨然叹曰:"诵其诗,读其书,论其世,吾儒事也。况生长其地,见闻所逮者乎!"乃于公务之暇,穷搜遍阅,经书子史,传记集录,所述言行,若论断许可之辞,足为后学矜式者,汇次衷辑,萃为一编,名之曰《东嘉先哲录》。正德元年。

邹旸《序》:南京虞部员外郎王君廷望有志于明斯道,公暇辄搜辑温之昔今名公、儒硕德望,功业与夫节行文学之足以垂世者,汇成一录,为卷二十。首之以先达,次之以名儒,曰名臣、曰忠臣、曰孝子居其中,而气节、词章终焉,题曰《东嘉先哲录》。一都之文献,于此焉足征矣。

孙案:王员外朝佐,雍正《浙江通志》、乾隆《温州府志》、乾隆《平阳县志·介节传》并有传。

《东嘉先哲录》二十卷,世间传帙颇少。余家所藏者,从翰林院所储明刊本影写,每卷皆有标题。……总一百十人,于宋、元两代及明成、弘以前魁儒硕彦,几于搜辑无遗。所采载籍,自正史列传以及地志、志状,并胪列旧文,不加屡改,且一一详其出处。其体裁渊雅,在明人书中颇不易觏。

板本:翰林院储明刊本。逊学斋藏景明抄本。

又陈挺《东瓯乡贤赞》,佚。

又郑思恭《东昆仰止录》八卷,未见。

《自叙》:(上略)嗟余年之方奢,徒玩愒于词章。失景行于往哲,苦迷津而无梁。仿野史之末议,借秉烛之余光。涉载籍而博讨,标先贤于缥囊。附祖父于末简,冀绍明于不忘。愧管窥而蠡测,俟取材于大方。冀仰止乎百世,俾终焉以永藏。

重曰:惟混茫之初辟兮,合万汇而生焉。独人心之玄觉兮,实众妙之渊源。自斯文之既丧兮,悼吾道之不传。睹先正之济美兮,庆吾乡之多贤。穷性命以砥行兮,揭斯理于中天。考文献与会略兮,或仅录其诗篇。余独详其懿行兮,纂《仰止》之遗编。方《鸿宝》于枕中兮,效作则于韦弦。吾不知老之将至兮,斯补过于无愆。庶昕夕之把玩兮,恍诸贤之参前。倘无忝于古人兮,日孜孜以勉旃。听韶华之荏苒兮,聊优游以穷年。

孙案:郑太和著《东昆仰止录》,以纪平阳一邑文献,其书乾隆间尚存,张南英修《平阳志》多据其书,见《平阳志·凡例》今则不知存佚。

又姜准《东嘉人物志》，佚。

孙案：艮峰姜处士准，雍正《浙江通志》、乾隆《温州府志》、乾隆《永嘉县志·文苑传》并有传。皆称所著书有二十七种，然各志《经籍门》所著录者，仅《海族谱》一种。今于《慎江文征》别得《东嘉教职世表》《东嘉科第年表》二书《自叙》。又据《科第表叙》知复有《人物志》之作，是为熟悉典故之证。曾唯《广雁荡山志》亦载有《琐谈》一书，合之仅及五种，其余并无可考。

又府、县志《艮峰传》附载，同时有梅应期著书六十余种，今广稽志集，一无所见。文献沦替，不惟简帙就湮，即篇目亦无从搜讨，良多慨也。谨识于此，觊留心掌故者共寻访焉。

又无名氏《东嘉姓谱》四卷，未见。

孙案：《东嘉姓谱》，旧府、县志称为鹿田子辑，不知何许人也？其书今亦未见。查为仁、厉鹗注《绝妙好词》，卷一卢祖皋、卷二薛梦桂下并引其语，则其书流传未绝，当尚可寻访也。

（明）刘球《卓忠贞传》，存。

孙案：刘忠愍《卓忠贞传》见《忠贞录》二。今所传宝香骑虎事即出是《传》，《明史》本传亦全本之。然忠愍子钎编《西谿集》乃未载，疑当时革除之禁未开，故有所讳也。

板本：《忠贞录》二。

又（元）黄公瑾《地祇上将温太保传》，存。

孙案：黄公瑾时代、籍贯无考。《温太保传》收入《道藏》，今未见其书，以《道藏目录》所述核之，与宋濂《忠靖王庙堂碑》载大异，未知孰信也？

板本：《道藏》本。

以上属外地人著述者

（清）叶嘉槱《方国珍乱郡考》，未见。

（清）叶嘉槱《平阳历朝寇警录》，未见。

（清）徐炯文《王忠文年谱》一卷，存。

孙案：徐翔云《梅溪年谱》附刻唐传甡重编《梅溪集》之首。其书首尾仅五页，止据《宋史·本传》及汪玉山所作《墓志》，按年排次，间及《集》中诗文岁月，然殊疏略，不足资考核也。

板本：《梅溪文集》附刊本。

林大椿《刘蒙川年谱》一卷，存。

孙案：恒轩林先生大椿，乐清人。笃学工诗，与家大人善。道光间，乐清修志，其搜采之力为多。屡试不得举，以岁贡终。其著述多未竟，惟诗二集，门人梓行之。咸丰丁巳，乐清刘氏以聚珍板重印《蒙川遗稿》，先生任校勘之役，乃次忠肃遗事为《谱》，俾付印以行。

板本：《蒙川遗稿》付印本。

（清）王祚昌《王氏园史》，存。

《自叙》：《园史》，哀思也。先子心寰府君之学，未及著于世而遂没。孤不肖，恐遂泯阙无传焉。……予偶笔一二，名为《园史》，庶他日传状一藉也。

敬录大略，名为《园史》，附于《周易敝书》之后。大人先生有愍其不孝，赐之传状，使读《易》者人人明著府君之学，则府君不泯矣，它非所敢望也。

孙案：王玄翼《园史》，记其父某、母蔡氏言行，而附以兄履昌及女兄遗事，条举件系，颇为详悉。手稿久佚，故府、县志并未著录。余所见者，周懋宠《樗庵日抄》录本凡二十六条，不知是玄翼全书否也？

板本：《樗庵日抄》写本。

周天锡《敬梓录》，佚。

《自序》：曩读古人书，遇可喜、可惊、可歌、可泣之事，辄流连击节不自禁云。顾迹湮弗可索也，地违弗可接也。弗可索，弗可接，以为未必有是也。以为未必有是，而可喜、可惊、可歌、可泣之情悠然逝矣。父母之邦，故老之传，耳闻目见，确如也。每有所获，辄书而投之陶甕中，闲取读之，其迹不湮也，其地不违也，可喜、可惊、可歌、可泣则果如是矣。《诗》不云乎："维桑与梓，必恭敬止。"

恭矣敬矣，又宁直喜之、惊之、歌之、泣之而已哉！

又作《慎江献征》，佚。

以上属邑人著述者

（二）地志

1. 府县志

（1）温州府志

（宋）嘉定九年，陈谦《永宁编》十五卷，佚。

汉分章安之东瓯乡为永宁，今永嘉四邑是也。故以名编。——《直斋书录解题》八

孙案：陈易庵《永宁编》，成于嘉定九年，即易庵卒年也。其目见《读书附志》者，始《叙州》，终《叙遗》，凡十一门。

又绍熙三年曹叔远《永嘉谱》二十四卷，佚。

孙案：曹文肃《永嘉谱》区分四目，在古地志中实为创例。其所谓"年谱"者，盖以志建置、沿革诸大事，并编年纪之；其所谓"地谱"者，盖以志山川、疆域、名胜、古迹；其所谓"人谱"者，盖以志官师、除罢、选举、人物；惟"名谱"不得其义，不知所志何事也。……是此书明末尚存，今则不可复得矣。

（元）至大庚戌章嵓、夏开先《温州路志》二十卷，佚。

孙案：章德元、夏开先所修《温州路志》，明《文渊书目》有其书，今未见传本。

又延祐己未章嵓《东瓯志》十册，佚。

（明）洪武十一年徐兴祖、张升《温州府图志》，佚。

孙案：张升事迹无考，后为温州府学教授，亦见《府志·职官门》。其与徐横阳同修《温州府图志》久佚。据任《叙》，盖以章氏《东瓯志》为蓝本而续补之。

又弘治十六年王瓒《温州府志》二十二卷，未见。

《自叙》：温为东瓯古壤，在浙东极处。枕江界溟，天设奇胜，危峰层峦，环控四境，蟠幽宅阻，一巨都会，民风土俗之良尚矣。载籍有纪，盖起于晋，如《永嘉记》是已。继是为《图经》、为《志》、为《谱》、为《编》，作者迭兴，岁久湮毁。皇明洪武己未，任守敬一修之。然所纪悉启运初务，未及重熙累洽之盛也。……弘治庚申，吉水邓侯安济来知郡事，诹察民俗，崇迈文教，锐有志于编纂，方勒抚绥，未遑也。越三年，治洽民和，郡以无事，爰命瓒等于南塘日新寺缘旧志而辑理之。侯时临阅焉，商订得失，酌量去取，删繁就简，黜驳登纯，振鸿纤而罔漏，贯曦昧而毕举，凡六越月而成编，总为二十二卷。

孙案：《温州府志》修于弘治十六年，文定<small>王文定公瓒</small>官编修时也。范氏《天一阁书目》有明刊本，今未之见。《经义考》屡引其书，以校万历《府志》，皆不及其详核，惜传本罕觌，不得一补近时诸志之疏略也。

又嘉靖丁酉张孚敬《温州府志》八卷，未见。

《自叙》曰：余忝官黄阁十年，以老病乞休，观旧志，深有憾焉。

夫吾温城池、风俗、山川、人物与夫宫室、丘墓、书目、诗文之美间有可观者，采录之，孰有大于明伦者哉！

孙案：张文忠《府志》，范氏《书目》亦有之。其书承王《志》之后，而卷教乃不及王《志》之半，盖吾乡地志之简陋自此始矣。其《自叙》见本集，于《志》中义例及纂修缘起悉未诠及，顾沾沾焉以议礼自矜，尤为非体。盖文忠之学，长于论辨而疏于考证。志乘虽卑，要亦具体正史，非擅三长不副兹选，未可任意刊削，自矜简要也。

又万历三十二年王光蕴《温州府志》十八卷，存。

《自叙》云：吾温故有《志》，其可考者始于宋《永嘉谱》。至我明洪武初有《图经志》，弘治间而宗伯王文定公瓒始更为之，迄今百余年矣。万历壬辰，京口汤侯来守吾郡，方议修辑，寻以迁秩行。大梁刘侯继之，进博士弟子而诹焉。东瓯古称邹鲁，惟是文学为彬彬，诸君子鼓箧胶庠，渊源具在。今文献之谓何？爰命启局，各殚其所闻知，逾一期而《志》成，为卷凡十有八，既秩然矣。会侯移守畿辅，而继以长乐林侯，按成书而手自款摘，寄不佞蕴于宣州郡斋，惟执事之正之也。蕴谢不敏，而会宅忧山居，林侯请益力，且以先大夫之有《永嘉志》也，曰："无以予小子名公是似。"蕴惟郡志之辑殆逾百年，宗儒巨公代有作者，岂其独有难焉而令芜废至今，则具不佞前所指矣。使不佞必引避，谁当卒不避者？乃受而卒业，稍为整齐诠次，间为论著以发其义。盖因乎成书者十九，而附以臆说者十一。

孙案：万历《温州府志》卷首题："郡守汤日昭总修，训导陈大奎、教谕余承兰、郡人王光蕴、王继明纂修。"据季宣《自序》，则倡修始于日昭，而定本则出季宣手。《通志》题"陈、余诸人同修"，盖偶未审。《志》凡分十一类，首舆地、次建置、次祠祀、次食货、次兵戎、次秩官、次治行、次选举、次人物、次艺文，而终以杂志。季宣为西华副使子，家学渊源，世传文誉，故此书体裁尚为渊雅。《凡例》称弘治以前大都仍旧，稍稍删润之；正德以后则据五邑新志，又采《永嘉谱》所载故实、旧《志》遗脱者以补之。故其书中虽小小疏舛所不能无，而校之近时康熙、乾隆诸志则终为近古，砭讹补阙，渔猎不穷。况《永嘉谱》明以后久佚，王文定所修正德《志》今亦罕觏，此《志》既以两书为蓝本，故所纪宋、元以前旧闻佚事尤多有根据，不似流俗地志凭虚臆造，不可究诘。年代浸远，传播绝稀，印帙偶存，诚吾乡之宝笈也。

板本：逊学斋藏明椠本。两淮盐政采进本。

以上属于邑人纂修者

（清）道光二十二年黄汉《瓯乘补》二十卷，存。

《自叙》：汉少习举子业，缘家贫，尝效阚泽佣书。既而橐笔四方，聊糊予口。第自愧沟瞀无识，莲幕滥竽。而绪习未忘，每于晦明风雨，手一编弗辍。间尝见诸书有载及吾瓯舆地、人物、故事，辄为笔之简端。迩来游地既广，阅书颇多，而所得笔于简端者愈夥。积久成帙，因溯古及今，次第编辑而厘定之，得若干卷，名曰《瓯乘补》。盖以补郡邑乘津逮所未及，且视旧乘中所遗佚者得十之五六，异同者十之二三，余或类涉鄙琐怪诞，为先正所不屑取，讵可概以津逮未及论耶？而汉则敬恭桑梓，一草一木弗敢蹂躏而又废弃之。故识大识小，所宜兼收而并蓄，以备他日士大夫修志去取，是亦李肇作《国史补》、章悊作《吴事类补》之遗意也。后此有所见闻，更当捃拾而续补焉。

孙案：鹤楼黄秋明汉，永嘉人。《瓯乘补》二十卷，皆记温州旧闻为郡县志未收者，按时代先后排次，惟经籍、物产、艺文仍以类聚，其采自他书者，皆节录原文，间附评论。至近代轶事，得诸传者亦注某人述，其采撷尚为不苟。惟考证未精，如……若此之类，考古疏舛，不可枚举。惟国初以来轶闻琐事纪录颇多，可为续修志乘之资。其诗文七卷，亦多府、县志所未载，虽不尽注出处，体例不无可议，要亦有裨文献之书也。

板本：永嘉黄氏藏手稿本。

（刘宋）谢灵运《永嘉记》，佚。

孙案：谢太守灵运，沈约《宋书》七十七、万历《温州府志·治行传》并有传。

《永嘉记》，隋、唐以来史志书目并未著录。《太平寰宇记》所引，与《白孔六帖》六引《永嘉郡记》……或即郑记，乐史误题谢名。然康乐著述宏富，且雅爱永嘉山水，所著《游名山记》诸书亦多述永山川胜迹，或实有斯《记》亦未可臆决。隋、唐古籍，百不存一，疑以传疑，仍存其目，为吾乡地志弁冕焉。

（刘宋）郑缉之《永嘉郡记》，阙。

《孙叙》：《永嘉郡记》者，刘宋郑缉之之所撰也。……郑君以澹雅之才，斐然有作，吾乡图牒，斯其权舆。虽复陆、任地理之抄，佚而无考；隋、唐经籍之《志》，阙而未录。然而刘玄靖之笺《世说》，征系牒于琅琊；贾高阳之辑《农术》，纪筲□于竹箭。诹古辨物，咸资取证。是则南北之际，传播殊广，凡在闳达，靡不综涉。故知援据之夥颐，由于纪述之渊雅矣。

天水以后，传帙既亡，地学之儒，甄录尚众，或称《永嘉地记》，或称《永嘉记》。"记"，亦作"志"，斯并文偶省易，义相通假，揭署任情，讨核匪要。

今读其书，叙载翔实，虽复散佚之余，劣存百一，而肇典午之渡江，逮彭城之膺箓，旧闻坠记，犹见辜较。

徒以散见群籍，艰于寻览，俗记剽写，讹夺百端。国朝姚安陶珽，盖尝略采一二，羼著《说郛》，既未富于钩甄，亦无详于萌柢，偶涉考览，辄为叹息。爰竭谀闻，重为□辑，目诵所及，捃摭略备，锥指有得，申证颇众，凡五十余条，定著为一卷，仿《东阳记》也。

吾郡文献寂寥，各记悠寥，诒让尝事研校，刊厥舛伪，觊得旧经，用资参检。而宋、元诸志，沦坠遂等于《邱》《坟》；齐梁以前，暗昧乃同于巢燧。补阙拾遗，仅此残剩；碎璧零玑，弥足珍贵。屠维大荒，校集粗竟，藏箧十载，重为理董，聊付杀青，诒之方来。

又案：郑氏《永嘉郡记》，宋以后久佚。余从《世说注》诸书辑其逸文为一卷。

又案：诸书所引《永嘉郡记》，书名颇多省易，有称《永嘉记》者，有称《永嘉地记》者，有称《永嘉地志》者，以所引之文互相校核，实即一书。今附列于此，用祛疑误。至《通志》《府志》作《永嘉郡志》，则诸书所引，悉无此称，不知何所据也。

（唐）无名氏《永嘉图经》，佚。

孙案：注：永嘉于前汉为回浦，后汉章安即回浦所改。

（宋）李宗谔《祥符温州图经》，佚。

孙案：景德四年，诏以四方郡县所上图经刊修校定，为一千五百六十六卷。以大中祥符四年颁下，今皆散亡，馆中仅存九十八卷。余家所有，惟苏、越、黄三州刻本耳。……据此，是《祥符图经》即李宗谔所修。其书修成后，颁下各州谨藏。南渡后，汴都秘籍尽归散佚，而诸州颁藏单本间有存者，浣川所述，即是书也。

淳熙周澂《永嘉温州志》七卷，佚。

孙案：淳熙《永嘉志》，雍正《浙江通志》二百五十三、万历《温州府志》十七并题徐嘉言修。注：乾隆《府志》作《永嘉县志》，殊误。此郡志，非县志也。盖周澂为州守，实主其事，纂辑则出嘉言也。

（清）康熙乙丑，汪爌《温州府志》三十二卷，未见。

又乾隆辛巳，齐召南、汪沆《温州府志》三十卷，存。

李因培《序》：夫温在汉以前本东瓯国，与闽越并属荒服。自汉徙其民于江淮之间，而奇丽山川仅为瓯脱。逮典午以后，王、谢诸君受而牧之，弦诗肆礼，风气日上。而山川之孕灵胎秀，积久后发者，亦适会其时，磊磊焉大显于世。建炎之初，高宗曾一驻跸，其后洛学南兴，而将乐、延平之绪再传递衍，遂盛于温，一时号为"小邹鲁"。

李琬《序》：温之为郡，始于闽君摇助汉封东海王，后虽为汉县，介在蛮彝，久矣无闻于中国。自江左偏安，而山川之奇始显。泊有宋崇儒，而道学之传聿分。其水土所生，神气所感，鱼盐蜃蛤，丝枲竹木以及都人士女，簪组阀阅之盛，仡然为浙东大藩。

孙案：乾隆《温州府志》分三十门，曰星野、曰疆域、曰建置、曰山川、曰城池、曰公署、曰学校、曰兵制、曰祠祀、曰田赋、曰盐法、曰水利、曰关梁、曰风俗、曰物产、曰封爵、曰职官、曰名宦、曰选举、曰人物、曰寓贤、曰列女、曰国内、曰古迹、曰冢墓、曰寺观、曰仙释、曰经籍、曰艺文、曰祥异、曰杂记。其书为齐侍郎召南及汪鸿博沆所定。注：沆号槐堂，仁和人，乾隆丙辰举博学鸿词。据朱、李两《序》，则初定稿本盐法、田赋、人物诸门尚未卒业，后李琬别于温州开局补修，乃得成书。今核其记载，大抵以万历王《志》及康熙汪《志》为蓝本而稍为订补，徒以齐、汪初纂，开局远在杭州，采访既难，编辑复略。及乎郡中续补，则复任意羼改，漫无义例。书成之后，又未经原纂之人精为核定，故疏漏舛误，展卷皆是。家大人著《瓯海轶闻》及诒让此志随事辨正，殆不下数百条，兹不详著。……考证亦未精审，盖侍郎虽号博综，温州典故非所谙习，宜乎此书不能远胜旧《志》矣。

板本：乾隆辛巳刊本。

以上属外地人纂修者

（2）永嘉县志

（明）嘉靖丙寅王叔果《永嘉县志》十卷，未见。

《自叙》：永嘉为附郭邑，宋、元以来代有述者，率统于郡志。尝见太平谢文肃公有《永嘉志序》，而未睹其书。吾乡王文定公弘治间作《郡志》，迄今逾六十载，其间人事世变夥矣，虽嗣有纂辑，亦多废而不传。予家食顷暇，惧文献无征，欲有效于乡邦，而友人王拱甫氏则尝受郡公之命，从事于兹而未就绪，爰相与缵订，别为例，作九志，不启局烦馈，不使众闻知，假馆于白塔僧舍，属儿辈编辑。书成，乃质于乡达诸公以祈諟正。

又万历庚子王光蕴《永嘉县志》十七卷，未见。

《自叙》：《永嘉县志》故无考。嘉靖末，先君辑九志，撷故实，罗散逸，缅缅乎备矣。刻板近毁，蕴窃伤之。又念往为《志》迄今几四十年，时积事夥，失今不续，后将多佚，矧手泽具在哉！顷受校《郡志》，稍稍悉颠末，随奉同安林侯之命，遂于退食暇，按前《志》抄而续之，间补其略，而仍旧者什五。

（清）康熙癸丑林占春、周天锡《永嘉县志》十四卷，未见。

郑廷俊《叙》：余抚此兵燹遗墟，而簿书鞅掌，庶务猬纷，戴星出入，不辞劳瘁。公余稍暇，欲搜旧邑《志》而浏览之，但旧《志》修于明万历间，距今八十余载，前者散佚失次，后者遗漏无传，致令风徽歇绝，盛事不彰，亦邑有司之责也。时癸丑，圣天子命修通志，颁行郡县。前令关西马君暨邑博士樊君聘乡贡林君占春、周君天锡辈编辑成稿，草创未备，余徇众请，再聘名儒入局考订，删其繁，增其缺略，词简而核，义约而该，于以绍往训来，扶风砺俗，垂诸不朽，庶几有裨于邑治云。

孙案：康熙《永嘉志》，今未见其书。据郑廷俊《叙》推之，盖马忠勤玠本延周樗庵、林雪庵二人纂辑。草稿既成，后马循耿藩之难，事遂中辍，廷俊既莅任，重为增删刊行。然俗吏喜以刊修志乘为己名，往往有修补板片，一字不易，而辄添序跋累累，自称补续者。廷俊《叙》中所云，真伪盖未可知，今仍以周、林原书著录，《外编》亦不复录郑《志》。

以上属邑人纂修者

（明）弘治戊午汪循《永嘉县志》十六卷，未见。

谢铎《序》：温在两浙为名郡，永嘉又温之巨邑也。盖自宋以来，儒硕荐绅项背相望，人益显而地益胜，几三五百年于兹矣。邑有旧《志》，岁久残缺，且来者无所与续，邦人病焉。弘治戊午，新安汪候循来宰是邑，既明年，政通人和，乃取旧《志》而参酌之，总之为十六卷。

孙案：汪仁峰《永嘉志》，今无传本。王西华嘉靖《永嘉县志·序》称"太平谢文肃公有《永嘉志序》而未睹其书"，则此书当时疑未刊行也。

（清）乾隆辛巳齐召南、汪沆《永嘉县志》二十六卷，存。

崔锡《叙》：《永嘉志》修自康熙二十一年，阅今岁久，板剥落散失，存者不及十之三，人家亦无完本。余下车以后，即有志重修而未逮。岁乙亥，观察徐公、郡守李公雅意修郡志，予得参末议，敦请天台齐少宗伯、钱塘汪征君西颢主其事，历再稔而告成。继有事于县志，发凡起例，一依《郡志》。而纲举目张，征引典物，根据史传，要皆科律省《志》，较旧志为得体裁。

永邑前《志》距今八十年，老成凋谢，掌故失传，经籍所载，自宋以来名人著述夥矣，无一存者。学士大夫家传、志铭、丛言、脞史之留贻，亦求之而不一得，欲志之美备，其孰从而取之，而详之？

板本：乾隆辛巳刊本。

咸丰汤成烈《永嘉县志稿》。

汤成烈咸丰《永嘉县志稿》，体例渊雅，其《艺文录》全用朱氏《经义考》之例。然所记者止于一县，且永嘉诸儒遗书，汤多未见，故亦未能详备。

以上属于外地人纂修者

（3）乐清县志

（明）隆庆壬申侯一元《乐清县志》七卷，存。

《自叙》：余以谀闻，蒲柳忧生，桃虫思毖，笔札之事失之久矣。间惟信古传旧，因人成事。而乐邑者，又吾父母之邦也，民刓物耻，幸际今令．……拊循劬勚，四载一日，乃始喟焉惧于文献之阙，请之郡伯，挈百五十载之坠绪，授之鄙夫。受命之日，茫然靡依。爰及诸儒除馆西岑，旁咨久之，稍有端绪，分卷而校。夫既成秩，余特整齐之耳。然犹旷时累月，始克成编。吁，其难哉！

孙案：二谷侯布政一元，金事廷训子。万历《温州府志·宦业传》、雍正《浙江通志》、道光《乐清县志·文苑传》并有传。

所修《乐清志》，林岁贡大椿有明椠本，道光《乐清志》所载明以前事多本之。岁贡卒后，所藏书家人秘之，不肯借人，余未之见也。其志《人物传》后有"论"，在地志中颇为创例。其考证亦详核，在明代志乘最为佳本。

（清）康熙辛卯林允辑、鲍易《乐清县志》八卷，未见。

孙案：康熙《乐清县志》，县令徐化民主修，林允辑、鲍易纂辑。《通志》《府志》并题徐化民名，误。

（清）道光丁亥鲍作雨、张振夔《乐清县志》十六卷，存。

刘荣玠《序》：乐邑之有志，始于宋淳熙间，其后有元乐清令冯君修之，又其后有明邑人侯二谷修之。前后相去，多者两百余年，少者亦百数十年，事多缺如。本朝启运，文治聿新。康熙癸丑，命天下郡县各纂集志书，将以上诸当宁。邑令徐君奉文修辑，宜若可观。顾其时三藩甫定，兵燹之后，文献难征，故为书亦多缺略。又自此以迄于今百四十载，久未重辑。……癸未岁，爰与邑中诸君子谋，延请瑞邑名孝廉鲍云楼先生就其书而续订之。……岁丙戌，书始告成。

孙案：道光《乐清县志》分十二门：曰舆地、曰规制、曰学校、曰田赋、曰兵制、曰职官、曰人物、曰选举、曰艺文、曰风俗、曰物产、曰杂志。每门又各分子目，大抵以隆庆侯《志》为本，而参以省、府各《志》及先哲文集，补其未备，体例颇为详整，《舆地》门《山川》一卷尤为精审。《凡例》谓府、县旧《志》纪山皆似崒山，未免失实。兹特仿《太平志》，叙山皆循次第，纲师《禹贡》，目师《山经》，独、蜀、绎、峄，区以别矣。叙水，则用郦道元《水经注》一线贯串，兼用齐次风《水道提纲》别列支流于后以清糜目。今复按其书，知非虚语也。余若《沿革表》钩稽史志，纠正俗说；《物产志》博征仓雅附缀方言；《职官》《选举》两门，亦能考证列朝制度，条举体系，杂而不越。在吾乡地志中足称善本，自汤成烈《永嘉志稿》外，莫能与方驾也。虽其间小有疏舛，……然其大体则无可议也。

板本：道光丁亥刊本。

以上属于邑人纂修者

（宋）无名氏《乐清县图经》，佚。

又袁采《乐清县志》十卷，佚。

孙案：袁知县采，万历《温州府志·治行志》、道光《乐清县志·名宦传》并有传。

（元）大德甲辰冯复京《乐清县志》，佚。

《自叙》：余尝佐州昌国，即以是为第一事，亦既编摩锓梓以补是邦之阙文矣。暨来兹邑，首访图经，无复存者。顾于僧司得一摹本，乃淳熙己亥所作，距今百二十余年，章既漫漶，卷亦残缺。亟以暇日整葺所存，搜访其逸。事不关于风教、物不系于钱谷、诗不发于性情、文不根于义理者皆一切不取，定为传信之书，庶非无益之作。

孙案：冯复京，万历《温州府志·秩官门》、雍正《浙江通志》、道光《乐清县志·职官门》并作冯福京。考原《叙》云"郡县之有图志，其来远矣。余尝佐州昌国，即以是为第一事。亦既编摩锓梓"云云，而《四库总目》载大德《昌国州志》：元冯复京、郭荐同撰，钱氏《元史·艺文志》二同则冯福京当为冯复京无疑。《乐清志》明以来久无著录，复京事迹亦无可考。地志辗转修改，遂致姓名讹舛，今谨据《总目》及《自叙》考正之。

以上属于外地人纂修者

（4）瑞安县志

（元）大德丁未，章嚞《瑞安州志》，佚。

（明）嘉靖乙卯朱绰《瑞安县志》十卷，存。

孙案：《千顷堂书目》七："刘畿《瑞安县志》，嘉靖乙卯修。"即此书。畿以县令主修，故黄《目》遂题其名。

板本：瑞安项氏藏本。

又万历乙亥秦激《瑞安志备遗》二卷，未见。

孙案：慎斋秦教授激，乾隆《温州府志》、嘉庆《瑞安县志·文苑传》并有传。

（清）康熙壬戌章起鸿《瑞安县志》十卷，未见。

孙案：周启辛《宣平司训默斋朱公墓志铭》："康熙丙寅，瑞侯范公永盛敦请纂修邑《志》，序次详略，厘然一正。"则康熙《瑞安志》，朱默斋亦与分纂也。

以上属于邑人纂修者

（明）无名氏《瑞安县志》，佚。

（清）乾隆己巳章昱、吴庆云《瑞安县志》，未见。

又嘉庆己巳黄征乂《瑞安县志》十卷，存。

陈昌乔《序》：《瑞安志》十卷，自乾隆己巳重刊，逮今垂六十稔，多残缺不可考。邑令张君恐《志》之渐就湮也，属司训黄君修辑之。

抑又思瑞去郡不百里，其山川文物秀甲他邑，六君子之流风余韵故有存者，而人才蔚起，今昔殊尚，岂俗为之欤？抑人为之欤？

孙案：嘉庆《瑞安县志》，训导黄征乂平甫所修，邑人与分修者：候选教谕戈鹤翔，候选训导李锦澜，拔贡林佩金，廪生余一坤、鲍作雨，生员朱泮、洪宁一，凡七人。志为门十：曰舆地、曰建置、曰祠祀、曰田赋、田兵制、曰职官、曰选举、曰人物、曰艺文、曰杂志，而冠以图。其书义例详整，繁简得中。于旧志相沿讹脱，如宋主簿有陆游之类，亦能据史传纠正其失，在吾乡诸志尚为佳本。

板本：嘉庆己巳刊本。

以上属于外地人纂修者

（5）平阳县志

（元）大德丁未章嚞《平阳州志》，佚。

林景熙《序》：朝廷尝下郡县遍采图牒以成大一统之志，然摭星宿，遗羲娥，不备不实，其何以信？判官皮侯元饮冰食蘗，以《诗》《书》饰政，览形势，稽典籍，方有志兹事。会前永嘉教谕章嚞德元修《永嘉县志》成，捧路檄来补平阳、瑞安二属《州志》。侯喜曰："此予欲为而未遂者也。"……德元祖述编谱，搜旧闻，访残刻，山林遗录、官府近制无不博询旁采，增昔所无，续今所有，而定去取于侯。其友前西安教谕陈天祐孝章相与汇集，手抄穷日夜，不为无助，志于是成。

孙案：《平阳州志》，王氏《东嘉先哲录》引之，盖其书明时尚存。

（明）正统中方燧《平阳县志》，佚。

孙案：方《志》，乾隆《温州府志·经籍门》云："明宣德间，知平阳县全椒章惠编辑。"《平阳县志》则以惠延方燧修，《人物门·燧本传》亦同。盖惠为主修，故《府志》遂题其名，此书实出玉苍手也。

又弘治壬子孔彦雍《平阳县志》十卷，未见。

又隆庆辛未侯一元《平阳县志》八卷，未见。

《自叙》：（上略）一日，平阳大夫少龙朱侯手其邑故新之《志》造余，言曰："窃闻君子之慭于言也，若羲之之誓仕也，不敢请矣。虽然，此国之故也，而既具矣，因而辑之以惠后人，不亦可乎？"……余乃唯唯受而读之，则既具矣。于是稍为整齐次第，述而不作。既成，视之，曰："《志》其庶几哉！"

又万历庚寅邑令万民华补。

孙案：万志《平阳县志·经籍门》别为一条，以其《序》核之，盖以旧志覆刊，略有增补，未尝别为编纂。

又嘉靖中陈彦生《续平阳县志》，佚。

孙案：雨岩陈教授彦生，乾隆《平阳志·文苑传》有传。

（清）康熙戊戌吕弘诰《平阳县志》十二卷，未见。

金以埈《叙》云：夫平阳为于越之域，而东瓯边徼也。有晋太康间置始阳县，隶永嘉郡。历五季及唐为横阳，吴越钱氏改为平阳，元元贞间升为州，迨明初仍为县，曰平阳。我朝因之，而名始定。

孙案：吕岁贡弘诰，乾隆《平阳县志·文苑传》有传。

乾隆己卯张南英《平阳县志》十二卷，存。

《自叙》：前《志》阅今六十余年矣。余生壬午，前二十年，戏逐梦也；后三十年，南北分驰，羁迹异乡，计所闻所见不过二十余年事耳。乾隆丙寅，同邑蔡君世源与余有修辑邑志之约。明年，蔡以官之昌化，不果。日月易驶，近十余年矣。同学老成半皆凋落，而野老耕氓又俱不谙当世务，询之轶事，茫茫瞆瞆而献亡矣。越丙子，江左徐侯以少年名进士来宰是邑。甫下车，即慨然以修志为己任。余知侯景前型、宪后来以大布德泽于民也。适钱塘孙君谦来自幕中，侯访余，与之偕，乃分纂其事。侯购邑遗书，三阅月一无应者，仅得废本数卷。于戏！文又亡矣。余戄然曰："当吾世而不襄厥事，不惟前《志》鱼鲁漫漶渐尽，而且本朝百年以来列圣功德、大经大法湮没勿彰，余滋罪焉。"因思二十余年之闻见尚足以资掌故，而存什一于千百，未必非蠹简有灵也。遂与孙君昕夕搜讨，补其旧，增其新。阅一寒暑，汇为二十卷。间附卮言，亦居今志古，访贤哲之踪、陈兴废之迹、流连感慨，所不得已之辞也。

以上属于邑人纂修者

又顺治辛卯马腾霄《平阳县志》十八卷，未见。

《自序》：予自丙戌改元奉天子简书吏于兹土，下车清问，手翻是书，见夫山川人物，世家年表，政事文章，贞淫得失，不异子长。独其绵世浸邈，简篇残落，怏怏久之。无何遭乱，殚思捍御，五越年所，乃兹朝食。间绎前书，每念先令王、朱数公不可企及。公能修之于前，予不能踵之于后，所滋愧耳。用是谋诸荐绅，肃请鸿儒陈文谟、杜汝悲、徐有说、孙子词、徐境等校雠修辑，务为信史。故前有美而必彰，后有劳而必撷，集思论次，逾年始成。

孙案：马知县腾霄，乾隆《平阳县志·名宦传》有传。

又康熙癸丑施铉《平阳县志》，佚。

以上属于外地人纂修者

（6）泰顺县志

（明）万历元年癸丑候一元、一麟《泰顺县志》八卷，未见。

《自叙》：吾温五邑，惟泰顺最小，地最僻，事最简，民最醇。……于是乃按其邑之志，故多草略，则一辑而新之，又属余及弟麟执笔而润色之。

孙案：万历《泰顺县志》，泰顺林县丞用霖语余曰："邑中某氏旧有藏本，今归他姓。"不知尚可物色否？

又崇祯癸酉包大方、周家俊《泰顺县志》八卷，未见。

周应期《序》：窃惟瓯之邑五，而罗阳介在闽、括。景皇帝时，议者以其荒僻而风教阻焉，割安固、横阳幽遐之乡而胙之邑。时则俗淳庞而事简率，有所记载，其大凡已汔前癸酉神宗改元之初，令王侯始著为新《志》，庶几淳庞者文而简率者具焉。……至于今涂侯来宰兹邑……于是集乡绅弟子员等人而赓为之，公余之暇，相与参订商榷，及癸酉而告竣焉。

孙案：周同知家俊，乾隆《温州府志·仕绩传》、雍正《泰顺县志·宦业传》并有传。

以上属于邑人纂修者

（清）康熙癸丑林天桢《泰顺县志》四卷，未见。

孙案：林知县天桢，雍正《泰顺县志·名宦传》有传。

又康熙癸亥刘可聘《泰顺县志》四卷，未见。

又雍正己酉朱国源《泰顺县志》十卷，存。

芮复传《序》：岁甲辰，余奉特命来守瓯郡。郡邑五，而泰顺为末邑。其地介在闽、括，居万山之巅，初名罗阳镇，为瑞安义翔乡。景泰壬申，依尚书孙原贞奏，割安固、横阳幽遐之乡益之而设为邑，赐名泰顺，此泰顺之所由来也。地荒僻而俗简率，宰是邑者，历经振兴，渐就文物。迄今几二百余年，士习民风，蒸然丕变矣。朱君来宰兹邑，淬精励治，百废具举。公余之暇，搜罗旧志，苦多残缺，因与老成绅士博考参订而重修之。

余闻《泰志》始成于万历邑宰王君克家，重修于崇祯邑令涂君鼎甯，兵燹后鲜有存者，今得朱君更辑之。泰虽岩邑，得兹备志，而所谓士习民风蒸然丕变者，不更较曩昔而炳蔚可观也哉！

《自叙》：瓯郡旧县有四，明景泰间，始割瑞安、平阳地而县治之。则泰顺之为邑也近，非着沧桑几易者之杳乎不可考也。然源承乏兹土，广咨故事，虽章缝耆宿之士亦鲜有能道之者。欲求其《志》，而遗板尽矣，即间有携其书至者，非失其前，即阙其后，而存者亦多尘污蠹蚀，鱼豕传讹，莫窥全豹。源遂怵然兴感，谓泰之有《志》，至明季已两修，曾几何时而竟若是。则遥遥九十余年，其湮没而不可考者又可胜道哉！乃于戊申清和吉日开局于邑之文昌阁，延名献而续修之。上征郡志，下逮刍言，访之惟恐不得，得之又惟恐不真。然而迟之数月，须之又久，而所得者犹觉阙如。

孙案：雍正《泰顺县志》，分舆地、风俗、营建、祠祀、赋役、官师、选举、人物、杂志、艺文十门。采摭既为疏略，又漫无义例。……至于吴、陶、包、董诸大族，谱牒流传，往往伪造科名，虚张官阀，亦复不能考正，反据羼补。其《凡例》自谓"分类虽仍旧志，而参互考订颇具苦心"，今以其书核之，殊不践其言也。

板本：雍正己酉刊本。

以上属于外地人纂修者

（7）玉环志

（清）雍正壬子张坦熊《玉环志》四卷，存。

《自叙》：（上略）而制府李公体国经野之硕划，足以光天壤而昭来许。然而山川风土之宜，小民乐利之源，凡夫风气初开，新疆景象，不一一为之编辑，将后之观风者亦何所借以考焉？爰是首刊题奏议，详图其星野险要，纪其田赋典制，笺其风物事宜，而以人文附缀于后，为《志》四卷，则诚有不容已于缕述者也。

孙案：玉环山，明以前为滨海荒岛，旧无记载。国朝雍正五年，浙江巡抚李卫奏开其地，始筑城，设清军饷捕同知驻防其地，以桐庐知县汉阳张坦熊为之。《玉环志》四卷，即坦熊所创，其书前无所因，故所载掌故寥寥不能数叶，而奏报、公牍几居全书之半，舆图则备绘全浙海口，军制则详胪火器形制，皆未免横滋支蔓，务盈卷帙。至于榴屿旧闻，如……之类，并未能旁稽远讨。而卷末所载艺文，乃录坦熊自作诗文，连篇累牍，殊嫌芜秽，未足备土训之选也。

板本：雍正壬子刊本。

以上属于外地人纂修者

2. 名胜志

（1）雁荡山

（宋）陈谦《雁山行记》一卷，佚。

孙案：陈易庵《雁山行记》，元以后久佚。《广雁荡山志》所引《雁荡编》，疑《行记》与《永宁编》之佚文，然明胡汝宁《雁山志》未载，未知曾氏何所据也。

（元）李孝光《雁山十记》一卷，存。

孙案：《雁山十记》，见钱杲所辑《五峰集》及万历《雁山志》四：一、《始入雁山观石梁记》，二、《游灵峰洞记》，三、《暮入灵岩记》，四、《灵岩二奇记》，五、《访钦禅师过马鞍岭记》，六、《大龙湫记》，七、《宿能仁寺东庵记》，八、《游惠上人开西谷记》，九、《雁荡山记》，十、《秋游雁荡记》。其《灵岩二奇记》末云："宋英宗时，有居人行湫水上，见老父手弄药一丸，大如橡栗，语之曰：'尔为我持此献天子。'忽复不见。诣郡言状，郡驿上言，天子遣中使持香来，于是雁山名始在天下。"考此事亦见薛艮斋《雁荡山赋》，注云："系元丰五年僧道亲所遇。道亲至都，闻神宗不豫。诣都省言状，上闻而取之，命中臣梁从政以焚香至雁荡山，访老人，无所见。事见《实录》。"是此事在神宗元丰间，非英宗时。五峰得之传述，未考薛《赋》，故不能得其详实也。

（明）释永升《雁山志》一卷，未见。

孙案：永升《雁山志》，潘潢《志·叙》作"集"，施元孚《志·自叙》亦云："兹山之志，始于明初释永升之《集》，然山之景物未之志也。"似永升书专载诗文，与山志体异。然今未见其书，姑依黄《目》《千顷堂书目》入地理类以俟博考。

又案：顾氏《元诗选》癸下载陈大希《瀑布诗》云"见僧永升《雁山志》"，则此书康熙间尚有传本。

又嘉靖己亥朱谏《雁山志》四卷，未见。

《自叙》：雁山濒海，高出霄汉间。东南望闽、粤，西北连四明、天台以接栝苍，其发源固不知其所始也。其山之尽，垂入海峤，断崖千尺，下临巨浸。自浙以东，凡山之名胜奥邃者，必首称焉。

自晋、唐以来，始得列号于舆图，则以地出偏方，居非中土，去先王望秩之迹或远耳。

历世多而幅员广，然后向之蔽者日以开，塞者日以通。故虽薄海涂泥之乡，名山绝境，亦得以通舟车，萃衣冠，招士夫以遨游，托文字以张皇，而尽泄其秘蕴。此雁山之所以名天下者，沿至我朝而益著也。

吾幸窃兹山形胜之余，托处于南山之麓，藉桑榆以卒岁，却外虑而夷犹，故能发剔幽渺，补葺旧《志》以为是编。其有未备者，以俟后之同志焉。

孙案：同治辛未四月，余以应礼部试，在都假得翰林院所储《四库全书》底本数种，内有明刊《雁山志》四卷，验其册面印记，即乾隆三十八年十一月浙江巡抚三宝所进汪启淑家藏本也。其体例与《提要》所述同，细验之，实万历辛巳胡汝宁重编本。惟卷首载潘潢所作朱《志叙》一篇，据汝宁《自叙》，则本在末简，而汝宁因其议论醇正，移冠卷端者。而朱《志·自叙》及潘一仿《叙》则在四卷序记中，然则汝宁匪仅翻刻，实改编矣。《提要》误据潘《叙》，未及详考，遂认为朱《志》原本，误也。今列潘《志》于《外编》，而附订《提要》之误于此。

又嘉靖丁未章玄梅《雁山志续集》二卷，未见。

侯一元《叙》：嘉靖乙巳，吾邑侯欧阳先生至自西蜀。蜀故多奇，而先生冲襟，雅有五岳之尚。既下车问俗，一至雁山，即叹其巨丽冠绝东维，而追昔所游以为未至。人谓先生且日命习池之驾，畅滁山之饮，而先生事已，即旋乐而弗留。无何，值岁荐饥，海有劫寇，县官调度兵食，以忧民日不暇给，盖积岁乃定，而先生之不至雁山且久。丁未秋，御史河东裴公来巡，弭节兹山，爰有登高之赋。于是海平野阔，先生幸以无事，禀法于下，乃从寓目佳丽，讽咏篇撰，向者之乐始复在怀，慨然自以不易得也。爰属千峰章先生并衷近作，断自前《志》，搜其所遗，以为《续集》。既成，视余与诸生徐子世镳校而传焉。

孙案：千峰章知县玄梅，万历《温州府志·宦业传》、道光《乐清县志·文苑传》并有传。

又何白《雁山十景记》，存。

《自叙》：雁荡于予为家山也，俛仰二十年，所扉屦凡六至。昔人谓"雁山旁魄邃夐，山灵不自爱其秘，我得济之以胜具，一月聚粮之，仅得皮肤耳"。审是，则非乘跷径度者，终不能窥其蓄乎？予独为不然。……

王昭文文学尝侍其先公驾而邀，乃撮其大者得十景，归，属娄生图之毫素，持以示予。予披阅数四，嘉其赫蹄仅盈咫而所挟甚宏。予乃置身其间，若可覆探也者，岂古人所谓"抚琴动操，众山皆响"者非耶？……退而抒其昔所经历，撰为《十记》，即不文弗论也。乃若丹青其舌，组绣其词，则有国初李著作五峰先生诸《记》在。

孙案：何无咎《雁山十景记》，盖拟李五峰《十记》而作者，其文载《汲古堂集》二十四：一、《能仁寺》，二、《大龙湫》，三、《灵岩》，四、《龙鼻水》，五、《净名水帘谷》，六、《灵峰洞》，七、《东洞》，八、《梅雨岩》，九、《石门潭》，十、《石梁洞》。——《汲古堂集》二十四

板本：《汲古堂集》本。

又万历蒋国辅《重修雁山志》，佚。

又无名氏《雁荡图志》，佚。

焦竑《序》：雁山名胜甲一方，往有绘为图者，不甚称，登览题咏之集亦多轶而不存。玉洞山人生于其地，而济胜之具与品题之才盖俱兼之。暇日，同友人梁进甫历览山中，挟绘事者貌其大都而躬指授之，撮其景之最者各为一图以标其胜。每图为记，而题咏之什附焉，题曰《雁山图经》。……图凡十，诗凡若干篇。

又万历丙戌王光美《雁山四记》一卷，存。

孙案：王玉苍《雁山四记》编入所著《雁山集》：一、《梅雨岩记》，二、《大龙湫记》，三、《灵岩寺记》，四、《灵峰洞记》。盖玉苍于万历丙戌十月偕句吴朱在明、张邦粹，乐清何无咎、梁进父同游雁山。既归，作此以纪胜游云。

（清）方尚惠《雁荡纪游》二卷，未见。

林西仲《序》：乐成方子丹崖，善属文，以所居密迩雁山，往来探其奇胜，各著有记。笔致横绝，仿佛柳州诸作，且逐景系以诗句，如王摩诘辋川别墅与裴蜀州各赋二十首，辞意高妙。三访余于西泠，持以相质。

又李象坤《重辑雁荡山志》二十二卷，未见。

初稿《自叙》：求永升《雁山集》不可得，乃就嘉靖先、续刻，益以闻见所收，手自缮写。起孟夏之望，迄季夏上浣，凡得赋四，诗六百零一，序记、杂文七十三。又别为撰志余七种，共二十五卷，颜曰《雁荡山志稿》，示未竟也。

重辑《自叙》：曩予戊子辑《雁山志稿》十五卷，盖集束发以来所录雁荡山诗若文，合诸嘉靖先、续二《志》，汇而成帙。诗不分类，人各为编，序记则以年代为次。旧《志》无赋，予所收则四首。他如李五峰诸全诗俱百计致之，似皆有山灵之助焉。

己酉，韩秋岩先生山游，搜及志乘，谬奖予戊子旧本，予因请先生精加论次。今夏稍暇，乃并迩年所录附于前书，迎熏风复写之。起季夏，迄仲秋，共得诗

七百三十二首，序记、杂文百九首，勒为二十二卷，而古今名人之作亦缊缊差备矣。——《菊庵集选》

又杨森秀《雁山志》四卷，未见。

孙案：艺峰杨中书森秀，乾隆《温州府志》、道光《乐清县志·文苑传》并有传。

又薛英《雁荡山志》，未见。

孙案：雪堂薛教谕英，渔村侯处士思炳子，出继薛氏。乾隆《温州府志》、道光《乐清县志·文苑传》并有传。《东瓯诗存》载其《告致归里留别萧山诸君子》诗雪堂尝为萧山教谕注云："手辑《雁荡山志》，时谋付梓。"是雪堂著有此书，然府、县志并未著录。今亦未见印本，疑当时仍未梓行矣。

又施元孚《雁山志》十三卷，未见。

《自叙》，兹山之志，始于明初释永升之集，然山之景物未之志也。志之自荡南朱先生始，厥后章千峰、侯二谷二先生为哀续集，而胡邑侯汝宁合而刻之。

雁荡为名山之最，而所以志之者反仅仅如是。且自有宋开山迄于明之中叶五百六十余年，始得荡南先生之《志》。自荡南至今又二百二十余年，竟无承其意而补其缺遗者，弃文献而负山灵，不亦可慨也哉！

孚生长斯邦，驽钝之材，既无所用于世，而性耽山水，尤爱兹山，不时酣游，奥旷之景无不毕览。方弱冠时，辄怪斯《志》之缺，时望有人焉修辑以慰素愿。乃俟之数十年而卒不遇其人，于心甚恨。……于是窃不自揆，以其所见，参之史乘，质之传闻，于图则以景易寺，于景则次而释之，物产酌其旧，寺宇增其新，缀以山村，附以城堡，罗见闻以著故事，考文献以补艺文，因旧《志》而损益之，非敢妄也。凡以求遂荡南先生遗意以成兹山实录，全宇内之典，而不敢怠焉耳！书既成，分十有三卷。——《释未集》

又乾隆己酉曾唯《广雁荡山志》二十八卷，附《游法》一卷，存。

《自叙》：明初，释永升始编《雁山集》一卷，濮阳潘氏讥其"详略无法，不足征"。嘉靖间，朱荡南辑《雁山志》四卷，仅传其略，虽得章千峰，候二谷为哀《续集》，犹未详也。国初李菊庵博采诗文，施六洲考核山景，可谓详矣。

予游屐屡经，湍居多暇，思合诸《志》而汇辑之。正在采摭间，闻乐邑广文先生四明范藕萍先有所纂，假以参观，略者详之，芜者除之，析为三十卷。脱稿后，复就正同里友人程养斋，再加厘定，于是雁山真面目始露。——识于依绿园

之集画楼

孙案：近堂曾唯，字岸楼，永嘉人。喜搜辑温州文献，尝著《东瓯诗存》四十六卷，已别著录。《广雁荡山志》以朱荡南、李菊庵、施六洲诸《志》参合编订，在雁山《志》中最为完备。首为图二十七，卷一为《山总》，卷二至卷十一为《山水》，十二为《物产》，十三为《寓贤》，十四为《方外》，十五为《纪异》，十六至二十八并为《艺文》，而以《游法》一卷终焉。其《凡例》谓旧志有三大误：一、误听《笔谈》宋开之说，置《隋志》唐迹于不问；二、误认大湫出自雁湖，不知内外异谷隔岭；三、误传谢岭为灵运所经，而岭东谢家嶴未经详究。相沿已久，习焉不察。其考订亦颇精审。

板本：永嘉曾氏刊本。

以上属于邑人纂修者

（宋）无名氏《雁荡山记》一卷，佚。

又皇间祐章望之《雁荡山记》，佚。

孙案：《雁荡山记》最古者，郑氏《通志》所载，不著撰人。考郑氏所录，止于北宋末。章《记》作于皇祐间，则郑所见或即章《记》也。胡汝宁万历《雁山志》附录《雁山记》一篇，不著姓名，以其文核之，盖即依薛艮斋《赋注》所引章《记》掇拾赝作。其所采既多遗漏，又多任臆移窜。《记》内略附小注，亦未详备。……胡《志》既不达章《记》之旨，又未究俗语传讹之源，强以为说，殆可哂也。……今采《赋注》所引逸文著录于此，使考雁山故实者有所据依，不至如胡、曾诸《志》之重儓毗谬也。

（明）万历辛已胡汝宁《雁山志》四卷，存。

《自叙》：余治乐之二年，适兵道唐公出示察院马公《雁山纪胜》诗三十韵，命刊入《志》前，且令考旧《志》，仍加锓明，余遂求先、续二《志》及近日诗文若干卷，统皆翻刻以不负唐公之命，而得纵目于骚人词客之所为，大都夸咏其瑰崴绝特之状，登眺临观之美，亦云备矣。

是役也，博稽精校，蒋生国辅、林生有凤与有劳焉。

孙案：胡知县《雁山志》，余从翰林院所储明刻本传抄，其书合朱、章两《志》为一帙，而删其《人物》一门，并补正其阙误。胡氏《自叙》谓翻刻二《志》，实不然也。其书首为山图，次山名及四谷、山水胜迹，次寺观而附以仙释，次物产，次诗文，其考证颇多疏舛。

板本：翰林院储明椠本。逊学斋藏抄本。

又万历徐待聘《雁山志胜》四卷，未见。

（清）康熙二十七年周清原《游雁荡山记》一卷，存。

孙案：周蓉湖，康熙二十七年以左春坊左赞善督学浙江，《游雁荡山记》即其接试温州时所作。《记》止七页，以所述核之，盖仅历灵岩、大龙湫诸处，未能穷十谷一百二峰之胜也。

板本：吴震方《说铃》本。马俊良《龙威秘书》本。

又释实行《雁山图志》，未见。

以上属于外地人纂修者

（2）江心寺

（明）成化初释宏斌《江心志》，佚。

永嘉江中孤屿，云树参差，宫阙巍焕，凭虚屹立于金鳌背上，而四顾红尘，咫尺隔断，俨然海上蓬莱也。

邵铜《叙》：住持思佶谒余官舍，拜而请曰："江心之胜，历代以来词人韵士形诸题咏者多矣，惜乎未之刊刻以传于世。兹特裒辑古今先后诗文凡若干篇，成一巨帙，题曰《江心志》。"

孙案：宏斌，府、县志《仙释传》未载，王赐谷叙万历《江心志》云："成化初寺僧。"

又万历庚寅王光蕴《江心志》六卷，未见。

王叔杲《叙》：瓯故称山水郡，其峙大江中有孤屿，夹两山，胜状金、焦，东西浮屠，中为寺。自唐迄今，间废而兴。成化初，寺僧宏斌辑《江心志》，诠次无法。顷予修举废坠，语从子蕴为《志》。

《自记》：顷从同志游，家参政赐谷公语不佞蕴云："兹山标灵宇内，且忠贤俎豆在故所建置，吾相诸大夫新之矣，惜无志籍，殊为缺典，尔其图之。"不佞无似，乃稽古迹，裒辑古今诗文，为《志》六卷。

孤屿虽介僻址，谢康乐、文文山、王梅溪与我明卓忠贞辈树之风声，大地诸天托以不朽。然则是《志》也，信乎其不可已也，岂徒侈江海奇观已哉！

又天启丙寅陈陛《江心志》六卷，未见。

（清）康熙乙酉释元奇《江心志》十二卷，存。

又嘉庆戊申陈舜咨《孤屿志》八卷，存。

《自叙》：江心寺者，孤屿中大刹也。《江心志》数册独存于寺衲之手，而舛谬非完书。……夫孤屿著自六朝，历唐至宋而益显，其间时主之宸翰，高贤之屐齿，名流之题咏，遗迹多有。后之薄游斯土者，流连风物，凭吊古今，每不胜世运推移之感，贤哲存亡之慨焉！夫岂徒山川清旷，梵刹俨雅，足供登览已哉？则是《志》亦探讨者所必资，而榛芜满眼，安所须此？余掩关多暇，不揣谫陋，谬为增损厘定之，而附益以时彦藻翰，重命剞劂。

孙案：陈拨贡舜咨，号春堤，永嘉人。新编《孤屿志》以释元奇《江心志》为蓝本，因旧《志》名不雅驯，取谢灵运诗语改题其书。卷首为胜迹，余则皆艺文。于旧《志》略有增删，亦间附考订。如辨林伯庸即林教授常，释法幢即林中允增志，亦较旧《志》稍为精审也。

板本：嘉庆戊申刊本。

（3）仙岩

（明）嘉靖壬戌王应辰《仙岩志》六卷，未见。

《四库全书总目》：仙岩山在浙江瑞安县境，为道书第二十六福地。

嘉靖壬戌，兵部郎中永嘉王叔杲属应辰为此编。首载图景，次录诗文，序次尚颇简洁。

孙案：海坛王训导应辰，万历《温州府志·文学传》、雍正《浙江通志》、乾隆《永嘉县志·文苑传》并有传。

又注：应辰，永嘉人，嘉靖岁贡，上海训导。

又释道瑞《仙岩志》，佚。

孙案：道瑞，旧府、县志《仙释传》未载，《仙岩志》载万历《府志·艺文门》，盖万历以前仙岩僧也。

（清）康熙二十四年释佛彦、佛皋《仙岩寺志》十卷，未见。

乾隆《温州府志》：寺僧佛彦汇订，佛皋增辑。

以上属于邑人纂修者

（明）崇祯癸酉李氏灿箕《仙岩志》十卷，存。

李灿箕《序》：是集也，以学博洪先生与山人鲍公翰手为订。先生品地奇特，唐音晋墨，翩翩风雅，前无作者，与山人博致足相赏也。乃搜所经载，复裒所未觏，云缋霞斐，斗致竞情，无不泠然作天际真人想。

板本：瑞安项氏藏明刊本。

以上属于外地人纂修者

（4）南雁荡

（明）嘉靖丙辰陈玭《南雁荡志》二卷，未见。

乾隆《平阳县志》：玭字瑞光，积学有士行，会昌教谕，有《古山集》。

又郑思恭《南雁山志》五卷，未见。

孙案：郑氏《南雁山志》，今未见传本。《述古堂书目》二有《南雁荡山志》五卷二本，无撰人，盖即是书。

（清）李象坤《南雁荡志》，佚。

《自序》：南雁荡在平阳南偺，郡僻、邑僻、乡又僻，山穷海逼，乃结构一异区，其峰峦洞壑之美，视北雁殆雁行也。

予辛未冬携杖往，匆匆过黄公洞，轧于势，不得行而归。今又十七年矣。……是夏辑《雁荡志》，以次及兹山。

（5）玉甑峰

（明）陈允默《玉甑峰志》，佚。

何白《序》：昔郭景纯、谢灵运标韵高超，旷对山水。景纯注《山海经》，诠引秘迹；灵运所在登陟，雅有高篇。之二公者，皆涉吾土，郭以扞城至，谢以出守至，而雁荡、玉甑尚在暗眇，惜山灵不以举售，韵人为恨也。殆唐、宋间，雁荡以讵那显，玉甑以少和显，于是裹粮者接迹，而名胜闻于东维矣。

《雁荡志》成于国初，而玉甑尚阙如。玉甑之麓，陈君允默旁搜郡邑山经，并裒先世所传与迩来发览诸什，辑而成《志》。

孙案：陈允默事迹无考。何无咎《叙》，今所传《汲古堂集》及《续集》残本并无之。《乐清志》所载，或据足本《续集》采入也。《千顷堂书目》八有陈崇雅《玉甑峰志》十卷，疑非此书。

（6）白石山

（清）雍正戊子施元孚《白石山志》五卷，未见。

《自叙》：雁荡为东南绝胜，而白石次之，两山皆在吾邑，而白石尤近吾家。予于雍正庚戌游白石，于乾隆癸亥游雁荡，嗣是屡游两山，每以两山之《志》缺而不备，窃以为恨。岁戊寅，余不自量，撰辑《雁荡志》十三卷。至岁丙子，白石陈与京复以《白石志》为请。明春，遂与君偕往山中，遍搜幽岩绝壑，剔断碑之斑藓，刮磨崖之层苔。既又博稽典故，旁采传闻，取旧《志》修饰之。于山图

外，别其类为五：曰山水、曰物产、曰寺观、曰故事、曰艺文，分为五卷，命子斑录之。——《释耒集》

（7）旸湖

（明）王叔杲《旸湖小志》，佚。

王叔杲《序》：郡郭之西乡多山水，而旸湖为最胜。余仲氏阳德甫为诸生时，过其地，爱而购之，稍稍芟夷，辟蹊圃，旋治为墅。墅成，而亭台、池迳、木石诸景遂擅称焉。四方荐绅先生乐道其胜，积之得记文诗歌若干篇，仲氏汇为《小志》，梓而藏之山中。

始旸湖未为墅也，菑畲灌莽，耕犁蒙翳，迨地灵天启。仲氏抉其奇秀，环湖之境尽四时朝昏之观，飞盖轻舟，户屦常满，遂使海野一区名闻吴、越间。

余兄弟幸反初服，投闲林泉，鱼凫游泳，云水徜徉，日取高贤所尝品题者啸歌其间，庶几盘谷、鉴湖矣。噫！此旸湖所以志也。——《玉介园藏稿》

（三）专集

1.总类

（明）鲍武《瑞安文献拾存》，佚。

《东瓯诗存》：鲍武，瑞安人，崇祯荐辟。

又方继学《江南文献录》十一卷，佚。

《自跋》：《平阳江南文献录》十一卷，乃继学偕陈氏宗阳之所诠次也。先是，继学与宗阳论吾邑文献，慨然欲并辑之。顾夫坠绪茫茫而力有不逮，乃独辑其所谓江南者。于乎！吾江南远薄海陬，向为穷僻之乡。然自经正、经邦二陈先生得河南程氏之学，而中原文献之泽施及后来，尚矣。第气运升降，盛衰相寻，昔之以衣冠文字蜚英济美者，一气澌尽之余，而微门冷祚不绝如线，甚至第宅鞠为榛墟，其乔木故家岿然而独盛者能几何哉？所幸残文遗墨不与海桑俱化，是其气泽之仅存者耳，恶可使之终沦没邪？用是犯兹不韪，搜罗采撷，得十一于千百，并稽其人物，录之以成是集。

孙案：平阳横阳江以南滨海诸乡，俗名江南。方西堂《文献录》，盖专录江南诸乡先哲遗文。

又徐应用《昆阳文献集》，佚。

孙案：乾隆《平阳县志·宦业传》载，应用为宝应知县祺之孙。祺，正德己卯举人。然赵东山《东瓯续集叙》作于弘治癸亥，已云"于家藏旧本及文献大家访求，得《西里》《石渠》《栗斋》暨《昆阳文献》等集"，时代龃龉，良所未喻，岂《昆阳文献》草创别出他人，应用特续为编辑邪？

又无名氏《江北文献集》，佚。

孙案：《江北文献集》，盖录平阳横阳江以北诸乡先哲遗文，以配方西堂《江南文献录》也。其书今未见传本。

（宋）黄仁荣《永嘉集》三卷，佚。

李知己《永嘉集》二卷，佚。

孙案：李知己任永嘉教官，见郭象《睽车志》一。万历《温州府志·秩官》载于莫冲、刘夙之前，盖绍兴间人也。

又案：宋曾宏父《凤墅法帖》卷三刻有《王梅溪书札》一帖，云"《永嘉集》首以谢康乐诗，中有《杨公济百咏》，亦可略见敝乡风物，聊资涂中观览"云云。曾《帖》宋拓残本，汉阳叶志诜所藏，余未之见。此据叶所抄释文录。据此，则《永嘉集》盖专收题咏诗词，梅溪书中不纪编集姓名，其为黄本、李本无可考矣。

以上属于外地人纂辑者

2. 诗类

（宋）无名氏《东瓯诗林》，佚。

（明）蔡璞《东瓯诗集》七卷，存。

邓淮《序》：温，古东瓯也，两浙名郡也。郡因人胜，人必因文章事业而后显。自宋以来，郡中人才视古为最盛，其事业著之当时者不待言矣。其文章垂之后世者，各自成一家言，学者岂能遍观而尽识？惟善选择者，取其尤者，哀而集之，则一郡之诗文一览可知，而一郡之才亦于是备见矣。

集中如梅溪王公、秘书周公、忠简许公、止斋陈公、水心叶公辈，则又非一郡之才，天下之才也，不表而出之，则何以彰其盛哉！弘治癸亥。

板本：逊学斋藏明刊本。

又赵谏《东瓯诗集续集》八卷、《补遗》一卷，存。

《自叙》：吾温自晋至国朝，作诗虽多名家，惜无好事者为之哀辑，遂致湮没散亡，是以后世无传焉。宋之时，虽有《东瓯诗林》，止录当时数家，而不及他代。元之时，虽有《遗芳集》，止录赵氏数人，而不及他姓。得于此者或失于彼，莫能遍举远及，不足以传示永久。成化间，乐城蔡君璞尝自宋状元十朋王公为首暨后之诸家，得数十首，萃为一集，名曰《东瓯集》，持以示谏，且欲为其校正以序其端。

未几，璞物故，遂因循至今，甚为平生之憾。弘治初，郡大夫长洲文公宗儒尝欲刊郡诗文为文献集，未久亦故。继文公者江右邓公安济亦尝以斯文为之任，一日，于郡斋出示是编，即璞旧所录者。因假归，不揣疏陋，略加删削，固不敢以蠡测之见而没人之善焉。继复于家藏旧本及于文献大家访求，得《西里》《石渠》《栗斋》暨《昆阳文献》等集，日夕披味，取其长而弃其短，惟以关于治化及词之醇正者录之，固不以人之穷达、情之厚薄而容私意于其间焉。合而计之，复得若干首，与前集多寡颇类，目之曰《东瓯续集》。

孙案：《东瓯诗集》七卷，自宋王十朋至明黄淮，凡九十八家；《续集》八卷，自梁陶弘景至明章可象，凡百五十八家；《补遗》一卷，自李思衍至陈某，凡五十五家。正集所录诗，于宋、元颇详而明诗甚少；续集搜其缺漏，收明诗几五倍之，互相补□，自宋至明一郡作者亦略备矣。

永嘉诗派盛于宋，元、明时故家遗集尚多藏弃，勾集非难，至以明人采明诗，则时代相接，所见尤备。此二集所不无庇颣，而网罗宏富，固吾乡征诗之渊楲矣。

《补遗》一帙，家数无多，而所列作者姓名多类别号，籍贯、时代大半无考，精核一过，谬盭尤众。……盖草草捃辑，即付雕板，不暇精勘，故疏舛至是，然则此卷虽不存可也。

板本：逊学斋藏明刊本。

（清）周天锡《慎江诗逸》，未见。

又《续慎江诗逸》，未见。

又《二续慎江诗逸》，未见。

又《慎江诗类》六卷，存。

孙案：周懋宠《慎江诗类》六卷，始宋谢灵运，终国朝朱彝尊，凡诗四百五十六篇，皆涉温州文献者。末卷附诗余七篇、赋一篇。其所采诗，明代居十之八，宋、元两朝诗所录颇少。盖懋宠生于明季，犹得见天、崇遗老，且时代相接，搜罗较易。至宋、元遗集，则明时流传已鲜，故甄录未备。至其苦心搜采，要多足资考证。至于题咏之作附注山川，投赠之篇略详家世，多志乘所未详，与所编《慎江文征》同为有功文献之书也。

板本：瑞安吴氏藏手稿本。逊学斋藏抄本。

又曾唯《东瓯诗存》四十五卷，《补遗》一卷，存。

《自叙》：《东瓯诗集》一书，前明蔡廷玉、赵士忠两前辈先后编辑。自宋、元迄明成、弘间，所收良云备矣。顾至今屈指三百余年，板既无存，书亦罕觏。虽国朝初，乡先生周天锡辑有《慎江诗逸》初、续集，未经剞劂，亦复就湮，吾瓯人之诗不几泯灭无传哉？

尝观郡、邑志，载历朝以诗学名世者不下数百家，求其残编断简，仅存什一于千百，迟之又久，岂惟诗亡，而其人亦并亡矣！心窃忧之，思欲网罗放失以继前修，而转恐耳目有所未周也。闻瑞安余君国光志存风雅，而于诗集辑有成书。丙午至瑞，急访余君，出所藏卷帙以示，披读之下，实获我心。惜诗家不多，篇什简略，似未足以尽瓯诗之大观。乃归而检家中旧录先辈遗稿，并赴省垣搜觅书林，复广咨良友于鹿城。……协力采访，历四寒暑而鸿篇蠹册积案盈箱矣。然后取余君手抄参酌增订，荟萃成集。……厘为四十六卷，名曰《诗存》。识于永嘉依绿园之服膺轩。

孙案：曾近堂《东瓯诗存》，所录宋以来乡先辈诗凡九百六十八家，五千三百七十七篇，较之《东瓯诗集》《续集》卷帙多至三倍，诚吾乡征诗之巨集也。

然《东瓯》二集止及弘治以前，中叶以后，荡南醇雅，上溯唐、晋；汲古高华，近沿七子；永嘉诗社莫盛于兹。其大较悉具于此集。……至国朝诸集，采辑尤为赅备，较之周氏《慎江文征》，盖如骖之靳矣。

板本：永嘉曾氏刊本。

又董斿《罗阳诗始》四卷，存。

曾应枢《序》：《罗阳诗始》者，泰顺董霞樵先生哀录其邑人之诗，自前明成化洎近已往人所作之有可存者，汇为是编，而次君籽袚复纂辑修饰以成之者也。

章安与君邑接壤，而宋时瑞安府曾为郡领属县，泰邑建置始于明，我邑与君邑同有"罗阳"之称，是余亦犹君间闬中人也。——曹应枢序

孙锵鸣《序》：余闻之，昔者李石农方伯之观察我瓯也，以风雅提倡两郡士，时则青田端木太鹤、永嘉陈春堤、瑞安林石笥、泰顺则先生，皆以能诗被宠异。

孙锵鸣又《序》：吾瓯自宋以来，人物蔚起。其发为勋名气节、道谊文章，

彪炳史册，踵相接也。顾兵燹迭经，欲求其著述之遗存者，不能什一，况于嵌岩穷谷潜栖苦吟之士，篇残什断，其不转瞬而荡为飘风坠露者几希。呜呼！网罗放失，表章幽懿，此非后死者之责欤！

泰顺自明景泰间始置县，地斗入万山中，于吾郡最为荒僻。然以余所见，本朝乾、嘉以还，其有专集梓行，如曾复斋之激宕沉雄，董眉伯之清新绮丽，皆视古作者无多让。则溯而上之，其师友渊源所渐必不乏人，不幸而湮晦无闻者度不少矣。

霞樵先生深于诗，尤留心于其邑之文献，旁搜博采，编为《罗阳诗始》四卷。

孙案：董霞樵《罗阳诗始》四卷，始明董鉴，终国朝僧植兰，凡五十四家，并泰顺人诗也。

泰顺置县始于明成化，故兹编即托始于明。然明诗亦止十四家，余皆国朝人作。盖泰顺地界浙、闽，万山环绕，在温州属邑最为荒僻，故文献之盛亦不及永嘉、瑞安诸县。此集虽录诗不多，然采摭颇具苦心，至董氏一门群从，悉工吟咏，故此集所录，大都格律雅正，抉择亦颇不苟，不若地志家裒录诗文，黄茅白苇，漫充卷帙也。

板本：泰顺董氏刊本。

又陈舜咨《瓯雅》十六卷，未见。

《瓯乘补》九：吾温陈春堤，名舜咨，诗文拔萃，观察李石农调擢滇藩，聘往掌文。归里后，杖履优游。为人乐易，生平嗜茶，及老病，惟啖饼，故有"萧闲长说饼，多病但看茶"之句。尝谓《东瓯诗存》原选甚滥，手为删订，易其名曰《瓯雅》，惜乎书未成而先生遽归道山矣。

（元）阁巷陈氏《清颖一源集》八卷，存。

陈锡三《序》：吾陈氏之先，自唐肃宗时由河南固始县迁闽之侯官，转迁括之龙泉，筮仕于温。至云海公始于宋宣和五年癸卯开基于安固江南崇儒之前里，即今之阁巷也。至第四祖讳供，号杏所公，淳熙间以诗鸣；其子则翁公后分居崇儒之后里，即今之柏树也。当时父子兄弟、犹子宅相熏陶唱和，遂成家集，名曰《清颖一源》。

孙案：陈氏《清颖一源集》，初编于元延祐间，为陈冈所录，而裴云山为之删订者。……续编于明隆庆间，则吴论为之删订者。……据其每人下所注事迹，大半皆有诗文专集，足见一门之盛。

且明人《东瓯诗集》正、续两编于此《集》所录诗均未采入，而《集》中附注明代遗闻尤足资考证，疑以传疑，爰详为辨证，使后之览者知所甄择焉。

又案：此《集》裴云山所选者卷数不可考，明时续刊者凡八卷，然印本流传甚少。道光间，陈氏裔孙锡三裒集残本，以聚珍板重印，并为二卷，今仍以八卷著于录，从其朔也。

板本：道光乙酉瑞安陈氏摆印本。逊学斋藏抄本。

（明）赵廷晖《赵氏遗芳集》，佚。

卓敬《序》：瑞安岘西赵廷晖氏，集乡之缙绅先生遗其先君子德深甫诗文若干首，及甫殁，铭志、乡人哀悼惜之词文若干首，帙成，请名于予。予阅之，歆甫之德布而高廷晖之为，因名之曰《赵氏遗芳集》。——《贞忠录》一

孙案：赵廷晖事迹无考。

又李阶《月泉诗派》一卷，存。

郑纪《序》：月泉讳复初，宋季自龙游避兵，迁瑞安鸣珂里。抱道自乐，隐于篑筜别墅，吟咏甚富，再传二子端义、云谷，云谷传其子耻庵，耻庵传其子兰坡与从子竹所，兰坡传其子栗然，栗然传其从子敬斋，敬斋传其从子静学，静学又传从子东郊。派传八世，凡十人，有《鹿岩樵唱》《樊庄》《兰坡》《竹所》《怡云少隐》诸集，其音韵清和，格律高古，皆发于性情，止乎礼义，可以逼盛唐，追魏晋，而缀三百篇之绪余，可以鸣国家之盛。然编简散逸十有八九，有志学诗者所共惜也。

孙案：《月泉诗派》皆瑞安季氏一家之诗，卷首题"同郡大罗山人台南李阶编次，翰林院编修王瓒校正，吏部主事七世孙季斁刊行"。其名月泉者，元处士季复初别号也。季氏初著籍龙游，至复初始迁瑞安，故以题集。然李阶等编此集时，复初诗文已无存者，仅得其子震孙、孙应祁、曾孙德几、德琦、玄孙廷珪、来孙俏、云孙蒙、仍孙元等八人诗，而附以应祁妻冯氏逸诗及德几杂文二篇、黄淮所作应祁《墓志铭》、何文渊《祭文》、虞原璩挽诗，都为一帙，刊行于世。月泉身丁元乱，蛰遁以终，弟昆子侄咸有专集。自明以来，各集大都亡佚，仅借此册以见其梗概。虽卷帙无多，然雅才文誉萃于一门，盖亦柴氏四隐、段氏二妙之流亚矣。

板本：逊学斋藏抄本。

以上家集

（明）王澈《王氏族约》一卷，存。

孙案：所著《族约》凡十篇，……皆斟酌古今，根据典礼，于敬宗收族之道言之至悉。今永嘉王族姓蕃盛，岁时尚遵行此《约》不替，亦义门郑氏之流亚也。今不知存佚，据《王弇州集》，则其说出西华手也。

板本：逊学斋藏抄本。

（宋）无名氏《乐清诗集》，佚。

孙案：《乐清诗集》，各史《艺文志》及诸家书目并未著录，惟陈箮窗《赤城志》四十《辨误》门云：谢灵运《游赤石进帆海》诗"扬帆采石华，挂席拾海月"，即其地也。是诗已载《乐清诗集》矣。知宋时本有是书，不知何人所编也。

又《唐贤永嘉杂咏》，佚。

孙案：《唐贤永嘉杂咏》，《文渊阁目》不著撰人，当亦宋人所编。周氏《慎江诗类》一录唐人诗不盈一卷，府、县志《艺文》门所载尤鲜。此书明时所存，亦非完本，然尚有三册，足征搜辑之博。今无传帙，可惜也。

（明）汪循《东瓯唱和集》，佚。

以上外编

3. 文类

（清）周天锡《慎江文征》六十一卷，存。

《自叙》：以乡人辑先哲文，该而当者难也。陵谷后四年，锡乃为此，要以寻幽访逸，为事迂焉弗应，即止于耳目所及，直寄焉耳。虽寄而手与眼不能借，而古今人之书，遂为吾一人之书乎哉！

夫著书立说，存乎其人，维桑与梓，必恭敬止，非仅文也。惟不以文言文，而后锡也为此可以无罪于前，无罪于后。后之读者，亦有以谅我矣，抑有所谓寄焉者乎？

孙案：周樗庵《慎江文征》，所录宋、元、明三朝温州乡先辈文，凡六十一卷。巨集衮然，其搜辑颇为赅博。所载明代遗文，多从故家旧稿展转拊录，尤多罕觏之作。……然其网罗宏富，珍文奥策，往往而在。吾乡征文之书，自当推为渊椒，固非后来陈镜帆诸人徒抄地志者所能及矣。

又案：……至此集所录文，个体皆备，独无传状、碑志诸作，则当为别入《慎江献征》，故此书不复缀录，非其缺略也。

又作《慎江文逸》，未见。

《自叙》：余既辑《文征》七十卷，以余芜陋，冀一当作者，私衷良苦云。今复取郡、邑乘所遗，与全集彤耗间见他集者，命曰《文逸》。

又作《续慎江文逸》，未见。

又作《慎江文类》，未见。

孙案：周樗庵《慎江文类》，稿本，今未见。……樗庵《慎江诗类》专收外人诗之涉温州者，《文类》义例亦当与彼同，盖《文征》《文逸》止录乡先辈遗文，外人之作则别为《文类》，三书互相表里也。

又陈遇春《瓯栝文录》十五卷，《补遗》一卷，存。

《自叙》：夫瓯、栝居浙东僻壤，累代以来遭兵燹水火之灾，其文之散佚也久矣。

瓯之文献，始于唐而盛于宋、元、明；栝之文献，始于宋而盛于元、明。特是著作虽多，湮没不少，无如上下数百年间，断简残篇，人又不收拾，以致稀而又稀矣。

孙案：……其文大半从地志录入，所据宋、元以来诸家别集，亦止见陈止斋、王梅溪、叶水心三家，其余若周浮沚、许横塘、二刘左史、给事及薛艮斋诸集并未寓目，其采览颇为寒窘。

盖其匌集散亡，远不及周氏《文征》之博，而考证疏舛乃较周书为甚。

（四）杂著

（明）姜准《岐海琐谈集》十六卷，存。

孙案：姜平仲《岐海琐谈集》，从永嘉张氏藏本传录，前后无序跋，专记温州一郡宋、元、明三朝文献。其曰岐海者，取《山海经·海内南经》"瓯居海中"郭璞注语也。所录佚文旧事凡五百余条，采撮颇为繁富。其所引宋、元古籍若《永嘉谱》之类，多今所未见之书。至于有明一代，见闻既近，捋述尤详。惟喜谈神怪，间涉猥俗，文笔冗拙，亦其一庇。其采自他书者，于出处或注或否，体例亦为未纯。然当文献散缺之余，得此一编以补亡校异，就一郡而言，亦可谓考证之渊椒矣。

板本：永嘉张氏藏手稿本。逊学斋藏抄本。

又作《东嘉科第年表》，未见。

又作《东嘉诸科年表》，未见。

又作《东嘉书目考》，佚。

（清）周天锡《竹懒新著》，未见。

又作《㰁盦私纪》，佚。

又作《㰁庵汇纪》，佚。

又作《㰁庵日抄》一册，阙。

孙案：《㰁庵日抄》手稿一册，亦藏瑞安吴氏，皆集录乡先哲遗著。首有缺页，原本不知若干种。今所存者，……凡十二种，多罕觏之帙。惟于各书原文间有删节，首尾不全具耳。

又作《慎江史逸》四卷，未见。

《自叙》：史逸者何？郡、邑史之逸也。……余喜谈梓里事，偶有睹记，辄笔存之，间参郡、邑史，十阙其五，因喟然作史之难也。

《又叙》：陵谷后，余志不自得，婆娑漫淫，慨然而喟。则取古今史、省直志考之，而贤才、良有司与所论者，十三四逸矣。乃依往例、采旧闻整齐成帙，命曰《史逸》，盖历十二年。

又作《梓闻私纪》，佚。

又作《梓闻汇纪》，佚。

又叶嘉榆《箟林日记》，未见。

又余国光《俗字》一卷，未见。

又洪守一《俗字编》，存。

以上属于邑人著述者

（明）蔡逢时《温处海防图略》二卷，存。

《四库全书总目》：逢时字应期，宣城人，万历庚辰进士，官温处兵备副使。温、处为两浙海疆门户，明季倭寇出没，号曰要冲。逢时此书作于万历二十四年，皆据当时文移册籍编次成帙，凡地形、船械以及战守选练之法无不毕载。共为图四，子目四十有三。

又李如华《温处海防图略》二卷，未见。

孙案：李如华，官秩、籍贯并无考。

又无名氏《温州水利》四卷，未见。

（清）沈雍《平阳学校志》，未见。

孙案：沈教谕雍，乾隆《温州府志》、乾隆《平阳县志·名宦传》并有传。

（明）邓淮《鹿城书院集》，未见。

（宋）淳熙韩彦直《永嘉橘录》三卷，存。

《自叙》：橘出温郡，最多种，柑乃其别种。柑自别为八种，橘又自别为十四种，橙子之属类橘者又自别为五种，合二十有七种，而乳柑推第一。故温人谓乳柑为真柑，意谓他种皆如假设者，而独真柑为柑耳。

自屈原、司马迁、李衡、潘岳、王羲之、谢惠连、韦应物辈，皆尝言吴、楚间出者，而未尝及温。温最晚出，晚出而群橘尽废，物之变化出没，其浩不可考如此。以予意之，温之学者，由晋、唐间未闻有杰然出而与天下敌者，至国朝始盛，至于今日，尤号为文物极盛处，岂亦天地光华秀杰不没之气来钟此土，其余英遗液犹被草木……者耶？

孙案：韩知州彦直，雍正《浙江通志》、乾隆《温州府志·名宦传》并有传。所著《橘录》，专纪宋时永嘉一郡所产。上卷柑八种，……中卷橘十四种，……下卷述种植制蓄之法九篇，……纪述最为详备。而文笔简洁，尤有陆《疏》稽《状》之遗。《自序》谓欲附欧阳文忠《牡丹记》、蔡忠惠《荔枝谱》之后，殆无愧也。至吾乡所产橘，种类繁盛，虽尚甲浙中，而自宋迄今，年代浸远，物产变迁，此《录》所载诸品，多不能举其名状，此尤谭橘官掌故者所宜稽考矣。

板本：左圭《百川学海》本。

（清）梁章钜《雁荡诗话》二卷，存。

《自叙》：余于客冬就养东瓯，甫入郡斋，即作游雁荡之想，而次儿丁辰由京请假来瓯省视，亦急欲侍游。值学使者赵蓉舫先生按试温州，恭儿以提调试事，迟之季春下旬始竣，乃刻期挈同登舟，并约在城卫守备廖菊屏寿彭、幕中客冯芝岩懋，凡五人。菊屏，诗人，芝岩，画师也。……合来往程途共七日。回郡斋后，补作《游记》一篇，七言长歌一首。适门下士邵阳魏默深刺史源亦为游雁荡而来，留住署中者三日。既读余记与诗，问余"何不作《雁荡诗话》"？余曰："客冬初到此间，即欲作《东瓯诗话》，居之月余，知城中难得借书之家，亦无可谈艺之友，废然而止。今若创为《雁荡诗话》，则此山晚出，前人题咏寥寂，恐成书益难。"默深曰："曷不试为之？"

时适得曾唯所辑《广雁荡山志》，详赡为各旧志之冠，盖游山时惜未及见者，因即详翻此《志》，有与诗事相涉者，披却导窾，搜沉掇沦，参以旁书，纬以己意，费月余日之力，次成书若干条以示廖菊屏。复为勘补一过，覆视之，亦自斐然可观。因付抄胥录成小帙，或可增导游之助，亦间补志乘之遗。

板本：道光戊申刊本。

（宋）刘士英《永嘉守御录》，佚。

叶适《跋》：右刘教授《永嘉守御录》，钱君德载刻于州学。往岁王师北伐，德载与刘平国援此，谂其守谋，增陴浚隍，预储拟以待非常。既房复请和，事亦已，然君之念不可诬也。今遂刊布其书。——《水心文集》二十九

孙案：刘教授士英，《宋史·忠义传》七、万历《温州府志·治行传》、雍正《浙江通志·忠臣传》并有传。宣和间，方腊寇温州，士英与郡人石砺等拒守，凡四十余日，《守御录》盖纪其事也。

（清）劳大与《瓯江逸志》一卷，存。

《四库全书总目》：大与字宜斋，石门人。顺治辛卯举人，官永嘉县教谕。是编前纪温州旧事，后记其山川、物产，大意在补郡乘之阙，故命曰"逸志"。

孙案：劳宜斋《瓯江逸志》凡五十六条，杂记琐事，而不著所出书，难以依据。其间偶有援证，又多不得其源。……若此之类，并未详核。惟"刘衡山懋功道雷震孔道人"一事引《闇然堂类纂》，其书为今所罕觏，然亦不著撰人，不足以补志乘之阙也。

板本：《说诠》本。《龙威秘书》本。

又孙同元《永嘉闻见录》二卷，存。

孙案：孙同元，字雨人，仁和人。嘉庆戊辰举人，道光中任永嘉教谕。

以上属于外地人纂述者

（五）内编

宋：

周行己《浮沚集》。

许景衡《横塘集》。

刘安节《刘左史集》。

王十朋《梅溪集》《梅溪后集》。

薛季宣《艮斋浪语集》。

陈傅良《止斋文集》。

叶适《水心文集》。

孙案：其为温州人作者，碑志、行状凡四十五篇，妇女之志尚不与焉，尤吾乡文献之渊楲也。

戴栩文子《浣川集》。

许及之《涉斋集》。

陈埴《木钟集》。

刘黻《蒙川遗稿》。

林景熙《霁山集》一作《林霁山集拾遗》。

陈昉《颍川语小》。

孙案：今以其书核之，其论叶文定《进卷》、赵紫芝《诗》及仰孝子忻《同姓图》，皆涉温州文献。

章祖程《白石樵唱注》。

元：

陈高《不系舟渔集》。

明：

卓敬《忠贞录》。

黄淮《介庵集》。

虞原璩《环庵遗稿》。

王朝佐《东嘉先哲录》。

张孚敬《张文忠集》。文稿、奏疏

姜准《岐海琐谈集》。

项乔《瓯东私录》。

侯一元《二谷山人集》，又《二谷山人近稿》。

王叔果《半山藏稿》。

王叔杲《玉介园藏稿》。

何白《汲古堂续集》。

李阶《月泉诗派》。

赵谏《东瓯续集》。

裴庚《阁巷陈氏清颍一源集》。

王澈《王氏族约》。

清：

王祚昌《王氏园史》《珠树堂集》。

周天锡《花萼楼集》《樗庵日抄》《慎江文征》。

朱鸿瞻《竹园类辑》。

李象坤《匊庵集选》。

施元孚《释耒集》。

黄汉《瓯乘补》。

林培厚《宝香山馆集》。

董斿《罗阳诗始》。

鲍台《一粟轩文集》。

华文漪《逢源斋文抄》。

张振夔《介庵文抄》。

曾唯《东瓯诗存》。

陈遇春《瓯栝文录》一作《东瓯文存》，又《遇春笔记》《瓯中纪逸》在乾隆《府志》中。

劳大与《瓯江逸志》。

地志书：

万历《温州府志》。

雍正《浙江通志》。

乾隆《永嘉县志》。

嘉庆《瑞安县志》。

道光《乐清县志》。

汤成烈咸丰《永嘉县志稿》。

咸丰《乐清县志》。

又《缙云文征》。

（六）外编

宋：

程颢＼《二程遗书》。

程颐／又《程氏文集》

朱熹《晦庵大全集》《晦庵续集》《朱子语类》。

陈亮《龙川集》。

魏了翁《鹤山集》。

吴莱《渊颖集》。

真德秀《西山文集》。

车若水《脚气集》。

韩淲《涧泉日记》。

吴子良《荆溪林下偶谈》。

刘克庄《后村大全集》。

刘壎《隐居通议》。

王应麟《困学纪闻》。

黄震《慈溪黄氏日抄》。

叶绍翁《四朝闻见录》。

李心传《建炎以来朝野杂记》。

徐梦莘《三朝北盟会编》。

罗大经《鹤林玉露》。

秦观《淮海集》。

盛如梓《庶斋老学丛谈》。

刘爚《云庄集》。

俞文豹《吹剑录外集》。

孙应时《烛湖集》。

周密《齐东野语》。

袁甫《蒙斋集》。

张九成《横浦文集》。

汪应辰《汪文定集》。

周必大《亲征录》《省斋文稿》。

文天祥《文山集》。

谢翱《晞发集》。

元：

楼钥《攻愧集》。

陶宗仪《辍耕录》。

袁桷《清容居士集》。

虞集《道园学古录》。

戴良《九灵山房集》。

郑元祐《遂昌山人杂录》。

王柏《鲁斋集》。

金履祥《仁山集》。

明：

苏伯衡《苏平仲集》。

凌迪知《万姓统谱》。

胡应麟《诗薮》。

崔铣《洹词》。

李维桢《大泌山房集》。

何乔《何文肃公集》。

宋濂《銮坡续集》，又《后集》。

贝琼《贝清江文集》。

方回《瀛奎律髓》。

王世贞《弇州史料后集》《弇州山人四部续稿》《艺苑卮言》。

茅坤《鹿门文集》。

杨维桢《东维子集》。

归有光《震川集》。

钱曾《读书敏求记》。

宋景濂《宋文宪集》。

郑晓《吾学编》。

孙存吾《皇元风雅》。

潘是仁《宋元名家诗集》《江湖群贤小传》《江湖后集》《南宋群贤小集》《诗人玉屑》。

钱谦益《列朝诗集》。

顾嗣立《元诗选》。

邹维琏《达观楼集》。

程敏政《明文衡》。

谢铎《桃溪净稿》。

徐逢吉《清波小志》。

许斐《融春小缀》。

陈栎《定宇文集》。

陈世崇《随隐漫录》。

清：

沈德潜《归愚文抄》。

施闰章《矩斋杂记》。

朱彝尊《曝书亭集》《静志居诗话》《明诗综》。

万斯同《儒林宗派》。

全祖望《补宋元学案》王梓材补录，《学案札记》《鲒埼亭集》。

厉鹗《宋诗纪事》。

钱大昕《潜研堂文集》。

卢文弨《抱经堂文集》。

阮元《研经室外集》《两浙𫐏轩录》《两浙金石志》。

梁章钜《浪迹续谈》。

顾广圻《思适斋集》。

蒋光煦《斠补隅录》。

钱泰吉《甘泉乡人稿》。

恽敬《大云山房文稿》。

韦居安《梅磵诗话》。

庄述祖《珍艺宧文抄》。

宋翔凤《过庭录》。

近人：

夏炘《景紫堂文集》。

无名氏《爱日斋丛抄》。

三、留心乡邦文献者

1.（明）郑思恭　《易学金针》，未见；《三部经演》，佚；《东昆仰止录》，未见；《并生录》，未见；《南雁山志》，未见；《笔锄三刻》，佚；《性鉴摘题》，佚；《月令纂言》，佚；《喷饭录》，佚；《乡居琐语》，佚。

孙案：太和郑教谕思恭，乾隆《平阳县志·文苑传》有传。

乾隆《平阳县志》十六：郑思恭归休二十余年，闭户著书，有《易学金针》《性鉴摘题》《左国精髓》《东昆仰止录》《乡居琐语》等二十六种。

《自赋》：（上略）嗟余年之方奢，徒玩愒于辞章。失景行于往哲，苦迷津而无梁。仿野史之末议，借秉烛之余光。涉载籍而博讨，标先贤于缥囊。附祖父之末简，冀绍明于不忘。重曰：惟混忙之初辟兮，合万汇而生焉。独人心之玄觉兮，实众妙之渊源。自斯文之既丧兮，悼吾道之不传。睹先正之济美兮，庆吾乡之多贤。穷性命以砥行兮，揭斯理于中天。考文献与会略兮，或仅录其诗篇。余独详其懿行兮，纂《仰止》之余编。方《鸿宝》于枕中兮，效作则于韦弦。吾不知老之将至兮，斯补过于无愆。庶昕夕之把玩兮，恍诸贤之参前。倘无忝于古人兮，日孜孜以勉旃。听韶华之荏苒兮，聊优游以穷年。

孙案：郑太和著《东昆仰止录》以纪平阳一邑文献，其书乾隆间尚存，张南英修《平阳县志》多据其书，今则不知存佚。

《三部经演》何白《序》：横阳郑允之先生，少以渊颖奥博之资，岳岳诸文学之中。屡踬棘闱，中岁以掌故乞一毡于婺。于书多所采综，类皆嘉言瑰行，足秉道轨物，有裨于风教者也。他若稗官谈说，辄弃去，以为野狐之诞日滋，祖龙之灰久烬，此物汗牛马，吾安用哉！

2. 方继学　《西堂会稿》，佚；《两浙人物志》，佚；《河图衍》，佚；《〈诗经〉本旨》，佚；《五经辨疑》，佚；《心学肤见》，佚。

孙案：西堂方处士继学，万历《温州府志·文学传》、雍正《浙江通志》、乾隆《平阳县志·文苑传》并有传。

参考资料：

《阁巷陈氏清颍一源集》二。

3. 项乔　《瓯东私录》，存；《项氏家训》，存；《瓯东文录》，未见。

《自叙》：予质鲁，颇知好学。所至胸中略有悟处，必札记之，虽夜必兴，虽不敢谓不可易，而不肯自遣。故语无伦次亦无文，录成四帙，不敢自以为是，尚期就正于有道者，而名之曰《私录》云。其《文录》《政录》，则已达之知旧，行之省郡矣，不敢言私也。

又云：拙稿嘉靖戊申梓于漳南上杭，名曰《瓯东稿略》，凡四册，窗友张沧江纯尝校正之。辛亥续梓于东粤紫薇垣，凡十册，总名曰《瓯东私录》。……壬子至南雄，以示推官刘俖。俖，仕而优于学者，请类所自得、关系理学者为《私录》，谓文已达之知旧，政已行之省府，匪私矣，类为《文录》《政录》云。予是之，遂与篇章断续增减，分而为三。

孙案：《瓯东私录》十卷本，合杂文及论学札记、文移、公牍为一编，嘉靖辛亥刻于广东，时瓯东方为广东参政也。明年又刻于南雄，则推官刘俖别为编次，以论学文字为《私录》六卷，余为《文录》《政录》。今十卷本，瑞安项氏有明刻本。后刻六卷本，予家有之，而《文录》《政录》则并未见。

瓯东之学，宗尚姚江，又与聂豹、罗洪先、欧阳德诸人往还讲习，故此《录》持论大指多与阳明符合。……亦不满于宋儒，然其论学札记兼重问学，与姚江末流入于狂禅者迥异。

考古不无疏舛，然讲学与治经诂字，宋、元以来途辙久异，固未足为瓯东病矣。

又案：《瓯东私录》初刻本十卷，第一卷至三卷为诗文，第四卷至八卷为杂著、笔记，第九卷、十卷为历官公牍。……瓯东学宗姚江而不流于狂禅，故其讲学颇多精语。诗文则大都简质，不甚修饰篇幅。其历官文移虽足征殚心治术，然入之文集，于体例颇伤烦冗，不若分编三录之允当也。

二子文焕、文蔚。

板本：《瓯东私录》六卷，存，逊学斋藏明嘉靖壬子刊本。

4.（明）王朝佐　《东嘉先哲录》，存；《蛟川集》，佚；《蛟川诗稿》，佚；《主事考》，佚。

孙案：王员外朝佐，雍正《浙江通志》、乾隆《温州府志》、乾隆《平阳县志·介节传》并有传。

季教《序》：吾温旧名东嘉，负山而濒海，清淑所钟，人物之生，其来尚矣。晋、唐以前，志载无考。迨乎有宋，气化特盛，若王儒志倡鸣道学于伊洛未作之先，林塘奥讲明《春秋》于王氏新学之际。厥后真儒彬彬辈出，或以道学显，或以功业著，或以文章鸣，或以气节忠义见，炳然粹然，莹无瑕额，其气象何如耶？……诸公之出处大节，载籍之中间见迭出，在在可稽，然散而不属，杂而弗著，乡之后学无由详考，率莫自知吾温人物若此其盛，亦将何所观感而兴起哉？……今南京虞部员外郎平阳王君廷望慨然叹曰："诵其诗，读其书，论其世，吾儒事也。况生长其地，见闻所逮者乎？"乃于公务之暇，穷搜遍阅经书子史、传记集录，所述言行，若论断许可之辞，足为后学矜式者，汇次衷辑，萃为一编，名之曰《东嘉先哲录》。

邹旸《序》：南京虞部员外郎王君廷望有志于明斯道，公暇辄搜辑温之昔今名公、儒硕德望功业与夫节行文学之足以垂世者，汇成一录，为卷二十。首之以先达，次之以名儒，曰名臣、曰忠臣、曰孝子居其中，而气节、辞章终焉，题曰《东嘉先哲录》。一郡之文献，于此焉足征矣。

孙案：《东嘉先哲录》二十卷，世间传帙颇少。余家所藏者从翰林院所储明刊本影写，每卷皆有标题。……总一百十一人，于宋、元两代及明成、弘以前魁儒硕彦，几于搜辑无遗。所采载籍，自正史列传以及地志、志状，并胪列旧文，不加攛改，且一一详其出处。其体裁渊雅，在明人书中颇不易觏。

又案：王廷望《蛟川集》，乾隆《温州府志·经籍门》注：一作《蛟川诗稿》。《平阳县志·经籍门》则分《文集》《诗稿》为二书。今依著录，亦宁详无阙之意也。

板本：翰林院储明刊本。逊学斋藏景明抄本。

参考资料：

《明史·艺文志》二。

《千顷堂书目》十。

《四库全书总目》六十一。

5. 王瓒　《温州府志》，未见；《瓯滨集》，佚；《游江心寺诗》，未见；《正教编》，未见。

《自叙》：瓒备员史官之后，而又生长于境内，则辑《志》固其职也。识陋才疏，愧无以副。弘治十六年癸亥。

邓淮《叙》：于是谋诸王太史思献，重加编辑。思献，郡人，盖有不得辞其责者。况尝修国史，修会典，而何有于兹哉！

孙案：王文定公瓒，万历《温州府志·宦业传》、雍正《浙江通志》、乾隆《永嘉县志·名宦传》并有传。

《温州府志》修于弘治十六年，文定官编修时也。

6. 侯一元　《二谷读书记》，存；《乐清县志》，存；《平阳县志》，未见；《泰顺县志》，未见；《翼志七书》，佚；《少谷集》，未见；《二谷山人集》，阙；《二谷山人近稿》，存。

孙案：二谷侯布政一元，佥事廷训子。万历《温州府志·宦业传》、雍正《浙江通志》、道光《乐清县志·文苑传》并有传。

所修《乐清志》，林岁贡大椿有明椠本，道光《乐清志》所载明以前事多本之。岁贡卒后，所藏书，家人秘之不肯借人，余未之见也。其志《人物传》后有"论"，在地志中颇为创例。其考证亦详核，在明代志乘最为佳本。

又案：《二谷读书记》，余所见者凡二本：一曹溪《学海类编》刻本，分为上、中、下三卷，凡六十三条；一明刻本，编入《二谷山人集》，为第七、第八二册。

胡用宾《序》：时方伯二谷翁致政杜门，德谊孚乡评，文章名海内，肃延之西塔之巅，抢诸儒翼相之，更寒暑而始竣。

朱东光《序》：乃因暇日，搜罗故实，摭茸成编。请于府公，而就方伯二谷先生正焉。盖先生志文与道闻于国人，无几何，则削繁刘浮，绪正而事核，爰属季氏校付梓人。

雍正《浙江通志》：《平阳县志》八卷，隆庆辛未邑令朱东光聘邑人侯一元修。

稗官氏曰：于是乃按其邑之志，故多草略，则一辑而新之。又属余及弟麟执笔而润色之。

雍正《浙江通志》：《泰顺县志》八卷，万历癸酉邑令王克家延乐清侯一元、侯一麟修。

孙案：万历《泰顺县志》，泰顺林县丞用霖语余曰："邑中某氏旧有藏本，今归他姓。"不知尚可物色否？

侯季子曰：（上略）至其驯行出于天性，则余尝闻家庭言，先生髫龀外傅，聪明绝类，授经知旨，授者不能对其疑义。年十三，则遭先大人以言礼逮治。先茕茕数千里，守阙上书，达情天子。已而先大人待罪泗上，而御史复希旨指诃，以他事下狱。先生即又上书，匍匐自列，先大人徒以直道不容，奈何用微文伤正直名？言至痛哭。而今冢宰唐公时为都御史，得书则大叹服，持示排挤者曰："有子如此，庸可隙乎？"久之，竟白，出先大人。先大人正言直行，蒙难数矣，而先生常周旋竭力，未尝去左右。平时承颜，温恭肫实，具曾、闵之质。居则俨然先觉，有志圣业。及仕法曹，守仁平宪，生者不恨，死者不怨。持己合谦谦君子，俭约廉洁则羔羊退食之节。童年夙悟，长而有述，终、贾扬声，甘、奇显设，兄无让焉。四谷山人一麟撰。

《瓯中纪逸》：侯方伯一元，少负奇质，学复广涉，文笔隽古，诗格翩翩，诸体俱称。盖至是吾郡文知有汉，诗知有选、有盛唐，实此君为之前茅。所著有《二谷山人集》。厥弟一麟，绅绎余绪，亦自斐然。

孙案：余家所藏《二谷集》凡三本：一为《二谷山人集》十册，一为《诗集》四册，一为《近稿》六册，皆明刻本。

余所藏本，每集绝句并缺，非完帙也。

二谷文章尔雅，真率之中，时露奇崛，虽体格未高，而终无俗语。其诗，朱竹垞亦推其有真趣。

盖明自嘉、隆以降，李、何、王、李坛坫代兴，复古之论流为摹拟，矫之者又复肆为野言，破度而败律。二谷能为此论，宜其不随波而靡矣。

附：父侯廷训《笔山小稿》，未见；《六礼纂要》，未见；《忠孝编》，佚；《泗志备遗》，未见；《漳南志》，佚；《南安道源录》，佚；《北岳编》，未见；《忠义集》，佚。

孙案：笔山侯金事廷训，万历《温州府志·宦业传》、雍正《浙江通志·循吏传》、道光《乐清县志·仕绩传》并有传。

侯一元《先金事公行略》：先君所著有《笔山小稿》，为文务在根据理道，磨切世务，平正畅达，往往臻其妙。

弟侯一麟《龙门集》，未见。

侯一元《序》：余早岁则尝有志于是，晚而无成，……而余弟舜昭则皆能之舜昭，一麟字也。

7. 王叔杲 《永嘉县志》，未见。

《自叙》：尝见太平谢文肃公有《永嘉志序》，而未睹其书。……

吾乡王文定公弘治间作《郡志》，迄今逾六十载，其间人事世变夥矣。虽嗣有纂辑，亦多废而不传。予家食顷暇，惧文献无征，欲有效于乡邦。而友人王拱甫氏则尝受郡公之命，从事于兹而未就绪。爰相与缵订，别为例，作九志。不启局烦馈，不使众闻知，假馆于白塔僧舍，属儿辈编辑。

程文著《序》：著承乏永嘉，至则求旧典而考民风。时乡先生宪使西华王公适有新编，既三阅岁，始得受而卒业。

孙案：西华王副使叔杲，万历《温州府志·理学传》、雍正《浙江通志》、乾隆《永嘉县志·儒林传》并有传。

附：王光蕴《温州府志》，存；《永嘉县志》，未见；《江心志》，未见。

汤日招《序》：余不佞，向守是邦，怅旧志之阙佚而思一编辑之。鞅掌簿书，不遑咨访，则贻书王宣州若其弟宪副君，请受简。……于时王君适谢宣州，宪副亦以八蜀还里。于是守陈君继至，慨然董其事。相与分局编摩，殚心校核，而宣州君实载笔于兹，期年而告成事。

孙案：王郡丞光蕴，乾隆《温州府志·循吏传》、乾隆《永嘉县志·仕绩传》并有传。

季宣为西华副使子，家学渊源，世传文誉，故此书体裁尚为渊雅。

《自叙》二：《永嘉志》故无考，嘉靖末，先君揖九志，摭故实，罗散逸，缅缅乎备矣。刻板近毁，蕴窃伤之。又念往为《志》迄今几四十年，时积事夥，失今不续，后将多佚，矧手泽具在哉！顷受校《郡志》，稍稍悉颠末，随奉同安林侯之命，遂于退食暇，按前《志》抄而续之，间补其略，而仍旧者什五。

总之，遹追先猷而慨于世法，征乏见闻而副在掌故。勉卒业乎父书，亦徼灵于山川也欤！虽然，蕴不能无惧焉。

《自叙》三：孤屿……顷从同志游，家参政旸谷公语不佞蕴云："兹山标灵宇内，且忠贤俎豆在故所建置，吾相诸大夫新之矣。惜无志籍，殊为缺典，尔其图之。"不佞无似，乃稽古迹，裒辑古今诗文，为《志》六卷。

王叔杲《叙》：瓯故称山水郡，其峙大江中有孤屿，夹两山，胜状金、焦，东西建浮屠，中为寺。自唐迄今，间废而兴。成化初，寺僧宏斌辑《江心志》，诠次无法。顷予修举废坠，语从子蕴为《志》。

8.（明）姜准　《岐海琐谭集》十六卷，存；《海族谱》，佚；《东嘉书目考》，佚；《东嘉教职世表》，佚；《东嘉科第年表》，未见；《东嘉诸科年表》，未见；《东嘉人物志》，佚。

孙案：姜平仲《岐海琐谭集》，从永嘉张氏藏本传录，前后无序跋，专记温州一郡宋、元、明三朝文献。其曰"岐海"者，取《山海经·海内南经》"瓯居海中"郭璞注语也。所录佚文旧事凡五百余条，采撷颇为繁富。其所引宋、元古籍，若《永嘉谱》之类，多今所未见之书。至于有明一代，见闻既近，捃述尤详。唯喜谈神怪，间涉猥俗，文笔冗拙，亦其一疵。其采自他书者，于出处或注或否，体例亦为未纯。然当文献散缺之余，得此一编以补亡校异，就一郡而言，亦可谓考证之渊椷矣。

《自叙》：吾乡先正，通明理学者莫盛于宋，其发挥理学、撰述成书亦莫盛于宋。沿及昭代，世不乏人，著述之富，郁郁乎垺二酉而轶两京矣。

取旧志之浑列者，析经、史、子、集汇而为四。或传其故序，或录其制行，或稽其撰辑颠末，品骘臧否，用缀诸目之下。其无可考者缺之，不敢诬也。呜呼！识道有人，文武不坠；文献称足，夏殷能言。是编也，自审于古之作者示今传后之志，庶几无负矣。——《慎江文征》三十八《东嘉书目考》

孙案：艮峯姜处士准，雍正《浙江通志》、乾隆《温州府志》、乾隆《永嘉县志·文苑传》并有传。皆称所著书有二十七种，然各志《经籍门》所著录者仅《海族谱》一种。今于《慎江文征》别得《东嘉教职世表》《东嘉科第年表》二书《自叙》。又据《科第表叙》知复有《人物志》之作，足为熟悉典故之证。曾唯《广雁荡山志》亦载有《琐谈》一书，合之仅及五种，其余并无可考。

雍正《浙江通志》：姜准博综群籍，尤悉瓯中典故，著书二十七种。

又府、县志《艮峰传》附载，同时有梅应期著书六十余种，今广稽志集，一无所见。文献沦替，不惟简帙就湮，即篇目亦无从搜讨，良多慨也。谨附识于此，觊留心掌故者共寻访焉。

板本：《岐海琐谈集》十六卷，逊学斋藏抄本。

9.（清）王祚昌　《珠树堂文集》，阙；《王氏园史》，存；《〈周易〉敝书》，阙；《四书唾余》，未见；《奇门一掌编》，佚。

孙案：王岁贡祚昌，乾隆《温州府志》、嘉庆《瑞安县志·文苑传》并有传。

又案：王玄翼《珠树堂集》原稿不知若干册，今所见残本一帙，诗文皆编年汇次，仅存崇祯庚辰至癸未四年之作，其入国朝以后诗文并已散佚。册首题"易庵老人王祚昌玄翼父著，门人周天镜照如父录"，盖周非台所编写也。

又案：所著《〈周易〉敝书》五卷，今存旧抄本三卷，下经《中孚》以下并阙。卷首题"瑞安王祚昌著，同邑李维樾参，江浦周麟美校"。薛寀《序》直以此书为李荫昌所辑，而李《序》则云："间出己意芟补之，而周生麟美欲寿诸梓。"是李特小有增改耳，其全书固玄翼手定也。

板本：《〈周易〉敝言》五卷，阙，逊学斋藏旧抄本。

又案：易庵在明季颇擅文名，李素园维樾、周止庵应期诸人交相推重，今集中尚存与素园往还书简及代止庵所作文数篇。然其文皆喜为疏快，随意所如，多伤浅易。诗亦粗粝，无复白鹿诗社之遗响。盖易庵讲学颇近李贽一派，诗文非所留意，此集又系拉杂稿本，未经删定，故合作殊鲜也。

《自叙》二：《园史》，哀思也。先子心寰府君之学未及著于世而遂没，孤不肖，恐遂泯阙无传焉。姊懿行媲于古人，姊及其夫子章孝义感动于乡，是府君之教行于一家之验也。……予偶笔一二，名为《园史》，庶他日传状一藉也。

孙案：王玄翼《园史》，记其父某字仲升，号心寰，其名无考。母某氏言行，而附以兄履昌及女兄遗事，条举件系，颇为详悉。手稿久佚，故府、县志并未著录，余所见者周懋宠《樗庵日抄》录本，凡二十六条，不知是玄翼全书否也？

父明扬，字仲升，见另类。

10. 周天锡　《四书翼注》，未见；《列朝私记》，存；《两朝私记》，佚；《慎江文逸》，未见；《慎江文征》，存；《续慎江文逸》，未见；《慎江文类》，未见；《慎江诗逸》，未见；《续慎江诗逸》，未见；《慎江诗类》，存；《樗庵日抄》，阙；《永嘉丛书》，佚；《竹懒新著》，未见；《樗庵私记》，佚；《樗庵汇纪》，佚；《敬梓录》，佚；《慎江献征》，佚；《周氏家录》，佚；《梓闻私记》，佚；《梓闻汇记》，佚；《释乘》，佚。

《自叙》一：余喜谈梓里事，偶有睹记，辄笔存之。间参郡、邑史，十阙其五。因喟然作史之难也。

余为此惧，摭拾旧闻，汇而成帙，题曰《史逸》。

《又序》：陵谷后，余志不自得，婆娑漫淫，慨然而喟。则取古今史、省直志考之，而贤才、良有司与所论者十三四逸矣。乃依往例、采旧闻整齐成帙，命曰《史逸》。——《花萼楼集》

《东瓯诗存》三十六：周天锡字懋宠，号樗庵，应期子，康熙岁贡，著有《花萼楼诗文集》。

板本：《樗庵日抄》一册，阙，逊学斋藏抄本。《慎江文征》六十一卷，存，逊学斋藏抄本。《慎江诗类》六卷，存，逊学斋藏抄本。

附：父周应期《二东小草》，佚；《家礼正衡》，佚；《正字遗书》，佚；《容台疏稿》，佚；《江州计过录》，佚；《理屯疏稿》，佚。

孙案：止庵周副都应期，雍正《浙江通志》、乾隆《温州府志》、乾隆《永嘉县志·名臣传》并有传。

11. 李象坤　《因明集》，佚；《粲花斋集》，佚；《西青集》，佚；《菊庵集选》，存；《重辑雁荡山志》，未见；《南雁荡志》，佚；《林侍宸传记》，佚。

陈国球《序》：大中丞李生象坤君宁侯，具渊邃静穆之养，挟沉雄博瞻之才。自髫年振藻，名噪词坛者已廿余载矣。瓯之宿望时髦及吴、楚、燕、齐诸名流，咸以坛坫相奉。

宁侯性简放，于世罕所许可。居恒常与予论瓯人物，于宋则推梅溪，于元则推五峰，于明则推荡南。之三先生者，皆产乐城。识者谓雁荡龙湫之胜，沐箫玉甑之奇，灵气蟠结，代有异才，良非偶也。然三先生皆起自寒素，发愤力学，宁侯以贵公子负才，深自贬抑，下帷不倦，于以著子建绣虎之称，擅超宗凤毛之誉，行将藏之名山，传之通邑。即起三先生于今日，亦动积薪之叹，宁为过哉！

周天锡《序》：予与宁侯，意气出处盖相类云。宁侯以迂，予以拙，则类；宁侯性好懒，鲜所应酬，予闭室专愚，时多暇日，则类；宁侯善著述，月可盈咫，予虽不逮，二贮罂瓢、置陶甓者颇不乏，则类；宁侯持论，文章须己出，不欲以三唐两汉埋没性灵，众人怪之，予可之，则类；宁侯喜录桑梓事，予辑《文逸》《史逸》《文征》《献征》诸书，互相出入，互相订正，则类；宁侯慎交游，而予之所友宁侯之友，宁侯之友即予之友，则又类。至于世道沧桑，人情毁誉，室家忧喜，或歌或泣，或绌或伸，予之视宁侯，犹宁侯之视予，无乎不类也。而不类者，宁侯善饮，予不过三蕉；宁侯藏书万卷、竹千竿、梅百株、桑畦十亩，予环堵萧然，琴书寥寂，为差异耳。然予坐宁侯西青斋中，尊酒与娱，奇文共赏，兴酣意适，嗒尔忘归，竟不知宁侯为我，我为宁侯者，则予之不类者迹，而类者神也。

初稿《自叙》：岁己巳，予发覆额，从家大人走二灵、龙湫。三日而观止，吮毫记所为游，雨花戴夫子见而咍之，指予胸应绣五岳。顾其时追随父兄，不能率意孤迈，畅所欲往。已而录李五峰《十记》洎宋元诸人诗、杂帖括笥中，夜凉，月洁，就窗前松枝隙读数过，辄自分作名山牛马走矣。甲戌，陈山人元者从豫章来，雅负山水癖，游则与偕，搜奇剔异，较己巳三倍之。

重辑《自叙》：己酉，韩秋嵩先生山游，搜及志乘，谬奖予戊子旧本。予因请先生精加论次。今夏稍暇，乃并迩年所录附于前书，迎熏风复写之。起季夏，迄仲秋，共得诗七百三十二首，序记、杂文百九首，勒为二十二卷。——《雁荡山志》

《自叙》：南雁荡山在平阳南微，……予辛未冬，撰杖往，匆匆过黄公洞，轧于势，不得行而归。今又十七年矣。是夏辑《雁荡志》，以次及兹山。……遂取唐、宋来显人巨卿宦于斯、产于斯者，人系以一诗不缺，他不具论。……只益以闻见所收，手缮成帙。戊子秋日迂庵李某书。——《苀庵集选·南雁荡志》

孙案：苀庵李岁贡象坤，乾隆《温州府志》、道光《乐清县志·文苑传》并有传。

12. 叶嘉榆　《象义别闻》，未见，《〈诗〉义解颐》，未见；《删定〈周颂〉》，闻见；《乐律纪原》，未见；《〈礼记〉类编》，未见；《读〈左〉遗言》，未见；《〈周官〉翊训》，未见；《舆图详考》，未见；《五代八国表》，未见；《〈心经〉臆说》，未见；《改定〈汉官仪〉》，未见；《笕林日记》，未见；《仰止集》，未见；《卧游百咏》，未见；《舞鹤闲吟》，未见；《还珠亭日课》，未见；《尚志堂诗文集》，未见；《晚园小稿》，未见；《平阳历朝寇警录》，未见；《方国珍乱郡考》，未见；《东瓯建置考》，未见；《平阳县志补正》，未见。

孙案：叶笕林《改定〈汉官仪〉》见林敏斋所作《墓志》，其稿今未见。以意推之，盖以宋刘攽《汉官仪》所定除罢、赏罚义例及博采贵贱或未允当，重为更定者刘书今有歙鲍氏刊本，非改应仲远《汉官仪》及卫敬仲《汉官旧仪》也。

林培厚《笕林叶公墓志铭》：先生讳嘉榆，字秀林，笕林其别号也。先世自平之叶垟迁城西南半塘。先生幼聪敏，弱冠补郡弟子员，旋食饩，声隽一黉。为文苍茫浑灏，务以气胜。既屡踬棘闱，遂肆力于诗古文词暨六经、诸史、百家之言。尤精于考据，剖析同异，综核源流，其持论皆具有卓识。间旁搜古碑、断碣，表章轶事，补邑乘所未备。初，先生受经于邑进士张中亭先生，复从司谕鄞县卢月船先生游。二君既宿儒，负重望，他交游又皆一时知名士，故其学辨而裁，博而有要。岁己未，以覃恩充乡贡生。既晚暮，不乐仕进，遂筑室于文溪之滨，优游啸咏，额其堂曰"尚志"。晚年益笃学，手不释卷，或终日静坐。所著有……《方国珍乱郡考》《平阳历朝寇警录》《东瓯建置考》《箃林日记》《仰止集》《县志补正》等书若干卷，藏于家。

13. 施元孚　《释耒集》四卷，存；《雁山志》，未见；《白石山志》，未见。

《自叙》：《释耒集》者，乐城半耕堂居人之所作也。居人姓施氏，其所居之村曰蟾河，河有六洲，故自号六洲生。安居食贫，佣工艺殖，春耕绿畴，秋刈黄稻，取其稊粒以供王税，撷园蔬以充庖，酓秫酒以泛觞，渔钓河滨，击鲜脍鲤，晨夕自如，以度岁月。性仁愚，不谙世事，不慕繁华，性与文章嗜之不致。居常随兴荷锄，行吟陇畔；所见景物瑰奇，人事变迁，有触于中，必写以文。故凡阴晴雨雪之朝，星霜月露之夕，起居酬接、欢愉悲愤之际，释耒锄辄搦管咿唔，不计工拙，意之所趋，即烦楮墨，略无容心也。

王杰《序》：乐清，东南山水窟也。施子生长其间，岩居川观之暇，怀铅握椠，积成卷帙。

施子昔曾志雁荡山矣。今虽老，神明未衰，尚其益肆力于文，而以其乡之山水——志之。

张凌霄《序》：余家居时，已闻乐清有施子，旷达士也。少年鏖战场屋，不得志，遂放浪于山水间，借笔墨以自鸣。

乐成故多佳山水，而雁荡龙湫之胜甲于天下。施子每游其间，辄流连旬月而返，凡幽隐诡怪之境，为山僧野叟足迹所不及者，无不一一搜剔。故尝著有《雁荡山志》，为当时名公巨儒所识赏。一披览焉，则知名山如五岳，与夫神幻之峨眉、秀丽之武当、旷荡之终南、崄峭之三峡，以至匡庐、武夷、天台、罗浮、太行、五台诸名胜；水则黄河之迅急，长江之汹涌，钱塘之怒激，洞庭、彭蠡、震泽之浩渺，其天然雄伟工巧无复有过于雁荡者。而施子浸淫其中，领略其妙，是举天下之山水何一不纳诸方寸中？又何必如太史公之周览名山大川，然后激发其奇气哉！

金洪铨《序》：雁山者，奥区也。六洲施生能游焉，其游无徒也。穷山沍寒，沉思独往，变幻喜愕，端倪呈露，生所入，奥之奥者也。游而记之，如其游也。无畏，无□，无易心尔，生可谓能汲古矣。——《雁荡二十八记》序孙案：施六洲《释耒集》，凡文八十四篇，游记殆居其半。册首附金知府洪铨《雁游二十八记叙》，然集中所载《游雁山记》实止二十三篇，殆编集时有删并也。记文奇崛，足与五峰《十记》并传。他文亦清矫无俗语，惟取材少狭，故往往工于小品而窘于巨篇，尚未能颉颃古人耳。

《自叙》：孚生长斯邦，驽钝之才，既无所用于世，而性耽山水，尤爱兹山，不时酣游，奥旷之景无不毕览。——《雁荡山》

《自叙》：岁戊寅，余不自量，撰辑《雁荡志》十三卷。至岁戊子，白石陈与京复以《白石志》为请。明春，遂与君偕往山中，遍搜幽岩绝壑，剔断碑之斑藓，刮磨崖之层苔。既又博稽典故，旁采传闻，取旧《志》修饰之。

初余之游白石也，自以穷通有数，而钝驽之才不堪应世，行将尽穷宇内名山，当亦人生快事，故时谓其游为鹏程初徙，愿甚奢也。乃贫病交加，蹉跎岁月，数十年来所游如雁荡诸山，只此瓯、闽、吴、越之奇，而其间如天台、武夷，至今尚未托足。光阴荏苒，而吾年已老。……——《白石山志》

《广雁荡山志》：施元孚字德交，号六洲，乐清人。诸生，屡试不售，以诗文自娱。性耽山水，寝食雁山者二十余年。辑有《雁山志》十三卷，考核详晰，可称山史。

14. 曾唯　（略，参见卷九之二 3 专集（二）诗类）

附：孙公《温州经籍志》所列各县先哲姓名一览：

永嘉县：

（唐）释玄觉，无相大师：释。

（吴越）释义寂，定光法师：释。

释晋光：别。

（宋）鲍极：易、兵。

周行己，浮沚，恭叔：易、礼记、别。

何逢源，希深：易、书、四书、诏奏、别。

诸葛悦，艮园：易、四书。

郑伯熊，景望，文肃：书、经总、杂、别。

薛季宣，士龙，文宪：易、书、诗、四书、周礼、春秋、载记、地里、政书、史评、兵、数、别。

戴谿，岷隐，文端：易、诗、书、礼记、春秋、四书、地里、史评、兵、别。

戴蒙：易、书。

叶味道，西山，文修：朱子弟子，张淳之甥。易、仪礼、礼记、四书、经总、诏奏、儒。

戴仔，守铺：蒙子易、书、诗、周礼、四书、传记、别。

戴侗，仲达：仔弟易、书、四书、小学。

缪全一：易、书、礼记、四书、诗文评、别。

陈鹏飞，少南：书、诗、别。

陈梅瘦：书。

陈埴，潜室：朱子弟子书、礼记、儒、别。

陈谦，益之，易庵：止斋学侣诗、周礼、春秋、地里、别。

陈一鹗，开祖：四书、总。

蔡节，文懿：幼学次子四书。

曹叔远，器远，文肃：止斋门人周礼、春秋、经总、书、杂史、地里、杂，别。

徐寓，盘州：朱子弟子四书。

包定：四书。

陈孜：事迹无考四书。

姜得平：经总、四书、地里。

胡一桂，人斋：周礼、孝经、四书、别。

谢雱，宁德，季泽：小学。

戴栩，浣川：谿从孙，水心弟子。经总、春秋、别。

张阐，大猷，忠简：杂史、诏奏、别。

王致远：杂史。

刘安上，元礼：安节从弟诏令、奏议、别。

王埴：诏奏。

薛叔似，恭翼，文节：诏奏、别。

杨恪，谨仲：周礼。

郑伯谦，节卿：周礼。

陈汪，蕴之：周礼。

张淳，忠甫：仪礼。

徐自明，愷堂：礼记、地里、职官。

陈汲，及之：周礼。

苏太古：<small>事迹无考</small>礼。

卢祖皋，蒲江，申之：杂记、别、词曲。

周端朝，文忠，子静：杂礼、地里、别。

叶适，水心，正则，忠定：春秋、传记、史抄、总、别、儒、杂。

王绰，松台：春秋、别。

戴厚，俊仲：<small>黯从父</small>春秋、别。

黄仲炎，若晦：春秋。

胡子实：孝经、经总、史评。

薛徽言：<small>艮斋父</small>经总、别。

叶仲堪，思文：经总。

戴桷，少卿，宗尚峰散人：传记、道。

黎靖德：地里。

何紘，文伯：传记、总。

夏元鼎，宗禹，少峰散人：传记、道。

陆维则：<small>南宋初人</small>传记。

张季樗，延卿，阐子：地里。

林英发：地里。

夏开先：地里。

周去非，直夫：<small>浮沚族孙</small>地里。

张叔椿，春卿：<small>忠简叔子</small>政书。

陈季雅：史评。

薛仲庚，子长：<small>水心门人</small>史评、别。

梅时举：史评。

王开祖，景山，儒志：儒。

刘安节，元承，左史：<small>伊川弟子</small>儒、别。

仰忻，八行：儒、别。

张辉，草堂：儒。

蒋行简：儒。

刘愈，无相：儒、别。

陈直中，颐刚：籍贯事迹无考兵。

王硕，德肤：医。

屠鹏，时举：医。

朱伯起：郑伯熊弟子，事迹无考。术数。

李之彦，东谷：杂。

李季可，南宋：为梅溪所赏杂。

戴迅，简之述弟：类书、总。

潘朝卿，春卿：类书。

无名氏：类书。

林干：别。

林季仲，懿成，竹轩：别。

释继忠：释。

释处元：释。

释元复：无考释。

释昙贲：无考释。

鲍野，鳌川：释。

林灵素，侍宸：道。

周无所：事迹无考道。

谢守灏：道。

释本先：别。

朱耸：别。

释怀贤，圆通禅师：别。

戴述，明仲：伊川门人别、总。

鲍若雨，商霖，敬亭：儒、别。

钱氏：女，文子之曾祖姑。别。

吴松年，公叔：别。

郑伯英，景元：伯熊弟别。

许及之，深父，涉斋：别。

王柟，合斋，木叔：别。

潘柽，转庵：别。

周学古，会卿：别。

徐照，山民，灵秀：别、总。

徐玑，长泰：别、总。

翁卷，西岩：别、总。

赵师秀：别、总。

薛师石，瓜庐：别。

娄铸，南伯：别。

朱敬渊：别。

刘植，成道：别。

薛涯：总。

释本无：总。

薛众卿：事迹无考总。

赵汝回，东阁：别。

卢方春，柳南：别。

潘希白，渔庄：别。

李君锡，宗禹：别。

苏景瑞，国诊：别。

薛嵎，宾日：别、总。

王埴，北山：别。

盛烈，岘窗：事迹无考别。

宋庆之：别、总。

林一龙，石室：别。

林应龙：诗文评。

谢隽伯，长父：别、总。

谢梦符：总。

谢凝：总。

（元）刘清，惟寅：安节裔孙书、四书、儒、别。

叶起事迹无考：仪礼。

陈华祖：四书。

李至刚：地里。

林万里：传记。

周达观，草亭：地里。

王与：法、释。

释道衡：释、别。

释省初：释。

宋眉年，蜀翁：别。

薛汉，宗海：别。

陈秀民，寄亭：别。

曹睿，新民，石渠居士：别。

释益，栴堂：别。

高守奎：别。

张天英：别。

郑洪，素轩：别。

潘养颐，正卿：别。

徐允泽：事迹无考别。

陈秀民：诗文评。

（明）刘南金：易、类书、杂、别。

张著，临江：易。

张谦：易。

朱谧：易、四书、儒。

张文选：易、四书。

朱廷谧，稿城：易。

戴懿：易、经总。

王嘉春，涵虚：易、儒、道。

张孚敬璁，罗山，文忠：书、礼记、四书、杂史、诏奏、地里、政书、杂、别、总。

刘觐，朝楷：南金伯子四书、别。

叶挺，尚志：四书、儒、别。

张汉，廷章：四书。

项乔，瓯东：诗、春秋、四书、术数、传记、政书、儒、别、诗文评。

贺序：一作贺隆，事迹无考。逸庵：乐。

林应龙，九谿，翔之：小学、艺术。

周应期，止庵：杂礼、小学、诏奏、传记、别。

方日升，子谦：小学。

范观，以光：别史、别。

周文颢：诏奏，别。

王净，竹岩：诏奏、儒。

陈尧言：诏奏、别。

孙林，子干：春秋、别。

王斋：儒志九世孙经总、别。

方以正：经总、别。

刘濬：传记、别。

张汝纪，太衡：文忠孙传记。

刘士焜，受弢：传记、别。

叶承遇，莆田：传记。

戴赏，金峰：传记、别。

张阳春，尤溪：传记。

周一奎，玄六：传记、别。

王瓒，文定：地里、儒、别。

王叔果，西华：地里、政书、别。

王光美，玉苍、季中：叔果子地里、别。

王光蕴，季宣：叔果子地里、别。

项维聪，听所：地里。

释永升：地里。

王应辰，海坦：地里、儒、别、诗文评。

释宏斌：地里。

王叔杲，旸谷：地里、别。

陈陛，君纳：地里。

王侹，中白瓒子：政书。

黄淮，介庵，文简：儒、别、词曲。

梅颐，昌年，甦庵：儒、别。

王激，东崖：儒。

王勋：儒。

张纯，沧江：孚敬从子儒、杂、别。

余昭：儒。

王钦豫，与谦：儒。

项昕，彦章：医、别。

王应辰：儒。

姜准，平仲，艮峰：传记、政书、别、目录、谱录、杂。

陈谦寿：艺术、别。

吴彦匡：爵里未详谱录。

刘翼，古愚：杂。

王湖：杂、别。

项文焕，为斋：乔伯子，事迹无考。杂、别。

王光经，景济：杂史、杂。

邵建章，少文，青门：杂，别。

何坚，子固：杂。

梅应时：事迹无考杂，别。

项继科：事迹无考杂。

项文蔚：乔仲子杂。

释慧照：释。

释受绍：释。

马一腾，僧摩：释、别。

包幼白：籍贯、时代并无考杂。

陈一球：道、别。

林温，栗斋：别。

林常，伯庸：别。

余尧臣，菜薖：别。

王份，仲实：别。

黄性，思慕：淮父别。

陈敏，允政：别。

徐怀玉，文玉，云庵：别。

金原祺：别。

潘文奎，景昭：别。

吴亨，竹庵：别。

陈铨，叔权：别。

刘现，朝绅：别。

刘观，颐叟：别。

潘畿，民止：别。

王毓：别。

王宏，节庵：别。

王钑，筠轩：时代、事迹皆无考。别。

方祖安：别。

戴时与，锦州：别。

陈耸，光言：别。

陈文，林庵：时代无考别。

林补：别。

周旋，畏庵：别。

周顺德：别。

谢暹：别。

林颙：别。

王壑，梦竹：别。

黄璧，鉴湖：事迹无考别。

林谦，元峰：别。

徐守臣：别。

黄禄：别。

黄钟：别。

叶幼学，雪坡：别。

王激，鹤山：澈弟别。

叶式，瑞峰：子嘉庆别、总。

王健，鹤泉：瓒子别。

张逊志：孚敬子别。

张逊业，瓯江：孚敬仲子别。

康从里，晓山：别。

王晚翠：别。

孙昭，斗城：别、诗文评。

黄一鹏，文振：别。

朱玉，必聘：别。

朱体信：别。

张鸣鸾：杂、别。

张鸣鹤，仲皋：别。

木参：事迹无考别。

钟以白：事迹无考别。

高悦：事迹无考别。

黄颖：事迹无考别。

黄汝纮：事迹无考别。

曾谨：事迹无考别。

项敏伉：事迹无考别。

娄恪：别。

王一夔：别。

虞世旸：别。

王价，卿宾：别。

洪孝先，霍山：别。

王继明：别。

陈鸣凤，观溟：别、总。

陈诏：总、别。

刘康祉：别。

邵倬，必明：别。

侯传邦，君霖：别。

张天麟，松台：别。

王瑞枏，少卿：别。

刘康社：别。

项守祖，叔定：别。

项敬祖，季舆：别。

姚虞焕，龙文：别。

柯荣，茂倩：别。

王至言：别。

刘思祖，长孙：别。

金锡敦，师厚：别。

林宗忠，学海：别。

周文美，才甫：别。

黄国信，道元：事迹无考别。

陈应聘：别。

陈立政，廷益：别。

张中美，汝闿：事迹无考别。

王至兖：别。

周宗璧：别。

刘宗重，彝伯：别。

邹寅：别。

王至彪，文虎：西华族孙别。

黄宗扬，坦园：别。

林懋功，君凯：别。

姜应果，叔毅：时代不可考别。

林会：时代不可考别。

陈伯彰：时代不可考别。

王应元：籍贯、时代无可考别。

赵谏，士忠：总。

（清）周天锡，樗庵：应期子易、四书、杂史、传记、地里、杂、释、别、总。

　　林如镐：易。

　　陈遴：<small>尧言孙易。</small>

　　叶廷瑞：易、书。

　　张元光：易。

　　朱肇斋，楫如：诗。

　　周铎，天为：小学。

　　林占春，雪庵：时令、地里、别、词曲。

　　张振夔，磬庵：地里、别。

　　黄汉，鹤楼：地里、谱录。

　　曾唯，近堂，岸栖：地里、总。

　　释元奇：地里。

　　陈舜咨，春堤：地里、别、总。

　　李锡瑞：杂。

　　陈光前：儒、别。

　　杨孚吉：<small>事迹无考</small>术数。

　　王朝清：杂。

　　金璋：杂。

　　郑汝楫，鹤楼：杂。

　　梅调元：别。

　　包文，零陵：别。

　　谢包京，阳武：别。

　　陈邦纪，诸城：别。

　　赵绍鼎，云汾：别。

　　王乾亨：别。

　　侯思炳，渔村：别。

　　王尔椒：别。

　　张采齐，天根：别。

　　林健，弱仙：别。

　　释彬远：别。

　　杨兆岳，钟五：<small>事迹无考</small>别。

徐凝，泉村：别。

王咏，川子：别。

释超荅，眉先：别。

曾凤翔，子俶：别。

翁应春，益斋：别。

李世瑞，文五：别。

周天镜，非台：别。

王演霈：别。

李象震，青侯：别。

林必登，翰山：别。

郑应曾，孝光：别。

林兆斗，九山：别。

谢天埴，坦斋：别。

邵古帆，莲塘：别。

张晋岳，牧友：别。

陈王绥，南阳：<small>克言曾孙别。</small>

黄朝珪，信侯：别。

章氏，莲花居：别。

张元彪，虎文：别。

蔡宏勋，雪斋：别。

何应溥，天如：别。

王之挥：别。

王沄孙：<small>王泳子别。</small>

梅占魁：别。

谢凤才：别。

朱镜物：别。

金永森：别。

曾瑞璋：别。

张元观：别。

张正宰：别。

马世俊：别。

王涵：别。

谢立天填子：别。

潘青元：别。

陈之恕：别。

曾立勋：别。

周京龄：别。

释宗相：别。

高溥：别、总。

潘宗耀：别。

祝圣源：别。

季观乐：别。

张泰青：别。

张森：别。

曾贤：别。

曾元琳：别。

曾垲：别。

曾谐：别。

谢梦览：总。

陈遇春：总。

永公亮：别。

陈日尧：别。

释霁仑：别。

释素心：别。

瑞安县：

（宋）陈傅良，止斋，君举，文节：书、诗、周礼、春秋、四书、编年、诏奏、史抄、职官、政书、类书、别。

徐元德：周礼。

沈大廉，元简：四书。

王奕，霞碧：周礼、礼通、经总、四书、编年、别史、杂史、传记、地里、别。

蔡幼学，文懿：<small>止斋高第，幼学次子蔡节见永嘉。</small>春秋、别史、诏奏、别。

周淳中，仲古：春秋、别。

张声道，声之：地里、医。

陈武：地里。

王执中，叔权：医。

蔡范<small>永嘉</small>，遂甫：<small>文懿第四子</small>别史、地里。

许景亮，少明：<small>景衡兄</small>儒。

许景衡，少伊，忠简，横塘：别。

曹绛：<small>文肃叔远从兄</small>儒。

吴叔沅，江山：儒。

林石，塘奥：别。

释惠云：别。

徐履：别。

陈供，居敬，杏所：总、别。

曹橹孙，许山：别。

陈兼善，简斋，达则：总、别。

陈养浩，直轩：总、别。

陈则翁，仁则，瑞洲：总、别。

吴枋：别。

曹晏：别。

曹幽，东呬：<small>文肃逢时子</small>别。

陈任翁，麟州：总。

裴庚，芸山：总。

叶葵，继道：易、传记、儒、杂、别。

吴成夫：四书。

郑希诚，沧洲：术数。

曹理孙：杂、类书、诗文评。

周恢：道。

曹振孙，合斋：别。

叶贯道，茂林：别。

陈昌时：别。

陈文尹，端友：别。

陈得时，少成：别。

陈允文，靖安：别。

高明，则诚：别。

高旸，宾叔：别。

陈冈，士厚：别。

陈宏磬：别。

吴子美：别。

（明）唐璧：_{事迹无考}易。

鲍嘉蕴：易、别。

方之正：易。

王明扬，仲升_{元翼父}：易、别。

朱大与，瑞川：易。

无名氏，素翁：杂史、别。

鲍瑞：_{事迹无考}杂史。

李维樾，荫昌，素园：诏奏、传记、地里、儒、兵、别。

虞原璩，环庵：礼记、别。

黄潮光：传记。

林增志，可任：传记、别。

陈挺，佳传：传记、别。

何格：地里。

秦激，慎斋：地里。

鲍武：地里。

释道瑞：地里。

林鸣道：地里。

朱绰，华亭：地里。

卓敬：儒、别。

任道逊，太常：儒、别。

周令：儒。

陈昌言，圣可：儒。

姜立纲，东溪，少卿：艺术。

钟清，景清：类书。

蔡凤，允阳：小说、别。

释智顺：儒。

释佛性，圆辨禅师：（缺）

季应祁，耻庵：别。

吴荃，次修：别。

杨景衡，曲江：别。

曹介：别。

虞原祐，宜斋：别。

倪寅，澹庵：别。

李德基，兰坡：别。

李德珍，正中：别。

蔡鼎：别。

季廷珪，景湿：别。

吴祚：别。

项旻，建阳：别。

柳文斐：别。

柳楷，文苑：别。

陈宠，敏显：别。

陈大，洪魁：别。

鲍玮：别。

季蒙：别。

季元，夷明：别。

林彦，拙斋：别。

林亭，性端：别。

陈祐：别。

胡晟：事迹无考别。

胡鎬：事迹无考别。

陈璿：别。

陈镪：别。

陈瑶：别。

林彩：别。

邹一龙，雨川：别。

朱悦：别。

陈演卿，彦弼：别。

陈天复，朴斋：别。

虞书，师中：别。

陈挺：别。

蔡汝修：别。

吴璠，勉斋：别。

潘氏：别。

赵廷晖，紫山：事迹无考别。

大罗山人李楷：总、别。

（清）王祚昌，元玄翼：明扬子易、四书、传记、儒、术数、别。

鲍作雨，云楼：易、地里、别。

鲍台：别。

朱世杲：鸿瞻曾祖书。

孙希旦，敬轩：书、礼记、别。

叶浩：经总、四书、传记、史评、儒、道。

朱鸿瞻，默庵，竹园：四书、传记、史评、儒、别。

胡璜，玉书：四书、别。

林鸿道：地里。

林逵，襄云：四书。

杨毓奇：春秋。

余国光：时令、小学、地里、政书、小说。

洪守一：小学。

方飞鹏：杂。

郁豫，诚立，逸凡：小学、杂。

方成珪，雪斋：小学。

朱士晟：默斋从子儒。

林墩篁：类书。

余学礼，敬斋：类书、别。

释佛彦：地里。

释佛皋：地里。

章起鸿：地里。

□履吉：别。

王会昌：别。

林齐铉，觉侯：增志诸子别。

李敷，丰斋：别。

林青云，澹我：别。

朱霖：鸿瞻族弟别。

朱鸿增，范庵：别。

林上梓，慕桥：别。

胡嗣霖，三峰：别。

柴楫青，岸公：别。

林元炯：上梓子别。

胡濬：别。

释一觉：别。

林露，杞岩：别。

余国鼎：别。

唐嗣益：别。

林培厚，辉山：别。

项霁：别。

曹应枢：别。

乐清县：

（宋）宋晋之，正卿：易、书、春秋、四书、别。

汤建，艺堂：易。诗、四书、别史、杂史、政书。

王十朋，梅溪，忠文：书、周礼、春秋、四书、诏奏、史抄、地里、儒、别、总。

王与之，东岩：诗、周礼。

林公一，道初：四书、杂史、类书、别。

刘黻，蒙川、忠肃：诏奏、儒、别。

赵希迈，西里：传记、别。

林干，木榴：儒。

赵汝迕，寒泉：别。

释义怀：释。

释忠告：释。

释德纯：释。

释觉秀：释。

释景宣：道。

翁忱，诚之：总。

万规，东平：别。

释处岩，潜涧：别。

刘镇：别。

释宗觉：别。

季仲默，劲叟：十朋友别。

曹逢时：别。

钱朝彦，仲虚居士：别。

贾考橌，季华：别。

侯畐，霜涯：别。

（元）赵次诚，雪溪：四书、儒、别。

李孝光，季和，五峰：春秋、孝经、传记、别。

朱希晦，云松：别。

翁葵，景阳：别。

方轩：别。

（明）释时蔚，万丰禅师：释。

赵新：四书、别。

朱谏，荡南：四书、正史、地里、别、诗文评。

赵士桢，常吉：兵、别。

朱文简，增城：四书、别。

应应祥：医。

侯博邦：诏奏。

李光春：诏奏。

周纲，玉台：周礼、春秋。

章纶，大经，恭毅：诏奏、别。

侯廷训，笔山：通礼、传记、地里、别、总。

侯一元，二谷：廷训子地里、儒、别。

侯一麟，舜昭：一元弟地里、别。

章玄元梅，千峰：地里、天算、别。

何白，无咎：地里、别、总。

戴子鲁：杂。

陈允默：事迹无考地里。

蒋国辅：地里。

陈璋，省斋：政书。

陈辂，斐子：儒、诗文评。

史君实，兰斋：儒、别。

张德明，毅宇：儒。

吕仲璞，元晖：儒、别。

李伦：杂礼、杂。

郑楷，双溪：春秋。

章元玄应，曼亭：纶子传记、别、总。

章忠礼，来源：玄梅子传记。

章希迈：事迹无考，玄梅曾孙传记。

南尧民，思尹：别。

郑夏，迪斋：别。

范霖，一斋：别。

陈钝，寿斋：别。

章洪，平园：别。

南昱，宜斋：别。

张庆，恒斋：别。

朱美，从辉：希晦玄孙别。

郑绎，豫斋：别。

陈斐：别。

李龙：谔子别。

高友玑，南屏：别。

朱侍菊：别。

章元玄春，青阳：千峰弟别。

李经勑，后峰：别。

吴宗孔：别。

李显：别。

陈猷：别。

章可象：别。

朱守驾：别。

许存斋：别。

赵廷松，俟斋：别。

金翮，文峰：别。

叶世德，文溪：别。

彭时望：别。

赵濮规，东涯：别。

徐世镳，东山：别。

方召：别。

屠希曾，魁峰：别。

曾志一作忎：别。

吴朝键：别。

陈瑶，石屋：别。

张旸昣，日永：别。

王平世：别。

王一柱：别。

卢景旭：别。

赵竟旻：别。

刘懋功，忠父：_{事迹无考}别。

蔡璞，廷玉：总。

（清）史尊朱，格庵：易、书、儒、孝经、史评。

林宗瑛，悔庵：春秋、四书。

徐炯文，翔云：经总、传记、别。

李象坤，菊庵：传记、史评、地里、别。

李象震：别。

林大椿，恒轩：传记、别。

林允辑：地里。

鲍易：地里。

杨森修，芝峰：地里、杂。

钱存谐，中雁：杂。

薛英，雪堂：地里、别。

施元孚，六洲：地里、别。

方尚惠：地里。

支时英：别。

汤应宸：别。

李栋，乔野：别。

郑如夔，怡堂：别。

梁祉：别。

章起阳：别。

李国选，青岩：别。

周天履：别。

林文朗：别。

林文焕：别。

李锡龄：别。

徐邦垓：别。

赵屺：别。

赵贻瑄：别。

平阳县：

（宋）林应辰，渭起：_{拱辰弟}易、楚辞。

朱元升，日华：易。

林起鳌，孟连：易。

郑朴翁，宰仁：易、礼记、四书、别。

孔梦斗：书、别。

林拱辰，安抚：诗、春秋。

林待聘：诏奏。

周元龟，苍岩：小学、史评、杂、别、总。

王自中，厚轩：编年、兵、别。

陈岘，东斋：诏奏、地里、别。

孔克表，正失：编年。

陈尧英，秀伯：周礼、儒、兵。

薛凝_{一作疑之}，玉成：传记、儒、总。

陈昉，节之，清惠：传记、杂。

李光弼，观国：职官。

彭仲刚：政书、杂、别。

林之奇：史评。

朱黼，文昭：_{止斋门人}史评。

何务实：史评。

缪梦达：儒、别。

刘轸：儒。

薛据，叔容：儒、总。

蔡卓_{事迹无考}兵、别。

林羍，元翔：兵。

萧振，德起：别。

宋之才，云海：杂、别。

黄友，徽猷：别。

陈桷，无相居士_{安抚}：别。

陈彦才，用中：别。

释宗觉，无象：_{十朋友别}。

徐泳，荐伯：别。

潘次凤，静海：别。

杨休，山立：别。

郑泌：别。

黄汉章：别。

刘天益，筠坡：别。

徐俨夫，桃渚：别。

项桂发：别。

应节严，平坡：别。

林千之：别。

薛魁祥，连江：别。

林逢龙：别。

宋景元，芹渚：_{之才后人别}。

林景熙：别。

顾力行，南江：别。

薛峙：总。

薛郓：总。

薛蓝：总。

薛应子：总。

（元）陈至：易、书、春秋。

陈刚，潜斋：书、经总、四书、职官、史评、儒。

史伯璇，文玑，牖岩：四书、儒、别。

孔晥，照磨：儒。

释法枢：释。

赵良震，东谷：经总。

孔士璘：四书。

章矗，德元，春谷：地里、别。

郑日印，密庵：别。

汤元善，长卿：别。

章祖程，宜竹：别。

林正，浩渊：别。

裴庚：事迹无考别。

汪鼎新，桐阳：别。

孔旸，子升：别。

陈高，子上：别。

孔先烈，显夫：别。

黄震：别。

陈下涝：总。

顾元龙，仲川：总。

郑东，杲斋：总。

郑采，曲全：总。

（明）徐兴祖：易、四书、地里、别。

张升：事迹无考地里。

童器，镇远：易、别。

方继学，西堂：易、诗、经总、传记、儒、别、总。

徐时春：易、四书、别。

应德成：易、春秋、传记、时令、职官、别。

郑思恭，太和，允之：易、传记、时令、地里、杂、类书、小说、道。

鲍麒：书。

蔡瓒：书、四书、传记、儒、别、类书。

蔡立身：书、地里、别。

叶耿：书、春秋。

方燧，玉苍：子琛子四书、地里、别。

伍鼎：事迹无考杂史。

蔡芳：仪礼、春秋、政书。

杜如恕：杂礼、别。

孔彦雍：地里。

陈宣，潜斋：地里、别。

陈彦生，雨岩：地里、别。

陈玭，瑞先：地里、别。

吴子恕，闻忠：地里。

孔希直：儒、杂。

杨谭：儒。

杜德基：医、别。

陈锦：杂。

施元任：杂。

徐应用祺子：类书、总。

项失名逢源：小说。

王朝佐，廷望：传记、职官、别。

张著，仲明：别。

陈谦，益仲：别。

项伯文，云林：别。

王宗远，肃庵：别。

王宗彦，治中：别。

王宗祥，冷斋：别。

章功懋，子勉：别。

方子深，果庵：别。

林文庄：别。

杜东愚：别。

陈埙，允和：别。

陈仲能：别。

陈端：别。

张真，行素：别。

张瓘，恒庵：别。

吴致文，恕庵：别。

金轩，伯逊：别。

鲍辉：别。

孔铎，公循：别。

吕汉，晋斋：别。

方增，士宜：别。

叶衡：别。

徐吉：别。

陈善：别。

杜整，敬庵：别。

陈纪：别。

叶聪：别。

林天爵，乐善：别。

郑文夫：别。

徐琪：别。

陈洽：别。

董瑨，仲石：别。

杜克逊，雍城：别。

朱西爽：别。

杜大年：<small>德基弟</small>别。

吴凤起：别。

杜汝意，北窗：别。

陈敦：别。

孙溥，允周：别。

杜嘉：别。

周详：别。

吴迪：别。

缪珊连：总。

林与直：总。

吴任，谷田：总。

陈心源：总。

（清）叶嘉榆，秀林，笕林：易、诗、周礼、礼记、春秋、纪事本末、别史、杂史、史评、地里、艺术、杂、释、别。

张超英，晋锡：类书。

吕弘诰：地里、别。

张南英：地里。

逸民经涵：诗。

曹川：别。

张綮毋，潜哉：别。

陈敦让：别。

黄云岫：别。

蔡敏：别。

华文漪，箓园：别。

陈乙：别。

泰顺县：

（明）夏大挥：诗、别。

包大方，子义：地里。

周家俊：地里。

夏荐：别。

董鉴，讷斋：别。

董约：别。

董靖：别。

张琚：别。

潘世惠：元弟别。

董天乐：别。

董大臣：别。

（清）林鹗，太冲：易、四书、谱录、术数、杂、道。

周家伟：别。

董永孚，恒庵：别。

张天树：别。

周启邠：别。

周吾：别。

林文翰：别。

周畯：别。

曾璜：别。

董正榆：别。

董祐，霞樵：又总。

曾镛：别。

附：温属各县先哲治学人数统计

科目	朝代	永嘉	乐清	瑞安	平阳	泰顺
经	宋	42	6	5	8	
	元	3	2	2	5	
	明	20	7	7	13	1
学	清	6	3	5	1	1
史	宋	31	5	6	13	
	元	4	1	1	2	
	明	27	15	10	15	2
学	清	7	10	8	3	
哲	宋	30	10	8	11	
（子）	元	4	2	4	4	
	明	38	10	10	6	
学	清	8	3	7	2	1
文	宋	59	16	16	28	
（集）	元	12	5	12	12	
	明	138	46	44	55	8
学	清	67	17	24	10	12

卷十一　玉海楼

我温介浙、闽之间，僻处海滨，交通阻塞，文化窳陋。在李唐以前，士大夫虽有以文艺行治著称，然史旷不书。至宋仁宗时，博士周公行己、右丞许公景衡、左史安节给谏安上二刘公与同志之士十人始北游太学，得列程颐吕祖谦氏之门，"永嘉之学"于是萌芽。其后文肃郑公伯熊初仕黄岩，请业于隐君子温节徐先生庭筠。温节实传安定胡氏瑗之学，所谓"经义治事"者也。文肃既归，授之乡后进，于是文节徽言文宪季宣二薛公、文节傅良陈公、文懿幼学蔡公、文定适叶公相继并起，皆守胡氏家法，务通经以致用，所谓"经制之学"也。

检览《宋史·儒林传》，永嘉诸儒与者占全传十之二三，皆在南迁乾、淳时，可谓盛矣！元、明以后，又稍衰替。至清咸、同间，瑞安孙衣言琴西、锵鸣薏田兄弟出，留心乡邦文献，搜罗先哲遗著轶事，编辑《瓯海轶闻》《永嘉集内外编》及校刻《永嘉丛书》。而衣言次子诒让仲容征君尤能传其家学，襄助校正，纂述《温州经籍志》，皆于永嘉之学极力宣扬，锐志继承。其所治学，如《周礼》《墨子》、金石文字，无一不与此攸关焉。

瑞安孙氏本集善乡潘埭人，琴西、薏田兄弟以读书联袂得科第，贵显一时，为乡里光宠。盖薏田先以进士入词垣，为侍读学士，充考官，李鸿章、沈葆桢各出其门下；继则琴西以拔贡中进士，入翰林院，纂修《国史》《实录》，出守安庆，备兵庐凤颍道，历充安徽、湖北、江宁按察使、布政使，而以太仆寺卿内召，致仕归里。而薏田又为广西提督学政，上海龙门、金陵钟山二书院山长有年。寿皆至八十余，朝廷赐筵重宴鹿鸣，给扁"兄弟重游頖水"，而俞巾山樾则赠联，有"天下翰林皆后辈，一朝将相两门生"句以祝之，其家世位望之隆，可想见矣。

孙氏兄弟宦游所至，搜罗乡哲遗著，购求图籍，不遗余力。时当洪杨起义，东南各省经战事后，故家秘籍往往散出，孙氏多方征集，所蓄益富，再加上祖上所传，共藏书八九万卷。晚岁归里，就所居虞池金带桥新屋左偏沿放生池一带别筑大楼，南北相向各五楹，命名"玉海"以储之，且以为儿子诒让著书之所。据太仆公《玉海楼藏书记》所述，知太仆公凤慕宋时深宁王应麟，生平博极群籍，著书至六百余卷，其最巨者为《玉海》二百卷。玉海云者，言其为世宝贵而又无所不备也，乃取深宁所以名书者以名此楼云。

楼旁有小厅事曰恰受航，亦曰野航。前为颐园，中砌假山，凿池积水，莳花种竹，辟月洞门与玉海楼通。门口上嵌石扁，镌曰"玉海楼书藏"，为顺德李文田若农楷书。而颐园门口两旁亦分嵌石刻对联，曰"退思补过，时还读书"，为太仆公所自书，字体学柳公权而青于蓝。

楼之四周极幽静，以前，当城未拆毁时，有北郭绕之，登楼上可以远望集云、万松、隆山诸胜，城内民居稠密，屋瓦鳞次，尽收入眼帘中。今则辟城基为湖滨公园，遍植花木，间筑亭榭，复置石鼓，可坐休憩，风景更佳矣。

其蓄书经过，据《玉海楼藏书记》云："予家自先大父资政府君隐居种学，好聚图籍。儿时见先世旧藏多前朝善本，丹黄殆遍，经乱无复存者。"可知孙氏藏书由来已久。其孙孟晋先生亦云："晚近人士知余家有玉海楼，而鲜知我先曾祖诒善堂旧弆初多宋、明善本者，亦以经乱无存故也。"

按：所谓经"乱"无复存，盖指咸丰八年金钱会首领周荣、赵启起义于青田、平阳诸县，旬月之间蔓延温州全境。其时孙氏家尚在潘埭，以太仆仲弟锵鸣襄田侍郎奉命督办团练于乡，与屿头地主蔡华构隙，至此，蔡遂与周、赵相联结，酿成地方祸患，潘埭老屋被焚毁，书亦遭此厄也。同治元年壬戌，太仆奉父母、携妻子避难永嘉孙坑，翌年事平归瑞安，自是僦居城内之邵屿。逮后，太仆公由皖臬移官江宁，……故又云：

"同治戊辰，复为监司金陵，东南'寇乱'之余，故家遗书往往散出，而海东舶来，且有中土所未见者。次儿诒让亦颇知好书，乃令恣意购求，十余年间，致书约八九万卷。"

《札迻叙》云："某年，随家大人官江东，适当东南'巨寇'荡平，故家秘藏多散出，间收得之，亦累数万卷。每得一佳本，晨夕目诵……"

按，光绪十四年戊子春，琴西太仆公为子诒让筑玉海楼为读书藏书之所，尽徙旧藏，庋之楼上，而以所刊《永嘉丛书》四千余板列置楼下以便摹印。——《玉

海楼藏书记》

时仲容征君才四十一岁，以后著述多在玉海楼，如重校《古籀拾遗》，撰《白虎通校补》，撰《尚书骈枝》《墨子间诂》成，《札迻》成，《周礼三家佚注》刊成，《札迻》刊成，撰《逸周书斠补》，与梁任公讨论《墨子》，校《顾亭林诗》，撰《大戴礼记斠补》，撰《九旗古义述》，撰《周礼政要》，撰《古籀余论》，撰《契文举例》等书。

又当楼成以后，太仆公亲订《藏书规约》十六条，规定："楼中书籍，不许管书人私自携出或借出，如有各房子弟或外人来阅，先具一字条，开明何书，陈报主人，经许可后乃借之。亦只许逐日在楼下坐阅，不许携出。开锁取书时，借书人不许随入楼室。借阅书籍，不许擅用丹黄，轻加圈点，亦不许稍有污损，违者罚赔。"文载《蓼绥年刊》其约尽仿四明范氏天一阁之所订，故能得保存至今无缺失。然乡里后生有志读书，若无谬其约者，亦可入其庐，读其书，太仆公曰："天下之宝，我故不欲为一家之储也。"

按，项崧《事略》有云："二十年间，又致书五万余卷，别庋诸玉海楼东之经微室，而以所得金石碑帖分别陈列于百晋精庐、百晋匋斋、五凤砖研斋、一盂庵。"

楼中书籍，尽照《四库全书》之例，各按经、史、子、集分门别类，纂成书目。每书之册页、卷数、刊刻年月、抄本、曾经何人收藏、何人批阅、批校、有何题跋印章，皆一一载明。其书有数部者，各以类载，以便检寻。每门各留空纸数页，备续添增入，以期贤子孙日增月益也。

按，《玉海楼藏书目》，先有吾友陈准据孙氏原抄本称《经微室书目》，存今市图书馆。编次，发表于《图书馆学季刊》上。旋据孟晋先生说，其侄师觉缅万亦编有《玉海楼善本藏书志》，唯未见传本耳。

玉海楼藏书既富，除供仲容征君著述之用外，当时嘉善戴咸弼鼇峰之撰《东瓯金石志》，黄岩王棻子庄之修《永嘉县志》，以及后来平阳刘绍宽次饶之纂《平阳县志》，均以此楼所藏书籍为依据，借抄参考不稍吝，由其所藏之书中多关于乡邦文献故也。

据近来孟晋先生《瑞安孙氏玉海楼藏温州乡先哲遗书目录》所载，有关桑梓之籍，凡四百六十二种，辄依类增编，略加校注。其最宝贵者，为明永嘉张孚敬《文忠公集》及宋叶适《习学记言》二善本，明永嘉吴彦匡《花史》、宋《二刘文集》系抱经堂抄本，明王叔杲《玉介园存稿》，皆太仆、征君所手校、手批本也。

按，此目受书凡四百六十二种，计经部二十八种，史部五十二种，子部五十种，集部二百廿一种，大率多经先贤批校者。若以板本言，计明刊本三十二种，明写本二种，抄本二百十种，稿本十种，传抄稿一种，日本刊本一种。

今详录其为太仆、侍郎、征君所批校各本如下：

一、属于乡先哲遗书

1. 太仆批校的：

《梅溪文集》五十四卷，十四册，宋乐清王十朋，明正统间何之横校刊本，太仆公点勘。

《横塘集》二十卷，宋瑞安许景衡，太仆公校刊本，《永嘉丛书》之一。

又八册，传录祥符周氏藏抄本，末有太仆公校记。

《刘左史集》四卷一册，传抄本，宋永嘉刘安节著。

《刘给谏集》四册，卢氏抱经堂抄本，有太仆公校记。丰顺丁氏所藏抄本，太仆公尝据此本为之校补一过，见《逊学斋文抄》十。

又一册，传录归安陆氏藏抄本，有太仆公笔记。

《竹轩杂著》六卷，宋永嘉林季仲，太仆公校刊本，《永嘉丛书》之一。

又二册，传录祥符周氏藏抄本，册中周氏朱校及太仆公墨校互见。

《止斋文集》五十一卷，《附录》一卷，宋瑞安陈傅良，太仆公校刊本，《永嘉丛书》之一。

《陈文节公诗集》五卷，《文集》十九卷，《附录》一卷一册。道光间新城陈用光刊本，嘉兴钱警石氏有项几山先生手校本，此刻系据钱藏校正，太仆公尝见之，为书其后。

《周浮沚陈止斋二家碑志文抄》一册，琴西手抄本。

《浮沚集》，太仆公以杭本校过，手跋于卷尾。

《水心文集》二十九卷，《补遗》一卷，宋永嘉叶适，太仆公校刊本，有《札记》未刊,《永嘉丛书》之一。

又十二册,明正统间黎谅编刻本,此本泰州钱桂森氏旧藏,太仆公以乾隆本易得之。此本有钱氏手跋,钱氏所得乾隆本亦有太仆公手跋。

又十四册,乾隆间温州重刊黎本,太仆公评点并校注。

《叶水心文校注》一册。

附《习学记言序目》,残存八卷四册。明抄本,叶适。

又一部,残存十二卷,明秦酉岩抄本,叶适。

《习学记言序目》五十卷四册,宋永嘉叶适,明秦酉岩抄本。

眉端有太仆公据钱塘丁氏松生氏及仁和朱修伯氏所藏二本校勘之注语。丁藏明抄本后归南京国学图书馆,有太仆公同治壬申手校跋记。

《涉斋集》十八卷二册,宋永嘉许及之,传录常熟翁叔平所藏法时帆旧弄《四库》副本,翁氏原本经太仆公校勘,见《逊学斋文抄》十《翁藏写本许集跋》。

《浣川集》十卷一册,宋永嘉戴栩,校本。

又一册,传录文澜阁抄本,太仆公于陆本及阁本并有校跋,见《逊学斋文抄》十。

《宗海集》一册,元永嘉薛汉,抄本,太仆公校。

《游江心寺诗》,明永嘉王瓒,传录王氏家藏本,有太仆公识语。

《二谷山人集》,明乐清侯一元,明刊本,太仆公序。

《花史》十卷十册,明永嘉吴彦匡,手稿本,光绪戊寅太仆公得之金陵,喜为之跋,见《逊学斋文抄》十。

《怡真堂踦履诗》一册,明平阳应德成,抄本,太仆公校。

《汲古堂集》一册,明乐清何白,抄本,太仆公校。

《菊庵集选》四册,清乐清李象坤,抄本,册中有太仆公札记。

《池上集》六卷一册,清乐清梁祉,抄本,太仆公评。

《坦斋集》一册,清永嘉谢天埌,抄本,海日楼藏本,有侍郎公跋记,而太仆公得此册,亦作跋,见《逊学斋文抄》九。

《敬轩遗文》一册,清瑞安孙希旦,抄本,存文十篇,太仆公《永嘉集内外编》别有文四篇,《平阳县志》卷五十一别存文一篇。

《柿园集》一册,张元彪子正宰,抄本,太仆公有《跋张文虎父子诗集后》,见《逊学斋文抄》九。

《耕读亭诗抄》七卷二册，清瑞安项傅梅，刊本，有太仆公序。

《介轩诗抄》十卷、《文抄》八卷，八册，清张振夔，刊本，有太仆公序。

《梅雪堂诗集》十卷二册，清瑞安曹应枢，刊本，有太仆公序。

《毋自欺室诗草》一卷一册，清瑞安周玉纶子枬，抄本，有太仆公序。

《望山草堂诗续》四卷二册，清泰顺林鹗子用霖，刊本，有太仆公书后。

《求是斋诗抄》三卷一册，清乐清林大椿，刊本，有太仆公序。

《癸辛词》一册，清瑞安项瓒，刊本，有太仆公书后。

《惜砚录》三卷一册，清瑞安林用光，刊本，有太仆公跋。

《永嘉先生时文》，太仆公合刊本，清谷城、孙希旦二家时文，有太仆公序。

《永嘉古文辞略》廿册，衣言选，稿本。

《永嘉集内外编》，内编四十八卷廿四册，外编二十六卷十册，衣言辑，稿本。

2. 侍郎批校的：

《霁山集》五卷三朝，宋平阳林景熙《知不足斋丛书》底本抄本，侍郎公点勘。

《五峰集》十卷一册，元乐清李孝光，传录乐清陈氏藏抄本。陈氏藏本原有林大椿校语，此本照录，而侍郎公复核一过，末有跋语。

《岐海琐谭集》十六卷四册，明永嘉姜准，抄本，侍郎公手校，有朱、墨笔跋记各一则。

《〈诗经〉渔樵野说》六册，明泰顺夏大辉，抄本，有侍郎公手跋。

《环庵遗稿》十卷一册，明瑞安卢原璩，抄本，海日楼别藏一抄本，有侍郎公手跋。

《半山藏稿》二册，明王叔杲，传录侍郎公校抄永嘉王氏家藏本。

《尚书顾命解》一卷，清瑞安孙希旦，侍郎公校抄本，《永嘉丛书》之一。

《礼记集解》六十一卷，清孙希旦，原稿本五十卷，侍郎公校刊时析为六十一卷，《永嘉丛书》之一。

《集韵考正》五册，侍郎公传录邑中项氏藏手稿本，卷尾有侍郎公朱笔识语。册中有"止庵藏书"及"定甫过目"图记，盖黄岩杨晨曾校一过。

《白石山志》五卷二册，清陈玙重辑，刊本，此就施元孚稿略有增删，而侍郎公为之订定。

《望山堂琴学存书》二卷、《乐韵解》一卷一册，清泰顺林鹗初稿本，册尾有侍郎公手跋。

《一粟轩诗文集》六卷六册，平阳鲍台，郑兆璜校刊本，有侍郎公序。

《太玉山馆诗抄》一卷一册，清永嘉曾元琳，刊本，有侍郎公序。

《愈愚斋诗文集》四卷二册，清平阳谢青杨，刊本，有侍郎公序。

《鹤阳家集》一册，清永嘉谢梦觉，刊本，有侍郎公手跋。

《罗阳诗话》四卷二册，清泰顺董斿，刊本，有侍郎公序。

《东瓯记略》一卷，清同治间温州知府润州戴槃著，有侍郎公序。

按，孙蕖田侍郎公家亦有藏书处，曰藤花馆，曰海日楼，其子诒泽仲闿、诒棫季畟皆能以好学善书称乡里。此为玉海楼所藏乡哲遗书，海日楼每存副帙，且经侍郎公手加点勘，多有跋记也。

其海日楼藏书，侍郎公作有《藏书目序》与《条规》。《序》云：余家旧少藏书，祖父所贻仅数百卷耳。余兄弟通籍以来，稍稍增积，及僚友所持赠，至数千卷矣，然应有之书尚多阙如。忆昔官京朝，僦在琉璃厂之西，厂市者，京师书肆之聚也。休沐之暇，间日必一至，每见善本，循览不释手，然苦价重，辄不得售，至今犹时时在梦寐也。假归山中，非书无以为欢，姑就所藏分类编目，并附载《条规》于后，以与吾子弟约，庶知累世聚之之难，其所以善为守护者当何如耶？

3. 征君批校的：

《横塘集》四册，传录归安陆存斋氏藏抄本，有太仆、征君校语。复有《刻横塘集跋》一文，载《籀庼遗文》中。

《浮沚集》九卷三册，宋永嘉周行己，闽重刊武英殿聚珍板本，太仆公以杭本校过，手跋于卷尾，而各册中复有评注及征君校语。

《刘左史文集》四卷，宋刘安节，征君校刊本，《永嘉丛书》之一。

又二册，传录文澜阁本，有征君墨校。

又一册，传录归安陆氏藏抄本，有征君墨校，太仆公于卷末《墓志》有按语数则。

《刘给谏文集》五卷，安节弟安上，征君校刊本，《永嘉丛书》之一，有札记，未刊。

又二册，传录文澜阁本，有征君墨校。

《浪语集》三十五卷，宋永嘉薛季宣，征君校刊本，《永嘉丛书》之一，有札记，未刊。又代父作《艮斋浪语集叙》一文，载《述林》四。张文虎《跋浪语集》亦云：同治癸酉，瑞安孙琴西廉访将移任皖江，以此集见贻。……廉访公子仲容孝廉校订精审，闻别札记未刊。——《舒艺室杂著》甲下

又十三册，传录新城陈硕士氏藏抄本，征君据丁松生藏明祁氏淡生堂抄本及朱修伯藏御儿吕氏旧抄本参合精校，录其异同于册中。

又三十五卷，十四册，薛季宣，抄校本。

《水心别集》十六卷，宋永嘉叶适，征君校刊本，《永嘉丛书》之一。

又八册，旧抄本，有征君校笔。

《永嘉四灵诗》一册，宋永嘉徐照、徐玑、翁卷、赵师秀，景宋抄本，有征君手记二则，复有《书影宋抄残本永嘉四灵诗后》一文，载《籀庼遗文》上。

《浣川集》十卷二册，宋永嘉戴栩，传录归安陆氏藏抄本，太仆公校过，征君附校。

《蒙川遗稿》四卷，宋乐清刘黻，征君校刊本，《永嘉丛书》之一。有《刻蒙川遗稿后》一文载《籀庼遗文》上。

又二册，咸丰间刘氏摆印本，征君朱墨校记，间见太仆公注语。

《宗海集》一册，元永嘉薛汉，顾嗣立《元诗选》宗海诗，卷中有征君据潘是仁《宋元名家诗集》本手校识语。

《五峰集》二册，旧抄钱昊重辑本，不分卷。太仆公、征君校过，册末附装征君辑补《五峰佚诗》六十余首。

《不系舟渔集》十五卷、《附录》一卷，二册，元平阳陈高，传录彭文勤藏旧抄本，太仆公、侍郎公校过，征君又据丁松生藏汪鱼亭旧藏抄本校。

《黄文简公介庵集》十五卷四册，明永嘉黄淮，景抄翰林院储明椠小字本，征君精勘。

《花萼楼集》一册，清永嘉周天锡，抄本，有太仆、征君笔记，海日楼藏本，有侍郎公手跋。

《开禧德安守城录》一卷，宋永嘉王致远，征君校刊本，《永嘉丛书》之一。有《开禧德安守城录后叙》一文，载《述林》六。

又一册，传录邑中王氏家谱本，有侍郎公手校、征君校语。

　　嘉靖《瑞安县志》十卷四册，明嘉靖乙卯邑人朱绰等修，抄本，征君据邑中项氏藏刊本手跋。

　　隆庆《乐清县志》七卷四册，明隆庆壬申邑人侯一元修，抄本，征君据乐清林大椿氏所藏明椠校。

　　《南雁荡山全志》六卷、《补遗》一卷，一册，抄本，眉上有征君朱笔注。

　　《补汉兵志》一卷一册，宋乐清钱文子，乾隆己丑盛百二刊本，征君以鲍氏知不足斋本校过。

　　《王氏族约》一卷一册，宋永嘉王澈，抄本，征君朱笔手校。

　　《易简方》一卷一册，宋永嘉王硕，日本宽延刊本光绪戊戌，征君校订重刊本。有《易简方叙》一文，载《述林》五。

　　《禅宗永嘉集》一卷二册，唐释玄觉，明释镇澄注，刊本，征君墨笔手校。

　　○《永嘉郡志》一卷一册，刘宋郑缉之原著，征君重辑，有《永嘉郡志集本叙》一文，载《述林》九。家刊本，杭州大学图书馆以下简称"杭大"藏。

　　《瓯滨文录》一册，明永嘉王瓒，抄本，征君朱校。

　　《慎江文征》六十一卷十二册，清永嘉周天锡，抄本，卷首《目录》后有征君题记。其手稿本旧藏永嘉张氏，今不知存佚。

　　○《江东外纪拾残》一卷，清泰顺林用霖辑，杭大藏。

　　○《东瓯金石志》十卷四册，清郡学教授嘉善戴咸弼编。光绪丙子初印本，有征君笔记。杭大藏明十二卷。

　　又十二卷四册，征君校补，光绪癸未重刊本，有征君笔记。

　　《东瓯掌录》一册，清康熙见，永嘉训导钱塘陆进著，抄本，征君朱校。

　　○《永嘉先哲录》十二卷，杭大藏。

　　○《干常侍易注疏证》二卷一册，清瑞安方成珪，抄本，征君手校，有跋记曰《书干常侍易注疏证后》，载《籀顾遗文》上。

　　《集韵考正》十卷五册，方成珪，抄校本，有征君作《集韵考正跋》一文，载《述林》六。

　　按，此为传录原稿本，先由其叔父孙学士锵鸣所校过，故册首有止庵藏书印，而帙尾则有仲容征君朱笔手记，因稿中间有列举原文而缺其校语者，征君悉为之补校云。

　　○又残存九卷，抄本。

《守孔约斋杂记》一小册，前人，参抄本，有孙孟晋先生书后。

按，上列各书目中，间附载外地人著述者，以其有关温州文献，而经征君所批校也。

二、属于善本名著

1. 太仆批校的：

《史记》一百三十卷，十六册，汲古阁刻本。

《前汉书》一百二十卷，三十二册，成都书局仿殿本。

《三国志》六十五卷，十四册，成都书局仿殿本。

《新五代史》七十四卷，残存三册，汲古本。

《山谷诗内外集》五十八卷，十二册。

《元遗山诗集》二十卷，四册，汲古本。

《归震川全集》四十卷，十二册。

2. 征君批校的：

○《十三经注疏》四百十六卷。

○《张氏经说》，清张履，抄本。

○《易林释文》二卷，清丁晏。

○《周易乾凿度》二卷。

○《易纬通义》八卷，清庄忠棫，抄本。

《吕氏家塾读诗记》三十二卷十六册，宋金华吕祖谦校本。

按，此书为征君移录方雪斋先生成珪校记于其上。方氏初据明嘉靖、万历本校订，而征君复取宋小字本对核一过，再加校语。

○《尚书记》，清庄述祖，抄本。

○《周书集训校释》十卷、《逸文》一卷，朱右曾，刊本。

○《逸周书》十卷。

○《礼书》，元陈祥道，明刊本。

《求古录礼说》十六卷六册，刻本，清临海金鹗。

按，此为德清戴氏旧藏本，首钤"谪麟堂戴望"之印，"子高"之印。册中有征君朱笔校语甚多。

○又《补遗》，金鹗，刊本。

○《周礼疑义》，清吴廷华，抄本。

○《明刊周礼札记》，黄丕烈，抄本。

○《周礼注疏献疑》七卷，清许珩，抄本。

○《周官记》，庄存与，抄本。

○《周官说》，抄本。

○《周官指掌》五卷，庄有可，抄本。

○《考工记轮舆舟车考辨》八卷，王宗沐，抄本。

○《深衣释例》十五卷，任大椿，刊本。

○《大戴礼记补注》十二卷，孔广森，原刊本。

○《夏小正集说》四卷，程鸿周。

○《说文谐声补逸》十四卷，清宋保，原刊本。

○《说文辨疑》，顾广圻，抄本。

○《集韵》十卷，宋丁度，刊本。

○《集韵校勘记》十卷，长洲马钊远林，抄本，景宋本。

○《律吕新义》，江永，传录手稿。

○《四库全书简明目录标注》二十卷十册，仁和邵懿辰，抄本。

○《隋志考正》，章宗源。

○《古逸丛书目》一册，遵义黎庶昌，抄本。

《历代钟鼎彝器款识法帖》二十卷六册，影写本，宋薛尚功著。

《汉隶字原》六册，汲古阁刻本，宋嘉兴娄机，清翁覃溪校。

○《金石萃编》百六十卷。

○又《续编》二十一卷。

○《铁云藏龟》六册，印本，清丹徒刘鹗，附笺散页。

○《墨子》《庄子》《荀子》《傅子》《鬼谷子》《商子》《韩非子》《吕氏春秋》《新语》《新书》《春秋繁露》《淮南子》。

○《列女传校勘记》。

○《白虎通德论》二卷，明刊本。

又一部，四卷，经训堂刊本，征君校识。

○《孔子家语》十卷，汲古阁刻本。

○《吴越春秋》，清金山顾观光，抄本。

○《十驾斋养新录》，清钱大昕。同治丁卯，瑞安孙诒让年二十岁，在杭州收获，手识于帙尾，又眉上附札记数条，则其中年笔也。——《展览专载》

○《存愚录》，明张纯。

○《松崖笔记》，清惠栋。

《文心雕龙》，借录谭仲修家藏顾广圻、黄丕烈校本。

《逊志斋集》，明方孝孺撰，成化庚子刊本，孙仲容藏。——《考书咫闻》

《石林老人避暑录话》四卷四册，宋叶梦得著，明张青父抄本，有征君朱识一行云："光绪己卯于江宁买得此册，以毛刻本校之，异文甚夥，故是佳本。"

《侯鲭录》八卷四册，宋宗室赵德麟著，明嘉靖甲辰芸窗书院刊。页末有孙仲颂及云韶跋记，又"苏淳仁印""伯元"及"中容过眼"诸白文印。——《展览专载》

《亭林诗集校文》《亭林先生集外诗》合抄一册，稿本，有《书校顾亭林诗后》一文，载《籀庼遗文》上。

《文选》，朱笔点过，钤"经微室藏书"印。

《文选笺证》，绩溪胡绍瑛撰，孙仲容藏抄本。

三、属于自著书

1. 太仆作的：

《郡志选举考正》六卷四册，稿本。

《杭州所作诗料》一册，手稿本。

2. 征君作的：

《周礼正义》八十六卷，二十册，铅铸板，初印自校本。

○《广韵姓氏刊误》。

《名原》一卷一册，原稿本。

○《温州古甓记》。

四、属于友人所作

太仆批校的：（阙）。

征君批校的：

《论语正义》二十四卷，宝应刘楚桢年丈宝楠著。按，宝楠子叔俛以刻本见寄，并属重为审核，征君为举正二十余事。

○《释穀》四卷，清刘宝楠，刊本。

《礼书通故》，定海黄以周。按，征君晚年为校正其疏误处，得三百余条。

《訄书》一册，刻本，章太炎。

○又一部。

《新方言》十一卷一册，日本东京民报社印本，太炎。按，光绪丁未三月，著者以此本寄示征君，为圈出精审者若干事，又下校记一条，并朱笔。

玉海楼所藏名家批校本亦特多，如钱塘罗以智镜泉遗著手稿凡有六七种，及批校本十余种，其《金石综例跋》一册、《蔡中郎集举正》一册、手校曹刻本《集韵》五册皆经人寓目。据征君早岁笔记称：《综例跋》《中郎集举正》乃同治七年得于四明书肆，盖均洪杨“劫”后之漏网者。手校曹刻本《集韵》，据孟晋先生言，系同治六年征君于杭州购得，他日杭州人士倘继《武林往哲遗著》而续编，则玉海楼所藏各本当在搜罗之列也。

又若德清戴子高望手校之《墨子》《管子》、陆贾《新语》《春秋繁露》及郝懿行《山海经笺疏》、宋保《谐声补逸》、金鹗《求古录礼说》、庄有可《周官指掌》等数十种，皆为征君当日所收藏，且多附加识拔，今皆由其后人孟晋先生赠存于杭州大学图书馆，如上列书目之前加圈“○”作识者是。

总之，太仆、侍郎二公所校者多属史部、集部，征君所校者多属经部、子部，如此，可知四部皆有批校本矣。乃知著述家之藏书，非直以标牙签锦轴，侈为观玩者耳。

余在民国丁卯年曾一游孙家，登玉海楼观书，其时楼上布置仍如旧观，统计前后楼有藏书之橱四十余，皆一上一下，重叠二列。其前楼左偏间置史部及目录书，中间置经部及子部杂类，次中间亦置子部杂类及集部，左偏间则纯置丛书、类书；正中间置桌一、椅一，桌上文房四宝尚陈列，意必征君著书于此。后楼第一间，满置经总类及政典、数医书，第二第三间统置各省、府、县志，不下数百种。楼下两旁正间，尽置孙氏父子所著书及《永嘉丛书》刻板也。详情载于拙作《修学庐日记》中，并绘有《玉海楼图》一帧。

玉海楼所遗留之文物，有"玉海楼"木扁在楣间，为潘文勤祖荫隶书，并行草识语；"玉海楼藏书记"屏条，为太仆公作，侄诒泽仲闿宣统三年追书；"逊学斋"篆额，莫友芝书；"经微室"篆额，李若农书，并行草识跋；"一盉庵"篆额，俞樾书，后系以跋；"五凤砖研斋"篆额，杨咏春沂孙书；"百晋精庐"篆额、"百晋匋斋"隶额，均为王懿荣书。又有"颐园春宴图"，太仆公、征君画像与照片等。

余前游孙家，于"恰受航"一名"野航斋"，有孙琴西所作《铭文》及《玉海楼旁新作小斋记》。小厅事中，见壁上又悬一像，则持杖，一小儿孙旁立，不知为谁也。太仆、侍郎兄弟像，又各载于《青鹤杂志》中。

又孙征君仲容像，通常皆系照片仿制，如浙江图书馆乡贤像本；前年余重游玉海楼，又见征君临终所绘容图，则清癯与彼照像大不相似矣。

至于顺德李文田若农楷书"玉海楼书藏"五字石刻，其所附之跋语则云："此琴西老前辈聚书之所也。南齐张融自名其集曰《玉海》，玉以比德，海崇上善，宋王应麟亦取以名其书。儒家蓄书称藏，自阮文达始也。顺德李文田。"凡五十七字。

自太仆、征君父子先后辞世，书楼稍荒，赖征君嗣君孟晋先生延钊好学爱书，珍护祖泽，玉海楼乃得与鄞范氏天一阁及南浔刘氏嘉业堂鼎立于浙水东西。

所以平阳刘绍宽次饶有言："吾乡孙氏藏书，自仲容征君殁后，子孙固守，得以勿失，多年束阁，鼠伤虫蚀，在所难免。"——《孙季明延炯诔词》

当征君在时，从弟诒泽、诒械及侄延畛辈皆常登楼请业，观其挽征君联语、诗句，可以推知之矣。

诒泽云：以分则兄，以学则师，痛哲人忽逝，寒灯忆相对，何忍更登玉海楼。联

诒械云：问字玉海楼，霜露俄七易。诗

延畛云：著述入儒林，公其不朽，惜哉玉海楼空，高密遗书谁可续？联

朋侪中，有洪炳文博卿作挽词《水红花》云：记当时，玉海富藏书，勤三余，丹黄笺注。记当时，朋辈会，簪裾任轩渠，笔歌墨舞。怎今日书堂人去，残月映纱橱，但只有颐园门首立踟蹰。

宋衡平子作挽联云：《周官》《墨子》学，旷代一人，玉海楼长对荒江，征君父太仆公，以诗文名世，提倡南宋乡哲之学甚力，筑书藏曰玉海楼。公卿之罪。

项芳蒨春畦挽联云：曲园即世，惟君为两浙大儒，著述等身，专精真越右台馆；逊学既殂，有子系斯文一脉，音尘复寂，凭吊忍登玉海楼。

王景羲子祥挽联云：新疏八十卷，愧我代庖斟礼，颐园人去，一楼虫鸟吊先生。

张之纲文伯挽联云：□□请《名原》写定，度赤县神州旧物，借以重光，古文成绝学，令我愁登玉海楼。

亦可知皆与征君时相过从，入颐园，登玉海楼，以学问相切磋也。征君殁后，地方官及外地人之有学问者，其来温州，必往瑞安一登玉海楼，作诗文以为纪念。以余所知，有前瑞安知事杨君述承孝，由邑绅胡调元榕村伴登玉海楼，参观藏书，有诗纪事，载《补学斋梓余吟草》上。知事沈严子肃登玉海楼后，赋诗征和，见刘次饶《厚庄诗续集》中。而杭县马叙伦亦一登此楼，所为《捃古录金文移记叙》云："伦于先生昆季诸子之间，多抠衣奉手，廿余年前，曾登先生藏书之玉海楼。缅想前徽，深以不及请益为憾。"见《学术论文集》醴陵朱芳圃当执教温州中学时，亦尝至玉海楼观书，以两载之功，撰成《孙征君年谱》一卷。——《图书展望》复刊号

至于乡里后生之登楼观书，则有余友李笠雁晴，其言曰："生殁后十余年，我曾到玉海楼去参观书籍，真是汗牛充栋，琳琅满目。虽去过好几次，但终如走马看花，未识堂奥。"《图书展望》复刊号据长沙杨树达序雁晴《史记订补》亦云："往者杭县马君夷初语余：'瑞安有积学士李君雁晴，尽读其乡先辈孙仲容氏玉海楼藏书，专治太史公百三十篇，卓有心得。'余心识之。顷者李君刊其所著《史记订补》成，邮以示余。……余读其书，引证赅博，思理缜密，马君所言，信不诬也。"实则李友曾从孙莘农、杨子林二氏处借观玉海楼所藏传抄清儒校古籍数种，对校理古书工作帮助不少也，作《墨子间诂校补》。又有薛钟斗储石、宋慈抱墨庵、杨嘉则刚，皆于征君学术饮服之至，又与孙氏后人莘农、孟晋二先生交游颇密，当得登楼观书之机会焉。而余亦于民国丁卯之岁设帐项微臣骧家，孙、项联姻，因

得绍介登玉海楼，饱看藏书，终生以此为所收眼福不浅云。

按，金山高燮吹万作《瑞安薛君墓志铭》云："君讳鼎芬，字玉坡，……子即钟斗，尝受业于邑故大儒孙仲容先生，能绍其学，好网罗乡邦文献之绪。"梅冷生先生亦称："储石平生，极思表彰桑梓文献以阐扬永嘉学术。"著《孙籀膏年谱》。宋慈抱作《瓯海轶闻续编》。杨嘉辑《籀庼诗词》。

他如其子孟晋、延炯，从子公达，师觉、宰万皆贤而好学，当然时至玉海楼。据刘次老撰《孙季明诔词》云：季明居家，则时时翻阅玉海楼藏书，尝手辑征君遗文若干篇。固知其绍述家学，志甚笃也。孟晋先生自京师归后，家居多暇，尽发玉海楼庋篋，检理征君遗著，既取浙刻本《温州经籍志》，家刻本《周礼正义》《名原》覆勘之，复本征君遗意，搜采征君遗文，旁及诗词，纂成《经微室遗集》，又编太仆、征君二《年谱》等书。师觉亦有志于《玉海楼藏书志》之纂次，与孟晋先生几席相亲，昕夕共讨，庋册盈编，检索略遍。已成《玉海楼善本书目》，张扬宋颐为作《书后》，发表在《瓯风》杂志上云。

又有亲戚，如黄岩杨晨定夫，系征君之从妹倩，数十年几席追随，素心相对，友而兼师。戴家祥幼和，弱冠之岁肄业乡校，借居其家，拜瞻坠绪。尝以私赀抄录征君未刊之甲骨学一类书。

玉海楼的藏书既然有这么丰富，以后乡人为纪念征君，屡次建议开放玉海楼。李友雁晴在民国十三年春曾发起组织"籀庼学会"载《国学汇编》第三集消息栏，起草《简章》及《缘起》，其中有一项，即欲设立籀庼图书馆，旋以外出教书大学，此事遂中辍。接着瑞安全县各界又公建"仲容文化馆"，瑞安县立图书馆馆长胡公劲亦欲取征君生前所藏书、著书及遗物充实其间以资纪念。终因种种缘故，不得实行。而孟晋先生已将玉海楼名贵图籍，如征君亲手批校各本，以及著述草稿等，悉赠庋浙大转杭大图书馆矣。解放初期，其后人以迫生计，将一部分书售给造纸商，事为政府所察觉，即令尽数移运温州，归市图书馆，妥为保存。今复整理毕役，则玉海楼藏书完好如初矣。同时玉海楼遗迹亦颇得政府重视，闻已拨款，不日动工修葺，使玉海楼恢复旧面貌，则现在楼中所陈列之古文物图籍，更可以任人观览，发挥其作用，此于社会主义文化建设事业不无少裨益焉。公元一九六二年退休后作于郡寓。

参考资料：

张扬《书〈玉海楼善本目〉后》。

吴辰伯《两浙藏书家史略》中著录温州藏书有玉海楼等七条。——《清华周刊》三十七期文史专号

《温州藏书家考》。——《蓼绥年刊》

孙孟晋《文澜阁嘉惠堂与玉海楼》。——《文澜学报》第一期

宋炎《记瑞安孙氏玉海楼藏书及其与两浙人文之关系》。——《图书展望》复刊第五期

附录:

1.《玉海楼藏书记》

宋时深宁王先生以词科官至法从,生平博极群书,著书至六百余卷,其最巨者为《玉海》二百卷。玉海云者,言其为世宝贵而又无所不备也。予家自先大父资政府君隐居种学,好聚图籍。儿时见先世旧藏多前朝善本,丹黄殆遍,经乱无复存者。予初官翰林,稍益购书,以禄薄,不能尽如所欲。同治戊辰,复为监司金陵,东南“寇乱”之余,故家遗书往往散出,而海东舶来,且有中土所未见者。次儿诒让亦颇知好书,乃令恣意购求。十余年间,致书约八九万卷,虽视深宁所见未能十之四五,然颇自谓富矣!

旧居褊隘,苦不能容,今年春,为次儿卜筑河上,乃于金带桥北别建大楼,南北相向各五楹,专为藏书读书之所。尽徙旧藏庋之楼上,而以所刊《永嘉丛书》四千余板列置楼下以便摹印。因取深宁叟所以名书者以名斯楼,手书榜以表之。我子孙中,如有得天隽敏而加之以好学,能读终一书而知其可好,则可以尽读他书;能尽读他书,则岂唯我楼所藏,虽深宁所未见,皆可以遍览而悉通也。异时辞章之美、著述之富,庶几亦如深宁,斯不谓之可宝也乎?复取古人读书之法,及我今日藏书之意,具为条约,揭之堂壁。乡里后生,有读书之才、读书之志,而能无谬我约,皆可以就我庐,读我书。天下之宝,我固不欲为一家之储也。光绪戊子八月几望,逊学叟书于城北邺岕寓庐。

2.《玉海藏书规约十六条》

一、楼中书籍几及十万卷,恭照《四库全书》之例,各按经、史、子、集分门别类,纂成书目。每书一部,共若干本,若干卷,系何时刻本、抄本,曾

经何人收藏，何人批校，有何题跋印章，系何等纸张，一一开载明白。其一书数部者各以类载，以便检寻。每门各留空纸数页，以便续添补入。日增月益，唯贤子孙是期。

一、藏书室制备本柜，每柜分二格，每格容书四叠，略留余地，不可过于逼窄。其柜宽深尺寸约与书之长短相称，后面勿留空地，以防蛇鼠伏藏。各柜各以《千字文》编号，另抄柜内书名、本数粘贴柜面。

一、曝书只为故事，不足以御霉蠹，惟时时翻阅最为要紧。今拟延请谨厚老儒，粗通文理，年在五十左右，精力未衰者，月给薪俸一千文，并给饭食，责令每日翻阅一柜，务须逐本翻阅，抖撒尘尘，检寻有无虫蛀蛛丝，随时拂拭洁净。如有破损之处，随手记出，以便粘补。另治检书号簿一本，逐日登明所检之书，以便查阅。

一、每年八月，天气晴燥，有风有日之时，另雇坊友四五人，将所有藏书统行晒晾一次，其有破损须粘补或书皮破损、钉线散断者，即时加工修整。

一、每室所藏书籍，管书人仍照书目之式，某室藏书几种，系属何项书籍，用红笺开一简明总目，粘贴各室门扉，以便检寻。

一、藏书之室门户随时上锁，无故不许擅开。

一、每架每叠，除有函有套各书外，每叠各以坚木制薄板二块，一垫其底，一覆其首，以防虫鼠之患。

一、藏书之室，每室各置棕刷、鸡毛帚、筥帚各一柄，逢二、六日，主人督同管书人打开房门，督视小童于楼板上缓缓喷水，先将尘土洒扫一清，再用棕刷、鸡毛帚拂拭几案、厨柜。

一、楼中书籍不许管书人私自携出或借出，如有各房子弟或外人来阅，先具一字条开明何书，陈报主人，经许可后乃借之。然亦只许逐日在楼下坐阅，不许携出。开锁取书时，借书人不许随入楼室。凡书一部数函，先将首函取出借阅，首函阅毕，再行换给次函，不得全部一次取出。其无函无套者，每次给予四五本，阅过换取。

一、管书人应备号簿一本，登明某人某日借阅楼上某书，归还之日，注明销号。所借书从何架何叠取出，归还时仍放原处，不得随手放置，致有错乱散失。

一、借阅书籍，不许擅用丹黄轻加圈点，亦不许稍有污损，违者罚赔。

一、读书如对严师庄友，不可跛倚倾侧，或欹枕灯火之旁。阅时先将楼下几案拂净，用蓝布一方拥在几上，再将所借书取出，打开函帙，正身端坐，细心阅读。不得以指甲掐裂中缝及以唾揭起纸函。阅完一本，即将此本安放底下，书脑向左，以次照式，逐本叠起；看竣一函，将全函揭转，书脑向右，则次序不致倒乱。随将函帙扣好，还归管书人，再换取次函。其逐日阅看，或十页，或廿页，于纸角略略折入寸许，以便明日续读。

一、读书不宜躐等。我楼所藏多经史百家、精深博大之著作，本非浅学所能领略。凡初入庠序者，方治学业，自有学塾通行诸书，如诸经、《史》《汉》《通鉴》《通志堂经解》、唐宋八家及坊俗所行古文古诗、唐诗选本、一切类书，塾中粗备，如能逐部读过，不遗一字，而能得其行文取材之法，亦不失为佳士，取科第，致通显，有余裕矣。若真有天资颖异，有志通今知古者，方可借阅楼中所藏。然亦须自立定主意，抱有恒心，欲读何家经说、何代史志、何朝政书、何家诗文，指定一部，照前约所定，开具清单，先取一函，或一套，或四五本，读毕换取，务在循序渐进，不可喜故厌新。程子曰："性静者，可以为学。"朱子曰："读完一书，方换他书。"吕东莱曰："为学之本，莫先读书。读书之法，须令日有课程。"此并大儒切实甘苦之言，学者所当效法。如今日读经，觉其难解，明日遂欲弃经而读史；今日读此册未毕，明日又欲换别书，则心先未静，何以能学？是徒乱人插架，于己全无所裨，非吾约也。

一、古人谓"读书百遍，其义自见"，此亦甘苦切要之言。然果潜心索解，亦何至必须百遍？予平生读史传及古人文章，每一篇例须三循：第一遍粗观大概，第二遍即用丹笔点出句读，第三遍乃审其精神脉络，文采高丽之处略加圈点。如此三次往复，古书古义十已得其七八矣。至如《左氏》《国策》《庄子》《史》《汉》、韩、杜、欧、曾、苏、黄诸家诗文，浸淫纽绎，愈读愈有所得，又岂可限以百遍耶？今日少年子弟，无论古书不能多读，即极浅极陋之所谓时文试帖者，每部或读一两篇，每篇或读一两遍，张口呼号，其声甚恶，而其心不知何往，不数日又弃而他求。此乃所谓儿戏，岂可谓之读书？如不痛改此等恶习，不可辄观吾楼所藏也。又所谓读书百遍者，春容以尽其致，非一气即读此遍数，若一气百遍，虽多奚益？大约读书有得，全在触悟：或今日不得其解，忽于数日后得之；或苦心求之不得其解，忽于无意中得之；或于此书不得其解，忽于他书中得之。种种触悟，其妙万方。

一、楼中藏书须筹一专款经费，以资永久保存之用。今拨入荡园二百亩零，每年租息约近二百千左右，目前交与次儿收管，每年补买书籍、刊书抄书及一切杂用均于此项内开销。以后二房子孙中，择其敦书好学者一人或数人，谨慎掌理之，而不许分藏。姚惜抱先生尝谓"一人之心，视其子孙皆一也"，而子孙辄好分异，以书籍与田宅、奴仆、资生之具同析之，至有恐其不均，翦割书画古迹者，闻之使人痛恨。然则藏书非不可久，抑其子孙之贤否异也。我子孙辈其各自勉于贤，切毋分异，且当共念予置书启后之意，相与勤苦诵读，期均可胜掌书之任，均得沾开卷之益。庶藉合力修学以世守诗礼家风于勿替，予有厚望焉。

一、每年于二月仓圣生日及八月孔圣生日，在楼下设祭，以汉时诸经师及宋时五子暨吾乡诸大儒配享。凡在祠塾肄业及各房子孙之有志于读书治学者，皆得与祭享馂，其费即于荡园租息款内提用。——《蓉绥年刊》创刊号

3.《玉海楼旁新作小斋记》

衡阳彭公以大司马督视长江水师，自治一舟，财胜十石，出则以一仆一庖人自随，尝指其舟语予曰：此所谓"野航恰受两三人"，当以恰受航为名。予深叹其雅量。今年秋，予营新居既成，东厢之南有隙地十数弓，命工补为小室五楹，广四丈，深得广三之一，窗其两旁，辟扉其首，及左右胁尾设横榻以待客，宴坐其内，宛然舟居。因思彭公之言，遂以"恰受航"榜之。彭公一时人杰，为国宣劳，自处清约如此，而退老闲人乃傲然偃仰于此，盖不啻万斛龙骧矣。虽然，有此隙地，乃适容此小室，其名也不可谓非其类也，遂书以为之记。己丑十月野航主人。——《逊学斋文续抄》卷三

4.《野航斋铭》

玉海楼旁小斋，既用杜公诗句命曰"恰受航"，自为之记矣，复书"野航"二字揭之楣间，而系以铭曰：我本野人，爱此泛宅。白鸥能来，迟我佳客。——同上

5.《诒善放生池记》

放生之事，出于佛家言。而物之不可妄杀，则见于孔子、孟子之说及经传诸史不可胜。盖佛之言多出于吾儒，以为佛而恶之，而以为儒者所不必为非也；以为佛而好之，而不知儒者别自有理亦非也。集云山之水，由北水门入城，过西河

桥，而东流过予所居屋后，又过宋都桥，迤东抵城下，折而南流，至东水门，复受城外之水渟为大池，谓之虞池。虞池者，所以虞意外也。水将深广，虽久旱不竭。而自予所居至东城，其流仅一线，岁久瓦砾累累，不复通舟矣。予始归里，里人以为言，即出钱三十万佣而疏之，于其折而南也潴为方潭，潭长十丈，宽五丈，深二丈有奇，而城下有民屋旁舍斗出河上，河犹狭不通舟。今年春，购民屋，移其旁舍于西，舟行始利，而恨潭尚小，不足以储水，乃复以钱六万佣而潴之，以接于旧潭，其广轮视旧潭加三之一，于是城之东北隅水始聚矣。吾邑之人好持斋奉佛，时时买鱼鳖生物放之，吾家妇女或效之，以为佛家言也。而得生物辄送之城外河，患迁远，乃以此潭为之，命曰诒善放生之池，使里之人及吾家妇女为放生之举，树碑以表之。且为之约曰："无秽污，无网罟，好生之道也。"或曰："放鱼鳖此潭，任其所之，则人将取之，盍为之闸以围之？"予曰："为之闸，则不能行舟。利于物而妨于人，非儒之道也。"昔者汤之渔而祝之曰："欲左，左。欲右，右。不用命者入吾网。"今放之于此，欲其生也。其或它徙，则所谓不用命者也，于放者何恨焉？此又儒者之言也。且夫放生，爱物也，物犹爱之，则于兄弟族人何如也？于郡里乡党与夫饥寒疾痛之无告者何如也？此之不可不思也。鱼鳖之类，姑尽吾心，而稍阔略焉其可也，此又儒者之理也。是为记。丙戌八月，逊学老人书。——同上卷三

6.《诒善祠塾课约八则》

《诒善祠塾课约》大概分：1.每日早起，临法帖二百字。2.看经二三十页。3.看史十页或二十页。4.看古文十页或十五页。5.看时文四五篇。6.看试帖十数首。7.看古赋律赋一二篇。8.每月按期课以时文诗赋。（细则略）右《课约》八则，意在提喝后学，兴起科名，郡邑各生有能如我约者，均令入课。入课之后，时加询问以稽勤惰，尤望各邑富家大族依仿我《约》推广行之。但得一县之中有学社十余所，一社之中有好学能文者十余人，三五年后登科第、取仕宦，建业立名，联翩接踵，岂不可喜。吾乡风俗之美，学术之懿，莫盛于宋南渡时，当时如陈文节公、蔡文懿公、徐忠文公、薛恭翼公皆以同郡师友同年登第。孙奕《示儿编》谓止斋最精于省题，省题者，省试之文，即今所谓会墨也。而止斋之《待遇集》、水心之《进卷》亦即当时揣摩举业之作，风行海内，遂为永嘉文体。至明时，项参政义，则所论举业本原及各种题，则津津乎其有味也。乾隆年间，我家敬轩

太史亦自谓制义则透过来矣。此七八先生者，皆理学名臣，而皆留心科举之文，亦皆以科举之文发身成名于世。且每以时文教人，渐渐引之于道，使其勉效儒行。今日英俊辈出，颇知向学，若能不弃予言，以继参政、太史之遗徽，复乾、淳之盛轨，有何难哉？亦在勉之而已矣。光绪元年十二月祭灶日，逊学老人书于安徽祥刑使署。

7. 玉海楼藏善本书目：从邵氏《四库全书简明目录标注》中辑出孙仲容先生校语

《周礼注疏》　　张孝达师云：明仿岳本《三礼》，嘉靖间徐氏刻，今不多见。绍箕明刊十六行十七字本，余家亦有之，前有汪道昆《序》，有音义，每句读亦有小圈。

王昭禹《周礼详解》　　孙氏经微室有抄本。诒让

王充耘《四书经疑贯通》　　此书余家有抄本，有潢川吴氏收藏印记。绍箕

江永《律吕新论》　　余从歙汪仲伊茂才所假得江先生《律吕新义》抄本，其书凡三卷，与《新论》迥异，曾录副弆之。诒让

陈道人本《释名》　　余家有明吕柟仿宋陈道人本。诒让

司马光《类编》　　甲戌四月间，朱修伯丈云：收得景宋本《类编》。匆匆出都，未及假观。诒让

薛尚功《钟鼎款识》手迹本。　　余家有旧影抄本，首有元、明间人题识，亦依原本摹出。又案，朱谋垔本亦附刊元、明间人题跋，阮刊乃删之耳。诒让

娄机《汉隶字源》　　海昌唐端夫仁寿有传录翁覃溪校本，余从借录。翁校据朱竹君所得南宋本校汲古本之误。诒让

原本《广韵》五卷。　　余家有元刊本，卷一末页有"文明坊刘氏新刊"一行。诒让　又黎庶昌刊泰定本。宜都杨氏有永乐甲辰广成书堂、宣德年间清江书堂两刊本，均从泰定本出，而注文选有刊落。别有元至顺庚午刻本，删节尤多。

章宗源《隋书经籍志考证》　　章氏手稿三册，今存仪征刘副贡寿曾所，内有许周生校正数条，原稿无子部。诒让

《新唐书》　　余家亦有大德刊本，内有明人修板。南宋本，每页二十行，行十九字。己卯二月，书贾携来，惜内无元时修板，甚劣。诒让

《旧五代史》　　甲戌三月，余于厂肆得一旧抄本，亦逐条注所出书。诒让

李焘《续资治通鉴长编》　　杭州书局刊本。余家有传是楼抄本百八卷，即从

宋本移录者。诒让

　　徐梦莘《三朝北盟会编》　余家有旧抄本。诒让

　　叶隆礼《契丹国志》　余家有陆香圃依元椠校正本。诒让

　　《国语》　明刻宋本。余家亦有之，凡宋讳皆缺笔，惟淳字不讳，盖依南宋初本覆刊者。诒让

　　《皇元圣武亲征录》　《亲征录》有何愿船校注本，甚精，余家有抄本。

　　孔传《东家杂记》　余家有景宋抄本。

　　无名氏《京口耆旧传》　余家有抄本。诒让　近又粤雅堂续刻本。

　　龙衮《江南野史》　余家有旧抄本。

　　祝穆《方舆览胜》　余家有元刊本。诒让

　　谈钥《嘉泰吴兴志》　《吴兴志》系《永乐大典》抄出，余家亦有抄本。

　　赵煜《吴越春秋》　姜光煦《斠补偶录》内有《吴越春秋》校语，系据影宋本及元刊本合校。五柳居刻《汉魏丛书》，当亦依元本校补，尚佳。余家有明万历丙戌武林冯念祖刊本，亦依元本覆刻。

　　段公路《北户录》　三卷。　余家有抄本诒让。十万卷楼元刊本，陆本末缺后数行，余家抄本完全，盖所据亦非全本也。

　　龚明之《中吴纪闻》　余家有钱遵王校本。诒让

　　陶宗沂《游志续编》

　　《游城南记》　宋张礼撰，余家亦有写本。诒让

　　玄奘译《大唐西域记》　余家有明释藏本，即支那本。诒让

　　宋程俱《麟台故事》　余家有劳季吉精校旧抄本。诒让

　　陈骙《南宋馆阁录》、无名氏《续录》　余家有抄本。诒让

　　无名氏《太平宝训政事纪年》　余家有顾千里所藏抄本。

　　王泾《大唐郊祀录》　余家有抄本。张啸山文虎云：有校本，刊入《指海》，余未见。诒让

　　徐星伯辑《南宋中兴礼书》　余家有抄本。诒让

　　《孔子家语》　汲古阁北宋刊本，今在余友桐城萧敬孚穆处，后有毛子晋斧季手跋，余从借校，颇有謌正。东坡折角玉印及毛跋所谓二卷十六叶以前抄补，萧藏本并同。诒让

　　《孔丛子》　余家亦有影写宋刊本，内有两叶是宋刊原本。宋巾箱本，浙江

近有仿刊本。诒让

《荀子》　按郝氏懿行《补注》二卷，不载全文，有刊本。诒让

陈埴《木钟集》　温州近有新刊本，即从余家所藏弘治本付梓，板在府学。诒让

《握奇经》　薛艮斋《浪语集》有《握奇经》校本，即《书录解题》所载本也。高似孙《子略》窃薛书为己作，又删去校语数条，今世间传木，并从《子略》抄出者，无有知为艮斋旧校者矣。诒让

《孙子》　皕宋楼有北宋刊本。……光绪戊寅于吴淞收得。诒让

宋王致远《开禧德安守城录》　一卷，记开禧二年金人围德安，通判王允初守城事。其书向无著录者，余家有抄本，顷已付刊。诒让

《管子》　余友戴子高望有《校正》二十四卷，极精博。诒让

贾思勰《齐民要术》　黄丕烈校宋本止半部，分存皖洪氏，余尝传录一过。诒让

王执中《针灸资生经》　广勤堂本，近归杭州丁氏，余从借得，景写一本。诒让

《周髀算经》二卷，《音义》一卷。　余家有影宋抄本《微波榭算经十书》，近南昌梅氏翻刻。诒让

江叔沄《恒星说》　余家有江氏手书刊本。诒让

庾季才《灵台秘苑》　余家有《乙巳占》三卷残本，与竹垞《跋》合，与《提要存目》本不同。丙子四月，又得一足本于汴梁，前三卷与旧弄残本同。诒让 近吴兴十万卷楼已刊行。

郁逢庆《书画题跋记》十二卷，《续记》十二卷。　余家有抄本。诒让

昭文张氏宋刊本《尹文子》　二卷，守山阁本有校勘记。诒让　张藏宋本，近归余家。诒让光绪丁丑记。

《公孙龙子》　张孝达师云：有明梁杰订本。余近亦收得与《尹文子》合刊一册。诒让

《吕氏春秋》　余家亦有原本。诒让

宋本小字《淮南子》　谭仲修同年有陈硕父校宋本，即据士礼居宋小字本精校者。余从借录。诒让

董正功《续颜氏家训》　余有旧抄本。

叶适《习学记言》　余家有秦酉岩抄本，惜不全。诒让

班固《白虎通德论》　余家有大德十卷本。诒让

刘昌诗《芦浦笔记》　余家有厉樊榭手校抄本。诒让

叶梦得《避暑录话》　余家有顾芩所藏明人写本，题《乙卯避暑录话》四卷。校津逮以后各本，异同甚多，卷端又多石林老人《自叙》一篇，亦各本所无也。诒让

赵彦卫《云麓漫抄》　余家有鲍渌饮校本。诒让

严铁桥校本《北堂书钞》　严校原本，闻近归祥符周季贶星贻。遵义莫氏有明抄原本，余从假抄。诒让

赵令畤《侯鲭录》　余家有鲍渌饮校本，极精审。诒让

无名氏《分门古今类事》　余家有影宋抄本。诒让近陆氏心源依余家本刻入《十万卷楼丛书》三集。

吕惠卿注《老子》　余家有明人写本。

《文子》　守山阁本有《校勘记》。钱本《校勘记》为顾尚之观光所撰，尚之别有增定本，余从张啸山文虎假录。诒让

唐王松年《仙苑编珠》　余家有抄本。诒让

白云霁《道藏目录详注》　余家有抄本。诒让

明王乾章刊《蔡中郎集》　王本即徐子器本。罗以智《蔡中郎举正》二卷，余家有手稿本，极精博。诒让

朱述之精校本《曹植子建集》　朱校本尚好，莫大令友芝有抄本，余从述之先生子桂樽借录。诒让

王绩《东皋子集》　余家有《唐太宗集》一卷，明活字本。诒让

韦应物《苏州集》　余家有元刊本。诒让

增广注释音辨《柳集》　余家亦有元刊本。诒让

徐铉《骑省集》　余家有旧抄本。诒让

张咏《乖崖集》　余家有抄校本。诒让独山莫友芝刊本，据影抄龚氏重刊本。

魏野《东观集》　余家有抄本。诒让

祖无择《龙学文集》　余家有抄本。诒让

昭文张氏旧抄本宋王令《广陵集》　张氏所弄抄本，今在余家。诒让

朱长文《乐圃余稿》　余家有周书仓抄本，李素伯手校，亦有补遗。诒让

《临川集》　余家有何义门朱批手校本，疑是宋本。诒让

贺铸《庆湖遗老集》　余家亦有旧抄本。诒让

刘安上《给事集》　余家有卢抱经藏旧抄本。诒让

《刘左史集》　余家有吴梅庵影抄宋本，迥胜阁本，二集顷已付刊。诒让

唐庚《子西集》　二十四卷。　余家藏抄本二十卷。诒让

许景衡《横塘集》　余家有抄本。诒让

翟汝文《忠惠集》　余家有抄本。诒让

叶梦得《石林居士建康集》　余家有萧山汪氏旧抄校本。诒让

陈与义《简斋集》　余得昭文张氏抄本十五卷。诒让

刘一止《苕溪集》　余家有抄本。诒让

刘觊《鸿庆居士集》　四十二卷。　余家有明刻十七卷本，不全，然首尾完具，不知是何人刻，俟觅四十二卷本校之。诒让

胡宏《五峰集》　莫邵亭有抄本。

黄公度《知稼翁集》　余家有明刻十二卷本，又有抄本，亦十二卷。诒让

范浚《香溪集》　余家有季沧苇藏旧抄本。诒让

林季仲《竹轩杂著》　余家有抄本。诒让

《止斋文集》　余家有止斋《奥论》十卷，明刊本，有方逢辰评注。诒让

许及之《涉斋集》　余家有抄本。诒让

薛季宣《浪语集》　淡生堂本，近归丁松生大令丙，家大人从之借得，命诒让合诸抄本校刊。祁本兵燹后散失，仅存三册，可惜也。诒让

叶适《水心别集》　十六卷。　余家有真意轩旧抄本，庚午初于金陵付刊。诒让

杨冠卿《客亭类稿》　宋刊本今在余家，板式甚小，每叶二十二行，行十八字，共存六册，不分卷。诒让

刘宰《缦塘文集》　余家有明刊本。诒让

徐照《芳兰轩集》、徐玑《二薇亭诗》、翁卷《西岩集》、赵师秀《清苑斋集》　余家有影宋《永嘉四灵诗》合刻本，后录何义门《跋》云：从残宋本抄出。宋本后归毛斧季，即《汲古目》所载者也。写本只有二条，校顾刻本，多诗至百余首，可宝也。诒让

刘过《龙洲集》　余家有旧抄本。诒让

华岳《翠微南征录》　　余家有萧山汪氏旧抄校本。_{诒让}

戴栩《浣川集》　　余家有抄本。_{诒让}

苏泂《泠然斋集》　　余家有抄本。_{诒让}

刘克庄《后村集》　　五十卷，余家抄本五十卷。_{诒让}

陈耆卿《筼窗集》　　余家有抄本。_{诒让}

岳珂《玉楮集》　　余家有明刻本，吴槎客所藏。_{诒让}

方岳《秋崖集》　　明刊八十三卷本，余家亦有之。_{诒让}

刘黻《蒙川遗稿》　　余家有旧抄本，校阁本多文一篇，今已付刊。_{诒让}

方逢辰《蛟峰文集》　　余家有明刊本。_{诒让}

林景熙《霁山集》　　知不足斋本，乃以冯刻及汪士铉本合校而成者，其底本今归余家。_{诒让}

《尚书集注音疏》　　江艮庭写刊本十二卷，经注皆用□□，刊刻极精，孙氏玉海楼有手稿本三厚册，余曾寓目。《曝书随笔》

《字鉴》　　五卷，瑞安方成珪校正本，嘉去年从方氏曾孙假得手抄本，阙佚不全，复借孙氏玉海楼藏本补录一通存之。《曝书随笔》

陈岩《九华诗集》　　余家有抄本。

金履祥《仁山集》　　六卷，余家有抄本。

释善住《谷响集》　　余家有旧抄本。_{诒让}

尹廷高《玉井樵唱》　　余家有旧抄本。_{诒让}

周权《此山集》　　余家有旧抄本四卷。_{诒让}

刘岳申《申斋集》　　余家有抄本。_{诒让}

王结《王文忠集》　　余家有抄本。_{诒让}

马祖常《石田集》　　余家有抄本。_{诒让}

范梈《德机集》　　余家有抄本。_{诒让}

欧阳元《圭斋集》　　余家有成化刻本。_{诒让}

李存《俟庵集》　　余家有抄本。_{诒让}

方澜《叔渊遗稿》　　余家有抄本。_{诒让}

卢琦《圭峰集》　　余家有抄本。_{诒让}

李孝光《五峰集》　　六卷，余家有抄本，不分卷。_{诒让}

岑安卿《栲栳山人集》　　余家有旧抄本。_{诒让}

陈高《不系舟渔集》　朱修伯宗丞有彭文勤藏抄本，余从借录。《提要集》十五卷，《附录》一卷，不误。诒让

郑玉《师山文集》　余家有刊本。诒让

（元）王翰《友石山人遗稿》　余家有抄本。诒让

吴梅《闻过斋集》　余家有抄本。诒让

金涓《青村遗稿》　余家有抄本。诒让

钱惟善《江月松风集》　余家有抄本。诒让

朱希晦《云松巢集》　余家有旧抄校本，止一卷，然斠阁本多诗二首。诒让

方孝孺《逊志斋集》　二十四卷。正德本三十卷，《拾遗》十卷，《附录》一卷，谢铎、黄孔昭同编刊。余家有刊本，与二十四卷本迥异。诒让

高正臣编《高氏三宴诗集》　三卷，附《香山九老诗》一卷。余家有抄本。诒让

郭茂倩《乐府诗集》　余有元刊本。诒让

蒋易编《皇元风雅》　余家有元刊本。

刘勰《文心雕龙》　余友杭州谭献有顾千里、黄蕘圃合校本，所校明刻各本异文至详，余从传录。诒让

晏殊《珠玉词》　余家有旧抄本《珠玉词》《小山词》共一册，与毛本略有异同。诒让

《周易象词》　二十一卷，附《寻门余论》二卷，《图书辨惑》一卷，清黄宗炎撰。案：《寻门余论》及《图书辨惑》，有沈懋德《昭代丛书》刊本。诒让

《周易乾凿度》　二卷，明范钦本，亦佳。诒让

《书说》　三十五卷，后十三卷，宋吕祖谦撰。《东湖丛记》云：增修东莱《书说》三十五卷，门人时澜修订。后学赵善镌抄，宋刊本。又云：黄蕘圃有千顷堂抄本，后又大愚叟《跋》。案：大愚叟即吕祖谦别号。诒让

《诗集传音释》　二十卷。案：蒋光煦《东湖丛记》有元卢观撰《诗经讲义集说》六卷，影元抄本，卷末有至正辛巳校梓一行。又引吴骞云，《千顷堂书目》载元毛直方《诗学大成》，吾乡周苾兮大令春曾见元刊本，有毛直方《自序》，而不著撰人，此当补入。诒让

《仪礼释宫增注》　一卷，清江永撰。"宫"下刻本有"谱"字，此校删。诒让

《内外服制通释》　七卷，宋车垓撰。案，《四库》底本，乃曝书亭抄本。今尚

在翰林院。诒让

《礼书》 一百五十卷，宋陈祥道撰。余曾见孙渊如所藏元大字本，惜少一册。
诒让

《春秋经传集解考正》 七卷，清陈树华撰。案，《东湖丛记》云：《春秋内外
传考证》，五十一卷。诒让

《孝经》 案日本所刻《孝经郑注》，实从《群书治要》抄出，冈田挺之
《叙》尝言之，以校他书所引《孝经郑注》，多不合，然亦必唐以前旧注，非日本
人伪作也。永怀堂本单注《孝经》题郑注，仍是玄宗注，葛氏妄题。诒让

《古微书》 尚书中候郑注五卷，学津讨源辑本。诒让

《孟子正义》 三十卷，清焦循撰。《孟子外书》四卷，熙时子注，《玉海》《艺
海珠尘》《经苑》并有刊本，吴氏《拜经楼丛书》辑刻晋綦毋邃《孟子外书注》一
卷。诒让

《小尔雅》 一卷。案，李轨《小尔雅略解》今不传，王煦《小尔雅疏》乃误
认宋咸注为李《解》，可笑也。诒让

《汉隶分韵》 七卷，不著撰人名氏。许瀚据《宋·艺文志》，定为马居易撰，
云书中碑录于慎字作今上御名，知为孝宗时人，与洪文惠同时。诒让

《集韵》 十卷。《东湖丛记》有段茂堂手校本，日本国重刊曹本，内有数处依
宋本校补。诒让

《礼部韵略》 五卷。《东湖丛记》载宋刊《礼部韵略》，后有绍定庚申上巳重
刊于藏书阁二行。周锡瓒《跋》云："此书邵僧弥家藏本，余于南城顾抱冲处借得
顾步岩家藏汲古阁宋本六册，其《韵略条例》一册，邵本所缺，倩友补录。"……
诒让

《三国志辨误》 一卷，不著撰人名氏。余尝见汉阳叶氏旧抄本，题何焯撰。
诒让

《晋书》 《东湖丛记》云：马二槎瀛有宋本《晋书》，为天籁阁故物，有王
弇州手抄补缺之卷。案，此即所谓海昌马氏有宋刊小字本。诒让

《金史》 《东湖丛记》载乌程施国祁《金史板刻说》云：在吴门从友人借得
浙刻元本，与南本相校，……案，施氏所称南本，即指南监本。施氏又云，北监
本……诒让

《资治通鉴》 《东湖丛记》有宋刊本《资治通鉴》，……又一残宋本题《增

节司马温公资治通鉴》，……未知何人增节。诒让

《周书》　朱右曾《周书集训校释》十卷，《逸文》一卷。是书甚核，惟间从丁宗洛补缺字，是其小庇。诒让

《丰清敏公遗事》　一卷，宋李朴编。丰清敏遗事，有小万卷楼刊本，云依明景泰六年四明丰庆刊本重刻。诒让

《名臣碑传琬琰集》　一百七卷，宋杜大珪编。余于戊辰在沪上书肆曾见宋刊小字本，惜不全。诒让

《真腊风土记》　一卷，元周达官撰。案，此书余乡许氏有新刊巾箱本，不佳。诒让

《新语》　宋翔凤校本，刻在《浮溪丛书》内。诒让

《申鉴》　金山钱培名小万卷楼本，附《札记》，佳。诒让

《中论》　小万卷楼据《治要》补《复三年丧》《制役》二篇，末附《札记》，佳。诒让

《朱子语类》　按，《朱子语录类要》，余尝见元刊本。《朱子成书》，余尝见旧刻巾箱本。诒让

《家训笔录》　宋赵鼎撰。按，《家训笔录》原附《忠正德文集》后。诒让

宋真德秀《读书记》　汇刊本曾于沪上见之。诒让

子刘子《学言》　明刘宗周。黄宗羲、姜希辙校刊本。诒让

《司马法》　邢澍辑注本。邢本刻于浙江，《指海》本附《逸文》。诒让

《管子》　谭仲仪有陈硕父依宋蔡潜道刻校本。洪颐煊《管子义证》八卷，《传经堂丛书》本。闻吴门瞿氏有宋刊本，余友戴子高望有《校正》二十四卷，极精博。瞿氏宋杨忱本，今已仿刊。诒让

《管子补注》　庄述祖《弟子职集解》一卷，《珍艺宧遗书》本。王筠《弟子职正音》一卷，鄂宰四种本，庄《解》遵义唐氏又重刊。诒让

《商子》　浙江局刻西吴严万里校本，改题《商君书》，胜孙本。诒让

《韩子》　日本有仿吴刊本，亦附《识误》。诒让

《黄帝素问》　日本仿宋本，多《校伪》一卷。钱熙祚刻《素问》《灵枢》，顾尚之为《札记》，甚精。诒让

《宣和博古图》　三十卷，宋大观中王黼等撰。余尝见元至大本，卷帙甚大，每半叶八行，每行十七字，每卷首行题"至大重修博古图录"，每图悉注"依元样

制""减小样制"等字，明刻尽削之矣。……诒让

《尹文子》　守山阁本有《校勘记》。张藏宋本近归余家。诒让

《风俗通义》　粤东近有仿元刊本，余从申浦得之。张澍有《补风俗通姓氏篇》一卷，《二酉堂丛书》本。诒让

《意林》　五卷，唐马总编。海昌蒋光煦《斠补隅录》刻李富孙校文选楼所藏足本《意林》第六卷，并补二卷缺文。诒让

《说郛》　此非陶宗仪原本，余同年生黄岩王子裳孝廉咏霓购得汲古阁写本《说郛》六十卷，有毛斧季校语，余辛未春在京寓曾从借阅，与俗本迥异，真秘笈也。乃未经增改者，内无《永嘉郡记》，则为陶珽所增无疑。其所辑寥寥数条，既不赅备，又不注出处，讹夺甚多，今亦不复备校。诒让

《宋中兴礼书》　二十四册，清徐松。此书稿本，归瑞安孙太仆衣言。见缪荃孙《徐星伯先生事辑》。——《艺风堂文集》一

《修文殿御览》　一百六十四册。甲戌过沪上，闻书估吴姓云：有明抄《修文殿御览》二百册，为楚人某购去。然则天壤尚有传本也。诒让

《初学记》　又有明西河沈宗培刊巾箱本，每叶十四行，行十六字。诒让

《宋稗类抄》　《东湖丛记》云：……按，正德为日本中御门天皇年号，三年癸巳，当中国康熙五十二年，见余家所藏日本刻本《和汉年契》。又《和汉年契》载考格天皇天明初年《群书类从》刻成，一千二百七十三部，六百三十五册，东都确检校保已一辑。按，天明元年，当中国乾隆四十六年。诒让

《庾开府集笺注》　余有明朱子儋刊本，间有抄补，叶石君旧藏。诒让

《黄氏补注杜诗》　《东湖丛记》云：余所藏宋刊残本《杜诗补注》，题曰《黄氏补千家注纪年杜工部诗史》，临川黄希梦得补注，临川黄鹤叔似补注。又原刊本题曰《集千家注分类杜工部诗》，东莱徐居仁编次，临川黄鹤补注。诒让

《集千家注杜诗》　《东湖丛记》引吴梅庵翌凤云：《草堂诗笺》有高丽刻本。诒让

《长庆集》　兰雪本，每叶十六行，目录双行，书前有元微之《序》，板鱼尾上有"兰雪堂"三字。诒让

《山谷内外集》　《东湖丛记》云：《精华录》，弘治中有仿宋刊本。诒让

《淮海集》　藏有嘉靖乙巳高邮守胡明表重刊张綖本。诒让

《诚斋集》　《东湖丛记》有绣谷吴氏抄本，有吴焯《跋》。又宋端平元年罗

茂良校刊本。余曾见汲古阁抄本，惜未购得。诒让

《宋学士全集》　元刻《潜溪集》，余曾见之于江宁书肆。诒让

《宋文鉴》　曾见宋本，甚精，惜缺九十余卷，十行十九字。诒让

《明文衡》　明程敏政编。《东湖丛记》云：《明文衡》九十八卷，其九十九、一百两卷则补缺也。正德庚午刊本，末有张鹏《后序》。诒让

附：张扬《书玉海楼善本书目后》云：

吾乡藏书，清道、咸间有三家：项氏雁湖之水仙亭与其弟几山学博之株树楼、黄氏仲弢提学之蓼绥阁、孙氏琴西太仆之玉海楼是也。项氏以集部称，黄氏以精椠称，孙氏则以校本称，盖皆有专尚焉。民元间，水仙亭之藏悉归杨丈志林，余流于海上。而几山先生之藏虽有存者，蟫蠹委弃，亦非其旧。蓼绥之书多留鄂寓，辛亥之役且多散亡，余则归于温属图书馆，杨嘉为编《鹣本目》，仅见其概耳。迨夫今日惟孙氏之藏，自仲容征君殁后，子孙固守，得以勿失，但多年束阁，鼠伤虫蚀在所难免。余所见明初刻本周畏庵、方逊志等集，亦蒸霉不可触手，盖旧本破损而无可整理者也。今征君从孙缜万归自首都，时过敝庐，论学谭艺，与我独契。数请观《玉海家藏书目》，屡辞未就，殆遵王枕秘，未肯轻易视人欤？顾余嗜痂性异，督促益力，终遂此愿。按其目得宋、元、明、清本若干种，皆经太仆与弟蘘田侍郎评点及征君批校，则其所云善本者，殆项氏、黄氏所不能及者矣。近海内藏书盛称聊城杨氏、常熟瞿氏、江安傅氏、南浔刘氏，类皆以宋、元本著。夫书固以宋刻为尚，而麻沙坊本讹夺亦多，其视元、明为下，固未尽然。若不旁稽群籍，甲乙互勘，则精劣曷见，错简无别，此藏书所以贵首重校本也。以太仆之雄文，征君之朴学，精义所在，深俾实用。惜不得一一假读，猎其英华以征其实耳。尝恨病藏书之家往往自诩秘笈，惊人耳目，或仿印而尊为原刻，或析卷而指为完编，此连江陈氏所以见疑后人，非无故也。缜万其必无是失，余深望将其所藏，于旁行斜上抉择奥义，综录成书，仿《札迻》之例，赓续梓行，使人窥见太仆、征君两世学术之盛，如登其楼，读其书，斯亦太仆藏书之意，不益善欤？览斯目者，亦有趣余言否乎？壬申冬月宋顾书。——《宋顾文录》

又附：《浙瓯日报》云：玉海楼珍藏书，一部分赠籀园：

（本埠讯）瑞安孙氏玉海楼藏书，为清儒孙琴西太仆及仲容征君两世收罗珍本善本，甲于浙东，垂今四十余年。自征君捐馆后，端赖嗣君孟晋先生笃守珍护，得以无恙。上月沪报载玉海楼藏书有捐赠浙大文学院之讯，闻籀园梅馆长以

图书馆命名即为纪念征君，乡哲遗书应留桑梓以资观摩，并亦太仆《藏书记》中所望嘉惠乡里后生之盛心，前驰函询问实情。顷得浙大教授夏瞿禅先生来书报导，此事最近当可如约。原书照录如次："前旬孟晋兄过谈，出示兄函。玉海楼书归浙大之事，乃前月弟无意中与孟晋谈起，缘心叔任铭善，浙大教授屡以籀公遗著未尽出，而孟晋已五十余，整理之业非一人所能任，属弟往商诸孟晋，可否浙大出资购得，组织一会，集群子整理，为陆续付刊。孟晋感心叔盛意，乃慨捐玉海楼文物。吾兄为籀园努力，此间同事亦各原谅，顷与校方商妥，将来运书时，可将关系温州文献及与浙大书馆重复之书籍，概遗赠籀园。孟晋不日返里，当与兄面酌。"（下略）

8.玉海楼藏乡先哲遗书目浙江省永嘉区征辑乡先哲遗书，从玉海楼书藏抄得者：

经部

《易》类：

《周易敝书》五卷二册，清瑞安王祚昌，瑞安孙氏玉海楼旧抄本二册，缺末二卷。

《孝经》类：

《孝经刊误浅解》一卷一册，清乐清史尊朱，玉海楼藏刊本。

四书类：

《四书详说讲文学庸》二卷一册，清瑞安朱鸿瞻，瑞安朱氏家藏本，玉海楼抄本。

《中庸诠义》二卷二册，清瑞安张南举，玉海楼抄本。

《孟子外书集语》一卷一册，清叶维峻，玉海楼抄本。

史部

杂史类：

《钦明大狱录》二卷二册，明永嘉张孚敬，玉海楼影明写本。

《列朝私记》三卷一册，清永嘉周天锡，玉海楼藏手稿本。

载记类：

《平定三郡纪略》一卷一册，清永嘉周声炯，玉海楼传写本。

传记类：

《忠贞集》三卷一册，明瑞安李维樾、林增志，玉海楼藏抄本。

《少城府君行述并年谱》一卷一册，清永嘉潘福禧、福辉，玉海楼藏抄本。

《东嘉先哲录》十一卷四册，明平阳王朝佐，玉海楼影写清翰林院藏明刊本。

《东昆仰止录》八卷二册，明平阳郑思恭，玉海楼藏抄本。

时令类：

《园居时令纂言》四卷一册，明平阳郑思恭，玉海楼抄本。

地里类：

嘉靖《瑞安县志》十卷四册，明瑞安朱绰等，玉海楼藏抄本，孙诒让据项氏家藏刊本手校。

崇祯《泰顺县志》五卷二册，明泰顺包大方，玉海楼藏原刊本。

《郡志选举考正》六卷四册，清瑞安孙衣言，玉海楼藏稿本。

《乐清新志后议》一卷一册，清乐清林启亨，玉海楼藏抄本。

《东瓯大事记》六卷一册，瑞安孙锵鸣。

《雁山志》一卷一册，明僧永升，玉海楼抄本。

《雁山志稿》十一卷四册，清乐清李象坤，玉海楼藏残稿。

《白石山志》五卷一册，清乐清施元孚，玉海楼藏抄本。

子部

儒家类：

《王氏族约》一卷一册，明永嘉王澈，玉海楼藏抄本，孙征君手校。

《按痛编》一卷一册，明金昭，玉海楼藏抄本。

《翼正初编》九卷四册，明永嘉王钦豫，玉海楼藏抄本。

《经德录》五卷一册，明永嘉王钦豫，玉海楼藏抄本。

《修齐粹言》一卷一册，清永嘉陈星庆，玉海楼抄本。

艺术类：

《望山堂琴学存书》二卷一册，清泰顺林鹗，玉海楼藏抄本。

谱录类：

《花史》十卷五册，明永嘉吴彦匡，玉海楼藏手稿本，有孙衣言《跋》。

杂家类：

《存愚录》一卷一册，明永嘉张纯，玉海楼影抄翰林院储明刊本。

《岐海琐谈》十六卷四册，明永嘉姜准，玉海楼抄本。

《樗庵日抄》一卷一册，清永嘉周天锡，玉海楼藏手稿本。

《漱芳斋卮言》四卷一册，清永嘉金璋，玉海楼抄本。

《惜砚录》三卷二册，清瑞安林用光，玉海楼藏刻本。

《东游日记》一卷一册，清平阳黄庆澄，附《湖上答问》一卷，有孙诒让《叙》。

集部

别集类：

《云泉集》一卷一册，清永嘉薛峏，玉海楼藏传写《百家诗存》本，有孙衣言《跋》。

《宗海集》一卷一册，元永嘉薛汉，玉海楼藏抄本，孙太仆校。

《青华集》一卷一册，元平阳史伯璿，玉海楼旧抄本。

《云松巢集》三卷一册，元乐清朱希晦，玉海楼抄文澜阁本。

《素轩集》一卷一册，元永嘉郑洪，玉海楼传写《百家诗存本》。

《观光集》一卷一册，明平阳林碁，玉海楼抄本。

《柏泉集》二卷一册，明永嘉姜伟，玉海楼明抄本。

《槐阴集》一卷一册，明永嘉王毓，玉海楼抄本。

《环庵遗稿》十卷一册，明瑞安虞原璩，玉海楼抄本。

《恭毅诗集》十三卷二册，明乐清章纶，玉海楼抄本。

《瓯滨先生摘稿》一卷一册，明永嘉王瓒，玉海楼抄本，有孙衣言《跋》。

《瓯滨文集》一卷一册，明永嘉王瓒，玉海楼抄本，孙征君校。

《瓯东私录》十卷十册，明永嘉项乔，玉海楼抄本。

《汲古堂续集》十一卷五册，明乐清何白，玉海楼抄本。

《怡真堂踦履集》一卷一册，明平阳应德成，玉海楼抄本。

《永嘉王氏碑传集》一卷一册，佚名，玉海楼抄本。

《珠树堂文集》一卷一册，清瑞安王祚昌，玉海楼抄本。

《花萼楼书抄》一卷一册，清永嘉周天锡，玉海楼抄本。

《菊庵集选》十五卷四册，清乐清李象坤，玉海楼藏抄本。

《坦斋集》一卷一册，清永嘉谢天埰，玉海楼抄本，有孙衣言《跋》。

《西高秋集句》一卷一册，清瑞安柴楫青，玉海楼抄本。

《松涛阁诗》五卷一册，清永嘉张元彪，玉海楼抄本。

《雨花堂吟》一卷一册，清永嘉释无言，玉海楼藏抄本。

《渠西遗稿》一卷六册，清平阳张南英，玉海楼抄本。

《孙敬轩遗文》一卷一册，清瑞安孙希旦，玉海楼抄本。

《旅中草》二卷一册，清泰顺张天树，玉海楼抄本。

《梅月楼诗抄》二卷二册，清瑞安彭镜清，玉海楼藏手稿本。

《柿园诗文》一卷一册，清永嘉张正宰，玉海楼抄本。

《柿园诗草》一卷一册，清永嘉张正宰，玉海楼抄本。

《夹镜亭吟草》一卷一册，清永嘉马世俊，玉海楼抄本。

《兰畦诗稿》一卷一册，清平阳张元启，玉海楼抄本。

《张潜斋诗集》一卷一册，清平阳张綮毋，玉海楼抄本。

《僵楼闲窗杂稿》一卷一册，清永嘉徐丙乙，玉海楼藏手稿本。

《经研堂文集》一卷一册，清永嘉周灏，玉海楼抄本。

《太玉山馆诗集》五卷二册，清永嘉周灏，玉海楼藏手稿本。

《友十花楼课草》一卷一册，清永嘉童冠儒，玉海楼抄本。

《果园诗抄》一卷一册，清永嘉项维仁，玉海楼抄本。

《果园诗稿》五卷一册，清永嘉项维仁，玉海楼抄本。

《尚志堂诗》一卷一册，清平阳叶嘉榆，玉海楼抄本。

《叶筼林集》一卷一册，清平阳叶嘉榆，玉海楼抄本。

《梧野山歌》三卷一册，清永嘉蔡家挺，玉海楼藏抄本。

《百梅新咏》一卷、《余咏》一卷一册，清永嘉张铭轩，玉海楼抄本。

《味义根斋诗》二卷一册，清泰顺董正扬，玉海楼抄本。

《太霞山馆诗》一卷一册，清泰顺董斿，玉海楼抄本。

《龙坪诗草》一卷一册，清瑞安姜云湘，玉海楼抄本。

《周秋渔诗草》一卷一册，清瑞安周玉纶，玉海楼抄本。

《十二时毋自欺室诗草》一卷一册，清瑞安周庆柟，玉海楼抄本。

《听秋楼残稿》一卷一册，清永嘉陈星庆，玉海楼抄本。

《蔚亭诗稿》一卷一册，清平阳杨炳，玉海楼抄本。

《松风吟馆小草》一卷一册，清永嘉孟锦城，玉海楼抄本。

《悟雪子诗草》一卷一册，清平阳林文冕，玉海楼抄本。

《望山草堂文集》四卷四册，清泰顺林鹗，玉海楼抄本。

《环洲轩诗草》四卷一册，清瑞安孙炳，玉海楼抄本。

《集云山房诗》一卷一册，清鲍维城，玉海楼抄本。

《爱月庐诗存》一卷一册，清瑞安钱松筠，玉海楼抄本。

《先器识斋诗草》一卷一册，清瑞安蔡其锷，玉海楼抄本。

《悟桃山斋吟稿》一卷一册，清泰顺董嘻，玉海楼抄本。

《味道腴斋诗存》一卷一册，清泰顺董暲，玉海楼抄本。

《芝轩逸草》二卷二册，清永嘉王崇勋，玉海楼抄本。

《晚香吟馆漫草》一卷一册，清永嘉黄玉，玉海楼抄本。

《简庭诗草》一卷一册，清泰顺郑作霖，玉海楼抄本。

总集：

《阁巷陈氏清颍一源集》二卷一册，宋瑞安陈瑞洲，玉海楼抄本。

《月泉诗派》一卷一册，明瑞安李阶，玉海楼抄本。

《慎江文征》六十一卷六册，清永嘉周天锡，玉海楼抄本。

《慎江诗类》六卷二册，清永嘉周天锡，玉海楼藏手稿本。

《问古诗编》十卷一册，清永嘉周天锡，玉海楼藏手稿本，原缺六卷。

《永嘉集内编》四十八卷二十四册，清瑞安孙衣言，玉海楼抄本。

《永嘉集外编》二十四卷二十册，清瑞安孙衣言，玉海楼抄本。

《草堂管窥》四卷一册，清瑞安鲍作瑞，玉海楼藏抄本。

万历《雁山志》四卷二册，明南昌胡汝宁，玉海楼藏传写明刊本。

注：孙衣言有《逊学斋收藏乡先哲遗书目录》一册一薄本，家刻本。

瑞安孙氏玉海楼上，有潘文勤公旧题"玉海楼"三字之隶书木扁，并行草识《跋》云："琴西世丈以深宁曳名其书者颜其藏书楼，且以公诸乡里后生之能读书者，其用意深厚已！光绪己丑年家子潘祖荫又识。"凡四十八字。又其颐园中有石刻横额，则李若农侍郎所题"玉海楼书藏"五字，其左方亦附《跋》云："此琴西老前辈聚书之所也。南齐张融自名其集曰'玉海'，玉以比德，海崇上善。宋王应麟亦取以名其书。儒家蓄书称藏，自阮文达始也。顺德李文田。"凡五十七字，并楷书也。至藏书地点，原在外楼五楹，近闻主人因此楼建筑设备上不甚适用，须待别营新构。目前为保管便利计，暂先移庋内楼，凡七楹，虽亦旧式，而较为高广坚固，可不致有他虞云。——《蓉绥年刊》编者语，民国二十六年六月

按，此时前楼出赁与唐澄士居住，后赎回。

孙孟晋作《文澜阁嘉业堂与玉海楼》，载《文澜学报》第一辑

附：玉海楼联：

论古不外才识学；博物能通天地人。——胡调元撰

题品江山归画卷；搜罗风月到诗篇。——胡调元撰

诒善祠塾联：

平生所学非科举；子弟能文亦可人。——胡调元撰

务求知古如君举；尤喜能文似水心。——孙衣言

颐园联：

退思补过，时还读书。——孙衣言撰书

卷十二 杂俎

一、著书目录

《周礼正义》八十六卷。

家刻本，光绪三十一年铅印本。即日本铅铸本 湖北迪湖精舍刻本，民国二十年笛湖精舍刊本。商务印书馆《万有文库》本。中华书局《新十三经注疏》本，又《四部备要》本。

《周礼三家佚注》不分卷。

家刻本，光绪二十年刊本。

《九旗古义述》。

家刻本。

《周礼政要》二卷。

瑞安普通学堂刻本，光绪二十八年刊本。上海坊刻本。

《大戴礼记斠补》三卷。

家刻本，民国三年石印本。

《尚书骈枝》一卷。

北平燕京大学国学研究所刊本。

《周书斠补》。

家刻本。

《六历甄微》。

未刊。今载《瓯风杂志》上

《经迻》。

未刊。今由杭大教师雪克陆续发表一部分于《杭州大学学报》上

以上经术类

《古籀拾遗》三卷。

家刻本，光绪庚寅孙氏刊本。

《宋政和礼器文字考》。

《古籀拾遗》附刻本。

《古籀余论》二卷。

燕京大学国学研究所刊本。

《名原》二卷。

家刻本。日本原稿石印本。

《契文举例》。

《吉石庵丛书》影印本。

《古文大小篆沿革表》。

未刊。

《汉石记》。

未成稿本。

《广韵姓氏刊误》。

未刊。近由雪克发表于《杭州大学学报》上

《集韵考正补注》

《永嘉丛书》刻本。

以上小学类

《墨子间诂》十五卷，《目录》一卷，《后语》四卷。

家刻本。活字印本　扫叶山房本。商务印书馆《万有文库》本。世界书局《诸子集成》本。文瑞楼石印本。

《白虎通校补》一卷。

未刊，今已载《青鹤杂志》及《瓯风杂志》上。

《札迻》十二卷。

家刻本。

《学务平议》一卷。

石印本。

《四部别录》。

未刊。

《讽籀余录》又题《补艺宧检书小志》。

为孙籀庼先生少时读书札记，稿仅数页，当是未成之作。原稿存伊子孟晋先生处，近刊于杭大杂志《孙诒让研究》上。

以上诸子类

《温州经籍志》三十三卷，《外编》二卷，《辨误》一卷。

浙江图书馆刊本。

《永嘉郡记集本》。

家刻本。

《温州建置沿革表》。

《永嘉丛书札记》。

《永嘉县志》。

《东瓯金石志校补》。

《东瓯古甓记》。

中华书局活字本。《瓯风杂志》。

《百晋精庐碑录》。

未刊。

以上乡邦文献

《籀膏述林》十卷。

家刻本。

《经微室遗集》。子延钊孟晋辑

未刊，《青鹤杂志》发表一部分。

《籀庼遗文》二卷。邑子陈准绳甫辑

颍川讲舍石印本。

《籀庼诗词》一卷。邑子杨嘉则刚辑

《墨香簃丛编》本。

《顾亭林诗集校记》一册。

稿本，已载于《瓯风杂志》上。

《白话文录》。

以上结集类

按，孙氏生前已自将所著各书汇为《经微室丛书》，一作《经微室著书》，今《浙江大学学报》孙公百年纪念专号上有其手迹照片，开列书目一部分如下：

《经微室丛书》：

《尚书骈枝》一卷，

《名原》一卷，

《古文大小篆沿革表》一卷附，

《古籀拾遗》三卷，

《政和礼器文字考》一卷附，

《古籀余论》二卷。

二、撰书先后表

年龄	书名	撰述起讫时间	卷数	刊板	备考
18 岁	白虎通校补	同治四年乙丑草	1 卷		
22 岁	温州经籍志	同治八年己巳属稿伊始			
23 岁	附外编、辨误	明年庚午书成	36 卷		
19 岁	讽籀余录	同治五年丙寅			先生少时读书札记，稿仅数页。
25 岁	古籀拾遗	同治十一年壬申书成	3 卷		以初稿示刘叔俛，刘跋其后。
43 岁		光绪十六年庚寅重校定		刊成	
26 岁	周礼正义	同治十二年癸酉始著			侍父江宁时方草创《周礼疏》而叔俛适在书局，时相过从，商榷经义。
27 岁		明年甲戌为长编	数十巨册		

年龄	书名	撰述起讫时间	卷数	刊板	备考
34 岁		光绪七年辛巳，六官疏未及半			廿年以来，稿草屡易，最后乃录成此本。
52 岁		光绪二十五年己亥书成。	86 卷		
58 岁		光绪三十一年乙巳		刊成	铸板数载，近始印成
60 岁		光绪三十三年丁未			谨以一部奉政（致章太炎书）
28 岁	六历甄微	光绪初元	7 卷		
30 岁	墨子间诂	光绪三年丁丑始著			
45 岁	附目录、后语	光绪十八年始草创			
46 岁		光绪十九年癸巳书成	20 卷		
47 岁		光绪二十年甲午		刻成	印三百部，质之通学，均谓必传。同里黄绍箕又为详校一过俞叙。
57 岁		光绪三十年甲辰重校			
60 岁		光绪三十三年丁未重定			
33 岁	温州古甓记	光绪六年庚辰成书	1 卷		
17 岁	札迻	同治三年甲子至光绪十			卅年来凡所采获咸缀简端，或别纸记录，朱墨杂杳，纷如落叶。既又治周
46 岁		九年十一月书成	12 卷	刻成	礼、墨翟书，为之疏诂，稽览群籍，多能通贯，应时笺记，所积益富……缀草杂杳，殆盈箧衍矣。
47 岁	周礼三家佚注	光绪二十年甲午			

年龄	书名	撰述起讫时间	卷数	刊板	备考
49 岁	周书斠补	光绪二十二年丙申成书	4 卷		
52 岁		光绪二十五年己亥写定			
52 岁	大戴礼记斠补	光绪二十五年己亥书成	3 卷		
53 岁	九旗古义述	光绪二十六年庚子书成	1 卷		
54 岁	周礼政要	光绪二十七年辛丑书成	2 卷		备注（1）
56 岁	古籀余论	光绪二十九年癸卯成书	2 卷		备注（2）
57 岁	契文举例	光绪三十年甲辰成书			备注（3）
58 岁	名原	光绪三十一年乙巳成书	2 卷		刘师培作序。备注（4）
60 岁	学务平议	光绪三十三年丁未成书	2 卷		
61 岁	尚书骈枝	光绪三十四年戊申成书			此为最后成者。备注（5）
	籀高述林		10 卷	卒后家人集刻	

附备注：

（1）天子眷念时艰，重议更法。友人以余尝治《周礼》，属捃摭其与西政合者，甄缉之以备裁择。

（2）余前著《拾遗》，于薛、阮、吴三家书略有补正。近又得吴子苾《捃古录金文》……览涉之余，间获新义，又有足正余旧说之疏谬者。

（3）迩来汤阴出土古龟甲，刘《铁云藏龟》无释文，苦不能畅读也。蒙治古文大篆之学……顷始得此册，爱玩不已，辄穷两月之力校读之。……通其文字，……其所不知，盖阙如也。

（4）今略摭金文、龟甲文，与说文古籀互相勘校，揭其歧异以著省变之源，而会撮比属以寻古文、大小篆沿革之大例。

（5）临终语人曰：“前以原稿寄示端午桥方，家藏副本，篆文不完，皆非我定不可，老病催人，奈何？”

三、居室建筑物名

逊学斋　“逊学斋”篆额。此孙琴西先生书室之额，同治二年癸亥，独山莫郘亭先生友芝所题。琴西先生权皖庐凤颍兵备道，莫亦客曾公幕也。

玉海楼　“玉海楼”木扁。有影本光绪十四年戊子，孙太仆筑玉海藏书楼成，属吴县潘文勤公祖荫为题“玉海楼”三字隶额揭之楣间。文勤《跋》云：“琴西世丈以深宁叟名其书者颜其藏书楼，且以公诸乡里后生之能读书者，其用意深厚已。光绪己丑年家子潘祖荫又识。”

按：有太仆公自作《玉海楼藏书记》，宣统三年，太仆从子诒泽追书，以悬于楼上壁间有影片。又有石刻横额，则李若农侍郎所题“玉海楼书藏”五字，其左方亦附《跋》云：“此琴西老前辈聚书之所也。南齐张融自名其集曰《玉海》，玉以比德，海崇上善；宋王应麟亦取以名其书。儒家蓄书称藏，自阮文达始也。顺德李文田。”凡五十七字，并楷书也。

近人郭沫若补题“玉海楼”额。

经微室　“室”原作“堂”“经微室”篆额。经微室系孙先生读书著述之室，在玉海楼东，同治十三年甲戌，先生计偕入都，属顺德李若农侍郎文田为题此额。

按。征君校书处，署曰经微室，又曰述旧斋，曰百晋精庐。在玉海楼东

补执宧、述旧斋　为仲容先生少时读书处。按，宧执二字即学习之意。今易为“执宧”，习学也。宋儒叶水心有《习学记言》一书，可证。

百晋精庐、百晋匋斋　“百晋精庐”篆额，“百晋匋斋”隶额。瑞安孙仲容先生搜罗温州晋、宋以来古砖逾百种，因自署其居曰百晋精庐。光绪九年入都应礼部试，晤福山王廉生先生懿荣，属为作此，分篆、隶二体。

近人郭沫若补题百晋匋斋额。

按：孙氏第宅大门，原题横额为百晋精庐四字，两旁联语为：颐园松菊；玉海图书。今皆改观，不见痕迹矣。

五凤砖研斋　"五凤砖研斋"篆额。孙仲容先生尝收得嘉兴姚氏旧藏汉五凤砖研，因别署所居曰五凤砖研斋。此额为常熟杨咏春观察沂孙所书，有"己卯六十七"印章，盖光绪五年作也。有砖研原物集拓本。

一盉庵　"一盉庵"篆额。孙先生因收藏有周要君盉，别署其室曰一盉庵。俞曲园太史樾为题此额，后系以《跋》，于"庵"字有所考释，末署丙申，盖光绪二十二年，太史七十六岁所作也。

颐园　"颐园"为玉海楼旁小园。孙琴西太仆七十以后所筑，盖取林下颐养之义。时太仆介弟止庵学士亦逾古稀，因作《颐园春宴图》，亦所谓"集桃李芳园，聚天伦乐事"者也。绘图者平阳陈日云，图中一老执杖坐石上者，即太仆，一老扶筇徐来者，即学士也。图前有合肥李文忠公鸿章题字，并词一阕，后有题咏诗若干首。

颐园门口，原有孙衣言自书："退思补过；时还读书。"石刻对联，今涂以白石灰矣。

恰受航，一名野航斋　孙衣言作有《玉海楼旁作小斋记》，见《逊学斋文续抄》卷三。

放生池　有孙衣言自书石刻"诒善放生池"五大字，嵌玉海楼墙外。亦有《诒善放生池记》，见同上书。

诒善祠塾　祠塾遗址在今忠义街忠义庙旁，门楣石刻即此四字，两旁对联为"务求知古如君举；尤喜能文似水心。"皆孙衣言所自书也。

慈湖墓地　在永嘉十三都慈湖御史峰。今温州市梧埏区慈湖公社南村大队湾底自然村

四、印记

"逊学斋收藏图籍"，朱文方印。

"仲颂"，朱文方印，又较大朱文方印篆。

"瑞安孙仲容斠读四部群书之印"，朱文方印。

"中容"，朱文小方印。

"籀高"朱文长方印，又朱文方印。

"经微室"，朱文篆章。

"仲容颂收藏""籀高收藏"，阳文小方印。

"中容点勘"。见《两浙藏书家印章考》引

"经微室藏书"。

"中容过眼"，白文印。

"孙诒让中容印信长寿"，白文方印。

"臣印诒让"，白文方印，又较小方印。

"诒让印"，白文小方印。

"籀高主人"，朱文小方印。

"诒让"，白文小方印。

"诒""让"，二字分刻朱文小方印。

五、本书参考资料

曾国藩《求阙斋诗文集》、又《手书日记》。

李鸿章《李文忠公集》、又《尺牍》。

沈葆桢《沈文肃公政书》。

翁同龢《翁文恭公日记》。

潘祖荫《潘文勤年谱》。

张之洞《张文襄公全集》《抱冰堂弟子记》《年谱》。

张謇《张季子文录》《啬翁自订年谱》《日记》《张南通传记》。

宋育仁《问琴阁丛书》。

严修《蟫香馆手札》。

王懿荣《王文敏公遗集》。

丁丙《丁松生年谱》丁中立编。

陆心源《仪顾堂集》。

邵懿辰《半岩庐文抄》、又《遗集》。

杨彝珍《移艺室古文》。《抱素山房丛书》本

叶昌炽《缘督庐日记》。

缪荃孙《艺风堂文集》。

莫友芝《邵亭遗文》。

张文虎《舒艺室杂著》。

龙启瑞《经德堂文集》。

汪士铎《汪梅村先生集》。

刘恭冕《广经堂文抄》。

俞樾《春在堂全书》。

郭则沄《龙顾山房文抄》。

戴望《谪麟堂遗集》。

康有为《康南海集》。

章炳麟《太炎文录初编》《续编》。

刘师培《左庵文集》"清末学术史"。

李慈铭《越缦堂日记》《诗文集》。

孙葆田《校经室文集》《补遗》。

杜贵墀《童华阁文集》。

朱一新《佩弦斋文存》。

谭献《复堂日记》《补录》、又《续录》《复堂亡友传》《复堂类稿》《半庵丛书》《念敬庐丛刊初编》。

王先谦《葵园自订年谱》《虚受堂文集》。

陶方琦《汉孳室文抄补遗》。

郭嵩焘《养知书屋文集》。

梁启超《饮冰室全集》《清代学术概论》《清代学者整理旧学之总成绩》。

王国维《王忠悫公遗书》《观堂集林》。

罗振玉《永丰乡人稿》《集蓼编》《松翁文稿》。

王棻《柔桥文抄》卷十二、十三，附诗二首。

王咏霓《函雅堂集》。

王舟瑶《默庵诗文集》、又《自定年谱》《日记抄》。

杨晨《崇雅堂稿》、又《自订年谱》。

章梫《一山文存》。

桂文灿《潜心堂集》"记龙树寺雅集"。

王琛《东瓯校古录》。

喻长霖《惺是斋初稿》。

张裕钊《濂亭文集》。

吴汝纶《桐城吴先生文集》。

马其昶《抱润轩文集》。

王闿运《湘绮楼日记》《诗文集》。

吴士鉴《行状》《食嘉室自订年谱》、又《文集》。

陈衍《石遗室集》《诗话》《师友录》《近代诗抄》。

陈三立《散原精舍文集》。

冒广生《小三吾亭甲集》诗词。《如皋冒氏丛书》

金武祥《粟香随笔》。

张廷济《桂馨堂集》《感逝诗》。

章钰《四当斋集》。

孙同康《师郑堂文存》。

马叙伦《天马山房文存》《读书记》《学术论文集》。

张宗祥《六千卷楼随笔》、又新出《说郛集叙》中谈及孙诒让。

唐文治《茹经堂文集》。

张尔田《遁堪文集》。

胡怀琛《朴学斋丛书》《札迻正误》。

胡玉缙《许庼学林》卷十二、十三。

曹元忠《笺经室遗集》卷十四。

郭沫若《十批判书》"甲骨文研究"。

胡适《胡适文存》。

章乃羹《岘山文稿》、又"两浙人英传"。

陈梦家《甲骨学》中"孙诒让"。

黄体芳《黄漱兰骈文》、又《醉乡琐言》。

黄绍箕《蓼绥阁文集》、又《鲜庵遗稿》、又张扬作《黄绍箕年谱》。

项崧《午堤集》。

宋衡《六斋有韵无韵文集》《宋恕学记》。

陈黻宸《行述》、陈谧作《年谱》。

周焕枢《欠泉庵文集》。

池志澂《卧庐文集》。

胡调元《补学斋诗文抄》。

洪炳文《花信楼采访稿》《瑞安乡土史谭》。

王岳崧《行述》。

林向藜《寄鹤巢日记》。

张枬《杜隐园日记》《乡邦文献考》《行状》。

杨绍廉《瓯海集内外编》。

刘绍宽《厚庄诗文集》《日记汇抄》《籀园笔记》《平阳新志》。

徐班侯《行述》。

林大同《行述》《鉴止水斋谈屑》载《旅杭同乡会刊》中。

周拱藻《行状》池志澂作。

蒋屏侯《哀挽录》。

洪锦标《哀挽录》。

吕渭英《吕公纪念碑记》。

高谊《薏园续文抄》。

童煜《西园杂文草》。

林骏《颇宜茨室日记》稿本。

刘祝群《疚斋日记》。

陈守庸《回忆录》。

黄群《敬乡楼丛书》。

林损《林损杂志》《叔苴阁丛书》。

梅雨清《劲风阁遗稿》。

薛储石《拙学斋古文抄》《寄瓯寄笔》《二仲教育家》《瓯海轶闻续编》。

宋慈抱《墨庵古文》《寥天庐集》《两浙经籍志》。

杨嘉《宗许楼遗稿》。

李笠《横经室文集》。

陈谧《木庵文甲集》。

朱芳圃《孙诒让年谱》。

钱南扬《浙江新通志》本传。

徐世昌《清儒学案·孙诒让学案》。

叶恭绰《清代学者象传》。

陆勉斋《两浙耆献传略》稿本。

支伟成《清代朴学大师列传》。

钱穆《中国近三百年学术史》。

钱基博《后东塾读书记》。

张寿贤《孙仲容学述概论》。《清儒学术讨论集》

容庚《中国文字学》燕大石印本、又《金文编》中。

汤声钧《戊戌政变人物传略》。

萧一山《清代通史》。

陈鼎忠《六艺后论》。南京中国史学丛书

顾颉刚《孙诒让著述考》。《中国学报》1917 年第五期

孙衣言《逊学斋诗文抄》《永嘉丛书》。

孙锵鸣《孙止庵文抄》《止庵日记》《海日楼遗集》

孙诒绩《孙仲彤日记》。

孙宣《止庵年谱》《朱庐杂著》《笔记》《日记》稿本。

孙延畛《行状》项骧作。

孙延钊《孙太仆年谱》《孙征君年谱》《孙氏家谱·艺文略》。

洪焕椿《孙氏年谱三编合校录》。

《国朝文汇》录有孙、黄父子之文章。《同光名人书札》《昭代名人尺牍》《续集》又录太炎作《传》及《哀词》。

《新古文辞类纂》蒋树藻辑。

《清文汇》。

《清儒学案》。

《清史稿》。

《近代诗抄》。

《小说月报》：《学者生卒表》。

《籀庼遗文》陈准辑。

《籀顾诗词》杨嘉辑。

《永嘉集内外编》杨绍廉辑。

《瑞安新县志稿》孙星农等编。

《平阳新志》刘绍宽编。

《瓯海轶闻续编》宋慈抱撰。

《瓯风杂志》林志甄。

《国粹学报》邓实。

《青鹤杂志》孙宣投稿。

《蓼绥年刊》籀园编《孙诒让传略》。

浙江图书馆《图书展望》复刊号。

《浙江大学学报》。

《杭州大学学报》纪念孙诒让专号。

《十中校刊》《温中校刊》。

《浙瓯日报》。

《浙江教育官报》《教育杂志》。

《慎社文录》。

《国风月刊》浙江文献专号。柳诒征《开幕词》，孙孟晋《浙学中之永嘉学派》。

《瓯雅》。

图片：

《国粹学报》有孙诒让像、墨迹。

《瓯雅》杂志有孙氏父子、叔侄墨迹。

《青鹤杂志》有孙氏父子、叔侄像。

《温州旅杭同乡会会录》有孙诒让像及墨迹。

《瑞中校刊》有孙诒让、黄绍箕、黄绍第、林和叔、项崧、项湘藻、陈冕卿等像。

《杭大学报》有孙诒让像，《周礼正义》《墨子间诂》二书原稿本照片、玉海楼一角照片及墨迹。

《浙大学报》有《周礼正义长编》稿、《经迻》稿、《汉石记》稿、《河间乐记撰训》稿、手校毛刻《孔子家语》、宋刻本《方舆胜览》玉海楼善本，麦鼎、要君盂玉海楼藏器，《经微室丛书目录》手迹。

　　孙籀颐手书《帆游桥记》拓本。

　　《文澜学报》第一集《浙江名贤学者图谱》。

　　《清代学者像传》有孙诒让像。

　　朱芳圃作《年谱》有孙诒让像冠首。

　　《孙公容图》玉海楼悬挂。

　　《颐园春宴图》有影片。

　　《野航挂图》。

　　《逊学斋文集》册首有孙琴西雕像五十二岁。

卷十三 文 征

一、内编

（一）序跋类

1.《逊学斋文目编年录跋》

延钊纂次先大父《太仆公年谱》毕，乃悉检家藏公所为古文初稿，撮取原目，按年排比为此《录》一卷。此《录》及下卷《诗目编年录》并可与《年谱》所载事实互资考核。其详记著作日月者，并次其月日；不识年份者三十五篇，则以汇列于最后。而就中细绎文义略得推知其时者，窃附按语以明之。稿中篇尾间缀时贤评语，兹随移于题目之左方，盖公之文境所历与夫当日朋僚相知之雅概见乎此初稿。校刻本正续《文抄》多文三十一篇，然稿中于此三十一篇却无自注删削字样，而奏议、书札，刻本咸未著录，则公之旨又似别有在者。公尝语人曰"先人手泽患其少，什袭藏之以示子孙，无以删为"，《续抄》二《周仲梅诗序》爰推本斯意，将刻本未刊各文，从稿中移誊若干篇附载于《年谱》，可作《文抄》补逸观也。惟稿纸扃箧已非一朝，其经蟫鱼侵蚀、字落句断者，难以尽写；姑缺文而仅存其目耳。至于公扬历中外，与道、咸、同、光四朝名臣多为雅故，其间频相问讯，寸简尺牍，随意挥洒，散在四方者甚夥。或有语涉政治、学艺及当时军旅之事者，匪徒见踪迹于神交，抑亦资方闻之时术。顾初无副稿，恨未能遍搜而悉存之。若

1144

夫公论究古人文章义法，则《永嘉古文词略》十二卷中言之最详。其他缀记于玉海楼藏书册端者，或得意文中，或会心言外，朱墨戢香，尤不胜纪。延钊既尽览之，遂一一手抄于别册，辑成《逊学斋文史笺评》六卷以示后学。吾家子弟，倘有志于秦、汉、唐、宋作者及乡哲止斋、水心之文者，即此六卷、十二卷而仔细推详之，沾溉不可穷矣。

公之评《史记》也，曰：三晋、齐田常之立，而春秋不能不为战国矣；孔子之卒，而东周不可为矣。故于周诸侯世家中，书田齐之弑君，书齐威王之元年，书赵、韩、魏之得列于诸侯，而皆书孔子之相鲁、孔子之卒；故诸侯世家以三晋、田齐终，而即以孔子继之。又曰：孔子卒，而万世之天下皆为秦、汉之天下矣。故以《孔子世家》居周之末，居汉之先。《书孔子世家后》 又曰：齐、三晋以后，太史公所恶者，秦始皇也。击秦之举自涉倡；自亲灭秦者，项羽也。故项羽为《本纪》，列汉诸《纪》之前；陈涉为《世家》列汉诸《世家》之前。《书陈沙世家后》 又曰：萧何为汉首功，而太史公叙其世家以千余字了之，此岂后人所及。然观其所言，何能知高祖、知韩信、知曹参，则其能用人可知也。用鲍生计、用召平计、用客计，则其能听言可知也。其兴关中卒辄补缺，则其平时之训练讲肄可知也。转漕关中给食不乏，则其平时之务农丰财可知也。收图书律令于前，定法令约束于后，则其总揽大体、深明远略可知也。千余言中，而萧何之相才与古今为相之道，约略括于其中，此所以为太史公之文也欤！《书萧相国世家后》 又曰：萧、曹、留侯，汉业所由兴也；陈平、周勃，刘氏所由定也；故亦为世家言。《书曹相国世家及陈丞相世家后》 又曰：三王皆不传后，而以为世家者，太史公固自以谓附也。然信如策文所云，则兢兢业业固可以永保其家，而藩辅之立，其为朝廷重也大矣。诸侯王至乘牛车，则以其不能守法，而汉徒以权制之，于是诸侯无世家者矣，此王氏之祸所由起也。故世家以五宗终，而继之以三王之策文，封建之衰，史公之所深惧也。《书三王世家后》 又曰：自武帝用公孙弘尊卜式，而功利之俗成矣，此太史公所深恶也。故世家首吴泰伯，列传首伯夷、叔齐。又曰：善人得祸，史公以自寓也；不轨逸乐，则当时将相酷吏之徒也；卒以砥行立名，则所为托《史记》以自见于后世。此传与《报任少卿书》互相发明，其行文如雷电恍惚，兴云而波厉，真千古之奇文矣。《书伯夷列传后》 又曰：清静无为之说兴，而纪纲法度荡然尽矣，此民所由无所措手足，而刑名法术不得不承其弊矣，故老、庄与申、韩同传；刑之不足而必继之以兵，此司马、孙吴、子胥列传所以又在申、韩之次也。

《书老子韩非列传后》　又曰：仲尼之道不行，而其弟子亦无一人得用者，此春秋之所以为战国也；由管、晏以至伍员，春秋之势极矣，七十子以仲尼弟子称，而周衰不可为矣，商鞅、苏、张诸人所以成战国之势也；太史公盖深悲于其际矣。《书伍子胥列传后》　又曰：苏、张迭起，卒之纵散为衡，而秦之势成；极于白起、王翦，而六国无复遗种，然秦亦以亡；此战国成败之大局也。叙六国之所由灭，而秦之亡即附见于《王翦传》，太史公深有恶于秦也。继之以荀卿、孟子，亦犹仲尼弟子居春秋战国之交，儒术之绌，而世变因此愈不可言矣。《书白起王翦传后》　又曰：《孟荀列传》犹《孔子世家》《仲尼弟子》之旨也，孟、荀不足以胜淳于、驺衍辈，而五君、范雎、蔡泽等遂擅名于战国，此六国及秦之所以亡也。然信陵犹能存魏，乐毅犹能存燕，廉、蔺犹能存赵，田单犹能存齐，六国不能用人以自存，而仲连之奋、屈原之愤相继而起矣。终以不韦，喜秦之先亡也；次以刺客，悲六国之终不能报仇也。故曰：太史公述七国，其所恶尤在秦也。《书孟子荀卿列传后》　又曰：《信陵传》末终之以"十八岁而秦虏魏王"，与《乐毅传》末"其后十六年而秦灭赵"，《李牧传》末"遂灭赵"，《屈原传》末"数十年竟为秦所灭"，皆史公文章脉络也。《书魏公子列传后》　又曰：田单之后，不韦之前，出《鲁仲连邹阳》《屈原贾生》二传，太史公文一大停顿处。又曰：鲁连之为人，与战国时言功利者意趣独迥然不同，而邹阳、屈原、贾生皆能以才被谗，而借文字以自见于后世者也，此太史公所以自寓也。太史公文如神龙行空，有时忽现鳞爪。《书屈原贾生列传后》　又曰：李斯、蒙恬，秦政之将相也。以二人毕秦事，而先之以不韦，明秦之已为吕也。秦诸大臣能亡六国，而亡秦者即秦之大臣。六国诸大臣不能为六国报仇，而为六国报仇者亦秦之大臣，天理之可畏如此，史公则痛快言之矣。《书吕不韦列传后》　又曰：《李斯传》独为委曲详尽者，著秦之所以亡。斯、高皆秦所由亡，而高不足以立传，故附见于李斯、蒙恬二传。以李斯、蒙恬继《刺客列传》者，惜荆轲之无成，而犹幸为六国之刺客者，即秦始皇之将相也。《李斯传》末而备载子婴之亡，无乃赘乎？曰：太史公于七国最恶秦始皇，故于秦之亡则痛快言之。在一传为疣赘，在全文则精神血脉之所聚也。观于"项王斩之"二语，则余于项羽犹《本纪》以为予其灭秦，诚不妄矣。《书李斯列传后》　又曰：张丞相、申屠丞相以后，汉之相业不复足观矣，故以此二人为汉相之殿，而御史大夫数人者附见焉。然二丞相，虽视萧、曹、陈平异，犹可取其一节，故得如萧、曹、陈平仍称丞相，而后此之恬侯、平津侯不复曰丞相矣。《书张丞相列传后》　又曰：万石君者，言其徒富贵而已，以醇谨无他至宰相大臣，汉之所由衰也，萧、曹之业于是不可复见矣，故以此传终汉相，而继以《扁鹊仓公传》以见医国之无人也。《书万石张叔列传后》 又曰：太史公最不满于武帝之伐胡，而安国乃首主和亲者，故将叙匈奴及《卫李列传》，而以韩安国先之。《书韩长孺列传后》 又曰：二人皆谏伐匈奴者，故以次卫、霍后。太史公所深恶者，武帝穷兵之举也。《书平津侯主父列传后》 又曰：太史谈《论六家要旨》曰："神大用则竭，形大劳则敝，形神离则死。""不先定其神，而曰我有以治天下，何由哉！"此数语直与武帝相反，故凡迁之书皆为武帝作也。武帝时所谓儒者，公孙弘等也，则不如道家之无为，明乎此，则知迁非抑儒术、崇黄老者。迁自谓讲业齐、鲁之都，观孔子之遗风，则其学之所从来可知矣。《书太史公自序后》

先叔祖侍郎公谓公于《史记》能以全书作一篇读，见史公大意，足补归、方所未备，即此诸条是也。震川、望溪之笔，马平王氏合纂刻行，既学者所习见，凌氏《评林》及其后诸家笔记大抵各有传书，而公手点之汲古阁本鸿宝独秘，因附著其所论之大者于此，以其未识年月，莫能系于《年谱》也。此外有细字短笺订补二家原点原评之处，色笔灿然，并录入《文史笺评》。先征君述公《行状》云：公为古文辞，导原迁、固，而王定甫亦谓胜处出子长，盖葄枕既久，深造而自得之焉。——《瓯风杂志》第一期

孙延钊云：比丁卯归，遂从事于两世年谱之纂次，从叔父命也。叔父又言：太仆公诒善祠题楹曰："书藏万卷，贤孙子勿替儒风。"征君公手谕尔弟延撰曰："学问之道，须立志修身，为一世豪杰，不可嬉游废学。居今之世，变乱方亟，我家子弟，果能恪循遗诰而允蹈之以自勉为贤豪乎？抑丧志蔑学，土苴文籍，其遂替儒风乎？此余殷切虑心所谓危者也。"延钊又谨记之不敢忘，每欲于治事余闲，稍稍读逊学斋、掸艺宧遗著，而将玉海楼庋册则姑守之以待后贤兴起，虽明知其质不足绳武，其力莫能荷薪，以蚊负山，世人或嗤其弗胜，然而一息尚存，犹自奋之，冀毋滋叔父戚也。……

延钊编两世《年谱》成，私愿续辑先征君属草未竟之《经迻》《汉石记》《四部别录》《古文大小篆沿革表》，更将草创《温州经籍后志》《瑞安备乘》《礼墨述训》《契籀述训》诸书。——《从叔父仲闿府君哀辞》

2.《逊学斋诗目编年录跋》孙延钊

先大父太仆公所为诗目都一千一百三十四首，谨就箧藏所尽见者，以年为纲，

排比先后。刻本题下所注年份间有舛忤，其篇第先后亦复稍有错乱，兹据原稿目次细校厘定。《逊学斋诗抄》系公总题其集之最后定名，而平日所作篇什，则初有芸根吟、盘谷草堂、谈海斋、松声阁、敦雅堂、嘉遁轩、钟山草堂、娱老堂各抄，又尝以《燕台集》及《翰苑集》手署于稿首者，兹将各稿之原名分年注明以备考览。右列总目，惟癸酉《瞻天日记》所载诗五首本无副稿者外，计各稿共抄诗一千一百二十九首，取家刻本《正续抄》篇数相校，刻本少二百单九首，其中公手笔删去一百九十六首，即今题下一一注"删"者是也。尚有联句九首稿本不著"删"字，而刻本皆未之见。又《甲午八十答俞荫甫见寿》诗四首，以刻本先行，未及刊入，今与《癸酉日记》所见五首并录存于《年谱》，凡得垂佚之诗十八首云。延钊窃案：先征君所为公《行状》云："公于诗嗜山谷。"又按刘存仁《屺云楼诗话》云："酷似山谷而得其神髓。"俞樾《春在堂随笔》云："所师者宋之黄。"而钱塘沈朗亭与公同赋《澄怀园池荷》诗有"主人诗派追涪翁"之句，《沈文忠公集》九　黄岩王子庄《祭公文》有"诗雁行乎分宁"之语。《柔桥文抄》　巴陵吴南屏谓《江上草堂歌》等作"骨法从涪翁学杜之短章来"，《燕台集》中手评　马平王少鹤谓《题孔绣山三世受经图》等篇"有似黄诗浓至之作"，汉阳叶润臣谓《癸丑除夕怀南屏》等篇"少陵之骨，山谷之神"。《翰苑集》中二家手评　然则公诗宗江西，世人固尝知之而同声钦叹矣。盖公初从黄树斋司寇游，治古诗，其后为诗日久，根底既深，遂泛滥于唐、宋、元、明，而于东坡之天才、山谷之学力最所服膺。家藏王渔洋《古诗选抄·东坡七言》卷中，公有评语云：山谷诗乃人工到极致处，与东坡纯以天行者不同。　以学力非不可蕲而至也，故壹意于谷焉。尝曰："汉、魏作者诚有得于比兴之旨、温柔敦厚之教，去三百篇为近，而患其取之太隘，出之太简，不能极文章之变。诗之精微变化，至杜、韩而径途大开，至宋人而奥突尽癖，其蓄蕴甚闳，其施用甚博，后人之精力有非前人所能囿者。故予自四十以后，诗乃多近苏、黄，虽其根底未尝与汉、魏异，而状貌之类者鲜矣。"《文续抄》二《周仲梅诗序》　又曰："子美、退之追元虞，江汉分行源相似。苍松老崖石底江，近者尤嗜分宁黄。中冷泉水煮苦荈，颇似渴中饮清凉。"又曰："诗人前身洞山禅，嚼蘖茹冰不可近。岂假腰齼增妖妍，要自风骚久酿酝。"此可见公嗜黄之深。而其学黄乃在历尽汉、魏、三唐之后，而造诣所谓穿幽谷、望沧海之境也。家藏姚姬传选《七言今体诗抄》卷中，公有评语云："东坡诗如坐建章宫殿，八窗洞开，万象毕见；山谷诗如飞步巉岩，仰穿幽谷，忽见口口，遥望沧海；皆能自造境界。"洪炎序《豫章集》以为"包曹、刘之波澜，兼陶、谢之宇量，可使子美分座、太白欲行。今读公诗往往如此，要非斟酌十代，甄综千家，不克有也"。公于汉、魏、唐、宋名家之作，评陟得失，至为精详。凡所手选，延钊别有辑录本，敬题曰《逊学斋评选历代诗抄》。玉父又称："鲁直诗忧国爱民，忠义之气隐然见于笔墨之外。公之所作，则庚子、辛丑以迄戊午南行道中诸什，皆汪梅村所谓'隐忧逮小雅，忠奋近臣舌'。"《悔翁诗纱》四《送孙廉访》 俞荫甫所谓"忧时感事之忧不能自已，而发之于诗者"。《逊学斋诗抄·俞序》 尤足想见千载两贤，其志概冥符遥契，用能嗣响振音，以上溯古诗人立言之遗意，岂第所云状貌之近似哉！延钊犹忆丁巳、戊午间，与五弟延炯同客旧京，僦居城西之大盆胡同，每夕延钊退食，弟自学校归，则矮屋小几，一灯相对，展刻本《正续抄》共读之以为乐。或当天寒夜阑，户外玉沙瑶屑，积厚盈尺，犹瑟缩傍炉，并坐讽籀而弗辍。诗中本事，弟有不明者，延钊为语之，弟以手记于眉端，延钊未尝闻者缺焉。如是者几阅月，而全抄十五卷毕，诵一过，凡得笺注二百数十条，并随笔斠正雕镌之舛讹若干处。今注本犹寓余目，而弟也先为古人，风雪对床，前尘如梦，廓然庭树，往哲含悲。此延钊编写是目之余，所为怅触而陨涕者已。

3.《籀庼述林跋》孙延钊

右先考征君公遗著《籀庼述林》十卷，所载各体文字，有考十三，说三，述一，释义二十五，叙跋三十四，钟鼎释文三，金石考跋三十五，记四，辨一，墓表一，书札七，大凡百二十七篇。原稿初名《掸艺宧杂著》，有光绪丙子刘叔俛校读之记，旋改今署。丙子，公年二十九，则改署盖在三十岁以后矣。最晚定稿装二巨册，上册五十七篇，下册七十篇，每篇各自别页缮写，前后篇皆非以次连缀。开卷第一篇为《彻法考》，首题卷一，而于《加席重席说》篇首题卷二，《斪斸谓之定义》篇首题卷三，《毛公鼎释文》篇首题卷七，《秦权拓本跋》篇首题卷八，《记旧本穆天子传目录》篇首初题卷五，终乃易五为九，《与王子庄论〈书·大麓〉义》篇首题卷十。其卷四、卷五、卷六究以何篇为之弁冕，未见标识。盖公本意区全稿为十卷，刘申叔《叙》以谓定著八卷，家叔季芇先生续辑为十卷者，尚未得其实也。惟各卷不及编齐，目次亦待厘定；然册中存文百二十七之总篇数有限断，要非后人所得而损益之耳。民国四五年间，余兄曾以授梓，顾付写时偶有不照，乃将稿中原有之《校定齐侯壶铭释文》《温州建置沿革表引》《温州古甓记叙》三篇遗落未刊，且临时羼入遗文二十余篇，大非本来面目。是时延钊远羁旧京，不获共与校字之役。比延钊得初印本读之，则见逐篇皆首尾衔接，欲急就板片稍为移易次第，俾还原稿篇数之旧，竟不可能。迄年延钊家居，兄辄责以检理先著之任，延钊虽自维无似，而窃愿以勤补拙，稍读父书，冀能仰窥家学之万一。既取浙刻本《温州经籍志》、家刻本《名原》覆勘卒业，乃着手为此册之雠斟，谨依类分卷，各自为目，写成清本第一、二、三、七、八、九、十各卷，皆以手定各卷之首篇为分类之标准，四、五、六卷则专取序、跋归之。如此编次，或与公之遗意不致甚相戾缪，且于刘《序》所谓"辑录之旨，篇以类聚"者，岂不尤彰明较著也乎？窃案：原稿凡自著书序灿然咸具，而独缺《宋政和礼器文字考序》，似为偶尔失载；又《周礼正义略例十二凡》《名原七篇小序》，依《温州经籍志序例》及《墨子后语小序》并入著录之例，似亦当增以臻完备，因录此三篇别为《补遗》一卷殿诸简末，并付杀青，盖不敢掺混于十卷百二十七篇之中致蹈前刻之失也。所惜数年前季叔客殁燕邸，申叔先生亦归道山，弗及再睹新写是本，为之审核，孤陋寡助，良可欷已。至于遗文二十余篇，则别册仍存，俟更远搜广访，旁及诗词，意将纂为《经微室遗集》。岁在屠维大荒落涂月，次男延钊谨跋。

（原载《瓯风杂志》第一期）

4.《重订〈籀庼述林〉目》：

卷一：彻法考、邶鄘卫考、唐杜氏考、聘礼记异读考、礼记郑注考上、礼记郑注考下、圣证论王郑论昏期异同考、大夫葬用辁异读考、子莫学说考、白虎通义考上、白虎通义考下、卫宏诏定古文官书考。

卷二：加席重席说、台下说、石染草染郑义述、释周成王元年正月朔日庙祭补正郑君书注诗笺义、诗彤弓篇义、诗不殄不瑕义、毛诗鲁颂駉传诸侯马种物义、官人义、丧大记虞筐义、申丧服注旁尊降义、今文礼记依铦义、乐记五色义、公羊眛雉义、公羊去乐卒事义、左传窒皇义、萧同叔子义、左传齐新旧量义、绍我周王见休义、国语九畡义。

卷三：斫属谓之定义、尔雅匡名补义、尔雅时善乘领义、释翼、释枲、释畴、释緟、释踏、释由申玉篇义、籀文车字说。

卷四：温州经籍志叙例、古籀拾遗叙、六历甄微叙、永嘉郡记集本叙、温州建置沿革表引、温州古甓记叙、墨子间诂叙、墨子后语小序、札迻序。

卷五：周书斠补序、周礼正义序、大戴礼记斠补序、九旗古义述序、周礼政要序、古籀余论后序、契文举例序、名原序、尚书骈枝序。

卷六：嘉靖本周礼郑注跋、礼记子本疏义残本跋、日本刊孝经郑注跋、翟氏籀史跋、薛尚功钟鼎款识跋、隶续跋、隶续第二跋、书说文玉部后、书颜师古汉书序录后、书宋史叶适传后、书洪筠轩校正竹书纪年后、书华阳国志序志篇后、书顾长康列女传图后、书洪氏泉志后、牟子理惑论书后、题卢校越绝书。附考定内经八篇目录

卷七：毛公鼎释文癸卯重定、克鼎释文、校定齐侯壶铭释文、周麦鼎考、周要君盂考、汉卫鼎考、周大泉宝货考、无惠鼎拓本跋、周虢季子白盘拓本跋、周遣小子敦拓本跋、康侯鼎拓本跋、邵钟拓本跋、师□父鼎拓本跋、周师龢父敦拓本跋、乙亥方鼎拓本跋、周唐中多壶拓本跋、阮摹天乙阁宋拓石鼓文跋。

卷八：秦权拓本跋、秦大隗权拓本跋、新始建国铜竟拓本跋、汉三公山神碑跋、汉武班碑跋、汉卫尉卿衡方碑跋、汉司隶校尉杨淮表纪跋、汉郃阳令曹全碑跋、汉仙人唐公房碑跋、魏邺宫残专拓本跋、吴九真太守谷朗碑跋、吴禅国山碑跋、晋太公吕望表跋、北齐西门豹祠堂碑跋、周保定四年圣母寺四面造像跋、唐房玄龄碑跋、唐明征君碑跋、唐□先茔记跋、宋刻曹娥碑跋、书徐鼎臣临秦碣石颂后、书南昌府学本汉石经残字后。

卷九：记旧本穆天子传目录、记彝器款式繡黻文、记汉赵婕妤印缪篆、记元管军上百户铜印、唐静海军考、罗昭谏江东外纪辨、刘恭甫墓表

卷十：与黄岩王子庄同年论书大麓义书、与南海桂孝廉文灿书、与王子庄论假借书、与梅延祖论谷梁义书、与刘叔俛恭冕论论语义书、与海昌唐端夫文学论说文书、与友人论金文书。

补遗：宋政和礼器文字考叙、周礼正义略例十二凡、名原七篇小叙。

附录：续明鬼篇下、艮斋浪语集叙、易简方叙、古今钱略序、咸丰以来将帅别传叙、中西普通书目表叙、沈俪昆富强刍议叙、瑞安新开学计馆叙、冒巢民先生年谱序、开禧德安守城录后序、集韵考正跋、沈丹增东游日记跋、窥橱诗质跋、书大戴礼易本命篇卢注后、书旧唐书礼仪志李敬贞议后、记印度麻、校正李文公集五木经、筹策楼铭、铜矩铭、四代尺铭、研铭三首、奇石之砚铭、商周金文拓本题词、谢奥宋谢天申先生赞、记瑞平化学学堂缘起、诰授武显将军福建福宁镇总兵陈公事状、与梁卓如论墨子书、与友人论动物学书。

5.《经微室遗集跋》孙延钊

先征君平生著述，其为专篇者都二十五种，而缀草未竟之作犹不与焉。单篇论撰，见于《籀庼述林》者一百二十七目，出自手订，抉择精严，刘申叔谓"子兵余裔，非文翰支流"者也。呜呼，尚矣！至于诗文杂制，随口而占，援笔立就，大率箧不留稿，浸以放失。当日自以为命世传远，固在彼而无贵乎此。迨夫异时追仰，则吉光片羽，孰非一家之瑰宝耶！

昔者予弟延炯志读父书，征残访佚，用心颇勤。维时肄业乡校，辄于课余移誊所获而诵习之，得二三十篇。而余兄方谋锓《述林》，遂尽举弟所抄而并刊之。以初印本寄示延钊于北平，延钊驰书还家，属将羼入诸文仍即绅出，留俟他日别纂遗集，兄韪之，弟亦以为然。厥后弟负笈北来，旋复以病归，一病累载，竟不起；兄则人事沓杂，亦积劳多疾，斯事几成废辍矣！

比者延钊先庐伏处，补读遗书，去岁始以《述林》原稿重付掌录，一复旧观。继则觅求坠简，冀宏挢辑，半年以来，时有续见。从侄师觉助余搜罗，商量编校，大抵目睹原稿或其他手泽者先君为人书簏或条幅，每多移录自作诗词。在所必存，其传写而来者则必再三玩绎，审辨真赝。祝延之词，外间所见无虑数十篇，章实斋所谓"因质施文，神明其法"，李越缦所谓"称情为文，自运杼轴"，凡斯之类，固当悉著于编；即或泛应给求，但与周旋而俯仰者，亦窃录之以存词致，盖后人追纂与自定其集，义旨有殊也。且各文之中，或于彼此交游之迹与夫身世之感附带叙及，则亦不无可资考览者也。综览兹所裒辑，视弟原抄文增数倍，且益诗词，谨写成《遗集》八卷。先征君里居斋名不一，而籀庼外，实以经微室为生平最所常用者，顺德李仲约侍郎文田尝为先征君作《经微室》斋额。因辄用题署此集，将与《述林》新写本谋付剞劂，外此剩稿，倘有再觏，当更为续编焉。

嗟乎！以延炯之贤而好学，荷薪可期，赍志初轫，乃令不肖如延钊者以四十无闻之碌碌，独孜孜焉效握椠而怀铅，玉海缥缃，塞屋充栋，守先待后，将谁属欤？上章敦牂辜月之朒，次男延钊校写终帙，附识其颠末以缀册尾。去延炯之卒也垂十稔，孤露余生，孔怀增痛，对椠抚卷而潸然者，宁惟骨肉之恒情哉！

6. 自著专书

（1）《周礼正义叙》已刊

粤昔周公缵文武之志，光辅成王，宅中作洛，爰述官政以垂成宪，有周一代之典炳然大备。然非徒周一代之典也，盖自黄帝、颛顼以来，纪于民事以命官，更历八代，斟酌损益，因袭积累以集于文武，其经世大法咸粹于是。故虽古籍沦佚，百不存一，而其政典沿革犹约略可考。如虞书羲和四子为六官之权舆，《甘誓》六卿为夏法，《曲礼》六大五官，郑君以为殷制咸与此经多相符会，是职名之本于古也。至其闳章缛典，并苞远古，则如五礼、六乐、三兆、三易之属，咸肇端于五帝而仿于二王，以逮职方州服，兼综四朝，大史岁年，通赅三统，若斯之类，不可殚举。盖鸿荒以降，文明日启，其为治，靡不始于粗粗而渐进于精详。此经上承百王，集其善而革其弊，盖尤其精详之至者，故其治跻于纯大平之域。作者之圣，述者之明，蟠际天地，经纬万端，究其条绪，咸有原本，是岂皆周公所臆定而手创之哉。其闳意渺旨，通关常变，権其大较，要不越政、教二科。

政则自典法刑礼诸大端外，凡王后、世子宴游羞服之细，嫔御、阉阍之昵，咸隶于治官，宫府一体，天子不以自私也。而若国危、国迁、立君等非常大故，无不曲为之制，豫为之防。三询之朝，自卿大夫以逮万民，咸造在王庭，与决大议。又有匡人、撢人、大小行人、掌交之属巡行邦国，通上下之志。而小行人献五物之书，王以周知天下之故。大司寇、大仆树肺石、建路鼓以达穷遽。诵训、土训夹王车、道图志以诏观事辨物。所以宣上德而通下情者无所不至，君民上下之间，若会四枝百脉而达于囟，无或雍阏而弗畅也。

其为教，则国有大学、小学，自王世子公卿大夫士之子，洎夫邦国所贡、乡遂所进贤能之士咸造焉。旁及宿卫士庶子、六军之士，亦皆辈作辈学，以德行道艺相切磨。乡遂则有乡学六，州学三十，党学百有五十，遂之属别如乡。盖郊甸之内，距王城不过二百里，其为学辜较已三百里七十有奇，而郊里及甸公邑之学尚不与此数。推之郇县疆之公邑采邑，远极于畿外邦国，其学盖十百倍蓰于是。无虑大数，九州之内，意当有学数万，信乎教典之详，殆莫能尚矣。

其政、教之备如是，故以四海之大，无不受职之民，无不造学之士。不学而无职者，则有罢民之刑，贤秀挟其才能，愚贱贡其忱悃，咸得以自通于上，于以致纯大平之治，岂偶然哉。此经在西周盛时，盖百官府咸分秉其官法以为司存，而大宰执其总会，司会、天府、大史藏其副贰。成、康既没，昭、夷失德，凌迟以极于幽、厉之乱，平之东迁，而周公之大经良法荡灭殆尽。然其典册散在官府者，世或犹遵守勿替：虽更七雄去籍之后，而齐威王将司马穰苴尚推明《司马法》为兵家职志，魏文侯乐人窦公犹抱《大司乐》一经于兵火丧乱之余；它如朝事之仪，大行之赞，述于《大小戴记·职方》之篇，列于《周书》者，咸其枝流之未尽澌灭者也。其全书经秦火而几亡，汉兴，景、武之间，五篇之经复出于河间，而旋入于秘府，西京礼家大师多未之见。至刘歆、杜子春始通其章句，著之竹帛，三郑、贾、马诸儒赓续诠释，其学大兴。而儒者以其古文晚出，犹疑信参半。今文经师何休、临硕之伦，相与摈斥之。唐赵匡、陆淳以逮宋、元诸儒，訾议之者尤众。或谓战国渎乱不经之书，或谓莽、歆所增傅，其论大都逞臆不经，学者率知其谬，而其抵巘索瘢至今未已者，则以巧辞邪说附托者之为经累也。盖秦汉以后，圣哲之绪旷绝不续，此经虽存，莫能通之于治。刘歆、苏绰托之以左王氏、宇文氏之篡而卒以踏其祚，李林甫托之以修《六典》而唐乱，王安石托之以行新法而宋亦乱。彼以其诡谲之心、刻核之政，偷效于旦夕，校利于黍秒，而谬托于古经以自文，上以诬其君，下以杜天下之口，不探其本而饰其末，其侥幸一试，不旋踵而溃败不可振，不其宜哉！而惩之者遂以为此经诟病，即一二阅览之士，亦疑古之政教不可施于今，是皆胶柱锲舟之见也。夫古今者，积世积年而成之者也。日月与行星相摄相绕，天地之运犹是也。圆颅而方趾，横目而直干，人之性犹是也。所异者，其治之迹与礼俗之习已耳。故画井而居，乘车而战，裂壤而封建，计夫而授田，今之势必不能行也，而古人行之。祭则坐孙而拜献之，以为王父尸，昏则侄娣媵而从姑姊，坐则席地，行则立乘，今之情必不能安也，而古人安之。凡此皆迹也，习也，沿袭之久而无害，则相与遵循之，久而有所不安，则相与变革之，无勿可也。且古人之迹与习，亦有至今不变者。日月与地行同度，则相掩蚀，地气之烝溠，则为风雨，人之所稔知也，而薄蚀则拜跪而救之，湛旱则号呼而祈之，古人以为文，至今无改也。枎敬柎搏，无当于铿枪之韵，血腥全烝，无当于饮食之道，而今之大祀，犹沿而不废。然则古人之迹与习，不必皆协于事理之实，而于人无所厌恶，则亦相与守其故常，千百岁而无变。彼夫政教之闳意渺旨，固将贯百王而不敝，而岂有古今之异哉！今泰西之强国，其为治，非尝稽核于周公、成王之典法也，而其所为政教者，务博议而广学，以洎通道路，严追胥，化土物矿之属，咸与此经冥符而遥契。盖政教修明，则以致富强若操左契，固寰宇之通理，放之四海而皆准者，此又古政教必可行于今者之明效大验也。

　　诒让自胜衣就傅，先大仆君即授以此经，而以郑注简奥，贾疏疏略，未能尽通也。既长，略窥汉儒治经家法，乃以《尔雅》《说文》正其诂训，以《礼经》大、小戴《记》证其制度，研殚累载，于经注微义略有所悟。窃思我朝经术昌明，诸经咸有新疏，斯经不宜独阙。遂博采汉、唐、宋以来迄于乾、嘉诸经儒旧诂，参互证绎，以发郑注之渊奥，裨贾疏之遗阙。草创于同治之季年，始为长编数十巨册。缀辑未竟，而举主南皮张尚书议集刊国朝经疏，来征此书。乃檃括鳃理，写成一帙以就正。然疏忏甚众，又多撮录近儒异义，辩论滋繁，私心未惬也。继复更张义例，剟繁补缺，廿年以来，稿草屡易，最后移录为此本。其于古义古制，疏通证明，校之旧疏，为略详矣。至于周公致太平之迹，宋、元诸儒所论多阏佹，而骈拇枝指，未尽揭其精要。顾惟秉资疏闇，素乏经世之用，岂能有所发明，而亦非笺诂所能钩稽而扬榷也。故略引其端而不敢驰骋其说，觊学者深思而自得之。中年早衰，儽然孤露，意思零落，得一遗十。复以海疆多故，世变日亟，眷怀时局，抚卷增嘳。私念今之大患，在于政教未修，而上下之情睽阏不能相通。故民窳而失职，则治生之计狭隘，而谲觚干纪者众。士不知学，则无以应事偶变，效忠厉节，而世常有乏才之憾。夫舍政教而议富强，是犹泛绝潢断港而蕲至于海也。然则处今日而论治，宜莫若求其道于此经。而承学之士，顾徒奉周经汉注为考证之渊椒，几何而不以为已陈之刍狗乎？既写定，辄略刺举其可剟今而振敝一二荦荦大者，用示橥揭，俾知为治之迹古今不相袭，而政教则固百世以俟圣人而不惑者。世之君子，有能通天人之故，明治乱之原者，倘取此经而宣究其说，由古义古制以通政教之闳意眇旨，理董而讲贯之，别为专书，发挥旁通以俟后圣，而或以不佞此书为之拥篲先导，则私心所企望而旦暮遇之者欤！光绪二十有五年八月。——《述林》四

（2）《九旗古义述叙》

古王者建国，必改正朔，易服色，殊徽号，异器械以变民视。故宾祭、师田、修礼、敷政，咸以旗章为尤重。肇自虞夏，爰迄有周，三统循环，五德更王，于是有五旗以上法天官，下应方色，章物灿然，义咸有所取，非苟为别异也。《周礼·司常》掌九旗之物名，而《巾车》陈路建五正旗，其文制昭晰，不可增省。先秦、西汉儒家大师，如子夏、叔孙通、梁文之修《尔雅》，毛公之传《诗》，尚能识其大略。东汉以后，说经者浸失其义。以汝南许君、北海郑君之精博，尚不无舛忤，如许释旆、勿二文，皆未得其本制，而郑以旜物旟旐各别为旗，皆无画章。又以旜为即大赤，与大白、大麾，应三代正色，亦皆别为旗。《尔雅》之旒旆，则为丧旐，咸不在九旗之数，而旗识古义，沉霾千载矣。自是以降，刘成国、孙叔然、郭景纯以泊贾、孔义疏，率敷阐郑诂，无所匡益。而《司常》大阅、《大司

马》治兵，旗物错文互见，郑君不得其说，则归诸常变、空实之异，礼堂弟子如赵商辈已疑之。宋、元迄今，说礼者间持异论，然皆未能有所发明。余前著《周礼疏》，深善檗斋金氏《礼笺》说，知大赤即鸟旟，大白即熊旗，大麾即龟旐，合之大常大旂而方色大备。又考正旐旟为诸旗之通制，其说皆致确。顾于旜、物、旞、旆，犹沿袭旧释，而于《司常》旗物，则以为宾祭陈路建旗之法，与《大司马》四时大阅治兵之礼异。近儒懋堂段氏、墨庄胡氏皆宗其说，余初亦无以易之。窃念师田之建旗，所以表事章信，假令如郑君及金氏说，应时更建，变易无方，则是适以滋惑，于理难通。况谛审《司常》建旗一经，明冠以"及国之大阅，赞司马颁旗物"云云，文义本相承贯，而金氏钊析章句，以"王建大常"以下为更端别起，不冢大阅为文，其说尤牵强，揆之私心，终未能释然也。积疑胸臆，于今廿年。庚子之夏，畿辅告警，銮舆西狩。余里亦伏莽窃发，邑城戒严。索居无聊，忧愤怫郁，辄藉温习经疏以自遣。偶绅《司常》《大司马》经注寻绎之，综览旧诂，疑忤益甚。乃取《诗》《礼》《尔雅》诸经与九旗相涉之文，悉心校核。窃疑《诗·干旄》明著旐、旟则是鸟旗，注旐不涉通帛，而《毛传》则云"大夫之旜"，此案之郑义必不可通者也。《乡射礼》记说国君获旌于竟，则龙旜既为通帛，何因复有龙章？此案之郑义亦必不可通者也。《尔雅》之释旜云"缁广充幅"，而继之以旆，《士丧礼》不命之士，铭旌以缁为正幅而赪末，末今文又为旆，赪末既有旆文，则缁正此拟旜制，此与《雅》训适合，而案之郑义亦必不可通者也。因其参互之迹以寻其间罅，覃思累日，始较然得其緅理。乃知周之旗物名九而正唯五，五旗之外，更无它旗。所谓旜物者，犹国徽之有正有镶，实为诸旗之通制。旜纯而尊，物驳而卑，王侯孤卿尊则建旜，大夫士卑则建物，而自命士以上，斿皆依命数，唯不命之士无物，则假旞物而小变之，去其斿而属以旆，此其辜较也。若然，旜物与旐旟，不过就五正旗而别异之，藉縿斿之通杂，注羽之全析以别嫌辨等尔。金氏既得之于旐旟，而仍失之于旜物，则其疏也。执是例以求之，则知《司常》《大司马》两经，文小异而义大同。《司常》曰"孤卿建旜，大夫士建物"，而《大司马》统晐之曰"百官载旟"，则知孤卿所建者为旟之旜，大夫士所建者为旟之物也。《司常》曰"帅都建旗"，而《大司马》分揭之曰"帅都载旜，乡家载物"，则知军帅大小都所建者为旗之旜，家邑所建者为旗之物，而乡复即《司常》之州里，则知其所建者又为旗之物也。更以是推之，《诗》《礼》《尔雅》则亦无不可通。《干旄》之旟，毛《传》以为大夫之旜，即《司常》之孤卿建旜_{上大夫即卿，}

《乡射记》国君龙旜，即《司常》之诸侯建旗。盖孤卿所建之旜即旂，而诸侯所建之旗皆旜也。《尔雅》旐旆，即杂帛为物之别制，故《士丧》拟之以为无物者之铭旌，则知缁、赪异色，亦即杂帛之确诂矣。盖诸经之不可理董者，以是求之，而犁然若引弦以知矩，益信古经文例缦密，非综校互勘，未易通其条贯也。既檃括其略著之疏，而以二千年承讹之旧义，非反复辨证，无以释学者之疑，故别述是册以究其说。首举《司常》由《大司马》九旗五正以著其等例，而旁及《尔雅》常旗、《乡射》获旜、《士丧》铭旌诸文以广其义证。其它名制，无关旨要，或旧释已详，咸不著于篇。世变纷呶，旧学榛芜，独抱遗经，无从质定。安得精研礼学如金氏者，与之榷斯义之是非哉！光绪辛丑孟陬——《述林》四

（3）《周礼政要叙》 已刊

中国变法之议，权舆于甲午，而极盛于戊戌。盖诡变而中阻，政法未更，而中西新故之辩舛驰异趣，已不胜其哗眡。夫政之至精者，必协于群理之公而通于万事之变，一切弗讲，而徒以中西新故划区畛以自隘，吾知其懵然一无所识也。

中国开化四千年，而文明之盛莫尚于周。故《周礼》一经，政法之精详，与今泰东西诸国所以致富强者若合符契。然则华盛顿、拿破仑、卢梭、斯密亚当之伦，所经营而讲贯，今人所指为西政之最新者，吾二千年前之旧政已发其端。吾政教不修，失其故步，而荐绅先生咸茫昧而莫知其源，是亦缀学者之耻也。

辛丑夏，天子眷念时艰，重议更法。友人以余尝治《周礼》，属捃摭其与西政合者甄缉之以备裁择。此非欲标揭古经以自张其虚侨而饰其窳败也，夫亦明中西新故之无异轨，俾迂固之士废然自反，无所腾其喙焉尔。

书凡二卷，都四十篇，虽疏漏尚众，而大致略具。澳儒不云乎："为治不在多言，顾力行何如耳。"诚更张今法，集我群力而行之不疑，则此四十篇者，以致富强而有余；其不能也，则虽人怀晁、贾之策，户诵杜、马之书，其于沦胥之痛，庸有救于毫末乎？呜呼！世之论治者，可以鉴矣。光绪壬寅四月，籀庼居士书。——《述林》五

（4）《大戴礼记斠补叙》 已刊

《礼大戴记》，汉时与《小戴》同立学官，义旨闳邃，符契无间。而《小戴》诵习二千年，昭然如揭日月。太傅《礼》乃残帙仅存，不绝若线，缀学者几不能举其篇目，何其隐显之殊绝欤？综而论之，二君咸撮录古记，捃采极博，《大戴》虽残缺，而先秦遗籍犹多存者。如《三朝记》为洙泗微言，《曾子》十篇义尤纯粹，

与子思《中庸》、公孙龙子《坊记》《缁衣》相拟。而《天圆》《易本命》诸篇，究极天人，至为精渺。近儒多援四角不揜之难以证地圆，余谓《小雅》实有夏遗典，所出最古，其"三月，参则伏"，《传》云："星无时而不见，我有不见之时，故云伏。"其于地圆之理，盖尤明辨晰矣。二《纪》源流，刘氏《七略》、班氏《儒林传》所论略备，原其师授，咸本高堂生。而魏张稚让《进广雅表》说《尔雅》则云："爰暨帝刘，鲁人叔孙通撰置《礼记》，文不违古。"然则汉初撰集《礼记》，稷嗣实为首出导师，而高堂、后苍咸在其后，故《大戴》旧本亦兼述雅训，《白虎通义》引《礼·亲属记》即其遗文。是则大戴师承既远，综览尤博，斯其左验矣。自马、郑诂《礼》，唯释《小戴》，隋、唐义疏家复专宗北海，八十五篇之《记》遂无完书。今所存三十九篇为十三卷者，不审始于何时？东原戴氏据《隋经籍志》，谓小戴删大戴为四十六篇，与今《大戴》阙篇适合，证隋时传本已如是。然《经典释文·叙录》引晋陈邵《周礼论序》先发此论，陈《序》谓小戴删大戴为四十九篇者，并《月令》《明堂位》《乐记》三篇计之也。《隋志》则以三篇为马融所补，故止四十六篇。然《隋志》似即本陈说，陆氏所引或有删润欤？复谬悠，然可证彼时所传已与今同。若然，此《记》完本，殆亡于永嘉之乱乎？唐人所引，有《王度记》诸篇，盖从魏晋古书捃拾得之。孔荦轩、孙颐谷并谓唐本篇数增多于今，未确。唐以后，卢注亦阙大半。宋时虽称十四经，而自傅松卿、杨简、王应麟诸家外，津逮殊鲜。近代通人始多治此学，而孔氏《补注》最为善本。

余昔尝就孔本研读，又尝得宝应刘楚桢年丈宝楠所录乾嘉经儒旧斠，多孙渊如、丁小雅、严九能、许周生诸家手记，又有赵零门所斠残宋椠异文，与孔书小殊，并录于册端，藏箧廿年未遑理董也。

己亥冬，既写定《周书斠补》，复取《大戴》斠本别付写官。以刘录旧校传抄甚稀，虑其零落，并删定著之。

犹忆同治癸酉，侍先太仆君在江宁，时余方草创《周礼疏》，而楚桢丈子叔俛孝廉恭冕适在书局，刊补《论语正义》亦甫成，时相过从，商榷经义，偶出《大戴》斠本示余，手录归之。叔俛喜曰："此本世无副移，唯尝写寄绩溪胡子继教授培系，今子又录之，大江以南，遂有三本，可不至湮坠矣。"又云："胡君为《大戴义疏》，方缀缉长编甚富，倘竟其业，诸家精论必苞综无遗。他日当与《周礼疏》并行，但恐其书猝不易成耳。"未几，余从先君子至皖，而胡君适为太平教授，曾一通问，未得读其所著书也。

比余归里，不数年，闻刘、胡两君相继物故。嗣胡君族子练溪太守元节守温州，余从问君遗著，略述一二，而询以《大戴礼疏》则殊不瞭，殆未必成也。子胜斐然，中道废辍，刘君之语不幸中矣。今者甄录诸家旧斟，亦以答刘君相示之意，而深惜胡疏之不得观其成。旧学日稀，大业未究，移写之余，所谓抚卷增喟者也。

至此册识误匡违，米盐凌杂，聊为治此经者识小之助，于《礼经》大义，概乎其未有闻。窃念海内闳达，倘有踵胡君而为义疏者，或有取于是。冲远之博采皇、熊，执约之兼征卢、戴，是则不佞所晞望于方来尔。光绪廿五年十二月。

余同年生鄞董沛觉轩，前亦有纂《大戴礼疏》之议，其缀缉在胡君之后，顷闻觉轩殁已数年，其书盖亦未成也。籀膏又记。——《述林》四

（5）《尚书骈枝叙》

自文字肇兴，而邃古语言得著于竹帛。累字而成语，累语而成辞，驰骋其辞，错综连属以成文。文辞与语言，固相傅以立者也。语言则童蒙简而成人繁，蠢愚朴而智惠文，野鄙质而都邑雅。夫文辞亦然，有常也，有雅也，或简而径，或繁而曲，不可以一端尽也。故常语恒畸于质，期于辞约旨明而已；雅辞则诡名奥谊，不越厥宗，其体遂判然若沟畛之不可复合矣。古记言之经莫尚于《书》，自夫三科文立，辞体攸殊，唐虞典谟，简而易通，商周命诰，繁而难读，是岂如后世扬雄、樊宗师之伦故为艰深以难学子哉！亦其辞有雅质，则区以别耳。《大戴礼记·保傅篇》不云乎："天子答远方诸侯，不知文雅之辞……少师之任也。"古者史佚职之。而《礼·聘记》又云："辞无常，孙而说。辞多则史，少则不达。辞苟足以达，义之至也。"然则文雅之辞，义至而无弗达，虽古之良史犹或难之，而可以晚近浅俗之辞例求之乎？《论语》云："子所雅言，《诗》《书》执礼，皆雅言也。"《礼·三朝记·小辨篇》：孔子曰"尔雅以观于古，足以辩言矣。"是知雅言主文，不可以通于俗；雅训观古，不可以概于今。故《春秋·元命苞》说子夏问孔子作《春秋》，不以初哉首基为纪何？盖《春秋》经则云"元年春王正月"，此记事征实之辞也。《书·康诰》则云："惟三月哉生魄，周公初基，作新大邑于东国洛。"此记言文雅之辞也。《释诂》之篇，托始于初哉首基，所以综雅辞而明其义也。惟《诗》亦然，《国风》，方语也，故易通；《雅》《颂》，雅辞也，则难读。故《命》《诰》之辞，与《雅》《颂》多同。《大诰》云"天棐忱辞"，文致奥衍，证以《荡》云"天生烝民，其命

匪谌"，《大明》云"天难谌斯"，则昭若发蒙矣。《康诰》云："汝惟小子，乃服惟宏。"旨亦简晦，证以《民劳》云："戎虽小子，而式宏大。"则弇若合符矣。《大雅·思齐》云："肆戎疾不殄，烈假不瑕。"毛、郑皆未得其义，证以《康诰》云："不汝瑕殄"，则涣然冰释矣。若兹之类，殆不可以偻指数。然则文言雅辞，非淹贯故训不能通其读，而况乎晚近浅俗之辞，强为诠释，其诘籲为病，不亦宜欤。《书》自经秦火，简札殽乱，今古文诸大师之所传，汉博士之所读，所谓隶古定者，或以私臆更易，辗转传授，舛忤益挐。漆书古文，盖多假藉，如"非""匪"率为"棐"，今多作正字，其偶存者，则皆误释为辅者也。"文"多作"忢"，古文著心于文中，今所传钟鼎款识咸如是。今绝无忢字，而有讹作宁者，则因释为安而存其形似也。其他文字殊异复数百科，书之讹易无完札，固不待七厄而然矣书有七厄，见段氏《撰异叙》。乾嘉经儒治《尚书》者，如王西庄、段若膺、孙渊如、庄葆琛诸家多精通雅诂，而王文简《述闻》《释词》释古文辞尤为究极微渺。余少治《书》，于商周命诰辄苦其不能尽通。逮依段、王义例以正其读，则大致文从字顺。乃知昔之增益颠到以为释，而缀累晦涩仍不可解者，皆不通雅辞之蔽也。顷理董旧册，撷蒙所私定与昔儒殊异者，得七十余事，别写存之，而约举古文辞之要略以示家塾子弟，俾知雅辞达诂，自有焯然之通例。斯借文字句读以进求古经之大义，倘有所津逮尔。——《述林》五

（6）《周书斠补叙》 已刊

《周书》七十一篇，《七略》始著录。自《左传》以逮墨、商、韩、吕诸子，咸有诵述。虽杂以阴符，间伤诡驳，然古事古义多足资考证，信先秦雅记壁经之枝别也。隋、唐《志》系之汲冢，致为疏舛。《晋书》记荀勖、束皙所校汲冢古文篇目，虽有《周书》，与此实不相涉。今汲县晋石刻《大公吕望表》引《竹书·周志》"文王梦天帝服玄禳以立于令狐之津"云云，乃真汲冢所得《周书》，以七十一篇书校之，文例殊异，斯其符验矣。此书旧多阙误，近代卢氏绍弓校本、朱氏亮甫《集训》，芟剔蓁秽，世推为善册。余尝以高续古《史略》、黄东发《日抄》勘之，知宋时传本实较今为善。世所传录惠氏定宇校本，略记宋椠异文，虽多互讹，犹可推故书辙迹。卢本亦据惠校，顾采之未尽，朱本于卢校之善者复不尽从之，而所补缺文多采丁宗洛《管笺》，则又大都凭臆增羼，绝无义据。盖此书流传二千余年，不知几更移写，俗陋书史，率付之不校，即校矣，而求专家通学如卢、朱者，固百不一遘。今读《酆谋》今本并误"谋"《商誓》《作洛》诸篇，则卢、

朱两校亦皆不能无妄改之失。然则此书之创痏眯目，断跀不属，宁足异乎？余昔读此书，颇涉雠勘，略有发正，辄付掌录，觊以思误之适，自资省览，不足为卢、朱两家拾遗补阙也。至近代治此书者，如王氏怀祖《读书杂志》、洪氏筠轩《读书丛录》、二书朱校亦采之，然未尽也庄氏葆琛《尚书记》、此书逞臆增审，难以依据，然亦间有确当者。何氏愿船《王会笺释》、俞丈荫父《群经平议》，其所理董，亦多精确，既学者所习见，则固不烦捃录矣。光绪丙申七月。——《述林》四

（7）《六历甄微叙》未刻

　　黄帝、颛顼、夏、殷、周、鲁六家秝（历）术，汉时掌于史官，民间亦有传之者。刘向传《洪范》作《五纪论》，颇著其说。向子歆集《七略》，亦载古历总四家八十二卷，演撰权舆，备于是矣。向又谓《黄帝历》有四法，颛顼、夏、殷并有二术。汉末宋仲子亦集七历以考春秋朔蚀。七历者，盖六家之外，兼及三统，而所校夏、周两历又各有二家。是其时诸历皆完具，且复有别本可资校核也。然古术章蔽疏阔，才举大端，日蚀岁差缺焉未具。加以畴人算士炉异党同，略涉旧文，便相訾毁。是以祖冲之排之于前，僧一行诋之于后，义挠遗典，几为射的，良足欷已。南北之乱，典籍灰烬，六家之文，益多散佚。故魏李业兴称殷历甲寅，黄帝辛卯，徒有积元，而术数亡缺，修之各为一卷。然唐修《隋志》，辨章经籍，并录亡书，六家之目，固已无载。李氏所补，亦复阙如。至于唐、宋而后，议历之士，虽有援据，盖由辗转征引，非见本书。然其遗文，乃时时见于它籍，如李淳风注《五经算术》详推周历至朔，瞿昙悉达《开元占经》备列六家岁元，斯皆确然可征，贤于求野。它如诸史历志及天官占验之书，所载亦颇具较略。爰博为钩核，甄其佚文，别录四分，用相耆补，为《历经》一卷。熹平论元，大明改法，群议取证，多及六家。开元《大衍》，考述尤赜。或仰测天行，远符古象，或别演新术，获验旧编。今并疏通证明，课其离合，益以它书，为《历议》一卷。昔史迁《年表》，断自共和，三五步骤，元纪茫昧。若仅凭积年，则上推易舛。辄仿周历《谱谍》、汉历《世经》，自黄帝初元，逮于秦亡，列其年岁同异，为《历谱》一卷。斗宪沦失，散见旧典，如《淮南子》之颛顼术，《易纬》之殷术，《周髀》之周术，并法数详稿，足为左验。亦删缀其文，略为校核，为《历征》一卷。汉、唐治麻之家，率有立成，法实相乘，数究于九，御率治分，实便布策。复放嘉定钱氏《三统术钤》，别演《四分术钤》一卷。总题曰《六秝甄微》。近代通人，如宣城梅氏、元和李氏、阳湖董氏，皆治古历，并以六术久亡，未能补述。惟金

山顾氏《六历通考》甄综略具，而未能详备。今之所集，虽复疏略，而梗概粗具，推课无难，用以存敬授之初轨，其于太初乾象，盖亦大辂之椎轮，增冰之积水也。光绪初元岁在旃蒙大渊献壮月朔日，瑞安孙诒让。——《述林》四

（8）《古籀拾遗叙》已刊

考读金文之学，盖萌柢于秦、汉之际。《礼》《记》皆先秦故书，而《祭统》述孔悝《鼎铭》，此以金文证经之始。汉许君作《说文》，据郡国山川所出鼎彝铭款以修古文，此以金文说字之始。诚以制器为铭，九能之选，词义玮奥，同符经艺。至其文字，则又上原仓籀，旁通雅故，博稽精斠，为益无方。然则宋、元以后，撮录款识之书，虽复小学枝流，抑亦秦、汉经师之家法欤？宋人所录金文，其书存者，有吕大临、王楚、王俅、王厚之诸家，而以薛尚功《钟鼎款识》为尤备。然薛氏之旨，在于鉴别书法，盖犹未刊集帖之陋，故其书摹勒颇精，而平释多缪。以商、周遗文而乃与晋、唐隶草絜其甲乙，其于证经说字之学，庸有当乎？我朝乾、嘉以来，经术道盛，修学之儒研斠篆籀，辄取证于金文。仪征阮文达公遂集诸家拓本，赓续薛书。南海吴中丞荣光著《筠清馆金石录》，亦以金文五卷冠首。阮氏所录既富，又萃一时之方闻邃学以辩证其文字，故其考释精确，率可依据。吴书释文，盖龚礼部自珍所纂定，自负其学为能冥合仓籀之旨，而凿空轵缪，几乎阳承庆、李阳冰之说。然其孤文碎义，偶窥扃宦，亦间合于证经说字，终非薛氏所能及也。

诒让束髮受经，略识故训。尝慨犷秦燔书，别创小篆，仓沮旧文，浸用湮废，汉人掇拾散亡，仅通四五。壁经复出，罕传师读。新莽居摄，甄丰校文，书崇奇字而黜大篆。甄丰所定六书：一古文，二奇字，三篆文即小篆，四左书，五缪篆，六鸟虫书，而无大篆，是其证也。建武中兴，《史籀》十五篇，书缺有间。魏《正始石经》，或依蝌蚪之形以造古文，晋人校《汲冢书》，以隶古定，多怪诡不合六书。盖古文废于秦，籀缺于汉，逮魏、晋而益微，学者欲窥三代遗迹，舍金文奚取哉？

端居讽字，颇涉薛、阮、吴三家之书，读之展卷思误，每滋疑闷。间用字书及它刻互相斠核，略有所悟，辄依高邮王氏《汉隶拾遗》例，为发疑正读，成书三卷。自惟末学肤受，不足以通古籀之源。窃欲刺剟残碎，少附证经说字之学，至于意必之论，刊除未尽，且仅据传摩，罕觏墨本，点画漫缺，或滋妄说。世有好古文字，如张敞、颜游秦者，倘能理而董之矣。同治十一年余月。——《述林》四

（9）《古籀余论后叙》

甄录金文之书，自钱唐薛氏书外，近代唯仪征阮氏、南海吴氏最为精富，仓籀遗迹，粲然可寻，固悬诸日月而不刊者也。余前著《拾遗》，于三家书略有补正。近又得海丰吴子苾侍郎《捃古录金文》九卷，探录尤闳博，新出诸器大半著录，释文亦殊精审，仪征、南海，信堪鼎足。览涉之余，间获新义，又有足正余旧说之疏缪者，并录为二卷，盖非弟偶存札朴，抑亦自资砭箴矣。犹忆同治间，余侍亲江东，时海内方翘望中兴，而东南通学犹承乾、嘉大师绪论，以稽古为职志。余壮年气盛，尝乘扁舟，溯江至京口，登金山，访遂启諆大鼎，不得，乃至焦山海云堂，观无惠鼎，手拓数十纸以归。时德清戴子高茂才亦客秣陵，与余有同嗜，朝夕过从。余辄出所得汉阳叶氏旧藏金文拓本二百种同读之，君亦出旧藏《季娟鼎》，相与摩挲椎拓，竟日不倦。时余书方脱稿，而戴君得羸病甚剧，然犹力疾手录余说于《积古斋款识》册端，又尝属余为《毛公鼎释文》，其殁前数日，犹移副不遗一字。盖余治此学，唯君知之最早，亦爱之独深。子云奇字，见之柏松；欧公《集古》，每咨贡父，不是过也。继余以贽郎留滞春明，时吴县潘文勤公藏彝器最盛，与潍县陈寿卿编修埒，而宗室盛伯熙、福山王文介两祭酒，元和江建霞、阳湖费峐怀两编修，同邑黄仲弢学士皆为兹学，每有雅集，辄出所藏金文，辨证难字。适文勤得克鼎，文字奇瑰，属王、江诸君为正其读，考跋累累，莊成巨册。公以示余，俾别择其是非。余辄举鼎中"扰远能埶"一语，证以《诗》《书》，谓以"扰"为"柔"，"埶"为"迩"，为声近假借。仲弢见之，则为举《尚书》"埶祖"即"祢祖"以证其义，文勤亦以为致确。<small>此鼎吴氏未著录，文勤所藏器殆八百余种，如齐侯镈钟等，皆吴氏所未见也。</small>京洛缁尘，萃此古欢，至足乐也。未几，余省亲南旋，而文勤治赈畿辅，官事倥偬，犹驰书以新得井人残钟拓本寄示，属为考释。比余答书未及达，而文勤遽薨逝。余亦自是不复至都，意兴销落，此事几辍。今检吴氏此录，则季娟鼎、毛公鼎、井人钟诸器咸入模录，而戴、潘、盛、江诸贤，墓已宿草，永念畴昔，几同隔世。迄年杜门课子，旧友云散，唯峐怀收罗彝器，时以拓本寄赠，其所得师□父鼎、趩尊、师趛鼎、尤卣、□叔朕鼎，亦多足校正吴录。<small>峐怀所藏，余尝见者五十余器，如毕狄钟、师和父敦、趞曹鼎，无敄鼎，乙亥方鼎，皆吴氏所未见也。</small>然余年逾五十，多病早衰，目力囟力咸远不逮昔矣。大抵余治此学逾卅年，所观拓墨亦累千种，恒耽玩篆势，审校奇字，每覃思竟日，辄万虑俱忘，渺思独契，如对古人，不意过眼烟云，倏成陈迹。迄今世变弥亟，风尚日新，古文字例，殆成废黜，敝帚自珍，辄用内惭。然泰西学艺大昌，其所传埃及、巴比伦象形镵椊古字，远不及中土篆籀之精妙。彼土学者，捃拾于冢塔土甓之余，犹考读庋储，珍逾球璧。而我国学子，略涉译册，辄鄙弃古籀如弁髦。政教之不竞，学术亦随之，斯固相因之理乎！然周、孔之教倘永垂于天壤，则仓籀遗文必有爱护于不坠者。此册既写定，将寄质峤怀、仲弢两君，相与商榷定之，而附识弱冠以来考览所逮，洎师友存亡并离之迹，缀之卷尾以志今昔之感。古学将湮，前尘如梦，余又何能无慨于心哉！光绪癸卯六月，籀庼居士书。

（10）《契文举例叙》 已刊，上虞罗振玉以手稿本付印

文字之兴，原始于书契。契之正字为栔，许君训为刻，盖锲刻竹木以著法数，斯谓之栔。契者，其同声假借字也。《周礼·小宰》八成"听取予以书契"，乃契券之一种，与《易》书契小异。《诗·大雅·绵》云："爰始爰谋，爰契我龟。"毛公训"契"为"开"。开、刻义同，是知契刻又有施之龟甲者。《周礼·菙氏》："掌共燋契，以待卜事。"又云："遂龡其焌契，以授卜师。"子春云："契，谓契龟之凿也。"亦举《绵》诗以证义。郑君则谓契即《士丧礼》之楚焞，所用灼龟也。综斠杜、郑之义，知开龟有金契，有木契：杜据金契，用以钻凿；郑据木契，用以然灼；二者盖同名异物。金契即刻书之刀、凿，将卜，开甲俾易兆，卜竟，纪事以征吉，殆皆有契刻之事。《诗》《礼》所述，义据焯然。

商、周以降，文字繁挐，竹帛漆墨，日趋简易，而契刻之文，犹承用不废。汉承秦燔之后，所存古文旧籍如淹中古经、西周剩简，皆漆书也。汲冢竹书，出晋太康初，亦复如是。然则契刻文字，自汉时已罕觏，迄今数千年，人间殆绝矣。迩年河南汤阴古羑里城掊土得古龟甲甚夥，率有文字。丹徒刘君铁云集得五千板，甄其略明晰者千板，依西法拓印，始传于世。刘君定为殷人刀笔书，余谓《考工记》"筑氏为削"，郑君训为书刀，刀笔书，即契刻文字也。

甲文既出于刀笔，故庸峭古劲，觚折浑成，恍若读古史手札，唯璪画纤细，拓墨漫漶，既不易辨仞，甲片又率烂阙，文义断续不属，刘本无释文，苦不能畅读也。

蒙治古文大篆之学四十年，所见彝器款识逾二千种，大氐皆出周以后，赏鉴家所耸揭为商器者，率臆定不能确信，每憾未获见真商时文字。顷始得此册，不意衰年睹兹奇迹，爱玩不已。辄穷两月力校读之，以前后复繢者参互审绎，乃略通其文字，大致与金文相近，篆画尤简渻，形声多不具，又象形字颇多，不能尽

识。所称人名号，未有谥法，而多以甲乙为纪，皆在周以前之证。羑里于殷属王畿，于周为卫地。据《周书·世俘篇》，殷时已有卫国，故甲文亦有商、周、卫诸文，以相推验，知必出于商、周之间，刘君所定为不诬。至其以"臂"为"子"，以"羍"为"係"，间涉籀文，或疑其出周宣以后，斯则不然。夫《史籀》十五篇，不必皆其自作，犹之许书九千字，虽为秦篆，而承用仓、沮旧文者十几七八，斯固不足以献疑尔。甲文多纪卜事，一甲或数段，从横反正，这遣纠互无定例。盖卜官子弟应时记识以备官成，本无雅辞奥义，要远古契刻遗文，籍存辜较，朽骼畸零，更三四千年，竟未漫灭，为足宝耳。

今就所通者略事甄述，用补有商一代书名之佚，兼以寻究仓后籀前文字流变之迹，其所不知，盖阙如也。抑余更有举证者，《尚书·洪范》原本《洛书》，汉刘子骏、班孟坚旧说，咸谓"初一曰五行"至"威用六极"六十五字为洛水所出《龟书》，禹得之以为《九畴》，马、郑所论略同。后儒疑信参半，遂滋异议。顾彪、刘焯、刘炫、孔颖达之伦，虽依用刘、班，犹致疑于字数繁简之间，今所见龟文残板，径一二寸者，刻字辄数十计，元龟全甲尺二寸，必可容百名以上，以相推例，洛水龟书，殆亦犹是。盖本邃古之遗文，贤达宝传，刻著龟甲，用代简毕。大禹浮洛，适尔得之，要其事实不过如此。自纬候诡托，以为神龟负书，文璩天成，后儒矜饰符瑞，遂若天玺神谶，祥符天书，同兹诬诞。实则契龟削甲，古所恒觏，不足异也。此似足证经义，辄附记之以谂学者。光绪甲辰十一月，籀顾居士书。——《述林》五

（11）《名原叙》

汝南许君云："仓颉之初作书，盖依类象形，故谓之文。其后形声相益，即谓之字。"是文字之初，固以象形为本，无形可象，则指事为之。逮后孳乳浸多，而六书大备。今《说文》九千文，则以秦篆为正，其所录古文，盖捃拾漆书经典及鼎彝款识为之。籀文则出于《史篇》，要皆周以后文字也。仓、沮旧文，虽杂厕其间，而叵复识别，况自黄帝以迄于秦，更历八代，积年数千，王者之兴，必有所因于故名，亦必有所作于新名，新故相袭，变易孳益，巧历不能计，又孰从而稽核之乎？自宋以来，彝器文间出，考释家或据以补正许书之诒阙。迩年又有龟甲文出土，尤简淆奇诡，间有原始象形字，或定为商时契刻，间与籀文同，或本商前旧文，而《籀篇》因袭之。然亦三代璩迹尔。

余少嗜读金文，近又获见龟甲文，咸有撰录。每惜仓、沮旧文不可复睹，窃

思以商、周文字辗转变易之迹，上推书契之初轨，沉思博览，时获确证。撮栝论之：书契初兴，形必至简；逮其后品物众而情伪滋，简将不周于用，则增益分析而渐繁；其最后文极而敝，苟趣急就，则弥务省多，故复减损而反诸简。其更迭嬗易之为，率本于自然。而或厌同嗜异，或袭非成是，积久承用，皆为科律，故历年益远，则讹变益众。而李斯之作小篆，废古籀，尤为文字之大厄。盖秦、汉间诸儒传读经典，已不能精究古文。如古多假"忞"为"文"，与"寍"形近，金文"文"多作"𡥀"，与"寍"作"寍"绝相似。而《书·大诰》曰"寍考""寍王""前寍人""寍武"，则皆"文"之讹也。略本吴清卿说古文有䙊市，即《礼》之爵韠，又有"䊽"字，当为爵帛本字。而《毛诗·丝衣》曰"载弁俅俅"，载则载、䊽之假也。"庸"，古文作"㙲"，与敵偏旁相涉。而《左传》说成王赐鲁"土田倍敦"，倍敦，则"附庸"之讹也。《书》《诗》传自伏生、毛公，《左氏春秋》上于张苍，大毛公当六国时，前于李斯。伏固秦博士，张则柱下史，咸逮见李斯者。三君所传尚不无舛驳，斯之学识，度未能远过三君，而乃奋臆制作，徇俗蔑古，其违失仓、史之旨，宁足责邪！通校古文大小篆，大抵象形字与画缋通，随体诘诎，讹变最多；指事字次之，会意、形声字则子母相检，沿讹颇鲜。而与转注相互转注从属徐锴说为例，又至广博，其字或秦篆所不具，或许氏偶失之，故不胜枚举。而假借依声托事，则尤茫无涯涘矣。古文假借至多，兹不遑论。今略摭金文、多据原器拓本，未见拓本，则以阮元、吴荣光、吴式芬三家模本左之。宋薛尚功、王俅诸家所模多误，不足依据，唯今拓本所无之字略有援证，余悉不凭也。龟甲文、据丹徒刘氏模本　石鼓文、据拓本及重模天乙阁北宋拓本　贵州红岩古刻据模本，此盖古苗民遗迹，篆形奇诡难识，与古文字例不甚符合。邹叔绩以为殷高宗伐鬼方纪功石刻，臆说不足据也。与《说文》古籀互相勘校，楬其歧异以著省变之源。而会聚比属，以寻古文、大、小篆沿革之大例，约举辜较，不能备也。世变方亟，兹学几绝。所觊金石琢刻日出不穷，仓、沮旧迹倘重见于人间，后之治古文奇字者，执吾说以求之，其于造作书契之微旨，或得冥符于万一尔。光绪乙巳十一月。——《述林》五

（12）《温州古甓记叙》

昔仪征阮文达公尝谓浙中汉、晋碑刻甚少，独砖文，败垣墙角间常有见者，故其志《两浙金石录》，汉至五代砖文逾八十种，而温州未有著录者。近年嘉善戴教授咸弼著《东瓯金石志》，始于瑞安隆山得明因寺宋大观修塔砖，而诒让别得永嘉松台山净光塔宋元祐、熙宁诸砖，并拓以贻之，咸著于录，然未尝见唐以前

砖也。光绪己卯冬，诒让侍家大人归自江宁，里居多暇，与二三同志若林祁生庆衍、周伯龙珑、中龙璪辈，恣意游览，穷搜古刻，偶得梁天监断砖于邑之东郭，即相与传观，矜为创获。继又得晋升平、宋元嘉诸砖，率皆断裂，文字或刓蚀不具，第以其旧物，有纪年，悉收弆之。复拓以贻戴君，咸谓吾乡金石之古无逾是者，虽残缺，犹宝贵也。庚辰十月，家大人以盖竹先茔封土，命诒让往视工。归时，道过邑之廿四都下湾，佣者为言："十余年前，黄氏造冢，撔山取土，得古冢，其砖皆隐起有花纹，字画粲然可辨。"试登山观之，冢已破坏殆尽，零砖满地，检视其文，则晋泰和二年作也。拾其完善者数块，携归以示林、周诸君，咸惊叹为得未曾有。阅数日，复携工往为修葺，并搜剔遗砖，所得甚伙。乡农闻余得砖，皆相与聚观，则诧曰："是累累者，何遽珍重若是！某村某山，破冢塸垻，其砖乃亦皆类此。"盖各乡旧甍出土者甚多，樵牧者习之，初不知其为古物也。则相率导余往求之，短屐长镵，寻访累日，得晋至梁砖无虑数十种。乃知荒埏广隧间，零落者不可胜算，惜曩时无顾问者，村农辄取以楮床垒灶，率多毁灭，今之仅存者，乃其千百中之一二。然所得犹若是，盖亦幸矣。既而乡人之以古砖来告者日众，辄偕林、周诸君访致之，又旁及于他县，咸有所获。检校其目，以视文达所录两浙砖文，数殆过之，其文字多完具可读。因摹刻为《温州古甓记》，通若干种，为若干卷。昔宋刘述、洪适、马居易、娄机诸人集汉隶，盖多采砖文。此记所模，虽多晋以后物，其文取足纪年月、姓名，无他记述，然其字划奇古，篆隶咸备，异文诡体，多与汉、魏、六朝碑板相合，间有古里聚、官秩、氏族，尤足资考证。区区陶瓴，遂为吾乡文献之征，是诚不可以无述也。至于坠文碎甓，日出不穷，后之所获，当复倍蓰于是，将随时续增之焉。

（13）《墨子间诂叙》 已刊

《汉志》：《墨子》书七十一篇，今存者五十三篇。《鲁问篇》墨子之语魏越云："国家昏乱，则语之尚贤、尚同；国家贫，则语之节用、节葬；国家憙音湛湎，则语之非乐、非命；国家淫僻无礼，则语之尊天、事鬼；国家务夺侵凌，则语之兼爱、非攻。"今书虽残缺，然自《尚贤》至《非命》三十篇，所论略备，足以尽其旨要矣。《经说》上、下篇，与庄周书所述惠施之论及公孙龙书相出入，似源出《墨子》，而诸巨子以其说缀益之。《备城门》以下十余篇，则又禽滑厘所受兵家之遗法，于墨学为别传。惟《修身》《亲士》诸篇，义正而文靡，校之它篇殊不类。《当染篇》又颇涉晚周之事，非墨子所得闻，疑皆后人以儒言缘饰之，非其本书也。墨子之生，盖稍后于七十子，不得见孔子，然亦甚老寿，故前得与鲁阳文子、公输般相问答，而晚及见田齐太公和，又逮闻齐康公兴乐及楚吴起之乱。身丁战国之初，感歝于犷秦淫侈之政，故其言谆复深切，务陈古以劓今，亦喜称道《诗》《书》及孔子所不修《百国春秋》。惟于《礼》则右夏左周，欲变文而反之质，《乐》则竟屏绝之。此其与儒家四术、六艺必不合者耳。至其接世务为和同，而自处绝艰苦，持之太过，或流于偏激，而《非儒》尤为乖盭。然周季道术分裂，诸子舛驰，荀卿为齐、鲁大师，而其书《非十二子篇》于游、夏、孟子诸大贤皆深相排笮。洙泗断断，儒家已然，墨儒异方，跬武千里，其相非宁足异乎？综览厥书，释其纰驳，甄其纯实，可取者盖十六七。其用心笃厚，勇于振世救敝，殆非韩、吕诸子之伦比也。庄周《天下篇》之论墨氏曰："不侈于后世，不靡于万物，不晖于数度，以绳墨自矫，而备世之急。"又曰："墨子真天下之好也，将求之不得也，虽枯槁不舍也，才士也夫！"斯殆持平之论欤！墨子既不合于儒术，孟、荀、董无心、孔子鱼之伦咸排诘之。汉、晋以降，其学几绝，而书仅存，然治之者殊鲜，故脱误尤不可校。而古字古言，转多沿袭未改，非精究形声通假之源，无由通其读也。旧有孟胜、乐台注，今久不传。近代镇洋毕尚书沅所始为之注，藤县苏孝廉时学复刊其误，创通涂径，多所谠正。余昔事雠览，旁摭众家，择善而从。于毕本外，又获见明吴宽写本、黄丕烈所景抄者，今藏杭州丁氏。缺前五卷，大致与《道藏》同。顾千里校《道藏》本，藏本，明正统十年刊，毕本亦据彼校定，而不无舛漏。顾校又有季本，传录或作李本，未知孰是。明椠诸本，大抵皆祖藏本。毕注略具，今并不复详校。又尝得倭宝历间仿刻明茅坤本，并为六卷，而篇数尚完具。册端附校异文，间有可采，惜所见本残缺，仅存后数卷。用相勘核，别为写定。复以王观察念孙、尚书引之父子、洪州倅颐煊及年丈俞编修樾、亡友戴茂才望所校参综考读。窃谓《非儒》以前诸篇，谊旨详焯，毕、王诸家校训略备，然亦不无遗失。《经说》、兵法诸篇，文尤奥衍凌杂，检览旧校，疑滞殊众。研核有年，用思略尽，谨依经义字例为之诠释。至于订补《经说》上、下篇旁行句读，正兵法诸篇之讹文错简，尤私心所窃自喜以为不谬者，辄就毕本更为增定，用遗来学。昔许叔重注《淮南王书》，题曰"鸿烈间诂"，据宋椠本《淮南子》及晁公武《读书志》间者，发其疑忤，诂者，正其训释。今于字谊多遵许学，故遂用题署。亦以两汉经儒本说经家法笺释诸子，固后学所晞慕而不能逮者也。光绪十有九年十月。——《述林》五

按：苏时学名敩原，粤西藤人。所著有《爻山笔话》十四卷。

（14）《墨子后语小叙》

墨子之学，亡于秦季，故墨子遗事，在西汉时已莫得其详。太史公述其父谈论六家之旨，尊儒而宗道，墨盖非其所喜。故《史记》捃采极博，于先秦诸子，自儒家外，老、庄、韩、吕、苏、张、孙、吴之伦，皆论列言行为传，唯于墨子，则仅于孟、荀《传》末附缀姓名，尚不能质定其时代，遑论行事？然则非徒世代绵邈，旧闻散佚，而《墨子》七十一篇其时具存，史公实未尝详事校核，亦其疏也。今去史公又几二千年，周、秦故书雅记百无一存，而七十一篇亦复书阙有间，征讨之难，不啻倍蓰。然就今存《墨子》书五十三篇钩考之，尚可得其较略。盖生于鲁而仕宋，其平生足迹所及，则尝北之齐，西使卫，又屡游楚；前至郢，后客鲁阳，复欲适越而未果。《文子》书称墨子无煖席，《自然篇》。又见《淮南子·修务训》。班固亦云"墨突不黔"，《文选·答宾戏》。又赵岐《孟子章指》云"墨突不及污"。斯其验矣。至其止鲁阳文君之攻郑，绌公输般以存宋，而辞楚越书社之封，盖其荦荦大者。劳身苦志以振世之急，权略足以持危应变，而脱屣利禄，不以累其心。所学尤该综道艺，洞究象数之微。其于战国诸子，有吴起、商君之才而济以仁厚，节操似鲁连而质实亦过之。彼韩、吕、苏、张辈，复安足算哉！谨甄讨群书，次第其先后，略考始末以稗史迁之阙。俾学者知墨家持论，虽间涉偏驳，而墨子立身应世，具有本末，自非孟、荀大儒，不宜轻相排笮。彼窃耳食之论以为诟病者，其亦可以少息乎！——《墨子传略》第一。

史迁云："墨翟，或曰并孔子时，或曰在其后。"《史记·荀孟传》 刘向云："在七十子之后。"《史记·索引》引《别录》 班固云："在孔子后。"《汉书·艺文志》，盖本刘歆《七略》 张衡云："当子思时。"《后汉书》本传注引《张衡集·论图纬虚妄疏》云："公输班与墨翟，并当子思时，出仲尼后。" 众说舛忤，无可质定。近代治《墨子》书者，毕沅以为六国时人，至周末犹存，既失之太后；汪中沿宋鲍彪之说，鲍说见《战国策·宋策》注谓仕宋得当景公世，又失之太前；宋景公卒于鲁哀公二十六年，见《左传》《史记·六国年表》书景公卒于贞王十八年，即鲁悼公十七年，遂减昭公之年以益景公，与《左氏》不合，不可从也。据本书及《新序》，墨子尝见田齐太公和，有问答语。田和元年，上距宋景公卒年凡八十三年，即令墨子之仕适当景公卒年，年才弱冠，亦必逾百岁前后方能相及，其可信乎？殆皆不考之过。窃以今五十三篇之书推校之，墨子前及与公输般、鲁阳文子相问答，见《贵义》《鲁问》《公输》诸篇 而后及见齐太公和，见《鲁问篇》。田和为诸侯，在安王十六年。 与齐康公兴乐，见《非乐上篇》。康公卒于安王二十三年。 楚吴起之死，见《亲士篇》，在安王二十一年。 上距孔子之卒敬王四十一年几及百年，则墨子之后孔子盖信。审核前后，约略计之，墨子当与子思并时，而生年尚在其后，子思生于鲁哀公二年，周敬王二十七年也。下及事鲁穆公，年已八十余，不能至安王也。《史记·孔子世家》谓思年止六十二，则不得及穆公。近代谱牒书或谓子思年百余岁者，并不足据。　当生于周定王之初年，而卒于安王之季，盖八、九十岁，亦寿考矣。其仕宋，盖当昭公之世，邹阳书云："宋信子罕之计而囚墨翟。"《史记》本传　其事他书不经见，秦、汉诸子多言子罕逐君，高诱则云"子罕杀昭公"，《吕氏春秋·召类篇》注　又韩子说"皇喜杀宋君"，《内储说上》　子罕与喜当即一人。窃疑昭公实被放弑，而史失载，墨子之囚，殆即昭之末年事欤？先秦遗闻，百不存一，儒家惟孔子生卒年月明著于《春秋》，经、传尚不无差异。七十子之年，孔壁古文《弟子籍》所传者亦不能备。外此，则孟、荀诸贤皆不能质言其年寿，元人所传孟子生卒年月，臆撰不足据。　岂徒墨子然哉！今取定王元年迄安王二十六年凡九十有三年表其年数，而以五十三篇书关涉诸国及古书说墨子佚事附著之，《史记·六国年表》鲁哀、悼、宋景、昭年，与《左传》不合，今从《左传》。本书《贵义篇》，墨子尝使卫，年代无考，他无与卫事相涉者。又墨子当春秋后，《非攻下篇》、《节葬下篇》，并以齐、晋、楚、越为四大国，时燕、秦尚未大兴，墨子亦未至彼国。今并不列于表。虽不能详确，犹愈于凭虚臆测舛谬不验者尔。——《墨子年表》第二

吕不韦曰："孔、墨徒属弥众，弟子弥丰，充满天下。"《尊师篇》　又曰："孔、墨之后学，显荣于天下者众矣，不可胜数。"《当染篇》　盖墨学之昌，几埒诛泗，斯亦盛矣。《公输篇》墨子之说楚王曰："臣之弟子禽滑厘等三百人。"《淮南王书》亦谓墨子服役者百八十人，服役即徒属。《韩非子·五蠹篇》云："仲尼为服役者七十人。"即指七十子而言。　皆可使赴火蹈刃，死不旋踵。《新语·思务篇》云："墨子之门多勇士。"　而荆吴起之乱，墨者巨子孟胜以死为阳城守，弟子死者百八十五人。则不韦所述，信不诬也。犷秦隐儒，墨学亦微。至西汉，儒复兴而墨竟绝。墨子既蒙世大诟，而徒属之名籍亦莫能纪述，惟本书及先秦诸子略纪其一二。今勾集之，凡得墨子弟子十五人附存三人，再传弟子三人，三传弟子一人，治墨术而不详其传授系次者十三人，杂家四人，大都不逾三十余人，传记所载，尽于此矣。彼勤生薄死以赴天下之急，而姓名澌灭，与草木同尽者，殆不知凡几。呜呼，欷已！——《墨学传授考》第三

墨子之学微矣！七国时，学者以孔、墨并称，孔子言满天下，而墨子则遗文佚事，自七十一篇外，所见殊鲜，非徒以其为儒者所摈绌也。其为道瘠薄而寡泽，

言之垂于世者，质而不华，务申其意，而不驰骋其辞。故庄周谓"其道大觳，使人忧，使人悲，其行难为"。而楚王之问田鸠，亦病其言多而不辩。田鸠答以"墨子之说，传先王之道，论圣人之言，若辩其辞，则恐人怀其文，忘其用"。《韩非子·外储说上左》盖孟、荀之议未兴，世之好文者固已弗心慊矣。秦、汉诸子，若吕不韦、淮南王书，所采摭至博，至其援举墨子之言，亦多本书所已见，绝无异闻。然孔子遗书，自六艺外，《纬候》之诬，《家语》《孔丛》之伪，《集语》之杂，真赝糅莒，不易别择。而墨氏之言行，以诵述者少，转无假托傅益之弊，则其仅存者虽不多，或尚确然可信欤？今采本书之外，秦、汉旧籍所记墨子言论行事，无论与本书异同，咸为甄缉，或一事而数书并见，亦悉附载之以资雠勘，而七十一篇佚文，则毕氏所述略备，固不劳缀录也。——《墨子绪闻》第四

春秋之后，道术纷歧，倡异说以名家者十余，然惟儒、墨为最盛，其相非亦最甚。墨书既非儒，儒家亦辟杨、墨。杨氏晚出，复摈儒、墨而兼非之。然信从其学者少，固不能与墨抗行也。庄周曰："两怒必多溢恶之言。"《人间世篇》况夫树一义以为臬揭，而欲以易举世之论，沿袭增益，务以相胜，则不得其平，岂非势之所必至乎？今观墨之非儒，固多诬妄，其于孔子，亦何伤于日月？而墨氏兼爱，固谆谆以孝慈为本，其书具在，可以勘验。班固论墨家，亦云"以孝视天下，是以尚同"。而孟子斥之，至同之无父之科，则亦少过矣。自汉以后，治教专一，学者咸宗孔、孟，而墨氏大绌。然讲学家剿窃孟、荀之论以自矜饰标识，缀文之士，习闻儒言而莫之究察。其于墨也，多望而非之，以迄于今，学者童卯治举业，至于皓首，习斥杨、墨为异端，而未有读其书、深究其本者。是暧昧之说也，安足与论道术流别哉！今集七国以逮于汉诸子之言涉墨氏者，而殿以唐昌黎韩子《读墨子》之篇，条别其说，不加平议，虽复申驳杂陈，然否错出，然视夫望而非之者，固较然其不同也。至后世文士、众讲学家之论，则不复甄录。世之君子，有秉心敬恕，精究古今学业纯驳之故者，读墨氏之遗书，而以此篇证其离合，必有以持其是非之平矣。秦、汉诸子及史传，涉儒、墨者甚夥。华文泛论，无所发明。及荀、韩诸子难《节葬》《兼爱》之论，而未明斥墨子者，今并不录。——《墨学通论》第五

刘歆《七略》诸子十家，墨为第六。《汉志》著录六家，自《墨子》书外，史佚远在周初，为墨学所从出。史佚书，汉以后不传，近马国翰辑本一卷，仅录《左传》《周书》所载史佚语及遗事数条，无由定其为二篇之佚文。今不录。胡非、隋巢二子，皆墨子弟子。田俅与秦惠王同时，似亦逮见墨子者。我子则六国时为墨学者，我子书汉以后不传，古书

亦绝无援引者。　时代或稍后钦？田俅书，惟阮孝绪《七录》尚著录，唐初已亡，见《隋志》。《隋·经籍志》《唐·经籍》《艺文志》及梁庾仲容《子抄》、见《意林》及高似孙《意略》 马总《意林》仅录胡非、隋巢二家，余并不存。而别增缠子一家，则即《汉志》儒家董无心之书也。至宋《崇文总目》而尽亡。唯《缠子》为《董子》宋时尚在。《崇文目》及《宋史·艺文志》并入儒家。　使非《墨子》本书具存，则九流几绝其一，甚足歉也。田俅以下四家之书，近世有马国翰校辑本。田俅、隋巢书，别有仁和劳格辑本，不及马本之详。检核群书，不无遗阙。今略为校补，都为一篇。孤文碎语，不足以考其闳旨。然田俅盛陈符瑞，非墨氏征实之学钦？其自对楚王以文害用之论，亦复乖忤，或出依托。随巢、胡非，则多主于明鬼、非斗，与七十一篇之旨若合符契。而随巢之说兼爱曰："有疏而无绝，有后而无遗。"则尤纯笃无疵，是知爱无差等之论，盖墨家传述之末失，后人抵巘蹈瑕，遂为射者之的，其本意固不如是也。抒而录之，以见先秦墨家沿流之论，或亦网罗放失者所不废乎？——《墨子诸家钩沉》第六《述林》五

（15）《札迻叙》已刊

诒让少受性迂拙，于世事无所解，顾唯嗜读古书。咸丰丙辰、丁巳间，年八九岁，侍家大人于京师澄怀园，时甫受四子书，略识文义。庋阁有明人所刻《汉魏丛书》，爱其多古册，辄窃观之，虽不能解，然浏览篇目，自以为乐也。年十六七，读江子屏《汉学师承记》及阮文达公所集刊经解，始窥国朝通儒治经史、小学家法。既又随家大人官江东，适当东南"巨寇"荡平，故家秘藏多散出，间收得之，亦累数万卷。每得一佳本，晨夕目诵，遇有钩棘难通者，疑牾累积，辄郁塞不怡。或穷思博讨，不见端倪，偶涉它编，乃获确证，旷然昭悟，宿疑冰释，则又忻然独笑。若陟穷山，榛莽霾塞，忽觑微径，遂达康庄。邢子才云："日思误书，更是一适。"斯语亮已！卅年以来，凡所采获，咸缀识简端，或别纸识录，朱墨戥眷，纷如落叶。既又治《周礼》及墨翟书，为之疏诂。稽览群籍，多相通贯，应时笺记，所积益众。中年早衰，意兴零落，唯此读书结习，犹复展卷忘倦，缀草杂沓，殆盈医衍矣。

窃谓校书如雠，例肇西汉，都水《别录》，间举谲文，若以"立"为"齐"，以"肖"为"赵"之类，盖后世校字之权舆也。晋、唐之世，束晳、王劭、颜师古之伦皆著书匡正群书违缪，经疏史注，咸资援证。近代巨儒，修学好古，校刊旧籍，率有记述。而王怀祖观察及子伯申尚书、卢绍弓学士、孙渊如观察、顾涧

賨文学、洪筠轩州倅、严铁桥文学、顾尚之明经及年丈俞荫甫编修，所论著尤众，风尚大昌。覃及异域，若安井衡、蒲阪圆所笺校，虽疏浅，亦资考证。综论厥善，大抵以旧刊精校为据依，而究其微旨，通其大例，精思博考，不参成见。其諟正文字讹舛，或求之于本书，或旁证之它籍及援引之类书，而以声类通转为之钤键，故能发疑正读，奄若合符。及其蔽也，则或穿穴形声，捃摭新异，凭臆造易，以是为非。乾、嘉大师，唯王氏父子至为精博，凡举一义，皆确凿不刊。其余诸家，得失间出，然其稽核异同，启发隐滞，咸足饷遗来学，沾溉不穷。我朝朴学，超轶唐、宋，斯其一端欤。

诒让学识疏谫，于乾、嘉诸先生无能为役。然深善王观察《读书杂志》及卢学士《群书拾补》，伏案研诵，恒用检核，间窃取其义法以治古书，亦略有所悟。尝谓秦、汉文籍，义旨奥博，字例文例，多与后世殊异。如荀卿书之“案”，墨翟书之“唯毋”，公孙龙书之“正举”“狂举”，淮南王书之以“士”为“武”，刘向书之以“能”为“而”，骤读之，几不能通其语。复以竹帛梨棘，抄刊屡易，则有三代文字之通假，有秦、汉篆隶之变迁，有魏、晋真草之混淆，有六朝、唐人俗书之流失，有宋、元、明校椠之羼改，逵径百出，多岐亡羊，非覃思精勘，深究本源，未易得其正也。

今春多暇，检理箧藏，自以卅年览涉所得，不欲弃置，辄取秦、汉以逻齐、梁故书雅记，都七十余家，丹铅所识，按册移录，申证厥义，间依卢氏《拾补》例，附识旧本异文以备甄考。汉、唐旧注及近儒校释，或有回穴，亦附纠正，写成十有二卷。其群经、三史、《说文》之类，义证闳博，别有著录以俟续订。册中所录，虽复简丝数米，或涉琐屑，于作述闳旨未窥百一，然匡违□佚，必有义据，无以孤证臆说贸乱古书之真，则私心所遵循而不敢越者，倘附王、卢诸书之后以裨补遗阙，或有所取尔。编写既竟，谨举汉、唐以来校雠家之例，论厥要略，觊与学者共商榷焉。光绪十有九年十一月。——《述林》五

（16）《温州经籍志叙例》

郡邑之志经籍者，盖土训之骈枝，书录之流裔也。关东风俗之传，坟籍成篇；北周宋孝王《关东风俗传》有《坟籍志》，见刘知几《史通·书名篇》。嘉泰会稽之志，遗书有录。方志书目，此其蘿蒿。元、明旧记，多沿兹作。厥后撰著渐繁，记载难悉，遂创专志，别帙单行，簿录之体，不淆释地，征文之例，斯为宏焉。地志书目别为专书，不知始于何时。黄虞稷《千顷堂书目》十，有祁承㸁《两浙著作考》四十六卷，曹学佺《蜀中著作记》十卷。

周天锡《慎江文征》三十八，载明永嘉姜准亦有《东嘉书目考》。诸书均不传，无由知其体例。洪亮吉《更生斋甲集》三有邢澍《全秦艺文录叙》，称其书仿历史艺文志，而参以《经义考》之例，今亦未见其书。

温州自唐以来，魁儒玮学，纂述斐然。而图经所载，仅具书名，不详崖略，疏扃踳谬，研讨靡资。惟嘉庆《平阳县志》、道光《乐清县志》经籍一门，略存叙跋。汤成烈咸丰《永嘉县志稿》，体裁渊雅，其《艺文录》全用朱氏《经义考》之例，然所纪者止于一县，且永嘉诸儒遗书，汤多未见，故亦未能详备。　今特为补辑，勒成斯编，粗存辜较，兼拾阙遗。匪敢谓梓桑文籍尽备于斯，然唐、宋而后，嘉、道以前，凡人尚存者，著述不收，谨遵《四库总目》例也。耳目所及者，亦略具矣。

中垒校书，是有《别录》，释名辨类，厥体綦详。后世公私书录，率有解题。自汴宋之《崇文》，逮熙朝之《四库》，目诵所及，殆数十家，大都繁简攸殊而轨辙不异。至于篇题之下，眘移叙跋，目录之外，采证群书，《通考·经籍》一门，实创兹例。朱氏《经义考》祖述马书，益恢郛郭。观其择挥群艺，研核臧否，信校雠之总汇，考镜之渊楲也。此书之作，意存晐备，故辄远轨鄱阳，近宗秀水，庶广甄录，用备考稽。

刘《略》班《艺》，类分以六，厥后荀勖创四部之名，王俭树《七志》之目，分别部居，杂而不□。胜朝地志，所记艺文，多以人次，此例亦不知昉于何书，宋高似孙《剡录》载戴、阮、王、谢四家著述，各以族姓相次，又与此不同。　义类纷舛，实乖史裁。盖经、艺异轨，史、子殊源，不有区分，曷资参证。故此编分类，一遵四部。至于子目分合，古录多殊，惟乾隆《四库总目》辨析最精，配隶尤当，今之编纂，实奉为圭臬焉。《总目》所分子目，其书或温州著述所无者，则依孙星衍《廉石居藏书记》例，标曰"某类无"。

目录之别存佚，自唐释智升《开元释教录》始也。朱氏沿厥旧规，增成四目：存、佚之外，有曰阙者，篇简俄空，世无完帙也；有曰未见者，弆藏未绝，购觅则难也；四者旷分，实便检斠。然存阙并凭目验，不虑讹踳，唯未见与佚，虽著录有无，足为左契，而时代迁易，未可刻舟。朱书之例，原始期代，逮于国初，志录所收，若偶未见，并不注佚。今去朱氏几二百年，上溯胜朝，尤为辽邈，岂无玮篇珍帙，晦而复显，昔难寻购，今则通行。而隐秘之书，湮没已久，传播殆绝，无事存疑。故此编未见之书，所据藏目，断自昭代，明人所记，并入佚科。凡明时有刊本者，虽国朝诸目未经著录，亦注"未见"。又黄氏《千顷堂书目》所收明人书至博，然多存虚目，不必真有藏本，故虽时代匪遥，其不详卷帙者，并注曰"佚"。　更又书匪目睹，而传帙确存者，如《四库全书》庋储天府，释、道两家，各有专藏，释书，据雍正中臧经馆所刊《龙藏汇记》，道书，据明白云霁《道藏目录》详注。不必经览，即定为存。分别观之，是在鸿博。

网罗放失，有异鉴臧，书不尽存，目宜征实。唐修《五代经籍志》，附注亡书，悉据梁有。梁有者，阮孝绪《七录》所有也。朱氏《经义考》所记卷数，多援史志，实事求是，此为精例。是编广意搜寻，必求审谛。凡隐篇秘籍，久无传本者，苟著在前录，悉注行间，书目所无，别据它书录人者，亦注所出之书。其据万历《温州府志》、雍正《浙江通志》及近时府县志录者，见明《志》则不注近志，见《通志》则不注府县志，以省繁冗。书名卷帙，校核异同，并放此。用楬采撽之本原，且证沦佚之时代。其见存旧帙，纪述稠迭，博引繁称，有类旒缀。然如经籍艺文，史家专志，晁、陈、郑、马，储藏古目，以及乾隆《四库》，提全书之纲要；晋江《千顷》，萃五史之阙文。《千顷堂书目》原本，实《明史·艺文志稿》，见朱彝尊《明诗综》八十九及卢文弨《抱经堂文集》七。其所载书，较官撰《明史》更为精博。至每类后所附宋、辽、金、元人书，则又以补《四史》之阙略，故虽出近代，实目录家要帙也。并钤键艺林，津逮文苑。凡卷帙异同，流传广狭，是实足征，不宜从略。故今凡遇此诸目所收，无论存亡，并为详注也。《宋志》所无者，取倪灿《补志》。《元史》无《艺文志》，亦取钱大昕《补志》。赵希弁《读书附志》，本附《晁志》之后，今亦与《晁志》一律录入。

古书流传浸远，递更抄梓，名淆于屡刻，卷异于重编，苟不辨其源流，将至展卷茫昧。此《志》于见存之书，标题卷数，悉遵旧本。其有新刊重定，篇第差互，则附注下方，使先后昭晰，优劣粲然。至于亡编逸籍，叙录多岐，省易分并，尤难钩核。今则据旧目以溯厥初，证群籍以广其异。名期从朔，卷必征全，附斠驳文，用资考核。

彭城《史通》，首论限断，地志书目，盖亦宜然。世俗崇饰人文，恒多假借，总其凡最，厥有二端：一曰侨寄，一曰依托。盖郡邑之人，迁徙无常，父子之间，籍贯顿异，如不有畛域，则一卷之中，人殊燕、越，体例芜杂，不足取信。此编所收文籍，区别特严，大抵自内出者，录父而删子，如经部录叶味道《仪礼解》，而子部不录叶采《近思录注》之类，以父尚温产，子则异籍也。自外入者，录子而缺父，如集部录徐玑《二薇亭诗》，而经部不录徐定《春秋解》之类。以子已土著，父犹寓公也。至如伪作新编，嫁名前哲，研究既难，采录宜审。今凡遇抄移旧籍，确有主名，如郑景望《蒙斋笔谈》即抄叶梦得《岩下放言》伪作之类。并搜蔆根荄，概从芟废。其有书非袭旧，人实传疑。如《周礼详说》题王十朋之类　则姑为缀录，以俟参定。凡此诸类，旧存今削者，更加疏证，别为辨误。庶知刊划有由，异于逞臆弃取。其郡县志未载，而它书误题温州人者，亦附辨之，恐后人不考，误据以补入也。

叙跋之文，雅俗杂粗，宋、元古帙，传播浸希，自非缪悠，悉付掌录。明代以来，略区存汰。大抵源流综悉，有资考校，义旨闳渺，足共诵览。凡此二者，并为捃采。或有赘士剿剽，雅驯既少，书林衔鬻，题缀猥多，则仅存凡目，用归简要。张氏《臧书志》于习见之书，序跋皆厪存目，今略放其例。　若编帙既亡，孤文厪在，则纵有疵类，不废移誊，复以马、朱两《考》，凡录旧文，不详典据，沾省涂窜，每异本书，偶涉雠勘，辄滋岐忤。今亦依张《志》之例，凡旧编俱在者，并移写元文，不削一字，年月系衔，亦仍其旧。凡叙跋文字从他书采入者，并依朱《考》于文首揭著某某叙跋。其据本书甄录者，既备载全文，则姓名已具，故不复冠以某某叙跋之类。亦张氏《臧书志》例也。其有名作孤行，散征它籍者，则备揭根柢，并著卷篇，庶使览者得以讨原，不难覆检。至于辨证之语，刺剟丛残，实难稽核，朱《考》概标某曰，尤为疏略。今则直冠书名，用惩臆造。谢启昆《小学考》已有此例，特此书名之下兼及卷数，与彼小异耳。有删无改，亦殊专辄。

禄利兴而经义滥，风俗敝而小说滋。制缉艺文，别裁宜审。而《千顷堂书目》附制举于总集，《百川书志》入传奇于别史，榛楛勿翦，宏达所嗤。此编搜罗务广，甄择特严。凡此两门，虽古帙流传，辄从删汰，如高明《琵琶记》、项乔《义则》、刘康祉《四书孤屿草》之类，今并不收。　庶使野言俍说，不淆文史。至于谱牒一类，古志例收，然隋、唐以前，崇尚氏族，斜上旁行，悉登官簿。自谱学沦废，私书繁杂，前创后修，此分彼合，篇帙日增，不可殚究。故《四库总目》不立此目，分韵编姓，帙附类书，旧志于家谍间登一二，今并削之。

诏定官书，杂成众手，史志所著撰人，或惟主监修，或仅题经进，理无专属，达例未闻。况复断地为书，方隅攸限，凡在兹科，宜从盖阙。至于游宦名贤，实多载述，如缉之《郡记》，开编谱之闳规；子温《橘录》，萃永嘉之珍产。考征所藉，捃辑须详。然主客之间，当有畛域，而温州旧志并与本郡著述相厕，尤为无例，今别录为《外编》一卷以为搜讨旧闻之助。

两汉经儒，学有命氏，刘、班所载，师法焯然。朱《考》凡所标揭，以氏系名，例虽创立，意则同贯。此编所记，不尽诂经之书，窃取敬乡之义，故所称述，并沿朱例。至朱《考》荟萃群书，虽区世代，然不标明，易滋淆舛，今各加识别，俾纡觅瞭如。一代之人，或有先后，则并据科第生卒之年略为排比。《千顷堂书目》别集一类，悉以科第先后分别著录。然乡解与会试错出无绪，遂多緟复。今悉依举人题名为次，庶可较若划一。至雍正《通志》及万历、乾隆二《府志》"选举"一门，科榜先后，每多乖异，则并依万历《府志》为正。诸贡及无科第者，并约其时代，附于其后。其有义士逸民，身遭易姓，苟节崇肥遁，则仍系故朝，若宋林景熙、明朱希晦之类　谨遵《四库总目》例也。至于姓氏久湮，事实不著者，则附一代之末，用俟考定，再为叙次。

写录之次，马、朱互异，贵与殚心旧录，故叙跋系晁、陈之后；锡畅博综佚闻，则传状冠志目之前。凡此科条，未为允协。今之写定，辄为更张。大抵每书之下，叙跋为首，目录次之，评议之语又其次也。其有遗事丛谈，略缀一二。苟地志已具，则无贵繁征。凡《通志》、府县志有传者，并不复详其事迹。至于申证精奥，规检讹误，一得之愚，不敢自秘，殿于末简以质大雅。己巳之夏，属稿伊始，寒暑再更，条绪粗立。凡为卷三十有三，《外编》二卷，《辨误》一卷附焉。著于录者一千三百余家，所目见者，十一而已。自知徒殚句集之勤，未窥述作之旨，纰缪夺扁，惧弗克免，用俟方闻理而董之。——《述林》九

附：孙延钊《温州经籍志校勘记跋》

《温州经籍志》者，先考籀高征君公二十六种遗著之一也。稿曾两易，再稿卷首有清光绪三年刘寿曾《序》。是年公三十岁，则是书盖三十以前所作。而公三十以后，殚心尽力于经、子、小学，撰述日新且繁，遂不遑重理旧著，稿本辍置箧衍垂卅载。而公捐馆又十余稔，浙江图书馆征副以付剞劂，顾印帙流行，读者颇病其疏略。民国丁卯，延钊自燕京归，检点初、再各稿，谋别镂之于家，而里中梓人寥落，难于集事，乃有意先事整理浙刊。同时，延钊复草创先祖琴西太仆公及公年谱，而余从侄师觉亦有志于《玉海楼藏书志》之纂次，几席相亲，昕夕共讨，庋册楗编，检索略遍。每于此刊本发见讹文错简，辄随笔斠正，而商榷以决其疑，各缀眉端，合誊为斯记，冀为病者一释其宿闷。《记》中捃录千数百事，综厥条例，可概而言：凡据原稿举正刊本之夺讹者，曰"某字某之误"，或"脱某字"，或"某字衍"，或"阙某字"，或"某某字句误倒"，其例一。再稿有所更易，而刊本误仍初稿者，曰"据再稿改乙或增删"，其例二。刊本与原稿违异而可不改乙者，曰"某字原作某"或"原有某字"，或"原无某字"，其例三。原稿偶有笔误，而复检所引原书得其根柢者，曰"某字当作某"，或"当增补某字"，或"某字当删"，其例四。原稿原书异文可两通者，曰"某书作某字"，或"某书有某字"，或"某书无某字"，其例五。原书传本不一者，著其异同从违，其例六。此

《志》著"未见"或"佚"之书，或著"存"而注中不详之本，今日往往靓之，盖其本晚出，公不及睹，或见于三十岁以后而尚未补入稿中者，兹就管窥馊闻，略记一二以备省览，其例七。《志》目未著录之书，延钊窃拟采辑至清末止，依《志例》为《后志》。《志》中抄引载籍，每一书为一条，每条之首必提行另写，不相屬越。其一书而撮抄数节者，则于各节之首尾处空一格接写不跳行，以明其为同书而非同节也。刊本于此等行款失之不检，兹据稿一一正之，其例八。《志》中按语，凡列举他志旧本，以纂修年代之先后为次，例如省志有雍正本，郡志有万历本，邑志有嘉庆本，遇三志列举时，则必曰万历《温州府志》、雍正《浙江通志》、嘉庆《瑞安县志》。原稿斠若划一，而刊本不尽如是，盖传抄时有误倒者，兹据稿乙，其例九。至于字体、点划之间，刊本与原稿亦多未合，如弟第、效劲、实寔、著箸、元原、翦剪之类，落叶纷如，而己已、叚假、刺刾等字，则刊本混淆莫别，要皆写刻未精以致差驳，前者无关宏旨，不烦动笔，后者绎义自明，似亦无俟置辨。又稿本之中多留空行，大抵按语间缺，尚有待于补作。自经委箧，不复措意，赓续以足成之，固后人之事也，然虑非延钊孤陋浅学所能为役耳。民国十七年戊辰十二月，男延钊校毕谨识。

　　《周礼正义凡例》有"经注字例""理董划一"及按语"用六书正字"一条，故延钊近校鄂刻本，于字体点划亦必逐细钩稽，不敢疏忽，本《志》叙例无及此者，兹校姑从略焉。壬申十月延钊又识。

（17）《征访温州遗书约》

　　昔河间嗜古，悬金帛以购遗书；子云振奇，齎油素而写方语。桁书诬伪，姚方兴尚进补中经；瓠史谬悠，刘之遴犹校成定本。况夫《九丘》佚典，图牒征诵训之咨；百越先贤，氏族重敬乡之录。谱橘枝之风土，载讽瑰辞；轶竹箭于东南，每靓闳著。岂宜任厥埋沦，靡闻甄缉乎？

　　唯我温州，疆拓东扬，星分南戒。山名石室，盖藏书之奥区；地号学渊，实缀文之硕薮。赤兕之代，肇辟荆榛；金行以降，别开郡府。朱育对濮阳之问，陈古而悼贞姬；逸少绾永嘉之符，下车而访高士。时虽英俦间出，而鸿制未闻。自刘宋之初元，迄李唐之季叶，弦诵渐广，述造浸兴。马贞注史，援缉之郡记之文；刘响修书，录玄觉禅宗之集。亦越天水之隆，益振永嘉之学。阿鲁图之进《史》，传儒林者六人；黄南雷之著《案》，区师承为五派。叶、陈瑰笔，世传八面之锋；徐、赵苦吟，人诵四灵之句。魁硕相望，制缉弥繁。元氏御宇，朴学未衰；胜国崇文，巨篇踵出。图志所书，积目略具矣。逮圣朝勃兴，尤盛经术；而歧海僻远，未阐儒风。然考释《三礼》，卓然经师，则有家敬轩编修；研综仓、雅，校雠精博，则有方雪斋教授；宗法洛、闽，通达吏事，则有曾复斋知县；采览宏富，练习掌故，则有周樗庵岁贡。咸有传书，足垂来学。徒以求田塞士，论聒于泉神；占毕陋儒，口敝于经义。瓯水卅里，问原委而终淆；元丰九贤，举姓名而无识。遂使竹素尘霾，缥缃云散。扬《经》覆瓿，遭子骏之歍愈；范《志》蜡车，待刘昭而注补。岂徒鳄波啸海，书船同砥柱之沈；狼燧传烽，藏室等江陵之烬。水火之灾，为图书之厄哉！

家君纡绶名藩，殚心乡学。悯遗文之就坠，惜旧业之不昌。簿书之暇，不废丹铅；舟车所至，辄增卷帙。佚闻编写，罄侧理之千番；丛笈精刊，富杀青之万简。诣让仰承庭诰，博访奇觚，爰竭愚蒙，略为勘理。櫽栝义旨，仿中垒《别录》之规；橥梠存亡，踵秀水《经考》之例。为《温州经籍志》卅六卷，觊以广丛甄微，拾遗补艺。复以见闻所域，捃采未宏。乃驰尺素之书，冀代一瓻之藉。广征秘庋，助我旁搜。倘求善价，愿易以精镠；或付写官，移誊夫福帙。庶几绛州《诗谱》，入永叔之搜罗；汲冢《纪年》，裨征南之考证。延伫人雅，鉴此渴衷。其有略解收藏，未忘忮吝。蛛丝委箧，秘本长扃；蟫粉埋函，玮文半蚀。幸《论衡》之未出，徒珍帐里之书；致《酒诰》之俄空，终夺壁中之字。非徒达士所歆，殆亦昔贤之憾。若此之流，亦无讥焉。瑞安孙诒让。以下为条约凡十则。

吾乡文献，二百年来散佚殆尽。无论宋、元旧籍，百不存一；即前明及国初诸老所著，亦大半无传。其幸存者，多系旧椠秘抄，单本孤行，最易湮坠。更数百载，恐益无从采辑，甚可惜也。兹欲广为搜罗，以钩沉补逸。凡遇先哲著述，片纸只字，无不收拾。诸家倘有储藏，不论时代远近，卷帙多寡，均祈惠示，俾得抄存副本，甄其精要，校梓以广流传。

郡邑志为文献所萃，所系最重，非精通舆地之学及深究著述体裁者，不足副修纂之选。近代地志，多由官修。监定出于俗吏，编集付之文士。开局敛费，克期成书，于古志义例及郡邑掌故全不考校，故每一重修，必增无数讹谬。盖旧志之误者，彼不能考正；而编刻潦草，则旧志所不误者，或辗转改易以归于误。俗士不能鉴别，因其书后出，以为必当精备胜前，转相珍贵，而鄙旧志为已陈之刍狗，不亦颠乎！吾乡宋、元旧经，既已无存，近日通行各志，唯道光《乐清志》、咸丰《永嘉志稿》，知县武进汤成烈所修，属稿未竣，而汤量移，遂缀不修，原稿藏永嘉陈氏，余家有传抄本。尚为渊雅。次则乾隆《平阳志》、嘉庆《瑞安志》，亦略有根据，然均不免误舛。余若康熙、乾隆两《府志》、雍正《泰顺志》《玉环志》，并讹谬百出，俗陋可嗤，不足备土训之典；非得旧志校核，无从谠正。敝斋所藏，唯有明王季宣万历《府志》，斠异订讹，颇多宏益。此外，前明及国初各旧志，多未得见。诸家所藏，倘有志乘旧帙在通行各本之前者，无论全缺，均希惠示传抄，以裨考正。

家藏秘籍，如不惜公诸同好，允借抄副本者，望先将书名、卷数及撰人姓名写示，如果系敝斋所无，即当专差妥人走借，俟写校完竣，仍专人送缴，以免遗失。其书借到时，仍由敝斋写与收字，俟还书日取回以明大信。如有珍函玮稿不肯远借者，即当转属友人就近传录，或寄资请藏书主人就本家觅人誊缮，均无不可。

诸家如藏有先哲遗著及郡县旧志，愿以善价售出者，望先将其书全帙开注价目寄示。本数多者不便携带，或先将书名、卷数及撰人姓名开具清单寄示亦可。讽览一过，如果系佳帙，即当由依原开书值酌酬，必不计较锱铢，有伤雅道。嗜书之士，固贵善为储藏，倘其自揣不能珍守，则不如早为售出，俾书无失其所。昔虞山毛氏汲古阁藏书最盛，主人毛凤苞晋及其子斧季扆并精雠校。后其家中落，斧季以所藏精本售与潘稼堂检讨，开列一目，注价值以寄之。后来鉴藏家辗转传抄，珍为秘玩，吴门黄氏所刻《汲古阁秘本书目》是也。足征藏书善卖，终不失为雅人。惟能藏而不能读，又复心凄忮吝，秘不示人，使前贤名著锢闭箧中，略不检省，鼠啮蠹蚀，终归缺佚。其不能守者，则又弃置狼藉，有同废纸，遂至妇女用夹针黹，儿童以易饼饵，若此两者，斯为俗劣耳。

敝斋所藏先哲遗书将二百种，今将凡目写列别纸。诸家所藏，除本同者毋用校录外，倘有旧刻精抄及卷帙增多足补敝藏本之缺者，仍希惠借，以资校核。

槜李曹倦圃溶有《流通古书约》，因秘弆珍函多惮于远借，议令储藏家各以书目相示，出所藏本自付校写。以其所有，易其所无，既使古书多存副移，而家藏底本亦无借出污损之患，此最为善法。今可略仿其意，同志诸友倘有代抄遗籍，欲求敝斋所藏它书为易者，即希函示应抄何书，当觅胥精写，奉寄互换，卷帙多寡，盖所不计。务使先贤遗著多存一本于天壤间，即可多传数十百年。嗜古之士，亮同斯愿也。

敝斋所收先哲遗书，无论书之优劣，本之全缺，均广为采辑，以备参证。诸家所藏古籍佳本，固以先睹为快，即有义例疏舛，文义不甚雅驯及畸零残本首尾不全者，亦均希惠示，勿以小疵而废。科举之儒，珍其敝帚，于是有时文试帖之刻，此不足以为学也。儇薄之士，好行小慧，于是有传奇曲剧之作，此不足以为书也。今之征访，虽复雅俗兼取，惟此两门，无劳见示。至词，为乐府之枝流，与南北曲迥殊，倘有传集，不在摈弃之列。

代抄遗书，必当一遵旧本，不可妄为删易。吾乡人校刻先哲遗集，每喜奋臆更张，自诩编订。如慕桥林氏所刻《陈止斋集》，变换面目，无复旧观；又喜臆增阙字，如第三十六卷《答朱子书》此正德乙丑王文定公瓒所刻本卷第，林氏重刊本改入文集卷中。"箫勺群慝"四字，本出《汉书·礼乐志·安世房中歌》，正德本缺一箫字，而勺字则不误。黎靖德所编《朱子语类》节引此书，正作"箫勺群慝"，不缺不误。　林氏不解，妄以意为补缀，改为"消铄群慝"，文义虽通，而已失止斋之意矣。此类甚多，略举一端以见其概。　此外如唐传钰所刻《王梅溪集》，谬妄尤甚。刻书若此，诚不若其无刻也。昔邢子才云："日思误书，更是一适。"盖能读古书者，不患其不能知误字，惟患读书不多，而专辄刊定，使原本不误者因妄改而致误，又使后人无从寻其误夺之迹，虽有善读书者亦无如之何矣。敝斋所刊古籍，皆博求精本，雠核数四，不敢轻有增易。凡我同志，相助校录，请亦以臆改增易悬为厉禁，即谬戾显然，亦悉仍其旧，庶一涤曩时妄改古书之陋习。书前后序跋及卷端标题、行款、书中跳行、空格诸处，亦有关考证，均当一仍旧贯，不可移易。

私家谱牒，纂考不精，类多攀附名贤，虚张官阀，不足征信。然前代旧本，亦间有佳制，苟能精校博考，自可真伪较然。吾乡故家华胄，旧牒流传，倘有诗、文、志、状诸作足补志乘之阙者，亦祈无吝写示，俾广甄择。

储藏大家，分处郡邑，一瓻之借，邮寄维艰，且书帙珍重，恐所托非人，不无干没污损之虑。今谨就同郡各邑之中，广托同志良友，代为搜访，倘有见示书件，即可托之转寄：永嘉则徐芷生文学諴，乐清则傅省三传，永嘉人，今授徒乐清白鹭屿。平阳则杨仲渔镜澄、徐淞樵引之，泰顺则林亨甫用霖，同邑则林祁生庆衍，并修学好古，讽绎不倦，与诒让雅有同好。至诒让随侍官斋，远在江左，书件寄到，则芷生丈及舍弟翼斋诒燕均可代为收存，分别校录。谨此奉启，大雅闳达，幸垂鉴焉。

（18）《瑞安县志局总例六条》单行本

［一］纂辑例

郡县志虽为舆地专家，而其为书，实兼正史志、表、传三者之体。至于综萃文献，则义通乎传记；制缉掌故，则例涉乎政书。条目宏博，纂辑实难。唐、宋以来，久无达例，总其大较，必以体裁渊雅、援证详博为宗。本邑元、明旧志，率多沦佚，无从访觏。今所见乾隆、嘉庆两志，修例既多未允协，而考辨疏略舛漏尤不可枚举。兹议开局重修，应先就两旧志审其义例、门目之当否，斟酌更定，择其与各史及唐、宋、元、明古籍相关涉者，逐条考校，补阙订讹，以臻翔实。其嘉庆以后事迹，则俟采访略有端绪，再行逐类增续。大抵树例缀文，必以唐、宋古志及近代通人所论著为矩矱，以正史及先哲传书、金石遗文为根据。多立图表以理纷错之端，多附小注以广异同之辨。考证必究其本源以惩剽窃窃稗贩之弊，纪录必详其出处以杜凭虚撰造之嫌。不敢因循俗陋，致类抄誊官簿。至于旧志《艺文》一门，首列经籍碑碣，寥寥数页，仅存凡目，不足考览；而所录诗文，则连篇累牍，遂居全志十分之三。斯乃明以来地志家之陋习，《四库总目》及近儒会稽章氏《文史通义》力斥其非体。今既重事修纂，不宜更相沿袭。谨依宋朱长文撰《吴郡图经续记》以诗文别为《吴门总集》之例，删除《艺文》一目，《经籍》别为专门，碑碣入之《金石》。其余诗文与志有关涉者，分隶各门。如序跋附经籍，金石题咏附山川、古迹之类。　或篇幅过繁，志内不能全载，及玮文鸿笔有裨讽览而无关考证者，别辑为《瑞安集》与志并行，以为征文之助。别有撰辑义例尚未写定，兹先揭其纲要以质同人。

　　[二] 测绘例

　　凡考证方舆，以图学为最要。近代地志，往往疏略不讲，而顾崇饰名胜，侈图八景，轻重倒置，通学所嗤。本邑旧志，亦蹈兹失。此次重修，首宜弥兹缺典。今议将明成化以前瑞安县境未分泰顺以前及今县所辖全境，分绘两总图，以稽古今疆域之殊。其城厢四隅，亦总绘一图，以辨街衢迂直之方。十二乡五十五都，分绘五十五图，以考宅土奠居之盛。至于经流入海之迹，则以安固江及会昌河为最大，筹边守卫之谟，则以沿海营汛为尤要，均宜分绘数图以资考览。除古今县境总图应由总纂、协纂考定，沿海图应考水师营所存图册外，其余城乡各图，议由局延请精究测算专家，周历各乡，将村庄、市镇、山形、水道一一测明，方位斜直、距数远近，计里开方，分别精绘，寨、堡、桥、埭之类，亦一律详载。其水道湮废者，亦宜逐地访明绘入，仿近代地图载黄河故道之例，以黑白为识别，用备考证。不可疏舛简率，徒费丹青。其名区胜景，已略晐于各图之内，毋用别绘专图，以祛芜冗。

　　[三] 校雠例

　　校雠之学，主于精究仓、雅，深通古书义例，然此为校定经史及秦、汉旧籍言耳。若地志，则义兼通俗，不必远征雅故。即有援引书册，亦多出唐、宋以后，无奥衍错互之文，不过逐条勘对，无脱无误，即为允惬。然有要义二端不可不讲者，曰：一字不略过，一字不轻改是也。此次重修邑志，卷帙浩繁，稿本写定，专恃分校诸君相助检阅，以臻精备。今议：凡志稿经总纂、协纂修订后，由局发抄完竣，仍送交总纂、协纂检明，分别送请分校悉心雠核，应将清本及原稿逐字对读，遇有写手脱误，即应时补正，不可止检清本，略观大意，因其文义可通，即谓无复脱误。至于人名、地名及历算计数之文，官牍俗冗之语，虽无关文义，而一字之讹，辄成巨谬，尤宜详审检勘。其写手误书省别字，亦即逐条改正。字体正俗，即依通行《字学举隅》，毋用拘守《说文》，致成骇俗。庶他日誊写上板，不致重劳订阅。倘原纂稿本尚有疑义或前后抵忤及重复遗漏之处，即请分校签明粘贴清本简端，以资商榷。稿内援证旧文，如有错互，经分校转检他书考正者，亦须逐条注明所据之书，用便覆检。至于经籍、金石两门，间有原文零落不得不缺疑者，尤不可率臆填补，转成创痏。

[四] 采访例

地志网罗文献，事赅今古。稽古则专重考证，诹今则尤资采访。此次修志，议区分访、专访二项。如户口、氏族、人物等，由各乡绅耆分任采访，并准其家族及戚友等来局开报，庶几见闻较广，不致湮没遗漏。惟分任采访及来局开报之人，务宜破除情面，秉公查核，不可徇私阿好，略涉夸饰，有乖公论。其邑志旧本、先哲遗书、金石文字及古迹冢墓等，则由局延请谙习掌故、见闻殚洽者一二人专司其事，周历各乡，分别寻索。出门之日，由局交与簿折、收条。所到之处，遍询故家儒族，按所访条件逐事咨问。遇有家藏书籍愿借入局者，即给予收条，携入行箧。其收藏珍秘不肯远借者，即将书名、卷数、撰人姓名、时代与书之抄刻完阙、前后有无序跋记入册簿，俟他日由局酌量往录。其古迹冢墓，凡有所闻，即开入手折，查明年代、地名与县志同异，再亲自按地游历，悉心查核以验其虚实。遇有金石碑碣，即应立时摹拓，不及拓者，即节录其行款文字大略，并将所在处所详悉注记以俟续拓。大抵出门采访，必以不畏劳、不惮烦为第一义。昔皇甫士安自云："遭人而问，少有宁日。"而欧阳永叔之叙《集古录》亦云："穷崖绝谷，荒林废冢，无不皆有。"斯二语者，愿举为采访诸君勖焉。

[五] 检查案牍例

旧志秩官、兵、赋诸门，所载昭代掌故，并以嘉庆己巳为断。此次重修，例应赓续增补，以资考镜治理。然此既无书册可考，又非采访所能悉，唯有检查案牍，逐条抄录以为底本。如文员迁调及减豁田赋、增广学额等事，则县署必有案可稽；武职迁调及裁兵、增饷等事，则协署必有案可稽；盐法更定，则盐大使署必有案可稽。兹议由局专请通究律案者分赴各署，悉心检录，虽卷帙繁积，应采撷精要，刊节冗泛。然有文义俚俗，名数繁碎，而实有关规制者，即不可任意删除，致成疏漏。录出之后，仍将某署、某年月日、某房案卷注于本条之下，庶撰缉之时，遇有歧忤条件，仍可检取覆校。其有年代久远，或卷宗遗失，或纸张霉烂，无可核补者，仍将所缺条目记入册簿。大抵各署案牍，往往自相重复，或甲失而乙存，或彼缺而此备，互为钩稽，必可得其端绪。俟抄录完备，再由总纂、协纂删繁举要以就体裁。别有检查案牍简明条例程式，尚未写定。

　　［六］缮写例

　　此次重修邑志，卷帙浩繁，稿草屡易，必须随时清缮，以便校阅。兹议由局多觅写官，择其略通文义而楷法清整、脱误较少者，订定笔资，逐日发缮。其来局缮写之时，应照所发稿本篇幅、行款，悉心精录。至于表则斜上旁行，注则条分件系，尤宜检看审谛，庶无淆混。仍不得信笔作省体、俗所谓半旁字　讹体、偏旁形声错误　别体、以圣为聖，以蚕为蠶之类　俗体学则子上作文，恶则心上安西之类字样。又局中发到稿本，应随到随抄随缴，不可迟延。如有事故不暇写者，即仍将稿本缴回，由局另行发抄，无得任意留滞，致稽时日。其每纸抄写脱误不得逾十字，违者经分校校出，发令重抄，仍扣笔资，以示惩儆。

　　（19）《瑞安县志局采访人物条例》

　　［一］采访忠义　史志列传之以忠义为专篇者，所以昭揭臣节，慰奖忠荩。自明以前，正史及地志所载，必纯臣毅士奇节卓著者乃得到列名斯传，故人数至少，而义例极严。我朝劝忠之典，推雅无已。凡遇有兵警死事之人，自臣僚以逮兵民，凡有陈报，无不予以优恤；而各行省大吏，又复设局采访，汇案入告，撰成专录，垂之不朽。盖较之前代，例微宽而意尤笃矣。志乘之体，善善从长，自宜恪遵令甲，从宽甄录。本邑旧志忠义传中所载，于嘉庆以前略已详备。近数十年来，自平阳"会匪"倡乱，继以"粤寇"扰境，一时官绅民兵剿守阵亡及遇"贼"殉节者，更仆难数。凡已经呈报者，均已载入《浙江忠义录》。然彼《录》修自省局，大抵以公牍为凭，或姓名讹互，或时地迁易，既不能无待于考证，而兵燹甫定，喘息未苏，远乡僻壤，族姓衰微，其未及呈报者尤复不少。此次修志，仍宜悉心采访以资补辑。惟人数较多，非一人耳目所能周悉。现议由局延请各乡公正绅耆分任其事，仍准其本家亲属戚友及各近地绅耆无论在局不在局者，均可来局开报。

凡系阵亡殉难，凡与贼接仗，力竭被杀者，是为阵亡。仓猝遇贼，不屈被害者，是为殉难。访报者须分析开列，不可混淆。　确实不诬者，不问前此曾否呈报，一律详访，无任湮没。其有死事较烈，如阵亡则奋勇先登，陨元授命；殉难则抗辞不屈，从容就义。或生平学行昭著及建有功绩者，一一开明，以便撰成专传。其寻常死事无事实可书者，则可照本局刊发格式，将名、字、无字者缺之住址及死事时地填写大概，无容强饰虚文，徒滋芜冗。至于庸夫懦卒，枉罹锋刃者，不得滥登兹录。

[二] 采访孝友义行　孝友义行者，盖《周官·大司徒》乡三物六行之遗，必践履纯笃，众论咸孚，而后足副斯目。其诣较之忠义为尤难。而躬行实践之士，大都匿影希声，不自表襮。其得邀旌表及由官给奖者，十无一二。徒以里巷称述，略传姓氏，年代迁易，旋归湮没，故其遗佚则较忠义为尤易。此次修志，亟宜精加搜访以表章潜德。亦依采访忠义例，由各城乡绅耆分别博访，并准其本家亲属戚友等来局开报。惟忠义以死事为重，不必有事实而后可登志牒；孝义则必以实行为凭。凡采访开报者，务宜确查生平事迹；如孝友则必有至情笃行，无玷始终；割股虽不合于礼，然自是贤者之过行，足以风厉薄俗，亦一律登载。　义行则必有高谊侠节，宏济乡里。诸实事就所见闻详细胪列，以为撰缉之要删，不得以侍养虚文，寻常善举，淆表微阐幽之大例。

[三] 采访列女　《列女传》之作，昉于刘子政。区次十目，厥义至广。范蔚宗踵其例为《后汉书·列女传》，其自序亦云："搜次才行高秀，不必专任一操。"则固非如后世史志《列女传》之专收节孝也。此次修志，议略用刘、范二家旧例，广为甄录，略区五类：其妙擅文翰、富有撰述者，谓之才媛；遭遇强暴，抗节不辱者，谓之烈女、烈妇；青年守志，白首无玷者，谓之节妇；侍亲奉姑，性行纯至者，谓之孝女、孝妇；未嫁守志，从一不字者，谓之贞女。凡此五者，无不备载。惟是才媛人数至少，间有一二，亦必昭焯著名，无俟搜访。至于烈女、烈妇以下四类，则为数既多，加以散处城乡，非详加采访，无从周悉。况本邑旧志烈女一门，所载以嘉庆以前为断。此后七十余年，其已奉旌者，册案存储衙署，既不能无缺佚之患；其未奉旌者，年代既久，湮没必众。又他人物传之例，必其人已故，始得载入；惟节孝则虽系生存，揆之年例，应得旌表，即可列于志牒，与他传义例亦少有不同。兹议亦仿采访忠义、孝义例，由各城乡绅耆及本家亲友分别访报。除有奇节高行卓然可传者，应将事实详细开列外，其余无甚事迹者，即可照本局刊发格式，将姓氏、烈女、孝女、贞女，其名可考者，亦并开列。住址及年岁开

列。盖节孝事迹，大略相同，且人数较多，势不能各列专传，即胪列姓氏，篇帙亦已不少。故凡访报者，总以简明为贵，不必多写事实，徒烦刊削也。

以上三门，其忠义、烈女二类，本局刊有开报格式存局，并分给各城乡采访绅耆以为随时填写之用。其本家亲属戚友等欲自行开报者，可到采访各人处看明格式，或径行来局开报。其不识字者，或来局向坐局绅董面陈，即由局中代为填写，均无不可。至于孝友义行，以事迹为凭，本无一定格式，应由各访报者任便开列。又此三项人数繁多，访报杂出众手，虚实是非，本局无从悬测，其采报到局时，除登册随时核查外，仍按年将各处采报姓名逐都开列清单，分送各本地宣贴，并将某人采访、某人开报附注于下，庶奇节高行昭揭人间，既可以风励颓俗，而苟有惭德隐瑕，必无逃于公论。使徇私阿好者将有所瞻顾，而不敢公肆其诬罔，或亦别裁真伪之一道乎？

（20）《永嘉郡记集本叙》

永嘉郡记者，刘宋郑缉之之所撰也。时则距太宁郡府之开未盈百祀，绌永初山川之记，奄萃廿州，郑君以澹雅之才，斐然有作。吾乡图牒，斯其权舆。虽复陆任地理之抄，佚而无考；隋、唐经籍之《志》，阙而未录。然而刘玄靖之笺《世说》，征系牒于琅邪；贾高阳之辑《农术》，纪笞□于竹箭。诹古辨物，咸资取证。是则南北之际，传播殊广，凡在闳达，靡不综涉。故知援据之夥颐，由于纪述之渊雅矣。天水以后，传帙既亡，地学之儒，甄录尚众。或称"永嘉地记"，或称"永嘉记"。"记"亦作"志"，斯并文偶□易，义相通假，揭署任情，讨核匪要。其拓林水一条，《乐史》所引，又题"谢灵运永嘉记"，寻检它书，悉无兹目。今案谢公以景平践祚，永嘉作守，览陟无间，文藻斯盛。赤石玩胜，帆海标其高咏；地肺掸幽，名山著其游志。若此遗文，每同斯《记》，则宜黄所述，不为无征。或二君并时，各垂馔制；或三写成误，缪题甲乙，未可知也。郑君述造颇多，而名德弗曜。沈《书》李《史》，姓字盖阙，惟《隋志》有《孝子传》十卷，《唐志》作"孝子传赞"云"宋员外郎郑缉之撰"，官秩所至，略可考见。《唐志》又载其《东阳记》一卷，然则其为二郡作记，或由游宦所至，抑即著籍在兹，编素俄空，尤难臆定已。今读其书，叙载翔实，虽复散佚之余，劣存百一。而肇典午之渡江，逮彭城之膺箓，旧闻坠记，犹见辜较，扬榷厥善，可得而言。原蚕之禁，著于《周官》；荐再之训，征诸《尔雅》。自舍人述注，沾二虫之形；丁度撰《韵》，假蛇医之字。异文浸挚，左验盖寡。而此记永嘉八蚕，厥有蚔珍。岐海方言，既远符于经义；逌人代语，复广证于字书。其善一也。乐成故县，肇建金行；刘朐《唐书》，别为"城"字。曩读李、李吉甫《元和郡县图志》旧写本及孙氏星衍校刊本并作"城"，聚珍板本，则已改作"成"矣。乐乐史《太平寰宇记》舆地之帙，杜、杜佑《通典·州郡门》马马端临《通考·舆地考》通类之书，昌黎路应之碑，襄阳永嘉之什，并相符合，辄有然疑。而此《记》佚文，亦多同刘氏，斯知成、城两通，未容专固例之。冤句侯国，不能执太史而庳班书；朐忍县名，固难信徐铉而疑阙记。宁康方州之籍，虽云无征；开运诏定之编，盖知非误。孤文未蚀，足雠旧史。其善二也。瓯维古国，因水著称；商沤周欧，主名无改。而桑郦古籍，未详渐水之东；黄齐今经，靡究汉亭之迹。縣古茫昧，津逮罕闻；里俗承讹，采声无实。遂以栝溪之支委，淆瓯江之专名。亦若汉经大别，缪仞翼际之山；涉绝河东，猥引赞皇之水。沿流忘原，误莫甚焉。此《记》则云："瓯水出永宁山，行三十余里，去郡城五里入江。"觥原既显，流别斯分。贬俗匡违，厥益至巨。其善三也。雁荡灵岳，雄峙南戒。斤竹越岭，盖知康乐之已窥；玉清伐材，乃腾沈括之妄说。而陋儒耳学，竞相附和；即有疑难，未得折衷。此《记》有云："乐城县三京亭，是祖送行人之所。"其地即今之照胆溪是也。斯则轵道所出，无殊九达之馗；神秀早彰，乃在六朝以上。梦溪之疏，不言可喻。其善四也。至于里聚废迁，陵谷移改。诵训失官，履絇无纪。嶬岑千里，终迷西隗之峰；神渊九回，久沈砚溪之石。多藉兹编，略识名址。徒以梜见群籍，艰于寻览。俗记剽写，讹夺百端。国朝姚安陶珽，盖尝略采一二，羼著《说郛》，此非陶宗仪原本，余于同年生黄岩王君蜺处见汲古阁写本《说郛》七十卷，乃未经增改者，内无《永嘉郡记》，则为陶珽所增无疑。其所辑寥寥数条，既不赅备，又不注出处，讹夺甚多，今亦不复备校。　既未富于钩甄，亦无详于萌柢。偶涉考览，辄为叹息；爰竭谀闻，重为□辑。目诵所及，捃摭略备；锥指有得，申证颇众。所采之书，以宋、元以前为断。至明以后书，惟据顾祖禹《读史方舆纪要》录帆游山一条，以它书别无所见，宛溪精博，必有依据，且王象之《舆地纪胜》其时尚有完本，宛溪所引，或出彼书也。至于郡县地志及流俗类书，辗转裨贩，悉不足凭，文句异同，亦不复校。凡五十余条，定著为一卷，仿《东阳记》也。

吾乡文献寂寥，图记悠缪。诒让尝事研校，刊厥舛忤，觊得旧经，用资参检。而宋、元诸志，沦坠遂等于《邱》《坟》；齐、梁以前，暗昧乃同于巢燧。补缺拾遗，仅此残剩；碎璧零矶，弥足珍贵。屠维大荒，校集粗竟，藏箧十载，重为理董，聊付杀青，贻之方来。庶几神帆仙石，勾绝代之殊闻；蛎屿鱼仓，备职方之典录云尔。光绪四年，岁阳在著雍，阴在摄提格，厉皋月望日甲子，瑞安孙诒让

书于江宁之瞻园。——《述林》九

（21）《郑缉之〈永嘉郡记〉集本》后记

跋云：永嘉自晋太宁初分临海置郡，领县五：永宁为今永嘉，安固为今瑞安及泰顺之北半县，乐成为今乐清及玉环厅，横阳为今平阳及泰顺之南半县，今皆隶温州府；松阳为今处州府丽水、青田、松阳、庆元、云和、宣平、景宁七县及缙云、龙泉两县之半。缙云之半为永康，龙泉之半为遂昌，并属东阳郡。盖兼今二府十五县、厅之地以为郡疆域，亦辽广矣。刘氏代晋，无所更革，故郑氏此书亦多涉括苍。其所记怀化县有蒋公湖，在今遂昌县东二十里，《宋州郡志》无怀化县，"县"盖"乡"字之误。遂昌时属东阳，初疑此为《东阳记》之佚文，传写移易，误书"永嘉"。然《初学记》湖下徐坚所自为叙事，亦云永嘉有蒋公湖，与所引此《志》相应，则确非讹文，盖其时郡界固有错入今之遂昌者，此唐、宋以来舆地书所未载，不第可证明《一统志》五代时蒋姓居宅陷为湖之谬说也。又《御览·州郡部》婺州下，引缉之《东阳记》云：隋平陈，置婺州，盖取其地于天文为婺女之分野。缉之宋人，其书不得记梁、陈间事，此必李昉等误引，恐览者不察，援此疑缉之为隋以后人，故附正之。至近时地志录此《记》，或题晋郑缉之撰，则由俗儒臆定，并《隋书》亦未寓目，其误差又不足辨云。中容记。

（22）《温州建置沿革表引》

余缉《永嘉郡记》既毕，病明以来图经所载沿革表舛忤不足据也，乃以旬日之力重为一表以附郑《记》之后，而叙其首曰：温州在《禹贡》，盖扬州荒服之地，历夏、殷、周皆为瓯越。夏为瓯，殷为沤，周为欧，实一字也，详见考证。秦并天下，始著于职方之籍。然闽中一郡，不列三十六郡之内，则亦以僻远羁縻之而已。汉初，东瓯为东海王都。武帝时，东瓯内徙，遂虚其地。后遗民稍出，乃立为回浦县。其地跨今台、温、处三府，而县治则在今台州之黄岩，陈耆卿《嘉定赤城志》一，黄岩县繁昌乡有回浦里是也。全祖望《鲒埼亭集》三十五，谓今奉化、象山之间有乡名回浦，盖汉之旧也。其说似不足据。　温、处特附属焉。东京之际，县并入鄞。厥后章安之立，复有回浦全境，温在其时，止得东瓯一乡。至顺帝永和中，析章安置永宁，此温为县治之始。其境虽北与台分，而西犹兼处。稽其全界，几方千里，而户乃不满万，永宁户口，古籍无征，据《续汉百官志》，县万户以上为令，不满为长，而《三国志》六十有永宁长韩晏、贺齐知之。　则其地旷而民稀，犹不得与中原等也。孙吴据有江左，温以永宁、罗阳两县属于临海郡。至晋氏东迁，乃析临海置永嘉郡，领县五永宁、安固、乐成、横阳、松阳而治永宁。盖至是温始为郡治矣。六朝之季，隋并永宁、安固、乐城、横阳为永嘉一县，而省郡以属栝州。唐武德初，于永嘉立东嘉州，领县四，此温为州之始。后复废入栝州。至高宗上元二年，始立温州。盖自此以后，历千二百余年以至于今，州名无所更革，州境亦无所分并焉。间尝综其大略论之，回浦、章安之领东瓯乡，临海之领永宁县也，则附于今之台州。回浦之省入鄞也，则附于今之宁波。松阳之隶于永嘉，永嘉之并入括州也，则与今之处州又互相属。至于唐、宋而后，军府递开，五代之初，县名多易，斯皆谈温故者所宜考镜也。旧图经所载沿革，虽有表有说，而蹖驳特甚。如秦则属闽中而兼列会稽，唐则有永嘉而复有永宁。若斯之类，不一而足。诒让弱冠观书，旁涉乙部，盖尝读史志而知地志之不足据，读唐、宋以来舆地专书，而知史志亦不无伪夺也。因博稽往籍，作为一表。援据诸书，则录于下方，谓之考证，用潜说友《咸淳临安志》例也。岐海之间，倘有为舆地之学者，其将有取于斯。同治己巳书于掸艺宧。

按：先生又有《唐静海军考》，于温州静海军使之建置因革考论甚详。见《籀廎述林》卷五。

（23）《光绪〈瑞安县志稿〉建置沿革表引》

划州分国之制，权舆于邃古，而备于虞、夏之际。秦废封建，始为郡县。虽政理不同，要之建大统小，合狭成广，厥义一也。年祀既邈，迁易不常，志牒繁糅，歧忤间出，其纷赜之故，非表无由治矣。

瑞安自吴之罗阳而始为县治，二千余年而治境不迁，而名号之更易，统部之移并，代各不同。披诵图经，益增瞢惑。今别为考次，自夏、商以来，迄于昭代，总其沿革之故为一表。援据正史，辅以李、乐、王、欧舆地专家之说，理而董之，以资道古。宋潜说友《咸淳临安志》所表沿革，以考证附缀下方，今踵其例，觊便省览焉。

按：表系光绪八年，瑞安议修县志时作。同时先生复撰有《瑞安县志局总例》六条，《瑞安县志局采访人物条例》三条，其全文载《经微室遗集》卷一。

（24）《周礼三家佚注》（缺）

（25）《经移叙》（未成书，似无叙）

（26）《白虎通校补叙》同治四年

同治甲子冬，余侍家大人自皖归里，道杭州，购得旧刻《白虎通》，乃十卷本也，余喜其分卷与宋人著述者同。既抵家，乃即家中所有之本校之，凡得数百条。

今年夏，仲叔孙渠田锵鸣自吴门归，又为携卢君抱经校本来，乃知此本即元大德本也。卢君所校精博，自谓于元明以来讹谬之相沿者几十去八九，殆非虚语。然其校刻时尚未得十卷本，故仍从明人四卷之本。后得此本及小字宋本，则刻已将成，乃校其同异为补遗，然不尽详，于原本之异同多有未经采入者。今秋，余肄经之暇，乃重取藏本以校其字，又取唐宋人书所引用其异同为卢君所遗者，凡得若干条。惟原本与俗本皆误，卢君据他书订正而明著旧本如是者不录。又原本偏旁多误体俗体，或不合六书，至于不可胜校，今亦从略。余虽明知原本之脱误，及古书所引虽无关大义而有一二字异者，亦从录入以广其异。盖古书流传既久，讹误必不能尽，故今补校，宁详毋略，从卢氏意也。所得同异既多，乃仿梁耀北《吕子校补》例，录为斯帙，名之曰《白虎通校补》，期以补卢君之缺。自愧荒陋，不逮卢君远甚，特以元刻流传绝少，故欲与天下之读此书者共悉其详，而某亦与进其愚者之一得。后之校刻此书者，或有所取乎？同治四年，岁在旃蒙赤奋若九月既望，孙诒让仲容识。

（27）《学务平议叙》（似无叙）

（28）邵位西《四库简明目录校注》跋 同治十一年

此书编录时未及校勘。壬申冬，乃从先生令嗣子进取原稿精校一过。惟目录原文未及细校，误字尚多，付刊时尚须勘正也。

原稿于巾箱本目录书端随手记录，小字戢蓉，颇不易辨。所录刊写各本，先后亦无次序。疑先生本意欲别为一目，特就《库目》记录以为稿本耳。杭城之变，先生殉节，遗书散失殆尽。此稿因为吾乡项几山傅霖先生借录未归，乃巍然独存，亦一幸也。家大人从项先生索得，归之子进，因命诒让编录为此本。十一月五日校毕，附识于书尾。瑞安孙诒让。

此书所删《简明目录》原文，经部四卷并先生手笔钩乙，史部以下，原未动笔。兹以管见删存之。谨附识于此。中容又记。

（29）某县志序 邑人童西园家藏手稿横幅（缺）

7. 自著单篇

（1）《记元管军上百户铜印》

寿州官舍，掘地得残骸，旁有古铜印一，盖前代官吏之死于兵者，稿葬于此，印，其所殉也。知州施照之幼子得之，以为珍玩。同治甲子春，家大人摄分巡卢凤，以襄乔抚军营务，暂驻寿州。余随侍官斋，介友人易得之。印文为蒙古字七，印背镌汉文十六，右曰"管军上百户之印"，左曰"大德元年中书礼部造"。考《元史·百官志》上百户所，百户二员，蒙古一员，汉人一员，俱六品银牌，即此官也。其曰管军者，《元志》载诸路万户府上万户管军七千之上，递减至下千户管军三百之上，而不载上百户管军之数，盖当在三百以下矣。《元志》又云："礼部铸印局掌凡刻印销印之事"，故此亦云"中书礼部造"也。冯氏《金索》，载元万户印，寒公万户之印，及益都管军千户建字号之印，并汉篆。此独用蒙古字，推测其故，疑上百户二员，蒙古与汉人并用，印亦有蒙古字及汉文之异欤？《元史》芜陋，不载铸印法式，此足以补其阙，故备记之。

（2）《汉卫鼎考》

东汉卫鼎，同治甲子秋，得于淮颍。以建初虑傂铜尺度之，器高五寸八分，口径七寸二分，两耳高二寸五分，三足高三寸六分，惟盖已失去，度不可考。腹有棱，纯素无文，器錾篆书大字十三，曰"卫鼎高一寸二分重十斤五两"。大字旁又錾小字三，曰："乁百六。"考《汉书·恩泽侯表》周子南君，元鼎四年十一月封。初元五年五月，更封为周承休侯。绥和元年进爵为公。元始四年为郑公。王莽篡位，为章牟公。建武二年五月，更为周承休侯。《后书·帝纪》《续书·百官志》并作"公"。五年，侯武嗣。十三年，更为卫公。《后汉书·世祖纪》建武十三年二月袁宏《后汉纪》二月作五月庚午，以周承休公姬常惠栋《补注》云："当作'姬武'。"为卫公。《续汉书·百官志》卫公，建武二年，封周后姬常为周承休公。十四当作"十三"年，改常此字亦误为卫公，以为汉宾，在三公上。《郡国志》："兖州东郡。卫公国。本观。光武更名。"此鼎盖建武初卫国始建时所铸祭器，旁三小字，则当时铸造之数。神明之胄，克承享祀，诚可嘉也。《说文》："衞，从韋帀，从行。"唐元度《九经字样》以为隶省作衞，然今世所传《秦衞氏瓦》已有省牛者，此款亦同。秦汉人作篆，亦喜省笔，不徒隶也。韋上从一者，《说文·韋部》古文韋作𩏂，此作韋，即古文韋之变。两汉金石文字，虽多省变，犹可考见古籀遗意，此类是矣。𡗊字不可识，以文义考之，当即"奎"字。数目字大写，昉于两京，如《王莽侯钲铭》柒字，《李翕夫人铭》柒字，并已如此。其"六"字大书作"陆"者，始见于《唐汝州开元寺贞和尚塔铭》，而石刻《五经文字九经字样》则所记字数，"六"字无不作"陆"。湖南祁阳唐袁滋所书《元次山唐颍铭》"六"字作𡗊，则以𡗊为之。此铭盖以"奎"为"六"，犹之唐宋人以漆、柒为"七"，汉、魏人止用柒、柒也。奎，本从土，屰声，此下从二者，刻者偶省一笔，如憲字中从"丰"，汉隶多省为憲从"土"。而《夏承碑》憲字独作"愚"，土亦省一笔，与此正相类矣。此铭大小仅十有六名，而夳字与韋字之韋上从一，并奇古希见，为商周金文及两京石墨所无，亦足为小学家广异闻也。

（3）《新铜尺拓本跋》（缺）

（4）《吴禅国山碑跋》

此碑为苏建篆书，然多与六书违忤，如"理"作"理"。"鄂"作"鄂"，"渊"作"灜"，"凨"作"夙"，"德"作"德"，"璆"作"璑"，"畢"作"畢"，及凤、鸟下作四点之类。知三国时，人已不甚究小学也。惟授、受二字作"授、受"，则足证许君从舟省之说。汉隶亦多如此作。今《说文》乃不尔，疑后人因隶省一笔，追改篆文矣。"鼖受祇"下一字，以拓本审之，乃"慫"字。吴槎客《碑考》引《荆溪外纪》释为"悚"，合于许读，旧本《云麓漫抄》摹作"惢"，则笔画小误；吴考及翁覃溪、王述庵并作"筳"字，乃大谬。《碑》又云："大贤司马徽、虞翻推步图纬，仲翔，孙权时徙交州卒。"此碑立于天玺元年，时代相距甚近，已有大贤之目，知仲翔《易》学，身后即盛行也。同治甲戌十二月，偶检箧中弆本，校读一过，遂拉杂记之。

（5）《周要君盂考》

右《周盂》，铭曰："佳正月初吉，要君白□，自作饎盂，用禪𤯞寿无疆，子＝孙＝，永宝是尚。"凡文廿有五，又重文二。《韩非书·外储说》："孔子曰：'为人君者犹盂也，民犹水也。盂方水方，盂圆水圆。'"则古盂有方、圆二形。此盂与《博古图·季姜盂》形制略同，皆圆盂也。盂两耳有珥，遍体为蟠夔雷回文，纠互这道。文间又缀小乳，以千百计，与《博古图》所载《七星洗》相类，文饰工缛，足征冶铸之妙矣。器为要君所作，篆作"嬰"者，即"要"之异文。《说文·臼部》："□，身中也。象人要自臼之形。从臼，交省声。古文作㜯。"

盖"要"字篆文，以象形而兼谐交声，古文作"㜯"，则从女、从㘝省。既非身中之形，又无交省之声，于六书当为会意，然其义殊不可说。㘝，本从㠯，囟声，此又变囟、从卤，《筠清馆金石录·伯要敦》要字作"𩇃"，中亦从卤，与此同。卤与要古音同部，若然，古又疑本从卤声，今本《说文》传写讹作囟，金文可据以校正。唯古文"要"从白，《伯要敦》同，此又省从彐，虽辗转减省，要于形义固无鳌也。要，盖古国名之不见于经史者。白□，即要君之字。下一字，右旁似从旨，《积古斋钟鼎款识·齐侯甗》旨字作"古"，此与彼正相近，左半不能定其所从之形。"饙盂"者，金文多云饙鼎、饙匜、饙敦、饙盘，此云「饙盂」，义并同。饙即"饙"之反形，《说文·食部》云："饙，滫饭也。"又《皿部》云："盂，饭器也。"小徐本则作饮器，《既夕礼》"两敦两杅"，郑注云："杅，盛汤浆。"杅、盂同，盖盂可以盛饭，亦可盛饮。《既夕注》据盛饮言之，此云"饙盂"，则据盛饭言之。然则饭器、饮器，义固两通也。铭末以彊、尚协韵，与《钟鼎款识·召仲考壶》、《积古斋款识·史宾铼》文例亦同。光绪丙子，家大人以鄂藩入觐，诒让侍行，得此于河南项城道次，因审定其文字之异者以资考览。其他省假之字，金文恒见者，不复著也。

（6）《书藏砖拓本后》踪许楼藏真迹

自光绪己卯侍家君归里，端居多暇，即与友人搜剔金石古刻，所得晋至元古甓无虑百余种。兹择其文字略完具者拓出六十余种，其残缺不完及年久质朽、不任毡墨、沙泥粘互未暇刷剔者尚数十种，未及尽拓也。谨以已拓者装成一册，奉呈中弢太史法鉴。册内多留空纸，觊他日可次第增入。壬午上巳日，孙诒让记。

（7）《克鼎释文跋》

此鼎𢍅字两见，亦见毛公鼎，其文曰"赤市𢍅黄"，旧释为葱之象形字，以其与《玉藻》"三命赤韨葱衡"文巧合也。又见《宗周钟》，其文曰"仓=𢍅="，费峺怀吉士释为"葱"，而读为"鎗"，以其与《说文》鎗字说解"鎗鎗"文亦巧合也。然金文奇古，不能据孤文决定，必综合诸器，参互斠核，而后可议其是非。《周钟》"仓=𢍅="，薛《款识·窖磬》作"鎗=铊="，其字从金，它声，字画明晰。又《畟公匜》云"它=𤳳="，《齐姜匜》云"沱=𤳳="，冯氏《金索徐王子钟》亦有"諲=𤳳="之文，知匜铭"它=沱="，即钟铭之"它=铊="也。其字作𢍅作𢍅，亦确是它、沱字，彼此互证，阮释《周钟》为"它"，不可易也薛释《窖磬》为"铊"，不误。而释两匜为"越"，则缪。𢍅，李仲约詹事释为"煆"，甚确。"它煆乃心"者，它，当读为"施"，古它声、也声，字多互通。《诗·何人斯》"我心易也"，《释文》引《韩诗》易作"施"，云"善也"。煆，读为《书》"允恭克攘"之"攘"，言师𡔫父之心易善而抑攘也。《诗·君子偕老》"委=佗="，《毛传》训为德平易。《释文》佗亦作"它"，与此义亦相通。"𥬫克畢保乃辟□王句，谏辞王家句。"《周礼·司谏》郑注："谏，犹正也。"谏辥犹言"正治"。《齐侯镈钟》云："用德谏𢍅朕庶民左右毋讳"，义亦同此。李费并读谏属上句，失之。"□屯亡啟"，与《虢叔大林钟》"寻屯亡啟"文同，可以据补。啟，当从江建霞吉士读为"憗"，《毛公鼎》憗天字，正如此作。《尔雅》《释诂》"憗，乱也"，言其纯一而不乱也。"甬克王服"，甬，与《录康钟》《叔丁宝林钟》同，确是"龢"之异文，其义当如《月令》"命相布德和令"之"和"。王服，犹《祭统》云"祖服考服"，郑注"服，事也"。王苺卿户部据《周礼·大仆》掌正王之服位，出入王之大命，证师毚父为大仆。王服即王之衣服，然克为膳夫，本不掌王命，后文亦有"出内朕令"之文，复何说邪？远上一字，旧并阙释，今谛审是🔲字，《秦盉和钟》云："🔲燮百邦"，《晋姜鼎》云："用康🔲妥怀，远埶君子"，此字正与彼二器同，笔画微有漫缺耳。薛释彼为"西夏"二字合文，于义难通。窃谓此当为"擾"之异文，右形从夒省，左从卤者，卤、擾古音同部也。埶，当读为墊。《国语·楚语》韦注云："墊，近也。"擾远能墊，犹《诗》《书》言"柔远能迩"，柔、扰，声近字通。《史记》"扰而毅"，徐广云："扰，一作'柔'字。" 墊、迩同义，言其安远而善近也。依《诗·民劳》传、笺义，能训"善"，用王引之说。《秦钟》云："扰燮百邦"，言安和诸邦国也。《晋鼎》云："康扰妥怀，远埶君子"，言安绥远近君子也。彼鼎"埶"字漫阙，而右从乳、左从木犹可见。薛释为"廷"，缪。 此鼎右变从犬形，两文互勘，其为一字明矣。埶，俗作"藝"，《书·立政》"蓺人、表臣"，蓺人，亦谓迩臣与表臣，为远正相对。又通作势，《逸周书·皇门篇》"乃维其有大门宗子势臣，罔不茂扬肃德。"势臣亦谓迩臣。伪孔传释"艺人、表臣"为以道艺为表干之臣，孔晁释势臣为显仕，咸失其义。🔲字，鼎亦两见，🔲季，为人名，无义可推。🔲🔲，金文屡见，薛释为"瞳京"，固非，李释🔲为"庸"甚确，而释"🔲"为"申"，则与上文"頟孝于申"字不合，不足凭。考此字亦见《陈侯因育敦》，其字作"🔲"，则直是"緟"字，金文从重从童字，或变为东，若后文"鍾"字亦从东是也。变系为"🔲"，又增"田"者，皆繁缛文，《说文》"緟，增益也"。经典皆假重为之緟庸乃命，即緟复申命之意。参同，当从黄仲弢编修读为"縿绸"，《师酉敦》有中霖，亦即此字。《玉藻》"禅为绸"，中绸者，即中衣之禅者也。阮释为中鞸，误。 参绸者，参即"縿"之省，实当读为"绡"，《檀弓》"縿幕，鲁也"，注："縿，缣也。縿，读如绡。"縿、绡，一声之转 《玉藻》"君子狐青裘，玄绡衣以裼之"，注云："绡，绮属也。染之以玄，于狐青裘宜也。"縿绸亦即以绡为禅中衣，与《师酉敦》"中绸"义同。盖冢裘者谓之裼衣，冡他衣者谓之中衣，其实一也。此依《聘礼》贾疏，及江永、凌廷堪说。《玉藻》孔疏，引皇侃说，谓中衣在裘葛之内，与裼衣在裘葛外者别，失之。　　同字，又别见《邾敦》，云："同齐黄"，《宄彝》《师至父鼎》云"同黄"，亦即《玉藻》所云"狐裘黄衣以裼之"者，文偶倒耳。中绹者，见中衣之为禅，言其无里也。绡绹者，见中衣之用绡，言其质也。绹黄者，见韦弁服中衣之用黄，言其色也。三器各偏举一北端，义并通矣。玄绡衣为冕服及爵弁服之裼衣，黄衣为韦弁服之裼衣，金榜、张惠言说甚确。《玉藻》注疏说并失其义。　　字，王正儒编修谓即《石鼓》之"　"字，是也。此即籀文"草"字，师奞父为共王时人，克盖其远孙，当在宣王以后，故得用籀文。　字，又见《石鼓》，盖亦籀文也。《说文》"莍"，为大篆从茻五十三文之一，此鼎及《石鼓》省"帛"为"半"为"中"，实一字也。隶变为"草"，《周礼》假"早"为之，俗又作"皁"。《说文》"莍"训"草斗，栎实。一曰象斗子"。陆玑《诗疏》谓可以染皁。草它者，它，当读为"袘"。袘，隶变作"袘"，《士昏礼》"主人爵弁服，纁裳缁袘"，注："袘谓缘，以缁缘裳。"此"莍它"，即爵弁服之缁袘也。盖以涅染黑，则谓之缁，以草斗染黑，则谓之草，其色正同，故古书缁草抑或互称。《广雅·释器》云："缁，谓之皁"《史记·秦本纪》之"皁斿"，即九旗之"缁旐"，《尔雅·释天》："缁广充幅，长寻曰旐。"　是其证。凡冕弁服，皆用石染，不用草染，石染、草染义，见郑《周礼·染人》《论语·乡党》注。　　则爵弁服之"袘"，当以缁为正。此云"莍它"，实则缁也。《毛公鼎》之"它黄"，亦倒文，盖冕服之裳，以黄为袘，与爵弁服缁袘异，若释为蒽衡，则古无草蒽之佩，不能通于此鼎矣。《周礼》膳夫为上士，《大宗伯》注，谓天子上士三命，《礼经》侯国士礼，皆以爵弁为上服，然天子元士，宜得服玄冕，故《礼器》说冕旒有"士二"之文。《司服》士之服，自皮弁以下，冡上公侯为文，自专属侯国之制。此依孔广森、金鹗说。郑《周礼》注说误。　　克为天子元士，本得服玄冕，若以恩宠加命，则又得服絺冕，《王制》："制三公一命卷，若有加，则赐也。"是礼有加命之法。　　此锡黼黻者，冕服也。絺冕之章有黼，玄冕之章有黻。又锡莍袘者，爵弁服也。絟绹则冕服爵弁服通有之。然则克由三命加一命，锡服自絺冕以下，緟庸亦即增加之义。金文与《礼经》夐若合符，信足宝已。《　鼓钟》　字，与《郑井叔钟》字略同，李读为"伶"，亦确。《周礼·小胥》士本有特县之乐，伶鼓钟，即乐工，犹《论语》称"播鼗武、击磬襄"，《乡射礼》"主人献工，大师则为之洗"，郑注云："君赐大夫乐，从之以其人，谓之大师。"此伶即从乐之工也。　字，薛书屡见，皆传模舛互，不可辨识。薛释为"继"，尤不类。《毛公鼎》有此字，亦有缺画，唯此鼎最为完皙，以形声求之，似当为"姘"字。左从龖者，即古文"并"之变体，《说文》："并，从从，开声。一曰从持二为并。"此变"从"为"北"者，从为二人相听，北为二人相背，义相反而实相成。丼、开二形，古文多互易，《说文》或说"从持二"，似亦当为𠦝形，与此从井正相近。段据《韵会》增为从持二干，未允。　姘，《说文》训"除"，为其本义，金文盖借为《尔雅》《释诂》"拼、抨，使也"之"拼"，亦即《书·洛诰》"伻来"之"伻"。郑书注亦训伻为"使"。古并声平声字多通用。　此人姘，谓役使之人徒也。《师𣪘敦》云"姘𨐌我西偏东偏"，言使治东西二遍也。《微栾鼎》云"姘𨐌九服"，言使治九服也。《毛公鼎》亦以姘□连文。《穆公鼎》云"姘命"，《齐侯镈钟》云"姘命于外内之事"，姘命，犹言使令也。通斠诸器，可得其确诂矣。此铭"锡敱市参同□它"，皆纪衣服之赐，"易田于野"以下，皆纪土田之赐，"易史小臣"以下，皆纪臣徒之赐，条理秩然不相辑，旧释舛互间出，殆未深究其文例乎。郑庵宫保以此鼎精拓本见诒，复示诸家释文，命更审绎。谨摭《礼经》《雅》故，略为疏证，肤学卮闻，百无一是，移录奉质，觊理而董之焉。光绪庚寅五月跋。

（8）《新始建国铜竟拓本跋》

右新莽宜子孙镜，祥符周季贶太守星贻得于闽中，太守归老吴门，以付其外孙如皋冒鹤亭孝廉广生。余前廿年，于亡友戴君子高许尝见拓本，独山莫先生子偲为跋尾，所著《金石经眼录》亦载之。子高物故，拓本不审归何人。今鹤亭以手拓本寄赠，恍如见故人矣。余旧藏汉镜拓本近百种，皆无纪元，此镜独年号明晰，文既古雅，篆势尤奇崛，信可爱玩。莫先生所释颇疏，鹤亭既諟正之，余复为补释数字，略可诵说。文曰："唯始建国二年新家尊，诏书□下大多恩，贾人事市不财啬田，更作辟廱治校官，五谷成熟天下安。有知之士得蒙恩，宜官秩葆子孙。"又钮间曰"宜子孙"，大凡五十四字。诏书下一字，莫释为"敦"，鹤亭释为"敕"。谛审字形，似"效"字，然文义仍未惬，姑阙之。"贾人事市不财啬田"，莫释为"贾人事禾丁贰啬田"，鹤亭释为"价事利市躬啬田"。以字形审之，贾人当依莫释，禾当为市，丁贰当为不财，财即才之假借字。此八字句，言为贾人者，则从事于市，其不才为农者，则治啬于田。市与田，不财与下有知，文并相对也。啬字，又疑当为"畜"。汉隶畜字多变作𣇃，此下作杳，与彼相近。《齐民要术》引崔实《四民月令》云："雨水中急菑，强土黑垆之田。"菑田、啬田，义皆可通，未能决定也。"更作辟廱治校官"，辟，莫释为"符"，误。鹤亭正之极确。"廱"，旧并释为"应"，以篆文偏旁审之，雁中着 ℓ，确是雁字。汉隶雁字多作"雍"，即其流变，下似从心者，疑邑下卩形之变，要皆增羡之笔。古竟文往往增省任意，不能尽以六书之义绳之。而此镜文又通体纠屈诡异，甄丰六体，五曰缪篆，或其象类与。"校官"，旧释为"百官"，亦误。《汉书·王莽传》元始四年，莽奏起明堂辟雍灵台，为学者筑舍万区，即更作辟雍治校官之事也。"宜官秩"，秩，莫释为"黻"，鹤亭正之，亦确。"葆子"下，鹤亭释有重文，今谛审虽似有笔画，而实非重文，钮间"宜子孙"，子下亦有羡画，可证。此语镜铭恒见，皆无重文，有之则为缀复。此镜首句九字，第三句八字，修短无定例，则末句固不必定为七字矣。管见所及，漫书之以复鹤亭，并以质季贶先生，幸理董其然不也。犹忆同治季年，余与莫、戴两君同客江宁，莫先生于让为父执，尝得侍宴谭，而子高与余同为金石篆籀之学，踪迹尤密。始以此镜拓本见示，诧其奇古，而未及悉心审校。云烟过眼，忽忽二纪，两君宰木已拱，而余幸从鹤亭重觏此拓，得相与精释其文字，惜不令两君见之，俾同此愉快也。

（9）《邵（残）钟拓本跋（考释）》

此钟近时出土，潘文勤得其七，此二器为趞斋编修所得，形制特小，铭文为韵语，瑰雅可诵。首以亥、子为韵，中以武、铝、豔、虞、鼓、且为韵，末以寿、宝为韵，皆与古韵符觖。篆文纤细，不逾二分，精妙绝伦，金文所仅见也。邵，疑即吕侯国本字，经典作吕，用借字也。"邵"下一字，从"罴"，上半模黏不可辨，谛审似是"霙"字。《说文·罴部》："罴，虽晰而罴也。从罴，箴声。古人名羆字晰。"霙，疑"羅"之省，羅即曾點之"點"，古字通用。邵霙，即邵君之名也。毙，"毕"之异文，亦见《蛛公雫》《蛛公轻》二钟，又薛氏《款识·齐侯镈钟》有"敦公"，此"蛛公"疑与彼同。吴愙斋抚部释为"戴"，非也。"大钟八肆其竈四豔"者，《周礼·小胥》云："凡乐县钟磬，半为堵，全为肆。"郑注云："钟磬，编县之二八十六枚，而在一虞，谓之堵。钟一堵，磬一堵，谓之肆。"竈、窜同，《说文·穴部》："窜，炊窜也。从穴，窜省声。重文竈，或不省。"此作竈，又从"穴"省也。其读当为箴，《周礼·大祝》六祈，"二曰造"注云："故书造作'竈'。杜子春读竈为造次之造。是竈、造声近字通"。《左传·昭十一年》杜注云："箴，副倅也。"谓所铸钟正悬八肆百廿八枚，又别以四堵六十四枚为副箴也。"乔乔其龙"，乔，读为"蹻"，《诗·大雅·崧高》："四牡蹻蹻"，《毛传》云："蹻蹻，牡兒。"寿，"

窓斋读为"醻"，下二字窓斋释为"畅爵"，与上句文义不相属。谛绎此铭，"作为余钟"以下八句，皆说乐悬，无缘忽又献畴畅爵之事，礼酌畅用圭瓒、璋瓒，复不用爵，且段氏《音韵表》薵在第二部，此武、铝诸字则皆在第五部，以韵校之，亦殊不緷，足证其误。今审 ，从凶，从 ，当为"思"字，《陈侯午鐸》忘字作""，此下从 ，即心之省也。从虍，从 ，当即"虡"字。《说文·虍部》："虡，钟鼓之枡也。饰为猛兽。从虍异，象形。其下足。" 形依小徐本增，"其"，疑当作"丌"。 篆文作"虡"，此下作 ，正象猛兽四足之形。凡许书云象某形者，皆不成字，今二徐本作"异"，乃后人误改，非其旧也。段校"异"改㠯，亦未是。 "既寿思虡"者，寿，读为"畴"，《尔雅·释诂》"畴，类也"。思，语词，犹《诗·鲁颂·駉》云："思马斯作"，谓悬钟之虡，既以类相从陈列之，上云"蹻蹻其龙"，亦夸虡饰之盛，《明堂位》所谓"夏后氏之龙簨虡"，《考工记·梓人》说钟虡云："必深其爪，出其目，作其鳞之而。"蹻蹻，即状其壮猛之容也。"大钟既"，，即县字，阮《款识》有《县伯彝》，县，旧释"枏"，误。 县字作 ，与此正同，唯左右形互易耳。左盖从幺从县，即《说文》悬字，说解所谓从系持县者，从木者，与枭同，意古枭、县字通，枭为到首，《悬伯彝》作 甚明。旧误刿到首为横目，故阮遂释为"枏"。古无此字，不足据也。 此钟县形有刿阙，其一略明晰者，又为后人误剔，失其本形。王廉生祭酒遂误刿为"稣"字矣。玉 盖谓特磬，亦即《咎繇谟》之"鸣球"，《说文》无 字，而《尔雅·释乐》云："大磬谓之馨。" 、馨盖声近字通。《汉武帝内传》有所谓"璈"者，《说文》《玉篇》皆不载，似亦即""字之流变。乔、嚣、敖声类咸相迩，《内传》为葛洪所假托，晋、宋俗书，或亦有所承受，不尽属向壁虚造与。

（10）《周麦鼎考》

右方鼎，铭文廿又八，又重文一。鼎为井侯臣麦所作。井，周畿内国名，金文屡见，或释为"邢"，《说文》周公子所封 或释为"邢"。《说文》郑地 许瀚据《穆天子传》有"井利"，谓当读如字，其说近是。铭首云："隹十又一月井侯延嗝豸麦＝易炅金用作鼎。""延"，借为"延"，声近字通。嗝字，金文罕见，右旁从鬲，作 ，《说文》："鬲，象腹交文三足。"而此改为从羊，形声皆绝异。金文鬲字常见，皆不作此形。《孟鼎》残字，鬲作 ，与此嗝字偏旁正同。《散氏盘》有"嗝"字，作 ，亦疑即此字，从口、从叩，形繁简小别尔。此字《说文》未收，《说文·高部》有□字，云："炊气皃。从鬲，嚣声。"嗝、嚣或皆"鬶"之省，但鬶字经典未见，义亦难通耳。《玉篇·口部》始有之，而训为雉鸣，则于此义无取。考鬲、历古音同部，故《说文》鬲，《汉令》作"鬳"，从历声。金文疑借鬲为"歷"，《说文》"历，传也"，《尔雅·释诂》："历，相也"，此鬲亦取传告相导之义，故其字从口。云"延嗝"者，《觐礼》云："摈者延之曰升。"郑注云："从后诏曰延。延，进也。"金文《大保敦》"王降延令夃大保"，《庌父鼎》作"延令"。此延嗝，似亦谓延进传相而赏赐之，与延令义相迩。《盂鼎》残字云；"鬲宾王乎□鬲。"又云"王各庙鬲王邦宾延王令賫盂"云云，彼鼎曰延曰鬲，亦即此鼎"延嗝"之谊证与。夃字作"㠯"，金文亦常见，旧并释为"刊"，近陈编修介祺释为"于"。审校字形，确是从于，非从干，陈说近是。窃谓此即《说文·弓部》之"夃"字，许解云："满弓有所乡也。"在金文假为于字，于声义并可通。麦，为作器者之名，其字作"𡙡"。余初疑为"象"，或"录"字，谛审乃知其为"麦"字。《说文·麦部》："麦，从来，有穗者。从夊。"此上半从来，即"来"字，见于《趠鼎》《伯雝父敦》及《石鼓》者，字并作"来"，此与彼略同；下半从𣥂，即夊也。铭又云："用从井侯征事"者，征、行谊同，《史宄簠》云："史宄乍旅匤从王征行。"文例正合。征事，即行事也。云"用乡多𡉚友"者，乡，即飨之省，𡉚字上从古文旅，《说文·白部》云："𣍘者，从米，㫃声。㫃，古文旅。"下从土，当为"堵"之省，其读当为"诸"。《散盘》有"𣏟木"，𣏟字偏旁，与此正同，旧皆释为"杜"字，以此鼎校之，彼𣏟字，当为"楮"，盖古文者多作𡉚也。用飨多诸友，犹《诗·六月》云："饮御诸友。"金文《𤸰中簠》云："诸友飨飤具饱"，彼诸字作𡙡者，亦以"者"为"诸"，但不从土耳。近时新出金文，如《趠曹鼎》云："用乍宝鼎，用乡朋友。"《先獡鼎》又云："用朝夕乡乃多朋友"，盖古宾、祭礼并重，飨饮朋友，固制器勒铭之常语矣。光绪丙申三月，得此鼎于永嘉，审拓其文，尚完晰可诵。唯此数事，略涉隐诡，辄为发疑正读，冀得自省览焉。

此鼎篆体峭劲，横画发端，率用方笔，而末特纤锐，斜曲处又善为波折之势，与吴县潘尚书所藏《盂鼎》似同出一源。昔魏、晋人伪托孔安国《尚书叙》谓壁中古文，为科斗形。王隐《晋书》亦谓《汲冢竹书》字头粗尾细，俗名蝌蚪文。窃讶自宋迄今，所出彝器不可枚举，独罕见有如孔、王所云者。今以此鼎及《盂鼎》校之，或即所谓头粗尾细之遗象乎？又《说文》"隹"字云"象形"，而篆文则与鸟形殊不相似，唯此鼎首"隹"字，乃真象鸟喙首腹翼足尾之形，尤彝器文所仅见。窃意仓、沮制字之初，本如是作，后世整齐变易之，遂失其初旨。犹“马”之古文，本作，后整齐之，乃成字也。若此之类，剧可宝贵。丙申四月，手拓一本，寄黄君中弢。中弢精鉴绝伦，而又妙擅篆势，辄复举此奉质，不知以为何如也。

（11）《重订毛公鼎释文跋》

右潍县陈氏所藏《周毛公鼎铭》卅二行，四百九十七字，吉金款识，自《齐侯镈钟》外，如近人所得《曶鼎》《散氏盘》，其文之繁未有及此者。德清戴君子高偶得桐城吴氏摹本，使余读之，因旬集《说文》古籀及薛、阮、吴诸家所录金文考定其文字，而阙其不可知者。铭文前后当分四段读之，前三段皆述王锡毛伯之命，末一段则纪所赐车马及毛公作鼎以答王休之事也。其文奇诡诘诎，似盘诰所用通借之字，多足与经传相证。如以“臤天”为“旻天”，则知古《尚书》说仁慜覆下之训，声义一贯。以“鱼备”为“鱼服”，则知《说文》引《孟氏易》“犕牛乘马”，为真古文故书也。余如以“卿事”为“卿士”，以“趞衡”为“错衡”，并合《雅》诂，信非后人所能伪为矣。又《说文·女部》载籀文“婚”字作㚾，《车部》轗字，从之以为声，近代修学之儒，研究许书无剩义，而于此字未有能言其形义者。今此鼎有㚾字二，轗字一，虽偏旁不尽可辨，而下从女与篆文同，则固确然无可疑者。许书“㚾”字，乃涉夒、㚾二字而误，故《巾部》幔字，则直改从“□”，与声类不合矣。此依段氏校正。又《革部》“靷”，籀文作“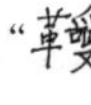”，段玉裁谓从殳、从叩。今案，疑亦从婚，古文传写讹失，遂成双形，引声昏声亦相近也。　昔北宋人录金文，盖尝有此二字，而吕大临、王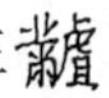、薛尚功诸人并误以它字释之。至于轗字，更鈲析其文，使不复可识别。曩余作《古籀拾遗》，于薛书颇有辨正，而于此二字则目眩思穷莫能通其读。今见此鼎，乃怳然得其致误之由，其愉快为何如也。同治壬申十月记。

旧作释文，录附《古籀拾遗》册末刊之，后得吴子苾侍郎式芬《攈古录金文》，所释略有异同，又载徐籀庄明经同柏释文甚详，有足补正余释之阙误者。谨攈采其精确者，更以金文字例博稽精校，重定为此篇。距前考释时已廿有七年矣。再四推校，大致完具可诵读。铭文不著年月，以文义推之，疑昭王、穆王时器，要是西周遗文，渊懿纯雅，盖《文侯之命》之亚也。古文大篆之学放失千余年，藉金文略存大较。蒙治此学，自谓用心致悉。昔初见摹本，颇据以纠正薛、阮、吴诸家所释金文之误，今重检斠，则余旧释罅漏固甚众，而徐明经、吴侍郎所释亦不能无误，甚矣，识字之难也。光绪癸卯二月又记。

（12）《秦权拓本跋》

度、量、权三者，为世程品，其用至重，而古今流变乖异亦特甚。余曩据《汉志》刘歆铜斛以证嘉量，据汉长安虑俿铜尺以校周尺。虽数度小差，而形法大致相近。惟权则《周经》《汉志》文制不同，莫能稽核也。《考工记·玉人》云："驵琮五寸，宗后以为权。驵琮七寸，鼻寸有半寸，天子以为权。"郑君云："驵，读为'组'，以组系之，因名焉。"此周权以玉为琮，为后王之专制，盖不通于臣民，公私恒用，当以铜为之。要其为琮形，必斛若画一尔。《汉·律志》说五权，则云："圜而环之，令之肉倍好者，周旋无端，终而复始，无穷已也。"孟康云："谓为锤之形如环也。"汉权以铜为环，与图琮异制，然《尔雅》云："肉倍好谓之璧，肉好若一谓之环。"班云"圜而环之"，则肉好宜若一。又云"肉倍好"，则是璧非环。两文复自相忤，岂以环璧皆圆，而有好与周旋无端之义，咸得相傅，偶未别白欤？至今权皆有钮以悬，《玉人》王琮有鼻，后琮当亦然。《说文》钮，训印鼻，是鼻即钮也。而《汉志》五权不云有鼻，亦无以定之。盖周、汉权制，舛忤难合，非见古权，固无由校验理董之矣。顷者，长白午桥尚书以所藏秦权精拓，手跋其后，介黄君仲弢寄贻，寻校累日，则积疑为之涣然。盖秦权下圆币如环，肉好亦正若一，合于《雅》训，是知《汉志》云"圆环"是也。而云"令肉倍好"，则为未审上端有钮隆起，高数寸，则即《玉人》所谓鼻，明秦、汉环权，必皆有钮以贯组，《汉志》盖文偶不具。往者读史，妄意环权或即以好代钮，亦自可悬。今见此拓，乃知臆揣必不如目验也。仲弢又出别拓见示，形制较小，上有"大驵"两篆甚奇，其边为觚棱不正圆，亦尚书所藏者。窃谓此即仿周琮权之遗象。凡琮之恒制，为钝角而八觚，故《大宗伯》郑注云："琮八方象地。"洪文惠《隶图》模汉碑阴画琮，有为五角、十角形者，虽制有增损，要其不为正圆之形则同。今大驵权亦为八觚形，足相参证。综约论之，古权初制，盖八觚以象琮。流传既久，渐刓觚为圆，遂成环形。觚方环圆，二制秦时盖通行于世，而钮鼻系组，则相承无异。权制之流变，小异大同，各有本始，辙迹显较，可推校也。闻尚书所得秦权甚夥，而此权制特大，手跋定为五权之石权，精鉴至论，前无古人。至于觚圆钧石，灿然毕萃，尤为集古胜缘。遐眷海天，为之神往。昔荀勖、何承天、朱异、苏颂辈，校定律度，并博求古器，资为程法。今尚书以闳达忠亮，膺岳牧之寄，当光佐天子，更法自强，绍开中兴，倘将考协权衡，用昭示万国，甄古作范，固知不藉它求矣。壬寅孟陬书。

（13）《籀文车字说》

《说文·车部》车，籀文作🔲，从二车二戈，于形声皆无所取，且与轈车字混，而二徐以来，未有知其误者。近珍艺庄氏、赟山王氏始据金文车字作🔲以正之，其说确矣。今考金文，车，本象驷马车之全形，其义至精，不徒可正《说文》之讹，且可考正古驷马车制。今略释之。盖金文车字，如《吴彝》《毛公鼎》《不娶敦》并作🔲，薛尚功《钟鼎款识》亦有此字，而传模失其本形，故并据今所见金文拓本论之。 谛审其形，左两🔲，象两轮，旁两画，象毂端之键，而轴贯之，其中画特长，夹于两轮，与轴午交者，辀也。辀曲为梁形，前出而连于衡，故右为🔲形，长画与辀午交者，衡也。两旁短画下岐如半月者，軏与輗也。盖衡缚于辀，軏缚于衡，而輗又缚于軏，故《诗·秦风·小戎》云："五楘梁辀。"《毛传》云："五，五束也。楘，历录也。梁辀，辀上句衡也。一辀五束，束有历录。"《说文》："楘，车历录，束交也。"段依《韵会》改交为文，亦通。 又《革部》云："🔲，车衡三束也。曲辕🔲缚，直辕鞻缚。"盖五束即🔲缚之制。束有五者，衡与辀相交处为一束，两軏与衡相交处为二束，輗与軏相着处又为二束。因辀与衡，衡与軏輗，皆异材，而任力甚剧，必以革交互束缚之，乃可以为固。是五束，缚于衡者三，而缚于輗者各一，故《说文》诂□为车衡三束，专据缚于衡之束言之，三束实即晐于五束之中也。依《考工记·辀人》说，辀与衡之周径皆甚小，不过四寸，其设軏輗，若穿其中以相贯，则失其力，故不穿其木，而以革交午缚之以为固。《论语》"大车无輗，小车无軏"，《说文》："軏，辕端持衡者。"《论语》郑注云："輗穿辕端著之，軏因辕端著之。"武后《臣轨》注引郑以因对穿为文，明其不穿而惟缚之以相连，其文意较然甚明，而五楘之用，主以固衡軏，亦可知矣。又考此字见于金文拓本，又有于两🔲间为一田，略带方形字，以象辀持轸形者，如《孟鼎》作□是也。又《旅车卣器》作🔲，盖作🔲，则又象辀踵及后轸形。🔲为旅字之半，旧释此为旅车二字，今审似即一字，从㫃从车，旅之别体也。 又《父乙尊》作🔲，吴大澂《说文古籀补》 则又象梁辀上出，于形尤析。又《父革车彝》车作🔲，则中为方形以象轸軏，而两轴端又为重輨，衡两端则曲而上出，或衡木实有如是制者。又象两辔同系于轼，即《说文》所谓軜骖马内辔系轼前者是也。又《中叔尊》作🔲，亦象此形。此三器形致繁缛，而所象亦尤备。以此诸文证小车梁辀，五缚皆在衡軏，尤为显较。

而郑仲师注《辀人》乃云："驷车之辕率尺许一缚。"近儒多举《诗》之五楘以申证其义，若然，则五缚皆着于軓前，辀间特缀此以为文饰，而与衡軶绝不相涉，则与□缚之制不合。且軓前十尺之辀，揉一木以为之，匀滑夷漫，绝无圻堮，本不藉五束以为文饰，即假使革束止为文饰，亦何必限以五，而绝不可增减邪？余前著《周礼正义》，于先郑说未及分别，兹因籀文车字象形，悟衡軶之制，而五楘之说始昭然若揭，故详说之，以补《礼》疏之阙焉。

顷见汤阴羑里出土古龟甲文，亦有车字，作□，与金文同。唯中画上下分歧，不相联贯，则契刻偶错异耳。龟甲文多象形，又有且甲大戊诸称号，近人定为商时物，则较金文尤古，盖在史籀之前。窃疑黄帝时车制已详备，象其形而制字，仓沮初文，本已如是作，而《籀篇》因之作车者，转系后来省变，许书古文，出于掇拾，吉金龟甲，多未出土，故未能得其根抵也。又以龟甲文与《父甲车彝》证之，知此字本为上辀下轮，象车平列之形，金文从衡传易，多为左轮右辀者，亦其变体尔。

（14）《白盘拓本跋》（缺）即下16周虢季子白盘拓本跋？

（15）《召伯虎敦拓本跋》

此敦，阮文达、孙渊如并有释文，互有是非。余别为考定在《金识拾遗》中。此拓本与积古斋模本无异，乃亡友戴君子高所藏，今归于余。

曩读《庄子·天下篇》云："丁子有尾。"《释文》引李云："世人谓右行曲波为尾。今丁子二字，虽左行曲波，亦是尾也。"颇疑庄生所言者古文丁子字非如隶书之有努□，何以云有尾。金文中子字末笔间有圆折左右出，丁字则皆直下，无左行曲波如李所云者。今观此敦"成亦我皇考幽伯幽姜"，成字作成，戊内丁字作丂形，若小篆丂者，末笔右出，果若尾然，乃知庄生之言不诬。景真之训，亦确诂也。此敦文多奇佹，然核之古文形义，则皆不谬，不独字足证《说文》籀文子字，狱字从二犬反对形，与华山庙碑篆额同矣。

（16）《跋周虢季子白盘拓本》

此盘旧藏毗陵徐氏，兵后为达官某所得，今在庐州合肥。此纸仪征刘副贡寿曾所诒，犹初出土时拓本也。平定张石州孝廉以四分周术推《盘铭》"十二年正月初吉丁亥"为周宣王十二年正月三日，副贡之弟贵曾以三统术推之，亦与张推四分术同。嘉兴钱衎石给谏《纪事稿》有此盘《跋》，据《毛诗传》初吉为朔日，谓当以月朔丁亥求其年。然王文简《经义述闻》详辨月朔不得称吉，谓日之善者，即谓之吉日。其在月之上旬者，谓之初吉，庠《毛传》及《论语》孔注、《周官》郑注、《国语》韦注之非。余谓古书初吉有二义：一为月朔，毛、郑所说是也。一为节气之始，《国语·周语》云："先立春九日，大史告稷曰：'自今至于初吉，阳气俱烝，土膏其动。'稷以告王曰：'距今九日，土其俱动。'"是其义也。张氏推此盘铭正月初吉不在月朔，或当为立春日，抑或如王说泛指正月上旬，皆未可知。钱氏墨守《毛诗》说以献疑，固矣。盘铭又云："王各周庙宣廄爰卿"，卿，读为"庆"，《祭统·孔悝鼎》铭作"率庆士"，以庆为"卿"，此铭以卿为"庆"，其例正同。或释为"乡"，非也。　钱氏谓宣榭自取美名，不必如《公羊解诂》宣王宫之说以证宣王时不嫌有宣榭。余谓《说文》释"宣"字义云："天子宣室也。"《淮南王书》云："武王破纣，杀之宣室。"褚少孙补《太史公书》亦云："武王围纣象廊，自杀宣室。"是以宣名宫室，固其本义，周之有"宣厨"，犹殷之有"宣室"耳。汉亦有"宣室"，《三辅黄图》亦援《淮南书》为说。《公羊传》云："宣谢者何？古无"榭"字，故藉"谢"为之。　宣宫之谢也。何言乎成周宣谢灾？乐器藏焉尔。"《公羊》所谓"宣宫"者，亦谓宫名，犹云"酆宫、祇宫、昭宫"，非先王庙堂，故乐器得藏之。此铭宣□，与周庙连文，则宣□当亦在庙中，但非正庙耳。　而何劭公乃云："宣宫，周宣王之庙也。至此不毁者，有中兴之功。"不知周自后稷庙及文武世室外，无不毁之庙。宣王虽中兴，拟之文武，功德已不侔，庙安得独不毁乎？余既以拓本付装池，更录张、钱两《跋》以便省览。复推其未及之论疏通证明之，俾儒者知吉金文字多符契经训，信足宝也。焉逢掩茂正月初吉丙午记。

（17）《跋齐天宝造像拓本》

大齐天保五年，岁次乙亥十一月廿日，佛弟子张市贵造玉石象一伛。上为七世先亡己身父母，复为二亡弟神贵、瓷生，后为居家眷属。愿使亡者托生先方妙乐国土，生生世世，值佛闻法，所愿如是。

右张市贵造像，桐城吴刺史汝纶官深州时访得者。同治甲戌八月，海宁唐端甫茂才寄贻。《萃编》三十六有保定四年王瓷生造像，王跋云："瓷与盆同。"此瓷即盆，下盖从瓦。"先方"即"西方"，古音读西如先，六朝人犹如是。详亭林先生《唐韵正》。

（18）《秦权拓本考释》（缺）即 12 秦权拓本跋?

（19）《跋王居士砖塔铭》

《王居士砖塔铭》，欧、赵皆未著录。国初时，于终南山梗梓谷出土，未几即碎。今世所传完拓，大抵皆重模本，仅有匡郭，无复神采，不足观矣。此碎石原拓本存字虽不多，要是数十年前旧拓，较之陕西碑估所鬻本不啻天壤。若川姻兄，嗜古若渴，偶获此拓，重装属题，漫书数语以志眼福。光绪丙申花朝，诒让。

（20）《题董香光书〈枯树赋〉后》永嘉叶氏藏真迹

河南《枯树赋》，苏魏公谓其笔力遒劲，颇近二王。晁无咎亦谓其笔法出《兰亭》。故思翁云"不尽用本法"，盖造微之论也。此册思翁仿《圣教序》体为之，古劲之中，时以涩笔见奇，亦不自用其本法。乃知神明于书者，自能惟变所适，信足宝也。册昔藏平阳苏氏，今归永嘉叶叔方丈。在苏氏时，吾乡林石笋孝廉曾跋其后，展卷览诵，老辈风流犹可想见。敬书册尾以志眼福。光绪庚寅十月，孙诒让记。

（21）《书何无咎手临〈书谱〉后》

虔礼论书，精究微渺。张怀瓘谓其深达旨趣，而窦泊颇诋其书法。丹邱腕弱之论，盖有所本。要其谨严遒媚，自是晋、梁嫡冢，未容轻议。丹邱此册，亦复神似。

吾乡书派，肇仿晚唐。晋光草书，盛传题咏。然自《宣和书谱》外，绝无著录，今则遗迹渺不复睹。丹邱尚能恪守唐人矩矱，倘令晋光草迹复出人间，不审视此册又何如也？晴窗展读，为之神往。光绪庚寅十月望后二日，瑞安孙诒让题于经微室。

附：《沈枢仙岩题名拓本跋》　孙衣言

沈持要重修南塘事，止斋先生为之《记》，在淳熙十四年三月。《记》云自冬十月至今三月而成，盖塘甫毕，而此刻云丙午十一月，则始事之次月也。《记》但云公与通判及两邑大夫而已，得以考见名字，赖有此刻。陈永嘉令、刘瑞安令与通判周价皆见《郡志·职官》，而皆不著其字，两丞则并其名逸之矣。偕行八人皆郡邑士大夫，或亦与筑塘之役，《记》所云"即里居谋"，殆谓是耶？张才卿为忠简公次子，谢天锡、谢雩、沈季丰皆见《郡志》，而天锡、季丰亦赖此以知其字。高子莫、林思纯，则《郡志》所不载也。甄良友亦无其人，而《选举志》有绍兴甲戌进士甄龙友，今按其字，则良友即龙友也，龙友之字亦独见于此耳。古人于所游历，往往磨刻岩石，书姓名，岂无所为而然也哉？按《记》所言，塘盖久坏，屡议修而不果，至沈公，遂以半年之间成之，可谓敏于事。及观此刻，则知其所由速成而不费者，亦躬亲其劳故也。而又能与其僚属及贤士大夫览登山水，托于文字以垂后世，则其志趣闲远亦可想见，风流太守，非俗吏所能为也。今沈公所修遗迹不可复见，而自瑞安以达乎郡，民之出乎其途者，犹若履康庄，盖公之泽远矣。儿子诒让游仙岩，尝为拓一本，予既深慕太守之贤，而又喜其字法劲整有似颜清臣，或止斋先生为之书耶？恨未得先生它书以证之也。同治庚午人日，书于金陵冶城山麓。

过焦山得《瘗鹤铭》精本，作记

（22）《重修帆游桥堤记手迹拓本》

帆游桥在帆游山麓，南为瑞安而北为永嘉，故曰永瑞桥。郡城之水自会昌湖挟三溪以南趋至此，河面特宽广，两岸相去几里许，而桥并东岸起，西去出山址尚八十余丈，里人筑长堤属之桥，高广仅逾丈，盛夏潦水盈堤上，没踝，行者病之。

予初自金陵归，与故人戴君美斋谋改筑，以费巨不敢动。后六年，君谓予曰："但就旧加葺，治费减半。"予即畀以钱七十千，使更谋之同志者。于是叶君璋琮、林君霄翰、项君鸣珂各助以钱。赀既集，君聚砖石，召工匠，克期兴工，自往程督之，日辰出酉归。

时方盛暑，或暴行烈日中。先是，太守试文童，君长子恩为瑞安第一，凡童试郡县榜首，学使者按临，即补弟子员，无却退者。予谓君，须恩毕试事，无自苦，君不为止也。未两月，果染暑疾，辗转益侵，病中梦呓皆指画堤事。疾既革，来视君者或谓恩未及院试，可惜，君笑曰："儿无负我矣。"果不及试，亦命也。但愿恩促完堤，遂卒，光绪己丑九月一日也，年甫六十五。恩亦贤，能继君志，间一月堤成。于是虽大水不能没堤，人往来堤上，咨嗟太息言戴君，而君不及见矣。

君字美斋，居下墩，去桥西南二里所皆戴氏。君性孝友，善事母，母年九十余，从容笑语，侍母侧不忍一日离，居伯季间翕如也。君自先世以农田起家，至君兄弟少时犹未能读书，其后家渐饶，乃皆纳贡太学。君三子既长，皆令就塾，孙五人，兄弟之子及诸孙又十余人，皆令延师之，比屋诵读，声相闻，戴氏遂为士族。恩虽以君故未给衣顶，而其从弟奎竟以是岁游庠，戴氏自此有学籍，人以为修堤之报也。予既赖其力完堤，尝诵其事于友，友曰："君所见止此堤耳，戴君他事皆如此。凡近戴君居，知戴君，有事就君谋，苟谓可行许诺，辄殚竭心力，务曲析尽善，胜于其自为也。"然则予之所以用君，已啬矣。

初，予与君谋修堤，因以干实倚君，然使瞻顾利便者为之少淹缓，旬月未为玩幸也。君重受予托，且利害在一乡，不避劳苦，冒暑热，竟以致疾卒。予以是愧君，及闻君临绝时语，则君又知命者也。予之愧君弥甚，故为之记，因以附见君之生平云。——衣言记，诒让书

（23）书《麦鼎拓本后》（缺）

（24）书《藏砖拓本》后（缺）

（25）《净光寺砖拓片》（缺）

8. 校刻先哲遗书

（1）《刻蒙川遗稿跋》

刘忠肃《蒙川集》，《宋史》本传及忠肃弟成伯《叙》并作十卷。今所传《遗稿》四卷，乃明广东左布政使永嘉阮存耕所辑刊，非足本也。十卷本国初时犹有传帙，故黄俞邰、倪阘公并据以著录。而朱竹垞《经义考》载《忠肃集》有《太极说》《中庸大学说》，又云目录有《濂洛论语叙》，朱所见本，洛讹作溪，遂以为周子《论语注》，误也。辨详余所著《温州经籍志》。今本并无其文，是其验也。然阮椠本世亦罕觏，弆藏家辗转移写，夺误甚多。乾隆间收入《四库全书》，馆臣任雠勘者不守盖阙古义，或以意为屪缀，乃至改成伯叙十卷之文以合今本卷数，而于书末《贾镕镜墓志》残缺不可读者则径削之。咸丰间，忠肃裔孙永沛等得传抄阁本，以活字板印行，有辑佚文六篇为《补遗》一卷，校核不审，复有删易。于是，忠肃遗集不独元本不可得见，而阮编本亦点窜无完肤矣。同治戊辰，诒让应礼部试，报罢南归，道出甬东，购得写本，尚为阮编之旧，乃得尽刊今本之谬。家大人遂命校刊以广其传。大致悉依旧写本，其有夺误显然者，乃依阁本、活字本略为补正；稍涉疑似者，则区盖以俟续勘。又原本有小注数条，似非出忠肃手，其《游兴教寺诗》注，规驳本诗，乃不知邓志宏别号栟榈，弇陋殊甚，盖亦明人所加也。今以旧写本所有，姑附存之。光绪元年乙亥十月，重勘一过，复记其后。

（2）校刻《家敬轩先生遗著》衣言（缺）

（3）《书干常侍氏易注疏证》跋

干令升《易注》，南宋以来久佚，微文粹义，略见于陆氏《释文》、李氏《集

解》。近代集本，有屠曾、张惠言、孙堂、马国翰四家。惟张本间有笺释，然甚疏略，于干氏义例未能详述也。此书为吾乡方雪斋教授所著，校释精备，远出诸集本之上。又干《易》义本孟、京，以孟、京例校干诂，大较符合，则为《集证》一卷以广其义。干书虽亡，得此足见其概矣。稿本藏教授曾孙中矩所，余从访得，别录为此册。手稿朱墨粗互，未为定本，今以意审校理董之。《集证》尾叶，札烂文缺，未敢臆补，谨仍其旧。光绪辛巳冬，校成记之。

　　附：方成珪《干常侍易注疏证》跋

　　光绪辛巳八月，依别写本校补阙字，□别写定在□□之后，疏证□多改定。又，此本之涂乙者，别本皆无之，故未能全补。□□文甚夥，不及细核。后学孙诒让记。

　　按：此跋录自温图所藏原书手迹。

　　（4）《刻竹轩杂著跋》

　　右《竹轩杂著》六卷，宋太常少卿永嘉林公季仲所著。少卿从横塘许忠简公学，于伊川为再传弟子。建炎间，以丰国赵忠简公荐入朝，后以疏沮和议，与丰公同黜。其师友渊源及立朝风节皆卓有可纪，而《宋史》不为立传。《杂著》十五卷亦久散佚，故全吉士祖望修《宋元学案》，亦以公遗书不传为憾。乾隆间，与许公《横塘集》、赵公《忠正德文集》同于《永乐大典》录出，始复传于世。虽掇拾之余，编帙残缺，不及原书之半，而忠谠遗文，沈霾千载，幸际右文之代佚而复显，岂偶然哉！

　　诒让曩读李秀岩《道命录》，所记建炎、绍兴间赵、张秉政，道学兴废始末，尝叹丰公首参大政，即以振兴旧学为己任，程门弟子若尹、胡诸贤次第拔擢，而浮薄之士或掇拾伊洛绪论以干进。至公贬，而专门之学垂为厉禁，公昔时所拔引者，或改名他师以求免祸，而反覆若陈公辅辈，乃至反颜谯诉以相倾陷，几不知人间有羞耻事。少卿则自建炎间以丰公荐为察官，丰公罢政，少卿亦出知泉州。及丰公再相，又与刘大中等同登剡牍。至绍兴戊午，和议将成，丰公以议论不合而罢相，少卿亦引夫差、勾践事力争之，遂以得罪，其出处大节与丰公始终无二。今观此集，《与赵参政书》凡十二篇，其九皆丰公谪潮阳以后所寄，其所以慰藉之者无所不至，至欲效司空表圣从王凝谪商州故事，而以母老不能触氛雾相从于南海之滨为憾。呜呼！若少卿者，真不负丰公者哉！

　　家大人既以《横塘集》付刊，以此书流传尤少，亦并校刊之。至陈伯玉所称沮和议疏，《大典》本已佚不存，今检徐梦莘《三朝北盟会编》所载，尚其全文，谨据录入以补阁本之阙焉。光绪二年丙子十一月。后学瑞安孙诒让跋。

（5）《刻横塘集跋》

宋元丰间，作新学校，吾温蒋太学元中、沈彬老躬行、刘左史安节、刘给谏安上、戴教授述、赵学正霄、张学录辉、周博士行己及横塘许忠简公景衡，同游太学，以经明行修知名当世。自蒋、赵、张三先生外，皆学于程门，得其传以归，教授乡里，永嘉诸儒所谓"九先生"者也。蒋、沈二先生皆未仕而卒，其仕者，戴明仲、赵彦昭、张子充官皆不达；周浮沚、刘左史、给谏昆弟几达矣，而二刘官不过侍从，浮沚由馆职出为县令以殁，未尝得尺寸之柄以昌其学也。至于汴京倾没，中原沦于完颜，伊洛大师既鲜存者，永嘉诸先生亦多先卒，不及见南渡之兴。惟忠简场历中外，建炎初首参大政，虽扼于汪、黄，甫进即退，赍志以殁，不获竟其设施，然勋节显著，为世名臣。盖元丰九先生惟忠简独后卒，名德亦最显。厥后永嘉学者后先辈出，多于忠简为后进，或奉手受业其门。靖康、建炎之际，永嘉之学几坠而复振，于忠简诚有赖哉！

忠简所著《横塘集》三十卷，宋时刻于台州郡斋，见陈耆卿《嘉定赤城志》 明中叶后散佚不传。乾隆间，始从《永乐大典》辑出，重定为二十卷。盖九先生遗集传于今者，惟及《浮沚集》及《左史（集）》《给事集》与此集而四。周集存者不逾十卷，《二刘集》才四五卷，此集虽残缺之余，视宋本已少三之一，然较《浮沚集》卷帙已倍之。玮文鸿笔，大都具在，奏札三卷多建炎间政府密勿之议，后之君子，将欲观忠谏学业大略与其立朝所建明者，可于是乎求之。然则吾乡九先生不徒名德惟忠简最显，其传书之多亦无及忠简者，此非后学所当宝贵者哉！

重辑本珍庋秘阁，未有刊帙，藏书家辗转传录，讹互颇多。家大人曩从吴兴陆氏写得一本，复从祥符周氏得别本以相雠校，甄著同异，定为此本。光绪乙亥，奉命开藩东鄂，会永康胡月樵丈领书局，遂属择匠刊板以广其传。《大典》本所佚而见于他书者尚多，拟捃辑之别为补遗，俟他日并刊之。至朱子所称许右丞《陈少阳哀词》者，某某以周益公《平园续稿》考之，实许崧老翰所作。崧老建炎间亦为尚书右丞，与忠简同官，《哀词》非忠简作也。《四库总目》以为横塘佚文，盖当时纂修诸臣未及检核，故滋疑怍，今特为举正，俾读此集者无疑焉。光绪二年丙子十二月，后学瑞安孙诒让跋。

（6）《艮斋浪语集叙》 代家大人作

南、北宋间，吾乡学派，元丰九先生昌之，郑敷文、薛右史赓之。敷文之学出于周博士行己，接乡先生之传；右史之学出于胡文定公。师法虽不同，而导原伊洛，流派则一。故其学类皆通经学古，可施于世用。永嘉经制之儒，所以能综经义治事之全者，诸先生为之导也。敷文之学没而无传，右史之学传于其子艮斋先生，益稽核考索以求制作之源，甄综道艺，究极微渺，遂卓然自为一家。其没也，止斋陈先生实传其学。其为先生《行状》有曰：“公莅事唯谨，宅心唯平。其宴私，坐必危然，立必巍然。其寡欲信于家，行推于乡，正直闻世，而居无以逾众人。自《六经》之外，历代史、天官、地理、兵、刑、农，末至于隐书、小说，靡不搜研采获。尤邃于古封建、井田、乡遂、司马之制，务通于今。”止斋之言如此，於虖，可不谓盛欤！自止斋没，而先生之绪绝而弗续。元、明以来，晦蚀益甚，遗书虽流传未绝，儒者几不能举其凡目，旧学衰息，甚可痛也。我朝勃兴，文治之盛超迈前古。于是姚江黄氏、甬上全氏修订宋元两朝《学案》，始表章吾乡学术，列为五派，而以先生及止斋为永嘉诸儒之宗。然先生遗书存于世者，自《书古文训》外，更无梓本，故缀学之士犹不能研索综贯以探经制之精。先生之学明而未融，此非儒者之不幸欤？乾、嘉以来，巨儒辈出，而性理、经术各守其家法，不相假借，汉、宋之间，盖断断如也。某曩在京师，与方闻之士论当时门户之弊，常以为欲综汉、宋之长而通其区畛者，莫如以永嘉之学，尝欲勾集乡先哲遗文，广为传播以昌厥绪而未逮也。既而东南大“乱”，承学之士日即于芜陋，而达官贵人有以武功起家者，遂奋其私臆之论，以为胜朝流寇之祸萌蘖于姚江，道、咸以来“粤匪”之乱由于乾、嘉之经学。乡曲之士眩惑其说，莫知所适从。今相国合肥李公有忧之，以为此邪诐之说而荒蔑之源也，思欲刊布儒先遗书以救其敝。某顷官江东，笔牍之暇，辄以先生遗集为请，相国览而善之，遂捐奉属桂芗亭观察刊之金陵书局，而以其板归某，使浙中学士大夫得读先生之遗集，而世之有志于永嘉之学者亦有所津逮。则相国是举也，实古今学术升降之枢辖，岂徒吾乡先哲之幸哉！是集宋宝庆间先生从孙师旦始编定，刊行于世，明以来印本殆绝。今所据以校刊者，钱塘丁大令丙所藏明抄残本及朱宗丞学勤所藏旧抄本也。刊既成，谨述先生学业传授之略与相国嘉惠来学之意以诏读者。同治壬申十二月。——《述林》四

（7）校刻方氏《集韵考证》有叙记

《集韵》虽修于宋人，而故书雅记所载奇字、异音，甄采致备，较之《广韵》增字至二万七千有奇。自李登《声类》以来，音韵书之晐博无有及之者。且其时唐以前古籍存者尚众，其所征引，若吕忱《字林》、萧该《汉书音义》之属，今并亡失，采辑家多据以钩沈补逸，诚韵谱之总汇也。顾其书元、明之际不甚显，亭林顾氏作《音论》，遂疑其不存。康熙间，朱检讨彝尊始从汲古毛氏得景宋本，属曹通政寅刊于扬州。其本雕镂颇精，而雠校殊略，文字讹互，浸失本真，治小学者弗心慊也。乾、嘉以来，经学大师皆精研仓雅，其于此书率多综涉，以诒让所闻，则有余仲林萧客、段若膺玉裁、钮非石树玉、严厚民杰、陈硕甫奂、汪小米远孙、陈颂南庆镛诸校本，无虑十余家，顾世多不传。其传者，又皆辗转移录，未有成书。且诸家所校，大都凭据宋椠，稽撰同异，于丁叔雅诸人修订之当否，及所根据之旧籍，未能尽取而覆审之也。吾邑雪斋方先生，博综群籍，研精覃思，储藏数万卷，皆手自点勘，而于《集韵》致力尤深。既录得段、严、汪、陈四家校本，又以《经典释文》《方言》《说文》《广雅》诸书悉心对核，察异形于点画，辨殊读于翻纽，条举件系，成《考正》十卷。盖非徒刊补曹本之讹夺，实能举景祐修订之误一一理董之，是非读《集韵》者之快事哉。诒让束发受书，略窥治经识字之途径。窃闻吾乡修学之儒，自家敬轩编修外，无及先生者。徒以白首校官，名位不显，身后子姓孤微，遗书不守，散失者不可胜数。尝见邑中李氏所藏《东莱读诗记》、胡氏所藏《困学纪闻》，皆先生校本，旁行斜上，丹黄烂然。又见海昌蒋氏《斠补隅录》，知先生尝校王定保《唐摭言》，其附所考证，多精确绝伦。此书手稿本先生没后亦散出，为先舅祖项几山训导傅霖所得，幸未沦坠。家中父从项氏写得复本，而诒让又于林子琳丈彬许得先生所著《韩昌黎集笺正》，平议精审，迥出方崧卿、陈景云诸书之上。深幸先生遗著后先踵出，不可不为传播，遂请家大人先以此书刊之鄂中。而工匠拙劣，所刻不能精善，修改数四，乃始成书。项氏所弆手稿，间有刺举原文而缺其校语者，殆尚未为定本。今辄就管窥所及，略为补注。诒让检核之余，间有条记。又尝得钱唐罗镜泉以智校本，及长洲马远林钊景宋本《校勘记》，其所得有出先生此书之外者，行将续辑之以竟先生之绪焉。光绪己卯二月朏后学孙诒让记。

（8）校刻《陈止斋集》有跋

陈直斋《书录解题》所载《止斋集》凡二本：一本五十二卷，即曹文肃公叔远所编，嘉定壬申温州教授徐凤刊于永嘉郡斋者也。一三山本五十卷，据荆溪吴氏《林下偶谈》，盖蔡文懿公幼学所刊。其本明以后已不传，无由稽其同异。赵希弁《读书附志》谓止斋《周礼说》旧刊集中，曹文肃别为一书而刻之。检文肃为此集后叙云：集旧未成编。止斋在时，有《城南集》及《待遇集》二刻，并少作，若今所传《奥论》之类。《周礼说》绍熙中撰进光宗者，不当在彼二集中。　则文肃以前《止斋集》无刻本，赵氏所云载《周礼说》者，殆即三山本矣。然蔡、曹两本并出嘉定间，而蔡刻稍后。嘉定元年，文懿为《止斋行状》，称公有《制诰集》五卷，《集》三十卷，无所谓五十卷之集，是蔡刻必在《行状》之后之证。文肃此集后叙作于嘉定四年，称徐博士与前吏部侍郎蔡公幼学更加订定，是曹编亦经蔡订，而绝不云蔡有刊本，是蔡刻又在文肃作叙后之证。窃谓三山一刻，当在文懿由知建宁府改知福州就进安抚使时，其年月虽不可考，以曹叙及《宋史》本传参互校核，盖在嘉定四年之后、十年召权工部尚书之前也。然则蔡刻距徐刻不过二三年尔。　若其本载《周礼说》，当由文懿所增。文肃编集时，《周礼说》故不系《止斋集》，非由析出别行，不审赵《志》何以有文肃别为一书之语。且蔡本既增《周礼说》，则卷第自当溢出，顾反少二卷。今《周礼说》及三山本《止斋集》并佚，代祀绵邈，书缺有间，其源流分合莫能明也。

此本即文肃所编，明永嘉王文定公瓒从内阁宋本录出，至正德丙寅，温州同知林长繁为刻之，于曹编附录后，别增张珽所辑集外文八篇。其《民论》《文章论》《守令论》《收民心论》四篇，并出方蛟峰所评《止斋奥论》。此书凡六卷，余家藏有明隆庆辛未刊本，别本题《止斋论祖》，并为五卷，无方评，其本出《奥论》后，张盖并未见。　余亦皆止斋少作，曹文肃所刊削者也。后嘉靖辛卯，别有书肆所刊小字本，以正德本合为二十八卷，所谓安正堂本也。两本板片并亡，传本浸少。国朝乾隆丙寅，邑人林知县上梓又取正德堂本重编，为《陈文节公诗集》五卷，《文集》十九卷，《附录》一卷。乾隆癸巳，其板毁于火，而新城陈侍郎用光视学浙江，复以林本重刻于杭州，今盛行于世。顾正德本一遵宋椠，凡宋本文字刓泐不可辨者并阙之。虽校雠不审，而无臆改臆增之失。安正堂本，虽卷帙省并，而叙次犹旧，于曹编面目亦未尽失也。至林氏重编，始以曹编移易离析，任意更张，其内外制诸卷删改篇目至不胜校乙。编中缺文讹字，率多凭臆增窜，无复旧观。止斋遗书，斯为一厄。陈侍郎重刻时，属长兴钱士云为之覆校，钱序亦称访得正德本补正，然其本仍沿林刻诗文分集之陋，讹文夺字，因袭尚众，其言殊不践也。

家大人既校刊刘、许诸先生集，复以止斋永嘉魁儒，而遗集世无佳刻，乃检家藏明椠两本，手自雠勘，得以尽刊林、陈两刻之谬。其明椠夺误，今参检群籍补正之者复得数百事，虽不能尽复宋本之旧，而较之明椠已略为完整，不论林、陈两刻也。官斋多暇，遂剌举同异，揭所据依，写为定本。光绪戊寅春，开雕于江宁，而命黄岩王工部彦威及某某覆勘一过，并命记其校雠之例于册尾以示读者。凡今刻本，悉以正德本为正，其正德本误而以诸刻及它书刊定者，并注其原作之字于下方，校语中所称原作某者是也。诸刻本与正德本异而义两通者并注之。陈本即据林刻复刊，而陈本后出，略有所补正，故卷中止校陈本异同，凡林本误而陈本不误者并不著也。光绪五年己卯孟陬。

（9）校刻《易简方》有叙

宋永嘉王德肤《易简方》一卷，见陈氏《直斋书录》、马氏《经籍考》，明以后自《文渊阁书目》外，绝无著录，盖中土久无传本矣。此本为倭宽延中刊本，当中土嘉庆间　其㕮咀药料性治，及饮子药治法后，模刻旧本木记有“是春堂注方善本”及“四明杨伯启刻于纯德书堂”等字，而市肆圆子药纲目后，亦题有“所举局方多不载方，今并注其下”云云，盖正文为德肤元本，而注则重刻者所增益，故书端有校正注方真本之题，大抵皆书肆所为。所谓杨伯启者，亦陈芸居、余仁仲之流亚与。册中所载方，皆寻常习用圆剂，今医家犹传用之，无异闻新义，以其简明易检，故宋时盛行于世，屡经刊校，流播海外，更历元、明，佚而复显，足以补四库储藏之缺，亦藏书家所宜珍秘也。曩游沪渎，于书肆购得此本，敬呈先君子，以其为吾乡宋、元医家最古之册，惊喜累日，手跋其后，拟重刊之。而先君子以甲午冬捐馆舍，诒让孤露余生，未遑理董。既释服，乃检付梓人以仰成先志。倭本增注亦大书，与正文同，今改为小字以便省览，亦以其非德肤旧本，不宜淆混也。倭中所传，尚有施发《察病指南论》《续易简方论》、卢祖常《续易简方论集》、王暐《续易简方脉论》，皆吾乡宋、元医家佚书，俟更访求赓续刊之，亦先君子之志也。光绪戊戌孟陬。

（10）校补戴氏《东瓯金石录》　孙衣言

《东瓯金石志》者，予友嘉善戴君咸弼之所为也。君草创此稿，盖十年以来，比予归自金陵，君时来假所藏书加之考订，而意殊不自足，复属予子诒让为之补校，诒让又以所得金石刻及晋、宋、六朝砖文益之，遂成书十有二卷，将以附予所编《永嘉丛书》中，盖君之为此勤矣。

昔欧阳子记羊叔子、杜元凯之事，以谓皆自喜其名之甚，而为无穷之虑，又言元凯尝为二碑：一置岘山之上，一沉汉水，知陵谷有变迁，而不知石有时而磨灭也。然则名固可喜，要必求其不可磨灭乃为能，为无穷之虑也。君之此书，知古人之自喜其名，集而录之，使不至于磨灭，意既善矣，使后之览者皆知自喜其名为无穷之虑，而务为不可磨灭，则此书之传，非徒存古人之名而已，岂非尤善者欤？

予与君齐年，而予先三年以疾告归，衰老益惽，罕与士友相接，今君又来别余去矣。每念宋时吾乡先生林介夫、郑泰臣、徐季泽、陈君举诸君子与同时贤士大夫赵清献、景仁父子、朱履常、沈持要之徒相与游从，登临题咏之乐，风流文采邈焉莫追，然则古今人真有不相及者欤？是又可叹也已！

光绪八年，岁在壬午十一月二十日邵峿寓庐。

（11）校刊王氏《守城录》作后叙

宋南渡后，扼江淮以为国。荆、鄂据上游形胜，实为重镇。边衅一启，则被兵最先。其时疆吏以守御著绩者，幕僚子弟往往纪录其事，辑为专书，今所存者，若汤璹《建炎德安守御录》，则记陈规守德安事；赵万年《开禧襄阳守城录》，则记赵淳守襄阳事是也。与赵同时，有永嘉王忠敏公允初者，通判德安，实继陈规之后以守城著名。陈氏之守德安，被围最久者六十五日，赵氏守襄阳，被围亦止九十日。至忠敏守德安，则被围至百有八日。且其时郡守李师尹懦不解事，宣抚使所遣援兵率观望不前，百计支拒，卒完其城，功视陈、赵尤伟。其子提刑致远亦有《守城录》之作，顾世罕传帙，故《宋史》遂不为忠敏立传，又并守城事属之李师尹，则元时修史诸臣之疏也。汤《录》应自明以来屡经传刻，乾隆间进储四库，仰邀高宗御题，宸翰炳然，昭垂册府；赵《录》虽不显，近时亦有梓本；独王书久无著录，编素黭黯，几于沦失。同治丁卯冬，家大人始从忠敏裔孙仲兰孝廉许得此《录》写本，乃其族纂修谱牒时移誊，副帙犹宋本之旧，乃与中父各抄一册弆之。复因原抄缮录未精，文褫句揣，不可卒读，乃命诒让悉心雠正，订其舛误，疑不能明者则阙之。至书中所记事实，虽斠之史文不无岐溢，然旁稽群籍，则左验瞭如。如《录》载开禧二年十一月五日壬午，金人至枣阳；十二日乙丑，破随州；十七日甲午，至德安。与《宋史》所载十一月辛巳破枣阳，壬午破随州，十二月戊申围德安，日名虽异，而赵《录》亦载十一月五日金人犯枣阳，正与此合，足征其为实录。它如载金人至枣阳，宿将马拱、赵《录》作"珙"。张虎、韩源死之，应山戍军雍政、马谨以救拱等败死，惟政溃围仅免，其事史所不载，而赵《录》亦详纪之。又载教授陈之经与监税蒋梓告急行在，叶忠定《水心集·陈朝请谦墓志》亦有德安教授陈之经见韩侂胄恸哭陈州无援兵事，彼此钩核，可以互证。然则此书所记，虽一人一时之事，而为读《宋史》者拾遗补阙，其足与汤、赵二《录》并传，固无疑也。壬申十月，家大人以此书开彫于金陵，杀青既竟，乃命厚诒让附识其源流，并著其足与它书相参证者缀诸简末。世有综辑录略，如晁昭德、陈直斋其人者，庶毋以晚出之书疑其诬伪尔。

（12）校刊《二刘集》跋

右宋起居郎永嘉刘安节《元承集》四卷，其弟给事中安上《元礼集》五卷，前有留茂潜序。茂潜，嘉定中知温州，是集盖即其所合刊也。《给谏集》据《行状》有诗五百篇，制诰杂文三十卷，今所存才十之一。《左史集》篇卷尤少，殆皆非完帙。然陈直斋所见者，卷数已与此同，则散佚当在南宋初也。左史、给谏并事二程，事迹见《伊洛渊源录》。是集所录，制诰经义居其大半，间有不经意之作，然大率明白质实，不失为布帛菽粟之文，以周恭叔《浮沚集》较之，盖如骖之靳矣。是集国初时已不易得，朱竹垞辗转传写，始获其全。百余年来，流传益少。余家旧有文澜阁传抄本，脱误窜改，殆不可读。丁卯秋试，于杭州购得卢氏抱经堂所藏旧抄本《给谏集》，家大人又从祥符周季贶司马所录得吴牧庵校本《左史集》，命诒让以家本对勘，刊补颇夥。会武昌开书局，刊布经史，永康胡月樵丈实总其事，因属为重刻以广其传。卢、吴二家抄本，行款不甚符合，所出盖非一本，今亦不敢专辄改定以存宋椠之旧云。同治十二年癸酉七月，后学瑞安孙诒让记。

（13）书《影宋本残抄永嘉四灵诗后》

世所传《四灵诗》，皆选本。此为宋刊全集之旧，盖从景宋本移录者。以校读画斋本《二徐集》多诗百余首，惜《灵渊集》缺其半，翁、赵两家则又全佚，然在今日则残缺中之足本矣。同治己巳三月，过吴门，得此于玄妙观前书肆。庚午十月读一过，书此，时余方纂《温州经籍志》也。瑞安孙某。

毛扆《汲古阁珍藏秘本书目》，宋板《四灵集》三本，藏经纸面。此书久已失传，幸而得此，虽后有阙，实至宝也。同治庚午十月，仲容补录。

（14）校太仆所编《永嘉内外集》（缺）

9.为他人著述作

（1）《曾祠百咏跋》 朱中我

右题曾文正公祠百章，余友长洲朱君中我之所著也。祖孟棨《本事》之例，志湘东《怀旧》之思。朱甍宛在，风云护此储胥；赤乌不归，感怆溢于毫素。信申德之嘉颂，冠伦之奇作也。

原其微旨，盖以公功赞中兴，学洞圣泽；传副柱史，铭书大常。凡此昭焯，无劳藻咏。然而葛侯逸事，郭冲摭承祚之遗；郑公谏书，思忠续方庆之录。麻沙雕枣，搜《昌黎外集》之文；淳化镌珉，模谢傅近间之帖。雅谭有述，佚制同传，论其珍贵，并逾球璧。而况平津翘材，特开三馆；山公启事，别为一书。经帷讲艺，问难拟于郑乡；戎幕论文，撮录富于元箧。以逮云台耿、寇之奇，记室阮、陈之妙，莫不隶旆麾而树绩，望斗极而知归。此又读《公是弟子》之记，未必皆详；写庾公参佐之名，不无遗略者矣。

朱君雅才逴跞，嘉藻纷纶。公乘家学，抱许祭酒之遗书；士衡妙年，与张司空之宾席。永怀鲍叔知我之雅，弥深随会谁归之慨。兹以薄游钟阜，重谒梦楣。锦城庙古，发少陵之高哦；黄石祠高，动宣远之遐感。楚贤呵壁，无间揽蕙之衷；子牙缀弦，永绝焦桐之契。爰托柔翰，写此素心；附缀旧闻，存诸细注。将以播芳埃于来祀，资掇讨于遥年。傅季友云："微管之叹，抚事弥深。"君其有焉。

诒让曩游冶城，曾窥南阁。家君论学，夙着籍于韩门；小子通家，亦睎踪于李座。永惟畴昔，同此依归。十载如驰，九秋不作。载诵斯咏，益复悢然。昔遗山《中州》之集，资修史于金源；王称《东都》之编，甄颂诗于石介。是则百篇著录，虽风雅之嗣音；而三长奄擅，实阳秋之具体。后之览者，可以知君之志矣。光绪丁亥五月，瑞安孙诒让跋。

（2）《东瀛观学记叙》 刘绍宽

吾国兴学堂之议亦屡变矣。甲午以前，朝廷方锐意于经武，南北洋武备学堂始发其端，犹未及于其他新学也。逮戊戌、辛丑两奉明诏，广开学堂，而后自京师以迄各行省、府、厅、州、县，接踵而兴。然而承数千年政教之敝，骤议兴学，迂儒俗吏既徒惊怖泰西学艺之精，而未知所津逮，一二振奇之士志盛而虑疏，则又欲举吾国学子之略通举业者，授以移译之书册，将谓转瞬而蔚成通才，足应时需。久之而所望百不售一，议者遂以学堂为诟病。而少年颖伟之才，乃相与联袂东渡，游学日本者岁以数千计。夫以彼三十年之教育，其胜于吾今日创设之学堂，固不可以道里计。然吾有国有民，乃自放弃其教育，使转受教育于他人，非计也。而以今日吾国之学堂教育之无方，懵尔国民，于普通之知识尚阙焉其未逮，其施教也，恒扞格而不通，其受教也，若茫乎其无畔岸。于此而遂侈然自足，相与终古，则其效仍虚悬而不可期。然则博观精考，采异域之长以裨我之阙，其必不可以已矣。

吾郡学堂之开，始于壬寅。诸邑次第兴举，瑞安先成，而平阳、乐清继之。二三君子，相与究心学务，亦咸冀妙简俊才，激励其志气而驯进之道艺。然而希望太骤，管理未周，授课无等，执业不恒，故陈义颇高，而于普通之知识转有所未及，其弊亦略等焉。

吾友平阳刘君次饶，湛深经术，淹达时务，与陈君子蕃从事于平邑学堂者有年。喟我国教育之未能尽善也，乃与子蕃东游日本，考察学务，自彼国东京大学以逮村町众小学靡不周历。又与彼都贤士大夫反复商榷，折衷至当，应时记录，积稿盈篋。其返也，裒辑其精要为《观学记》以饷学者。其大旨在于研究师范以成教员，而多设蒙学以陶铸少年学子。至于管理之方，教科之册，无不采彼之长以裨我之阙。其论之精者，与《周官经》《大小戴记》多相符合，信不刊之作也。

夫大学，道艺之精，端绪繁赜，非尽人所能企也。要惟是小学者，养国民之资格，而导之以普通之知识，则圆颅方趾之伦，有生而具，特无教育以宣究之，则沦于罢癃瞀闇而莫能自振。故东西洋诸强国，民无论男女贫富，必强迫曲诱，俾以时入小学堂，用扩充其智识，而后恣其所从事。盖学龄既届，而普通之知识尚阙，则不可以为人；国民既蕃，而普通之教育未周，则不可以为国。虽有奈端、培根之学，拿破仑、纳尔逊之武，将安所藉手以自立？吾国时局阽危，介处众强之间，其可不憬然知所反乎！

次饶既为此《记》，又以其考察所得者遍语其乡人。不数月，而江南一乡蒙学堂创成十有四区，平邑学务将从此大兴，瑞安瞠乎后矣。某读其书，钦叹玩绎，愧未能逮。辄揭其闳旨以告吾党，亟相与从事于普通之教育，以植民智之基本，而无遽徒为高论。吾国学务，其庶有觊乎！光绪乙巳三月。

（3）《补学斋诗抄叙》胡调元

吾邑胡氏自宋南渡以来，世为望族。名贤魁士，相望不绝。咸丰季年，先君子以侍讲出守安庆，引疾旋里。于时同邑诗人，惟胡棣甫广文丈诗格雅澹，在陶、韦之间，与先君子倡和最密，吟笺往还，殆无虚日。广文族弟桂樵孝廉，亦以豪饮工诗与先君子为文字交。时诒让年才十三四，粗解文义，瞻侍钦欢，未能奉手受教也。

既而先君子以湘乡太傅之招，复宦游吴、皖。逮光绪己卯，以江藩改太仆南归，则两胡先生皆已先逝。曩时诗友无一存者，惟孝廉从子榕村大令妙年隽才，濡染家学，亦工于诗。先君子尝食沙喫，为诗索里人和作，惟榕村与亡友林祁生诗最佳，剧赏之。胡氏诗学，继起有人，雅音为不坠矣。

嗣黄漱兰侍郎丈以通政归田，尝于城东江滨建飞云阁祀同邑诗人，屡与榕村纵饮其间。酒余兴发，高哦声惊四座。诒让亦时参末席，愧未能学步也。既而榕村成进士，以县令分发江苏，大吏知其材，屡檄勾当重要政务。客春又摄篆金坛，时当朝廷议更法，凡百新政，次第毕举。既又遭荒歉，捐俸治赈，簿书眯目，日无暇晷，然犹不废吟咏，其敏才雅尚，殆非寻常俗吏所能及也。顷以金坛受代，听鼓多暇，乃裒近作并旧编都为一册。刊板既成，驰书见示，且索序其端。诒让受而读之，则感时事之多艰，念昔游之不再，凡抑郁愤闷之怀，悉于诗发之。其诗亦益工，浸浸乎登剑南、石湖之堂，信足以赓续家集，辉映先达已！

诒让少治经生之业，尝学为诗而不能工。孤露余生，意兴衰落，诵榕村诗，钦欢玩绎，愧勿能逮。辄述家世旧闻与师友并离之迹，为序以答榕村。风尚更新，旧学废黜，乡里之间，诗事殆绝，斯则榕村与不佞所为同慨喟不能已者欤！光绪丁未孟陬。飞云阁掌故

（4）《东游日记叙》黄愚初

国家自道、咸以来，始大弛海禁，与东西洋诸国开榷场互市海上。校其疆里，多张骞、甘英所未窥者，皆列图籍，通使节。皇华四达，数万里重瀛如履畿闼，斯亦亘古未有之盛也。士大夫游历外国者，斐然有述，往往著为游记。其佳者，奇文创见足裨轺轩之采，视唐玄奘、宋徐兢、元丘长春所记录，倜乎远过之矣。

余友平阳黄君愚初庆澄，振奇士也。以学行淹粹为沈仲复中丞所赏异，修书俾游日本，而我驻日使臣汪芝房编修，复饮金以助其行。数旬之间，遍历彼国东、西京以归。

日本与我国同文字，其贤士大夫多通华学，邦域虽褊小，然能更其政法以自振立。愚初之行也，盖欲咨其政俗得失，以上裨国家安攘之略，顾不获久留。其归也，仅携佛氏密部佚经数十册，又为余购彼国所刊善本经籍数种，皆非其初意也。既又出《日记》一小册示余，识其游历所至甚悉。

夫中外政治得失异同，其精微之故文字不能宣，其奇伟广远者又非下士所敢言。然则此册者，其粗粗之迹耳，何足以见愚初之志哉！然愚初之意甚盛，方将遍游五大洲以扩其闻见，游记之作，殆倍蓰而未已，则以此册为之权舆，殆亦愚

初所乐为乎？既刊成，为序以广其意，且以见愚初之志之不尽于是也。光绪甲午二月，瑞安孙诒让。

按：所得善本经籍凡五种：一、抄本绍兴校正《本草》一部；二、松碕明刻影宋本《尔雅》一册；三、宋本李逻《千字文注》一册；四、逍遥院内府实隆公手书《字经》一册；五、狩谷望之翻雕北宋本《孝经》一册。见《日记》第三十三页。

（5）《师竹斋吟草叙》洪子迁

自刘子骏《七略》以儒冠诸子而医书别为一略，汉以后志录家沿袭之，儒与医途辙遂显判。而文苑、方术，传记家亦莫能合一，斯古今之通患也。然古来通人魁儒如皇甫士安、葛稚川、陶贞白之伦精通医学：宋有《苏沈良方》者，盖苏子瞻、沈存中所论著；而洪文安亦撰方书，今所传宋本《洪氏集验方》是也；国初以来，傅青主、徐灵胎皆工诗文，而所撰医书亦极精博，盖苏、沈之流亚也。

窃谓古名医如仲景、丹溪、东垣何尝不精通儒书，特尝患为医所掩，而苏、沈诸先生以文章名世，世又罕见其能医，此学者所为废书而太息也。

吾乡风俗朴塞，文士治举业外，于他学罕有津途，而习医者又多习流俗歌括，未有能通儒者。独洪明经子迁，少以能文驰誉庠序，尤工为诗。既长，以多病精研《灵》《素》诸书，遂以儒而精医，名重一时。踵门求医者无虚晷，宦斯土者亦争相延致，适馆授餐，礼敬恐后。以是南游闽峤，北览吴会，名益盛而诗益富。今年六十，裒其生平所作诗文凡二百余篇，写定为兹集。余读其诗，冲淡夷犹，时构精语，体综唐、宋而不为涂径，盖其得于性情者深矣。同人皆怂恿付梓以传之世，俾后之读兹集者，知子迁以良医而为诗人，不以方术掩其所学，则苏、沈之文，朱、李之术兼而有之，君家文安安能专美于前乎？

至君所著医书尤富，将续刊布以饷学者，斯又非余所能赞一词者矣。光绪丙申四月，同邑孙诒让序。

（6）《蚕桑验要叙》吴子翼

中国蚕桑之利，肇自邃古，顾《诗》《书》所记，率在齐、卫。自宋、元以来，吴、越丝缯衣被天下，而兖、濮古所称桑土者，其所产反恶劣，远不逮南方。盖物种之进退与人事之精粗有交相推嬗之故，其由来远矣。

自欧亚交通，中国利权尽夺，惟丝为我国独擅之利，而亦日趋衰敝。盖法兰西、意大利、日本诸国皆植桑饲蚕，其儒者以动植物学之理精研而详察之，又以光热燥湿求其性质之所宜，其择种之精、种接缫治之巧，皆远出我上。然则蚕桑之利，昔由齐、卫而南移于吴、越，今乃由亚东而移于欧西，斯亦寰宇一大变局矣。

闻之西人论中土地处温带，上腴陆海，其壤宜桑，而蚕种之良亦甲五洲徒以士大夫不究兹学，桑农工女又拘守古法，不能通其精理，故桑既不蕃，而蚕尤以病为累。噫！彼异域重译于我国蚕桑利病，类能精究而质言之，而我国乃鲁莽从事，莫能改良以救敝，岂不可痛邪！

温州旧称八蚕之乡，郑缉之《永嘉郡记》所记蚖珍之属，今儒者率莫能举其名。往者邑中间有事此者，咸以土桑种劣叶薄，远逊苏、湖，而蚕尤多病，西人所谓"椒末瘟"者，往往灌渍委弃，莫能疗治。译务既盛，泰东西蚕学之书稍稍移译入中国，于是吾郡开蚕桑学堂以诵习新籍。顾学生不多，成绩未著。而私家从事者，皆尚沿用旧法，未窥新理。惟吾友吴君子翼业此数年，覃研有得。故比来郡邑诸人多以此耗绌，而子翼所养独善，其获丝亦甚厚。盖学与不学，其利害固相倍蓰也。

子翼以其数年所研究而试验者为书二卷，于桑则自选秧以至拥本采叶，蚕则自选种以至察病、缫丝，咸参酌中西之说而发明之，又系之图表以宣究其微义，信有用之书也。今子翼复以其书刊板以饷学者，俾郡邑从事者有所遵循，则吾乡蚕桑之学行将渐兴，可望远轶兖、濮而近超苏、湖，更由是而进焉，精益求精，以与泰东西专家抗衡，则恼富强之机庶或在是矣，岂徒我乡一隅之利哉！光绪癸卯二月，姻愚弟孙诒让书。

（7）《冒巢民先生年谱叙》冒广生

家史之有年谱，犹国史之有年表也。桓君山谓，太史公《三代世表》实效《周谱》，彭城《史通》亦谓表谱相因而作。然则表之与谱，固同源而异流欤。然唐以前国史有世表、有年表，而家史则有世谱，无年谱。先秦传记之传于今者，若《晏子春秋》之类，撮录言行，蔚成巨编，而未有分年排次，故读其书者，多不得其先后。间有一二可考者，亦多岐悟，莫能论定，则以无编年之例故也。自北宋人以陶、杜之诗，韩、柳之文，按年为谱，后贤踵作，缀缉事迹以为书者日多。于是编年之例，通于传记，年经月纬，始末昭焯，此唐以前家史所未有也。盖名贤魁士，一生从事于学问，论撰之间，其道德文章既与年俱进，而生平遭际之隆污夷险，又各随所遇而不同，非有谱以精考，其年无由得其翔实。即一二琐屑轶事，亦其精神所流露，国史家传所不及详者，皆可摭拾入之年谱。凡史传碑状纪述舛午不可治者，得年谱以理董之，而弇然如引绳以知矩也。余治《礼经》，尝疑郑君《礼注》与《诗笺》说多驳异，读山阳丁氏《郑君年谱》，乃知其笺《毛诗》在中平以后，而《礼注》先行，所据者《三家诗》也。又尝疑阳明朱子晚年定论之不足信，读白田王氏《朱子年谱》，综考论学之年月，及朱、陆往来商榷之踪迹，而后较然得其移易附会之诬。然则年谱之作，虽肇于宋，而实足补古家史之遗阙，为论世知人之渊薮，不信然欤。如皋冒巢民先生，在明季以风节文章负海内众望，主持文柄与复、几二社，抗行身丁九厄，排击奸佞，《南都防乱》之揭名震一时。沧桑以后，邈然高蹈，不应鸿博之荐。其志节既为胜国遗老之后劲，而辞藻之美，著述之富，于康熙词科诸君亦足相辉映。以遗书传播甚少，无由综缉，未得登国史文苑之传，高文亮节，郁而未彰。其族远孙鹤亭孝廉，始捋集其遗文及地志、家谍，缉成《年谱》一卷，诵芬述德，其事甚盛，非徒以钩稽排比为传记家言也。诒让曩尝览涉国初遗闻，于巢民先生最所钦服，而恨未见其传书，不及考其事迹之详。去冬鹤亭就婚瑞安，出所著《谱》见视，乃得餍平生晞慕之志，窃用自幸。鹤亭以妙年举乡荐，所学甚富，所著文奄有阳湖、宜兴之长；尤工为词，梦窗、白石可与共论，它日所造，殆未可量。而斯《谱》尤其矜慎之作。余所见名贤年谱几及百家，若竹汀钱氏三洪、王、陆诸谱之简要，石洲张氏顾、阎两谱之详核，其尤著者。而鹤亭斯册，酌乎详略之中，足以兼综钱、张之长，世有精于史例者，当自知之，固无俟余之扬榷矣。光绪丙申孟陬叙。

（8）《窥横诗质跋》周季贶

右五言律诗一卷，周季贶先生之所著也。先君以道光庚戌成进士，与祥符周叔沄先生为同岁，又同入史馆，春明文宴，往还最密。先生昆弟五人，咸以高文邃学名重一时，而季弟季贶先生学尤淹洽，喜收藏异书，著录数万卷，多宋、元旧椠及乾、嘉诸老精校善本，三荣郡斋不是过也。先君曩官江东，季贶先生亦需次闽中，时驰书从先生借抄秘籍，辄录副见寄，手自理董，丹黄杂沓，精审绝伦。诒让尝与校读，每伏案钦诵，以为抱经、荛圃未能专美。既而同岁老友谭君仲脩复为诵先生所作诗词，尤多造微之作，则又窃叹先生述造之富，非徒为校雠略录之学也。比先君以太仆引疾归里，十余年，季贶先生亦解组，归寓吴门，书牍疏阔，久不相闻。光绪乙未冬，先生外孙冒鹤亭孝廉来瑞安，得从问先生起居。出示先生手定五言律诗五十余篇，盖先生少年时著集甚富，晚年手自删减，又质之仲修，相与商榷，仅存此一卷。高渺之致，寓诸平易；镞奇之怀，返之冲澹。杼山长老有云清景当中，天地秋色，可与论先生之诗矣。诒让少时，先君尝授诗法，稍长治经史小学，此事遂废。间有所作，神思塞郁，不能申其旨。每念袁简斋砼渊如先生语，辄用内愧。今读先生兹集，托兴孤迈，妙造自然，益复爽然自失。夫商彝、周鼎，范制简朴，而非巧冶所能仿造，此岂涂泽雕绘者所能窥其万一乎。独恨先君于前年冬弃养，与季觊先生卅载神交，未得一见兹集，此尤孤露余生所为展卷而泫然霣涕者已。

（9）《咸丰以来将帅别传叙》朱仲我

光绪丙申，朝廷以属藩之乱与倭构兵，款议既成，中国士大夫以国威未振，时变日亟，矍然有人才衰乏之忧。而老友朱君仲我著《咸丰以来将帅传》适成，比丁酉刊板既竟，以书寄示。诒让受而读之，喟然曰：洪、杨之乱，糜烂几遍寰宇，卒能戡定，劼开中兴。虽仰藉文宗忧勤之心，穆宗神武之略，抑亦忠勤蔚兴，师武臣力之效，与夫粤寇萌枿于道光之季，疆臣姑息，蕴郁溃决，遂酿为大乱。洎其窜湘、鄂，截江东下，所至无完城。遂乃南据江东，北窥畿辅，捻、回诸匪，抵巇踵发，蹂躏遍十八行省，天下大势几殆。自胡文忠公建节鄂中，始陈布方略，调护诸将，屹成荆、襄巨镇。曾文正公以儒臣首创湘军，激励忠义，知人善任，莫府既开，魁杰云集，疆阃名臣多出其间，川、淮诸将，投袂继起，威略遒布，遂殄巨憝。迄乎刘壮肃之平捻匪，岑襄勤之剿滇回，左文襄、刘襄勤之定西域，国家威棱，西憺葱岭，南极滇池，将才之盛，方之汉卫、霍，唐郭、李，殆远过之矣。诒让昔读文正原才之论，谓人才之蔚盛，由于一二人心之所向，而所为《金陵楚军昭忠祠记》则又极论用兵贵因时适变，无不敝之法，可狃之见，唯忠臣谋国，百折不回，勇士赴敌，视死如归，为常胜之理，万古不变。至哉，论乎！所谓百世以俟圣人而不惑者欤。今读朱君此编，所著录者无虑数百人。或抱瑰奇卓绝之志，而中道一蹶，陨元绝脰，不竟厥功；或李、蔡中下之材，凭藉时会，光列勋籍，膺五等之宠。成败荣菀之故，诚不可以概论，盖天实为之，非人之所能为也。要忠荩之臣，竭其坚贞之力，以相与楮持厄运，志气搏壹，天必从之，斯则确然可信，与文正之论若合符契者尔。朱君尝从文正戎幕讲学，甚悉於戏下材官健儿，多相狎习，常从询兵间事，辄得其详。故此《传》纪述特翔实，两朝勋臣事迹略备，下逮偏裨，外附客将，捃录无所遗。又间及轶闻杂事，以见伟人奇侠精神、志趣所流露，则奄有史公《李将军传》之奇矣。所缀论述简而笃，严而不列，信乎良史之才，非与夫考馔琐屑者较其长短也。先太仆君为文正门下士，文正之视师安庆，尝与闻营务，于咸、同名臣多为雅故。而粤乱初兴，家中父学士君方视学粤西，以巡抚某公讳寇密疏首发其事，桂林之围，亲在城中，几濒于危。旋归，又奉朝命治团于乡，值浙东西沦陷，乡里墟烬。诒让甫成童，辗转兵乱间，仅以获全，故于东南军事闻见颇悉。以朱君所记，核之家世旧闻，致多符合，益知君书之可以传信而不疑也。抑又闻之，咸丰之季，寇乱方亟，大军屡挫，自僧忠亲王以逮塔、罗、江、李诸名将之殉节，皆一时惨变，往往九重霣涕，率土痛心。而终以胡、曾两公力维危局，朝野系望，若隐有所倚恃，虽闻败而不惊。今距两公之没不逾三十年，而强敌环伺，兵气不扬，时局之艰危，乃远过于曩昔。丙申之役，湘淮雄师麇集陪京，以重臣失机，威望骤损。虽议款息兵，而海内事势若泛蓬梗于大海，茫乎不知其所济。岂人才之极盛而必衰，天运之固然欤？无亦如文正所讥尸高明之位者，不能以己之所向陶铸一世，而猥以无才厚诬天下乎！斯尤诒让所为读朱君之书，而拊膺扼腕愤闷不能自已者矣。

（10）《薛尚功书钟鼎款识跋》

今本薛书二十卷，晁昭德《读书志》及《宋史·艺文志》著录并同，而《直斋书录解题》及吾邱了行《学古编》则云十卷，纪文达疑当时原有二本，今考之，殊不然也。盖此书在宋时，自薛氏手写本外，止有石本法帖，无板刻本，曾宏父石刻铺叙载法帖本刊于定江公库者，正是二十卷，而吾氏所见十卷本，亦云刻于江州。定江即江州，同出一地，其非二本，殆无疑义。检手迹本册首元人题字云："予读薛尚功《集古金石文字》，叹其博，及见谢长源所收尚功写本，乃知今石刻仅得其半，而写本字画为精。"末题："至正元年后五月廿二日，灵武斡王伦徒克庄在武林驿。"以此题推之，盖定江石本，南宋中叶已缺其半，陈直斋所见，即不全本，实无二刻也。余尝以曾氏所记定江本，校今板本及旧景抄手迹本，惟石本题"法帖"，而手迹本则无此二字，其目次首尾悉同，惟第十九卷，今本以"注水匜"殿末，而曾载石本目匜在洗上、律管下。今考律管与匜，同为始建国元年正月癸酉朔日造，二器自宜相次，似当以曾所记为优也。定江元石，元以后久佚，旧拓亦绝不易觏，而手迹本明时尚存，朱谋㙔据以重刊，嘉庆间，阮文达以朱本刊于杭州，《序》称家有宋时石刻抄本，盖兼以《法帖》本校定者。余少嗜古文大篆，年十七八，得杭州本读之，即爱玩不释。尝取《考古》《博古》两图及王复斋《款识》、王俅《集古录》校诸款识，最后得旧景抄手迹本以相参校，则手迹本多与《考古》诸图合，杭本讹误甚多，释文亦有舛互。如《应侯敦》，应，误为"雍"，《张仲簠》与复斋所引异，皆手迹本不误，而杭本反误者，则阮校未为精审也。手迹本册端所摹宋、元、明人题字十则，咸翰墨精雅，足考此书源流。朱谋㙺本亦有之，其第二则云："嘉熙三年，冬十有一月望后十一日，外孙朝请郎新知临江军事杨伯岩拜观于廿四叔外翁书室。"后继以周草窗《跋》云："后二十年，弁阳周密得之外舅泳斋书房。"伯岩即撰《九经补韵》者，泳斋亦即伯岩别号，见草窗《云烟过眼录》。若然，宋时手迹本曾藏杨泳斋家，后归草窗，而泳斋亦得之外翁某家。三易主而皆以外家相传授，亦储藏家嘉话。余如柯丹邱、张天雨诸题皆佳，而杭州本尽删削不存，亦殊可惜。后有重刊者，当补摹之也。余昔尝欲综合诸本重为校定，曩张啸山先生为余言，松江某氏有宋拓石刻本，尚完具，惜不得假校。附记之，以俟它日傥得慰此宏愿尔。

（11）《题日本刊孝经郑注》

此注是魏郑公前旧诂，非真郑义，亦非日人伪撰。洪颐煊、阮元并失之不考。

（12）《富强刍议叙》沈骊昆

自嘉道以来，泰西汽船之利横轶太平洋，欧美诸强国辐辏环集，而中外华洋之限决撤无复藩阈。时适踵我雍、乾极盛之后，朝野承平，法度疏阔，财计内匮，兵备外弛。逮庚子海上兵事起，而世变益亟。天子宵旰忧勤，叹筹海之无术。而一二贤达之士，忖度于彼我长短之间，亦惶然忧其不逮，往往愤时虑变，奋笔抗议，论治之篇著录相望。余疏陋不获尽见，其尝览涉者如安吴包氏、邵阳魏氏、善化孙氏、吴县冯氏诸家之书，其尤著者也。魏、冯之书，恢奇闳深，善言外交，多采摭西政之善，欲以更张今法。包、孙则精治内政，于河漕盐诸大端，校核致详。而包氏又推本于农桑，不为过高之论。四家指趣不尽同，而要多精实，可见诸施行。其意所独至，或不免畸于一隅，且其书最先出，则后之事变奇诡蕃赜，日出不穷，于虑或有所不周，亦其势然也。至甲午黄海挠师，辽、胶继失，外患既日棘；戊戌更化，海内望治，而廷议未协，党论又兴。于是新旧之辩哗然百出，贤者扼腕攘臂，悲愤郁激，其论或流于虚憍偏宕，不必尽适于用；而庸狠剽窃者亦希附景光，乘隙而间出，纷然淆乱，不可理董。来日方长，吾未知其所极也。无锡沈侗昆内翰，为筱筠观察哲嗣，于学无所不窥，尤究心经世大业。既恭承庭诰，复多与贤士大夫平议商榷，遂博稽五洲各国盛衰强弱之源，而甄采其精要以自镜。又雅练习国家掌故，于今日沿流文敝之失，咸精究而质言之，所著《自强刍议》廿有六篇，每篇各首揭大要，而详举其利病为续议。义或隐晦，复附小注以发明之。宏纲细目，连类并举，枝叶扶疏，通贯万变。如重本根，则极陈屯垦之利；开议院，则痛砭自由平权之误解；明经义，则申论兴中学为保教之本。盖欲通中西之邮，折新旧之衷，平实精确，非章句小儒所能窥也。呜呼！百年以来，魁儒志士不忍夫沦胥之痛，所为发策、陈书强聒而不舍者，岂欲托之空言以著述相矜尚哉！夫亦谓时会之穷而必变，将求得当以一试也。然而或举世传诵而不得用，或偶用而不克竟其绪，则天实尸之，非人之所能为也。昔汉贾生建强干弱枝之议，不用于文帝，而景帝用之以削诸侯王之权。董子建崇儒、广学之议于武帝，初亦未遽用，后卒用之以开昭、宣之治。今世魏、冯诸家之书，其初出也，举世方弇聪蔽明，守一而不变，于非常异义，惊诧若不欲闻。而迄今数十年，事势显白，政法屡更，乃或与彼书暗合，则亦略用其一二矣。若良医然，精思博考以处方，不能期人之必信，而既当于病，则必收其效，固可券也。今天子方将惩前毖后，更法自强，俪昆以盛年清望，崇晋监司，行将渥膺简眷，为国宣劳，尽举平日所论著者以仰赞中兴之盛，则虽内治外交机要繁会，而此廿六篇者，不假他求，固已裒然其有余矣。余少耽雅诂，矻矻治经生之业。中年以后，欿念时艰，始稍涉论治之书。虽禀资暗弱，不足以窥其精渺，而每觏时贤精论，辄复钦喜玩绎，冀以自药顽钝。今读俪昆之书，尤幸夙疑昭悟，旷若发蒙。而其他所论著，若《各国属地考》《各国钱币权量考》，与此书汇编为《练青轩类稿》者无虑数十卷，或考辩详博，足备时需。然则述造之盛，方将远轶贾、董，岂徒与魏、包、孙、冯诸贤较其甲乙哉。

（13）《中西普通书目表叙》黄愚初

光绪戊戌秋，朝廷始更科举法，以策论易四书文，将以通识时务厉天下士。于是乡曲俗儒，昔所挟为秘册者一切举废，则相与索诸市，求所谓时务书者，顾问以篇目某某，则腭眙不能应。黠估或示以断烂朝报，辄大喜，急持去。噫！讲时务而求之书册，所得几何，乃并所谓书册者亦不能举其名，科举之陋至是，其为世所诟病不其宜乎！余友寅君愚初，自沪渎归，出新刊《中西普通书目表》见示，曰：吾悯夫俗儒之陋，将以是道之途径，虽自愧简浅，要得吾书以索之市，可以略识所从事尔。盖君书兼综中西，无所偏主，故以"普通"为名。中书多取之南皮尚书《书目答问》，西书多取之新会梁氏《西书表》，芟其不甚急而益以新出之书。所列不必求备，间附平议，亦略揭一端，不必尽其旨要。然以是饷科举之士，则为已侈矣。君行甚急，不及与细商榷，喜俗子之有所津逮，而虑夫通博之士，执校雠目录家义例，斟其离合也。辄为综述大意，著之书端。

（14）《科学杂志序》（见青鹤杂志）（缺）疑即《科学仪器馆月报序》

（15）《古今钱略序》代家大人作

泉币之兴，盖始于遂古，而汉、魏以前无图谱之书，其见于史志者，文字形制存其大较而已，不能详审也。加以制度屡更，前世旧泉多废罢铄铸，其仅存者，摩镕剪郭，往往毁于贾竖之手，为儒者玩览所不及。故其时，通人训释经史，偶涉泉制，率莫能于史志之外有所增益。或疏舛移易，与史文相忤，如唐固注《国语》，以新莽大泉当周景王大泉，而张晏注《汉志》，据所见金刀疑史文之误，并为韦昭、颜师古所纠。则以其时无纪录专书，仅见流传旧泉，凭以为说之故也。泉谱之作，最古者为刘氏《泉志》，其书出于梁顾烜《谱》前，此书张端本《钱谱》及李佐贤《古泉汇》并不能得其撰人。余谓《隋志·五行类》载阮孝绪《七录》亡书之目，有刘潜《泉汇记》三卷，记、志古通用，疑即此书也。　钟官纪述，此其滥觞，踵而作者，自顾《谱》外，有唐封演、李孝美等数家，今皆不传。其传者惟洪文惠《泉志》为完帙，然舛谬甚多，不足依据。乾隆间，官撰《钱录》始补正洪志之缺误。风尚既开，海内好事者争购觅奇异，模拓为谱。百余年来，著于录者无虑数十家。虽其体裁大略相等，而搜访既勤，所得之泉，为旧录所未见者，或出于内府储藏之外。至近时，利津李氏《古泉汇》，则甄录之多至五千余种，而详富几无以加矣。然某尝谓泉布者，食货之大经，古之造币者，轻重相权，务以利用行远，其为制必精而不窳，简一而使民毋疑。及其敝也，子母无等，法令屡易，币以壅阏不行，未尝有利于国，而民已为重病。然则泉法虽国计之一端，其因革利病亦古今得失之林矣。至于先秦古币，形制奇异，可以沿流溯源，稽泉府之遗轨。而其文字简古，虽复形声增省，变易无方，要其指归，咸不悖于仓籀，与彝器古文合者盖十八九，是尤儒者所宜考核也。顾诸家之谱多斤斤焉致详于肉好色泽之间，而于古今制度及文字音读之异，莫能博稽精校以究其本，宏达之儒不能无慊焉。望江倪迁存先生为乾、嘉间名儒，生平精鉴金石，而藏古泉尤富，又得江秋史、瞿木夫、翁宜泉、严铁桥诸老相与商榷，遍得其拓本加以考释，勒成《古今钱略》三十四卷。其书所收，不及李氏《古泉汇》之富，而援据详博殆过之。卷首备列国朝钱法，于金布令甲综缉无遗，《历朝钱制》诸篇，则又博征前代法制因革，旁及于飞钱、会子之属，而考订文字多列前人辨证同异，使览者得以审其是非，皆足补诸家图谱之缺略，信不刊之作也。某顷者备藩鄂渚，与先生族子豹岑大守为同官，得受其书而读焉。窃爱其义例精善，足备政书之一家，非徒以赏鉴古器为谱录之学，与鄙人素所论者奄若合符。至其考释古金，如以齐刀造邦字为迟鄤，古币甘丹字为甘井，与鄙见微有不同。而附录一卷，旧闻琐语，捋集过繁，骈拇枝指，尤不适于用。然其闳义渺旨为他谱所不逮者，固览者所宜知也。故遂揭之卷首，使后之嗜古者有所择焉。光绪丁丑正月书。

（16）《书校顾亭林诗后》玉海楼藏稿本

《亭林诗集》六卷，传校原抄稿本，潘稼堂刻本并为五卷以潘刻本勘之，得佚诗十有八篇。潘刻所有而文字殊异者又逾百事，潘刻亦有初印及重修之异，修板本阙字殊夥，初印本并与原抄本同，今不备校。　谨校写为一卷。

呜呼！兰畹剩馥，桑海大哀。凄迷填海之心，寥落佐王之学。景炎跸去，空伤桂管之虫沙；义熙年湮，犹署柴桑之甲子。捃兹一掬之煤炱，恐化三年之碧血。偶付掌录，读之涕零。后之览者，傥亦亮其存楚之志，而恕其吷尧之罪乎？兰陵荀羡。

集外诗注中间有佚事，张氏《顾先生年谱》咸失载，疑石洲亦未睹原抄本也。羡又记。

又：题《顾亭林集》校本后

岂愿区区王佐学，苍鹅哀怨几人知。流离幸早一年死，不见天骄平廓时。

万里文明空烈火，人间尚有《采薇》篇。临风掩卷忽长叹，亡国于今三百年。

（17）跋王菜《九峰山志》

右《九峰山志》五卷，余同年黄岩王君子庄之所纂也。首为形胜、山川、寺宇、杂记一卷，次记文一卷，而以宋、元以来题咏之诗三卷终焉。

夫山志之最古者，莫如《山海经》，其书仅记山川、道里、物产，而间及神怪。晋、宋以降，山始有专志，然体始萌芽，文尚简略。《五代志》所著录者宋居士《衡山记》一卷而已，余不著录者尚有数家。遗文剩句往往见于唐、宋类书，余尝取而考之，而所载亦不过名胜古迹，独罕有及诗文者。唐、宋而后，撰述渐繁。至于今日，则一郡一邑之中，凡号为名胜者，莫不有志。侈谈景物，兼及释老，而其所尤详者又莫若艺文。盖其初则图经之体析为山志，至今而山志之例几涉总集矣。

浙东之山，在秦以上，东南之镇唯有会稽。至汉而天台之奇显，历唐而雁荡之名彰。九峰之山介于台、雁之间，盖数千百年寂无闻焉。宋左经臣始游其间，记之以诗，厥后作者愈多，游人寓客之至者，争标识岩石，抉剔幽隐，登高而赋，为山增光。子庄博通经训，而尤善考证乡先哲遗文轶事，方将搜撷群借以观三台文献之全，以尝读书山中，出其绪余，作为斯志，盖于表章胜地之中寓网罗放失之意。则斯帙也，卷有五而诗文居其四，不亦宜乎？

同治戊辰十月，子庄以事来温，出此册见示，属为题后。余未尝游九峰，兹因子庄之志始得知其崖略，于山之胜，不能有所赞述。而此书有序有图，而独无凡例，姑记所闻以补之以质子庄，子庄其有以教我也。

（二）书牍类

1.《复张相国电》

武昌张中堂夫子钧鉴：昨为越事电禀后，旋奉电谕，敬悉。存古总教，本非衰庸所敢任，重承师谕，敬当勉遵。礼部闻已奏派，未便固辞。而温师范学校经年未竣，现觅人接办，计非冬初不能成行。闻觐光在即，朝野渴望，司马入都时容面请示。事关奏派，驻鄂一节，恐难自由，俟到京再决定。越事仍希主持，感切。让。个。

2.《致温处道贺观察书》

芷兰大公祖大人阁下：忝隶帡幪，久睽瞻侍。眷芝辉之在望，愧葵悃之靡宣。顷者忻传邮报，荣摄监司。厘凝矞绣，喜即庆于真除；惠次蜃江，冀奉扬于德政。崇阶指晋，忭颂心殷。弟等蜷伏街茅，毫无建树。樗材拙守，愧靡补于清时；樾荫同瞻，幸获依于仁宇。尚希惠赐箴言，俾资韦佩，是所至祷。

兹有琐事，谨以奉渎。窃敝邑自壬寅恭奉谕旨，开办学堂。当时钦定章程尚未颁行，士林翘首以望新政。让等与前任盛令鸿焘商议开办县学堂以为之倡，环顾士民希望之殷，规模不宜太隘，故于各教科之外兼课西文，按其程度，适与中学相等。嗣后城乡各蒙学堂相踵继设，迄今四年，略著成效。惟是经费奇绌，除拨本邑宾兴会及学计馆公款外，益以串捐、商捐，岁入不逾二千余元。而县学堂开支浩繁，加以津贴各蒙学，极力搏节，每年总需五千之谱。出入相较，亏绌甚巨。本年又恪遵钦定章程，添设高等小学一区为各蒙学之升阶，学界闻风，颇为踊跃，而需款甚巨，罗掘俱穷，勉强支撑，深虞竭蹶。

顷者博访商民，咸谓十余年来，台、甬海舶入口日增，商务渐盛，本年邑中又开轮船公司，商旅云集，税额之旺，可为操券。伏读《钦定学堂章程》，经费条有"准于本地税厘项下酌量筹拨"字样，查本邑南门关每年认解税额尚轻，揆之目前商务情形，必有盈余，拟求大公祖大人俯念瑞邑学堂经费支绌，准饬该关委员于定额之外加认数成，拨入学堂作为常年经费，则于税项无亏，而于学务大有裨益。

再者，办理税务，尤在情形熟悉。本邑文县丞荫宗在瑞多年，于城乡民情商务极为谙练，虽缺分瘠苦异常，而清操卓著，向不干涉词讼，士民尤为翕服。查郡城东门厘局，向以丞倅轮流兼理借资调剂，历届遵行，均臻妥协。可否援照成例，仰求赏派该县丞就近兼办南门税关事务，既可收驾轻就熟之效，复可省往来夫马之费，而该县丞亦可藉羡余略润涸辙，必益感激图报，□□从公，冀酬宪恩于万一。让等亦当随时商榷，广为招徕以效涓埃之补，而学堂得以挹注，庶可措手，斯亦大君子嘉惠士林，体恤僚属之盛意也。

管见如是，不揣冒昧，谨贡之左右。是否可行，恭候尊裁，无任翘企之至。肃此奉恳，恭叩台安，顺贺大喜，伏祈垂察。治小弟孙诒让、王岳崧、项崧、洪锦标、蒋作藩、李炳光顿首。

3.《致浙江学政禀》

诒让等为革生悔悟情深，观光志切，仰求恩准开复以励人才而申士论事：窃见平阳县学已革廪生杨镜澄、黄庆澄等，出自名门，凤端儒品，束身修学，素行无疵。前因府试童生滋事，被累详革。在宪台执法，本示以无私，而舆论原情，或以为可恕。且该革生自褫革以后，闭门思过，毫无尤怨，创艾既深，操履弥笃。伏念宪台培植士林，有加无已，而该革生摈弃经年，深可矜惜。绅等与该革生等生同里闬，于其品学凤所稔悉。为此合词沥叩恩施格外，俯念该革生因案被累，向无劣迹，且悔悟自新，与怙终者尚属有间，特予开复，俾遂其观光之志，则人才益励，士论亦申，实为大德。谨禀。孙诒让等顿首。

梅冷生跋：籀顾先生平素识拔人才，弘奖士类，在乡里负人伦祭酒之望。此稿为援助平阳杨镜澄、黄庆澄师弟二人而作。当清光绪十二年，二君以府试闹考案牵连被革，得先生一言恢复学籍。黄君旋举孝廉，游学日本，著有《东游日记》，孙先生为《序》其首。又在上海创办《算学报》，出至十二期，以戊戌政变停刊，亦当时维新志士也。因附记之。一九六二年一月廿七日。

4.《谕唱歌传习所学生》已见卷一之三《轶闻》

5.《致支恒荣书》二

（1）

夫子大人钧座：春明抠谒，瞬及廿年，翘企斗山，莫名钦系。

客夏欣阅邸抄，敬审渥奉温纶，视学淅水。大贤光莅，海宇向风，谨与同里士民额手称庆。嗣闻旋节扶桑，荣履新任，拟即肃笺申贺，只因衰病侵寻，楮墨久废，迁延未果，歉仄何如。乃承纡尊下逮，华翰先施，奖谕殷拳，洛诵愧感。

诒让自庚辰请假养亲，蜷伏家巷，不复与世相闻。孤露以来，意兴益减。少治章句之学，于世事懵无所解。迩来时局阽危，沦胥之痛时梗胸臆。加以年逾六十，早衰多病，益复无当时需。前者敝里二三同志集议兴学，嗣又请设学务分处，咸强使承乏。自愧学殖迂疏，无能为役，而以桑梓义务又不敢诿谢，勉策驽骀，支撑逾载，力尽筋疲，无补毫秒。顷幸劝学公所奉文裁撤，得以略释仔肩，正深欣忭，乃又猥承钧谕，委充议绅，闻命之下，愧悚万分。……

议绅职司咨论，宜博求宏达强毅之士，仰备涓埃之采。吴、邵诸君，咸邃学清望，冠绝时贤，允足副兹妙简。至于诒让之衰朽疏庸，亦荷过采虚声，俾厕斯列，并蒙垂念耄年，许其遥领，师门盛意所以优容之者无微不至，私衷实深铭瑑。惟是外顾乡里之责备，内揆顽钝之衰躯，实有万不敢任之情，此所以昕夕徬徨，惭悚无以自处者也。倘以急切乏人足承兹选，则窃见山阴蔡鹤庼太史元培，深通哲理，著述渊邃；会稽陶心云观察浚宣，才识开敏，经猷宏远；倘蒙甄采，必可胜任愉快。诚以忝附门墙，不敢略存伪饰，谨馨布腹心，荐贤自代。……

（2）

夫子大人钧座：前日奉诵觊谕，备承矩海，既谅其年力之就衰，复勖以义务之靡贷，发函三覆，感激涕零。议绅一席，实因学疏望浅，万不足以仰副咨询，故谨沥陈下忱，并举蔡、陶两绅冀以自代。乃荷钧翰，仍申前命，顾兹时局之艰亟，重以师谕之殷拳，只得策励驽骀，勉遵台旨。以后倘略有蠡管之窥，谨当随时陈达，用备甄择。……

诒让章句腐儒，秉资暗弱，虽少治旧学，略窥一二，而刍狗已陈，屠龙无用，

实不足以应时需。下略

6.《复学务公所议绅书》

让三、雷川先生，伯炯仁兄世大人有道：不佞杜门息影，不至武林者已逾廿稔。湖山腾笑，内顾惭。年来时阅报章，欣审执事维持教育，蔚然为全浙模范，谨与敝里学子同深庆幸。嗣闻支季卿师履任，锐意提倡，博访通人，既聘梓泉方伯为议长，而敬延诸君子为议绅领袖，群贤光萃，五善周咨，辉灿德星，遐迩翘仰。不意季师误采虚声，乃复征及鄙人，奉命之下，愧悚无地。当即以衰年多病，不能到省，专函陈谢，并举蔡鹤颀太史、陶心云观察冀用自代。未蒙垂允，负荷驰书，重申谕勖，并俯念其衰耄，暂许遥领。师意殷拳，不宜再辞，只得勉遵。惟是薪脩万不敢领，昨已随函完缴矣。

弟少耽章句，晚丁孤露，学殖荒落，百不识一，于教育原理尤其懵无所解。比年敝里同人强相牵挽，俾厕学界，已非所堪，况复鞭策顽钝，俾从大贤之后参与风议，驽骀十驾，竭蹶滋虞。加以蜷伏家巷，见闻疏隘，于筹商全局更不能仰赞一辞，以后倘学署有会商事件，敬求伯炯兄代为兼筹。所冀借浼硕画，不免剧费清神，歉疚万分。至瓯、括两属，倘有应举事务，谨当随时陈达，仰仗主持。遐眷海天，曷任感瑑。

浙中学务，仰赖苃筹，固已蒸蒸日起。敝里幸附末光，亦微有进步。惟是人才衰乏，经济窘绌，实为膏肓之病，荆棘丛生，极难措手。而官办学校必不如绅办，则又事理昭然，不俟再计而决者。客春弟曾禀商中丞，请一律改为绅办，因不合定章未行。固知绅中亦复兰艾错陈，不易甄择，藉名营利，宜有周防。但两弊取轻，绅办不善，得贤有司一昏公牍更张撤换，便可睹改良；官办不善，绅起而争之，则旁涉政界，胶固纠纷，变幻百出，殆有不可思议者。近时永嘉劝学所哗然为群小逋逃之薮，弟近在咫尺，只得噤若寒蝉，以后尚不知其演成何局，即其一端也。

至于筹款兴学，似以仿泰西地方税例随粮带征学费为最善，一则衰分觊一，足以齐贫富之率；二则征收径捷，可以省经管之烦，事简用闳，无逾于此。只以迹近加赋，格于令甲。于是城乡各董纷纷各自为谋，热心集事，或不免间涉苛细，提中饱之陋规而官愠，抽落地之税厘而商慭，口疲笔秃，争议纷纭，数米简丝，劳而寡效，徒令种种恶感集于学界，甚非计也。不审诸先生槃才卓识，何以教之。

前偶阅沪报，闻诸君子与学署函牍往来，略有异同。今读台谕，乃知传闻不免失实。窃谓美玉资磋，□而益莹；良弓得㮹，檠而弥劲。议颐言公，固不嫌各申论难。惟是时事多艰，学务重要，廉、蔺释嫌，实深翘望。道远事繁，所欲陈者万端，急切不遑缕悉，谨俟续贡。肃函先此奉覆，恭叩道安，伏维荃察。不偲。小弟孙诒让顿首。

梓泉方伯睽别卅年，深切钦企，匆匆未及一修笺敬，并希代致下忱，感甚！感甚！

7.《致教育总会书》

全浙教育会诸君台鉴：客腊侨寓武林，获聆清诲，嗣即匆匆南旋，未得畅领教言，遄眷湖山，怅惘何极。回里两月，屡以小极，不及遄修笺敬。昨承华翰先施，备纾存问，感璪万分。

吾浙教育会之成立，始于去秋，仰藉诸君子热心大力，成此集群盛举。第一次开会，即举菊生张元济参议为会长，而以玉仙刺史暨不佞副之，闻命之初，深恐梼昧勿胜，函电屡辞，未蒙惠允。嗣因浙路事危，菊老复以拒款事入都，时弟适至沪，远承驰简相招，本拟来杭面申辞悃，至则阖省学人咸以乡里义务相镌责，乃勉遵尊旨。开会集议，委弟暂摄会长，而添举王孚川廷扬刺史相助。十一月十八日之会，幸无翻反。尔时路事益亟，同人大半预拒款之议，教育会虽成立，未遑讨论也。当弟初至杭时，即宣布下忱，止能仅任一月。南旋多病，腰脚软弱，精力益衰，自揣万不足以供鞭策，谨披露衷曲，为诸君陈之。

吾浙教育会，实踵江苏以成，而揆其内容之性质，则微有不同。盖苏会本以学会为绵蕞，渐次发达，遂并包大江南北，蔚成伟大之观。其储能也厚，故其收效阔；其积力也久，故其集事易。浙会客夏甫有提议，以数月之时间，号召全省克期成立，虽复横舍风从，荐绅云集，而异论固已纷然。三次集议，会员各挟所达之目的以来，两不相谋，各成其是，云谲波诡，意趣舛驰，徒欲以一二会长之力，左提右挈，勉为调停，求其效果，固知其难矣。曩时吾浙学界，大都省会执其牛耳，而外郡步其后尘。迩来时会变更，略殊旧辙。此次开会，议员到者，外郡颇多，然其间距省远者多以旅杭学友权充代表，抱瑰奇之志者，既不乐为苟同；挟调和之意者，亦漫无要约。平日既乏磋切之雅，临会勉为邪许之应，其于统一学务之初意，得无未尽合乎？

弟海滨僻处，识谫才疏，无能为役。不至省者殆逾廿载，六十衰年，神茹意倦，屡辞未获。留杭弥月，惟温、处同人多为雅故，此外率皆初瞻颜色。望门投谒，既少奉手受教之素；逐队旅进，又无从容讲习之闲。其不足以仰赞涓埃，妄据领袖，又不待计而决矣。窃谓菊老德望崇劭，近在沪渎，浙路既有成议，自宜重申前约，敦请莅会匡勷维持以大惠学界。孚老闻有扶桑之行，一月即可旋省，两贤崇树帜志，导以津逮，亦学界之福也。弟衰朽余年，惮于远行，不审何日续承绪论，代理会长，敬求准其注销，异日或备温属议员之一，则固不敢辞耳。前闻议聘海昌杭辛斋先生理董文牍，迩日已到会否？念甚念甚。肃此陈臆，伏望为时崇护，不尽拳拳。弟孙诒让顿首。

8.《与某君书》

弟患疟，日一至，且有热无寒，甚委顿也。顷台驾与乐邑诸君过访，适正出汗，失迓为歉。

闻敌梦姜此次到温，想为避风波而来。永、瑞耳目甚多，非避嚣之处，请属转致速行东洋为妙。弟前致一函，已送交邮局矣。次日接埭候报，急属漱霞向局取回。弟胸中所言，尽在此函，请属代致为幸。此颂台安。弟让顿首，清明日。

9.《与黄体芳丈述平阳修志事》

漱兰三丈大人尊前：春间随计入都，渥荷盛诲，钦感莫名。别来两月，维仗履绥颐，定符颂臆。

诒让上月图南，于月初二日安抵里门，途次凡百平适。老亲洎家叔起居康娱，足慰垂注。里中诸尚安谧，惟平阳修志事，深骇听闻，敬为长者陈之。

平阳吴训导在任多年，不洽舆论，执事所稔闻也。前年卸篆晋都，深恐不能回任，自缮禀函，嗾学中人留渠修志。去年回平，即开局修撰，稿本闻已衰然成帙，而秘不示人。询其素契诸学生，略述其义例大概，则乖谬百出。如"人物"一门，尽更古志旧例，而以德行、言语、政事、文学四科分列；其言语一科，无可隶属，则以治训诂之儒系之，其牵强有如是者。至于"列女"一篇，亦强分四德、妇容、妇言，不审如何甄采，殆可捧腹矣。又渠以前此考案，深恨江南乡人士，此次修志，于杨琴溪丈保障桑梓功绩，一概删削不载；张焕堂丈历官政绩，虽未能方轨古人，而治兵剿匪，不无可录，以今日平阳人才论之，亦自卓然轶伦，而亦从屏置。是直以修志为修怨之藉，其心术之险，肺肝如见，想吾丈闻之，亦当为扼腕也。　昨晤少溪、仲渔两君，深以先德隐抑不得阐扬为终天之恨。而吴某以荆公之刚愎，加以梁武之护前，必非口舌所能争，特属让缕缕相陈于长者之前。窃谓修志与修史略同，一乡文献，所系甚重，岂宜任情抑扬，不顾公论。可否仰求鼎力函达廖中丞，详陈其体例舛谬，去取失当。请即札平阳县学，勒令撤局，另聘公正淹雅之士修撰，以示传信。斯亦大君子嘉惠乡里之盛举也。至吴某修志事，荒谬甚众，不及详陈。黄君愚初深知原委，谨另属面达。

匆匆奉陈，即请颐安。恕不恭楷。_{姻家子}孙诒让顿首。五月廿三日。——抄自省文管会

10.《与黄绍箕书》六

（1）

仲弢仁兄姻大人阁下：前贡两书，亮已次第达览。秋风戒寒，惟摄卫咸宜为祝。

兹有恳者，平阳黄茂才庆澄，学识兼人，勇于任事。前因其业师杨中愚兄考事被累，屡荷鼎力拂刷，感激无似。前年从金稚莲兄治经，于汉、宋途径皆能讨核。嗣至申江，从张经甫谭经世之学，深相投契，经甫延充梅溪书院教习。近治西学，亦有心得。自维乡居岑寂，慨然有远游之志。刻闻许竹篔侍读重使欧洲，而舍妹婿宋燕生亦经张香帅荐充幕僚，渠意欲附骥一扩闻见，而无由自达。弟与竹篔虽同岁，而十年不见，笺牍疏阔，未能即为荐士之书。再四商酌，拟求老兄代为推挽，倘蒙延纳，同乘槎西渡，则于彼中政学均可随时咨讨，为益无方，而竹篔兄亦可收指臂之助，斯亦□□□切闻也。弟与渠数年至交，深知其志行大略，谨为贡其私忱，诸祈恳赐提携，幸甚幸甚！倘荷金诺，祈即早贶复音，感同身受。匆匆奉恳，即请闳安。不戬。姻小弟诒让顿首，九月七日。寄京都下斜街长椿寺对门信。

（2）

前奉求赐录怀米轩《宋器款识》，希早惠寄。拙稿已写定，专候此款识补入写刊也。

（3）

早晨奉诵惠毕，并南皮师来电，敬悉。师意甚坚，度非口舌所能争。而轻率遵命，又非鄙意所愿，似不如径以衰茶多病不能远行辞之。实则年来意兴阑珊，

凡百灰心，亦必不任鞭策，此乃实情，非设辞也。惟屡烦代覆，有费清神，甚抱不安耳。先以奉覆，俟更面陈。恭叩中弢仁兄亲家大人台安。弟让顿首。十四日。

尊意另荐宋芸子任此，似胜鄙人万倍也。又江苏知县林颐山，为黄同元高弟，似亦可备选，请酌之。

梁函阅悉，此事至此，可为痛哭，如何，如何！原函谨先奉缴，即希察收。此复，即颂侍安。弟制让顿首。

（4）

仲弢仁兄姻大人史席：春间文斾荣发，适因事下乡，未获祖送，深用歉仄。嗣晤伯龙、若川诸君，询悉安抵衙斋，并审上侍康颐，潭著渊邃。子政刘向经丛，兼奏录略之篇；平子天算，无累词赋之美。斯为兼擅，抑何太谦。令叔密翁到郡，又荷贶札，深纫拳注。贤俪夫人，早昭懿矩，宜究遐年，何图偶示微疴，奄嗟怛化，惊悚何极！惟希勉节哀抱，上慰高堂，是所深祝。

假款遽荷掷还，谨谨祇领，惟前年代购值未蒙留下，容俟返缴。

周君晓芙，清才笃学，久在青眷。兹因江宁邓观察裕生之聘，便道渡江，敬谒尊公，并求雅海。故乡旧雨，可以畅论文史，惜鄙人蜷伏里巷，无由一聆绪论也。手此奉覆，顺叩侍安，不偆。姻小弟孙诒让叩头，闰月廿四日。

尊公姻丈前乞叱名请安，令弟叔镕均此拳拳。

（5）

轮船已到，闻后日开行。台端如有要函，须今日交局，明日交去，则后日早方能到郡，时太迫促，往往压搁入下班。此书邮锢疾，弟屡试得之也。

顷吴肆又寄到《墨诂》卷四一卷，未及详校，谨先以奉览。此卷内有涉水地数事，文字舛讹，不可理董，强以管见说之，终不敢自信，望赐教为幸。此颂仲弢仁兄姻大人侍福。弟制诒让顿首，廿一日。

（6）

仲弢仁兄姻大人有道：前贡寸笺，亮尘清览，比维著祉清娱为颂。

《文明史》已脱稿否？闻采摭极博，兼史部政书、子部儒家之精要，是不刊之作，非徒为教科增一佳册也。

南皮师已回任，闻又有江宁之行，不审有何查办事件？去冬承购小口径枪，惟铅弹尚未寄到。昨接令亲叶芰汀来函，又似已付邮寄，不知耽搁何处，千万乞为查示，以便向索。傥未付寄，并乞早日觅便寄下为盼。

兹有永嘉曾生宗鲁，为弟旧识，年力甚强，志趣极高，毫无少年子弟浮惰柔脆之态。去年在武备学社习兵操，亦极勤敏，自是可造之才。顷已入鄂省兵学堂，伏祈大力惠赐提携，俾得早日脱颖而出，不致沉沦曹伍之中，则感佩为无既矣。

吾乡近况犹旧，芰汀当能详述，兹不赘缕。匆匆奉恳，敬叩台安，伏祈察览，不备。姻小弟诒让顿首。三月廿八日。

11.《与梁卓如论墨子书》

前读大著《变法平议》，于中国贫弱窳败之故洞究原本，俾圜颅方趾之伦昭然发其蒙蔽，微管之望，中外翘仰，深以未得奉手承教为憾。顷奉诵惠毕，猥以前呈拙著《墨诂》厚荷藻饰，有逾涯分，伸纸玩绎，尤增愧悚。让少溺于章句之学，于世事无所解。曩读《墨子》书，深爱其撣精道术，操行艰苦，以佛氏等慈之旨，综西士通艺之学，九流汇海，斯为巨派。徒以非儒之论蒙世大诟，心窃欿之。研校廿年，略识旨要，遂就毕本补缀成注。然《经说》诸篇，闳义渺旨，所未窥者尚多。尝谓《墨经》揭举精理，引而不发，为周名家言之宗。窃疑其必有微言大例，如欧士伦理家雅里大得勒之演绎法，培根之归纳法，及佛氏之因明论者，惜今书讹阙，不能尽得其条理。而惠施、公孙龙窃其绪余，乃流于儇诡口给，遂别成流派，非墨子之本意也。拙著印成后，间用近译西书覆事审校，似有足相证明者。如《经上篇》云："仳，有以相撄，有不相撄也。"此疑即《几何原本》所云两直线于同面，行至无穷，不相离，亦不相远，而不得相遇，为平行线。"有以相撄"即不相离、不相远之意，"有不相撄"即不得相遇之意，此殆亦形学之精理矣。又如《经说上》云"无久之不止""有久之不止"二语，似即力学永静、永动之理，而与奈端静者不自动、动者不自止之例亦复冥契。又如《经下》云"火不热"，似亦热学之滥觞。盖热无尽界，以西人寒暑表测之，光热相生，大抵不逾二百度已足成焰，而近日化电诸家所能成之热，已有增至三四千度者。新法日挈，热度所至，亦复无竟，则一星之然不啻冰界矣。而《说》乃以目见火不见热为释，则义殊浅隘也。若此诸义，蓄之胸臆者匪一，因于西书所见甚少，其算例精繁者复苦不能尽解，愧未洞窥宦窈，又虑近于皮傅，未敢著之于篇。以执事研综中西，当代魁士，又夙服膺墨学，辄刺一二奉质，觊博一发耳。总之《经》《经说》上、下及大、小《取》六篇，文义既苦奥衍，章句又复褫贸，昔贤率以不可读置之。戋山《刊误》致力甚勤，而于此六篇竟不著一字。专门之学尚复如是，何论其它？

唯贵乡先达兰浦、特夫两先生，始用天算光重诸学发挥其旨，惜所论不多。又两君未遭精校之本，故不无望文生训之失。盖此学晐举中西，邮彻旷绝，几于九译乃通，宜学者之罕能津逮也。近欲博访通人，更为《墨诂》补义，倘得执事赓续陈、邹两先生之绪论，宣究其说以饷学子，斯亦旷代盛业，非第不佞所为望尘拥彗翘盼无已者也。承询《学约》，乃前年倭议初成，普天愤闷之时，让适以衔恤家居，每与同人论及时局，忧闷填胸，辄妄有缀述，聊作豪语以强自慰藉。大旨不出尊著说群之意，而未能精达事理，揆之时势，万不能行。平生雅不喜虚怵之论，不意怀抱郁激，竟身自蹈之。及读鸿议，乃知富强之源在于兴学，其事深远，非一蹴所能几，深悔前说之孟浪，已拉杂摧烧之矣。向亦未敢以示人，不审道希学士何从得之。猥荷垂询，弥切汗颜。此外，间有勾缉，大抵刍狗已陈，屠龙无用，不足仰尘阅览。兹勉检旧刻两种，奉呈大教，琐屑校雠，无益时需，倘足共覆酱瓴耳。——见《述林》十

12.《与趱斋书》瑞安叶氏藏真迹

趱斋先生有道：前月肃贡寸笺，定登签掌。辰维著福湁蕃，允符心祝。迩来边事益亟，陪京款议忽有翻反，北望无虑，曷胜扼腕。

前赐金文五十种，近写定释文一册，大半用旧释，略就筦见，改定一二。有数种前未著录者，如"乙亥鼎"及"犹钟"之类，尚有阙字，敬祈审定理董。"邵钟"内有㯹字，即县字之异文，从木者，与枭、県同字例合，顷校"㯹妃彝"得之，似尚可信。但细审尊弆二器，此字似有误剔之笔，未审台旨以为何如？

石印之议，能否即行？义例何似？或略采张氏《金石契》例，附载近人题跋，亦足备考证，惟诗则似可不录耳。肃此，恭叩道安，伏希荃察，不僃。弟诒让叩。

13.《与江苏教育总会书》传录本

江苏教育总会诸公台鉴：让前承季直先生颁示贵学会程规，筹划之精详，规模之闳广，信足纲维学界，䃺揭士林，无任钦佩之至。敝省迩来亦开学会于杭，而东西畛淢，意见纷纭，省垣诸贤又复自树两帜，近又大兴论难，莫衷一是，贵会所稔闻也。

温、处僻居海滨，向以朴塞不足齿于东西诸名郡。更化以来，亦复自为风气，盖地势使然。国家厚泽深仁，无此政体，而荆棘槎枒，亦复成何世界，言之堪为

痛哭。弟忝附诸公之后，义无坐视，而以人微言轻，不足以挽此危局。谨将大略情形陈之左右，应如何办理之处，敬候示覆。老眼昏眵，不及庄楷，伏希涵恕。恭叩道安，不偬。孙诒让顿首。丁未八月九日。

14.《答管邃梅书》孙氏公度藏真迹

邃梅先生侍史：前日奉诵觊毕，敬审研治许书，精诣卓绝，钦佩无似。

承询各条，弟于小学才涉门径，未窥奥窔，无足仰答尊问。姑就管见所及，略为执事陈其一二。

许书文字，兼备古文大小篆。至于说解，则以隶写。既云隶书，便与篆文迥异。是以《熹平石经》，一代巨典，事关经艺，尤不容不讲字体，然中郎所书石经残字，并不用篆变书，斯知二体既分涂畛，理难合一。故近代经学大师说经正字，虽多根据《说文》针砭俗写，然亦不过去泰去甚，未能取隶体一一依篆势刊正之也。若欲尽以篆绳隶，则其势不能无扞格，如扁賞等字，若必从篆文，则不能成波磔，必如后之以⊙代日，以矛代天，书之既苦不易，观之亦复不类，斯亦必穷之道也。故弟窃谓许书篆文，当一一厘正，说解则不妨用隶变及通借之字，其有讹俗过甚者，段君悉已刊定，此外无事再校，徒滋烦扰，未知卓见以为何如？

至于六书，指事、象形、谐声、会意为体，转注、假借为用，戴东原已畅论之矣。今诵来书，知精到之旨，自然冥合也。《金部》"刘"篆自是夺文，刘镏当并收　前汉高祖时，已有刚卯之制，知卯金之说，不始于东京也。纬书起在哀、平之间，亦非东京始有。　□裎但三篆，或从衣，或从人，制字本意未可隃度，然仓、沮古文，自有同义而形互异者，似是随时标识，不必别有深意，不审精识别有妙解否？

兹因为先慈营葬事，忙遽殊甚。灯下小暇，率意奉覆，是否有当，仍求理董，幸勿因其狂陋遂置之不议也。朔风多厉，诸希倍万珍摄，不尽所怀。

15.《又与某君书》章太炎

（上略）为《名原》七篇，俟写定，当寄质大雅。如壽弁字，《说文》作纚，《周官》作緆，近于金文得其正字，乃作載，而薛书《齐侯镈钟》又作戴字。读为壽始知壽色韦，当作載，壽色丝，当作□，古各有正字，纚、緆皆尚非本字也。又《韩侯伯晨鼎》有虥胄，今定为皋比正字。虥为毲革虎皮，《乐记》建橐虥胄即甲胄也。又《说文》叠字，说解引扬子云说，颇嫌皮傅。今从金文得█、█两文，迺悟古文本作叠，其从囯者，甲文、金文恒见，乃古文俎字，且间两肉　疑取絫俎之谊。杨、许从从，皆误。又黄帝妃名絫祖，窃意当作孅，后世史籍误分为二字。此虽近臆，然亦四千年来未闻之论也。

玩书中"大著《新方言》"一语，知此书当是与章太炎先生，题云"与某君书"及首行"先生"上空二字，盖避祸之嫌也。绍廉识。

16.《答宗湘文观察书》传抄本

昨奉环章，备聆矩训。揭敬乡之崇义，为探本之远图，循诵再三，莫名钦佩。先严前在江鄂，有《永嘉丛书》之刻，又尝撰黎洲、谢山之遗，为《永嘉诸儒学案》；家叔亦尝以水心《习学记言》校刊于珂里，皆欲播先哲之传书，导后进以循轨。而僻处海滨，久沿俗学，虽径途之略备，终津逮之无方，良足慨也。

伏惟明公学为士表，才应时需，必能惠此海邦，示之邮缀，翘瞻光霁，曷任钦迟。至近日算学书院之创，则以敝乡芜陋，时事艰难，冀推强学之规，略究几何之术。重差夕桀，虽小学之绪余；八线借根，实西艺之原本。故别开精庐，群为讲肆，祛其蒙固，道之康庄。兹谨拟条章，略筹经费。辱承台谕，许以不谬，倘荷惠颁廉泉，成斯创举，亦大贤嘉惠多士之盛心也。

承询訚讠所拟兴儒之议，则以衔恤余生，扼腕时局。窃谓景教流行，燎原莫遏。以耶稣基督之诬诞，《新约》《旧约》之鄙浅，而乡曲儇子崇信哗然。非有悦服之诚，实藉富强之助。输泉帛而润以脂膏，集兵力以广其保护。以牛马维娄之计，为蛇豕荐食之图。而中华儒者，犹复绅佩而谈诗书，雍容而讲礼让。非徒淹中缉简，无裨于鲁削；窃恐议瓜骊市，重睹夫秦坑。慨幕燕之忘危，欷丘貉之同尽。兴念及此，可为痛心。故不揣梼昧，辄有敷陈。将以广甄十八行省之魁材，厚集四万万民之群力。祛简丝数米之为，破胶柱锲舟之见。激其壮志，闳此远模。阐周、孔六艺之教，以远播蛮荒；储种、蠡九术之谋，以大雪仇耻。测蠡窥管，聊罄竭于傰瞀；拥彗清道，冀延伫于洪哲。而造端广远，陈议疏狂。既类河汉之无涯，亦恐嵩壤之靡补。端绪粗具，稿草未竟，容付写官，续求钧海。

又垂询《礼疏》，曩载校研，妄思缀缉，削稿盈尺，写定无期。重以今学之日新，窃恐斯道之将废。蚳壤同论，柏松腾诮于元亭；刍狗已陈，濩吏献唃于鲁叟。聊自珍于敝帚，尚未逮于镵黎。辱荷齿芬，弥增颜汗。兹附鸿邮，肃修鱼简。附奉算学书院捐册一本，略陈芜恻，敬候德音。恭请崇安，伏惟察鉴。

17.《与人论修南雁荡志书》

承示吴祁甫书，极论刘氏《南雁荡志》之疏舛，亦颇中其失，然其论有未尽然者。刘《志》之病，在于未究古舆地书义例，徒以编录旧文，有类抄胥。今欲更张，则其义例宜先讲矣。窃谓宜仿释慧远《庐山纪略》此今所存山志之最古者之例，成一简要之册，而以游记及题咏别为一集。此近代章实斋《文史通义》所论修郡县志之法可通于山志者，此一例也。否则，或仿宋田夫《南岳总胜集》例，以掌故及诗文散附诸峰名迹之下，虽非唐以前地志旧法，要亦不失为雅整，此又一例也。祁甫于修纂义例绝不论及，而徒致议于卷帙多寡之间，殆犹未窥其本矣。

至所举勘核今迹及检校古书二端，则自不谬。但胪举古籍，尚多未备。又引王仪甫《舆地纪胜》一书，检今所传《纪胜》景宋抄本及岑氏刊本，并有失卷。温州在原书列第十三卷，今本适缺，惟明人所摘抄《舆地碑记》内附列温州碑记数条谨存耳。然则就今本王书而论，断无从搜检南雁荡山故实，祁甫非不读书者，乃以耳为目，何也？

又别纸论《北山志记》源流，其"三京亭"一条，乃袭弟《永嘉记集本》叙中语，而所举弟"曾近堂《雁山志》最为完备"一语，似据戴教授所修《永嘉志》中节录拙著《温州经籍志》之文，然拙著针砭曾《志》极详，《永志》未详录，祁甫亦未之见也。又云"合诸家图赋叙记为一书，始于某氏序述"，此复大误。检王氏《舆地碑记》，温州下有"《雁宕》序述"一目，下注引《雁荡山序》云云。谛审其文，盖宋时地志若陈益之《永宁编》之类叙论雁山之论，仪甫约录以备考核，而以序述为之标目，非宋时有"《雁荡》序述"之书。祁甫极诋曾、刘二《志》之疏舛，而此条乃适与彼相类，良足怪骇矣。

病后疲倦殊甚，不能详论，谨略就记忆所及，附陈一二，大雅理而董之。幸甚！

18.《与刘次饶书》五

（1）

次饶仁兄大人阁下：前日奉诵惠札，匆匆未即肃复，歉仄无似。

承示贵学堂办理切实，将来进化，自可操券，敝处愧未能企及。惟学生多中驷，敝堂亦同此病。然上驷不易驾驭，往往桀骜犯规，由未经蒙学陶镕，故德育一层究不能入。若中驷则多驯谨，于德育反近。若下驷则不足取，尽可斥退。敝堂亦有一二名，因其家望之极切，且堂中学额未足，姑留之。然因此乙班功课不无迁就，究非善法也。

郡堂弟虽厕名，然事不甚与闻，官绅意见未融，权限无定，故毫无端绪。西文延一倭友，修金每月八十元　闻下月可到。中文教习未全定，功课定而为王守所改，极错乱，恐难得效也。陆君所说西文教习必佳，惜修脯太丰，未能延聘耳。

日内盛暑，敝堂又连日分科大考，极忙。顷略闲，谨肃此奉复，顺叩元安，不庄。弟诒让顿首，廿一日。

（2）

望前在郡寓奉诵手毕，嗣杨子阊又传尊谕，属访聘西文教习，增加修脯，已遵致项渭臣矣。此次轮船到埠，必有回音，惟燕生能否旋里尚无确音耳。

弟在郡留十余日始回舍，昨又接府中照会，以郡学堂事见属。此观察之意，非府尊本旨也。　自顾轾材，万不能任此。盖以郡中官绅意见歧出，王太守与陈经郢均意在敷衍，余小璇太史扼腕空拳，毫无权力，不得已挽弟相助。仲弢又从臾之，强以此相委，恐大权万不能收回。然事关一郡，又不能力辞，拟请五邑贤士大夫同筹之，或有转机。明日即偕林和叔晋郡，先开一公议学堂局以张吾党之势，庶不至为众咻所挠。但望戴石如兄早到，则可助我张目。平邑诸贤，殆无逾我兄者，千万拨冗一来同持兹议，期以旬日，略更定章程，再就永邑择通达之士分任之，而奉筱璇为倡率，或可破敷衍之局耳，亮卓见亦必以为然也。匆匆奉商，万望惠临，至盼，至盼！敬颂著安，不偲。弟诒让顿首，廿三日戌刻。

（3）

前奉芜函，亮早彻览。

比审贵邑学堂经大才理董，想已条理井然。以搏桑之文明，为梓里之教育，自当成效在握，较之敝处勉强补苴，捉襟见肘，相去万里矣。

敝处因经济问题，众议哗然，或主停西文，或主停中文，或主中西兼停，一时未能决定。至资送东游理化两名，已定期渡海。师范则因资绌，又程度合者甚鲜，以是未决。而外间希望资送者，又复视此为个人利益，彼此断断，尤为纷扰。同人均以吾兄精识邃学，冠冕粉榆，敬求即日惠临商榷定议，则亦释纷之盛惠也。缘日内西文教习即须订约，万不能再延，务望早赐枉驾，即在敝斋下榻。童观察闻已小愈，亦可乘便一谒也。专使奉迓，敬叩台安，不备。弟诒让顿首，廿一日。

（4）

开春以来，敬维潭福康娱，允符心颂。昨诵赐示，敬悉盐务已有成议，此事权在锡太尊，渠尚廉静，不欲多事，想必不致别有阻碍。承示各节，当为王筱翁商之，总当为一达也。

中学堂事，似非破坏不能议建立。弟前日曾议留介石半年任此，但必须墨农肯退方好措手。太尊于新学未能深究，又素疑新进少年之多事，故力持仍旧不必更张之论。鄙意拟请筱木兄密劝墨农辞总理而举介石自代，如此则太尊必能相信，且于墨农面子亦留得住。此是第一妙着，不审渠能受此忠告否耳。分处经费，现止恃厘款千六百元，较预算少三分之二，止能勉强支撑以延命脉，万不能大张旗鼓。介石顾问一节，以渠身份，万不肯就，地小不足回旋，亦无以行其志，只得吾辈数人相与困守以待机会。

编辑事甚不易，近来新出各课本，虽不能尽餍人意，然亦尚有佳本。本处倘议另编，亦未必能胜彼，兼以无此经费，猝不易举。乐清诸君，颇欲大有所发挥，恐人才、物力均不能济，如此官长亦必不能相助，终成画饼耳。

本年处中人似已多，添王俊卿、括绅两位。不必再添。仲荃、筱梅均不能留，议延蔡逸仲，或即属之文伯，俟到郡再面商。先此奉覆，敬叩著安，伏维荃察，不宣。弟诒让顿首。

蔡善批牍而笺翰未工，张工笺翰而批牍逊，欲两延而修羊不足，如何！如何！

（5）

顷诵手毕，中学款因裕通倒闭，亏绌待筹，自不容缓。但同是府署存款，何以赢绌两不相谋。眷老素黠，窃疑其于该庄倒后，将亏数全委之学款，而自据其赢，不审台端曾细查否？道署子钱约计万二千余元，请拨自可。但官场于私利必出死力相争，敝邑中学请拨串费，乃去年五月抚、学两宪通饬成案，此与官无妨碍，不过幕友门丁库书失利耳。官捺不宣布。八月间，绅董因见报湖州请提此款，始援例以请，奉批乃知早有通饬，本可即拨，毫无疑义。而官顽抗不已，屡奉批严饬，犹复不遵。藩、学诃斥甚厉，官亦不理。　至今一年，府委来瑞调停，减少议拨，终以库书坚抗，分文未得。足见官场蕴利，不易争拨。道、关势力胜县令数倍，提拨恐无把握。吾兄力任其怨，即弟亦义不容辞，但难易成败似不能不熟记，尚祈慎重商之。

　　眷老存庄之款，昨见其致藩电，_{与盐局叶道同发，见《申报》。}　甚不满于道署，而又不肯任怨，我辈总不甘为渠作傀儡。据电，丁氏已以家产开呈藩司备抵，似不如以府拨学款开呈藩署，请照数扣留，较为直按。道款即允拨，亦必费半年唇舌，恐不济急也。近接邵伯䌹函，说考试经费以五成留本地作学款，何以全无提拨，并乞细查为幸。此覆，即颂台安，不备。弟让顿首。

　　顷晤贵县傅君，人似精悍，而意见颇旧，又甚不满胡令之优假绅士，恐是旧吏治中人物也。

19.《复陈志三书》

　　志珊仁兄大人阁下：昨从四舍弟许颁下手毕，敬审著祉康和，至以为慰。承示代访遗书多种，足征嗜古盛意，感佩何既！

　　弟处自前年《书约》刊成以来，未及三年，已续得四十余种。将伯之助，允资同志，斯亦先民之幸，非徒鄙人之愿也。所论吾乡学派大略，精当无匹。窃谓有宋一代，当以薛、陈两先生为大师，而薛之博奥，陈之醇雅，则又各擅其长，莫能相尚。若梅溪，则名节盖世，而学不及二公之邃。以早掇大魁，晚为名臣，故德望昭襮，有逾陈、薛。就其遗集而论，似未能与艮斋、止斋抗衡争道也。至我朝学人寥落，几成僻陋之乡。即有一二有志之士，亦止知于宋、元、明人书中求途径，未能上溯隋、唐，远宗汉学。其所论撰，总不出才子、学究两派。惟家敬轩先生为能研治《三礼》，□惜其生乾、嘉初年，未及与后来经学大师往复参核，故《礼记集解》虽多精论，而究未出宋人范围，倘使敬轩迟生三四十年，所造必不止此也。雪斋先生精通小学，自是后来巨擘，然以毕生精力尽于雠校，于经史巨编未有论著，甚可惜也。此外，如曾复斋诸人，于经学未涉唐涂，而悍然自厕谈经之席，则不足当一哂矣。未知卓见以为然否？

　　张南峰《四书说》尚未寄出，未知何如？《集韵考正》宜附《集韵》而行，此论信然。唯此书卷帙甚繁，校核又复不易，且近有日本国及嘉禾姚氏两刻本盛行于世，_{板在上海}　可毋用重刻耳。

　　兹乘友人许君南旋之便，匆匆肃覆，藉叩元祉，不备。弟制诒让顿首。

20.《与锡眷臣大公祖书》

眷臣大公祖大人阁下：昨肃覆寸械，附缴尊定电稿，亮已达阁览。

兹有恳者，顷接乐清县学堂监督洪济林来函，说该县程令日内可到，有刑书冯乃眷者，向来办事勤慎，刻愿报效师范学堂经费长年四百元，求派该县大荆仓房，至食谷倘缺少，洪济林愿为具结担保。窃查洪济林向系公正，家道亦尚殷实。乐清仓房，公事简易，似不甚关重大，该监督所保冯乃眷，当可胜任。该书报效师范学堂经费，亦尚为急公，拟求大公祖大人俯念师范学堂款项奇绌，可否于程令参谒时惠准栽培，属以冯乃眷充大荆仓房，俾得遂其报效之忱，则感瑑无既矣。琐渎尊严，无任惶愧之至。肃叩，恭叩台安，伏维察鉴。不宣。

21.《与俞曲园书》二

（1）

曲园年伯大人尊前：夏杪奉诵手谕，并承贶大著二册，感荷何似！适患暑疟，弥月始平，未获笺复，罪甚！罪甚！辰维道履绥和，定符臆祝。

前呈拙刻二种，疏陋不足当长者一粲。乃荷恕其狂简，藻饰逾恒，深用颜汗。《札迻》《墨诂》两种，又荷惠赐叙文。彦和新著，方愧进于隐候；左思小文，猥藉重于元晏。伏案循诵，无任惭感。

先君事状，缀辑半年，尚未脱稿。前在皖、鄂，政绩颇多，苦块余生，百不识一，已驰书属彼属中僚友代访，尚未能得其翔实。稽慢之罪，万无可逭。

庭芝年伯前在津沽曾一抠谒，时东事未兴，而畅论北军，有若符契，至今追思，深为钦佩。时事多艰，需贤孔亟，想不至兴莼鲈之叹。敝乡近海，杞忧未已，此后恐无复仰屋著书之日，不审年伯大人何以教之。

《墨诂》刻已付匠，以聚珍板印之，冬杪当可毕工。近重校核，复增改百余事。扫尘复生，殆无已时，斯亦学识谫劣之一端也。《札迻》大序亦已补刻，俟刷成，当再寄奉清览，兹附便邮，先此肃笺陈谢。

病后臂弱，未能端楷，诸希原鉴，无任惶悚之至。敬叩道安，不俨。年家子制孙诒让谨上，八月初四日。

尊谕深悔曩时之孟浪，但细绎《墨子》上下文，有射、杀、断诸刑，而射刑所加，如乐器、弈棋、饮食不时之类，皆属小失，似不宜遽加以辜磔之重刑。再四审校，似尚不无疑义。窃思《说文》本有"聅"字，训为贯耳，与"躲"字形相近，毕氏旧诂，似即隐据彼为释，特偶未别白耳。若然，毕注似本可通，不烦更正。

再奉诵觇谕别纸，荷示《墨诂》所援韩子辜射之义，佩甚感甚！前读尊著《诸子平议》，深叹此义之精确，而拙著则因《韩子》旧注与《墨子》射字偶尔巧合，遂援以证义，实非达诂。兹诵尊说释《韩子》，自确凿不刊，以之诂《墨子》，则似尚有可商。

管见如是，即用奉质，狂妄万分，想必荷容恕也。惶恐惶恐！载请着安。诒让谨再上。

（2）

曲园年伯大人尊前：月初接舍亲叶中铣来函，并奉到钧谕，复荷赐书《集曹景完碑楹帖》暨新刻大著诗册各种，仰见鸿笔逎章，似毫不经意，而精妙自能超轶昔贤，信为大寿考之征。至于不弃梼昧，所以开海之者至为深切，再三钦绎，感瑑尤勿谖也。

侄年来衰羸无似，脑力目力，均不逮前，著述之兴，久已废辍。前见埃及古象形字，奇诡不易辨，窃意仓、沮旧文象形字亦必如是，惜为籀、斯改易，多失其原形。前年得见河南汤阴新出龟甲文数千片，内有象形字十余，果与埃及文相类。而苦无释文，不易读，偶以意推索，依上下文义寻绎，略通一二，乃益以金文新考定诸字，为《名原》二卷，觊以求仓后籀前文字变易之迹。稿草初具，尚未写清本。新学盛行，此事恐为时贤姗笑，不敢出以示人。顷诵大著题埃及拓墨诗，有感于衷，谨附陈之，容当移写，奉求钧海也。肃此奉谢，恭叩道安，不偨。年家子孙诒让顿首。

22.《与金湛生书》

湛生先生大人有道：客夏奉诵觇毕，并张编修《墨子经解》一册，当即肃贡寸牋，藉申谢悃，亮已彻清览。比维耆年著述，摄卫康愉，定符颂祝。

诒让杜门雠书，一是平善，惟近来时局日非，未知所届，自愧迂谫，无益时需。所缀辑各书，写定数种，均未敢出以问世。亦以新学日掔，周经汉注，殆束高阁，蜡车复瓶，亦任之而已。

闻鹤亭述大著笔记甚精博，深宁、潜丘足与抗席，傥已梓成，乞惠赐一读，幸甚。兹奉上敝刻《永嘉丛书》六十册,《易简方》一册，拙著《周书斠补》一册，藉求大教，敬乞检存，疏陋不足博一笑也。匆匆奉叩著安，不偲。

23.《与王子庄书》

大著不事雕琢，而持论名通，援证详确，足与谢山、鄞县全祖望 董甫诸集并传。但敬诵全稿，不经意之作似尚不少，宜严加简择以求完粹。宋人集率多芜杂，不足效也。

《经说》各卷，似宜择其有心得创获者存之。间有沿袭旧义及参用近人说者，宜分别删改。通人论著，固与场屋作经解不同也。集中论文，服膺桐城，自是精识。近代之学桐城者莫如曾文正公，窃尝闻其绪论云"作文四字句切不可多"，今读尊稿，书启及记叙诸卷，散体之中，间厕骈句，其为文格之累，殆甚于四字句矣，似宜酌改。骈文集中无多，率多工稳，然气格似尚未高。昔孙渊如先生骈文精丽，妙擅一时，而不以入集。许、郑经师，似不必以徐、庾丽文夸示流俗也。管见如是，惟大雅闳达董之。丁亥四月，年世小弟孙诒让拜读并识。——《柔桥文抄十六卷》手迹

24.《与日人袖海君书》

袖海先生侍史：久未贡笺，神驰无已。舍弟季重，屡致盛意，不弃恂督，猥承下问，深愧疏陋，无以奉答。至乃执谦过分，欲以师礼相推，几如宋石祖徕之事泰山孙明复者，不佞何人，曷克当此。虑执事未亮鄙忱，谨略陈其一二。

诒让少耽文史，自顾秉资暗弱，无益时需，故益隤然自废，恣意浏览。久之，略有所窥，则知凡治古学，师今人不若师古人。故诒让自出家塾，未尝师事人，而亦不敢抗颜为人师。诚以所治者至浅隘，不欲自欺欺人也。曩者曲园先生于旧学界负重望，贵国士大夫多著弟子籍，先生于诒让为父执，其拳拳垂爱尤逾常人，然亦未尝奉手请业。盖以四部古籍具在，善学者能自得师，固不藉标揭师承以相夸炫也。

我国三代以来，文籍传者尚多在，为经世治事之学者，览涉一二，略通大义足矣。若以论乎专家研究，则贵有家法。盖群经诸子，文义奥衍，非精究声音训诂之学不能通其读；而以竹帛写刻之屡更，谬误伙颐，非博考精校，又不能穷古书之根底；不通古音古训，而以晚近习闻之义训读古经子，则必迷谬龃龉，遗失古人之旨；不求古书精本，博考精校，则必至郢书燕说，为后世恶本伪文所绐。

至于史册，则旧闻别记，舛忤万端，尤非考证不能得其翔实矣。我朝乾、嘉以来，此学大盛，如王石臞先生念孙及其子文简公引之之于经、子，段若膺先生玉裁之于文字训诂，钱竹汀先生大昕、梁曜北先生玉绳之于史，皆专门朴学，择精语详，其书咸卓然有功于古籍，而诒让自志学以来所最服膺者也。

　　近者五洲强国竞争方烈，救灾拯溺，贵于开悟国民，讲习科学。不佞曩者所业，固愧刍狗已陈，屠龙无用，故平日在乡里未尝与少年学子论经子古义，即儿辈入学校，亦惟督课以科学。盖齿衰脑弱，不复能记诵，键帷独笑，聊自怡悦，殊不欲他人之效我也。但今之浅学，涉猎经史，不能深通其义，则往往凿空皮傅，侈谭理想，此于猎文惊俗未尝不可；而乃摆弃考证，自命通人，悍然舍古训而别为奇妄之说，则有甚不可者。譬之某所有疑狱，其内情甚复杂，表面又绝离奇，使欧西大侦探家闭门而思之，虽毕世亦不能定其谳，而况数千年前之文字语言，数十代之典章事实哉！今之专以空想树新说者，皆闭门决疑狱之类也。

　　窃念环球文明日进，百年以后，各国势力平均，必有投戈讲艺之一日。但使圣教不灭，汉文常存，则经、史、子诸古籍，必有悉心研治之人。王、段诸家之书，证据详确，论议精审，将为世所珍重。而今之人虚悏新奇之论，亦必至烟消灰灭，不值一大噱。盖真是真非，二者不两立，此非可与世之盲和者道也。

　　诒让深愧所学与现时不相应，然私心所自信者，平心以求古人之是而已。前诵执事垂问条件，似有意于治经史古子，故即勉举平生所致力者，略备涓埃之采。亦以不贤识小，舍此无以益执事也。傥止于创通大义，则固无资于是；傥欲治专门之业，则王、段、钱、梁之书，我国刊本传播甚广，当有传之贵国者。闻贵国汉学家亦多精博，然诒让所见甚少，惟物徂徕、安开仲平之书，于经子多所得，惜未尽精到，故即举此数家书奉告，傥执事访购而治之，有余师矣，何劳远询不佞哉！

　　拙著《周礼正义》近始印成，拟寄求大教，而卷帙甚多，邮寄不易，沪上如有贵国友人可托转寄者，敬求惠示，当即检寄奉致也。

　　海天万里，笺牍疏阔，敬希为学珍摄。光绪丁未九月十六日。

（三）传状类

1.《盖竹山阡表》——孙衣言

同治五年二月二十一日，我显考通议府君、妣丁太淑人，既合葬于祖茔之次；又三月，其孤衣言始得具其世谱，次其行事以表于阡，以示我子孙曰：

呜呼！府君与太淑人同处困约之中，攻苦食淡，躬自勤厉以缔造有家，七十余年如一日，其所以佑启我后人甚大且远。衣言兄弟不肖，不能有所设施于世以光大我先人之志，而使我先人之隐德、遗训湮没弗彰，则不孝之咎滋甚，抑我子孙曷有赖焉？

府君姓孙氏，其先五季时有自闽长溪迁居瑞安之盘谷者，讳惟睦。惟睦五传至宋绍兴辛未进士叔杰，知沅州，尝以兵夺瑶所侵地十三栅，始见于史。其后有讳善者，当明之初。自善以来，世始可纪。善生士耕，士耕生秉诚，秉诚生伯厚，伯厚生濬，以输粟授宣义郎，而家始大。宣义生叙，叙生名世，始以鸿胪寺序班官于朝。鸿胪生光萃，光萃生肃寿，肃寿生我高祖讳奕法，高祖生我曾祖讳其望，曾祖生我祖讳祖铎，貤赠奉政大夫，累赠通议大夫。祖妣项氏，貤赠宜人，累赠淑人。先是，鸿胪君五子，四为县学生。至我祖赠君乃复入邑庠，为名诸生，生一子，府君也。

府君讳希曾，少名虞钦，又名省钦，字贯之，自号曰鲁臣。邑增广生，诰封奉政大夫，累封通议大夫。原配项氏，继张氏，继胡氏，皆诰赠宜人，累赠淑人。最后娶丁氏，太淑人也。府君连三丧偶，皆无出，而太淑人生三子二女：长子衣言，庚戌进士，翰林院侍讲、江南安庆府知府、署庐凤颍兵备道即选道；次锵鸣，辛丑进士，翰林院侍读学士；次嘉言，附贡生。女适陈一标，附贡生，候选训导；任凤锵，附贡生。孙八人：诒谷、德培、诒让、德溥、德桢、德懋、德炜、德巽，诒谷为县学生，以御贼阵亡，予优恤，而德培十五龄殇。今孙六人，孙女六人，曾孙女二人。

府君生于乾隆丁未八月初五日亥时，卒于同治四年五月二十七日子时，寿七十有九。丁淑人生于乾隆壬子二月十五日子时，卒于同治三年六月二十六日戌时，寿七十有四。其葬在本邑二十五都茂德里盖竹山西北，直所居二里而近。

呜呼！府君与太淑人隐约里巷，固非有奇伟卓绝之迹可以震襮于人人，然其勤苦自力，敛退之节，我子孙百世不可忘也。府君年二十三而丧父，奉母居山中，务农以为养，日辨色兴，即料检内外，至田间，畜牧耕获必躬为，要约不以顷刻自暇逸。而太淑人连举衣言兄弟及大妹，每晨起，襁一子、抱一子就厨下执炊，夏日汗涔涔循肩背下，衣常半湿，僮据敛木棉苎归，太淑人必手自练治纺绩，未尝以任人。府君始穷窘，至中年有田百八十亩，每禾出谷，必手选乾隆、嘉庆钱别置之以应官赋，未尝俟期会。不饮酒，不事佛，不为机祥祈祷。而以读书督诸子极严，不妄费财，而延师未尝惜厚脩。其居乡，未尝轻入城府，及居城，未尝一见官长。府君至老未尝畜仆，太淑人亦至老未尝畜婢。衣言兄弟既服官，府君太淑人受两朝恩宠，然自奉未尝稍加于曩时，见人声气未尝稍自异，人亦未尝见其有异也。盖昔之言人先德者，常喜称其爵位之隆与事功声望之美，以为可以示后世。自衣言思之，爵位之隆赋于天而不可必得，事功声望之美遇时而后有者，亦非子孙之所能效也。求之而必得，可以为法而传后，唯此勤俭醇谨之家风而已矣。

呜呼！我孙氏自宣义府君以好义轻财见称前世，至我祖赠君复以能施予闻，而府君、太淑人以俭德承之以有今日，此固我子孙所当深思也。衣言兄弟亲奉父母之教，未敢失坠，后世子孙其勤身刻志以耕先人之田乎？抑奢靡逸欲以败德乎？其暗暗默默以自全乎？抑赫赫隆隆以速灭乎？其宽宏惇大以益绵其传乎？抑苛刻缴绕以贼人而自贼乎？此府君与太淑人无穷之虑也，我子孩其恶可忘之。然则衣言所为不敢任其湮没而不彰者，岂曰以示世之人哉？凡以为我子孙告也。同治五年六月，孤子衣言表。

2.《先太仆公行状》

先考太仆公，天才亮特，禀赋素强。少与先仲父学士公同就傅，先王父赠资政公督课之极严。甫弱冠，从邑老儒西堂谢先生、秋槎曹先生游，即以邃学工文超轶流辈。曹先生尤喜为诗，自以为不及也。旋受知学使新城陈侍郎用光，与学士公同为县学生。以道光丁酉拔贡充己亥副贡生，甲辰，举顺天乡试。庚戌，登进士。廷试时，湘乡曾文正公读卷，得公卷，深赏之，拔置第五，遂得馆选。荷文宗显皇帝特达之知，以编修入直上书房，复擢侍讲。会英、法内犯，天津、京师戒严，公两上封事，请早定战，议论至剀切。文宗鉴其戆直，优容之。旋有出守安庆之命，时皖南沦于"粤匪"，行省侨治庐州，公既至，巡抚翁文勤公凤相推重，檄治营务并护按察使。然以守土官无尺地一民，而军事又日棘，公忧愤成疾，遂陈请开缺。归甫逾月而庐州陷，皖北糜烂矣。公在里两年，又遭平阳"会匪"之乱，"粤匪"继至，室庐荡然。先伯兄诒谷以督团战亡，公奉先王父母转徙永嘉诸乡，仅以获全。

既而曾文正公开府两江，已克安庆，即驰书招公，先王父命公赴皖。既至，俾总戎政，又权庐凤颍道。时巡抚乔公松年治军临淮，倚公如左右手。适丁先王母丁太夫人忧，乔公拟奏请留治军，公引礼力辞，归持服。荷泽马端敏公新贻方抚浙，雅重公品学，延主紫阳书院讲席。服阕，而端敏公擢督两江，遂奏调公自随，有"处为名士，出为名臣"之褒，吴中传诵，以为非公莫克副也。

公既至，即檄权江宁藩司。有大事，端敏必与公咨议而后行。会端敏公为奸人所刺，鞫治无端倪，朝廷重其事，命苏抚张公之万、尚书郑公敦谨就谳江宁。有议宽其狱者，公力争不画诺，谓封疆大臣被戕，不得主名，治宜用重典以伸国法。狱卒定，如公议。曾文正公重莅两江，奏补江宁盐法道。适有旨命保堪胜两司者，文正首以公应，遂擢安徽按察使，迁湖北布政使，移江宁布政使。历官三行省，始终以廉勤自励。每日未旦即起见僚属，极论吏治得失，治官廙率至夜分，不以为劳。在皖，屡平反疑狱，严治吏胥。尝按一猾法吏，藩司某公阴左右之，公力持不移，卒论如律。前后在江宁数年，综剔盐务厘捐积弊，大旨以惩扰民、清中饱为本，严而不苛，库储充裕。比去官，积羡巨万计。然是时公已逾六十，精神少衰，每官事繁委，即念前在翰林时文宴从容不可复得，自恨不获久为京官以尽论谏之职。会得湿疾，将请告，适有太仆卿之召。时以藩司改京卿者率以左官为叹，公得报，独大喜过望，以为得遂平生之志，将入都供职。以先墓年久未修，乞假回里谒扫。既抵家，而旧疾复作，遂请解职，时公年六十有五矣。

公平生师友，多一时贤达。少年时游京师，尝豫祁文端、倭端文两相国、黄树斋侍郎、邵位西员外论学。既通籍，与张海门编修、王定甫通政、林颖叔方伯、潘文勤尚书、翁叔平相国皆为文字交。及出守以后，则曾文正公、彭刚直公、马端敏公相知最深。性刚，不喜阿谀达官。在鄂时，适总督某素骄倨，公不为屈。及移江藩，而沈文肃公方节制两江，沈，贤者，且先仲父门下士也，然雅与曾公不合，而公恒称曾公，以是不惬。又沈公喜用健吏，治命盗重案，一切用竣法，不甚究其情。候补道洪汝奎，素夤缘，尝以讲学干曾公者也。及事沈公，乃尽舍其尝论而希望风旨，专事刑杀，公恒规切之，以是衔公。会江宁犹马山有命案不得主名，沈公以属洪，则捕路人锻炼成狱。江宁守令某心知其非，以告公，公曰：

"洪为求官计乃杀人以迎合乎？"急言之沈公，沈不省。故事，命案定谳，必由藩、臬两司会详，沈公以公持异议，乃径下洪论如法。沈公薨后三年，而是狱正凶因他案牵连败发，两江总督以闻，洪时已超擢两淮运使，遂褫职遣戍，而公以未会详，得免议。又有台州董毓琦者，解天算，谲而无行，自言能制轮船，藉地球摄力行驶，不用汽机。沈公俾试制，而命藩库支银三千两给其资。公知董妄，其船必不成，再三阻之。沈公不可，强令予金。及船成，不能行，沈公内愧，自以养廉赔董款。然用是微与公不合，而洪复隐构之，公以是不能大有所为。

公平生论学宗宋儒，为古文辞导源迁、固，而甄综唐、宋韩、欧诸家之长，于近代方灵皋侍郎、姚姬传郎中及曾文正公之文尤所服膺。于诗嗜山谷，于词嗜东坡、稼轩。尤喜考缉乡先辈遗文轶事，尝以黄黎洲、全榭山《宋元学案》于永嘉诸儒尚未赅备，补缉为《永嘉学案》以冠所著《瓯海轶闻》之首。又编《永嘉集》若干卷，采涉甚博。精校陈止斋、叶水心二先生集，点勘数过，丹黄杂沓，考论同异，刊定为善本。而公少时以读书过劳，左目微眚。既告归，益以著书为乐，镫下浏览古籍，率尽数卷，用力过勤，右目复昏。比壬辰秋冬间，而两目失明，至是，遂不复能观书矣，然精神犹如昔，常静坐命诸孙诵宋人小词以自娱。甲午八月，为公八秩生辰，里中亲友请奉觞为寿。会日人构乱，朝鲜被兵，温州滨海，亦议治防。寿辰既届，遂力辞不受贺。每邸抄至，必召诒让等询战事，闻捷报，即色喜，为加一餐；或小挫，则扼腕不已。盖公扬历中外逾三十年，于安攘大略尤所留意。每论道光以来驭夷和战始末，深慨林文公之忠亮不克竟其用，而全躯保妻子之臣又屡以款议挠大计，论绝沉痛。东事起，公即谓圣主神武，蕞尔小夷，不足以抗天戈，但冀持之以久，彼将自毙。至于兵械之楛窳，海军淮军诸将之庸懦不足以应变御敌，则又公夙昔独居深念所私忧不置者，至是果验。呜呼！可以见公之志矣。

公卒于甲午十月二十日卯时。次年六月葬于二十五都云峰山之原。窃念公回翔词馆，以文章风节闻一时，服官数十年，清德善政，昭焯在人耳目。学术纯雅，著书满家，其足以辉映先达、垂示来叶者不胜悉数，谨就其荦荦大者综述厥略。至于政绩之详，论著之富，尚当尽发箧藏遗书，撰辑事状，上之史馆以备甄采，不及尽述也。次男诒让谨状。

附：《先考内翰公行述》——孙延第

（上略）长伯祖讳衣言，字劭闻，号琴西，又号逊学。次伯祖讳锵鸣，字韶甫，号藁田，又号止庵。两公者出，皆崛起，成进士，入词馆。长伯祖官至太仆寺卿，次伯祖官至翰林院侍读学士，以重宴琼林，得侍郎衔之赐……

初，伯祖太仆、学士两公以文史之学名海内外，而故伯父学咨公讳诒让者，又以经子之学名海内外，先考皆师事，而得其门法，为高第弟子，伯祖、伯父皆爱先考甚。然太仆、学士两公皆颇信佛，而学咨公尤深嗜内典。先考虽严事三师，而于此独不表同情。学士公家奉观音，每清晨，伯祖母等焚香诵经，声彻客座。先考曾手笺力谏，又频在学咨公前痛斥佛氏。学咨公恒笑曰："此汝根钝耳。"先考则瞋目厉色，争辩不休，或至拍案，其独立性质有如是者。……

先考之逝也，太仆、学士、学咨公皆痛之甚，而同县故林丈庆衍在金华途中，闻报方沐散发，踊哭至击碎沐盘。……林丈者，太仆公高弟子之一也。尝评学咨公与先考对于朋友之短长云："仲容和平而太谦抑，又好谐谑，朋友与处，每易怠玩；不若叔芭之自待如师，鞭策可畏，与之处，尤易得益也。"仲容者，学咨公字也。凡曾与学咨公及先考相处者，闻此评，皆以为然。

（四）碑志类

1.《刘恭甫墓表》

群经义疏之学，莫盛于六朝，皇、熊、沈、刘之伦，著录繁夥，至唐孔冲远修订《五经正义》，贾、元、徐、杨诸家赓续有作，遂遍诸经。百川洞注，潴为渊海，信经学之极轨也。南宋以后，说经者好逞臆说以夺旧诂，义疏之学□然中绝者逾五百年。及圣清御宇，经术大昌，于是鸿达之儒复理兹学，诸经新疏更迭而出。或更张旧释，补缺匡违，若邵氏、郝氏之《尔雅》，焦氏之《孟子》，胡氏之《仪礼》，陈氏之《毛诗》，刘氏之《论语》，陈氏之《公羊》是也。或甄撰佚诂，宣究微学，若孙氏之《尚书》是也。或撮栝古义，疏注兼修，若惠氏之《周易》，江氏之《尚书》是也。诸家之书，例精而义博，往往出皇、孔、贾、元诸旧疏之上。盖贞观修书，多沿南学，牵于时制，别择未精。《易》则宗辅嗣而祧郑、虞，《左氏》则尊征南而摈贾、服，《尚书》则崇信枚、姚，使伏、孔今古文之学并亡。厥咎至巨，加以义尚墨守，例不破注，遇有舛互，曲为弥缝。冲远《五经》，各尊其注，两不相谋，遂成违伐。若斯之类，犹未久惬。而近儒新疏，则扶微掆佚，必以汉诂为宗，且义证宏通，注有回穴，辄为理董，斯皆非六朝、唐人所能及。叔明疏陋，邵武诬伪，尤不足论。然则言经学者莫盛于义疏，为义疏者尤莫善于乾、嘉诸儒，后有作者，莫能尚已。嘉庆之季，为义疏之学者又有刘先生孟瞻，治《春秋左氏传》，谓郑、贾、服三君古义久为杜氏所晦蚀，孔疏不能辨也。乃钩稽三君佚注，精校详释，依孙氏《尚书疏》例，为《左氏疏证》，凡杜、孔所排击者纠正之，干没者表著之。草创四十年，《长编》襃然，《疏证》则仅写定一卷，而先生遽卒。其子伯山先生继其业，亦未究而卒。伯山先生长子恭甫知县，绍明家学，志尚宏远，念三世之学未有成书，创立程限，锐志研纂，属稿至襄公四年，而恭甫又卒。千秋大业，亏于一篑，斯尤学人所为累欷而不释者已。恭甫名寿曾，世为扬州仪征人。曾祖锡瑜，国子监生。祖文淇，优贡生，候选训导，即孟瞻先生。父毓松，优贡生，荐举八旗官学教习，即伯山先生。配李宜人，子一，师苍。恭甫少颖特，工文章，长承庭诰，遂通许、郑之学。资材开敏，行谊纯笃，事继母黄以孝闻。姑适田，嫠而贫，殁为经纪其丧，又谋所以恤其孤，皆人所难能者。湘乡曾文正公开府江宁，重其学行，延入书局，所校刊书史多精善。同治甲子，光绪丙子，两充江南乡试副榜贡生，既不得第，乃以佐戎幕保举知县，加同知衔，非其志也。体素充实，既领精《左疏》，而兼治局书校雠文字之役，精力耗损，犹不自已。光绪壬午秋，由江宁返扬州，遘微疾，竟卒。年止四十有五，谓非经生之厄运欤！同治中，诒让侍亲江宁，始得识恭甫。于时大江南北方闻之士总萃于是：宝应刘君叔俛方继成其父楚桢先生《论语正义》，甘泉梅君延祖治《谷梁》，亦为《义疏》，而恭甫治《左氏》为尤精。诒让佝瞀不学，幸获从诸君子之后，亦复希光企景，拟重疏《周官》以拾贾氏之遗阙，间有疑滞，辄相与商榷，必得当乃已。曾不数年，踪迹四散。诒让既南归，叔俛主讲鄂中，其书甫刻成而卒，梅君书仅成《长编》数卷，亦卒。二君之亡，恭甫辄驰书相告，怆师友之彫谢，怃大业之难成，若有不能释然者。其卒之前两月，犹诒书询"笠毂"疑义，诒让为据《考工》轮毂度数考定其说以复之。恭甫得之，则大喜，报书谓编《左疏》已至襄公，而以早成《周官疏》为勉。方叹恭甫勤敏，其书旦暮且有定本，自顾庸窳，《六官疏》未及半，深恐不能速成以副良友之望，而孰知恭甫之遽止于斯乎！恭甫所著书，自《左疏》外，有《传雅堂集》若干卷，又著《昏礼重别论驳议》，则因伯山先生之绪论而申证之者。其在书局，分校《南、北史》，则有《校义》《集评》之作；在江宁，从李大理联琇游，则有《临川答问》之作。论文好包氏文谱，又为之类释，书率精博可传。其它分纂地志尤夥，以非其学业之大者，故不复论，独论其《左疏》以见三世经业垂成而不克者，为可惜也。

2.《清故试用训导署开化县教谕杨君墓志铭》

咸丰辛酉、壬戌间，诒让年甫十三四，而遭平阳"会匪"之变，避兵永嘉，每侍先太仆君，即闻平阳琴溪杨君治乡团保江南，其功甚伟。先君尝叹其贤，自以为不及也。逮同治丙寅，得与琴溪先生中子镜澄同岁为诸生，以是往来益稔。复获与先生从子芷庭学博游，得闻其累世清德与夫一门群从之盛，谨识之不敢忘。琴溪先生之卒，先君志其墓，所以致钦挹者甚至。今者学博伯子慕份又以学博事状来乞铭，盖两家再世交游之笃，四十年嬗联无替，是不可以无述也。

君讳毓祥，字佩芝，芷庭其自号也。世居平阳江南乡张家堡，赠奉直大夫。鹤舫公以赀雄于乡，而乐善好施，尝以家田四百亩施郡育婴堂，郡守刘公为《义田记》以识其事。生子四，君其长也。幼禀异资，未冠即以能文受知学使吴侍郎钟骏，为名诸生。平阳风尚故谨朴，宿儒老师务斤斤治举业，不敢少逾绳尺，或迂陋不足以应事，君独恢奇综敏。会兵事方棘，东南糜烂，益感愤，练习时务，期究于世用，而神识昭旷，志尚坚定，则尤其天性然也。

"会匪"事起，以平阳为窟穴，巨魁赵启居钱仓，距君家不二十里。琴溪先生既倡议民团，江南数都咸受约束，威信孚洽，"匪"悚慑不敢渡江，盖君之赞助筹议为多。既而琴溪先生病殁，乡民骤失所主，"贼"势益张，将抵蟠蹄瑕，褎括江南。君承从父之遗绪，与乡民申明条约，益以忠义相劝励，军声复振。讫"匪"平，江南士女不知有兵事者，皆琴溪先生与君之功也。

初，入资以训导候铨，既复以捍寇功晋秩府经历、县丞。君素不屑治吏事，力辞，仍以训导加五品服。同治八年，摄开化教谕。自学校教士之法废，校官率拥虚名糜谷石而已，未有能举其职也。君履任，独以伸士气培人才为急，所以扶植掖诱之者甚悉。有廪生张燮为关吏所辱，诉之令，令右吏不为治。君引义与令力争，卒得直，士论以是益詟服。比受代，诸生相率祖道者以百数。后数年，瑞安王大令岳崧亦摄教开化，邑士犹颂君贤不置，盖其去而见思如此。

君自开化归，乡望益重，邑中有大事，令必就君咨决，君亦不避嫌怨，为指画利害，条议翔实，率可见之施行。邑俗故多溺女，南北尤甚，君议集金于两港各设育婴局，遴乡人之贤者理董之，而设总局于邑城以综其成，所作活无算。朝旨下郡邑储谷备荒，令亦以属君，君为履亩出谷，按都建仓，廉察隐匿，乙剔宿弊，终君身诸乡无哗者。又尝修葺文庙，完治礼器，增书院课士之费，由是邑人向学者益众，黉舍间彬彬盛矣。

奉直公之卒，君年甫十一，祖母章太宜人及嫡母章太宜人、生母陈太宜人犹在室，而诸弟妹皆龆龀，凡家政皆琴溪先生主之。比君长，遂能独持门户，事三太宜人孝养既备至，而抚诸弟惠爱尤笃。章太宜人守志五十年，君为胪陈事状请旌表，得旨建坊里门。而延师授诸弟经，咸以儒业自奋，皆为诸生，其内行纯笃盖又如此。

君卒于光绪辛巳年五月十九日，距生于道光甲午年四月廿七日，春秋四十有八。光绪壬辰年，葬于廿三都将军岭之原。原配诸葛宜人无出，侧室陈孺人生二子：长慕份，试用训导，次慕价，国学生，五城兵马司吏目。孙五：长绳孙，留学日本工学校，次谷孙，次炽孙，次杞孙，次庆孙。孙女三，曾孙一：曾荫。陈孺人，永嘉人，年十七来侍君，德容兼茂，志操尤烈。君之卒也，孺人强自抑哀，视含殓，迄三日，忽沐浴仰药死，举家惊诧，莫能测也。邑人以孺人奇节，于例应旌，为请于朝。九年，得旨俞允。湛思芳烈，萃于一门，尤足志已！乃系之以铭曰：

孟侯华胄，锡采于杨。枝条繁衍，爰及横阳。乔柯敷荫，梗楠豫章。河润十里，流泽一乡。学博开敏，世德恪守。述祖诵芬，乙彝癸卣。巨寇睨旁，履夷无咎。帝嘉厥劳，厘以华绶。华绶煌煌，未究厥施。太末课士，弦诵怡怡。飘然来归，惠我庬倪。报以子孙，俪此贞姬。将军之岭，蔚启崇阡。郁葱腾瑞，以毓后贤。我铭立石，垂之亿年。钱山如砺，斯铭不刊。

3.《清诰授光禄大夫浙江温处兵备道童公墓志铭》

公讳兆蓉，字绍甫，一字芙初。世居湖南宁乡县城南企石冈。明季，有讳嗣兴者由江西迁宁乡，为公始迁祖。曾祖普盛，姓氏易。祖开业，姓氏贺。考道衮，姓氏黎。三代皆以公贵，赠光禄大夫，姓皆一品夫人。

公少孤贫，不能具馆粥。族兄圭农太史资给之，俾就学。艰苦淬历，文行斐然。甫冠，补县学生，领同治丁卯科乡荐。时湘楚诸名臣方勘平粤寇，而捻、回构乱，秦陇骚然。同邑刘果敏公典巡抚陕西，与公为雅故，驰书礼聘，遂参帷幄。果敏治军三原，俾总管营务，旋檄领防军，别部皆皖、亳降卒，悍鸷不易驭，俾公兼统之。受事巡行，斩渠桀数人，更易部署，无敢哗者。时回酋据金积堡，贼骑数千，由正宁窜三水、淳化，公率偏师迎击之淳化口子头，大捷，论功擢府同知，赏戴花翎。会北山兵变，统帅高勇烈公被戕，叛卒趋西安，公以孤军扼其冲，贼莫敢越。盖公以儒生起家，领军屡建奇功，威望骤隆，诸宿将莫能垺也。继襄李提督辉武营务，复督全省军需，积劳擢知府，以道员用加盐运使衔。光绪丁丑，题补兴安府知府，署榆林府。时秦晋大饥，榆林尤甚，急命发粟赈之。道与县执故事须先请，公曰："郡距省千八百里，必请而发，民皆沟中瘠矣，脱有罪，吾当任之。"卒以便宜开仓赈给。事上，总督左文襄公亟嘉之。复运粟于包头、宁夏，按户施赈，单骑巡视历八九月，所全活无算。会疫疠大作，幕僚仆役死者相踵。榆林令以疫卒，邑无令，调于延安，受事未一月，又卒。代者惢，莫敢至。未几，道亦卒。公乃兼道与令事，比户巡问，为具医药。体素强，至是亦心力交瘁，顾独不染疫，或谓至诚所感。事闻，加二品服。庚辰，檄署延榆绥道。履任，郡属荒僻，士僿而民贫，公增拓学舍，购经史，集士劝学，甄其才俊入署，亲以经义文法指授之。又以树艺畜牧教民，俗为之变。榆林城临榆溪河，频年河溢为灾，公自督工椑治，浚红石峡，三年，渠成，溉田万顷，民至今利之。壬午，履兴安任，严治墨吏猾胥。初，府县吏役名员数百，公汰存数十人，绳以峻法，受赇逾五缗者斥，甚至杖毙。镇标兵为奸利，总兵颇护之，公擒决无贷。严禁私钱，陕西总兵余虎恩贩私钱数万缗，公诇得，尽毁之。厘捐局役榜贾人索金，公牒索役就质，不得，乘间掩捕之，笞役几毙。丙戌，安康令征漕不如章，民哗，围令廨，公躬往谕解。总兵及局员某以前事衔公，至是，诬为激变，巡抚鹿传霖将严劾，总督谭文勤公钟麟持不可，然犹解任调省。旋复署汉中府。己丑，就摄巡道。次年，复回兴安郡。适荐饥，前后请款四万余金治赈，惠泽周洽，与榆林埒。甲午，四川万县寇发，秦边震动，巡抚檄诘，公务持镇静。寇入紫阳境，潜率兵擒其渠郭蛮刀，余众皆溃。丙申秋，调补西安，首郡治尤繁剧，巡抚魏光焘知公贤，凡吏事军政悉倚以办。三摄西乾鄜督粮道，手订征粮改折章程，上下称便。盖公官陕最久，在兴安前后逾十年，久导化成，民爱之如父母。所至严治盗贼，兴安当川、楚冲，兵后伏莽满地，公初至，尽芟薙之，沿汉数千里，道路晏然。权汉中及再任兴安，所获剧盗魁桀无虑数十人，悉置之法。尤勤政爱民，折狱如神。在汉中，平反凤县死罪五人。兴安平利黄老五、安康萧张氏狱，皆劾大辟，廉得其冤，悉出之。最后在西安讞局，亦屡平反冤狱，大吏以循良第一累荐，得旨交军机处存记，盖上邀简眷，浸浸将大用矣。庚子，遂擢授温处道。甫至，署杭嘉湖道，次年，始履本任。时中外款议初成，景教势张甚，吏治丛脞，积案至数十百起。公首饬清厘庶狱，亲虑囚，按名讯问，选吏督鞫之以便宜谳结，凡教民讼狱，辄依理律持平治之，无所宽假，教焰由此少戢。瑞安民杨茂奶与天主教积衅，法国神甫赵保禄必欲杀之，挟兵船至温索茂奶甚急。公援据公法约章力争之，保禄厉声诘责，公毅然曰："彼于律不当死，我不能杀人以媚尔，必强我者，请絷我至都，与尔对簿于外部。"保禄气沮，茂奶卒获全。辛丑六月，飓风为灾，玉环、乐清及滨海灵昆各岛潮溢，坏塘堤田庐无算。公捐俸施赈，复发盐厘余羡四五千金，委员履勘，为筑塘疏水，招集流亡，计户口给籽种；以各属籴贵，复发款万余金，俾购米镇江、上海；又请奏留冬漕万二千石运温，分属平粜；复以余金储谷二千石备荒。其为小民筹生计，周悉多类此。

公器量忠亮，扼腕时事，知亟宜变法自强。会朝旨宣布新政，公实力奉行，而尤锐志教养，以温、处士学疏陋，多拘守故常，乃剀切劝捐，谕购蒙学教科书十余种，颁各厅、县，俾多设小学堂。复赏送高才生每属二人，又饮银圆百，俾治装赴日本学习师范、实业。由是风气开通，担簦渡海者踵相接。又以两郡利源未辟，民生日窳，议兴蚕桑以救其敝，捐金数千，采购桑秧，年以十余万株计，招士民领种。建蚕桑学堂于郡城，集生徒教以中西育蚕新法，平阳、乐清咸有分局，蚕桑大兴。复开工艺局，凡轻囚颂系暨无业罢民，悉收入局惩艾之，教以手工粗艺，行之数年，所感化甚众。又议开商会以振商务，设温处学务分处以宏教育，条绪粗具，而公遽卒。盖公在温五年，茇猷闷算，所经画而未竟者甚多，咸谓早暮当有峻擢以大展其施，而不意其止于斯也。

公生于道光戊戌闰四月二十二日，卒于光绪乙巳七月十六日，年六十有八。在秦，以捐赈晋头品顶戴，积阶光禄大夫。夫人同邑张氏，赠一品夫人，侧室杨氏，妣赠宜人，皆先公卒。三子：长光岳，府学生员，同知衔候选知县；次光策，花翎陕西候补知府；三光业，兵部武库司学习员外郎，皆劬学笃行，克绍世德。女光玉，杨出，字善化陈某。孙六人：锡梁、锡蕃、锡琼、锡陛、锡霖、锡琪。孙女八人。曾孙女一人。以某月葬于某山之原。

公平居敦悫寡言笑，而治军察吏严明周慎，不可干以私。遇事务持大体，不为苛细，忧时爱国，出于天性。尤通达时务，以边患方亟，浏览报章，即郁闷填膺。癸卯冬，讹言俄日协商，旦暮有瓜分剧变，忧愤成疾，致密电江督魏公，请弛党禁，招致豪杰，亟筹拒俄策，未能用也。性淡泊，清操绝俗。其在榆林，行部至府谷，边民盗耕禁地，惧，献金自赎，公受之，而命悉以籴粟储仓备赈。及去任，蒙王以珍物名马馈，坚却不受，皆叹息去。凡官俸所入，咸以充义举，于杭则以漕款二千金为钱塘江义渡资；于家则置义田数百亩以赡族；又手订条约，设义塾教族子弟，赒恤远族逾万金。湘抚奏旌，温旨赐扁建坊。捐铁饮本省中小学堂、明德学堂、武昌湘旅学堂费及邑子游学日本费与修路恤嫠，前后殆逾二万金。卒之日，公故里及陕、浙士民闻之多感泣，相与具牍胪陈德政，请宣付史馆。其盛德感人如此。

诒让乡举，忝与公同岁，厕踪迹睽违，未尝一瞻颜色。暨公备兵温处，始得以部民修谒，感时局之艰棘，慨负月之不居，宾座雅谭，即复竟日，以是获闻公之治绩甚悉。比公卒，光岳等以状来，属为志墓之文，谨为综缉大略，俾刊于石，而系以铭曰：

湘江衡兵，笃萃英豪。中兴勋牒，稷禹夔皋。童公恂恂，奋迹文儒。蕴才种德，蔚为时需。初襄戎幄，遂蹄剧寇。剖符榆边，惠问迭奏。文翁修学，长孺发粟。髦士汇升，灾黎苏复。帝省剹牍，宠以矛章。爰莅瓯栝，仁风载扬。利溥桑土，化腾乡校。薅此矫虔，憎彼景教。胡图徂谢，未竟厥施。士民述德，郁此去思。公去不来，茂绩孰嗣。盛德载福，绳绳孙子。冈陵表瑞，奠窆崇阡。刊兹贞石，永铭亿年。

又《清诰授光禄大夫浙江温处兵备道童公神道碑铭》

光绪三十一年七月，温处兵备道宁乡童公卒于位。于是两郡士民念公教养之德沦浃肌髓，相与具牍胪陈于行省，请奏宣付史馆。既而陕西士民亦以公在陕治行上陈如温处。盖公以乙科起家，崇建勋绩，扬历监司，生平宦迹，在陕最久，威惠周洽，感化至深。而其在浙，则适当国家更法自强，公奉行禆赞，方将大有所经画，而未竟者尤多，斯皆士民所为感念欷悼而不能忘者也。

公讳兆蓉，字绍甫，一字芙初，世为湖南宁乡人。少孤，家贫力学，沈毅有大志。弱冠补县学生，同邑故陕西巡抚刘果敏公典深相推重。同治丁卯举于乡，试礼部报罢。时果敏方治兵三原，驰书聘公襄戎幕，以统军剿寇积功保举府同知，晋知府道员用，奏补陕西兴安府知府，调西安府，擢浙江温处道。历署陕西榆林府、汉中府、延绥道、汉中道、西乾鄜督粮道、浙江杭嘉湖道，积阶光禄大夫，累次荐举循良第一，军机处存记，加盐运使衔，晋二品衔，头品顶戴，赏戴孔雀翎。

公之初至陕也，刘果敏以公知兵，举行营事悉以相委。旋檄兼统防军，所部多皖、亳降卒，疏庚不循军律。公受事巡视，缚其魁桀数人，骈斩之，疏剔训练，卒成劲旅。时金积堡回酋尚负嵎，势甚炽。回骑数千，由正宁窜三水、淳化，公扼淳化口子头迎击，大捷。既又靓北山兵变，乱卒戕统帅高勇烈公，西安大震。以公遏其冲，不得逞。由是威望骤著，湘军宿将咸叹服，自愧不能逮也。及补官治郡，则首务薅薙盗贼，抚绥雕敝。秦边故多伏莽，兴安僻远，在山南，介三行省之冲，复丁回、捻诸匪屡扰之后，荆棘满地。公密布方略，次第爬梳，前后获剧贼郭家发、张兆海、唐林盛、周蛮刀、邹日标等，置之法。沿汉数千里，奸宄屏迹。四川万县贼郭蛮刀等窜入陕紫阳境，公率军擒斩之。比抚檄至，则寇已平。

兵后，属境凋敝，公锐意为筹教养。兴安士习夐陋，公议拓校购书，招其隽士入官斋，亲教授经史大义，指示文法，儒风骤盛。又以边氓贫窭少识字，命广设社学以训其子弟，复教之树艺畜牧以裕其生计。蕃回杂处，性悍骜，易为乱，公始为回民筹资立学，风尚为之丕变。榆林城临榆溪河，数溃决为害，公亲督工椎治，又浚红石峡，三年渠成，灌溉利溥一郡。尤精究荒政，光绪丁丑，关中大旱，赤地千里，榆边饥民无虑数万，涂莩相枕藉。郡仓有积谷，故事，必先请而后发，公以灾亟，请将不及，议以便宜发赈。道与令惧遣，持不可。公力争不顾，卒如公议，先发仓而后以牍上，总督左文襄公深嘉其知权。议修城堤，俾以工代赈，复运粟于包头、宁夏，藉户口施赈，单骑巡视历八九月，劳瘁尤甚。灾后，继以疫疠，榆林前后三令皆死于疫，道继之。公以守摄道与令事，亲庀医药，按户抚问诊视，所全活无算。僚友傔从多染疫亡，而公备历艰苦，心力交瘁，独泰然无所苦，人咸谓盛德之报。厥后庚寅，再任兴安，又值大饥，为请帑四万金治赈。乙未大水，民多漂溺，公亲历汉阴、紫阳、安康三属，发仓施赈，茸庐埋胔，民不知灾。辛丑，温州飓风潮溢，滨海堤塘田庐漂没圮坏不可胜计，玉环、乐清及海中灵昆各岛被灾尤重。公捐俸千金，佐以盐厘羡余，委员施赈。复为筑塘疏水，抚集灾民，给籽种，俾复业。壬寅，温处饥，复筹拨巨款，购米江苏镇江、上海，请截留冬漕一万二千石运温，设局平粜，而以余金储谷备荒。其时又值瘟疫，日死人数十，公于酷暑烈日中亲巡行城厢，设病院，聘医施药，疗治者甚众。其规划纤细详至，论者谓足继榆林之政，信不诬也。

又善识疑狱，周慎平恕，不事刑扑，而多得其情。在汉中尝平反凤县死罪五人。兴安平利黄老五、安康萧张氏狱，皆附大辟，公廉知其枉，一鞫得直，尽释之。其移西安也，巡抚魏光焘知其明允，以谳局委公，平反冤狱尤众。公又以贪吏猾胥藉势为奸利，尤痛嫉之。兴安府役及船牙素横恣扰民，公至，汰其名员数百，仅留数十人，严绳以法，受赇者斥无赦，甚者杖杀。尝巡视汉水堤工，遇总兵余虎恩泛舟贩私钱，公诇知之，率健卒围其舟大索，尽毁其钱数万缗。镇标兵暴横，莫敢撄者，厘局胥苛扰商人索贿，总兵与局员皆庇之，公檄索不得，密遣隶掩捕，治之无所贷。会安康令以征粮逾章，民哗，围令署，公亲往抚谕，始解。总兵局员以前事衔公，因构飞语，谓公激变。巡抚鹿传霖将严劾，总督谭钟麟公知公贤，竭力保全，仅得解任。盖公宦陕十余年，勤政爱民，治行卓著多类此。

温州自与欧美各国通商开埠，内治外交重事咸兵备道主之。公至，又适当庚子乱后，朝廷方更张庶政，而俗吏多循常蹈故，不能奉扬明诏，公独旷观远览，知非教养不足以振衰拯弊，首檄守令广开小学堂，购书颁给，俾士林有所津逮。又饬县遴高才生各两人，俾赴日本学习师范、实业，捐俸为治装，人伙银圆百，由是风气大开，新机渐畅。又开蚕桑学堂，以西国饲蚕新法教士，岁遣人购湖桑秧十余万株，分谕士民领种。复设工艺局，集轻罪颂系及无业游民，教之捆屦织作，行之数年，感化甚众。又尝以官俸伙助湘省中小学堂、明德学堂、武昌湘旅学堂及邑子游学日本学费，前后皆巨万金。盖公所至，必惓惓乎教育。呜呼！教养不举，则凡百新政无所施，公其知之矣。

自同治初元，朝廷戡平大乱，湘军勋绩冠一时，将相监司布列各行省，而宿儒旧将多持高论，务严守藩篱以摈异族。逮甲午倭议成，时局骤更，旧论稍绌而新学渐挚。戊戌更化，湘中诸豪俊奉行新法尤锐厉无前，盖老成者率重变古，而少年者多喜更新，两议断断，未有所定。惟公儒文侠武，兼资博综，而高掌远距，精究时务，独能通新旧之邮而祛其偏驳。综论生平，治兵以律，驭吏以严，忠亮廉平，忧时爱国，有古名臣之风。非夫识烛几先，量周域外，其能跻于是乎？

曩者日俄协定，浮议蜂起，谓强邻环伺，将有大变。公忧愤扼腕，密电江督魏公，请亟筹备俄大计，愿毁家以助军。又请招致豪杰，蠲除党禁。所陈皆中机要，魏公不能用也。

温州自庚子和议后，景教势焰熏炙，教士干预狱讼，挠我主权，公申明条约公法，痛抑之。瑞安民杨茂奶与天主教积忤，法国神甫赵保禄挟兵船至温索之，必欲置之重辟。公引义力争，声气俱厉，保禄卒绌去。盖公平居端谨，若不能言，临大事则义愤勃发，执节不挠，类如此。

公夙嗜宋儒之学，清节厚德，照耀一世。在汉中，尝以行边宣播威德，却蒙古王名马珍物之献，而于家则捐金累万，购置义田赡族，又立学以教族子弟。湘抚上其事，传旨以"乐善好施"嘉奖，赐匾建坊，乡里荣之。斯咸世俗所称述者，在公盖不足纪已。

公生于道光戊戌闰四月二十二日，卒于光绪乙巳七月十六日，年六十有八。始祖嗣兴，明季由江西迁宁乡城南企石冈。曾祖普盛，祖开万，考道衮，皆以公贵赠光禄大夫。曾祖妣氏易，祖妣氏贺，妣氏黎，夫人氏张，皆赠一品夫人。张夫人暨侧室杨宜人，皆先公卒。三子：长府学生同知衔候选知县光岳，次花翎陕西候补知府光策，三兵部武库司学习员外郎光业。女一，适善化陈某。孙六人：锡梁、锡蕃、锡琼、锡陛、锡霖、锡琪。孙女八人，曾孙女一人。

诒让猥以同年之雅，得屡侍公清宴。乙巳，公开温处学务分处于郡城以总两郡教育，俾诒让理董其事，于公平日循政粹德见闻最详。深感公教养之惠，大有造于我乡，而惜未克竟其施也。光岳等将以某月葬公于宁乡某山之原，以书来告，谨为摭其荦荦大者表之墓隧以示来者，且以志吾浙人之不忘公也。铭曰：

文吏雍容恣坐啸，坐致公卿百无咎。裨瀛疑信隘户牖，簿书眯目但守旧。童公简达天所授，儒文侠武郁怀抱。治军关陇初试守，麾回踏寇扫氛雾。挈苏灾澹绩屡报，树立嘉禾荐厥莠。校舍万区甄贤秀，民戴公仁如覆帱。帝览刻章锡豸绣，南来瓯栝政愈懋。明诏更新悬星宿，新机灌滃弥宇宙。俊士治装集榑岛，新政万端民不扰。风移识启公所造。天不慭遗厄中寿，厥施孔多欿未究。我纪君德质穹昊，湘水可枯石不朽。

（五）杂文类

1. 赠序

《送郭漱霞赴湘鄂调查矿务诗并序》

光绪甲辰秋，吾乡同人议兴矿务，属漱霞姻世兄渡海溯江，游历湘、鄂，调查矿冶。临行，出吴绫属书，漫成小诗四首，并以送行，即求海正。籀庼弟孙诒让。

矿学榛芜几百年，奇书蟫蠹《地员篇》。越山金锡推天府，可有吴王解铸钱。（其一）

曲突何人识远谋，铜官今已遍蹳趓。无穷地宝长扃鐍，枉费司农仰屋筹。（其二）

昆弟君家各振奇，峥嵘栋甍照华楣。菑生煅灶消长日，谁识雄心在救时。（其三）

西行饱看楚山青，万里江流接洞庭。此去布帆定安稳，篷窗细读矿人经。（其四）

2. 寿序

（1）《张广雅尚书六齞秩寿序》

光绪二十有二年丙申八月，吾师广雅尚书张公六秩诞辰，凡著弟子之籍者，咸献言以为千秋之祝。诒让独以衔恤家居，不得与称庆。洎丁酉，而公以官年六十，礼官上闻，天子优礼耆德，将举锡禧之典，寰宇翘首以瞻异数。而诒让亦适届祥禫，虽学识疏浅，于公之盛德大业未能仰赞万一，而于兴学自强之旨略有所窥，斯固不可以无述也。

窃惟公自妙年通籍，即以鸿文硕学受穆庙特达之知，回翔馆阁，已蔚然负公辅之望。洎今上光绍大统，祗承懿训，知公尤深。遂以侍从之臣建节晋、粤、江、鄂，领南洋钦差大臣，崇树勋勚，震慑异域。若援越拒法，筹俄备倭，以逮开铁路、治牝政、简军筹糈、炼金制械诸大政，闳谟伟略，不可胜举。而公之密勿敷陈，与夫独居深念所尤致意者，则以为中国自强之道，莫先于兴学。开物成务，究极原本，俾圆颅方趾之伦昭然发其蒙蔽，非夫流俗变法之论也。盖公自在词馆，即与当代贤达研经讲学，通汉、宋之途辙，泯中西之畛区，论著名通，海内传诵。及外膺疆寄，益崇阐斯义，于粤，立广雅书院，于鄂，立两湖书院，广集方闻之士，俾研讲经义治事之学。而开府江东以迄旋节汉上，复建议设水陆师学堂以培人才，设自强学堂以开民智。规制宏远，方兴未艾。故公扬历中外，经纬万端，而兴学以求自强，尤公经世更化之微旨，所谓百世以俟圣人而不惑者欤！

诒让昔治《周官经》，而知周之军制与学校相辅而立。盖王畿治军，以六乡七万五千家为正卒，而六遂副之。远郊之内，地不逾四同，而其立学也，则为乡庠者六，为州序者三十，为党序者百有五十。遂之属别亦如之，而郊野都鄙与夫校室家塾，数复倍征于乡遂。西周之隆，所以张皇六师，鞭挞夷貊者，实本于是。今欧美诸强国，学堂虽盛，方斯邈矣。至其教学之方，端绪精备，经典或未能尽详。而榷其总要，则惟德行、道艺、师儒并重，综贯万原。今西人所治天算、地形、光重、化电诸学，盖已略赅于其中。故周衰，学校废阙，而诸子百家犹有能综述之者：若曾子、单居离之论天，管夷吾、邹衍之论地，列御寇、墨翟之论景鉴均重，多奇伟精渺之说，而其技巧家言，则墨氏之书尤详。然则西人所为挟其长以雄视五洲者，皆成周教学之余绪也。矿秦燔书，经籍沦佚，《周官》道艺之传阙然不续，绵历千载，益陵夷不讲。而西人遂乃穷其智巧以自名其学，俗儒蒙固，亦复幽冥而莫知其源。学校废而道艺微，斯固古今盛衰之源，抑亦中外强弱之枢绾欤？

自道光海上用兵以来，海内学者嚣然争论富强。邵阳魏氏首研考四裔地理形势，间涉兵权谋家之论，其言闳侈，或未易施行；安吴包氏始探源于河漕、农桑以植内治之本；湘乡曾文正公揭礼治一原之旨，持论尤精，而以戡平寇乱，未遑更法。惟公覃思闳揽，肇建兴学之议，提纲握要，其意深远。今者朝廷开储材之馆以广致茂异之士，东南士大夫亦皆焯然知贫弱之源由于学之不讲，公私校舍次第兴立，明算通译，风尚大昌，其端皆自公发之。然则遒稽周典，近综西艺，培人才，开民智，兴学以自强，所以巩国家亿万年之祚而为中国四万万人所系命者在是，即公之寿考康强所为永于无穷者亦在是，于是券之，斯非命世大贤之盛轨乎？

诒让佝瞀无似，昔尝侍公宴间，获闻古今学术之流别。中年早衰，学殖荒落，重以孤露余生，废业累岁，曩者所治，百不识一。惟是《礼经》为夙所诵说者，犹能举其要略。窃谓《周官》乡遂立学以德行、道艺、治军、教民之义，与公所陈建者夐若合符，辄缀缉之用证兴学自强之旨，而即以为灵命难老之颂。小子学《礼》，惟夫子其教之矣。谨叙。

（2）《六十辞寿启》

敬启者：顷闻同里诸戚友猥以不佞六十生辰，议循俗例致贺，私衷惶愧无地。夫生日之有受贺，非古也。而以孤露余生，称觞志庆，尤为非礼，顾亭林先生已痛斥之矣。

窃以世变阽危，既非吾辈酺饮为乐之时。况衰年多病，索居鲜欢，每念人生有涯，彭殇同尽。即令幸跻耄期，亦复何足夸炫，何况未及中寿，祝延之典更非所敢当。诸君子强欲被饰顽钝，而上违古礼，下乖素心，谅亦非贤者之所乐也。藉令勉领盛贶，则设筵酬答，礼不容阙，刲羊击豕，馔具宜丰。不佞中年以后，略涉梵典，颇信质点不灭，则性识永存。佛说无始以来，历劫流转，一切众生皆尝为亲属，屠宰烹炙之惨，实为忍生害理。故平日非大宾祭，不敢特杀。今以贱辰一日之娱，而造万劫无量之孽，是亦不可已乎？

今谨先期广告，恭申谢悃。届期烛幛礼物，概不敢领。寒舍亦无筵宴，即汤饼亦复不具。古生日有汤饼，即今之汤面。张仲景《金匮要略》有索饼，即今索面，是其证也。　惟略备筵资墨银一百元，寄上海中外日报馆移充义赈，冀为诸君造福，藉答雅意。疏简之愆，伏希原恕。大雅阔达，幸垂鉴焉。

（3）《费丈寿文》（缺）

3. 祭文

（1）《祭林左髓文》

呜呼痛哉！桂以芬折，膏用明煎。伤我国士，竟厄盛年。修途忽蹶，原著空传。永念怛化，能无泫然。繄维林君，族望崇劭。蝉嫣祖德，恭承庭诰。棣鄂辁华，竹林清妙。维君白眉，轶尘腾趋。幼挺开敏，侠武儒文。劬学淹邃，敷藻纷纶。清标玉照，遐契兰纫。慧心朗解，卓尔不群。初加元服，允升胶庠。礼殿茅蕝，雍泮芹芳。羽仪艺苑，玉质金相。文誉遐畅，飙振云翔。担簦从师，殚研天算。方幂圆弧，四元八线。覃思绝学，昕夕忘倦。洞微缒幽，精诣独擅。唯我中华，运钟九戹。白族凭陵，教堕政忒。君抗鸿仪，针盲发墨。苞桑戒亡，闻者心恻。爱在妙年，奋跖远游。圣湖讲艺，沪渎勾留。公学授简，译社赞筹。经世大业，邈焉寡俦。激励雄心，海帆东指。扶桑轮囷，樱花旖旎。徐福仙乡，延揽奇士。永怀物竞，期湔国耻。鞮译精通，斐然卷轴。伊吕波文，空海著录。载缉奇觚，导彻寄学。敢告象胥，辌轩先觉。罗刹渝盟，义军投袂。群愚腾谤，簧言蜩沸。君任其难，不戁厥气。翩然遄归，雄图再厉。登坛演说，民愚是牖。热血满怀，澜翻在口。娸訾小儒，或骇而走。亦有蚩氓，感愤颒首。方冀永年，孟晋无量。搏我群力，相期尊攘。神州种族，国粹教养。拯此沦胥，文明大畅。胡图科举，累君闷抱。浙海吴山，秋风远道。钵肾高文，呕心丽藻。宿疢遘膺，神藺形槁。淹忽旬日，倏尔弥留。妖讖载告，灵药无瘳。惊闻撤瑟，海上云愁。声凄虞殡，旅榇归来。上有贤母，下无嫭孩。葭莩霣涕，枌社纫哀。空留壮志，历劫不灰。严晨霜凄，寒曦晷促。攀念前尘，光仪弗觌。丧兹国能，百身莫赎。吁嗟昊苍，云胡不淑。斸陈蕉荔，为君招魂。孰搘危局，孰障狂澜。敬诵高义，用激懦顽。匪惟私恸，恸此时艰。崇论在耳，遗书在室。羲景不留，牙弦遽绝。同志寂寥，茹酸永诀。诔德写哀，侑此嘉粟。呜呼痛哉，尚享！

(2)《本生父籀庼公周忌祭文》孙铣

去年今日，我父见弃。次日重逢，呼父不起。诸弟尚幼，未知父事，铣也稍长，粗知一二。父以学名，行尤笃至。怜贫且敬，诲秀兼食。遇犯不校，接懦不肆。应籴加秤，分禾减穗。仆惰不呵，庖劣不易。吾庶祖母，一生无子。吾祖终后，父益严事。父自刻俭，饮浊食粝。鱼鸟花石，都无所费。一架一间，未尝增置。独奉巨金，任施佛寺。别割良田，专供行惠。及其既终，余金遗笥。不敢发缄，先自点视。请命寡嫂，待其临启。支那女子，无自立地。女而寡者，被压更易。无子之寡，及虽有子。而子我依，则尤受制。吾父若此，真盛德事。女权太无，母亦子隶。或对所生，阳尊阴菲。堂上称觞，阁中坠泪。号太夫人，实不如婢。吾父若此，直盛德事。世慕为绅，固以权利。吾父为绅，独甘放弃。学哉学哉，趋取时媚。吾父为学，实事求是。研经之俦，识多拘滞。吾父妙悟，超入空际。妙悟之伦，又易厌世。吾父热心，为世尽瘁。国粹学者，欧化或未。吾父则为，欧化之鞴。欧化学者，又昧国粹。吾父洞明，周情孔思。儒墨交攻，战代已迩。吾父儒宗，兼诂《墨子》。儒之辟佛，怒目切齿。吾父儒宗，兼穷佛理。人猿新论，社会主义，吾父欢迎，不以为异。平等法律，立宪政治，权贵所憎，吾父所志。丁、戊之间，上思改制。湘抚陈公，名高列帅。腾章荐父，推为国器。一朝削职，清流失恃。云愁日惨，众芳委地。是时吾父，入都幸未。庚子以后，士益短气。邮尚张公，最惜善类。殷殷相招，未赴公逝。江城斗大，郁郁居此。辨物原名，聊以自喜。党锢人物，禁网文字。时时歌泣，称述弗置。民权女权，梦想空系。一旅一成，未由受寄。弄獐伏猎，纷踞尊位。区区学咨，等犹列二。昔吾叔祖，止庵学士，学绍叶、陈，渊渊文史。早慕民权，深悲专制。道、咸之间，文网虽弛。《明夷》一录，仍未敢梓。假写手移，入瓯兹始。吾文因而，大阐黄旨。叔侄同调，父子亦尔。昔念吾祖，田间崛起。曾仕江淮，布政大吏。其仁如春，其清如水。萧然归装，五车书耳。永嘉遗著，辛勤校梓。吾祖为官，绝无官气。吾父为绅，绝无绅气。吾祖得父，可谓有嗣。嗣吾父者，未知谁是？铣也恐难，切望诸弟。吾祖之终，年八十矣。为何吾父，六十遽逝？假令父寿，与祖夷比。多二十年，庭训渐渍。庶几铣等，稍传大义。如何吾父，六十遽逝？寒暑须臾，已及周忌。灵魂有无，奠循俗例。寻常哀词，何必费纸。略述所知，父之历史。愿与诸弟，共勉继志。

4. 题识

（1）《题杨啸村静观图并序》

雪沧志芳行洁，耽嗜文史，前与同事学务，深资襄助。迩复寄迹永嘉书局，主人陈君，亦佳士也，顷以玉照属题。偶忆南宋永嘉四灵与书贾芸居陈起游，陈为刊诗集。余前见宋椠《江湖小集百家》，册尾题"临安棚北陈解元书籍铺发行"，即芸居年刊，故附及之。

太息时艰笑独醒，新书喜对鬓毛青。临安棚北寻陈起，定有清吟续四灵。

（2）《自题变法条议后》

光绪辛丑，天子将更法自强，广求众议。友人属为具稿，乃以《周礼》为纲，西政为目，成此四十篇。陈古副今，觊以杜守旧者之口，与诂经属文义例不能强同，偶存此副，移示家塾子弟。辄题八绝句，用代跋尾。端阳后五日书。

六典《周官》炳楬橥，辀轩绝域更搜书。中西政理原同贯，始信荆公太阔疏。（其一）

《太平经国》细参详，王道由来足富强。重见始元《论盐铁》，昔年星散几贤良。戊戌变政，持议者多举制科，未试而党狱兴矣。不佞以陈右铭中丞、瞿子久学使荐，亦厕名其列，陈尚未识面，盖得之党人某也。（其二）

锲舟瞀论陋儒冠，急就奇觚属草难。某君索稿甚急，乃杜门旬日，成此四十篇，愧不能精备也。纵是屈平能制法，却愁腾怨到椒兰。（其三）

百年礼乐未嫌迟，微管经纶亟救时。周室成均汉街弹，承平治教此荄兹。更法条目繁赜，要当以学堂为根柢，警察次之。盖学堂储立法行政之材，且开守旧者之蒙固，警察则使法之必行而祛积弊，无此而徒议变法，无益也。（其四）

党禁纷纷士气伤，秋荼禁网到文章。兰陵祭酒杜门久，犹有新书法后王。（其五）

绵蕝孙通世所宗，议郎博士自雍容。中兴事业由图谶，作奏何劳属葛龚。（其六）

午贯姑榆战教宗，午贯姑榆，见《秋官·壶涿氏》。景教十字，与彼相类。盖中西大方术家皆有之。漫天飞旝苦连烽。杀机金火终当尽，要看潜霆起蛰龙。火器之烈，于今已极，揆之天时人事，必有废黜之日，其在电学发微、黄种将兴之际乎？臆见如是，书以为券。（其七）

东西瀛海匝环球，行见隆平接盛周。中外文明傥同轨，岂徒闳侈说齐邹。（其八）

（3）《书校顾亭林诗后》

呜呼！兰畹剩馥，桑海大哀。凄迷填海之心，寥落佐王之学。景炎跸去，空伤桂管之虫沙；义熙年湮，犹署柴桑之甲子。捃兹一掬之煤炱，恐化三年之碧血。偶付掌录，读之涕零。后之览者，倘亦亮其存楚之志，而恕其吠尧之罪乎？兰陵荀羕。

岂愿区区王佐学，苍鹅哀怨几人知。流离幸早一年死，不见天骄平郑时。

万里文明空烈火，人间尚有《采薇》篇。临风掩卷忽长叹，亡国于今三百年。

越东遗民荀征

5. 缘起

（1）《记瑞平化学学堂缘起》

《周礼·地官·草人》掌土化之法，以物地相其宜而为之种，此植物之化学也。《墨子》及《淮南王书》有鼁鹑之论，《庄周书》有斯弥食醯之说，此动物之化学也。《周礼·大宗伯》云“以天产作阴德”，“以地产作阳德”，而继之曰：“合天地之化，百物之产。”郑君谓：天产、地产，即动物、植物。然则万物之蕃变兴衰，莫大于化，自周公以逮秦、汉诸子其知之矣。我地球为八行星之一，自地以至恒星，天而外达于星气之表，其广远不可纪也。而大气充乎其间，其微点所积为诸气质及一切金石矿质，其胚珠所孳为动植诸物，原质之可测而知者，旧六十有四，今增为七十有奇，各以其爱力相摄、相辅，错综凝聚以长万物。亦各以其害力相胜、相贼，亏蚀分散以消万物。其变化离合之迹不可思议，而咸有一定之性情比例。分别部居，杂而不越，气质、流质、定质日迭消长于天地之间，而此七十有奇之原质，未始有毫秒之损益也。噫！是非吾身有生之原，而万物蕃变兴衰之精理，范围天地而不过者乎。人为动物无量数之一，资水气动植以为饮食，资金石矿土以为材用，日呼吸于诸气之海，身受其变化而不知其故。自旧学亡失，古经所谓天地之化者，莫能阐其义诂。儒者高谈阴阳性命之理，既沦于虚无，而方士、神仙家言又创为黄白铅汞之论，尤矫诬不经。农工商之俦，则又大都拘守故常，间知其一二粗迹，而未能洞究其源。盖中土此学之不讲，二千年于兹矣。泰西之学，由艺以通于道，而化学尤为专家盛业。究极微渺，弥纶大用，批窾导郤，左右逢源，渐濡增积，其学大昌，遂视为生人日用之常。盖彼土不独有专家学会，而童子胜衣就傅，师即以此为教，下逮农工细民，莫不略闻体质化分之说者。而中土老师宿儒，问以原质，乃懵然莫能举其物，是非吾党之大耻欤！自道光中海禁大开，东、西洋大国以十数，皆挟其富强以凌迫我，海内贤达，扼腕时难，日筹所以自强而卒无一效。盖学艺不兴，则士陋而无术，农劳而寡获，工窳而不精，商拙而失赢。夫挟愚拙以与智巧者角，其势必不相当，斯固宇宙之恒理也。迩来中土士大夫始知自强之源莫先于兴学，内而京师大学堂，外而各行省，公私学堂林立，无不以化学为首务，而温州独未有兴者，斯不可谓非阙典也。不佞曩与同志揅研西艺，浏览新译各书，深知斯学之体精而用博，而苦无堂舍以资其聚习，无器质以闳其考验，故略涉其藩而未能深窥其奥突。爰与平阳杨君愚楼、吴君霁菴、同邑金君遁菴筹议集资千金，于郡城开设学堂，广购书器与夫金石药剂，萃一郡之学人志士，相与切磋，讲贯于其中。将博考精研以通其理而达其用，而后起之俊杰有志于斯学者亦有所津逮。俾此学大兴于吾乡，则儒者通此可以博物穷理而为达士，农工商通此可以一艺百获而倍蓰其奇赢。推之治兵、教农、明医、辨矿，神而明之，其益无方。然则兹堂之兴，其创始甚难，而其收效则至博可豫卜也。不佞等既深幸斯举之略具梗概，谨述其缘起以质同人。凡吾乡上而贤有司，爰暨开敏通博之士，傥以斯举为不谬，或能惠赐教诲以广其益，伙助以扩其规，将见魁才辈出，新法日擘，民开厥智，地效其宝。其于国家富强大计，或足为撮壤涓流之助，斯亦大雅闳达所乐观厥成者欤。光绪祝犁大渊献二月。

（2）《瑞安新开学计馆叙》

光绪乙未，东事甫定，中国贤士大夫始盬然有国威未振之惧。于是京都及南洋皆有强学书局之举，而瑞安同人亦议于邑城卓忠毅公祠开学计馆，以教邑之子弟，皆以甄综术艺，培养人才，导厥途辙以应时需，意甚盛也。夫时局之艰难，外变之环伺而沓至，斯天为之也。然人才之衰薾，学艺之不讲，朝野之间，岌焉有不可终日之虑，则人事或不能无过矣。瑞安褊小，介浙、闽之间，僻处海滨，于天下形势不足为重轻，然储材兴学以待国家之用，而出其绪余以泽乡里，则凡践土食毛者，皆与有责焉，固不容以僻远而自废也。学计馆之开，专治算学以为致用之本。盖古者小学六艺之一端，而造乎其微，则步天、测地、制器、治兵，厥用不穷。今西人所为挟其长以雄视五洲者，盖不外是。吾乡自宋、元迄有明，惟卓忠毅精通历算，而未有传书。道、咸而后，几山项先生、菊潭陈先生始研治宣城梅氏之书以通中西之要。迩来颖伟之士，又广涉代微积之学以究其精渺，盖彬彬盛矣。设馆以教，俾后生小子有所津逮以启发其智慧，群萃以广其益，积久而通于神，则魁杰雄卓之材或出于其间，尽人以胜天，而不以惰窳隳其志气，斯固贤士大夫之所乐也。至于中材谨士，志域凡近，理财习艺以自植其身家，则小试小效，固亦若操左契，斯又无俟于扬榷已。丙申三月。

（3）《兴儒会略例并叙》

衔恤余生，蜷伏家巷。友人以都中《强学书局章程》见示，沦胥之痛，读之涕零。局章精详，深所钦服。惟所陈者，尚是译书博闻之事，盖以开瀹民智为富强之肇端，而其所欲经画之远且大者尚不尽于是，抑以俗士不足与深谋，姑借此以诱导之，而阃意渺旨，固别有所在耶？

夫中国政学舛驰，其不相谋久矣。即以天算之学而论，嘉、道间通人，如董方立、戴鄂士以逮近世邹特夫、李壬叔，皆究极阐微，抗席西士，然亦不过创立新率，著书名家而已，其于致用，尚邈乎远也。窃谓今日事势之危，世变之酷，为数千年来所未有，中国神明之胄，几不得齿于人类，似非仅甄微广学搜书购器所能揸撑。鄙人秉资暗弱，于经世之学夙未究心。然念家承《诗》《礼》，忝列士林，睹此危局，觍然人面，不愿坐视夷灭，窃冀有魁杰之士勃然奋兴，与寰宇同志集成兴儒会。大旨合全国各行省四万万人为一体，以广甄人才，厚积群力，志气搏一，筋节灵通。运会大昌，则蔚起以致中国之隆平；外敌凭陵，则共兴以围异族之犷暴。以尊孔振儒为名，以保华攘夷为实。万不得已，亦尚可图划疆而自守，此区区移山填海之微志也。但阳九所丁，人心涣散，加以危机环凑，不俟终日，深虑事端闳大，行之维艰，姑就管见所及，陈其较略，与有志之士商榷之。凡强学书局所已筹者不复及。

一、立总会于京师，提纲挈领。发轫之始，先由当代通儒硕望者若干人草创规模，各自招集志同道合之士大夫为会友，不分官阶大小，满汉文武及正途异途。会友人数稍多，则开会公举总董，每省一人，常川驻会，主持会务。

二、总会设立之初，应由总董撰制序启，并开列条目，刻一小册，刷印数十万份，散致国人。序启以沉痛畅达深切时势为佳。条目则贵简明，深意远谟不必详及，亦不必为博丽渊雅之文，但使略通文义者读之能感动兴起，斯为美矣。

三、各省省城各设一分会。各分会先由乡望表著之绅士若干人发议画始，就各府、厅、州、县中招集志同道合者为会友。会友稍多，则开会公推本省分董，每府一人，常川驻于分会，主持分会事务。分董应开具姓名、籍贯、年貌、履历清单，并用西法照像，寄交京师总会及他省分会各一份，以广认识，而便遇事互相接洽，且防假托冒充之弊。

四、总董、分董举出之后，凡入会者，由各董保任，并须查明其人才识优劣，生平有无瑕玷以昭审慎。其人心术险诈，贪鄙龌龊者，虽未显见劣迹，亦不宜收受。 至集资以为经费，亦仿强学局例，以十金为一股。总、分会开办，先募万股，计十万金。以二万金为总、分会第一年用费之需；以三万金存储生息，以五万金经营公共商业，我中国各省地方及侨居海外商人中，亦当有热情爱国、关心事务、而且具有志操才识者，或以资本缺乏，虽抱陶、白之术而无所措手，亦可惜也。应由总会先派精通商务之会友若干人遍历各省，审察商情，即于在会商人中择其志大才伟者畀予资金，代会经营，但虚诞贪鄙之徒慎毋轻以巨资付托，致有损耗，是在总董之知人善任耳。 以所获之利十分之二作为经手花红，余八成尽数交会，备作公用。其入股之会友，自第二年起，每年再各照股捐十分之一。如一股十金，每年再捐一金，则会中每年收得常捐万金，再加存款生息及经商余利，大约可以计持久矣。会中筹款，必始于招股份，继以营商业，此次序之一定不易者。闻之良贾，上者可获三分以上之利，次者二分，下者一分。今集五万元之资本而贾，以获利次等二分论之，计每年可得万金，除二成开销，净余八千金，再以二成提作花红外，本会可得八成之款六千四百。会中年需经费作二万金预算，以会友常年捐一万，经商获利六千四百，合一万六千四百金拨充外，尚差三千六百金，则以三万存款生息及续招股金补充之，自可措置裕如。

五、前条十金一股，为正股。至如贫士力不能办，而才识杰出有志匡时者，本会亦宜特予容纳以广罗致，故议另招附股，以一金为一股，附入所招之人名下。凡附股会友，如能招得正股二份或附股二十份，即将本人升入正股，其被举会董亦与正股无异。自第二年起，每年每附股各捐银一钱，作为会中公用。

六、精刻股份票，以坚细棉纸印成，分给会友存执。所至携带自随，以作凭证。如有遗失，报明总会核准补给。如有借人冒充者，查出除名出会，股份充公。

七、局董立意必须坚守，行事必须切实，以不求名利、不避嫌谤为第一要义。对于会中重大事务，似宜参用西人议院成例。各董会议，以签名众寡为从违，各分董议事亦然。庶几集思广益，取材于多数，一洗中国达官巨绅独断营私之旧习。至于寻常琐事，则各董分职担任，专责行之可耳。

八、仿晋、宋州郡中正之例，诹访各省人才堪应时需者，无论其人已通籍未通籍，由分董各举其所深知者，详开履历年貌，加以切实考语，函陈总会。总会中立一人才专册，随时登录，分正册、附册两种。正册所录，以奇伟俊杰足膺大任者为上等，条理精详明达时务吏治者为次等，皆不分已入会未入会，一律开列，以备他日国家之用。国人入会与否，听随其人之本意，不能强人以从我，而其人之贤否，则凭天下之公论，不可因其未入本会，遂摈弃之，致有党伐之弊。　附册以忧时嫉恶、忠实勤劳、足理庶务者列入，则专就已入会者选择开列，以备本会理财办事之用。巨细兼收，可无遗贤之憾。惟所举人才，现时实任三品以上者不必列册，因朝廷已登进之也。册列各人名下，注明某人访报，再由总会总董随时博访周咨，核厥虚实，倘有诬滥，即将册内记名撤销，并将原举者之分董记过。有心标榜者，分董辞退。如本人或有改节始终异辙者，亦由原举者之分董随时函知总会退保。总之，君子小人，鉴别必严耳。大凡论人必以模诚为本，喋喋利口之辈、图窃利禄者万不可用。惟诚朴之人，乃能为国家担任艰巨，竭忠尽虑。近日北洋用人，大抵喜用小人之粗通洋务者，驵侩间谍悉得攘臂其间，东事一兴，遂败坏决裂，不可收拾，此其殷鉴也。　总会总董复察册列人才之果否贤能，并可比较各分会分董识鉴之优劣，互相考镜，可以无遁情矣。

九、广访利弊。各省府、厅、州、县，有应兴之大利，应除之大害，及地方官有政绩卓异或贪劣作奸者，由各省分董函陈总会，立册记载。本会虽无兴革黜陟之权，而主持清议，使外省之利弊与吏治之张弛尽达于辇毂之下，亦可以通壅蔽而资甄别，其视详报虚实，公私相去何啻万里耶？至于寻常政俗无关治本者，不必列报。如有分董私图利益，或曲徇恩怨，任意妄报者，由总董查出，即行辞退出会。

十、各省府、厅、州、县，如有五金煤矿可以开采及丝、茶、盐诸商务，或尚未振兴，或已兴而宜图发展者，由分董函知总会，立册记载，以俟他日筹划施行。以上二条，凡会友如有所知，准其函详分董，由分董转达总会以备采择。

十一、本会规模既立，入股者可冀年增月盛，如能集得二三万股，则有二三十万金，便可于各府添设支会以收指臂之效。支会会董，每县推举一人充之。又，总会可妙选各省俊才若干人，给资令其出洋游学，每人年各饮以一二千金，分别学习机器制造及农、矿、化、电等专门科目。其人选必须国文已有根柢者为合。大抵研究西学，必以身至外国学习为善，仅读译书，总弗如也。其在中国立学堂讲习西学，《强学会章程》已详，兹不复及。　各省府、厅、州、县城乡等处，可由本会拨款，多设农工商人识字习算之夜塾。泰西各国，四民多能识字观书，中国惟士人读书，商人粗知账目而已，农夫百工大都目不识丁，所以民智不及西人，亟宜有以教诲之。以上各端，如以二三十万之款酌量支配，当无不举。再如能得五六万股，则有五六十万金，便可购商轮行驶各埠，运货经商以分洋商之利。如能得十万股，则有百万金，便可建造机器、纺纱、织布各局，以保中国自有之利权。如能得百万股，则有千万金，便可购大轮船，通航太平、大西、印度各洋，以与外国商人抗衡海上。如得二三百万股以至五六百万股，则有二三千万金以至五六千万金，便可认造小支铁路、火轮车，以利陆路运输。如能得千万股，则万万金，便可开采煤矿、五金矿及设立制造铁舰、枪炮各厂。德意志国克房伯即系商办，成例可援，于是中国船炮，可以精益求精，不致仰给于西人，复仇雪耻之大功，庶或可望告成。此条恐难速就，姑满意妄言之。然天眷中国，或冀万一有成，抑或小试其端，亦可勉自树立。

十二、会务大兴之后，应派通知洋情、机权敏达之士分驻各国，与其政府习熟，而选择儒家修齐治平之书，广为投赠；一面派遣学人兼晓西语者漫游各国，传播儒教，所至城村，对其人民讲明中国仁义道德之理，教读四子之文，最好将原本译成西语印行。逐渐由浅入深，使世界上圆颅方趾之伦，皆知中国为文明先进之邦，而儒者中庸之道，可以放弥六合，莫不靡然向风。倘遇有彼此交涉之事，可以援据公法约章，与彼国人士争辩，并使其君相闻而折服。如是，则彼国上下，咸以中国人民有爱国心，有合群力，未可轻侮。大抵西国公使领事久在周者，稔知官场阘冗偷惰情态，狎侮调猳，习为故常。有此一举，或可补救官办交涉之失策，而身膺其任者，赖民间有人遥为声援，则折冲樽俎，胆气稍壮，不致畏事却步也。

十三、政府及外省督抚之贤者，宜与联络以广呼应而泯疑忌。盖本会之旨，在荟萃众材众力，共策国势之兴复，以尽践土食毛之责，所望政府及疆吏，能虚衷采纳，相与有成也。至如昏庸骄倨之达官贵人，宜绝往来，免为全局之累。

十四、总会所办之事，以及议而未行之创举，按月开具节略，用活字板印成小册，遍寄各省分会，由分董转示会友，俾各周知。如有总会办理未尽妥善，或全宜更张，或略须增损，得由会友各抒所见，函经分董转致总会酌核。总董宜持平集议，是者即采取而改从之，不得固执成见，护前遂非，致有贻误；非者则覆函详为剖析，解释疑忏，亦不得任意申斥，略涉轻慢，致伤同志雅谊。其有异议纷杂，莫衷一是者，亦当依签名较多者决定，以符三占从二之意。

十五、立募捐预储册。本会规模宏远，经费须从宽筹。凡入会之富户巨商，如有热心爱国，自愿于股金外特别捐助私赀以充会款者，或百金，或千金，或万金以上，悉听其便。此项捐款，不必立交，可先由捐者自将认捐数目填入册中，俟有要需，再行按册提用。倘历年久远，会中无需乎此，仍可退捐。又或捐者家赀中落，不能如数输缴者，亦得向会报明查实准退。

十六、立储财银钱局于京师及各省通商大埠。京局由总会管理，各埠局由各省分会管理。凡会中存放银钱及汇兑款项，均由此局经办，精印局票。凡各省同会之友，一律行用以通周转。广储本银，坚持公信，如能使会外人亦乐用局票，则通行宇内，可收外人钞票之利。其会外人有汇兑银两，经由会董查明切实可信者，亦可照西号章程略为减轻，妥速代汇。局中生意每年获利，提二分作为花红，八成充会用。如有亏折，酌量责成经手人赔补。倘局中储银较多，则可仿南宋临安府钱牌式，用机器铸成银牌，大者十两、五两，中者二两、一两，小者五钱、一钱，以分西人洋钱之利。　　不铸钱者，以圜法应由官局铸造，宜有区别。必为钱牌者，且有孔可穿，较之银锭，易于携带，而分两有定，于用尤便也。

十七、立时务丛报局于京师及各省省城。京局由总会办理，省局由各该省分会办理。分日报、月报、年报三种，均用活字板排印。日报每日一纸，国事、地方事及西政西艺有所闻见者，一一笔记出之。月报、年报，于每月终、年终印行一册，将一月一年间逐日所记之事，分类汇编，以备要览，并就事立论，议其得失，以供有心经世者之参考。局外之人，无论是会友或非会友，倘有高论大文精确切当者，本报宜旁征附载，为之表章。

十八、商务大兴，则仿西人例，举办卫商团练，自行练兵习战。每省先试练数百人，按年逐渐增额。倘能供给数十万之饷，便可多练数万人。　　此与绿营勇均不同，练时按名给饷，训练成军后，各归自操生业，但将姓名籍贯注册，听候有事时征调，事平仍散去。分地分年，认真操练。每省如各有数万精卒，缓急便可敷用。至董卒教训，则取人才册中之有将才者举而任之。储访有素，自不致有临事乏才之虑。

十九、同会之友，志同道合，仪文宜简，情谊宜洽，互相缔结，共维大局。凡正股、附股之友，不论官秩高卑，年齿老少，均以平行笺牍往来，不必效官场格式，以杜隔阂。其本管宪属及私门年世旧谊，则不在此例。至同会友人，因公共事务游历在外，所至之处，应由分会支会延款，遇事指导。如有窘乏，宜酌量资助，但须定有限制，以免浮滥。或有疾病、盗窃、意外之事，尤当公议设法援助。会友人数众多，会董未必尽能认识，则以其人随身所带之股份票为凭。未带股票，则所至之处，毋用延接。如有借人冒充，查出除名出会，股金充公。

二十、中国人贸易南洋、太平洋者，闻多富商巨贾，亦有奇伟之士志尊祖国者，应由总会派友到彼，招其入会，属其自就适中地方，设一兴儒海外分会。一切规约，比照内地办理。

廿一、蒙、藏、回、疆以及黔、广土司，辖境僻远，应就沿边各省分董中择人亲往咨访，有无人才可以造就。如有通儒书抱大志愿入本会者，一律收揽，亦属自行筹设分会，逐渐推广。

（4）《科学仪器馆月报小引》

中国艺学之权舆，莫尚于《考工记》，其论制器曰："智者创物，巧者述之。"又曰："百工之事，皆圣人之作也。"夫所谓圣人者，非一二人独得不传之秘也。积众智以通其原理之谓道，积众巧以修其良法之谓艺，发明新理新法、利其用增其力之谓器。智巧创述之能事备于是矣。先秦管、墨诸子，类皆甄综道艺，然发其端而未竟其绪，举其较略而不能穷其繁颐，有其创之，莫或述之，此中国艺学之所以不竞也。

欧学东渐，而质力诸科之说大明于天下。积世积精以通于神，艺器之妙，弇与道合。而吾国学者，犹塞聪蔽明，拘守故常，徒惊怖其奇，而莫知所津逮。夫彼非无所不能若天帝，不可思议若鬼神，圆颅而方趾，固犹是人也，而谓彼独擅其长，吾必不能学步，是诬人以自贼也，耻孰甚焉！

迩年以来，朝廷既以艺学广励学官，海内闳达之士亦复多从事于斯。浙、沪同人于是开科学仪器馆，广购图器标本以应学者之求，而就彼设学以教，将以聚彼之精艺奇器，用资吾党之研究，风尚大开，来学者日众。而犹虑教育之未能普及也，复辑《月报》以饷学子。移译西籍，系以精图，广征论撰以掸其理，旁罗丛录以博其趣俾夫理数形法灿然耳目之前，盖一展卷而道艺器之全无所赅，其愉快何如哉！

昔汉张衡、魏马钧、梁祖冲之之伦，生于科学未显之时，前无所凭借，以其夐思旷览，犹能创获其二一。今则新理、新器日出不穷，所为道艺之精，高远穷天地，微渺入末忽者，咸可闭户而究，校之曩哲，其难易不可以道里计。学界志士，愧吾躬之未逮，怵他人之我先，必有旷然昭悟，因西儒所已得者而益宣究之，积吾众知众巧以相竞于优胜之场。彼善创而吾善述，夫安见吾之不能为创也？斯则《月报》之作，所愿与海内学人共扬榷之者欤！光绪丁未孟陬。

（5）《普通学堂叙》（缺）

6. 演讲词

《在温州艺文学校开学典礼上的演说辞》

今天为艺文学堂落成的日子，兄弟到堂瞻礼，躬逢其盛，深为忻幸。又得闻李提摩太先生、苏慧廉先生两位演说开学的宗旨，意在以西国之文明，教训吾温少年子弟，更为感激。

吾想吾中国文明开化，远在黄帝轩辕氏教史官仓颉造作书契。而伏羲八卦同后来《尧典》《舜典》，并算做吾中国圣经最古的书，都在距今四五千年的光景。西国文明，开于埃及、巴比伦，那金字塔古碑，都在西历纪元前四千多年的时候。可见东西文明，都开于上古时代，真是遥遥相对呀！苦于那时未有铁路、轮船，欧罗巴洲与吾中国不能相通。虽然，西国《旧约圣经》上有一句话，说秦人到郇山，大概在中国前汉，西历元年以前。这是中国人到西国最早的事情。而犹太教入中国，亦在那个西汉的时候。至今河南省城还有犹太人子孙住在那里，有羊皮写《旧约》的书。这算是西教入中国最早的事情。到了后汉安帝的时候，大秦王安敦贡狮子。大秦就是罗马，现在教皇所住的地方。唐朝的时候，有《景教流行中国碑》。元朝的时候，成吉思皇帝用兵西方，直到意国、奥国边境。但是从前交通不便，虽说偶然有人来往，而东西文明还未能彼此传布。仅有中国罗经指南针，相传的话，说周以前已经传到西国。这算是吾中国文明输入西国的事情。明末时候，利玛窦、艾儒略诸位教士《几何原本》同《几何格致》的书带到中国，经徐光启、李之藻等翻译，盛传于世。本朝开国，南怀仁等又蒙我圣祖黄帝优礼，修订《灵台仪象志》及历法各书，这是历史上西国文明输入我国的事情。到了嘉庆以后，蒸汽之学发明，火轮船、火轮车次第造成。从此全球五大洲几万里路程，彼此交通，犹如邻居一般。而西国文明一天盛一天，到今天，无美不备。吾中国人开通的，心中自然很佩服。所以前后翻译出来的书，已有百多种。各处好学的人，都喜欢读西国的书。就是中国皇上，亦下谕旨，教人用功西学，尊重宝贵，同孔子圣经及历朝正史一样。可见天道循环，以前中国文明盛时，有几件事情传到西国；现在西国文明盛了，又有许多学问传到中国。大概地球上万国文明，总要处处开通。

但是一国文明的表征，不在一二个有大名的通儒，要在全国人民个个都有普通知识，程度不相上下。总而言之，国民普通知识，总要人人平均，才能够共同努力，以谋文明进步。如西国文明，在现在算得极盛了，其原因在于无分男女，无分贵贱，无一人不识字，一切士农工商，都有普通的知识，所以个个人都是有用之才。吾中国地方太大，人口太多。从前科举时代，只有士人读书，但其宗旨又多为猎取功名计，其真正研究有用的学问的人亦是少数。至于农工商各界，识字的很少。所以讲到普通知识四个字，恐怕士人之中也不能个个都有，农工商更不必说了。到了近来，开通的士人才晓得读西国科学书，以启发其普通知识。但是顽固守旧的士人，仍都不能个个都知道西国文明之盛。

吾温州虽是通商码头，而地方偏僻，读书人见闻更不能广阔。即兄弟虽少年读过中国经史，而不识西国文字，但看译本的书，总自己惭愧学问浅陋。敝处瑞安近年立有几处学堂，而经费支绌，课程都未完备。恨自己不能一到西洋各国，考察文明政治教化的规模及一切大小学堂的办法，增长知识。现在苏先生开设这艺文学堂，用西洋文明开发吾温州地方的民智，想见苏先生要热心推广教化，不分中西畛域。力量既大，心思又细，各种教科无不齐全。兄弟登堂瞻礼，如同身到西洋看学堂一样，心中不胜欢喜。至于李先生，是西国有名的通儒，向来听见大名，仰望已久。今幸惠临吾温州，把西洋极精的道理讲与吾温州人听，这是极不容易得的事情，所以兄弟带领各学堂教习、学生到这里来恭听教训。兄弟借此可以开其顽钝，增广教育学识，获益实在不浅。尔等少年子弟，既然有志向学，应当知道仰慕西国文明。此番心领两位先生教训，必须牢牢记在心里。将来用功学问，由平常进于高等，由普通进于专门，开了门径，宏其造就，庶几不负两先生的热心毅力。这是兄弟与吾阖府官民所厚望，而对于两位先生今日演说的话，益觉感激于怀，永远不敢忘记的了。

二、外编

（一）传状类

1.《籀庼公史馆立传折》　钱塘吴士鉴

翰林院侍读臣吴士鉴奏，为胪陈已故京员学行，援例吁恳天恩宣付史馆立传以彰硕学，恭折仰祈圣鉴事。

窃维我国家振兴学术，崇奖儒修，耆宿经生后先接踵，一经臣工陈请，无不予以褒扬，或奖励于生前，或表影于身后，仰见我皇太后、皇上重道尊经之意，实有迈汉、唐而越宋、明者。臣伏见已故刑部主事孙诒让，系浙江瑞安县人，承其父原任太仆寺卿孙衣言之教，学有家法，由同治丁卯科举人援例分部行走，淡于仕进，引疾归里，穷经著书垂四十年。前湖南巡抚臣陈宝箴、邮传部尚书臣张百熙、协办大学士臣瞿鸿禨、现大学士臣张之洞、吏部侍郎臣唐景崇、两江总督臣端方等皆曾奏保经济特科，甚引重之。以天性静退，均未赴试。所居温州，僻处海滨，士鲜实学。诒让于后进之请业者甄植甚众，创立学计馆及方言学堂，承学之士云集飙起，浙中学界之开通，实诒让提倡之力。温、处两郡，离省窎远，文化阻塞，谓宜立一总絜学务之机关，请于浙江巡抚，设温处学务处，当事者公举诒让总理其事。复请以温州校士馆改为师范学堂，以小学所需格致教员甚亟，乃开两次博物、理化讲习所，卒业者皆好学深思之士。诒让办学务处三载，两郡中小学校增至三百余所，而所筹之款，均与地方官绅切实规划，其苦心孤诣有足多者。上年经学部奏派为二等谘议官，浙江提学使聘充学务公所议绅，并经浙江全省学界公举为教育会会长，其为中外所推重如此。

诒让之学，淹贯中西，博综今古，而尤以通经致用为急。以为《周官》一经，乃政教所自出，先圣经世大法，节目至为精详，今泰西诸强国，其所以道国明民者，往往冥符而遥契。爰博稽制度典章，阐明微言大义，采汉、唐以来迄于乾、嘉诸儒学说，参互证绎以发郑注之渊奥，裨贾疏之阙遗，成《周礼正义》八十六卷。至是而官礼之闳意渺指皆可措之施行矣，论者谓二百余年研经之士未尝有此巨作也。又于周礼古义与西人之制相通者，别为《周礼政要》四卷。诒让以墨子强本节用，劳身苦志，该综道义，应变持危，其学术足以裨今日之时局，撰《墨子间诂》十五卷。其书精深闳博，一时的为绝诣。其余著述，尚有《札迻》群经三史、《说文》札记、《名原》《籀庼述林》《古籀拾遗》《古籀余论》《周书斠补》《大戴礼记斠补》《尚书骈枝》《六历甄微》《契文举例》《温州经籍志》《学务本议》《枝议》《九旗古义述》《广韵姓氏刊误》《周礼三家佚注校辑》《宋郑缉之〈永嘉郡记〉校辑》《〈永嘉丛书〉校跋》诸书。综观该故员之学术，以通经为体，以识时为用，与墨守章句、不知通变者迥不相同。方今海内通儒日就凋落，如诒让之绩学穷经，实不多觏，遽于今年夏间病故，凡在士林，同深惋惜。

伏查光绪六年，前御史臣彭世昌曾以其同乡翰林院修撰刘绎事迹奏请宣付史馆，列入儒林传，钦奉谕旨允准。兹已故主事孙诒让学问渊通，潜心经术，深明教育，成效昭著。臣隶籍浙江，见闻确凿，谨援例胪陈事实，合应仰恳天恩，准其宣付史馆，列入《儒林传》以彰硕学，实于今日兴学前途大有裨益。如蒙俞允，所有该故员事实册及所著书，应由史馆咨行原籍查取以备撰辑。合并陈明，是否有当，伏乞皇太后、皇上圣鉴训示。谨奏。

光绪三十四年八月初十日，奉旨："着照所请，该衙门知道。钦此。"

2.《清史·文苑·孙衣言传》《弟锵鸣》

孙衣言，字琴西，浙江瑞安人。天才亮特，工诗、古文，超轶流辈。道光三十年进士，廷试，曾国藩读卷，深赏之，得与馆选。文宗御极，以编修入直上书房，擢待读。会英、法内犯，上书论兵事至剀切。旋命出守安庆，地沦于粤贼，未视事即乞归。国藩既克安庆，招之出，俾总戎政。历权庐凤颍道、江宁盐法道、擢安徽按察使、迁湖北布政使，移江宁，所至以廉勤自励，不挠屈于权势。总督沈葆桢，衣言弟锵鸣门下士也，号当时名臣，顾与国藩异趣，而衣言论学论治喜称曾公，有候补道洪汝奎者亦出曾门，及事葆桢，希望风旨，峻刑罚，衣言恒规切之，以此总督浸不悦。未几，诏还朝，授太仆寺卿，时已逾六十，因不复出，而一恣于学。著《逊学斋诗文集》，尤留意乡邦文献，补辑《永嘉学案》，又编刊陈止斋、叶水心诸家集，采涉甚博。

锵鸣，字韶甫，美风仪，弱冠举于乡，其成进士先衣言九年。以编修典试广西，遂留督学，官至侍读学士，以言事罢职。年八十四重宴琼林，赐侍郎衔。始官翰林，尝疏陈时政，严劾穆彰阿，人推其敢言。既获谴，家居四十年，不一至都门。李鸿章、沈葆桢皆其分校所得士，数欲推挽之，意不遂也。平生研求永嘉经世之学，著有《止庵读书记》《东瓯大事记》《海日楼诗文集》。

3.《清史·儒林·孙诒让传》　桐城马其昶

孙诒让字仲容，浙江瑞安人。父衣言，以文章风节著，自有传。而诒让喜考据之学，父子异趣，皆有名当世。诒让每读一书，必寻其义据，按册缀录，名曰《札迻》，学者拟之王氏《读书杂志》。尝慨清儒于诸经皆有新疏，独《周礼》郑注简奥，贾疏阙略，读者未能深究，而通于治者尤罕。自刘歆、苏绰、王安石之胶柱锲舟，益为此经诟病，于是著《周礼正义》八十六卷，本《尔雅》《说文》正其诂训，以《礼》经《大小戴记》证其制度，博采汉、唐迄乾、嘉诸儒旧说，参互绎证，注有违忤，亦辄匡纠，意谓国之富强从政教入，学无新旧，均可折衷于是书矣。又著《墨子间诂》，亦二千年人不诵习之绝学也。诒让同治六年举人，官刑部主事。其后诏开经济特科，设礼学馆，连征皆不起。光绪三十四年，年六十一卒。先是，浙省为三礼之学有秀水盛世佐、乌程沈梦兰、临海宋世荦诸家，行辈在前；诒让最后起，而其书出，囊括众说，遂集其成矣。

4.《国史·儒林·孙诒让传》　宁海章梫

孙诒让，浙江瑞安人。同治六年举人，报捐刑部主事。签分未久，引疾归，穷经著书垂四十年。光绪二十九年开经济特料，吏部尚书张百熙、工部左侍郎唐景崇、两湖总督张之洞交章荐之，病未与试。嗣礼部设礼学馆，聘为总纂，亦不就。

诒让僻处浙之海滨，后进之请业者甄植众多，尝与黄绍箕创立学计馆及方言学堂以教邑人子弟。又以温、处二郡距省窵远，文化蔽塞，非设一总会学务之处不足以广教育，呈请巡抚设温、处两府学务处，众遂举为总理。改温州校士馆为师范学堂，开设博物、理化讲习所以备小学格致教习之用。三年之间，两府中小学堂增至三百余所，所筹经费，均与地方官绅切实规划而得，其苦心劝学盖如此。三十二年，学部奏充二等谘议官，浙江提学使复聘为学务公所议绅，又举为教育会会长。

诒让之学，淹贯古今中外，以通经为体，以识时务为用。著有《周礼正义》八十六卷，《周礼政要》二卷，《墨子间诂》十九卷。《尚书骈枝》《周书斠补》《礼记斠补》《古籀拾遗》《九旗古义述》《六历甄微》《名原》《契文举例》《广韵姓氏刊误》《札迻》《籀高述林》各若干卷。其平生精力萃于《周礼》，次《墨子》。（中略）。

今《周礼正义》《周礼政要》《墨子间诂》皆行于世。盖诒让为太仆寺卿衣言之子，幼承家学。衣言官江宁布政使时久，两江总督曾国藩幕中多方闻闳达之士，衣言出国藩门下，故诒让得习与诸老先生扬榷讨论以成其所学。且当巨乱初平，故家秘藏流散城市，往往为所收获，闻见益广，研核特为精审。衣言故治永嘉学，刊其乡先正郑、薛、陈、叶诸遗集，多诒让所校定。

诒让治汉学，而于宋代诸儒未尝轻诋，蹈尊汉卑宋之习。三十四年卒，翰林院侍读吴士鉴奏请宣付国史馆，列入儒林传，从之。

延钊谨按：本传原文中辍，载入《周礼正义》《墨子间诂》自序全篇，兹从节略以省。

5.《孙诒让传》　余杭章炳麟

孙诒让字仲容，浙江瑞安人也。父衣言，清太仆卿，性骨鲠，治永嘉之学。而诒让好六艺古文，父讽之曰："孺子徒自苦，经师如戴圣、马融，不阻群盗为奸劫，则贼善人，宁治史志，足以经世致远。"诒让曰："以人废言，不可。且先汉诸黎献，风义曒然，经训之以徒举一二人辟邪者，史官如沈约、许敬宗，可尽师邪？"父乃授《周官经》，其后为《正义》自此始。

年二十，中式丁卯科乡试，援例得主事。从父宦于江宁，是时，德清戴望、海宁唐仁寿、仪征刘寿曾皆治朴学，诒让与游，学益进。以为典莫备于六官，故疏《周礼》；行莫贤于墨翟，故次《墨子间诂》；文莫正于宗彝，故作《古籀拾遗》。其他有《名原》《古籀余论》《契文举例》《九旗古义述》《周书斠补》《尚书骈枝》《大戴礼记斠补》《六历甄微》《广韵姓氏刊误》《经迻》《札迻》《述林》。又述方志为《永嘉郡记》。

初，贾公彦《周礼疏》多隐略，世儒各往往傅以今文师说，而拘牵后郑义者皆仇王肃，又糅杂齐鲁间学。诒让一切依古文弹正，郊社禘祫则从郑，庙制昏期则从王，益宣究子春、少赣、仲师之学，发正郑、贾凡百余事，古今言《周礼》者莫能先也。

《墨子》书多古字古言，《经上下》尤难读，《备城门》以下诸篇，非审曲勿能治。始，南海邹伯奇比次重差，旁要诸术，转相发明，文义犹诘诎不训。诒让集众说，下以己意，神旨迥明，文可讽诵。自墨学废二千岁，儒术孤行，至是较著。

诒让行亦大类墨氏，家居任恤，所至兴学，与长吏楛柱，虽众怨弗恤也。

自段玉裁明《说文》，其后小学益密，然《说解》犹有难理者。又经典相承，诸文字少半缺略，材者欲以金石款识补苴，程瑶田、阮元、钱坫往往考奇字，征阙文，不审形声，无以下笔。龚自珍治金文，益缪体滋多于是矣。诒让初辨彝器情伪，摈北宋人所假名者，即部居形声，不可知，辄置之，既可知，审其刻划，不跌毫厘。然后傅之六书，所定文字皆隐括就绳墨，古文由是大明。其《名原》未显于世，《札迻》者，方物王念孙《读书杂志》，每下一义，妥聑宁极，淖入凑理，书少于《诸子平议》，校雠之勤倍于《平议》。

诒让学术，盖龙有金榜、钱大昕、段玉裁、王念孙四家，其明大义、钩深穷高过之。晚年，尝主温州师范学校，充浙江教育会长，清廷征主礼学馆，不赴。年六十一，清光绪三十四年五月，病中风卒。

赞曰：叔世士大夫狃于外学，财得魄莫，视朴学如土梗。诒让治六艺，旁理墨氏，其精专足以摩撽姬汉，三百年绝等双矣。遭时不淑，用晦而明，若日将莫，则五色柳谷愈章，而学不能传弟子，勉为乡里起横舍，顾以裂余见称于世，悲夫！

6.《瑞安孙仲容先生伤词》 余杭章炳麟

炳麟始交平阳宋恕平子，平子者，与瑞安孙先生在为姻，因是通于先生。当是时，吴、越间学者，有先师德清俞君及定海黄以周元同与先生三，皆治朴学，承休宁戴氏之术，为白衣宗。先生名最隐，言故训，审慎过二师。著《周礼正义》《墨子间诂》《古籀拾遗》《经迻》《札迻》如目录。而平子疏通知远，学兼内外，治释典喜《宝积经》。炳麟少治经，交平子，始知佛藏。平子麻衣垢面，五六月着棉鞋，疾趋势之士如仇仇。外恭谨，恂恂如鄙人，夸者多举平子为笑，平子无愠色；及与人言学术，刚棱四注，谈者皆披靡。炳麟以先生学术同平子，平子勿深喜，然不能非间也。

会南海康有为作《新学伪经考》，诋古文为刘歆伪书。炳麟素治《左氏春秋》，闻先生治《周官》，皆刘氏学，驳《伪经考》数十事未就，请于先生，先生曰："是当哗世三数年，荀卿有言：'狂生者不胥时而落。'安用辨难。其以自熏劳也。"顷之，康有为败，其学亦绝。然轻憸者多摭三统三世为名高，往往喜谶纬，诬典籍成事，外与进化之说相应，不自知回遹，始疑六艺，卒班固、范晔所录亦以为无。先生节蒇愈陵，不与世推移。炳麟著《訄书》未就，以其草稿问于先生，方自拟仲长统。先生曰："淮南鸿烈之嗣也，何有于仲长氏。"然炳麟始终未尝见先生颜色，欲道海抵温州，履先生门下，时文网密，不可。平子以白先生，先生笑，且曰："吾虽无长德中正之官，取决于胆，犹胜诸荐绅怯懦畏事者，自有馆舍可止宿也。"其后倾侧扰攘堙涂之中，播迁江海间，久不得先生音问。平子亦荒忽不可得踪迹，问浙中诸少年，曰：先生亦几及祸，然怀保善类自若，学者介以为重。平子虽周谨，顾内挚深，与人言，即云皇帝圣明，今且用满洲文署其诗。炳麟素知平子性奇傀而畏祸，以此自盖，非有媚胡及用世意。谈言微中，亦愕愕见锋刃。世无知平子者，遂令朱张佯狂，示亲昵于裔夷，冀脱祸难，虽少戆，要之，世人负平子深矣。其言内典，始治《宝积经》，最后乃一意治瑜珈。炳麟自被系，专修无著世亲之说，比出狱，世无应者。闻平子治瑜珈，窃自喜，以为梵方之学，知微者莫如平子，视天台、华严诸家深远。稽古立事，世无逾先生，《墨经》废千载，本隐之显，足以自名其家。推迹古籀，渺合六书，不为穿凿，庄述祖、龚自珍不足当牧圉。然文士多病先生破碎，抑求是者固无章采，文理密察，足以有别，宜与文士不相容受。世虽得王闿运等百辈，徒华辞破道，于朴学无补益。定海黄君既前卒，属先师又不幸，姬汉典柯，不绝如线，赖先生任持之，函雅故，通古今，冠带之民，千四百州县独有一介。而新学又不与先生次比，独倡无与，古先民之遗文其将坠地，令先生得上寿，庶有达者续遗绪，令民志无携贰，中夏犹可兴也。

昨岁，炳麟次《新方言》三百七十事，上之先生，以为乐操土风，民不忘本，质之子云，雅让而不惑，百世以俟知言之选而无鉏吾，庶几国学可兴，种姓可复。先生视《新方言》以为精审，赐之《周礼正义》，且具疏古文奇字以告。八月发书，比今岁五月始达江户。将以旬月抽读《正义》，且以书报先生，愿辅存微学，拥护民德，冀远不负德清师，近不负先生。呜呼！不浃辰乎？先生遂捐馆舍，焉知向日所以诏炳麟者，今遂为末命也。乃者先生不以炳麟寡昧，有所营救，自兹其绝。先生被炳麟书，自言作《名原》七篇，今亦不可得受读。国亡典型，炳麟丧其师资。且闻平子亦蛰处不与世耦，生死未可知。内之颉籀儒墨之文，外之玄奘义净之术凑于一身，世道交丧，求良友且不得一二，学术既亡，华实蘦剥，而中国亦将殄绝矣。呜呼哀哉！辞曰：

四维丧，国灭亡。颓栋梁，民安向。生不遭尧与舜让，汤汤大海不可望，灵尚安留吟青黄。——《章氏丛书·文录》二

7.《两浙人英传·经学·孙诒让传》 章乃羹

孙诒让字仲容，一字中颂，晚号籀庼，清瑞安人。同治六年举人，官刑部主事。光绪戊戌、辛丑，以经济特科征，皆不赴。丁未，礼部奏征为礼学馆总纂，未几病卒，年六十一。

诒让父衣言，累官太仆寺卿，以清德高文有声海内。尝推论"清儒汉、宋门户之弊，以为永嘉经制兼总厥长，足以通其区畛"。诒让秉承家学，崛兴瓯海，慨然欲通古于今，汇外于中，统一尊而容异。以为《周官》乃先王政教所自出，博甄汉、唐以来诸儒旧诂，绎疏政通，抉郑之奥，裨贾之疏，成《周礼正义》八十六卷。又以言富强而适今代，《周礼》而外，无过《墨子》，于是尽引诸本，覃思正训，发疑解误，成《墨子间诂》十九卷。以明经必通小学，为本许书，上考金文，益上而考契文，成《契文举例》《名原》《古籀拾遗》《政和礼器文字考》《古籀余论》等书。一身为学以裨益文献，津逮方来，上承永嘉，近法昆山顾氏，其著述之富，足与曲园俞氏相颉颃。书之已成者二十五种，未成者七种，题跋书牍不在著纂者不可胜记。近人章炳麟称"其学不后于宁人、东原，其学术之大，足以上通圣则，旁开物宜者"，其推崇也至是。诒让虽著书终老，不见用于世，光绪壬、癸之际，创设温州师范学堂、中学堂、瑞安中小学堂，郡属诸县高、初小学堂，先后七年，都三百余所。资创而身董之，率底于成。永嘉经制，兼邃文学，历宋、元、明，绵延四朝，至诒让父子起而振之，故彬彬能文之士，至今犹闻风向慕，为两浙后劲云。赞曰：自俞曲园、孙仲容二氏云亡，吾浙经学渐成绝响。——富阳章乃羹梅先《两浙人英传》经学

8.《浙江两教育大家传》 薛钟斗

东南之士，莫不知吾瑞安二仲先生也。二仲先生，其事之大者且详国史。而余杭章炳麟又为孙先生传叙其学术行谊，他所勿及。余因刺取见闻，专言二先生于教育上所设施者以为国人告。

黄绍箕字仲弢，浙江瑞安人。父体芳，兵部左侍郎，忠诚廉直，以风节文章名天下，世所称瑞安先生者也。绍箕少禀家教，又受业阳湖陆尔熙之门，说经论文以外，兼课性理，故言动皆有礼法。比长，从南皮张之洞讲求有用之学，于古今学派之流别，中外时局之变迁，潜思精究，见闻益广。光绪六年成进士，改翰林院庶吉士，二十四年授翰林院侍讲。以张之洞所著《劝学篇》进呈，奉饬下各

省督抚、学政广为刊布，实力劝导以重名教而杜危言，自是学者皆得所归。旋奉召对，复力陈兴学育才之效。吾国自甲午以来，外患日亟，朝廷变法自强，振兴教育，于京师首开大学堂，作风气之先。朝论以绍箕博雅淹通，夙负时望，奏派大学堂总办。时学务萌芽，科举未废，士或茫昧未知其原。绍箕本中国教法，参考东西洋学制手定管理教育规则，是中国有学堂之始。今日海内学校如林，未始非绍箕提倡之力。二十五年，闻父病，急南归，竟不及见。誓终身不负所学，取《毛诗》"鲜民之生"句义，更字鲜庵。服阕，当轴聘为两湖书院监督，每日亲自督课，寒暑不辍。学生言行举动，一范于礼，数年来无罢学之事，亦无干预外事之人。复选优等学生三十人赴日本游学师范，学成回鄂，辗转传习，得教员数千人，鄂手其赐，且及他省，为功至巨。又以学务无荟萃地，事权不一，谋于当轴，特设湖北全省学务处以统汇之，自是十八行省仿设矣。三十年至都，充编书局监督，手定条例。又以近来各学堂学生侈言泰西，沾泰习气，因译日本大村仁大郎《儿童矫弊论》以警觉之。是年，兼充译学馆监督，推广学额至三百余名。尝因天寒，学生体操请假，因晓之曰：吾谋拓操场，经营半载，方期诸生习苦耐劳，振尚武之精神，强任事之体干，所以期许至远且大。若依然往日文人故态，则所谓新道德、新事业永无发达之日。诸生感悟，自是无请假者。又择其尤十五人，分送英、法、德、俄四国，使留学专门大学，今皆次第毕业回国。三十二年，授湖北提学使。旋奉遣赴日本考察学务，同行学使推为领袖。比至日本，通儒名士麇迎恐后。尝赴其帝国教育会，会中有倡废孔教者，绍箕发四问诘之，洋洋数千言，莫不惊叹。回国后，帝国教育会公议寄赠徽章以为纪念，其为中外推重如此。及到官，以学务款绌，首捐俸二千金为省会初等小学堂费。续设专门实业各学堂，款减于前而学增于旧，亲裁文牍，彻夜不息。初，绍箕东游四月，得咯血病，至是日深，病中治事，亦自忘。以三十三年十二月卒于官，年五十四。鄂省学堂学生送殡者数千人，京师及各省学堂闻者往往辍食，或停课一日以志痛，亦足见其余爱在人云。

孙诒让字仲容，浙江瑞安人。父衣言，太仆卿，性骨鲠，治永嘉之学。而诒让好六艺古文，年十三，著《广韵姓氏刊误》。十六，以第一人补学官弟子。十九，中式同治丁卯科乡试，援例得主事。而素性静泊，淡于荣利，穷经著书垂四十年。甲午之役，中日失和，时诒让适奉讳，外眷时艰，内伤孤露，虽不复有用世之志，然于外侮之阽危，事变之环矱，每多怲触于怀，托之议论。尝手撰

《兴儒会议章》，冀以折冲御侮，卫国张教，识者韪之。丙申之岁，尝与同里黄绍箕绍第创立学计馆及方言学堂，承学之士云起飚起，论者谓瑞安风气之开甲于东南各郡，实诒让提倡之力。比年以来，朝廷诏各省臣广设学堂，诒让既于瑞安创办中学及各小学，均著成效。又以瓯栝两州离省窎远，文化阻塞，不可不设法联络以收提挈交通之利益，请于浙抚，设立温处学务处、总汇处，当事者公举诒让为总理。复以温州校士馆改为师范学堂，以小学所需格致教员甚亟，乃开两次博物理化讲习所，卒业者皆好学深思之士。诒让办学三载，两郡中小学增至三百余所，而所筹之款均与地方官绅切实规划，前后无虑十万余金，其苦心孤诣有足多者。上年学部设立，曾奏派为二等咨议官，诒让乃于罗振玉所陈《学务草案》多所辨正外，复以历年办学经验，积有心得之语，撰成《学务平议、枝议》若干条。浙江提学使聘为学务公所议绅，并经浙江全省学界公举为教育会会长。时张之洞就鄂省设立存古学堂，特聘诒让为总教，以道途寥远，势难兼顾，力却之。而礼部开设礼学馆，征为总纂，亦不起。遂卒于光绪三十四年五月，年六十一。——《寄瓯寄笔》

9.《外舅孙止庵师学行略述》 平阳宋衡

先生讳锵鸣，字韶甫，号蘡田，中年改号止庵，浙江温州瑞安县人也。于道光癸巳入学，乙未乡举，辛丑成进士，入翰林院，甲辰授编修，丁未分校礼闱，己酉主试广西，已，奉命留督学。咸丰壬子，终任，假归省亲。癸丑，奉命会办本籍团练捐输事宜。丙辰，迁侍讲，已，迁侍读左右庶子、侍讲学士。同治壬戌，迁侍读学士。以团练事毕，捐输宜缓，奏请入都复命供职，得可。癸亥，总裁武会试。是年以言本籍事罢官。光绪乙未，例得重宴鹿鸣，赐三品卿衔。庚子，以辛丑例得重宴琼林，赐侍郎衔。是年十二月十三日终于里居，年八十有四。

先生科第虽早达，而仕宦始终翰院。翰院于今清而非要，不得与政。其间咸丰一代在籍又将十年，年未五十而遽罢，故其所以不朽于通国者不在立功，而在立德、立言。

初，先生之官编修也，同院例业小楷、试帖而已。其名者，或粗涉训诂，或骄语性理，或稍能骈、散体文，大都门户相标榜，酒食相征逐而已。先生则暗然与一二务实学者互勉躬行，切求民瘼，期将有所设施补救。然其获分校主试督学也，仍以小楷试帖之工。其分校也，得李公鸿章、沈公葆桢。其主试也，坚却守土官例赠千余金。其督学也，所至坚辞守土官例宴。然先生家甚贫，乃至虽任督学，衣不帛，饭脱粟云。其在督学任内也，曾于道光庚戌应诏上疏，痛陈督抚之疲玩粉饰、守令之寡循良、军律之不肃、士之鲜务实学、风俗之日非、耻尚之失所。请奖节操，崇经术；起敢谏之废臣，询謇谔之子孙，搜通儒之著述，举征聘之坠典；推转移之本，极责难之恭。

又曾于咸丰辛亥上疏请续行日讲，有"人君高居九重，恒患与士大夫相接之时少"云云。是年，文宗新御宇，曾以曾公国藩疏开日讲，未几而辍，先生慨然独净，众危之，然上意颇为动云。

学使临属，例得受民间讼词，然卒不敢忤守土官，例判而已。先生素以解倒悬为己任，遭广西吏治积坏，群盗横行，民不聊生，所至受讼词甚多，察舆情甚哀，不忍坐视，悉录移巡抚，且驰手书数千言，为民请命。巡抚郑公，故长者，不怒亦不省。先生太息曰："大乱将作矣！"则上疏言之枢府，亦不省。俄而，洪秀全等因民仇官，煽党谋逆，遽围桂林，三月不解。会有献策"洪逆"，劝弃广西，速下湘，渡洞庭，出江取武汉、金陵，传逆檄图中原者，围乃解。于是海内遂大乱。"洪逆"建伪都，设伪官，开伪科，"逆"兵四出，几得九域之半。而伪忠王李秀成、伪翼王石达开、伪英王陈玉成等尤为愚民所归，势张甚。先生私独叹曰："此曹何知，皇朝亿万年之基自不可拔，徒苦吾民耳。"已而，西洋诸国助击"洪逆"，"洪逆"卒灭，伪忠王等皆生擒、磔死，而兵火所经，名城十九为墟矣。

先生之在广西也，曾劾八旗权贵穆彰阿，直声震天下，然生平未尝以之自矜。其会办团练也，于团练则欲不失寓兵于农之本意。于捐输，则持有"子百姓足，君孰与不足"之古义，故乡里无贫富皆甚德之，然每为守土官所掣肘。咸丰辛酉，平阳"乱民"肆焚掠，守土官不问，先生力争不得，则力为良民筹自卫。"乱民"恨，遂攻潘埭，焚先生庐。潘埭者，瑞安属村也，先生祖居焉。于是合门急走他村，"乱民"大索，而数百里内良民皆素德先生，转相隐匿，得远离脱难。于是先生言之守土官，守土官不省。俄而，"乱民"袭掠州城，复围瑞安，先生与城民坚守十昼夜，却之。及闽军入境，民多冤拘，先生周旋其间，获免甚众。同治壬戌，"洪逆"遣部将伪侍王李世贤由处州略温，是时，"洪逆"势已不支，世贤仰先生名德，上书愿降，停兵待复，书不达，然卒降于官军。温处间兵气之销，民之复业，以有先生而速焉。其奏请复命也，有"捐输一节，现当疮痍之余，更宜与民休息，似难骤议行举"云云。又《与巡抚左公宗棠书》有"新复各郡，凋敝之余，如木甫植，如鸟初飞，其所以扶护而保持之者，首在循良守令"云云，枢府及巡抚皆迁之。其罢官也，以劾周开锡。周开锡者，湘人，巡抚所亲委摄温处分巡，治厘、盐等捐甚苛，民不堪命，父老走京师哀诉于先生，先生则疏劾之，有"温处当兵燹后，喘息甫苏，宜蠲苛法，将得休养生息"云云。且附劾前时酿乱之守土官，章下巡抚。初，先生既与旧守土官积忤，又曾与左公书，言"团练报功之以私得者十之七八，且有温州'会匪'案内之不肖官绅，闻已赐檄查访，但恐官场袒护之习牢不可破。窃以为访之于官不若访之于绅，访于绅不若访之于民，盖绅有邪正之不同，而民则直道犹存也"云云，新守土官闻之亦不悦。及章下，新旧皆益怒，则益连为一气以倾先生。于是巡抚奏复，尽反先生之言，且以"阻筹饷，误军务"云云相中伤，遂奉休致之旨。先生于是审知道与世违，改号止庵，虽年甫逾四十，然决意老林野，作教育家矣。当是时，门下士李公、沈公皆为东南大帅，先生疏之甚。李公殷殷思曲起先生，先生谢之坚，遂不敢复言而益心敬焉。计先生自罢官至终将四十年，其间未尝一入都，未尝一致贷钱书于厚禄故人若门下士。李、沈久仕都抚，官商每持千金、数千金来乞一言，先生皆峻拒之。先生之拒非义也，往往声色俱厉，若甚不可亲者。然其居恒接人甚温，自视甚卑，故虽农贩者流，皆觉其甚可亲，而士尤乐及门。

　　其教育也，因质施术，不强一格。四十年间所掌书院，其大者五：曰姑苏之正谊，金陵之钟山、惜阴，沪滨之龙门、求志；其小者则皆在本州诸书院。惟惜阴、龙门、求志不课八股试帖，然先生虽于专课八股试帖之书院，亦必诱诸生以实学。而其创置局译西籍于龙门也，尤为他贤掌教所不敢者。盖当先生掌龙门时，通国议论蔽固，甚如李公鸿章及侍郎郭嵩焘，皆以昌言西洋政法之善被大诟，几无所容身。林野达人，自李壬秋、冯敬亭两先生外莫敢昌言。先生则慨然言于苏松太分巡，移取局译西籍每一种各一分存院，俾诸生纵阅。盖沪滨有江南制造局者，曾公国藩及李公所创，附设译馆，稍译刊西籍若干种，然士大夫耻阅之。龙门虽同在沪滨，号课实学，然开院二十年，而院生稍曾阅局译西籍者不过数人。此数人以稍阅西籍，被学术不正之名于同院。诸生多惊怪相语曰："孙老师真理学，何乃为此？何乃为此？"一二明者晓之曰："惟其理学也真，故能如此耳。"然众惑不解。更十余年，士论渐进，乃共钦先生之识力焉。然先生晚惮远行，保定之莲池、江阴之南菁，亦皆海内大书院，皆曾固延不应，乃改延桐城吴先生汝纶、定海黄先生以周。光绪己丑后，遂不出里门。其平生里居之日长，故浙之温，温之瑞，受教泽特厚。

温州故地僻人荒，今之民族，大率其旧者为孙氏建国后中原民与山越民渐通婚嫁所成，其新者为钱、赵时代闽客与温土民合种而成。自康乐来守，山水始彰，北宋始有名儒。及南都临安，温为王畿，士多入太学，游公卿间，解额几半今之全浙，又出薛、郑、陈、叶诸大师，提倡实学，于是温之人文遂甲禹域，所谓"永嘉之学"也。自元、明都燕，取士法陋，温复僻荒，至皇朝荒益甚。阮公元督浙学，悯温之荒，殷殷焉诱而不能破。及先生与兄太仆公出，力任破荒，不惮舌敝，以科第仕宦之重动父兄子弟之听，于是温人复知有永嘉之学，始复知有其他学派。

闻先生之幼时也，与太仆公治举业，师例禁阅子史、诸集及朱、蔡等外经说。一日，兄弟从他所见《易知录》，大喜。《易知录》者，史略之尤略者也。则假归私阅之，师察见，遽施扑，士皆正师。及同、光间，随院书商则皆言浙属购书之数，温之瑞最多矣。乙未后，新出之事报、学报，其购数亦然云，盖昭昭之效也。然永嘉故学志在三代，今取士功令去唐、宋尚远，提倡实学，视薛、郑、陈、叶时难殆万倍，先生之隐恨与！

浙学故重史，而永嘉为最。盖自安史大乱迄于五季，中原陆沉，学士南奔，于是长安、洛阳文献之传渐移于吴、蜀，钱氏虽不科举，而亦设崇儒院。及赵氏攻克金陵、成都，文献之传复移于汴，而浙独以纳士，依然全盛。及宋南徙，汴中文献之传遂移于浙，故南宋浙学虽分数派，然皆根据文献之传，绝异闽学之虚侨。而永嘉诸先生犹能上下古今，自抒伟论，故当其时，浙学诸派皆为闽党所攻，而永嘉被攻尤甚。自元灭金、宋，悉废诸科，专尊闽学。然其下临安也，以吕文焕之请，焚毁之度大减，非若昔之萧条万里，人烟几绝，故数千年文献一线之传仍恃吾浙。自十八房出而二十一史废，而姚江王氏之学说又颇轻史，史学危矣。及姚江黄氏复重史，万、邵、章、全诸氏继之，虽史狱屡兴，士大夫讳谈史甚，而一线史学稍藉以延。诸老既逝，而所谓十八房者益陋，而江、惠后学之弊又早为钱嘉定所讥，但治古经，略涉三史，三史以下茫然不知。其弊之极则且不必治古经，不涉三史，专讲六书，孜孜于一字一音，而问以三代制度，犹茫然如江甘泉所讥矣。当甘泉时，已云潜心读史者，先进中惟钱嘉定、邵余姚，友朋中为李成裕、汪容甫、凌次仲，况其后者乎？至庄、刘一派异军特起，渐入湘、蜀、岭表，其后学虽大率能陈非常之义，而末流废史虚侨之弊或几等于洛、闽，而所谓史学家者，则大率抄胥耳。于是海内之史学几绝，而浙亦危于前代。

先生伤废史之祸烈，慨然独寻黄、万、邵、章、全之坠绪，以永嘉往哲之旨为归，于二十一史及其他官私史所得见者句析字正，无辍寒暑，盖全家手加丹黄者十七八，而年八十矣。其于群经诸子，亦以治史余力兼治。

其治经子，虽以大义为先，物名为后，然亦不忽训诂，不疏校勘，如段金坛、王高邮及今德清俞先生之书亦所笃嗜，其于往哲经世伟著晦而难得者尤爱之若命。初，德清戴子高先生最好黄余姚之《待访录》及北方颜李学说，先生亦最慕余姚，曾求《待访录》椠本不可得，则多方转假，手自精写，置于家塾，《待访录》入温自此始。又曾授衡以戴先生所编之《颜氏学记》。其他如吴顾氏绛、冯氏桂芬、湘王氏夫之、魏氏源等之著亦时时称道，独惜未见蜀唐氏甄之《潜书》耳。

然先生于学不敢自足，故学说未尝刊行，亦以是不致犯当时虚侨者之忌，而尤不自足于所作诗文，有欲选刊或录副者，必坚谢之。桐城萧穆老而好搜录名人未刊之文弗倦，曾再三造门，乞得录数首，终不与。晚年，诸子孙请亲删定，不许，曰：“是何足存。”终后，诸子乃编次其读四部之随笔为《读书记》若干卷，合之先生所曾别写之《吕氏春秋高注补正》《东瓯大事记》《周浮沚、陈止斋年谱》等若干卷，题曰《止庵遗书》，藏于家。盖先生之学，于温往哲最近陈文节，非温往哲最近陆宣公，故其所作诗及奇体诸文亦最近陈，偶体诸文亦最近陆焉。

先生自少以孝悌闻于乡，五十执两亲丧，哀动行路。敬事太仆公甚，当其远宦，事稍重，必请命。及其归老，同城异庐，自非疾风雷雨，日必一步行造庐候起居，与公及犹子诒让纵谈文史，往往至更深，极人伦之乐。目力素强，光绪甲午冬，以哭太仆公而伤，渐至失明。然其未失也，虽八十矣，犹能观书灯下。既失，昼则持佛号，夕则命子诒械诵唐、宋诗而坐听之以为常。先生虽失明乎，然终不能忘世，每时事新报至，辄命诸子述其要者。丁酉后，海内益多难，每有所闻，辄泣涕如雨。及庚子夏秋间，益悲不自胜，由是气体益弱，于季冬七日偶感微寒，遽至不起。乡人无贫富，闻之率黯然，或痛哭失声。盖先生里居数十年，未尝巧取豪夺富人之一丝一粒，而恒自损以周他急。晚年因掌教大院，所入钱稍多，稍置稻田。每遇岁稍歉，粜粟必减时直之半以惠告籴之贫人，故贫富之稍良者皆甚德之。

初，温人未信种痘新法之善，莫敢先试，儿多殇焉。先生独早深信，先试于家以劝州人，由是盛行，活儿甚众。温俗女足无一不缠，先生独深悲之，而苦无力以革。及终之次年冬，有诏令缙绅家劝解，子诒械乃慨然继先志，奉嫡母林夫人命，大声疾呼，与从兄诒让等集金恭印数万纸，传读广劝，旬月间，一城望族解者几半焉。元、明后，"女子无才便是德"之说始有权于通国，于是抑女日甚，女学几绝。惟浙西诸州稍存唐、宋遗风，故尚时出小闺秀，而稍识字者亦较多。温州邻闽，闽俗尤抑女，至乃逼死报烈，惨均印度，而贱女学几同失节。温俗虽不至此，而去浙西甚远，稍识字者且如晨星。先生独早有见于女学之重要，时时慨然为乡士大夫引西汉诗说，述三代女学之盛，津津乎有味其言之以期渐移积习，由是温女识字者渐多焉。

先生奉己至俭以养至廉，居恒不饮酒，不多食肉，购书外，不稍掷金于花石、鱼鸟之属。虽工书，真行逼徐会稽、苏眉山，而案无佳砚墨、印章。罢官后，数十年不制一裘，及终，夫人命诸子孙分藏遗服为纪念重物，旁观者统计之，乃不能直铜钱百千文，莫不惊叹。自祖庐焚，徙居城中，地不盈亩，晚盛子孙，狭不能容，乃勉别筑，俾分居焉，然蔽风雨而已。乡人咸言土木太苟，先生谢曰："吾子孙有居所，于愿足矣。"乃名新筑之楼曰"海日楼"，为文张之以广诸子孙之意境。然实则等于庚子山所谓"户碍眉，檐妨帽"，尚低于寻常市楼，不能望见江，何论海也。

先生之先，或云出于吴大帝，盖不可考。温瑞先世衰微，乾隆时，有敬轩先生名希旦者，曾以一甲第三官编修，有《礼记集解》之著，为先生疏族父。先生父希曾，邑诸生。生先生兄弟三人，女兄弟二人。兄即太仆公衣言，字劭闻，著有《瓯海轶闻》《逊学斋诗文集》等。曾搜刊《永嘉丛书》，校勘极精。藏书之多闻于时，所谓"玉海楼书藏"也。弟嘉言，邑诸生。籀庼居士诒让为太仆公第二子，著有《周礼正义》《墨子间诂》等，海内达人推为绝学，兼通内典及欧洲政法学说。前湘抚、侍郎陈公宝箴曾举应经济特科，不慕势位，锐意教育。弟子诒燕曾乡举，有文誉，早卒。先生初室叶夫人，举一男一女，男殇。先生年逾四十而未得嗣，乃连置侧室。已而，继室林夫人举一男，诸侧室续举九男，共计曾有男十一，女七。林夫人所举男诒钧，曾列优贡；庶男诒绩，曾列拔贡；诒沉曾笃于学，皆年未三十而卒；又殇庶男二。及先生之终，男存者五：诒泽、诒堪、诒揆、诒械，皆曾入学；德鸿尚幼。女存者四，而男女孙则十余人矣。

先生生长于通国议论虚愍至极之时，独守陈文节公"六经之义，兢业为本"

之训，其言讷甚，始终存文节谢朱文公之意，不肯驰书辨学，与名辈为金溪、永康、东莱、新安之争。中年后，鉴于汉、唐、宋、明清流之祸，益慎密。于对客时谈及当世士大夫，恒多可少否，至自焚劾穆章阿之疏稿，故才气之士偶一二见，意恒不满，以为是迂谨老孺耳。盖非久与处，或曾见其读书随笔，则莫由知其得永嘉往哲及二百年来浙东黄、万、邵、章、全诸氏之真传也。

（二）碑志类

1.《清故侍郎衔翰林院侍读学士孙先生墓碑》 缪荃孙

先生讳锵鸣，字韶甫，号蘷田，浙江瑞安人。祖洙堂，父希曾，邑诸生。先生甫弱冠，即中道光乙未乡举，与归安钱仑仙司业、鄞童薇研侍郎同榜，目为三少年。辛丑成进士，选庶吉士，授编修。丁未分校礼闱，己酉典试广西，留督学，任满乞假省亲。咸丰癸丑，奉命会办本籍团练捐输事宜，递迁侍讲、侍读、左右庶子，侍讲学士。同治壬戌，转侍读学士，以团练事毕入都复命供职。癸亥，总裁武会试。是年，以言本籍事休致。光绪乙未，重宴鹿鸣，赐三品卿衔。庚子，以辛丑例得重宴恩荣，赐侍郎衔。是年因两宫西幸，终日涕泣，病遂剧，十二月十三日终于里门，年八十有四，葬于其县之云峰山。

先生科甲早达，而仕宦始终翰苑。在籍又将十年，年未五十而遽罢，故其所以不朽者，不在立功而在立德、立言。初官编修，暗然与一二务实学者互勉躬行，切求民瘼，期将有所施设补救。宋时薛、郑、陈、叶诸大师以为性理骗于空谈，经济发于实事，贯而通之，举而措之，世所推为永嘉之学者。先生寻往哲之坠绪，质当代之通儒，以史学为己任而充之于事功，卓乎不可及已。

其主试也，坚却守土官例赠。其督学也，并却所至守土官例宴。曾于道光庚戌应诏上疏，痛陈督抚之粉饰、守令之贪污、军律之放纵、士习之空疏、风俗之日非、民生之日困，请奖节操、崇经术，起敢谏之废臣，搜通儒之遗著，推转移之本，极责难之恭。又严劾军机大臣穆彰阿为秦桧、严嵩，直声震天下。时广西吏治积坏，群盗横行，按临各府，所受词讼极多，均移咨巡抚，且驰手书数千言为民请命。巡抚郑祖琛不怒亦不省，先生太息曰：大乱其将作乎！俄而洪秀全等倡变，祸及各省矣。

其会办团练捐输也，于团练则不失寓兵于农之本意，于捐输则持百姓足，君孰与不足之要言，故乡里气甚固，民甚德也。咸丰辛酉，平阳"乱民"焚掠，先生力为良民筹保卫，"乱民"恨，遂攻潘埭，焚先生庐，并大索之。幸得脱难，而家产罄尽。

其罢官也，以劾周开锡。开锡者，湘人，摄温处分巡，治厘捐、盐，细及毛发，民不堪命。弹章下巡抚，而巡抚素慊先生，尽反其言，并以"阻筹饷、误军务"劾之，遂奉休致之旨！

其教人也，因质施术，不强一途。四十年间所掌书院，曰姑苏之正谊、曰金陵之钟山、惜阴、曰沪渎之龙门、求志。先生仰承黄、万，旁及颜、李，不袭理学之陈言，不蹈训诂之剿说。至其为教，并及西书，而种痘缠足之积习，遍喻闾阎，风俗为之一变，仍是永嘉学派小用则小效也。

先生既罢归，而沈文肃、李文忠皆丁未会房所得士，从不通干求之函，而自食馆谷，尤人所难。著有《读书随笔》若干卷，诗文若干卷，《吕氏春秋高注补正》《东瓯大事记》《周浮沚、陈止斋年谱》等，题曰《止庵遗书》。配林夫人。男诒钧，优贡生；诒绩，拔贡生；诒泽，诒谌，诒沅，诒揆，诒械皆诸生；德鸿幼。女：长适杨晨，次适张霈，次适周珑，次适宋衡，次适项维基，次适项恕。兄弟三人：兄衣言，道光庚戌翰林，官至太仆寺卿，曾刻《永嘉丛书》；弟嘉言，诸生；犹子诒让，同治丁卯举人，著有《周礼正义》《墨子间诂》等书。

铭曰：经义治事，安定良规。治事鉴史，俾识安危。永嘉学术，百世所师。先生继起，惜不遇时。道光初政，新安主持。挫折锋芒，庇荫痿疲。寒蝉伏马，平步轩墀。睥睨才士，言高位卑。一疏不合，罢斥随之。小惠乡里，名论经帷。海日一楼，望若峨嵋。先生往矣，为世道悲。

年家子缪荃孙撰。

2.《瑞安孙征君墓表》 张謇

世须学为用，学随世而异。非识时之杰，不能核其要而通其穷。执古者塞，夸今者奢，苟无济于世，则无为贵儒。

清初，盛文字之狱，士重足结舌，练才范气而消于经，经学乃大集中而益昌，莫盛于乾、嘉，莫茂于东南。若元和惠氏、仪征阮氏、休宁戴氏、高邮王氏、金坛段氏，并世代兴，异地述业，父子师友，缵承不绝。流风所被，逮及晚近，则犹有当涂夏氏、定海黄氏、德清俞氏诸贤，而瑞安孙征君最后起。

征君当文字弛禁，海通国创，世变学纷之会，慨然欲通古于今，汇外于中，以一尊而容异。以为《周官》乃先王政教所自出，自古文、今文之相主奴，刘歆、苏绰、李林甫、王安石之假名制，皆足湮塞古义，迷瞀后学。于是博甄汉、唐以来诸儒旧诂，绎疏证通，抉郑之奥，裨贾之疏，成《周礼正义》八十六卷。又据《周礼》合于远西政治省，类区科别，论说征引，推勘富强所由，如合符契，成《周礼政要》二卷。韪哉！君所谓协群理之公，通万事之变，无新故，无中外也。

推君学之为用承永嘉，而体所致力近昆山顾氏。士不通经，诚不足以言致用，夫言富强而适今代，则《周礼》之外，无过《墨子》。君以《墨子》强本、节用、兼爱、非攻，足以振世救敝，不止五十二篇以下为兵家之要言也。于是尽引诸本，参综考读，覃思正训，发疑解忤，又旁通邹、梅，证合算理，成《墨子间诂》十九卷，伟矣哉！

明经必根荄小学，君治小学本许书，上考金文，益上而考契文，成《契文举例》一卷、《名原》七卷、《大篆沿革考》一卷、《古籀余论》三卷、《古籀拾遗》三卷、《宋政和礼器文字考》一卷、《古籀余论》二卷。以解说文字必归殷墟，考据有《周书斠补》三卷、《大戴记斠补》三卷、《尚书骈枝》一卷、《周礼三家佚注》一卷、《六历甄微》一卷、《九旗古谊述》一卷、《札迻》十二卷、《籀廎述林》十卷以条理罅逸。其为目录学，有《四部别录》一卷、《温州经籍志》三十六卷、《百晋精庐砖录》一卷、《温州古甓记》一卷。为地理学，有辑补《永嘉郡记》一卷、《温州建置沿革表》一卷以裨益文献，津逮方来，不足尽君之大凡也。

《礼义》、《墨诂》，世所承诵，日本学者且远致而传习之。著书终老，世未见用，而间一用于乡。始光绪壬寅之岁，建设温州师范学堂、中学堂、瑞安中小学堂、各县高、初小学堂，先后七年，都三百余所，资倡而力营之，卒底于成。岁必巡视，验以所得。为《学务本议》四则，《枝议》十则，上诸学部，以明教育兴革之要。庚子之岁，"拳匪"乱作，东南震惊。县之马屿，土匪蠢肆，君芒鞋短衣，操刀登埤，与士卒守卫，民恃不恐。当是时，国家多故，举政匮财，议筑浙江铁路而贷于外，众口呶争，请归商主办，君输万金，闻者感动，赴义恐后。以君所为，他人具一已足书纪，而君之命世传远者自有在也。

君曾祖祖铎，县附学生。祖希曾，县学增广生，皆赠资政大夫。父衣言，道光庚戌进士，自翰林院编修历官至江宁布政使、太仆寺卿。男子二，君为之季。君讳诒让，字仲容，一字仲颂，晚号籀廎。年十六，　按，实为十九。补学官弟子。

同治丁卯举人。光绪乙亥，赈饥山西，叙刑部主事。戊戌、辛丑，荐以经济特科，征皆不赴。丁未，礼部奏请征君为礼学馆总纂，冀用所学而挽世靡。未数月，遽病卒。春秋六十有一，实光绪三十四年五月二十二日也。

配诸氏、杨氏，姜陈氏、侯氏、李氏。男子九，长延畴，殇；次铣，出嗣；次延钊、延锴、延瀚、延炯、延撰、延灏、延箐。女子一，适同里洪锦波。孙男几人。

世尝讥儒柔巽，又以韩愈言儒有时用墨，遂有合一儒墨之说。不知墨悯周衰，意专救弊，而孔子之道，顺时而适中，非一世一时一事之言。后儒于《周礼》涉门户，竞意气，毛瘠弹射，或病后之不慎而诟其祖，皆痼经生习，无当于大义。韩愈言用无戾，无所强合。若君，学有本原，丁中国二千年未有之世变，烛远规大，条综理贯，炳后来儒术治涂之炬，其为世虑，二百年来儒者所未能有。书播异邦，名流乘牒，有以也夫！君与民国某年月日葬于某山之原，既葬，南通张謇以尝获友于君，撮所尝论究而信重之者，为之表。——《张季子文录》十五

3.《瑞安孙叔苍中书墓志铭》 黄岩杨晨

（上略）予同治己巳就婚瑞安，时叔苍年才十四，已崭然见头角。后或岁一见，或间岁一见，辄惊其进学之勇，才识之闳。时其从兄仲容以经学鸣于乡，其家欲绍科第，每望其与予及叔苍为举业，于是招其戚黄仲弢、叔镕同学。时予与仲容已举于乡，已而叔苍及黄氏兄弟继之。其伯父宦江淮间，常以书相诏勉，予幸先入词馆。光绪己卯，再至甥馆，则叔苍自江左归，亦好经史、时务、词章之学，谈论愈相得。而年少气盛，尤为人所畏爱，虽至戚才学如宋燕生不甚相中也。送予至梅雨岩，观古题名石刻，慨然慕陈止斋之遗风，流连日夕乃别去。予归未几，忽闻叔苍之赴，悲不自胜，以为失一良友。其伯父书来，未尝不痛惜之。盖仲容学最精博，著述甚富，而于持家涉世不如叔苍才。后其从弟伯陶以优贡得知县，仲彤以选拔得京官，亦皆先后谢世，仕宦遂不如黄氏之盛。今予归老田里，惮为远行。仲容家居，为老孺宿学，名播海外，而谤屡腾于党人，学不传于乡里。每念时势变迁，辄称道叔苍不置云。叔苍，名诒燕，号翼斋，父嘉言，县学生员。光绪丙子举人，授内阁中书。子延第、延畛……

4.《内弟孙季恒墓志》 杨晨

（上略）吾妇翁瑞安孙侍郎公，咸同间以词臣乡居，奉旨团练，盖尝毁家纾难以殄“金钱会匪”。其兄太仆公之长子诒谷稷民，则执干戈以御“粤贼”，卒以身殉，优诏褒恤，一时士气振奋，郡邑城赖以完。次子诒让仲容，则好古书金石文字，著述名世，为时经师，天下莫不闻，盖盛门为难继矣。后乃有诒揆季恒者，侍郎公第六子也。亦好书及古器物，有秘藏，辄缩衣节食，多方求之，必得当而后已。……

（三）序跋类

1.《古籀拾遗序》 德清俞樾

诗：“昔我有先正，其言明且清。”然则古人之言，未有不明且清者也。如今读三代之遗书，类多佶屈聱牙而不可读，何欤？及读高邮王氏《经义述闻》与《读书杂志》，乃知古人之言，所以佶屈聱牙，由于不明句读、不审字义、不通假借之故。若以王氏读书之法读古人书，则凡佶屈聱牙者，无不明且清矣。钟鼎文字且不可通，尤有甚者，王氏《读书杂志》附《汉隶拾遗》一卷，于汉碑之差互难通者，思过矣，惜其未以此法读钟鼎文字。盖王氏于古音古义所得者多，而于古字或未能尽识也。今读瑞安孙君仲容撰《古籀拾遗》，殆为王氏补其所未逮乎？仲容好学不倦，而精力尤足以副之，凡前所未识之文、所误认之字，皆以深沉之思一索再索而得之。如“匽喜”之即为“燕喜”、“妄宁”之即为“荒宁”、“成唐”之即为“成河”、“幽尹”之即为“幽君”，皆犁然有当于人心。又据“齐镈钟之既专”乃“心证心腹肾肠”之误，又据周麋生敦之以召其辟、昭事厥辟会，绍乃辟之误解，尤有功于经义。他若据楚公钟知楚公家能咢当为逆，据遣小子敦疑《左传注》甘谗当为[illegible]，于千载之下考定形声，独出所见，非有卓见，而能若是乎？又谓甲胄之甲，或从衣履绚，古或从文。据古籀之遗文，补《说文》之或体，引申触类如此者当不少矣。

仲容于予为年家子，闻其《周礼》甚精博，而未之见，读此，足知其得于古者深也。余老懒废学，无能为役，而仲容介蔡君臞容乞序于余。余因忆《容斋四笔》载苏魏公碑“侧定政宗”为“侧是致泉”之误，窃叹近时之书而“乌”“焉”之讹已至于此，况三代遗文乎？安得如仲容者好学深思，举凡“侧定政宗”之类而一扫之也。

2.《古籀拾遗跋》　刘叔俯

《商周金识拾遗》者，瑞安孙君仲容之所作也。君于学无所不窥，尤多识古文奇字，故其所著，能析其形声，明其通假。近世鸿通之儒为此学者，自仪征阮氏、武进庄氏外，未有堪及君者。可不谓盛与！

恭冕尝受而读之，如释叔殷父敦"▢▢"即"朝夕"，虡彝"▢▢"即"甲胄"，周宂敦"▢▢"即"昧爽"经传作爽，即▢省，周然膝敦"吴师"即"虞师"，周大鼎"▢马"即"走马"，周韩侯伯晨鼎"▢▢"摹本作▢，文有剥落著"三"于"弓""矢"之旁，即"彤弓彤矢"，以别于下"旅弓旅矢"。又如商钟之"▢"释为"▢"，与《一切经音义》所载古文"賨"字合。宗周钟之"▢""▢"并释为"子"，与《说文》所载"孳"字、籀文"▢"字合。遣小字敦之"▢"释为"▢"，即《说文》"▢"字，皆至精确，足证旧时释者之误。楚良臣钟"于▢敬哉"，"▢"即《说文》"▢"字，苟者，自急敕也，"苟敬"与《仪礼·燕礼》"宾为苟敬"文同。楚公钟"楚公▢"，"▢"即"逆"字，《楚世家》有熊▢，▢、逆一声，义亦相贯，熊▢在熊渠去王号之后，熊通再僭称王之前，故称楚公。吴彝辞"旆"，"旆"即大白之旗。陈逆簠"余陈狟子之▢孙"，"▢"即"啻"字，啻孙者，嫡孙也，逆与陈恒盖从父兄弟。此皆契符经传，可资为义据者也。

恭冕尝慨古人文字屡变失真，致声义俱失，或更舛互，使后人不能属读。如今所传《管子》《墨子》《列子》《穆天子传》诸异文，二千年来竟无人能认识之者，是皆由古文废绝，儒者于此不能不重惜之。恭冕尝欲本庄氏之意，将《玉篇》《集韵》等所载古文及今所传摹彝器、秦汉刻石，凡古籀诸体为许书所未收者，仍依许书部次，略存其声义，斯诚博古者之至乐。而揆较此事，诚非易易，非如君之学之识，岂克胜此任者，君其有意焉否？同治壬申冬十月，宝应刘恭冕跋。此书初成名《商周金识拾遗》，而刘君为《跋》其后。今重定，改名《古籀拾遗》，而刘君已物故，不欲追改，故仍之。诒让记。

3.《墨子间诂叙》　俞樾

孟子以杨墨并言，辞而辟之。然杨非墨匹也，杨子之书不传，略见于列子之书，自适其适而已。墨子则达于天人之理，熟于事物之情，又深察春秋、战国百余年间时势之变，欲补弊扶偏以复之于古。郑重其意，反复其言，以冀世主之一听。虽若有稍诡于正者，而实千古之有心人也。尸佼谓孔子贵公，墨子贵兼，其实则一。韩非以儒、墨并为世之显学，至汉世犹以孔、墨并称，尼山而外，其莫尚于此老乎？

墨子死，而墨分为三：有相里氏之墨，有相夫氏之墨，有邓陵氏之墨。今观《尚贤》《尚同》《兼爱》《非攻》《节用》《节葬》《天志》《明鬼》《非乐》《非命》皆分上、中、下三篇，字句小异而大旨无殊，意者此乃相里、相夫、邓陵三家相传之本不同，后人合以成书，故一篇而有三乎？墨氏弟子网罗放失，参考异同，具有条理，较之儒分为八，至今遂无可考者，转似过之。乃唐以来，韩昌黎外，无一人能知墨子者。传诵既少，注释亦稀，乐台旧本久绝流传，阙文错简无可校正，古言古字更不可晓，而墨学尘薶终古矣。

国朝镇洋毕氏始为之注，嗣是以来，诸儒益加雠校，途径既开，奥窔粗窥，墨子之书稍稍可读。于是瑞安孙诒让仲容乃集诸说之大成，著《墨子间诂》。凡诸家之说，是者从之，非者正之，阙略者补之。至《经说》及《备城门》以下诸篇尤不易读，整纷剔蠹，脉摘无遗，旁行之文，尽还旧观，讹夺之处，咸秩无紊。盖自有《墨子》以来，未有此书也。

以余亦尝从事于此，问序于余，余何足序此书哉！窃尝推而论之，墨子惟兼爱，是以尚同；惟尚同，是以非攻；惟非攻，是以讲求备御之法。近世西学中光学、重学，或言皆出于《墨子》，然则其备梯、备突、备穴诸法，或即泰西机器之权舆乎？嗟乎，今天下，一大战国也。以孟子反本一言为主，而以墨子之书辅之，倪足以安内而攘外乎？勿谓仲容之为此书，穷年兀兀，徒敝精神于无用也。光绪二十一年夏，德清俞樾。

4.《札迻叙》　德清俞樾

昔人有谓卢绍弓学士者，曰："他人读书受书之益，子读书则书受子之益。"卢为怃然，盖其言固有讽焉。余喜读古书，每读一书，必有校正。所著《诸子平议》凡十五种，而其散于《曲园》《俞楼》两杂纂者又不下四十余种。前辈何子贞先生谓余曰："甚矣哉，子之好治闲事也。"余亦无以解也。

今年夏，瑞安孙诒让以所著《札迻》十二卷见示，雠校古书共七十有七种，其好治闲事，盖有甚于余矣。至其精熟训诂，通达假借，援据古籍以补正讹夺，根柢经义以诠释古言，每下一说，辄使前后文皆怡然理顺。阮文达序王伯申先生《经义述闻》云："使古圣贤见之，必解颐曰：'吾言固如是，数千年误解，今得明矣。'"仲容所撰《札逐》大率如此，然则书之受益于仲容者亦自不浅矣。

余尝谓校雠之法出于孔氏，子贡读晋史，知"三豕"为"己亥"之误，即其一事也。昭十二年《公羊传》，伯于阳者何？公子阳生也。子曰："我乃知之矣。"何劭公谓知"公"误为"伯"，"子"误为"于"，阳在，生刊灭阙。是则读书必逐字校对，亦孔氏之家法也。汉儒本以说经，盖自杜子春始。杜子春治《周礼》，每曰"字当为某"，即校字之权舆也。自是以后，諟正文字遂为治经之要。至后人又以治经者治群书，而笔针墨灸之功遍及四部矣。夫欲使我受书之益，必先使书受我之益，不然，"割申劝"为"周田观"，"而肆赦"为"内长文"，且不能得其句读，又乌能得其旨趣乎？余老矣，未必更能从事于此。仲容学过于余而年不及余，好古深思，以日思误书为一适，吾知经疾史恙之待于仲容者，正无穷也。

5.《名原叙》　刘师培

《名原》二卷，父执瑞安孙先生仲容诒让作也。先生少耽仓雅，博综明言，上绁初文，迹其蜕化。以为许书小篆实准秦文，略见远源，惟资古籀。顾所捃摭犹有未备，重文千字，名或弗赡；又现存之字疑眩难一，是由竹帛易书，错其形兆；深维废绝之缺，宜有理董。爰征铭勒，旁综龟书，摭彼殊文，通其璓兆，成《古籀拾遗》《古籀余论》《契文举例》若干卷。其《略例》七篇别为兹录，所以审蹄远之迹，著消变之源，叙录具存，义例可睹，固无得而述矣。惟是金文谱录肇始宋初，亦越今兹，龟文始显，综其著录，或背贞观，宁以达儒，蔽斯近迹。顾复嗜奇之癖，窃附扬云；正读之功，下侪张敞。是其微旨，固自有在。盖以西周漆简，常佚人间；东观中文，寂寥旷世。自斯学者颇喜野言，启发地藏，犹愈求野。诚使数文相准，形义可说，定其可知，以俟百世。上规虞书观象之经，下裨周史谕名之治，是亦广业所深资，博文所不废。故其撰述，约以六书，察言区盖之间，独悟昭明之术。昭精声画，则比类有征；分别部居，则率履不越。若情伪较著，形检所穷，虑眩名实，率从盖阙，俾夫下学启考文之绪，儒者识立诚之效。擅雕虫者悔其小技，惑虚造者惩夫向壁，信夫好古博物，见疑不惑者矣。其有检迹近藏，会心秘渺，亦犹纬书晚出，阐自郑君；汲简孤文，证于郭璞。雅达广览，其诣一焉。若夫千名粗识，高揖汝南；八体未通，俛陵斯邈。奇觚异众，饰伪萌生，

欲以金石瑑刻之微诡，更经典相承之实，是其指奏，迥异今录。九京可作，宁符玄契，故备论先生著书之旨以晓读者。——《左庵文》

6.《籀庼述林叙》　刘师培

《籀庼述林》者，父执瑞安孙先生仲容著也。先生质亚生知，照邻殆庶。密察足以有别，狗齐足以达旨。覃精《官礼》，展也大成；探赜《墨书》，通其佶属。传之当世，具有专编。其有单篇通论，体非一致；手辑斯录，定著八卷。笺书记状，时有遗略。介弟季芃先生更续缵缉，上足前刊，都为十卷。综其梗槩，可得而言。

夫其囊括古今，综极术艺；阅刘、班之流略，补欧、赵之缺简；意存该综，无假摧陈。若夫推迹故言，独恢昭旷。审声画之贸迁，绎辞气于三古。虽义存咫尺，实忧绝虑表。是则前贤有作，应叹启予；百世可知，庶几不惑。综斯妙诣，实轶前修。又或绅绎经疑，弥纶礼说。触类取与，不专一绪；偶披窜郤，悦中桑林。足使章句之儒释其墨守，议礼之家戢其聚讼。是知参伍比物，非一曲之功；审谛如帝，匪前期之中。夫惟雅达，用晦而明，推显阐幽，启兹端绪。弥缝所阙，则合若折符；取配相成，亦同风絜矩。凡其概略，具备今录，虽曰余艺，犹超孔、贾。后之君子，钻仰斯文，审其一隅，足通流贯。又辑录之旨，篇以类聚。语其流衍，则事异篇章；明其要归，则功均理惑。斯实子兵之余裔，非文翰支流。何则？繄古杂家，术综儒墨。案书正说，俶始《论衡》；辨物类名，抑闻仲远。粤稽簿录，并隶子家；考迹今篇，足可连类。虽复体兼众制，括囊文笔。是犹录《颜训》者备综音辞，纂《金楼》者兼存众序，杂而弗越，其轨一焉。

师培少奉清尘，长窥绪论。聿披注帙，如诵德音。校安国之书，载惭子政；识扬云之业，窃比君山。故论其大旨，述为序赞云尔。民国六年十月，世愚侄仪征刘师培谨序。

7.《温州经籍志序》　刘寿曾

目录之学，盖出于古史官簿籍之掌。《七略》《七录》《崇文》《文渊》，皆述秘阁册府之藏也。古者行人采书以上于太史，郡国之书疑皆有簿籍可按，特其事逸而莫考耳。刘居巢谓周宋孝王《关东风俗传》有《坟籍志》，为地志甄录艺文之始。近世都会郡县之志多沿其例，学非专门，事同枝赘，率芜陋乏体要。好古之士，或就一郡一邑考其先哲撰著，虽目录家之支流欤？然自史失其官，学术之寄惟黉序师儒得以讲习，因地甄录，用以辨章源流，諟正文字，固大有资于风俗政教而无戾于古者也。两浙人文之盛甲于东南。温州负山而滨海，承学之士秀伟同于浙西，而质有其文，信守师法，则为浙以东诸郡之冠。明人姜氏准曾著《东嘉书目》，《自序》谓"取旧志之浑列者析为四部，或传其故叙，或录其制行，或稽其撰辑颠末，品骘臧否"。以所言核之，似取法马贵与《经籍考》，惜其书不传，无由知其得失。求温州一郡之艺文者，每以为惜焉。

瑞安孙仲容同年，博闻强识，通知古今。承吾师琴西先生过庭之训，于其乡文献尤所研究。以郡县旧志之于经籍，疏漏踳驳，无裨考证，而姜氏之书又不传也，乃讨论排比，成书三十七延钊按，当作六。卷，得书目一千三百余家。其部居分合出入，一遵钦定《四库书目》，编纂义例则多本马氏，马氏所未备者，则宗国朝朱氏《经义考》。侨寄人士之书，作伪之书，传疑之书，则纳于《辨误》。游宦名贤之图经谱录，则别为《外编》。限断至严，考证至博。其附著之词，于学派升降、人文风尚异同之微，尤详哉其言之，可谓一郡文献之帜志矣。

寿曾则谓：温州学派莫盛于宋，庆历间，儒志、经行开之，元丰九先生继之；绍兴以后，艮斋、止斋、水心诸公绪益昌大，天下尊为"永嘉之学"。其宗旨在躬行实践，由明体以达于用。文章风节，皆卓然有所表见，渊源于伊川、考亭，而立于金华、永康之上者也。元以后之学稍微矣，然芬泽濡染，犹能矢音不衰。

吾师尝编《永嘉学案》以见派别之正。又曰："欲救今汉学、宋学之弊者，其永嘉乎！"以仲容之贤而好学，而诵法其乡先生之言，见于撰著者又如此之矜慎，则他日大展儒效，广永嘉之学于天下以达于风俗政教者，其必有在也。目录之学云乎哉！

光绪三年春三月，仪征刘寿曾叙。

8.《周礼三家佚注跋》　胡玉缙

清孙诒让撰。三家者，贾逵、马融、干宝也。三家注得失，详见马国翰各辑本，是孙仿汪远孙《国语三君注释存》之例，依经文为次，而以贾的、马的、干的为别。所辑较马本多三十余条，间有案语，大率考订文字，而不论得失。如……惟所辑尚有漏略，……是在好学者之搜讨增补尔。

9.《九旗古义述跋》　胡玉缙

清孙诒让撰。是书以《周礼》司马大阅颁旗物，大司马治兵辨旗物，互有不同。……孙氏因见黄氏书者，而力抵郑注，凡许慎、刘熙、孙炎诸说之同郑者，一概屏斥。甚矣，其为金氏异说所惑也。……孙氏负经学盛名，此书足误后学，爰详论之如此。

10.《周礼政要跋》　胡玉缙

清孙诒让撰。光绪庚子、辛丑间，西安行在诏言新政，某侍郎以诒让尝治《周礼》，属刺取其与西政合者甄辑之以为是书，将以进呈而未果。故其行文颇于经筵讲义为近，其体例则列经文及郑注于前，意取立竿见影。其后发挥西政之作用，绝不牵合，无胶柱鼓瑟之弊。自《朝仪》至《收教》凡四十篇，前有籀颐居士《序》，又有翟廷韶《序》。后萍乡文氏代南昌沈氏撰《新学书目撰要》，称其《奄寺》篇不惜牵合经文，命意良为沉痛。……其推挹亦备至。……文氏颇多补正，可资参证。然其作书本旨以戊戌变法中阻，今欲使迁固者晓然于中西新故之无异轨，小小疏舛，无害大体。其《自序》曰："诚更张今法，集吾群力而行之不疑，则此四十篇者，以致富法而有余。……"是书刊行后，高视诒让者谓不应作此书，此犹严元照《悔庵学文·书四书典林后》惜其之出自江氏耳。不知著书各视其所宜，学问淹博之人，奚妨为浅近之书。江氏为初学而设，其中案语令人有实事求是之思。此书为初变法而设，其所持论，令人有异世同符之感。被高视二人者，殆未知二人者也。惟书名《周礼政要》，而于《周礼》本义不甚相关，当厕之夏休《周礼井田谱》之列云。——《许颐学林》卷十二、十三，温师院藏，1958年中华板

11.《札迻正误》　胡怀琛

校订先秦诸子之书，以清儒为盛。清儒中，以高邮王氏念孙为精。王氏而后，则推俞曲园樾、孙仲容诒让矣，然亦不免有一二可商兑处。王氏之《读书杂志》，余尝细读数过，偶有所见，曾草正误七十余条。今读孙氏《札迻》，又得正误十二条，录而存之以备观览，兼以求正于通人。夫岂敢专攻古人之短，然亦不敢一味盲从。古人语云"智者千虑，必有一失；愚者千虑，必有一得"，一失不可掩饰，一得亦不可抹杀。然智者子智，愚者自愚，愚者终无损于智者也。寄尘自识。（下略）

《跋》：清代朴学，始于吾皖戴氏东原；传之江苏，为高邮王氏父子；流风所

播，至于浙江，德清俞氏曲园、瑞安孙氏仲容，皆为皖学之一脉；至余杭章氏太炎，遂结此派学术之终。盖学术亦有生之物：一产生于外部之结婚，一产生于内部之反动。佛学入中国，儒学与之结婚，遂产生宋人之思想；思想空疏之弊极于明末，至清而反动，遂产生乾、嘉之朴学。西方学术输入中国，各自为家，未能结婚。王氏静安钻穴踰墙，遂开学术一线之新路。寄尘喜深刻之思，中年以后，从事旧学，对于清乾、嘉时代朴学派之著作颇有正误之作。兹《札迻》正误十二条，虽未确能正仲容之误，然不可谓不容学术界有此工作也。寄尘无外来学术与之结婚，或可云由于内部之反动。清乾、嘉学者反动之成功，一方面揭橥东汉以为帜，一方面致力于文字、声韵、训诂以植其基。寄尘以心为师，而又根基未固，宜乎所成就只此，不过冲动之微末耳。《易》曰："穷则变，变则通，通则久。"清乾、嘉之学者所走之路至今穷矣，即以立于考据学范围以内而言，亦当以实物考证，如西方之考古学。章氏太炎不信甲骨中之古文，深信《说文解字》中之古文，所以结此派学术之终。王氏静安以甲骨文证史，所以开学术一线之新路。使寄尘不为衣食所困，而又天假之年，成就当有可观。余虽以整理中国学术自企，而尘事卒卒，一无成就，今又半身偏废，多病余生，来日殊未可必。寄尘已矣，此正误虽不足重，后之览者，对于中国学术或亦有所感于其心也。民国二十九年七月，朴安记。——《朴学斋丛书》

12.《跋浪语集》　张文虎

同治癸酉，瑞安孙琴西廉访将移任皖江，以此集见诒。薛艮斋于永嘉诸子中尤矫矫，其学主于实中求是，坐言起行，非空谈性理、自托程、朱者所可同日语，惜乎早逝，未竟其用也。廉访公子仲容孝廉，校订精审，闻别有《札记》未刊。予检第十三卷有八阵图《赞》并《序》，其三十二卷又重出之。惟"新都"作"广都"，三见　阵形"虽八"作"维八"，余皆相同。据后《跋》，乃其从孙师旦之所编，何疏忽乃尔。未知《礼记》中曾及此否？四月十六日，是夜月食甚，正如初四五夜月耳。——《舒艺斋杂著》甲编

13.《书〈宋政和礼器文字考〉后》　曹元忠

永嘉孙年丈仲容，从翟汝文《忠惠集》及其子耆年《籀史》得政和器铭，而后诸家钟鼎款识之误释为三代器者，明辨皙矣。元忠又按，《研者杂志》云：翟公

巽知越州日，制漏鼎壶槃权钲，各有铭。命其子耆年作篆，甚奇。……自倦圃本《籀史》亡佚下卷，遂无知之者。安得毛斧季藏本并几对勘，证吾说也。因书年丈《政和礼器文字考》后，以俟将来。——《笺经室遗集》卷九

14.《孙太仆年谱序》　余杭章炳麟

孟晋次其尊人仲容征君年谱，余为序之。既后出示其祖太仆君年谱十卷。太仆，晚清特立之儒也，扬历中外，数至监司，以持论侃直，为帅府所沮，置诸列卿散地而归，终已不得大行其志。谱中多述文学，于政事颇略，亦其势然也。孟晋生二岁而太仆殁；年十六，复遭征君之丧；比入民国，故老凋谢，遗闻散失尽矣，犹能据其遗著以成斯编，亦可谓善继志述事者哉！谱称，太仆尝论清儒汉、宋门户之弊，以为永嘉经制兼综厥长，足以通其区畛。及征君治官礼，欲以经术措诸时用，亦本其先人之训也。

宋世永嘉诸贤，与新安、金溪、金华并峙。其后三家皆有传人，讫元、明未替，而永嘉黯然不章。近世如亭林、桴亭及北方颜、李诸公，廓涂高论，务以修己治人为的，盖往往与永嘉同风，顾弗能尽见其书。太仆父子生七百年后，独相继表章之。专著则有《永嘉丛书》之刻，佚篇则有《永嘉集》之纂，括囊大义，辨秩源流，则拾南雷、谢山之遗以成《永嘉学案》二十卷，撮录凡目，则《温州经籍志》为一郡艺文渊海，自是郑、薛、陈、叶与先后作者之遗绪，斩而复续。呜呼，盛矣！

迩者太仆殁已四十年，征君殁亦二十余年，世变益亟，盖与衰宋无异，夫拯之者则谁欤？然则孟晋阐明两世之业以待人之兴起者，岂可少乎哉？岂可少乎哉！

15.《孙仲容先生年谱序》　余杭章炳麟太炎

瑞安孙仲容先生，淹通今古，著纂闳博。其已成者二十六种，未成者七种，别有题跋书牍之属不在著纂者不可胜纪。先生殁二十余年，哲嗣孟晋次第爬梳，得其纲领，以为古之为学者与年俱劭，不述其进德之途、著书之岁，则后人无以观法，因为纂次《年谱》八卷，凡先生所自叙与其尺札笺记皆尽录之，然后先生之学大明。

余按年谱之作，大较起于宋人。然太史公作《孔子世家》，必以鲁公某年与孔子几何岁相与排比，是即年谱之造端，他传未有也。何者？将相显人有殊功盛名

者，其行事必于国史按表纪以推其行事，其年即较然可知。儒者成学，大率不系于王事，则国史无可征，必推第其年然后可晓。以孔子为学者宗，故举此以示例，后人之为年谱者仿于此矣。顾处朝列、与政事，夫身遭乱流颠沛失据者，其行事先后尚可考，虽岁阅百数，后人犹能追谱之，则朱子、顾宁人之伦是也。承平闲暇，托于无能之辞，若戴东原之徒，非及时为谱，后之人何自述哉？

先生之学见不后于宁人、东原，其散在筐箧者，非其子姓又莫缺觑理，排比之疝，有过于二公者矣。

余昔时慕先生为学，颇与通书，而苦不能亲觐。又未尽见先生之书，得是谱，始稍慊于志。若其学术之大，足以上通圣则，旁开物宜者，世人当尽知之，日月贞观，固非下士所宜赞也。

16.《籀庼遗文序》　李笠

《籀庼遗文》，民国五年其家曾为刊行一部分，即今《籀庼述林》十卷是也。书非先生手定，体例颇舛驳。盖编辑宗旨既以述著为归，则文之无关于学术者所当删汰也；而编中若《谢天申赞》，若《福宁镇总兵事状》之类，文备应酬，滥以入录，正式学术论文如《瑞安县志局总例》六条、《瑞安县志局采访人物条例》《征访温州遗书约》《古甓记序》《周礼政要叙》反在屏弃，本末倒置，何可通乎？昔汪中《述学外篇》多录性韵之文，识者尚以名实不符为病，矧孙氏此编，不区篇帙，而采辑又不逮汪书之详赅乎？曩予草《籀庼学会宣言书》，定整理孙氏遗书计划，尤以比次其遗文为斤斤，盖有鉴于此也。夫学者萃心力于专著，琐琐篇章后人每忽视之，以致散亡愈易，整理綦难，可慨也。且专著裁篇命名出自作者，后人整理，校勘之外无余事矣；遗文则散在各处，捃摭既毕，次以校勘，发凡起例又有编纂之烦难焉。《述林》之陋，以未尽捃摭之功而急为编纂之业耳。同里杨丈子林，悯乡邦遗献之废堕，纂《瓯海续集》如干卷，孙氏遗文之未入《述林》者多所甄录，捃摭之功不可没也。惟总集体裁泛及诸家，不能有所轩轾，而籀庼学术在社会上之位置所当特出，故遗文亦宜有专集。夫总集家数既详，篇章斯略，此遗文所宜别行者一。置备全集，注意则仅一部分，物质金钱，两不经济，此遗文所宜别行者二。陈君绳夫深体此旨，广杨丈所辑，别为单行，拾遗补阙，成《籀庼遗文》二卷。虽不敢云孙氏文笔具尽于此，而耳目所及亦已备矣。且卷帙既减，校雠益精审，是亦此编胜于总集之点也。傥他日更取此编而与《述林》通融挹注，以关于学术之文悉入《述林》，其余另为一编，或竟废《述林》之名而并为一集，则第三步之工作亦不难因此编而踵见也。此吾籀高学会同志职责，而大有望乎绳夫者也。是为序。民国十五年仲春，李笠识于瓯江寓庐。

17.《瑞安孙氏遗书总序》 宋慈抱

同里籀庼先生，姓孙氏，讳诒让，太仆寺卿绍闻公之哲嗣也。经明行修，望孚朝野。以荐为礼学馆总纂，兼任学部二等咨议官。光绪三十四年五月疾卒，春秋六十有一。凡所著经解子注若干种，除已刊者既已流布海外，其未刊者凿楹藏弆，多为抄胥所割裂改窜，非精校善本也。慈抱尝读先生遗著，生不逢辰，未获亲承绪论，又感先生崇阐汉儒，一旦赍志而殁，乃为序曰：

我闻雅音清角，钦刘昆之治民；满地黄巾，望康成而解甲。多言何如力行，致用必仗通经。司空城旦之言，允堪纠谬已。况国家当紫色蛙声之候，礼阙临雍；求兰台石室之书，势将裂帛。儒文乱法，侠武犯禁。三纲既沦，五品不逊。不有诵书之伏胜，必将燔籍于秦嬴。藉微言以挽人心，伸古道以维国教。如先生者，抑亦学统之津梁，儒林之圭臬也。以王、谢望族，凤擅清声；读许、郑遗书，未尝陋习。辟南渡心性之说，求东京训诂之遗。提要钩玄，不曼衍于章句；名物制度，必稽核其异同。以视王弼注《易》，但涉玄虚；杜预弃虔，自成疮痏。岂堪同日语邪？尚志千秋，著书百卷。通都大邑，传迁《史》于其人；内圣外王，见成周之遗俗。扬榷厥善，可得言焉。

《周官》一经，创始姬旦；宅中作洛，光辅成王。溯轩辕、颛顼以来，观五礼、六乐之盛。小学大学，自内畿以达外邦；国危国迁，通下情而宣上德。闳纲细目，立法綦详。徒以古文晚出，遭何休、临硕之推排；遗绪具存，为刘歆、苏绰所刺蓑。因噎废食，学者病之。先生本河间献御之心，溯江藩《师承之记》。探窥堂奥，痛砭膏肓。以许书、郭疏正其言，本《戴记》《周书》考其事。裨贾疏之残阙，发郑注之渊深。成《周礼正义》八十六卷，盖巨制也。

复以五旗遗制，旐旌各别，旗旆不分。将使宾祭师田，莫章物采；何况许、郑、孙、郭，未达礼笺。为《九旗古谊述》一卷。

欧化东渐，国粹中坠。莘莘学子，视旧法如弁髦。译籍难穷，彫龙炙輠；新学自负，裂冕毁冠。不知元公礼意之精详，实与斯密经营相符契。檃括凡目，成《周礼政要》二卷。

雅言主文，不可通于俗；雅训观古，不可概于今。自鲁恭得经，临淮首加传释；而殷盘以下，昌黎曾苦聱牙。非旁征诸籍为之前，将坐见八厄而莫救。柴匪通假，翼趋合符。依段若膺、王文简义例以正其读，成《尚书骈枝》一卷。

孔壁记言之史，《周书》亦其支流；曲台撰礼之文，戴德与同家法。先秦雅典，盛汉大师。猥使汲冢相淆，且令信都不显。循声无实，识者痛焉。用是补马、郑之疏，正卢、朱之谬。成《大戴礼记斠补》三卷，《周书斠补》四卷。

先生经术，此其大端欤？旁而稽览谶纬之精，明诚《金石之录》。正朔足考，小学是资。师友讨论，颇有撰著焉。盖六家古历，三统遗书。刘更生曾著源流，僧一行颇精推衍。而殷历首于甲寅，黄帝始于辛卯。元纪芒曶，古籍纷繁。非谙《易纬》《周髀》之文，难求羲和亥辛之说。钩深索隐，成《六历甄微》五卷。

仓颉古文，已遭秦劫；周籀大篆，间出许书。兽蹄鸟迹之奇，刻甲结绳之义。据郡国鼎彝所出，远证经文；依薛、王《款识》之遗，自成字说。周盉商鬲，兽爵鸡彝。上綦张、颜，下希吴、阮。九能之选，不其伟而尤馥。怀铅握椠，访绝域之轺轩；契木刻金，究异文于河洛。物聚所好，事取旁通。成《古籀拾遗》三卷《古籀余论》二卷《名原》二卷《契文举例》一卷《宋政和礼器文字考》一卷。

孙缅《唐韵》，比美《说文》。一则讨六书之原，一则明四声之别。援据子史，综核古今。然而充虞未收，贲育错合；祥符重刊，深宁常讥。为《广韵姓氏刊误》一卷。

先生之治丙部诸子也，班孟坚分十家别科，太史谈论六家要旨。淄渑各别，璞鼠不淆。而墨学尚同，尤为其所服膺不置。以为死薄生勤，以非乐相尚；栉风沐雨，慕大圣之劳。绌公输般以存宋，止阳文君之攻郑。智略如商君、吴起，高节希颜阖、鲁连。至其贯穿道艺，洞明象数。应居六艺之伦，不与九流并列。徒以门徒纪述，杂出瑕瑜；简册沿流，尤多讹夺。渡河三豕，大雅讥焉。爰于治礼余闲，详加校勘。知人论世，征疏漏于龙门；援古证今，媲笺疏于《鸿烈》。桼书三灭，涸笔十年。成《墨子间诂》十五卷，《后语》附焉。

且五经异义，郑司农驳祭酒之疏；三家佚文，马国翰补深宁之阙。学术诤友，自古难逢。周、秦之时，九流并起；汉、魏以下，六籍难穷。庄生逍遥之情，孙子孤虚之说。汲郡魏冢，《灵枢》《黄经》。所注浩繁，恐十家而未已；厥言奥秘，因三写而误传。淮雨别风，笔针墨灸。颜师古匡谬正俗，刘中垒以立为齐。后起是追，先民有作。成《札迻》十二卷、《述林》十卷。

瓯海自有唐以还，永嘉宿学，陈、叶绝伦；伊洛微言，周、郑撣赜。合经义于治事，依稀安定之门；以会文而辅仁，契合嘤鸣之义。人文蔚起，炳耀千秋；著述浩繁，树立一帜。恐方来之忘祖，爰急事于撣原。以刘向校录之裁，为关东坟籍之志。是马贵与，则《通考》创例；是朱彝尊，则《经义》存疑。成《温州经籍志》三十三卷、《外编》二卷、《辨误》一卷。

复以瓯维图谍，缉之实称先河；玉清伐材，梦溪误言灵岳。神帆仙石，绝代之殊闻；蛎屿鱼仓，行人所宜录。爰辑阙遗于史籍，期昭湮没之方书。订郑缉之《永嘉郡记》一卷，仿《东阳记》也。

呜呼，先生之学，可谓博雅鸿通矣。治经通小学，读子证群书。校雠则夹漈逊其精，文献则杞宋传以信。向使寿之以年，竟其所志，石渠论礼，天禄校书。马季苌传南道大师，应仲远称北面弟子。朝廷之上，必不致礼坏乐崩；庠序之中，复何惧道丧文敝邪？东鲁伤麟凤非时，北海困龙蛇厄运。扬雄玄理，几遭覆瓿之悲；晏婴《春秋》，徒自凿楹以待。世有好古文如张衡、桓谭、蔡中郎者乎？则理而董之矣。——《墨庵骈文》甲集

闳博渊懿，皇皇巨制。昔孔众仲作《戴氏遗书序》，彭甘亭作《钱氏遗书序》，类皆综其所著，提要钩元，此文可与孔、彭二家并垂不朽。良以籀顾之学，亦足抗衡戴、钱，表微阐隐，真有功儒术也。——吴士鉴

闳文博识，渊懿名通。——杨晨

（四）书牍类

1.《致瑞安孙仲容主政》 张之洞

闻礼部奏派足下充礼学馆总纂，计必赴召。鄙人因世衰道微，正学将晦，特于鄂省奏设存古学堂，延聘海内名儒以为师表。足下经学淹贯，著书满家，实为当代通儒之冠。窃欲奉聘来鄂，为此堂总教以惠士林。惟京师既正虚席相待，可否请半年留京，半年住鄂。如礼学馆总辑事繁，或携至鄂办理，或即以三个月住鄂，固亦甚好。堂中尚有协教、分教等员分任教课，劳剧之事不以相烦。但望到堂时开导门径，宣示大义，为益已多。此为存绝学、息邪说起见，务希鉴允，天下士林皆受其赐矣。详情另由黄仲韬学使函达，先祈示复，感盼！光绪三十三年七月二十日巳刻发。——《张文襄全集》卷二百

附：《复张相国电》　孙诒让

武昌张中丞夫子钧鉴：昨为越事电禀后，旋奉电谕，敬悉。存古总教，本非衰庸所敢任，重承师谕，敬当勉遵。礼部闻已奏派，未便固辞，而温师范学校经手未竣，现觅人接办，计非冬初不能成行。闻觐光在即，朝野渴望，司马入都时容面请示。事关奏派，驻鄂一节恐难自由，俟到京再决定。越事仍希主持。感切。让。箇。

2.《为宗室玉岑宗伯师与孙仲容刑部书》 曹元忠

中颂先生足下：凤闻执事治郑氏礼，于《周官经》别纂《正义》以匡贾疏。陆倕所谓：使圣人正典废而复兴，不图今日复见此著。风雨如晦，听鸡鸣之胶嗜；白云在天，望龙门而不见。闻声相思，十年于兹矣。会奉诏旨，命修礼教。以为讨论得失，朱整以付挚虞；增损仪矩，余庆改引韩愈。音闻前缺，今见及身。遂以文名，褭然入告。并贻书仲弢提学，浼其劝驾。比淹旬月，始读与叔伊学部书，乃知贤者不我遐弃。既遂愿见之志，请申盍各之义。闻之郑玄《六艺论》有云：（略）敬听主持，谁敢违异。况先生硕学众望，倾动海内。高山仰止，咸深景行之思；其室则迩，尚有人远之憾。一旦视颜色，闻绪论，有不马宪、陆澄，偕曼容而定服；牛宏、杨素，随彦之而创礼也哉！所愿骊驹命驾，以慰辋饥。敢布悃诚，伏维鉴察。

附：《又为玉岑宗伯师与黄鲜庵提学书》

鲜庵同年足下：昨岁恭奉明诏，命修典礼。不揆弇陋，粗定章程。入告九重，幸蒙俞允。窃谓颂礼之事，固有司存。如其厘定，以俟君子。凤闻瑞安孙先生仲颂，通经笃实，治礼专家，业已奏闻，派充总纂。议制制度，本圣天子之事；尊德乐道，遇大有为之君。建首善于京师，定太常之因革。斟酌损益，当亦有采乎此。惟弟猥以职宁，不遑造庐。既缺相见之仪，安问交际之道。区区之意，行有未嫌。用敢浼公介绍，务为延致。倘得安车就道，惠然肯来，则诏泰礼度，出文阿之裁撰；宣武朝仪，悉刘芳之修志。著于功令，为天下式。不朽盛业，莫过于兹。如以年将耆艾，不耐远涉，亦惟执事致之，上敢代励贤之志，移风易俗之心。近申公以蒲轮，见郑君以几杖。冀得强起，勉为条例。威仪章服，待草创于董钧；裁定刊正，资发起于卢植。岂惟典领条奏，益我实多。且将大有造于国家，于以内抚诸夏，外接百蛮也。至于往来京道，不归乡里，办装之钱，当在官方。抑承

先容，并求将意。白驹皎皎，会闻空谷之音；束帛戋戋，愿劝邱园之驾。——《笈经室遗集》卷十四

3.《复孙仲容同年书》 陶方琦

舍弟反里，获披教言，兼寄家刻两种，皆表襮绝诣，扬搉古碣，参掸之余，綦佩厚谊。遥闻大凤图南，抟志著述，侍高堂之寝，撰写经伟之记注，一第何重，千秋有人。

近时乡教颇多，好古不乏，流传宋椠，稗贩瀛书，已觉风尚渐敦，汉经互焜。然茂龄硕学，粹然著作如足下者，诚未敢别许也。尊著《金文拾遗》《周官长笺》，必传之书，常深企辅。倘礼堂写定，窃以先睹为快。倭域近出古书，尤多卷本，慧琳《大藏音义》以外，尚有希龄《续一切经音义》，皆称宝藏，足供刺取。又见卷本《玉篇》零部，确为野王原书，采引古编，倍蓰今册，强恸所增，可寻其迹。此外如《玉烛宝典》《内经太素》，异书迭显，每望刊流海外，披求亮澈巨嗜。

琦暗居善忧，诵书鲜暇，重检昔业，大半荒芜，虽属鲜民之生，绝无迨群之想，良述羡奖，胡至于斯。读礼两稘，惟校大戴、鲁诗、郑易，仅得卢牟，砖室呭闻，殊无多异。近成者为萧广济《孝子传》一卷、《仓颉篇补辑》两卷、《许君年表》一卷、《韩诗遗说补》一卷、《字林补逸》一卷，皆琐屑训诂，粗疏捃香，不得以质著家，未敢自信也。金文涉猎本陋，考核尤疏，薛、阮、吴三家略有理董，筦穴所窥，虚劳下问，两檛之书，说字恒缪，非逢巨识，未判苗涊。据商周金器之文，补洨长说解之阙，此乃绝学，惟仰高明。初凉之候，尚有鄂行，不尽之意，但增爻系。——《汉孶室文抄补遗》

4.《答孙仲容书》 杨晨

火云方炽，清风忽来。君子攸宜，载诉载颂。承示近日专力《周官》，撰为疏义。补散骑之纰漏，振礼堂之绪论。不朽盛业，何以加兹？窃谓圣人制礼之意，即寓制度之中，制度不明，安知礼意？自汉以迄六朝，诸儒皆论辨制度以推求礼意，于此经多所发明。后儒略制度而言礼意，故流于空言，而圣经乃滋晦矣。国朝诸老，说经颇多，而于此独少。诚得足下疏通而证明之，其嘉惠后学为何如耶？……来示又谓王子庄修《台州学案》，与修《地志》不同，当严别流派，独尊乡先生，持论自不可易。然敝郡与贵郡不同，实难立派。永嘉诸公，当时与新

安、东阳鼎主，故能别立一帜。若敝郡，则二徐、罗、陈私淑安定，赵、杜诸儒受业朱子；元之车氏、苏氏导源于鲁斋；明之王氏宗沐、黄氏绾挹勺于姚江。又如赵咏道先事象山，陈箦窗受法水心，陈敬初尝师晋卿，方正学从学文宪，金一所……——《崇雅堂稿》卷二

5.《与孙籀廎书》 黄绍箕

（上阙）云"焚舟失火"，《御览》引作"自焚其室"。窃疑本当作"焚舟室"，《越绝外传》云："舟室者，勾践船宫也。"盖即教训舟师之地，故下篇云："伏水火而死，有不可胜数也。"言或赴火，或蹈水，死者甚众也。后人不喻舟室之义，故《御览》删"舟"字，校本书者又删"室"字，遂致歧互矣。妄说未知是否？伏祈教正。肃请仲颂世叔大人礼安。侄姪绍箕顿首。

绍廉按：舟室之说，孙氏已采入《墨子间诂》，见《兼爱》中，第十五。

又：

（上阙）《大取篇》："爱二世有厚薄，而爱二世相若，其类在蛇文。"案，"二世"即"上世"是也，"蛇"为"它"之或体字。《说文》："它，虫也，从虫而长，象冤曲垂尾形。上古草居患它，故相问无它乎？"相问无它，即相爱之意。言兼爱之情，疑于上世有厚薄，而实相若。观蛇字之文，见古人相存问之意，与今人不相远也。语似穿凿，未知足备一说否？伏祈教正。侄绍箕顿首。

埃及石刻□印册，请述作之暇赐题，不必汲汲，侄此行亦拟不携去也。

瑞安叶氏藏真迹

附：《与弟叔颂书》 黄绍箕

叔颂吾弟大人如晤：前月底奉上一函，想已收到。比维眠食一切如恒，不任驰系。（中略）兄无意中于一书铺以一两五钱购得秦琅琊台瓦当，携示廉丈，适山东一古董客在渠处，云的真无疑，现价可值十金上下。据廉丈云：陈寿公及何伯瑜、宫子昂得去均极多，然完全者亦不数见。廉丈所得，均系残瓦，此独完整无缺，可宝也。吴兴陆笃斋比部以吴砖数方出售，陆名学源，必是存斋之从兄弟，存斋有《千碧亭塼录》，此必著录之物。　兄收得天纪砖一方，有赤马砖一方，已琢为砚，以价昂不得觏。　今将三种拓本寄览，天纪砖第三字、第六字均未敢臆定，归里后请与仲丈同审定为幸。将来此三种，与吾弟所得宝鼎砖一种，均可补入《东瓯金石志》收藏类中矣。吾弟回里晤孙仲丈时，并乞代询有新得砖，再以拓本见惠，当补入

前见赠一册内。夏间仲丈出京时，属兄代索廉丈许赠之拓本，俟拓出，亦当寄去也。……草草书布，即请著安。兄箕顿首。

瑞安林氏藏真迹

6.《与孙仲颂书》　项崧

籀公大鉴：接廿二日惠书，敬悉学界风潮，吾浙为甚。挟私怨而忘公义，教育前途，奚堪设想。师范初九日招考，屡承函属，自当效劳。惟凤轩来函，似言台端有推毂之意，无论弟之才力，万不能肩斯重任，即本邑学务，如中学、高等及劝学所，茅务丛脞，已有不遑给之势，若再令驽骀负重，必至竭蹶不堪。尚祈曲加原谅，另挥贤者，俾免陨越，是为荣幸。……台从旋里，道过沪上，务恳鼎力一言，切切勿忘。……

原函稿，藏市图书馆

7.《上孙琴西师书》　王棻

久疏笺候，歉仄奚如。敬维道体安和，政声卓著为颂。近闻外间皆言吾师有归田之志，殆讹传也。夫子以绩学耆儒，膺方面重寄，此正得位行道之时，为国宣劳之日，何可遽萌退志；即令欲退，亦当为国家兴一大利、除一大弊，然后可以即安。

棻窃维我朝自康熙十二年以三藩之乱始创捐官之例，自此相沿不革，以至粤匪之乱，而捐官之钱不足以佐军需之急，于是咸丰三年左都御史雷以諴始创抽厘之法，此诚济急之宏模、救危之妙药也。譬如附子、大黄，虽不如参芪之滋益，而对病发药，则参芪之功或反有所不逮矣。至于平复以后常服不辍，则其亏损真元，或伤寿命；即或幸延旦夕，而他日再有危证，将何以药之？故棻以谓厘捐之事断宜永远停止者，此也。往者曾文正公原奏，欲于江皖五省各留一卡为养长江水师之费，则此外各卡在所必撤可知，且此外各省一概尽撤可知。惜乎！哲人既萎，而后之人遂无能长虑。却顾力持当撤之说者，其何以培国脉而厚民生，由中兴而致太平耶！棻尝阅中兴奏议，其间言此者屡矣，然多浮辞剿说，无有以此事为天命人心之所系，民生休戚之所关，国脉修短之所自，敷陈剀切以动君相之听者。此所以言者虽多，而于事无济也。棻则谓此法不除，他日天下之乱必由此起，盖始则贤豪藉此以济饷，继则官吏分此以润身，终则愚民因此而蓄怨，而奸民即假此以激变。今天下承平，而各省厘卡之事往往而有，乱端见矣。然则厘卡者，衰世一切之政也，今当平世而设厘卡，非惟不足以弭乱，而反足以兆乱，其为急宜罢撤，岂不较然明白也哉！

吾师既膺屏藩重寄，则厘捐一事实亦职分所宜言，倘以此议上达天听，万一信从，国之福也，民之幸也。若言既不行，然后幡然告归，终老林下，不亦美乎！虽然，棻之此言，盖如杞人之忧天，棻之言此于夫子，盖如野人之献芹，但以过恃知爱，忘其愚贱，遂蹈出位妄言之罪也，惟夫子垂鉴而曲恕之，幸甚！

8.《答孙仲容书》（大麓解）　王棻

谷士归，辱赐手翰，欣悉道履安和，侍禧迪吉，慰甚。承赐《史记札记》《浪语集》二书，祗领并谢。敝县志书尚须延请名公巨儒详加刊正，方可付梓，现尚束搁，未知何日得观其成也。戴子高病殁，深可痛悼，遗书刻就，希觅寄数部以广流传。所需黄介庵文，其目附上，乞属写官真书录寄，并赐校对，感荷之至。

前奉手书，极陈拙解大麓之误，适贱目昏花，不能卒读，且检书不便，是以阙然未报。今目疾增剧，束书不观久矣，其何能旁引曲证以答来教之盛意乎？鄙意解经之道，当以经证经，不当以注改经。此文上言纳于百揆，下言纳于大麓，文法正同，诂训不当有异。百揆既属官名，岂大麓可为地名乎？是以诸儒之说合经旨者即以为是，违经旨者即以为非，固非于今古文有所轩轾，亦非于孔、郑、王有所弃取也。不知足下从事经学，固以经为主耶，抑以注为主耶？如以注为主，则非鄙人所敢知矣。昔韩昌黎"年未四十，而视茫茫"，杜子美则云"老年花似雾中看"，棻之目疾，不红不肿不痛，惟茫茫然如坐云雾，盖与韩、杜略同。然年虽未老，已逾四十，窃尝自笑以为虽上不及杜子美，而下犹胜于韩昌黎，达观放怀，亦可无闷。然所以致此者，非无故也。棻前少年，未能节欲，根本久亏，而谬好观书，常至丙夜不寐。近岁两涉都门，手录乡先辈遗书，连日夜不辍，征途劳顿，饥饱不时。夫以虚羸之体役心书史，忘寝与食，内摇其精，外劳其形，欲毋致疾，得乎？目之为灾，职此之咎，然悔之已无及矣。足下少年嗜学，十倍于棻，然寻常观书，宜乙夜辄止，至亥子之交，阴极阳生，必须安寝以养心肾，然后精气完足，百病不生。且节欲一事尤宜加意，盖清心寡欲，今日方可读书，远色贵德，他日即可从政。慎毋恃其少壮之年，既竭虑殚精以攻书史，复任情妄动以耗真精，致如棻之追悔莫及也。

若夫学问之道，谓宜志其大者、远者。盖经世之大猷，立命之要道，莫不具于圣人之经，而单文只义无关纲要者，可从略焉。夫所贵乎汉学者，谓宜实事求是，不尚空言，举凡先王之世，礼、乐、兵、农之大，节文损益之详，洞究其源，深悉其微，实能体之于身而措之于世，无所疑误焉尔也。今之汉学，一傍许、郑门墙，辄蔑弃圣人之言，以为无预于身心性命之学。其大者不暇论，即其至近至切如远色戒得诸明训，皆悍然不遵，以自明其非宋儒迂伪之学。不知许、郑二君言行诚笃，固以经师而兼人师者也。今之汉学，则经术未明而人道先裂矣，况望其能明先王之制，契圣人之心，足以通乎古而行乎今，淑诸身而传诸后也哉！以是而师许、郑，吾恐许、郑不愿有此后学也。足下姿禀超迈，笃好汉学家言，不和所师者许、郑二君之学行并重耶？抑如今之号称汉学者之不复顾行耶？想明者必早有以辨此矣。菜中年病废，百无所成，岂宜僭论及此。而足下沉潜高明，洞烛千古，自能集其长而祛其弊，亦何俟鄙人之言。所以聊复云云者，诚慕足下志行之高，而恐不免于贤智之过也。是用妄献其疑，并陈贱目致疾之由，以为足下先事

之戒，惟高明裁择焉。——《柔桥文抄》卷12

又一篇

前呈拙著，未奉教言。顷晤定夫，知阁下以"令、长"定为"今、长"谓为妄改许书。然则戴侗韦豆之说，段、朱朋来之训，为不改许书者乎？夫韦豆、朋来谓之本无其字，可也；谓之依声，可也。谓之托事，则韦背之与韦革，事不同也；俎豆之与豆麦，事不同也；朋鸟之与朋友，来麦之与行来，事尤不同也；其果何所寄托耶？此朱骏声氏所以竟以许书为误而妄改为"本无其意，依声托字"也。至于"令、长"二字，谓之本无其字，不可也；谓之依声托事，亦不可也。盖使令与号令同一事也，修长之与长上同一字也，乌得谓之无字依托耶？此戴侗氏所以竟以许书为非，而妄以韦豆易之也。阁下为戴氏乡后进而习于段、朱之业，其必以诸家为是，而又不敢以许书为非，势必附会其说，调停其间。盖习非胜是，君子不免，实事求是，贤者所难，百余年来聚讼不休，良以此耳。虽然，以阁下之才之美，学之邃，其必有说以处此矣，幸惠教言，毋我遐弃。

抑菜更有求焉，近者谬承鳌翁先生之荐，张静芗县尊属菜与戴君同修《永嘉县志》。弟既末学肤受，于古志义例及贵郡掌故全未讲求，而局中置书不多，无从措手，因思阁下储藏过于曹邺，著作丰于班、扬，而乡邦文献所系，搜罗尤富，

编辑已多；且闻尊人内召，凡购刊之籍，自当梱载而来。但恐时日迁延，未能先睹为快，谨将所需书目写列别纸，乞封庋数厨，迅交妥友先带来瓯以供翻阅，不胜企踵待命之至。——《柔桥文抄》卷13

又二篇

周晓芙来，携到尊椷并承赠《止斋集》八卷、《集韵考正》十册，敬领并谢。拙著《六书解》，惟假借一书为发先儒所未发，若此说未当，则其书可烧也。虽然，阁下所示三不敢信，鄙意尚有疑焉，谨在渎呈以求指正，可乎？来谕谓如鄙说，则许叙宜云"依形托事"，此未然也。反之倒之，已变其形矣，尚得言依形耶？许叙只言声事者，乃举一反三之旨，如谐声云以事为名，而所举"江、河"二字乃皆从水，是以形为名，非依事也，亦可谓谐声，偏旁专属指事耶？自汉以后，小学失传，"今"之为"令"，其讹久矣。故卫氏之训假借已与今同，不足怪也。

许叙又云篆书即小篆，"秦始皇帝使下杜人程邈所作也"。桂氏、杜氏皆曰此十三字当在下文左书及隶书之下，其说甚是。而卫氏乃云小篆或曰下土人程邈从狱中作，或曰邈所定乃隶书也，是卫氏所见《说文》已同今本，故两存其说而不敢决耳。又《魏书·江式传》："隶书者，始皇使下杜人程邈附于小篆所作也。"是式所见《说文》固不误矣。然则书之误否，岂以久近为判哉？

若夫《史记正义》所引郑君之说，显与许氏不同，彼云仓猝无字，或以音类比方假借为之，是本有其字而假借也；许叙所言，则固本无其字也，岂得谓之仓猝无字乎？况《正义》此篇本论音例，上云比方为音，下云受之者非一邦之人，其乡同义异、字同音异，于兹遂生轻重讹谬矣。是郑君所谓比方假借，即颜之推所谓譬况假借也。《颜氏家训》云：郑玄注六经，高诱解《吕览》《淮南》，许慎造《说文》，刘熹制《释文》，始有譬况假借以证音字，凡此假借皆谓读若、读同之类，非六书之假借也。岂可郢书燕说，牵强附会，妄为引据耶？尤可怪者，近世小学之家皆以假借为韦豆、朋来之类，而于假借之假字，必强用本字作假，其借字或强主他字作藉，江氏作喈尤非。又如悦必作亼，端必作耑，验必作馻，许或作鄦之类，是直不许假借矣。曾不顾许叙本文二字皆从人旁，岂许君不识假借二字而后人反识之耶？抑岂许书假借二字皆后人所改，而"今"之为"令"乃许氏本文，非浅人所改耶？夫以假借二字尚不肯假借，而又何用。坚主韦豆、朋来之说乎？此乃近儒之蔽，诚不可以口舌争。然古书具在，大义昭然，固非鄙人之臆说也。且此六条义类十二韵语，盖仓圣造字之时亲制以训后儒者，不徒非许君所能为，亦岂三代小学大师所能悬拟也哉！自俗师失读，浅夫沿讹千七百年，曾无觉悟。虽以阁下之通博精审，而犹守其误本，迷厥本真，况他人乎？菜本非好辩之徒，颇守求是之训，创为此解，殆欲发千古之蒙，如其不然，请俟来哲。——《柔桥文抄》卷13

又论秦碑

近阅《峄山碑》，文仅二百二十二字，而与《说文》不同者五十余字。如："皇"从"白"，不从"自"；"逆"从"屰"，不从"屰"；"極"旁"亟"从"攴"，不从"又"；"方"从"一"，不曲；"戎"从"十"，不从"甲"；"奉""邦"从"半"，皆作"半"；"强"从"口"，不从"厶"；"高"上从"Ｈ"，下从口，皆不从"□"；"号"从"丂"，"丂"字不曲；"显"旁絫从"絫"，"既"以"旡"，不作"旡"；"献"从"鬲"，作"鬲"；"成"从"丁"作"丁"；"専"从"甫"作"甫"，"亏"作"亏"，"攸"作"攸"，"长"作"长"，"建"从"匸"不从"廴"；"吕"从"人"作"卧"，即今"以"字也。"戰"旁"單"作"單"，不从二口；"作"从"乍"，不从"乍"；"流"从"古"，不作倒子形；"野"旁"予"作"予"，不作"羍"；"数"旁"娄"作"娄"，"卤"作"卤"，"复"作"复"，不作"吕"；"害"作"害"，"刻"旁"亥"作"亥"，"石"从"口"不从"□"；"曰"作"曰"，不从乙；"金"作"金"，"尽"与"德"皆少一笔，与今俗书同；"所"作"所"，则多一笔；"为"下从"象"，与石鼓文同；"而"作"而"，与"嵩"下半同；"疾"作"疾"，"书"下者从"曰"，不从"曰"；"可"从"丁"，不从"乙"。若使秦碑尽传于世，其异同可胜道哉！——《柔桥文抄》卷13

9.《与孙仲容书》二 周焕枢

与孙仲颂第一书

伏自请违诲色，踰月于兹，未息劳薪，致羁候束。长者傥无意督过之，然私怀殊耿耿也。即辰敬惟慈孝天佑，纂述日昌，至为额祝。焕枢辱赐荐函，艰于资斧，至七月二十一日始附海昌轮舟过甬、过沪，辗转接济以达潜山，时已八月初旬矣。王筱木明府披函，即行礼接，惟辞以宾榻已盈，且薄宦寡交，于皖无可推毂，寓书吾浙鄞县杨侯稚虹。鄞固上腴，然趋者益众，名为猪肝之累，实有鸡肋之呼。焕枢惟有受熙而行，会海轮先日开往吾郡，留甬非计，仍来海上。目前半月旅食尚可支持，河润九曲，溯源龙门，矢念不敢忘也。焕枢命临魔蝎，所为辄左，当归不归，万苦之情敢略陈于长者，冀垂察悯。寒家十年以来，贫瘠日甚，生齿日繁，即焕枢一身，待哺十口。往时敝邑授徒，修脯多者六七十金，递减至三十，至薄矣；近则厚聘不过五十，然且来年一席，今岁夏秋即须钻谋，稍迟无及，稍疏遽失。人心坐此，生计愈蹙，借贷乞求皆竭，盖尝妻孥相守，志哺时始一举火。于是决然轻去乡里，暂寄儿女姻家。张罗治任，自初春以至仲冬，勉强首途。东渡不济，遂成漂泊。岁月不居，苦寒又迫，一钱未寄，姻家故绵力，来书胰诮让，偶一涉念，愁绪萦拂，入夜则成恶梦。嗟乎，何以至此？夫人生丰啬有命，焕枢苟穷死亦又何怼。然欲生好名，自非学到，圣贤逃入仙佛，鲜克戒免。加之愚忘性成，有所攀缘仰望，颇知自择，以为出处必有本末，夫焕枢岂不知？厕身门墙，犹在力不能问之列，今徒厄于饥寒，告哀乞怜，得邀荐托，命薄数奇，一发不中事，岂可再顾？尝追忆从游之初，同学多高材生，若者登贤书，若者贡成均；上之附名寿世，金石千秋；其次一邑一官，操券树业；又或感于速化，鸣其不平，门户自异。至有论学则出门合辙，问心则入室操矛。然而诸公衮衮，青云在日。若其屯蹇否塞，臣精销亡，年未四十，蒜发生颠，二齿翩坠，学无一成，行将泯泯者，独焕枢一人耳。夫邹子吹律黍谷，必待回春；伯乐之增马价，既视又顾。而张茂先于穷贱之士，有一介之善，咨嗟称咏，为之延誉；谢元晖荐成孔闾，至邀稚圭与共。人非超群轶类，又沉埋至久且甚，罕有一振即举，立副知己之望者。大都所禀于天本薄，一旦遇大君子硕德隆望不世出之人，犹必齿牙溢美至于再三，始尽其术而出于穷，所谓造命者也。况焕枢瓣香南丰阅十余寒暑，无或有二，其感荷生成，出于知己一人幸也。不幸而寒灰不然，朽株终弃，宁誓安于坎壈，不妄奔竞，不惟力所不能，计无复之，亦犹葵藿倾日向之者，诚也。抑又闻古之君子施德于不报，报所与哀于无用之地。而受恩深重，异物结草，微禽衔环。其他阴德大功，天与厥福，荣于当时，被于累叶，传之册籍，不可仆数。推极本初，或一人呼号之切，一事转移之劳，一念恻侧之用，贻福无穷，成就非细。不才如焕枢，使得遭遇贤豪，破格录用，郑璞周宝，蟠木万乘，致饰则美，先容则贵。不才如焕枢，大或遂其显扬，惠及族党，光于友朋，小之身宠家温，退居本业，岂独一人蒙被盛德，熏沐顶祝而颂无量福寿哉！秋风甚厉，千万珍摄以慰远怀。临翰翘切之至。

与孙仲颂第二书

拜别以来，恭惟诗礼祥华，百符臆祝。焕枢日在申浦，一再上书，干涸尊严，未蒙谕报。本不敢冒昧强聒，但方寸愚诚，终冀回光葵藿。比者澄心内讼，万一恩意加垂，顿华枯朽，一株桃李，究无裨于春风。纵或委弃尘埃，数极分定，何损生成。抑又闻之孟子云：不屑之教诲，是亦教诲。记曰：栽者培之，使猛省力学，戚戚于贫行自休矣。顾独恨啼丰号燠，不得闻于长者。且古人处极贫，至吞纸代炊，抱犬而卧，其人皆方弱龄，无妻子之累，嫁娶之责，故其气壮志盛，孤特独立，然亦不必尽能有为，故尝以倔强坚忍见赏于造物与能文章传人者耳。若夫蓼莪齐民，惟磬斯耻，北门贤者，亦嗟婆贫，君子犹有取焉。何者？劬劳之可念而交谪之不能忘也。今焕枢不幸飘蓬，转至渐近里闾，裹足不进，如项王羞渡江东，受父老怜，矧直无复怜者。彼诚素昔不知焕枢之厕师门，仅备私淑之数，若史称董仲舒弟子将终岁不得面者。猥辱引而进之，彼不知为教育之宏，缪有登龙之目，雌伏既久，一朝自奋，退鹢过都，宁不赖吹嘘之道。假如邃赋倦还，不惟鲜见慰劳，无闻惋惜，抑且致疑兴谤，以为若人必有所开罪于师长。然则畴昔之经品题为佳士者，果第出一时奖借，不然，亦厌刍豢而思螺蛤，今见味之薄者，旋唾弃之矣。于是冬学一日之长求之不能复得，虽有苏季锥股揣摩之志，难免臣朔囊粟饥死之患。乃至齐臣之妻子不冻馁于游楚之年，而离散于反齐之日。天地之憾，圣仁之病，夫妇沟中之泽，孺子井上之心，傥亦长者闻之，不必为其亲故为之凄然，而既而恶夫涕之无从者乎？焕枢昨过珂里，望仞墙不敢进，返郡寓书周君伯龙昆友，求先以下情款达长者，然后齐宿伏钺，馨辞三吁，曲签侥幸察悯，召之蹐阶。谕寄郡城大南门外虞师里陶信顺纸栈，谨擢发以待，临颖慄危之至。——《欠泉庵文集》

10.《与孙仲容书》 余杭章炳麟

仲容先生左右：

得书并《周礼正义》一帙，谨振董再拜以受。发书在去岁八月，至五月朏始达。自昔未侍先生杖履，既遭党锢，修谒无缘，并赐书亦濡滞半岁，喜益悲矣。

承以古文三条见示，精凿瓌琦，足补汉师之阙。皋本作□，二千年来未睹本字，忽自先生发之。麟始知《说文》臭字训大白泽，非浅人妄改，乃古文借臭为□，叔重误认臭为本字耳。白泽图已著录于《隋书·经籍志》，明其自古相传有此异兽。　皋泽二字，本多混淆，《说文》言臭，古文以为泽字，《本草》《广雅》，泽兰兼得虎兰之名，疑本亦作皋，借皋为□也。旧学放失，怪说昌披，近有欲以万国新语收汉土文字者，麟方作驳议一篇，以世人多谓汉字难知，故复新定纽文韵文，令蒙学略知反语，已属虞君转呈，其有悖缪，先生幸諟正之。

《新方言》印行后，近复附以新知，櫽栝就墨，为释词、释言、释亲属、释形体、释宫室、释器、释天、释地、释植物、释动物十篇，俟再印行，便当就正。

前书阙失尚多，先生有所诲正，幸即见示。

《名原》七篇，何时出板？渴望赐阅，若昏夜之待明星。海内奇硕，自德清、定海二师下世，灵光岿然，独有先生。虽年逾中身，未为大耋，浙人所仰望者亦无第二人。愿存精神，加餐食，长为乡土表仪。幸甚幸甚！

麟以寡昧款启之身，荐更忧患，学殖荒芜，无可自熹。内省素心，惟能坚守旧文，不惑时论，期以古训声韵拥护民德，远不负德清师，近不负先生，虽并世目为顽固，所不辞矣。《正义》当以一二月功得卒读之，后有疑滞，复当以书请益也。（五月初三日）——《太炎文录初编》

11.《复孙琴西观察书》 陆心源

琴西先生阁下：

承示高第王君校刻《杜清献集》，俗冗未得细读。顷从吴中归舟中翻阅一过，具见拾遗补阙，用力甚勤。惟清献原集久佚不传，此本不知何人所编。嘉靖中黄尚书绾刊行之，遂传于世，有黄序及符验跋，似宜附刊集后，存其刊刻之功。原本以四言古诗居首，一为《三月某日有感而书》，一为《和讷斋题小亭》，一为《耕甫归书约信二字为别》。今本无四言古诗，其删之邪，抑所见本无之邪？《送赵宽堂》五古本二首，《送耕甫弟赴补》只一首耳。今误以《送耕甫弟赴补》之下半首"我尝评京华"以下为《送赵宽堂》之第二首，而以《送赵宽堂》之第二首列于《送耕甫弟》上半首之后，急宜改正以复其旧。卷七《乞招用边头土豪札》"不思备御"以下脱一百七十二字。"其职以出台"以下乃《端平三年五月奏事》之下半篇，其上脱二百字。卷八《殿院奏事第一札》"凡今之所陈奏"以下脱八十七字。"其今可行"以下乃第二札之下半篇，其上脱六百七十余字。盖王君所见之本，卷七缺一叶，卷八缺二叶，遂误连为一。若不改行格，后人犹易推求，行格既改，辗转承讹，必至如《太平治绩统类》有不可句读之恨矣。卷十三《相位条具十二事疏》"绳脏吏甚严"下脱"盖其毒民害国，莫此为甚，监司之职，所以廉察吏治"凡二十字，想传抄时脱一行耳。缺叶联读之弊，明安国刻《诸臣奏议》《鹤山集》《容斋随笔》、乾隆时排字本《元名臣事略》均有此失。益信刻书之难，善读书者之尤难也。前由蔡通守处寄上《篛窗集》，想登青览。求借《蒙川遗稿》，计必在途。《薛浪语集》渴思一读，刊毕望早惠一部为盼。初寒，伏惟珍摄，不具。——《仪顾堂集》

12.《上孙琴西方伯书》　孙葆田

葆田愚迂，不达时务，性独好问学，数年前从濂亭张先生游，蒙示曾文正公幕府暨同时诸名流书册，始见年丈所自为诗，必窃慕好之。先时张先生亦以葆田名闻于文正公，在金陵节署尝招之往游，属葆田奉亲命归山东，未果。其后遽闻文正公已逝，则为之潸然出涕以悲，盖以十余年慕望之人，又承已辱记其姓名而不获一见，则信乎知遇之悭而当世大贤之不易觏也。

比岁葆田处京师，时时见朱肯夫先生，尤称道年丈平生志事不容口。且曰："公子仲容，子同年也，他日公入觐来都，子盍执贽往见乎？"葆田闻命而志于心，不幸去冬先人弃养，葆田今春奔丧来鄂，孤独穷苦，百务俱废。前日因赴金陵求张先生为志墓之文，先生乃曰："方伯，今之文正也。子不可失此而不一遇。"既乃赐之书，而命之自通于左右。寻承罔顾，又以义不可造次。旬日之间，闻执事以休假为请，而葆田又方处忧困之中，茕茕在疚，无攀缘之亲于当路。凡丧事之所急百无一赖，是以徘徊路隅，不敢复进，恐人之见之者将以为有私于执事，则非葆田愿见之初心也。

葆田读书学文二十年，其制身亦不敢戾于古人，顾以位卑名贱，无利势以动俗上之，又无至行可以感众，其见弃于人人无惑也。若其自惟立志之不苟，则于所云行己有耻，见贤思齐，二者则尝求似焉。伏惟年丈有爱才好士之盛心，使葆田于此必执素服不入公门之义以自阻是，终不获见遇于大贤，而一就正所学所守之是非，其与古人处忧患而问道于当世贤人君子者，不亦异乎？是故将欲进见而辄敢为书请命，冀左右少垂亮，并献近所为文一首，倘以为可教而赐教之，幸甚。干渎尊严，不胜惶愧。——《校经室文集补遗》

13.《为人上孙琴西方伯书》　杜贵墀

某自违左右，时以不得躬事大君子为恨。东望长江，神魂飞越，回忆昨岁幸趋走辕下，辄敢冒昧以先六世祖、高祖、曾祖家传为请，公不以卑贱而见拒也。

虽文未及为先人之灵,将幸其有托而传矣。某尝窃谓表扬善类以兴起后世之功,私传多于史传。史官所记浩博,其势不得尽详,又格于功令,奇节伟行之士不得与者盖十之八九,而一二得登史传之人,又或起自下僚,其先可纪之绩散见他疏牍中,史官无从网罗,若此类者,非私传其奚赖!或者谓身非史官,不宜为人作传,意谓有史而后有传耳,不知范氏《邓禹传》先有本,裴注陈寿《三国志》引东京魏晋诸家私传相证明者数十家,自古已然,安在私传之不可作也?

敝县钟运使云卿有善政于,美行于乡,其殁也,左相为请于朝立传,史馆、县人及钟氏子孙咸荣都转而仁左相。某则以钟运使之遇左相,不若某先人之遇公,何则?史名虽美,然其文未必称于后世也。《唐书·列传》诵习者盖寡,而韩退之、李习之所为《何蕃》《杨烈妇》二传,家有其书。何蕃、杨烈妇事至今在人耳目,亦贵夫其文之传耳,奚必于史?某先六世祖事在滇黔,不仅如国史所记;先高祖、曾祖贤似不后钟运使,事有大于何蕃辈者,而公道德文章追韩轶李于千载之上,集中吴、温、郑、周、赵诸传精光奕奕,又马、班良史之才,千载后之诵习,岂异今日之于韩、李?然则公一举笔而某先人之被荣甚于史官之褒,公之惠先人乃过于左相之仁钟运使也。为人子孙,坐视其先人有可致之荣、可邀之惠不为,迫切以求致仁人君子表扬善类,以兴起后世之心久阏郁而不达,不惟不孝于人,亦非所以待仁人君子,此某所日夜恐惧无须臾而或释者。兹谨呈先六世祖、高祖事略各一通,区区之忧,惟公鉴而怜焉。——《桐华阁文集》

14.《致孙蒉田学使》 龙启瑞

月日得留视学政之耗,以手加额,幸逾在已,乡邦之庆,岂有穷哉!伏惟阁下本躬行心得之余,敷为文章教化,其设施必有大过人者,远人自当倾耳听之也。亡友刘茮云勖有云:"学政约有三要:一曰防弊,一曰厉实学,一曰正人心风俗。"防弊,则寻常自振厉者能之;厉实学,则如朱竹君、阮芸台诸先生能之;至行事出令,处处为正人心风俗起见,则非祖述孔孟、宪章程朱者不能。某不敏,实有愧于斯言,乃不能不以望之阁下也。

敝省士习向称安静,惟见闻苦其狭隘,阁下以经古之学振之,必有争自被濯者,教泽之深且长,收效当在数十年后也。某在此二年,毫无裨益,乃倚圣恩,重申使命,弥切悚惭。自揣前事尚复碌碌,则后此可知已,尚望吾兄有以策励之。

前数日有人回粤,特寄拙刻四种就正,万勿吝教。子相于《经籍举要》中增

订数条，某今日尚佩之勿忘也。——《经德堂文集》

15.《致孙琴西》 杨彝珍

（1）

去岁曾奉书，并寄叶润臣处，属分递，后闻渠早出都，所寄书不知沉浮何所矣。比惟著作承明，茂誉日远，并与诸朋好以文史往来相娱悦，远愈于僻处遐陬、无可质语者。兹有薛生福辰，资才英特。其尊甫为晓帆大令，于书无所不窥，反使请业下走。自愧途潦蹄涔，未足供其挹注。兹因来试京兆，转令受教君子，即望厕诸庑下，使技成，洒笔当惊有司无疑矣。如足下奉使出都，则烦于同谱中代择可以师宗者为幸。再，吾邑自经寇乱后，十室九空，而又遭此贪狼，其受荼毒更剧于贼。亟望仁人为之引手，救其溺焚。外付一纸，可属唐根翁行之，如其不敢为，望再择敢为者，勿谓豺狼当道，无暇问狐狸也。

（2）

前阅邸抄，知入直上书房，清切之职任，乃贤才自当偏承雨露，但不审此次已得槎使否？抚屏经其指授，即出手得卢，大是快事。仍望极力吹送青冥，来岁春闱，或即出尊门下，亦事之未可定者。

（3）

今春三月奉惠书，且副之篇什，意绝勤厚，读之申旦连夕，不能去手，如已侧身左右。但枯木朽株，猥辱雕饰，不免颜甲耳。取谐牛铎，理不敢辞，要当阁笔。逊席已属张海翁共和，想可并驱以角其胜。比闻狎司坛席，高主齐盟，奇俊之士当友慕恐后。惟天末孤踪，旧侣散落，望云搔首，我痗如何。三楚秋高，使星宵曜，若能乘槎而来，与之班荆道故，则幸甚也。

（4）

前得复书，大慰渴怀，欣慰无似。惟身世流离困苦，几与子美无异，殆天欲纵君至诗圣之域，故使所遭至于此极耶？方今寇氛已殄，攀龙附凤，俱夸身强。惟令弟不免向隅而泣，焦烂皆为上客，独遗曲突徙薪者。鄙人颇代为不平之鸣，不知海内亦有同此胸臆否？黔西黎鲁新大令，与弟凤无一面之雅，忽尔寄示所著，其波澜与郑、莫两君莫二，不知兄曾见之否？兄子诸承照拂，感不可言。先兄已于六月去世，兹有家言一函，望为封寄是祷。

（5）

昨于七月杪曾奉一缄，内言鄂中人士思咏贤者无已，然犹未确得其实迹。顷至长沙，始知能柴立于两大之间，守正不阿，所施措，一破崖岸为之，有数事卓然在人口。具征道力之定，风骨之坚，洵为八家之门为不辱，令人不得嗤笑缀文家所言者为虚言矣。——《移芝室全集》

（五）寿序类

1.《征寿启》——项芳兰等（缺）参见卷四乡里亲旧 23 项芳兰

2.《孙公寿序》 胡调元（缺）

3.《孙琴西廉访六十寿序》 张文虎

当咸丰、同治间，寿阳祁文端公、湘乡曾文正公以德业学问文章焜耀海内，章甫缝掖之士莫不仰首希望以为泰山北斗，而二公独推许今皖臬瑞安孙公不置。惟公以名翰林直上书房，出入承明金马间，摘华揽藻，风采蔚然，金谓台阁之极选。既而论事触讳，一麾出守。于是寇氛方炽，佐筹戎幕，一摄庐凤观察，旋以家难去。辗转十年，与公先后起开府、封圻为大师者比比，而公始拜今职之命。或以为滞，而公孜孜焉方推溯永嘉之学，究极其义理文章，将上追古人，下启来哲，而自成一家著述，仕途之利钝非所计也。或者谓公端醇长厚，本以词臣为京朝官，盖宜文学侍从衡文之任，而刑官簿书为屈，是又不知公也。儒者之业，兼本末内外而贯之者也。见之于素守，即可施之于事功，修齐治平举而措之，岂徒为诵说而已！且夫古大臣扬历中外，藉以上稽吏治，下悉民隐，岂有所择哉？今陈臬之职不为不尊，所系不为不重，三载考绩，外擢方面，内陟卿贰，以陟宰执，非异人任。由是上承文端、文正之绪，而益剂其未及为，以报当日所期许，合义理、学术、文章、事功而一之，诚无忝于永嘉之学哉！公于古文法桐城，于诗法苏、黄，于书法颜、柳，皆本之文正而绝不同，盖各自其诣力所造，而不必袭其迹，其于治事，当亦如之。然则使公督两江，未必屑屑焉循涂守辙以为萧规曹随，而当求其不尽之意，其斯为善学文正而已矣。昔在癸亥之岁，文虎以文正招至皖，与公以诗文相契。明年，公赴庐凤任。后六年，公来金陵，益相习。而公子仲容孝廉好许、郑之学，亦常商榷疑义，凡六阅岁，交不为浅矣。今岁八月之吉，为公六十寿辰，迥隔千里外，不获预称觥之列，而礼不可默而已，又不当以浮词导谀，辄述公所以为学者以为序。

同治十三年甲戌秋仲，愚弟南汇张文虎拜撰。——《舒艺室杂著甲编》

4.《孙琴西廉访六十寿序》 程鸿诏

皇上御极之十有三年秋八月，日躔寿星之次十有七日，为我琴西先生六十之生辰。鸿诏将为文以称寿，客有闻而笑者曰："是犹持布鼓而献雷门也，不如其已。"鸿诏亦以谓然。既而思之，有不可为文者一端，而工拙不与焉；有不可不为文者数端，而世俗颂祷富贵福寿之词不与焉。

闻先生豫以生辰檄府厅州县官吏，毋得徇俗来贺。至日，但许令子仲容孝廉率妇孺辈为父母庆，而无征乐觞宾之事，所谓可不为文者，仅此耳。然而鸿诏，安徽部民也。自先生按察安徽以来，为时非久，而同寅协恭和衷，平反者几狱，惩创者几人，纠举者几辈，乃至豪胥健吏藉赋纳以肥其家、长其子孙者，又划其积弊殆尽，徽人尤颂之。在先生，居其位、尽其职而已，吾民则身受其赐，此不可无文者一也。自古文之说兴，秦、汉、唐、宋截分门户，断断如也，皆不无流弊。近复剽取语录讲章，而命之曰载道之文，读先生《逊学斋集》，博大精深，诚足澌涤庸音矣。尤善论学、论治、论兵，确然可见诸施行，又孝友忠爱之诚，勃然而不可遏，而固非袭道学之似。至哉，文乎，亦其一也。始教习琉球生，名播海国；及入史馆，直内廷，为诸王子师；预修《宣宗成皇帝实录》，稽古之荣、不朽之业备矣。出守安庆，备兵庐凤颍，权江宁布政使，真授江南盐巡道，历官俱能不负所学。先生中遭时多故，杞人之虑辗转于怀，而一发之于诗，有《大小雅》遗音焉，又其一也。安徽兵燹后，古籍荡然无存，鸿诏承乏襄纂《通志》，赖通一瓻之借，不惮再三之烦。先生时复辱临，商榷得失，获益为多，又其一也。自代州冯之湘乡文正公后，鸿诏久失师资，怅怅乎若声瞽无相。凤仰先生道德文章，幸获亲炙，并睹善政，谓能已于文乎，否乎？今先生春秋才六十，而道德文章政事已如是矣，由是而弥高弥劭，比于老彭，著述之富，岂有涯涘哉？独念鸿诏再阅五年，亦且六十，而德未加进，业未加修，宦学未成，以视先生，岂第泰山邱垤而已哉？此则真未免为客所窃笑也已。——《有恒心斋文》

又程鸿诏代撰一篇　（缺）

5.《诰授通议大夫薲田夫子大人七十寿序》 李鸿章

道光二十七年，鸿章举礼部试，与侯官沈文肃公同出吾师薲田先生之门。先生以言事去官，鸿章抚吴，请主紫阳书院。后文肃督两江，请主讲钟山，今主龙门。立朝二十年，退而为书院师者垂卅年，而先生七十矣。

同治初，大军定浙，时温处兵备为督师者倚任，一切以军兴法取办，治酷暴，郡人列其状致京师，先生言于朝，即下督师者覆按。始先生在籍治团练，地方官吏已不便其所为，至是比而倾先生。督师者覆奏，谓先生言不实，坐罢归。

昔宝应乔侍读与河臣力争海口之议，又倡其乡人官京师者抗疏论之，以喜事罢；诸城窦侍郎为浙江学政，因士民之愤，发平阳令奸贪，巡抚及按事之使者力持之，几逮治；是二事竟得直。当天下承平，法制森立，圣祖高宗之仁明，枉曲者不得逞，然机牙倾伏深矣。靳文襄、阿文成，名臣也，犹不免于清议，库勒纳、福崧之徒讵足论乎？先生之去官，鸿章方治兵，勿能白其事。当是时，朝廷诏书屡以调和责诸路将帅，鸿章于先生既有师弟子朋党之嫌，又俱涉于歧梁、洛蜀交争之迹，不能执公论以明天下之是非，至今思之，愧负明义。然其后曾文正公数数欲申慰荐，而先生固谢之，乃叹贤者之用心固不可以寻常测之也。

韩慕庐有言："吾侪官一品，岂若秀水朱十以翰林归田，论著不朽。"嘉定钱少詹亦谓："官至四品，可休。"奉讳归里，遂不复出；同时钱塘梁学士亦以中年引疾归，三君皆至大年。朱晚达，其归也以被排；钱、梁俱早贵，遭际盛时，群才汇征，照耀台阁，而超然远于荣利，有文史之娱，无宠辱之惊，其享大年，宜也。君子之出处，顾其用何如耳。

伏维国家中兴之烈迈于周、汉，师武臣力而文教益振。二十年间，直省开置讲堂，设局以刊遗书，海内相望，有过于承平之时。此其气象之盛隆，拟于东汉建武、永平之风，非唐肃、代以后所能及也。东南大都会必有儒林大师任斯文之重，裁成后学六艺四科，以待百年礼乐之用者，其事绝大且远。

溯自同治建元以来，如兴化刘中元、吴县冯中元、临川李大理、湘阴郭侍郎、德清俞编修及哲兄太仆，并以侍从旧臣、文章巨公相继为各书院师。而先生科第最先，曾执笔侍成皇帝，与太仆皆以文学致通显，经神学海，出于一门，神明强国，长为后进新宗贵仰。往者，天台齐侍郎兄弟年八九十，优游里巷，人称为瑞。

温、台诸山，东附大海，神灵窟宅，代有异人。伟矣！先生为讲官，数言事，皆天下至计，最传者，道光季年论广西治盗事宜。咸丰初，曾文正请复讲书旧仪，时以为迂，独疏争之，在坊局已隐然负公辅之望矣。既去官，天下想望风采，以为当复出，至于今日论人才者惜之。然使先生再起，跻八座、入两府止矣，论其所得，亦孰有多于此哉！

鸿章在兵间十余年，为疆吏者逾二十年，志意非复往时，而忝负天下责望。时事蹙蹙，无能补益，独居深念，时有羊太傅之叹。角巾东路，既未有期，而回思平日师友，文正、文肃，仅得下寿，今日望之已如古大臣；大理、中元，其姓名亦光于国史儒林之篇，侪辈已就凋落；而海内犹存一师，灵光之殿巍然，天南神仙中人，可羡而不可企，既感且幸。

开岁六日为先生生辰，师母林恭人亦登六十，公子来征文，爰举石林、东皋之事，而以竹垞、息园、山舟、莘楣出处之迹、老寿之征以质先生，皆翰林故实也。山舟寿最高，与夫人百岁齐眉尤为殊祥，敢以为先生及恭人寿！谨序。

光绪十一年岁次乙酉嘉平月，诰授光禄大夫、太子太傅、文华殿大学士、钦差北洋大臣、直隶总督，一等肃毅伯加骑都尉世职，门下士李鸿章顿首拜撰并书。

孙衣言作《李太夫人七十寿序》见《逊学斋诗文抄》

6.《孙止庵先生八十寿诗序》 平阳宋恕恕后改名衡

扶桑以西，昆仑以东，名山水百计，雁荡为最，乃在吾瓯，故吾瓯每数百年必出文学大师。赵代尤盛，陈、叶之文，盖追姬制。更奇渥、朱祀，至国朝嘉、道间，而我外舅孙止庵先生与外伯舅琴西先生起瑞安孙氏。学经史百家，师陈、叶，为文雄秀朴茂，语不后宋，识者谓逼陈、叶。然世方惑邪阮、李，崇浮徐、庾，束《左》《马》，外《孟》《庄》；或圣方、姚，哲管、梅，谓陈、叶不入茅《选》，桐城不道永嘉，势应利求，党同伐异，交抑二先生，使名勿赫。然二先生树志孔遐，假文明道，不屑与妄庸争。兄弟怡怡，乐其名之晦也。止庵先生尤务自晦，强仕归田，不复至都。荒江老屋，杜门谢交，虽师生勋望若前使相曾公国藩、前开府沈公葆桢、前大学士李公鸿章等，必书来乃一答，岩栖胜流，亦鲜通问。文不遍播，获诵者稀，以是名尤晦。

初，先生志行永嘉之学，复三代之治，始终翰林冷职，温温无所试。独曾一典试、一督学，拒例馈千余金，戒有司匆宴钱，广南西道铭歌清德。又曾上疏谏辍学，忧酿乱，弹八旗权贵，慷慨激昂，情词悱恻，识者以是信先生，期为陆宣公、司马温公。其免官也，以痛关市苛征，劾桑梓酷吏，为民请命，取怒于抚浙使者湘阴左氏宗棠。初，湘阴与今大学士合肥李公同时握重兵，讨洪、杨，分牙江浙。李军首破贼，复苏、常、松、太，入越境，克嘉、湖、宁波，助佐军平两浙。湘阴怒其功上己，以先生为合肥举主，波怒焉。至是怒甚，以危言要九重，免先生官。先生即日南归，题所居曰"止庵"，决道违世，宁讲于野，衣布饭疏，萧然授徒，为书谢曾、沈、李诸公勿相引。沈故刻薄，恶儒术，以举主致貌敬，非同志。曾公深于文，爱厥类。李公最知四民疾苦，最先慕海西善政，思君子之儒，甚惜先生归；然避嫌，遂隐不敢力荐，学者至今为天下惜。

然恕观秦、汉以来，赤县大权操于法家，阳尊儒术而阴仇之。伪儒奴法，舞乱经义，千龄长夜，真儒倒摈。虽如宣公、温公之伦，位至宰辅，然勿用勿舍，用亦群挠，是仍摈也。今之合肥，位亦云尊，徒以阀念元元，居恒太息，欲改法家相承之制，与民适于小康之域，尺束寸纬，频蒙奇谤。然则为天下计，与其使先生内参枢密，外任镇抚，于世鲜补，于躬徒瘁，岂若使先生早濯尘缨，养神竹素，抱残守缺，为文明道，作今陈、叶，作亿兆师哉！

恕闻望气者曾言："东瓯山水甲天下，天殆将降达人以续六经，以平诸教，以通皇、田、列、料、孔、墨、管、晏、宋、尹、许、陈，邾娄、兰陵、柱下、漆园、鹖冠之驿。"若固有之，将必出于先生之门。然则永嘉之学其有时而行，三代之治其有时而复欤！其将不远矣，先生倘见之欤！

天赐大师寿，光绪丙申，行年八十矣，聪察未改，学海不厌倦。其生日，正月六日也，门人将奉觞，先生不可；恕乃赋诗二章为寿而序其端。束发受知，逾立乏状，惭负厚恩，庶效善祷云尔。

东瓯春气早，首春百草荣。登山采紫芝，持以寿先生。陈、叶去已久，长公学未行。斯文系一线，灵光永峥嵘。济济子与孙，东南数儒门。奉训悉廉俭，吐词多雅温。杖履足伦乐，冠盖屏尘喧。不须论人爵，齿德古所尊。

7.《籀顾居士行年六十生日寿诗有序》 宋衡

自楼船下益，青盖多留江表，伍齐民，渐与山越通婚嫁，分徙诸州矣。其居吾州者，明以前未有闻，至皇代始有著《礼记集解》之敬轩先生及表章永嘉先哲遗书之逊学先生、止庵先生兄弟，籀顾居士则逊学先生之子而止庵先生之犹子也。

明百代，精儒墨，所著《周官正义》《墨子间诂》，盖集斯二学最后之大成者。于是温州孙氏乃以文章闻海内外矣。

初，逊学先生以侍讲出知府，累迁至布政使，皆在江淮间，故居士少客江淮颇久。当是时，大学士曾公国藩以勋爵镇金陵，雅好文章，甫息兵则设书局，罗海内名流，赋校刊之禄，士多归之。逊学先生夙负重望，复出曾门，其同声相应如欧阳、苏氏，故士之愿识曾公者皆愿兼识先生。居士弱龄驰斐然誉，故士之愿识逊学先生者皆愿兼识居士，居士因得广识海内名流。当是时，海内治《诗》者有陈先生奂，治《礼》者有黄先生以周，治《春秋》者有戴先生望，治数术者有李先生善兰，治政治者有冯先生桂芬、郭先生嵩焘，治词章者有梅先生曾亮、王先生闿运、张先生裕钊、吴先生汝纶，博治百氏者有俞先生樾、张先生文虎、汪先生士铎、谭先生献。诸先生大抵于居士为父执行，年长远甚，其中一二为夷行，然年亦皆长于居士。诸先生意气皆不可一世，或不读唐以后书，或惓惓于宋、明季之文献，或兼嗜内典，或锐欲输入西洋政法，其学派亦不甚同源，然多折节与居士为忘年交，其一二未得识者往往自憾也。

已而逊学先生以太仆卿谢病，居士随归。大抵浙东西诸州，温最僻左尤甚，于是居士遂与海内名流疏隔。事亲之暇，著书矮屋。日相过从：族姻邻旧，烟蓑雨笠，共话渔樵，莫知其为天下士者十余年。而逊学先生终，又数年而止庵先生亦终，而居士亦匆匆逾五十矣。

居士既归，僻左悒悒，后英梦想德辉，其自远方入浙西者，每登吴山以遥望瓯骆，慨然顾，与朋侪曰："生平憾事，则未见雁荡与孙籀顾耳。"雁荡者，吾州名山，奇峰百十二，飞瀑妙天下，晋、宋以来所谓"天台雁荡"是也。奇渥温氏之肆虐也，九域为墟，河岱文明惨被扫尽，江表一线危微极矣。而北条氏能以三岛挫其锋，直至德川，不失独立，存古籍，厚遗民，学业迫汉、唐，官制比三代。及明治立宪，教育规模益闳远，故士之稍涉周、秦诸子者何啻数千万倍今禹域，然其学者殊珍重《墨子间诂》。盖居士所著之《周礼正义》未流入彼中，故《墨诂》独称焉。

居士少举于乡，不第，未曾试吏。诸公贵人希识其面，然亦往往闻之。故尚书潘公祖荫、翁同龢咸负时望，尝欲致诸门而不得。

光绪戊戌，今上将采三代、汉、唐及日本、西洋之法以拯民涂炭，将相翁公而大征海内名流，将悉使参政。于是湘抚侍郎陈公宝箴最负时望，表荐谭嗣同、刘光第等若干人。陈公未识居士，一日，见《墨子间诂》，遽列荐。海内名流，识与未识，举欣欣然拭目以待，观汾上之十二策矣！俄而上有疾，执政大捕党人，翁公、陈公皆免、锢，悉罢诸征士，其已入都奉职、建白赫赫者弃柴市。而居士幸未入都，亦会遇大学士李鸿章、故江督尚书刘坤一以湘淮勋宿之重力谏勾连，故得不及于难。

　　庚子后，同年生江督尚书陶公模独抗疏请立宪，将又荐起居士，而慑于群小，一夕大呕血卒。陶公既卒，则尚书张公百熙最负时望，屡招居士入都。居士以张公虽有汲黯、郑庄风，而其权尚不得比于昔之主爵内史，固辞之。张公乃请浙江侍郎聂公缉椝强起居士总理温、处两州学务。俄而张公亦慑于群小，悒悒遽逝。而居士父执中望最重、年最高之俞先生樾亦告终于吴下，则居士年六十矣。

　　是时，江督尚书端公方以贵下贱，士多归之。特科之开也，曾荐居士以应，居士不赴。然闻端公时告浙吏，令敬居士云。学部之设也，尚书荣公庆、侍郎严公修等奏授居士二等咨议官，然居士竟不入都。初，侍郎盛公宣怀请居士代述《周礼政要》，将上御览，成而惊其陈义太高，不敢即上，乡人遽椠之，书肆争传刊，齐抚侍郎杨公士骧见而深好之，特别命诸学校用为教科书。于是青、兖间始复知有《周官》之学焉。

　　居士少壮时，常思乘长风，破巨浪，先东至扶桑，访吴太伯、周灵王、秦扶苏之裔，寻徐市之墓，阅盖次公之谱牒。遂横绝太平洋，登新世界，瞻华盛顿之铸像。折北，渡白令海峡，西经万里沙漠，循中亚细亚以入欧罗巴，纵目希腊、罗马之故都，治通西洋古今文字，以与其哲学家上下议论。复由地中海、红海转至印度，治通梵文，搜释迦遗迹。然后具舟载同志及耕夫、织妇、百工，向东南极天无际之重洋，觅无主之荒岛，谋生聚教训，造新世界，以施行周官之制、墨子之学说。然以先生业薄，虽曾为司税、司刑大吏，矫然不鬻狱、渔农商，遗赀不逾中人，己又不肯曲学阿权贵、乞余富厚以治远游装，故志竟不能达万一耳！年且六十，时艰益相逼，稍稍衰惓矣，然犹以本州教育为己任。素持先训，薄己厚人，私用俭矣，乃损益之以补助学校费。然卒亦愿挈乎赀，居恒太息曰："使我有数万金岁入，则温州教育其可普及也！"迹其抗怀经国，笃践兼爱，芬芳悱恻，终不俗化，其庶能志周公之志、行墨子之行者欤！盖非徒天性消散，以治难读为胜乐而已。昔董江都位大夫，承顾问，然犹感赋不遇。今居士之不遇，于董生何如哉！虽然，士以得行所学为遇，苟不得行所学，则大夫与居士何别？且为今之大夫，诚不若为居士。俞先生樾曩谓衡曰："天之不遇籀顾，抑天之欲成《周官正义》《墨子间诂》欤？"衡对曰："夫籀顾殆非今世人，遇哉，遇哉！夫宇文氏邈矣，苏绰、熊安生之遇不可期矣！夫最幸，则亦终如翁、陈二公耳。岂若卧闲云，老荒江，成斯二书以惠后王也？"先生然之。

居士有子八人，皆尚幼学。今年六十，族姻邻旧为寿生日。衡阻济阴，奉觞阙焉，怅然登台，是时仲秋，历山木叶微脱，明湖始波，默念生平粗解百氏，居士之赐盖十六七，敬寓诗二章为寿。诗曰：

江淮回首少年场，北望中原志岂荒。结客平生余墓草，几人犹解识灵光？辅国将军谁赐印，太和尊夏事茫茫。聊喜故山堪采药，更看诸子渐成章。

（六）祭文类

1.《祭外伯舅孙琴西师文》 平阳宋衡

永嘉之学，陈、叶其尤。人亡绪坠，七百春秋。天遣先生，崛起荒陬。表章遗书，文与之侔。

武昌张氏，亦法韩、欧。晋、齐主盟，唐、宋尚友。正声金石，异光斗牛。贱子昔侍，宋论略受。复喜武昌，尘埃握手。

别穷河源，旁览泽薮。刻意创新，效颦惭旧。李翱俟质，勾践方游。抱挟微志，说干诸侯。远征姒前，深斥姬后。众醉独醒，一然九否。临淮相公，不我迁谬。悯凤失所，嗟麟何求。礼颜开午，食客充刘。蝗黍畏饥，雀环图酬。越职陈弊，借箸献筹。

府主谦让，宵人嫉诟。元元誓拯，区区敢负。东藩两属，默许误久。约假发难，传戒含垢。如何多士，轻诋老谋。知暗彼己，议激戈矛。横挑强邻，累丧边州。分陕可悲，孤忠莫剖。腐儒交弹，俗吏掣肘。

感叹中夜，谢病扁舟。扁舟发燕，雪惨云愁。楚客传语，武昌山邱。西泪未干，又洒东瓯。东瓯此时，千林橘柚。橘柚岁黄，大师永幽。不忍睹物，吴域淹留。向风遥奠，海波悠悠。呜呼哀哉！

2.《祭外舅孙止庵师文》 辛丑　平阳宋衡

滔滔七百，宋祀逝川。有哲伯仲，遹绍叶、陈。仲氏早达，林下亦先。饮冰衣薜，晦迹养心。武夷之北，雁荡之南。好书万卷，陋室数椽。手不停披，学日以渊。

吁嗟中夏，衰草寒烟。洪猛为虐，礼乐失权。君平世弃，汾上地偏。寂寂著论，恻恻悲天。坐视荆棘，空老兰荃。澹台无貌，更出单编。被知束发，遽承结姻。少壮历境，巫峡、孟门。遂令季女，妙龄茹辛。荒凉志事，零落朋伦。飞蓬旷侍，捐馆悽闻。

是时始春，日惨幽燕。鼎沸州九，血流里千。张楚计穷，拒秦势艰。建牙异向，捕党纷连。玉石杂碎，国身交煎。那堪更尔，益苦人间。

漫漫沧海，强病乘船。去乡十载，复睹故山。故山无恙，伯氏重泉。如何长者，又不少延。白须红颊，遗像虚悬。

永嘉卑湿，密雨积阴。绿苔上阶，二月沉沉。顿触内疚，泣涕沾襟。肉骨食诲，负惠蹈愆。念我长者，继起多贤。独恨微生，难答埃涓。

忆昔初见，紫藤楼前。楼西一槐，古色苍然。槐今尚在，藤但余根。登楼一望，感物伤神：纵横图籍，丹黄犹新。述作散置，蛛蠹交侵。精魂焉往，茫茫果因。岂其追随，止斋、水心！

3.《外舅孙止庵师葬时祭文》 平阳宋衡

晚菊已空，早梅将蕊。寂寂寒郊，悽悽冬晷。哲人之终，奄忽二祀。埋骨有期，表阡谁俟。

荒草茫茫，浓露瀌瀌。依依山郭，滔滔江水。载椋匪輀，临流呼舣。在昔东京，朝野风美。会葬名德，素车千里。今非其时，幸盛孙子。

竹岭逶迤，云峰岌嶷。阴魄得归，精魂不死。悬瀑怒号，仙岩秀峙。前斋后庵，，文献两止。万古幽嶙，过从孔迩。

孤生自怜，内省丛耻。怀恩伤神，送别零涕。橘柚佳实，荐之筐篚。

4.《孙籀高追悼启》 项崧

先生讳诒让，字仲颂，晚号籀高，劭闻孙公仲子。劭闻公衣言以诗古文词著称当世，官至太仆寺卿。先生幼侍太仆公主讲紫阳书院，即究心篆籀训诂之学。年十九，举于乡。弃举业，益精研经训。太仆公开藩江宁，当是时，“大乱”甫平，曾文正公大兴儒术，海内知名士如汪士铎梅村、张啸山文虎、戴子高望辈云集鳞萃，君皆与之游，所业益进。君生平治经，由训故以通大义，矫空疏之失，而亦不囿于笺注。所著《周礼正义》成，年甫四十余，座主相国南皮张公见而叹曰："求之乾、嘉诸老宿，亦来易易数也。"由是声誉大起。

德清俞先生方以训诂撰述张帜东南，君以年家子与之抗席，尤心折君。顾君虽不事举业，然以太仆命，屡应礼部试，常熟翁相国、吴县潘文勤公皆负宏奖望，屡欲得君，往往闱中得他卷，疑为君，拔之，未尝自怛，亦不轻往谒也。君自太仆故后，绝意仕进。十年以来，大吏荐举，交章起君，君皆不就。去年礼学馆辟为总纂，亦以病辞。

中年以后，一意著述。欧亚交通，声光化电之学重译以入中国，君习其说，谓与《墨翟书》多吻合，乃笺治焉。通其旁行斜上，正其脱讹，数千年亡籍独赖以明，今之号为微学者，皆自君发之也。君生平著述甚夥，《周义》《墨诂》，为世所知。又尝应人之请，为《周礼政要》二卷，盖其经世学之见端也。著有《古籀余论》《札迻》等书，又辑乡先生书，曰《永嘉丛书》。暮年著有《名原》二卷。

君虽屡试不售，屡征不起，而于政治之得失、国家所以治乱兴衰之故未尝一日去诸怀。甲午以后，海内大夫知强国之本在于兴学，奔走呼号，兢兢以是为亟。君居于乡，集赀设学以应之。戊戌政变，亦不为挠，日孳孳与乡人兴学不倦。故温郡学校之设，多在部章未定以前，皆君提倡之力也。

君四十以前殚精续训，四十以后又旁征西哲学说以自辅，盖浸浸有欲合中西为一之势。——《午堤集》

5.《祭孙征君文》 金晦

呜呼哀哉，呜呼痛哉！君竟舍此可悲、可悯、可惊、可愕之世界而去邪？吾中国四百兆黄族，方将为奴隶，为羊豕，鞭挞刲割，呼号待尽，君殆不忍见而一瞑勿顾邪？吾瓯数十万同胞，无论为士绅，为下流社会，方晦盲否塞，恃君为先觉，君愿忍弃离而一诀不返邪？晦以一介渺渺之身，其于此世界也，如爝火，如轻尘，可以死而不死，君固不可以死而遽死耶？呜呼，命邪，数邪？天为之邪？抑人事使之然邪？晦生此五浊之恶世，方将举臭秽之血肉之躯壳，腐坏入土，以死为厌离，君乃先晦而厌离邪？晦禀此同体之阳电，方将举引要之细胞之纤维，牺牲于世，以死为蛰藏，君乃先晦而蛰藏邪？晦近悟涅槃真如之奥旨，方将举此器，世间有情，世间一切诸幻尽归消灭，以死为解脱，君乃先晦而解脱邪？晦元夕祈死，寿有曰大哉死乎？善哉死乎？息邪？休邪？乐邪？苦邪？其灭度邪？其遇化邪？不知君今日之死，将为遇化邪？抑为灭度邪？君其能驾云车、御灵旗、翩然下大荒而来告邪？呜呼，我佛常转法轮之语，其然邪？其不然耶？使其然也，举吾瓯学界之所以思君而哭君者，其知之否邪？则晦之所以为吾瓯学界恸者，其抱恨又岂有穷期邪？呜呼哀哉！呜呼痛哉！——《孙征君哀挽录》

6.《奉祀籀公楼祭文》 宋慈抱 （缺）

（七）诗词类

1.《题孙仲容师学务平议稿后》 刘绍宽

西学甄微参化育，能利人观与物曲。列强飙起竞相师，辚轹五洲雄百族。我邦文弱虮其间，锢蔽聪明由科目。志士扼腕请废除，启迪人才辟庠塾。吾乡孙子楚兰陵，当代经师称老宿。清廷聘任咨议官，勤学成书上当轴。本议四篇枝议十，持论名通非琐黩。篇末纠正罗氏议，匪实周详言可复。吾师应聘作此书，卑无高论贯通俗。属稿初成不自惜，侍史门生勤收录。青田刘君得数纸，枝议遗文差可读。其余得者李松州，流落西湖今谁续。刘君装池为长卷，持赠海髯胜珠玉。海髯出示为抚然，记以诗辞写充幅。我读此卷增慨叹，卅年事往风惊烛。学海堂前共侍人，孙仲师办理温处学务在郡旧试馆，堂有"学海堂"匾额，系阮芸台学使所书。云散风流共远躅。犹忆我师下笔时，兴学作人计烂熟。云是匡国需贤才，群彦奋兴强可卜。岂知道微邪说起，新学未兴旧颠覆。六经烹灭等劫灰，三纲沦斁夷禽犊。从来虺蜴中人心，始动龙蛇起大陆。乱甚五季与五胡，开辟以来此创局。吾尝闻师忧世语，早识乱机已潜伏。小人偏多谲练才，君子翻虑闻见牿。是知真儒不世出，旋转乾坤付碌碌。为政殖莠使乱苗，论学还珠竟买椟。育英储才了无效，谁咏菁莪与棫朴。民智日窳德日漓，坐使国势益穷蹙。吾师长虑倘及此，应悔导川轻决渎。民生至此百不聊，聊以长歌当痛哭。

2. 又登玉海楼抄书诗 刘绍宽（缺）

3.《次韵和杨君述知事登玉海楼观书作》 胡调元

逊学老人工唱酬，当年颐养园林幽。牙签何止三万轴，诗律独赢一百筹。及

门谁为皇甫湜，大师今无欧阳修。元亭歇绝黄垆继，兼吊仲容主政。酒后何堪重登楼。——《补学斋诗抄》

4.《登玉海楼》唱和诗 杨承孝

5.《登玉海楼诗》民七《旅瓯偶语》 沈俨

6.《颐园春宴图》 胡调元

7.《七律四章为衣言八十寿》 俞樾

回思四十四年前，与子相逢在日边。词馆一时推好手，君与镇芙卿、曾枢元皆庚戌榜中善书者。名场三度作同年。乍联鸡鹤犹非熟，得到蓬莱总是仙。文字论交何日始，南归送我有诗篇。灾年阳九苦相催，太息昆明有劫灰。我已归从五湖去，君还飞下九天来。紫阳偶共文坛踞，白下旋看行省开。吾榜曾王两开府，谓文诚、文勤两人。相期同作济时才。从前筮易得明夷，同伯还朝亦一奇。君曾筮《易》得明夷，余谓明夷"马壮，吉"，君以太仆卿还朝，即其验也。倘使三天重入值，料应八座总堪期。长安道上收残局，老学庵中补旧诗。尚有永嘉流派在，商量千古太平基。君刻永嘉诸先生书甚多。七十诗成共唱酬，而今又越十春秋。世间百岁一弹指，林下三人都白头。杨性农同年言，庚戌同年中，惟性农与君及余为岁寒三友。延钊谨案：《春在堂诗编》十三有《辛卯感赋岁寒松柏》诗。注云：性农此言就林下言也。庚戌同年在朝中，有徐荫轩参知，钱馨伯、许筠庵两侍郎，则朝野各三人矣。谨附录于此以备考览。未必儿孙无继起，最难耄耋得同游。尚期一十二年后，重听宾筵赋鹿呦。——《春在堂随笔·诗文集》

孙衣言《答俞荫甫寿诗》

声名王后复卢前，上下云龙紫禁边。岂意飘摇非旧日，却将轩冕换高年。余在馆阁时，与同年邵汴生亨豫、钱湘吟宝廉及荫甫四人为文酒之会。余年最长，三人遂以兄事余。汴生、湘吟皆官至侍郎，卒时皆未七十。重寻书札思常侍，又得新诗似谪仙。顷承以琼花新作及续刻诗见示。樗栎何堪加藻绘，因君回首帝京篇。长庚落月晓钟催，人世纷华念久灰。眼缬作花张籍卧，余近患目疾，昌黎诗"脑脂遮眼卧壮士"，谓张籍失明也。鬓丝如雪子由来。余闭户养疴，朋游殆绝，幸仲弟甚健，今年七十七，视、听、步履无异壮岁，每日必来视余。园栽杞菊犹勤溉，门掩蓬蒿已懒开。独幸乾、淳儒术在，于今乡里渐多才。扁舟湖上逐鸥夷，荫甫近居苏州。留滞周南亦数奇。余以侍讲出为知府，又以江藩入长太仆，皆世人所谓左官也。漫说文章妨命达，回思师友负心期。读书已废还参佛，学道无功且戒诗。余前刻诗文三十二卷，病中寻绎，深自悔其褊率，重加删汰，约存二十八卷。但祝婵娟千里共，东坡词："但愿人长久，千里共婵娟。" 汉家文景有扃基。欧阳公诗 "始知文景扃基牢"。杜公诗句几更酬，容易流光又十秋。便得百年风过耳，怕谈前事雪盈头。何人洛社同高会，有梦苏台续旧游。寄语武陵杨伯起，鸡鸣不已鹿呦呦。杨性农同年由翰林改官兵部，遂不复出，与余书问最密，每间数月，必以所著诗文见示。近忽年余不得一书，意甚疑虑，昨读荫甫诗，乃知其老健如昔，年度九十余矣。——《孙逊学公年谱》

8.《柔桥文抄》卷十三诗二首　王棻（缺）

9.《答孙琴西侍讲即次其韵》　杨彝珍

寓书道遄阁，经久旷不答。倚门盼回使，双扉未曾阖。蚊虻送浮誉，有声沸諵諵。迥非心所钦，泊然掩吾阁。云间下佳什，呼儿开香楛。把酒回环读，不厌千百匝。欲下东野拜，何时许造榻。朽株待雕饰，敝锦赖补衲。比闻执牛耳，门馆无尘杂。宏风振坛坫，宾阶盛履靸。篇章送络绎，酒肴集杂沓。惟怜数诗老，风入鬓毛飒。未寄新诗吟，只取旧卷搨。豺虎横路衢，寸步不可踏。鹿角无咫尺，吴南屏居洞庭鹿角。水昏云黯黯。遥望南屏翁，迹阻不得合。家世本猗顿，近恐缺升合。兵戈尚未息，腐儒皆靺鞈。几见有远谟，徒取肉食喵。我甘伏间里，斗酒作伏腊。妇子共陶陶，所惜寡朋盍。东望殊不怡，战鼓犹鞺鞳。——《移芝室全集》

10.《散原精舍诗集》　陈三立（缺）

11.《《感旧集小传拾遗》　陈衍（缺）
参见卷四之二 10 陈衍《书〈古籀拾遗〉书后》

12.《盛游诗》　张廷济（缺）

13.《小三吾亭甲集》　冒广生（缺）

14.《复堂日记》《补录》《续录》　谭献（缺）

15. 章行严（已见卷一之三《轶闻》香港作诗八首）

16. 郭沫若（已见卷一之四《集评》承先启后一巨儒）

17. 沈风镂（缺）

18. 洪炳文（缺）

19. 顾颉刚（缺）

（八）杂文

1. 俞樾（缺）

2. 桂文灿（缺）

3.《读书记》　马叙伦（缺）

4.《记孙黄二仲事》　日人井氏（缺）

5.《柏堂师友言行记》　方宗诚

曾公开府两江，求才若渴，当时属吏多贤能之选：香山何小宋廉访璟，闽陈心泉太守濬，瑞安孙琴西太守衣言，开县李雨亭太守宗羲。或素以侍从居言职，风骨铮铮，或素为循吏，德惠在民。群贤萃处，蔚为风气，诚极一时之盛也。

6.《说郛跋》　张宗祥

此书凡集明抄本六种，始成完璧。一为京师图书馆残卷，第三、第四、第二十三至第三十二。无年号，白緜纸书，极高大，似隆、万间写本。一为江安傅沅叔先生藏本，沅叔先生之书系汇明抄本三种而成：一洪武间抄本、一弘农杨氏抄本、一丛书堂抄本，本不全，书估挖填割裂卷首尾，凑足百卷，凡本书墨笔所抄，卷数有与目录不符者皆是，其中以洪武抄为最旧，前后书各条错误最多，推测可知系自南村稿本录出，而稿本则必系襲衣式，脱落之后，后人随便粘贴，故有此误。一为涵芬楼藏本，似系万历抄者，未缺各卷每数卷前有目录，今之目录即自此本写定者。至二十二、八十六至九十六卷，则五种明抄皆缺。闻孙仲容先生所藏亦有《说郛》残卷，去夏曾访之，不得要领，以为此生难遇矣。本年秋，奉命督浙学。临行，沅叔先生饯之于娱莱室，案头有书估携来之明抄《说郛》，检阅一过，缺卷皆在，匆匆南下，不及借抄。沅叔先生至浙观潮，竟携至南方，见假得成全书，盛情高谊，感何可言。壬戌冬，海宁张宗祥记。

7.《四库全书目录标注》跋 同治十一年　邵位西

此书编录时未及校勘。壬申冬，乃从先生令嗣子进取原稿精校一过。惟目录原文未及细校，误字尚多，付刊时尚须勘正也。

原稿于巾箱本目录书端随手记录，小字戢叠，颇不易辨，所录刊写各本先后亦无次序。疑先生本意，欲别为一目，特就《库目》记录以为稿本耳。杭城之变，先生殉节，遗书散失殆尽。此稿因为吾乡项几山 傅霖先生借录未归，乃巍然独存，亦一幸也。家大人从项先生索得，归之子进，因命诒让编录为此本。十一月五日校毕，附识于书尾。瑞安孙诒让。

此书所删《简明目录》原文，经部四卷并先生手笔钩乙，史部以下原未动笔，兹以管见删存之，谨附识于此。中容又记。

卷十四　纪　念

先生既殁，赴闻远近，皆为痛悼，浙省各学校停课一日以志哀忱。巡抚支恒荣属杭绅吴士鉴太史胪陈事实，上达朝廷，宣付史馆，列《儒林传》。今《清史稿》中有桐城马其昶所作之传是，但极简略，未能尽明先生之学术，后有海宁章梫一山为作《传》较详。而章氏太炎亦作《传》并《伤词》，称"瑞安先生"。南通张謇季直作《墓表》。邑人薛君储石钟斗、宋君墨庵慈抱、醴陵朱君芳圃皆有《年谱》之作，然俱不如先生嗣君孟晋所撰《年谱》之真切详明，惜未刊行于世耳。

陈雁迅《瑞安孙先生传记》云：民国二年，算是孙先生逝世后五年，温州各界人士集捐买地依绿园故址公建纪念祠附注：纪念祠名"籀公祠"，谭延闿题额，蔡元培作联并书，祠旁空地辟为园林，大门题曰"籀园"南通张謇书。民国七年，籀园附筑藏书楼工竣，这就是旧温属联立图书馆最初的雏形。民国十年，温州中学于校内附建"怀籀亭"。民国十五年，瑞安教育界人士公议把旧县学魁星阁改建"籀公楼"谭延闿题额，四月落成。民国卅一年，瑞安全县各界又公建"仲容文化馆"邑人项骧题额。

一、飞霞洞（别墅）

薛钟斗《守拙斋日札》云：孙仲容先生诒让卒于戊申五月，时年六十一岁，海内识与不识莫不痛之。其前一年八月日，吾郡人士谋为先生六十之寿，欲于永嘉飞霞洞旁营茸别墅为先生治经之余休憩之所，讵料事未集，而先生已归道山矣。今录其《启》以为儒林佳话，文曰：

今秋八月，日在戊寅，我师籀庼先生六十弧辰。昌黎硕望，儒林推泰斗之尊；兰陵大师，海峤跻灵光之颂。凡诸学子，群拟祝厘。束帛加轮，际伏胜安车之召；灵寿撰杖，颂桓荣稽古之功。先生雅量逾恒，冲襟脱俗。仿健庵之谢祝，效南雷之移书。馈谢生鱼，用守虫蚀之戒；惠覃涸鲋，特移羊酒之资。霭度仁风，诚难企及。某等属在梓乡，饫聆矩训。窃以觞陈海蜃，侈盛会于一时；何如庵筑匡庐，播雅请于千载。以永嘉山水之薮，为神仙窟穴之乡。积谷峰高，容成托迹；吹笙台耸，子晋留踪。爰爰乃傍谢客之灵岩，倚飞霞之古洞。相营别墅，藉憩綦巾。仿仙馆于右台，名山生色；寿经师于北海，石室䌷书。庶几洛社风流，暇日启耆英之会；郑乡高峻，他年标通德之题。信瓯海之美谭，作艺林之纪念。诸叨同志，觊赞厥成。粗述缘因，伏维通鉴。——《寿萱草堂丛书》，稿存瑞安文管会

伍守彝曰：旧冬，籀庼先生年跻六十，同人议就永嘉积谷山营建别墅为先生著书讲学之所，未鸠工，而先生遽归道山，感怀往事，为之泣然。挽联注

王蒙庄兆藻曰：傍谢客之岩，倚飞霞之洞，拟营别墅，藉憩綦巾，纪念幸有门下士；为两郡总理，作一代名儒，尽瘁鞠躬，竟殉学务，主持谁继老先生。挽联

刘君次饶、郭君小梅，昨岁邀集同人，议聚资构别墅于飞霞洞侧，为先生游憩之所，工未兴而先生逝矣。

郭传璞《秋日宴飞霞洞记》：

瓯郡东南积谷山，达治二里，层巘切汉，峭亭留云。有飞霞洞，相传汉时邑人刘根栖炼所。……会瑞安仲容同年孙君见招。……同宴者：江阴缪协岑，青田叶昆山、泰顺刘渠川、永嘉丁藜生、叶榕楼、徐松如及君与予，凡八人。

光绪六年九月日鄞郭传璞记。——《金峨山馆乙集》

刘次饶《厚庄日记汇抄》云：壬申五月廿五日，孙仲容师于廿二日巳刻逝世。廿四日，与郭小梅、刘宏轩、冠三、徐骥卿、冯地造、刘祝群、潘艺文同往吊。六月初七日，郡人士为黄仲弢、孙仲容两先生开追悼会于师范学校，到者千余人。十二日，沈仲辉守珍、石聘南蕴辉、郭筱梅凤诰、陈小垞锡琛、杨君雅慕份、刘宏轩项宣等共廿余人公祭孙仲容先生，并送黄仲弢先生之葬。

又云：己酉五月廿二日，师范学堂开孙仲容师周年纪念，中学学术赴会者百余人。徐骥卿报告、行礼，蒋叔南读祝文，郭漱霞、曹子丹文升及余均有演说。

二、籀园（籀公祠）

《寄瓯寄笔》云：籀园经营数年，始于今岁因择国庆节送籀公栗主入祠，颇极一时之盛。栗主今题为"清经学大儒讳诒让孙微君籀高先生"，系洪某主稿。入祠后，有谓应填"清学部二等谘议官"者，有谓"瑞安"及"之位"四字为不可省者，冒先生独持异议，引阮文达称焦里堂为通儒例，题为"清通儒刑部主事孙先生诒让之神位"，此真千秋定论也。主既入祠，无复出而易之之理，今记于此以告后之修方志者。

籀园联语：

故垒初开双燕语；裁笺遥隔一牛鸣。——张謇

到此便心清，一水萦洄，园址毋忘依旧绿（注：依绿园故址）；环观增眼福，三山罗列，岚光时觉送青来。——郭凤诰

吾乡文物，以南宋为最隆，迄今日横塘烟锁，潜室尘封，世历几沧桑，欲访八百年前哲故居，仅留浮沚林泉，去斯不远；别墅经营，承先生之素志，况是间潭绕落霞，峰临积谷，天然好山水，偶供三五辈游人闲眺，试问颐园风月，比此如何？——郭凤诰

多少远山近水，环绕西城，问当年别墅谁家，曾有小楼各入画；安排净几明窗，大开东壁，幸劫后归舟海外，独留老眼共观书。——吕渭英

籀公祠联：

博学于文，约之以礼；多闻阙疑，慎言其余。——蔡元培

祠枕西城，长馨俎豆，忆当年新学开基，杜厦庇观颜，两校门墙崇报祀；书分东壁，高矗楼台，窃自幸残龄抱瓮，籀园勤供职，三生香火结因缘。——王毓英

民十四籀园图书馆长平阳刘绍宽作《籀园笔记》，首述籀公祠及本馆设立之始事，至为详审。

籀公祠正堂供祀孙仲容，楼上立龛祀黄仲弢，皆有遗像。附设图书馆，黄仲弢子厚卿捐书于此馆。

籀园大门匾额石刻，系南通张謇所题，又一石刻"旧温属图书馆"，系处州杜师预篆。

籀公祠横匾，系谭延闿题。

丁卯《瓯海报》载：温属图书馆欲合祀黄仲弢绍箕于孙籀公栗主侧，由其后人厚卿先生将仲弢所藏墓绥阁书悉数捐入此馆之故。

民国卅六年九月，孙仲容先生百岁纪念，除浙江省图书馆《图书展望》复刊号出专号外，国立浙江大学之《浙江学报》亦特出纪念专号。而温州籀园图书馆、瑞安仲容文化馆亦均于诞辰分别举行纪念大会，并请名人讲演，又在温州及瑞安各报纸上出纪念特刊云。

民国卅六年九月，为孙公仲容诞生百年纪念，籀园图书馆馆长梅冷生先生特集学界人士就籀公祠内开纪念会，刘贞晦等讲演，同时《瓯报》出特刊。

刘贞晦曰：仲容先生他是一个世家子弟，他廿一岁便开始著书，这是一件极不容易的事。有人说，他的家庭环境好，所以有如此成功。事实却不是这样的，越是富家子弟，不容易在学业上有成功，这是古今都是一样的。乡先哲仲容先生之所以有出类拔萃的惊人成就，是他的专心和恒心所促成的。他的家庭是一个大家庭，他在书房里读书的时候，往往门外是他家的妇女请词人在唱词调，而他呢，却若无所闻地在读他的书，他的专心由是可见一斑了。他的案头摆着的只是一个红砚、几支写字的笔和几本书。而他每天吃了饭以后，在庭中绕了一百多步即去读书或写字，天天如此，这种恒心的确值得我们效法的。

又曰：仲容先生在治学上有两个特点，他对后辈青年学子，系用一种启发和奖励的方法。比如我们学生写了一篇文章请他改，他便会说文章蛮好，可用，不必改，只要你多用功。事后同事问他，这文章是明明不通的，先生为什么不替他改？他说：改起来，就须替他作一篇，这对他有什么好处？同时对学生须奖励他们，他们才肯上进。但他对已成名之士的文章，他的批判是非常严格的。前清出板书籍并不是如现在这样简单的，必须经过许多知名之士校阅以后，才可出板的。那时有些作家把作品寄给他校阅，他便不客气地说，这个不对，那个错误。同事问他为什么对名作家这样不客气地批评？他说：他们不比学生，他们是万人之师，他们一错误，便使许多人跟着错误，所以必须严格地纠正。……仲容先生这种治学精神，又是我们应该效法的。

又曰：玉海楼藏书数万卷，均经他亲自批阅过五次，他每日有一枝香的时间专为读书，至死手不释卷等事实。

又曰：仲容先生是晚清时代的大师，这位大师的专心、恒心，钻硕学问的精神，治学的严正，弃官执教高洁的□□，是我们的好模范。……如果我们每个人都能学他的榜样，那么我们温州便可以产生第二孙仲容、第三孙仲容，以至无限多的孙仲容云。——《浙瓯日报》孙公百年诞辰纪念特刊

三、飞云阁（二仲祠）

杨世环曰：近与诸同人议建纪念祠于飞云阁左侧，奉公遗像。

林若川《寄鹤巢日记》云：初七日早，小木丈来访。午后，叔兄交到陈请书议案，畅谈一切，并提及藏书一节，地方须有公所，今即中学沦夷，应可待留以后之兴者。此意颇合予与叔兄，图书馆当可与之同议。据说渠与调甫所藏之书约有二万卷，然收藏如此之富，此举尤不可稍缓也。闰儿以孙、黄合祠商之孙君孟晋，概蒙认可，据云随即商之经畬作复。此举若成，两先生在天之灵当可欢髯一笑也。

又云：二公祠、纪念祠绪分办，二公亲族捐款归二公祠并藏书楼之用，学界捐款归纪念祠收用，以昭公允，当质之孟晋兄，函复。

附1：无名氏二仲祠联云：

死不并时，让公等占文苑、儒林双席；没而祭社，论生平是高邮、嘉定一派。

注：高邮王念孙，小学；嘉定钱大昕，考史。

附2：飞云阁掌故：

光绪癸巳间，瑞安黄漱兰通政体芳解组归田，与同志于城东江滨建话桑楼祀同邑历代诗人。其时乡人科第仕宦称盛，而能诗者首推孙太仆衣言、侍郎锵鸣兄弟，余则黄仲弢提学绍箕、叔颂观察绍第与王筱牧大令岳崧、胡蓉村大令调元、洪叔林庶常锦标均以诗名，皆于此楼雅集联吟也。当时楼中联语佳者，如孙侍郎云：清新开府庾信，俊逸参军鲍照，香火共一堂，每当月夕风晨，结习未忘，定有吟声空际落；白水东城，青山北郭，渔樵分半席，遥想天容海色，衰年多病，恨无眼福望中收。此合题诗人祠及楼也。专题诗人祠，则黄提学云：登东皋一望，苍莽衡陈，某水所钓，某山所游，魂兮归来，岭树湖云长供养；自南渡以还，文才蔚起，诗外有人，诗中有事，心窃向往，春兰秋菊荐馨香。项申甫大令芳兰云：风情迈濂洛，溯先辈文章余事，自有正声，何须派衍四灵，中晚别标唐格调；豪

兴酹江山，问古来天地吟身，几人不朽，且喜塘开一鉴，咏觞遥继晋风流。皆可诵也。

乃楼成未几，而通政即世，与其役者均先后丁忧，金以"话桑"为"话丧"同音之谶，因易名飞云阁，而筱牧大令联云：大好光景，小筑幽栖，怀旧寄深思，独慨白傅龛成，黄公垆邈；旷代名流，同堂晤对，论诗犹余事，也当追踪七子，嗣响四灵。申甫太守联云：高咏缅前贤，问岭云湖雨，烟景犹存，即今吟眺陶然，何似园林依北郭；得闲时纵目，看水绕山横，海天无际，独恨婆娑人去，谁教风月话南楼。皆慨然通政之不作耳。

辛亥光复，叔颂观察自武昌归，首集资重修此阁。经纪者将阁中联轴取去，初云重整，既而竟无悬壁，惟新添诗人祠神位前一联云：衡宇相望，千秋韵事观潮阁；江河不废，一瓣心香仰止斋。或云此为观察所作，然未署名也。既而耆旧凋零，雅音绝响，飞云阁一易为图书馆，再易为小学校。辞章凫续，粉壁鸦涂，至今惟存一匾额供后人凭吊矣。——《瓯风》杂志《乡事纪闻》

嗣黄漱兰侍郎丈以通政归田，尝于城东江滨建飞云阁祀同邑诗人，屡与榕村纵饮其间。酒余兴发，高哦声惊四座。诒让亦时参末席，愧未能学步也。……诒让少治经生之业，尝学为诗而不能工。孤露余生，意兴衰落，诵榕村诗，钦叹玩绎，愧勿能逮。辄述家世旧闻与师友并离之迹，为序以答榕村。——《籀庼遗文》上《补学斋诗抄叙》，光绪丁未孟陬

林若川《日记》云：十八日晴，叔兄宴词客于飞云阁，属余奉陪，与小蓉过此，招予同往小坐，与之同去。移时王小牧丈偕诸词客同到，举酬命杓，箫管竞奏，昆曲名家，彩云响遏。俄而夕阳西下，曲终人散，予同叔颂小蓉、子贞同游三姓门而归。

又云：初九晴。早间叔兄来，鲁夫、醉铭踵至，留午饭之后，同登飞云阁作重阳之会，闰儿亦同往。此阁王小木丈偕先外舅黄通政创议建造，为归田游眺之所。仲殳内兄为书"飞云阁"匾额，并撰联二对，睹物怀人，倍增感触。闰儿与叔兄议建藏书楼于此，合籀庼、鲜庵两神宝于其中。

林损《哀平子先生诗》云：贡禹弹冠二十年，青衫归老故依然。萧条东郭消闲去，乡里空闻慕此贤。平子先生题北固楼联云：偷闲消闲，意境不同，沿东郭川行，登凭阁啸；入定出定，人才如是，看南山云起，飞过江来。北固楼亦名飞云阁，故下联及之。其一；南山云坠江犹在，北固楼空迹尚新。宰相不知天下士，李文忠素善先生，而不能用，临风凭吊独

何人？其二；录二首。——《林损丛录》

林若川《寄鹤巢日记》云：公既修飞云阁，复属予购二公祠地址，并建藏书楼于飞云阁之后。天丧斯文，赍志以殁，何痛如之。挽联注

按：刘绍宽《籀园笔记》云：（上略）辛亥光复，叔颂观察自武昌归，首集赀重修此阁，经纪者为林若川。

林若川《寄鹤巢日记》云：飞云阁之建，捐款者有中骇、申甫、仲容、叔林各百元，震轩、妙秋、莲溪、小博、调甫各三十元，仲龙、春畦各廿元，蓉村十元，余皆王小木丈自垫，历年修费约七八十元。

飞云阁在瑞安大较场，两面河附近，一座楼阁，矗立田间，风景绝佳，为清时乡哲黄体芳漱兰退归后所建之别业也。中供祀瑞安诗人之栗主。近年来瑞安图书馆附设其间焉。前有二仲先生祠堂地址，惟未经建筑也。——朴垞《丁卯日记》

话桑楼为黄漱兰学政致仕归，游憩之所也。楼上横匾仲骇先生所题"飞云阁"三篆字，有绍第跋，称"先兄鲜庵书"等字样，可征也。——朴垞《丁卯日记》

孙孟晋云：同时林左髓又发起举办词曲改良研究会，研究范围包括弹词、盲词以及其他向在本地流行的歌唱小曲等，该两会各有会员十余人，于正月间成立，会所并在飞云阁话桑楼易名楼下。九月林氏逝世，两会停歇。——《孙籀公与温处地方教育》

话桑楼黄仲骇联语：结构依城隅，冠山枕海，襟江带湖，忆从前观潮石径，古阁榛芜，又见危楼耸平地；遨游出人表，皓月澄波，光风腻雪，安得起止斋水心，先后登眺，同携佳句问青天。

项崧联：我欲长此卧游，一任沧海横流，巨浪洪涛，收入楼台平若掌；人贵及时行乐，难得江城如画，湖云岭树，同陪尊酒列如眉。

王小木联云：解组甫归来，问吾乡词客风流，尊酒瓣香，吟魂为招东野辈；投簪今未果，怅此去尘缨羁缚，草堂云壑，强颜暂负北山盟。

张宋顾有《飞云阁集联》。——何励生《敬乡楼联语》

《重修飞云阁启》　宋慈抱代作

飞云阁者，乡先哲黄通政漱兰所创始也。危楼突兀，纵难手摘星辰；滨郭器陬，借以胸吞云梦。且其地，左倚白塔，右抱绿渠。千里湖山，持昌黎而授简；一堂香火，当白傅之仙龛。则阁前饮水，有探源之思焉；阁后登山，兴仰止之慕焉。不独止斋密栗坚峭，横塘清拔伉厉，令人向往于南渡以先也。沧桑变革，风

雅湮沦。裁笺有凫续之悲，题壁以鸦涂相谑。积日累月，而槏楹桭槛之倾陊者，瓦砖阶砌之碎破者，旧观顿失，后起难寻。某某官于斯土，心窃矗然伤之。爰乞乐善君子，分挂杖之费，共襄盛举；仅剪茨而足，无侈前人。庶几一丘一壑，皆名流点缀之功；四灵四贤，想吟魄倡随之乐。是为启。

飞云阁是瑞安革命的策源地。一九二五年，瑞安县党组织的领导人林去病烈士就曾在这里组织"中山主义研究会"，秘密讨论革命工作。当时和林去病同志在一起的一共十人，故又被称为"话桑楼十人团"。一九二六年，"中山主义研究会"与另一革命群众组织"宏文会"合并，改名为"瑞安民社"，阵容扩大。林去病同志为当时中共瑞安县支部书记，……后来由于林去病同志被国民党反动派追捕，由党组织调往宁波、台州一带工作，一九三二年不幸被捕，在杭州光荣牺牲。——《浙南日报·风土人物栏》俞有闻记

四、温中怀籀亭

某岁，温中成立四十周年校庆日，校长属余就"怀籀亭"布置孙公文物，对外开放展览，详情载校刊中。

今离先生卒约三十余岁，里人缅怀前徽，已于永嘉松台山下建籀园，立祠以祀先生。……本校师生则亦于高中部校园内筑屋三楹，颜曰"怀籀"以纪念之焉。——《温中校刊》第四期

五、瑞安县小籀公楼

拙著《修学庐日记》云：去夏孙先生神主入祀籀公楼（在县学前进，由魁星阁改建，为余师松舫所倡议），一时送者极夥，郡乡城各中小学校男女学生皆参与焉。有宋君墨庵为祭文，甚佳。知事主祭，各学校、各公团从祭，称盛典也。楼中所悬胡调元榕村作联及张枫震轩作联、池志激云山书联，俱佳。又有横匾，为余师属项子贞题"经师人师"四大字也。丁卯七月初六。

籀公楼联：

胡调元联云：教科初设，育成邹鲁人才，筚路启山林，玉海名随瓯海永；经学大师，对峙东西浙界，梓乡崇俎豆，俞楼高与籀楼齐。

池志澂联云：前清科举，俗言司禄文星，忆曩时钟鼓泮宫，人才素称邹鲁，登斯堂也，昔则帝君，今则征君，神位等沧桑，岂独青衫悲革命；太仆门墙，吾亦旧游弟子，惟先生经纶汉学，著作别有渊源，灵其来兮，籀园在永，籀楼在瑞，大儒歆俎豆，徒留白发感离群。

陈谧撰籀公楼神龛联云：岂独吾乡推祭酒；愿从此地拜先生。

附记：林损对新文学是很不赞成的，但对古文学亦未肯随便佩服人哟。我乡先有一大儒孙诒让仲容征君，他的学问精通，称有清三百年绝等双矣，其功业尤为晚岁在乡里兴办许多学校。殁后县小校长余思勉松舫与县长黄逢年商量，改县小二门魁星阁为籀公楼以纪念之。至暑假，林损从北大放假归里，县长与余松舫往晤林损，林损即以严词谴责他们，说什么"孙公无纪念之价值，若论办教育，则黄仲弢绍箕学士功亦不可没，并当奉宝入祀"。为是建议拆毁籀公楼，或改称"二仲楼"。顾余君与县长皆不理他，楼保存至解放前，每年孙公诞辰，县长率文教界同人和各校学术代表去公祭一次。现在始废掉，改建新楼房以为县小教室了。就在那年暑假，我去看他，便谈时，我强调称"孙公学问真通啊"！顾林损即谓"孙公不通"，又谓："孙公之不通，只有我林损才好讲得，你们后辈小子决决不可妄说；因我已尽读孙公遗著，单如《周礼正义》八十六卷此巨著，任你翻出那一页，我都能背诵无遗呢。"这真是大言而不惭哉！拙作《前北大教授林损的轶事》，一九六四年十一月五日应政协文史组征文。

又有陈谧穆庵作《籀公楼记》：

有清之季，两浙治朴学者，有德清俞先生樾、定海黄先生以周与瑞安孙先生诒让，皆承休宁戴氏之绪，于是世所谓"白衣宗"也。当是时，吾瓯学者孙先生父衣言、仲父锵鸣方以宋儒陈傅良、叶适永嘉经制之学倡导后进，而乐清陈先生虬、平阳宋先生衡、瑞安陈先生黻宸并起，是将救民于水火之中。然孙先生独好六艺古文，治训诂、校雠之学绝精。是时与海宁唐仁寿、德清戴望、仪征刘寿曾辈游，学益进，且私淑乡先达孙先生希旦、方先生成珪之坠余。当是时，德清、定海二先生皆以高年硕望为天下国人所矜式，而孙先生最为晚出，故名亦最隐。及余杭章炳麟独称之，谓其学术"龙有金榜、钱大昕、段玉裁、王念孙四家，其明大义、钩深穷则高过之"。所著《周礼正义》《墨子间诂》，"其精专足以摩致姬汉，三百年绝等双矣"。于是今世治朴学者始皆称籀顾，先生乃大著于世云。

乡之普通小学，孙先生所手创也。共和十五年三月，校长余君思勉筑楼，绘先生像，设龛以祀之，榜曰"籀公之楼"，将以志其功德于不忘也。《诗》云："既见君子，云何不喜？"敢遂拜而为之记。一九七七年四月，朴垞略为修改之。

孙宣《与谭组庵院长书》：

（上略）当清光绪之际，先伯父籀顾先生尝忧世之患，政教不修，民窳而失职，治生之计隘，士不知学，而无以恃危应变，乃慨然疏《周官》以求治道，诂《墨子》以疗民疲。其感欷于犷暴淫侈之俗，陈古而刿今，闳意渺旨，多所发明，固非徒笺诂而已。今书具在，传海内外，学者师尊之。盖《周官》之盛，大法萃焉，圣贤承绪，克致太平；而墨氏所论，尚贤、尚同、节用、节葬、非乐、非命、兼爱、非攻云者，尤当世豪杰所揭橥以鼓天下。果能真用其书，通之于治，则安人之道，教育之术，复何以易之哉？敝乡僻在海壖，风气固塞。戊戌之后，兴学议起。先伯父独输私财，传揖学校。三载之间，温处两郡增至三百余所。而吾浙学风之美，实唯提倡之力。于是两郡之士追怀前矩，刻石立祠。乙丑之夏，各学校又请因瑞安旧县学奎星阁改建籀公楼，藏衣置像，咏诵遗徽。暨今五年，而楼额未题，不足以肃观瞻。念公书法擅天下，雄神盖代，妙契平原，则斯榜者，宜得大笔为之矣。惟公之仁，幸遂许之乎？——《朱庐文抄》

六、探花楼（陶社）

民国甲子间，灵卫庙司事某曾为此楼征诗，得若干首，未曾付梓，楼中尝奉敬轩、杞岩二先生神主。同时胡榕村大令调元、李漱梅孝廉炳光诸君。约同志四十人于楼傍隙地筑屋三椽，颜曰"陶社"，楼上亦奉孙敬轩及孙仲容二先生神主。楼下壁间，悬有联语二事。一云：杜老突兀见此屋，苏子敏捷好论诗。一云：莫道兰亭无继迹，须知莲社有攒眉。不知谁氏所作。或云：此楼基地初系庙产，故陶社即以其左一室作灵卫庙肃容所，亦可谓风雅场，而仍尚神教矣。甫竣工，乡人有吴之屏者，误以陶社取探花楼旧址，而易其名为埋没古迹，大招同邑士民复送孙敬轩先生木主入社，改陶社匾额为"探花楼"，撰一联，系四言，曰：保存古迹，景仰前贤。下署"后死学者吴之翰重立"。后经陶社同人告以此地实为

庙产，与探花楼无涉，探花楼固自在也。吴始恍然，而陶社遂复大名也。——《瓯风杂志·乡事纪闻》

附：探花楼掌故：

瑞安西郊有灵卫庙者，俗名陶尖庙。旁有小屋三楹，相传清乾隆间孙敬轩编修希旦未第时与林屺岩露读书此间。后孙氏廷试第三人，于是村人即名其楼曰探花楼。然其地枕山面湖，俯仰足乐，幽芳乔木，春夏交奇，虽无龙湫雁荡之迹，固吾乡一胜处也，惜无好事者为之表章耳。近人池卧庐明经志澂有咏斯楼诗云：昔年台峤归来日，曾向沧江溯旧游。太息清廷科举废，更无人识探花楼。盖纪实也。

探花楼：孙敬轩前辈未仕时，与林露屺岩共读书于邑西门外陶尖山下，有楼三楹。后二先生皆显达，而敬轩读书更聪敏，能以一甲三名及第，故此楼人称之曰探花楼也。久圮，前年八月邑人黄小如集资修葺，渐复旧观。当时征诗题壁间，至去岁七月，大风陡起，楼在山下，三面受风，竟为全毁。近闻邑中诗人共议重修，并于其旁另置陶社以为平时吟咏之所，社员为宋慈抱辈人也。——《朴垞丁卯日记》

出城西外数十武，至探花楼，登眺甚久。其旁新筑陶社，仿飞云阁样式，未完工，为邑中诗人集赀所建。后以经费支绌，捐自殷户子弟，则此社之筑，渐失风雅矣。余曾闻陈仲芬姑丈言之，姑丈亦该社社员，能诗，但未脱前清试场律诗腔调也。社员出名者，尚有宋墨庵、胡醉铭、杨小林辈数十人。至灯明始归。——《朴垞丁卯日记》

陶社：闻有陶社之创设，为邑中能诗文之士三十余人所组成者。筑舍于陶尖峰下，故名。楼即在其旁，去夏为大风所拔，只剩故址焉。

又送信时，见刻字店方刻"陶社"匾额，孙莘农书。其跋云：祀孙敬轩、孙籀顾二先生。有《陶社联吟集》。

七、仲容文化馆

洪彦硕曰：民国三十一年之冬，瑞安前县长吕君暨全县各界人士等，为纪念本邑先懦孙先生，以省战训团团友分会所公建之康乐馆易作"仲容文化馆"。

三十一年一月一日举行揭幕之典，肃穆隆重，在瑞安未之前闻。夫孙先生者，以学术言，旷代一大师也；以事业论，则实施浙江时代教育之一先导者也。其生前之成绩与身后之遗泽，诚有系乎一省一国学术文化之巨。而瑞安为先生降诞之乡，亦其事业策源之地，多士众庶，或亲受甄陶，或近常仰止，情谊特笃，感恩倍至。前此纪念先生，尝有所谓籀公楼者，岁举社祭，礼文备矣；而今之斯馆，乃以表示其纪念之更加深刻与切实，不尤足风励来兹哉！……今县长许君，下车以来，续扩萧规，爰于县政会议议决通过，正定馆名曰"瑞安县立仲容文化馆"，由县政府聘请地方热心人士组织文化建设研究委员会，从事本馆事业之设计及实施工作之检讨，并于馆内设讲演堂、游艺场、乡土博物室、乡哲纪念室及各种专门室等，复以瑞安籀公楼例有公祭仲容先生之举，岁以为常，决定自今年起，将此项典礼移在文化馆举行，并于公祭之日兼开第一次学术讲座及仲容先生遗著展览会，同时派县立图书馆馆长胡公经氏兼任文化馆馆长，负责进行。特拨县款万金供充该馆内部设备之费，是皆有以概见许县长_{学彬}热心策进地方新政者也。——《阵中日报》《为瑞安县立仲容文化馆献末议》

一九六二年上半年，温州专区文物保管会和市图书馆联合举办了孙诒让著作遗物展览会和学术讨论会。

一九六四年三月间，省人民委员会为了保护民族文化遗产，拨款八千元修理玉海楼。今玉海楼面貌焕然一新，前楼为藏书之处，后楼为藏画之所，楼下辟为四个文物、字画陈列室；又辟野航厅为孙仲容先生纪念室，已正式开放矣。

按：孙氏玉海楼原藏图书，解放后尽移归温州市图书馆保管矣。解放后一九六二年，温州江心寺开孙公文物展览会，杭大、温州一中、《浙南大众报》和《浙江日报》皆出特刊。